Friedrich Gundolf – Elisabeth Salomon

Briefwechsel (1914–1931)

Elisabeth Salomon und Friedrich Gundolf. Venedig. Sommer 1925.
(Vgl. Brief vom 7. Oktober 1925)

Friedrich Gundolf

–

Elisabeth Salomon

Briefwechsel (1914–1931)

Im Auftrag des
Deutschen Literaturarchivs Marbach
herausgegeben von
Gunilla Eschenbach und Helmuth Mojem
unter Benutzung von Vorarbeiten von
Michael Matthiesen

De Gruyter

Gefördert durch die Fritz Thyssen Stiftung, Köln.

Dieser Band ist die um das Gesamtverzeichnis der Briefe gekürzte Ausgabe der 2015 erschienenen gebundenen Ausgabe.

ISBN 978-3-11-042585-7

Library of Congress Cataloging-in-Publication Data
A CIP catalog record for this book has been applied for at the Library of Congress

Bibliografische Information der Deutschen Nationalbibliothek
Die Deutsche Nationalbibliothek verzeichnet diese Publikation in der Deutschen Nationalbibliografie; detaillierte bibliografische Daten sind im Internet über http://dnb.dnb.de abrufbar.

© 2017 Walter de Gruyter GmbH, Berlin/Boston
Einbandabbildung: Elisabeth und Friedrich Gundolf. Lugano 1927.
Stefan George Archiv
Satz: Dörlemann Satz, Lemförde
Druck: CPI books GmbH, Leck
Gedruckt auf säurefreiem Papier
Printed in Germany
www.degruyter.com

Inhaltsverzeichnis

Einführung

Die Weltliteratur kennt Romeo und Julia, der George-Kreis kennt die Geschichte von Friedrich Gundolf (1880–1931) und Elisabeth Salomon (1893–1958). Gundolf schrieb der Geliebten am 18. Januar 1920 aus Heidelberg: „[W]ir haben uns tiefer herzlicher leichter näher öfter mannigfaltiger gehabt und geherzt als sichs irgend ein Romeo und Julia, Antonius und Cleopatra, Egmont und Clärchen oder sonst ein Leib und Seelenbund wünschen mag".[1] Er empfand ihre Liebe als Überbietung der idealen Modelle. Sein ‚Meister' Stefan George war bekanntermaßen gegenteiliger Ansicht. Er bemühte die archetypische Konstellation von Parsifal und Kundry, um das ihm mißliebige Verhältnis zu deuten – eine Zuschreibung, die unseren Blick auf diese Beziehung bis heute prägt.[2] Mit Elisabeth Salomon, so das gängige Narrativ, sei eine jüdische Femme fatale in die Männerwelt des George-Kreises eingedrungen und habe das geistige Band zwischen George und Gundolf zerstört.[3] Oder ist die Geschichte anders zu erzählen, stabilisierte Elisabeth Salomons emanzipiertes Rollenverhalten das fragile Meister-Jünger-Verhältnis sogar?[4] Die vorliegende Ausgabe gibt dem Leser die Möglichkeit einer eigenen Interpretation an die Hand. Sie bietet eine Auswahl der Liebesbriefe, die sich der Heidelberger Germanistikprofessor und die promovierte Nationalökonomin über viele Jahre hinweg schrieben.

---

[1] S. 200 dieser Ausgabe.

[2] Vgl. Gunilla Eschenbach: Philine und Diotima, Hetäre und Heldin. Rollenzuschreibungen für Elisabeth Salomon. In: Frauen um Stefan George, hrsg. v. Ute Oelmann u. Ulrich Raulff. Göttingen 2010, S. 253–270.

[3] Vgl. Thomas Karlauf: Stefan George. Die Entdeckung des Charisma. München 2007; Lothar Helbing (d. i. Wolfgang Frommel): Einleitung. In: Elisabeth Gundolf: Meine Begegnungen mit Rainer Maria Rilke und Stefan George. Stefan George und der Nationalsozialismus (Castrum Peregrini 69), hrsg. u. mit einer Einleitung versehen v. Lothar Helbing. Amsterdam ²1965; Ludwig Thormaehlen: Erinnerungen an Stefan George. Hamburg 1962; Stefan George – Friedrich Gundolf. Briefwechsel, hrsg. v. Robert Boehringer u. Georg Peter Landmann. München, Düsseldorf 1962.

[4] So Ann Goldberg: The Black Jew with the Blond Heart. Friedrich Gundolf, Elisabeth Salomon, and Conservative Bohemianism in Weimar Germany. In: Journal of Modern History 79/2007, June, S. 303–334.

Elisabeth Salomon wurde in Hirschberg, Schlesien (heute Polen) in eine wohlhabende jüdische Familie hineingeboren.[5] Von 1907 bis 1909 besuchte sie die sozialreformerisch orientierte Freie Schulgemeinde Wickersdorf. 1913 ging sie zum Studieren nach München. Ihre Studienfächer waren Nationalökonomie, Philosophie und Allgemeine Staatsrechtslehre.[6] Zum Sommersemester 1914 wechselte sie nach Heidelberg und besuchte dort unter anderem die *Goethe*-Vorlesung von Friedrich Gundolf. Gundolf, mit bürgerlichem Namen damals noch Gundelfinger, stand in diesem Sommer auf dem Zenit seiner Schönheit und am Beginn seiner Karriere. Den *Goethe*, der ihn berühmt machen sollte, hatte er noch nicht veröffentlicht (aber schrieb ihn gerade); mit Stefan George hatte er einen bedeutenden Dichter zum Freund. Schon früh, 1899, war Gundolf über Karl Wolfskehl – ihre großbürgerlichen Darmstädter Familien waren miteinander befreundet – bei Stefan George eingeführt worden. Er wurde Georges „erster Jünger".[7] Ein Jahr nach ihrem Kennenlernen bot George dem jungen Freund das Du an. Gundolf wurde für George eine Art Sekretär: Er führte seine Korrespondenz und begleitete ihn auf Reisen.[8] George, der in Gundolf einen aufstrebenden Dichter sah, veröffentlichte seine Gedichte ab 1899 in den *Blättern für die Kunst* und beauftragte ihn mit dem Projekt einer Neuübersetzung der Dramen Shakespeares. Der zehn Bände umfassende *Shakespeare in deutscher Sprache* (1908–1918) ging daraus hervor. Nach der Berliner Promotion über *Cäsar in der deutschen Litteratur* (1903) habilitierte sich Gundolf in Heidelberg mit der Arbeit *Shakespeare und der deutsche Geist vor dem Auftreten Lessings* (1911). Am 26. April 1911 hielt er seine Antrittsvorlesung über *Hölderlins ‚Archipelagus'* und nahm im Sommersemester 1911 seine Lehrtätigkeit mit einer Vorlesung über die Literatur im Zeitalter

---

[5] Zu Salomons Biografie vgl. Peter Dudek: „Versuchsacker für eine neue Jugend". Die Freie Schulgemeinde Wickersdorf 1906–1945. Bad Heilbrunn 2009, S. 167–199; Gunilla Eschenbach und Korinna Schönhärl: Salomon, Elisabeth Agnes (ab 1926 Gundolf), In: Stefan George und sein Kreis. Ein Handbuch, hrsg. v. Achim Aurnhammer, Wolfgang Braungart, Stefan Breuer u. Ute Oelmann. Bd. 3. Berlin 2012, S. 1606–1608; Ann Goldberg (2007).

[6] Dudek (2009), S. 171f.

[7] Jan Andres: Art. Gundolf, Friedrich. In: Stefan George und sein Kreis. Ein Handbuch (2012), S. 1404–1409, hier S. 1405.

[8] Ebd., S. 1406.

Goethes auf.[9] Danach wirkte er in Heidelberg zunächst als Privatdozent.

Ein persönliches Kennenlernen der späteren Liebenden erfolgte bereits im Mai 1914 in Wolfratshausen bei München. Die genauen Umstände sind unbekannt, aber Gundolf ruft in seinen Briefen häufiger
die Erinnerung an einen gewissen Pfingstsonntag in Wolfratshausen
wach. Wo das ominöse „Sofa" stand, auf dem sich das erste Kennenlernen abspielte, läßt sich nicht rekonstruieren; das Haus „Vogelnest"
von Else Jaffé erscheint aber sehr plausibel.[10] Eine nähere Beziehung
bahnte sich wahrscheinlich – aber auch hier ist man auf Vermutungen
angewiesen – auf der akademischen Sonnwendfeier am Königstuhl
am 20. Juni 1914 an. Zur Feier von Gundolfs Geburtstag wurde im
Freien vor dem Entzünden des Sonnwendfeuers *Wie es Euch gefällt*
aufgeführt. Als Freundin von Josef Liegle, der bei der Aufführung mitwirkte und an den Planungen beteiligt war, besuchte Elisabeth Salomon diese nächtliche Theateraufführung. Marie Luise Gothein führte
Regie.[11] Gegenüber George bezeichnete Gundolf die Feier als „eines
der schönsten Feste die ich je mitgemacht, [...] die Nacht über blieb
man im Freien auf und ging am andern Morgen in der aufgehenden
Sonne in den Wäldern auf der Höhe spazieren, gegen Mittag lasen wir
im Wald Hölderlin und George vor. Die Gotheins waren auch dabei,
Vater und Sohn gingen gegen 4 weg, die Mutter blieb da, und bis zum
Mittag .. lauter Hörer und Hörerinnen von mir, 10 Personen. Ich er-
zähle dir einmal mündlich mehr davon, es war eine romantische
Nacht, fast wie die im Stück gespielte."[12] In dieser romantischen Sommernacht kam es zu einer Annäherung zwischen Elisabeth Salomon
und Friedrich Gundolf, wenn man die folgende Briefpassage so deuten
kann. Gundolf schreibt rückblickend am 10. Mai 1921:

Gestern war ich mit Josef [Liegle] und dem Ty [Ottilie Edinger] oben
auf dem Königstuhl .. wir ließen alte Rollen des Orchestrions spielen
und der ganze verhängnisvolle Sommer 14 quoll wieder herzschwel-

---

[9] Jürgen Egyptien: Friedrich Gundolf in Heidelberg. Spuren-Heft 98, Marbach
am Neckar 2013, S. 2 f.

[10] Friedrich Gundolf an Elisabeth Salomon, Wolfratshausen, Villa St. Georg, Brief
vom 17. Juni 1916 („Frau Jaffé ist momentan erkältet, wir haben neulich dein
Lob gesungen, unweit des Sofas auf dem ich dich zuerst als persönliche Bekannte beobachten konnte").

[11] Egyptien (2013), S. 3.

[12] Briefwechsel George-Gundolf (1962), S. 251.

lend empor .. da du mit der roten Satansfeder und dem schwarzen Teufelskleid auf meinen Schultern rittest. – (Von da datiert übrigens der
Frau Marie Louise Hass gegen dich!)[13]

Der Briefwechsel der beiden erkennbar Verliebten setzt kurz nach
Semesterende am 6. August 1914 ein. Nach längerem Vorlauf wurden
sie in der Nacht vom 3. auf den 4. November 1915 ein Liebespaar. Neben dem Pfingstsonntag wurde vor allem dieses Datum ein privater
Gedenktag ihrer Liebe, dem Gundolf in Briefen und Gedichten hul-
digte. Fortan führte Gundolf zwei Briefwechsel mit Stefan George und
der Geliebten, die im Ton und Inhalt unterschiedlicher nicht hätten
sein können. 965 Briefe schrieb Gundolf ihr bis zu seinem Tod 1931, in
Hochphasen ihrer Beziehung täglich, 417 Briefe von Elisabeth Salomon
stehen dem gegenüber. Damit überschreitet dieser Briefwechsel denje-
nigen mit George – 371 Briefe von Gundolf an George und 161 Gegen-
briefe sind erhalten – um das Zweifache. Für keinen der Beteiligten
war absehbar, daß die im Sommer 1914 gesponnenen zarten Fäden
zwölf Jahre später, an einem 4. November, in einen festen Ehebund
überführt werden sollten. Dieser Entschluß bedeutete für Gundolf den
endgültigen Bruch mit der Welt Georges, an der er hing. Je nach Blick-
winkel war dies eine glückliche oder eine tragische Wendung.[14] Der
Bruch mit George überschattete ebenso wie die schwere Krankheit
Gundolfs und die ungewollte Kinderlosigkeit die gemeinsamen Jahre
des Paars. Dennoch sprechen ihre Briefe und Gedichte von Glück. Ein
auf den 1. März 1931 datiertes handschriftliches Gedicht Gundolfs
(„Zu lang war ich der Grenzen froh") ist ein klares Bekenntnis zum
eingeschlagenen Weg.

> Zu lang war ich der Grenzen froh
> Und stolz im Offnen nicht zu scheitern
> Mit dem gewissen Hier und So
> Und meinen steten Fahrtbegleitern.
>
> Noch als der Mächtige entfuhr
> Dem ich zu eifervoll vertraute
> Begrüsste meine Qual die Kur
> Der Selbsterkenntnis und erbaute

---

[13] Friedrich Gundolf an Elisabeth Salomon, Brief vom 10. Mai 1921.
[14] Briefwechsel George-Gundolf (1962), S. 22.

Sich ihre stracke Bahn zum Glück.
An meiner Seite ging die Meine.
Wir legten gläubigen Schritts zurück
Des Ärgernisses Stein um Steine ..

Entsannen der Geburt und Nacht
Uns fern als blickentwegter Meere.
Sie sind in unsrem Blut erwacht,
Wirklich als Gottes Schwere.[15]

„Zu lang", läßt Gundolf das Sprecher-Ich dieser Verse reden, hat das
Ich die „Grenzen" dem „Offnen" vorgezogen, „zu eifervoll" hat es
dem „Mächtige[n]" vertraut. Zu der Überzeugung, daß die von ihm
geglaubten und öffentlich vertretenen Gewißheiten („Mit dem gewissen Hier und So") nicht die richtigen sind, gelangt das Ich in seiner
rückblickenden Deutung des Geschehens erst, nachdem „der Mächtige" sich ihm entzieht. Obwohl dieser Entzug qualvollen Druck auf
das Ich ausübt, bejaht es ihn als eine „Kur / Der Selbsterkenntnis". Sie
geht einher mit einem umfassenden Perspektivwechsel, der auch einen
klareren Blick auf den Beginn seiner Liebe ermöglicht (Str. 4). Der Ab-
lösungsprozeß von George gleicht in diesem Gedicht einem Sektenaus-
stieg. Das Hinaustreten aus der Gruppe der „Fahrtbegleiter[]" empfindet das Ich als „Qual" – angedeutet sind Versuche („Des Ärgernisses
Stein um Steine"), seinen Weggang zu verhindern –, aber gleichzeitig
auch als heilende „Kur". Die metaphorische Prädikation dieses Aus-
stiegs als „Bahn zum Glück" ist ein deutliches Bekenntnis zur Geliebten, die als „die Meine" im Text ein rhetorisches Gegengewicht zu „der
Mächtige" ist. Das natürliche Gesetz, nach welchem der Mann Vater
und Mutter verlassen und seinem Weibe anhangen wird (1. Mose 2,24),
steht über der früher vom Ich akzeptierten Autorität. Erst durch die
Vereinigung mit der Frau erfährt sich das Sprecher-Ich im Einklang mit
„Gott[]".

Der vorliegende Briefwechsel bezeugt Gundolfs schrittweise Überwindung der fundamentalistischen Denkschemata des Kreises und
seine zunehmende Offenheit für die Vielfalt möglicher Sichtweisen,
die durch seine Beziehung zu Elisabeth Salomon befördert wurden. Er

---

[15] Der gebundene Gedichtband mit Einträgen von eigener Hand trägt den Titel
Übergänge und enthält Gedichte von März bis April 1931, A:Gundolf, DLA
Marbach.

zeugt auch von Gundolfs psychischer Überforderung angesichts der Entscheidungssituation, von seinen Schuldgefühlen und seinem Leiden unter der zunehmend von der Gruppe vollzogenen sozialen Isolation. Über viele Jahre hinweg zog sich dieser Prozeß. Gundolfs Eheschließung selbst kann als Reaktion auf den vollzogenen Ausstieg verstanden werden: Die neue Bindung sollte ersetzen, was an Halt und Zusammengehörigkeit verloren ging. Im Vorfeld der Heirat überschatteten Ängste („tausend Gespenster", Brief vom 26. September 1926) die Freude auf die endgültige Vereinigung mit der Geliebten. Gundolfs Ängste entsprangen nicht nur der Sorge, Elisabeth Salomon könnte sich noch anders entscheiden. Er litt unter der diffusen Angst, es werde ihn eine Strafe Georges treffen. Anderslautend zur Darstellung im publizierten Briefwechsel zwischen George und Gundolf, in dem Abdrucke einiger Gedichte Gundolfs einen nie heilenden Schmerz um den Meister belegen sollen, spricht aus diesem Gedicht eine distanzierte Haltung gegenüber der früheren Geisteswelt. Daß das Glück der beiden Liebenden andauerte und real war, muß man diesem Gedicht und dem vorliegenden Briefwechsel glauben.

Briefwechsel

1914

1. Friedrich Gundolf an Elisabeth Salomon.
Darmstadt. 6. August 1914

Ich bin von München wo ich nur einen Tag blieb[1] wegen der Einberufung des Landsturms[2] gleich hierher gereist, da es am besten ist ohne Aufenthalt in diesen Tagen am Bestimmungsort anzulangen. Laßen Sie einmal von sich hören.
Mit herzlichem Gedenken Ihr F. G.
Hören Sie etwas von Reiner?[3]

Abs.: Gundelfinger / Darmstadt / Grünerweg 37[4] – Adr.: Fräulein Elisabeth Salomon / Heidelberg / Unterer Fauler Pelz 2 pt bei Frau Becker[5]

---

[1] *Ich bin von München … blieb*] FG kam von Wolfratshausen bei München, wo er seine engen Freunde, den Historiker und Soziologen Erich von Kahler (1885–1970) und dessen Frau Fine (1889–1959) besucht hatte und wo er im Haus von Else Jaffé (1874–1973) – Frau des Nationalökonomen Edgar Jaffé (1866–1921) – erstmals an Pfingsten 1914 und offenbar jetzt wieder mit ES zusammengetroffen war. Diese hatte im Wintersemester 1913/14 in München bei Jaffé studiert, war zum Sommer aber nach Heidelberg gewechselt, wo sie u. a. auch FGs Vorlesung besuchte. Zum intensiven Verhältnis FGs zu den Kahlers vgl. den Kahler-Briefwechsel. (Genauere bibliographische Angaben zu den im Kommentar lediglich mit Kurztitel zitierten Werken finden sich im Anhang.)

[2] *Einberufung des Landsturms*] Nach dem Mobilmachungsbefehl vom 1. August 1914 – Deutschland trat damit in den Ersten Weltkrieg ein – hatten sich prinzipiell waffenfähige Männer an ihren Heimatorten zu melden.

[3] *Reiner*] Paul Reiner (1886–1932) war 1913/14 Hauslehrer bei Else Jaffé in Wolfratshausen, nachdem er davor – wie ES – Schüler in der Wickersdorfer Reformschule gewesen war und sich während seines Studiums (1910/13) in Heidelberg FG genähert hatte. Auch Else Jaffé – Schwester Frieda von Richthofens (1879–1956), dem Urbild der „Lady Chatterley", und Schwägerin des englischen Schriftstellers David Herbert Lawrence (1885–1930) – war aus früheren Heidelberger Zeiten (um 1910) enger mit FG befreundet.

[4] *Gundelfinger … Grünerweg 37*] Anschrift von FGs Elternhaus, wo er sich häufiger aufhielt.

[5] *pt bei Frau Becker*] ESs Vermieterin; pt = Parterre.

2. Elisabeth Salomon an Friedrich Gundolf.
Heidelberg. 7. August 1914

Heidelberg, 7. Aug. 14.

Sehr verehrter Herr Doktor,
weder der römische Imperator[6] noch der Fortunat[7] noch Ihr Bild waren imstande, mich auf der Heimfahrt vor den übereifrigen Kriegern zu schützen: In Friedrichsfeld[8] hat man mich abermals einem Verhör unterzogen. Um den Fortunat habe ich einen heißen Kampf ausfechten müssen, weil ich ihn nicht herzeigen mochte, und das Bild erhielt ich erst nach der etwas zögernden Versicherung zurück, es stelle einen von mir verehrten Schauspieler dar. Zur Bestätigung dieser Behauptung, für die ich im übrigen sehr um Verzeihung bitte (ich erkläre mich zu jeglicher Bußübung bereit), wies ich auf den glücklicherweise über Ihnen hängenden Theaterzettel des Biberpelz[9] (?) hin.

In Frankfurt traf ich zu meiner Überraschung Reiner, der sich als Freiwilliger dort gemeldet hat. Liegle[10] wartet ungeduldig in seiner Heimat auf die Einberufung.

---

[6] *Imperator*] Es handelt sich vermutlich um eine Caesar-Gemme oder -Münze, die FG in Wolfratshausen bzw. München erworben oder geschenkt bekommen haben mag. FG besaß ein ausgesprochenes Faible für Caesar (100–44), den er als Inbegriff historischer Größe verehrte.

[7] *Fortunat*] Friedrich Gundolf: Fortunat. Vier Gesänge, Berlin: Verlag der Blätter für die Kunst 1903. Ebenso wie das nachfolgend genannte photographische Porträt ein Geschenk FGs für ES.

[8] *Friedrichsfeld*] Trennungsbahnhof der Rhein-Neckar-Bahn und der Badischen Staatsbahn mit Zugteilung in die Richtungen Heidelberg und Mannheim. Auch FG hatte unter der Spionenfurcht zu Beginn des Ersten Weltkriegs zu leiden. An Kahlers schrieb er nach der Heimreise: „Ich bin gut hier angekommen, bei meiner Ankunft allerdings von Schutzleuten und einer johlenden Menge als vermeintlicher Spion empfangen worden – doch klärte sich alles gut auf und die Vorsicht ist leider nur zu sehr begründet: Viele solcher Wühler ziehn mit Bomben und Bazillen umher". Kahler-Briefwechsel Bd. I, S. 93 (künftig I,93); vgl. auch George-Briefwechsel, S. 255.

[9] *Biberpelz*] Die Komödie „Der Biberpelz" (1893) von dem – wie ES – aus Schlesien stammenden Dramatiker Gerhart Hauptmann (1862–1946).

[10] *Liegle*] Der zum George-Kreis zählende spätere Historiker Josef Liegle (1893–1945), der damals in Heidelberg studierte und dort mit ES näher bekannt geworden war, stammte aus Schwäbisch Gmünd (Württemberg).

Meine Wickersdorfer Kameraden[11] stehen zum großen Teil schon im Feld, einer ist vielleicht schon mitten im Gefecht, sie sind gute Soldaten.

Ihr Caesar erwartet, daß Sie ihn in solcher Zeit wenigstens eines Blickes würdigen und nicht in Polstern verkümmern lassen. Mich bevollmächtigte er, Ihnen dies mitzuteilen und Sie sehr zu grüßen. Das tue ich also hiermit und schließe mich den Grüßen an. Ihre ergebene
Elli Salomon.

Abs.: Heidelberg / Unterer Fauler Pelz 2 – Adr.: Herrn Dr. Friedrich Gundelfinger / Darmstadt / Grünerweg 37

3. Friedrich Gundolf an Elisabeth Salomon.
   Darmstadt. 10. August 1914

Liebe Elli Salomon!

Ich habe mir gleich gedacht dass Sie nicht unbehelligt durchkommen würden, bei dem Grad Ihrer Schwarzhaarigkeit der die Blondheit Ihres Herzens kaum zur Geltung kommen lässt! Ihre gute Laune und Geistesgegenwart muss man anerkennen und die Degradirung meiner Photographie soll Ihnen verziehen sein. Haben denn jezt wenigstens die unteren Faulpelzer[12] eingesehn daß Sie zu recht da sind, oder benutzen sie weiter die Nachbarneugier zu Spionenfurcht und umgekehrt? Hier hat sich wenigstens diese Epidemie etwas gelegt und selbst Zigarrenkisten kann man ungefährdet über die Straße tragen. Heut hab ich mich zur Landsturmstammrolle (ein Pindarisches Wort!)[13] angemeldet, und erwarte im Lauf der Woche den Bescheid wegen der Musterung und Einstellung. Jeder Dienst freut mich der mich irgendwie aktivirt.

---

[11] *Meine Wickersdorfer Kameraden*] ES hatte in den Jahren 1907/09 die von dem umstrittenen Reformpädagogen Gustav Wyneken (1875–1964) geführte Freie Schulgemeinde Wickersdorf besucht und identifizierte sich auch späterhin noch stark mit Geist und Idealen der Erziehungsanstalt und ihres Leiters, der im übrigen 1909 auf Betreiben ihres Vaters, Max Salomon (1862–1918), von seinem Posten abberufen worden war.

[12] *die unteren Faulpelzer*] Wortspiel mit dem Straßennamen „Unterer Fauler Pelz".

[13] *ein Pindarisches Wort*] Der antike Dichter Pindar (522–443) war wegen seiner eigenwilligen Wortfügungen berühmt.

Meine Mutter und mein Bruder[14] sind endlich aus Holland zurück und haben dort Details über die Einnahme von Lüttich[15] gehört die man in den Zeitungen verschweigt. Der Zeppelin habe von oben Dynamitmaßen geworfen, u. die so entstandene Verwüstung und Panik haben die Truppen benutzt. Obs wahr ist weiß ich nicht. Die Tat ist heldenhaft und ein herrliches Omen! Ich seh nicht ein wie wir nicht siegen sollten. Vielleicht, doch ungewiß, komm ich vor meiner Uniformirung noch nach Heidelberg. Caesar in seiner Büchse weiß sich beruhigt in Ihrer Nähe – Sie sind seine germanische Leibwache. Bleiben Sie weiter eine tapfre Schlesierin, trotz Ihrer schwarzen Haare ein unverdächtiges deutsches Heldenmädchen und die Freundin
Ihres treulich gedenkenden
Fr Gundolf
Anbei eine Trophäe![16]

Abs.: Gundolf / Darmstadt / Grünerweg 37 – Adr.: Fräulein Elli Salomon / Heidelberg / Unterer Fauler Pelz 2 / bei Becker

4. Elisabeth Salomon an Friedrich Gundolf. Heidelberg. 18. August 1914

Lieber Herr Doktor Gundolf, ich werde mich jetzt doch in meine östliche Heimat[17] wagen. Ich warte nur noch die Beendigung meines Samariterkursus[18] und die Einschiebung einiger Züge ab damit ich nicht gerade hundert Stunden zu fahren brauche.

Der dilettantische Betrieb des roten Kreuzes das trotz der vielen Sitzungen und des großen Aufwandes oft das Nötigste nicht leistet und

---

14 *Meine Mutter ... Bruder*] Die gemeinsam in Darmstadt, Grünerweg 37, lebenden Amalie (1857–1922) und Ernst Gundelfinger (1881–1945) hatten den Sommer 1914 in Holland verbracht.

15 *Einnahme von Lüttich*] Für den im deutschen Kriegsplan vorgesehenen Angriff auf Frankreich über (neutrales) belgisches Gebiet war die schnelle Einnahme der stark ausgebauten Festung Lüttich von zentraler strategischer Bedeutung. Sie erfolgte in den ersten Kriegstagen, wobei auch ein Zeppelin eingesetzt wurde.

16 *Trophäe*] Unklare Anspielung.

17 *meine östliche Heimat*] Hirschberg in Schlesien, heute Jelenia Góra (Polen).

18 *Samariterkursus*] Von August 1914 bis Ostern 1916 leistete ES freiwilligen Dienst als Rotkreuzschwester. Der Kurs diente wohl der Vorbereitung darauf.

die bereits zum Sport ausgeartete Modekrankenpflege sind so unerträglich und deprimierend daß es mich täglich große Überwindung kostet
hinzugehen.

In Hirschberg hingegen ist nach den Nachrichten die ich von dort erhalte jeder einzelne noch nötig und erwünscht.

Die ersten Gefangenen und Verwundeten sind hier eingetroffen. Einer
erzählt von Mühlhausen:[19] die Deutschen sind in den Dörfern regel-
recht überfallen worden. In allen Häusern und Wäldern waren Franzosen verborgen die aus dem Hinterhalt schossen. Ein großer Teil der
Bevölkerung (vor allem die Pfarrer und Bürgermeister) wurde stand-
rechtlich erschossen, ihre Häuser niedergebrannt. Ein französischer
Offizier hat während er mit der einen Hand einem deutschen Soldaten
seinen Säbel übergab diesen mit einem Revolver in der anderen Hand
erschosssen. Ob all diese und noch viel andere Einzelheiten wahr sind
weiß ich freilich nicht. Es müssen auch auf unserer Seite kolossale Verluste gewesen sein: ungeheure Truppenmassen sind nachgeschickt worden. Hier allein ist während ein paar Tagen und Nächten ein Solda-
tentransport dicht hinter dem anderen durchgekommen aus allen
Gegenden Deutschlands. Es wirkte wie ein riesenhafter ununterbro-
chener Zug und war grausig anzusehen.
In herzlicher Dankbarkeit
Ihre Elli Salomon
Heidelberg 18. / VIII. 14.

5. Friedrich Gundolf an Elisabeth Salomon.
   Darmstadt. 19. August 1914

Liebe Elli Salomon:
Ich hatte gehofft Sie in Heidelberg zu sehn wollte aber nicht bei dem
Bummelzugverkehr fahren und erst wieder Schnellzüge abwarten.
Vielleicht verzögert sich Ihr Aufenthalt in H. doch noch oder Sie kom-
men noch einmal herüber.

---

[19] *Mühlhausen*] Die französischen Truppen begannen am 6. August 1914 den Angriff auf Mülhausen im Elsaß (heute Mulhouse, Frankreich), das am 19. August
1914 erobert wurde, in den darauffolgenden Wochen aber noch heftig umkämpft
war.

Ich warte noch immer auf meine Einziehung zum Landsturm und hab mich inzwischen so gut es geht an den Shakespeare[20] gemacht. Meine Mutter und mein Bruder sind zurück, die Einquartirung[21] ist abgereist.

Mit manchen Verkehrtheiten der Organisation von Zurückgebliebenen müßen Sie eben Nachsicht haben, da der Sachlage nach mehr guter Wille als Sachkunde und Kraft vorhanden ist und viele, wenn nicht die Meisten, eben zugreifen, um nicht untätig zu sein, nicht weil sie sähen daß und was zu tun ist. Das wird sich alles geben und zu Kritik oder Verstimmung ist nicht die Zeit, ja Kritik ist *jezt* bedenklicher als selbst Mißgriffe. Gewiß ist der Geist in dem alles jezt geschieht, brav und tüchtig und die unvermeidliche menschliche Unzulänglichkeit wird gegen ihn nicht aufkommen.

Die Tücke der Bevölkerung im Feindesland (und dazu gehört die Mülhauser Gegend) ist begreiflich und wird wohl chikaniren, aber nicht hemmen. Dieser ganze Krieg freilich in Ost und West wird mit allen Mitteln der raffinirtesten Technik wieder mörderisch und hassvoll werden wie in den primitivsten Zeiten da die Menschen noch als Tier gegen Tier standen, und dies fürchterliche Zurückführen zur Natur gehört (so entsetzlich es im Einzelnen sein mag) sogar zu der welterneuernden Aufgabe dieses Kriegs: denn auch den Krieg haben wir uns alle unwillkürlich als einen Sieg moderner Zivilisation über die Urkräfte im Menschen vorgestellt: als ein mechanisches Töten – nein es wird bewaffneter Haß und wenn er lange dauert kehren alle Greuel wieder die die gefesselte Natur Jahrzehnte lang, Jahrhunderte lang dem eingelullten Europa vorenthalten. Eine andre, und das ist das ersehnte, eine *natürlichere* Wirklichkeit ist plötzlich ausgebrochen.

In Frankreich und Belgien ist seit einer Woche eine ungeheure Schlacht in Gang wenn man Ohrenzeugen des Kanonendonners in der Trierer, selbst Kölner Gegend glauben darf. Wir wißen nur daß wir siegen müßen.

Wenn ich Sie vor Beendigung des Kriegs nicht mehr sprechen sollte, so mag Ihnen dieser Brief die Gewißheit geben daß meine treuen Wünsche Sie begleiten. Schreiben Sie mir gelegentlich, an Antwort solls nicht

---

[20] *Shakespeare*] Gemeint ist die Arbeit am zehnten und letzten Band der großen Ausgabe: Shakespeare in deutscher Sprache. August Wilhelm Schlegels Shakespeare-Übersetzungen. Hg. u. z.T. neu übersetzt von Friedrich Gundolf. Buchschmuck von Melchior Lechter. Berlin: Bondi 1908–18.

[21] *Einquartirung*] In FGs Elternhaus in Darmstadt waren zu Beginn des Krieges gelegentlich durchreisende Soldaten einquartiert.

fehlen. Bleiben Sie gut und tapfer, wie bisher, liebe Elli, und seien Sie
herzlich gegrüsst von Ihrem
Friedrich Gundolf
Darmstadt 19. 8. 1914

Abs.: Gundolf / Darmstadt / Grünerweg 37 – Adr.: Fräulein Elli Salomon / Heidelberg / Unterer Fauler Pelz 2 / bei Becker

6. Friedrich Gundolf an Elisabeth Salomon.
Darmstadt. 6. September 1914

Darmstadt 6. 9. 1914

Liebes Fräulein Elli:
Ihr Brief kam schon nach drei Tagen an und war noch ziemlich frisch,
nur mit bezug auf den westlichen Kriegsschauplatz wieder etwas veraltet da die Post langsamer marschirt als unsere Heere. Wegen Oesterreich hab ich auch keine Sorge und die russischen Greueltaten muss
man ins Ganze rechnen mit allem was die Geschichte seit den alten As-
syriern schon erlebt hat – wenn man den lieben Gott drüber zur Rede
stellt, so antwortet er, wie jene Frau, die von einem Tierfreund beim
Abschuppen lebender Fische attrapiert,[22] ihn beruhigte: „das sind sie
gewöhnt – ich habs immer so gemacht". Ich gebe zu daß dies ein stär-
kerer Trost für Darmstädter ist als für gefangene Grenzbewohner. Gott
schütze jeden vor dem was er aushalten kann! Aber den Memmen mögen Sie doch sagen, solange noch keine Russen sichtbar sind: entweder
hält mans aus, dann ists halt zum aushalten, oder man hält es nicht
aus, dann ist mans auch los. Nur auf der haarscharfen Linie zwischen
beidem liegt das eigentlich Grässliche. Ich erinnere mich nicht Moissi[23]
verteidigt zu haben, und wenn geschah es nur, um Ihrer Kritik einen
Maulkorb umzuhängen, den ich jezt gerne abnehme: Sie haben natürlich damals recht gehabt und habens noch heute. Viele Stimmungsfrei-
willige stöhnen jezt, zumal ihre Aussicht auf kriegerische Glanztaten
sich vermindert und ihr Überschuß an Enthusiasmus in höchst un-

---

22 *attrapirt*] Ertappt, angetroffen (frz.).
23 *Moissi*] Der aus Österreich-Ungarn stammende, damals hochberühmte Schau-
    spieler Alexander von Moissi (1879–1935) hatte sich 1914 als Kriegsfreiwilliger
    auf deutscher Seite gemeldet.

poetischen Kasernendienst investirt wird. Auch jenes Mimen Vorstellung von preußischem Kriegsdienst war wohl farbenprächtiger als die Wirklichkeit, und doch nur durch diese nüchterne Wirklichkeit erringt man die überschwänglichen Erfolge. Übrigens hat M. glaub ich etwas Schwindsucht.

Schreiben Sie mir, wenn Sie Zeit haben, wie es Ihnen geht, was Sie tun und vom Krieg erfahren – Sie sind einem Centrum näher als ich und eine gute Berichterstatterin – Ihrer Kritik will ich hiemit ein für allemal die Leine abnehmen, damit sie frei umhertummeln kann und Ihrer Beobachtungsgabe als Polizeihund behülflich ist. Herzliche Wünsche, liebe Grenzhüterin, von
Ihrem F Gundolf

Abs.: Gundolf / Darmstadt / Grünerweg 37 – Adr.: Fräulein Elli Salomon / Hirschberg i. Riesengebirge / Schützenstraße 10a

7. Elisabeth Salomon an Friedrich Gundolf. Hirschberg. 7. September 1914

Verehrter lieber Herr Doktor, hier sind noch keine Verwundeten so daß ich Zeit genug habe im Gebirge zu sein. Es ist schön und friedlich wie nie zuvor, denn es wird von Touristen und Wandervögeln nicht mehr, von Kosaken noch nicht beunruhigt. Sie werden in diesem Jahr wohl keine Gelegenheit mehr haben in die Berge zu kommen. Darum senden sie Ihnen ein paar Blumen zum Gruß daß Sie ein wenig ihre Luft spüren. Im Auftrag der vereinigten Hochgebirge Europas (Riesengebirge *ist* Hochgebirge)
Ihre ergebene Elli Salomon.
Hirschberg 7. September 1914

8. Friedrich Gundolf an Elisabeth Salomon. Darmstadt. 14. September 1914

Liebes Fräulein Elli:
Ihr Brief und Ihre Blumen haben mich sehr gefreut und gerührt und es ist beruhigend daß die Natur ihr Erscheinen trotz der Geschichte noch nicht eingestellt hat. Paradox finde ich nur daß Sie dort unten aus Mangel an Betätigung wandern können, während Sie doch grad wegen

des dort grösseren Bedarfs an Helferkräften das Ihrer so würdige Heidelberg verlaßen haben, wo Sie genug Verwundete finden und auch sonst nicht unwillkommen sind. Denn wenn man Hindenburg[24] noch eine Zeitlang walten läßt ist im Osten bald keine Schlacht mehr und von den Greueln die man an der Grenze erfindet werden die Spitäler auch nicht voll, so daß Ihnen in Hirschberg wenig mehr übrig bleibt als Ihr Heim zu schmücken, oder im Riesengebirge verirrte Kosaken zu pflücken, damit sie Ihnen den Enzian nicht wegfressen. So bleiben Ihre herrlichen Kräfte lahmgelegt, während in Heidelberg eine fühlbare Lücke klafft.

Hier ist man bereits wieder wie im Frieden, so verwöhnt durch unsre Heere, daß man jeden Erfolg der kein Sedan[25] ist beknurrt und benörgelt und tut als sei der Krieg eine Volksbelustigung zum Zuschauen. Ohne Kleinmut und ohne Hochmut das Ungeheure zu erfahren sezt die Gesinnung voraus die jezt im Feld allein rein besteht, wir können uns nur ihr annähern.

Ich hab inzwischen mein Winterkolleg[26] angefangen, damit ich nicht meinen Beruf verlerne und die 2½ Damen die etwa im Winter vor mir sitzen werden, nicht zu kurz kommen, wenn sie zu lang kommen. Wenn der Enzian abgeblüht ist und die Kosaken wieder durch Wandervögel ersetzt sind, Ihre Verbindlichkeiten in Schlesien nicht zunehmen und Ihre Bildungslücken Ihnen zu fühlbar werden, so werden Sie hoffentlich wieder nach Hbg. (nicht Hirsch- sondern Heidelberg auch nicht Hindenburg) kommen und zu meinen lehrreichen Füssen sitzen.
Alles Herzliche von Ihrem
Friedr. Gundolf

Abs.: Gundolf / Darmstadt / Grünerweg 37 – Adr.: Fräulein Elli Salomon / *Hirschberg* i. Schlesien / Schützenstraße 10a

---

[24] *Hindenburg*] Paul von Hindenburg (1847–1934) war bei Kriegsbeginn zum Kommandeur der 8. Armee ernannt worden und hatte die russischen Truppen in den Schlachten von Tannenberg (26.–30. August 1914) und bei den Masurischen Seen (6.–14. September 1914) besiegt.

[25] *Sedan*] Die Schlacht von Sedan am 1.–2. September 1870, bei der der französische Kaiser Napoleon III. in die Hände deutscher Truppen geriet, entschied den Deutsch-Französischen Krieg von 1870/71.

[26] *Winterkolleg*] Zum Thema „Die Romantik"; FG kam bloß für seine Lehrveranstaltung nach Heidelberg und hielt sich sonst in Darmstadt auf.

9. Elisabeth Salomon an Friedrich Gundolf.
Hirschberg. 18. September 1914

Lieber Herr Doktor Gundolf, meine Sehnsucht nach Heidelberg ist zwar weit stärker als mein Wissensdrang aber die bessere Taktik des letzteren sichert ihm trotzdem den Sieg: d.h. wenn Alfred Weber[27] und Salz[28] im Krieg sind bin ich von Lehrern (meiner Fakultät!) völlig entblößt – denn so genußsüchtig mich nur von Herrn Gothein[29] belehren zu lassen bin ich nicht – und werde daher wohl meine Studien im W.S. in Berlin fortsetzen. Allerdings war ich bis heut der Meinung daß Sie in Anbetracht der fehlenden männlichen Zuhörerschaft auch nicht allwöchentlich die Fahrt von Darmstadt nach H. unternehmen würden. Jetzt haben Sie mir durch Ihre Mitteilung nur das Herz wieder erschwert und meinem Pflichtgefühl einen gewaltigen Stoß versetzt.

Hier mußten fast sämtliche öffentliche Gebäude zu Lazaretten umgewandelt und außerdem noch Baracken hergerichtet werden. Dieser Zumutung waren unsere Damen so rasch nicht gewachsen und daher rührte das Geschrei nach Hilfskräften. Sie erwarteten wohl auch eher das Eintreffen der Verwundeten. Einstweilen haben sie einmal, um dem dringendsten Bedürfnis Abhilfe zu schaffen, einen Gesangverein gegründet, der die armen Krieger völlig unglücklich machen soll, und einen Helferinnenverein in dem wichtige und bedeutsame Fragen – wie die Kleidung der Pflegerinnen – langen Erörterungen unterzogen werden. Die einzigen erfreulichen Erscheinungen hier sind die neu ausgehobenen Jäger, größtenteils Schulbuben. Um in der Übung zu bleiben arbeite ich provisorisch im Krankenhaus. Das ständige Zusammensein mit Kranken ist ziemlich deprimierend aber wahrscheinlich ganz dien-

---

[27] *Weber*] Der Nationalökonom Alfred Weber (1868–1958), Bruder des Soziologen Max Weber und späterer Doktorvater von ES, hatte sich bereits Anfang August 1914 freiwillig gemeldet und kam sofort an der Front im Elsaß zum Einsatz.

[28] *Salz*] Der Nationalökonom Arthur Salz (1881–1963), seit 1909 Privatdozent in Heidelberg, war ein enger Freund von FG, der ihm 1911 seine Habilitationsschrift „Shakespeare und der deutsche Geist" gewidmet hatte. Er sollte im Ersten Weltkrieg als Berater des türkischen Befehlshabers Djemal Pascha tätig sein, dessen Erinnerungen er später publizierte.

[29] *Gothein*] Der Wirtschafts- und Kulturhistoriker Eberhard Gothein (1853–1923) war Leiter des Volkswirtschaftlichen Seminars, an dem ES ebenso wie an dem Staatswissenschaftlichen Seminar Alfred Webers studierte. Den Wechsel an die Berliner Universität vollzog ES allerdings erst im Jahr 1917, als auch FG sich in Berlin aufhielt.

lich: Man hat nicht mehr so viel Sinn für Unfug und unmotiviertes Vergnügtsein. Dazu kommt daß schon mehrere Bekannte gefallen sind und ich ihre trauernden Angehörigen täglich sehe. Diese Armen können vor Schmerz um ihren toten Sohn oder Verlobten von allem Großen der Zeit nichts mehr merken.

Die Fama erzählt daß an dem Eindringen der Russen in Ost-Preußen der kommandierende Generaloberst von Prittwitz[30] schuld gewesen sei. Er habe dann an den Kaiser thelegraphiert, die Armee müsse weichen, worauf die Antwort gewesen sein soll „Armee bleibt, Prittwitz geht!" Für die Wahrheit kann ich mich natürlich nicht verbürgen. Aber auffällig ists doch daß sich plötzlich ein Hindenburg[31] an einer so außerordentlichen Stelle befindet der weder aktiv war noch den Oberfehl über eine Armee innehatte.

Die Gründung eines Amazonenheeres ist mir nahe gelegt worden: ich habe davon abgesehen aus Respekt vor der großen Ordnung im Reich und begnüge mich stattdessen in der noch übrigen Zeit mit strikken. Ich hoffe daß auch kein anderes Mädchen es übernehmen wird: denn einmal ertrüge das mein Ehrgeiz nicht und dann bekämen auch die wirklich brauchbaren Soldaten weniger wollene Strümpfe, wenn sich zu viel Frauen beteiligten.
In herzlicher Ergebenheit
Ihre Elli Salomon
Hirschberg, 18. IX. 14

10. Elisabeth Salomon an Friedrich Gundolf.
Hirschberg. 21. September 1914

Lieber Herr Doktor, hier greift jetzt der Krieg immer mehr ins Privatleben über: der Thelephonverkehr nach und innerhalb Breslau ist gesperrt. Der Eisenbahnverkehr nach Oberschlesien und der Provinz Posen völlig eingestellt. Die Erregung ist natürlich groß.

---

[30] *Prittwitz*] Der Kommandeur der 8. deutschen Armee, Maximilian von Prittwitz und Gaffron (1848–1917), hatte sich nach einer Niederlage gegen die russischen Truppen auf die westliche Seite der Weichsel zurückgezogen und war deshalb am 22. August 1914 durch Hindenburg abgelöst worden.

[31] *Hindenburg*] Tatsächlich war die höchste Position Hindenburgs vor Kriegsausbruch das Kommando über ein Armee-Korps, also eine vergleichsweise kleine Einheit, in Magdeburg gewesen (1905–1911).

Aus Wien[32] höre ich daß viele tausend galizische Flüchtlinge in der Stadt sind: sie liegen familienweise in dichten Haufen auf den Gassen und Gängen der Spitäler und erzählen Schauergeschichten von unheimlich schnellem Vordringen der Russen.

Ein Herr der eben aus Essen kommt erzählt daß bei seinem dortigen Aufenthalt gerade neue Geschütze ausprobiert wurden. Der Lärm war so ungeheuer daß die Bevölkerung glaubte das ganze Kruppsche Werk[33] kracht zusammen. Angeblich sollen sie 40 km-Schußweite haben und zur Beschießung der englischen Küste von Calais aus dienen (?). Hoffentlich stimmts.

Große Mengen Stare ziehen jetzt fort. Sie stimmen mich noch trauriger als in anderen Jahren. Wenn doch nur vor Einbruch des Winters Friede wäre.
Herzlich grüßt Sie Ihre Elli Salomon.
Hirschberg, 21. September 1914.

11. Friedrich Gundolf an Elisabeth Salomon. Darmstadt. 25. September 1914

Liebe Elli Salomon:
Ich danke Ihnen für Ihre klaren „Situationsberichte" (so nannte Napoleon dergleichen und behauptete sie mehr zu schätzen als ein Backfisch einen Roman) und sehe daraus daß nicht alle Menschen solche Helden sind, wie man verlangen sollte. Ich fürchte man ist dort in Oesterreichs Nähe etwas verslavt, nicht der Gesinnung, aber der Haltung nach.

Das mit den Kruppgeschützen hab ich von vielen verschiedenen Seiten gehört und ist ein offnes Geheimnis.

Alfred Weber, hörte ich gestern in Heidelberg, sei Commandant von Mülhausen. Da wird er wohl Discussionsabende einrichten können.[34] Dr. Salz ist beim Verpflegungsamt in Pilsen.

---

[32] *Wien*] ESs Schwester Anne (1892–1941) lebte damals als Medizinstudentin in Wien, wo sie im darauffolgenden Jahr den Pädagogen und Psychoanalytiker Siegfried Bernfeld (1892–1953), mit dem sie liiert war, heiraten sollte.

[33] *Kruppsche Werk*] Die deutsche Heeresleitung ließ bei der Firma Krupp Geschütze für den Kriegseinsatz entwickeln. Bei den erwähnten Schießübungen handelte es sich um Tests in der Nähe der Krupp-Werke bei Essen.

[34] *Da wird er wohl ... können*] Ironische Anspielung auf Alfred Webers Lehrtätigkeit in Heidelberg.

Von Heyer sen.[35] bekam ich eine muntere Karte vom 16. d. M. aus den Schützengräben bei Soissons.

Salin[36] hab ich in Hanau besucht und fand ihn als tapfern Ulanen – er kommt bald ins Feld.

Ich selbst arbeite an meinem Kolleg …

Was Sie tun ist mir nicht ganz deutlich geworden, ob warten oder wickeln. Jedenfalls halten Sie den Mut der Hirschberger Weiber beiderlei Geschlechts durch standhafte Sicherheit und jungfräuliche Todesbereitschaft auf einem hohen Niveau! und arbeiten so dem grossen Hindenburg, (der jezt gleich nach Caesar kommt) vor! .. Übrigens, im Ernst? wovor fürchtet man sich dort eigentlich? Nach meinem Studium der Karten könnte man sich grad so gut in Mannheim vor den Franzosen fürchten wie in Breslau vor den Russen.

Oder ist nur Ihr Blick noch immer kritischer auf die Schwächen der Zeitgenossen gerichtet als ich erlaubt habe?

Es ist soviel Gutes und Erhebendes allerorts zu bemerken daß man der Münder und Sünder nicht zu achten braucht – freilich fallen sie auch mehr auf als sonst.

Wie dem auch sei, liebe Elli, laßen Sie den Kopf lieber schütteln als hängen und freuen Sie sich daß wieder gut Wetter ist. Daß der Krieg vor einem Jahr ganz zu End ist glaub ich nicht, daß dies schrecklicher für unsre Feinde als für die Deutschen ist, glaub ich. Schwer muss es sein, aber der Sieg lebt schon. Überhaupt muß man sich in solchen Tagen nicht so sehr sagen – „es geht gut" „es geht schlecht" sondern *so* (wie es ist) ists nun einmal. Lesen Sie in dem Langewiescheband „der König"[37] in Friedrichs des Großen Briefen nach wie er sich durch den siebenjährigen Krieg half – das ist das erhabenste und aktuellste Vorbild für uns alle.

---

[35] *Heyer sen.*] Der Mediziner Gustav Richard Heyer (1890–1967) hatte sich nach seinem Heidelberger Studium als Kriegsfreiwilliger gemeldet und wurde an der Front rasch zum Leutnant befördert. FGs Zusatz „sen(ior)" dient der Unterscheidung von dem ihm näher stehenden jüngeren Bruder, Wolfgang Heyer (1893–1917), der sich gleichfalls im Kriegseinsatz befand.

[36] *Salin*] Edgar Salin (1892–1974), seit 1913 mit FG und Stefan George näher bekannt, hatte eben sein Studium der Nationalökonomie in Heidelberg beendet und befand sich seit August 1914 im Kriegsdienst.

[37] *Langewiescheband „der König"*] Der König. Friedrich der Große in seinen Briefen und Erlassen sowie in zeitgenössischen Briefen, Berichten und Anekdoten. Hg. v. Gustav Mendelssohn Bartholdy. Ebenhausen bei München: Langewiesche-Brandt 1912.

Dieser Krieg ist gekommen, um tapfere Gesinnung, nachhaltige Geduld und frommes Ausharren zu wecken und zu prüfen, nicht als eine gigantische Sensation nach ärmlichen Sensationen. Es geht uns zuhaus gebliebnen noch viel zu gut, besser als die Ängstlinge verdienen. „Nie erfährt man Wunder außer in Not."[38] Das sind alles keine Vorwürfe für Sie, liebe Elli, aber für die Luft in der Sie leben. Ich bin und bleibe Ihr wohlaffectionirter[39]
Fr. Gundolf

Abs.: Gundolf / Darmstadt / Grünerweg 37 – Adr.: Fräulein Elisabeth Salomon / *Hirschberg* i. Schlesien (Riesengebirge) / Schützenstraße 10a

12. Friedrich Gundolf an Elisabeth Salomon. Darmstadt. 11. Oktober 1914

Anbei, liebe Elli Salomon, mit einem herzlichen Gruss einen Aufsatz aus der Frankfurter Zeitung. (No. 282)[40] Warum sind Sie verstummt? Sperrung der Ostgrenze, zuviel Arbeit, oder stand etwas in meinem vorigen Brief das Sie verstimmt hat? Lassen Sie mich hören und, wenn ich was versehn, nicht durch *Schweigen* entgelten.

Haben Sie Hindenburg gesehn – er soll durch Breslau gekommen sein?
Mit den besten Wünschen Ihr
treugedenkender
Fr. Gundolf

Abs.: Darmstadt / Grüner Weg 37 – Adr.: Fräulein Elli Salomon / Hirschberg i. Riesengebirge / Schützenstraße 10a

---

[38] *Nie erfährt ... in Not*] Ungenaues Selbstzitat aus FGs Übersetzung von Shakespeares „King Lear" (II,2). In der 1914 publizierten Ausgabe (Shakespeare in deutscher Sprache. Bd. 9. Berlin 1914) lautet die Stelle: „Fast niemals sieht man Wunder / Ausser in Not" (S. 292).

[39] *Ihr wohlaffectionirter*] Den Briefstil des 18. Jahrhunderts parodierende Formel.

[40] *Aufsatz ... No. 282)*] FGs Aufsatz „Tat und Wort im Krieg" war an eben diesem 11. Oktober erschienen.

13. Elisabeth Salomon an Friedrich Gundolf.
Hirschberg. 14. Oktober 1914

Sehr verehrter Herr Doktor, vielen Dank für den schönen Aufsatz. Ich kannte ihn bereits und hatte so eine doppelte Freude.

Ich fühle mich weder berechtigt noch veranlaßt über Ihren Brief gekränkt zu sein. Er war gut wie stets Ihre Briefe. Aber alles Herr Doktor was Sie der mich umgebenden Luft vorwerfen hat mich ja selbst im innersten getroffen. Meine Umgebung soll mir nicht als Prügeljunge dienen. Naturgemäß war ich einigermaßen zerknirscht als ich mich plötzlich so deutlich im Spiegel sah, aber doch nur über mich nicht über Sie der ihn mir warnend vor Augen hält. Dafür bin ich Ihnen doch dankbar. Wissen Sie das nicht? Immerwährend drängte es dann zu reden. Ich schwieg aus Scham oder Trotz oder sonst etwas, ich weiß nicht mehr. Das war nun wohl erst recht verkehrt. Verzeihen Sie mirs: das nichtschreiben fiel mir wirklich schwer genug. –

Die Gewißheit daß Ihr Wintercolleg wenigstens da ist ist schon ganz trostreich. Werden Sie es auch lesen wenn nur ein Zuhörer da ist?[41]

Hindenburg ist wirklich in Breslau gewesen. Er hatte dort eine Zusammenkunft mit dem deutschen Kaiser und Hötzendorff.[42] Gesehen hab ich ihn nicht. Meine kranken Soldaten haben mich nicht fortgelassen. Eine große Anzahl heut neuangekommener erzählt einstimmig daß die Deutschen schon mehrere Forts der russischen Festung Iwangorod erobert haben:[43] So spärlich sind die offiziellen Bekanntmachungen, alles wird verheimlicht. Die Politik die man bei kleinen Kindern anwendet. Aber ich werde schon wieder ungeduldig, drum ists besser zu endigen. Gruß und Hand von
Ihrer ergebenen Elli Salomon
Hirschberg 14. Oktober 1914

---

[41] *Werden Sie es … da ist?*] Statt der vereinzelten Hörer, mit denen FG angeblich rechnete, kamen 60–70.

[42] *Hötzendorff*] Franz Conrad von Hötzendorf (1852–1925) war Chef des österreich-ungarischen Generalstabs.

[43] *daß die Deutschen … erobert haben*] Bei der Festung Iwangorod versuchten russische Truppen im Oktober 1914 mehrfach über die Weichsel vorzurücken, wurden aber stets zurückgeschlagen.

14. Friedrich Gundolf an Elisabeth Salomon.
Darmstadt. 19. Oktober 1914

Liebe Elli Salomon:
Ich habe Sie durchaus nicht „zerknirschen", nicht einmal beissen oder
wider Ihren schlesischen Zustand bellen wollen, bloss mit der hessischen Sicherheit Ihre durch Grenzstimmungen und Slawengerüchte
aufgeweichte Zuversicht wieder zurechtkneten. Nun beruhigt es mich
zwar herzlich daß Sie nicht gekränkt waren, aber es bedrückt mich,
wenn Sie so tun als wenn Sie sich vor mir fürchten müssten und meine
Sklavin wären .. Sie werdens am Ende wirklich noch, aus lauter Gewohnheit mich mit einer Autorität zu necken die ich Ihnen gegenüber nicht beanspruche! Und was soll ich dann mit Ihnen anfangen
wenn Sie nur noch fühlen oder sagen was ich will, und gar nichts
mehr kritisiren!? Also, liebe E.S. (Entfesselte Sklavin, oder empörte
Schlesierin, oder erzgebirgische Sünderin, oder eingefleischte Studentin!) setzen Sie sich zur Wehr und lassen Sie sichs nicht gefallen daß
ich Sie jezt anfahre wegen Ihres Nörgelns über die Kargheit der behördlichen Berichte, als über „eine Politik die man bei kleinen Kindern
anwendet!"
Ist denn Publikum für die welche etwas zu machen haben, Schlachten
schlagen oder organisiren, ist denn ein Haufe Breslauer, Hirschberger,
einschliesslich erfahrener Staatsmädchen, etwas anderes als kleine Kinder? Im Ernst, wer nur hört, erwartet und erleidet ist für den der sieht,
hilft und schafft immer ein Kind, und mehr wissen als es verdauen
kann ist dem Mitglied der Menge immer ungesund: nur das Unbestrittene, Vollendete, nicht mehr rückgängige ist kündbar, das werdende,
vorbereitete, wegbare zerstört sich durch voreilige Lautwerdung .. Und
so bin ich, selbst ein Opfer der gerügten Kargheit, doch ihr unbedingter Verteidiger, und belehre Sie wie ein Hosenmatz den Säugling. Genug des Scherzes und verzeihn Sie ihn um des Ernsts willen.
Mein Colleg beginn ich am 29. X. Wenn Sie kämen (und ich gebe
Bitte und Wunsch noch nicht auf) so hätte ich mit Sicherheit wenigstens eine Hörerin, eine verständnisinnige Kritische, und die nicht nach
der ersten Stunde wegbliebe, sondern Kaffé mittränke. – Ihre Briefe
freuen mich immer und Ihre Berichte sind willkommne Ergänzungen
der zu kargen Tagesmeldungen. Besonders erbitte ich Geheimklatsch
über Hindenburg der grenz- und spittelweise zu Ihnen dringt: alles was
diesen Tatenmann verdeutlicht beschäftigt mich, und was wahr oder
nur Klatsch ist erkenn ich von selbst. Schreiben Sie mir bald wieder,

Elli, trotzig, demütig, sachlich oder weiblich, es ist mir willkommen und ich grüsse Sie herzlich,
Ihr Friedrich Gundolf
G. R. Heyer hat das eiserne Kreuz.

Abs.: Gundolf / Darmstadt / Grünerweg 37 – Adr.: Fräulein Elli Salomon / Hirschberg (Schlesien) / Schützengraben[44] 10a [nachgesandt: Heidelberg / Schloßberg 49][45]

15. Friedrich Gundolf an Elisabeth Salomon. Darmstadt. 27. Oktober 1914

Liebe Elli:
Die Diskussion über „Herrschaft und Dienst"[46] hoff ich bald mündlich fortsetzen und zu einem beiderseits willkommenen Abschluß bringen zu können. Einstweilen freu ich mich Sie aus dem Schützengraben in eine erreichbarere Position gedrängt zu haben wo ich Sie Ende dieser oder Mitte nächster Woche zu finden gedenke, da mir das Terrain genau bekannt ist, auch die Verpflegungsschwierigkeiten mit denen Sie zu kämpfen haben. Den Semesterbeginn möchte ich in Anbetracht der wenigen Hörer und der Müßigkeit des ganzen Betriebs solang wie möglich hinausschieben, aber am 5. November muß die Beschiessung beginnen.

Ihr Brief hat mir in jeder Hinsicht Freude gemacht, und so sehr ich mich freue Sie in der Nähe zu haben, so sehr werd ich Ihre Berichte aus dem Osten vermissen, wo Sie die einzige Funkenstation[47] für mich waren.

Doch willkommen am Neckar und auf baldiges Wiedersehn!

---

[44] *Schützengraben*] Wortspiel mit ESs Anschrift „Schützenstraße".

[45] *Heidelberg / Schloßberg 49*] ES war inzwischen doch nach Heidelberg zurückgekehrt, wo sie nun in der Pension Neuer, Schloßberg 49, wohnte.

[46] *„Herrschaft und Dienst"*] Friedrich Wolters' Aufsatz „Herrschaft und Dienst" war 1909 im gleichen Heft der „Blätter für die Kunst" erschienen wie FGs konkurrierende Abhandlung „Gefolgschaft und Jüngertum". Der Berliner Historiker Wolters (1876–1930) war seit 1909 ein Mitglied des engeren George-Kreises und mit FG in näherem Kontakt; vgl. den Wolters-Briefwechsel.

[47] *Funkenstation*] Funkstation, Nachrichtenquelle.

Herzlichst Ihr
F Gundolf
Darmstadt 27. X. 1914

Abs.: Gundolf / Darmstadt / Grünerweg 37 – Adr.: Fräulein Elli Salomon / Heidelberg / Schlossberg 49.

16. Elisabeth Salomon an Friedrich Gundolf.
   ## Heidelberg. 22. November 1914

Lieber Herr Gundolf, ich bin noch so verwirrt und zerrüttet von dem heutigen Nachmittag, daß ich Sie um Verzeihung bitten muß für das kühne Unternehmen, Ihnen aus einem solchen Zustand heraus zu schreiben. Ich tu es, um Ihnen zu zeigen, daß wenigstens Wille und Wunsch, den Pessimismus fahren zu lassen, vorhanden sind. Es will mir aber nicht gelingen: heut beim jour bei Max Weber[48] war Herr Dr. Wolters und ich hörte zwischen beiden ein Gespräch über den Krieg, Weber voller Befürchtungen, Wolters voller Hoffnungen. Ich merkte mit grenzenloser Spannung auf und wartete besonders auf das letzte Wort, dem ich geneigt war große Bedeutung beizumessen. Und denken Sie, Herr Doktor, Weber behielt es und Wolters sagte nichts mehr davon, keine Silbe. Meine Verzweiflung über dies schweigen war und ist vollständig.

Ich mußte Ihnen das rasch mitteilen, was halb wie Teeklatsch, halb wie ein Seelenerguß aussehen mag, damit Sie mich nicht weiter schelten und meinen, ich stemme mich bockig gegen eine bessere Einsicht. Ihre stets treu ergebene Elli Salomon
Heidelberg 22. XI. 14

---

[48] *jour bei Max Weber*] Der sonntägliche Jour fixe in der Heidelberger Villa des berühmten Soziologen Max Weber (1864–1920), des Bruders von ESs Professor Alfred Weber.

17. Friedrich Gundolf an Elisabeth Salomon.
Darmstadt. 8. Dezember 1914

Liebe Elli:
Diesmal komme ich erst Donnerstag, bleibe dafür aber zwei Tage länger.

Ich hoffe Ihr Schnupfen nebst Pessimismus, Skeptizismus, Kritizismus ist inzwischen einer verklärten Wandervogelperspektive auf die Schlachtfelder in Polen gewichen.

Schade dass Sie immer wieder nachdunkeln, wenn man Sie gerade frisch gefirnisst hat, freundliches Still-leben!

Mir geht es wieder gut und neue Übel sind nicht dazu gekommen. Auf Wiedersehn, liebe Elli!
Ihr ergebner
F. Gundolf
Darmstadt
8. XII. 14

Abs.: Gundolf / Darmstadt / Grünerweg 37 – Adr.: Fräulein Elli Salomon / Heidelberg / Schlossberg 49

1915

18. Friedrich Gundolf an Elisabeth Salomon.
   Darmstadt. 15. Januar 1915

Liebe Elli:
Dieser Brief findet hoffentlich Ihren Hals abgeschwollen, ihr Fieber gesunken, Ihre Angina auf dem Rückzug, Ihren Geist frisch, und Ihr Gemüt von einem besinnlichen Optimismus verklärt, dem Vorboten künftigen Arbeitsnachweises und Spitteldienstes.[1] Nur noch wenige Stunden Geduld und es wird Ihnen nicht mehr so mies sein. Bis dahin rechnen Sie Ihre Zustände ins Ganze der Kriegsstrapazen und sagen Sie sich lächelnd „was liegt an dem bischen Elli Salomon!" Eine Meinung die ich weit entfernt bin zu teilen.

Ihre Aufträge hab ich erfüllt und hoffe, Sie werden vermisst, aber entschuldigt und mit Fassung erwartet: der ehrenvolle Krieg mit mehr oder minder flätigen Bürgerfrauen wird auch ohne Ihre kräftige und geduldige Defensive zu einem siegreichen Ende seitens der arbeitznachweislichen Pflichtmuhmen geführt werden, und die Knochenbrüche werden auch ohne Ihre bacillarischen Eingriffe in die Sterilgläser schief gewickelt werden.

Von hier ist nur zu berichten daß der Caesartransport glücklich von statten ging und der gelbgrüne Heros[2] jezt von rotem Hintergrund auf meinem Schreibtisch auf mich herabschaut.

Ich komme jedenfalls Mittwoch und dann sollen Sie auf sein, liebes Kind!

Mein Spott soll nur meine Rührung über Ihre Bedauerlichkeit verbergen, und meine stahlharte Weltanschauung verbietet mir meinem Mitleid mit Ihrem Hals freien Lauf zu lassen, und das Wort Nebbich[3] ist zu schwach für die Gefühle die mich angesichts Ihres Krankenlagers

---

[1] *Spitteldienst*] Anspielung auf ESs Tätigkeit als Rotkreuzschwester; darauf bezogen auch die nachfolgenden Wortspiele.

[2] *gelbgrüne Heros*] Gemeint ist der Abguß der Caesar-Büste aus dem British Museum, den FG Anfang des Jahres von Edgar Salin, Wolfgang Heyer und dem Hölderlin-Forscher Norbert von Hellingrath (1888–1916) geschenkt bekommen hatte (Abbildung bei Thimann, Frontispiz u. S. 138).

[3] *Nebbich*] Jidd. Ausdruck des Bedauerns: schade, leider.

beseelen. Also Liebe Elli, werden Sie mir gesund und seien Sie herzlichst
gegrüsst
von
Ihrem
Friedrich Gundolf

Abs.: Gundolf / Darmstadt / Grünerweg 37 – Adr.: Fräulein Elli Salomon / Heidelberg / Schlossberg 49

19. Friedrich Gundolf an Elisabeth Salomon.
Darmstadt. 13. März 1915

Liebe Elli:
Wahrscheinlich komme ich Mittwoch oder Donnerstag nochmals nach
Heidelberg, und hoffe dann noch einen arbeitsfreien Nachmittag oder
Abend mit Ihnen zu verbringen.

Meine Einberufung, ungewiss wohin, erwarte ich im Laufe der nächsten Woche.[4] Vielleicht komme ich übrigens Montag schon .. Sie
bekommen auf jeden Fall Nachricht.

Am Donnerstag schienen Sie mir durch irgendetwas Unausgespro-
chenes bedrückt oder verstimmt, und leider war nicht die Gelegenheit
Sie zu fragen .. ich hoffe, es war ein Irrtum, und erst recht wünschte
ich, falls ich unwillentlich die Ursach gegeben haben sollte (wie mir
beinah scheint) sie möglichst bald zu wissen und zu tilgen.
Alles Herzliche, liebe Elli, von Ihrem
Gundolf

Abs.: Gundolf / Darmstadt / Grünerweg 37 – Adr.: Fräulein Elli Salomon / Heidelberg / Geissbergstrasse 16a / Pension Bezner[5]

---

[4] *Meine Einberufung ... Woche*] FG wurde erst im November 1916 einberufen.
[5] *Bezner*] ES war inzwischen in die von 1903 bis zu ihrem Tod im Jahr 1931 von
Klara Bezner geführte Pension Friedau umgezogen, in der gelegentlich auch FG
oder Stefan George wohnten.

20. Elisabeth Salomon an Friedrich Gundolf.
Heidelberg. 19. Juni 1915

Sehr lieber Herr Gundolf, es ist schon so spät am Abend, daß ich mich mit meinen Geburtstagswünschen[6] sehr kurz fassen muß. Die beiliegende Ceres-Fortuna[7] stammt zwar – wie Sie beim ersten Blick mit Mißbilligung wahrnehmen werden – aus später Kaiserzeit, ist aber dafür zeitgemäß und enthält schon all meine Wünsche, die sich, trotzdem nur Sie Geburtstag haben, auf mehr noch beziehen. Dann hab ich noch ein schweres Rätsel[8] für Sie erdacht, daß ich Ihnen hiermit widme, aber wahrscheinlich erst morgen abschicken kann, weil es leider noch nicht ganz fertig ist.
In herzlicher und dankbarer Verehrung grüßt Sie Ihre Elli Salomon. Heidelberg, am 19. VI. 1915.

21. Friedrich Gundolf an Elisabeth Salomon.
Darmstadt. 22. Juni 1915

Liebe Elli:
Ich war bis jezt unterwegs, (was mich auch verhindert hat, Ihrer Besserung durch Nachfrage und Vorwünsche unmittelbar aufzuhelfen, und mich zwang, meine Teilnahme für Sie in der Eisenbahn herumzufahren) und finde bei der Rückkehr Ihre lieben Worte vor, die einen Stein erweichen, und Ihren kostbaren Stein,[9] den kein Wort erreichen kann. Ich sollte „aber aber" sagen und der Verschwenderin mit dem Zeigefinger und einem Bettelstab am Rand der Zukunft drohen, aber meine Freude an Ihrer Gabe und Liebe ist zu groß, als daß ich Sie nicht nehmen sollte mit dem dankerfüllten Augenträufeln: „Aber das kann ich ja gar nicht annehmen."

---

[6] *Geburtstagswünschen*] FGs Geburtstag war am 20. Juni.

[7] *Ceres-Fortuna*] Es handelte sich um eine Gemme, die Ceres, die Göttin der Fruchtbarkeit, des Ackerbaus und der Ehe als Fortuna darstellte. FG siegelte damit etwa am 13. Juli 1915.

[8] *Rätsel*] Nicht erhalten.

[9] *Stein*] Die FG zum Geburtstag geschenkte Ceres-Gemme.

Wie gehts Ihnen? Morgen oder übermorgen sprech ich bei Ihnen vor.
Hoffentlich treff ich Sie gesund. Ich umarme Sie herzlich liebe Elli,
Ihr
Gundolf

Abs.: Gundolf / Darmstadt / Grünerweg 37 – Adr.: Fräulein Elli Salomon / Pension
Bezner / Heidelberg / Gaissbergstraße 16a

22. Friedrich Gundolf an Elisabeth Salomon.
Darmstadt. 13. Juli 1915

Liebe Elli:
Ihre Krankheit hat mich recht beunruhigt, und ich wollte, Sie schonten
sich für einige Zeit, wenn auch nicht gerade durch Bettlagern, so durch
weniger Arbeit. Aber ich fürchte, Sie finden diesen Zustand ganz heimlich vor sich noch interessant, was Ihrer Jugendlichkeit alle Ehre macht,
aber einem gereiften Mann nicht nötig scheint. Ich hoffe Freitag oder
Samstag ein paar gesunde Stunden bei Ihnen zu sein – die Unterhaltung
soll auch nicht zu kräftig werden. Seien Sie ein bischen gut gegen sich
und Ihr gedrücktes Hirn, liebe Elli, ich bitte Sie sehr herzlich darum,
sonst muss ich es Ihnen befehlen.

Das Bild[10] find ich gar nicht so übel. Die Blumen waren von mir,
damit Sie bei Ihrer grossen Zahl Verehrer nicht einen Unwürdigen im
Verdacht haben!

Weber, wollte ich, bliebe einmal länger in Heidelberg kleben, damit
man ihn attrappiren könnte.

Also Geduld, Weisheit, Gesundheit, Kind! (lezteres ist Anrede, nicht
Wunsch!)
Ihr Freund Gundolf

Ihre schöne Gemme hab ich mir als Petschaft in Silber fassen lassen,
und besiegle damit nur Briefe an Sie, so daß ich öfter an Sie schreiben
muss. Das übrige petschirt J.C.[11]

Abs.: Gundolf / Darmstadt / Grünerweg 37 – Adr.: Fräulein Elli Salomon / Pension
Bezner / Heidelberg / Geissbergstrasse 16a

---

[10] *Bild*] Unklarer Bezug.
[11] *J.C.*] FG verwendete in dieser Zeit häufig ein Siegel (Petschaft) mit einem Cae-
sar-Kopf.

23. Friedrich Gundolf an Elisabeth Salomon.
Darmstadt. 6. September 1915

Liebe Elli:

Die Weberischen Friedensbedingungen hat er mir selber zugeschickt, ebenso seinen Aufsatz „Zukünftiges" aus der Neuen Rundschau:[12] Sie werden ihn kennen, oder wenigstens die Auszüge draus in der Frankfurter Zeitung. Es ist viel darüber zu sagen, und ich werde im Laufe dieser Woche nach Heidelberg kommen, dann werde [ich] Ihre Neugier, was denn, befriedigen.

In Russland können wir ruhig abwarten wie es weiter geht: mehr als Riga Dwinsk, Pinsk, Minsk, Tarnopol[13] brauchen wir im September nicht, und was man Ihnen am 10. November auf den Geburtstagstisch legt wissen wir noch nicht, aber Hindenburg wirds wissen.

Wenn Sie Urlaub nehmen, so sagen Sie mirs beizeiten und wohin. Wenn Sie in Heidelberg bleiben, so kann ich an Ihrer freien Zeit vielleicht auch teilnehmen. Für meinen armen Stock[14] hatte ich schon die schwersten Bedenken, als ich ihn in Ihren drehwütigen, bosselsüchtigen, knottelgierigen Händen zurückliess. Dazu musste Kowno[15] erobert werden, damit Sie meine Trophäe vergeblich bestürmen! aber noch drei Tage und dann ist bei Ihnen seine Schraube los. Aber ich setze Sie in seine Hülse und schraube oben zu, bis Sie wimmern wie der Geist den Salomon in die Flasche gesperrt hat.[16]

---

[12] *Die Weberischen Friedensbedingungen ... Rundschau*] Alfred Weber: Bemerkungen über die auswärtige Politik und die Kriegsziele. Privatdruck 1915; Zukünftiges. In: Neue Rundschau 26 (1915), S. 1153–1168 (September); Auszüge daraus erschienen in der „Frankfurter Zeitung" vom 1. September 1915 (Nr. 242).

[13] *Riga, Dwinsk, Pinsk, Minsk, Tarnopol*] Russische Städte, die teils tatsächlich im September 1915, teils erst sehr viel später oder auch gar nicht von den Truppen der Mittelmächte erobert wurden.

[14] *Stock*] FG hatte ES Ende August seinen Billardstock zur Aufbewahrung übergeben, was nun zu der scherzhaften Befürchtung Anlaß gibt, sie werde ihn aufschrauben. „Bosseln", „knotteln" bedeutet: an etwas herumdoktern, herumbasteln.

[15] *Kowno*] Die baltische Festung war im August 1915 von deutschen Truppen erobert worden.

[16] *Geist ... gesperrt hat*] Anspielung auf ein Märchen aus Tausendundeiner Nacht (Die Geschichte von dem Fischer und dem Dämon).

Aus dem Ton Ihres Briefes meinte ich wieder einen gewissen Hang zum Unken wahrzunehmen, sodass mich lüstet Sie baldmöglichst in eine Lerche zu verwandeln, oder wenigstens in eine Hornräbin.[17]

Wahrscheinlich komme ich Mittwoch Nachmittag und würde mich freuen wenn Sie den Abend für mich freihätten. Wenn Ihnen eine andre Stunde besser passt so bestimmen Sie.
Es küsst Sie herzlich
Ihr lieber Herr Gundolf

Abs.: Gundolf / Darmstadt / Grünerweg 37 – Fräulein Elli Salomon / Heidelberg / Gaisbergstrasse 16a.

24. Friedrich Gundolf an Elisabeth Salomon. Darmstadt. 13. September 1915

Liebe Elli:
Schreiben Sie dem braven Burschen[18] – Sie seien leider nicht frei und obendrein Jüdin, (besonders das leztere wird ihn wohl abschrecken) und es täte Ihnen leid und Sie gedächten seiner gern, und würden sich freuen von ihm zu hören und ihm alles Liebe und Gute auf seinem Lebensweg wünschen, welches ihm gewiss auch ohne Sie beschieden würde, da es ja tausend schönere, und bessere und tüchtigere gäbe, und er ja noch jung sei, und sich in dieser ernsten Zeit kein Mädchen zu Herzen nehmen oder im Kopf herumgehen lassen dürfe. Sie zweifelten nicht, daß er bald eine würdigere fände. u.s.w. u.s.w.

Gestern wollte ich Ihnen auch einen Liebesbrief schreiben, wenn auch ohne praktische Schlussfolgerungen! daß ich Ihnen das mitteile werden Sie sich nicht zu Herzen nehmen. Ein schonender Instinkt sagte mir, daß Sie vielleicht doch auch so genug L.e. bekommen und meine nicht nötig haben.

Die Bücher sind schon Samstag, ohne Mahnung an Sie abgegangen.

---

[17] *Hornräbin*] Vielleicht Anklang an die Liebesszene in Shakespeares „Romeo und Julia" (III,5), wo Lerche und Kröte miteinander in Beziehung gesetzt sind. Die Erweiterung der Anspielung auf die Hornräbin ist wohl ESs schwarzem Haar geschuldet.

[18] *Burschen*] Unbekannter Anbeter ESs.

Wahrscheinlich komme ich Anfang nächster Woche nach Heidelberg
und hoffe dann auf ein oder zwei schöne Halbtage mit Ihnen.
Adieu (oder Gottlob) liebes Schwarzes!
Ihr Gundolf

Abs.: Gundolf / Darmstadt / 37 Grünerweg – Adr.: Fräulein Elisabeth Salomon /
Heidelberg / Gaisbergstraße 16a

25. Friedrich Gundolf an Elisabeth Salomon.
Darmstadt. 17. September 1915

Ei, Sie liebe goldige Elli!
Was haben Sie mir eine unerwartete und grosse Freude gemacht! Dies
Werk[19] hatte ich schon lange gesucht und habe es nirgends auftreiben
können – es gehört zu einer honetten Cäsarbibliothek, und es von Ihrer
lieben treuen goldigen Hand zu besitzen erhöht mir den Wert noch
durch unsachliche Nebenschwingungen.

Dabei dürfen Sie sich rühmen, was meine geneigtesten Gönner und
Gönnerinnen kaum mehr fertig bringen und was ich seit Jahren für
unmöglich erklärt: mir noch ein wesentlich neues Caesarianum zuzu-
führen, geleistet zu haben. Nach allen möglichen Seiten hin ist das
Werk merkwürdig – hinten am Schluß ist eine Art Subscribentenliste
angehängt, bei der sich die vortrefflichsten Herren zusammenfinden: Carl V, Egmont, alle italienischen Estes, Gonzagas, Medici, und
Michelangelo.[20]

---

[19] *Werk*] Hubert Goltzius: C. Iulius Caesar / sive historiae / imperatorum caesa-
    rumque romanorum / ex antiquis numismatibus restitutae / liber primus / acces-
    sit C. Iulii Caesaris vita / et res gestae / Huberto Goltz Herbipolita Venloniano /
    auctore et sculptore / Brugis Flandrorum: Hubertus Goltzius, M.D.LXIII.
    [Brügge 1563]; vgl. Thimann, S. 118f. u. Wolfskehl-Briefwechsel, Bd. II, S. 130
    (künftig II,130). FGs legendäre Bibliothek hatte einen bedeutsamen Caesar-
    Schwerpunkt; vgl. Thimann.

[20] *Carl V ... Michelangelo*] In der Tat eine Aufzählung von Berühmtheiten – vom
    Habsburgerkaiser Karl V. (1500–1588), in dessen Reich die Sonne nie unterging,
    über den spanischen Statthalter in den Niederlanden Graf Egmont (1522–1558),
    der zum Titelhelden des Goetheschen Dramas wurde, die historisch prominen-
    ten italienischen Fürstenfamilien der Este, Medici und Gonzaga bis hin zu dem
    Renaissance-Genie Michelangelo Buonarroti (1475–1564).

Also herzlichsten Dank und viele Küße, Liebes! Ich komme jedenfalls
doch Sontag Abend nach oder durch Heidelberg von einer Maintour
aus. Könnten Sie sich freimachen, so wäre es sehr schön, wenn nicht,
so umarme ich Sie im Vorübergehen und mache mich sonstwo nützlich.
In aller Herzlichkeit
Ihr
Gundolf

Abs.: Gundolf / Darmstadt / Grünerweg 37 – Adr.: Fräulein Elli Salomon / Heidelberg / Gaisbergstraße 16a

1916

26. Friedrich Gundolf an Elisabeth Salomon.
Wolfratshausen.[1] 25. August 1916

Liebes:

Dein Brief hat mir nur gesagt was ich schon fühlte – denn die Sehnsucht eines Wesens mit dem wir uns verstehen, ist keine bloss innerliche Einseitigkeit, sondern eine objektive Macht für die uns nur die Wissenschaft fehlt: also ich hab gespürt daß deine Venus die Stränge anzog, woran sie meine Psyche hält .. Psyche wartet nicht, bis ihr die Fesseln ins Fleisch schneiden, sondern hält gleich still, damit die leidenschaftliche Göttin sich ihr so nah als möglich verständlich machen kann, mit Hand oder Mund.

Ich hab mich vorgestern in Augsburg und gestern in München herumgetrieben – am späten Abend erfuhr ich neulich die Nachricht von der Heimkehr der Deutschland,[2] und hatte gleichzeitig im ersten Nu zwei Gedanken wie in einem Vielliebchen:[3] „Das freut mich" und „da freut sich meine Elli". Du siehst wie sich Privataffären mit Weltgeschichte durchdringen. Es ist eine schöne Sache, aber leider entscheidet sie nichts, mit Aventiuren, so liedeswert sie sind, endet der Krieg nicht .. und der Geruch von Blut und Graun verdeckt zwar nicht die Sterne, aber selbst die Leuchttürme. Es sieht jetzt wieder besser aus wie im Juli,

---

[1] *Wolfratshausen*] FG hielt sich den August und die erste Septemberhälfte über bei Kahlers in Wolfratshausen auf, wo er auch schon über Pfingsten gewesen war. Die Zeit seit Winter 1915/16, für die kaum Korrespondenz mit ES vorliegt, verbrachte FG entweder in Darmstadt oder – gemeinsam mit ES – in Heidelberg. Von Anfang November 1915 an waren die beiden durch ein Liebesverhältnis verbunden. Im November 1916 erinnerte sich FG: „Es gibt wenig Tage und Abende an die ich so oft und dankbar zurückdenke wie den 3/4 November, du weisst warum, Elli .."

[2] *Deutschland*] 1916 gebautes Handels-U-Boot, das auf seiner ersten Amerikafahrt die britische Blockade in der Nordsee durchbrach. Es lief am 25. August 1916 in Bremerhaven ein.

[3] *Vielliebchen*] Zwei zusammengewachsene Früchte, etwa eine Haselnuß mit zwei Kernen.

aber so endlos. Übrigens, Kind, wie gesagt, die Sterne verfinstern sich nicht, und aequam memento rebus in arduis servare mentem.[4]

––––––––––

Gestern hab ich ein *1480* in Rom gedrucktes Büchlein über Caesar[5] erstanden und ein andres aus der Zeit Montaignes aus Frankreich.[6] Daß ich für Kahler einen herrlichen Holzschnitt-Folianten-Caesar fand,[7] schrieb ich Dir glaub ich – alles billige Gelegenheiten, kleine Freuden, und solche die man sich getrocknet aufheben kann – ach, die grossen lassen sich nicht konserviren, nur verewigen oder vernichtigen.

Hab Dank für dein strebsames *kleb*sames Vorsorgen,[8] liebes gutes, treues Herz! Alles was du tust ist voll herzlichen Wissens was mir Freude macht .. und das muss die Näh ersetzen, das und manchmal die Träume die du mir schickst, woran und worin ich dich erkenne .. Gespräche, Zwiste, Umarmungen, Unterwerfungen, und dann ein Erwachen voll Sehnen und doch zugleich süssem Genügen. Ich sollte dir solche Dinge vielleicht nicht schreiben, doch wenn ich sie an dich hindenken kann, so magst du sie auch vernehmen .. aber verbrenne diesen Brief, und gleich, Liebes – ich bitte Dich. Es ist ein eignes Glück darin, zu sagen was niemand wissen darf .. ja, in der Liebe selbst ist das Geheimnis das Wesen der Wollust, wie Wollust in *jedem* Geheimnis, im Geistigsten wie im Fleischlichsten steckt. Wer das erstemal einen unbekannten Gott erfahren hat, dem war zumut wie einem Bräutigam.

––––––––––

[4] *aequam memento … mentem*] Denke daran, in schwierigen Situationen Gelassenheit zu bewahren! [Horaz, carmina 2, 3, 1]

[5] *Büchlein über Caesar*] Gemeint ist die Inkunabel „Caesarus oratio Vesontione ad milites habita" (Rom 1481/84) (Thimann, S. 200).

[6] *aus der Zeit Montaignes*] Vermutlich eine franz. Caesar-Edition oder Übersetzung aus dem späten 16. Jh.

[7] *Holzschnitt-Folianten-Caesar*] Die berühmte, mit vielen Holzschnitten illustrierte Folio-Ausgabe der Werke Caesars von Jacopo Strada, erschienen in Frankfurt 1575 (Thimann, S. 202). FG erwarb die Ausgabe für Kahler, der sie, mit seinem Besitzvermerk versehen, offenbar wieder FG überließ.

[8] *Hab Dank … Vorsorgen*] Unklarer Bezug.

Nie hab ich so oft gedacht: Komme was kommen mag .. nie hab ich so
ruhig mich gefreut eine Ernte[9] unter Dach zu haben, wie in der Schwermut dieser Wochen voll finstrer Zukunft und verhangener Himmel ..
nie war mir gewisser daß das Unerforschliche wesenhafter ist als alles
was wir übersehen und deuten möchten. „Wie es auch sei, das Leben,
es ist gut"[10] auch der Krieg soll dies Gebet nicht unwahr machen ..
Aber nie war ich auch gewärtiger der Prüfungen in denen mein Optimismus sich bewähren müsse.

Bis sie kommen, freu ich mich jedes guten Tags und danke den Spen-
dern meiner Freuden .. wovon Du keine der geringsten bist, Elli.
Ich küsse dich .. sei nicht ungeduldig und schreib mir .. du freust mich
Dein G.

Abs.: Wolfratshausen / Villa Sankt Georg – Adr.: Fräulein Elisabeth Salomon /
Hirschberg (Schlesien) / Wilhelmstrasse 9c[11]

27. Friedrich Gundolf an Elisabeth Salomon.
Wolfratshausen. 31. August 1916

Liebes!
Deine Freude über das Abenteuerschiff[12] versteh ich und teil ich. (Sein
Kapitän hat übrigens, wie ich höre, ebenfalls gleich Müller, eine Britin
zur Frau!)[13] Noch schöner wärs, der Unterseebootkrieg in seiner stärks-
ten Form[14] ginge bald los: es heisst, man könne es jezt mit grosser
Wahrscheinlichkeit des Erfolgs wagen, und werde es demnächst.

---

[9] *Ernte*] FG meint sein berühmtes Goethe-Buch (Friedrich Gundolf: Goethe. Berlin: Bondi 1916), dessen Korrekturen er eben abschloß.

[10] *Wie es auch sei, das Leben es ist gut*] Zitat aus Goethes Gedicht „Der Bräutigam".

[11] *Hirschberg … Wilhelmstrasse 9c*] ES hielt sich vorübergehend bei ihrem Vater
in Hirschberg auf, der offenbar eine andere Wohnung bezogen hatte.

[12] *Abenteuerschiff*] Das Handels-U-Boot „Deutschland" und sein Kapitän Paul
König (1867–1933).

[13] *Müller … zur Frau*] König war seit 1901 mit der Engländerin Muriel Pennington
verheiratet; der hier wohl gemeinte Kapitän des wegen seiner militärischen Erfolge legendären deutschen Kreuzers „Emden", Karl von Müller (1873–1923),
verehelichte sich erst nach Kriegsende.

[14] *Unterseebootkrieg in seiner stärksten Form*] Nachdem die deutschen U-Boote in
den ersten Kriegsjahren nur in bestimmten Gebieten operierten, wurde am 1. Februar 1917 der völkerrechtlich umstrittene uneingeschränkte U-Boot-Krieg erklärt, von dem man sich den Sieg über England erhoffte.

Das Einzige was mich in der lezten Zeit rundum gefreut hat ist indess Hindenburgs Ernennung zum Generalissimus.[15] Ich bin darin wie „der gemeine Mann" und hab ein Vertrauen daß es nicht schlecht gehn kann, solang dieser Mann unsre Heere führt. Täusch ich mich darin, so ist mir der Rest gleichgültig.

Mein Bruder muss für den 4. September einrücken, ich komme wohl jezt auch bald dran, und es ist mir nicht unwillkommen. Seit dem Eintritt Rumäniens[16] und Hindenburgs Ernennung hat der Krieg wieder ein neues Pathos bekommen, neue Gefahr und Kühnheit und jezt erst ist wieder die verzweifelte Wucht des Kampfs um Sein oder Nichtsein, wie beim Anfang, jezt erst wieder ists gleich ob man lebt oder nicht, nur viel härter böser, freudloser ist alles, aber finstergross wie die Geschichte selbst. Ich glaub, es wird ein düstrer Winter, wie Keiner zuvor.

Wo hast Du die Nachricht von Marga[17] her? Ists sicher? Nun, sie war immer sehr menschenfeindlich und so mag sie jezt ihren Hass hinwenden, wo am meisten Menschtum ist: im übrigen haben Weiber die Gesinnungen ihrer Männer zu teilen, die Gesinnungen und die Nationalität, wie es das Gesetz schon vorschreibt .. das ist nur in der Ordnung. Mir war sie schon lange tot und wird mir nicht lebendiger durch diese Kunde .. Was schön an ihr und für mich war, bleibts dennoch. Ich küsse Dich.

Abs.: Wolfratshausen / Villa Sankt Georg – Adr.: Fräulein Elisabeth Salomon / Hirschberg (Schlesien) / Wilhelmstrasse 9c

28. Friedrich Gundolf an Elisabeth Salomon. Darmstadt. 16. September 1916

Liebste Elli:
Nun bin ich wieder in Darmstadt und erwarte hier mit Sehnsucht eine Nachricht von Dir: wenns recht frostig und regnerisch ist wärm ich

---

15 *Hindenburgs Ernennung zum Generalissimus*] Am 29. August 1916 wurde Hindenburg zum Generalstabschef des Heeres ernannt.

16 *Eintritt Rumäniens*] Am 27. August 1916 griff Rumänien an der Seite der Entente in den Krieg ein.

17 *Marga*] Unklare Anspielung, wohl auf Marga Bruck, eine frühere Freundin FGs; vgl. George-Briefwechsel, 167; Wolfskehl-Briefwechsel.

mich an Deinen Gedanken und Worten, und soweit Du weg bist hast Du immer noch die Kraft selbst durch Papier hindurch mich anzustrahlen – süsses liebes gutes Herz.

Mein Bruder ist jetzt richtig in Mainz in der Kaserne, es heisst, er komme nach dreiwöchiger Ausbildung in die Etappe – bis jetzt hat er noch nicht zu klagen gehabt, und die erste Nacht in der Kaserne hat er gut geschlafen, und sogar die Luft gut gefunden. Nun, hoffentlich gehts leidlich weiter.

Gleichzeitig mit meines Bruders Einruck kam mein Goethe hier an, und wohl auch bei dir etwa zur selben Stunde. Ich bin doch sehr erleichtert, wenn ich auch weiss daß sich die Freude nicht lange hält, und mir wohl auch gar verdorben wird durch Dummheiten der Leser und Kritiker, wie es immer geht, wenn man sich zu sehr auf etwas gefreut hat.

Gestern hab ich mir einmal Simmels Goethe[18] wieder angesehn, es ist ein feines Buch, und erinnert mich an Abner den Juden der alles gesehen hat, (du kennst das tiefsinnige Märchen von Hauff).[19] Er konstruirt Goethe fast richtig aus lauter Indizien und Relationen, und doch hat man das Gefühl, gesehn hat er ihn eigentlich nicht! Daß Goethe doch eigentlich ein grosser *Dichter* war könnte man aus dem Buch nicht erfahren. Trotzdem: es ist das einzige Werk über Goethes Gesamtsein, das Geist, Ehrfurcht und Gedanken, kurz hohes Niveau hat, und eigentlich nichts Dummes enthält, wovon alle andren Bücher wimmeln (sogar meines enthält zwei oder drei Dummheiten, auf die Du Jagd machen darfst: wenn Du sie gefangen hast so birg sie an deinem Busen).

Mädelchen, hab ich nicht in Heidelberg auch meine Lottebilder[20] liegen lassen in Deiner Hut? Weisst Dus vielleicht zufällig? Heute Mittag fahr ich wahrscheinlich nach Frankfurt, um bei Bär[21] was zu kramen.

---

[18] *Simmels Goethe*] Die Monographie des berühmten Berliner Soziologen Georg Simmel (1858–1918): Goethe. Leipzig: Klinkhardt & Biermann 1913.

[19] *Abner den Juden … Hauff*] 1826 erschienenes Märchen von Wilhelm Hauff (1802–1827), das allerdings den Titel trägt „Abner, der Jude, der nichts gesehen hat", dessen Held jedoch ihm unbekannte Geschehnisse aus unscheinbaren Spuren erschließt.

[20] *Lottebilder*] Photos einer Heidelberger Bekannten von FG namens Lotte, gelegentlich wegen ihrer Schönheit gerühmt; an Kahler schreibt FG etwa am 18. Februar 1916: „Die schöne Lotte ist da, und vertreibt mir manche trübsinnige Stunde, schafft mir dafür aber andre" (Kahler-Briefwechsel I,139).

[21] *Bär*] Das Frankfurter Antiquariat Joseph Baer.

Wenn die drei Bezner-grazien[22] dort sind und Glück haben lauf ich ihnen in die Arme.

Mir liegt mein Romantiker Kolleg auf der Seele, weil ich nicht mit
dem Gefühl der innern Notwendigkeit dran gehe, und dann fällt mir
nicht das Wesentliche ein.

Das Zwiegespräch „der Schwur" hat hier eine weitere Szene als
Fortsetzung erhalten,[23] worin sich die zwei Heldinnen unter vier Augen sehen, unter Ausscheidung Gottes und des Sultans. Wenn du jetzt
noch eine Fortsetzung weisst, so sag mirs – vielleicht bekommst Du sie
dann ...

Ellichen, ich würde dir jetzt noch eine Menge Zärtlichkeit sagen
wenn ich nicht bangte, du wolltest mich dann doch heiraten!! Aber ich
hab Dich in der Tat herzlich lieb, und es liegt nur am Heiraten, wenn
ichs nicht dich tue. Du kannst Dir inzwischen vorstellen *was* ich Dir sagen würde, wenn ich nicht Angst hätte. Dein gebundenes und unge-
bundenes Exemplar

Abs.: Gundolf / Darmstadt / Grünerweg 37 – Adr.: Fräulein Elisabeth Salomon /
Hirschberg (Schlesien) / Wilhelmstrasse 9c

29. Friedrich Gundolf an Elisabeth Salomon.
Darmstadt. 18. September 1916

Liebes Schwarzes:
Der Ausschnitt über Hindenburgs Reporterrede[24] ist für mich als Ge-
schichtsforscher lehrreich weil er einmal unmittelbar die doppelte
Überlieferung derselben Worte und Gesten studiren lässt .. Auf die be-
gleitende Appretirung seitens der Reporter, die selbstverständlich keine

---

[22] *Bezner-grazien*] Anspielung auf drei aus Frankfurt stammende Pensionsgäste
   bei Bezner, mit denen ES befreundet war: die Studentinnen Tilly Edinger (Ty)
   (1897–1967), später Paläontologin in Frankfurt und den USA, Lucy Ney (Lu)
   (1896–1979), später Psychiaterin in der Schweiz und in den USA und Elsa
   Brinckmann (Elsa) (1895–?), später Ärztin in Mailand; im Briefwechsel auch
   Frankfurter Chariten oder Frankfurter Kleeblatt genannt.
[23] *Zwiegespräch ... erhalten*] Unveröffentlichtes Dramenfragment FGs; Teilab-
   druck in: Zettelwirtschaft, S. 21f. Eine umfangreichere Fassung liegt im George-
   Archiv, Stuttgart.
[24] *Hindenburgs Reporterrede*] FGs Bemerkung bezieht sich auf einen dem Brief
   beigelegten Artikel: „Hindenburg. Eine Unterredung mit den Kriegsberichterstat-
   tern" von Adolf Köster vom 17. September 1916.

Urgeister[25] sind, kommt [es] dabei weniger an, [als] auf die Fähigkeit Gehörtes aufzunehmen.

Mein Gleichnis über die Ausführung der Rekruten bezog sich auf den sinnlichen Eindruck, nicht auf die sittliche Bedeutung dieses Vorgangs, enthielt keinen Vorwurf und keine Herabwürdigung, Buzi, verstehst du mich –? nur komisch aussehn tuts halt.[26]

Deine Vorliebe für Mainz versteh ich nun gar nicht, es ist eine alte, aber tief gemeine Stadt, und vielleicht rechnest Du den Rhein, der hier zum ersten [Mal] in städtischer Glorie sich expandirt, der Stadt selbst zu gut. Schön ist nur der Domplatz .. als Stadtganzes ist Bamberg, Würzburg, Augsburg, Nürnberg, Braunschweig, Köln, Frankfurt, unvergleichlich belebter, geheimnishafter, patinirter (wobei ich von der leichtfertig pöbelhaften Bevölkerung vollends absehe).

Die Humboldtschen Briefe sind echt – wie kommst Du auf die Idee? sie sind von jener abstrakt erhabenen Langeweile und Geistesweite wie sie eine Frau gar nicht aufbringt. Du meinst alle Briefwechsel zwischen grossen Männern und genialen Weibern müssen bettinisirt sein .. aber nur Bettina war eine geniale Autorin.[27]

Wenn der Sultan[28] seinen Schwur bricht, ist die ganze Kröte umsonst gefressen .. Auf der Unbrechbarkeit beruht ja der ganze Sinn. O ihr Kinder habt kein Gesetz im Leib, nur Sympathie und Antipathie!

Im Winter will ich zweistündig lesen, aber an einem Nachmittag, und in Darmstadt wohnen, weil meine Mutter sonst zu allein ist. Mein Kolleg macht mir viel Kopfzerbrechen und Impotenz-skrupel: wenn ich nicht die unbedingte Notwendigkeit fühle etwas zu sagen, fällt mir

---

[25] *Urgeister*] Der George-Kreis unterschied zwischen den „Urgeistern", den schöpferischen und ursprünglichen Menschen, und den diesen nachgeordneten „abgeleiteten Wesen". Appretirung = Zurichtung.

[26] *Mein Gleichnis ... tuts halt*] Die Passage bezieht sich auf einen nicht erhaltenen Brief FGs.

[27] *Die Humboldtschen Briefe ... geniale Autorin*] Vermutlich sind die erstmals 1847 erschienenen „Briefe an eine Freundin" von Wilhelm von Humboldt (1767–1835) gemeint, die nach zahlreichen Auflagen 1909 von Albert Leitzmann neu herausgegeben wurden. Allerdings könnte es sich auch um die Edition der Briefe zwischen Wilhelm von Humboldt und seiner Frau handeln, die 1906/16 in 7 Bänden erschien. FGs Anspielung gilt Bettina von Arnims (1785–1859) berühmtem Buch „Goethes Briefwechsel mit einem Kinde" (1835), worin die Goetheschen Äußerungen stark redigiert sind.

[28] *Sultan*] Bezieht sich auf FGs im vorigen Brief erwähntes „Zwiegespräch".

weniger ein als dem Walzel.[29] Nur das Muss bringt mich in Fluss. Und dieser Tieck,[30] dieser marklose Schwelger in aller Fülle des Traums und Treibens, aber nichts greift und formt er, in allem puddelt er und alles in ihm.

Am Montag und Dienstag war ich in Heidelberg, sah nur Lotte und Eckhardt,[31] ausser der Beznerei. Lotte ist gesund und hübscher als je, Eckhardt lag wieder krank im Spital, aber immer red und beredt – wenn man nichts von ihm will, ist er ein erfreulich beweglicher und viver Bursch, geborenes Gesprächstalent. Trauen kann man nie ganz, aber leidlich und sogar erfreulich ist diese Art in stockiger Zeit doch sehr.

Ich übernachtete in deinem Zimmer, und Bett, nicht ohne was wesentliches in demselben zu vermissen, wenn auch nicht gerade Erinnerungen. Meinen Caesar und sein Bild[32] hab ich mitgenommen, auch die „*Tage* und Taten".[33] In Frankfurt war ich gestern und holte mir dort *einen* Band, der alle Werke aller lateinischen Dichter enthält, und einen Lukan von 1506 (Paris)[34] als Luther 19 Jahr alt war,[35] daran kannst Du dirs deutlicher vorstellen, als durch Jahreszahlen.

Mein Bruder schläft jetzt ausser der Kaserne.

Ist in Hirschberg mein Goethe ausgestellt? Hat ihn Dein Vater? Hast du meine letzten Briefe verbrannt?

Ich drücke dich an mein Herz, liebes Mädchen, und bin dein G.

Abs.: Darmstadt / Grünerweg 37 – Adr.: Fräulein Elisabeth Salomon / *Hirschberg* (Schlesien) / Wilhelmstrasse 9c

---

[29] *Walzel*] Der Germanist Oskar Walzel (1864–1944) war damals Professor in Dresden.

[30] *Tieck*] Mit dem Schriftsteller Ludwig Tieck (1773–1853) beschäftigte sich FG nicht nur im Kontext seines geplanten Romantikerkollegs, dieser war – im Rahmen der klassischen Schlegel-Tieckschen Übertragung – auch sein Vorgänger als Shakespeare-Übersetzer.

[31] *Eckhardt*] Hans von Eckardt (1890–1957), später Soziologe und Historiker, damals Student in Heidelberg.

[32] *Meinen Caesar und sein Bild*] Gemeint ist vielleicht FGs Dissertation (Caesar in der deutschen Literatur. Berlin u. Leipzig: Mayer u. Müller 1904) sowie ein Caesar-Stich.

[33] *Tage und Taten*] Stefan Georges einzige Prosaveröffentlichung: Tage und Thaten. Aufzeichnungen und Skizzen. Berlin: Verlag der Blätter für die Kunst 1903.

[34] *Band ... Lukan von 1506*] Der Sammelband ist nicht bei Thimann nachgewiesen; ebensowenig die Ausgabe von Lucans „Pharsalia", hrsg. v. Johannes Sulpicius u. Jodocus Badius Ascensius. Paris 1506.

[35] *als Luther 19 Jahr alt war*] Da der Reformator 1483 geboren wurde, wäre 23 als Altersangabe richtig gewesen.

30. Friedrich Gundolf an Elisabeth Salomon.
Darmstadt. 26. September 1916

Liebste Elli:

Hab herzlichen Dank für die beiden schönen Bildabzüge: du bist ein geschicktes Mädchen, und nur durch Dich selbst zu belohnen.

Mit Berlin überlege Dir doch ja! Wenn Du weg bist, macht mir das ganze winterliche Heidelberg keinen Spass mehr, und wenn Du da bist, so bin ich ja doch die halbe Woche drüben. Ich würde dir, trotz meines Verlangens nach dir, von Berlin nicht einmal abraten, wenn ich darin nicht wieder eine von Deinen unruhigen Neuerungen sähe, die Dein Studium mehr hindern als fördern: Wenn Du schon wirklich in Heidel-berg Examen machen willst, und nicht lieber Kunstreiterin oder Plan-tagenbesitzerin oder Unterseebootsmätchen[36] werden willst, so wärs doch wohl am besten, du lebtest dich in die Luft deiner Prüfungstätte ohne weitere Digressionen ein, und holtest dir die nötige Weisheit am Busen Lederers oder Altmanns,[37] mit kurzen Unterbrechungen die du zur Beschaffung der nötigen Dummheit am Busen Gundolfs verwen-den magst.

Von hier ist wenig zu melden .. Meinen Bruder sah ich vorgestern zum erstenmal in Uniform – er sieht ganz leidlich aus. Wenn er nicht noch krank wird, so mags wohl gehn.

In der Neuen Zürcher steht ein langes Feuilleton über meinen Goe-the mit „Fortsetzung folgt ..“[38] Ich bin damit zufrieden.

Dein Brief hat mich sehr gefreut und eine Wallung von Begier nach deinen süssen Umschlingungen durch mich ergossen. Mit all meinem Klugsein bin ich nun doch in die Gefangenschaft von neuen Wünschen geraten, und so wirds wohl von Klugheit zu Klugheit bis an mein Le-bensende bleiben .. Hoffentlich – denn ohne etwas das stärker ist als die Klugheit lohnt sich das Leben nicht.

---

[36] *Unterseebootsmätchen*] Wortspiel FGs; auf ESs Schwärmerei für Marinesolda-ten bezogen.

[37] *Lederers oder Altmanns*] Emil Hans Lederer (1882–1939) und Salomon Alt-mann (1878–1933), Nationalökonomen, damals Privatdozenten in Heidelberg.

[38] *In der Neuen Zürcher ... Fortsetzung folgt„*] Die mit E.K. gezeichnete Rezen-sion – wohl vom Chef des Feuilletons, Eduard Korrodi (1885–1955) – erschien am 24. und 27. September sowie am 1. Oktober 1916.

Wahrscheinlich verreise ich für zwei Tage ins Thüringische .. dann
will ich wieder an die Arbeit gehn.
Liebe mich und sei umarmt von
Deinem lieben
G.

Abs.: Gundolf / Darmstadt / Grünerweg 37 – Adr.: Fräulein Elisabeth Salomon /
Hirschberg (Schlesien) / Wilhelmstrasse 9c

31. Friedrich Gundolf an Elisabeth Salomon.
Darmstadt. 2. Oktober 1916

Liebes!
Ich bin wieder zurück, ich war nur zwei Tage fort die ich in Eisenach
zugebracht habe – es war keine Vergnügungsreise, sondern durch einen
bestimmten Anlass[39] hervorgerufen. Ich war an einem goldreifen Son-
nennachmittag auf der Wartburg und übersah von dort die holden Wei-
ten und Wallungen unsres lieben deutschen Lands mit all dem Wuchs
seiner Natur und dem Raunen seines Schicksals, dort so vernehmlich
wie selten anderswo. Ja, liebes Mädchen, ein solcher Blick auf deutsches
Land macht mich patriotischer als es geschichtliche und politische Re-
flexionen können, nur das Bild des schönen Landes, der guten Geister
und der grossen Menschen die nur uns gehören, sagt mir, dass dies bleiben siegen und uns überleben muss, und jedes Opfers von uns wert ist.
Auf der Rückfahrt machte ich Halt in Frankfurt und besuchte, nach
bald zwanzig Jahren zum erstenmal wieder Goethes Haus, mit alter
Rührung und einem unbestimmten Wohlgefühl, als hab ich nun ein
bessres Recht an diese Stätte als ehmals. Ich betrat das unscheinbare
Zimmer von dem dieser Mensch ausging in die Welt, um sie zu verwandeln, und mein eigen Dasein, das Beste dran, ist auch hier bis in den
Grund bestimmt worden .. aber so weit zurückdenken ist wohl müssig – nur gibt es Stätten wo mir ohne Sentimentalität die Tränen kommen – es sind solche wo das geschehn oder gelebt wurde ohne das ich
mich nicht denken kann .. so ging es mir auf dem Forum, in Weimar
und jetzt: andre erlauben bloss kalt staunenden Besuch.

---

[39] *Anlass*] Möglicherweise ein Zusammentreffen mit Stefan George.

Vorgestern war ich dann gleich in Heidelberg: die lange Sommer-Winternachtzeit[40] verbracht ich in Deinem Bette und träumte von Dir, lieb und warm, doch weiss ich nichts Einzelnes mehr. Vielleicht weißt Du's, denn Du hast die Träume gesandt. Ich habe wieder einiges mitgenommen: die Gedichtbücher, den Becher und ein paar Schmöker die ich auf deinem Bücherbrett deponirt hatte.

Mein Bruder kommt morgen in die Etappe, wenn ich seine Daueradresse weiß, schreib ich sie dir: es heisst, er komme nach Metz.

Über den „Goethe" hör ich viel Lob, meist überschwengliches, doch tut es, scheints, einen Teil der auch von mir gewünschten Wirkung. Wann kommst Du? Komme! Ich bin dir herzlich zugetan, Elli,
Dein G.

Abs.: Gundolf / Darmstadt / Grünerweg 37 – Adr.: Fräulein Elisabeth Salomon /
Hirschberg (Schlesien) / Wilhelmstrasse 9c

32. Friedrich Gundolf an Elisabeth Salomon.
St. Avold.[41] 9. November 1916

St. Avold, 9. 11. 16

Liebste Elli:
Mein Zusammenhang mit meiner früheren Existenz ist zwar ziemlich unterbrochen, doch erinnere ich mich deines Geburtstages auch in meiner neuen Inkarnation mit der alten Gesinnung – Luther und Schiller sind mir viel mehr entschwunden als die andre vom 10. November.
Es geht mir gut, wirklich, – freilich nicht als dem p.p.[42] Friedrich Gundolf, der dir und andren so bekannt ist, sondern als dem mit Recht

---

[40] *die lange Sommer-Winternachtzeit*] 1916 war in Deutschland erstmals die Sommerzeit eingeführt worden, die am 1. Oktober endete.

[41] *St. Avold*] FG war am 6. November eingezogen und gleich nach St. Avold in Lothringen verbracht worden.

[42] *p.p.*] Abkürzung für „praemissis praemittendis", d.h. „Unter Vorausschickung des Vorauszuschickenden". Als Abkürzung für ausgesparte Titel in amtlicher Rede gebräuchlich.

unberühmten, aber willigen Landsturmmann Gundelfinger – ich habe
bisher leichten Dienst, erfreuliche Kameraden, ganz ungewöhnlich erfreuliche Vorgesetzte (unberufen) und lerne fürs praktische Leben
mehr in einem Tag als an der Universität für die Wissenschaft in
einem Semester – z.B. Stubenfegen, Stiefelwichsen, Rockflicken, Turnen, Bettmachen – (keine Redeblumen), kurz, die Basis zu einem
guten Familienleben – ich werde keine Tasse mehr auf dem falschen
Platz vertragen ..

Näheres über die Zukunft weiss ich noch nicht, über die Gegenwart
könnt ich [schreiben], aber die Offenheit der Briefe[43] versperrt die des
Schreibers.
Ganz wie sonst und doch sehr verändert Dein
getreuer
G.
Grüsse alle von Herzen die du von den Meinen siehst Heyers Eckardt,
Bezners etc.

Feldpost. Abs.: Landsturmmann Gundelfinger / I Ersatzbataillon / 3 Kompanie,
I Korporalschaft / Infanterie-regiment 173 / St. Avold (Lothrin) – Adr.: Fräulein Elli
Salomon / *Heidelberg* / Gaisbergstr. 16a / bei Bezner

33. Friedrich Gundolf an Elisabeth Salomon. St. Avold. 12. November 1916

St. Avold, 12. XI. 1916

Liebes Herz: Zunächst, schreibe mir oft, schreibe mir viel, schreib mir
sehr – deine Briefe sind mir ein wahres Labsal und werden mit Ungeduld erwartet, kommen ganz zu mir, besser als meine Gedanken für
dich jezt zu dir gelangen können. Einzelheiten kann ich dir ja nicht viel
schreiben, meine Zeit ist bisher meist mit Warten, Herumstehen, etwas
Exerciren und vielen Hausknechtsarbeiten ausgefüllt, Fegen, Wichsen,
Nähen, etc. was man halt so zum täglichen Leben braucht, und längst
können sollte, aber immer noch gern nachlernt. Mein Geist ist genü-
gend angeregt durch die Ergründung der Menschen mit denen ich zu
tun habe – es ist Gott sei Dank kein einziger unangenehmer oder bös-
artiger dabei, einige famose Bauern unter den Kameraden, und unter

---

[43] *die Offenheit der Briefe*] Feldpostbriefe unterlagen der Militärzensur.

den Vorgesetzten einige wirklich ausserordentlich liebenswerte, zumal
der Unteroffizier – von dem zu scheiden mir gar nicht leicht werden
wird, obwohl ich mit ihm in ausserdienstliche Berührung kaum gekommen bin .. Der Leutnant würde dein Herz erobern und ich fühle
für ihn eine fast väterliche Zuneigung, der Oberleutnant, mit dem ich
aber nicht zu tun habe, hat eine Bibliothek eingerichtet deren Ge-
deihn ihm sehr am Herzen liegt, (wenn du etliche geschichtliche oder
belletristische Schmöker übrig hast, kannst du sie mir für hier ausran-
gieren).

Alkohol darf ich keinen im Spind haben, übrigens hab ich wenig
Platz. Die Teilnehmer der Geburtstagsfeier konnte ich nicht ganz erra-
ten: doch denk ich etwa so: Thusnelda Aspasia = Ty, Odaliske Lu,
Kunstreiterin Du, Bacchus Pascha Elsa.[44] Dein Brief aus Darmstadt ist
inzwischen angelangt, er war lieb und die Knittel[45] haben mich fast zu
Tränen gerührt: Überhaupt, Elli, deine Nähe macht mich glücklich und
froh .. denn so leicht ertragbar und fast heiter der Dienst ist, unsagbar
öd ist er für mich dennoch .. Kein Geist, keine Liebe, keine Höhe – und
jeder Hauch aus meinem Reich ist mir Bestätigung und Beruhigung,
zumal deine, liebes warmes Herz. Ganz ohne Mädchen und Bücher zu
leben ist mir doch noch ungewohnt, die Helden und Meister begleiten
mich auch hier, aber die Worte und Weiber nicht .. St. Avold (einst Blü-
chers und Wilhelms I Hauptquartier)[46] ist die richtige kleine Garnison,
als Bau durchaus französisch. Heut war Vereidigung, ich bin auf *Ludwig II* von Hessen[47] vereidigt!!! Heute nachmittag sitze ich fast allein
auf der Mannschaftsstube und schreibe an dich, Mädel! Es ist schönes
Wetter, aber ausgehn darf ich noch nicht und ausgeführt werden will
ich nicht.

---

[44] *Geburtstagsfeier ... Elsa*] Offenbar hatte ES ihren Geburtstag am 10. November
als Masken- oder Kostümfest gefeiert, wobei Tilly Edinger (Ty) die Gattinnen
des Cheruskerfürsten Arminius und des Perikles darstellte (vielleicht auch eine
Mischung daraus), Lucy Ney (Lu) eine Haremssklavin, und die im kleinasia-
tischen Smyrna geborene Elsa Brinckmann wohl eine Kombination des antiken
Weingottes mit einem Orientalen.

[45] *Knittel*] Knittelverse; nicht erhalten.

[46] *St. Avold ... Hauptquartier*] Das lothringische Städtchen St. Avold war sowohl
während der Befreiungskriege gegen Napoleon im Jahr 1814 wie auch am 11. August 1870 während des Deutsch-Französischen Krieges Sitz des deutschen Haupt-
quartiers.

[47] *Ludwig II von Hessen*] FGs Landesherr, Großherzog Ernst Ludwig (1868–1937),
der Gründer der Mathildenhöhe und der Ernst-Ludwig-Presse.

Was du an Äusserungen über mich u. besonders den Goethe hörst,
auch über S. G.[48] schreib mir natürlich – ausser wenn es gar zu dumm
oder gemein ist .. und bald!

Den Mommsen behalte einstweilen für dich. Du kannst bei Faust für
mich noch bestellen von den Langewieschesachen *Bismarck*, *Friedrich*,
die Befreiung, und als Paket herschicken,[49] ich stifte es dann der Bibliothek.

———

Neulich am Abend des 6. XI. hielt doch Petersen im Frankfurter Fr.
d. Hochstift einen Vortrag über den „Goethe von Gundolf" laut Anzeige in der Fr. Z. War eine von den drei Frankf. Chariten drin?[50] Doch
wohl .. dann bitte ich um Nachricht. Es ist kaum Eitelkeit, der GF ist
kaum identisch mit dem Muschkoten Gfr.[51]

Else Kühners[52] Adresse in D. ist Klappacherstr. 8.

Schreib mir viel aus der Beznerei, der Brunnengasse, dem Plöck[53] –
ich will zwar untertauchen, aber nicht versinken und nicht verschwinden aus meiner frühern Luft.

Nur für Zeitungen und was drin steht hab ich fast jedes Aug verloren .. den Krieg sieht man hier schon viel mehr von innen als in D ..
obwohl man gar nichts davon sieht, das ist es eben .. Dort sieht man

---

[48] *S. G.*] Stefan George.

[49] *Mommsen … herschicken*] Welches Werk des Historikers Theodor Mommsen
FG meint, ist nicht ersichtlich; bei Eduard Faust (1869–1952), dem Inhaber der
Weiss'schen Verlagsbuchhandlung in Heidelberg, sollte ES drei Bände aus der
Reihe „Schicksal und Abenteuer. Lebensdokumente vergangener Jahrhunderte"
des Verlags Langewiesche-Brandt bestellen: Der Kanzler. Otto von Bismarck in
seinen Briefen, Reden und Erinnerungen, sowie in Berichten und Anekdoten seiner Zeit. Hrsg. v. Tim Klein. Ebenhausen 1915; Der König. Friedrich der Große
in seinen Briefen und Erlassen, sowie in zeitgenössischen Briefen, Berichten und
Anekdoten. Hrsg. v. Gustav Mendelssohn Bartholdy. Ebenhausen 1912; Die Befreiung. 1813–1814–1815. Urkunden, Berichte, Briefe. Hrsg. v. Tim Klein. Ebenhausen 1913.

[50] *Petersen … Chariten drin*] Der Vortrag des Frankfurter Germanisten Julius
Petersen (1878–1941), von dem Tilly Edinger, Lucy Ney oder Elsa Brinckmann
berichten sollten, dürfte sich einigermaßen mit der erst 1918 im „Literaturblatt
für germanische und romanische Philologie" (S. 218–229) publizierten Rezension von FGs „Goethe" decken.

[51] *Muschkoten Gfr.*] Dem gemeinen Soldaten Gundelfinger.

[52] *Else Kühners*] Else Kühner (1870–1957), nahe Freundin Ernst Gundolfs, war
Lehrerin in Darmstadt.

[53] *Beznerei … Plöck*] Heidelberger Adressen, die für Bekannte FGs stehen.

das falsche, hier *nichts*, und das ist das Richtigere. Neulich nachts ist
mir eingefallen, daß der Weltkrieg, wenigstens seinen Schlagworten
nach, wie ihn die Entente sich ausgefilzt hat, eine Prügelei zwischen
Gott dem Gerechten und Gott dem Allmächtigen ist .. Hoffentlich siegt
lezterer, der unser deutscher Gott ist, und mehr taugt als jener französisch englische Barrister-Epicier-Gott.[54] Was mir sonst nachts noch ein-
fällt, vertrau ich nicht dem Brief, aber deinem Scharfsinn an – das ist
mein Militärgeheimnis. Schreib recht bald wieder Deinem G.

Mit dem Geld für Liegle verfahr nach Belieben. Grüss ihn, ich kann
ihm nicht schreiben.[55]

Die Briefe müssen off. abgehn, werden d. geschlossen.[56]

Feldpost. Abs.: Landsturmmann F. Gundelfinger / I Ersatzbataillon 3. Kompanie /
Infanterieregiment No 173 / I Korporalherrschaft[57] / St. Avold (Lothringen) – Adr.:
Fräulein Elisabeth Salomon / Heidelberg / Gaisbergstraße 16a / Pension Bezner

34. Elisabeth Salomon an Friedrich Gundolf.
Heidelberg. 20. November 1916

Hoffentlich, Liebster, sind die Bildchen nicht zu spät gekommen. Deine
Briefe werden durch die Kontrolle sehr lange aufgehalten, so daß z.B.
Deine Bitte um die Phothographie erst am 17. mit der Abendpost bei
mir war. Ich habe es mit Eilbrief sofort abgeschickt. Wann hast Du es
erhalten? Bitte in Zukunft immer thelegraphieren in dringenden Fällen. Inzwischen wird sich wohl in Deiner Lebensweise wieder alles verändert haben, ich warte ungeduldig auf das wie. Jetzt will ich Dir aber
einmal sagen wie wenig Du mich noch kennst. Ich habe doch Apoll unendlich viel lieber als Mars. Meine Huldigung vor diesem Prinzip war
die purste Schüchternheit vor Dir, weil Du selbst der mächtigste Vertreter des andern bist. Hast Du das denn nie gespürt? Tadle mich nicht,

---

[54] *Barrister-Epicier-Gott*] Wörtlich: Rechtsanwalt-Krämer-Gott. Vorwurf an Frankreich und England, den ‚gerechten Krieg‘ gegen Deutschland mit winkeladvo-
katischen und kleinkrämerischen Argumenten zu legitimieren.
[55] *Geld für Liegle ... schreiben*] FG durfte als Soldat nicht an den im September
1916 in englische Kriegsgefangenschaft geratenen Josef Liegle schreiben.
[56] *Die Briefe ... geschlossen*] Die – etwas verkürzte – Bemerkung bezieht sich wohl
auf die Zensurpraxis.
[57] *Korporalherrschaft*] Wohl Wortspiel.

du Teurer, daß ich dies Geständnis nun doch noch ablege und sag es niemandem weiter. Aber glaub mir, es ist mir ernst, kein Scherz.

Wird die 2. Auflage[58] auch im Dezember schon erscheinen? Es ist wirklich ein fabelhafter und ungeahnter Erfolg. Gestern traf ich Olschki,[59] der sagte, unter allen Philologen die er spräche, selbst denen, die keineswegs Deiner Richtung anhängen, herrsche *einstimmige* größte Anerkennung, wobei seine Kastratenstimme im höchsten Sopran ausklang. Ich lege Dir ein unerfreuliches und widerwärtiges Druckstück bei weil Du solche Dinge ja sammelst. Atha Nodnagel hat mir von dem Vortrag geschrieben. Es kamen Ausdrücke darin vor wie „ein abgemagerter Eros" und über Plato Dinge deren Wiedergabe Du mir erlassen wirst.[60] Schließlich beschmutzt sich auch der Erzähler von Gemeinheiten. In Jena scheint es überhaupt sauber zu zugehen: Eugen Diederichs gab ein Symposion, bei dem alle Teilnehmer mit Kränzen und entsprechenden Gewändern erschienen, D. selbst in gesticktem Hemd, grünem Überwurf bunter Schärpe um den Bauch, Epheuranke um die Glatze und bebänderter Stab. Es begann mit Entzündung geweihter Kerzen und Trankopferspenden dann begann die Diskussion mit Hans Blüher über den Eros.[61] Lebten wir in einem Staat in dem ich Herrscher bin würde die Polizei in solche Angelegenheiten ernüchternd eingreifen. Diese Schweine!

Verzeih, ich muß mir in unparlamentarischer Weise Luft verschaffen. –

Wir essen jetzt nicht mehr bei Bezner weil der arme Gustav[62] nie satt geworden ist.

---

[58] *2. Auflage*] Die zweite Auflage von FGs „Goethe" trägt die Jahreszahl 1917.

[59] *Olschki*] Der Romanist Leonardo Olschki (1885–1961), ein Sohn des Florentiner Antiquars, war damals Privatdozent in Heidelberg.

[60] *Ich lege Dir … erlassen wirst*] Atha Nodnagel (1897–1973) studierte damals Germanistik, nachdem sie ihre Schulzeit an der Odenwaldschule verbracht hatte. Später sollte sie den Heidelberger Psychiater Hans Walter Gruhle heiraten. – Um welchen Vortrag bzw. um welches Druckstück es sich hierbei handelt, war nicht zu ermitteln.

[61] *Eugen Diederichs … Hans Blüher über den Eros*] Das Symposion fand im November 1916 im Haus des Jenenser Verlegers Eugen Diederichs (1867–1930) statt, der dabei offenbar in dionysischer Kostümierung auftrat, und diente der Diskussion von Hans Blühers (1888–1955) eben erscheinendem aufsehenerregenden Buch „Die Rolle der Erotik in der männlichen Gesellschaft".

[62] *Gustav*] Gustav Richard Heyer.

Liegle schreibt er führe eine geordnete einfache Lebensweise mit
Lesen, etwas studieren und erholendem sich Ergehen. Er scheint wö-
chentlich nur einen Brief schreiben zu dürfen.
Einen herzlichen Kuss auf Deinen Mund von dem Mund Deiner
Elli
Heidelberg am 20. 11. 16

35. Friedrich Gundolf an Elisabeth Salomon.
     St. Avold. 22. November 1916

22. XI. 1916 St. Avold

Liebes:
Ich benutze dich als Tagebuch, und fülle die zahlreichen Freistunden,
in denen ich weder richtig arbeiten noch neue Gedanken fassen kann,
um dir etwa anzuvertrauen was über meine feldgraue Leber läuft – da
ich weder etwas lieberes tun kann als mich mit dir zu unterhalten noch
etwas Gescheiteres lassen kann.

Es ist wieder ein Tag herum, der erste in der neuen Kompanie, und
wider Erwarten der bequemste meiner ganzen bisherigen Dienstzeit:
das Ganze ist offenbar ein Provisorium und man nimmt uns, mit Recht,
nicht ganz ernst .. was du verstehen wirst, wenn ich dir sage daß ich
noch eine der martialischsten Gestalten dieses Ersatz-ersatzes bin. Der
Vicefeldwebel, der uns heute abzurichten vorgab, fragte mich nach
meinem Beruf und fuhr zurück mit den Worten: Donnerwetter, wie haben Sie sich hierher verirrt? Mit dem Oberleutnant hatte ich heut auch
einen Privatdiskurs und erzählte ihm meinen Studiengang – im Zivil ist
er nämlich ein Fachgenosse ..
Über solche Privatsachen in militärischer Haltung zu reden glückt
mir natürlich schlecht und ich begehe meist Vorschriftswidrigkeiten
die einem alten Soldaten die Haare zu Berg treiben, z.B. die direkte Anrede des Vorgesetzten mit „Sie“ und grundsätzlich bringe ich keine
viersilbige Anrede heraus: den Oberleutnant rede ich mit „Herr Ober“,
den Vicefeldwebel mit „Herr Vice“ an .. Hauptmann, Sergeant und
Feldwebel geht gerade noch .. Wie ich den Unteroffizier anrede, male
dir selbst aus.
Jeden Mittag kommt ein Zeitungsbub mit einem elsässischen oder
lothringischen Käsblättchen auf die Mannschaftsstube, als ichs heute
aufschlug, fiel mein Blick auf eine Rezension meines Goethe, ein Ge-

misch aus Waschzettel und Redaktionskleister. – Eine komische Empfindung war mir der Zufall doch.

Das Bild[63] brauche ich als Ausweis für den (wahrscheinlichen oder vermuteten) Fall meiner Zivilkriegsverwendung .. Dann wirst du ja die Probe zu bestehn haben, ob es nur mein Mars oder wirklich mein Apollo ist mit dem dein Amor sich unterhält.

Ausser deinen täglichen ungern entbehrten Briefen bekomm ich einen Haufen anderer, zumal von verängsteten Gönnerinnen die mich alle schon arbeitsverendungsfähig[64] sehen – dabei war ich nie fetter und wenn das Leben lang dauert, so geht mein feierlich konstatirter Herzfehler drauf, und meine Krampfader muss einsam ihren Weg durch mein Fehlerlabyrinth wandeln .. der Militärarzt hat noch allerlei Schäden an mir entdeckt, deren Formeln ich aber nicht entziffern kann.

Vor allem aber kommen verrückte Anliegen, z. B. deinem Bücherpakket lag von dem Baconianer Holzer eine Abhandlung und ein langer verworrener Brief bei, worin er von mir als einem neuen Herder! die Präkonisirung des Bacon als des eigentlichen Shakespeare verlangt[65] .. etc.

Ausserdem treffen täglich aus allen Richtungen Huldigungsschreiben wegen des Goethe ein. Die 2. Aufl. ist bis Anfang Dezember fertig, ob sie gleich erscheinen muß ist noch ungewiss, doch wird der Weihnachtsverkauf wohl schon an ihr zehren.
Schreib du mir bald, Liebes! und bewahre mich in deinem guten Herzen.
Dein G.

Feldpost. Abs.: Landsturmmann / Gundelfinger / I. Ersatzbataillon / 3. Kompanie / I. Korporalschaft / Infanterieregim. No.173 / St. Avold (Lothringen) – Adr.: Fräulein Elisabeth Salomon / Heidelberg / Gaisbergstrasse 16a / bei Bezner

---

[63] *Bild*] FG hatte in einem früheren Brief um eine Photographie von sich gebeten.
[64] *arbeitsverendungsfähig*] Wohl Wortspiel.
[65] *Baconianer Holzer … Shakespeare verlangt*] Gustav Holzer (1843–1925), Lehrer in Heidelberg, veröffentlichte eine ganze Reihe von Schriften zur Shakespeare-Bacon-Frage, d.h. zur Zuschreibung der Werke William Shakespeares (1564–1616) an Francis Bacon (1561–1626). Johann Gottfried Herder (1744–1803) spielte eine wichtige Rolle bei der deutschen Shakespeare-Rezeption. Präkonisierung = Verkündung.

36. Friedrich Gundolf an Elisabeth Salomon.
St. Avold. 27. November 1916

27. XI. 16 St. Avold
Mädelchen! Obiger Kopf[66] ist inzwischen veraltet: ich habe eine neue
Adresse, und du sollst die erste sein die davon hört (übrigens erreicht
mich wohl auch noch was über die alte kommt)
   IV Kompanie (vierte) / Armierungsbataillon No 149 / I. Korporalschaft I. Zug St. Avold.
   Die Kameraden sind die gleichen, die Vorgesetzten neue, aber ebenfalls lauter nette Leute, die schon draussen waren, und keine Freude
am Triezen haben .. einer menschlicher wie der andre .. Kurz, die Unannehmlichkeiten die etwa drohen können nur von Tierwelt oder Wetter kommen .. und dagegen hilft Philosophie .. Erstaunt war ich über
die geringe Zahl und die noch geringere Virulenz der Flöhe von St.
Avold .. 4 hab ich gefangen und ohne Martern hingerichtet, einer liegt
als Lesezeichen auf Seite 492 des „Goethe" (den inzwischen aus den
Händen meines unvergleichlichen ersten Gefreiten dem ich ihn geschenkt (er heisst Mohr und ist aus Luxemburg, einer der trefflichsten
Männer die mir je begegnet sind) geschenkt (siehe vorige Seite)[67] der
Oberleutnant genommen). Dass der Brief an Gustav doch noch angekommen ist, freut mich herzlich und wird deine Wissbegierde etwas sa-
turiren. Deine und Trübelchens[68] Liebesgaben sind eine willkommene
Bereicherung meines materieller gewordenen Daseins und kommen
auch meinen Mitessern zugute, bei denen sie sich wieder in Wohlwollen umsetzen .. Übrigens sind sie alle ebenso hilfsbereit als respektvoll –
sonst wär ich schwerlich so wohlgemut.
   Aber nach den schlesischen Parademarschutensilien mit allem drum
und dran sehn ich mich doch sehr .. und die Stiefeln die einem hier aus-
gefüssigt werden sind nur ein armer Ersatz für die Schuhe die man zu
Hause lassen muss, und seiens Pantoffel.

---

[66] *Obiger Kopf*] Gedruckter Briefkopf des 9. Lothringischen Infanterie-Regiments
   173.
[67] *geschenkt (siehe vorige Seite)*] FG bemüht sich selbstironisch um die Verständlichkeit seiner über zwei Briefseiten laufenden Phrase.
[68] *Trübelchens*] Gertrude Regina Dannheißer (1895–1987), die sich damals als
   Studentin in Heidelberg aufhielt, heiratete 1917 Hans von Eckardt; später war
   sie zeitweise eine Geliebte FGs. Vgl. FGs Brief an sie vom 26. November 1916
   (Zettelwirtschaft, S. 24f.).

Deine Briefe, liebes Herz, behalt ich im Herzen, und ihr Papier hilft mich wärmen, wenn ich verfroren vom Kasernenhof komme.

Den Brief an St.G.[69] schicke in einem neuen Kouvert an meine Mutter .. oder an Karl Wolfskehl,[70] München, Römerstrasse 16 / I .. ich weiss nicht ob G. eben dort ist, doch wird er ihn früher oder später bekommen.

In St. Avold hab ich ein Bändchen erwischt mit Adalbert Stifters Narrenburg, es ist eine zarte, pflanzlich reiche, vornehme, sehr umständliche, für Zeit gefühllose Natur, mit einem feinen Ohr für die Faserung und Maserung der Sprache, als eines Gewächses, durch und durch Botanik, Landschafter, Idylliker, aber ein Herz voll Adel: lies du seine „Brigitta" du wirst einen reinen Abend oder Morgen davon haben.

Was du über H. v. E.[71] sagst weiss ich wohl auch, doch ist er im Gespräch immer bewegt und belebend und weitab von aller Langeweile .. er ist eine Welle, und auf Wellen muss man keine Häuser bauen, doch möcht ich auch unter den Menschen das wankele[72] Element nicht missen.

Freilich Gustav und Lucy[73] sind, so rege und flutend sie sind, ein einzig Paar, die immer noch mehr durch ihre Gesinnung und Leistung halten, als sie durch ihren Reiz versprechen.

Und du, Elli .. ich will dich nicht loben, doch bedurfte es vielleicht dieses Abschieds und dieses Getrenntseins, damit ich dich erst richtig entdecken lernte .. mit rückwirkender Kraft, auch die Erinnerungen wachsen freundlich nach .. Nun, du wirst meinen Briefen anmerken,

---

[69] *Den Brief an St.G*] Gemeint ist FGs Brief an Stefan George vom 22. November 1916; George-Briefwechsel, S. 290 ff.

[70] *Karl Wolfskehl*] Karl Wolfskehl (1869–1948), Dichter, Kunstfreund und Polyhistor, war eine prägende Figur des frühen George-Kreises (seit 1893), dessen lokalen Mittelpunkt sein Haus in München bis zum ersten Weltkrieg bezeichnete. Wolfskehl vermittelte 1899 die Bekanntschaft des gleich ihm aus Darmstadt stammenden FG mit George und blieb, auch nach der Entfremdung der beiden, FG zeitlebens in enger Freundschaft verbunden. Seit den 20er Jahren lebte Wolfskehl meist in Italien; 1938 emigrierte er nach Neuseeland. Für sein Verhältnis zu FG vgl. den Wolfskehl-Briefwechsel.

[71] *H. v. E.*] Hans von Eckardt.

[72] *wankele*] Wohl wortspielerisch.

[73] *Gustav und Lucy*] Lucy Grote (1891–1991), damals Studentin in Heidelberg, arbeitete später als Atemtherapeutin und Gymnastin, anschließend auch als Psychologin; Ende 1917 Heirat mit Gustav Richard Heyer.

dass du nichts verloren hast als meinen Kadaver, daß aber Leib und
Seele noch zu deiner Verfügung stehen, a. v. oder g. v.[74]

Heut muss ich mich einmal ausschreiben, der Nachmittag ist so lange,
du bist mir nah, und ich kann nicht in einem fort fressen, wie meine übrigens trefflichen Kameraden!

Kinder, was können die Menschen fressen und klagen immer über
Hunger! Ich esse hier auch das Doppelte wie zu Hause, und gebe noch
die Hälfte meiner Ration ab, weil ich satt bin (das Essen ist gut) .. und
die andren sind dann noch lange nicht satt .. Auch ist das Essen der fast
einzige Gesichtspunkt unter dem sie Weltgeschichte und Natur ansehen, allenfalls noch der andre Stoffwechsel .. „Hunger und Liebe"
wie Schiller richtig singt.[75] „Idee und Liebe" preist Goethe als seine
Pole[76] .. und ihm folg ich mit kleinem Schritt.
Genug für heute! Ich bin dein treuer G.

Feldpost. Abs.: Landsturmm. Gundelfinger / 4. Kompanie / I. Zug / I. Korporalschaft / Armirungsbataillon No 149 / z.Z. St. Avold – Adr.: Fräulein Elisabeth Salomon / Heidelberg / Gaisbergstrasse 16a

37. Elisabeth Salomon an Friedrich Gundolf.
Heidelberg. 29. November 1916

Du liebes Gundelwesen, nun bist Du von St. Avold wohl sicher fort
und meine unruhigen Augen suchen Dich im ganzen Westen von
Heidelberg bis Ostende im Norden und Basel im Süden. Wo bist
Du? Sag mirs doch, ich bin so ungeduldig. Ach, heut erfahr ichs ja
sicher nicht mehr. Da will ich Dir denn resignierend vom vorigen
Weberjour erzählen: Es war eine ganz kleine aber sehr gute Auswahl
von Menschen da: Max Weber (Marianne verreist), Gothein mit
Frau und Percy, ein holländischer Soziologe Gerhardson, Guri, Lucy,

---

[74] *a.v. oder g.v.*] Abkürzungen für arbeitsverwendungsfähig bzw. garnisonsverwendungsfähig.

[75] *„Hunger und Liebe" ... singt*] Zitat aus Schillers Gedicht „Die Thaten der Philosophen" (1795).

[76] *Idee und Liebe ... Pole*] Zitat aus Goethes Gedicht „Die Jahre nahmen Dir ..."
aus dem Umkreis des „West-östlichen Divans" (1819).

Elli.[77] Die beiden Coryphäen haben einen wahren Cakewalk durch die Weltgeschichte getanzt,[78] im wesentlichen über die gegenseitige Abhängigkeit von religiösen kulturellen und ökonomischen Tatsachen bei den verschiedenen Völkern, die durchaus nicht überall die gleiche sei. Max Weber hat da die fabelhaftesten Beispiele aufgefahren. Es war hinreißend ihm zuzuhören und bei beiden Männern ungeheuer bewundernswert wie sie stets alles was sie brauchen parat haben. Weber hat dann noch einige köstliche Anekdötchen erzählt, u. a. daß er einem Gelehrten Münsterberg (glaub ich) der ihm einen Band Gedichte geschickt hatte,[79] mit einem 4 Seiten langen Brief völlig sinnlosen Gekritzels geantwortet habe, was ihm bei seiner bekannt unleserlichen Handschrift nicht nachzuweisen war. Ein köstlicher Scherz, für den man ihm allein gut sein muß, nicht? Alles in allem: an einen ertragreicheren Sonntag bei Webers kann ich mich nicht erinnern.

Otto Braun[80] ist verwundet, ob schwer oder leicht ist noch unbekannt.

Der Herr v. Lucacz hat eine Stunde mit Eckhardt über Deinen Goethe gesprochen:[81] es sei das beste Buch das geistesgeschichtlich seit der Romantik geschrieben ist. Eine so vollkommen neue Art Literaturgeschichte zu schreiben, daß das bisherige von nun an unmöglich sein

---

[77] *Es war eine ... Guri, Lucy, Elli*] Die Gäste Max Webers waren – in Abwesenheit seiner Frau Marianne (1870–1954), bedeutend als Frauenrechtlerin und als Biographin ihres Mannes – insbesondere die Familie Gothein, also Eberhard Gothein selbst, dessen Frau, die Kunsthistorikerin Marie Luise Gothein (1863–1931), sowie sein bereits als Vierzehnjähriger von Stefan George angesprochener Sohn Percy Gothein (1896–1944), ferner die Studenten Gustav Richard Heyer, Lucy Grote, ES und der Niederländer Frederik Carel Gerretson (1884–1858), der Anfang 1917 von Gothein promoviert wurde.

[78] *Die beiden Coryphäen ... getanzt*] Statt des erwartbareren „Gangs durch die Weltgeschichte" wählt ES „Cakewalk", einen damals populären Tanz, der sich durch unvorhergesehene und aberwitzige Rhythmik auszeichnet, und charakterisiert auf diese Weise die Diskussion zwischen Max Weber und Eberhard Gothein.

[79] *Münsterberg ... geschickt hatte*] Der Psychologe und Philosoph Hugo Münsterberg (1863–1916) hatte in der Tat unter dem Pseudonym Hugo Terberg 1897 einen Band „Verse" veröffentlicht.

[80] *Otto Braun*] Otto Braun (1897–1918), Mitschüler ESs in Wickersdorf, dessen Gedichte die dem George-Kreis nahestehende Malerin Sabine Lepsius (1864–1942) nach seinem Tod herausgab.

[81] *Der Herr v. Lucacz ... gesprochen*] Der Literaturwissenschaftler und Philosoph Georg Lukàcs (1885–1971) lebte damals in Heidelberg, wo er u.a. an seiner „Theorie des Romans" (1920) arbeitete.

werde. Nur Goethe congeniale Menschen wären zu einer solchen Darstellung imstande. Was Du über die Lyrik, Wilhelm Meister Wahlver-
wandtschaften insbesondere sagst, sei vollkommen endgültig. Außerdem sei es wunderschön zu lesen. Er glaubt, es wird ungeheuer wirken,
aber erst allmählich. Er selbst würde sich nicht zutrauen, jetzt schon
eine Besprechung darüber zu schreiben. So hat mir der E. erzählt .. Soll
er Dir selbst darüber schreiben? Trotz Deiner Abneigung gegen L. wird
es Dich freuen können, er hat doch ein recht gewichtiges Urteil. Die
Base (Frau Lederer)[82] ist auch voller Gundolf-Goethe Begeisterung.
Die rührende Frau hat ihn sich gekauft und sie leidet doch an chroni-
schem Dallis.[83] O, Gundel, werd nur nicht zu berühmt. Vom Ruhm,
Erfolg und sonstigen Hüllen entkleidet gefällst Du mir ja viel besser.
Elli
Heidelberg am 29. 11. 16

Feldpost. Abs.: Salomon / Heidelberg / Gaisbergstrasse 16a – Adr.: Herrn Landsturmmann / Dr. Friedrich Gundelfinger / I. Ers. Bat. 3. Comp. / Inf. Reg. 173 /
St. Avold (Lothringen)

38. Friedrich Gundolf an Elisabeth Salomon.
St. Avold. 1. Dezember 1916

St. Avold 1. XII. 1916

Liebste Elli:
In Bukarest bin ich immer noch nicht, dagegen für einige Tage in St.
Avold in Privatquartier, da die Kaserne mit neuen Truppen gefüllt wird ..
ich ergrapste aufs geratwohl einen Quartierzettel, sah ihn an, und er
lautete auf: Frau Salomon! – es ist eine nette junge Frau mit einem hübschen Kind und einem Manufakturwarenladen. Ich nehm es als gutes
Omen. (Der Bataillonschef heisst übrigens George! so bin ich von lauter Ominibus umgeben.)
   In diesem Quartier empfang ich deinen Brief über den Weber Got-
hein-match und L's[84] Kritik. Persönlich hatte ich übrigens nichts gegen

---

82 *Die Base (Frau Lederer)*] Emmy Lederer (1879–1933), die Frau des National-
    ökonomen Emil Lederer; der Ausdruck „Base" dürfte eher ein Spitzname als
    eine Verwandtschaftsbezeichnung sein.
83 *Dallis*] Geldknappheit.
84 *L's*] Georg Lukàcs.

L. einzuwenden, aber er vertritt eine mir sehr zuwidere Welt .. Anständig ist er, nur hat er kein Gewicht für die Weisheit die er vorträgt.

Heut bekam ich einen langen langen Brief von Alfred Weber, dessen Entzifferung meine Freizeit ziemlich aufzehrte, mich aber sehr freute .. es war ein langes Lob des Goethe und der dringende Rat, mich in die Liste der zur Verfügung des Kriegsministeriums Stehenden eintragen zu lassen .. Ich habe die Absicht es zu tun, aber musste ihn erst fragen, wie man das macht.

Viel Hoffnung auf Erfolg hab ich freilich nicht, nun der Versuch schadet ja nichts.

Täglich bekomme ich mehr Briefe als je in Darmstadt, aber die Deinen heb ich mir immer auf für die stillsten Stunden, nach Tisch und vor dem Schlaf .. sie sind beruhigend und belebend zugleich wie deine Gegenwart, und machen mich dankbar .. Dies will ich dir doch recht oft wiederholen weil mir ein faktischerer Beweis meines Gefühls für dich leider verwehrt ist .. Die Ferne lehrt uns erst unser Eigentum schätzen.

„Es ist so" sagt die Natur.

„Es war so" sagt die Geschichte.

„Es sei so"sagt die Moral.

Mit der Einheit dieser drei Sätze und Gesetze tritt die Religion auf uns zu.

Dies fiel mir heut nacht ein, unter den unbeschreiblichsten Nebengeräuschen, als ich mir klar machte, warum wir nicht mit unsrem Schicksal hadern sollen, es sei wie es wolle.

Die Kriegslage fängt wieder an mich zu steigern, und ich spüre bis in die letzten Bewegungen das gewaltige Kriegsherz das Hindenburg heisst: er ist jetzt wirklich, übers militärische hinaus, der Leiter des gegenwärtigen deutschen Gesamtschicksals, und so trägt man auch seinen eignen Sack mit der Zuversicht dass es notwendig sein mag, auch wenn man den Sinn nicht immer übersieht. Der Anblick eines gewaltigen Kriegsfürsten ist ein seltenes Fest, für das man schon zahlen darf.

Zu Weihnachten wünsch ich mir Bukarest, da ich schon nichts persönlicheres zu wünschen habe .. Liebes Herz, gutes Kind, ich umarme Dich – wie immer
Dein F

Feldpost. Abs.: Landsturmmann / Gundelfinger / Armirungsbataillon No 149/4. Kompanie, I. Zug, I Korporalschaft – Adr.: Fräulein Elisabeth Salomon / Heidelberg / Gaisbergstrasse 16a

39. Elisabeth Salomon an Friedrich Gundolf.
Heidelberg. 4. Dezember 1916

Lieber Gundel, ich soll Ihnen[85] eine Geschichte erzählen, die an und für sich gar nicht intressant ist, aber Ihnen vielleicht Spaß macht, weil sie unter Ihnen bekannten Leuten spielt. Heut am Sonntag warn wir in – erschrecken Sie nicht: Mannheim, weil dort Carmen[86] lärmen! L.[87] aufgeführt wurde. Das schönste kam aber erst nachher. Personen: Frau Andreae, Herr Andreae, Lucy, Gustav, Elli.[88] (Die reden beständig von Hebbel[89] und dabei soll ich nun Dramen schreiben). Um ½10 treffen wir im Wartesaal I. Classe ein und bestelln Klöße mit Kraut, außer der Lucy, die aus Selbstständigkeitsanwandlungen Erbsenschnitzel aß, dem Kellner das Versprechen abnehmend, nach ¼ Stunde alles zu bringen (eben wird Gundolfs Shakespeare[90] sehr streng kritisiert. Ich tu so als ob ichs nicht höre, sonst müßt ich 4 Duelle schlagen), um 10.05 sollte der Zug gehn. Das Erbsenschnitzel war schon gegess und sehr viel Bier getrunks und die Klöße kamn immer noch nüchs.[91] 9.50 drohn wir mit secessio,[92] 9.58 langt ne Riesenschüssel mit Klöße und eine kleinre mit Sauerkraut (die fragen mich nach meinen Heiratsanträgen aus, ich schwindle aber mit naiver Miene, etsch). Alles war furchtbar heiß, (auch die Heiratsanträge? L.)[93] aufessen unmöglich, stehnlassen unökonomisch. Die gesättigte mit kostbarem Samtkleid bewandete Lucy packt einen nach dem andern in Papierservietten, Gustav kaut unentwegt weiter (in Offiziersuniform). Der Kellner behaup-

---

[85] *Ihnen*] Da ES diesen Brief gemeinsam mit anderen schrieb, wich sie von der sonst üblichen Intimität der Anrede ab.

[86] *Carmen*] Bekannte Oper von Georges Bizet (1838–1875).

[87] *lärmen! L.*] Der Kommentar ist über der Zeile eingefügt und durch das „L." Lucy Grote zugewiesen.

[88] *Personen ... Elli*] Neben ES, Lucy Grote und Gustav Richard Heyer waren noch der spätere Finanzwissenschaftler Wilhelm Andreae (1888–1962) und seine Frau Ada mit von der Partie.

[89] *Hebbel*] Gemeint ist der deutsche Dramatiker (1813–1863).

[90] *Gundolfs Shakespeare*] Hiermit ist entweder FGs Buch: Shakespeare und der deutsche Geist, Berlin 1911 gemeint oder aber seine Shakespeare-Übertragung (Shakespeare in deutscher Sprache), die seit 1908 erschien und bis auf den zehnten und letzten Band, der erst 1918 herauskam, vollständig vorlag.

[91] *Das Erbsenschnitzel ... noch nüchs*] Ironische Imitation umgangssprachlicher Ausdrucksweise.

[92] *secessio*] Auszug.

[93] *(auch die Heiratsanträge? L.)*] Über der Zeile eingefügt durch Lucy Grote.

tet ein kleines Bier kost ebenso viel wie n großes. Soon Ganef.[94] Jetzt stürzen wir nach vornheraus – Guri mit gezücktem Schwert voran – Andreae bestellt sich *noch* ein Glas Bier – vorn alles zu – wir wieder zurück durch den Speisesaal – die Gästemäuler waren noch von vorher offen – vorm Knipsmann[95] bring ich den Herrn Leutnant zu Tränen weil ich mein Billet von ihm fordre, ach, der Arme, es steckte ja in meinem eignen Portemoney. In 5 mal 3 Riesensprüngen gings durch Tunnel und Treppen rauf un runter bis an die Lokomotive, an der unser Kriegsheld sich bereits im Ringkampf mit 7 Zugführern befindet weil keine 2. Klasse im Zug sei. „Extrawagen, verstanden, sonst quetsch ich Sie sämtlich zu Eierhäckerle." Es half aber wieder nüchs. Resignierend stiegen fünf Bildungslüsterngewesene [in] das Rauchcoupé 3. Klasse, trösteten sich mit den mitgeretteten Klößen. Nur die Frau Atha Andreae floh entsetzt zu den Vegetariern[96] direkt in die Arme der Leny Salmony,[97] die bei der nicht leichten Lektüre Gundolf-Goethe sanft eingeschlafen war. Über die Gegenwart mögen spätere Historiker berichten. Elli

Vorgelesen vor allen Beteiligten, mit Anmerkungen versehen, bestätigt von Lucy
(leget, adnotavit, probavit Grotius)[98]

+ + +

Lieber Gundolf, dies sind keine Heldengräber, sondern nach dem grossen kühnen Wort, dass „stille, Mutter schreibt jetzt ihren Namen",[99] hat sich Frau A. Andreae hiermit ein Denkmal gesetzt, ohne Brille. Immer noch kloßgefüllt und mit 20jährigem Wein erfreut grüßt Sie würdig Ihr steter Leutnant H.[100]

Viel herzliche Grüsse Ihr W. Andreae

---

94 *Ganef*] Gauner, Ganove.
95 *Knipsmann*] Fahrkartenkontrolleur, Schaffner.
96 *Vegetariern*] Möglicherweise ist damit das Nichtraucherabteil gemeint.
97 *Leny Salmony*] Vielleicht eine Schwester des späteren Kunsthistorikers Alfred Salmony (1890–1958).
98 *Vorgelesen ... Grotius*] Parodierende, auf den Philosophen und Rechtsgelehrten Hugo Grotius (1583–1645) anspielende Formel von Lucy Grote.
99 *stille, Mutter ... Namen*] Redensartliche Wendung.
100 *Leutnant H.*] Gustav Richard Heyer.

(ausnahmsweise nüchtern befleissigt Herr A. sich sachlicher Correkt-
heit.)

Feldpost. Abs.: Salomon / Gaisbergstr 16 – Adr.: Herrn Landsturmmann / Dr. Friedrich Gundelfinger / I. Zug I. Korporalschaft 4. Kompagnie / Armierungsbataillon
149 / St. Avold (Lothringen)

40. Friedrich Gundolf an Elisabeth Salomon.
K.D.[101] Feldpoststation Nr. 290. 7. Dezember 1916

Liebste Elli:
Ich bin nun seit drei Tagen hier eingerichtet .. und lebe als Höhlenbe-
wohner mit einigen hundert andren zusammen … ich finde grad einen
freien Winkel und eine freie Minute .. und schreibe dir .. Einige Bilder
magst du dir vorstellen: die Fahrt von 46 singenden rauchenden zoten-
den gröhlenden Feldgrauen im Viehwagen bei sinkender Abendsonne
durch die bleiche lothringische Ebene in die Nacht nach Frankreich
hinein, und darunter schlafend, sinnend, stumm dein G.

Dann in stockfinster[er] Nacht ausgeladen an einem stockfinstren
französischen Ort, etwa 60–70 Pfund auf dem Rücken und 20–30 in
der Hand durch bodenlosen Dreck, 4 zähe Stunden bei leisem Schnee
und nahem unaufhörlichem Kanonendonner marschirend bis zur Wald-
baracke.

Die Baracke selbst ein enger Stinkkasten mit ein paar Dutzend Ver-
schlägen von ein Meter Breite und kaum zwei Meter Länge worin, drei
Lagen übereinander, anderthalb hundert Leute, immer drei nebeneinander mit all ihrem Gepäck wachen und schlafen müssen. Der Geruch
ist nicht das Beste.

Ein grundlos und überschwenglich dreckiger halbverwüsteter Unter-
holzwald, wo erste Ansiedler mühselig sich Wohnung und Leben her-
richten, bauen, kochen etc .. das ist etwa das Bild des Barackenlagers ..
so haben es die ersten Bewohner Amerikas etwa haben müssen .. Nur
vom Dreck machst du dir gar keine Vorstellung … dazu keine Wasch-
möglichkeit, ein unbeschreiblicher Raummangel, ich kann dir nicht
viel von hier schreiben. Einstweilen schleppe ich Holz, helfe Knüppel-
dämme bauen, schäle Kartoffeln etc .. gestern nacht hatte ich Feuerwache in der Baracke .. ich dachte an dich, starrte auf das Öfchen,

---

[101] *K.D.*] Wohl Abkürzung für: Kaiserlich Deutsche.

hörte das Geschnarche legte nach .. Im ganzen bin ich guter Stimmung, manchmal mehr, manchmal minder. Heut morgen sprach ich mit dem Leutnant, der wiederum ein ganz angenehmer Herr ist .. sonst ist man eben Höhlenmensch und geht seiner Wege, selbst beim Arbeiten ..

Später sollen wir, wie's heisst, ganz nach vorn kommen und Stellungen bauen, obs wahr ist weiss ich nicht.

Grüsse die Freunde und sage ihnen das nötige – wie gesagt ich kann nur wenig und selten schreiben – es ist ein ziemlich nutzloses und freudloses Dasein hier, solang es neu ist, romantisch, später vielleicht gefährlich .. wenns lang dauert, halt eine Prüfung – meine Philosophie hält bisher gut stand .. aber hilf mir, und schreib nur öfter, liebes Liebes! wenn ich die Verbindung nicht mit der Welt dort hätte, würde ichs auf die Dauer doch schwerer tragen .. ich habe immerhin ein Gesuch gemacht um aus dem Dreck herauszukommen.
Ich umarme dich und bleibe
Dein getreuer
G
Bitte um Zeitungen
7. XII

Feldpost. Abs.: Landsturmmann Gundelfinger / Armirungsbataillon 149/4. Kompanie / I. Zug I. Korporalschaft / V. Armee / Feldpoststation 290 – Adr.: Fräulein Elisabeth Salomon / Heidelberg / Gaisbergstrasse 16a

41. Friedrich Gundolf an Elisabeth Salomon.
K.D. Feldpoststation Nr. 290. 13. Dezember 1916

Liebste Elli
Heute Nacht hatte ich Feuerwache und heute morgen infolgedessen leichten Dienst in der Stube, d.h. scheintätiges Herumsitzen, oder Dienst für Dich, wie sich ziemt .. Du sollst endlich einmal wieder einen Tintenbrief bekommen, was bisher kaum zu bewerkstelligen war, obwohl ich ziemlich tief in der Tinte sitze.

Du wirst schon gemerkt haben, daß es bei mir hier, gegenüber der ziemlich gleichmässigen Resignationsheiterkeit der Garnison, auf und ab geht .. manchmal bin ich entzückt über einen plötzlichen Ausblick oder Einblick in die andre Welt, mit der ich hier lebe, manchmal bringt mich der durchgehende Mangel an Überblick, Zweck, Ordnung, Folge in meiner hiesigen Beschäftigung zur Verzweiflung .. Alles ist tappende

Improvisation, keiner ganz am rechten, d.h. selbst fürs Militär fruchtbarsten Platz, am wenigsten begreiflicherweise ich, dem Beruf nach.
Ich suche vergeblich hier die gepriesene „Organisation". Im Ganzen
freilich wird diese Zeit für mich heilsam sein, als Lehre, als Kenntnis,
als Prüfung – ein Ruck ist es in meinem Leben .. nur heimkommen
möchte ich, manchmal scheint mirs zweifelhaft, so fern ist mir die frühere Hausordnung, wenn auch nicht der frühere Lebenskreis, denn es
ist da kein früher oder später.

Mit den Kameraden steh ich nach wie vor gut, zwei oder drei sind
gebildet, und vor allem hat die Sozialdemokratie die Geister geschult,
daß viele verstehen und debattiren können: gestern Abend hielt ich
eine lange Gundelrede über den Krieg und fand dankbare Hörer, es war
beinah ein Kolleg.

Fast alle helfen mir wo sie können, und mich wundert dass nicht
mehr Neid und Ressentiment sich gegen mich wendet .. denn der
Pöbelhass gegen besser gestellte ist reichlich verbreitet .. Im Einzelnen
ist unter einer Konvention von Roheit und Grobheit oft eine wortlose
Kameradschaftlichkeit und Selbstlosigkeit, die mich erstaunt. Auf-
schwung ist fast immer unter der Form der Musik – alle ausser mir sind
musikalisch ..

Von Liegle hab ich bisher keinerlei Nachricht, auch wegen des Geldes nicht.

Ein Gesuch ans Kriegsministerium hab ich eingereicht, es läuft den
Dienstweg. Grüsse die Freunde, und sei umarmt, Herz, von Deinem F.
13. XII. 16
Ich liege, wenn auch nicht unter schwerem Feuer, so doch unter leich-
tem Wasser .. Alle meine Sachen sind eingeregnet auch dies Papier.

Feldpost. Abs.: Landsturmm. F. Gundelfinger / Armirungsbataillon 149/4. Kompanie I. Zug I Korporalsch. / Feldpoststation 290 / Westen – Adr.: Fräulein Elisabeth
Salomon / Heidelberg / Gaisbergstrasse 16a

42. Friedrich Gundolf an Elisabeth Salomon.
K.D. Feldpoststation Nr. 290. 21. Dezember 1916

Das Feuer glimmt – in fernster Mitternacht
Die alles einschliesst: Graun und Ruh und Hoffen –
Wie ist mein Herz der Liebschaft treu und offen
Die treu und offen für mich schläft und wacht ..

Ich spüre wie dein Sorgen mich umgreift,
Dein dankendes Erinnern mich umfriedet
Dein ungestümes Sehnen schürt und schmiedet,
Des jungen Busens Atem meinen streift ..

————

Liebste Elli, nach beinah einwöchentlicher Pause kamen plötzlich ein halbes Dutzend Sendungen von dir auf einmal an, liebe Briefe, Bücher, Kuchen, Bild – ich küsse dich für alles und jedes eigens und tu was du dir bei jeder Sendung gewünscht und gefordert hast, unter dem Blick deines rührenden Bildes, das ich am liebsten in meinem Brustbeutel unterbringen möchte, bei Caesar George, Fine und M. 50[102] – doch ist es zu gross, ich bekomme sonst Brustbeutelentzündung davon .. Mädelchen, bitte datire doch deine Briefe ebenfalls, damit ich immer weiss wann du wie warst, und meinen Pulsschlag nicht nach einem falschen Kalender richte. Du hast wohl meine Briefe, beinah täglich oder vielmehr nächtlich (ein schwacher -ersatz) schreib ich dir, bekommen und zumal seit dem 14. kann deine Seele mich durchs Granatfeuer im Unterstand besuchen, wo es mir besser geht als in Baracke und Kaserne und überhaupt so gut als es einem im Krieg gehen kann.

Ich habe andre Kameraden als in der Baracke, der beste davon ist mein Unteroffizir, ein Greifswald[er], Buchdrucker, kalt wie eine Hundeschnauze, amüsant und schnoddrig, aber anständig und kameradschaftlich – auch kann ich mit ihm über alles mögliche sprechen. Die andren sind brav und dumpf, alle kriegsfeindlich, einer davon eine Art Wunderdoktor, der den hanebüchensten Quatsch zusammenredet mit dem feierlichsten Ernst – man muss ihn aber walten lassen. Wir sieben bilden eine Armeegruppe für uns, haben oder merken keine Vorgesetzten und hausen in unsrer Höhle in göttlicher Sorglosigkeit, wenigstens ich und der Uoffizir. Nur die Post grämt uns, wenn sie ausbleibt. Einer muss sie zwei Stunden weit herholen, und nachher ist er mit Elli belastet und bringt oft nichts für die andren!

Elli, du bist und ich hab dich sehr lieb. Deinen „Flieger"[103] will ich lesen, deinen Kuchen tunken, dein Bild küssen.

————

[102] *M. 50*] 50 Mark.
[103] *Flieger*] Vielleicht ein Buch des österreichischen Erfolgsautors Hans Rudolf Bartsch (1873–1952): Der Flieger. Ein Roman aus dem Serbenkrieg. Berlin: Ullstein 1915.

Schnell einige Antworten auf deine vielen Fragen: In Avold gibts viele
Juden, es hat sogar eine eigene Synagoge. Deine Photographie magst
du mit Lucy austauschen, ich habe keine mehr, finde sie auch ziemlich
scheusslich. Französinnen kann ich hier keine für dich fangen, weit
und breit nichts als Feldgraue (meist Sachsen.) Aber „ich stelle den
Freund dir als Bürgen." Begnüge dich einstweilen mit Fatme.[104]
Verse kann ich hier eigentlich keine machen, aber du bringst sogar
das Unmögliche fertig .. und nur du hast es verstanden aus diesem Umkreis mich so zu klingeln.
Ich höre mit besondrer Freude dass mein Buch weiter wirkt, und geniesse das doppelte Leben meines Leibes und meines Geistes als ein Ge-
würz des Höhlendaseins. Fine bekam neulich einen jungen Grafen von
der k.k. Gesandtschaft[105] [vorgestellt], der sie fragte ob sie vielleicht
verwandt sei mit der Dame der Gundolfs Goethe gewidmet sei, und
knickte als er erfuhr daß keine Geringere etc. Der k.k. Konsul aber
fragte geradezu warum ihr das Buch gewidmet sei![106]
Heut nacht wach ich drei Stunden statt 1½, bloss um dir ausführlicher zu schreiben. Schreib mir fleissig weiter, liebes Kind, besonders
ob meine Briefe seit dem 15. regelmässig angekommen.
Ich wollte du wärst hier und wir könnten uns zusammen auf einem
Strohsack in dieselbe Wolldecke rollen .. es wäre eine kriegsmässige
Ausrüstung.
Grüsse die Freunde, insbesondere Frau Bezner, der ich heute selbst
schreibe. Die rührende Frau hat mir ein kostbares Weihnachtsfresspäck-
chen geschickt. Hast du ihr auch meine Grüsse fleissig ausgerichtet?
Nun, bleib mir wie du bist –
ich werde sein wie du willst
Dein F.

Feldpost. Abs.: Landsturmmann Gundelfinger / Armirungsbataillon 149/4. Kompanie / Westen, Feldpoststation 290 – Adr.: Fräulein Elisabeth Salomon / Heidelberg / Gaisbergstrasse 16a

---

[104] *Aber „ich stelle … Fatme*] Etwas unklare Verwendung des Schiller-Zitats aus
der „Bürgschaft" und Anspielung auf FGs Zwiegespräch „Der Schwur".

[105] *von der k.k. Gesandtschaft*] Von der kaiserlich-königlichen, österreich-ungarischen Gesandtschaft.

[106] *Fine … gewidmet sei*] FG war Fine von Kahler seit 1910 in schwärmerischer
Liebe verbunden, was seinen Ausdruck auch in der Zueignung seines „Goethe"
an die angebetete Freundin fand. Vgl. den Kahler-Briefwechsel; zur hier angesprochenen Situation bes. II,395.

43. Friedrich Gundolf an Elisabeth Salomon.
   K.D. Feldpoststation Nr. 290. 25. Dezember 1916

25. 12. 16

Liebes Ding!
Deine Antwort auf meinen ersten Brief von der Front bekam ich gerade
vor der Weihnachtsbescherung und rechne ihn selbst zu ihr .. Gleichzeitig kam ein Brief von Lotte und einer von Fine. Beim Pionirdepôt
hab ich nur zu buchen was täglich an Geräten (Hacken, Brettern, Lam-
pen etc) an die Pionire ausgegeben wird und was von der Etappe ein-
geht .. ausserdem gibt es allerlei Ausladerei, im übrigen helfe ich den
Unterstand wohnlich erhalten .. denn alle Elemente berennen ihn, zumal Wasser von oben und von unten.

Der Weihnachtsabend gehörte zu den schönsten, die ich erlebte, wie
ich denn überhaupt seit kurzem, und für kurz, vollkommenes Glück
geniesse, wozu dein fleissiges Schreiben nicht wenig beiträgt.

Ich habe gestern Abend, da kein Tannenbaum erreichbar war, einen
Obstbaum erklettert und einen wundervollen Mispelast errungen, der
als Weihnachtsbaum auf dem Tisch festgenagelt und mit Lichtern be-
steckt wurde .. noch nie hat mich eine Weihnachtstanne so gefreut, wie
dies lichtgrüne und perlenfarbne Gewächs im Abendglanz. An Alkohol
und Essen fehlte es nicht, und wir waren eine zusammenstimmende
Siebenzahl. Die Post kommt jetzt allmählich angehumpelt und bringt
täglich was ersehntes oder was angenehm Überraschendes.

Dass dies Idyll bald aufhört ist gewiss, aber ich hab es und geniess es ..
das kann mir nicht mehr genommen werden, was auch komme.

Schreibt mir nur brav.

Unter meinen Kameraden fühl ich mich wohl und werde verwöhnt,
tu aber auch alle Arbeit und drücke mich nicht .. Leider hab ich auch
den Caesarspleen wieder. Du siehst daß es mir gut geht.

Was macht eigentlich das Frankfurter Kleeblatt und die Pension.

Grüsse besonders Frau Bezner sehr herzlich.
Ich küsse Dich, meine Elli, und bin
Dein F.

Feldpost. Abs.: Landsturmmann Gundelfinger / Armirungsbataillon 149 / 4. Kompanie / Feldpoststation 290 – Adr.: Fräulein Elisabeth Salomon / Heidelberg / Gaisbergstrasse 16a

44. Elisabeth Salomon an Friedrich Gundolf.
Darmstadt. 1. Januar 1917

Darmstadt[1] am 1. 1. 1917.

Es rächt sich doch alles auf der Erde, Gundel: wie Du oft laut weinend an meinem Schreibtisch gesessen hast weil die Breite meiner Federn Dir das Schreiben unmöglich machte, so ich jetzt an Deinem in genau derselben Verzweiflung wegen der Spitze die mich an meine allerfrühsten Schreibübungen erinnert. Außerdem bin ich rings umgeben von Caesaren und Finen die ich beide hasse seitdem ich weiß daß sie Platz in dem Brustbeutel meines Soldaten haben und ich nicht. Wirklich das betrübt mich: den Civilisten Gundolf gönn ich ihnen ja, aber der Pionier Gundelfinger soll nur mir gehören und höchstens noch dem Kaiser (nicht Caesar!). Sylvester haben wir einen Punsch getrunken mit den bei Euch einquartierten Soldaten. Das war für 1917 ein erster Tribut an den Kriegsgott, den man in guter Laune erhalten muß. Und heut früh hab ich im Museum einen Caesar entdeckt: Email in Kupfer, Limoger Arbeit um 1600. Schön sieht er weiter nicht aus. Kennst ihn? Findest Du unter Deinen Kameraden gute Nahrung für den Spleen oder ist nichts aus ihnen heraus zu holen?

Ich bin voll Sorge über den neuen Scenenwechsel. Denn in den Baracken denk ich Dich nur ungern. Doch ists vielleicht gut wegen der minderen Gefahr. Wie auch immer, ich hoff auf Gott und Hindenburg! Vous, cher, n'oubliez pas votre fidèle amie Elisabeth.[2]

---

[1] *Darmstadt*] ES befand sich zu Besuch bei Amalie Gundelfinger.
[2] *Vous, cher, … Elisabeth*] Sie, Lieber, vergessen Sie nicht Ihre treue Freundin Elisabeth (frz.).

45. Elisabeth Salomon an Friedrich Gundolf.
    Heidelberg. 3. Januar 1917

Heidelberg am 3. 1. 1917.

Teurer, es ist doch besser in Heidelberg zu sein weil das einen bessern Kontakt mit dem Liebsten im Feld gibt. Wie fehlten mir Deine Briefe. Nun find ich deren viele auf einmal und kann mich ganz in Gundelworte hüllen. So sicher fühl ich mich darin. Deine Mutter ist eine bewundrungswürdig tapfere Frau. Bei aller Sorge um die Söhne stets munter unterhaltend und gottvertrauend.

Eben hab ich mit Alfred Weber thelephoniert und bin noch ganz aufgeregt davon. Es ist doch schön eine geliebte Stimme einmal wieder zu hören. Heut Abend sind wir mit ihm zusammen. – Ich komme mir vor wie ein protestantischer Pastor anläßlich einer langen Philippica die ich der Johanna[3] gehalten habe. Die Diebstähle dieses Fraunzimmers hätten mich nämlich noch an den finanziellen Ruin gebracht. Ich sage Dir die Rede triefte nur so von saftigen moralischen Vorhaltungen. Sie hat auch schließlich einen Bruchteil ihrer Spitzbübereien gestanden und geknickt Besserung gelobt voller Rührung über meinen Edelmut, Frau Bezner nichts zu erzählen.

Daß das Gezänk der Kameraden Dich nicht tangiert ist mir ohne weiteres einleuchtend. Wars doch hier schon nicht anders: stets stehst Du als Kanzler über den Parteien. Jeden der Gegner behieltst Du lieb.

Dein Soldatenlied[4] schlägt einen ungewohnten Ton an. Doch das ist wohl die notwendige Begleiterscheinung der Uniform und so begrüß ich ihn wie alles was zu dieser gehört.

Lotte hat Gustav Richard gefragt ob ich seine Braut sei: eine sonderbare Annahme. Sie ist übrigens immer sehr freundlich gegen mich was rühmend hervorgehoben zu werden verdient, da die meisten Mädchen dieses Standes gegen Damen und speziell die Freundinnen ihrer Gönner unausstehlich sind.

---

[3] *Johanna*] Wohl Dienstmädchen in der Pension Bezner.
[4] *Soldatenlied*] Wohl ein vierstrophiges Gedicht „Ich schau in die bereite Nacht", das FG ES im Brief vom 18. Dezember 1916 zugeschickt hatte; hier nicht abgedruckt.

Ich schicke Dir heut eine Kritik im Lesezirkel[5] die für Dich hierher
kam. Vorndrin lag eine Phothographie von Dante[6] nach einem unbekannten altitalienischen Meister die mich tief erschüttert hat. Damit
sie nicht zerdrückt wird nehme ich sie heraus und bin Dir dankbar
wenn ich sie behalten darf. Die Besprechung über den Goethe von
Faesi scheint mir nicht gerade hervorragend klug zu sein und stellen-
weise merkwürdig unorientiert.
Leb wohl, Liebster.
Dein die Elli

46. Elisabeth Salomon an Friedrich Gundolf.
Heidelberg. 4. Januar 1917

Sieh, Lieber, gestern war wieder ein so schönes Zusammensein. Da fehlst
Du so sehr wie beim Alleinsein. Alfred Weber und wir fünf (Trubel und
Hans warn plötzlich wieder aufgetaucht).[7] Er sieht äußerst wohl aus
und war so goldig wie je. Für Dich scheint er schon massenhaft Hebel
in Bewegung gesetzt zu haben und rechnet auch auf Erfolg, ev. beim
Kriegspresseamt.[8] Einen heillosen Schrecken hat er bekommen als er
Dich einem dem Reichskanzler nahestehenden Herrn[9] zum Schreiber
empfahl und dieser – sich auf Deine Zugehörigkeit zum Kreis besin-
nend – antwortete: „ach wo Schreiber. Kulturpropaganda natürlich!"
Dazu ist's Gundelchen wohl weit schlechter zu gebrauchen als zum
Feldsoldaten. Hier hat Weber wahrscheinlich Deine baldige Ernennung
zum Professor durchgedrückt und glaubt dies werde auch von Einfluß

---

[5] *Kritik im Lesezirkel*] Im „Hottinger Lesezirkel" war im November- bzw. Dezemberheft 1916 eine Rezension von FGs „Goethe" durch den Germanisten Robert
   Faesi (1883–1972) erschienen.
[6] *Dante*] Bildnisse Dante Aligheris (1265–1321) wurden wegen einer gewissen
   Ähnlichkeit mit Profildarstellungen Georges – und selbstverständlich auch wegen seines Rangs als Dichter – im George-Kreis hochgeschätzt.
[7] *wir fünf … wieder aufgetaucht)*] Neben den genannten Hans Eckardt und Gertrud Dannheißer (Trübelchen) noch ES, Gustav Richard Heyer und Lucy Grote.
[8] *Für Dich … beim Kriegspresseamt*] Alfred Weber bemühte sich um eine Versetzung FGs weg von der Front. Vgl. seinen Brief an FG vom 7. Januar 1917. In:
   Alfred Weber: Ausgewählter Briefwechsel. Hg. v. Eberhard Demm und Hartmut
   Soell. Marburg 2003. S. 234.
[9] *einem dem Reichskanzler … Herrn*] Dem Diplomaten Kurt Riezler (1882–1955),
   damals Vortragender Rat und Vertrauter des Reichskanzlers Theobald von Bethmann Hollweg (1856–1921). Vgl. den angeführten Brief Webers.

sein.[10] Dann hat er (en discrétion) eine kolossale Geschichte erzählt
von einem bereitstehenden neuen schwarzen Flugzeuggeschwader mit
kolossalen Pferdekräften und noch nie in Anwendung gekommenen
Bomben, die Stuttgart (London?) z. B. in wenigen Stunden dem Erdbo-
den gleich machen können. Er selbst war von dem Erfolg nicht völlig
überzeugt. Doch wenn wir tatsächlich nach der nun endgültigen Ablehnung des Friedensangebots[11] noch solche Trümpfe auszuspielen haben wird von unserer Welt wohl nicht mehr viel übrig bleiben und dieser Krieg bedeutet tatsächlich den Untergang mindestens von Europa.

Deine Pionierstelle war wohl nur zur Vertretung für einen Urlauber?
Das Gute an dem Wechsel sind die seltneren Granaten. Sie trösten mich
über die unerwünschte Nachtlagergemeinschaft die mich weniger eifersüchtig als neidisch werden läßt.

Das Kriegsgefahr-Liebesgedicht[12] war mir ein willkommener Gruß.
Dieser Klang ist mir so vertraut daß mir warm und süß zu Mute wird
wenn ich ihn plötzlich von fernher wieder erklingen höre. Drum hab
allen Dank dafür von Deiner Dich innig liebenden Elli
Heidelberg am 4. 1. 1917
Anbei eine für mich traurige Botschaft.[13]

Feldpost. Abs.: Salomon / Heidelberg / Gaisbergstr.16a – Adr.: *Westen* / Herrn
Landsturmmann / Dr. Friedrich Gundelfinger / Armierungsbataillon 149/4. Compagnie / Feldpoststation 290

---

[10] *Hier hat Weber … Einfluß sein*] Auch davon schreibt Weber in seinem Brief an
FG.

[11] *nach der … Friedensangebots*] Die Alliierten hatten am 30. Dezember 1916 ein
Friedensangebot der Mittelmächte vom 16. Dezember abgelehnt, was in Deutschland u.a. als Legitimation für den uneingeschränkten U-Boot-Krieg diente.

[12] *Das Kriegsgefahr-Liebesgedicht*] Vielleicht „Das Feuer glimmt – in fernster Mitternacht" im Brief FGs vom 21. Dezember 1916.

[13] *Anbei eine für mich traurige Botschaft*] Wohl eine Todesnachricht aus dem Feld.

47. Friedrich Gundolf an Elisabeth Salomon.
K.D. Feldpoststation Nr. 290. 20. Januar 1917

Liebste Elli: erst nachträglich bemerke ich die Thorarolle die du den Lichtern beigelegt hast[14] .. auch sie und gerade sie hat mich sehr gefreut .. deine Reimgewandtheit[15] hat bedrohlich zugenommen und ich werde sie bald im Interesse echter Weiblichkeit dämmen müssen. Weiber die sich auf freie Rytmen verstehen sind reizlos, Sonette sind geziert, Knittelverse dagegen „natürlich" wie Wangengrübchen.

Deinen Bericht über den Fefetrubel[16] ergänzten gleichzeitig Briefe von Max Weber, Guri, Fine – ich lasse die Sache laufen, nur lege ich Wert darauf, daß nicht etwa Max W. meint, *ich* habe sie direkt oder indirekt veranlasst ihm mein Leid zu klagen oder was für mich zu tun .. ich dachte daran nicht, sonst hätt ichs ihm selbst geschrieben als ich ihm auf seine Mitteilung antwortete (er benachrichtigte mich nur von Gotheins Schritt).[17] Also Guri oder du oder sonstwer klärt ihn vielleicht direkt auf daß die Arme auf eigne Faust und Irrnis hin herumfuhrwerkt. Sie ist sehr unglücklich (objektiv) denn subjektiv macht sie sich einen Schabbes[18] draus.

————————

Wenn meine weiteren Tage hier nur so wären wie die beiden letzten. Arbeit wie ich sie will, Holzhacken im Wintermorgen (allein, nicht truppweise) Ruhe vom schweren und lästigen Dienst, und angenehme Beschäftigung mit, für, und durch den Leutnant, der ein sehr vielseitig angeregter und begabter Herr ist, und wenigstens ein Gefühl davon hat

---

[14] *Thorarolle ... beigelegt hast*] ES hatte FG offenbar neben Kerzen auch eine Ausgabe der jüdischen Bibel übersandt.

[15] *Reimgewandtheit*] Anscheinend war der Sendung auch ein (nicht erhaltenes) Gedicht ESs beigelegt.

[16] *Fefetrubel*] Marie-Josephe von Hoesch (Fefe) (1888–1976), eine Freundin Wolfskehls und auch FGs, hatte versucht, in FGs Bekanntenkreis dahin zu wirken, daß man Schritte zu seiner Versetzung an eine andere Stelle unternehmen solle. Vgl. Kahler-Briefwechsel II,399.

[17] *Gotheins Schritt*] Eberhard Gothein arbeitete ebenso wie Alfred Weber darauf hin, FG den Professorentitel zu verschaffen; außerdem unternahm auch er Vorstöße in der badischen Ministerialbürokratie, um eine Versetzung FGs von der Front weg zu erreichen.

[18] *einen Schabbes*] Ein Vergnügen.

was ich bin .. Dazu Nussbaum[19] – wär nur Ruhe, Wärme, Stabilität, Sinn, Schlaf noch dabei, so liesse sich im Krieg nichts besseres wünschen. Aber diese fünf Bedürfnisse des Kopfes, der Füsse, der Seele, und der Nerven wollen nicht schweigen .. und kein Wohlwollen der Welt kann sie mir verschaffen!

Mit dem „Lesezirkel" um den ich bat meinte ich die Hottinger Zeitschrift,[20] die inzwischen gekommen ist, dazwischen kam dein neuer Brief und du misverstandest meine Antwort: das ist bei dem raschen Tempo unsres Schreibens und dem langsamen der Befördg begreiflich genug.

Porträtirt bin ich jezt schon dreimal: Gestern zeichneten Nussb. u. d. Lt. mich gleichzeitig, aber die Ergebnisse behalten sie selbst.

Holzhacken ist sicher das Gesündeste was ich hier tue .. und trinken das liebste: Kafé und Schnaps, was andres gibts nicht .. Bier ist scheusslich hier.

Jede Stunde kann Überraschungen bringen, und nirgends gilt das Wort vom Lob des Tages vor dem Abend so wie hier.

Deine Knieschützer sind eine grosse Woltat, ich friere seitdem weniger in der Nacht und wandle so in deinen Fesseln mit gern geschlossnen Füssen, durch Schnee und Schlamm.
Ich umarme dich, geliebtes Mädel,
dein Fr.
„Füchslein"[21] hat aber gar zu wenig Sinn u. Bezug.

Feldpost. Abs.: Landsturmmann Gundelfinger / Armirungsbataillon 149 / 4. Kompanie I. Zug / Feldpoststation 290 – Adr.: Fräulein Elisabeth Salomon / Heidelberg / Gaisbergstrasse 16a

---

[19] *Nussbaum*] Der Frankfurter Maler Jakob Nussbaum (1873–1936) befand sich zeitweise in der gleichen Einheit wie FG.

[20] *Lesezirkel … Hottinger Zeitschrift*] Das Blatt mit der Rezension von FGs „Goethe" durch Robert Faesi.

[21] *Füchslein*] Offenbar ein von ES gebrauchtes Kosewort für FG; vgl. auch seinen Brief vom 4. Februar 1917.

48. Friedrich Gundolf an Elisabeth Salomon.
K.D. Feldpoststation Nr. 290. 22. Januar 1917

Also, Schatz, meine Briefe unterstehen jetzt meiner eignen Zensur[22] und ich darf dir zum Beispiel nicht schreiben daß (........). Aber du kannst dir schon denken wie gern (.............).[23] Mein neuer Posten ist wohl der Höhepunkt des hier zu erstrebenden „Glücks", und selbst dem des Leutnants vorzuziehen, obwohl ich mehr Arbeit habe. Aber sie ist wenigstens nicht dreckig, nicht frostig, nicht drückend (wörtlich) und nicht völlig unnütz. Morgens kann ich bis 8 oder ½ 9 ausruhn, statt um 1 oder 4 oder 5 Nachts herauszumüssen, kann dem Gebrüll und Getue der Unteroffizire mit Ruhe zusehn, weil es mich nichts mehr angeht, und brauche keine geheimnisvollen Vorwände, um mich zu entfernen. Ob und wieweit es ein Provisorium ist weiss ich nicht und will den Tag nicht vor dem Abend loben .. wie meinen Unterstandstag. Ich habe zwei Kollegen, einen angenehmen Redaktör, und einen minder angenehmen, aber nicht weiter störenden Kaufmann. Von ½ 9–11 sortire zensire oder stemple ich – die Zensur ist das wenigst erfreuliche, aber nicht ganz uninteressante dabei. Dann schreibe oder lese oder esse ich .. von 2–3 oder 4 zensire ich, oder gehe spaziren oder bin beim Leutnant, um 5 kommt die Post von der Station, dann wird wieder sortirt, bis gegen 8, manchmal auch länger.

Jetzt hab ich einen Strohsack und ein Kopfkissen eine grosse Erleichterung meiner Nächte.

Elli, geliebte Sklavin! du fragst mich öfter ob du mir den oder den Zeitungs- oder Revueausschnitt schicken sollst. Wenn Du was mich interessirendes (Cäsar, George, Gundolf) findest und der Ankauf kostet nicht über M. 2.50 so bestell oder kauf es bei Weiß[24] auf *meine* Rechnung und schicke es sogleich – wer lang fragt geht irr, und es schadet nichts auch wenns nichts Besondres ist. Schon der Papierwert wird hier geschäzt. Also schicke mir das Hochland[25] .. grad solch diffuses

---

22 *meiner eignen Zensur*] FG versah seit kurzem bei seiner Einheit das Amt des Postsekretärs und Zensors.

23 *(.............)*] Imitierte Zensurstriche.

24 *Weiß*] Heidelberger Buchhandlung.

25 *Hochland*] Seit 1903 erscheinende Zeitschrift mit katholischer Tendenz. Im Dezemberheft von 1916 finden sich unter der Rubrik „Neues vom Büchermarkt" Hinweise auf FGs Shakespeare-Übersetzung, auf seinen „Goethe" sowie auf die zweite Auflage von „Shakespeare und der deutsche Geist".

Zeug wie eine Zeitschriftnummer kann man noch am ehesten hier schlucken.

Was den Kampf in der Brieftasche angeht, so triumphire nicht zu früh, denn besiegbar ist die Vorbewohnerin[26] weniger als je .. aber du sollst in deinem eignen Fach schrankenlos walten und wirken .. und wirst überhaupt so gehegt wie du nur irgend verlangen kannst, lieber Schatz: denn du bist nicht zu übertreffen an Liebe, Güte, Reiz und Tugend, an Tüchtigkeit und Verführungskünsten!

Siehst du, diese Liebeserklärung hast du meinem neuen Amt als Zensor zu danken, und dies Amt dem Leutnant .. bei dem kannst du dich bedanken, aber nicht direkt, sondern unter Einhaltung des Dienstwegs, also über mich.

Nun lebwohl, denke dir was hübsches aus was du mir sagen oder tun willst und sei heftig umarmt von Deinem
treuen
Gf.
22 / Jan. 1917

Feldpost. Abs.: Landsturmmann Gundelfinger / Armirungsbataillon 149/4. Komp. I. Zug I. Korporalschaft / Feldpoststation 290 – Adr.: Fräulein Elisabeth Salomon / Heidelberg / Gaisbergstrasse 16a

49. Friedrich Gundolf an Elisabeth Salomon.
K.D. Feldpoststation 290. 4. Februar 1917

Liebste Elli: Hab Dank für dein Packet mit Fusslappen, Zucker, Kerzenständer. Die Fusslappen werd ich mir aufheben oder auf den Kopf legen, einstweilen brauch ich sie nicht, da ich den ganzen Tag in der Stube sitze. Auch für deinen Kirsch hab ich dir noch nicht gedankt: er war wie immer hochwillkommen .. Ich weiss jetzt auch was mich an deinem Brief neulich irritirt hat: das „Käuzchen" (ebenso wie neulich das „Füchslein") wie ich denn so verkleinernde Tierkoseworte schriftlich nicht vertrage: sie sind gut für Schäferstündchen, wenn man der Sprache vergisst und das geliebte Tier unter den Händen hat: aber Briefe sind, wie zärtlich auch immer, doch noch eine geistige Äusserung, und da ist jedes Vergreifen im Ton und Sinn fühlbar – selbst ich

---

[26] *Kampf in der Brieftasche ... Vorbewohnerin*] Anspielung auf die von FG bei sich getragenen Photographien ESs und Fine von Kahlers.

nenne dich ja auch nicht Mäuschen oder Häschen, so sehr ich dich bei
mir fühle .. und wenn ich dich einmal Butzi genannt habe, so ist das
selbst Ironie auf diesen Ton gewesen. Also liebes Herz, spare dir diese
Hexenkünste und Verwandlungen für das Bett .. Ich weiss wohl, daß
die Liebe nichts hinnimmt wie sie es empfangen hat, sondern es neu
schaffen, nennen, zurichten, bewältigen, und zu diesem Zweck recht
innig klein kriegen muss, daher die Koseworte und Umnennungen der
Geliebten, die schon Hamlet den Weibern vorwirft („ihr gebt Gottes
Kreaturen verhunzte Namen")[27] und so versteh ich auch daß du mich
in ein Tier verwandelst das du an deinem Herzen unterbringen kannst ..
aber das Papier ist nicht der Platz dazu. So, nun hast du statt eines An-
schnauzers eine wissenschaftliche Abhandlung bekommen, meine
Zuckerdose, meine Badewanne!

Im Anschnauzen hab ich mich hier sehr vervollkommenet und der
nächste Verstoß an Stock oder Tintenfass wird dir ein Erdbeben eintragen. Ich habe übrigens hier von einem Kameraden einen Stock ge-
schnitzt bekommen, mit einem *Fuchs*kopf – (es ist der Igelfänger,[28] der
sich damit einen Nebenverdienst erwirbt, daß er Waldhölzer schnitzt,
jeder braucht hier einen Stock, und ich hab grad einen solchen erwischt) und einer Wendeltreppe in der Mitte etwa so .. [Zeichnung]
Hoffentlich bring ich dies Andenken an den Tillawald[29] heil nachhause.

Mein Redactör hier ist eines der grösseren Tiere bei Ullstein,[30] mehr
Betriebsleiter als Schriftsteller .. freilich seh ich mir hier die Menschen
nicht auf Meinungen sondern auf Maniren und Kameradschaftlichkeit
hin an. Aber der andre, der junge Fabrikant ist wohl auch im Zivil ein
ungewöhnlicher Mensch.

Das Leben auf der Post ist monoton, aber angenehm – warm und
unabhängig .. wir haben Leute die uns Holz machen u Essen holen und
sind überhaupt wie Vorgesetzte nur ohne Abzeichen.

Ellichen, du sollst mich nun nicht ein für allemal Herr Gundelfinger
anreden, aber du musst neue Anreden erfinden, die mich rühren ohne
mich vor mir komisch zu machen .. nun strenge deine zärtliche Phantasie nur einmal an, geliebte Zirce! Ich bin dein treuer G.

---

[27] *ihr gebt ... verhunzte Namen*] Zitat aus Shakespeares „Hamlet" (III,1) in der
    Schlegel-Tieckschen Übersetzung.
[28] *Igelfänger*] Igel wurden wohl zum Verzehr gefangen.
[29] *Tillawald*] Gebiet bei Verdun.
[30] *Ullstein*] Großes Berliner Zeitungs- und Verlagshaus mit Tendenz zum Populären.

Feldpost. Abs.: Landstmm. Gundelfinger / Armirungsbataillon 149/4. Komp. I.
Zug / I. Korporalschaft / Feldpoststation 290. – Adr.: Fräulein Elisabeth Salomon /
Heidelberg / Gaisbergstrasse 16a.

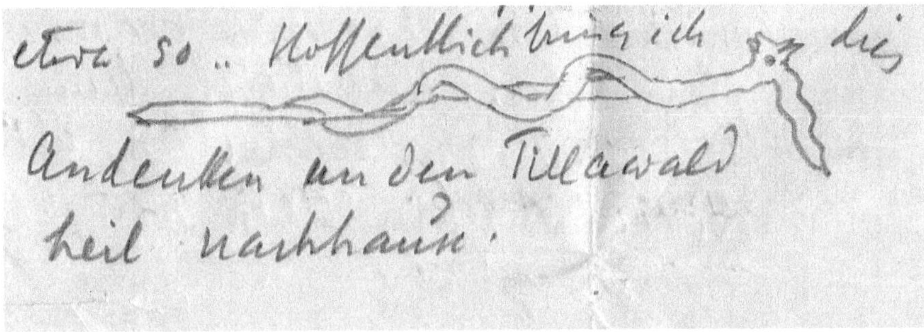

50. Friedrich Gundolf an Elisabeth Salomon.
Berlin. 8. Februar 1917

Liebste Elli:
Gelt da guckst du! Die Sache kam ganz jählings – mein Feldwebel teilte
mir mit daß ich zum Chef des Feldeisenbahnwesens kommandirt sei, ich
wurde in Marsch gesetzt, fuhr 30 Stunden hintereinander im Frost, von
Verdun nach Berlin, kam nachts an, bestieg ein Hotelbett, schlief endlich
wieder! wie ein Sack, badete endlich wieder, liess mich beim Bezirks-
kommando in Schöneberg umkleiden, fuhr zum Kriegsministerium,
wurde dort an den grossen Generalstab gewiesen, einem riesigen Bau,
durchstiefelte ein halbes Dutzend Büros, von einem höflichen Hauptmann zum andren gewiesen, bis mir einer eröffnete daß *Salz* meine
Herberufung indirekt veranlaßt habe, ein guter Bekannter dieses Haupt-
manns. Mein Chef ist aber ein andrer Hauptmann, und meine Arbeit
scheint zunächst verkehrstechnische Zeitungsdurchsicht zu sein – näheres werd ich erfahren Dienstzeit 9–1 5–½9 abends – um 9 muß [ich] zu
Hause sein, damit ich nicht den Verführungen der Grossstadt erliege.

Ich will heut schliessen, denn ich bin noch durcheinander. Ich habe
eine eigne Wohnung gleich beim Generalstabsgebäude:
Unter den Zelten 18 II bei Prott[31]
Berlin N.W.
Hoffentlich bald mehr, und nichts Schlimmeres, was ich immer meine
daß kommen muß.

---

[31] *Prott*] Vermieter FGs.

Ich küsse dich und bleibe auch hier dein kriegsgefangener Landsturmmann
G

Valentiner[32] ist ein Unterseebootsmann dessen Lob du mir schriebst,
und nach 2 Tagen wusstest du bereits nicht mehr wer er war, verstan-
dest mein Brief nicht! treulose Elli.

Feldpost. Abs.: Landsturmmann Gundelfinger / z.Zt. Berlin NW / Unter d. Zelten
18 II / bei Prott – Adr.: Fräulein Elisabeth Salomon / Heidelberg / Gaisbergstrasse 16a

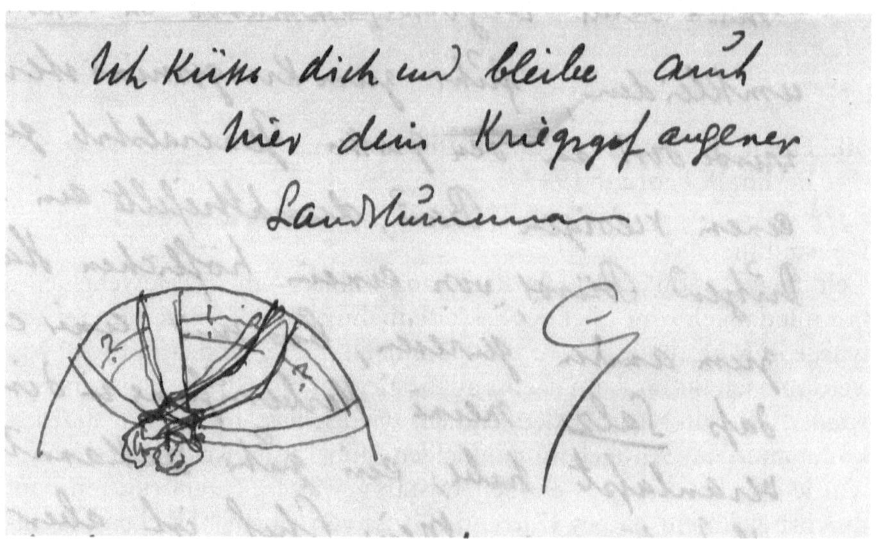

51. Friedrich Gundolf an Elisabeth Salomon.
Berlin. 15. Februar 1917

15. II. 1917

Liebes Herz:
Nach und nach kommen deine Berichte nach Frankreich mir nach
Berlin nachgetrippelt und nehmen sich hier gar rührend aus. Wie un-
endlich rasch die Zeit hier veraltet merk ich erst, wenn ich mich zu-

---

[32] *Valentiner*] Max Valentiner (1883–1949) war ein bekannter deutscher U-Boot-
Kommandant.

rechtfinden will in nachgesandten Briefen. Welcher deiner Briefe mich irritirt hat, wird dir meine ausführliche Vorlesung über die Verwendung zoologischer Minuskeln bei honorigen Geliebten verdeutlicht haben: das „Käuzchen" hat dich höchst schuhumässig angeschnarcht.

Diesen Brief schreib ich aus Mangel an Amtstätigkeit im Büro – es ist oft 3 Stunden nichts zu tun aber die Anwesenheit ist ehrenvoll und notwendig. Immerhin kommt alle Augenblicke ein Jüngling oder ein Greis mit Zivilhilfspflichtbinde um und Aktenmappe unter dem Arm und bringt Depeschen, Pläne, etc. deren Empfang in Abwesenheit des Chefs ich quittire. Die Maschinerie und der Mythus des „Bürotums" umwölbt mich mehr und mehr, und um mein rauhes Kriegesantlitz legt sich schon eine dünne Schicht Amtsmiene. Noch was Neues droht oder winkt oder schwebt mir, doch werd ich abwarten was draus wird .. Jedenfalls sind inzwischen fast sämtliche Reichsämter wegen meiner Unterbringung betupft und z.T. in Schwingung gebracht worden, meist ohne, manchmal gegen mein Zutun[33] .. Das Zeitungswesen das ich bisher so vernachlässigt rächt sich nun durch eine Flut von Papier die es über meinen gesträubten Geist ausschüttet. Nie hab ich soviel Holzpapieressenz schlucken müssen .. Drin steht fast nie was wertvolles, und zu meiner Verblödung trägt diese Lektüre mehr bei als die Zensur der Schipperbriefe.[34] Nun, es muß halt was getan werden und ich werde zum Humoristen, die einzige Form unter der man außerhalb des Felds diese Weltverfilzung ertragen kann, die sich über der Weltverblutung lindernd ankrustet.

Den Kopf einziehen und statt der Gedanken die Notizen aufnehmen – es fällt mir nicht leicht .. aber es stimmt mich manchmal fast ausgelassen lustig, daß ich vor lauter Amtsgeheimnis dich in die Nase zwicken möchte.

---

[33] *Jedenfalls sind inzwischen ... mein Zutun*] FG hatte selbst aus Frankreich einen Antrag auf eine andere, ihm mehr gemäße, militärische Verwendung gestellt, der aber abgewiesen worden war. Daneben hatten sich etliche Freunde für ihn eingesetzt, u.a. Karl Wolfskehl, Alfred Weber und Eberhard Gothein. George, der erwog, sich an den hessischen Großherzog zu wenden, mißbilligte insbesondere die Intervention des Industriellen und späteren Politikers Walther Rathenau, die von dem ihm und FG nahestehenden Maler Reinhard Lepsius (1857–1922) vermittelt worden war. Vgl. George-Briefwechsel 300f.

[34] *Schipperbriefe*] Soldatenbriefe. „Schipper" – wie FG selbst – waren Armierungssoldaten, die nicht zur kämpfenden Truppe gehörten, sondern mit dem Bau von Befestigungsanlagen hinter der Front beschäftigt waren.

Hast du Rathenaus „Probleme der Friedenswirtschaft"[35] gelesen?
als Mündel Lederers[36] mußt du dirs einmal angucken: R. ist wohl der
Klassiker des „Exposés" oder „Memorandums" heute, und hat diese
Bedürfnisform des modernen Grossbetriebs zu einer litterarischen Gat-
tung erhoben (oder erstarrt). Als Bewunderer jeder Meisterschaft kann
ich ihm meine litterar-historische Anerkennung nicht versagen.

Genug für heute: du wirst meine Fernküsse fühlen und mich lieb behalten selbst im Zivil.
Dein G.

Feldpost. Abs.: Armirungssoldat Gundelfinger / In den Zelten 18 / Berlin NW –
Adr.: Fräulein Elisabeth Salomon / Heidelberg / Gaisbergstrasse 16a

**52. Friedrich Gundolf an Elisabeth Salomon.
      Berlin. 21. Februar 1917**

21 / II / 17

Liebste Elli: Obwohl jeden Tag noch einer deiner lieben Briefe aus dem
Feld mir nachgehinkt kommt und mir eine Nachtragsfreude bringt,
vermiss ich doch plötzlich deine Briefe hierher die mir in meinem neuen
Zustand die unentbehrliche tägliche Elliration liefern müssen, die ich
hier genau so ersehne und begrüsse wie draussen. Ich dachte erst, seit
ich Zivilist bin habe ich an Korrespondenzwert eingebüsst, aber Ek-
kardt der heut plötzlich hier auftauchte und mir viel von dir berichten
musste, sagt daß du mich hier in einem angeregten Zirkel wähnst und
bescheiden resignirt schweigst (so etwa .., der Wortlaut ist mein). Das
ist falsch, ich bin hier abgehezt und müd .. und froher als je, wenn ich
mit der Frühpost deine belebende Stimme höre, oder mit der Abendpost in deinen beruhigenden Arm sinken darf .. du bist eine treue Seele
und ich vermisse dich, wenn du nach so lebendigen Wochen brieflicher
Gegenwart verstummst. Ich habe dir beinah jeden zweiten oder dritten

---

[35] *Rathenaus ... Friedenswirtschaft*] 1917 bei S. Fischer erschienene Abhandlung
    Rathenaus.
[36] *Mündel Lederers*] Scherzhaft für: Schülerin Lederers.

Tag geschrieben, aber die Berliner Post braucht jetzt fast 4 Tage nach Süddeutschland. Das „Hochland" hab ich bekommen, herzlichen Dank!

Am Sonntag Abend war ich bei Walter Rathenau, es war ein recht gehaltvoller Abend – wir sprachen über den Krieg, über den Wert des Wissens, über Mystik und Rationalismus, seelenlose und seelenhafte Menschen und über Caesar, Friedrich, Napoleon, Alexander, Shakespeare. In bezug auf Caesar ist er orthodox. Er ist ein allbelesener und gebildeter Kopf mit einem Blick ins Transcendente, aber doch mehr dem Sehnsuchtsblick als dem Seherblick. Ein Zyniker und Skeptiker, mit dem geheimen Wunsch und der vierfünftel Kraft darüber hinauszukommen, übrigens schwer auf den ersten Blick zu durchschauen schichten- und gängereich und problematisch genug .. auf jeden Fall unerhört begabt.

Im Generalstab hab ich momentan nichts zu tun als täglich 8 Stunden lang das Büro zu schmücken, aber eigenes arbeiten kann ich dabei doch auch nicht .. so sinne ich und stiere immer und immer wieder in die völlig inhaltlosen Zeitungen, einmal aufs Berliner Tageblatt und dann in die Deutsche Tageszeitung, und das herrliche Schauspiel wie sich urhêtun[37] (s. Hildebrandslied) Theodor Wolff und Ernst Reventlow,[38] die weidlichen Recken, ist mein täglicher geistiger Genuss!

Vielleicht komm ich aber bald an einen andren Posten.[39] Vielleicht! .. In den nächsten Tagen wohne ich wahrscheinlich Berlin NW 40 Beethovenstrasse 1 / I Pension Springs .. ebenda hat sich auch durch meine Vermittlung Eckhardt einquartirt, doch bleib ich nur etwa 14 Tage. Er übt eine erfrischende Wirkung aus, und wenn man auch keine Häuser auf ihn bauen kann, so ist er doch gut zum Baden.[40]

Ach Elli, ich wollte, ich wär in Teneriffa![41] Alles weitere weißt du.

---

[37] *wie sich urhêtun*] Zitat aus dem Anfang des althochdeutschen Hildebrandslieds: wie sich herausforderten Hildebrand und Hadubrand.

[38] *Theodor Wolff und Ernst Reventlow*] Der Chefredakteur des liberalen „Berliner Tageblatts", Theodor Wolff (1868–1943) und der u. a. für die konservative „Deutsche Tageszeitung" schreibende Publizist Ernst Reventlow (1869–1943).

[39] *Vielleicht komm ich … Posten*] Zwar erhielt FG in den nächsten Tagen tatsächlich eine andere Aufgabe – in der Nachrichtenstelle des Auswärtigen Amtes – doch blieb er weiterhin in Berlin.

[40] *so ist er doch gut zum Baden*] Etwas rätselhafte Formulierung; möglicherweise ist der gemeinsame Besuch eines Schwimmbades gemeint. Hans von Eckardt hielt sich ebenso wie FG als Soldat in Berlin auf.

[41] *Teneriffa*] Wohl erotisches Codewort, Chiffre der liebenden Verbundenheit. Im November 1916 schrieb FG: „Es gibt wenig Tage und Abende an die ich so oft und dankbar zurückdenke wie den 3/4 November, du weisst warum, Elli .. und

Schreib mir also bald einmal Liebchen, und sei dem Namen Elli nicht
gram, ich habe [ihn] gern und hab ihn mit meinen Küßen patinirt. Dich
umarmt Dein G.
Grüsse herzlichst Fr. Bezner.

Feldpost. Abs.: Armirungssoldat Gundelfinger / Berlin NW 40 / In den Zelten 18 II
/ (*nicht* Beethovenstr.) – Adr.: Fräulein Elisabeth Salomon / Heidelberg / Gaisbergstrasse 16a

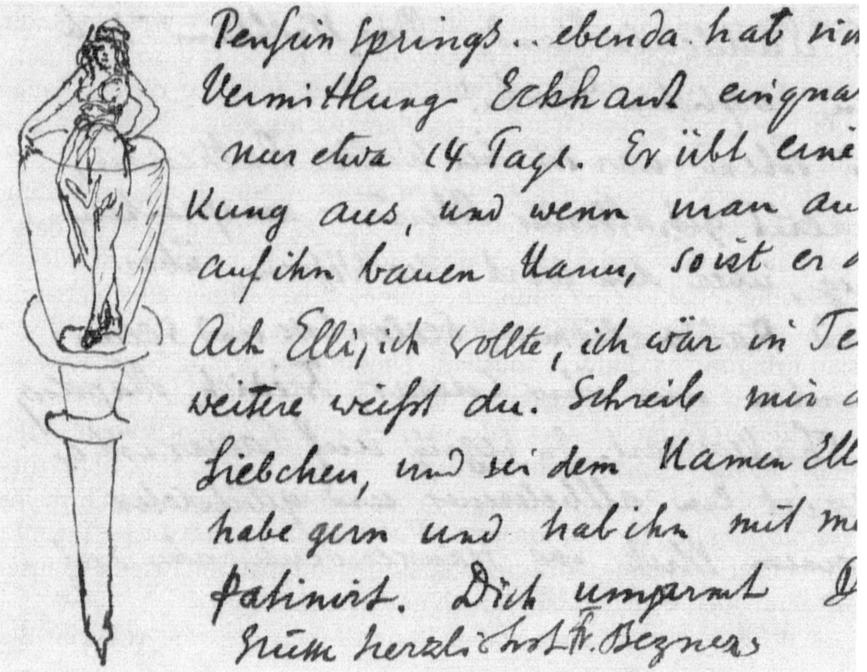

---

wenn ich bei meiner mir fast unwahrscheinlichen Zufriedenheit jetzt manchmal
ungeduldig werde, so ists wegen der Unmöglichkeit solcher Stunden [...] du bist
[...] ganz für dich und mich ein Sonderwesen, ein Pik von Teneriffa, und ein
böhmisches Dorf"; am 21. November 1916: „Jede freie Minute gedenk ich deiner und fühl erst die ganze Fülle unsrer gemeinsamen Stunden! „Teneriffa" ist
auch *hier*".

53. Friedrich Gundolf an Elisabeth Salomon.
Berlin. 23. Februar 1917

Liebste Elli: Nachgerade werd ich doch ungeduldig über dein hartlei-
biges Schweigen. Von vornherein bitte ich alle meine kleinen Verwün-
schungen deswegen ab wenn die Ursache wäre 1. Krankheit 2. Arbeit
3. Reise oder andre Hatz. Dagegen soll dich das Mäusle beissen oder der
Rickert küssen[42] wenn du mich nach Tinte schmachten lässest 1.) aus
Kaprice 2.) aus Schmollung 3.) aus irgendeinem Vogel, ich wäre schon
versorgt und bedürfe deiner nicht mehr, wie dergleichen resignirende
Edelschwermüte manchmal grundlos dein liebes Gemüt verdüstern.
Oder willst du mich recht sehnsüchtig machen und mir eine Liebeserklärung entlocken? Nun, da hast du sie, ohne Umschweif und Hinter-
list: Elli, ich vermisse dich, ich bitte dich um Nachrichten und ich
werde dir dankbar sein, wenn du mir schreibst.

Ich lege dir sogar ein Abschnitzel meiner Amtstätigkeit bei,[43] um
dein Herz zu erweichen, wenn es tatsächlich verknöchert sein sollte.
Sollte auch das nichts helfen, so würde ich allerdings dich eifersüchtig
machen müßen.

Der Eckardt ist jetzt hier, in meiner nächsten Nachbarschaft und ich
sehe ihn gern und oft .. Alfred Weber hab ich seit meinem ersten Besuch im Schatzamt nicht wieder gesehen.[44] Er macht neue Steuern und
traut sich deswegen wohl nicht unter seine Opfer. Ich dagegen regle
das Transportwesen und verhindere daß die Königskinder trotz des
zugefrornen Wassers zueinanderkommen.[45] Zu Essen hab ich bisher
genug, und in den Restaurants bekommt man noch ausgezeichnete Sachen für mässiges Geld, wenn man nicht vorher an Lebensmittelkar-
tenpsychose schwer erkrankt ist. Neulich holte ich mir zum ersten-
male in der Garde-Ulanenkaserne meine Löhnung und bekam statt

---

[42] *soll dich ... Rickert küssen*] Scherzhafte Verwünschung; Anspielung auf den
    Heidelberger Philosophieprofessor Heinrich John Rickert (1863–1936).

[43] *Abschnitzel ... bei*] Ein Artikel des S. Fischer-Lektors Moritz Heimann
    (1868–1925) „Die Landakademie für Kriegsprimaner“, in dem ein Vor-
    schlag des Wickersdorfer Pädagogen Bernhard Hell (1877–1955) diskutiert
    wurde.

[44] *Alfred Weber ... gesehen*] Alfred Weber war damals persönlicher Referent eines
    Staatssekretärs im Schatzamt.

[45] *daß die Königskinder ... zueinanderkommen*] Scherzhafte Anspielung auf das
    bekannte Volkslied „Es waren zwei Königskinder“.

der erwarteten M. 5 gleich fünfzig – ich hatte ganz vergessen dass mir
Verpflegungsgelder zustehen. Dies war eine der seltenen angenehmen
Überraschungen.

––––––––––

Elli, wenn du traurig bist, werd ich dich wieder munter streicheln, mit
Herz oder Hand .. mir schwant daß irgendwas mit dir nicht stimmt. Eh
ich darüber nicht Gewissheit habe, kann ich auch nicht weiter schreiben, nur herzliche Küsse können keinesfalls was schaden .. die verdienst und bekommst du (selbst im Fall ganz besonders falschen Denkens oder Verhaltens) als meine geliebte treue Elliseele.
Dein
G.

Berlin NW. 40
In den Zelten 18 II
23. II. 17

Feldpost. Abs.: Armirungssoldat Gundelfinger / Berlin NW 40 / In d. Zelten 18 / II –
Adr.: Fräulein Elisabeth Salomon / Heidelberg / Gaisbergstrasse 16a

54. Friedrich Gundolf an Elisabeth Salomon.
Berlin. 27. Februar 1917

Berlin NW 40 In den Zelten 18 / II
27. II. 1917

Süsse Elli: Hab Dank für deine beiden Briefe .. ich verstehe was dich
stummer macht und ehre deine Gründe, was aber nicht hindert daß ich
mich nach recht vielen Zeichen deines geliebten Daseins sehne .. Briefe
sind doch immer Handbewegungen, ja Niederschläge des Leibes den
man umarmen möchte, und auf die Vereinigung, mehr oder minder
handgreiflich, läuft es hinaus, auf die Grenzerweiterung des Ich in das
andre Ich hinein .. Tausend Wege für ein Ziel. Warum ich mich grad
jetzt so nach deinen Umarmungen und Gegenwarten sehne weiss ich
nicht .. doch ist es so: vielleicht weisst du es, als ein kundiges Hexlein,
besser was in deine Liebesgaben für Wirkungen und Nachwirkungen
hineingebacken waren. Du hast mich noch an der Strippe und du musst

nur ein wenig dran ziehn, so läute ich, dass du es bis in deinen Schlaf
hinein hörst.

Dieser Tage werde ich wieder gemustert und es soll mich nicht wundern, wenn auf einmal meine Kriegstüchtigkeit entdeckt wird.

Die Geschichte von Dostojewski, Liebchen, kenne ich: sie ist eine
Einlage der „Gebrüder Karamasow"[46] und der Caesar ist nur Kaiser.

Der Lerch hat mir seinen *Aufsatz* geschickt über meinen „Goethe",
der dumm und dreist ist[47] .. das Ressentiment merkt man ihm an. Sonst
hab ich nichts mit ihm zu tun.

Die „Dame"[48] werd ich mir kaufen.

Hab keine Angst daß Berlin W. mir meine schlesische Waldblume
entwürzt, kein Spreegewächs kann mir den ländlichen Zauber meiner
Boberblume,[49] die der Neckar zur herrlichen Entfaltung betaut hat,
überwuchern .. vielmehr werd ich immer an ihrem keuschen Busen die
Ruhe und die Begeisterung finden, die den giftigen Messalinenschössen
des Grossstadt-Sumpfs nimmermehr entspriessen kann.[50] Das Gleichnis ist herb, fast zynisch, aber es entspricht durchaus den tatsächlichen
Verhältnissen des Lebensmittelsmarkts, der bei gesteigerter Rohstoff-
produktion nur schwach beliefert wird.
Küsse mich und verfahre auch sonst nach Gutdünken mit deinem
Landmatrosen

Feldpost. Abs.: Armirungssoldat / Gundelfinger / Berlin NW 40 / In den Zelten 18 /
II – Adr.: Fräulein Elisabeth Salomon / Heidelberg / Gaisbergstrasse 16a / bei
Bezner

------

[46] *Die Geschichte ... Karamasow*] Gemeint ist die berühmte Parabel vom Groß-
inquisitor.

[47] *Der Lerch ... dreist ist*] Die Besprechung von FGs „Goethe" durch den Romanisten Eugen Lerch (1888–1952) erschien am 6. Februar 1917 im Berliner
„Tag".

[48] *Dame*] Berliner illustrierte Modezeitschrift (1912–1943) mit vielen literarischen
und künstlerischen Beiträgen. ES hatte FG auf ein darin veröffentlichtes Bildnis
Georges hingewiesen.

[49] *Boberblume*] Die Bober fließt durch ESs Heimatstadt Hirschberg.

[50] *Hab keine Angst ... entspriessen kann*] Entgegen FGs Beteuerungen unterhielt
er damals ein intimes Liebesverhältnis mit der ihm von früher her bekannten Pianistin Agathe Mallachow (1884–1983), aus dem die Ende des Jahres geborene,
gemeinsame Tochter Cordelia – auch Ottilie genannt – (1917–2008) hervorging.

55. Friedrich Gundolf an Elisabeth Salomon. Berlin. 3. März 1917

3 / 3 / 17

Liebste Elli: Deine Karte aus Schwäbisch Hall (du hast noch immer Wandervogelblut[51] in Dir!) und deinen schönen Brief über die deutsche Baukunst alter Zeit hab ich bekommen und mich gefreut: du hast eine ansteckende Art der Begeisterung die nirgends besser ist als in Berlin. Wenn man nach einem Gang über den Potsdamer Platz heimkommt und findet einen solchen Ellibrief vor, so möchte man ihr um den Hals fallen oder sie dreimal um die Siegessäule herumtragen ... Dein liebes Feuer lässt den Kohlenmangel vergessen.

Ausser deinen Briefen bekam ich eine rätselhafte Blechdose deiner Absenderschaft, die ich aus Mangel an Instrumenten bis jetzt noch nicht habe öffnen können. Schon im Feld lief ich mit Blechdosen begierig knurrend und fluchend tagelang umher. Ich habe die Ahnung daß hier etwas Vorzügliches drinsteckt.

Elli, mit deinem Herkommen mache es wie dich dein Herz treibt: es ist keine Höflichkeit wenn ich dir sage daß ich mich nach dir von ganzem Herzen sehne und von den Stunden träume da ich dich umarmen und besitzen kann. Nur die Zeit, die Zeit! Die Zeit von 2–5 will ich mir, wenn du herkommst, nach Möglichkeit ganz für dich freihalten: du kannst dann auch auf mein Zimmer kommen und es wird nicht viel anders sein wie in Heidelberg zur Kafféstunde, eher ungestörter und alleiner.

Abends wird es schwer gehen, auf mein Zimmer kannst du dann nicht gut und ich wohl schwerlich zu dir. Um den 20. herum will nun die Fine kommen, und gegen Ende März der Meister (vielleicht). Geschrieben hat er mir zwar nichts bestimmtes, aber ich vermute es dennoch.[52] In diesem Fall würde ich dir mich nicht ganz widmen können.

---

[51] *Wandervogelblut*] Die kurz vor 1900 einsetzende Wandervogelbewegung, die lebensreformerische Züge trug, propagierte Wandertouren und Ausfahrten der Jugend in die ländliche Natur. ES war während ihrer Schulzeit in der Reformschule Wickersdorf mit dergleichem Gedankengut in Berührung gekommen.

[52] *der Meister ... dennoch*] Allerdings kam weder Stefan George noch Fine von Kahler damals nach Berlin. Doch hatte FG begründeten Anlaß, darauf zu hoffen; im ersten Fall, weil ihr Verhältnis durch Georges Mißbilligung der Umstände von FGs Versetzung belastet war, bei Fine, weil diese in ihren Briefen

Vor *allen* übrigen will ich wenigstens die Nachmittage *dir* reserviren. Es sind außer Eckardt und Heyer, (der jetzt weg ist) Lechter, Lepsius, Vallentin, Bondi, Roethe, Hermann (Professor)[53] dabei alle Augenblicke Reisebesuche aus Hamburg oder München oder Döberitz, neuerdings der Ullsteinredaktör aus dem Feld, der jetzt hierher reklamirt ist,[54] und einige Huldinnen[55] und andre Freunde, – all das könnte und würde ich aufschieben, um dir möglichst viel zu gehören, oder möglichst auf die Abende verlegen.

Also überlege es dir, ob du vor dem 20. kommen kannst. Willkommen bist *du* mir immer, nur sollst du auch möglichst was von deiner Willkommenheit haben.

Einen kleinen Wischer hast du dir wieder verdient durch die Bemerkung auf deiner schwäbischen Postkarte: „Gott strafe unsre osman. Bundesgenossen!" Ich weiß nicht recht worauf es sich bezieht, vermutlich auf den Rückzug von Kutelamara![56] Solche Wünsche sind unbeherrscht, unbedacht, und unwürdig! Denn du weißt nichts von Gründen und Ursachen solcher Vorgänge, und wünschst mit solchen Redensarten vor allem den Deutschen Unheil mit, ganz abgesehen von der kindlichen Vorwitzigkeit, bei jedem Schiefgehen gleich zu fluchen! Und wenn das im ersten Moment mündlich verzeihlich ist, so ists ungehörig nach 8 Tagen auf einer Postkarte! Ich habe mich darüber geärgert. So, nun komm her und gib mir einen Kuss, du bist doch meine Geliebte Elli!

Das Bildchen das ich dir sandte war von Max Klinger[57] – ich find es auch nicht schön und sandte es weniger aus Wesen als aus Beziehung.

---

vom Februar 1917 zu einem neuen hingebungsvollen Ton gefunden hatte. Vgl. Kahler-Briefwechsel II,402f.

53 *Eckhardt ... Hermann (Professor)*] Außer FGs Heidelberger Freunden (Eckardt, Heyer) und den George-Kreis Mitgliedern aus Berlin (Lechter, Lepsius, Vallentin, Bondi) figurieren hier noch zwei Fachkollegen: der Theaterwissenschaftler Max Herrmann (1865–1942) und der Germanist Gustav Roethe (1859–1926), ein vormaliger Lehrer FGs.

54 *der jetzt hierher reklamiert ist*] Der (zum Dienst in Berlin) angefordert wurde.

55 *Huldinnen*] Im George-Kreis Bezeichnung für anmutige, den Mittelpunkt eines geistigen Zirkels bildende Frauen; von FG allerdings häufig mit spöttischem Unterton für seine ihn verehrenden Studentinnen gebraucht.

56 *Gott strafe ... Kutelamara*] Ende Februar wurde die heute im Irak gelegene Stadt von den auf Seiten der Mittelmächte kämpfenden türkischen Truppen geräumt und von englischen Einheiten besetzt.

57 *Bildchen ... Klinger*] Da das „Bildchen" von Klinger (1857–1920) sich nicht erhalten hat, bleibt der Bezug unklar.

Die Kataloge kannst du zu Hause liegen lassen, die andren Sachen erbitte ich hierher. Die „Dame" mit dem Georgebild hab ich: das ist ja ein ganz unveröffentlichtes Bild, wovon ich nur einen unfixirten Abzug habe.[58] Es kann nur durch Unrecht in die Zeitschrift gekommen sein!

Gestern bin ich gemustert worden, soviel ich verstanden habe g.v. oder d.g.v.[59] – ich bin damit wohl fürs erste hier ansässig.

Ich lese deinen Brief nochmals: ob du bei mir wohnen kannst ist fraglich, momentan ist jedenfalls kein Zimmer frei, und evtl. müsste ichs für St. G. freihalten. Und dann hätte es wohl seine hauswirtlichen Bedenken. Doch das werden wir sehen. Ich wollte, es könnte so werden wie wirs von Heidelberg her gewöhnt sind und umeinander verdient haben.

Schreib mir bald, oder komme bald, süsses Kind, und sei einstweilen umarmt von Deinem
G.
Verbrenne all diese Briefe und behalte ganz für dich und in Dir was drin steht .. Bitte, Liebes, auch wenns dein Sammlerherz bedrückt .. du hast mich drum nicht weniger in deinen Geheimfächern.

Wohl weiss ich dass mein Wort, gradhin geschnellt
Aus meines Fernseins Hinterhalt, dich fasse ..
Wie ich dies Fernsein, fast dich Ferne hasse!
Doch reicht mein Wort, mein Fangstrick durch die Welt!

Wo auch dein Körper ist, ich zieh ihn bei
Mit zielendem Geweb aus Geist und Stimme
Umschlängle dich mit Liebe, List und Grimme
Und weide mich an deinem leisen Schrei,

---

[58] *Die „Dame" … Abzug habe*] In Heft 10 der Zeitschrift von Ende Februar 1917 war auf S. 4 eine Photographie Georges von Jacob Hilsdorf (1872–1916) veröffentlicht worden. Sie erschien im Rahmen einer Auswahl „Charakterköpfe" zu einem Artikel von Stefan Großmann über Franz Werfel. Vgl. Boehringer: Bild, Tafel 122.

[59] *g.v. oder d.g.v*] Garnisonsverwendungsfähig bzw. dauernd garnisonsverwendungsfähig.

Wenn du gefangen bist und zu mir sinkst
Um nicht erwürgt zu werden, rückgeschwungen
Den Hals mir preisgibst, und mit vollen Lungen
All meine Macht und Sehnsucht in dich trinkst.

Feldpost. Abs.: Armirungssoldat Gundelfinger / Berlin NW 40 / In d. Zelten 18 / II –
Adr.: Fräulein Elisabeth Salomon / Heidelberg / Gaisbergstrasse 16a

56. Friedrich Gundolf an Elisabeth Salomon. Berlin. 7. März 1917

7 / 3 / 17

Liebste Elli:
Deinen Brief versteh ich nicht: ich fürchte, du hast wieder einmal deine
unnötigen Kleinmutswähne.

Was ich dir schrieb, war *Deinet*wegen, weil ich von dir möglichst
viel haben will .. Genau so hab ich der *Fine* geschrieben. Wenn man
sich hier nicht einteilt und rechtzeitig einteilt, hat man nichts voneinander .. Drum möcht ich daß du vor dem 20. kommst .. ich sehne mich
nach dir kaum weniger als du nach mir, nur ists mir nicht möglich auf
unbestimmte Verabredungen hin da zu sein, drum mach ich einen
Stundenplan ..

Und nun ein solcher durch nichts begründeter Brief, Elli! Als ob man
nicht in der Liebe den Sinn für Zeit und Raum behalten könne und ein
sachlicher Überblick eine Beleidigung sein müsste.

Was hab ich dir denn geschrieben als daß du kommen sollst und
wann ich dich sehen kann? Es ist doch dein eigner Vorteil, wenn du
nicht ins Ungewisse herkommst .. und ich kann weder meine Amtsstunden schwänzen noch die Fine fortschicken, wenn sie eigens meinetwegen herkommt. Im Übrigen hab ich dir meine Nachmittage voll zur
Verfügung gestellt, und dich auf die Unzuträglichkeiten aufmerksam
gemacht die für zwei Liebende aus den Wohnungs und andren Conventionen entstehen können. Wo ist denn da ein Grund zur Elegie, ich
liebte dich nicht mehr, ich wollte dich nicht hier haben? Ich greife mir
manchmal an den Kopf! Du könntest geradesogut weinen, wenn ich
den Schlüssel umdrehe, eh wir zu Bett gehn! Geben wir doch der Liebe
was der Liebe ist, und tragen den Sachlichkeiten mit denen sie umschränkt ist, Rechnung, damit wir ihr umso freier und ungestörter zu
ihren Stunden uns ergeben können. Trotz meiner Betrübnis über dein

Mißverstehen will ich dir hier wiederholen: daß ich dich *ersehne*: Und nun komme sobald als möglich: du wirst selbst sehn wie ich hier bin. Ich habe seit gestern durchgehende Arbeitszeit und bin *von 4 ab* immer ganz dienstfrei. Bestimme du über meine Zeit und sieh ob du dabei mehr Stunden für mich findest als ich dir zugedacht, und höre keine fremde Stimme in mich hinein, die nicht drin ist.

Elli, wirklich, dein Brief hat mich bestürzt, so wohl mir wird bei der Liebe und Treue aus der er kommt.

Also komm und nimm

Deinen Gundolf

Was du „Spontaneität" nennst und meiner „Systematik" entgegenstellst ist nur Affekt und nicht Leidenschaft .. Wie ich darüber denke siehe „Goethe" Seite 442.[60] Spontan ist man im errungenen Augenblick, aber damit man es sein kann, muß man ihn vorher planvoll sichern.

Elli, ich könnte dir stundenlang vorreden, wie irrig dein Brief ist, aber komm, komm und nimm alles von meinem Munde selbst.

Und lies meinen Brief der dich so verletzt hat, noch einmal mit ausgewaschnen Augen!

Feldpost. Abs.: Armirungssoldat Gundelfinger / Berlin NW 40 / In den Zelten 18 / II – Adr.: Fräulein Elisabeth Salomon / Heidelberg / Gaisbergstrasse 16a

---

[60] *Wie ich darüber ... 442]* „Darum ist es kein Zufall daß Epochen und Menschen der nachhaltigen Leidenschaft, des einheitlichen Lebensstils, der geschlossenen Kultur (welche immer zugleich mehr Sinnen- als Gefühlswesen waren) in der Lyrik sich zyklisch geäußert haben, das ganze Altertum von Alkäus und Pindar bis zu den römischen Elegikern, dann Dante und Petrarca, dann Shakespeare in seinen Sonetten, in Deutschland wieder der klassisch, d.h. geduldig und augenhaft gewordne Goethe, und in unsern Tagen Stefan George.
Freilich wird das Zyklische dann auch von allen rationalistischen und in festen Konventionen starrgewordnen Epochen gepflegt, wie die Renaissance- und Barock-lyrik in Italien, Frankreich und Spanien. Das Zyklische ist jedenfalls, wo es auch auftritt, ob als Neuschöpfung großer leidenschaftlicher, willens- und sinnenstarker Genien, oder als Konvention gewandter klarer und kluger Talente, immer der Gegensatz gegen alles dumpfe Gefühl, gegen alle Wallungs- und Affektpoesie, gegen alles jähe Auf- und Ab, gegen jeden Sturm und Drang des Gemüts. Leidenschaft und Gefühlswallung sind nicht identisch, sowenig wie Wille und Affekt. Das Zeichen der Leidenschaft ist nicht die dumpfe Wallung und der Überschwang an sich, sondern der nachhaltige unerbittliche durchdringende Wille, der große langausgehaltene Atem, nicht das Keuchen und Seufzen. Dieser Wille kann mit voller Klarheit und sogar Heiterkeit gepaart sein und muß die Sinne nicht trüben sondern schärfen."

**57. Elisabeth Salomon an Friedrich Gundolf.
Hirschberg. 2. April 1917**

Hirschberg[61] am 2. 4. 17

Mein herzallerliebster Gundel, Deine treue Mühe rührt mich tief. Hab tausend Dank. Du sollst gewiß keine Unannehmlichkeiten meinetwegen haben – auch ohne die Bürgschaft Röthes[62] die mich sicher mehr belustigt als ihn wenn er davon wüßte. Dadurch daß das Buch von Dir kommt verwandelt sich mir sein trockener Inhalt in Minnelieder.

Die Verskorrektur[63] akzeptier ich mit großem Vergnügen und will ihn in die Urschrift einfügen.

Gundolfchen, das hilft nun nichts mehr, Du hast in den sauren Apfel gebissen und wirst ihn aufessen müssen: Der „tiefe" Eindruck auf P-Treb- und andere Itsche war unausbleiblich und muß tapfer geschluckt werden.[64] Schau, Du bist ja ein tapferer Soldat, es wird schon gehen. Und Dein Trost soll sein, daß bisher noch alle Großen und Größten gleichzeitig von Hohlköpfigen Banausen und sonoren[65] Geistern bejubelt wurden. Die Beispiele mußt Du Dir selbst überlegen, mein goldiger Literarhistoriker Du.

---

[61] *Hirschberg*] In der Zwischenzeit hatte ES FG in Berlin besucht und war am 24. März nach Hirschberg gefahren, bevor sie gegen Ende April wiederkehrte, um ihr Studium in Berlin weiterzuführen. Fine von Kahler schrieb am 29. März 1917 an FG: „Das Einzige, das mir periodisch immer wieder als Qual und Vorwurf aufsteigt, ist, dass ich um diese Fahrt [zu ihrer kranken Mutter] die Berliner Reise lassen musste – resp. dass ich nicht doch früher schon dort war. Und da der Meister, wie er mir 2 Tage vor meiner Abreise sagte, auch nicht hingeht, so bleibst Du Deinen Nebenfrauen und Nebenfreunden überlassen, was mir gar nicht sehr gefällt". Kahler-Briefwechsel II,406.

[62] *Bürgschaft Röthes*] FG hatte Bücher für ES aus der Berliner Bibliothek entliehen. Dafür war ein Bürgschein notwendig, für dessen Ausstellung offenbar Gustav Roethe zuständig war.

[63] *Verskorrektur*] ES war mit dem Vers eines Gedichts von FG nicht einverstanden gewesen. Die neue Fassung lautet: „Ich wär im Geist entflohen und vergangen." Um welches Gedicht es sich handelt, ist unklar.

[64] *Der „tiefe" Eindruck … geschluckt werden*] FG hatte ES davon berichtet, daß ihm Arthur Trebitsch (1880–1927), ein völkisch angehauchter österreichischer Autor, Bücher zugeschickt und seine Verehrung bezeugt hatte. Mit „Pitsch" könnte der spätere Schriftsteller Johann Pitsch (1901–1940) oder ein anderer begeisterter Leser dieses Namens gemeint sein.

[65] *sonoren*] Volltönenden; hier im Sinn von: bedeutenden, gediegenen.

Fährst Du Freitag früh oder Abend von Berlin fort und Dienstag früh oder Abend von Darmstadt?[66] Ich möcht es wissen wo mein Herz und meine Gedanken Dich in jedem Moment zu suchen haben. Willst Du wohl so lieb sein mir aus Darmstadt die gedruckte Lutherarbeit[67] zu schicken? Ich wollte es gäbe sonst noch von mir ungelesne Gundolfs. Meine Sehnsucht nach Dir, Liebster, erstreckt sich auf alles was von Dir ausgeht, Deine Sprache und Schrift, Deine Dichtungen und Deine Prosa; wenn sie selbst von mir gleichgültigen Dingen redet, so bleiben doch Dein Stil und Deine Ausdrucksweise die so vertraut und warm für mich klingen. Wie unsäglich lieb ich Dich hab! Ach, es ist ja dumm, es Dir wieder und überhaupt zu sagen. Und ich weiß Du magst es viel lieber anders, wenn man sich hochmütig und abweisend zeigt. Doch dazu müßt ich ein wohl durchdachtes Theater spielen und dazu verspüre ich keine Lust. Dann mag lieber unser schönes Zusammensein ein frühzeitigeres Ende nehmen. –

Vom Liegle bekam ich heut einen treuen Brief, datiert vom 6. März. Denke nur, er hat vom Hilfsausschuß der Universität Basel außer einer Mörickeausgabe Deinen Goethe bekommen. Er freut sich unendlich ihn dortzuhaben. Ich soll Dir seine Grüße sagen und daß er oft und innig Deiner denkt. Besonders dankt er Dir auch noch für die Bücher die ich ihm in Deinem Namen geschickt hatte (Die byzantinischen Hymnen[68] etc.).

Ich habe übrigens wieder etwas Geld für ihn. Ob Professor Landmann[69] wohl die Vermittlung übernehmen würde?
Es ist sehr frühlingsfroh Deine Elli

Feldpost. Abs.: Hirschberg / Wilhelmstr. 9c – Adr.: Herrn Landsturmmann / Dr. Friedrich Gundelfinger / Berlin NW 40 / Zelten 18 II

---

[66] *Fährst Du … Darmstadt*] FG traf dort mit Stefan George zusammen.

[67] *die gedruckte Lutherarbeit*] Gemeint ist die Schreibmaschinenabschrift einer Vorlesung FGs zur Reformationszeit, nach der ES schon früher gefragt hatte.

[68] *Von Liegle … byzantinischen Hymnen*] ES hatte dem kriegsgefangenen Liegle in FGs Auftrag u.a. die von Matthaios K. Paranikas und Wilhelm von Christ besorgte Teubner-Ausgabe der Anthologia Graeca Carminum Christianorum, Leipzig 1871 geschickt.

[69] *Professor Landmann*] Joseph Liegle war 1913/14 als Hauslehrer bei dem Stefan George nahestehenden Basler Professor für Nationalökonomie Julius Landmann (1877–1931) tätig gewesen.

58. Friedrich Gundolf an Elisabeth Salomon. Berlin. 28. Mai 1917

28. V. 17

Mein Liebes!
Wenn es mit rechten Dingen zuging, hast du meinen Brief noch eher bekommen als ich den deinen und daraus ersehen, daß ich bei dir bin,
dich ersehne und liebe. Deinen Gruss hab ich mit Ungeduld erwartet
und mich herzlich daran erbaut. Es ist öd ohne dich hier und ich bin ge-
drückt, wenn du mir nichts abnimmst durch dein belebendes Dasein.

Dein Sombart-spiel ist ein rechtes Schönbart-spiel[70] (weisst du was
das ist?) und ich finde es sehr vestalisch[71] von dir, wenn du den Ver-
suchungen dieses dämonischen Soziologen widerstehst. Du schreibst,
du wolltest nicht mit den Bölschen, Fechnern[72] etc zusammentreffen.
Wer ist denn „Fechner"? Ein Maler, oder gar, der leider schon lange
verstorbene grosse Theodor Fechner?[73] Ich würde dich gern auf einer
flagranten Verwechslung ertappen. Gestern nachmittag war ich bei
Bondi, ohne indess dich zu vergessen. Heute bin ich bei Vall. und gedenke deiner.

Morgen kommt Moritz Geiger[74] .. –
Ich lege dir hier einen Zettel bei, den du begutachten magst. Er verspricht gute Aussichten für die Zukunft.[75] In der Frankfurter Zeitung

---

[70] *Sombart-spiel … Schönbart-spiel*] Schönbartspiel, vom mittelhochdeutschen
Wort für Maske abgeleitet, bedeutet Fastnachtsspiel, Maskenspiel. FGs Kalauer bezieht sich darauf, daß ES in Berlin bei dem Soziologen Werner Sombart
(1863–1941) im Seminar saß und auch während ihres Ferienaufenthalts in Schlesien über Pfingsten – Sombart besaß eine Villa in Schreiberhau – seinen Umgang
suchte.

[71] *vestalisch*] Keusch, in Anlehnung an die zur Jungfräulichkeit verpflichteten römischen Priesterinnen der Vesta.

[72] *den Bölschen, Fechnern*] Sowohl der Schriftsteller und Naturphilosoph Wilhelm
Bölsche (1861–1939) wie auch der Maler Hanns Fechner (1860–1931) waren
Teil der Künstlerkolonie in Schreiberhau im Riesengebirge.

[73] *Theodor Fechner*] Spätromantischer Physiker und Naturphilosoph (1801–1887).

[74] *Gestern nachmittag … Moritz Geiger*] Georg Bondi (1865–1935) war der Verleger des George-Kreises, der Jurist und Historiker Berthold Vallentin
(1877–1933) gehörte gleichfalls dem Kreis an, Moritz Geiger (1880–1937) war
Professor für Philosophie an der Münchner Universität.

[75] *Ich lege Dir hier … Zukunft*] FGs ironische Bemerkung gilt der Anzeige einer
Broschüre „Ein Staats-Kredit-Monopol" aus dem Verlag Peter Becker, Magdeburg.

beginnt ein grosser Artikel von Max Weber über Parlamentarismus in
Deutschland sich zu einer Serie auszuwachsen. I. handelt von Bismarcks
verderblichem Einfluss.[76]

Was macht deine Niere,[77] Liebes? Ich bin in Sorge um dich .. Sei ein
wenig vernünftig und mach dich nicht kaputter als nötig.
Ich umarme dich mit vollem Herzen und bin mit Händen und Füssen
Dein G.

Feldpost. Abs.: Landsturmmann Gundelfinger / Berlin NW 40 / In d. Zelten 18 / II –
Adr.: Fräulein Elisabeth Salomon / Hirschberg (Schlesien) / Wilhelmstrasse 9c [ge-
strichen und ergänzt:] 30 / 5 Schreiberhau / Gasthof Goldene Aussicht

59. Friedrich Gundolf an Elisabeth Salomon.
Darmstadt. 11. Juni 1917

Hier, Schatz, der letzte Zipfel des zweiten Gewebs.[78] Jetzt weiss man
doch wo er hinaus will. Zugegeben und bewundernswert, wie er die
billige Tünche abkratzt und das nackte Gemäuer zeigt. Nur gesetzt,
wir bekämen statt der Beth- und Scheidemänner[79] die Trustmagnaten[80]
als Machthaber der Politik und es gäbe weniger Dummheiten: würde
die Menschenart sich mehr lohnen? auf die letzte Frage, ob ein besser
regirter Staat dieser Art den Menschenwert auf den es allein ankommt,
steigerte, bleibt er die Antwort schuldig: nur auf die Frage nach der
Nützlichkeit der Institutionen gibt er Antwort: und da liegen die tiefe-
ren Probleme leider nimmer: er redet von Palliativen, und fängt im
schon bedingten an .. Nur aus dem Fernsten, aus dem Menschentum
selbst kommt aber die Erneuerung, aus neuer Liebe, nicht aus neuer
Klugheit. Er will wohl auch so hoch nicht hinaus, aber daß ein Mann
wie er nicht höher hinaus will, als auf die Verbesserung einer politischen

---

[76] *In der Frankfurter ... Einfluss*] Gemeint ist die Artikelreihe „Deutscher Parlamentarismus in Vergangenheit und Zukunft", die in drei Folgen am 27. Mai, am
9. / 10. und am 24. Juni 1917 in der „Frankfurter Zeitung" erschien.

[77] *Niere*] ES hatte sich kurz zuvor ärztlich untersuchen lassen; das Tagebuch notiert „Nierenbefund".

[78] *der letzte Zipfel des zweiten Gewebs*] Der zweite Teil des zweiten Aufsatzes von
Max Weber zum „Deutschen Parlamentarismus" vom 10. Juni 1917.

[79] *Beth- und Scheidemänner*] Theobald von Bethmann Hollweg war von 1909 bis
1917 Reichskanzler, Philipp Scheidemann (1865–1939) einer der Führer der Sozialdemokratie.

[80] *Trustmagnaten*] Wirtschaftsführer, Industriekapitäne.

Technik ist schade. Freilich, nötig mag ein solcher Schritt sein, wenn man diese ganze Welt von Fortschritt noch von Herzen *bejaht*. Tut das M. W. ich glaub eigentlich nicht.
Heute einen politischen Kuss auf deine sozialen Lippen!
Dein treuer G.

Feldpost. Abs.: Landsturmmann Gundelfinger / Darmstadt / Grünerweg 37 – Adr.: Fräulein / Elisabeth Salomon / Berlin C / Große Praesidentenstraße 2 III / bei Grand[81]

60. Friedrich Gundolf an Elisabeth Salomon. Darmstadt. 16. Juni 1917

Darmst., 16. 6. 17

Liebes!
Deine beiden Briefe, sehnlich erwartet, bekam ich im Schwarzwald,[82] ein dritter ist mir dorthin nachgesandt worden, als ich schon auf der Rückreise war. Seit Freitag (15. VI) abend bin ich wieder hier. Es waren paradiesische Tage und ich bin in einem gehobenen Zustand zurückgekommen.

Stefan George hat eine Dichtung: „Der Krieg" vollendet,[83] ein gewaltiges Wort aus der Höhe und der Mitte, so gross wie die Seele aus der es kommt und wie das Verhängnis von dem es kündet. Du wirst es hören und es soll sobald als möglich erscheinen. Dies zunächst für dich.

Wie schemenhaft ist neben diesem Mann alles was sich heute breit macht, es ist gar kein Grössenunterschied, er ist wie ein Mensch unter Larven, wie man sein sollte unter Abnormitäten und Spuk. Auch was du mir über den B.[84] schreibst erinnert mich wieder an das Nichtsein dieser nicht einmal ganz gemeinen Scheiner.

Meine Elli! Ich fühle so recht was ich an dir habe, und bin von einer ungeduldigen Zärtlichkeit erfüllt, es dir fühlbar zu machen. Worte sind Brücken, Küsse sind Angeln: es ist nicht das süsse Bad .. und die letzte

---

[81] *Grand*] Vermieter ESs.
[82] *im Schwarzwald*] FG war von Darmstadt aus nach Klosterreichenbach gefahren, wo er Stefan George besuchte.
[83] *Stefan George ... vollendet*] Stefan George: Der Krieg. Dichtung. Berlin: Georg Bondi 1917.
[84] *den B.*] Vermutlich der jüdische Religionsphilosoph Martin Buber (1878–1965), dem ES einige Tage zuvor begegnet war.

Einheit ist nur ein Ertrinken. Doch ists schon ein Glück, zu wissen wo Ertrinken sich lohnte.

Bleibe nicht traurig, ich komme bald, ich bin am Freitag wieder bei dir.

Mein Bruder kommt jetzt doch nicht auf Urlaub. Meine Mutter gedenkt deiner herzlich.

Dein Bild auf dem Felsen hab ich geküsst und ihm die Anreden gegeben, die du kennst .. hab Dank!

Ich fühle deine Gedanken und weiche ihnen nicht aus, sondern gebe mich ihnen preis, Liebes!
Umarme Deinen G

Feldpost. Abs.: Landsturmmann Gundelfinger / z.Z. Darmstadt / Grünerweg 37 – Adr.: Fräulein Elisabeth Salomon / Berlin C. / Grosse Präsidentenstraße 2 III / bei Grand

61. Friedrich Gundolf an Elisabeth Salomon. Berlin. 9. August 1917

Liebes! Es stört mich, Süsses, daß du postlagerst,[85] denn ich entsinne mich daß man ohne Postausweis nichts lagerndes ausgeliefert bekommt. Halten sich Küsse so lang? nun, ich habe immer neue.

Heute kommt die Fine! und der „Der Krieg“.[86] Du sollst aber doch gleich deinen Morgengruss haben, nach einer Nacht, die ich erst mit meinen Zimmernachbarn zerzankte, und dann von Kerenski träumte, sehr deutlich. Gestern träumte ich von Lloyd George, auch unangenehm deutlich. Nun nur nichts mehr von Poincaré oder kleinem Ententegeziefer.[87]

Ich habe gepackt und kann jede Minute abziehn, doch soll Fine erst den Stall besichtigen.

---

[85] *daß du postlagerst*] ES verbrachte den August in Zoppot (bei Danzig) an der Ostsee, doch hatte FG vorerst noch keine Adresse, unter der er ihr dorthin schreiben konnte.

[86] *„Der Krieg“*] Das für Juli vorgesehene Erscheinen von Georges Dichtung hatte sich etwas verzögert.

[87] *von Kerenski … Ententegeziefer*] Die Minister- bzw. Staatspräsidenten Rußlands, Englands und Frankreichs, der Entente-Hauptmächte: Alexander Kerenski (1881–1970), David Lloyd George (1863–1945) und Raymond Poincaré (1860–1934).

Ich lasse nichts darin zurück was mich fesselte, es seien denn Erinnerungen an die Stunden die ich mit Dir zubrachte, meine süsse Freude! Aber deine Decke geht mit ins neue Gemach, getränkt mit Elligulin.[88]

Den Shakespeare hab ich fertig korrigirt.[89]

Elli, ist der Zucker den du mir gekauft hast, für die ganze Zucker-Karte? Oder musst du noch was abmelden bei deiner Bezugsquelle. Meine neue Wirtin müsste ihn dann künftig besorgen, bedarf aber Abmeldezeugnis bei ihrem Lieferanten.

Denk dir, der dicke Sylaese glaubt an Ediths unbedingte Wahrheit weiter und hält sie für das „Opfer ihrer Schweigepflicht!"!![90]

Schreib mir bald und sei auch treu!! Wenn du am Wasser bist, krabbelst du doch unversehens in ein U-boot.

Und nun muss ich ins Amt .. Um Mittag hoff ich ist Fine da .. dann winde dich in Eifersucht und spinne finstre Ränke.[91] So macht man es

---

[88] *Elligulin*] Scherzhafte Wortbildung. – FG wechselte innerhalb von Berlin die Wohnung.

[89] *Den Shakespeare ... korrigirt*] Den 10. Band von FGs Shakespeare-Übersetzung „Shakespeare in deutscher Sprache", der allerdings erst 1918 bei Bondi erschien.

[90] *der dicke Sylaese ... „Opfer ihrer Schweigepflicht!"*] Gemeint sind der in Syla in Brandenburg lebende Wilhelm Andreae und die zeitweise mit ihm am gleichen Ort weilende Edith Grote (1896–1980); der genauere Sinn der Anspielung ist unklar.

[91] *Um Mittag hoff ich ... Ränke*] Am 20. Juni 1917 hatte Fine von Kahler im Vorfeld ihres Berlin-Besuchs an FG geschrieben: „Was mich betrifft, so möchte ich meinen Berliner Aufenthalt ja auf 8–14 Tage ausdehnen und da wäre es wohl unvermeidlich die rührende Elli zu kränken – einerseits dadurch dass Du sie in dieser Zeit vernachlässigen würdest, andererseits weil ich selbst, trotz meiner wirklichen Schätzung dessen, was sie ist und was sie für Dich ist, doch momentan auch gar keine Lust habe etwa die Zeit, die Du in Deinem Amt bist, auch nur teilweise ihr zu widmen. Sympathie ist nicht immer die Folge von Schätzung – die Letztere bringe ich ihr nun schon lange entgegen – sehr zum Unterschied von der Soscha, die, ‚independent' wie sie selbst ist, keiner Frau die Sklavin verzeihen kann und für solche Wesen eine Verachtung hat, die weder richtig noch gerecht ist. ‚Folgen' ist das Beste, ja das Einzige, was eine rechte Frau tun kann – und ich sehe gar keinen so *wesentlichen* Unterschied darin, ob dieses Folgen die Form eines Glaubens, einer innern Bindung bei äusserer Freiheit – oder die eines wirklichen, bis in's körperliche gehenden Gehorsams annimmt – oder sonst einer Variation oder Zwischenstufe zwischen dieses Extremen. Ich will nicht sagen, dass ich mir wünschte ein solcher Mensch zu sein, aber ganz gewiss ist es schön einen solchen Menschen zu haben. Sie hat besser für Dich gesorgt und mehr für Dich getan als irgendwer andrer und ich bin sicher, sie war Dir nie lästig oder zu-

doch, wenn man der allgemeinen Auffassung glauben darf? Ich be-
wache deine Seele, da ich schon deinen Leib nicht be– darf.
Nimm und halte Deinen
G

Feldpost. Abs.: Landsturmmann Gundelfinger / Berlin NW. 21 / Dortmunder-
strasse 15 IV l – Adr.: Fräulein Elisabeth Salomon (aus Hirschberg i / Schlesien. Wilhelmstrasse 9c) / z.Z. Ostseebad Zoppot / Postlagernd [ergänzt:] Villa Sedan / Bismarckstr.

62. Friedrich Gundolf an Elisabeth Salomon. Berlin. 14. August 1917

14. 8.

Meine geliebte Elli
Es ist sieben Uhr früh und ich habe schon wieder meine Morgenfreude
am neuen Blick auf die offne Spree. Dir soll mein erster Gruss sein ..
deine süssen Zeilen sind mir nach gesandt in die neue Wohnung und
freuen mich hier doppelt, denn man freut sich anders mit dem Blick auf
die Sonne, als mit dem auf einen Hof. Ich begreife kaum wie sehr ich
von diesem Milieu bedrückt war, ich bin seitdem besser gestimmt. Freilich ist die gleichzeitige Ankunft der Fine vielleicht mit daran schuld:
sie ist unsagbar lieb und gut, und ich fürchte mich vor den Tagen, wenn
sie weggeht.
  Gestern war ich mit ihr im Kleinen Napoleon.[92] So unglaublich komisch der P. als Cerf war, so unerträglich ists doch, die mythische Ge-

---

dringlich. Der richtigen Selbst-losigkeit, der, die ich gewiss nie kennen lernen
werde, ist es wahrscheinlich ein Leichtes nichts zu tun, das den geliebten Menschen stört: sie hat sich ja vergessen und weiss nur den andern. Liebt sie mehr als
wir andere? Ach jeder liebt so und sosehr er kann und die Liebe verschiedner
Menschen lässt sich nicht gegeneinander abwägen. Für Dich ist ihre Liebe vielleicht nicht die wertvollste aber ich glaube, die unentbehrlichste. Heiraten sollst
Du sie trotzdem nicht, das ist puncto Elli das Einzige worin ich mit der Soscha
ganz einig war! [...] Wann verlässt die Elli also Berlin? Leb wohl und lieb mich,
es tut mir wohl – Fine". Kahler-Briefwechsel II,410f.
[92] *Kleinen Napoleon*] Schwank von Franz Cornelius und Robert Misch, der im
Sommer 1917 in Max Reinhardts Deutschem Theater mit dem bedeutenden
Schauspieler Max Pallenberg (1877–1934) in der Rolle sowohl Napoleons wie
auch seines Doppelgängers, des schäbigen Kriegslieferanten Cerf, aufgeführt
wurde.

stalt so aufgefasst zu sehen, wie er den N. spielt, selbst als Fratze. Ich
geh doch sobald in kein Theater mehr.

———————

Gestern Abend bekam ich die Mitteilung vom bad. Kultusministerium,
daß ich zum ausserord. Professor ernannt sei. Die Freude ist zu ertragen, und ich weiss nicht wie ich den Empfang bestätigen soll.

Komisch find ichs schon, dass du nun einen a. o. Professor zum Geliebten hast.

———————

Die Verse die du gestern schon bekommen solltest leg ich heute bei ..
ich hab sie umgeschrieben – sie gehören zu den geheim-akten.

Hier munkelt wieder alles vom Frieden, ich glaube nicht daran.

Wenn die neuen Männer[93] nur nicht so dürftig wären .. man schämt
sich ordentlich, deine Mappe wird um keinen Kopf reicher.[94] Der Richthofen hat seine Fliegertaten verullsteint,[95] ein ungemein widerwärtiges,
seelenlos ödes Buch .. ich glaube wirklich, die Wasserleute wohnen in
einem beseelteren Element, als diese Luftprotzen .. Diese leere Sportfexerei,[96] die der „Luftheros" aus seinem kühnen Beruf macht, die Art
wie er seine Taten fühlt und sieht, möchte einen zum Protestanten machen: denn so sinds tote Werke.[97]

———————

———————

93 *neuen Männer*] FG meint die Mitglieder der neuen Regierung unter Georg Mi-
    chaelis (1857–1936), der am 14. Juli 1917 zum Reichskanzler ernannt worden
    war.
94 *deine Mappe wird um keinen Kopf reicher*] ES führte offenbar ein Album mit
    Porträts bedeutender Zeitgenossen; jedenfalls hatte ihr FG am 29. Oktober
    1916 mehrere solcher Bilder übersandt, darunter eines von Lloyd George.
95 *Der Richthofen ... verullsteint*] Manfred von Richthofen (1892–1918), der er-
    folgreichste Jagdflieger des Ersten Weltkriegs, brachte 1917 ein Buch „Der rote
    Kampfflieger" im populären Berliner Ullstein Verlag heraus.
96 *leere Sportfexerei*] Etwa: äußerliche Rekordjagd.
97 *denn so sinds tote Werke*] Biblischer Sprachgebrauch, vgl. Hebr. 9,14.

Wend ich mich lieber wieder zu dir, Mädchen, mit Sehnsucht und Zärtlichkeit, keine Stunde vergessend, was du mir bist und wie ich Dir bin,
auch in diesen Tagen der „schönsten Nähe".[98]
Tausend Küsse Deines
G.

Feldpost. Abs.: Landsturmmann Gundelfinger / Berlin NW. 21 / Dortmunder-
strasse 15 IV l – Adr.: Fräulein Elisabeth Salomon / Villa Sedan / Ostseebad Zoppot
/ Bismarckstrasse

63. Friedrich Gundolf an Elisabeth Salomon. Berlin. 19. August 1917

Geliebte Elli:
Ich halte an dem Vorsatz fest dir jeden Tag zu schreiben, aber er ist
doch schwerer zu erfüllen, als ich dachte .. nur der frühe Morgen oder
der späte Abend bleiben, die erstohlenen Amtstunden sind nicht unge-
stört genug, und schmecken wie Küsse zwischen Tür und Angel. Wenn
du doch einmal mit mir morgens an einem hellen Herbstmorgen auf-
wachen könntest, den kühnen glitzernden und spiegelnden Bogen der
Spree und die stillen breiten Uferstrassen, mit ihren bescheidenen Bäu-
men, und zum Fenster hinausgebeugt die schlanke Brücke anschauen
könntest! Es ist ein andres Erwachen als zwischen schnatternden Pär-
chen gurgelndem Badezimmer und zudringlicher licht- und himmello-
ser Hofwand!
   Die schöne Fine-woche geht morgen zu Ende und ich bin wieder allein, aber voll Dank, daß ich soviel Schönes erfahre und habe – auch in
diesem Glück hab ich meiner geliebten Elli nicht eine Stunde vergessen – du weisst, daß jedes Glück mir jedes Glück vermehrt.
   Ich habe eine Aufforderung erhalten für die Hochschulkurse der
6. Armee (Lille, Douai, Tournai) einen Vortrag zu halten über Goethe.
Wenn sie ein andres Thema als Goethe (Hutten oder Luther) erlauben
tu ichs. Über Goethe noch was Neues zu schreiben ist müssig für mich,
und fehlt mir die Musse.
   Als ich gestern früh über den Pariser Platz ging fing ich einen lebenden grossen Ligusterschwärmer und liess ihn fliegen .. als ich um 1 essen
ging, fiel er mir an der Friedrichstrasse nochmals in die Hand: du weisst,

---

[98] *in diesen Tagen ... Nähe*] Wohl Anspielung auf FGs Zusammensein mit Fine
   von Kahler.

es ist ein sehr seltener Schmetterling, und ich hab in meinen Sammler-Kinder-Jahren nie das Glück gehabt, einen zu fangen, und gestern an einem Tag zwei mal! Welche Psyche war wohl so begierig, von mir gefangen zu werden? (Psyche wird bekanntlich als Schmetterling dargestellt.)[99] Ich meine sie zu kennen!

Süsses Mädchen, freu dich des Meers und bleib deinem Landsturmmann auch in den Seestürmen ohne Schwanken!

Ich bin froh mit dir und habe dich lieb, wie nur je. Ich lasse jetzt dein Bild rahmen und stelle es vor mich.

Heute ist freier Tag – und ich beginne ihn mit dem Gruss an dich, eh ich den Fine-Dienst beginne.
Ich umarme Dich
Dein
G.

Feldpost. Abs.: Landsturmmann Gundelfinger / z. Z. Berlin NW. 21 / Dortmunderstrasse 15 IV l – Adr.: Fräulein Elisabeth Salomon / z. Z. Ostseebad Zoppot / Villa Sedan / Bismarckstrasse

64. Friedrich Gundolf an Elisabeth Salomon. Berlin. 24. August 1917

24 / 8 / 17

Geliebter Schatz!
Heute bin ich gleich vom Amt nachhause gegangen, um mein neues Heim einmal so recht allein und häuslich zu geniessen: ich ahnte, dass ich nicht allein sein würde sondern die Elli vorfinden würde und richtig, unter der Post fand sich ausser einem Brief meiner Mutter mit Familienangelegenheiten, einer Nachricht Stammeiers,[100] und einer Gratulation meines Vetters Richard zu meinem neuen „Charakter"[101] (diese Ernennung ist überhaupt wesentlich ein Familienfest!) das er-

---

[99] *Welche Psyche … dargestellt.)*] Anspielung auf die antike Geschichte von Amor und Psyche, die im Roman des Apuleius (125–180 n. Chr.) ihre klassische Darstellung gefunden hat.

[100] *Stammeiers*] Ernst Stammeier, Bekannter FGs; Näheres nicht ermittelt.

[101] *Gratulation … neuen „Charakter"*] Der Glückwunsch seines Vetters – wohl Richard Feist (1874–1942), der Sohn einer Schwester Amalie Gundelfingers – galt FGs Ernennung zum außerordentlichen Professor.

sehnte meiner Elli, meiner lieben lieben Elli, deren Bild mich keine
Stunde verlässt, und deren Bildnis ich vor mir aufgestellt habe mit be-
gehrlicher Andacht. Ich widme also diesen Abend dir, und beantworte,
bei einer Flasche Wermuth, einem Rettich und einem Kommisbrot (Edgars Kreszenz)[102] deinen Brief, als wärst du da, die Arme um meinen
Hals und das ungeduldige Herz voll Gaben und Fragen.

Mädchen, liebes Mädchen!

Also: ich stehe morgens zwischen 7 und 8 auf, ziehe mich halb an
und beginne meine Korrespondenz, während der Kaffée gebracht
wird. Dabei seh ich durchs Fenster, an dem mein Schreibtisch steht, auf
die Spree wie Wolken und Licht miteinander streiten und denke an
dich, auch wenn ich an Geheimräte schreibe .. (Gothein hat mir z. B.
einen lieben Brief geschrieben und dem bad. Kultuschef hab ich heut
auch gedankt.)[103] Dann geh ich ins Amt, und bleibe da, in der langen
Woche bis 2 .. dann ess ich, meist mit Singer, bei Habel oder Kempinski,[104] und geh um ½ 5 wieder ins Joch. Bisher war ich in jeder freien
Minute mit der Göttin[105] zusammen. Abends war ich bei Eckardts und
gestern bei Lili[106] essen. Um 11 liege ich in der „Falle". Nächste Woche
weiss ich noch nicht wie es wird, wenn ich um 5 frei habe. Und in 8 Tagen kommt wohl St. G.[107] Das grosse Problem meiner Winterzeit wird
wohl sein, wie ich dich und Ihn täglich und lange sehen kann. Ach, Elli,
könnten wir doch die Nächte miteinander zubringen ohne Fortpflanzung, Sturmunfreiheit und all die tierischen und sozialen Schwierigkeiten, die einem liebevollen Zusammensein zweier sich sympathischer
Wesen mit entgegengesetzten Vorzeichen drohen!! Na, umso lieber haben wir uns!

---

[102] *Kreszenz*] Wachstum, Herkunft; hier wohl etwa: mir von Edgar zugewachsen.

[103] *Gothein hat mir … auch gedankt*] Anläßlich der Ernennung zum außerordentlichen Professor.

[104] *meist mit Singer … Kempinski*] Bekannte Berliner Lokale, die FG mit dem ihm
befreundeten Nationalökonomen Kurt Singer (1886–1962) – gleichfalls dem
George-Kreis nahestehend – besuchte.

[105] *Göttin*] Fine von Kahler.

[106] *Lili*] Lili Waetzoldt (1886–1978) war Gymnasiallehrerin für Deutsch und Französisch in Berlin und mit FG befreundet.

[107] *Und in 8 Tagen kommt wohl St. G.*] Stefan George reiste am 1. September nach
Berlin.

A.[108] ist eben in Berka an der Ilm, hat Keuchhusten und ist sehr unglücklich. Fine war übrigens bei ihr und will einigermaßen sich für sie umtun.[109] Dass du Rudi Kupfender[110] und andre Wasserknaben geentert hast, beruhigt mich für deine Herzensruhe und wird dir Zoppot erträglicher machen: die Marineburschen sind, soweit ich nach Aussehn und Rede urteilen kann, von vollerer und sicherer Menschlichkeit als die Luftkämpfer, und ich zweifle nicht, daß sie ein Gefühl für das Unwürdige des sportlichen Schnoddertons haben. Übrigens das gute Trübelchen war von dem Fliegerschmarren begeistert und fast geknickt als es mein Urteil hörte.

Was deine Zionsskrupel angeht, so sag ich dir nichts Neues, wenn ich dir beistimme: du weisst, daß eben das was du nun entdeckt hast, meine Haltung und Meinung immer war, und daß der Konflikt sich erst erhebt, wenn man alles auf Formeln bringen will, die ausschliessen. Die Frage ist etwa so: wer grün ist, kann nicht dreieckig sein: denn „grün" ist nicht „dreieckig". Setze für „Grün" *Jude*, und für dreieckig „Deutscher", so hast du den tiefsinnigen Zwist, der deinen Wickersdorfer Busen zerspliss.[111] Hast du dich aber einmal zu der Auffassung durchgerungen, daß du ein grünes Dreieck sein kannst, so wirst du weder die roten Dreiecke noch die grünen Vierecke befehden, sondern mit den einen grün und mit den andern dreieckig sein. Capiert, Lärvchen? Es sind ganz verschiedene Ebenen.

Den Vortrag zu halten bin ich durchaus geneigt, und ich denke, die Leute werden auf Hutten eingehen, der durch Deutschtum, Kampftum und Syphilis ein ungemein dringliches Thema ist.[112] Doch fürcht ich, mehr Etappenschw. als Gräbenlöwen[113] zu Hörern zu haben.

---

[108] *A.*] Agathe Mallachow, die von FG ein Kind erwartete; vgl. auch seinen Stoßseufzer gegenüber ES nach Nächten „ohne Fortpflanzung".

[109] *Fine … für sie umtun*] Fine von Kahler organisierte die Unterbringung Agathe Mallachows im Mütterheim der Gräfin Einsiedel in München.

[110] *Rudi Kupfender*] Von ES in ihrem Tagebuch als Bekanntschaft erwähnt; wohl Marineoffizier.

[111] *Zwist … zerspliss*] Anspielung auf ESs Zeit in der Freien Schulgemeinde Wickersdorf (1907–1909).

[112] *Den Vortrag … Thema ist*] FGs Hutten-Vortrag, den er im Dezember 1917 bei Frontvorlesungen in Belgien hielt, wurde erst 1923 im Hottinger Lesezirkel publiziert (H. 11, S. 137–154). Ulrich von Hutten (1488–1523) litt tatsächlich an der Geschlechtskrankheit, die im Kriegsgebiet virulent sein mochte.

[113] *mehr Etappenschw. als Gräbenlöwen*] Mehr Soldaten aus dem Hinterland (Etappenschweine) als Frontkämpfer.

Dem Lu, dem Ty hab ich jedem freundlich geantwortet auf ihre netten Glückwünsche, in einem richtigen Brief. Es sind brave Mädchen, hoffnungsvolle Backfische. Wo ist denn eigentlich die holde Smyrnaeerin?[114] Stehst du noch in Verbindung mit ihr?

Meine Elli, dieser Brief kann nicht schliessen ohne einen Ausbruch meiner Zärtlichkeit: Was denkst du, würde wohl mit dir geschehen, wenn ich dich nicht nur im Wunsche, sondern im Wesen hier hätte?

Es ist Nacht und ich gehe zu Bett.

Halt, erst noch deine Rousseaufrage![115] Grimm ist Baron Melchior Grimm, ein glatter und kluger Allerweltsespritmann, eine wandelnde Geistesklatschchronik,[116] Günstling der Katharina von Russland.[117] Was Rousseau ihm nachsagt und andren, ist wahrscheinlich purer Verfolgungswahnsinn, denn R. war zeitweise irre und pseudolog,[118] auch darin der erste moderne Mensch. Beliebt war er nicht, und jeder war froh, ihn los zu sein, weil er ein sentimentaler und hochfahrender Schwärmer war, aber geradezu verfolgt hat ihn wohl niemand, wie er sichs einredete. Du musst nicht alles glauben.

Und nun, süsses Kind, geh schlafen mit meinen Küssen auf Herz und Auge.

Dein G.

Dein Brief No 7 ist nicht angekommen oder du hast vernummerirt.

Hast du meinen „Bettschwatz"[119] bekommen?

Verbrenne dies!

---

[114] *Dem Lu, dem Ty … Smyrnaeerin*] Lucy Ney, Tilly Edinger und Elsa Brinckmann, die drei Bezner-Grazien bzw. Frankfurter Chariten.

[115] *Rousseaufrage*] ES notiert am 30. Juli 1917 in ihrem Tagebuch die Lektüre von Jean-Jacques Rousseaus „Confessions".

[116] *Grimm … Geistesklatschchronik*] Friedrich Melchior Baron von Grimm (1723–1807) veröffentlichte von Paris aus eine vielgelesene „Correspondance littéraire, philosophique et critique, adressée à un Souverain d'Allemagne", die fast über die gesamte zweite Jahrhunderthälfte andauerte.

[117] *Katharina von Russland*] Katharina II. (1729–1796), russische Zarin.

[118] *pseudolog*] Krankhaft lügnerisch.

[119] *Bettschwatz*] Einer von FGs früheren Briefen (hier nicht aufgenommen).

Elli, bei Hempel wissen sie nichts von *mir*, sondern nur von Dir ..
ohne Abmeldung von dir bekomm ich nichts.
Diese Zuckerleiden[120] sind zum Toben!

Feldpost. Abs.: Landsturmmann Gundelfinger / Berlin NW. 21 / Dortmunder-
strasse 15 IV l – Adr.: Fräulein Elisabeth Salomon / z.Z. Ostseebad Zoppot / Villa
Sedan / Bismarckstrasse

65. Friedrich Gundolf an Elisabeth Salomon.
Berlin. 6. September 1917

Liebstes Ellikind:
Das Frozzeln mit deiner Untreue gegen mich zugunsten des Meeres war
nicht so schwer zu nehmen .. ich weiss schon, dass du dich die Tang
und Algen mir nicht entbalgen.[121] Dispens zur Faulheit hast du immer ..
aber knurren will ich auch dürfen.

Dass ich dir so lange nicht schrieb hat seinen Grund darin daß ich
einer Aufforderung der „Frankfurter Zeitung" folgend einen Aufsatz
über Georges „Krieg" schreibe,[122] zu dem mir nur die Morgen- und
Abendstunden freistehen, die sonst dir gewidmet waren. Er ist ziemlich
fertig und wird heute hoffentlich ganz fertig, wenn mir nicht noch die
Seele taubstumm wird.

---

[120] *Elli, ... Zuckerleiden*] Offenbar versuchte FG, die ES zustehende Zuckerration
zu erhalten; Hempel: nicht ermittelt.
[121] *dass du ... nicht entbalgen*] Unklarer Satz, wohl Verschreibung.
[122] *einen Aufsatz über Georges „Krieg" schreibe*] Die Rezension erschien am 10. Oktober 1917 im „Morgenblatt" der „Frankfurter Zeitung".

George selbst ist hier und das ist ein grosser Segen, wie du dir denken kannst .. Er wohnt im Grunewald.[123]

Über den Krieg hat nur Erich Lichtenstein im Heidelberger Tagblatt einen Posaunenstoss des Enthusiasmus geblasen.[124] Sonst hab ich noch nichts drüber gelesen. Dagegen bekam ich einige neue Professorenkritiken über meinen „Goethe" eine saudumm und ungebildet von Herrn Zinkernagel![125] (Er findet u. a. den Ausdruck „Geprägte Form, die lebend sich entwickelt"[126] unsinnig, weil er meint, er wäre von mir.) die andren mit Reserven enthusiastisch: der eine ist Professor in Bern, der andre in Basel, der dritte glaub ich in Zürich, oder auch in Basel.[127]

Ich war neulich bei Ebith Jastrow, die sich deiner freundschaftlich erinnert.[128] Von Wolters hab ich endlich auch einen Brief bekommen, er ist jetzt in *Warmbrunn*: ist das in deiner Nähe? Es geht ihm besser.[129]

Deine Büchersachen will ich regeln.[130]

Was hast du denn gegen das harmlose Trübelchen?

---

[123] *George ... Grunewald*] George, der sich damals für einige Wochen in Berlin aufhielt, wohnte bei seinem Verleger Georg Bondi.

[124] *Über den Krieg ... geblasen*] Nr. 193 vom 20. August 1917. Der Publizist Erich Lichtenstein (1888–1967) war FG persönlich bekannt.

[125] *einige neue ... Zinkernagel*] Die Rezension des Basler Germanisten Franz Zinkernagel erschien in „Die christliche Welt" 31 (1917), S. 594.

[126] *Geprägte Form ... entwickelt*] Die Formel findet sich zwar ungekennzeichnet in der Einleitung von FGs „Goethe" (S. 5), ist jedoch Goethe-Zitat (aus dem Gedichtzyklus „Urworte. Orphisch": „Dämon").

[127] *die andren ... Basel*] Jonas Fränkel: Neue Goethe-Literatur. In: Der Bund (Bern) vom 26. August 1917, Harry Maync: Die Goetheliteratur während des Weltkrieges. In: Jahrbuch der Goethe-Gesellschaft (1917), S. 263–303, zu Gundolf S. 268–276. Beide lehrten an der Universität Bern.

[128] *Ich war ... erinnert*] Die Archäologin Elisabeth Jastrow (1880–1981) war die Tochter des Nationalökonomen Ignaz Jastrow (1856–1937), bei dem ES in Berlin studierte; FG und ES war sie von ihrer eigenen Studienzeit in Heidelberg her bekannt.

[129] *Von Wolters ... besser*] Wolters hatte sich bei seinem Fronteinsatz Gelenkrheumatismus zugezogen, was einen Lazarettaufenthalt im schlesischen Kurort Warmbrunn nötig machte.

[130] *Deine Büchersachen will ich regeln*] Betrifft die von FG für ES aus der Berliner Bibliothek entliehenen Bücher.

Wegen Riga war hier alles geflaggt und es ist auch eine frohe Überraschung gewesen[131] ..

Mit Wurstsendungen bitte ich vorsichtig zu sein: Edgars Brot ist eine grosse Woltat, aber die Wurst war verdorben .. einen grossen Teil hab ich doch gegessen, aber gestunken hat sie .. den Rest brachte ich nicht hinunter.

Wann kommst du, Liebchen? Bald, bitte! ich ersehne dich .. (nicht nur wegen deines Senfs!)

Wohnst du in der Praesidentenstrasse? Wenn du doch ganz in meine Nähe ziehen könntest, zu deiner Schwester,[132] oder sonst an ein Uferhaus, womöglich in mein Haus.
Deine Hände um meinen Hals bleib ich dein treulich gefangener
G

Feldpost. Abs.: Landsturmmann F. Gundelfinger / Berlin NW. 21 / Dortmunderstrasse 15 IV l – Adr.: Fräulein Elisabeth Salomon / Hirschberg (Schlesien) / Wilhelmstrasse 9c

66. Friedrich Gundolf an Elisabeth Salomon. Berlin. 18. September 1917

Mein liebes Kleines:
Wem mag nur dein vermutlicher Brief in die Hände gefallen sein mit den vermutlichen Küssen die er für mich enthielt? Lieber verliere ich Feldpostpäckchen mit Viktualien als deine süssen Worte.

Du musst mir also sobald als möglich Bericht erstatten wann und wie du bei Wolters warst und wie du ihn gefunden hast. Es ist äusserst freisinnig von mir daß ich dich in die gefährliche Nähe lasse, wo Uniform und Kriegertum noch dein schon durch Herrschaft, Dienst, Wan-

---

131 *Wegen Riga ... gewesen*] Die deutschen Truppen hatten Riga am 3. September 1917 erobert.
132 *deiner Schwester*] ESs Schwester Anne (Andl), verh. Bernfeld, studierte damals Medizin in Berlin. – ES kam erst wieder zu Semesterbeginn, Mitte Oktober, nach Berlin. Davor hielt sie sich in ihrer Heimatstadt Hirschberg auf.

del und Glaube[133] umstricktes Herz mir wegfischen können – wenn
wir auf einer Ebene lebten, wo das bürgerliche Gemüse Eifersucht ge-
diehe. So aber necke ich dich und freue mich, dass du meist ernsthaft
reagirst. Wäre Wolters z.B. Unterseebootkapitän, so wäre ich völlig
hoffnungslos deine Seele in unversehrtem Zustand zurückzuerhalten ..

Ich war ziemlich verstimmt solange nichts von dir zu hören, nicht
böse auf dich – aber eben verstimmt, wie wenn ich kein Frühstück bekomme, oder an dem Schalter nicht drankomme. Deine Briefe sind die
liebsten die ich bekomme und eine fast eheliche Gewohnheit – du
kannst dir denken wie mir bei längerem Schweigen so kahl zumute ist.
Dafür bekomme ich Klagen und Vorwürfe (– stumme, die die schlimmsten sind) von andrer Seite die du dir denken kannst.[134] Nun, das ist
einmal so. George seh ich nicht allzuoft, er ist im Grunewald, und ich
habe meist Dienst.

Elli, wegen der Heine-sache[135] hab ich dir auch sehr ausführlich geschrieben, ohne bisher eine Antwort bekommen zu haben, wie anzunehmen ist, ging auch das verloren. Du siehst, wie selbstverständlich
ich es finde daß du mir wirklich geschrieben hast! Solltest du aber gar
nicht geschrieben haben, so bestimme dir selbst die Strafe, deren du dich
würdig fühlst!

Ich habe ein Buch von Pannwitz gelesen, das mir für St. G. zugesandt
worden ist,[136] in dem kuriose Dinge stehen, viel über Caesar, etliches
über George, alles in kleinen Anfangsbuchstaben (auch caesar) es spielt
Nietzsches Melodie und Text weiter auf einer Maultrommel, und ist ein
unheimlicher Beweis für den Unwert des Geistes, der der Augen und des
Raums enträt – „blindlings aus der Siele"[137] dabei hochbegabt und
wirklich „geist-reich" und doch nur Phosphorlicht ohne glut und helle.

---

[133] *Wandel und Glaube*] Anspielung auf Publikationen Wolters', den Aufsatz
„Herrschaft und Dienst" (1909) sowie den Gedichtband „Wandel und Glaube"
(1911).

[134] *von andrer ... kannst*] Gemeint ist Agathe Mallachow.

[135] *Heine-sache*] ES war eine Anstellung bei dem mit der Familie Salomon befreundeten Rechtsanwalt und sozialdemokratischen Reichstagsabgeordneten Wolfgang Heine angeboten worden.

[136] *Ich habe ... worden ist*] Die Krisis der Europäischen Kultur. Nürnberg 1917,
von dem Philosophen Rudolf Pannwitz (1881–1969).

[137] *blindlings aus der Siele*] Zitat aus Georges Gedicht „Fragbar ward Alles" aus
dem „Stern des Bundes" (1914).

Dann habe ich mir Droysens Freiheitskriege[138] gekauft, sein schönstes Buch, in einem schönen Exemplar. Ferner sind mir Balzacs sämtliche Werke für etliche 30 M. angeboten – aber ich monologisire noch, ob ich sie nehme .. So billig sind sie schwerlich wieder zu bekommen, aber muss ich sie haben? Was macht deine Papiersache?[139] Ich fürchte, du zerfleissest dich. Ach, meine Elli, ich hab eine recht sinnliche Sehnsucht nach dir,

> die Hand in deine schwarzen Flechten schlingen
> Das schöne Haupt hinüber an mich zwingen,
> Mund über Mund, der wehrlos warten muss
> Auf meinen wählerisch gesparten Kuss,
> Gefüllt mit Worten unentladener Minne,
> Voll ungestümer Angst dass noch entrinne
> Das flüchtige Mädchen, das so oft entrann,
> Eh ich ihr pochend Wesen essen kann.
> O dass ich Hand und Lippe wär und Zahn
> Nicht Wünsche und Wissen zwischen uns getan,
> Dein unruhig grenzenloses Fleisch voll Flucht,
> So sicher schmecke wie der Gaum die Frucht!

Feldpost. Abs.: Landsturmmann Gundelfinger / Berlin NW. 21 / Dortmunderstr. 15 IV l – Adr.: Fräulein Elisabeth Salomon / Hirschberg (Schlesien) / Wilhelmstrasse 9c

67. Friedrich Gundolf an Elisabeth Salomon. Etappeninspektion 6 Stab. Deutsche Feldpost 402. 8. Dezember 1917

Liebchen!
Ich habe trotz nur einstündiger Vorlesung[140] doch durch Besichtigung Schlafsucht, langes Essen, und Stöbern fast den ganzen Tag besetzt und nur Dir schreib ich mit einiger Muße. (Weil du so lieb bist und brav für mich sorgst) Die Vorlesungen sind grad wie in Heidelberg, nur ohne

---

138 *Droysens Freiheitskriege*] Vorlesungen über die Freiheitskriege. Kiel 1846, von dem Historiker Johann Gustav Droysen (1808–1884).

139 *Papiersache*] ES arbeitete damals in Hirschberg an ihrer Dissertation „Die Papierindustrie des Riesengebirges in ihrer standortmäßigen Bedingtheit", die allerdings erst 1920 in Tübingen erscheinen sollte.

140 *Vorlesung*] FG hielt eine Vorlesung im Kontext der für die deutsche Armee im französisch-belgischen Grenzgebiet veranstalteten Hochschulkurse.

Weiber .. ich bin mit mir zufrieden und die Grauen[141] auch, soviel ich
merke. Die Collegen außer Simmel sind sehr *subaltern*[142] – ich bin erstaunt, obwohl ichs wußte. Verpflegung ist gut, Wohnung fürstlich. Spitzen[143] suche ich den ganzen Tag, habe aber bisher nur Imitationen gefunden. Dagegen sammle ich Chokolade, die es hier noch viel und relativ
billig gibt. Ich gehe nächste Woche auf Pichts Einladung, unter dem Vorwand eines Vortrags, nach Kostriik (Courtrai) dann nach Brüssel, dann
nach Spa.[144] Gestern waren die Professoren bei dem Etappeninspekteur
und seinem Stab eingeladen zu einem köstlichen Mittags-essen, der
Mann ist eine sehr angenehme bayrische Exzellenz, und entsprechend
die Leutnants, Hauptleute u. Majors. (angenehmer als die Professoren)
    Genug für heute.
In Liebe dein
Gundolf

Feldpost. Abs.: Ldstmm. Gundelfinger / zZt. Etappeninspektion VI / Hochschulkurse / Feldpost 402 – Adr.: Fräulein Elisabeth Salomon / Berlin NW. / Altonaerstrasse 7 III[145]

---

[141] *die Grauen*] Soldaten (nach der „feldgrauen" Uniform).

[142] *Die Collegen ... subaltern*] Nach dem erhaltenen Programm der Hochschulkurse (vgl. Georg Simmel: Gesamtausgabe, Band 23, S. 865 f.) sprachen dort neben FG immerhin Ernst Troeltsch, Karl Reinhardt, Max Dessoir, Enno Litt-
mann, Eduard Meyer, Wilhelm Doerpfeld, Gustav Roethe, Friedrich Meinecke,
Heinrich Wölfflin oder Max Friedländer.

[143] *Spitzen*] Offenbar wollte – oder sollte – FG ES als Geschenk die seit dem 18. Jahrhundert berühmten belgischen Spitzen (Klöppeleierzeugnisse) mitbringen.

[144] *Ich gehe nächste Woche ... nach Spa*] Werner Picht (1887–1965), Soziologe,
später – wie offenbar auch schon während des Weltkriegs – in der Erwachse-
nenbildung und als Bildungspolitiker tätig, FG schon seit längerem als Schwager seines Freundes und Kollegen, des Romanisten Ernst Robert Curtius
(1886–1956), bekannt; vgl. den Steiner-Curtius Briefwechsel.

[145] *Altonaer Strasse 7 III*] Neue Berliner Adresse ESs.

1918

68. Friedrich Gundolf an Elisabeth Salomon.
   Oberstdorf. 31. März 1918

Oberstdorf, den Ostersonntag 1918

Liebes!
Heute morgen war ich spaziren und habe nach und nach einen Überblick über die Landschaft worin ich mich erholen soll – es ist ein weiter
Kessel mit strahlenförmigen Seitentälern zwischen Tannenhügeln und
Schneekuppen .. breit und gelassen wie eine fette Kuh .. alle Wiesen
sind eben weiss von Krokus und gelb von Primeln – hier schick ich dir
als Ostergruss eine Probe der Osterflora[1] .. Im Dorf ist nichts besonde-
res zu sehn und unter den Kurgästen ist mir noch niemand aufgefallen ..
Ich bin also ziemlich auf die Natur und auf die Fine[2] angewiesen (Erich
geht übermorgen wieder weg) und auf mich selbst – aber mit diesen
drei Wesen lässt sich schon leben .. Zu mir selbst rechne ich auch dich,
Süsse, die in allen Gestalten des Entbehrens und Besitzens mich bevölkert .. und schon löchere ich mit deinem Namen das Ohr der Fine, wie
einst mit ihrem das deine ..
   Ich liege viel, und der Arzt, den mir meine Tyrannin[3] auf den Hals gehetzt hat, und der mich zum 12. male glücklich beklopft und behorcht
hat, hat mir allerlei Verhaltungsmaßregeln gegeben und im Übrigen
meine Gesundheit konstatirt.[4]
   Nun wart ich ungeduldig auf Post, vor allem auf Deine!

---

[1] *Probe der Osterflora*] Im Briefumschlag haben sich zwei getrocknete Blumen erhalten.
[2] *Fine*] Das Ehepaar Kahler war auf Verwandtenbesuch in Oberstdorf.
[3] *Tyrannin*] Fine von Kahler.
[4] *Ich liege viel ... Gesundheit konstatirt*] FG hatte sich Ende Januar in Berlin eine
schwere Lungenentzündung zugezogen, die bis in den März andauerte, und war
während dieser Krankheit von ES in seiner Wohnung gepflegt worden. Anschließend begab er sich auf Einladung Fine von Kahlers zur Erholung nach Oberstdorf.

Was macht dein Magen, deine Niere und vor allem das Herz!!!?[5] Ich mache mir viel Gedanken um dich, süsse und sorgende! Beim Auspakken hab ich gemerkt, dass ich lauter *Nachthemden* habe bis auf drei .. 4 Nachthemden! Du hast die Schillerkragenhemden wohl für Taghemden gehalten? Oder wars eine „Fehlhandlung"?[6]

Meine Briefe sollst du wieder verbrennen – nur die Verse hebe auf, und aus meiner Prosa zieh dir allen Saft ins Gedächtnis. Schreib mir so die Berliner Realien und Personalien die dir einfallen, in deinem Spiegel sind sie liebenswürdiger.

Von hier kann ich dir nur mit Blumen oder Liebeserklärungen kommen, denn Weltanschauung ist nichts für Briefe aus Kurorten .. ich fange schon an dumm und träg zu werden und sässe mir nicht die Sehnsucht mit ihrem Sporn im Nacken, ich würde bald verstummen ..

Wenn es dich froh machen kann, daß ich erfüllt von dir bin, geliebte Elli, dann darfst du froh sein ... ich küsse deine petite patte[7] und deine grosse Karpfenschnute mit gleicher Inbrunst und bin dir dankbar ergeben! Schreib bald deinem getreuen
G.

Feldpost. Abs.: Landsturmmann Gundelfinger / z.Z. Oberstdorf (Allgäu) / Hotel Bergkranz – Adr.: Fräulein Elli Salomon / Berlin NW. / Altonaerstrasse 7 III / bei Siemers[8]

69. Friedrich Gundolf an Elisabeth Salomon.
Oberstdorf. 1. April 1918

Oberstdorf, den 1. IV. 1918

Herzenselli! Ich lasse mir Haar und Bart lang stehen, trage keine Hosen mehr, sondern nur eine Tunika aus Graspapier mit einer Bügelfalte über dem Bauch und nähre mich von Tannzapfen und Krokuswurzeln. Dies für heute!

---

[5] *Was macht ... Herz*] Anspielung auf körperliche Beschwerden ESs, allerdings auch auf Liebeskummer, unter dem sie damals wegen einer unerfüllten Neigung zu dem im George-Kreis beheimateten Kunsthistoriker Ludwig Thormaehlen (1889–1956) litt.

[6] *Fehlhandlung*] Ironische Anspielung auf die Freudsche Terminologie.

[7] *petite patte*] Kleine Pfote.

[8] *Siemers*] Vermieter ESs.

Es dauert grausam lange, bis deine ersehnten Zeichen mich hier er-
klettern, sie müssen ein halbes Duzend mal umsteigen, und verlieren
die Behendigkeit mit der du sie losschnellst .. so mal ich mir aus, jetzt
steht die Elli auf, seufzt, kämmt sich, zertritt einen ihrer Schlappen,
reisst sich ein neues Loch in ihren Damastrock, pudert sich, jetzt denkt
sie an mich, aber noch mehr und noch seufzender an IHN![9] und dann
buttert sie an ihrer Papiermolke, bis sie sombartreif wird![10] Und dann
hetzt sie in der meuchlerischen Stadt herum, von Bellevue nach Bibliothek, von Brotläden zu Andl, oder von Trübelchen zu Fleischerläden,
jetzt wehrt sie einen Zwockel ab und jetzt äugelt sie einen Wasserkämpen an[11] .. und jetzt ists Nacht und sie entschnürt die liebliche Gestalt
und niemand wird die Gunst der süssen Gelegenheit geniessen, als ohnmächtige Gedanken, die der Tag ausbrütet. Ach, Liebchen, ich umstelle
dich mit meinen Wünschen, und freue mich der Stunde, da ich aus dem
Tümpel Berlin den Goldfisch herausziehn werde ..

Noch immer ists schön, nur möcht ich in mir ruhiger sein .. warum
bin ich nie ganz am Ort, wo ich weile, immer voraus und immer zurück!

Ich soll zum spazierengehen, es ist heller Morgen und nur in der Frühe
schreib ich … Sonst liege und plaudre und geh ich ..

Bitte schick doch den *Bryce*, das heilige Römische Reich[12] an Dr. Erich
von Kahler, München Franz Josefstrasse 5 II als eingeschriebne Drucksache von dir aus (leihweise) er brauchts gerade.

Mir schicke deine lieben lieben Briefe! „Sei nicht zu trauerig!“[13]
Ich küsse dich und bin dein treuer gefangener
G.
Bald mehr!
Grüsse Andl, Trübl und wen du sonst siehst: die Freunde beschreib ich[14]
selbst demnächst.

---

[9] *an IHN*] Ludwig Thormaehlen.

[10] *buttert sie … sombartreif wird*] Anspielung auf ESs Dissertation über die Papierindustrie, die damals noch bei Sombart eingereicht werden sollte.

[11] *Zwockel … Wasserkämpen an*] Im Gegensatz zu dem Marinesoldaten (Wasser-
kämpe) entweder ein Landsoldat oder überhaupt ein Zivilist.

[12] *Bryce, das heilige Römische Reich*] James Bryce: The Holy Roman Empire. Das
Buch erschien zuerst 1864 in Oxford, 1873 dann in deutscher Ausgabe und erlebte zahlreiche Nachauflagen.

[13] *„Sei nicht zu trauerig!“*] Wohl weniger Zitat als private Anspielung.

[14] *die Freunde beschreib ich*] Den Freunden schreibe ich.

Feldpost. Abs.: Landsturmmann Gundelfinger / z.Z. Oberstdorf (Allgäu) / Hotel Bergkranz – Fräulein Elisabeth Salomon / Berlin NW / Altonaerstrasse 7 III / bei Siemers

70. Friedrich Gundolf an Elisabeth Salomon. Oberstdorf. 4. April 1918

4 / 4 / 18

Süsses! heut kommt endlich ein Brief – wie lang muss er wandern, bis er zu mir kommt und drei sind an dich noch unterwegs, beladen mit Blumen und Küssen. Ich fühle dass du traurig vor Sehnsucht bist und werde meines schönen Asyls und seiner Göttin[15] minder froh – doch bin ich froh genug, um dir von dem Überschuss des vollen Herzens zu sagen, wie sehr ich dich liebe, durch dich besser und hingebender geworden bin.

Ich will dir meinen Tag beschreiben, damit du ihn teilst. Um 7 oder ½ 8 stehe ich auf, (nachdem ich mir auf ärztlichen Wunsch die Temperatur ich will nicht sagen wo gemessen – sie ist unverändert täglich und abendlich 37°) um 8 sitze ich unten an dem Frühstückstischchen, meist allein – der kleine Saal ist noch leer, höchstens eine Berliner[in], die sich als Psychologin ins Fremdenbuch eingetragen hat und als Reiselegitimation dabei „Stammbuch" angab, löffelt gleichzeitig an einem Nebentisch ihren Kafé – sie ist seelenvoll mager. Um ½ 9 lasse ich mich rasiren oder schreibe auf meinem Zimmer, um 10 ist die Fine fertig (Erich ist seit Montag abgereist) und wir gehen spaziren, in den Krokuswiesen oder auf einen der nahen Waldhügel, und frühstücken oder knappern irgendwo zwischen Sonne und Schatten. Um 12 lege ich mich auf den Balkon und lese, um 1 ist Essen von 2–5 oder 6 Liegekur und meist tiefer Schlaf .. Von 6–½ 8 Bummeln im Ort oder Gespräche im Zimmer, um ½ 8 Essen .. dann noch Ausläuten des Tags in der Halle des Berghotels oder im Rauchzimmer bei Wein (ich) und Cigaretten (Fine) und Spiel mit Teddy,[16] der der dumme August dieses Zirkus ist .. um 10 Bett und Schlaf nach einhalbstündiger Lektüre und Fiebermessung. Wie weit die Abweichungen von diesem gemässigten Programm

---

[15] *Göttin*] Fine von Kahler.
[16] *Teddy*] Der Hund Fine von Kahlers.

gehen werden weiß ich noch nicht. Später will ich mehr gehn. Vier Wochen möchte ich schon hier bleiben.

Das Geld für die Fahrkarte behalte einstweilen und kaufe für Herlinde nach deinem Ermessen. Das Medaillonbild St. Gs. solle nicht mehr vervielfältigt werden, kannst du Steinens sagen, mein Bild kannst du ihnen geben, wenn du magst ... Der Goethebriefwechsel ist nur noch brochirt zu haben und sieht so nicht praesentabel genug aus. Wann ist denn die Hochzeit?[17] Wie wars denn bei Vallentins Vortrag?[18] .. Vergleiche dich nicht zu deinem Nachteil mit andren Frauen. Du bist ja kein Bündel von Eigenschaften, sondern ein süsses Ganzes, das ich nicht anders möchte und nicht mit andren vertauschen möchte: wie du bist muss ich dich wollen und lieben ... Lucys allzuweibliches Tun[19] (ists denn sicher?) betrübt mich, denn ich liebe und verehre sie um ihres Seins willen. Ich werde sie wohl bald hier sehen .. vielleicht daß ich ihr und Trübel helfen kann: denn ihre Maßlosigkeit wird sich rächen. Verzehre dich nicht, liebes Herz, ich bin bei dir und umarme dich! Sei bei mir und umarme
Deinen G.

Feldpost. Abs.: Landsturmmann Gundelfinger / Z. Z. Oberstdorf (Allgäu) / Hotel Bergkranz – Adr.: Fräulein Elisabeth Salomon / Berlin NW / Altonaerstrasse 7 III / bei Siemers

---

[17] *kaufe für Herlinde ... die Hochzeit*] Offenbar suchte ES nach einem Geschenk zur Hochzeit von Herlinde von den Steinen (1894–1967), der Tochter des Ethnologen Karl von den Steinen (1855–1929), mit dem Mediziner Erich Wolff (1890–1937). Bei dem in Erwägung gezogenen Goethebriefwechsel handelt es sich wohl um die Ausgabe: Goethe und seine Freunde im Briefwechsel, hrsg. v. Richard M. Meyer, 3 Bände, Berlin: Bondi 1909/11, mit Buchschmuck von Melchior Lechter. – Das Medaillonbild Georges ist eine Aufnahme von Johann Baptist Hilsdorf (1835–1918); vgl. Boehringer: Bild, Tafel 38.

[18] *Vallentins Vortrag*] Am 26. März 1918, dem Tage der Abreise FGs nach Oberstdorf, hielt Berthold Vallentin in Berlin einen Vortrag über Stefan Georges „Der Krieg".

[19] *Lucys allzuweibliches Tun*] Möglicherweise ein näheres Verhältnis Lucy Heyers, der Frau Gustav Richard Heyers, mit Hans von Eckardt, dem Ehemann Gertrude Eckardts (Trübelchen).

71. Friedrich Gundolf an Elisabeth Salomon.
Oberstdorf. 10. April 1918

10 / IV. 18

Liebes Herz! Du sollst deinen Schmerzensausbruch nicht bereuen, ich bin dir sogar dankbar dafür – so sehr der Inhalt mich bedrükt – um deinen Zustand wusst ich oder fühlt ich schon vorher. Auf jeden Fall: *komm*! Mach mir keine kalte Hoffnung sondern komm, und quäle dich nicht mit Sekundärerwägungen, sondern tu was dein tiefster Wunsch dich heisst und meiner, und komm .. Hier kannst du in drei Tagen mehr Hoffnung und Gesundung schöpfen als in Berlin in drei Jahren, und sogar deine grosse Sehnsucht nach L.[20] kannst du hier zwar nicht verlieren, aber verklären. Komm, Elli, komm bald – es ist jetzt grad gutes Wetter! Süsse, komm!

Deine Briefe brauchen drei Tage hierher und ich kann mir nicht denken, daß meine so rasch fliegen .. (es sei denn daß meine Liebe zu dir grösser ist als deine zu mir?!) Also lass die Verse für die Herlinde[21] und schenk ihr was Plastisches .. ohnehin werd ich den Gedanken nicht los, daß wir noch einmal Unannehmlichkeiten mit ihr kriegen.

Selbstverständlich weiß ich Lucy gegenüber nichts von ihren Hannoverhängseln.[22] Sie kommt entweder diese Woche oder Ende April für ein paar Tage. Sie will Gustav auf einer Dienstreise treffen. Sie ist doch eine Charitin.[23]

Hier bin ich nicht mehr inkognito .. ein Weib,[24] das morgens immer als einzige frühstückt, wenn ich meinen Café schlürfe, hat mir jählings gestanden, daß mein Goethe ihr einmal über einen toten Punkt hinweggeholfen habe. Ich habe bisher noch keinen lebenden an ihr gefunden. Eben ist eine Freundin Fines hier, eine sympathische junge

---

[20] *Schmerzensausbruch ... Sehnsucht nach L.*] Offenbar enthielt der nicht mehr vorhandene Brief an FG ein Bekenntnis von ESs unglücklicher Leidenschaft für Ludwig Thormaehlen.

[21] *Herlinde*] Herlinde von den Steinen, die unmittelbar vor ihrer Hochzeit stand.

[22] *Hannoverhängseln*] Liebschaft, näheres Verhältnis Lucy Heyers zu Hans von Eckardt.

[23] *Charitin*] Anmutsgöttin; in der griechischen Mythologie im Umfeld der Aphrodite angesiedelt.

[24] *Weib*] Nicht näher bekannte Berliner Psychologin.

Holländerin aus München, die mich malt.[25] Ausserdem hat sich mein Interesse noch nicht abgeschwächt für die Geschwister Casper aus Berlin[26] (sie wohnen LützowUfer 10). Gesprochen hab ich sie noch nicht .. das Mädchen ist Gymnasiastin und heisst Hilde .. sie ist wirklich schön, der Junge auch, und über der ganzen Familie liegt eine Wolke von Schwermut, wie sie nur Seelen haben. Was hörst du von Wolters?[27] Doch Elli, ich hoffe bestimmt, daß ich dir alles mündlich abfragen kann, ganz bald!
Und nun Herz an Herz Dein
G.

Feldpost. Abs.: Landsturmmann Gundelfinger / Oberstdorf (Allg.) / Hotel Bergkranz – Adr.: Fräulein Elisabeth Salomon / Berlin NW. 23 / Altonaerstrasse 7 III / bei Siemers [umadressiert:] 11 / 4 / z.Z. Hirschberg Schles / Wilhelm-Str. / bei Dr. Salomon

72. Friedrich Gundolf an Elisabeth Salomon. Oberstdorf. 13. April 1918

13. IV. 18

Schatz! Du wirst inzwischen meine beiden dringenden Einladungen bekommen haben – nur fürcht ich in Hirschberg haben die Lockungen Oberstdorfs keine rechten Wirkungen mehr .. aber wenn dus irgend machen kannst (vor dem 25.), so tus .. ich hoffe beide Briefe von mir, sowie einer von Fine und ein Gedicht sind richtig an dich gelangt. Obwohl nun dein heutiger Brief aus H.[28] mir die Hoffnung mindert dich hier zu sehen, beruhigt er mich doch sehr, weil er dich in ruhigerer Stimmung und durch den Segen von oben[29] beglückter zeigt. Nun, süsses

---

[25] *Freundin Fines ... mich malt*] Die Malerin Béatrice de Waard (1885–1962). Ein Porträt FGs von ihrer Hand ist nicht bekannt.

[26] *Geschwister Casper aus Berlin*] Neffe und Nichte des Berliner Juristen und George-Freundes Ernst Morwitz, die mit ihrer Mutter, der Schwester Morwitz', in Oberstdorf Urlaub machten.

[27] *Wolters*] Friedrich Wolters war nach seiner Wiederherstellung an die Westfront abkommandiert worden.

[28] *H.*] Hirschberg, wohin ES am 8. April gereist war.

[29] *Segen von oben*] Ende März und Anfang April vermeldet ESs Tagebuch häufiger „Beim M." einmal (27. März) mit dem Zusatz „Über L. gesprochen", ein andermal (6. April) mit dem Hinweis „Über Funktionen der Frau". Offenbar hatte ES in ihrem nicht erhaltenen Brief FG von diesen Gesprächen mit George berichtet.

liebes Herz, du hast ihn redlich verdient, durch Tun, Sein, und Leiden.
Hier ists schön wie am ersten Tag, (da ich hier war, und da die Welt erschaffen wurde – wie dus nehmen willst) ich sammle Temperaturen,
Freuden und Blumen, und kann dich als Arztenstochter mit dem Phä-
nomen reizen, daß ich abends immer kälter bin als morgens .. nämlich
36,6 gegen 37,1. In den ersten Tagen war ich immer 37 (weil ich nämlich vergass das Maximalthermometer zu schütteln.) Vorgestern war
ich auf einem Bergwiesenwirtshaus, über einem blauen See, gestern in
einem Schluchttal mit einem ausgetrockneten Wildbach .. Alle Wiesen
sind von Gentianen[30] blau gestirnt .. Ach, süsses Ellikind, wie schade
wie schade daß du nicht bei mir bist! so denk ich zurück an meine Betttage,[31] wo du Pflegerin, Arztenstochter, Tyrannin, Mamachen, und
Braut warst, und nur unsre sagenhafte Keuschheit die Hochzeit verhindert hat ... Wie denk ich dieser Tage mit verliebter, nicht endenwollen-
der Dankbarkeit, Sehnsucht, Treue ... Um meinen Stock ists schade,
aber er hat seine Pflicht erfüllt.

Von Siegfried Bernfeld bekam ich einen Prospekt zu was Jungjüdischem[32] – aber ich kann mit betontem Judentum, sowenig wie mit
betonter Jugend etwas anfangen .. bin überhaupt mehr fürs Altgriechi-
sche .. ich werde deinem Schwager noch selbst schreiben.

Die Fine ist für ein paar Tage verreist und hat mir als Gesellschaft
eine kleine holländische Malerin dagelassen, die mich gemalt hat. Heut
geht auch diese weg. Dann bin ich allein, denn daß F. vor einigen Tagen
zurückkommt ist nicht zu hoffen .. aber ich bin allein auch froh .. Die
Fine ist in meinem Dasein jetzt schon so, wie der Meister, ein alldurch-
dringend Element, wo Nähe und Ferne nicht mehr reissen und bren-
nen. Sehnen tut in mir stets etwas!

Was ist denn dein NierenKasper für ein Mann? An seinem Sohn
muss was sein[33] .. Ich lese eben abwechselnd „Flegeljahre" und „bellum

---

[30] *Gentianen*] Enzian.
[31] *Betttage*] FGs Lungenentzündung im Februar.
[32] *Von Siegfried Bernfeld ... Jungjüdischem*] ESs Schwager Siegfried Bernfeld gab
    im Kontext seines zionistischen Engagements mehrere Zeitschriften heraus; hier
    ist die Rede von „Jerubbaal. Eine Zeitschrift der jüdischen Jugend", die über ih-
    ren ersten Jahrgang (1918/1919) nicht hinauskam.
[33] *NierenKasper ... was sein*] Der Berliner Urologe Leopold Casper (1859–1959),
    bei dem ES zeitweise in Behandlung war. Über seinen Sohn ist nichts weiter be-
    kannt; allerdings existiert ein Verwandtschaftsverhältnis zur Schwester von Ernst
    Morwitz. Casper sollte später auch Stefan George behandeln.

Gallicum"[34] ... Tagesberichte (heut der Fall von Armentières)[35] und Elli-
briefe damit Herz, Geist und Phantasie nicht mager werden.

Nun aber „Zoff"[36] wie du sagst ... Schreibe bald, geliebtes Tier! ich
bin dein mit hundert Lippen und Armen
G.
Grüsse Andl! und den Schwager, wenn er noch da ist,[37] und die Cetel,[38]
wenn sie kommt.

Feldpost. Abs.: Landsturmmann Gundelfinger / z. Z. Oberstdorf (Allg.) / Bergkranz –
Adr.: Fräulein Elli Salomon / Hirschberg (Schlesien) / Wilhelmstrasse 9c

73. Friedrich Gundolf an Elisabeth Salomon.
   Oberstdorf. 19. April 1918

19. IV. 1918

Mein Mädelchen!
Dein heutiger Brief (vom 15. IV.) ist etwas ruhiger, wenn auch unter
dem stillen grünen Wasser der Zitteraal offenbar weiter zuckt.[39] Armes Gutes, wie fühl ich dich .. Vier Tage haben deine elektrischen
Schläge her gebraucht. Seit gestern ist meine Mutter hier und ihr wird
wohl einige Bergruhe auch gut tun. Mittlerweile hat sich auch die Berliner (Daum-)Schraubenmutter[40] wieder mit einigen Drehungen bemerkbar gemacht, um mich nicht ganz der Sündlosigkeit der Alm zu
überlassen.

---

[34] *„Flegeljahre" und „bellum Gallicum"*] Den Roman von Jean Paul (1804/5) und
   den Bericht Caesars (52/51 v. Chr.).
[35] *der Fall von Armentières*] Die stark umkämpfte Stadt im französisch-belgischen
   Grenzgebiet war im April 1918 von deutschen Truppen erobert worden.
[36] *„Zoff"*] Schluß, Ende (jidd.).
[37] *Grüsse Andl! ... noch da ist*] Anne und Siegfried Bernfeld reisten am 15. April
   von Hirschberg nach Berlin.
[38] *Cetel*] Mercedes Badt, geb. Fischer, (1893–?), eine aus Breslau stammende Freundin ESs.
[39] *wenn auch ... weiter zuckt*] Anspielung auf ESs Liebeskummer.
[40] *die Berliner (Daum-)Schraubenmutter*] Agathe Mallachow hatte nach der Geburt ihrer Tochter, die sie Cordelia nannte – in Shakespeares „King Lear" die vom
   Vater verstoßene Tochter – Auseinandersetzungen mit FG wegen der Unterhaltszahlungen. Vgl. auch den Kahler-Briefwechsel I,169ff.

Andl hab ich einen Glückwunsch geschrieben[41] und dem Siegfried eine freundliche Absage zum Jerubbaal, ich wisse zu wenig vom eigens „jüdischen Menschen" um zu ihm reden zu können. Der Prospekt war übrigens nicht gerade werbend ... Das Porträt, auf dem ich wie ein moroser Bocher aussehe,[42] ist in den Besitz Fines übergegangen, der ihn nicht missgönne.

Was die Weltereignisse angeht, so frag ich nicht sehr nach dem Kommenden, das immer anders wird als man rät, selbst wenn man richtig rät, sondern freu mich der Siege, schäme mich der Briefe an Sixtus für Habsburg,[43] und träume hie und da von der Teilnahme an Schlachten ... Wahrscheinlich muss ich mich noch einmal untersuchen lassen, bevor ich Nachurlaub bekomme. Wie auch immer: bekomm ich, so hab ich noch einige Ruh, bekomm ich keinen, so seh ich Dich bald, und muss mich nicht mit Wunschträumen begnügen, aus denen man mit süsser Leere erwacht.

Von deiner Bücherliste II ist nur der Günther kaufenswert,[44] wenn er nicht über 4–6 M. kostet .. evtl. beide Ausgaben eine für dich .. er ist der weitaus grösste Lyriker vor Klopstock und enthält Töne, die erst Goethe wieder erreicht .. ich weiss nicht ob du von ihm weisst.

Lucy hat mir inzwischen die dreibändige Caesarbiografie[45] aus Ediths Bücherschrank wieder geschickt .. Von Edith übrigens neue Curiosa, die dereinst mündlich dich schreien machen.[46] Den Mühle-

---

[41] *Andl ... geschrieben*] Anne Bernfeld hatte am 2. April 1918 das medizinische Staatsexamen bestanden.

[42] *Porträt ... aussehe*] Wie ein verdrießlicher jüdischer Student (jidd.).

[43] *schäme mich ... für Habsburg*] Diplomatische Initiative des österreich-ungarischen Kaisers Karl I. (1887–1922) in Gestalt zweier eigentlich für den französischen Präsidenten Clemenceau bestimmten Briefe an seinen Schwager, Prinz Sixtus Ferdinand von Bourbon-Parma, der als Vermittler dienen sollte. Das Ziel waren Friedensverhandlungen, bei denen der Verzicht Deutschlands auf Elsaß-Lothringen im Raum stand. Nach dem Scheitern des Vorstoßes veröffentlichte die französische Seite einen der Briefe, was zur Diskreditierung der österreichischen Politik und des habsburgischen Herrscherhauses führte.

[44] *Von deiner ... kaufenswert*] ES erwähnt in ihrem Tagebuch am 15. April einen Besuch in Röbkes Antiquariat, bei dem sie möglicherweise die Bücherliste zusammengestellt hatte, aus der FG die Ausgabe von Johann Christian Günther (1695–1723) hervorhob.

[45] *Caesarbiographie*] Es ist unklar, um welches Werk es sich handelt.

[46] *Von Edith ... machen*] FG benennt das durch Edith Grote, der Schwester Lucy Heyers, kolportierte Gerücht in einem Brief an George vom gleichen Tag in

stein[47] kenn ich auch persönlich, begabt ist er, aber ein unsicrer Kantonist, und wohl nichts zum dauernden Schwärmen. Der guten Lu hab ich noch nicht geschrieben, weiß auch gar nicht, worum sichs im Einzelnen dreht. Du musst ihr schreiben.

Warum streust du in deine Briefe eigentlich manchmal französische Bröckchen, wie Schönheitspflaster auf Rosenwangen? Que ta petite patte me gratte?[48] Die Franzosen ekeln mich mehr als je, aber du darfst ein wenig welschen.
Ich küsse dich insgesammt, Herzelli,
Dein G.

Feldpost. Abs.: Landsturmmann Gundelfinger / Oberstdorf (Allg.) / Hotel Bergkranz – Adr.: Fräulein Elli Salomon / Hirschberg i Schlesien / Wilhelmstrasse 9c

74. Friedrich Gundolf an Elisabeth Salomon. Oberstdorf. 25. April 1918

Oberstdorf, 25. 4. 18

Liebstes Wandervögelchen.[49]
Deine Briefe kommen so verquer dass ich gar nicht weiss wo du wann bist. Zweimal hab ich dir nun schon nach Berlin geschrieben und immer noch bekomme ich allerlei Nachzügler aus den Rübezahlschluchten.[50] Hier ists heute, nach 5 Schnee- und Regentagen, wieder heller, aber doch sehr Aprilhimmel. Das Enzianpflücken ist meine

---

scherzhafter Weise: „Einen wundervollen Unsinn muss ich Dir noch erzählen, der durch die Edith in die Welt gekommen ist und von der Byzantierin gläubig und beinahe erfurchtsvoll! weitergetragen wird: Du habest das Jus primae noctis im Kreis eingeführt!!! (Ich überlege mir, ob ich dir nicht aufgrund dieses Mythus meine Cordelia adoptiren darf?)."(George-Archiv Stuttgart; der Brief ist nicht im gedruckten George-Briefwechsel enthalten.)

[47] *Mühlestein*] Gemeint ist der Schweizer Schriftsteller und spätere Kunsthistoriker Hans Mühlestein (1887–1969), der sich zeitweilig im Umfeld Stefan Georges bewegte.

[48] *Que ta petite patte me gratte?*] Damit Deine kleine Pfote mich kratzt?

[49] *Wandervögelchen*] Anspielung auf ESs wechselnde Aufenthaltsorte, Hirschberg bzw. Berlin.

[50] *Rübezahlschluchten*] Der Schauplatz der Sagen um Rübezahl ist das schlesische Riesengebirge, ESs Heimat.

grösste Freude. Morgen soll Marianne Kassner[51] auf ein paar Tage herkommen.

In deinem Brief kommt der Satz vor: „von den neuesten Editionen kenn ich bereits den Vaterbrief, der vielleicht Schlüsse auf eine bevorstehende Mutterschaft zulässt." Elli, ich verstehe davon kein Wort, trotz allen Kopfzerbrechens. Bitte sei etwas mehr undelfisch,[52] und lasse den Gundelfisch nicht so lange an den Widerhaken deines Scharfsinns zappeln, superkluge Lise! Woloko, pedalki, birinul, avilt!?[53] Ich schicke heute mein Nachurlaubsgesuch ab, bis 31. Mai, mit einem Attest des hiesigen Militärlazarettarztes, das schon aussieht wie ein Leichenschein .. es geht aber doch bis zum Generalstab hinauf und so ists nicht ganz sicher ob es durchgeht, aber wahrscheinlich. Das Regenwetter hat mich auch etwas zurückgebracht. Schlaf und Esslust sind nicht zum besten.

Im Tagesbericht sprichst du von einer neuen Einbruchstelle, ich weiss nicht welche du meinst .. bei Seicheprey?[54] Zu Hindenburgs angeblichem Brief über die Friedensnähe[55] mach ich drei Fragezeichen .. sowohl zur Geschriebenheit wie zum Inhalt des Briefs .. aber meine kleine Palästinenserin[56] wartet immer auf Messias oder Tausendjähriges Reich ..

Ich lese eben ein Bändchen Novellen von Maupassant und finde viel Geschmack an ihm – er hält einen in Atem und ist neben Poe der grösste Meister des Grauens, dabei eine anmutige Seele .. die Franzosen haben wenig so liebenswerte Autoren.[57]

Meine Elli, was wirst du anstellen, wenn du wieder in die Nähe des Hochofens gerät[st],[58] armes süsses Vögelchen? Dich oben auf den Rand

---

[51] *Marianne Kassner*] Marianne Kassner (1885–1969), seit 1914 Frau des Philosophen Rudolf Kassner (1873–1959), war aus früheren Zeiten mit Erich von Kahler und FG näher bekannt.

[52] *undelfisch*] Anspielung auf die verrätselten Sprüche des Orakels von Delphi; zugleich kalauernder Reim auf „Gundelfisch".

[53] *Woloko, pedalki, birinul, avilt*] Wohl parodistisch gemeinte sinnlose Ausdrücke.

[54] *Tagesbericht ... Seicheprey*] Bei dem lothringischen Dorf (zwischen Nancy und Metz gelegen) war den deutschen Truppen am 20. / 21. April ein Vorstoß in die amerikanische Frontlinie gelungen.

[55] *Hindenburgs angeblichem ... Friedensnähe*] Offenbar ein Gerücht; Näheres nicht ermittelt.

[56] *Palästinenserin*] Anspielung auf ESs Judentum durch den damals noch rein geographisch verstandenen Begriff.

[57] *Ich lese ... Autoren*] Sowohl Guy de Maupassant (1850–1893) wie auch Edgar Allan Poe (1809–1849) sind klassische Erzähler des 19. Jahrhunderts.

[58] *Meine Elli... Nähe des Hochofens gerätst*] Anspielung auf ESs Neigung zu Ludwig Thormaehlen.

der Esse setzen und hineinschauen, wie ich dich kenne. Hätt ich dir[59]
nur erst wieder im Käfig, ich drückte deine arme schlagende Brust an
meinen Mund dass dir das Flattern verginge!

Was die Schraubenmutter von mir wollte? Nun rate einmal! Dich
sollte ich ausliefern, damit du ihr die Stiefel putztest, das Portemonnaie
stopftest und das Kind säugtest.[60] Bei deiner Liebe kann ich ja wohl zusagen.
Schreib mir bald und sei geliebt und verehrt
von Deinem Gundolf

Feldpost. Abs.: Landsturmmann Gundelfinger / Oberstdorf (Allg.) / Hotel Bergkranz. – Adr.: Fräulein Elli Salomon / Berlin NW. 23 / Altonaerstrasse 9 III – Empf.
Altonaerstr. 9 unbekannt / Nicht ermittelt / P.A. Berlin NW. 23

75. Friedrich Gundolf an Elisabeth Salomon. Oberstdorf. 29. April 1918

29. IV. 18

Liebstes!
Nachurlaub hab ich bis 31. Mai eingereicht und werde am 1. Mai in
München an die M.A.A.[61] telegrafiren. Was ist das für ein Geständnis
das Andl mir gemacht haben soll?[62] – ich habe noch nichts bekommen.

Die Gedichte des L. Strauss find ich besondrer Entrüstung nicht wert,
soweit ich sie kenne, nur eben keinerlei Berechtigung zum Hölderlinton
hat er, wie ich ihm deutlich und höflich ja gesagt.[63]

---

[59] *dir*] Entweder Schreibversehen oder berlinernde Wendung.

[60] *Schraubenmutter … das Kind säugtest*] Agathe Mallachow versuchte wiederholt – auch mit finanziellen Forderungen – sich FG zu nähern; anläßlich eines
Besuchs bei FG vor seiner Abreise nach Oberstdorf war sie von ES mit Hinweis
auf FGs Gesundheitszustand weggeschickt worden; vgl den Kahler-Briefwechsel
I,177 u. ö.

[61] *M.A.A.*] Militärische Stelle des Auswärtigen Amtes, FGs Dienststelle.

[62] *Geständnis … haben soll*] Siehe den nachfolgenden Brief.

[63] *Die Gedichte … gesagt*] Ludwig Strauß (1892–1953) hatte 1918 sowohl einen
Gedichtband „Wandlung und Verkündung" wie auch später im Jahr – gemeinsam mit Albrecht Schaeffer (1885–1950) – George-Parodien unter dem Titel „Die
Opfer des Kaisers, Kremserfahrten und die Abgesänge der hallenden Korridore"
veröffentlicht. FGs harsche briefliche Reaktion auf die ihm zugesandten Werke
ist im George-Briefwechsel, S. 320f. abgedruckt.

Ich fahre Mittwoch, wenn nichts dazwischen kommt, ab und zwar zu Kahlers München Franz Josefstrasse 5 II wohin ich dich zu schreiben bitte.

Hier ists Aprilwetter jeden Tag anders – Marianne Kassner ist bis heute hier gewesen, die den durch Kantine verschimpfirten Vornamen wieder zu Ehren bringt, eine noble Frau.

Die Wunde von der ich dir schrieb, ist eine des Gotts Amorns (wie ich in einem Gedicht einer Familienzeitschrift ihn hier besungen fand) sie tut aber nicht weh, sondern fast zu wohl .. mündlich mehr davon – es ist übrigens keine hier empfangene, sondern erst aufgegangene.[64]

Die Animirtheit meines Briefs an dich kam nur von dem Gedanken an dich, nicht von Schnaps, süsses Ellitier!

Warst du nochmals beim Meister? und hat er dich „begnadigt"?[65]
Schreib bald deinem frierenden, aber für dich glühenden
Gundel!
Lu Ney hab ich geschrieben

Feldpost. Abs.: Landsturmmann Gundelfinger / Oberstdorf (Allgäu) / Hotel Bergkranz – Adr.: Fräulein Elisabeth Salomon / Berlin NW. 23 / Altonaerstrasse 7 III

76. Friedrich Gundolf an Elisabeth Salomon. Oberstdorf. 30. April 1918

30. IV. 1918

Liebste Elli:
Eben kommt das „Geständnis" der Andl – ich werde darauf gar nicht antworten und will überhaupt nichts von ihr wissen: solche zuchtlose Weibsneugier und kleinen Kniffe sind mir zuwider, zu subaltern – und „Weibchen" können nicht meine Freundinnen sein. Das kannst du ihr auch sagen, wenn sie fragt. Es tut mir leid, daß du davon Schaden hast – aber wie du deine Schwester kennst, hättest du ihr von des Meisters Anwesenheit und Wohnung keine Nachricht geben dürfen. Sie hatte schon

---

[64] *Die Wunde … aufgegangene*] Unklare Anspielung.
[65] *Warst du … „begnadigt"*] ES traf in diesen Tagen mehrfach mit George zusammen; in einem (nicht erhaltenen) Brief hatte sie FG von einem Tadel Georges berichtet.

durch mich versucht, hinzugelangen,[66] und ich wunderte mich damals schon, daß sie von seiner Anwesenheit wusste, die sie nur durch dich erfahren haben konnte. Ich hoffe, daß du inzwischen nicht weiter dafür leiden musst. Es ist weniger das einzelne Faktum, das mich ärgert, als die Subalternheit, die nicht warten kann, die „auch" dabei sein möchte – kurz ein etwas von Gesinnung, das einer „fremden Ordnung" angehört.[67]

Ich fahre morgen nach München und deine Briefe erreichen mich über Franz Josefstr. 5 II b. Kahler.

Ich bin und bleibe Dein, Geliebte, und küsse dich von Herzen ins Herz
Dein
G.

Feldpost. Abs.: Landsturmmann Gundelfinger / z.Z. München / Franz Josefstr. 5 II – Adr.: Fräulein Elisabeth Salomon / Berlin NW. 23 / Altonaerstrasse 7 / III

77. Friedrich Gundolf an Elisabeth Salomon. München. o.D. [6. Mai 1918][68]

Mein Ellikind: Meinen Urlaub nach Wolfratshausen hab ich endlich, nachdem ich noch einmal telegrafiren musste, da mir durch Büroversehn auf den Urlaubschein *Oberstdorf* geschrieben war. Dein jüngster Brief hat mich sehr beruhigt: daß dir Andls Vorwitz nichts geschadet, und dein Hinfall[69] wieder behoben ist. Hier geniesse ich München, wenngleich ich zuviele Leute kenne. Gestern war ich mit Lucy zusammen, die jetzt nach Frankfurt fährt, um Edgar[70] zu besuchen und Gustav

---

66 *„Geständnis" der Andl … versucht, hinzugelangen*] Offenbar hatte ESs Schwester, Anne Bernfeld, versucht, eine persönliche Begegnung mit George herbeizuführen; eventuell hing der Tadel, den sich ES von George zugezogen hatte, mit diesem Unternehmen ihrer Schwester zusammen.

67 *das einer „fremden Ordnung" angehört*] Anspielung auf Georges Gedicht „Mit den frauen fremder ordnung" aus dem „Stern des Bundes".

68 *6. Mai 1918*] Der Brief kam laut Poststempel am 7. Mai in Berlin an, dürfte also am Vortag in München abgeschickt worden sein.

69 *Hinfall*] ES hatte laut Tagebuch in der Nacht zum 1. Mai eine „unbegründete Ohnmacht" erlitten.

70 *Edgar*] Edgar Salin war verwundet von der Front nach Frankfurt heimgekehrt.

entgegen zu fahren – er will etwa Mitte Mai Urlaub haben, wird dich
dann wohl in Berlin sehn. Hast du übrigens die Eltern Heyer seither
gesehn und vielleicht ein Wort über den Brief gehört den ich an sie
geschrieben?[71] Hier hab ich Sonntag Nachmittag nochmals die Auer
Dult[72] besucht und gehofft vielleicht irgend einen beziehungsreichen
Trödel für mein liebes Schwarzes Herzenstierchen zu finden, aber es
war nichts, nur Heiligenkram, Drecktassen, Bücher, Sättel und Schirme,
Schraubstöcke, Totenschädel, Standuhren, Altardecken, Knöpfe – einen
Spazierstock hab ich erstanden als schwachen Ersatz für den deinigen,
verlornen – aber deine Liebe klebt nicht dran .. die muss sich in Berlin
dransetzen – es ist ein mit Messingknöpfen besetzter Rohrstock .. Ellimädel, ich geb dir wieder einen photographischen Auftrag: kannst du
von beiliegendem Bild etwa ein halbes Dutzend Abzüge machen? Es ist
ein apokrypher Hilsdorf,[73] den schönsten behalte für dich – das Origi-
nal erbitte ich an Fine, der es gehört zurück nebst etlichen Kopien.
(Franz Josefstr 5 / II) Wann ich nach W.[74] gehe ist noch ungewiss – so
bald ich dort bin schreib ich dir. Die falsche Hausnummer auf der
Adresse neulich erklärt sich leicht: es ist die der Gleditschstrasse![75]
(Ha!!??) Fühle aber nicht nach „Verdrängungen"! (Übrigens, Seele, die
Freudsche Terminologie gibt mir wo immer ich ihr begegne, selbst im
Spass immer etwas Brechreiz.) Siehst du die Freunde öfter: Vallentins?
W.W? und Ihn!!? Daß du im Atelier warst ist der höchste Vertrauens-
beweis den es gibt Elli: das ist das secretum secretorum![76]

---

[71] *Hast du ... geschrieben*] FGs Kondolenzbrief zum Tod von Wolfgang Heyer
(Briefe. Neue Folge. S. 160f.).

[72] *Auer Dult*] Münchner Stadtteilfest mit Handwerker- und Trödelmarkt.

[73] *Bild ... Hilsdorf*] Vermutlich die bei Boehringer: Bild, auf Tafel 122 wiedergegebene Photographie Georges, die FG 1912 Fine von Kahler geschenkt hatte
(vgl. George-Briefwechsel, S. 236). Sie wurde 1910 von Jacob Hilsdorf aufgenommen, dem Bingener „Hofphotographen" des George-Kreises.

[74] *nach W.*] Nach Wolfratshausen zu Kahlers.

[75] *falsche Hausnummer ... Gleditschstrasse*] FG hatte bei seinem Brief an ES vom
25. April statt der richtigen Hausnummer 7 (in der Altonaerstraße) die Nummer 9 angegeben; unter dieser Hausnummer wohnte in der Gleditschstraße die
Familie Waetzoldt, mit deren Tochter Lili FG befreundet war.

[76] *Siehst du die Freunde ... secretum secretorum*] ES notiert in ihrem Tagebuch für
den Zeitraum März–Mai 1918 häufig Treffen mit Diana und Berthold Vallentin sowie mit Walter Wenghöfer (1877–1918); mehrfach sind auch Begegnungen
mit Stefan George im Atelier Ludwig Thormaehlens in der Neuen Ansbacher
Straße 18, dem sogenannten Pompeianum, verzeichnet, wo George nur engste
Freunde empfing.

Grüsse Arthur[77] wenn du ihn siehst, du wirst beim zweitenmal schon ins Gespräch mit ihm kommen. Bei Salzens könntest du, wenn du *hinkommst* und *Zeit hast*, ein oder den andren Schundroman abholen und an Kahlers hierherschicken, und dir die zwei Rilkeparodieen[78] in dem Inselbändchen beschaffen.

Schliesse mich in dein Herz meine geliebte Eiserne Jungfrau![79] ich küsse dich umundum. Dein Gundolf

Einschreiben. Abs.: v. Kahler / München / Franz Josefstrasse 5 II – Adr.: Fräulein Elisabeth Salomon / Berlin NW 23 / Altonaerstrasse 7 III / bei Siemers

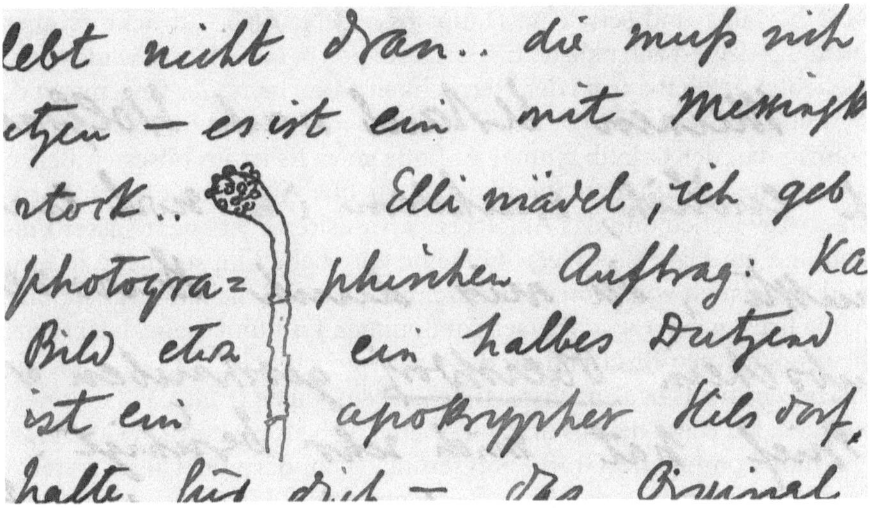
lebt nicht dran.. die muss sich
etzen – es ist ein mit Messingk
stock.. Elli mädel, ich geb
photogra= phischen Auftrag: Ka
Bild etwa ein halbes Dutzend
ist ein apokrypher Hilsdorf.

[77] *Arthur*] Arthur Salz, der den Ersten Weltkrieg größtenteils im Osmanischen Reich verbrachte, hielt sich damals in Berlin auf. ES notiert in ihrem Tagebuch im Mai mehrere Begegnungen, etwa für den 6. Mai ein abendliches Zusammensein mit Arthur und Soscha (eigtl. Sophie) Salz (1887–1960) sowie deren Bruder Ernst Kantorowicz (1895–1963).

[78] *Rilkeparodieen*] FG hatte zwei Parodien in sein Exemplar des Insel-Bändchens „Die vierundzwanzig Sonette der Louïse Labé, Lyoneserin. 1555. Übertragen von Rainer Maria Rilke“, (Insel-Bücherei Nr. 222, Leipzig 1917), „hineingestegreift“. Vgl. den Kahler-Briefwechsel I,180f.).

[79] *Eiserne Jungfrau*] Mittelalterliches Folterinstrument in Gestalt einer hohlen, innen mit Nägeln besetzten Frauengestalt, in die der Delinquent eingeschlossen wurde.

78. Friedrich Gundolf an Elisabeth Salomon.
München. 7. Mai 1918

7. V. 1918

Geliebtes! Eben ist der Meister hier angekommen – ich bleibe noch
zwei Tage hier und gehe dann nach Wolfratshausen. Ich habe mich
gleich nach dir erkundigt und gehört daß es dir bei seiner Abreise gut
gegangen sei. Ausserdem hat er sehr dein Lob gesungen, was ich mich
bei deiner Kleingläubigkeit nicht scheue dir mitzuteilen: du habest dich
sehr bewährt und seist eine Hauptsüsse.[80] Na also .. drucke es aber
nicht auf deine Visitenkarte. E. S. stud rer pol. et lud. H. Sss. Mädelchen,
Geliebtes, ich habe trotz der Herrlichkeit Münchens, der Gegenwart d.
M's und der Fine eine rechte Sehnsucht nach Dir und bin nicht gar so
traurig daß der Urlaub einmal zu Ende geht. Es ist im bösesten Berlin
auszuhalten, wenn man nur ein paar geliebter Arme hat, die den Büro-
staub abwischen und das Amtsherz galvanisiren,[81] ein paar süsser Lippen und ein Herz fürs Herz. O meine gute liebe Elli, sei nicht zu fern
und zu geladen von deinem Fleissschutt .. ich will dich ausgraben, und
deine Brust wieder wachküssen für Sommer, Luft und Liebe. Ich erwart
heut noch einen Brief von dir. Gestern war ich bei Frau Jaffé, mit ihr
spazieren, im Isartal nächst München, ein stiller froher Vorsommer-
morgen. Du warst bei uns und wir priesen dich als ein herrlich Geschöpf.
Im Juni kommt die Gräfin Keyserling, jetzt Baronin Ungern Sternberg[82] nach Berlin – da bin ich gespannt drauf. Hier ein Bildchen aus
Oberstdorf! Legs an deine Brust und sei tausendmal geküsst von Deinem ergebnen Gundel

Abs.: Landsturmmann Gundelfinger / Wolfratshausen / Villa St. Georg – Adr.:
Fräulein Elisabeth Salomon / Berlin NW. 23 / Altonaerstrasse 7 III / bei Siemers

---

[80] *Hauptsüsse*] In der Terminologie des George-Kreises Bezeichnung für einen körperlich wie geistig gleichermaßen anziehenden jungen Menschen; meist allerdings
in der männlichen Form gebraucht. Mit Bezug darauf auch die nachfolgende parodierende Titulatur.

[81] *galvanisiren*] Etwa: zum Zucken bringen.

[82] *Gräfin Keyserling, jetzt Baronin Ungern Sternberg*] Die Historikerin Leonie von
Keyserling, seit ihrer Heirat 1917 von Ungern-Sternberg (1887–1945), war
gleichfalls von Heidelberg her mit FG sowie mit Max und Alfred Weber befreundet.

79. Friedrich Gundolf an Elisabeth Salomon.
Wolfratshausen. 11. Mai 1918

Geliebtes! Ich bin also richtig wieder in Wolfratshausen – es ist hier
schöner und früher wie je, Baumblüte, Froschquaksen, Maikäfer und
statt des Frauenschuh der Trollius Europaeus,[83] die grosse gelbe üppige
Duftkugel. Noch blüht hier die Mehlprimel die in Oberstdorf zu Ende
ist. Schon fällt mir Ort um Ort ins Herz, wo ich mit dir ging, als du noch
die beargwöhnte, weinrote, judengelbe schwarze Judenhexe warst, für
die meine Sinne mehr übrig hatten als mein Herz, bis du mich langsam
nach innen gar kochtest .. Süsses Geschöpf, wie alles wieder aufsteigt,
der ganze Weg vom Taschentuch, das ich dir aufhob, bis zum Morgen-
gang nach den Frauenschuhn, die Gartenruh und -unruh zwischen den
Reinerfrauen, die Heimfahrt nach Heidelberg mit der wagrechten Verführung und der senkrechten Keuschheit, die Ankunft in der triefenden
Kutsche, dein Sitzen vor der Haustüre, die ersten Besuche im Faulen
Pelz, deine Entschüchterung, meine Bändigung, der Krieg und die Liebe!
Elli, ich tauche wieder zurück in den Samen unsres Bundes[84] und blühe
drin auseinander zum Baum der er geworden ist ... Heut oder morgen
muß noch ein Brief von dir kommen – es kann gar nicht anders sein, als
daß ich hier dich hör und sehe.

Hast du die eingeschriebne Photografie bekommen? Kannst dus machen? Willst du nicht auch solch ein Bildnis von mir haben, wie du
mich gründlich kennst?[85] Liebe, schreib mir ..

Viel zu erzählen ist nicht.

Otto Brauns Tod[86] geht mir zu Herzen, er war doch, alles in allem,
ein guter liebenswürdiger Junge, und wenn er auch kaum je mehr geworden wäre – ich hätte ihn nicht so wegsinken sehen mögen, er hat
sichs glaub ich halb und halb so gewünscht in einem dunklen Vorge-
fühl, daß er sein Bestes so verewige, mehr durch frühen Tod als durch
volles langes Ausleben.

---

83 *Trollius Europaeus*] Trollblume.

84 *Schon fällt mir ... Samen unsres Bundes*] FG nimmt Bezug auf die erste Begegnung mit ES in Wolfratshausen zu Pfingsten 1914 und die nachfolgende Heidelberger Zeit, als ES in der Straße „Fauler Pelz" wohnte. – Hinter dem Ausdruck
„Reinerfrauen" verbirgt sich eine unklare Anspielung auf Paul Reiner, den Hauslehrer bei Else Jaffé.

85 *Hast du die ... gründlich kennst*] Vgl. FGs Brief vom 6. Mai 1918 mit dem Auftrag, die Photographie Georges zu vervielfältigen.

86 *Otto Brauns Tod*] ESs Mitschüler aus Wickersdorf war am 29. April gefallen.

Elli, Geliebte, schreib mir, lieb, dicht, das Herz an meine Lippen hin. Ich bewache deinen Schlaf, ich beschlafe deine Wachen und sehne mich nach Dir ..

An Fräulein Heinrich[87] hab ich geschrieben (Klinik Strassmann, Schumannstrasse Berlin NW – ists so recht) Bring ihr als was und grüsse von mir ..

Behalt mich lieb!

Ich bin Dein

Gundolf

Lass dir keinen grauen Sombart wachsen![88]

Andl will ich um *deinet*willen soweit begnadigen[89] als du wünschst.

Feldpost. Abs.: Landsturmmann Gundelfinger / z.Z. Wolfratshausen / Villa Georg – Adr.: Fräulein Elli Salomon / Berlin NW. 23 / Altonaerstrasse 7 / III / bei Siemers

80. Friedrich Gundolf an Elisabeth Salomon. Berlin. 9. Juni 1918

Geliebtes! Ich denke unablässig an dich und deinen Kummer[90] und sehne mich nach deiner Gegenwart .. wenn du weg bist fühle ich erst ganz mit voller Helle was ich an dir habe und wie traurig es ohne dich wäre. Könnte ich dich doch lehren mit meinen Augen deinen eignen Sinn zu betrachten! Liebe liebe Elli!

Gestern Abend war ich richtig mit Sombart zusammen, wir tranken in Huths Weinstuben, debattirten über die Zukunft der Welt, über die Reichweite der Erziehung, über Symbol und Allegorie, über Goethes Monismus und Dualismus, über Individualismus und Staat, er begleitete mich noch bis ans Brandenburger Thor, und nächsten Dienstag Abend wollen wir wieder zusammen kommen. Was mich erstaunt an ihm, ist eine gewisse Kindlichkeit.

Sonst ist hier alles beim Alten, du fehlst mir sehr .. Bei Salz war ich diese Woche immer zu Mittag .. nächste Woche werd ich meist Abends

---

87 *Fräulein Heinrich*] Berliner Vermieterin FGs (Dortmunderstraße 15).

88 *Lass dir keinen grauen Sombart wachsen*] Kalauernde Anspielung auf ESs Lehrer.

89 *Andl ... begnadigen*] Vgl. FGs Brief vom 30. April 1918.

90 *deinen Kummer*] Möglicherweise ist ESs Liebeskummer wegen Ludwig Thormaehlen gemeint; hauptsächlich aber wohl die Sorge um ihren kranken Vater, Max Salomon, den ES in Hirschberg pflegte und der wenige Tage später, am 29. Juni, verstarb.

dort [sein]. Heut (Sonntag) nachmittag geh ich zu Vallentins. Boehringer[91] ist auch da.

Ich wünsche Deinem Vater von ganzem Herzen Linderung seiner Leiden. Schreib mir gelegentlich ein Wort, geliebtes Herz.

Ende der Woche ziehe ich wohl um.[92] Vergiss nicht mir den Schreibtischschlüssel vorher zugänglich zu machen – ich brauche allerlei Sachen. Wie ists mit der Photografie[93] .. doch das hat Zeit.

Ich küsse dich in Liebe und Dankbarkeit, mein süsses Mädchen, und bin dein

treuer

Gundolf

9 / 6 / 18

Feldpost. Abs.: Landsturmmann Gundelfinger / Berlin NW 40 / Zelten 18 / II – Adr.: Fräulein Elisabeth Salomon / Hirschberg (Schlesien) / Wilhelmstrasse 9c

81. Friedrich Gundolf an Elisabeth Salomon. Berlin. 13. Juni 1918

13. V[94]

Geliebtes Herz! Dein Vorwurf der Unaufrichtigkeit[95] tut mir weh und ich habe ihn nicht verdient .. selbst das Faktische daran stimmt nicht (von der Deutung ganz abgesehen) und wenn Du schon nachrechnest, so rechne wenigstens richtig ... Das ist eine deiner Selbstquälereien, liebste Elli, die mir nach gehn und die ich dir verleiden möchte .. ich kann dir heut nur wiederholen, daß ich dich entbehre und mich nach

---

91 *Boehringer*] Robert Boehringer (1884–1974), der damals die Chemie-Firma Boehringer in Ingelheim leitete, gehörte schon seit längerem zum Kreis um Stefan George und war auch mit Vallentin befreundet.

92 *ziehe ich wohl um*] FG hatte vorübergehend sein altes Quartier (In den Zelten 18 II) bezogen, wechselte nun aber wieder in die Dortmunderstraße 15.

93 *Photografie*] Vgl. FGs Brief vom 6. Mai 1918.

94 *13. V*] Das Datum des Briefs ist unvollständig; vielleicht wurde FG beim Schreiben abgelenkt. Datierung nach dem Poststempel.

95 *Dein Vorwurf der Unaufrichtigkeit*] Offenbar hatte ES Zweifel an FGs Zuneigung für sie geäußert und vielleicht auch auf sein früheres Verhältnis zu Agathe Mallachow (dessen Zeitpunkt sich durch die Geburt Cordelias errechnen ließ) angespielt.

dir sehne und dass dein Fernsein mir erst deutlich macht wie sehr ich dich liebe.

Kissen hab ich bisher keines gefunden, (auch Sombart hat keines hier, will aber in Schreiberhau wo er Ende dieser Woche ist nachfragen). Am meisten Hoffnung hab ich noch dass in Darmstadt eins ist.[96]

Dem Meister soll ich wieder etwas Tee besorgen, hast du ihn hier oder in Hirschberg?

Dass du deinem Vater wenigstens helfen kannst ist gut, und wird dir ein bischen deinen Hauptgram beseitigen, du habest keinen Sinn. Aber dass ich dich so lang nicht sehn soll ist arg. Arthur ist plötzlich durch ein Telegramm Dschemals nach Konstantinopel zurückberufen und reist Freitag .. wahrscheinlich hängt es mit dem furchtbaren Brand zusammen, der die halbe Stadt zerstört und eine halbe Million Menschen dachlos gemacht hat, wo es an Baumaterial, Arbeitskräften, Transportmitteln, an allem fehlt um sie unterzubringen.[97]

Dass ich bei Sombart allein geredet fiel mir nachher auch ein, und beklemmt mich etwas .. aber es fiel mir halt so viel ein und er fragte immer. Er ist übrigens doch sehr viel mehr ältere Generation als ich erst vermeinte .. aber ich kann ihn gut leiden.

Elli, süsses liebes Kind, glaub und trau mir und lade dir nicht auch noch falsche Kümmer auf zu deinen wahren.

Ich liebe Dich und küsse dich in Sehnsucht und Verehrung
Dein Gundolf

Feldpost. Abs.: Landsturmmann Gundelfinger / Berlin NW 21 / Dortmunderstr. 15 IV – Adr.: Fräulein Elisabeth Salomon / Hirschberg (Schlesien) / Wilhelmstrasse 9c

82. Friedrich Gundolf an Elisabeth Salomon. Berlin. 17. Juni 1918

Geliebtes Elli-Kind!

Gestern war ich bei Diana – es war niemand sonst da – und wir sprachen viel von dir und zu deinem Lob – sie hatte gerade an Dich geschrieben. Deine Schmucksachen habe ich dort zum aufheben gegeben.

---

[96] *Kissen ... dass in Darmstadt eins ist*] ES hatte anscheinend in einem früheren Brief nach einem Wasserkissen gefragt (wohl für ihren kranken Vater), worauf FG sich bei seiner Mutter in Darmstadt nach einem solchen erkundigte.

[97] *Arthur ist plötzlich ... um sie unterzubringen*] Am 2. Juni 1918 war ein ganzes Stadtviertel in Konstantinopel abgebrannt.

Dagegen hab ich noch eh deine Tee-nachricht kam, an den M. auf Frl. Borngräbers[98] Wink hin, Tee aus dem kleinen Säckchen geschickt, das in dem Vorplatzschränkchen lag .. Hoffentlich ist es kein Kamillen- oder Lindenblüten Zeug. Ich hab das ganze Pack an mich genommen und in meinen Schreibtisch gesperrt. Muss es besonders aufgehoben werden (feucht, Blech oder wie?) Den andren Tee werd ich morgen suchen. Ist denn die Schublade offen? Und wenn, wer hat den Schlüssel. Auch nach deinen Schuhen will ich morgen sehen .. Meine Wolfratshauser Halbschuh kann ich auch nirgends finden? Erinnerst du dich ob ich sie in der Innsbrucker[99] noch hatte? (Vielleicht erinnert sich Andl sie hier gesehn zu haben?) Geliebte, wir reden schon von lauter Haushaltsdingen, wie ein richtiges Ehepaar .. nur dass ich weit verliebter in dich bin wie ein richtiger Gatte. Sombart werd ich wohl nächste Woche wieder sehen. Ich hab ihm meinen Heldenaufsatz[100] geliehen, im Anschluß an ein Gespräch im Huth.[101]

Ich wollte du wärst hier, wegen mir, aber auch wegen Dir, wir wären beide froher. Doch in dem allgemeinen trüben Strom verlieren sich die Sonderrinnsale privater Sorgen und Bedrückungen leicht. Mit Lili bin ich oft zusammen, immer nur kurz, aber sie hat was sehr belebendes und Ermunterndes, obwohl sie kein frohes und leichtes Leben hat. Es gehört schon was dazu als Lehrerin mit 2700 Mk Einkommen jährlich nicht zu versauern, sondern im[mer] wach hell und dabei geistvoll zu sein.

Mittwoch Abend bin ich bei Eckardts, am Donnerstag d. 20 wohl bei Soscha: es wird aber ohne Dich doch ein trister Geburtstag sein, meine geliebte Treueste fern und traurig .. ich gedenke Deiner mit gesteigerter Dankbarkeit, Mädchen! .. Ich lese die Diadochengeschichte von Droysen[102] .. besonders über die Städte-Gründungen und Handelswege Alexanders .. und bin wieder bis zum Umsatteln berauscht

---

98 *Frl. Borngräber*] Wohl Nachbarin ESs in der Altonaer Straße.

99 *Innsbrucker*] Wohnung von Arthur und Soscha Salz in der Innsbrucker Straße, wo FG im März 1918 vorübergehend gewohnt hatte.

100 *Heldenaufsatz*] Gemeint ist der Aufsatz „Vorbilder", der 1912 in Bd. 3 des „Jahrbuchs für die geistige Bewegung" erschienen war und den FG später umarbeitete und unter dem Titel „Dichter und Helden" in den gleichnamigen Band, Heidelberg 1921, einfügte.

101 *Huth*] Weinstube, die FG mehrmals gemeinsam mit Sombart besuchte.

102 *die Diadochengeschichte von Droysen*] Johann Gustav Droysens zuerst 1843 erschienenes Werk: „Geschichte der Bildung des hellenistischen Staatensystems" (Teil 2 seiner „Geschichte des Hellenismus"), dessen zweite Auflage von 1878 den Titel „Geschichte der Diadochen" trug.

von diesem unermesslich fruchtbaren Dasein .. er ist schon Dionysos, und man kann selbst unsre grössten Namen, Bismarck, Friedrich, neben dem seinen nicht aussprechen, ohne das Gefühl des Untergangs, der rettunglos versunkenen Götterwelt. Wenn nur die Menschheit nicht das Organ verliert, wenigstens noch zu ahnen, *was* dies Altertum wirklich war!! Was der Mensch sein konnte! Ohne George wüssten wir auch nicht mehr als Wilamowitz[103] davon und glaubten, alle Menschen wären nur maskirte Schieber und Regirungsräte gewesen.

Gestern Mittag ass ich bei Bondi und erfuhr, wie sehr der Goethe noch immer gekauft wird .. Die 5. Auflage ist in Vorbereitung, noch eh die vierte heraus ist. Die 4. ist auch schon grossen Teils vorbestellt.[104]

Hab ich dir geschrieben, dass mir das Fräulein Seeger aus Schwäbisch Gmünd[105] eine Riesenkiste mit Gemüse, Gurken, Hartwurst, Butter, Blumen, Schmalz, Enteneiern, Kuchen, geschickt hat? – ich weiß mich nicht zu retten, wenn ich sie nicht kränken will .. und das verdient sie nicht. Dazu diese rührenden, lästigen und etwas öden Briefe von 6 Seiten voll Gerede. Die Lobstein[106] aus Heidelberg hat auch Kirschen und wieder einen Plauderbrief geschickt! Beide haben mir übrigens auch schon Wolfratshausen unsicher gemacht mit ihren Sendungen ...

Was sagst du zu dem neuentdeckten Stern erster Grösse im Sternbild des Adlers? Ein gutes Omen für Preussen? Oder der Stern des Bundes?[107]

Meine süsse geliebte Herzens Elli, ich bin bei Dir mit voller Seele und so innig dein wie nur je, so treu von dir überzeugt wie nur je .. Behalte nur deine Nerven .. Herz und Seele wirst du nicht verlieren.

---

[103] *Wilamowitz*] Der repräsentative Altphilologe des Kaiserreichs, Ulrich von Wilamowitz-Moellendorff (1848–1931), wurde im George-Kreis abgelehnt. – Alexander der Große (356–323), König von Makedonien und triumphaler Eroberer des Orients; gilt als eine der glänzendsten Erscheinungen der antiken Welt.

[104] *Die 5. Auflage ist ... vorbestellt*] Beide Auflagen des „Goethe" erschienen 1918.

[105] *das Fräulein ... Gmünd*] Die Schwestern Marie und Luise Seeger waren Freundinnen des gleichfalls aus Schwäbisch Gmünd stammenden Josef Liegle.

[106] *Lobstein*] Die Sopranistin Luise Lobstein (1884–1962) war von Heidelberg her mit FG bekannt. Später sollte sie dort seine Vermieterin werden.

[107] *Stern erster Grösse ... Stern des Bundes*] 1918 ereignete sich ein Helligkeitsausbruch (Nova) auf einem Stern des Sternbilds Adler (Nova Aquilae). FGs Anspielungen gelten dem Wappentier Preußens sowie dem Titel des Georgeschen Gedichtbandes (1914).

Ich umarme Dich, Geliebtes,
immer Dein
Gundolf
17. VI. 1918

Adr.: Fräulein Elisabeth Salomon / Hirschberg (Schlesien) / Wilhelmstrasse 9c

83. Friedrich Gundolf an Elisabeth Salomon. Berlin. 21. Juni 1918

Herzens Elli: Mein Geburtstag ist ohne besondre Festlichkeit, aber in
zärtlichem Gedenken an dich, treues, liebes Wesen, vorübergegangen
und mit einem Berg von Esswaren aus Darmstadt und Berlin gekrönt
worden, darunter auch eine Flasche Bordeaux von Aga, um die ich
mich bis jetzt noch nicht gekümmert habe (die Aga, die Flasche werd
ich nicht zerbrechen.) Als ich um ½5 aus dem Amt kam erwartete
mich Andl mit einem Rosenstrauss und einem Stück Seife, heiter lächelnd als wäre nichts geschehn. Ich war denn auch zahm und frass sie
nicht, und esse heute sogar mit ihr zu Mittag. Auch kommt ihr doch
sehr zu gut, daß sie deine Schwester ist und irgend an dich erinnert.
Aber die alte Herzlichkeit wird sich doch schwerlich wieder einstellen ..
Deinen Fridericus Magnus will ich nicht bemängeln, er ist eine grosse
Gestalt – der Stossseufzer galt nur der weltlosen Welt, in der er sich umtun und leuchten musste.[108]
   Mit dem Günther hast du mir eine sehr grosse Freude gemacht[109] –
er ist ausserdem eine grosse Rarität .. vor Goethe die lebendigste und
bedrohteste Dichterseele .. überall merkt man schon das volle Leben
das hinter seinen Worten steht, aber die Sprachkruste konnte er noch
nicht durchschmelzen und die nackte Seele ist noch unter den papier-
nen Kleidern nicht frei. Hast du schon einmal reingesehen? Hab tausend Dank, Liebchen. Auch das grüne Ripsband ist eine liebe Zierde ..
es soll mich noch inniger an dich binden wenns möglich wäre.
   Sombart hält dich gewiss nicht für zu dumm zum Studium, nur für
zu lebendig, soviel mir schien .. aber du stehst doch so, daß du ihn in

---

[108] *Deinen Fridericus Magnus ... leuchten musste*] Siehe FGs Brief vom 17. Juni
   1918. Offenbar hatte sich ES gegen die Herabsetzung des Preußenkönigs Friedrich II. (1712–1786) verwahrt.
[109] *Mit dem Günther ... Freude gemacht*] ES hatte FG zum Geburtstag eine Ausgabe des Barock-Lyrikers Johann Christian Günther geschenkt, vgl. Thimann,
   S. 233.

einer so wichtigen Affaire, die doch wesentlich Dich und ihn angeht
selbst befragen kannst.[110] Was er über mich sagt wirst du mir ja gelegentlich genauer vermitteln .. Hat ihm der Heldenaufsatz gefallen?[111]
Dank für den Brief über Liegle!

Deine Schuhe kosten 6 M. sie sehen sehr gut aus.

Die Vossische Zeitung will von mir einen Jubiläumsartikel über
George[112] .. aber ich habe abgelehnt. „Er dürfe nicht länger in seiner
vornehmen Zurückhaltung bleiben", meint der Feuilletonweise[113] in seinem Gesuch.

Georg Brandes schreibe ein grosses Buch über Julius Caesar,[114] teilt
mir Kassner mit.

Andl macht mir Hoffnung dich doch in absehbarer Zeit hier zu sehn.
Vielleicht kommst du im August mit nach Darmstadt?
Geliebtes Süsses, ich küsse dich in dankbarer Liebe
Dein Gundolf

Feldpost. Abs.: Landsturmmann Gundelfinger / Berlin NW 21 / Dortmunder-
strasse 15 IV – Adr.: Fräulein Elisabeth Salomon / Hirschberg (Schlesien) / Wilhelmstrasse 9c

84. Friedrich Gundolf an Elisabeth Salomon. Berlin. 25. Juni 1918

25 / 6 / 18

Liebstes Kind!
Ich habe nun schon deinen dritten Brief mit Verspätung erhalten, weil
du ihn an deine eigne Wohnung adressirst, du egozentrischer Engel. Ich
muss deine Briefe systematisch beantworten, sonst vergesse ich die
Hälfte. Die Rousseaus sind alle spätere Ausgaben .. seine Erstausgaben
von Wert fallen meist in die sechziger Jahre. Rankes Preussische Ge-

---

[110] *Sombart hält dich … befragen kannst*] ES schrieb damals ihre Doktorarbeit bei
Sombart; letztlich wurde die Arbeit jedoch von Alfred Weber betreut.
[111] *Hat ihm der Heldenaufsatz gefallen*] Siehe FGs Brief vom 17. Juni 1918.
[112] *Jubiläumsartikel über George*] Am 12. Juli 1918 stand Stefan Georges 50. Geburtstag an.
[113] *Feuilletonweise*] Feuilleton-Leiter der „Vossischen Zeitung" war damals der
österreichische Publizist Stefan Großmann (1875–1935).
[114] *Georg Brandes … über Julius Caesar*] Die Caesar-Biographie des bekannten dä-
nischen Literarhistorikers (1842–1927) erschien noch im Jahr 1918.

schichte ist wohl ganz preiswert .. ich habe mir um eben diesen Preis gerade seine „Päbste" gekauft, die freilich sein schönstes Werk, seit Jahren vergriffen sind, und selbst der Neudruck ist nicht mehr zu haben. Der alte dumme Geiger ist nicht tot, sondern 70 Jahre alt und dadurch nicht gescheiter geworden .. er hat in diesem Stil auch ein Buch über Goethe geschrieben.[115] Deine Milch bekomm ich, geliebte fromme Denkart[116] .. Frl. Heinrich besorgt sie.[117] Deine Schuhe besorg ich nächstens. Ich kann aber beim besten Willen nicht lesen, was er für Leder- ? / ? auf deine Stiefelsohlen machen soll? -thoner oder -kahler? Wahrscheinlich etwas Schlesisches was kein Germane versteht. Dass ich an der Vossischen nicht mitarbeite, wo mir schon die Frankfurter nicht gut bekommt sollte dir einleuchten, ebenso dass es gänzlich gleichgültig ist was über George in den Zeitungen steht.[118]

Dagegen habe ich vom Zentralinstitut für Erziehung und Unterricht eine Aufforderung einen 6stündigen Cursus im Herbst hier zu lesen und habe zugesagt .. Ich lese über Luther, wenn nichts dazwischen kommt. So liegt mein Dozententum nicht ganz brach .. und ausserdem bekomme ich 300 M. Publikum: Lehrer und Lehrerinnen .. Immer besser als Litteraten. Anbei der Lieglebrief[119] mit vielem Dank.

Ich hab dir zwei Tage nicht geschrieben, weil ich krank war, Fieber und Schüttelfrost ohne sonstige Übel. Heut ists wieder vorbei, nachdem ich schwitzend bettlag. Ohne Ellis Pflege macht einem Kranksein doch keine rechte Freude. Ludwig ist im Lazarett und scheint ganz zufrieden .. es ist nur ein paar Tage zur Beobachtung.

Günther ist unter seinen Perückenzeitgenossen ein frischer Kerl, und deswegen merkwürdig, weil der Kampf seines Temperaments mit der erstarrten Sprache fühlbar ist, aber er kommt nicht durch: es bleibt

---

[115] *Die Rousseaus … Buch über Goethe geschrieben*] Die Passage bezieht sich offenbar auf ES in Hirschberg antiquarisch angebotene Bücher von Jean-Jacques Rousseau und Leopold Ranke. Welches Werk des Literarhistorikers Ludwig Geiger (1848–1919), der mehrere Goethe-Publikationen vorgelegt hatte, ES meint, ist nicht ersichtlich, vielleicht seine Schrift über Karoline von Günderode (1895).

[116] *Deine Milch bekomm ich, geliebte fromme Denkart*] Kalauernde Anspielung auf die Wendung im „Wilhelm Tell" (IV,3).

[117] *Frl. Heinrich besorgt sie*] Offenbar konnte FGs Vermieterin die ES zustehende Milchration bekommen.

[118] *Dass ich an der Vossischen … in den Zeitungen steht*] Siehe FGs Brief vom 21. Juni 1918; gegenüber FGs Aufsatz „Tat und Wort im Krieg" in der „Frankfurter Zeitung" vom 11. Oktober 1914 hatte George seinerzeit gewisse Skepsis geäußert, vgl. den George-Briefwechsel, S. 266f.

[119] *Lieglebrief*] Siehe FGs Brief vom 21. Juni 1918.

beim frischen Wort ohne neuen Ton .. Übrigens ist er sehr zotig, und war in Hirschberg. In etwa 14 Tagen erscheint mein vierter Goethe. Soll ich dir einen nach H. schicken lassen?

Daß du Sombart nichts für mich mitgabst ist ganz gut. Ich werd ihn wohl nächste Woche sehn. Er soll auch noch meinen George- und Hölderlinvortrag[120] bekommen.

Es ist elendes Regenwetter und eine rechte Novemberstimmung. Von Wolters kamen ein Paar Bilder aus Frankreich, der Winterberg bei Craonne[121] – Mondlandschaften.
Lebwohl, Geliebtes und sei innig umarmt von Deinem
Gundel

Feldpost. Abs.: Landsturmmann F. Gundelfinger / Berlin NW. 21 / Dortmunder-strasse 15 IV – Adr.: Fräulein Elisabeth Salomon / Hirschberg (Schlesien) / Wilhelm-strasse 9c

85. Friedrich Gundolf an Elisabeth Salomon. Berlin. 26. Juni 1918

Liebste Elli!
Wolfgangs Brief[122] hab ich momentan unter dem Briefberg meines Schreibtischfachs verkramt und kann ihn nicht finden – gedulde dich bitte, bis ich eine ruhige Stunde finden kann.

Deine Gedichte[123] betrachte ich als dein Eigentum und werde dir so-wenig was draus entwenden als wenn du mir dein Portemonnaie zum Verwahr gibst. Den PhilosophenMayer der nach Heidelberg kommt,[124] kenne ich nicht. Er wird nicht umsonst Maier heissen. Deine Schuh hab ich immer noch nicht geholt, weil ich deinen Auftrag an den Schu-ster nicht lesen kann. Schreib doch solche Dinge wenigstens leserlich.

---

[120] *George- und Hölderlinvortrag*] FGs Vortrag „Stefan George in unsrer Zeit" (zu-erst 1913) war 1918 in dritter Auflage erschienen, seine Probevorlesung „Höl-derlins Archipelagus" (zuerst 1911) lag in der zweiten Auflage von 1916 vor.

[121] *der Winterberg bei Craonne*] Der Winterberg gehört zum französischen Höhen-zug Chemin des Dames, der Schauplatz einer der schrecklichsten Material-schlachten des Ersten Weltkriegs war. Vgl. George-Wolters Briefwechsel, S. 142.

[122] *Wolfgangs Brief*] Ein Abschiedsbrief Wolfgang Heyers, den dieser vor seinem Ausrücken ins Feld hinterlassen hatte und der FG von Gustav Richard Heyer am 22. Juni 1918 zugeschickt worden war.

[123] *Deine Gedichte*] Die ES gewidmeten und geschenkten Gedichte FGs.

[124] *Den PhilosophenMayer ... kommt*] Heinrich Georg Maier (1867–1933) wurde im Juli 1918 Philosophieprofessor in Heidelberg.

Meine sämtlichen Bekannten ärgern mich eben mit unleserlichen Wünschen oder Nachrichten. Die Filmkatastrophe ist kein Gottesgericht, da bei solchen Gelegenheiten immer nur unschuldige arme Hascherln von Typfräuleins leiden müßen[125] und die Macher frei ausgehen. Überhaupt macht Gott seine Gerichte nicht so simpel.

Österreich helfen wir ja, aber es wird doch alles unterschlagen – die Millionäre und Schieber fressens und die armen Leute verhungern weiter. Eh das fette Gesindel nicht totgeschlagen wird, kann man nicht frei atmen. Man wird mit totgeschlagen, wenn es so weit kommt, aber man kann es keinem verübeln, und würde es vielleicht ganz recht finden. Ich bin kein Sozialdemokrat, aber das fette Gesindel ist in allen Ländern am meisten des Leidens würdig und hat es noch immer gut. Heut fuhr ich wieder mit einigen solchen seelenlosen Genusssäcken in der Trambahn und knirsche mit den Zähnen, dass man das nicht schmoren und schinden darf. Doch es wird kommen. Aber freilich in allen Ländern, und zunächst so Gott will, bei der Entente, dann in Oesterreich, dann bei uns.

Ich bin schlechter Laune heut, aber nicht gegen Dich, liebes Herz! Ich küsse Dich
Dein treuer Fr.

Feldpost. Abs.: Landsturmmann Gundelfinger / Berlin NW 21 / Dortmunderstr. 15 IV – Adr.: Fräulein Elisabeth Salomon / Hirschberg (Schlesien) / Wilhelmstrasse 9c

86. Friedrich Gundolf an Elisabeth Salomon. Berlin. 29. Juni 1918

Geliebter Schatz: Deine photografische Leistung brauchst du gar nicht herabzusetzen – ich bin sehr zufrieden damit und habe zuerst gar nicht bemerkt, dass es eine Kopie ist.[126] (Eben, um 9, fährt ein beflaggtes Schiff mit Militärmusik die Spree hinauf, das wär was für dich zum Springen).

---

[125] *Die Filmkatastrophe ... leiden müßen*] Am 21. Juni 1918 hatte eine Explosion das Gebäude der Filmgesellschaft in Berlin zerstört, wobei 15 Menschen umkamen.

[126] *Deine photografische Leistung ... Kopie ist*] Wohl die Vervielfältigung der George-Photographie.

Gestern war ich mit Hanno bei Kempinsky[127] und ass wieder einmal
Frühkartoffeln mit Schale – ein Leckerbissen, der mich versöhnlich gegen die Entdecker[128] stimmen könnte, wenn ich Kühlmann wäre. A.
Weber ist wütend auf Kühlmann und behauptet, er sei es immer gewesen. Diese Rede soll übrigens nach einer mit dem jetzt hier wurmisiren-
den Grafen Herm. Keyserling durchzechten Nacht improvisirt worden
sein[129] …

Max W.[130] darfst du weiter lieben und verehren, sollst sogar .. daß
ich mich oft über ihn ärgere ist kein Gegengrund.

Gestern fielen mir Richelieus Memoiren in die Hand,[131] mit befrie-
digender Caesar-ausbeute, eine ganz neue und sehr grosse Nummer.

Ausserdem lese ich das Scherlbuch des Leutnant Schüler Weisse
Garde gegen Rote Garde,[132] voll aufregender, furchtbarer, und komi-
scher Abenteuer, Gefangenschaft und Flucht im roten Russland .. gibt

---

[127] *Kempinsky*] Berliner Restaurant; noch nicht das spätere Luxushotel.

[128] *Entdecker*] Einer unzutreffenden Überlieferung zufolge soll der englische Kapitän Francis Drake (um 1540–1594) die Kartoffel von Südamerika nach Europa
gebracht haben.

[129] *wenn ich Kühlmann wäre…improvisirt worden sein*] Gemeint ist Richard von
Kühlmann (1873–1948), Staatssekretär im Auswärtigen Amt, der damals gegen
die Linie der Obersten Heeresleitung auf einen Frieden mit England (wo er vor
dem Krieg an der deutschen Botschaft tätig gewesen war) hinarbeitete. Bei den
Friedensverhandlungen von Brest-Litowsk, die Kühlmann leitete und an denen
auch Alfred Weber teilnahm, hatte sich Weber nach anfänglicher Sympathie von
den Positionen Kühlmanns distanziert. Der aktuelle Ärger Webers über Kühlmann (von dem Hans von Eckardt, der Mitarbeiter Webers, FG erzählt haben
dürfte) wurde wohl durch die erwähnte Reichstagsrede Kühlmanns vom 24. Juni
veranlaßt, in der er andeutungsweise Zweifel an einem noch möglichen militärischen Sieg Deutschlands geäußert hatte; sie führte zu seinem Rücktritt vom
Amt am 9. Juli. Zur Strategie seiner politischen Gegner gehörte auch das Ver-
breiten von Gerüchten über Kühlmanns Leichtlebigkeit, wie etwa jenes über die
in Gesellschaft des – von FG als etwas absonderlich wahrgenommenen – Philosophen Hermann Graf Keyserling (1880–1946) durchzechte Nacht.

[130] *Max W.*] Max Weber, dessen politische Positionen von denen FGs in manchem
abwichen.

[131] *Gestern fielen mir Richelieus Memoiren in die Hand*] FG hatte eine 34-bändige
französische Sammlung mit verschiedenen Memoirenwerken erworben, worin
auch jene des Kardinals Richelieu (1585–1642) enthalten war, die ihm offenbar
wegen der Bezugnahmen auf Caesar interessant waren; vgl. FG: Caesar. Geschichte seines Ruhms, Berlin: Bondi 1924, S. 191. Vgl. auch Thimann, S. 173.

[132] *das Scherlbuch … Rote Garde*] Erich Schüler: Weiße Garde gegen Rote Garde.
Fluchterlebnisse des Leutnants d. R. Erich Schüler. Berlin: Scherl 1918. Scherl
war ein populärer Berliner Verlag.

ein tolles Bild von der Bolschewikiwelt .. und ist sehr lesbar geschrieben. Du musst es auch lesen, richtige Pflegerlektüre. Den Dante kannst du in jeder Übersetzung an Schwesternstifte schenken, ausser der guten.[133]

Sombart hat erklärt meinen Georgevortrag noch nicht zu kennen .. Der Hölderlin ist ja mehr „Weltanschauung" als Poetik. Ich hab ihm beides einmal geschickt.[134]

Nach Hirschberg kann ich nicht kommen. Meinen Kursus halt ich September oder Oktober.[135]

Daß meine Mutter noch ein Kissen aufgetrieben hat,[136] freut mich.

Deine Briefe sind wieder munterer oder irre ich mich und du verstellst Dich?

Mir gehts wieder leidlich, obwohls ein mattes und markloses Dasein ist, von Freude schon gar nicht zu reden ..

Das Bild schicke an Fine,[137] aber eingeschrieben: München, Franz Josefstrasse 5 / II.

Die Fefe will mir meine Briefe an Wolfgang zurückschicken, sowie meine eignen an sie und dafür die ihren zurückhaben.[138] Gern.

Deine Schuhe demnächst.

Von der Lobstein kam ein Konvolut von 32 Seiten!!! und ich hatte mich gar nicht gemuckst.[139]

---

133 *Den Dante ... ausser der guten*] Offenbar hatte ES dementsprechend gefragt; mit der „guten" Übersetzung ist sicherlich jene Stefan Georges gemeint: Dante: Göttliche Komödie, übertragen von Stefan George, Berlin: Bondi 1912.

134 *Sombart hat erklärt ... einmal geschickt*] Vgl. FGs Brief vom 25. Juni.

135 *Meinen Kursus ... Oktober*] Vgl. ebenda.

136 *Daß meine ... aufgetrieben hat*] Vgl. FGs Brief vom 13. Juni.

137 *Das Bild schicke an Fine*] Die George-Photographie.

138 *Die Fefe ... zurückhaben*] Offenbar hatte FG früher ein engeres Verhältnis mit Marie-Josephe von Hoesch unterhalten, jedenfalls legt dies eine maliziöse Bemerkung FGs gegenüber Kahler im Zusammenhang mit der Geburt Cordelias nahe: „Fefe, Edith A[gathe] – es ist eine phantastische Symphonie in drei Sätzen, die notgedrungen mit einem Programmtriller enden musste". Kahler-Briefwechsel I,173. Wie aus FGs Brief an ES vom 22. Juni 1918 hervorgeht, spielt „Fefe" auch in Wolfgang Heyers Abschiedsbrief eine größere Rolle: „Er enthält eine Huldigung für Maria Josefe, die, mag man sie teilen oder nicht, auf die Unselige ein versöhnendes Licht wirft. Ich fürchte, daß er unter der wachsenden Enttäuschung dieses Traums während seiner letzten Jahre am meisten gelitten hat". Die beiden hatten übrigens auch an der Shakespeare-Aufführung zu FGs Geburtstag im Sommer 1914 teilgenommen.

139 *Von der Lobstein ... gemuckst*] FG hatte sich schon davor gelegentlich über die als zudringlich empfundenen langen Briefe Luise Lobsteins mokiert.

Feldpost. Abs.: Landsturmmann Gundelfinger / Berlin NW 21 / Dortmunder-
strasse 15 IV – Adr.: Fräulein Elisabeth Salomon / Hirschberg (Schlesien) / Wilhelmstrasse 9c

87. Friedrich Gundolf an Elisabeth Salomon. Berlin. 5. August 1918

Liebes gutes Ellitier!
Dass du die Maul- und Klauenseuche hast ist ausser Frage – ausser
Schweinerotlauf ist es wohl das einzige Übel, das du noch nicht gehabt[140] ... und es ist unvorsichtig in diesem Zustand zu reisen. Nun,
Vernunft muss man jetzt hamstern und nicht durch zu häufigen Gebrauch abnutzen. Ludwig würd ich jetzt nichts schicken, da er nur in-
terim (nicht intim!) dort wohnt wo er wohnt und was ich ohnehin nicht
weiß. Er will diese Woche meine Büste[141] fertig machen, fotografiren
und abgiessen. Ich finde sie immer noch gut, obwohl ich wenig liebens-
würdig drauf aussehe. Er ist wieder im Gleichgewicht und wenn keine
neue Komplikation kommt wird auch das Schrecknis dieser Tage wieder ins Meer aller Schrecknisse sich verlieren.[142] Übrigens vergiss was
du weißt. Meinen gestrigen Brief hast du indess wohl bekommen.
   Zu Dahlströms[143] werd ich wohl doch nicht ziehen – es lohnt sich
nicht, ausser dem Wohlgefühl in deinem Bett zu liegen – aber schliesslich fehlst dem Bett doch du, wie der Alexander dem Ruhm, nach Bossuet.[144]

---

[140] *Liebes gutes Ellitier ... noch nicht gehabt*] Ironisch angeführte Tierkrankheiten,
wohl als Antwort auf Krankheitsbefürchtungen ESs; im Tagebuch notierte sie unter dem 1. August: „krank: Grippe!“

[141] *meine Büste*] Diese Büste FGs von der Hand Ludwig Thormaehlens befindet
sich heute im Deutschen Literaturarchiv Marbach.

[142] *Er ist wieder im Gleichgewicht ... sich verlieren*] Am 3. August 1918 hatte FG
an ES geschrieben: „Ludwig geht es besser und du kannst ausser Sorge sein .. die
Nachricht von dem dritten Todesfall ist zum Glück nicht wahr gewesen .. es war
mehr eine vorwegnehmende Angst.“ Offenbar war Thormaehlen durch den Tod
der dem George-Kreis angehörenden Adalbert Cohrs (1897–1918) und Bernhard von Uxkull-Gyllenband (1899–1918), die sich am 28. Juli beim geschei-
terten Versuch, nach Holland zu desertieren, selbst erschossen hatten, schwer
erschüttert, vielleicht auch physisch erkrankt; vgl. FGs Brief vom 25. Juni 1918:
„Ludwig ist im Lazarett“. Auf wen sich seine Angst wegen eines möglichen
„dritten Todesfalls“ bezog, ist unklar.

[143] *Dahlströms*] Nachbarn ESs in der Altonaerstraße, wohin FG erwog umzuziehen.

[144] *wie der Alexander dem Ruhm, nach Bossuet*] Kein Nachweis für diese Formulierung ermittelt.

Wegen Edgars Scheck hab ich elende Lauferei und Warterei – und das soll das einfachste Zahlmittel sein. Wenn du mich je in Check zahlst, kneip ich dich scheckig.

Im Amt ziehn wir morgen um – eine grosse Verschlechterung für mich: einen Zimmergenossen und keinen Divan .. es ist jetzt U. d. Linden 46 Ecke Friedrichstrasse, über dem Viktoria Café. Abends Musik! Mit Gotheins Loyola[145] werd ich heut oder morgen fertig und fühl mich sehr bereichert durch die Lektüre: das hat der Alte gut gemacht .. es ist sehr sein Tonfall drin .. dabei ist es sehr gegliedert und übersichtlich und alles aus dem Vollen. Wenn ich nur solch ein Gedächtnis hätte! –

Was ich dann lese weiß ich noch nicht: ich hätte Lust, das Leben des heiligen Franz Xavier[146] näher zu erforschen, eines der ersten Genossen Loyolas und des genialsten aller Missionare – ein glänzender priesterlicher ritterlicher und heldenhafter Mensch und neben dem Stifter das Wunder des Jesuitenfähnleins.

Elli, süsses Liebchen, werd mir bald gesund, immun, bleib weiter geschäftstüchtig[147] und freue dich deines Wirkens an jeder Stelle. Komm als edler Mensch und gute Partie zurück ..

Ich umarme dich, schöne Aussätzige[148] und bin Dein
treuer
Gundolf

Feldpost. Abs.: Landsturmmann Fried. Gundelfinger / Berlin NW 21 / Dortmunderstr. 15 IV – Adr.: Fräulein Elisabeth Salomon / Hirschberg (Schlesien) / Wilhelmstrasse 9c

---

[145] *Gotheins Loyola*] Eberhard Gothein: Ignatius von Loyola und die Gegenreformation, Halle: Max Niemeyer 1895.

[146] *Franz Xavier*] Francisco de Xavier (1506–1552) war ein Mitbegründer des Jesuitenordens, der eine bedeutende Missionstätigkeit in Asien (Indien, Indonesien, Japan) entfaltete.

[147] *geschäftstüchtig*] ES war nach dem Tod ihres Vaters damit beschäftigt, den Hirschberger Haushalt aufzulösen, wie aus dem Tagebuch hervorgeht.

[148] *Aussätzige*] Scherzhafte Anspielung auf ESs Krankheit.

88. Friedrich Gundolf an Elisabeth Salomon. Berlin. 9. August 1918

Liebste Elli:

Es beruhigt mich von dir aus Schreiberhau[149] so Idyllisches zu hören .. Du bist sonst mein Sorgenkind .. diesmal – doch ich will nichts berufen.

Dem Ludwig gehts gleichgewichtig, und er macht jetzt seine Büste gussfertig .. ich bin zufriedener damit als er.

Wolters hat sich sehr eifrig nach der Cerbera[150] erkundigt – er hat schwere Wochen hinter sich.[151] Wegen meiner „Aussenstände" mach dir keine Sorgen – ich werde sie wohl wieder bekommen, ohne einen Schritt zu tun. Ich habe einen Brief vom Vater bekommen.[152]

Diana ist wieder zurück und Sonntag ess ich dort. Morgen kommt Ernst Morwitz[153] her.

Meinen Urlaub werd ich vielleicht schon ein paar Tage früher antreten, um beim Meister zu sein. Für Liegle ist nichts spezielles auszurichten. Hoffentlich, hoffentlich kommt nichts dazwischen! Ich habe so wenig Hoffnung auf Hoffnungen. Bitte schicke mir doch bald Salins Abhandlung[154] eingeschrieben an meine *Mutter* nach Darmstadt[155] .. ich muß ihm was drüber sagen. Was meinst du dazu?

Heute fand ich auf einem Karren[156] die letzte Nummer von Karl Marx Neuer Rheinischen Zeitung rot gedruckt, vom 10. V. 1849 mit einem Abschiedsgedicht Freiligraths und einem Schlussartikel der wahrschein-

---

[149] *aus Schreiberhau*] ES befand sich für ein paar Tage zu Besuch bei Familie Sombart in Schreiberhau.

[150] *Cerbera*] Spitzname Wolters' für ES.

[151] *er hat schwere Wochen hinter sich*] Wolters war noch im Juli an der Westfront im Einsatz gewesen, vgl. seinen Brief an George vom 22. Juli 1918, George-Wolters Briefwechsel, S. 143 f.

[152] *Wegen meiner „Aussenstände" … vom Vater bekommen*] Offenbar schuldete ein Graf, dessen Vater nun an ihn geschrieben hatte, FG Geld. Über die Angelegenheit ist nichts weiter bekannt.

[153] *Ernst Morwitz*] Der Jurist Ernst Morwitz (1887–1971) – Kammergerichtsrat in Fürstenwalde bei Berlin –, der damals gerade Fronturlaub hatte, war eines der wichtigsten Mitglieder des George-Kreises.

[154] *Salins Abhandlung*] Vgl. FGs Brief vom 24. August 1918.

[155] *an meine Mutter nach Darmstadt*] Dort traf FG in den nächsten Tagen mit Stefan George zusammen.

[156] *Karren*] Gemeint ist ein Bücherkarren, ein Antiquariatsstand.

lich von Marx ist.[157] Sombart wirds wissen. Sombts. Creutzfeldt[158] hab
ich den Hölderlin-vortrag geschickt.

Mein Shakespearebuch ist eben in dritter Auflage erschienen[159] –
hübsch blau eingebunden mit der Marke. Der Goethe IV. ist schon bald
wieder vergriffen.

Ich hab Sehnsucht nach dir trotz der Collisionslosigkeit[160] und
träum fast allnächtlich von Dir. Komm bald.
Anbei ein Gedicht und
tausend Küsse Deines
Gf

Feldpost. Abs.: Landsturmmann Gundelfinger / Berlin NW 21 / Dortmunderstr. 15 /
IV – Adr.: Fräulein Elisabeth Salomon / Hirschberg (Schlesien) / Wilhelmstrasse 9c

89. Friedrich Gundolf an Elisabeth Salomon.
Darmstadt. 24. August 1918

Mein geliebtes süsses Elliwesen,
armer verkannter Aussäugling!
Gleichzeitig mit deinem Brief kam einer vom Geheimrat Schwörer
worin er mir mitteilt, daß er meine Gründe versteht und daß eine Re-
klamation unterbleibt, weil völlige Befreiung aussichtslos sei, eine
halbe mir aber nicht passt. Daß deine gewaltige Hasserin hinter dem
Gotheinschen Befreiungsfeldzug steht wusste ich, aber daß ich nicht
von Ludendorfs,[161] sondern von Ellis Joch erlöst werden solle, ist mir

---

[157] *Heute fand ich … von Marx ist*] Verschreibung FGs. Tatsächlich stammt die
letzte Nummer der berühmten Revolutionszeitung von Karl Marx (1818–1883),
auf die FGs Beschreibung zutrifft, vom 19. Mai 1849.

[158] *Sombts. Creutzfeldt*] Gemeint ist vermutlich der Neurologe Hans-Gerhard
Creutzfeldt (1885–1964), der mit Werner Sombarts Tochter Clara verheiratet
war.

[159] *Mein Shakespearebuch … erschienen*] Nach der Veröffentlichung von FGs
„Shakespeare und der deutsche Geist" im Jahr 1911 war 1914 die zweite und
1918 die dritte Auflage nötig geworden.

[160] *Collisionslosigkeit*] Wohl scherzhafte Umschreibung des voneinander Getrenntseins.

[161] *Ludendorfs*] Erich Ludendorff (1865–1937), deutscher General, war während
des Ersten Weltkriegs die bestimmende Figur innerhalb der Obersten Heeresleitung; „Ludendorfs Joch" hier sinnbildlich für den Militärdienst.

neu[162] und macht mich lachen .. O Geliebte, sauge und fessle nur weiter, ich wünsch mirs nicht besser – und wenn mich Berlin festhält, so sind freilich deine Saugwarzen und Polypenarme mit dran schuld, aber auch gepriesen. Der Feindin aber musst du vergeben, denn sie hat tatsächlich keine Ahnung von dir und meint es mit mir gut: denn wenn du wirklich so wärst wie sie sich[163] sieht, dann, dann wärs ja schrecklich, daß ich in deiner Gewalt wäre. Süsses Liebes, nun binde mich erst recht!

Ich habe die politischen Reden und Aufsätze des Lassalle[164] für dich gekauft: drei Bände: willst du sie nach Berlin geschickt oder nach Hirschberg haben?

Salin war hier und ich hab ihm auch noch einiges über seinen Aufsatz gesagt: er ist eine Grenz- und Stilvermischung, hat aber gegen Webers tolle Thesen meist Recht, vorausgesetzt, daß Weber wirklich solchen Unsinn behauptet.[165] Den geschwollenen Ton freilich vertrag ich auch nicht gut. Veröffentlichung hab ich ihm abgeraten: wie man denn nie die Theorie aussprechen soll, eh man sie in der Praxis bewährt hat.

Hörst du was von Liegle?

Mir gehts nicht besonders, innerlich.

Die Broschüre die du dem Salinaufsatz beilegtest, kannte ich: sie ist von einem 16jährigen dummdreisten Wiener Gymnasiasten, dem Bruder des hiesigen Indendanten[166] .. dumm, belanglos, verschollen.

---

[162] *Aussäugling … ist mir neu*] Eberhard Gothein hatte einen Vorstoß beim Hochschulreferenten im badischen Kultusministerium, Victor Schwörer (1865–1943), unternommen, um FG von Kriegsdienst zu befreien und ihn für die Heidelberger Universität zurückzugewinnen, was FG nur für den Fall einer gänzlichen und unwiderruflichen Versetzung nach Heidelberg akzeptieren wollte. Gotheins Initiative wurde offenbar von seiner Frau Marie-Louise Gothein unterstützt, die ES sehr kritisch gegenüberstand und die wohl befürchtete, daß FG in Berlin durch ES festgehalten bzw. „ausgesaugt" werde; vgl. die ironische Briefanrede.

[163] *sich*] Beziehungsreiche Verschreibung FGs.

[164] *Lassalle*] ES hatte offenbar nachhaltigeres Interesse an dem aus Breslau stammenden Gründer der deutschen Sozialdemokratie (1825–1864) bezeugt, denn FG bemühte sich auch, ihr ein Porträt von ihm zu verschaffen.

[165] *Salin war hier … solchen Unsinn behauptet*] Anscheinend unveröffentlichter Aufsatz Salins in Auseinandersetzung mit Max Weber. Näheres nicht ermittelt.

[166] *Die Broschüre … des hiesigen Indendanten*] Der Bruder des Darmstädter Theaterintendanten Paul Eger (1881–1947), Rudolf Eger (1885–1965) hatte in der Tat – sogar schon im Alter von 15 Jahren – eine Abhandlung publiziert: Das dekadente Jahrhundert. Streifzüge durch die moderne Litteratur. Berlin 1900 (u.a. zu George, Hofmannsthal und Wolfskehl).

Bald mehr! Ich umarme dich, liebes Herz, und bin mit leidenschaftlicher Narrheit dein
treues Opfer Gundolf

Feldpost. Abs.: Landsturmmann Gundelfinger / Beurlaubt nach Darmstadt / Grünerweg 37 – Adr.: Fräulein Elisabeth Salomon / Hirschberg (Schlesien) / Wilhelmstrasse 9c

90. Friedrich Gundolf an Elisabeth Salomon.
Darmstadt. 26. August 1918

Liebstes Ellimädel!
Dein Angstschrei war unnötig, wie du inzwischen erfahren haben wirst
und Edgar hat wieder einmal unnötigen Alarm geschlagen … Heidelberg droht oder lockt weniger als je und die gute Fee, die mich den
Schlingen der Schlesischen Hexe durch den Reklamationszauber entreissen wollte, hat nichts erreicht, als dass diese mich noch fester hält, indem sie Gelegenheit hatte mir zu zeigen wie sehr ich ihr verfallen bin.
Also Kind, keine Sorge – ich komme und bleibe, menschlicher Berech-
nung nach bis zum Kriegsende. Woher hast du übrigens die Kunde von
dem Feldzugsplan der Frau G. und ihrer Absicht die du in Anführungsstriche setztest?[167] Ich möchte darüber Gewissheit haben, eh ich darüber
lache.
Deine Pilzsucherei[168] beunruhigt mich etwas: man kann natürlich jeden essbaren Pilz von giftigen unterscheiden, wenn man halbwegs
seine fünf Sinne beisammen hat oder bei mir eine Stunde Unterricht
nimmt: aber du bist so ruschelig[169] und ferndenkig, dass du ganz gewiss
einen Blätterknollenpilz statt eines Champignons und einen Satanspilz
statt des Steinpilzes einheimsest .. Und Armeleutspilze sollst du überhaupt stehn lassen: nur Champignon, Steinpilz, Kapuziner, Reizger allenfalls Pfifferlinge lohnen sich. Was hilft es wenn ich in Berlin bleibe
während du dich in Hirschberg vergiftest.

---

[167] *Dein Angstschrei … in Anführungsstriche setztest*] Offenkundig hatte sich ES
    besorgt über Marie-Luise Gotheins Versuch gezeigt, FG vom Kriegsdienst zu be-
    freien und ihn nach Heidelberg zurückzuversetzen. ESs Brief ist nicht erhalten.
[168] *Pilzsucherei*] In ihrem Tagebuch notiert ES für diese Zeit mehrmals: „Pilze su-
    chen“.
[169] *ruschelig*] Fahrig, schlampig.

Eben schreibt mir Fine, daß Werner Gotheins Häuschen mit seinen
Bildern in Attenhausen von dem Bauer dem es eignet verkauft werden
soll für M. 3000 – an einen andren Bauer wahrscheinlich ... dann würden die Bilder natürlich verschwinden. Vielleicht kennst du einen In-
teressenten, der dem aussichtsreichen Expressionisten den Gefallen tut
das Opus zu erhalten.[170] Eine grosse Wiese gehört dazu. (Vielleicht Sombart? oder einer von dessen Bekannten?)

Eben erfahre ich eine lustige Geschichte aus Wien: Dein Schwager
hielt eine Rede um den Jungjuden klar zu machen dass sie Zionsjuden
sein müssten, nur etwa ganz durch Sprache oder sonst mit Deutschland
verwachsene dürften sich ausnehmen, wie z.B. ein bekannter Litterar-
historiker. Da erhob sich M. Weber, diskussionsweise, und erklärte,
der bewusste gehöre zu einer ganz bestimmten „Prophetie", und dürfe
deswegen etc. Da erhoben sich die anwesenden Marxisten, sie gehörten auch zu einem ganz bestimmten Propheten u.s.w. (So *etwa* soll der
Hergang gewesen sein). Du siehst, Familienbeziehungen haben ihren
Wert[171] ...

Geliebtes banges tapferes Kleines!

Bewache mich auch ferner gut und halte deine Kräfte zusammen ...
Ich küsse dich treulich Dein Gundolf

Feldpost. Abs.: Landsturmmann Gundelfinger / Beurlaubt nach Darmstadt / Grünerweg 37 – Adr.: Fräulein Elisabeth Salomon / Hirschberg (Schlesien) / Wilhelmstrasse 9c

---

[170] *daß Werner Gotheins Häuschen ... das Opus zu erhalten*] Der expressionistische Maler und Bildhauer Werner Gothein (1890–1968), ein Sohn Eberhard
und Marie-Luise Gotheins, hatte in den Jahren 1912/14 ein Bauernhaus bei
Wolfratshausen mit Fresken versehen.

[171] *Dein Schwager ... Familienbeziehungen haben ihren Wert*] Möglicherweise bezieht sich FGs Geschichte auf den österreichisch-jüdischen Jugendtag, der vom
18.–20. Mai 1918, geleitet von Siegfried Bernfeld, in Wien stattgefunden hatte.
Hauptredner war, neben Bernfeld selbst, Martin Buber gewesen. Max Weber
lehrte von April bis Juli 1918 in Wien; seine Anspielung auf die „Prophetie", der
FG angehöre, meint den George-Kreis.

91. Friedrich Gundolf an Elisabeth Salomon.
Darmstadt. 1. September 1918

1. 9. 18

Liebste Elli: Gleich nach meiner Rückkunft aus Heidelberg hab ich mich auf deine beiden Briefe gestürzt und mich an deiner Nähe geweidet: denn in Heidelberg ist alles noch voll von deinem Hauch und den Stunden, da ich dich fand und unser Bund geschlossen wurde. Ich schlief wieder unterm Dach, aber keine Elli kam herein .. im Haus traf ich ausser der Beznerin die sich jetzt von den Überanstrengungen des Sommers voller Frankfurter und Mannheimer Mietern erholt, nur ein Geologiestudierendes Fräulein Buchner ohne besondre Kennzeichen und einen Dr. Loofs, z.Z. Offizier-Berichterstatter, bekannt als Verfasser verschiedner Kriegsbücher, die er unter dem Namen Armin Steinart veröffentlicht hat. Soviel ich bei kurzem Begegnen sah, ein gediegener Protestant. Magda war nicht da,[172] doch sang man ihr Lob.

Der Meister ist plötzlich wieder von seinem Leiden befallen worden und liegt bei Professor Schmidt (einem Vetter von Marianne Weber) in der Klinik Bunsenstrasse 14. Er will wenn möglich mit mir nach Berlin und eine Privatklinik beziehen. Von der Casperschen war die Rede, aber nach Deinen Erfahrungen scheint mir das nicht die beste zu sein[173] .. Ruhe, und gute Kost wären übrigens die Hauptsache und daran (an der Kost) mangelt es wohl in Heidelberg eben.

Bei M. Weber und Marianne war ich auch, menschlich alles wie sonst, nur ists nicht mehr dasselbe, wenn man heimlich weiss, daß alle eigentlichen Gegenstände vermieden werden, weil man sonst anein-

---

[172] *Ich schlief wieder unterm Dach ... Magda war nicht da*] FG übernachtete in der Pension der Frau Klara Bezner (Gaisbergstr. 16a), mit deren Tochter Magda (1902–1989) er in freundschaftlichen Verhältnissen stand. Friedrich Loofs (1886–1930) war eigentlich Arzt, schrieb aber unter dem Pseudonym Armin Steinart (z.B. Der Hauptmann. Eine Erzählung aus dem Weltkriege. Stuttgart 1916). Zu Fräulein Buchner ist nichts weiter bekannt.

[173] *Der Meister ... nicht die beste zu sein..*] Stefan George befand sich damals bei dem Heidelberger Nierenspezialisten Georg Schmidt (1860–1935) in Behandlung; kurz darauf begab er sich in die Klinik des Berliner Urologen Leopold Casper, den auch ES im Jahr zuvor aufgesucht hatte. George litt offenbar unter einer Nierenschädigung und Blasensteinen.

ander geriete.[174] Er sprach sehr zum Lobe Sombarts, seinem jetzigen Ernst, Fleiß und Kaliber.

Bei Lotte, die jetzt eine ganze Wohnung hat, war ich einen Abend mit ihrer alten ausgezeichneten Mutter und ihrem blonden 10jährigen Kind, das sich sehr an mich attachirt hat. Außerdem war der Bräutigam da, wie es scheint des Kindes Vater, ein braver Bürger besseren Standes in meinem Alter .. diesmal ists wohl der richtige Bräutigam.[175] Die ganze Szene atmete Familienglück.

Auch bei Frau Lobstein Wirtz[176] war ich, die mich angenehm enttäuscht hat, viel kindlicher, jünger und einfacher als ihre Briefe, auch ganz hübsch und mit einem Instinkt für das Wahre bei etwas willkürlicher und wahlloser Bildung und der Unsicherheit der Autodidaktin ..

Was mich drückt ist nichts Einzelnes, auch nicht das Los der Beiden[177] ... das sind nur Symptome .. „Endeshauch durch alle Räume ..“[178] freilich nur für unsre Spanne Zeit; nicht für die „Idee“ aber es ist der Abschied von Freude und Jugend .. und die Hetze, die Enge, die Müde jeden Tags .. Doch bleibt „Idee und Liebe!“[179]

Eine unerfreuliche Nachricht ist die vom Abgang der beiden Obersten meines Amts .. Etwas Besseres als Haeften kann unmöglich nachkommen. Einzelheiten weiss ich noch nicht. Doch wird es schwerlich ohne missliche Änderungen abgehen.[180]

---

[174] *Bei M. Weber ... weil man sonst aneinander geriete*] FG spielt hier wohl auf politische Differenzen zwischen ihm und Weber an.

[175] *Lotte ... Bräutigam*] Über die Familienverhältnisse der nicht näher bekannten „Lotte“ – vielleicht ein Dienstmädchen in der Pension Bezner – konnte nichts Näheres ermittelt werden.

[176] *Lobstein Wirtz*] Die Sopranistin Luise Lobstein war eine geborene Wirz.

[177] *das Los der Beiden*] Unklare Anspielung; wohl auf Lotte und auf Luise Lobstein bezogen.

[178] *„Endeshauch durch alle Räume ..“*] Zitat aus Stefan Georges Gedicht „Auf das Leben und den Tod Maximins. Das Erste“ aus dem „Siebenten Ring“ (1907).

[179] *Doch bleibt „Idee und Liebe!“*] Zitat aus Goethes Gedicht „Die Jahre nahmen Dir ...“ aus dem Umkreis des „West-östlichen Divans“ (1819). Von FG bereits in seinem Brief vom 27. November 1916 angeführt.

[180] *Eine unerfreuliche ... Änderungen abgehen*] Hans von Haeften (1870–1937) war 1916/18 Leiter der Militärstelle des Auswärtigen Amtes und damit Vorgesetzter FGs. An Karl Wolfskehl schrieb FG in einem auf Anfang Oktober 1918 datierten Brief: „Haeften ist abgegangen, statt dessen ein Major von Stülpnagel ..

Abs.: Gundelfinger / Darmstadt / Grünerweg 37 – Adr.: Fräulein Elisabeth Salomon
/ Hirschberg (Schlesien) / Wilhelmstrasse 9c

92. Friedrich Gundolf an Elisabeth Salomon. Darmstadt. 12. Dezember 1918

12. 12. 18. Morgens

Geliebter süsser Schatz!
Eben bin ich in Darmstadt nach guter warmer Fahrt im Eckplatz
pünktlich angekommen und habe alles wohl angetroffen – es war vermutlich noch die letzte Einfahrgelegenheit, denn Darmstadt soll demnächst auch unter französische Kontrolle kommen, ebenso München.[181] Kahlers sitzen unfreiwillig in Wien – In München war's ganz
schön, nur gehetzt und ungewiss – umso mehr fühl ich hier den Haus-
frieden. Mein Bruder[182] ist ganz gut nachhause gekommen, wenn auch
unter ziemlichen Strapazen. Zuletzt ist er in seiner Ortskommandantur
noch tüchtig beschossen [worden] und blieb bis zuletzt, nachdem die
andren desertirt waren .. dies wird dich als Soldatenmädchen freuen.

O meine Geliebte Elli – ich bin mehr als je erfüllt von deinem Wert
und deiner süssen Wärme, und deiner Liebe zu mir. Was du mir alles
Gutes tust und sinnst, fühl ich voll Dank und sehne mich danach, es dir
zu vergelten .. Warum sind wir nun so ferne voneinander?

Zu erzählen hab ich dir nicht viel. Darmstadt ist traumhaft öd
und trist, und so ein nasser Dezember macht es noch dusseliger ...
Mein Packet ist heil angekommen. Hoffentlich gehn nun die Bücherkisten nicht verloren oder werden nicht von den Franzosen beschlagnahmt.

Was machst du, Herzensmädchen? Stolzirst du mit Fell und
Schärpe[183] zwischen Spiegeln und lässest dich verklären?![184] Machst

---

aber er hat bisher nichts umgestülpt und scheint nicht vernagelter als nötig".
Wolfskehl-Briefwechsel II,143. – Der Schluß des Briefes fehlt.

181 *Eben bin ich in Darmstadt ... ebenso München*] FG war am 9. Dezember von
  Berlin über München, wohin er George begleitet hatte, nach Darmstadt abgereist; inzwischen war er bei Kriegsende aus dem Militärdienst entlassen worden.
182 *Mein Bruder*] Ernst Gundolf war als Soldat an der Westfront gewesen.
183 *Fell und Schärpe*] Offenbar ein Maskenkostüm. Siehe auch FGs Brief vom
  27. Dezember 1918.
184 *Stolzirst du ... lässest dich verklären?!*] Unklare Anspielung.

du dich auch nicht krank mit Hatz, Arbeit, Betrieb? Warst natürlich
beim Einzug der Garde![185] Grüsse die Freunde, Ansorge, Eva, Gertrud
und deine andren Sklavinnen.[186] Stell dich in Wolters' Schutz[187] .. und
werde nicht *zu* närrisch!! Geh zu Rosenheim.[188] Tu was er dir rät.

Und lass dich küssen von mir über und unter Fell und Schärpe, bleib
meine geliebte Elli!
und umarme deinen G.
Die meinen gedenken deiner herzlich

Abs.: Gundolf / Darmstadt / Grünerweg 37 – Adr.: Fräulein Elisabeth Salomon /
Berlin W. / Passauerstrasse 5 / IV l Gh[189]

93. Friedrich Gundolf an Elisabeth Salomon. Darmstadt. 22. Dezember 1918

Mein süsses Schwarzes: ich hab eine fast krankhafte Sehnsucht nach
dir, und fange schon an, meine Häuslichkeit damit zu belästigen, ich
stöbere alle deine Bilder durch, stecke abwechselnd deine frühesten
und deine jüngsten Porträts auf, habe sinnliche Träume und dankbare
Rührungen, und vor allem eine grosse Sorge du könntest krank, maaßlos traurig und traurig maaßlos sein. Elli, Geliebtes Süsses – du bist

---

[185] *Einzug der Garde*] Am 10. Dezember 1918 hatten Friedrich Ebert (1871–1925)
als Regierungschef und Adolf Wermuth (1855–1927) als Oberbürgermeister von
Berlin die heimkehrenden Fronttruppen offiziell am Brandenburger Tor begrüßt;
dabei soll die berühmte Formulierung gefallen sein, kein Feind habe sie besiegt.
ES notiert unter demselben Datum im Tagebuch: „Seminar Schumacher fällt aus
(in der Universitätsaula Gardekürassiere die heimgekehrt sind einquartiert)."

[186] *Ansorge, Eva, Gertrud und deine andren Sklavinnen*] Sowohl Eva Sombart
(1896–1980), die jüngste Tochter Werner Sombarts, wie auch die aus Hirschberg stammende Gertrud Cassel (1894–1970) waren mit ES befreundet und
werden zu dieser Zeit häufiger in ihrem Tagebuch erwähnt. Arnulf Ansorge
(1894–1954), der Sohn des Musikers Conrad Ansorge (1862–1930), der mehrere Gedichte Georges vertont hatte, war ES damals – nach ihren Tagebuchein-
tragungen zu schließen – durch ein näheres Verhältnis verbunden.

[187] *Wolters' Schutz*] Friedrich Wolters war bei Kriegsende nach Berlin zurückgekehrt, wo er eine Stelle als Privatdozent an der Universität innehatte.

[188] *Rosenheim*] ES war vom 7. bis 22. November 1918 in der Klinik des Internisten
Theodor Rosenheim (1868–1939) wegen Gallenblasenentzündung behandelt
worden. Dabei diagnostizierte Rosenheim bei ES auch eine Herzschwäche.

[189] *Gh*] Gartenhaus bzw. Hinterhaus. ES war Anfang Oktober 1918 bei ihrer Rückkehr nach Berlin in diese neue Wohnung gezogen.

jetzt nicht nur mein Schatz, sondern mein Töchterchen, und alle Vater-
gefühle deren ich fähig bin, umschwärmen dich missratenen Lauf-Kä-
fer, dich entsprungenen Laubfrosch ... Eifersüchtig bin ich eigentlich
nicht, weil ich mir denke, wenn ich dazu Grund hätte, so wärst du wenigstens nicht so traurig: auch hab ich einigermassen einen Überblick
über deine gegenwärtigen Möglichkeiten. Heut war im Darmstädter
Tagblatt ein ernsthaftes Feuilleton, dass wahrer weiblicher Reiz nur bei
vollkommner Tugend möglich sei[190] .. es ist mancherlei dagegen zu sagen, und Cleopatra hätte gelächelt. Aber ich möchte wissen welches
Urerlebnis den Verfasser zu diesem zeitgemässen Gedankengang geführt hat – ob es ein verstecktes Werben für oder gegen das weibliche
Wahlrecht[191] sein soll.

Morgen sind vierzehn Tage seit meiner Abreise, noch wärmt mich
dein Abschiedskuss, und noch ist nicht eine Zeile von deiner Hand da ..
an blosser Sperre kanns nicht liegen, denn alles lästige wird nachgesandt, z.B. eine Einladung Melittas zum Doktorschmaus[192] .. Ich kann
nichts gegen sie sagen, aber warum muß der Briefträger mir sowas bringen, wenn ich Herzklopfen habe nach deinen lieben Worten. Heute kamen auch die vier Kisten[193] wohlbehalten an. Nochmals tausend Dank
für deine Mühsal. Schreib mir was du etwa ausgelegt hast.

Ich führe hier ein viel stilleres Leben als in Berlin, sehe nur Kühners
oder Selvers und de Haans[194] – aber auch nur zwei mal etwa in der Woche. Vormittags sitze ich meist am Schreibtisch und versuche über die

---

190 *Heut war ... Tugend möglich sei*] L.P.: Die weibliche Schönheit, in: Darmstädter
   Tagblatt, Nr. 354 von Sonntag, dem 22. Dezember 1918, S. 2.
191 *das weibliche Wahlrecht*] Noch im November 1918 war in Deutschland das
   Wahlrecht für Frauen gesetzlich verankert worden, wovon dann erstmals bei der
   Wahl zur Deutschen Nationalversammlung im Januar 1919 Gebrauch gemacht
   werden konnte.
192 *Einladung Melittas zum Doktorschmaus*] Die Germanistin Melitta Gerhard
   (1891–1981), die FG 1914 während ihres Studiums in Heidelberg kennengelernt hatte, wurde im Dezember 1918 in Berlin mit einer Arbeit über Schiller promoviert.
193 *vier Kisten*] Sie enthielten FGs Bücher.
194 *Kühners oder Selvers und de Haans*] Darmstädter Bekannte; Else Kühner, die
   Freundin Ernst Gundolfs, die Familie des Rabbiners David Selver (1856–1926),
   mit dessen Tochter Elisabeth (1895–1991), später verheiratete Paul, FG befreundet war – sie sollte 1923 eine Dissertation über Georges Dichtung verfassen –, die Familie des Dirigenten Willem de Haan (1849–1930), Karl Wolfskehls
   Schwiegervater.

Romantiker kollegmäßig ins Reine zu kommen.[195] Hab ich dir schon über meine neue Heidelberger Wohnung[196] geschrieben? Von Edgar bekam ich eine Tafel Schokolade und einen Kassandrazettel[197] dazu. Den Caesarspleen hab ich wieder sehr stark, doch ist das nichts gegen die Unzufriedenheit mit mir selbst: nie kam ich mir so ausgeleert, geknebelt und unnütz vor .. und ich friere innerlich – deine liebe Herzenswärme hat mir über solche Stunden leicht hinweggeholfen. Weihnachten feierst du wohl mit Bekannten: ich habe Anstalten getroffen daß dir meine Büste geschickt wird,[198] aber ich weiß nicht ob es rechtzeitig zu machen ist. Bücher schick ich dir diesmal keine. Verse fallen mir überhaupt nimmer ein: so bekommst du für deine Bildersammlung[199] ein kleines Curiosum.

Mein geliebtes, von Herzen geliebtes schwarzes Mädelchen, ich küsse deinen ganzen warmen Leib und bin mit den zärtlichsten Gedanken bei dir ..
Vergiss nicht deinen treuen
Gundolf
Mutter und Bruder grüssen dich herzlich!
22 / 12 / 18

Abs.: Gundolf / Darmstadt / Grünerweg 37 – Adr.: Fräulein Elisabeth Salomon / Berlin W. / Passauerstrasse 5 Gh IV l

---

[195] *versuche über ... zu kommen*] FG bereitete eine Vorlesung zur Romantik vor, die er im Sommersemester 1919 unter dem Titel „Die romantischen Schule" halten sollte; einzelne Abschnitte fanden Eingang in die beiden Sammelbände „Romantiker" (Berlin 1930 und 1931).

[196] *neue Heidelberger Wohnung*] Schlossberg 55, im Haus von Luise Lobstein.

[197] *Kassandrazettel*] Offenbar ein scherzhafter Warnhinweis, Bezug unklar; siehe auch den Brief ESs vom 26. Dezember 1918.

[198] *daß dir meine Büste geschickt wird*] Die von Ludwig Thormaehlen gefertigte, vgl. FGs Brief vom 5. August 1918.

[199] *Bildersammlung*] Wohl ESs Album, vgl. FGs Brief vom 14. August 1917; eventuell das in ESs Brief vom 26. Dezember 1918 erwähnte Matrosenanzugsbild.

94. Elisabeth Salomon an Friedrich Gundolf.
o.O. [Berlin]. 23. Dezember 1918

23. 12. 18

Mein teurer lieber Gundel – Dein unaufhörliches danken erfüllt mich mit tiefer Beschämung. Ich weiß ja leider nur zu wohl wie wenig ich Dich durch sein oder tun betreuen konnte während all der letzten Monate, ja wie sehr ich im Gegenteil Dir dauernd Last und Unlust bereitet habe. Du gibst es nicht zu weil Dein liebendes Herz es nicht wahr haben will, aber ich muß der Stimme meines Gewissens nicht der Deines Herzens Gehör und Vertrauen geben. – Meinen letzten Brief hast Du wohl bekommen. Ich fürcht öfters als einmal die Woche wird keiner zustande kommen, trotzdem es mich unaufhörlich drängt zu Dir zu reden. Alles und jedes war ich so gewöhnt Dir zu erzählen auch das alltägliche und unwesentliche. Aber das war grad schön so und ich vermisse Dich schmerzlich an jedem Tag und fast zu jeder Stunde. Um meine Gesundheit kannst Du ganz unbesorgt sein. Ich arbeite wenig und mache eine Arsenikkur[200] die der Rosenheim mir verschrieben hat. Sie bekommt mir vorzüglich und hat meinem Körper plötzlich eine solche Elastizität und Frische gegeben wie ich sie nach der Misere des letzten Jahres kaum mehr je zu erlangen hoffte und besonders in so kurzer Zeit. Das hat sich natürlich gleich ins psychische umgesetzt und trotz Fremdherrschaft und Revolution,[201] trotz Gundelferne und verschmähter Liebe[202] bin ich fast immer guter Laune und sehr unternehmungslustig.

Drum will ich auch wenn ich irgend eine Fahrkarte erwischen kann zwischen Weihnachten und Neujahr im Riesengebirge Skilaufen. Hier

---

[200] *Arsenikkur*] Die ärztliche Verabreichung des im allgemeinen als klassisches Mordgift bekannten Arsens führte durch lokale Reizung der Magenschleimhaut zu gesteigertem Appetit, rascher Gewichtszunahme und allgemeiner Kräftigung des Organismus.

[201] *Fremdherrschaft und Revolution*] Anspielung auf die im Waffenstillstand von Compiègne vorgesehene Besetzung deutscher Gebiete durch die Entente und auf die Ausrufung der Republik (9. November 1918) sowie die revolutionären Ereignisse in Berlin infolge des Kieler Matrosenaufstands, während derer ES im übrigen im Krankenhaus lag, durch ihre Besucher aber, wie das Tagebuch verrät, auf dem Laufenden gehalten wurde.

[202] *verschmähter Liebe*] Anspielung auf ESs unerwiderte Neigung zu Ludwig Thormaehlen.

hat sich mittlerweile eine rege Geselligkeit entwickelt. In meinem Atelier haben wir schon zwei Nächte durch (nicht aufeinanderfolgende) getanzt und gezecht: das erste mal mehr Bohème (Gotheins Eckardts, Trude Cassel, etc.), das zweite mal mehr bürgerlich (v.d. Steinens, Ansorges, Zucker etc.).[203] Dieser letzte Abend war besonders schön: das Atelier mit Guirlanden Tannen und Mispeln geschmückt und mit Lampions beleuchtet, die meisten von uns sehr schön kostümiert und denke Dir ein véritabler Fregattenkapitän Erler[204] war auch da. Er kam als Freund von Dorle Lippisch (Ansorges Schwester),[205] ist aber bald mit fliegenden Fahnen zu mir übergegangen obwohl ichs ihm weder gesagt noch bemerkbar gemacht habe wie warm mein Herz für ihn und seinesgleichen schlägt. Edgars Bruder[206] war auch grad da: der hat solche Mengen Wein und Sekt aufgefahren daß wir wirklich herrlich schlemmen konnten, so daß selbst der tanzfeindliche Gundel auf die Kosten gekommen wäre. Tanzen ist noch immer – trotz langem Mangel an Übung – dasjenige was ich am besten kann. –

Meine Gedanken an Weihnachten sind ganz bei Dir, mein geliebter Freund! Meine Wünsche sind daß Du bald zum schaffen wieder kommen mögest. Doch daß sich nicht in 2 Wochen die Zermürbung der letzten Jahre wieder wett machen läßt solltest Du Dir selbst sagen, Du ungeduldiges Wesen. Muß *ich Dir* wirklich antworten „Speicher weiss ich über jedem Hause"?[207]

Nein, mein herzliebstes Gundelchen, so gewiß wie der Ernst zurückgekommen ist so gewiß wird die Welt noch bedeutsames von Dir gesagt bekommen! Nur gehts damit nicht so rasch wie mit der Demo-

---

[203] *In meinem Atelier … Ansorges, Zucker etc.)*] Das Tagebuch vermerkt solche Feste in ESs Wohnung in der Passauerstraße für den 14. und den 21. Dezember. Anwesend waren beim erstenmal unter anderen Werner Gothein und sein Bruder Percy – dieser ist allerdings im Tagebuch nicht erwähnt – sowie Hanno und Gertrude Eckardt, beim zweitenmal die Kinder des Ethnologen Karl von den Steinen, der Altphilologe und Übersetzer Hellmuth (1890–1956), der Historiker Wolfram (1892–1967), die Medizinerin Runhilt (1897–1976) sowie Herlint, ferner Arnulf und Ulrike Ansorge sowie der Architekt Paul Zucker (1888–1971).

[204] *Fregattenkapitän Erler*] Hans Erler (1874–1958), später Konteradmiral.

[205] *Dorle Lippisch (Ansorges Schwester)*] Die Malerin Dorothea Ansorge, Schwester von Arnulf Ansorge, war mit dem Nationalökonomen Anselm Lippisch verheiratet, der gleichfalls anwesend war.

[206] *Edgars Bruder*] Paul Salin (1896–1922).

[207] *Speicher weiss ich über jedem Hause*] Zitat aus Stefan Georges Gedicht „Alles habend alles wissend seufzen sie" aus dem „Stern des Bundes", das FG in einem Brief an ES vom 16. Dezember 1918 zitiert hatte.

bilisierung der die Überstürzung übrigens auch nicht grade glänzend bekommen ist. –

Max Weber hat einen Vortrag hier gehalten über Deutschlands politische Vergangenheit Gegenwart und Zukunft:[208] da war er wieder so wundervoll wie je. Fast bei jedem Wort das er sagte kam sein riesiger Umfang und seine ganze sittliche Kraft voll zum Ausdruck. Ich bin doch fest überzeugt daß er von deutschen Politikern der bedeutendste, vornehmste, mutigste, ehrlichste und realdenkendste ist. Dabei fällt mir ein daß ich kürzlich einen längeren speech mit dem Geheimrat Schumacher hatte:[209] der hatte nämlich gesagt er hielte Hugo Stinnes[210] für die bedeutendste Persönlichkeit im heutigen Deutschland. Und da er offenbar dies ebenso verstand wie Du eine grosse Gestalt als Umfang und Wesenheit interessierte es mich natürlich sehr und ich fragte ihn darüber. Nach dem was er mir dann gesagt hat muß St. allerdings ein ganz kollossaler Kerl sein, er ist übrigens erst 41 Jahre alt. Ich stellte ihm dann Max Weber gegenüber, den Sch. auch für den einzigen ev. jenem ebenbürtig erklärte. Ich merkte daß er mich verstand, wurde mutiger und nannte St. G. Er meinte zunächst das seien incomensurable,[211] geriet aber allmählich in ein höchst ungeheimrätliches Feuer, dankte mir und versprach Neubetrachtung.

Mein Gundel, mir fiel kein rechtes Weihnachtsgeschenk für Dich ein, da hab ich Dir eine Flasche Steinhäger[212] geschickt. Hoffentlich wird sie nicht unterwegs ausgetrunken. Die Glasschale ist eine Handarbeit für Deine Mutter. Ihr und dem Ernst viele Weihnachtsgrüße.
Deiner denkt in stets wacher Liebe
Deine Elli

---

[208] *Max Weber ... Gegenwart und Zukunft*] Der Vortrag mit dem Titel „Deutschlands Lage" fand am 20. Dezember 1918 bei der Deutschen Demokratischen Partei statt. Diese hatte Weber, der unmittelbar davor an den Verfassungsberatungen teilgenommen hatte, anlässlich der Wahlen zur Nationalversammlung zu einer Wahlkampfveranstaltung eingeladen, die sich ausdrücklich an die Berliner Studentenschaft richtete.

[209] *einen längeren speech ... Schumacher hatte*] ES erwähnt das Gespräch mit Hermann Schumacher (1868–1952), Professor für Nationalökonomie, das am Rande einer Lehrveranstaltung über Bedeutung und Eigenart des Unternehmers stattfand – das dabei gehaltene Referat galt Walther Rathenau – unter dem 17. Dezember 1918 in ihrem Tagebuch.

[210] *Hugo Stinnes*] Der Industrielle (1870–1924) hatte einen riesigen Montankonzern aufgebaut und galt als einer der mächtigsten Wirtschaftsführer der Zeit.

[211] *incomensurable*] Zu ergänzen wäre wohl: „Größen".

[212] *Steinhäger*] Wachholderschnaps.

95. Friedrich Gundolf an Elisabeth Salomon.
Darmstadt. 25. Dezember 1918

25. 12. 18

Geliebtes Elliherz! Dein erster Brief seit meiner Abreise kam gerade am
Bescherabend an und ist mir das allerliebste Weihnachtsgeschenk. Du
bist und bleibst doch mein süsses, ersehntes Schwarzes, mein Schooss-
mädchen ... Du hast mir einen Stein vom Herzen genommen, indem du
dich gesund meldest und dein langes Schweigen nur deiner nun einmal
hinzunehmenden Berliner Vielgeschäftigkeit und zumal dem Truppen-
einzug zur Last fällt. Reichlich närrisch find ich ja deine preussischen
Kapriolen, und wenn ich dort gewesen wäre hättest du was von mir
auszustehen gehabt: ich glaub, es ist doch die Seele einer Wallensteini-
gen Trossdirne in dich gefahren, es steht dir aber gut und ich nehm dich
in Bausch und Bogen, lieber Narr, ob du nun mit Sombart Prinzipien
oder mit Somme-bärten Kanonengäule oder mit mir Steckenpferd-
chen reitest. Schreib mir nur alles was dein Herz bewegt, wenn du zum
Schreiben kommst, meinetwegen auch Stall- und Kielwasser-orgien[213] ..
wenns erst durch deine süsse Seele durchgesiebt ist ist mirs immer
schmackhaft. Zwing dich aber nicht zum schreiben, ich vergess dich
nicht und sehne mich doch nach dir und stell dich mir vor, fleisstriefend
und ruschelig, und dann wieder abends zwischen Bett und Schreibtisch,
in Hexentracht,[214] und hoffentlich nicht ohne Verlangen nach meinen
Küssen.

Wegen des Lodenkape schreibt dir meine Mutter wohl selbst, mir
ist es zu umständlich, ihre Gedanken über diese Gabe nochmals zu entwickeln. Die Bücherkiste ist also richtig angekommen: Nochmals tausend Dank und bitte, die Auslagen mir mitzuteilen, denn sicher hast
du doch dort schon allerlei zahlen müssen. Grüsse Ansorge auch in
meinem Namen herzlich und danke ihm sehr für seine Freundlichkeit.

----

[213] *Dein erster Brief ... Stall- und Kielwasser-orgien*] Ironische und kalauernde
Reaktion FGs auf ESs nicht erhaltenen Brief, in dem sie anscheinend von ihrer Begeisterung für die heimkehrenden Truppen geschrieben hatte – das Tagebuch notiert unter dem 11. Dezember 1918: „Einzug der Jäger-Division".
„Somme-bärte" meint Soldaten, die an der Somme in Frankreich gekämpft
hatten.

[214] *Hexentracht*] „Hexe" ist bei FG eine erotische Chiffre für ES.

Hast du jetzt nicht den X. Shakespeareband[215] doppelt? Wenn du willst
kannst du ihm von mir aus den einen geben! Ich weiß nicht mehr ob ich
den Probeband für dich (bei der Heinrich) oder bei Salz zurückgelas-
sen? Noch ein paar Fragen die du mir gelegentlich beantworten magst:
ist mein Loyola von Gothein nicht bei Eckarts geblieben? Den brauch
ich wieder. (Grüsse auch Eckardts sehr. Und mein „Geist der Zeit" von
Arndt[216] liegt wohl noch bei Salz – ich vermisse ihn wenigstens hier ...
Zu Weihnachten solltest du noch ein Bild von Lassalle bekommen – es
kam aber nicht rechtzeitig. Eva Sombart, und Sombarts überhaupt
magst du einstweilen sehr von mir grüssen .. Ob ich einmal den Afflatus[217] zu eignem Anschrieb bekomme weiß ich nicht. Kommst du zu
Vallentins? Wie steht es dort? Wenn er dich kränkt muss ihn das Mäuschen beissen.[218] Meine Elli, ergib dich meinen Küssen und nimm mich
dicht an dein Herz: Ich bin Dein Gundolf
Die Meinen grüssen herzlich

Abs.: Gundolf / Darmstadt / Grünerweg 37 – Adr.: Fräulein Elli Salomon / Berlin W.
50 / Passauerstrasse 5 / IV Gh

96. Elisabeth Salomon an Friedrich Gundolf.
   o.O. [Berlin]. 26. Dezember 1918

Mein Gundel – ich ahnte es ja: Deine Abreise bedeutete eine unerbittliche Trennung, wenigstens bin ich von Dir unerreichbar getrennt, keiner meiner Briefe erreicht Dich. Drum schick ich den heutigen eingeschrieben damit Du wenigstens wissest daß schon mehrere unterwegs
sind, daß ich Deiner gedenke in sehnsüchtiger zärtlicher Liebe, daß ich
Deine Elli bin, mein Gundel Liebster, Liebster! Das Matrosenanzug-
bild hat mich sehr gerührt das war eine liebe Idee von Dir. Ich schick

---

215 *den X. Shakespeareband*] Der zehnte und letzte Band von FGs Shakespeare-Über-
     setzung (Shakespeare in deutscher Übersetzung) war 1918 bei Bondi erschienen.
216 *„Geist der Zeit" von Arndt*] FG ging in seiner Studie über Ernst Moritz Arndt
     (1769–1860) – Hutten Klopstock Arndt. Drei Reden. Heidelberg 1924, S. 51–64 –
     näher auf das 1806/09 erschienene Werk ein.
217 *Afflatus*] Inspiration.
218 *Vallentins ... Mäuschen beissen*] Die scherzhafte Verwünschung FGs bezieht
     sich wohl auf politische Differenzen zwischen ES und Berthold Vallentin, von
     dem es unter dem 10. November 1918 im Tagebuch heißt: „B.V. plant sich dem
     Arbeiter- u. Soldatenrat zur Verfügung zu stellen".

Dir auch ein Gegenstück: der Wesensunterschied zwischen uns ist schon damals klar erkenntlich. Die Büste hat der Ludwig (mit einem Briefchen!) zu Vallentins gebracht. Sie wurde mir am 1. Feiertag zum Kaffee präsentiert, ich schreie (verzeih die Unbeherrschtheit) laut auf vor Freude. Ich bin ganz unsagbar glücklich damit. Ist es doch mein geliebter Gundel und ein prachtvolles Kunstwerk und L.'s Arbeit. Der Goethe mit dem Vatermörder[219] ist nun entthront und den Platz auf der schwarzen Ebenholzsäule hinterm Sofa erhältst Du. Es ist wirklich ein kostbares Geschenk. Dank Dank Dank!

Nun muß ich Dir etwas gestehn was Dich vielleicht freut vielleicht aber auch etwas verstimmt: ich bin nichts weniger als traurig sondern im Gegenteil in einem fast sündhaften Taumel von Fröhlichkeit, der meine ganze Umgebung so weit angesteckt hat daß sich eine rege Geselligkeit entwickelt hat, ein Fest nach dem andern gefeiert wird, obwohl wahrlich keine Veranlassung dazu da ist. Bei mir ist wohl ein Hauptgrund die deutlich wahrnehmbare Rückehr meiner Gesundheit was mir meine ganze Existenz wieder sympathischer macht. An Sylvester wird bei Vallentin-Kalischer im Bureau,[220] am 4. I. bei Eckardts ein Ball sein. Zu ersterem will auch Morwitz kommen, dem ich gestern einen sehr schönen Nachmittag bei V.'s zu danken habe.

Ich meinte übrigens Eifersucht sei eine Dir völlig unbekannte Leidenschaft. Da Du aber selbst die Möglichkeit erwägst will ich Dir doch noch mal ausdrücklich versichern daß Du dazu keinen Grund hast und nie haben kannst: Das was Du mir bist ist unersetzbar u. unwiederholbar, meine Liebe zu Dir hat wirklich etwas von Ewigkeit und das ist keine Phrase. Glaub es mir!

Schreib mir wie das Colleg vorwärts kommt. Ich habe die feste Zuversicht daß die konzentrierte geistige Tätigkeit Dich sehr bald wieder schönes hervorbringen lassen wird. Wie fruchtbar waren schon die Tage Deiner Luthervorlesung in Berlin[221] eingeschoben in das ärgste Berliner Gehetz! Wirst Du das Zwischensemester[222] in Heidelberg lesen? Von der neuen Wohnung hast Du noch nichts erzählt. Von Ed-

---

[219] *Der Goethe mit dem Vatermörder*] Nachbildung einer Goethe-Büste; der erwähnten Kragenform nach vermutlich jener von Johann Gottfried Schadow (1764–1850).

[220] *bei Vallentin-Kalischer im Bureau*] In der Rechtsanwaltskanzlei von Berthold Vallentin, die dieser als Partner von Fritz Kalischer (1881–1964) betrieb.

[221] *Deiner Luthervorlesung in Berlin*] Siehe FGs Brief vom 25. Juni 1918.

[222] *Zwischensemester*] Das sogenannte „Kriegsnotsemester von Februar bis April 1919; siehe FGs nächsten Brief.

gar haben Eckardts und ich auch Chokolade mit dem analogen War-
nungsgefasel bekommen. Ich weiß nicht ob es mehr geschmacklos oder
komisch ist. Er ist übrigens Gesandtschaftsattaché[223] geworden. Weihnachten hab ich in meinem Atelier mit meinem Bruder u. seiner Braut[224]
gefeiert. Ich habe dazu eigenhändig eine junge Ente mit dem Messer getötet, gerupft und gebraten. Sie war vorzüglich!

Arnulf Ansorge ist nach wie vor mein getreuer Begleiter. Er ist wie
selten einer meiner Freunde brauchbar für alle meine Bedürfnisse: je
nach meinen Wünschen steht er zur Verfügung zum tanzen, Sekt trinken, spazierengehn, Skilaufen, schwimmen, segeln (Aussichten für den
Sommer!) Nationalökonomie lernen, Gedichte lesen, Truppeneinzüge
begrüßen, Soldatengeschichten erzählen etc.

Und dann hab ich so gern wie sehr er Dich liebt und bewundert. –
Eva Sombart hat neulich von Dir geträumt, was will sie nicht sagen, es
sei aber sehr schön gewesen und sie ist hochrot bei der Erzählung geworden. Willst Du ihr nicht mal schreiben?

Prof. Petersen hat zu Lucy Neys Arbeit[225] gesagt: die Stärke der Arbeit sei zugleich ihre Schwäche: die Freude an der Antithese, das Spiel
mit der Antithese, das Schwelgen in Antithesen – kurz: das Gundol-
fisieren!

Heut abend bin ich bei Salzes.[226]

Ich gebe auf Deinen Rat jetzt Privatstunden um etwas zu verdienen.
Infolge meines selbstbewußten Auftretens werden sie sehr gut bezahlt.
Wenn ich nur nicht wieder krank werden würde, dann würde es mich
wohl zu sehr anstrengen neben all meiner eignen Arbeit und Gesellig-
keit. – Was tut der Ernst jetzt? Grüß ihn und Deine Mutter sehr.
Leb wohl, mein Gundolf, und wisse daß ich Dich im Herzen trage
Elli

am 26. 12. 18

---

[223] *Gesandtschaftsattaché*] Edgar Salin wurde nach Studium und Kriegsdienst
1918–19 Referent an der deutschen Botschaft in Bern.

[224] *mit meinem Bruder u. seiner Braut*] Fritz Salomon (1890–1946), der damals
noch studierte, sowie seine Verlobte, die Medizinstudentin Sofie Jacobowitz.

[225] *Lucy Neys Arbeit*] Die von Julius Petersen betreute Frankfurter Dissertation er-
schien später unter Lucy Neys erstem Ehenamen: Lucie Stern: „Wilhelm Meisters
Lehrjahre“ und Jean Pauls „Titan“, in: Zeitschrift für Ästhetik und allgemeine
Kunstwissenschaft 16 (1922), S. 35–68.

[226] *bei Salzes*] Laut Tagebuch verbrachte ES den Abend mit ihrem Bruder und dessen Verlobter, Trude Cassel und Arnulf Ansorge „im Sans-souci (Sekt)“.

97. Friedrich Gundolf an Elisabeth Salomon.
Darmstadt. 27. Dezember 1918

27. 12. 18

Mein lieber Schatz: dein Brief vom 23/24. XII. hat mir sehr wohl getan, vor allem durch seinen Ton voll arsenikalischer Sthenie[227] und die Nachricht, daß du dich gesunder fühlst: wenn der Rosenheim das zuwege bringt, dich wieder zu einem Zentaurenweibchen zu kräftigen, so will ich ihm eine Statue in meiner Hauskapelle errichten: denn ich liebe meine Elli von ganzem Herzen, und wenn ich unmitleidiger geworden bin, so bist du doch eine Art kommunizirender Röhre mit mir und der Lebenssaft steht in uns gleich hoch … So ist mirs heute morgen durch deinen Brief nach einer düstern Angst- und Sorgennacht gleich wieder wohler … den rechten Lebensmut hab ich noch nicht wieder, das dumpfheitere Vertraun, daß mir noch Segen und Frucht reifen sollen .. und die Frage des sterbenden Cromwell, ob es möglich sei aus der Gnade zu fallen bedrückt mich auch:[228] daß ich drin war weiß ich, wie er, aber ich bin nicht Calvinist genug, um sicher zu sein daß dann die Gottheit sich gebunden hat.

Strenge dich mit Schreiben nicht an und *denk* nur an mich .. feiere deine Atelierabende so als ob ich dabei wäre, und verscherze dir nicht den jungen Ansorge durch zuviel Flirt mit Marine, mach dir auch keine Feindinnen durch ebendas. Mute deiner Gesundheit nicht zuviel Gehopse und Gerutsche (Tanz und Ski meine ich) zu – denk an Perikles, Phidias, Sophokles und wie gut ihnen das Maaß steht.[229] Ach, wenn ich dir nur eine Kette zwischen die Knöchel hängen könnte, daß du

---

[227] *Sthenie*] Kraft, Steigerung.

[228] *das dumpfheitere Vertraun … bedrückt mich auch*] „In der Nacht vom zweiten zum dritten September [1658] fragte der Kranke [Cromwell] seinen Kaplan Starry, ob es möglich sey, aus der Gnade zu fallen. Jener verneinte es. ‚Nun, dann wohl mit mir!‘ rief Cromwell aus, ‚denn das weiß ich gewiß, daß ich einmal in der Gnade gewesen bin!‘ […] Am folgenden Morgen endete der Protector." Karl Friedrich Becker's Weltgeschichte. Siebente Ausgabe, hrsg. von Johann Wilhelm Loebell. Neunter Theil. Berlin 1836, S. 276f. – FGs Anspielung artikuliert die Sorge um seine geistige Produktivität und Schöpferkraft sowie seine Sorge um die Gnade Georges. Vgl. Landmann: Gespräche, S. 96.

[229] *denk an Perikles … steht*] Prominente Vertreter antiker Klassizität und des nach dem Staatsmann Perikles (um 490–429) benannten Zeitalters; Phidias (um 500/490–430/420) gilt als einer der bedeutendster Bildhauer, Sophokles (497/496–406/405) als einer der größten Dramatiker der Antike.

keine zu heftigen Schritte tust! Was für ein Kostüm hast du denn ange-
habt: die Schärpe und das Fell? Schick mir noch deine Kostümbild-
chen. Gestern bekam ich eine Aufforderung der Heidelberger Universität für ein Kriegsnotsemester, so daß ich vom Februar bis April doch
noch lesen muß: ich halte voraussichtlich zweistündig Übungen und
einstündig Colleg (über Luther). Ich will mich überhaupt jetzt mehr auf
Übungen werfen, um meine pädagogischen Fähigkeiten zu steigern.

Was die Grösse des Stinnes angeht, so erlaube mir an ihr zu zweifeln bis ich sein Bild gesehen habe: von Thyssen[230] kenn ich eines, und
der ist nur ein Stiernacken und Energiebauch. Max Weber ist nun
wirklich alles was der Mensch als „Persönlichkeit" sein kann, aber er
steht nicht im Schicksal und hat mehr eine tüchtige als eine glückliche
Hand .. Solche Leute werden im mythischen Ausmaß Titanen, keine
Heroen.

Daß du sogar Geheimräte mit deinem Glauben anglühst, dafür küsse
ich dich, denn du bist goldig, heut geht das auch, vor zehn Jahren wäre
es noch unklug gewesen.[231]

Dein Packetchen ist noch nicht da .. einstweilen treuen Dank für die
gute Absicht.

Ich will keinen neuen Bogen anfangen, aber ich könnte mich noch
stundenlang in dich ergiessen .. dies kannst du symbolisch, allegorisch
oder lyrisch nehmen, Süsses.

Ich sehne mich nach deinem geliebten Leib und Herzen und küsse
dich innig
Dein
G.
Meine Mutter und Ernst gedenken Deiner herzlich. Grüsse deine Tra-
banten und Zofen.[232]

Abs.: Gundolf / Darmstadt / Grünerweg 37 – Adr.: Fräulein Elisabeth Salomon /
Berlin W. 50 / Passauerstrasse 5 IV Gh

---

[230] *Thyssen*] August Thyssen (1842–1926), bedeutender Industrieller und Gründer
mehrerer großer Unternehmen, teilweise gemeinsam mit Hugo Stinnes.
[231] *heut geht das … unklug gewesen*] Wohl auf die öffentliche Wahrnehmung Stefan Georges bezogen.
[232] *Trabanten und Zofen*] Scherzhafte Bezeichnung für ESs Freunde und Freundinnen.

98. Elisabeth Salomon an Friedrich Gundolf.
Berlin. 28. Dezember 1918

Mein gutes Gundelnes – Gottlob daß Dich nun endlich ein Brief erreicht
hat, das macht mir Mut weitere folgen zu lassen. – Für die Bücherkisten
habe ich nichts ausgelegt, sie sind unfrankiert gegangen. Wenn der X.
Band sich doppelt einfindet (ich hab meine Bücher von Heinrich noch
nicht geholt) bekommt Ansorge das Duplikat:[233] er weiß es zu schätzen
wie irgendwer. Hast Du noch ein Dich weniger kostendes Exemplar
„Goethe" übrig? Wenn ja darf ichs dann meinem Bruder zum Geburtstag[234] schenken? Der Gute hat sich gestern von mir das Kriegsgedicht[235]
interpretieren lassen. Ich bin aber pädagogisch vorgegangen und ließ
ihn selbst beginnen und da merkt ich daß ers recht gut verstanden hat.
Vielleicht ist er gar nicht so unbegabt wie ich immer mein und nur halt
knotig und unentwickelt. Übrigens erregt seine Braut[236] allgemein hier
Aufsehn durch ihre Schönheit. – Loyola und Arndt werde ich für Dich
einziehn. Eckardts gehn Anfang Januar nach Heidelberg.[237] Hanno
stellt mich dauernd zur Rede wegen mangelnder Freundschaftsbetä-
tigung was mich äußerst enuyiert! Er ist scheints eifersüchtig auf Ansorge. – Heut ist ein Vortrag von Sombart über den „Parvenu". Der bos-
hafte E. M.[238] fragte ob er über sich selbst spricht. (Übrigens nur ein
gutes Aperçu, inhaltlich entschieden zu verneinen.) Bei Vallentins bin
ich öfters. Berthold ist eben äußerst vernünftig manierlich und nett zu
mir. Doch will ichs nicht berufen und spucke deshalb dreimal aus. Deine
Büste hat durch die Vergipsung viel eingebüßt: schemenhafter unleben-
diger unnatürlicher unbedeutender trivialer. Sie ist zwar noch immer
prachtvoll aber enttäuscht bin ich doch etwas. – Ich les jetzt mit Ansorge
Platons Gastmahl u. zwar gefällt mir Kassners Übersetzung fast besser
als die Hildebrandtsche die zum Vorlesen sehr schwer geeignet ist. Gibt
es eigentlich Schleiermachers Übersetzung in einer Gesamtausgabe?[239] –

---

[233] *Wenn der X. Band … das Duplikat*] Siehe FGs Brief vom 25. Dezember 1918.

[234] *meinem Bruder zum Geburtstag*] Fritz Salomon hatte am 6. Januar Geburtstag.

[235] *Kriegsgedicht*] Stefan Georges „Der Krieg".

[236] *seine Braut*] Sofie Jacobowitz.

[237] *Eckardts gehn Anfang Januar nach Heidelberg*] Hans von Eckardt wurde 1919
dort promoviert.

[238] *E.M.*] Ernst Morwitz.

[239] *Platons Gastmahl … in einer Gesamtausgabe*] Die Übersetzung von Rudolf
Kassner erschien zuerst 1903, die von Kurt Hildebrandt (1881–1966), der dem
George-Kreis angehörte, 1913; beide erlebten zahlreiche Neuauflagen. Die

Herlinde u. Erich Wolf lassen sich jetzt in Bamberg nieder: schön aber
romantisch!

Viele guten Grüße an Deine Mama u. an Ernst. Ich bin in Vertrauen
und Liebe meinem Gundel seine
Elli

Berlin am 28. 12. 18

99. Friedrich Gundolf an Elisabeth Salomon. Darmstadt. 29. Dezember 1918

Geliebtes Herz: All deine Briefe hab ich inzwischen bekommen, mit allen mich gefreut, für jedes Wort gedankt, zumal für jeden Bericht über
deine Gesundheit .. Mein Liebes, wenn es nur anhält, wenn du nur vernünftig bleibst und den Götterneid nicht durch zu frühe Freude heraus-
forderst, und meine Gebete querst! Närrchen, wie sollte es mich ver-
stimmen, daß du dich freust! Und wie sollt ich eifersüchtig sein? Ich
weiss daß du mir gar nicht untreu werden kannst, mit dem Herzen,
selbst wenn dein Schooss es einmal sollte, der dunkle Ehrenmann.[240]
Lieb mich nur, vergiss mich nicht und hol dir Freude, Genuss oder Betäubung wo du sie findest – ich fürchte nur deine Krankheit oder deine
Traurigkeit, das sind die einzigen Schlösser zu denen mir der Schlüssel
fehlt.

Dein Kinderbild[241] ergötzt mich sehr, es ist lieb und verheissend, aber
ein wenig unheimlich .. du warst damals sichtlich von einem Teufel besessen, mehr wie jetzt, ein Ausdruck von Angst und Grimm ist im Aug,
mitten in der herzigsten Kindlichkeit. Sehr lieb ist mir daß du endlich die
Büste bekommen hast – warum sie erst über Vallentins zu dir gelangt ist
mir zwar unklar, oder war dort deine Bescherung? Wie ists denn überhaupt jetzt mit unsrem teuren Berthold? Hats ihn sehr erleichtert daß ich
fort bin, oder hat er überhaupt Vernunft angenommen.[242] Aus der Ferne

---

Platon-Übersetzung des romantischen Theologen Friedrich Schleiermacher
(1768–1834) – erstmals 1804/28 – wurde damals eben im Georg Müller Verlag
neuaufgelegt (Platons ausgewählte Werke in fünf Bänden. München 1918).

[240] *der dunkle Ehrenmann*] Kalauerndes Faust-Zitat (Faust I, Vor dem Tor).

[241] *Kinderbild*] Siehe ESs Brief vom 26. Dezember 1918.

[242] *Wie ists denn … Vernunft angenommen*] Wohl Anspielung auf politische Differenzen zwischen Berthold Vallentin und FG.

gedenke ich kaum dieser kleinen Narreteien und seh ihn nur im Ganzen
mit seinem Gewicht und seiner Leistung, um die ich ihn beneide.

Mein Colleg geht langsam und ohne besondre Fülle weiter .. es sind
gar zuviele Seitenblicke nötig und ich hab hier nicht so wie beim Goethe die sichere Mitte von der aus ich alles eingliedern kann. Es ist ein
wallendes fliessendes Element, und mir fehlt die Liebe die mich führt,
wie beim Goethe. Aber es muss sein und wenn man nur lehrt wo man
liebt, so lernt man nur wo man stöhnt. Es gibt auch Fälle wo man liebt
und stöhnt und das sind die fruchtbarsten. (Du siehst wie Recht Petersen hat wenn er mich als Antitetersen abmalt – möge es dem guten
dicken Luchen nichts schaden, daß sie so „gundolfisirt“[243] ich hab sie
selbst gewarnt davor.) Im Zwischensemester will ich lesen, wenn nicht
inzwischen die neutrale Zone besetzt wird und die Franzosen mich hinüberlaßen.[244] Das war über meine neue Wohnung[245] von der ich dir
aber erst erzählen will, wenn ich dort eingezogen bin.

Genug für heut .. wenn ich nur von Zeit zu Zeit höre daß du gesund
bist, bin ich zufrieden, aber natürlich sehne ich mich täglich nach dei-
ner lieben Näh und deinen herrlichen Briefen. Wenn du mein Siegel öff-
nest, so erinnere dich[246] und denk dir was Besondres ..
Ich küsse dich und fühle dich, süsse Elli
Dein
Fr.
Was für Privatstunden gibst du eigentlich?

Abs.: Gundolf / Darmstadt / Grünerweg 37 – Adr.: Fräulein Elisabeth Salomon /
Berlin W. 50 / Passauerstrasse 5 / IV Gh

---

[243] *wie Recht Petersen hat ... daß sie so „gundolfisirt“*] Kalauernde Anspielung auf
die Vorbehalte von Lucie Neys Doktorvater gegen FG; siehe ESs Brief vom
26. Dezember 1918.

[244] *wenn nicht inzwischen ... die Franzosen mich hinüberlaßen*] Nach den Waffenstillstandsbedingungen vom 9. November 1918 sollte ein 30–40 km breiter ent-
militarisierter Korridor am rechten Rheinufer eingerichtet werden, in den Auswärtige weder ein- noch ausreisen durften. Tatsächlich wurde die Breite durch
die badischen Behörden dann am 16. November vorläufig auf 10 km festgelegt.
Heidelberg war davon zwar nicht direkt betroffen, war für FG von Darmstadt
aus aber nur über Mannheim erreichbar, das in der Zone lag.

[245] *meine neue Wohnung*] Davor ist ein Satz durch Durchstreichung unleserlich gemacht; vgl. FGs Brief vom 22. Dezember 1918.

[246] *Wenn du mein Siegel öffnest, so erinnere dich*] Der Brief wurde mit der Ceres-
Gemme gesiegelt, die ES FG geschenkt hatte; siehe FGs Briefe vom 22. Juni und
vom 13. Juli 1915.

1919

**100. Friedrich Gundolf an Elisabeth Salomon.
Darmstadt. 2. Januar 1919**

2. 1. 19

Meine geliebte schwarze Hexe! Heut nur einen Liebesbrief! Ich bin wieder sehr von dir besessen und habe eine schwelende Sehnsucht nach dir – ich glaube zu fühlen wie du meiner gedenkst und wünsche dass meine Fluida dich ebenso kräftig durchrinnen wie mich die deinen. Gestern hab ich beim Briefestöbern ein Bündel deiner alten von 1914 und 1915 erwischt, wo du mich noch siezest, aus Hirschberg, während der Russennot – alle voll süssen Lebens, ausgreifender Geschäftigkeit, demütiger Herrschsucht und voller Stimmungen, Skrupel und Reize. Es ist unmöglich, dich nicht zu lieben, wenn man einmal in diesen schwarzen Wirbelwind hineingeraten war ..
Elli, ich beklage mich ja weiter nicht und wenn du mir gar mit Entziehung deiner Bettkante drohst, so bleibt mir nichts übrig als den muntren Seifensieder[1] zu spielen und zu singen:

Was schert mich aller Erdenschmerz
Wenn Elli an mich glaubt!

Dass du so „fröhlich“ bist würde mich restlos beglücken, wenn mir nicht bangte, dass du dich körperlich dabei übernimmst und dass es wieder zu Zwisten führt, zumal wenn V.[2] selbst der Vermittler solcher Vergnügungen ist. Die Freude gehört zu dir und du sollst sie leicht pflücken, aber stich dir dabei nicht die Hände wund und rupfe keine Giftfrüchte ab. Meine Geliebte, wie gern wär ich bei dem Nachtfest mit dem Höschen, der Schärpe, der Bluse und den erlauchten Gästen gewesen! Wie gern möcht ich wieder einmal, oftmal zwischen leeren Flaschen und halbem Gaslicht, nach Mitternacht deine Maskeraden beenden, deine Geheimnisse ergründen, deine Künste erfahren! Ja, ich ersehne dich und du bezauberst mich aus der Ferne nicht weniger als in

---

[1] *den muntren Seifensieder*] Anspielung auf Friedrich von Hagedorns Gedicht „Johann, der Seifensieder“.
[2] *V.*] Berthold Vallentin.

der Gegenwart. Liebes, verdirb es nicht mit den paar ernsthaften und wertvollen Menschen in Berlin durch Unmaaß oder Unbedacht. Ich will, daß meine Freunde dich gern haben und hochhalten .. und nichts gefährdet den Frieden rascher als gemeinsame Feste mehrerer Werber. Die Franzosen haben ein Wort, das heisst „sage" ein Ganzes von Maaß, Vernunft, Klugheit, Weisheit, Ernst und überlegener Heiterkeit wird damit ausgedrückt .. Wir haben kein entsprechend Wort dafür. „Sois sage, ma chérie!" würd ich sagen, wenn ich französisch spräche. Ich selbst bin nicht „sage", aber ich darf dirs trotzdem raten. Erreichen wirst dus nicht, aber den Weg siehst du wenigstens. Aber Elli: wie du auch bist, auch noch so toll: *lieben* muss ich dich.

Nächste Woche fahr ich wohl einmal zur Vorbesichtigung[3] nach Heidelberg. Übersiedeln werd ich wohl erst, rebus sic stantibus[4] im Februar. Dort werd ich also Eckhardts wohl wiedersehen. Sonst hab ich keine grosse Sehnsucht dorthin, die wird hoffentlich mit dem Frühling kommen. Der Caesar und der Kater toben gegen alle Spielregeln diesmal gleichzeitig in meinem Gemüt.[5] Ich hätte mehr Besorgnis über deine Sicherheit in Berlin wenn ich nicht wüsste wie viel gefährlicher sich der dortige Zustand liest als lebt. Schreib mir bald wieder, süsser Schatz .. ich werd dir schon einheizen, dass du aus Sehnsucht schreibst .. ein durstig Herz ist das beste Tintenfass. Schreibzwang besteht natürlich nicht. Grüss Eva S. sehr herzlich von mir, aber einen eignen Briefwechsel möcht ich nicht anfangen[6] ... Was macht denn Gertr. Cassel? Ich küsse deine Geheimnisse und bleib dein geliebter Gundel
Nimm diesen Brief ganz in dich auf und dann ins Feuer damit!

Auf einem Tron von Lapislazuli
Zu dem sechs Stufen führen aus Türkisen
Gehüllt in zwei mattgoldne Gürtelschliessen
Und ein rotseidnes Band ums rechte Knie

---

[3] *Vorbesichtigung*] Bezieht sich auf FGs neue Wohnung in Heidelberg, Schlossberg 55.
[4] *rebus sic stantibus*] Bei diesem Stand der Dinge.
[5] *Der Caesar und der Kater ... Gemüt*] Kalauernde Anspielung auf FGs Caesar-Sammelleidenschaft bzw. seine allgemeine Mißstimmung.
[6] *Grüss Eva S. ... anfangen*] ES hatte FG am 26. Dezember 1918 aufgefordert, Eva Sombart zu schreiben.

Sitzt mitternachts beim grünen Glühlicht Sie,
die letzte Erbin der Semiramisen
Den Untergang des Erdballs zu geniessen
Nackt, nachtvoll, prachtvoll, heiss von Apathie.

Ein schwarzer Panther leckt an ihrem Nabel
An ihrem Busen pickt ein Papagei
Auf ihrer linken Schulter sitzt ein Pfau.

Sie stochert sich im Ohr mit goldner Gabel
Zertritt zwei Könige, und gibt dabei
Sich siebzehn Knaben hin und einer Frau!

Hier, Geliebtes, noch ein satirischer Nachklang zu den Berliner Festen! In diesem Kostüm kannst du auf den nächsten Ball gehn. Ich erwarte mit Ungeduld einen Brief von dir, aus lauter Sehnsucht, doch will ich sie bezähmen wenn du keine Zeit hast. Heut früh hab ich einen Brief von dir erwartet, (ich liege noch im Bett und studire) statt dessen kam einer von Ludwig, ein langer, weiser, reicher Brief (in dem du übrigens auch eine ehrenvolle Rolle spielst[7] – dies aber ganz unter uns! Zumal nicht für ihn!) Ich will dein Selbstbewusstsein stärken und dich neugierig machen. Beides ist Erziehung! Natürlich letzteres nur, wenn ich deine Neugier nicht befriedige .. Und das tu ich nicht.

Auch Trude Cassel hat mir geschrieben, sie scheint sehr unter ihrer Wollstellung zu leiden.[8]

Elli, süsses liebes Dienstmädchen, kannst du gelegentlich, in dem Tabakladen, Ecke Mittelstrasse Friedrichstrasse oder ists Dorotheenstrasse nachfragen, ob es noch „*Front*"zigarettenpapier gibt, möglichst gummirt, wenn nicht, dann halt ungummirt .. Was du kriegen kannst, das kaufst du auf meine Kosten und schickst es dem Meister (München, Römerstrasse 16) wie er heisst wirst du noch wissen.

---

[7] *in dem du ... Rolle spielst*] In seinen späteren Erinnerungen äußerte sich Thormaehlen recht abschätzig über ES (Kap. 23: Die törichte Pilgerin).

[8] *Auch Trude Cassel ... leiden*] Welche Stellung Trude Cassel nach ihrer germanistischen Promotion in Greifswald 1918 in Berlin innehatte, ist nicht bekannt.

So, den nächsten Brief bekommst du pünktlich, wenn du mir geschrieben hast. Ich bin in dich verliebt und zu deinen Füssen. Ergib dich mir und lasse dir alles
gefallen von Deinem
treuen
G.

Abs.: Darmstadt / Grünerweg 37 – Adr.: Fräulein Elisabeth Salomon / Berlin W. 50 / Passauerstrasse 5 Gh IV / Atelier

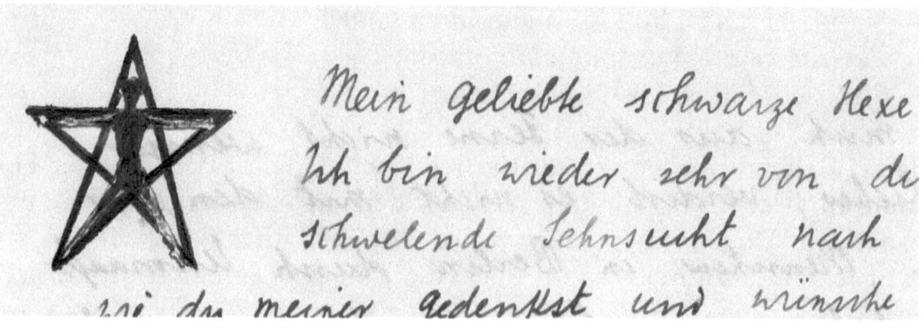

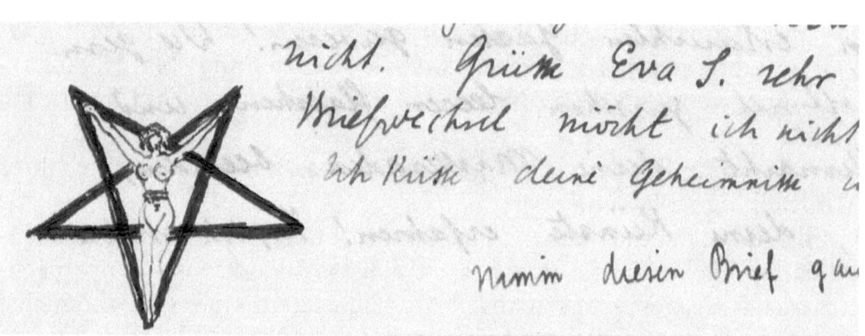

**101. Friedrich Gundolf an Elisabeth Salomon.
Darmstadt. 6. Januar 1919.**

6 / I / 19

Geliebtes Elliherz!
Vorgestern hab ich geträumt, ich ginge mit dir in einem Wald spaziren,
den ein Gespenst unsicher mache .. es war grosses Herzklopfen und
Bürgerwehr suchte ihn ab .. auf einmal erschien ein überlebensgrosses
blaugekleidetes scheusslich dickes verschleiertes Weib in etwa hundert
Schritt Entfernung – schoss mich nieder und schleppte dich als Ge-
fangne fort ... Ich bin froh dass es nur ein Traum war, frag aber keinen
Freudianer woher er kommt, sondern gib mir eine schöne und tröstliche
Auslegung davon.

   Zwei Nachrichten, die dich vielleicht noch nicht erreicht haben: Ada
Andreae ist gestorben wie mir Lucy schreibt .. wohl am Herzen? Nun
wird er wohl Edith heiraten,[9] das wäre das Beste und vielleicht Gerechtigkeit für Beide. Weniger traurig macht mich die Nachricht vom Tod

---

[9] *Ada Andreae ... Edith heiraten*] Über den Tod von Wilhelm Andreaes erster
   Ehefrau, von dem offenbar Lucy Heyer FG berichtet hat, ist nichts weiter be-
   kannt. Zu einer Heirat von Lucy Heyers Schwester Edith Grote und Wilhelm
   Andreae kam es nicht.

des Frankfurter Plotke.[10] Die schöne Ty hätte ihn sonst aus lauter
Schlamperei noch geheiratet und das wäre schade gewesen. Sonst hätte
ich ihm gern das Leben gegönnt.

Ich habe hier einen jungen Maler namens Nebel kennen lernen,
einen Holsteiner, ruhig, würdig, sachlich und sehr begabt .. er war beinah zwei Jahre in Afrika bei den Haussa's[11] und hat wundervolle
Zeichnungen und Malereien von da mitgebracht, auch Waffen, Geräte,
Schmuck u. dgl. .. erzählt sehr anschaulich von seinem Leben bei den
Stämmen. Du würdest atemlos zuhören und dich wohl etwas verlie-
ben, obwohl er ganz „unpersönlich" ist. Er war dann im Krieg, verwundet, und schwer krank – hat seinen Knacks weg. Bartlos, blond,
energisch, Augenmensch, Reiter und Nordmensch: Vorname: *Kay*.

Mittwoch fahr ich nach Heidelberg, ich will wieder am Schlossberg
wohnen, aber nicht 49 sondern 55 wo zwei schöne Zimmer billig vergeben werden[12] und ich hoffentlich mehr Ruhe habe. Ich fürchte mich
vor den Vorlesungen, als wär mein erstes Semester.

Elli ich habe zwei Gedichte an dich angefangen, aber nicht fertig gemacht ... Hier der Anfang des Einen:

Von immer wachsendem Gedenken
Ist diese Aschenzeit durchglüht
Mit jedem Tag steigt dein Gedenken
Im ausgetrunkenen Gemüt

Von unserm Gestern zehrt mein Heute

---

[10] *die Nachricht ... Plotke*] Georg Jakob Plotke (1888–1919) war Dramaturg in
Frankfurt, Mitglied der USPD und ein enger Freund Tilly Edingers.

[11] *Ich habe hier ... bei den Haussa's*] Der Maler Kay Nebel (1888–1953), der später Professor an der Kunstakademie Kassel werden sollte, nahm 1913/14 an
einer Forschungsexpedition nach Westafrika teil, bei der man wohl auch das
Volk der Haussa besuchte.

[12] *ich will wieder am ... vergeben werden*] Schlossberg 49 war die Pension Neuer,
in der FG früher gewohnt hatte, Nr. 55 war die Villa des Ehepaares Lobstein. An
George schrieb FG am 9. Januar 1919: „Gestern war ich in Heidelberg und
habe meine neue Wohnung angesehen: es sind in dem Palazzo unmittelbar neben dem Schloss (zwischen Neuer u Schloss) zwei getrennte Zimmer, gross und
hell und gut heizbar .. das übrige Stockwerk unbewohnt .. ein grosser marmor-
ner Vorplatz mit Oberlicht, und eine grosse Terrasse in den Garten, sehr italienisch ... Es kommt für dich in Betracht wie nichts andres ... Ich habe für jetzt
nur das eine Zimmer genommen (Mit frühstück 40 M) doch steht mir das andre
jederzeit zur Verfügung ..."; George-Briefwechsel, S. 324.

Das andre ist ein Jagdstück und beginnt

> Die Jägerin kommt, du kommst mit offnem Haar
> Hochatmend ruhig im Beutevorgenuss,
> Ein Fell um Brust und Schooss ..

Und damit genug für heute ..
Ich liebe Dich, süsse Elli, und sehne mich nach deinen herrlichen
Umarmungen!

Abs.: Gundolf / Darmstadt / Grünerweg 37 – Adr.: Fräulein Elisabeth Salomon /
Berlin W. 50 / Passauerstrasse 5 IV / Gh / Atelier

102. Friedrich Gundolf an Elisabeth Salomon.
Darmstadt. 8. Januar 1919.

Mein süsses Tier! Mir graust ein bischen wenn ich von dem Berliner
Taumel höre, so sehr ich ihn dir gönne und so wenig mir *moralische*
Skrupel kommen bei den Äusserungen eines gefährlichen Fiebers. Was
wird das für ein Erwachen geben! Viel Sinn hats freilich nicht, sich zu
sorgen wo man nicht ändern und wirken kann, und sich unschuldige
Freuden versagen, wenn sie niemanden andren schaden, wenn sie uns
selbst nicht entwürdigen und schwächen. Dennoch, Geliebte, verlier
dich nicht und tu nicht als ginge die Welt unter .. Versteh, Berliner Or-
giasmus hat etwas Talmiges,[13] selbst wenn die ächtesten Leute mittun.
Freu dich, tanze, trinke, küsse und gib dich sogar Preis wenn dein Herz
es dir erlaubt, und verwechsle nicht die Stimme des Schoosses mit der
des Herzens, und erhalte dich gesund, wach, hell und mein! Kannst du
das alles, Geliebte?
Ich fahre heut nach Heidelberg, um dort meine neue Wohnung zu sehen, bei Salzens zu inspiziren,[14] an der Universität allerlei zu ordnen,
bei Weiss vorzusprechen und bei Gotheins. Marianne Weber hält grad
heut hier einen Vortrag über „die Demokratie und die Frauen".[15]

---

[13] *etwas Talmiges*] Etwas Unechtes.
[14] *bei Salzens zu inspiziren*] Arthur Salz hatte noch von früher her eine Wohnung
    in Heidelberg.
[15] *Marianne Weber ... Frauen*] Vielleicht eine Wahlkampfrede für die Deutsche De-
    mokratische Partei, von der es ein gleichnamiges Flugblatt vom Januar 1919 gibt.

Nach den Zeitungen sieht es in Berlin recht bedenklich aus[16] – ich
denke aber, deine Neugier wird sich nur auf Einzüge,[17] nicht auf Stras-
senschlachten erstrecken. Was macht denn Ansorge bei diesen Wirren?
und wie ist damals die Sacksache abgelaufen?[18]

Hier ists idyllisch bis jetzt, obwohl es auch bei uns Spartaküsser gibt,
die hie und da putscheln.[19]

Heftiger ist der Caesarspleen.

Die Arbeit geht langsam weiter, jetzt ruht sie wohl mindestens eine
Woche.

Lebwohl, Schatz, ich muss an die Bahn ..

Küsse mich, binde mich, und sei die Lieblingshexe deines unerbittlich getreuen
G.
Hast du mit Ludwig und Ernst M. an Sylvester gesprochen und was
und wie? Erzähl ein bischen.

Abs.: Darmstadt / Grünerweg 37 – Adr.: Fräulein Elisabeth Salomon / Berlin W 50 /
Passauerstrasse 5 IV Gh / Atelier

103. Elisabeth Salomon an Friedrich Gundolf.
o.O. [Berlin]. 9. Januar 1919.

9. I. 1918[20]
Liebstes bestes Gundelne – o war das eine Sylvesterfeier – unbeschreiblich schön! Wir hatten das Bureau Kalischer-Vallentin prachtvoll her-

---

16 *Nach den Zeitungen ... bedenklich aus*] Nach der Absetzung des Berliner Polizeipräsidenten Emil Eichhorn (USPD) (1863–1925) durch Friedrich Ebert am
   4. Januar 1919 brach der sogenannte „Spartakus-Aufstand" aus, der bis zum
   12. Januar andauerte und mit der Niederlage der Aufständischen und der an-
   schließenden Ermordung von Rosa Luxemburg (1871–1919) und Karl Liebknecht (1871–1919) am 15. Januar endete.

17 *Einzüge*] Gemeint sind feierliche Einmärsche heimkehrender Fronttruppen, von
   denen ES früher berichtet hatte.

18 *wie ist damals die Sacksache abgelaufen*] Der Rechtsanwalt Alfons Sack
   (1887–1944), der sich später als Verteidiger in Fememordprozessen einen Namen
   machte, hatte im Dezember 1818 die Bildung einer Studentenwehr veranlaßt und
   war anschließend verhaftet worden. ESs Antwortbrief ist zu entnehmen, daß er
   bald wieder entlassen wurde.

19 *Spartaküsser ... putscheln*] Wortspiele FGs.

20 *1918*] Verschreibung ESs.

gerichtet zu 2 Tanzsälen, einer Bar, einer Garderobe und einem Harem. Die Gäste waren gänzlich heterogene Elemente: von Morwitz, Thormaelen, Lechter über Eckardts, Trude Cassel Elli, zu Kellermann,[21] von der Diana zur Kabarettistin, von der Moa Mandu zur Apollotheatertänzerin,[22] von adligsten Offizieren zu finstersten Malzschiebern. Aber alle in einer herrlichen Harmonie und einheitlichen Fröhlichkeit. Die Frauen zum Teil kostümiert und viele sehr schön und reizvoll, die Männer im Durchschnitt etwas minderer Art. Ich trug einen mittelalterlichen weißen Prinzenanzug, Trübelchen als Malerin, Trude Cassel als schwarze Pierrette, Morwitz und Ludwig als Bolschewisten. Wir haben viel getanzt und viel geküßt und rasend viel getrunken: der Sekt nahm überhaupt kein Ende. Am leidenschaftlichsten hatte sich mir ein sehr goldiger Kriegsverletzter angeschlossen, später stellte sich heraus daß es von Schweinitz[23] war. L. hat natürlich wieder einem sehr netten Mädchen das Herz gebrochen und die Ärmste kommt nun immer mir ihr Leid klagen ohne zu ahnen wie gut ich sie begreife.

Das Fest war in jeder Hinsicht glänzend gelungen, ich glaub auch der Gundel wäre befriedigt davon gewesen. Berthold war auch in günstigster Verfassung, überhaupt ist er jetzt wieder sehr nett und sinnt keine Rankünen mehr wider mich. Siehst Du, so treiben wirs während Du in Deinem stillen Darmstadt Franzosen witterst und Luther festlegst. Paradox ist das ja alles: diese tolle Ausgelassenheit (in ganz Berlin war eine noch nie zuvor gewesene Sylvesterwildheit) während das Reich in jeder Minute mehr zusammenkracht, während auf andern Straßen Bürgerkrieg tobt. Aber es scheint etwas naturgesetzliches zu haben. – Ich bereite ein junges Mädchen zum Abitur vor in Französisch u. englischer Grammatik, Deutsch, Geschichte, Mathematik, Chemie. – Physik und Latein kann ich nicht mitgeben weil ich mich da vorbereiten müßte u. das kostet zu viel Zeit.

---

[21] *Kellermann*] Möglicherweise der Erfolgsautor Bernhard Kellermann (1879–1951), der 1917 zusammen mit FG in der Militärischen Stelle des Auswärtigen Amtes gearbeitet hatte.

[22] *von der Diana … Apollotheatertänzerin*] Diana Vallentin (1877–1933), die Ehefrau Berthold Vallentins, war Schauspielerin, ebenso wie Moa Mandu, eine aus Bosnien stammende Tänzerin, die zeitweise von Erwin Piscator gefördert wurde und davor ein Modell Egon Schieles war. Die beiden werden als Gegensätze zur Kabarettistin und zur Revuetänzerin angeführt.

[23] *von Schweinitz*] Hans Bernhard von Schweinitz (1892–1933) stand während seines Studiums mit FG und mit Stefan George in Kontakt; im Krieg wurde er schwer verwundet.

Deiner Mutter einstweilen vielen Dank für den lieben Brief, bald
schreib ich ihr selbst.
Tausend Küsse von Deiner Elli.

**104. Elisabeth Salomon an Friedrich Gundolf.
Berlin. 10. Januar 1919.**

Berlin am 10. I. 1918[24]

Liebes Gundelne – bist Du sicher daß das scheußliche Weib in Deinem
Traum verschleiert war? Sonst bedeutet es nämlich sicher die Aus-
schweifung die uns gemeinsam in unheimliche Gegenden führt und da
Du, „le sage", selbst dort Dir treu bleibst beseitigt sie Dich und be-
mächtigt sich meiner mit Gewalt. Eine andere Auslegung weiß ich
nicht. Ist sie richtig so kommt der Traum als Warnung zu spät, denn
dann ist er bereits durch die Tatsachen überholt. Ich habe nämlich beschlossen wieder solide zu werden aus mancherlei Gründen von denen
der tiefste wohl ist daß zu meiner eigenen grossen Überraschung die
Lust am Feste feiern die mit solcher Macht über mich gekommen war
nicht mehr so langatmig ist wie vor dem Krieg, ich habe schon wieder
genug. Doch sind weder Trübseligkeit noch Katzenjammer zurückge-
blieben sondern eher ein zufriedener Gleichmut, eine angenehme Aus-
gespanntheit die mich jetzt wieder mit größerer Freude und Intensität
in geistigen Dingen leben läßt: ich muß jetzt unaufhörlich Verse hören
und lesen und bin ganz erfüllt davon. Zufällig habe ich auch einen
Band Gedichte in die Hand bekommen von dessen Existenz ich bisher
noch nichts wußte, es sind die von Morwitz.[25] Sie beglücken mich sehr,
warum kannte ich sie noch nicht? Sind sie im Buchhandel noch zu erwerben? Auch mit dem Studium geht es wieder besser. Zur Zeit such
ich mich durch Marx durchzufressen was keine ganz leichte Aufgabe
ist. Aber einiges muß ich doch noch nachholen aus den letzten Tagen
des Jubels. Da war vor allem das in jeder Hinsicht gelungene Fest bei
Eckardts: es begann damit daß Hanno, Ansorge, Trude Cassel, mein

---

[24] *1918*] Verschreibung ESs.
[25] *Gedichte ... Morwitz*] Die Gedichte von Ernst Morwitz erschienen 1911 im Verlag der Blätter für die Kunst.

Bruder u. ich ein Rokokostück „Der 9. Thermidor" aufführten,[26] wobei wir alle unser mangelhaftes Spiel durch hübsches Aussehn cachiert haben. Gäste waren außerdem noch Vallentins, Gothein, Lotte, Sofie Jacobowitz, Lili Harder, Leutnant Klatt, Paul Salin.[27] Gothein hatte die ganze Wohnung äußerst pikant ausgemalt, überall waren verführerische Lager. Es gab köstliche Speisen u. Getränke, wir haben gespielt und gesungen, geküßt und getanzt bis die Sonne schon hoch am Mittag stand und alle fanden wir es so zauberhaft schön daß wir uns nur schwer trennen mochten. Ich hatte das Kostüm der galanten Rokoko-Gräfin mit dem mir gemäßeren Apachenanzug[28] vertauscht u. mit Gothein entsprechend wilde Tänze aufgeführt. O, Gundel, in dieser Nacht hast Du mehr noch gefehlt als in den früheren, das haben wir alle gleich schmerzlich empfunden. Hanno ist übrigens der hinreißendste Wirt den man sich überhaupt vorstellen kann. Zwischen ihm u. Diana hat sich eine innige Freundschaft entwickelt. Am Tag darauf war ein bedeutsames denkwürdiges Zusammensein auf der Pragerstr.:[29] Wolters u. Erika, Frau Petersen,[30] Ludwig, Morwitz, Hildebrandt, v. Schweinitz, Hanno u. Trübel, Elli. Dann wurden Gedichte gelesen: Wolters las die „Gezeiten" mit einer Süsse der Stimme die ich von diesem herben Arier nicht erwartet hatte; Diana las aus Swinburne und den „Liedern"; Berthold eigene neue Gedichte die mich in ihrer dichterischen Gewalt fast an die „Zeitgedichte" erinnerten; und schließlich

---

26 *ein Rokokostück … aufführten*] Gemeint ist vielleicht: Robespierre oder Der neunte Thermidor. Drama in drei Theilen und acht Bildern. Ein Gemälde aus der französischen Revolution im Jahre 1794. Nach Anicet-Bourgeois und Francis [Cornu] von Georg Ball. Nürnberg 1832; allerdings hat das Stück weder von der Entstehungszeit her noch thematisch (Robespierres Sturz) etwas mit dem Rokoko zu tun.

27 *Gothein … Salin*] Unter den Gästen waren die Maler Werner Gothein und Albert Klatt (1892–1970), der mit Arnulf Ansorge befreundet war. Über Lili Harder – im Tagebuch heißt sie Lydia Harder – und über Lotte ist nichts weiter bekannt.

28 *Kostüm … Apachenanzug*] Offenbar spielt ES im Stück die Rolle der Gräfin Tallien; mit Apachenanzug ist entweder ein Indianerkostüm oder wahrscheinlicher eine Verkleidung als Pariser Bandit gemeint.

29 *Pragerstr.*] Bei Vallentin.

30 *Erika, Frau Petersen*] Hierbei handelt es sich um Ida Minna (Minnie) Petersen (1882–?), die Ehefrau des dem George-Kreis nahestehenden Historikers Carl Petersen (1885–1942) sowie um Erika Wolters (1886–1925), die Gattin von Friedrich Wolters.

noch Morwitz aus den „Gestalten".[31] Das hat mich bis ins Innerste erschüttert so wahr und eindrucksvoll las er sie. Was muß das für ein Mensch sein! – Am Abend blieben dann noch Vallentins, Eckardts, Schweinitz, Ludwig und ich zusammen; die beiden letzten sogar noch länger als die andern. Die Götter und ihre Lieblinge haben doch recht sonderbare Launen: so war mein Herz gerade auf dem Weg zu weniger schwer zu erobernden Gebieten und fühlte sich gesunden, justament in diesem Moment beginnt jener Sprödeste[32] mich zu bemerken und kreuzt meinen Weg so oft wie es mir vor wenigen Monaten höchstes Entzücken bereitet hätte. Ich will jedoch meinem Herzen strenge Zügel anlegen schon um des treuen Knappen[33] willen der es vor Verzweiflung rettete und der zu gut ist um als Mohr weggeschickt zu werden.[34] Doch siehst Du aus alledem wohl daß Deine Besorgnisse betreffs Deiner Freunde und ihrer Achtung zu mir u. überhaupt unsre[r] gegenseitigen Beziehungen nicht begründet [sind]. Im Gegenteil, es herrscht allgemein eine höchst versöhnliche Stimmung, jeder sagt und denkt nur noch das beste über den andern.

Ich hab jetzt auch den Achim Ansorge[35] kennen gelernt der mich durch seine außerordentliche Schönheit fast zum umsatteln verleiten könnte, wenn er nicht als Musiker so uninteressiert an allen andern Dingen wäre daß ich im Grunde nicht viel mit ihm anfangen kann. Jedenfalls scheint das eine sehr gute Blutmischung zu sein. Denn die eine Schwester, Dorle Lippisch, hat mir ihre Zeichnungen gezeigt die wirklich verblüffend sind durch ihr grosses Talent und ihre famosen Einfälle. – Von Ada Andreaes Tod wollte ich Dir auch gerad berichten: ich bin voll Trauer darüber daß dieser wertvolle Mensch jenen beiden brutalen Wesen[36] unterliegen mußte und so das schlechte wieder einmal Sieger blieb. Denn ob sie den Tod nun gewollt hat oder nicht, alle Ein-

---

31 *Wolters las … „Gestalten"*] Die genannten Titel bezeichnen sämtlich Abschnitte von Georges Gedichtband „Der siebente Ring" (1907); die Gedichte von Algernon Charles Swinburne (1837–1909) dürften Georges Sammlung „Zeitgenössische Dichter" (1905) entnommen worden sein.

32 *Sprödeste*] Ludwig Thormaehlen.

33 *Knappen*] Arnulf Ansorge.

34 *um als Mohr … werden*] Anspielung auf das Schiller-Zitat: „Der Mohr hat seine Schuldigkeit (Arbeit) getan; der Mohr kann gehn" („Die Verschwörung des Fiesko zu Genua").

35 *Achim Ansorge*] Joachim Ansorge (1893–1947), ein Bruder Arnulf Ansorges, war Pianist und Musiklehrer.

36 *jenen beiden brutalen Wesen*] Offenbar Edith Grote und Wilhelm Andreae.

zelheiten deuten darauf hin daß sie ihn gewußt hat und die Ursache
letzten Endes im seelischen zu suchen ist. Wenn Andreae jetzt Edith
heiratet so würde ich das durchaus nicht erfreulich finden, denn sie
täte es nur noch um des pekuniären Vorteiles willen den ihr Adas Erbe
gewährt. – Ist Plottke an der Revolution zugrunde gegangen? Für unser
Ty ist das jedenfalls die günstigste Lösung und für die übrige Welt zum
mindesten kein erheblicher Verlust. – Von Kay Nebel sollst Du mir eine
Fotografie schicken. – Warum fährst Du jetzt schon nach Heidelberg?
Das Semester beginnt doch erst im Februar? Für die Heidelberger Mädchen werden mit Dir wieder gute Zeiten in Heidelberg beginnen. Eigentlich gönn ich Dich ihnen nicht. Zu Deinen Vorlesungen solltest Du
so grosses Zutrauen haben wie ich. Im übrigen wird die Befangenheit
Dir sicher vorzüglich stehen. Welches Haus ist Schloßberg 55?

Die beiden Gedichte beginnen verheißungsvoll, besonders das Jagdstück. Doch hättest Du sie mir besser verschwiegen, ich fürchte sie werden nunmehr Fragmente bleiben. Die Dämonen lassen sich ein zu frühes
Ausplaudern nicht gern gefallen. Dein Liebesbriefchen hat mir heiße
Stunden bereitet.

Bitte schick mir eine detaillierte Beurteilung der beiliegenden Handschrift.[37] Du kennst den Autor nicht, ich schreibe Dir danach wer es ist.
Liebend an Deinem Herzen Elli

105. Friedrich Gundolf an Elisabeth Salomon.
Darmstadt. 10. Januar 1919

10 / I. / 19

Geliebtes Kind: In diesen grauslichen Tagen möcht ich zwar nicht in
Berlin sein, aber doch dicht bei dir, oder dich bei mir halten, damit uns
die Spartaküsserei nur gemeinsam lädiren könnte. Wenn die Narren
nicht Hungersnot über Euch bringen, so hoff ich doch, du und alle andren Freunde werden wie aus dem Krieg auch aus dem Tumult mit heiler Haut herauskommen, um einige Weltgeschichte reicher. Es ist als
sollte unser Geschlecht, das die unanständig sekursten[38] Jahre der ganzen Zeiten als selbstverständlich durchgelebt hat, auf einmal den gan-

---

[37] *Handschrift*] Wie aus ESs Brief vom 17. Januar 1919 hervorgeht, handelte es
sich um eine Handschriftenprobe von Dorothea Lippisch.
[38] *sekursten*] Gesichertsten.

zen Kursus der normalen Greuel die den Menschenweg bezeichnen, Krieg, Seuche, Not, Revolution, Hunger in vier Jahren nachholen ... Kein Wunder daß es sich dabei überanstrengt .. die apokalyptischen Reiter haben ihre entsetzlichen Gäule lang genug geschont und nun sind sie kaum zu bändigen. Mädchen, Geliebtes! Wenn dus nicht aus eigner Furcht tust, so tus mir zulieb, dass du nicht unnütz auf den Strassen herumläufst, und suche auch keinen Heldentod, denn der ist hiebei nicht zu erlangen. Ich will dich wiedersehen und bin dir noch unzählige Küsse schuldig oder wenn dich das stärker bindet: du mir!

Gestern und vorgestern war ich in Heidelberg: ich hab ein wundervolles Zimmer Schlossberg 55 (zwischen Neuer und Schloss) bei Lobsteins – sie vermieten ihren leerstehenden Pallast (sie wohnen in der unteren Villa) und das hab ich rechtzeitig in Erfahrung gebracht. Es kostet mit Frühstück M. 40 – Im Sommer nehm ich noch ein zweites dazu – das leer steht, zusammen 75 ... Gross hell, heizbar, und mit Benutzung einer Prachtterrasse in den grossen Garten nach der Stadt hinunter. Hoffentlich macht die Entente oder sonst ein Unheil nicht einen Strich durch diese Wohnperspektive.

Lieb Herz, könnt ich dich dort einmal hegen!

Salzens Wohnung hab ich inspizirt – sie ist noch in Ordnung. Bei Gotheins war ich: er ist jetzt Mitglied des neuen Badischen Parlaments[39] und verhältnismässig guter Stimmung. Sie hat eine Wahlkampagne im stilleren Baden hinter sich und hat zu ihrer eignen Befriedigung in 16 Städtchen und Dörfern die Frauen historisch über das Wesen der Parteien und die daraus folgenden aktuellen Folgerungen aufgeklärt. Dabei wär sie in einem schwarzen Flecken beinah mit dem Seelenhirten kollidirt. Doch hat sie den Kulturkampf glücklich bestanden. Marianne Weber ist gewählt, die erste weibliche Volksbotin des Musterländchens.*[40] Da tut sich für dich noch eine Laufbahn auf, wenn du nichts stilleres findest. Wär ich nur erst soweit und der Zukunft sicher, dann müsstest du doch meine Sekretärin werden! Max Weber ist natürlich wieder aus subalternen Ursachen nicht aufgestellt worden[41] ..

---

[39] *des neuen Badischen Parlaments*] Die Wahl dazu fand allerdings erst am 12. Januar 1919 statt, so daß der am 10. Januar 1919 begonnene Brief wohl erst danach fortgesetzt wurde; das Datum des Poststempels auf dem Umschlag ist nicht eindeutig lesbar.

[40] *Musterländchens*] Baden, das innerhalb des Kaiserreichs als modernster Staat gegolten hatte.

[41] *Max Weber ... aufgestellt worden*] Max Webers Aufstellung als Landtagskandidat scheiterte in den Gremien der Deutschen Demokratischen Partei.

Frau Gothein erzählte auch von Clemen, der in Spaa unter dem Hochmut der Fremden und den Manieren des Matthias leidet.[42] In Cassel war er bei dem herrlichen Hindenburg, und sehr erschüttert von der schwermütigen Schicksalsruhe des treuen Alten. Er[43] wolle später nach Hannover zurück, aber nicht mehr nach Berlin!

Frau Simmel traf ich bei Bezners, eine noble Frau, voll von hohem amor fati. Hans Simmel hatte übrigens Fleckfieber in der Ukraine und wartet dort noch auf seinen Heimtransport, der an sich gefährlich ist, geschweige für einen Rekonvaleszenten. Simmels neues Buch Lebensanschauung ist erschienen und bewährt alle seine glänzenden und seine bedenklichen Geistnisse.[44]

Bei Bezners ist ein medizinisches Getäfel,[45] darunter zwei hübsche Personen, deren eine aber ihr Haar färbt und beständig mit Mannheim dringend telefonirt, wie einst Fräulein Ebert![46] Lotte sah ich nicht. Schreib mir bald .. ich schliesse dich in meine Arme und bin in sehnsüchtiger Liebe dir ergeben!
Dein
G.

*In Petersburg führe eine 22jährige Frau Jacobewa eine unerhört grausame Schreckensherrschaft![47]

---

[42] *Clemen ... Matthias*] Paul Clemen (1866–1947), Professor für Kunstgeschichte in Bonn und während des Krieges Organisator des Kunstschutzes, gehörte offenbar der von Matthias Erzberger (1875–1921) geleiteten deutschen Delegation an, die von Spa aus an den Friedensverhandlungen in Versailles teilnahm.

[43] *Er*] Hindenburg.

[44] *Frau Simmel ... Geistnisse*] Gertrud Simmel (1864–1938), Frau des 1918 verstorbenen Soziologen Georg Simmel; der spätere Professor für Medizin Hans Simmel (1891–1943) war ihr Sohn. Simmels Buch „Lebensanschauung. 4 metaphysische Kapitel" war bereits 1918 bei Duncker & Humblot in München erschienen. amor fati = Schicksalsergebenheit.

[45] *medizinisches Getäfel*] Der offenbar mit einigen Medizinstudentinnen besetzte Mittagstisch in der Pension Bezner.

[46] *Fräulein Ebert*] Nicht ermittelt.

[47] *In St. Petersburg ... Schreckensherrschaft*] FGs Mitteilung – mit boshafter Bezugnahme auf die politischen Ambitionen Marie-Luise Gotheins und Marianne Webers – gründet auf einem Artikel der „Frankfurter Zeitung" vom 8. Januar 1919 (Nr. 19), wonach Frau Jakobewa der Kommission zur Bekämpfung der Gegenrevolution vorstand. Eventuell ist Apollinaria Jakubowa, eine Gefährtin Lenins aus früheren Tagen gemeint, die jedoch nach einigen Quellen bereits 1917 verstarb.

Hast du vielleicht eine kleine Reisetasche von mir? Kann mir Vallentin den Meyer-Caesar[48] schicken? Und du den Wackernagel: Deutsches Lesebuch.[49] und an Grotes das 4bändige Rom-Werk[50] .. (bei Frl. Heinrich).

Alles Herzliche von Mutter u. Ernst! Grüsse Eva S. und Trude C. und Arnulf A., um Deine Annexe zu nennen!

Abs.: Gundolf / Darmstadt / Grünerweg 37 – Adr.: Fräulein Elisabeth Salomon / Berlin W. 50 / Passauerstrasse 5 IV / Gh

106. Elisabeth Salomon an Friedrich Gundolf.
   o.O. [Berlin]. 11. Januar 1919.

Mein Gundel – Eigentlich hatte ich schon längst Warnungsrufe von Dir erwartet. Sie treffen ein offenes Ohr wie Du wohl schon aus meinem letzten Brief gemerkt haben wirst. Du sollst mich immer mahnen, wenn Dir Zweifel kommen denn Du bist mein treuer Erzieher und Du mußt nicht glauben daß Dein Wort aus der Ferne mir nicht ebenso maßgebend ist wie aus nächster räumlicher Nähe. Übrigens glaube ich daß ich mir wirklich dank dem langen Umgang mit Dir mehr Maß erworben habe: gerad bei diesen Festen merkte ich daß es doch anders ist wie früher. Dazu kommt daß ohne einen Untergrund von Wehmut überhaupt keine Stunde mehr vergeht, auch die hellste und freudigste nicht. Den Schooß behandle ich nach wie vor als Geheimnis und Privateigentum dessen Vergesellschaftung auch dem sieghaftesten Bolschewismus nicht gelingen wird. Mit einem Wort: ich bleibe Deine Elli und ersehne Deine Briefe mit leidenschaftlicher Ungeduld. Schreibe mir wie Du Heidelberg gefunden hast. Sind Deine Münchener Pläne[51] zu Wasser geworden? Ich möchte so gern im Sommer mit Arnulf Ansorge nach Heidelberg kommen. Für ihn ist es sehr wichtig damit er zu fruchtbarem arbeiten kommt. Aber seine Eltern können ihn pekuniär

---

[48] *Meyer-Caesar*] Eduard Meyer: Caesars Monarchie und das Principat des Pompeius. Innere Geschichte Roms von 66 bis 44 v.Chr. Stuttgart: Cotta 1918.

[49] *Wackernagel: Deutsches Lesebuch*] In zahlreichen Auflagen verbreitete Anthologie zur deutschen Literatur (zuerst 1835/43) von Wilhelm Wackernagel (1806–1869).

[50] *das 4bändige Rom-Werk*] Nicht ermittelt.

[51] *Münchener Pläne*] Wohl für den Sommer; Näheres nicht bekannt.

nicht unterstützen und darum wird es scheitern.[52] Ob sich nicht in
Frankfurt oder Mannheim ein Kriegsgewinner findet der sein Geld, anstatt es den deutschen Sozialisten oder den Entente-Imperialisten in
den Rachen zu werfen, anlegen würde um mit einer anständigen Jah-
resrente einem gut veranlagten jungen Menschen die Möglichkeit zu
ungestörter Arbeit zu geben? Das wäre wirklich wünschenswert in diesem Fall wie in vielen anderen auch.

Die Berliner Strassenkämpfe sehen glaub ich vom Reich aus gefährlicher aus als von Berlin selbst, obgleich sie wirklich blutig sind wie
eine Feldschlacht und das Gekrache der Gewehre und Kanonen kein
Ende nimmt. Aber das sonderbare ist daß in einer Entfernung von
2 Minuten vom Kampfplatz das alltägliche Leben seinen ruhigen Gang
weitergeht unbeteiligter fast als zur Zeit der grossen fernen Offensiven.
Da ich durchaus nicht sensationslüstern bin halte ich mich natürlich
von den Kampfplätzen fern. Nur einmal ging ich zur Universität als gerade Ecke Friedrichstr. u. Linden eine Schießerei beginnen sollte und
die ankündigenden Leuchtkugeln in die Höh stiegen. Ich war der einzige Passant zwischen den Parteien, hatte also nur die Wahl mitzuma-
chen oder mich durchzuschlagen. Ich bat den Führer – von welcher
Seite weiß ich nicht – höflich mich durchzulassen, er gebot dem Feuer
halt, gab mir einen Soldaten zum Geleit mit und ½ Minute danach
krachten die Maschinengewehre los. Der Eindruck der Strasse ist der
daß die Arbeiter höchst zufrieden damit sind faulenzen zu können und
Skandal zu machen, überall bilden sich Gruppen agitierender und dis-
kutierender Tagediebe die sich ohne jeden Ernst für irgend etwas erei-
fern, auf dem Wittenbergplatz war gestern ein mächtiges Autodafé
bolschewistischer Propagandaliteratur, dazwischen feiert ein Taschen-
spieler die größten Erfolge und alles geschieht unter der musikalischen
Begleitung zahlloser Leiermänner und Ziehharmonikaspieler. Alfred
Weber hat die Studenten zum Kampf gegen Spartakus inflammiert und
wird wohl als erster auf die schwarze Liste kommen, den Hanno hat er
für „feige und korrupt" erklärt.[53] Die Universität ist jetzt auch tatsächlich geschlossen[54] damit die Studenten mitkämpfen können, worüber
ich sehr empört bin. Denn ich frage mich vergeblich was uns die Sache

---

[52] *Ich möchte … scheitern*] Arnulf Ansorge sollte sein Philosophiestudium dann
doch in Heidelberg fortsetzen.

[53] *Alfred Weber … erklärt*] Offenbar hatten die aktuellen politischen Ereignisse
Lehrer und Schüler einander kurzzeitig entfremdet.

[54] *Die Universität … geschlossen*] Seit dem 10. Januar.

angeht: Ist es ein Lohnkampf der Proletarier dann sollen sie ihn allein ausfechten. Um den Unternehmer-Bourgeois ihre Profite zu sichern braucht kein Student sich totschießen zu lassen. Aber wahrhaft grotesk wird es wenn hunderte sterben um die Festungen Scherl, Mosse, Ullstein und W.T.B. zu erobern. Als wenn das Heil des Landes am Erscheinen des Berliner Tageblatts hinge, oder wie Scheidemann klagend sagt: man habe dem Volke „seinen Vorwärts" genommen! Und dabei hat Herr Rudolf Mosse dieser verächtliche Lump nicht mal erlaubt daß man mit Geschützen auf sein Haus schießt, weil es doch beschädigt werden könne! Oder soll man die Regierung Eberth-Scheidemann schützen? Haben sie nicht die Revolution herbeigeführt, Herrn Liebknecht befreit u. so das ganze Unglück verschuldet?[55] Es scheint mir doch sehr fraglich ob die menschlich wertvolleren Elemente nicht bei den Radikalen zu finden sind. Im allgemeinen ist alles so würdelos und inferior daß man sich nirgends mit gutem Gewissen dafür einsetzen könnte. Und es hat mich eigentlich noch niemals ein aktuelles oder politisches Geschehn so absolut kalt und gleichgültig gelassen wie dieser Bürgerkrieg in meiner unmittelbarsten Nähe. Ich denke auch kaum darüber nach und habe heut nur mehr davon geschrieben weil ich glaube daß man fern von Berlin dieses Unbeteiligtsein nicht recht begreifen kann.

Der Dr. Sack ist bald wieder aus der Haft entlassen worden. Ansorge macht bei diesem Unfug nicht mehr mit,[56] ob dank meinem Einfluß laß ich dahin gestellt sein. Ich darf eine solche Haltung wohl einnehmen da ich nicht glaube daß mich der Vorwurf treffen kann vaterlandslos und unpatriotisch zu sein. Aber das sind Klasseninteressen und kein Vaterland!

---

[55] *Aber wahrhaft grotesk ... Unglück verschuldet*] Die Berliner Verlags- und Zeitungshäuser Scherl, Ullstein, Mosse sowie Wolffs Telegraphisches Bureau waren zu Beginn des Spartakus-Aufstandes ebenso wie die Redaktion des sozialdemokratischen „Vorwärts" von Arbeitern besetzt und eben am 11. Januar von Regierungstruppen und Freikorps wiedererobert worden. – Das „Berliner Tageblatt" war eine der maßgeblichen Hauptstadtzeitungen, Rudolf Mosse (1843–1920) sein Gründer und Verleger; Philipp Scheidemann, der im November 1918 in Berlin die Republik ausgerufen hatte, gehörte damals ebenso wie Friedrich Ebert dem regierenden Rat der Volksbeauftragten an; Karl Liebknecht, SPD-Reichstagsabgeordneter und später einer der Führer des Spartakus-Aufstands, war 1916 wegen Hochverrats zu vier Jahren Zuchthaus verurteilt worden, im Oktober 1918 durch eine Amnestie der damals bereits von den Sozialdemokraten getragenen Regierung aber wieder freigekommen.

[56] *Ansorge ... nicht mehr mit*] Offenbar bei der Studentenwehr.

Mit den beiden Olympiern[57] habe ich an Sylvester getanzt und gespielt. Ernst M. ging schon zeitiger fort. Ludwig trug die ganze Nacht
meinen prinzlichen Umhang u. ich seine rote Bolschewistenmütze, er
war viel an meiner Seite u. schien zu vergessen daß er mich auch aus
anderen Sfären kennt. Er, Ansorge, eine junge Polin[58] u. ich waren
dann auch noch fast bis Mittag in verschiedenen Lokalen zusammen.
Ich bitte Dich aber von diesen Dingen nichts zu wissen da er mich um
Stillschweigen ersucht hat. Er soll nicht meinetwegen wieder Vorwürfe
von anderer oder gar von höherer Seite[59] bekommen. Übrigens tanzt er
Walzer so gut als hätte er nichts anderes getan.

Gestern war Sombart mit seinen Töchtern bei mir u. hat sehr bedeutende Sachen über praktischen u. idealistischen Sozialismus gesagt. Er
hat jetzt ein Kapitel über Bolschewismus geschrieben, das mit der
neuen Auflage seines Sozialismus herauskommt.[60]

Von Liegle hab ich einen wunderschönen Brief vom 17. 12., wehmütig aber gefaßt und männlich.[61]

Ich bin in stetem dankbarem Gedenken bei Dir, mein geliebter
Freund. Solange Du mir bleibst kann es nicht ganz schlecht werden.
Deine Elli
am 11. I. 1919

107. Friedrich Gundolf an Elisabeth Salomon.
Darmstadt. 15. Januar 1919

15. 1. 19

Liebstes Schwarzes: Noch bin ich nicht in Heidelberg, sondern erst
am Februaranfang geh ich hin, wenn die Entente bis dahin nicht Darmstadt besetzt, wie sich das Gerücht nicht nehmen lassen will. Inzwi-

---

[57] *Olympiern*] Ernst Morwitz und Ludwig Thormaehlen werden von ES offenbar
    wegen ihrer Zugehörigkeit zum George-Kreis mit diesem Ausdruck belegt.
[58] *Polin*] Laut Tagebuch ESs eine gewisse Sascha Pollaczek über die nichts weiter
    bekannt ist.
[59] *von höherer Seite*] Von Stefan George.
[60] *Kapitel über … herauskommt*] Gemeint ist die 1919 erscheinende 7. Auflage
    von Sombarts Standardwerk „Sozialismus und soziale Bewegung im 19. Jahr-
    hundert" (zuerst 1896).
[61] *Von Liegle … männlich*] Liegle befand sich immer noch in Kriegsgefangenschaft,
    aus der er 1919 entlassen werden sollte.

schen hab ich dir ja geschrieben wo ich in Heidelberg hause. Wegen
Studentinnen brauchst du nicht eifersüchtig zu sein – erstens kommen
zum Kriegsnotsemester fast keine Weiber, zweitens müsste schon eine
ÜberFine kommen und das gibts nicht: aber dich vermisse ich täglich,
hier und Vorlesungen ganz ohne Ellis Nähe und Erwartung kann ich
mir schwer ausdenken. Die beiden Gedichtstücke[62] hab ich dir nur abgeschrieben, weil ich ohnehin wusste dass sie nicht fertig werden könnten .. Ob ich je wieder singen werde? Jetzt kann ich mirs nicht vorstellen, und all meine früheren Verse kommen mir dünn vor .. Aber
vielleicht kommt es ohne Wunsch und Wissen plötzlich wieder .. und
wenn nicht, so muss ichs tragen wie das Grauwerden.

Dein Brief vom 10. wird ein geschichtliches Dokument sein, wie
eine Berlinerin mitten im Toben des Spartakusrummels kaltblütig an
Feste, Tänze und Liebschaft denkt, während das Blut fliesst, das Wasser stockt, das Licht ausgeht und die Sterne weinen! O Ellichen, was
bist du für ein unpolitisches Weib! Froh bin ich immer doch, dass
deine Orgiastik etwas abgeflaut ist, auf die Dauer wäre es deiner Gesundheit nicht zuträglich gewesen – es war wohl eine Selbsthilfe deiner Natur, die nach so langem Druck wieder aufgeschnellt ist .. wie
der Berliner Taumel ein Gegenstoss gegen den Berliner Jammer ist. Dir
steht ja, obwohl du aus Schlesien bist, der Rausch gut an, und so
könntest du auch „dem höchsten Gott“ gefallen.[63] Es ist gut dass du
Freude an schönen Gedichten hast und ein Verlangen danach fühlst –
es ist besser als Musik und solang dir dieser Trieb innewohnt wird dir
nichts übles in die Seele fressen. Bei deinen letztgeschilderten Aufführ-
rungen wär ich gern dabei gewesen, den grossen Karneval bei Kali-
schers hab ich weniger vermisst. Hast du nicht Photografieen von deinen Verkleidungen? Du schreibst mir munter Namen auf wie Menus –
wer ist Leutnant Klatt? Sofie Jacobowitz, Lili Harder? Nur keine blossen Auszüge aus dem Adressbuch, sondern aus dem Verbrecheralbum
oder dem Plutarch![64]

Ernst Morwitz’ Gedichte sind bei Holten[65] noch billig zu bekom-

---

[62] *Gedichtstücke*] Siehe FGs Brief vom 6. Januar 1919.

[63] *Dir steht ja … gefallen*] Anspielung auf Georges Gedicht „Nordmenschen“ aus
dem „Siebenten Ring“.

[64] *aus … Plutarch*] Aus der Heldengeschichte; hierfür steht der Verfasser der antiken Parallelbiographien berühmter Männer exemplarisch ein.

[65] *Holten*] Durch die Druckerei von Otto von Holten (1836–1906) – nach seinem
Tod von dem Sohn weitergeführt – wurden die Schriften aus dem George-Kreis
zumeist gedruckt und ausgeliefert.

men. Zünde dir nur nicht ein neues Feuer an bei L. sondern bleibe bei Vernunft! Das beigelegte Autogramm ist zu spärlich für einen verlässlichen Eindruck .. soviel mir aber drauss entgegen springt kommt es von einem geistig regen, praetentiösen und dabei schwachen, daher wohl nicht ganz verlässlichen Menschen, nervös, ungeduldig und reizbar, bis zur Hemmungslosigkeit, nicht kleinlich, und wenn nicht mit der Kraft, so doch mit dem Willen zu einer gewissen Grossmütigkeit, besonders wohl in Geldsachen. Jemand der sich nicht recht einteilen kann, redselig, aber nicht ganz freimütig, impulsiv, depressiv, eitel, von Natur gutmütig, aber aus Eitelkeit oder Ehrgeiz zu Brutalitäten fähig .. mehr belesen als geschmackvoll und stilsicher, vielleicht Projektemacher, aber nicht praktisch .. Genug, vielleicht war er nur in Eile ..

Hast du ein am 31. 12. 18 abgesandtes Packet meiner Mutter bekommen? Und von mir ein Briefchen mit Hexensiegeln am Anfang und Ende?[66] Meine Arbeit geht eben nicht gut, der Tieck wächst mir zum Hals heraus und doch darf ich nichts niederschreiben was mir nicht selbst genügt.[67] In einer verschollenen Schrift von Ernst Moritz Arndt[68] hab ich ein paar Sätze über die hoffnungsvollen Jünglinge gelesen, die durchs Doziren zu Wortemachern, durch Weiber zu Empfindlern und Schwindlern werden, und die man besser mit einem Mühlstein um den Hals ins Wasser würfe – sehr nachdenkliche Winke .. und andre über Leute die nicht arbeiten können und wollen und die man als vagabundische Knechte aus der Gesellschaft geisseln müsse. Manchmal fühl ich mich entfernt von sowas getroffen, dann freilich wieder glaub ich doch zu den Bessern zu gehören. Nur nichts aufs *Äussere* schieben, das ist der Anfang aller Niedrigkeit. In der Liebe vergess ich alle Missgedanken und tauch unter in deinem geliebten Wesen. Halte Deinen
Gundel.

Abs.: Gundolf / Darmstadt / Grünerweg 37 – Adr.: Fräulein Elisabeth Salomon / Berlin W. / Passauerstrasse 5 IV / Gh

---

[66] *ein Briefchen ... Ende*] Gemeint ist FGs Brief vom 2. Januar, der entsprechende Zeichnungen enthält.

[67] *Meine Arbeit ... genügt*] Die Vorbereitung für die Vorlesung „Die romantische Schule" im Sommersemester 1919.

[68] *In einer ... Arndt*] Gemeint ist wohl Arndts Buch „Briefe an Freunde", 1810 in Altona erschienen, das FG am 21. Januar 1919 auch gegenüber Wolters erwähnt. Wolters-Briefwechsel, S. 189.

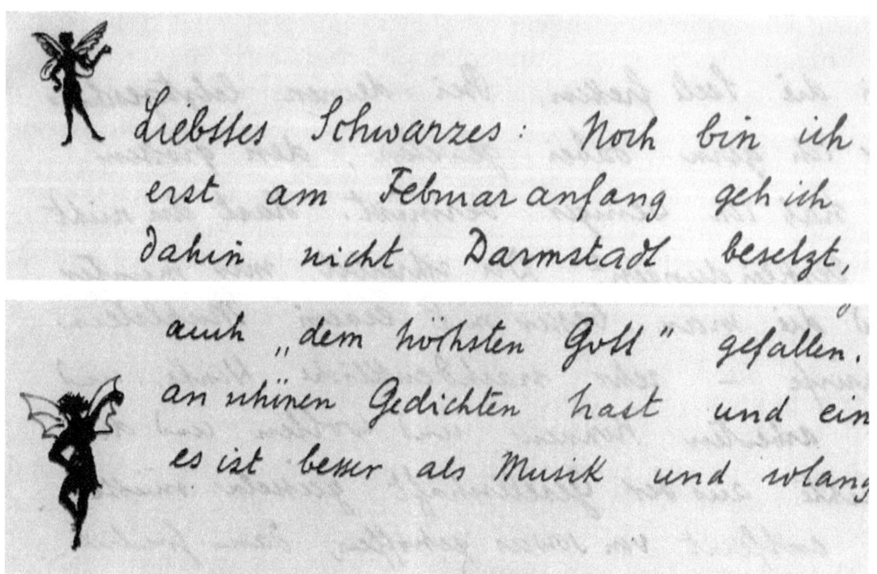

108. Elisabeth Salomon an Friedrich Gundolf.
Berlin. 17. Januar 1919

Teurer Gundolf, sag zunächst Deiner Mutter tausend Dank für das Paket u. die Grüße. Es kam gestern erst an. Ich schreibe ihr in Kürze selbst u. hätte es längst getan wenn nicht Deine Briefe mich fortgesetzt veranlaßten Dir zu schreiben u. zu zwei Briefen in kürzester Zeit kann ich mich so schwer aufschwingen. Die Deinen haben mich alle erreicht: die mit u. ohne Sigel von Hexen u. Engeln. Übrigens gehen sie wieder nur noch 2, statt 4 Tage. Unberufen! Unberufen! Ist es wahr daß Ihr in Darmstadt schon amerikanische Lebensmittel habt? Und wodurch habt Ihr zu dieser ungerechten wenn auch Dir gegönnten Bevorzugung Veranlassung gegeben?

Deine Gedichte, Liebster, les ich jetzt besonders oft auch aus früheren Folgen die.[69] Du hast schon sehr viel schönes auch wohl ewiges geschaffen, das muß man Dir immer wieder sagen bis Du es selbst wieder glaubst!

Ja, der Festestaumel war wohl eine Reaktion teils auf die Entbeh-

---

[69] *Deine Gedichte … Folgen die*] Gemeint sind die Folgen der „Blätter für die Kunst", in denen FG wiederholt veröffentlicht hatte.

rungen der Kriegsjahre (darin unterscheid ich mich in keiner Weise von
Berliner Ladenmädchen), teils u. das wohl hauptsächlich auf die persönliche tiefe Depression des ebenvergangenen Jahres u. schließlich noch
Jubel über die wiederkehrende Gesundheit u. Körperkraft. Ach wenn
sie uns bliebe! Ich bin so wenig geschaffen zum Kranksein!

Photographien hab ich leider keine weil es immer Nacht war u. ich
mir beim ersten Versuch einer Blitzlichtaufnahme übel die Finger verbrannt habe. Ich mein aber, der Gundel könnte mich in jedem Kostüm
sich vorstellen. Leutnant Klatt ist ein Bekannter von Ansorge, als Civi-
list Maler aber trotzdem ziemlich farblos, wohlerzogen, liebenswür-
dig, kein Spielverderber. Sofie Jacobowitz ist die Braut meines Bruders:
groß schlank blond klassisch im Aussehn, aber modern u. aufgeklärt
von Charakter, tüchtig und begabt, Medizinerin mit 1 in allen Fächern.
Lili Harder ist uns ebenfalls durch Ansorge zugeführt: sie ist blond u.
üppig, hübsch, lebensvoll, anmutig, es fehlt ihr etwas die gute Kinder-
stube, als ganzes erinnert sie an Christiane Vulpius.[70]

Die Handschrift stammt von Dorle Lippisch, Ansorges Schwester.
Ich glaub Du hast sie nicht ganz glücklich gedeutet. Sieht man denn gar
nicht darin daß sie bildnerisch künstlerisch begabt ist? Sie zeichnet erstaunlich gut u. hat wie ich Dir wohl schon schrieb sehr hübsche Einfälle. Ihr Wesen seh ich noch nicht ganz deutlich, es ist aber jedenfalls
sehr eigenartig und sicherlich ist sie das Gegenteil von eitel. Ich über-
schätze sie durchaus nicht etwa weil sie die Schwester meines Freundes
ist, den ich täglich lieber gewinne wie Du wohl schon gemerkt hast. Ich
vermag freilich noch nicht deutlich zu sehn wie weit dies auch nur Reaktion auf die Vergangenheit, Pferdekur[71] (!) u. a. sekundäre bedeutet
aber ich überleg es auch nicht viel da ich mich gut dabei befinde. Der
Himmel möge meinem Herzen Beständigkeit verleihen! Wenn irgendwer so verdient der Arnulf es um mich. Er hat einen durch u. durch vornehmen Charakter der sich täglich aufs neue erweist und bewährt, und
oft erschrecke ich für ihn wenn ich seine unberührte und lautere Seele
mit der meinen vergleiche die zerrissen und zeitweise sehr verderbt ist.
Außerdem entzückt mich immer aufs neue seine körperliche Gewandtheit, militärische Zucht, Geschicklichkeit in allen Dingen, seine lustigen

---

[70] *Christiane Vulpius*] Goethes oft als natürlich und unverbildet charakterisierte
  Gattin (1765–1816).
[71] *Vergangenheit, Pferdekur*] Wohl Anspielung auf ESs Überwindung ihrer uner-
  widerten Neigung zu Ludwig Thormaehlen und auf ihre (im betrügerischen
  Pferdehandel gebräuchliche) Arsenikkur.

Capricen, seine Freude an allem schönen. Ich stecke meine ganze Umgebung mit dieser Zuneigung an: zwischen ihm, Hanno, Trübelchen u. Trude Cassel hat sich ein wahrer Freundschaftsbund gebildet. Wenn man dann Vallentins noch dazu rechnet so waren die letzten Wochen hier ein höchst amüsanter Film in dem man mich, ziemlich mit Unrecht, als Impresario bezeichnet hat. Eckardts sind gestern endgültig abgereist: sie haben bis April in Gauting i. Isartal eine Villa möbliert gemietet u. wollen dann erst endgültig nach Heidelberg übersiedeln.[72] Vorher haben wir noch bei mir eine Nacht durch Abschied gefeiert, bei der außer den oben genannten noch Achim Ansorge da war der aber viel subalterner ist als sein Bruder.

Von der Revolution weiß ich nicht mehr zu berichten als Du in Zeitungen findest. Nachdem die liberalen Zeitungshäuser erobert u. das Führerpaar tot ist[73] werden sich die Gemüter wohl wieder etwas beruhigen. Zumal so furchtbar gefährliche Dinge von außen drohen: die neuen Waffenstillstandsbedingungen u. der Anmarsch der Polen[74] erfüllen mich mit Grausen. Wer jetzt nicht die Gewißheit in sich hat, es kann nicht sein, der muß wohl vom aktuellen überzeugt werden daß wir ein verlorenes Volk sind. Sind wir es?

Das Herz droht mir zu brechen vor Sehnsucht wenn ich mir Deine Heidelberger Wohnung vorstelle. Das könnte wieder mal einen richtigen Sommer geben! Aber gesetzt auch den Fall mein Examen wird mal stattfinden so kann ich jetzt doch auch nicht gerad Berlin verlassen wo das treueste Herz hier für mich schlägt.

Daß Frau Gothein Politikerin geworden ist, macht sie mir nicht sympathischer. Verzeihung![75] Wer ist Clemen? – Deine Reisetasche habe ich nicht. Welche vermißt Du? Ich will bei Heinrich nachschaun. – Dem Vallentin hab ich, glaub ich gesagt, daß Du ihm den Meyer-Caesar schenkst. Soll ich ihn trotzdem reklamieren? Den Wackernagel bekommst Du u. Lucy das Romwerk.

---

72 *Eckardts … übersiedeln*] In Heidelberg vollendete Hans Eckardt seine Doktorarbeit.

73 *das Führerpaar tot ist*] Karl Liebknecht und Rosa Luxemburg waren am 15. Januar von Freikorps-Kämpfern ermordet worden; die offizielle Version lautete, daß er auf der Flucht erschossen, sie von der wütenden Menge gelyncht worden sei.

74 *die neuen … Polen*] Gemeint sind die Forderungen der Alliierten, die sich später im Versailler Vertrag niederschlagen sollten, sowie ein polnischer Aufstand in der Provinz Posen, der nach längeren Kämpfen der Aufständischen mit deutschen Freikorps-Truppen schließlich zur Abtretung der Provinz an Polen führte.

75 *Verzeihung!*] Bezieht sich auf einen Tintenklecks in der Handschrift.

Thiersch[76] war kürzlich wieder hier. Ich sah ihn an einem Nachmittag bei Vallentins u. Abend bei Petersen u. a. illustren Gästen.[77]

Ich habe jetzt erst die Lassalle-Broschüre gelesen die Du mir kürzlich schicktest. Das ist eine Episode von der ich noch nichts wußte. Er ist doch ein anderer Mann als Liebknecht![78] Hast Du übrigens nicht noch 3 Bänder[79] der Gesamtwerke in Darmstadt?
Ich bin in liebendem Gedenken
Deine Dir treu ergebene
Elli
Berlin am 17. 1. 18[80]
Anbei noch eine Probe derselben Handschrift.

109. Friedrich Gundolf an Elisabeth Salomon. Darmstadt. 20. Januar 1919

20 / I. 19

Mein geliebtes Ellimädelchen!
Gestern war Reichstagswahl und sie ist ausgefallen wie ich erwartet[81] und wie es wohl momentan am wünschenswertesten ist; wenn man sich schon auf den Standpunkt stellt, dass Provisoria als Gesetze genommen werden sollen, solang keiner die Zukunft sieht: eine Majorität arbeitswilliger Roter und Rosiger, die wenigstens den gröbsten Schutt des Zusammenbruchs wegräumen kann, ohne die Massen rabiat zu machen durch künstliche Restaurationen mit denen doch nichts getan ist. Weder ein Übergewicht der Konservativen noch der Ideologen wäre jetzt zu wünschen, so gewiss ich den eigentlichen Sinn der Revolution nicht

---

[76] *Thiersch*] Der Architekt Paul Thiersch (1879–1928), der die Kunstgewerbeschule Burg Giebichenstein leitete und mit Wolters und Vallentin befreundet war.

[77] *illustren Gästen*] Laut Tagebuch ESs sind damit Wolters, Morwitz, Hildebrandt und Thormaehlen gemeint.

[78] *Lassalle-Broschüre … Liebknecht*] Welche Schrift über Lassalle ES hier meint, ist nicht bekannt. Wilhelm Liebknecht (1826–1900) gehörte ebenso wie Lassalle zu den Gründervätern der deutschen Sozialdemokratie.

[79] *Bänder*] Absichtlich scherzhafte oder versehentliche Verschreibung ESs.

[80] *18*] Verschreibung ESs.

[81] *Gestern war … erwartet*] Aus der Wahl zur Deutschen Nationalversammlung am 19. Januar 1919 ging die SPD als bei weitem stärkste Kraft hervor; darauf spielt FG mit den Bezeichnungen „Rote" und „Rosige" an.

in „freiheitlichen Errungenschaften" arrivirter Oppositionsmänner, sondern in der Vorbereitung einer neuen Menschengesinnung sehe, die eher durch Untergang als durch Errungenschaften entsteht .. aber noch ist eine Frist nötig, um die Gesinnung leise heranreifen zu lassen. Wird jetzt gleich alles ruinirt durch Bürgerkrieg – und der Sieg der Rechten wie der Spartakisten brächte den – so ists noch zu früh.

Komische Geschichten genug sind bei der Wahl passirt. Besonders die Weibsen:[82] viele fragten am Wahllokal (ich erfuhr es von einem Bekannten, der Urnenwächter[83] war) ob sie hier richtig am Platz wären, um Demokratisch zu wählen ... Meine Mutter stand bei der Wahl hinter einer besser gekleideten Dame, die erzürnt über das lange Warten und die Unhöflichkeit eines Wahlbeamten sagte: „Nein, das ist doch unerhört, jetzt wähle ich weiss Gott demokratisch" (statt national). Eine Frau aus dem Volk hatte schon vor 8 Tagen ihrer Wahlpflicht zu genügen gemeint, indem sie einem Wahlredner der ihr gut gefallen ihren Stimmzettel zuschickte. Noch eine bezeichnende Geschichte aus der hessischen Revolution im November: Zwei Soldaten kommen aufs Hauptpostamt: „Ei, mir solle nämlich des Postamt besetze." Ein gewitzter höherer Postbeamter empfängt sie: „No, da nehmt emol Platz! Was wollt-er denn? Wollt-er Brief und Packete austrage?" „Ach noi, des wolle mer eigentlich net." „No, könnt-er dann telegrafire?" „Noi, da hawwe-mer kei Ahnung davon". „Ja, no was wollt-er dann eigentlich uff der Post?" „Ja, eigentlich könnte-mir wieder gehe." Und gingen!

Von amerikanischen Lebensmitteln hier weiss ich nichts .. für die Gefangenen in Griesheim[84] kamen amerikanische Weihnachtsgaben, sonst nichts. Die Lasallebände hab ich doch nicht. Den Meyer Caesar reklamire Du nicht, ich hab selbst an ihn[85] geschrieben. Clemen ist der bekannte Bonner Ober-Kunstbonze .. ich hab dir schon oft von ihm geredet. Von Grafologie lass ich lieber die Finger, die bewusste Handschrift ist schwungvoll, aber leer und schwach, ob es an der Hand oder in der Seele liegt wag ich nicht zu entscheiden .. Und dir rat ich deine Freunde nach ihrem Gespräch, Wesen, und Gebahren zu beurteilen, nicht nach meinem Spruch über ihre Handschrift. Heut Nacht hab ich von Caesar geträumt, er hat mir mit Hilfe eines hiesigen jü-

---

[82] *Weibsen*] Bei der Wahl am 19. Januar 1919 durften erstmals auch Frauen wählen.
[83] *Urnenwächter*] Wahlaufseher.
[84] *Griesheim*] In dem Darmstadt benachbarten Ort war ein Kriegsgefangenenlager.
[85] *ihn*] Vallentin.

dischen Strebers[86] einen Reiseausweis ausgestellt, verbindlich und ironisch .. offenbar kannte er meinen Spleen. (Es geht ihm[87] übrigens
schlecht.)

Ich lese Diltheys Schleiermacher[88] und stosse überall auf abgründige
Lücken meiner Bildung und Kraft .. so daß ich manchmal fast verzage.
Dann möchte ich meinen Kopf in deinen Schooss stecken, bis ich nichts
mehr weiss und denke, und nichts fühle als was du mich fühlen lässt.
Süsses, geliebtes Mädchen, liebst du mich denn noch? Ich glaube ja,
nun dann zeig mirs und lass mich deine stärksten Zauber fühlen. Ich
bin von Deinen Haaren umwickelt in Leidenschaft dein Gundolf

Grüsse Ansorge – er ist mir auch sehr lieb und ich schätze ihn sehr
hoch ... das darfst Du ihm sagen.

Abs.: Gundolf / Darmstadt / Grünerweg 37 – Adr.: Fräulein Elisabeth Salomon /
Berlin W. 50 / Passauerstrasse 5 IV Gh

110. Friedrich Gundolf an Elisabeth Salomon.
      Darmstadt. 29. Januar 1919

29. I. 1919

Elli, Geliebtes: Seit länger als einer Woche hab ich nichts von dir gehört:
wenn es bloss Faulheit oder Untreue ist bist du im voraus entschuldigt,
ja ich küsse dir noch die Hände damit du wieder warme Finger kriegst.
Aber wenn du krank bist, dann schütt ich dir noch obendrein Tinte auf
den Bauch. Sei mir nur froh und gesund, das ist das einzige was ich dir
befehle: alles andre erbitte ich auf den Knieen (auf deinen!). Mein geliebtes Mädchen, ich glaube, du kannst dir gar nicht recht vorstellen,
wie ich mich nach deinem unentbehrlichen Anhauch sehne – wie stroh-
verwittwet ich mir vorkomme ohne dich ... und vollends wenn ich jezt
in das unhäusliche Heidelberg[89] gehe .. wo Schritt und Tritt mit Erinnerung getränkt ist! Als ich neulich den Faulen Pelz[90] durchging, da fiel
mir wieder jener Regenmorgen ein, mit Kutscher, Koffer, und dem ersten Glied der Kette mit der du mich seitdem an dich geschmiedet hast ..

---

[86] *Strebers*] Karrieristen.
[87] *ihm*] Dem Spleen, FGs Interesse an der Person und Rezeption Caesars.
[88] *Diltheys Schleiermacher*] Wilhelm Dilthey: Leben Schleiermachers, Berlin 1870.
[89] *das unhäusliche Heidelberg*] Wohl im Sinn von: unwirtliche.
[90] *Faulen Pelz*] Heidelberger Straße, in der ES 1914 gewohnt hatte.

An die ersten Stunden seufzte ich mich wieder heran, die ich in diesem engen Zimmer mit dir verlegen und verwegen vertändelte, und worin ich nach und nach die letzten Eisreste wegtaute, die zwischen uns geschwätzt worden waren … O Elli, damals hattest du noch Hintergedanken und alle hast du sie wahr gemacht … Damals hast du auch gelernt, wie man Kravatten schlingt, und auf Kommoden turnt. Kurz, es war eine zutrauliche Lehrzeit und sie ist uns nicht umsonst gewesen. Jetzt muss die Ferne leisten was damals die Nähe, und die Sehnsucht was damals die Schüchternheit. Und wenn du den Amor, den du in deinen Wäscheschrank eingeschlossen hast, verhungern lassen willst, so schicke ich dir die Venus auf den Hals, dass du um Erbarmen bittest … Also sei lieb und füttre ihn, sag ihm ein freundlich Wort, aber komm ihm nicht zu nah.

Nächsten Montag den 3. Februar will ich nach Heidelberg, Schlossberg 55 pt. Weihe die neue Adresse recht bald ein – ich hoffe aber vorher noch einen oder zwei Briefe hierherzubekommen: nur nie dich zum Schreiben zwingen: ich nehme, einfürallemal, dir kein Schweigen übel! Aber ich *sehne* mich nach deinem Wort .. das ist keine Redensart.

Du, ist noch ein Band Arnim, gelb, Inselverlag, zweiter oder dritter Band, Kronenwächter, oder Gräfin Dolores enthaltend,[91] bei dir oder Henriette[92] oder Trude Cassel? Gott gebe daß ich den nicht Fremdvölkern[93] verschenkt .. Auch Trude Cassel müsste ich ihn wieder abnehmen, sie bekommt dann was andres dafür, die gute Seele. Den schicke mir bitte mit dem Wackernagel nach Heidelberg. Da ich jetzt grad bei der Romantik bin möchte ich sie alle behandeln, nicht nur die erste, auch die zweite Schule um die Epigonen. Arnim, Brentano, Lenau, Eichendorff, bis zu Mörike. Es werden dann leicht 5–600 Seiten. Mit Tieck bin ich jetzt bald fertig, Gott sei Dank. Dieser Tage hab ich ausser dem an dich gerichteten noch ein Gedicht gemacht, das in nuce den

---

[91] *Band Arnim … enthaltend*] Achim von Arnims Werke, ausgewählt und herausgegeben von Reinhold Steig. 3 Bände. Leipzig: Insel 1911. Band 2 enthält „Gräfin Dolores" und „Die Kronenwächter". Auf beide Werke Arnims (1781–1831) ging FG in seiner 1929 separat gedruckten Abhandlung ein: Ludwig Achim von Arnim. Ein Vortrag. Frankfurt: Gesellschaft der Goethefreunde, die dann ein Jahr später Teil seines Buchs „Romantiker" wurde.

[92] *Henriette*] Wortspielerische Bezeichnung für Fräulein Heinrich, FGs frühere Berliner Vermieterin.

[93] *Fremdvölkern*] Wohl ironische Redeweise für entferntere Bekannte.

ganzen Kosmos enthält den ich mir vorstelle.[94] Lern ihn auswendig
und wenn dich jemand nach meiner Weltanschauung fragt, so sag es
auf. Es steht auf dem beigelegten Zettel. Ist Petersen eigentlich aus der
Ukraina zurück.[95] Des dicken Andreae Bruder, der in der Krim war, ist
wieder in Breslau.[96] Grüsse deine Odalisken, Eva S. Trude C. deine Eunuchen und Vorreiter, deine Beichtväter und Karyatiden! Grüsse Sie
alle und fühl in des Thrones Glanz dich hohe Wonne ganz.[97] Mir aber
gestatte, mich zu dir zu legen und dir zu huldigen mit allen Ceremo-
nieen eines Protovestiarius.[98] Bleibe meine Elli und mach mich mit jedem Atemzug zu deinem geliebten
Gundolf

Abs.: Gundolf / Darmstadt / Grünerweg 37 – Adr.: Fräulein Elisabeth Salomon /
Berlin W. 50 / Passauerstrasse 5 IV Gh

111. Friedrich Gundolf an Elisabeth Salomon.
Heidelberg. 9. Februar 1919

Mein geliebtes Kleines! Jetzt sitz ich schon seit acht Tagen in Heidelberg und hab immer noch nichts gehört von dir – ausser einer trocknen
Postkarte seit vier Wochen überhaupt nichts. Mag dein Schweigen wenigstens keine Krankheit bedeuten – oder mag es bedeuten dass du unmittelbar vor dem Examen stehst! Wenn du krank bist dann gib mir
durch Trude Cassel Nachricht. Sei lieb und piepse wieder einmal, mein

---

[94] *dem an dich gerichteten … ich mir vorstelle*] Wohl zum einen das im George-
Briefwechsel, S. 325 abgedruckte Gedicht an ES vom 18. Januar 1919. Welches
weitere Gedicht FG meint, ist nicht bekannt.

[95] *Ist Petersen … zurück*] Carl Petersen kehrte erst 1919 von seinem Fronteinsatz
in der Ukraine nach Deutschland zurück.

[96] *Des dicken Andreae … Breslau*] Der Historiker Friedrich Andreae (1879–1939),
Bruder von Wilhelm Andreae.

[97] *fühl in des … ganz*] Parodistisch abgewandeltes Zitat aus der deutschen Kaiser-
hymne „Heil dir im Siegerkranz".

[98] *Grüße Deine Odalisken … Protovestiarius*] Der ironischen Bezeichnung von
Eva Sombart und Trude Cassel als Haremssklavinnen oder anderer Personen
aus ESs Bekanntenkreis (vielleicht Arnulf Ansorge) als „Vorreiter", „Beichtvä-
ter", „Eunuchen" oder „Karyatiden" liegt die Imagination ESs als orientalisch-
antiker Herrscherin zugrunde (wobei „Karyatide" eigentlich eine weibliche
Stützfigur in der griechischen Architektur darstellt). Der Protovestiarius ist eine
Art antiker Hofmarschall; FG kannte eine solche Figur vielleicht aus Grabbes
„Hannibal".

schwarzer Paradiesvogel .. ich sehne mich arg nach dir und friere ohne
dich. Vor einem Jahr hast du mir grad das Leben gerettet,[99] denke
daran und vergiss mich nicht.

Hier wohne ich sehr pompös – du müsstest das Schloss einweihen.
Seit Schaffhausen[100] hab ich nicht mehr so einsiedlerisch fleissig gelebt
wie in diesen 8 Tagen: Um ½9 stehe ich auf, wärme den Kaffé im elektrischen Topf, gehe dann bis ½10 aufs Schloss, arbeite bis ½1, esse
dann im Roten Hahn,[101] mache Besuch oder Spaziergang, geh um 5
wieder nach Haus, arbeite bis 8, esse zu Haus, schreibe Briefe und geh
um 9 schlafen. Es sind nicht viele Studenten da, und meist männliche.
Montag fang ich an, in einem ganz grossen Hörsal, weil kein kleinerer
frei ist. Der Lips[102] holt mich manchmal vor dem Mittagessen ab, er gefällt mir ganz gut, nur kennt er ein bischen viel Krethi & Plethi.[103]
Auch nach dir hat er sich erkundigt.

Die Lotte ist richtig verheiratet, ich weiss nicht wie sie heisst und will
es auch nicht erfahren. Mich freut dass sie nach sovielen Nöten doch
so gut untergekommen ist ..

Ich arbeite eben Schleiermachers Reden über Religion[104] durch, das
gehört zur schönsten deutschen Prosa .. Wenn ich dich wieder einmal
auf den Knieen habe, les ich dir draus vor .. Und alles wahrhaft gute ist
auch immer wie für den heutigen Tag geschrieben. Bei allem was gegen
die Romantiker zu sagen ist: es waren vollkommen „gebildete" und
vollkommen „freie" Menschen. Heute muss einer schon ein grosser Genius sein, um es dahin zu bringen.

Gestern träumte mir, der alte Dilthey habe mich weinend umarmt
und mich seinen berufenen Nachfolger genannt[105] .. das ist gar nicht so

---

[99] *Vor einem Jahr ... gerettet*] Durch ihre Pflege während FGs Lungenentzündung.

[100] *Schaffhausen*] FG verbrachte im Frühsommer 1905 einige Wochen in Schaffhausen, um dort über den Historiker Johannes von Müller (1752–1809) zu arbeiten.

[101] *Roten Hahn*] Heidelberger Gaststätte (Hauptstraße 44).

[102] *Lips*] Paul Lips (1891–1960), aus der Schweiz stammender Publizist, studierte
damals in Heidelberg. Später wurde er Verkehrsdirektor in Davos.

[103] *ein bischen viel Krethi & Plethi*] Hinz und Kunz, Gott und die Welt, allerlei Volk.

[104] *Schleiermachers Reden über Religion*] Friedrich Schleiermachers Schrift „Über
die Religion. Reden an die Gebildeten unter ihren Verächtern" erschien erstmals
1799. FGs Abhandlung über Schleiermacher wurde 1924 in der DVjs publiziert
und ging dann später in sein Romantiker-Buch ein.

[105] *der alte Dilthey ... Nachfolger genannt*] FG hatte 1901 in Berlin noch bei dem
Philosophen und Wissenschaftstheoretiker Wilhelm Dilthey (1833–1911) stu-
diert. Kurz vor seinem Tod soll Dilthey nach der Lektüre der eben erschienenen
Habilitationsschrift FGs „Shakespeare und der deutsche Geist" erklärt haben,

falsch ... Sollte es meine Berufung nach Berlin bedeuten? Man hat mir
von mehreren Seiten hier wieder erzählt, wie mannigfach es gewünscht
werde, nur Roethe wolle nicht (und ich auch nicht.)[106]

Elli, Geliebte, durch dein langes Schweigen weiss ich gar nicht mehr,
wo ich dich beissen soll .. aber ich denke an dich Tag und Nacht und
nicht zum Kältesten. Es bleibt dabei, du bist in meinem ehelosen Dasein am meisten das was einer Gattin gleicht und dabei doch in einem
immer lockenden, beunruhigenden Brautstande ... Dies ist kein Heiratsantrag aber eine Liebeserklärung.

Liebes Wesen, sieh zu wie du zwischen deinem Schreibkrampf und
deinen ehelichen Pflichten einen Mittelweg findest: ich muss bald von
dir hören.
Ich küsse dein süsses Herz und
was dazu gehört in Lieb und Treu
Dein
Gundolf
Schlossberg 55
9 / II / 19

Abs.: Gundolf / Heidelberg / Schlossberg 55 – Adr.: Fräulein Elisabeth Salomon /
Berlin W. 50 / Passauerstrasse 5 IV Gh

112. Friedrich Gundolf an Elisabeth Salomon.
Heidelberg. 20. Februar 1919

Mein geliebtes Schwarzes!
Deine Depeschen an Edgar haben mich darüber beruhigt daß es dich
noch gibt, und daß Du dich dem irdischen Dasein noch nicht so entfremdet hast, um nicht ernsthafte Vorschläge ernsthaft in Erwägung zu
ziehen.[107]

---

dieses Buch habe ihn „vom Berge in ein gelobtes Land blicken" lassen – so Friedrich Wolters in seiner Kreisgeschichte „Stefan George und die Blätter für die
Kunst", S. 483.

[106] *Sollte es ... auch nicht*] Ein Jahr später wurde FG tatsächlich an die Berliner Universität berufen, lehnte den Ruf jedoch ab. Bei Gustav Roethe und seinem Doktorvater Erich Schmidt (1853–1913) hatte FG sein Rigorosum abgelegt.

[107] *Deine Depeschen ... zu ziehen*] ES war, offenbar durch Edgar Salin vermittelt,
eine Stellung als Hilfsassistentin bei Alfred Weber angeboten worden, die sie am
19. März 1919 in Heidelberg antrat.

Ich bin sehr dafür, daß du trotz der Annahme dieser Stellung deine Studien durch Examen zu einem gewissen Abschluss bringst, aber besser hier als in Berlin.

Das Schwierigste ist hier die Wohnung: findet sich nichts Andres (die Brunnengasse ist auf lange hinaus besetzt, bei Neuer[108] hab ich mich vormerken lassen) so setze ichs durch dass Du in meinem Palazzo noch ein Zimmer bekommst .. Es stehen noch welche leer, aber sie seien zu gross behauptet der Hausherr,[109] ich find es nicht.

Es wäre weniger beunruhigend gewesen, wenn du durch eine ruhige sachliche Karte mir den Grund deines hartnäckigen Schweigens mitgeteilt. Ich kenne und verstehe solche Zustände wo man sich selbst zur Last ist und verschwinden will, aber Freunden und Geliebten hab ichs dann immer zu sagen gewusst, daß es so ist. Ich würde dich dann nicht weiter belästigt haben. Auch Salz hat sich beschwert, daß Du auf wiederholtestes Anfragen überhaupt nicht reagirt habest. Das ist, wenn es sich so verhält, unhöflich und sozusagen Wickersdorfer Krampf,[110] über den ich dich hinaus glaubte: Versteh, mein geliebtes Herz! Nicht daß Du Stimmungen hast, werf ich dir vor .. aber soweit kann man sich in der Gewalt haben, daß man niemanden der an uns teilnimmt ohne Not beunruhigt oder beleidigt. Als Goethes Mutter im Sterben lag, kam grad Besuch: sie liess hinaus sagen: Die Frau Rat bitte um Entschuldigung, sie habe keine Zeit, sie müsse allweil sterben.[111] Daran nimm dir ein Beispiel. Ich hoffe, du wirst dich hier vom Motzen erholen ..

Geliebte, ich sag dir das aus Liebe, nicht aus Pädagogik .. wirst zwar denken „Spass! Hab ich ne Nacht gehabt".[112] Vor allem werd mir wieder lebensmutig! (Ich nehme an, daß wirklich eine solche Depression oder ein Fleissfieber Ursache deines Schweigens war, sonst wärs ja fast Flegelei). Ich liebe Dich wie nur je, sehnsüchtig, dankbar, zärtlich. Dein getreuer Gundolf

Adr.: Fräulein Elisabeth Salomon / Berlin W. 50 / Passauerstrasse 5 / IV Gh

---

[108] *Brunnengasse ... Neuer*] Heidelberger Pensionen, in denen FG und ES früher gewohnt hatten.

[109] *Hausherr*] Der Arzt Ernst Lobstein (1870–1953).

[110] *Wickersdorfer Krampf*] In der Anspielung auf ESs Schulzeit liegt der Vorwurf unreifen Verhaltens.

[111] *Als Goethes Mutter ... allweil sterben*] Die Anekdote findet sich etwa bei George Henry Lewes: Goethes Leben und Werke. Achte Auflage. Berlin 1873 (zuerst 1855). S. 460.

[112] Spaß! Hab ich ne Nacht gehabt] Offenbar Zitat; nicht nachgewiesen.

113. Friedrich Gundolf an Elisabeth Salomon.
   Heidelberg. 2. Juni 1919

Bescheinigung
Die ELLI ist das süsseste auf der Welt
Friedrich Gundolf
Heidelberg
am 2. Juni 1919

114. Friedrich Gundolf an Elisabeth Salomon.
   Darmstadt. 29. September 1919

Geliebtes Mädelchen!
Vor lauter Liebeserklärungen vergass ich dir glaub ich ganz zu schreiben dass ich den Hamburger, oder seinen Bruder, aus Landeshut wahrscheinlich kenne. Der war in meinen ersten Privatdozentensemestern[113]
mit Salz befreundet und an Ubiquität eine männliche Elli: er war zwei
Meter lang, hatte riesig abstehende Elefantenohren, eine penetrante
Geistigkeit, die sehr anstrengte, gutmütig, laut, übernahm seines Vaters Fabrik in Landeshut, war im Krieg Dragoner und wäre beinah gefangen worden. Ich wundere mich nur dass du den nicht kennst: denn
er kennt alle Leute und du kennst alle Leute. Das aber wird sein Bruder
sein.[114]
   Elli, ich liebe dich.
   Ich liebe dich so zärtlich dass ich mich fürchte, es könnte bald wieder was Trauriges zwischen uns kommen. Aber ich bin jetzt ganz entzückt vom Gedanken an dich! Du bist die süsse nie genug geküsste Elli.
   Die göttliche Fine ist gestern Abend gekommen,[115] beinah hätten wir

---

[113] *meinen ersten Privatdozentensemestern*] FG habilitierte sich im Frühjahr 1911
   und hielt seit dem Sommersemester Vorlesungen.
[114] *dass ich den Hamburger … Bruder sein*] Gemeint ist hier zunächst der Zoologe
   Viktor Hamburger (1900–2001), der u. a. auch in Heidelberg studierte; später sollte er in den USA Karriere machen. FG erinnerte sich hingegen an dessen
   älteren Bruder Otto Hamburger, der die Textilfabrik seines Vaters in Landeshut
   bei Hirschberg übernommen hatte.
[115] *Die göttliche Fine … gekommen*] Nachdem FG einer Einladung der Kahlers, noch
   im September nach Wolfratshausen zu kommen, nicht hatte folgen können, besuchte ihn Fine von Kahler in Darmstadt und Heidelberg, bevor sie im Oktober

uns verfehlt, da sie mit einem mir unbekannten Vorzug (sogar die Fine hat noch mir unbekannte Vorzüge!) kam. Nur meine Gewohnheit, eine Stunde zu früh zu kommen, liess mich grade recht kommen.

Der Besuch aus Frankfurt war doch sehr frankfurtisch. Ach nein, so blosse Familie ist nichts mit mir. Dabei war ein leidlicher Neffe, und ein ganz liebes Nichtchen, von 18 Jahren.[116]

Heut nacht hab ich idiotisch von deinem Hut geträumt. Du hattest nichts an als ihn, und er hatte eine rote Trottel.[117] Du verlangtest fortwährend ich solle ihn dir anders und noch einmal anders aufsetzen, und drehtest dich vor dem Spiegel.

Ich bewunderte ihn nicht genug, sondern küsste dich allerwärts und du warst ungehalten, weil du für nichts Sinn hattest wie für den Hut.

Geliebtes Herz! ich komme wahrscheinlich mit Fine schon am 1. oder 2. X. Fine muss bis Sontag schon wieder fort. Dabei kommt wahrscheinlich Else Br.[118] durch Hbg. und Bertram.[119] Dann beginnt das Kolleg: ich sehne mich nach drei Dingen

Elli Arbeit Ruhe

Ruhe Elli Arbeit

Arbeit Ruhe Elli.

Elli, sei geküsst, ja gefressen von Deinem

Adr.: Fräulein Dr.[120] Elisabeth Salomon / Heidelberg / Schlossberg 16 / bei Löwenberger[121]

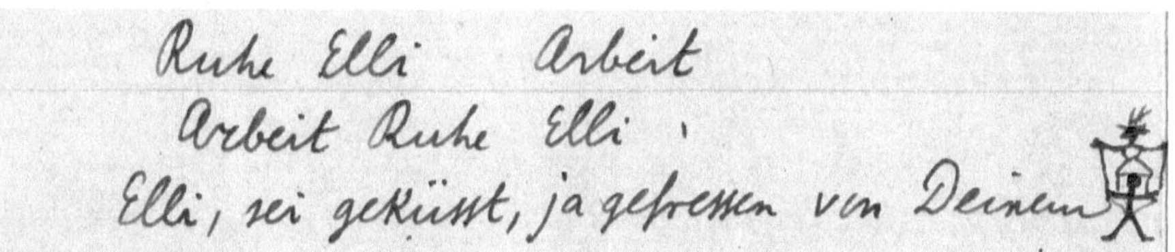

---

      in Wasserburg am Bodensee eine Ausbildung als Gärtnerin begann. Kahler-Briefwechsel I,219f.

[116] *Neffe … Nichtchen*] Unbekannte entferntere Verwandtschaft FGs; sein einziger Bruder hatte keine Kinder.

[117] *Trottel*] Troddel.

[118] *Else Br.*] Elsa Brinckmann.

[119] *Bertram*] Ernst Bertram (1884–1957), Literarhistoriker aus dem George-Kreis; sein Hauptwerk „Nietzsche" war im Jahr zuvor erschienen.

[120] *Dr.*] ES war am 29. Juli 1919 von Alfred Weber promoviert worden.

[121] *Löwenberger*] Rosa Löwenberger, Vermieterin ESs.

115. Friedrich Gundolf an Elisabeth Salomon.
Darmstadt. 25. Oktober 1919

Geliebtes!
Ich bin im finstern allein hergefahren, und hab an deinen Küssen ge-
zehrt .. Du bist mein süsses liebes Tier, ich bin von dir besessen und im
Grund glücklich daß ichs bin, kurz ich liebe Dich, und damit gut. Wir
wollen uns nicht ändern, und es wär vielleicht auch gar nicht wünschenswert: sei das süsseste, mitunter bedenkliche, öfter gefährliche
und gefährdete Herzens- und Schooss-Kind, ärgere mich, entzücke
mich, lass dich verwünschen, abküssen und umknieen, und bleib mein!
Deine Äffchen[122] darfst du meinethalben streicheln.

Nur sei ein wenig weise! und würdevoll!!! Bäh.

Ernst lässt dich bestens grüssen, insbesondere auch von Morwitz
und Vallentin. Er ist ganz munter.

Elli, ich umarme dich mit aller Zärtlichkeit und Liebe!

Bald bin ich wieder bei dir und nehme Dich wie Du bist.

Süsses, holdes, geliebtes Leben!

Adr.: Fräulein Dr. Elisabeth Salomon / Heidelberg / Schlossberg 16 / bei Löwenberger

---

[122] *Äffchen*] Unklare Anspielung.

1920

116. Friedrich Gundolf an Elisabeth Salomon.
Heidelberg. 8. Januar 1920

8. 1. abends

Liebstes: eben hab ich an dich geschrieben da kommt dein Brief, der mich noch trauriger und unruhiger macht. Ich sehe schon dass du nicht vor Ende des Monats kommst[1] oder in einem bedenklichen Zustand. Ach, Geliebtes unaufhörlich denk ich an dich und das Herz ist mir schwer zum Springen.

Wenns dir möglich ist so gib mir wenigstens durch eine Zeile deutlicher Bescheid, aber nur, wenns dir keine Müh macht. Was heisst: man hat dich aufgefressen? Die Freunde, die Feste, die Gänge? Hast du was erreicht? oder in Aussicht? Arthur schreibt mir dass es in München nichts ist, kein Platz frei im Verlag.[2]

Schreib mir ein Wort über dein Befinden, auch das seelische ... Wenn ich dir nur mit all meiner ruhlosen und verängsteten Liebe was helfen könnte.

Meine Tage in Darmstadt waren grau, durch böse Nachrichten aller Art noch grauer und auch hier ists nicht besser.[3]

---

[1] *daß du nicht vor Ende des Monats kommst*] ES war am 24. Dezember 1919 nach Berlin gereist und kehrte am 19. Januar 1920 nach Heidelberg zurück. Im Tagebuch heißt es für diesen Zeitraum knapp: „Ministerien etc."; ES suchte in Berlin eine Anstellung.

[2] *Hast du was erreicht? ... kein Platz frei im Verlag*] Offenbar hatte Arthur Salz, der in geschäftlichen Beziehungen zum Drei Masken Verlag stand, dort wegen einer möglichen Anstellung für ES vorgefühlt.

[3] *Meine Tage ... besser*] FG litt unter der im Lauf des Jahres 1919 immer deutlicher zutage tretenden Entfremdung von Stefan George, die ihre Ursache in seinem Verhältnis zu ES hatte. Vgl. den bei Salin: George, S. 40 überlieferten Ausspruch: „Was mich bewegt, ist die Frage: was ist mit Gundolf geschehen, dass ein Weibwesen überhaupt solchen Einfluss auf ihn gewinnen kann?" (10. Juni 1919) bzw. den gequälten Brief FGs an Ernst Morwitz vom 28. Januar 1920: „Ach Liebster Ernst, des Meisters Sorge, die nie umsonst war, weil sie aus einem Sehen des Schicksals kommt und nicht aus Wähnen oder Stimmung, drückt mich ja mehr als sein sühnbarer Zorn könnte. Ich habe nichts getan was ich bereuen müsste, ich BIN wie ich nicht sein sollte .. und da kann mir kein Zuspruch, kein Blick aus schonenden Augen helfen – vielleicht find ich den WIL-

Hätt ich dich hier!

LEN wieder, jetzt bin ich wie gelähmt und fast verzweifelt – Ich will es als ein tröstliches Zeichen nehmen, dass in dieser Not mir wieder von Ihnen die Mahnung kommt, wie damals in Isenfluh, als Sie an meinem Bette sassen. Auch damals war ich am verzweifeln, nicht nur für mich sondern für ein geliebtes Herz, das ich nicht im Schutze wusste. Aber damals wusste ich mich selbst noch der Gnade wert, und heut seh ich deutlicher noch als damals das Heil, des Meisters Liebe und Grösse und unerbittliche Wahrheit, das Maass der Höhen und der Tiefen, und mich selbst ausser Stand meinem eignen Wunschbild zu genügen. Von all dem ist meine Neigung zur Elli nur ein Zeichen – und es ist nicht SIE die mich um meine Ruhe bringt, obwohl ich um sie für sie mit ihr leide und alles was ich leide doppelt leide. Ernst, geliebter weiser Treuer .. Sie kennen mich gut genug, um zu wissen, dass ich nicht mehr um ein hübsches Lärvchen verliebt schmachte und wenn auch ‚leicht entzündlich‘ nicht dumm und jung genug bin, um mich von einer klugen und listigen Süssen umstricken zu lassen, so dass ich Fehler übersehe und sie unentbehrlich finde. Sie kennen die Elli gut genug, um zu wissen, dass sie gar nicht in diese Reihe absichtlich gefährlicher Frauen gehört. Sie ist ein unbesonnen Kind viel eher als ein ‚Weib‘, ihre leichtsinnigen Fehler sieht jeder gleich und nur wer sie wie ich in langen Jahren kennen gelernt hat, in allen Wechseln und Beleuchtungen, kennt völlig ihr gutes lautres Herz, ihre Hingabe, ihre Aufschwünge, ihre Opfer und die unprofane abgründige Trauer die unter all ihren Munterkeiten ruht. Sie redet nicht davon und Sie glauben mir, wenn ich sage, dass sie nicht berechnet und mich nicht binden will – sie ist ein KIND, allem Anschein entgegen, und in all diesen fünf halb Jahren ist sie mir immer lieber, immer achtungswerter, immer rührender geworden. Ich weiss manche Torheit von ihr, nicht eine einzige, nicht die leiseste Niedrigkeit – sie hat mir das Leben gerettet, mir nie einen Kummer durch Tun oder Lassen bereitet, mir Freude und Glück bereitet, und mir das MAASS nie verrückt, sich selbst nie überhoben und wenn sie mir gefährlich ist, so ist sies durch die süsse Gewohnheit die lax macht, nicht durch Pläne und Streiche, Geschwätz oder Ränke. Diese süsse Gewohnheit endet jetzt und das Scheiden ist mir schmerzlich, aber da ich nicht Genuss und Behagen will, sondern Werk und Wert, so trag ich den Schmerz gern – nochmals, es ist nicht Sinnlichkeit und Verliebtheit was mich zu ihr treibt, sondern eine wahre Herzensrührung und ein reissendes Mit-Leiden. Und davon wollte ich Ihnen sprechen … Der Abschied, das Fernsein würde mir leicht, wenn ich sie entlassen könnte unter (nicht IN) einen Schutz … Aber unerträglich ist mir der Gedanke, dass man sie verachtet oder verwirft, und dass ich sie so behandeln sollte als ob sie verworfen wäre. Ich möchte gegen das Schicksal anrennen und des Meisters Urteile sind Schicksal, ich hab sie lieb, das kann ich nicht ändern, wir werden vielleicht für immer voneinander gehen, das ergibt sich schon aus der Fügung so – aber warum ihr als Schuld oder gar als Niedrigkeit anrechnen, was eher ein Verhängnis und ein Weibsverhängnis überhaupt ist! Ich habe den Abschied von manchen lieben Wesen ertragen die mir eher gefährlich waren und die mehr von mir wollten, die mehr an mir zerrten,

Lips ist wieder hier, aber ich hab kaum Lust mit jemandem zu sprechen. Edgar gehts besser.[4] Morgen kommt Landmann. Hast du meine Briefe mit den Versen bekommen?

War man nett zu dir?

Lebwohl, komm bald .. ich liebe dich, ich liebe Dich, mein Muselchen[5] und küsse dein geliebtes Herz!

Abs.: Heidelberg / Schlossberg 55 – Adr.: Fräulein Elisabeth Salomon / Berlin W. 50 / Passauerstrasse 5 Gh IV

aber hier hab ich die Angst dass sie zugrunde geht und dass keine Versöhnung, keine Schonung über ihr waltet. Dies tut mir weh und ein einzig menschlich Wort nicht an sie (sie würd es nicht verlangen) sondern über sie, könnte mir helfen. Ernst, Sie selber sagen, sie tät Ihnen leid – Sie sind von Natur nicht so weich wie ich und kennen sie nicht wie ich, sind ihr nicht durch zahllose Augenblicke so herzlich nah gekommen wie ich, haben ihr nichts zu danken, und Sie wissen doch auch, wie eine einzige Minute in der man ein Wesen schön und edel gesehn uns binden kann: Sie können sich nun vorstellen wie mir zu mute ist bei dem Gedanken, ich solle sie nicht nur verlassen, sondern auch missachtet wissen, ja sie selbst missachten, nach dem Urteil des heiligsten und gerechtesten Mundes. Ob mich hier ein Wahn fesselt, ich weiss es nicht, aber wenns einer ist, so bin ich selbst einer und mit verworfen, jetzt kann ich mit allen Fasern nicht anders sehen, fühlen, wissen als dass sie lieb, gut, lauter und meiner wert ist, selbst wenn sie verderblich wäre. Kennen Sie Goethes Elegie AMYNTAS? – So ist mir, nur dass ich kein Goethe und Elli besser als Christiane ist. Je tiefer und unbedingter mir der Meister gilt, desto mehr quält mich all das. Nochmals: nicht die schicksalsnötige und wohl vernunftgebotene Trennung, sondern diese Möglichkeit einer Kluft zwischen meinem tiefsten Herzensurteil und dem Sehn des Meisters, die Möglichkeit ein mir verwandtes schwesterlich liebes Wesen verdammt zu sehen. Ich brauch Ihnen nicht so viel zu sagen .. und über allem Einzelnen, das nur Gleichnis ist, schwebt die Angst, das herzbeklemmende Grauen mit meinem Gott nicht eins zu sein. Das klingt leer und dumm, aber ich habe es noch nie in meinem Leben erfahren .. der traurigste Winter meines Lebens, die Tage in Isenfluh waren fröhlich gegen diese Zeit jetzt.
Es ist leicht gesagt, ich soll mich der Trauer nicht hingeben – sie ist da und keine Vernunft, keine Betäubung beseitigt sie .. Arbeiten kann ich kaum und ich schlafe vor Herzklopfen nicht. [...] Und nochmals, bitte denken Sie nicht, dass Elli mir was vorklagt, oder dass sie überhaupt diesen ganzen Jammer anrührt – wie gern würd ich ihr was vorwerfen, wie such ich fast danach sie mir zu entwerten – es gelingt mir nicht." George-Briefwechsel, S. 334ff.

[4] *Edgar gehts besser*] Edgar Salin war Ende November 1919 ein Granatsplitter durch Operation entfernt worden.

[5] *Muselchen*] ESs Kosename „Musel" läßt sich seit dem Jahr 1919 im Briefwechsel nachweisen.

117. Elisabeth Salomon an Friedrich Gundolf.
o.O. [Berlin]. o.D. [12. Januar 1920][6]

Mein Gundel – endlich wieder Zeichen von Dir u. gleich zwei so liebe. Ach, die vielen guten Verse – noch habe ich Dich für die früheren gar nicht umarmt. Du Allerliebster, wie arm wäre ich ohne Dich. Meine Sehnsucht wird immer brennender u. der Gedanke daß nun dieses Wiedersehn ein ganz kurzes sein wird – auf ach wielange? – raubt mir den Atem. Mit meiner Krankheit geht es sehr langsam vorwärts u. ich bitte Dich, Weber u. Edgar zu sagen, ich wäre in der nächsten Woche noch keinesfalls reisefähig u. bäte sie mich zu entschuldigen u. Frl. Schenk um Vertretung zu bitten. Sie soll auch meinen Gehalt für Januar bekommen.[7]

Diese Reise hat mir im ganzen viel Elend gebracht. Bis Neujahr hetzte ich von Amt zu Amt wegen der Stellung (ich habe jetzt eine in der ich vielleicht bis 1000 Mk monatlich verdienen kann in einem kaufmännisch-technischen Bureau, aber der Chef[8] ist ein unzweideutiger Schieber gemeinster Sorte u. wenn er verkracht, was solchen Existenzen ja immer mal passiert, krachts bei mir a tempo mit. Er hält mich irrtümlicherweise für ein kapitalistisches Unternehmergenie u. baut große Pläne auf meine Mitwirkung). Dann kam die Krankheit[9] u. die ist deswegen so unangenehm weil ich niemanden da hab u. immer wen brauche. In der Klinik zu liegen ist mir zu teuer, da muß ich 2 mal täglich zur Behandlung hin was eine Riesenstrapaze ist. Mich dann noch selbst ums Essen zu kümmern ist mir unmöglich u. die Frau Bintor[10] ist gerad verreist. Eine richtig proletarische Existenz – nun, es wird auch vorbeigehn. Von den Freunden seh ich niemanden: Diana hat ihre Tage besetzt mit tausend gleichgültigen Bekannten, E. M. war von anfang an freundlich zurückhaltend, Berthold noch immer lieb u. zärtlich hat aber auch nie Zeit. Wolters u. Hildebrandts waren sehr nett, jetzt wissen sie gar nicht daß ich noch da bin. Nur der Thankmar ist rührend sorg-

---

[6] *12. Januar 1920]* Das Datum ergibt sich durch ESs Angabe „Montag"; am darauffolgenden Montag, dem 19. Januar, reiste ES bereits wieder nach Heidelberg.

[7] *Weber und Edgar ... bekommen]* Alfred Weber und Edgar Salin (als Vollassistent) waren ESs Vorgesetzte am volkswirtschaftlichen Seminar in Heidelberg; Frl. Schenk dürfte eine Studentin Webers gewesen sein.

[8] *Chef]* Nicht ermittelt.

[9] *Krankheit]* ESs Tagebuch vermerkt für den Zeitraum 5. bis 18. Januar lakonisch und ohne Spezifizierung: „krank".

[10] *Frau Bintor]* Wohl ESs Vermieterin.

lich.[11] Er hat seine Reisen aufgeschoben u. tut was er kann. Zu den meisten Dingen sind halt nur feminine Hände notwendig. Ohne ihn wäre ich jedenfalls schon verkommen. Hoffentlich *lohn* ich ihm seine Liebe nicht eines Tags wenn er mir nicht mehr gefällt mit gewohnter Schnödigkeit.

Du siehst es, Geliebter, ich vermag Dein Grau auch nicht durch freundlichere Farben zu verschönern. Ich lieb Dich zwar – das tu ich ganz u. innig. Aber was ist das schon?
Dein Musel
Montag

118. Friedrich Gundolf an Elisabeth Salomon.
Darmstadt. 17. Januar 1920

Allergeliebtestes Muselchen!

Was ist mit mir? .. jetzt nach bald sechs Jahren bricht aus meiner liebevollen Zärtlichkeit für Dich jählings eine Leidenschaft von Sehnsucht und finstrer Liebe, dass mir das Herz weh tut bis zum Springen, und eine wilde Angst um dich, du könntest unglücklich werden und mir verloren gehn. Ich schlafe nicht und zu meinem andren grossen Gram kommt nun diese neue Qual des Abschieds und das Feuer des Verlangens. Liebes, all unsre seligen Stunden ziehen mir durchs Herz – das Taschentuch und der Frauenschuh in Wolfratshausen,[12] der Lackgürtel in Darmstadt, die Schnecke und die Blindschleiche, die Neuerei, die Beznerei,[13] der Rimdidim,[14] Lindenfels[15] und all deine tausend kleinen Zaubereien, Spiele, Narrheiten, Herrschaften, Ergebungen, und dein eines holdes, gutes, freies immer neues und wahrhaftiges uner-

---

[11] *Nur der Thankmar … sorglich*] Thankmar von Münchhausen (1893–1979) war nach Studium (Jura und Nationalökonomie) und Kriegsdienst Ende 1919 in Heidelberg promoviert worden. Dort hatte er näheren Umgang mit FG und ES. Auch bei ihrem diesmaligen Berliner Aufenthalt war er viel mit ES zusammen und pflegte sie während ihrer Krankheit.

[12] *Wolfratshausen*] Der Ort des ersten Kennenlernens.

[13] *die Neuerei, die Beznerei*] Die Heidelberger Pensionen Neuer und Bezner, Schauplätze von FGs und ESs Beziehung.

[14] *der Rimdidim*] Ein Aussichtsberg bei Messbach im Fischbachtal (Odenwald) mit Gasthaus.

[15] *Lindenfels*] Luftkurort an der Bergstraße im Odenwald. FG und ES waren dort im August 1919 zu einem Ferienaufenthalt (Tagebuch).

schöpfliches Herz ... O Geliebte, ich möchte dir danken können und
dir das Glück unverlierbar ins Leben hinein küssen das du mir gebracht. Frohe Tage werden wir immer weniger haben, die Welt wird
trüber und wir dürfen nicht wünschen aus dem Menschenschicksal
herauszutreten, das jedem nur einen Frühling, eine Jugend und eine Erfüllung gewährt ... aber wer einmal die Freude geschaut wie wir und
wem ich solche danke wie Dir, den möcht ich nie verzweifeln und langsam weglöschen sehen. Nicht den Schmerz und nicht den Tod, nicht
das Unglück und nicht einmal den Jammer sollen wir scheun, nur das
seelenlose, glaubenslose, erinnerungs- und hoffnungslose Elend, das
möcht ich dir fernhalten durch meine immer wachsende Liebe. Auch
wenn wir uns nicht mehr täglich sehen, sollst du das Gefühl von mir
umsorgt, umhegt zu sein, nicht verlieren, auch in dem lieblosen Berlin
nicht .. O lass mich nie die Kraft verlieren, dich froher zu machen, du
sollst dich nicht *verlassen* fühlen, solange ich noch meinen Atem in der
Brust habe .. und die Angst die Berliner Gegenwart könne stärker sein
als meine fernen Gedanken, als mein Sehnen und Huldigen quält mich.
Ich liebe dich, ich verehre dich, vergiss es nie, behalt es nicht nur im
Kopf, nein im Blut .. und verlier nicht unsere sechs Jahre aus deinem
Wesen, dann kannst du nie ganz sonnenlos werden oder sternenlos,
denn durch Nacht müssen wir jezt.

Musel, Herzensmusel, wenn du noch vor dem 1. II. kommst,[16] sieh zu
daß du Schlafwagen kriegst, lass dirs von der Klinik oder von Berthold
besorgen. Gleich, bald ... das Geld geb ich dir. Sollt ich dich jetzt nicht
mehr sehen, so hoff ich, es vergeht nicht allzulange Zeit, daß wir uns
in Berlin oder vielleicht in Thüringen einmal treffen .. Wir werden uns
finden und über Meilen weg sind wir magisch verbunden, die Sehnsucht quält, aber sie verarmt und verödet nicht: die wollen wir dulden,
sie sagt nur daß wir nicht einsam sind.

Doch hoff ich, dich vor deiner Übersiedlung noch zu sehen und dich
für eine ganze Ewigkeit mit meiner Liebe zu imprägniren. Geliebte,
schreib mir ein Wort, nichts zur Beruhigung, das würd ich merken, nur
daß ich deinen Hauch spüre, seis auch Seufzer.

---

[16] *vor dem 1. II. kommst*] Vom 2. bis zum 13. Februar hielt FG sich in Basel auf,
wo er drei zusammenhängende Vorträge über deutsche Barockliteratur hielt
und bei Edith und Julius Landmann wohnte.

Ich bin traurig bis in den Grund, aber noch will ich nicht verzweifeln, nicht für Dich. Süsse Seele, ich küsse dich und bin Dein.

Abs.: Gundolf / Heidelberg / Schlossberg 55 – Adr.: Fräulein Dr. Elisabeth Salomon / Berlin W. 50 / Passauerstrasse 5 IV Gh

119. Friedrich Gundolf an Elisabeth Salomon. Heidelberg. 18. Januar 1920

18.

Mein Geliebtes, mein Muselchen!
Eben komme ich aus Darmstadt zurück, wo ich deine und Thankmars Depesche bekam, und hier find ich deinen Brief. Ach Liebstes, all das beruhigt mich nur wenig – deine Krankheit ist meine kleinste Sorge um dich, aber Berlin, dein Fernsein, der Abschied – und die ganze Not, nicht mehr täglich dich sehn hüten küssen wärmen zu können, du immer gefährdetes Liebewesen. Und welche sechs Jahre sollen enden! ich weiss alle solche Freuden enden, selbst wenn man sie durch den Ehestand vertäglicht und aus den blauen Wunderblumen Heu macht zum täglichen Futter. Und wir dürfen nicht klagen – all das weiss ich – wir haben uns tiefer herzlicher leichter näher öfter mannigfaltiger gehabt und geherzt als sichs irgend ein Romeo und Julia, Antonius und Cleopatra, Egmont und Clärchen[17] oder sonst ein Leib und Seelenbund wünschen mag, und ich will dem Geschick, nein *Dir* danken, der immer neuen, immer wachen, Süssen, Tollen, Erfinderischen und Guten, Treuen, Leichten! Aber wenn ich an deinem Haus vorbeigeh wein ich und nachts stöhn ich – Aber alles wär noch leichter, wenn ich gewiss wär, daß du von dem Licht das du mir so unerschöpflich eingegossen und nach allen Seiten versprüht hast, daß du davon bei dir behalten wirst, daß du mir nicht verdüsterst! O Liebe, du hast einen Dämon, aber ich weiss nicht wohin er dich führt ... Und frag dich nicht ob du meine Liebe verdienst. Wenn Liebe „die nicht Macht hat nicht Recht hat"[18] so gilt auch das umgekehrt: wer solche Liebe erwecken und be-

---

[17] *Romeo und Julia ... Clärchen*] Klassische Liebespaare bei Shakespeare und Goethe.

[18] *Wenn Liebe „die nicht Macht hat nicht Recht hat"*] „Und wen Gott nicht erhört, ist nicht gerecht / Und liebe die nicht macht hat hat kein recht". Ein Selbstzitat FGs aus seinem Gedicht „Ich will kein recht wo du mir unrecht gibst" aus der

wahren kann, der verdient sie .. ob durch Verdienst, durch Zauber, durch Gnade: du hast mich umstrickt und ich muss dich lieben, so wie du bist, Dich, die Elli, das Musel, mein Süsses, von dem reichen Herzen an bis zum kleinsten Härchen, das Karpfenschnäuzchen und die herrlichen Beine, deine Tränen und deine 10 kleinen Negerlein, deine Papierindustrie[19] und deine Tanzwut, Dein allerberedtestes und dein allerstummstes Glied – ich liebe dich und sehne mich danach.

Liebchen, raune mir nicht von Not und Gram den du hast, gib mir irgend eine Blickrichtung, sonst grübl ich mich in noch grössere Sorge .. ich bin eben nicht ganz gesund im Gemüt, das weiss ich selbst, aber nimm dennoch drauf Rücksicht .. ich bin hellhöriger, verwundbarer und weitsichtiger in der Verdüsterung.

Ja, wirst du denn vor dem 1. kommen?[20] Ich hab mich schon fast mit dem Abschied für länger abgefunden mit wunder Seele, könnt ich dich noch vorher sprechen, es würde nur vielleicht leichter. Aber leider kann ich nicht über den 1. warten. Und im Verfehlen haben wir Unglück.

Schreib mir noch, aber nichts verhehlen – ich mag keine Beruhigungssimulation. Grüß Thankmar.

Ich küsse dich, mein Bienenstock voll Honig und Stacheln, jede Wabe und jeden Stachel des süssen goldigen Leibs – und bin Dein getreuer
Gundolf
Grüss den lieben Thankmar.

Abs.: Gundolf / Heidelberg / Schlossberg 55 – Adr.: Fräulein Dr. Elisabeth Salomon / Berlin W. 50 / Passauerstrasse 5 Gh IV l

---

12. Folge der „Blätter für die Kunst" (1919), S. 51. Diese Verse waren Gesprächsgegenstand zwischen George und FG in Basel (George-Briefwechsel, S. 337).

[19] *deine 10 kleinen ... Papierindustrie*] Anspielung auf ESs Dissertation: Die Papierindustrie des Riesengebirges in ihrer standortmäßigen Bedingtheit. Tübingen 1920. Der Hinweis auf die „10 kleinen Negerlein" hingegen bleibt kryptisch.

[20] *vor dem 1. kommen*] ES kehrte am 19. Januar nach Heidelberg zurück.

120. Friedrich Gundolf an Elisabeth Salomon.
Basel. 3. Februar 1920

3 / II / 1920 Basel

Du mein Liebstes!
Die erste Nacht fern von dir ist vorübergegangen, ich habe nach dir geweint, an dich gedacht, von dir geträumt und bin am Morgen mit süsser Qual aufgewacht, besessen von dir, bis ins innerste Wesen und fern
von dem geliebten Leib – doch bin ich dein und spüre deine Liebe die
mich in dich hineinreisst – Ach, die schweigt ja auch in der Umarmung
nicht, diese Sehnsucht ganz zu erlöschen im süssen dunkeln Du! Noch
vor dem Frühstück schreib ich dir diesen Brief, noch unangezogen doch
mit dem liebsten Kleidungsstück: deinem Kettchen um den Hals.

Mein Mädchen, mein Muselchen – wir haben wieder einmal auf
unsrem Weg, Du auf dem Deinen, ich auf dem meinen, die beiden Dämonen Liebe und Tod, ganz nackt und hüllenlos gesehen, wir aneinander und für einander – dafür müssen wir hohen Preis zahlen, die un-
tersten Schmerzen, aber sie lohnen uns auch durch eine unendliche
Fülle unsrer Herzen – was haben wir vom Leben mehr, als das – ob
froh ob traurig – es ist was Ganzes, und so ertrag ich die wilden Spannungen des Verlangens, der Angst und der Sorge, Geliebtes. Gelt, du
weisst dass ich dich liebe, dass ich dein bin? Du verzweifelst mir nicht,
du bist nicht verlassen? Liebes Liebes!

Es ist ein wunderbarer Sonnenmorgen, ich wohne in einem kleinen
Haus am Rhein, und im blauen Duft über dem Strom schimmern
Bäume und Dächer. Aber alles ist mir verhüllt durch dich, in dir! Liebchen, jeden Augenblick wiederhol ich mir, all deine tollen Zärtlichkeiten deine schwesterlichen Sorglichkeiten, deine Küsse, deine Tränen
dein Lachen und die Zauber deines schönen Leibes, ja ich bin Dein, bis
zum Springen gefüllt mit Dankbarkeit für Dich. Lass dich umarmen,
ich ergiesse meine ganze Seele in dich holden Abgrund und bleib in dir
gefangen,
geliebtes Herz
Dein
G

Abs.: Gundolf / Basel / Schaffhauser Rheinweg 99 – Adr.: Fräulein Dr. Elli Salomon
/ Heidelberg / Schlossberg 16

121. Friedrich Gundolf an Elisabeth Salomon.
Basel. 4. Februar 1920

4 / II / 20

Mein geliebtes Muselchen:
Es geht mir heute besser, d.h. etwas ruhiger, nur die Liebe und die
Sehnsucht sind geblieben, aber wenn mein Kontakt mit dir nicht lügt,
so geht es Dir heute auch weniger traurig und deine Elektrische Elastizität hat sich bewährt. Zudem habe ich mir in den Kopf gesezt, jährlich
mehrere Wochen mit dir zusammen zu sein und ich sehe sogar die Um-
risse zur Verwirklichung schon lockend auftauchen. Aber freilich
müsstest Du dazu in Berlin einen Posten finden. Denk dir Muselchen,
du eine grosse Kanone in B. und ich Dein Futter.

D. M. ist hier[21] und auch das hat mich ruhiger gemacht: seine göttliche Heiterkeit und Sachlichkeit allein übt schon Heilkraft. (Dies *nur
Dir*) Gestern Abend war mein erster Vortrag – in der Aula, wo alle
grossen Geister seit Jahrzehnten reden. Es war nicht sehr voll, weil hier
die Grippe grassirt und die Leute vor Versammlungen scheuen ... Ein
bischen zu schwer schien es dem Publikum.

Mein Vetter und seine entzückende Frau[22] sind hier heut Abend ess
ich dort ... ich bleib Dir aber treu! O du allerliebstes Süssestes, ich knie
vor dir und fühle in allen Adern das Feuer das Du mir eingeträufelt, die
unermüdlich zehrende und nährende reissende und schwellende Gewalt Deines Zaubers ..

Basel ist unsagbar schön in diesem Vorfrühling, es erinnert fast an
Florenz – nur daß Du nicht diese verwunschenen Vormittage am Rhein,
diesen Mittagsglanz über den stillen Straßen mit mir teilst, wühlt wieder alle Trauer in mir auf. Und die Nächte – wach träum ich von Dir
und seufz ich nach, und im Schlaf wiederhol ich unsre wildesten Umarmungen und um mein Genick klirrt dein Amulett.

Schreib mir bald ein Wort! Ich küsse Dich rundum und ersticke dich
mit langsamen zahllosen Küssen, du darfst mich dafür austrinken, bis

---

21 *D. M. ist hier*] George war zur gleichen Zeit wie FG nach Basel gekommen und
   blieb dort bis Ende April.
22 *Mein Vetter ... Frau*] Hans Oettinger (1883–1949), FGs Vetter mütterlicher-
   seits, sowie dessen Frau Gertrud.

ich nur von Deinem Atem gefüllt bin. Süsse, Tolle, Liebste und Schönste – mein Seelchen, mein einzig Muselchen –
ich bin Dein
G.

Abs.: Gundolf / z.Z. Basel / Schaffhauser Rheinweg 99 – Adr.: Fräulein Elisabeth Salomon / Heidelberg / Schlossberg 16

122. Elisabeth Salomon an Friedrich Gundolf.
   o.O. [Heidelberg]. o.D. [6. Februar 1920][23]

Mein Herzensgundlein – heut fehlt mir Dein Morgengruß. Zwar scheint die Sonne äußerst freundlich aber das teure Symbol das den Tag mir rechtfertigt ist doch noch nicht da – nun er beginnt ja eben erst, da wird es schon noch kommen. Liebster, wie süss erregend ist mir jedes Zeichen das von der geliebten Hand für mich entstand. Oh, mein Gundel! Wie sehr bewundert man Dich in der Schweiz? Der Lips hat mir aus der Züricher Zeitung einen Ausschnitt gebracht worin Du unter „kleiner Chronik" vorangezeigt wirst, etwas umschrieben: *„Der grosse Gundolf* ehrt die *Schweiz* durch seinen Besuch!"[24] Auf das hin werd ich mich nachher in die Akademische Lesehalle stürzen u. weiter nach Huldigungen für Dich ausspähen. Auch die Frau Lobstein sagt daß der Herr Lesezirkel-Bothmer[25] aus Zürich einen tiefst bewundernden Brief fürs Gundelne geschrieben hat und kniefällig um einen Vortrag von Dir fleht. – Der beiliegende Brief kam für Dich mit Jakob Böhme in Schweinsleder von 1682.[26] Im übrigen führe ich einen hartnäckigen aber aussichtslosen Kampf mit den Briefträgern die darauf

---

[23] *6. Februar 1920*] Das Datum ergibt sich aus ESs Angabe „Freitag früh" und aus FGs Antwort auf diesen Brief vom 9. Februar.

[24] *aus der Zürcher … Besuch*] Neue Zürcher Zeitung vom 2. Februar 1920.

[25] *Lesezirkel-Bothmer*] Hans Bodmer (1863–1948) war Gründer und Präsident des Hottinger Lesezirkels in Zürich, wo seit 1886 legendäre Vortragsabende stattfanden (u.a. von Hofmannsthal, Rilke, Hauptmann, Hesse, Karl Kraus oder Thomas Mann).

[26] *Jakob Böhme in Schweinsleder von 1682*] Dabei handelt es sich wohl entweder um „Des Gottseeligen Hoch-Erleuchteten Jacob Böhmens Teutonici Philosophi Alle Theosophischen Wercken [...]", 3 Bde in 1, Amsterdam 1682 oder um „Der Weeg zu Christo. Verfasset in neun Büchlein. Gestellet aus Göttlichem Erkäntnüß. Amsterdam 1682. Thimann, S. 230f.

bestehen Dir die Briefe so nachzusenden u. die Tatsache eines Straf-
portos bestreiten. Am besten schreibst Du selbst mal an die Post, Du
wünschst nichts nachgesandt u. würdest sie sonst haftbar machen. Pakete lassen diese bocköpfigen horndummen pfälzischen Narren eigen-
mächtig zurückgehn. –

Die Angebote für mich häufen sich: da drahtet mir der Berthold ich
soll mich bei der Excellenz Funke um die Geschäftsführerstelle an der
Binnenhandelsstelle für Chemie bewerben.[27] Sie wird mit 24 000 Mk
jährlich dotiert. Goldig von Berthold und sehr schön als Gedanke. Nur
bin ich kein gewiegter Kaufmann u. schlechthin untauglich für solch
verantwortungsvollen Posten. Olschki u. Fräulein Kaufmann[28] lassen
Dich grüßen. Mit Thankmar ists sehr lieb. Er ist sehr froh u. dankbar
in Deinem Zimmer wohnen zu dürfen. Seine Schweizer Reise ist wegen
Paßnöten wieder fraglich geworden.
Mein Gundel, wie ich Dein bin! Du! Ganz Dein!
Musel
Freitag früh

123. Friedrich Gundolf an Elisabeth Salomon.
Wasserburg / Bodensee. 25. Februar 1920

Geliebtes Musel: Ich hab dir nur immer das gleiche zu sagen, nämlich
dass ich Tags nach dir bange, nachts von dir träume, bald die Arme
nach dir ausstrecke, bald sie um dich schlinge, bald – o die tausend Augenblicke deren keiner ganz versunken ist. Und du sitzest im Seminar
und bist fleissig – erfrier dir nur die Arme und die Füsse nicht und sorg
dass das Feuer in deinen eingebornen Herden nicht ausgeht! Doch dafür hoffe ich zu sorgen. Morgen will der Erich[29] abreisen – das wird
mir sehr arg sein – denn er ist eine unendliche Anfeurung – hält mich
auf der Höhe und begreift doch meine Gundeleien.

---

[27] *Excellenz Funke*] Vorsitzender der Außenhandelsnebenstelle Chemie in Berlin.
[28] *Fräulein Kaufmann*] Nicht ermittelt.
[29] *Erich*] FG hielt sich vom 14. Februar an gemeinsam mit Erich und Fine von Kahler in Wasserburg am Bodensee auf, wo er an seinem Buch über George schrieb.
Fine von Kahler besuchte dort eine Gartenbauschule.

Von meinem „Goethe" wird schon wieder eine neue Auflage vorbereitet, ebenso von meinem Shakespearebuch.[30] Das wird nun doch wohl vor Weltuntergang die lezte sein.

Heut war ich wieder in Lindau – es ist ein wunderbarer Tag und bei den Farben am See beim späten Sonnenstand, den Bergen im goldenen Duft, dem silbrigen Glanz der Landzungen mit ihren Villen und Gehöften würdest Du gerührt. Es gibt keine schöne Stunde, da ich dich nicht mitdenke.

Geliebtes Muselchen, ganz süss und langsam und innig und abgefeimt saugst du mir die Seele in deine hinein – und ich fühle wie du an mich denkst, hingegeben, und unerbittlich .. Wir haben nun wirklich alle Grade der Liebe aneinander erprobt und dein vielsaitiges Instrument gibt immer neue Töne!

Nun will ich dir gute Nacht sagen und dich erinnern an den Sonntag Abend, den 1 Februar – eh ich nach Basel fuhr .. an alle Sekunden dieses selig traurigen Abschieds- und Einungsabends, den wir nie vergessen wollen, und wenn wir biedere Honoratioren sind ..
Weisst Du noch? – nun, *so* bin ich Dein Geliebtes und so sei Du Deinem getreuen
G.
25 / II / 1920

Adr.: Fräulein Dr. Elli Salomon / Heidelberg / Schlossberg 16

124. Friedrich Gundolf an Elisabeth Salomon.
Wasserburg / Bodensee. 12. März 1920

Geliebtes Muselchen:
Heute früh bekomme ich den Ruf nach Berlin, als Ordinarius, zusammen mit Petersen, der vermutlich „Wissenschaftler" sein soll, während ich „Bildüngler".[31] Ich soll nach Berlin, das Nähere besprechen.

---

[30] *Von meinem Goethe … Shakespearebuch*] „Shakespeare und der deutsche Geist" erschien 1920 in der fünften, „Goethe" im selben Jahr in der achten und neunten Auflage.

[31] *Heute früh … „Bildüngler"*] Wie angegeben erhielt FG, ebenso wie auch Julius Petersen, vom preußischen Kulturminister Haenitsch einen Ruf auf den Lehrstuhl Erich Schmidts an der Universität Berlin. Eine von der dortigen Fakultät be-

Was ich tun soll weiss ich noch nicht werde aber wohl jener Höheren Eingebung folgen die mir noch nie fehlgeraten hat.

Geliebtes Tier, wenn du dir nun überlegst wie *Du* mich kennst und was ich dir bin so wirst du dich eines gewissen Lächelns nicht erwehren ... Dein Gundelnes als bonzoidsaures Kathedertier.[32]

Wenn ich annehme, wirst Du Dich doch nicht nach Wien setzen?[33] sondern deinen Geheimrat bewachen, vom Turm der Passauerstrasse[34] aus deine Fäden spinnen ...

Kurios ists doch, und wirklich erwartet hätte ichs doch nie, so viel man davon munkelte ...

Behalts nun noch für Dich, Geliebtes – vermutlich wirst Du's eher in der Zeitung finden als in diesem Brief. Jedenfalls wisse nicht was ich tun werde denn ich weiß es selber nicht.

Soviel für heute von Worten, und einen tiefen Seufzer des Zwiespalts und zahllose Küsse auf Mund, Brust, Schooß meiner schönen Süssen, meines herrlichen Musels!
Ich komme um Ende März nach Hbg.

Adr.: Fräulein Dr. Elli Salomon / Heidelberg / Schlossberg 16

---

nannte Kommission unter der Leitung von Gustav Roethe lehnte die Berufung des ohnehin zögerlichen FG jedoch ab. Diese akademischen Streitigkeiten, eine Aversion gegen die Unrast der Großstadt und wohl auch seine persönlichen Verhältnisse ließen FG schließlich von einer Annahme des Rufs Abstand nehmen. Vgl. auch den George-Briefwechsel, S. 341 ff.

[32] *Dein Gundelnes ... Kathedertier*] In ESs Tagebuch findet sich unter dem 17. März ein Echo dieser Formulierung: „Gundolf, der vor ein paar Tagen auf den Lehrstuhl Erich Schmidts als Oberbonze nach Berlin berufen ist: der Gundel!!" „Bonze" bezeichnet im Sprachgebrauch des George-Kreises einen Arrivierten; vgl. kurz danach die spöttische Selbsttitulierung als „Geheimrat".

[33] *wirst Du Dich ... Wien setzen?*] ES plante damals eine Übersiedlung nach Wien, wo ihre Schwester Anne Bernfeld lebte, deren Tochter eben erkrankt war, und wo ES in der Tat bald darauf eine Stelle als Pressereferentin bei der von Felix Sobotka (1878–1934), dem Bruder Fine von Kahlers, geleiteten „Treuga" antreten sollte (Treuhandgesellschaft für ausländische Kreditgeber). Zudem glaubte sie wohl Signale aus dem George-Kreis zu empfangen, wonach ihre räumliche Trennung von FG von dieser Seite aus erwünscht sei, was ein Brief Ernst Gundolfs an sie vom 19. März 1920 dementiert – und indirekt doch bestätigt: „irrig ist Ihre Auffassung, als ob Ihre Entfernung von Heidelberg (oder Berlin) eine von mir vertretene staatliche Erziehungs- oder gar Strafmaassnahme sei. Niemand hat Ihre Entfernung gewünscht, weil Ihnen niemand feind ist. Es gilt das geeignetste Mittel zu finden, die menschlichen Beziehungen – vor allem zu Gundolf – vor vorhandenen Konflikten zu schützen und aufrecht zu erhalten." (George-Briefwechsel, S. 339)

[34] *Passauerstrasse*] ESs Berliner Wohnung, die sie beibehalten hatte.

125. Friedrich Gundolf an Elisabeth Salomon.
Wasserburg / Bodensee. 22. März 1920

22 / III / 1920

Geliebter Schatz:
Eben kommt der Arthur an und will grad diese Woche bleiben. Ausserdem bin ich grad sehr in der Arbeit und fürchte die Einfälle fliegen für lange fort wenn ich sie nicht jezt festbinde: so gedenk ich wenn du irgend warten kannst *Ende* dieser Woche nach Heidelberg zu fahren. Allenfalls kannst Du dir ja den Abreise-termin verlängern lassen. O süssestes Mädel, es wird eine Hochzeit von Lust und Qual werden, und alle Trennungswunden werden wieder bluten. Von Arthur höre ich übrigens daß der Zugverkehr in Oesterreich eingestellt sei. Erkundige dich ja recht!

Was du mir über die Opfer deiner Zunge erzählst ist nicht erbaulich und es sei dir zugestanden, wenns dich befreit, zuweilen zu lästern: zumal die arme Sünderin geb ich dir preis.

Was heisst „der bessere Durchschnitt der Studenten und -innen" spricht so und so von der – was du mir schriebst hat *Einer* gesagt, nicht der Durchschnitt![35] Bleib mir exakt selbst im Lästern, holde Herrin!

Das Berliner Angebot zu Gottschalck scheint mir nach allem was ich bisher vernahm, das angenehmste: dazu würd ich Dir raten.[36] Den Laden kenne ich.

Es sieht ziemlich aus, als käm ich nach Berlin: doch bin ich noch nicht schlüssig, behalts für Dich.

Anbei noch etwas Geld.

Plag dich nicht wegen Schuld. Deine Schuld ist nicht einzelne Sünde, sondern Maaßlosigkeit (Hybris, Vermessenheit). Du wirsts zwar nie begreifen was ich meine damit, aber doch ists so. Deinem Reiz und deiner Huld tuts keinen Eintrag und ich liebe dich deswegen kein bischen minder, eher mehr. Aber es bedroht dich und macht mir Sorgen.

---

[35] *Was du mir … Durchschnitt*] Da sich ESs Brief nicht erhalten hat, bleiben die Anspielungen unklar.

[36] *Berliner Angebot zu Gottschalck*] Offenbar hatte ES ein Stellenangebot bei dem Berliner Antiquar Paul Gottschalk (1880–1970), Unter den Linden 28, der 1936 erst in die Niederlande und nach Kriegsausbruch in die USA emigrieren sollte. Das Tagebuch vermerkt am 17. März 1920 ein Gespräch mit Karl Jaspers „über Antiquar Gottschalk".

Auf baldiges Wiedersehn, ich umarme dich in leidenschaftlicher Liebe und ergebe mich dem Musel!

Abs.: Gundolf / Wasserburg b / Lindau / Hotel Krone – Adr.: Fräulein Dr. Elli Salomon / Heidelberg / Schlossberg 16 – Einschreiben

126. Friedrich Gundolf an Elisabeth Salomon. Wasserburg / Bodensee. 24. März 1920

24. III. 1920

Aber mein Liebstes wie kann man so etwas drahten![37] Du wirst indess aus meinem Brief die Gründe die mich solange noch hier halten begreifen: ein weiterer ist daß Fine mich inständig bittet noch diese Woche zu bleiben. Trotzdem hätte ich mich wohl losgerissen, wenn mir nicht Arthur sagte dass nach einem Anschlag am Münchner Bahnhof der Personenverkehr nach Oesterreich zur Zeit eingestellt sei .. und wenn ich nicht wüsste daß dein Pass dir Abreisespielraum lässt: du hast nun solange gezögert, daß es auf 8 bis 14 Tage auch nimmer ankommt .. So hoff ich bestimmt dich noch in H. zu sehn: obwohl für mich, bei meinem nicht so im Nu untertauchenden Geblüt, die kurze Begegnung reicher an Schmerz erneuter Trennung als an Genuß kurzer Gegenwart sein wird.

Meine Geliebte: deine Depesche kann ich nur so verstehn, dass dir mein Zögern als ein Zeichen meiner mangelnden Liebe gewichtiger wurde als das verkümmerte Wiedersehn von wenigen Stunden an sich .. dass du mich nicht deinen *unbedingten* Sklaven weisst, solang ich noch irgendeine andre Erwägung in mir habe, als deinen augenblicklichen Wunsch.

Geliebtestes: so kann und darf ich dein Sklav freilich nicht sein, und ich wär dann auch nicht der Gundolf, den Du liebst .. aber *so* bin ichs daß deine drei Worte mir Ruhe, Schlaf, Arbeitsfreude und Erholung kosten, und dass michs quält dir einen Wunsch versagt zu haben, selbst wenn er kein notwendiger war, kaum ein vernünftiger, und wenn er 8 Tage später genau so gut erfüllt werden kann. So bin ich dein, daß ich mehr an deinen Schmerzen leide als an meinen, und wenn ich nicht tue

---

[37] *drahten!*] ESs Telegramm ist nicht erhalten; vermutlich ein Vorwurf wegen FGs Ausbleiben vor ihrer Abreise nach Wien.

was du willst, wenigstens dafür büsse. Nein, mein Musel, ich bin in tiefer Liebe, Sehnsucht und Treue Dein und hoffe dich in 8 Tagen davon
zu überzeugen. Aber tu mir das zu lieb, daß du nicht unbeherrscht dich
und mich quälst wegen einer an sich kaum mehr erhofften Verabredung! Ich bin dein, weine nicht und fühl mich in Dir!

Abs.: Gundolf / Heidelberg / Schlossberg 55[38] – Adr.: Fräulein Elisabeth Salomon /
Heidelberg / Schlossberg 16

127. Elisabeth Salomon an Friedrich Gundolf.
Heidelberg. 26. März 1920

Herz wieder heil sei vergnügt
Ich bin dein
Mußel

Abs.: Heidelberg – Adr.: Gundolf / Krone / Wasserburg Bod

128. Friedrich Gundolf an Elisabeth Salomon.
Friedrichshafen. 28. März 1920

komme voraussichtlich morgen abend
gundel

Abs.: Friedrichshafen – Adr.: elli salomon / schlossberg 16 / heidelberg

129. Friedrich Gundolf an Elisabeth Salomon.
Heidelberg. 5. April 1920

Musel, mein Liebstes, meine Herrin!
Fühle dass ich dich maaßlos, treu und glühend liebe, verehre, bewundre. Niemand will dich von mir trennen und niemand vermöchte es[39] ..

---

[38] *Heidelberg / Schlossberg 55*] Wohl versehentliche Verschreibung FGs. Laut Post-
    stempel: Wasserburg.
[39] *Niemand will ... vermöchte es*] Anspielung auf die Ablehnung ESs durch den
    George-Kreis.

Verschwinde mir nur nicht .. Halte mich mit Armen und Beinen, Zähnen und Haaren Busen und Schooss an dir fest, und sag dir beim Erwachen und Einschlafen: der Gundel ist *mein, mein, mein.*

Ja, ich bin Dein, du Geliebte ohne Gleichen, du süssestes Musel! Bald mehr .. und immer Dein.

Abs.: Heidelberg / Schlossberg 55 – Adr.: Fräulein Dr. Elisabeth Salomon / bei Dr. Bernfeld[40] / Wien XIII / 299 Linzerstrasse 299

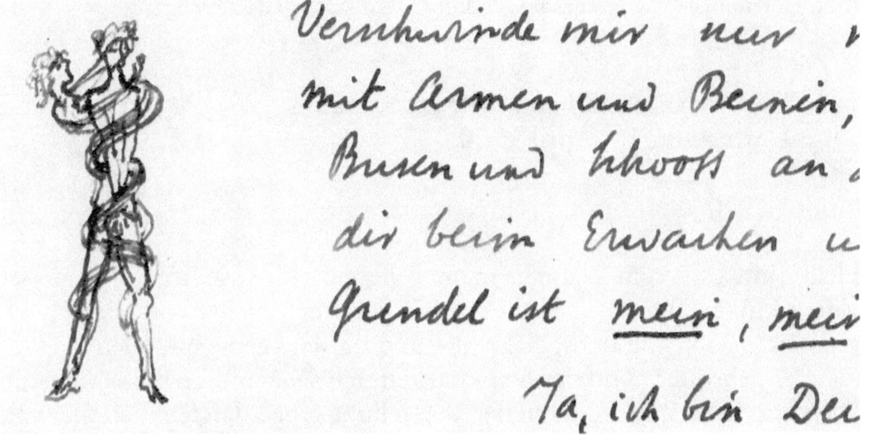

130. Elisabeth Salomon an Friedrich Gundolf.
Salzburg. 12. April 1920

L. G. dies[41] mit 4 multipliziert hab ich hier täglich vor Augen u. lebe ausschließlich von panierten Schnitzeln, Kalbsragout mit Rahmsauce u. dgl. So sieht nämlich das hungernde Österreich aus: Von den Sanatoriums-Patienten bin nur ich nicht kraftstrotzend, dann kommt mein Schwager der schon 2 Monate hier ist u. noch immer mit der Lunge rasselt.[42] Die Andl ist wieder nach Wien gefahren: ich soll noch einige Tage in diesem Eldorado bleiben u. dann unter dem Schutze eines sehr schönen Wieners hinbefördert werden. Bei weitem die meisten Leute heißen

---

40 *Bei Dr. Bernfeld*] ES sollte in Wien zunächst bei ihrer Schwester Anne und deren Mann Siegfried Bernfeld wohnen.

41 *dies*] Die Ansichtskarte zeigt das Panorama von Salzburg.

42 *Schwager… mit der Lunge rasselt.*] Siegfried Bernfeld war schon 1914 wegen eines Lungenspitzenkatarrhs kriegsuntauglich geschrieben worden und verbrachte den Sommer 1920 auf Kur im Sanatorium seines Onkels bei Salzburg.

Schwarzwald[43] oder Reichsthaler. Ich bin die große Sensation u. gelte als unnachahmliches Unikum: 1. reichsdeutsch, 2. einen ganzen Abend Billardspielend, den nächsten Boston u. Foxtrott tanzend, wozu diese gepflegten oesterr. Analphabeten sehr geeignet sind. Die Zollkontrolle ging schnell u. ohne Schikane vorbei. Heut kam Dein 1. Brief aus Darmstadt: tausend Dank. Die Post geht scheinbar sehr langsam. Der Exminister Heine[44] ist auch grad da. Euch allen viele viele Grüße Musel

Adr.: Herrn Professor Friedrich Gundolf / Darmstadt / Grünerweg 37

131. Friedrich Gundolf an Elisabeth Salomon.
Darmstadt. 13. April 1920

13. IV. 1920

Heut sind es schon 8 Tage, mein geliebtestes Muselherz und ausser einem kurzen Wort aus München hab ich noch nichts von Dir gehört, von Dir, die ich Tag und Nacht rufe und umschwärme mit allen Gedanken der Sehnsucht und der Dankbarkeit. Ich sehe und vermisse ringsum Dich und kann noch nicht in der Vorstellung leben daß ich dich nicht allernächstens wieder umarmen soll .. Du Liebes! Gestern war ich in Zwingenberg wo Marianne Kassner in der Gartenbauschule[45] arbeitet .. jezt fährt sie wieder nach München zurück. Die ganze Bergstrasse ist ein Blütenmeer, aber es macht mich alles nur traurig, überhaupt ich bin traurig und glaube das bleibt nun mein Dauerzustand – nun schliesslich kommt vor Gott nichts drauf an wie mir zumut ist sondern nur was ich bin. Dasselbe sag ich auch Dir, mein Musel: du bist ein herrlich Wesen, eine liebste Geliebte, mein schönes Gutes .. das muß genug sein.

---

[43] *Schwarzwald*] Name von Siegfried Bernfelds Mutter; vermutlich stellen die beiden Namen eine Anspielung auf anwesende Verwandtschaft der Bernfelds dar.

[44] *Exminister Heine*] Wolfgang Heine (1861–1944), ein mit ESs Familie bekannter Sozialdemokrat, war von Dezember 1918 bis März 1919 preußischer Justiz-, danach bis März 1920 preußischer Innenminister. Heine war Mitbegründer und Aufsichtsratsmitglied der Freien Schulgemeinde Wickersdorf, ein enger Freund Gustav Wynekens und hatte mit ESs Mutter, Rose Salomon, näheren Umgang. Sein Sohn Walther Heine war mit ESs Bruder Fritz Salomon befreundet.

[45] *Gartenbauschule*] Der Lehrbetrieb für Gärtnerinnen an der Orbishöhe bei Zwingenberg an der Bergstraße.

Meine Arbeit[46] geht langsam und stockend und jeden Tag fürcht
ich, ich bleibe stecken – denn es ist eine die ich vollkommen oder gar
nicht machen muss, und dazu bedarfs nicht bloss meiner gewöhnlichen
Kenntnis und Redekraft, sondern einer dauernden Erhellung. So bin
ich immer gespannt und oft matt. Doch warum plag ich dich mit mir?
Weil ich dir so wie ich bin ganz offen und gegenwärtig sein will. Die
Freundschaft ist schonend – die Liebe ist es nicht, sie küsst auch die
Wunden und will auf Wunden geküsst sein.

Heut früh überraschte mich ein herzlicher Brief von Boll,[47] der dringend mein Verbleiben in Hbg. wünscht. Ich weiß nicht warum ich in
ihm immer einen heimlichen Widersacher witterte .. Ob ich ihm Unrecht tat? Eigentlich müsste er es sein ... Wenn ich ihn sehe denk ich
immer an die Landhausschule, und an Dich, Dich, Dich, Schwester aller Schwestern[48] ... Geliebtes, es gibt doch keine Art Zauber den wir
nicht einander gepflückt hätten und dieser Gedanke hilft mir manchmal wenn auch mit Schmerzen über die Trennung.

Musel, ich hab dir fast jeden Tag geschrieben seit deiner Abreise,
hoffentlich erreicht Dich alles .. hier ist Zensur[49] und einige meiner
Briefe haben die Franzosen geöffnet. Sicher ist schon allerlei von dir
unterwegs ... Was du dir auch denkst, ich bin im Schlafen und Wachen
in tiefer heisser dankerfüllter Liebe, in unauslöschlicher Sehnsucht, mit
allen Küssen des Verlangens dein
getreuer Gundel
Die Meinen gedenken Deiner lieb!

Abs.: Gundolf / Darmstadt / Grünerweg 37 – Adr.: Fräulein Dr. Elisabeth Salomon /
Wien XIII / Linzerstrasse 299 / bei Dr. Bernfeld

---

[46] *Meine Arbeit*] FGs Buch über George.

[47] *Boll*] Franz Boll (1867–1924) war Professor für Klassische Philologie in Heidelberg.

[48] *Wenn ich ihn sehe ... aller Schwestern*] Franz Boll hatte während des Krieges im
Heidelberger Reserve-Lazarett in der Landhausstraße, Ecke Kaiserstraße gearbeitet, in dem auch ES als Rotkreuzschwester tätig war.

[49] *Zensur*] Auf dem Briefumschlag findet sich ein bedruckter Aufkleber: „Auf
Grund der Verordnung vom 15. November 1918 (Reichsgesetzblatt S. 1324) geöffnet"; dies gilt auch für weitere Briefe dieser Zeit.

132. Friedrich Gundolf an Elisabeth Salomon.
Darmstadt. 15. April 1920

Mein liebster Schatz! Mein HerzMusel!
Deine Karten, Brief, Telegramm aus München, Salzburg Wien hab ich
bekommen und etwas erleichtert aufgeatmet – o Geliebte, alles was
von dir kommt elektrisirt mich und der ganze Horizont ist mir von deinen schwarzen Haaren verhangen ... Genug, ich liebe dich, nie genug
werd ich von dir bekommen.

Möge dein Aufenthalt nicht schwerer werden als dein Eintritt in
Oesterreich .. Meine besten Gebete gelten dir, suchen dich, umflackern
dich!

Das Ty hat mir einen lieben Brief und eine Brieftasche geschenkt, der
Lips seine braune .. Mit Ty werd ich öfter Worte und Blicke tauschen
und wenn eine, dann darf sie den von Musel verwaisten Nahthron[50]
besteigen, aber freilich nur als Vicekönigin mit Erlaubnis der in Wien
regirenden unumschränkten Kaiserin, die allein Recht über Leib und
Leben meiner Liebe übt. (Dann gibts ja noch die Göttin.[51])

Ach Musel, ohne deine Hände und Füsse hat die Welt so wenig
Hand und Fuss .. Doch lassen wir das Klagen! „Mein Zauber reisst
nicht, meine Geister folgen / Die Zeit geht aufrecht unter ihrer
Last"[52]

Gestern hab ich einen schönen Frühlingsspaziergang mit der schönen
Lisel S.[53] gemacht, Primeln gepflückt und dein Lob gesungen: besonders die Schönheit deines Gesichts wurde gepriesen und dabei wieder
eigens die Linie von Nase zu Oberlippe .. So Sachen seh ich kaum – ich
dachte an deine Beine, pries sie aber nicht.

---

[50] *Nahthron*] Wortspiel; die lokale, im Gegensatz zu der aus der Ferne regierenden
Herrscherin.
[51] *Göttin*] Fine von Kahler.
[52] *Mein Zauber ... ihrer Last*] Zitat aus Shakespeares „Sturm" (V,1) in der Schlegel-Tieckschen Übersetzung; so auch von FG übernommen (Shakespeare in
deutscher Sprache, Bd. 10. Berlin 1918. S. 413).
[53] *Lisel S.*] Elisabeth Selver.

Der arme Gustav Richard ist freilich unter die Räder geraten,[54] die einen verspiessern mit 18, die nächsten mit 25, der weitere Schub kommt Mitte 30 und dazu gehört er – das ist noch einer der besseren .. Aber die Entwicklung vom feurigen Enthusiasten zum sentimentalen Zyniker hat er mit achtbar langsamem Tempo durchgemacht. Friede seinem Feuer und Tränen seiner Asche! Und bete für mich, dass ich nicht nach 40 noch verkruste. Solang der Meister lebt ist keine Gefahr ..

Heute Nachmittag fahr ich nach Heidelberg.

Ty ist schon wieder in Frankfurt. Das einzigste Musel ist Tag und Nacht bei mir, beherrscht, beseligt, und quält mich mit seinem Schicksal.

Herzensliebste, soll ich dir Geld schicken? es kann dir jezt Kronen tragen. Ich bin gespannt auf deinen ersten Wiener Bericht. Daß du Exminister[55] als Liebesbriefträger benutzt ist auch sehr muselig.
Ich bin dein mit Leib und Seele in süsser Liebe
Dein G.

Adr.: Fräulein Dr. Elisabeth Salomon / Wien XIII / Linzerstrasse 299 / bei Bernfeld

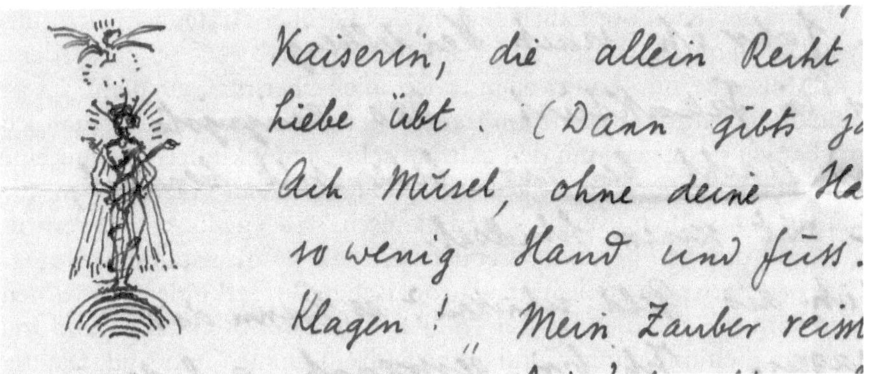

---

54 *Der arme … geraten*] ES hatte am 12. April 1920 an FG geschrieben: „Gustav R[ichard Heyer] lebt sein Bedürfnis für Kult in wörtlichen und tätlichen Hymnen für Tanz (Magda Bauer) aus nachdem er über Guttemplerei, Freistudentenschaft und Blätter für die Kunst hinaus gewachsen ist. Was er über die XI. und XII. Folge sagt ist so dumm und subaltern, daß es die Wiederholung nicht lohnt." – Magda Bauer war Tänzerin in München und unterrichtete in ihrer Schule für Ausdruckstanz auch Heyers Frau Lucy. Heyer selbst verfasste die Einleitung zu Hanns Holdt: Magda Bauer. 8 photographische Studien, München: Euphorion Verlag 1919.

55 *Exminister*] Wolfgang Heine.

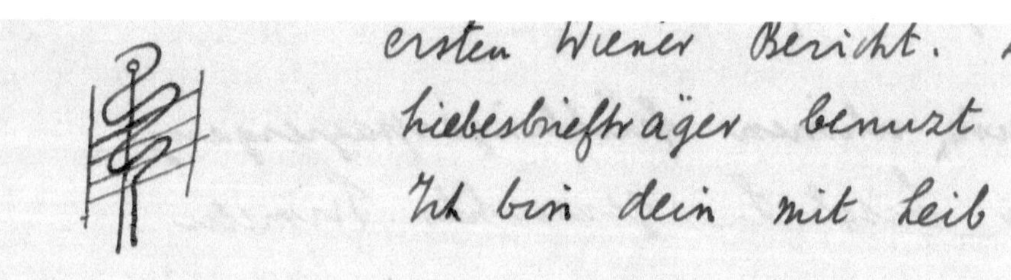

133. Elisabeth Salomon an Friedrich Gundolf.
o.O. [Wien]. o.D. [30. April 1920][56]

Teurer Du – von den 3 Briefen vom 26. ist nur Nr. 3 zu mir gelangt und ich sehne mich nun schmerzlich nach 1 und 2 und stelle mir vor daß da noch besonderere und liebere und herzlichere Dinge stehen als in 3 der eigentlich theoretisch nicht mehr zu übertreffen ist.

Meine Krankheit[57] ist weniger schmerzhaft als sehr ekelhaft und deprimierend und es ärgert mich vor allem daß sie so unnötig ist und nur auf eine gewissenlose Fahrlässigkeit des Berliner Arztes zurückzuführen. Da ich mich auch nie ganz krank fühle geh ich auch schon wieder – mit Maß – herum. Langweilen tu ich mich aber mal gar nicht: da ist einmal die Ruth[58] ein ganz amüsantes Tierchen und dann unterhalt ich mich auch riesig gern mit den galizianischen Judenkindern die mir eine sehr hohe Meinung von Siegfrieds pädagogischem Talent geben. Sie kamen her halbwild verlogen und diebisch, dabei geduckt und verprügelt und das schöne und erfreuliche ist daß sie in erstaunlich kurzer Zeit nicht etwa zu zivilisierten europäischen Bürgerkindern geworden sind sondern alle diese Laster wie von selbst verloren haben und frei ursprünglich unbefangen und gutartig dreinschauen und sind. Richtig vermenschlicht hat er sie. Traurig ist nur daß er aus mancherlei Gründen die Schule jetzt aufgeben muß und mit ihm die ganze mit ihm sich identifizierende Lehrerschaft. Die Kinder werden jetzt durchschnittlichen Mittelschullehrern und Philanthropenweibern anheimgegeben

---

[56] *30. April 1920*] Das Datum ergibt sich durch ESs Angabe „Freitag nacht" und durch die Erwähnung von FGs Brief vom 26. April.

[57] *Krankheit*] Bei ES war eine Cystitis (chronische Blasenentzündung) diagnostiziert worden, die sie zu längerem Liegen zwang.

[58] *Ruth*] ESs damals einjährige Nichte Ruth Bernfeld (1919–2012).

und zum großen Teil zu einer guten städtischen Durchschnittsware banalisieren.[59]

Mit der Rosemarie hast Du vielleicht recht. Wenn sie älter wird ist sie ungeheuer gefährdet. Sie wird von jedermann maßlos verwöhnt, jeder ist glücklich über einen freundlichen Blick von ihr und wo sie hinkommt versammelt sie sofort einen Hofstaat von Erwachsenen und Kindern um sich. Trotzdem wär ihr Tod das ärgste was der Andl und mir widerfahren könnte. Schon der Gedanke sie jetzt so allein in der Schweiz zu wissen[60] ist grausam bei diesem vor allem der Liebe bedürftigen Kinde. Neulich fragte sie übrigens mal wie denn der Gundel „in Wirklichkeit aussieht, denn *so* (wie auf dem frühen Hilsdorfbild[61]) kann er nicht ausschaun, das gibt es nicht.“

Deine Briefe, mein geliebtester geliebtester Gundel, sind mein tägliches Bad und die Nahrung für Herz und Seele und den ganzen Leib. Und wenn sie ausbleiben durch Treulosigkeit der Post – nicht durch die Deine, o nein, Du liebster, treuester! – dann bin ich hungrig und durstig und ungewaschen, halt ein armer Teufel mit dem die Menschen dann rechtes Mitleid haben. Dann sag ich nicht mal „na ja der gute Gundel“ sondern „ha, verrucht! Die garstige Post!“ – Am 5. 5. werd ich meine Füße nach dem Auditorium B auf Urlaub schicken zum trampeln.[62] Wie war der Wolters-Abend und wie ist seine Wirkung auf die Soziologen?[63] Der Thankmar ist noch auf der Dornburg[64] und geht in diesen

---

[59] *mit den galizianischen … banalisieren*] Der pädagogisch interessierte und von Gustav Wyneken beeinflußte Siegfried Bernfeld, der bereits verschiedentlich in der sozialistischen und zionistischen Jugendbewegung aktiv gewesen war, gründete 1919 in Wien-Schönbrunn das Kinderheim Baumgarten für jüdische Waisenkinder aus Galizien. Aufgrund von Konflikten mit der Verwaltung kündigte die Lehrerschaft im Jahr 1920 geschlossen.

[60] *Mit der Rosemarie … Schweiz zu wissen*] ESs damals vierjährige Nichte (1915–1987), meist Rosemi genannt, bei der kurz zuvor Tuberkulose diagnostiziert worden war, weshalb ihre Mutter sie zu einem Kuraufenthalt nach Davos gebracht hatte.

[61] *dem frühen Hilsdorfbild*] Wohl die bei Boehringer: Bild, auf Tafel 94 wiedergegebene Photographie.

[62] *Am 5.5. … trampeln*] An diesem Tag begann FGs Kolleg in Heidelberg mit Ovationen der Studenten.

[63] *Wie war … Soziologen*] Friedrich Wolters hatte am 27. April in Heidelberg einen Vortrag über „Napoleon und den nationalen Deutschen“ gehalten.

[64] *Dornburg*] Thankmar von Münchhausen hielt sich damals im Alten Schloß in Dornburg an der Saale bei seiner Verwandten Sophie von Bülow auf.

Tagen nach Badenbaden zurück. Er schreibt lieb. Ich denke eben wenig an ihn und will mir überhaupt die Goyim[65] abgewöhnen.

Für Frankfurt habe ich keine Lust.[66] Außer dem Ty lebt dort ein gräßliches Volk. Es müßte denn eine ungewöhnlich lukrative Sache sein. – Die Theorie von Musel und Ruhm ist einfach falsch.[67] Im Gegenteil! Mein Herz fragt *nie* nach dem großen Gundolf sondern immer nur nach dem Gundel und der Schoß erst recht. Für mich dürftest Du getrost – wenn auch nicht grade Handlungsgehilfe – so doch Geiger im Kino oder Wachtmeister bei den Garde-Kürassieren sein – ich würde Dich nicht weniger lieben. Dein Ruhm ist mir auch eine Freude aber ganz getrennt davon .. Die Freude an der Hingabe kann er sogar eher stören.

Ich wollte Dir schon depeschieren damit die Wiener Schauerberichte der Studentenkämpfe Dich nicht in unnötige Sorge versetzen. Aber grad in diesen Tagen wußte ich nicht ob Heidelberg Darmstadt oder Berlin. Ich lebe am andern Ende der Stadt, bin also immer unberührt von solchen Dingen. Es ist übrigens wirklich wüst hergegangen.[68] Meine sensationsfreudige und gesinnungstüchtige Cousine Gretl Huppert war mitten drunter und ist stolz auf die Hiebe die sie abbekam. Es gab auch äußerst humoristische Scenen dabei, z.B. ein Deutschnationaler rempelt einen Passanten [an]: „wohin gehören Sie?" Antwort: (cfr. Götz v. Berlichingen),[69] der D. N.: „ja, Sie sind ein Germane, verzeihen Sie bitte!". –

---

[65] *Goyim*] Christen, Nicht-Juden.

[66] *Für Frankfurt ... keine Lust*] FG hatte ES vorgeschlagen, eine Stellung in Frankfurt für sie zu suchen.

[67] *Die Theorie ... einfach falsch*] FG hatte in seinem Brief vom 26. April geschrieben: „Ich möchte doch noch recht berühmt werden, damit Muselchen seine Kiefer vorschieben kann und frohlockt wenn ich vor ihm kniee: denn es liebt mich nicht nur weil ich lieb, sondern weil ich beträchtlich bin und seine Eitelkeit ist grösser als seine Begehrlichkeit. Und es hat lieber zwei Kontreadmirale zu Sklaven als zweitausend Handlungsgehilfen zu Freunden, das kluge Kind!"

[68] *die Wiener Schauerberichte ... wüst hergegangen*] Am 26. April 1920 und an den nachfolgenden Tagen gab es an der Wiener Universität massive antisemitische Ausschreitungen deutschnationaler Studenten, wobei die Mensa für jüdische Studenten verwüstet wurde, jüdische Studenten und Professoren tätliche Angriffe erdulden mußten und schließlich die Wiener Aula besetzt und Juden der Zutritt dazu verwehrt wurde.

[69] *cfr. Götz von Berlichingen*] Gemeint ist das berühmte Zitat aus Goethes Drama: „Er kann mich im Arsch lecken!"

Küß mich, mein Gundel, ich geh jetzt schlafen. Es ist tief in der Nacht und ich sehn mich nach den Träumen die mich dem Geliebten noch näher bringen als der unruhig betriebsame Tag,
Dein!
Freitag nacht

134. Friedrich Gundolf an Elisabeth Salomon.
Heidelberg. 12. Mai 1920

12. V.

Mein geliebtes Herzensmusel!
Schon bald acht Tage habe ich nichts von dir gehört und meine Kontakttraurigkeit sagt mir dass mein Süsses krank oder betrübt ist. Doch hab ich nun so viel zu tun dass ich kaum meiner Schwermut nachhängen kann, und nur die Sehnsucht pocht unablässig und ruft nach der Geliebten, nach der Geliebten, nach der Geliebten. Du!

Meine Arbeit[70] hat in den lezten Tagen Fortschritte gemacht: ich war wie im Fieber, nur bebe ich, eines Tages höre dies Fieber auf und ich sei bar … Den ersten Teil lasse ich jezt typen und wenn Muselchen noch teil nimmt an meinen Gedanken (es darf ruhig sagen, dass ihm die nicht so wichtig sind wie meine Gefühle) dann bekommt es einen Durchschlag.

Meine Vorlesung ist immer noch sehr voll und es wird viel über mich geschwazt. Edgar sagt mir, dass sich noch immer viele Schaftler[71] nach Musel erkundigen denn auch Du bist eine Sagengestalt geworden, ach, auch für mich, meine kleine schwarze Omphale[72] oder Kleopatra, wenn ich schon mich grössenwähnle. Zwischen deinen Knieen spinnen, und das Geheimnis küssen um das dies Museltum sich zu Fleisch und Blut, Haut und Haar, Leib und Seele, Duft und Kleid organisirt hat!

Das Ty war gestern da, vormittags war es beim Nothosaurus,[73] den es nächst dir am liebsten hat, dann komme ich: er ist 2 Millionen Jahre

---

[70] *Meine Arbeit*] Das George-Buch.
[71] *Schaftler*] Kalauernder Ausdruck für Universitätsangehörige.
[72] *Omphale*] Mythologische Königin, als deren Geliebter Herakles verweichlichte und Frauenarbeiten verrichtete, etwa Wolle spann.
[73] *Nothosaurus*] Der Saurier war Gegenstand von Tilly Edingers Doktorarbeit.

alt. Nach Tisch war ich bei ihm[74] in der Reichspost, dann tranken wir
bei Tante Lina[75] Café, und nach dem Kolleg gingen [wir] den Sieben-
mühlental-weg nach Handschuhsheim, ein herrlicher Maitag, und wir
sprachen fast nur von dir .. sonst von Blumen und Steinen.

Am Freitag will die Fine kommen.[76]

Heidelberg ist jetzt im Mai, du kennst das – bald Pfingsten: vor
einem Jahr haben wir uns einmal gezankt, Geliebte: es endete damit,
dass ich dir nur mehr verfiel. Jetzt bin ich dein, und kann kaum noch
mehr dein werden – und doch immer noch täglich spür ich deine neue
Gewalt, als wenn ich das erstemal merkte: „aha, die fängt mich".
Liebstes, nimm mich und sei mein! Mein Musel-liebstes Du!

Abs.: Gundolf / Heidelberg / Schlossberg 55 – Adr.: Fräulein Dr. Elisabeth Salomon
/ Wien XIII / Linzerstrasse 299 / Bar.[77] 30 / bei Dr. Bernfeld

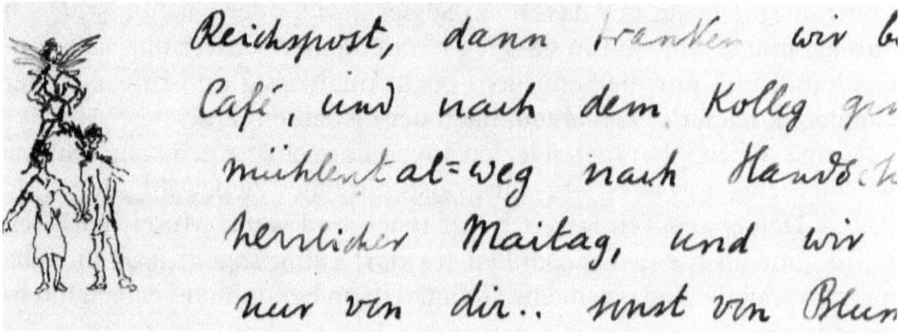

135. Friedrich Gundolf an Elisabeth Salomon.
Darmstadt. 31. Mai 1920

Darmstt., 31. V. 1920

Mein süsses Muselchen:
Wär ich nicht dein treuer Sklave, so würde ich jezt ein paar Wochen
lang nur Küsse Seufzer und Wünsche stumm nach Wien senden – und
keinen Brief .. denn ich bin ganz arbeitswütig und kann mich kaum

---

[74] *ihm*] Dem Ty.
[75] *Tante Lina*] Lokal in Heidelberg (Wirtin Lina Lauer).
[76] *Am Freitag will die Fine kommen*] Fine von Kahler hielt sich vom 14. Mai an
     mindestens eine Woche in Heidelberg auf.
[77] *Bar.*] Baracke; zum Kinderheim Baumgarten gehörend.

eine Minute vom Sinnen freimachen. Jetzt arbeite ich am Teppich.[78] Aber da Du mir sagst, daß meine Briefe dein tägliches Bad sind, so dürfen sie nicht austrocknen, und sollen den geliebtesten Leib umspülen von den weissen Zehen bis zum schwarzen Haar und alles erreichen was nur die Wünsche eines Verliebten ersinnen können.

Zwar überfällt mich oft der Gedanke dass die Muselherrin zufrieden ist ihren Sklaven gefangen zu wissen und soviel Wert nicht darauf legt, es täglich neu zu hören … aber ich tu mehr was ich muss als was du willst und dass ich muss ist vielleicht das was du heimlich willst. Süsses süsses Tier Du!

Meine gegenwärtige Arbeit ist das Gewichtigste was ich bisher gewagt .. wenn es nur glückt, wenn es nur glückt!

Ich bin umdrängt von einem Getümmel gewaltiger Gedanken und sie festzuhalten, die Blitze zu fassen, die Gespenster zu bannen, das zehrt viel Kraft weg .. und die mir bleibt, zehrt das Musel auf, die Hexe, die Geliebte, das schöne süsse Herz, die schwarze Seelenherrin. Liebchen!

Diesen Brief kannst du verbrennen, ich schreib ihn in deinen Schooß hinein und du wirst ihn nicht mit Worten beantworten.
Allerliebstes Wesen, holdes Leben!
Werde froh und bleibe mein!

Abs.: Darmstadt / Grünerweg 37 – Adr.: Fräulein Dr. Elisabeth Salomon / Wien XIII / Linzerstrasse 299 / bei Dr. Bernfeld

136. Friedrich Gundolf an Elisabeth Salomon. Heidelberg. 11. Juni 1920

Mein allersüssestes Muselherz:
Heute hab ich die Lieder von Traum und Tod mit einem grossen Schlussaccord ausgeläutet[79] und der Abend soll mich noch am Busen meines Geliebten Musels finden, das mich von den Umarmungen der Muse eifersüchtig abholt.

Ja, Schatz, sobald ich ein fertiges Maschinen Manuskript habe, sollst Du eines bekommen.

---

[78] *Teppich*] Georges Gedichtband „Der Teppich des Lebens".
[79] *Lieder von Traum und Tod*] Eine Gedichtgruppe im „Teppich des Lebens", den FG eben in seiner George-Monographie behandelte.

Dass du schon wieder Projekte machst für unsre nächsten Flitterwochen, Süssestes, rührt und ängstet mich .. Gewiss behalt ichs bei mir, denn ich trau mich noch nicht dran zu glauben. O Liebes Liebes – nicht Hoffnungen an die Wand malen, ich will nicht schon jetzt wieder auf der Streckfolter der Sehnsucht liegen – ich hab noch ihre Spanischen Stiefeln[80] an. Du Elastischer Teufel hast deine Lust dran, wenn du gleich wieder am Halbentspannten zerren kannst!

Gern höre ich von der neuen Stellung bei dem Universalbruder der Totalitätsschwester[81]... Tu *felix* Austria, nube.[82] Halt dich nur brav.

Was macht eigentlich deine Cystitis? Den schönen Namen weiß ich durch Ty .. (Du bist scheints immer noch tabu.[83]) Mein Schreibfräulein schreibt immer statt „Verleibung des Gottes" Unterleibung: das ist eine Tätigkeit für Dich.

Deine 10 Arbeit[en] habe ich zu Schwarz gebracht. Bekomm ich denn kein Exemplar, und Edgar? Wo sind denn Deine? Die 300 M. bekomm ich erst morgen, wenn ich Schwarz treffe.[84]

Dein Gedichtbuch bindet Else Kühner und die ist noch nicht fertig .. aber du bekommsts. Auch die Goethebücher sind bestellt, doch braucht das Paket Einfuhrerlaubnis, und das dauert lange.

Dem Meister geht es nicht gut – es ist langwierig und kein Ende abzusehen.[85]

----

80 *Spanischen Stiefeln*] Ein Folterinstrument.

81 *Stellung ... Totalitätsschwester*] Anspielung auf den Bruder der von FG vergötterten Fine von Kahler, Felix Sobotka, in dessen Firma ES als Pressereferentin tätig war, der aber daneben noch weitere Unternehmen betrieb.

82 *Tu felix Austria, nube*] Der Hexameter „Bella gerant alii, tu felix Austria nube" variiert einen Vers aus Ovids „Heroides" (13,82) und bezieht sich auf die Habsburgische Heiratspolitik („Kriege mögen andere führen, Du – glückliches Österreich – heirate"). Wohl kalauernde Anspielung auf Felix Sobotka.

83 *Du bist scheints immer noch tabu*] Vermutlich ist Unberührbarkeit in sexueller Hinsicht gemeint.

84 *Deine 10 Arbeiten ... Schwarz treffe*] Der Universitätspedell Schwarz übernahm die Belegexemplare von ES Dissertation und sollte FG dafür 300 Mark aushändigen, die ES als Gegenwert hinterlegt hatte. – Edgar Salin hatte bei ESs Arbeit Korrektur gelesen.

85 *Dem Meister ... abzusehen*] George litt schon seit mehreren Jahren an Nieren- und Blasenbeschwerden, infolge derer er damals in einer Heidelberger Klinik lag. Anschließend begab er sich nach Bad Wildungen, wo ihm am 22. Juli durch Operation ein Blasenstein entfernt wurde.

Musel, wenn ich auch einmal ein paar Tage nicht schreibe: umso heftiger denk ich an Dich und den Tribut empfängst Du in heissen Gedanken, Wünschen, immer Dank und aber Dank für die süsseste Beglük-
kerin .. Du musst mich in Dir fühlen, Liebling! Erschliess Dich und
umschliess mich! ..

Adr.: Fräulein Dr. Elisabeth Salomon / bei Dr. Bernfeld / Wien XIII / Linzerstrasse 299

137. Friedrich Gundolf an Elisabeth Salomon. o.D. [20. Juni 1920][86]

Muse und Musel:

> Eine Frau im reichen Königskleid
> Kniet vor einer schwarzen nackten Maid.
>
> Die gebeut: tu mir vom Fusse zum
> Scheitel deine Herrlichkeiten um.
>
> Purpurschuh umspannt den prallen Reihn –
> Spange, Kette, Glitzernd Ringgestein
>
> Schenkelauf um Bauch Brust Arm und Hand ..
> Um die Schulter jetzt das Sterngewand.
>
> Perlenreif ins Haar, Gehäng ins Ohr ..
> Halte nackt du mir den Spiegel vor ..
>
> Ob nicht ich, mit deinem Glanz betraut
> Wahre Herrin bin und echte Braut ...
>
> Bleicher Schatten, meine Stimme du,
> Singe mich in Liebe Ruhm und Ruh!

---

[86] Die Datierung ergibt sich aus ESs Briefen vom 24. Juni und 18. Juli 1920.

138. Elisabeth Salomon an Friedrich Gundolf. Wien. 24. Juni 1920

Geliebter geliebtester Gundolf – wie tief beschämst Du mich täglich aufs neue. Zu *Deinem* Geburtstag – der erste seit 6 Jahren den wir nicht beisammen waren – beschenkst *Du mich* mit einer Fülle von Gaben: mit überaus schönen Versen, einem süßen Brief und einer ganzen Bibliothek. Mein Gundel, meines! Was hatte ich Dir denn zu geben? Was ich von Büchern für Dich suchte fand ich nicht bisher – aber es kommt noch nach, was andres freut Dich nicht und einen Brief brachte ich nicht übers Herz. Mir war so weh zumute. Ich bin ja Dein, mein Gundel, ganz ganz Dein. Wie selig zu wissen daß Dich das freut. Es ist nicht mein Verdienst. Was tuts, so ist es eine Gnade. Oh, Gundel, halt mich weiter fest! Es tröstet nicht nur, es hält mich ja wirklich.

Der Tod Max Webers[87] hat auch mich mit tiefer Trauer erfüllt. Armes Deutschland, es hat nicht gar so viel Männer zu verlieren. Wenn Zeitungen jetzt sein Bild bringen so schick es mir doch und wenn möglich mehrmals. Es gibt auch hier viele die ihn bewunderten und liebten.

Was für Korrekturen hast Du zu lesen? Ist denn das neue Buch[88] schon im Druck?

Mein Amt ist bisher nicht anstrengend aber nicht sehr erfreulich: denn ich muß das deutsch-österreichische Wirtschaftsleben studieren und was man da erfährt ist so trostlos daß man es besser nicht kennen lernen würde. Es gehört schon eine perverse Gemeinheit dazu ein Volk in einen solchen Zustand zu zwingen den zu bessern es gar keine Möglichkeit gibt als sterben. Der genialste Politiker der Welt muß gegen solche Naturgegebenheiten machtlos bleiben. Und die hiesigen Politiker sind verglichen mit den unsern gar nicht so dumm.

Meine Cystitis ist noch immer nicht ausgeheilt und tabu werd ich wohl auf Jahre bleiben, womöglich solange bis die Jahre mich selbst dazu zwingen. – Dank schön für die Mühe mit der Dissertation. Sind die 300.– an Siebeck[89] geschickt? Hast Du sie gelesen? Wo ist Salz? Ich möchte sie ihm auch schicken? Wo werden sie sich jetzt hinsetzen

---

[87] *Der Tod Max Webers*] Weber war am 14. Juni 1920 in München gestorben. Vgl. auch FGs Kondolenzbrief an Marianne Weber (Briefe. Neue Folge, S. 175f.).

[88] *das neue Buch*] FGs George-Monographie. Korrektur las er zu einer neuen Ausgabe seiner Shakespeare-Übersetzung.

[89] *Siebeck*] Der Verleger von ESs Dissertation, Paul Siebeck (1855–1920) in Tübingen.

nachdem die Bajuvaren unverbesserlich borniert bleiben?[90] Grüß Soscha von mir u. Lucy. Was tut sie in Heidelberg? Warum schreibt mein
Paidion[91] mir nicht der Schurke? Und der Lips? Ich glaube außer Dir
vergißt man mich in H.

„Muse und Musel" ist sehr aufregend und eine würdige Ergänzung
zu „noch nicht genug".[92] Auch die beiden andern Gedichte haben mich
erreicht und ins Herz getroffen, Du Liebster! Ich umarme Dich in heißer und dankbarer Liebe.
Ewig
Elli
Wien am 24. 6. 1920
Hoffentlich geht es dem Meister besser. Ich bete täglich um seine Genesung.

139. Friedrich Gundolf an Elisabeth Salomon.
   Heidelberg. 15. Juli 1920

15 / 7 / 20

Ach süssestes Muselherz – nach Oesterreich kommen ist nicht so leicht
wie du dir das vorstellst – ich habe mich selbstverständlich erkundigt:
es ist ohne dringlichst beglaubigte Gründe fast unmöglich die Erlaubnis zu bekommen – viel schwerer als in die Schweiz .. das glückt nur
Schiebern .. auch ists für August jetzt schon zu spät. Es könnte frühe-
stens September oder Oktober in Betracht kommen. Im August muss
ich mindestens noch bis zum 15 in Darmstadt sein und wenn ich dann
überhaupt weggehe, so werde ich wohl nach Wolfratsh.[93] müssen oder
zu George. Aber ausserdem, Geliebtes aller Liebsten, bin ich mit meiner Arbeit noch lange nicht zu Ende, da ich das Maschinen Manuskript noch durchkorrigiren muss – möglichst im August soll mit dem
Druck begonnen werden – übrigens während des Drucks kann ich
auch nicht gut nach Oesterreich. Immerhin, ich will das Mögliche tun
um vielleicht im Spätherbst wenigstens vielleicht nach Wien zu kön-

---

[90] *Salz ... borniert bleiben*] Arthur Salz war wegen seiner Nähe zur Münchner Rä-
   terepublik aus Bayern ausgewiesen worden.
[91] *Paidion*] griech.: Kind; Beiname Josef Liegles.
[92] „*Muse ... genug*"] Gedichte FGs (s. o.).
[93] *Wolfratsh.*] Zu Kahlers in Wolfratshausen.

nen. (???) Als Du abreistest nach Oesterreich, sagte ich dir diese Trennungshemmnisse voraus und Du nahmst sie leicht .. Oesterreich ist nicht viel näher als SüdAmerika … Meine Sehnsucht wächst natürlich durch deine Vorschläge[94] bis zum Toben .. aber Du vergisst immer wieviel gebundener ich bin als Du auch durch Sachen ..

Dass Briefe von dir verloren gehn ist möglich, geöffnet werden sie fast alle. Ach wir sind arg getrennt – trotzdem fühl ich in der Sehnsucht etwas das fast eint wie die Küsse und in den Küssen etwas das trennt wie Sternenmeilen. Die Hauptsache ist daß wir uns treu und heiss lieben, und ich lebe und webe in Dir bis zum Selbstvergessen, Tag und Nacht, in alle Bilder und Gedanken dringt dein Atem, Du, immer Du, daß ich kaum noch für andre Wesen geniessbar bin, weil ich vermuselt bin.

Berühmt bin ich jezt mehr als ich brauchen kann und mein Kolleg ist gut .. Nun muss nur noch mein Buch über George kommen – o Musel, dann hab ich auf der Erde fast alles geleistet wozu ich da bin … Und auch bei den Höchsten Gedanken stell ich mir Musels Blick Ohr und Stimme vor.

Wenn ich wirklich was Rares bin, dann hat das Musel einen raren Geliebten, und hat ihn mit einer so unbedingten Liebesgewalt wie wenige Frauen je Männer gebunden. Herz Du, süssestes schönstes, liebstes Geschöpf auf der Welt, Ich bin Dein mit allen Blutstropfen, Herrliches Musel, Dein treuer G.

Wir müssen uns so lieben, daß wirs über Meilen hinweg fühlen, daß wir MuselGundeleins sind! Du!!

Adr.: Fräulein Dr. Elisabeth Salomon / (bei Dr. Bernfeld) / Wien XIII / Linzerstrasse 299

140. Elisabeth Salomon an Friedrich Gundolf. Wien. 18. Juli 1920

Wien, am 18. 7. 1920

Geliebter![95] Wenn Dir je mein Wunsch etwas bedeutet hat, wenn es in Wahrheit Dein Wille ist zu tun was mich freut soweit es in Deiner Macht

---

94 *Vorschläge*] ES hatte FG vorgeschlagen, den August gemeinsam in Österreich zu verbringen.
95 *Geliebter!*] Auf Briefpapier der „TREUGA Aktiengesellschaft für Veredlungsverkehr und für treuhändige Güterverwertung Wien".

steht so flehe ich Dich an: laß Dich nicht weiter von Menschen zerreißen, auch wenn es Freunde und Dir liebe sind. Sag einmal: nein! Es kann ihnen doch auch keine Freude sein Deine Würgengel zu spielen. Oh Dir fehlt die Cerbera![96] Im vorigen Jahr konnte die Dich doch vor solchen Massenangriffen schützen seis durch Stellvertretung, seis durch Entführung des gesuchten Objekts Gundel, seis selbst durch rohe Gewalt. Ich bin völlig verzweifelt in meiner Wiener Machtlosigkeit und warte mit Ungeduld auf Deine Nachricht wo wir uns treffen wollen. Dann werden wir wohl am besten die Sorge umeinander los. Sag dem Erich tausend liebe Grüße und warum ihn ausgerechnet jetzt nie sein Weg nach Wien führt. Wie froh wäre ich ihn mal zu sehn. Und frag das Trübelchen ob ihm mein Brief nachgereist ist. – Eben hast Du mich so weit zur Sparsamkeit erzogen daß ich die Gedichte in den neuen Almanach zweiseitig picke,[97] da rufst Du mich selbst zur Verschwendung auf durch voreilige Anschaffung eines noch neueren. Fürchtest Du denn gar nicht die Dämonen die sich nur sehr ungern in dieser Weise provozieren lassen? Ach, und ein Weibsgundel bin ich ja gar nicht. Wäre ichs doch! Du brauchtest niemals Reue fürchten über eine zu tiefe Liebe an unwürdiges. Doch lassen wir das: jede Selbstbesinnung führt mich an den Abgrund!

Die Weberaufsätze die Du hast[98] möchte ich auch sehr gern. Außerdem gibt es aber ganz neue über Soziologie. Ich bitt Dich frag den Alfred Weber drum oder den Edgar. – Das Gedicht des 20. Juni habe ich Dir längst mit heißem Dank und nicht ohne Beschämung bestätigt. Nun ist schon wieder ein übersüßes da das mir Talisman sein soll, und das Rätsel mit der Lösung Musel-Gundel. O Deine unerschöpflich lieben Einfälle! Denke Dir, ich habe auf gänzlich unerklärliche Weise die Georgika[99] verloren – vielleicht ist sie mir in der Trambahn gestohlen [worden] als ich einmal totmüde von Arbeit und Hitze döste. Aber ich bin noch nicht ganz am End damit und sehne mich unbeschreiblich danach sie ganz und dann wieder zu lesen. Ich bin ebenso erstaunt wie be-

---

[96] *Cerbera*] Beiname ESs, meist von Friedrich Wolters gebraucht. Der Cerberus bewacht in der antiken Mythologie den Eingang zur Hölle; auch in allgemeinerem Sinn für einen strengen Türhüter. – FG hatte mehrfach über starke Beanspruchung durch Besucher geklagt.

[97] *picke*] Klebe (österr.).

[98] *Die Weberaufsätze die Du hast*] FG hatte ES mitgeteilt, daß Aufsätze Max Webers posthum als Buch erscheinen sollten und daß er einige davon als Sonderdrucke besitze.

[99] *Georgika*] Anonym erschienene (Heidelberg: Weiss. 1920) Abhandlung über Stefan George von der Philosophin Edith Landmann (1877–1951).

glückt über dieses Buch. Ich zerbreche mir vergeblich den Kopf wer dieser des Meisters würdige Interpret sein kann. Doch bin ich sicher es ist niemand den ich kenn oder von dem ich auch nur etwas gelesen hätte. An keiner Stelle der geschwollene Ton der den Gundelschülern und Georgehymnikern so leicht eigen ist. Alles so selbstverständlich und schön und klar und überzeugend und geschlossen. Besonders der erste Teil über das Wesen des Dichters ist wunderschön. Bist Du und sind alle andern auch so begeistert davon wie ich? Wenn irgendmöglich schick mir doch ein 2. Exemplar.

Von Bondi sind jetzt 1 Shakespeare u. der deutsche Geist und 2 Goethe gekommen. Vielen Dank. Den einen Goethe hab ich der Trude Hammerschlag gegeben, den andern dem Heinz Hartmann[100] weil die Anna Lang[101] ihn schon besaß. Das sind die besten hier und jetzt wo sie wie alle vernünftigen Wiener aufs Land gehn ists für mich wieder sehr einsam. Und Wien bei Hitze ist noch viel unerträglicher wie Berlin. – Wie war der Thankmar? Wie hat er der Lili gefallen?[102] – Das Sommerbild[103] ist auch nicht zum lieben. Aber das Kleid, ist das nicht besonders schön?

Such mir keine Autogramme,[104] ich will Dir lieber welche suchen. Mir sind Luxusartikel lieber.

Denke, welchen Witz das Schicksal wieder mit mir treibt: der Sigfrid geht ab 15. August nach Heppenheim als Lektor vom Jüdischen- u. Welt-Verlag.[105] Die Andl kommt später nach um in Heidelberg ihr praktisches Jahr nachzuholen[106] und bleibt vorerst als Ärztin an Rose-

---

[100] *Trude Hammerschlag ... Heinz Hartmann*] Trude Hammerschlag (1899–1930) war Mitarbeiterin Siegfried Bernfelds am Kinderheim Baumgarten, studierte Psychologie und heiratete später den Psychoanalytiker Heinz Hartmann (1894–1970), den Sohn des Historikers und damaligen österreichischen Botschafters in Berlin, Ludo Moritz Hartmann (1865–1924).

[101] *Anna Lang*] Anna Lang (1895–1983) war Gartenarchitektin und Ehefrau des Metallwarenfabrikanten Robert Lang.

[102] *Wie war ... gefallen*] Sowohl Thankmar von Münchhausen wie auch Lili Waetzold hielten sich damals gerade in Heidelberg auf.

[103] *Sommerbild*] Photographie ESs, die sie FG übersandt hatte.

[104] *Autogramme*] FG hatte ES geschrieben, daß er Autographen erworben habe und ihr angeboten, für sie auch welche zu besorgen.

[105] *der Sigfrid ... Welt-Verlag*] Diese Tätigkeit, die verbunden war mit der Redaktion der von Martin Buber geleiteten Zeitschrift „Der Jude", mußte Bernfeld aufgrund seiner angegriffenen Gesundheit bereits 1921 wieder beenden.

[106] *Die Andl ... nachzuholen*] Anne Bernfeld sollte in der Tat das nach ihrem Berliner medizinischen Staatsexamen notwendige praktische Jahr in Heidelberg ableisten und 1921 ihre Approbation als Ärztin erhalten.

mis Sanatorium in Davos. Was aus der Ruth und dem Musel wird ist bei den Göttern und bei Bernfelds noch nicht entschieden. Die Ruh ist mir wohl nicht bestimmt. Aber irgendwo ist man halt immer.

Mein Gundel ich sehne mich unbändig nach Deiner liebegebenden und liebenehmenden Nähe an einem schönen Platz bei einem Wasser denn der Sommer 1920 ist gewaltig heiß.
Dein Musel

141. Elisabeth Salomon an Friedrich Gundolf.
o.O. [Wien]. o.D. [2. August 1920][107]

Mein geliebter Gundel. Nochmals: verzeih mir! Aber sag doch selbst: Wie kann es mir verständlich sein täglich die Briefe zu lesen die von Deinem sehnen nach mir sprechen und wenn es dann dazu kommt daß wir uns sehen können mußt Du zu andern fahren? Und auch Dein jetziger Vorschlag[108] ist gleichsam so als wolltest Du mir halt gern zu Willen sein. Liebster, das möchte ich nicht. Nur dann wollen wir uns treffen wenn es Dir das liebste, keinesfalls wenn es Dir ein Opfer ist. Ist es vielleicht so daß die Sehnsucht selbst Dir ein gewisses genügen gibt und ihre Erfüllung drum weniger wichtig wird? Ich hatte Dir doch längst geschrieben daß mir jede andre Gegend ebenso recht sei. Vorarlberg grad ist ziemlich aussichtslos für uns beide weil die Tiroler Christlichsoziale Landesregierung keinem Juden Aufenthaltsbewilligung erteilt.[109] Dagegen werd ich wohl leicht das deutsche Visum bekommen und meinen Urlaub nach Wasserburg nehmen können. Dann bist Du auch alle Paßunbequemlichkeiten los. Aber nochmals: ich tu es nur wenn es ganz und gar Dein Wunsch ist. Gib mir aber umgehend Bescheid weil ich nach Mitte August hier ohne Wohnung bin und erst nach meiner Reise eine andre nehmen kann. Du siehst es ist durchaus nicht mein Ehrgeiz Dich der Fine 14 Tage auszuspannen. Ach, mein

---

[107] *2. August 1920*] Die Datierung des Briefes erfolgt nach einer späteren Bleistiftnotiz von ES; der Brief beantwortet den FGs vom 29. Juli.

[108] *mußt Du zu andern fahren ... Vorschlag*] FG hatte ES geschrieben, daß er seit langem zugesagt habe, den Sommer mit Kahlers in Wasserburg und Wolfratshausen zu verbringen; ES solle doch nach Bregenz kommen, wo er mit ihr, von Wasserburg kommend, zusammentreffen könne.

[109] *weil die Tiroler ... erteilt*] Damals gab es verbreitet behördliche Schikanen gegenüber Juden in deutschen und österreichischen Urlaubsorten, die sogar den Begriff „Bäder-" oder „Sommerfrischen-Antisemitismus" hervorriefen.

Gundel, wenn ich von solchen Ehrgeizen geplagt würde, wäre ich dann
wohl fort von Dir gegangen? Und nach Deutschland für dauernd
komme ich nicht zurück, ich kann nicht, obwohl Du der Geliebteste
bist und nur Du, ich kann nicht. Ich bin zu gejagt[110] und hier bleibe ich
auch nur wegen der Stellung. Es wird jetzt wirklich gründlich einsam
hier werden. Die Andl u. der Sigfrid sind eben zurück und bauen hier
ab. Die ganze Familie übersiedelt nach Heidelberg, die Andl will dort
ihr praktisches Jahr nachholen. Drum müssen sie auch in H. selbst wohnen u. nicht in Heppenheim. Müh Dich aber nicht wegen einer Wohnung ab. Ich schreib schon selbst an alle möglichen Leute: es müssen
3–4 möblierte Zimmer sein.

Die letzten Verse sind wieder so voll Trauer. Gundel, liebster liebster
Gundel. Sei nicht so traurig, sei es nicht. Ich hab auch ein neues Liebigbild[111] für Dich: „Auf einer englischen Werft wurde ein neuer, für
die italienische Genua-Buenos Aires-Linie bestimmter Passagierdamp-
fer vom Stapel gelassen. Das neue Schiff ‚Giulio Cesare‘ ist ein solches
von 27000 t bei einer Länge von 700 Fuß, seine Maschinen entwickeln
23000 PS u. ermöglichen die Zurücklegung der Route Genua-Buenos
Aires in 14 Tagen." – Freut Dich das?

Ich war bei einer Sommernachts-Redoute[112] im Belvedere-Garten.
Ich trug ein tief dekolletiertes schwarzes Kleid und weiße Lockenper-
rücke und gefiel den Leuten gut so. Mir gefielen die andern weniger:
die Wiener sind auch nicht weniger gemein als die Berliner, aber sie vereinigen damit ihr Weaner Gemüt und das gibt eine unerträgliche Mischung.
Treu liebend Dein Musel

---

[110] *Ich bin zu gejagt*] Wohl Anspielung auf die Anfeindungen aus dem George-
Kreis.

[111] *Liebigbild*] Liebigbilder waren Sammelbildchen, die den Packungen von Liebigs
Fleischextrakt zu Werbezwecken beigefügt waren. Hier wegen des Caesar-Bezugs erwähnt.

[112] *Redoute*] Ball.

142. Elisabeth Salomon an Friedrich Gundolf.
o.O. [Wien]. o.D. [5. August 1920][113]

Mein geliebter Gundel – Meine Pest[114] hat sich jetzt so verschlimmert
daß mir ärztlich sofortige völlige Ruhe verordnet ist. Hier ist das technisch unmöglich und an irgendeinem Kurort auch weil mir der Betrieb
keine Ruh läßt. Wenn Du also Lust hast mich am Bodensee zu treffen
so depeschier mir möglichst das wann und wo. Ich lieg in der Sonne
und Du bist bei mir, so könnt ich vielleicht die Gefangenschaft der
Beine ertragen. Und in Wasserburg ist man der guten Unterkunft sicher. Kahlers wirst Du durch mich nicht den ganzen Tag entzogen. Es
könnte freilich sein sie wollen es nicht. Dann gehts natürlich nicht. Ich
bin ziemlich ratlos was dann zu tun ist, zumal Bernfelds nächste Woche
schon übersiedeln.

Dann sprechen wir auch noch mal gründlich über meine weiteren
Pläne. Deine Verse und Dein letzter Brief reißen mir am Herzen. Aber
liebster Geliebter Du, wenn Du die Verbannung als Motiv nicht gelten
lassen magst, kann ich Dich vielleicht mit rein bürgerlich opportunistischen Gründen überzeugen? So etwa: wenn ich überhaupt daran denken soll daß ich noch ne Anzahl von Jahren am Leben bin so bin ich gezwungen es auf irgend eine Weise sozial und ökonomisch zu regeln sei
es durch Beruf, seis durch Heirat. Aus beiden wird nie etwas wenn ich
als Maitresse des Professor Gundolf in Heidelberg bleibe. Versteh das
nicht falsch, mein Geliebter Herzensgundel. Nichts auf der Welt bin ich
lieber als des Gundel Geliebte. Aber er ist halt so grauslich berühmt, die
ganze Welt schaut auf ihn und das gefällt mir nicht wenn sie mich da
mitsieht. Nicht diese Überlegung treibt mich fort von Dir sondern der
Dämon der mir im Genick sitzt. Aber oft wenn ich überlege tritt dieser
Gedankengang auf. Was soll ich dazu sagen und tun wenn Du mir
schreibst Du seist nicht fern von richtiger Schwermut. Welche entsetz-
liche Verantwortung für mich. Sage mir einen Ausweg. Aber er muß
ausführbar sein von allen Seiten besehn. Mit tausend Freuden möcht
ich sofort sterben wenn es Dir den Frieden wiedergibt. Halt das nicht
für leeres Gerede. Denn auch ohne dies wär der Tod mir lieber als alles
alles andre. Jetzt vor nem Jahr waren wir in Nonrod.[115] O Gundel! Wie

---

[113] *5. August 1920*] Das Datum ergibt sich durch den Kontext sowie durch ESs Angabe „Donnerstag“.
[114] *Pest*] Krankheit, Cystitis.
[115] *Nonrod*] Der letztjährige Ferienaufenthalt ESs und FGs im Odenwald.

schmerzvoll ist alles. Könnt ich mich nur wieder einmal an Deinem
treuen teuren Herzen ausweinen.
Elli
Gib mir Nachricht was wird.
Donnerstag

143. Friedrich Gundolf an Elisabeth Salomon.
     Darmstadt. 13. August 1920

Darmstd 13 / 8 / 1920

Liebstes!
Fine schreibt dass es in Wasserburg jetzt überfüllt und äusserst unge-
mütlich sei und ich jetzt nicht kommen möge.[116]
  Ich möcht dich nun sehn .. am liebsten aber nicht *aufs geratwohl*
nach Bregenz fahren, sondern erst wenn du einen ruhigen und wohn-
lichen Ort dort oder in der Nähe gefunden hast: denn herumreisen
kann ich jetzt nicht und muß mindestens einen festen Aufenthalt von

---

[116] *Fine schreibt … kommen möge*] Fine von Kahlers Brief vom 11. August enthielt
    darüber hinaus deutliche Worte: „Ich muss Dir nun gleich sagen, dass ein Be-
    such Elli's hier oder überhaupt am Bodensee diesseits der Landesgrenze mir kei-
    neswegs passt. Ich begreife überhaupt nicht recht, wozu Dein Rendenz-vous mit
    ihr durchaus mit mir und Wasserburg combiniert sein muss und warum Du das
    eine nicht ruhig sein lässt, wenn doch, wie es den Anschein hat, das andre durch-
    aus sein muss. Wenn Du Dich mit ihr an einem von hier leicht erreichbaren Ort
    aufhältst, so wäre es für sie kränkend und überhaupt unnatürlich sich nicht zu
    sehn – es wäre dann schon ein sichtliches sich-meiden; andrerseits habe ich nicht
    die geringste Lust mit ihr zusammenzukommen, ja ich kann nicht leugnen, dass
    ich mich meinen Mitschülerinnen, Lehrerinnen und sonstigen Bekannten, deren
    es jetzt mehrere in der Gegend gibt, gegenüber sogar schon dadurch irgendwie
    compromittiert fühle, dass man Dich einen Tag mit ihr, den andern mit mir se-
    hen kann. Das ist nun einmal so, da kann ich Dir nicht helfen. Wenn es also Vor-
    arlberg – wogegen ich nichts einzuwenden gehabt hätte – nicht sein könnte, so
    müsstest Du schon in den Allgäu fahren. Aber eigentlich kannst Du sie dann
    auch ebensogut gleich in Wien besuchen oder sonst wo treffen – die Gegend zwi-
    schen Salzb[ur]g und München dürfte ja z.B. für sie bequemer zu erreichen sein
    als der Bodensee. Nur grad in meiner nächsten Nähe muss es ja nicht sein! Aber
    auch nach Wolfratshausen bitte ich Dich dringend sie *nicht* zu importieren. Ich
    nehme sie Dir nicht übel, ich werde vielleicht auch manches begreifen können –
    aber dass ich mich daran beteilige, das darfst Du mir nicht zumuten." (Kahler-
    Briefwechsel II,442)

8 Tagen haben, am liebsten bei Bregenz (wohin mein Pass lautet, wenn
ich die Erlaubnis bekomme ..) Am ganzen Bodensee ist alles überfüllt
soweit ich höre – und überall braucht man Aufenthaltsbewilligung ..
All das ist mir in meinem jetzigen Zustand unsagbar widrig.

Ich muß ausserdem eben in grösster Beschleunigung die Korrektur meines Georgebuchs lesen, die durch Umherreisen verzögert wird
und gar erst jenseits der Grenze! Ich sehe keine andre Möglichkeit uns
jetzt in einiger Ruhe zu treffen (und ohne Ruhe ists eine Qual für uns
beide) als daß Du Dir zunächst einen Ort möglichst nah bei Bregenz
aussuchst und mir hierher drahtest wenn du glaubst ihn gefunden
zu haben .. dann komm' ich sobald wie möglich hin* und hoffe es
wird nach Wunsch. Der Gedanke mit Wasserburg hatte ohnehin etwas
Schiefes.

An Bregenz oder Umgebung bin ich gebunden .. wenn ich dich sehen
will. Findest Du nichts, dann ists eben *für diesmal* nichts .. Doch hoff
ich, es wird .. du schriebst ja, es sei dir jeder Ort recht und dir ist Suchen nicht so lästig wie mir. Ich erwarte einstweilen *hier* das Visum
vom oesterreichischen Konsulat .. und deine Nachricht. Alle Auslagen
ersetz ich dir .. und bleibe, ob wir uns sehen oder nicht, in treuer Sehnsucht Dein
Gundolf
*Vorausgesetzt dass ich Erlaubnis bekomme.

Adr.: Fräulein Dr. Elli Salomon / Wien XIII / Linzerstr. 299 / Durch Eilboten / Dringend

144. Elisabeth Salomon an Friedrich Gundolf. Wien. 16. August 1920

Wien, am 16. 8. 1920

Lieber Gundolf – Deine Rücklosigkeit[117] hat etwas verblüffendes. Aus
meinen Nachrichten an Dich war doch klar ersichtlich: ich habe nur
1 mal im Jahr *14 Tage* Urlaub und muß ihn nehmen wenn ich ihn bekomme d.h. jetzt. Ich bin kränker u. äußerst ruhebedürftig. In Bregenz
u. Tyrol gibt es keine Aufenthaltsbewilligung. Trotz alledem überschüttest Du mich mit Telegrammen u. Eilbriefen nach der Methode

---

[117] *Rücklosigkeit*] Verschreibung für Rücksichtslosigkeit.

Hoesch[118] die jeder was andres besagen und aus denen ich heut schließlich entnehmen kann: „wenn überhaupt – dann reise nur nach Bregenz
(Reisedauer 1 ½ Tage), dort laß Dich von Ort zu Ort schicken u. suche
8 Tage lang einen Treffplatz, dann bist Du wohl glücklich so geschwächt daß wir uns noch 3 Tage umarmen können, dann bleiben Dir
noch immer 1 ½ Tage zur Rückfahrt ..“ Auf den Bodensee ging ich ein
um es Dir zu erleichtern weil Du sowieso dort seist und das angeblich
vom 15. Aug. an versprochen hattest. Natürlich hast Du recht daß
das Suchen für Dich zu enervierend ist und das hätte ich Dir auch nie
zugemutet. Aber darum meinte ich ja wir treffen uns wo Unterkunft
gesichert ist und schlug Dir Aussee vor wo das der Fall war. Du lehntest
es ab. Für Deinen Paß wollte ich sorgen. Du lehntest es ab. Ich erklärte
mich mit Wasserburg einverstanden obwohl es mich 4 Reisetage kostet. Du sagst ja: Ich verschaffe mir Paß und Fahrkarte – und nun sitz
ich da mit solchem Bescheid! Dabei stellst Dus immer so dar als könnten wir uns zu beliebiger Zeit wieder treffen wenn es jetzt nicht geht.
Vergiß nicht, daß ich in einem Geschäft bin! Das ist anders wie an der
Universität wo man immer fort kann. Ich würde auch nicht diese Rie-
senreise machen wenn ich Dich nicht sicher treffe, sondern in ein Sanatorium oder zu Bekannten aufs Land gehn wo ich mich zwar langweilen aber vielleicht erholen würde. Übersiehst Du jetzt wie freundlich
Du gegen mich gehandelt hast?

Von Wasserburg aus wird man Dir vielleicht ein Telegramm nach-
senden in dem steht daß ich Mittwoch hinkomme. Das tue ich nun
natürlich nicht. Ich muß aber wegen Urlaub und Fahrkarte morgen
Dienstag Abend, also morgen nach Bregenz fahren wo ich Mittwoch
Mittag eintreffe. Was ich dann tue weiß der Himmel. Wenn möglich
suche ich in würtembergischer oder badischer Gegend und will Dir
dann thelegraphieren. Doch bin ich nach allem gefaßt auf Deine Mitteilung: ich kann erst in 2 Monaten kommen weil Frl. X Zahnweh hat
oder dgl.
Vielen Dank für all dieses.
Elli
Ich erbitte Nachricht: Bregenz Hauptpostlagernd

---

118 *Methode Hoesch*] Anspielung auf Marie-Josephe von Hoesch (Fefe), eine frühere Freundin FGs, die 1917 mit viel brieflichem Aufwand versucht hatte, ihn
   vom Frontdienst zu befreien.

145. Friedrich Gundolf an Elisabeth Salomon.
   Darmstadt. 17. August 1920.

Liebstes Herz:
Unsre Begegnung sollte diesmal nicht sein – sei nicht zu traurig darüber, wir waren wohl beide mehr in der Verfassung uns einander jetzt
trauriger zu machen, als zu erfreuen – und ich hätte immer nur den weiteren Abschied gespürt, nicht das Beisammensein.

Ich bleibe nun bis zum September oder noch länger hier und sehe
auch die Fine erst in Wolfratshausen und nur kurz, da in Wasserburg
kein Platz für mich zu finden ist und sie bis Anfang Oktober dort bleibt
und dann bald nach Oesterreich reist.

Ich rechne auf ein Wiedersehn wann wir uns nicht nur zwischen Tür
und Angel begegnen können wie jetzt und gebe die Hoffnung nicht auf
dich bald wieder dauernd in Reichsnähe und Reichnähe zu wissen.
Und soll es nicht sein, wills der Dämon nicht, so müssen wirs nehmen
wie Notwendigkeiten – Liebstes, es geht nun einmal nicht ohne Entsa-
gungen, früher oder später müssen wirs lernen .. einstweilen hoff ich
noch auf „später" und lass uns danken für die Fülle des Liebesglücks
das wir trotz allem haben erringen dürfen – Und ich halte nah oder fern
an dir Geliebtem Leben fest mit dankbarem und getreuem Herzen ...
Süsses Geliebtes Du! .. Sei nicht zu traurig – es kommen wieder bessere
Zeiten oder das End das alles Leiden stillt.

Ich lese jetzt die Korrekturen meines Georgebuchs – wenns gut geht
bekommst Du zu deinem Geburtstag ein fertig Exemplar.

Ohne die leidenschaftliche Spannung worin die Sehnsucht nach Dir,
Geliebtestes, mich all die Zeit hielt, wär es wohl schwerlich entstanden ..
Es ist unter Schmerzen geboren .. aber es wird dir auch gefallen, Herz.
Sonst ist wenig zu berichten, doch wollen wir sehen, daß wir nach den
Seufzern und Tränen wieder in eine ebene Korrespondenz geraten.

Denk dir, ich hab vergessen deine Papierindustrie an Salz zu schicken,
nun, er wird sie nicht sehr vermissen. Singer will sie im Wirtschaftsdienst
besprechen[119] – „sie verdiene es" meint er.

Morgen besucht mich hier Vallentin – vielleicht klingen dir da auch
die Ohren.

O Musel, du Weltbewegendes Wirbeltier! alles an dir ist Leben,
darum bringt alles an dir Unruhe .. Du Zünglein an meiner Wage – süs-

---

[119] *deine Papierindustrie ... besprechen*] Kurt Singer war damals Redakteur des
   „Wirtschaftsdiensts".

sestes regstes Zünglein! Liebling, wenn ich nur erst dich einigermaaßen in Ruhe wüsste. Ich bin jetzt so matt daß die wildeste Trauer ein wenig schläft.

Schreib mir was Deine Krankheit macht. Mit all deiner Pest küsse ich dich von oben bis unten und bleib Dein Geliebter, ja fühlst du? ganz hingegeben
Dein Geliebter!

Ich bleibe also jetzt hier / Darmstadt 17 / 8

Abs.: Gundolf / Darmstadt / Grünerweg 37 – Adr.: Fräulein Dr. Elisabeth Salomon / Wien XIII / Linzerstrasse 299

146. Friedrich Gundolf an Elisabeth Salomon. Darmstadt. 20. August 1920

ankomme vermutlich heute 6,17 friedrichshafen[120]

Adr.: elli salomon / hotel sonne / friedrichshafen

---

[120] *Friedrichshafen*] ES war nach Bregenz und von dort ans deutsche Bodenseeufer gereist, wo sie am 20. August mit FG zusammentraf. Anschließend hielten sich die beiden meist in Meersburg und Konstanz auf, bis sie gemeinsam am 6. September nach München fuhren, von wo aus FG am 7. September nach Wolfratshausen ging aber bis zum 17. September immer wieder mit ES in München zusammentraf. Noch von Friedrichshafen aus schrieb FG an Erich von Kahler: „Ich komme in den ersten Septembertagen, genaues Datum kann ich noch nicht bestimmen. Die Fine hat mich in W[asserburg] nicht brauchen können – und da in Oesterreich keine Aufenthaltsbewilligung zu erlangen war hatte ich auch der Elli abgeschrieben, sie hatte aber auf eigne Faust vor Erhalt meiner Nachricht in Friedrichshafen einstweilen Platz gefunden und hier wollt ich sie nicht allein sitzen lassen, nachdem sie die lange Reise (noch dazu krank) gemacht – so bin ich hier: aber Fine soll es nicht wissen, da sie sich durchaus genirt fühlen würde (wie sie mir schrieb) – ich bleib wohl nur kurz .. und geh vielleicht noch nach Meersburg. Es ist schön hier und ich bin glücklich mit dem holden Geschöpf, das mit all seinen leicht sichtbaren Fehlern durch seinen Geist, sein Leben und sein Herz mich immer wieder rührt und bezaubert .." (Kahler-Briefwechsel I,246) – Kurz darauf, am 12. September, sah sich Fine von Kahler veranlaßt – offenbar aus mehreren Gründen – dringend um eine Unterredung mit Stefan George zu bitten: „es handelt sich nicht etwa nur um jene lächerliche Bodensee-Episode, von der Sie wahrscheinlich ohnehin schon Kenntnis haben." (Kahler-Briefwechsel I,544)

147. Friedrich Gundolf an Elisabeth Salomon.
Wolfratshausen. o.D. [17. September 1920][121]

Mein Geliebtes, mein süssestes Leben, mein angebetetes Musel!
Ich kanns noch nicht recht fassen dass du abgereist bist und strecke
noch die Arme aus nach der holden Gegenwart die mein Leben beherrscht und erfüllt, nach Dir, mein Licht, mein Du, mein Ich, nach dir
mein Einzig liebstes Musel .. und doch hab ich dich in mir wie das Son-
nenlicht, und Du hast mich – ich bin ganz Sehnsucht, wilde Zärtlichkeit, schwellende Trauer und doch trunkenes Glück dass solch ein Liebes mich liebt. O Musel, bleib mir, bleib froh und erhalte dich mir auch
über kalte und trübe Tage hinweg für Zeit und Ewigkeit. Süsse! eine
Stunde an deiner Brust wiegt Winter voll Angst und Verlangen auf – ..
und solche Tage wie dieser Sommer lohnen langes Harren .. ich freu
mich nur noch auf das Wiedersehn mit Dir .. süssestes Wesen Du .. mein
Musel, mein liebes liebes Elliherz! ..

Vergib mir nochmals jedes unwirsche und ungeduldige Wort womit
ich dir die guten Tage vergällt und vergib mir meine Feigheiten[122] ...
Ich küsse deine Hände und Füsse und will mich erziehen nach deinem
Verlangen .. dich froh machen, du Freudebringerin, der ich die frohe-
sten Stunden danke .. dich lebendig freies Herz .. O mein Musel – dich
umarmen, dich verherrlichen!

Mit Frau J. hatte ich gestern noch ein lang Gespräch über Dich und
sie sang sehr Dein Lob .. auch beschwerte ich mich über Marie Louises
Verhalten[123] und ich glaube, sie erfährt es wieder.

Ich kann noch nichts denken als Dich und bin völlig behext .. Tag
und Nacht Du und immer Du ...

Schreib mir nur bald ein Wort, Musel ... ich hab dir gestern noch
Verse in den Deutschen Kaiser geschickt .. hoffentlich bekommst Du
sie nachgesandt ... In Aussee wirst Du schon meine nach dem ersten
Abschied vorgefunden haben.

---

[121] *17. September 1920*] Das Datum ergibt sich aus der Erwähnung des Gesprächs
mit Frau Jaffé am Vortag, das auch ES in ihrem Brief vom 17. September 1920
als gestrig erwähnt.

[122] *Feigheiten*] Vielleicht Anspielung auf FGs Zögern vor der gemeinsamen Ferien-
reise.

[123] *Mit Frau J. ... Verhalten*] ES war in München Else Jaffé begegnet, die anschließend mit FG zusammentraf. Marie Luise Gothein, die Frau Eberhard Gotheins,
galt als „Feindin" ESs. Welches „Verhalten" FG konkret meint, ist unbekannt.

Von Wolters kam ein Brief voll lieber Worte für Dich[124] und Du mögest fühlen wie viele Herzen aus der Ferne für Dich schlagen. Ach Musel, *geliebt* wirst Du wie wenige Wesen, aber Du verdienst es auch wie wenige .. Gutes, Holdes, Schönes, Tapfres Leben Du! Verzweifle nicht an Dir und bewahr die Tage unsrer Küsse in Leib und Seele.

Berthold ist wieder in B. Seinen Napol.[125] hab ich durchgearbeitet und find ihn, von stilistischen Umschweifen abgesehn, gut.

Genug für heut: ich bin Dein Dein Dein, geliebtestes Wesen auf der Welt .. ganz dein hingegebner Gundel.

Der Erich gedenkt der lieben Einwicklerin[126] sehr herzlich

---

[124] *Von Wolters … für Dich*] Vgl. Wolters an FG, 14. September 1920; Wolters-Briefwechsel, S. 216.

[125] *Berthold … Napol.*] Berthold Vallentin, mit dem FG und ES am Bodensee und in München zusammengetroffen waren, war nach Berlin zurückgekehrt. Seine Napoleon-Monographie erschien erst Ende 1922.

[126] *Einwicklerin*] Unklare Anspielung. Am Tag zuvor hatte Erich von Kahler gegenüber Fine seine Sicht des Verhältnisses FG / ES dargelegt: „StG hat wohl irgendwelche verschwommene Vorstellung und Angst, G[undolf] könnte unter der Deckung von Wolfr[atshausen] die Elli sehn. Gundolf hat wohl wie immer auch diesmal die Zusammenkunft zu verheimlichen oder jedenfalls nicht davon zu reden versucht und es ebenso ungeschickt und ungedeckt und ahnungslos wie immer angefangen. Dies ist nun freilich eine ebenso unwürdige wie kindische Sache, dieses ganze Versteckspiel. Man kann diese menschliche Angelegenheit nur so lösen, dass man dieses ganze Schulbubenverhältnis möglichst abbaut. Ich habe mit Gundolf jetzt oft und lange über seine Beziehung gesprochen, ich habe in München mit der Elli darüber gesprochen und ich habe diesen Eindruck: Wenn man Gundolf die offene Möglichkeit lässt, jedes halbe Jahr irgendwo in Deutschland od[er] Österreich 14 Tage od[er] 3 Wochen mit ihr zusammenzusein, und nur immer von Fall zu Fall in der Zeit wo es wieder actuell wird daneben steht und dirigiert (möglichst unmerklich) wann und wo dies vor sich gehn soll; wenn man *nur nicht versucht*, ihn von ihr wegzureissen, ihm offenkundige Hemmungen und Schwierigkeiten zu machen und sie ihm gegenüber ausdrücklich herunterzusetzen, dann ist, davon bin ich überzeugt, die ganze Sache in einem Jahr vorbei, d. h. in ruhigen, geordneten, ungefährlichen Bahnen und er denkt nicht mehr an sie wie an die Agathe oder doch die Lilli. Es ist jetzt *schon* alles *viel* besser als es war und er ist diesmal viel beruhigter nach dem Abschied. Es ist mehr Gewohnheit geworden und er sagte *selbst* vertraulich zu mir, dass er jetzt innerlich ein dauerndes Zusammensein nicht mehr vertragen würde. Das Allerärgste was man thun kann, ist, diese Beziehung ins Dämonische breitzutreten, der Elli die Macht die sie tatsächlich über ihn hat, noch dauernd zu bestätigen und ihm wiederum *sie* ins Verbotene, Bedauernswerte, Verkannte, Martyrische immer wieder hinaufzureizen und zu steigern. Je mehr man auf sie summarisch schimpft und sie zum Paria macht, desto mehr ist er überzeugt, dass es ihr ungerechterweise schlecht geht, dass sie eben niemand so

Abs.: Gundolf / Villa St. Georg / Wolfratshausen i. Isartal – Adr.: Fräulein Dr. Elisabeth Salomon / Altausse (Steiermark) / Fuchsbauer, bei Professor Hammer-

---

kennt wie er allein, dem sie sich ganz und eigentlich gibt, dass sie für ihn leiden
und dass er sie verteidigen und beschützen muss. Auf dem Weg dieses Mitleids
kann man von ihm alles haben, *gerade das* ist ihr Weg. (Das Sinnliche ist es nicht
mehr oder schon *sehr* in den Hintergrund getreten).
Man nimmt die Elli überhaupt viel zu wichtig. Nicht dass ich ihre Attraction auf
manche Menschen und ihre unwillkürliche grosse Gefährlichkeit für Gundolf
(ihre schlechten Eigenschaften sind gerade die Gefahren die in G[undolf] selbst
liegen) unterschätzen würde, aber subjectiv ist sie ein kleines Mädel, das sich
freut, dass es geliebt wird und dass es soviel bei einem Menschen durchsetzen
kann, ohne aber den *Willen* zu haben ihn zu quälen, zu minieren, die Dinge irgendwie auf die Spitze zu treiben. Sie hat in Bezug auf *ihn* einen ausgezeichneten
Instinct. Sie wird keinen Weg und kein Mittel wählen, das sie ins Unrecht setzt
und wie wenig Gefühl für Schichten und Ränge, wie wenig Ehrfurcht sie auch
besitzt, so wird sie es doch nie auf eine Machtprobe ankommen lassen weil sie
ihn kennt und weiss was auf ihn wirkt und wie weit sie gehn kann und weil sie
ihn schliesslich auch wirklich liebhat. Sie *benützt* seine Fehler aber sie treibt ihn
nicht offen in irgendwas, im Gegentheil offenkundig ist sie in allem nichts wie
Rücksicht, Nachgiebigkeit, Opfer u.s.w. Und weitgreifende Berechnungen trau
ich ihr auch nicht zu, wie sehr sie sicher alles zu ihren Gunsten zu *verwenden*
versteht. Hüte Dich, gerade im Interesse dieser so sehr wichtigen Sache, Dich
von Deinen Gefühlen in allen den Klatsch hineinreissen zu lassen und gleich alles wörtlich zu glauben oder nur so zu importieren, was Du glauben willst und
was ja oft wahrscheinlich sein mag. Man darf ihr wem immer gegenüber und
bes[onders] Gundolf gegenüber nur vorwerfen was sich offenkundig gezeigt hat,
was *erwiesen* ist, sonst verdirbt man alles und lässt sich auf das gleiche Niveau
mit ihr ein. Es handelt sich nicht um sie sondern um Gundolf. Und da wird der
die Leitung behalten, der sich sachlich und gerecht und unbefangen draussen
und drüberstehend erhält, bei dem er nicht das Gefühl hat, dass mit ihr infolge
irgend eines falsch orientierten, befangenen Urteils unbillig verfahren wird. Ich
drehe ihn die ganze Zeit und an Beispielen auf die Gefahren und Fehler hin die
in ihr und bes[onders] für ihn liegen, aber ich mache sie nicht in Bausch und Bogen zum bösen Prinzip.
Wenn Du nun mit StG sprichst, was ich ja sehr richtig finde, so sei doch vorsichtig mit dem was Du erzählst und wie Dus erzählst d.h. bedenke, dass da wirklich Gundolfs ganzes Schicksal im Spiele ist – bei dem seelischen Zustand und
der Melancholie in der er sich befindet – Du kannst *alles* sagen, wenn Du fühlst
dass StG es nicht nur von der strengen und zornigen Seite nimmt, aber versi-
chere Dich dessen sonst wird es ein schrecklicher Zusammenbruch. Und dann
sage ihm, er möge nicht immer bei G[undolf] *Dich* d.h. *Dein* Urteil gegen die
Elli ausspielen, das hat nämlich die Folge, dass G[undolf] jetzt argwöhnt, ob es
nicht überhaupt Du bist, die StG dieses schlimme Urteil über die Elli eingeflösst
hat das ihn für die E. so bes[onders] kränkt, er sagte jüngst, es sei ‚seit die F[ine]

schlag – aus Alt Aussee am 22. 9. 1920 nachgesandt nach: Wien I Universitätsstr. 11[127]

148. Elisabeth Salomon an Friedrich Gundolf.
München. 17. September 1920

Geliebter, eben sind Deine Verse da und damit noch ein süßer Abschieds-
trunk aus Deinem Munde. Ich bin so gefüllt mit Liebe von Dir und zu
Dir daß ich wie im Traum umhergeh. Und im selben Maß wie die Liebe
beherrscht mich der Dank Dank für Dich für Deine unermeßlich süße
Liebe für diese unvergeßlichen Tage die ich durch Dich mit Dir hatte.
Sagen konnte ich Dir das nicht weil ich mündlich Hemmungen habe
wenn etwas pathetisch klingen könnte. Aber nun weißt Du es, Liebster,
und vergiß es nie. Denn es ist die Gewähr daß keine Misere mehr so
groß sein kann mich umzuwerfen. Wie sehr habe ich die Frau Jaffé gestern beneidet. Was hat sie Dir berichtet? Aber es war auch ein schönes
Gefühl wie sie direkt von mir zu Dir ging. Ich reise erst morgen weil es
so gut ist Dich einen Tag länger nah zu wissen. Ich verbring ihn bei der
Lucy in Nymphenburg und will unaufhörlich von Dir reden. – Die Lu
Ney hat sich sehr über Deine Bücher gefreut.[128] Ich schick Dir durch sie

---

mit ihm gesprochen hat und dies thue ihm so besonders weh'. Dies *ganz unter
uns* (d.h. Du darfst es nicht wissen, aber ich sags Dir doch als Directive!)
Es mag eine Verschwörung sein, aber es darf nicht so aussehn!
Nun noch die Tatsachen, damit Du informiert bist: Die Elli ist noch ein paar
Tage in München geblieben (bei Heyers und noch einer andern Freundin), während G[undolf] herauskam. Er fuhr dann am nächsten Tag mit Singer, der abrei-
ste, in die Stadt und blieb dort noch 1½ Tage mit ihr beisammen. Diese Woche
(Montag mittag) musste ich in die Stadt (Steuer etc.) und so fuhren wir hinein
und fanden sie, da die Salzburger Bahn unterbrochen war, noch vor. Ich sprach
mit ihr ein paar Worte allein über die Angelegenheit und sie war ganz Fügsam-
keit. Sie waren auch noch bei der Frau Jaffe, die übrigens heute mit ihrer Schwester hier herauskommt. Gestern Mittwoch kamen wir wieder heraus. Jetzt ist sie
hoffentlich schon fort. Von einem nach Heidelberg Gehn, oder auch nur dort
Besuchen war nicht die Rede. G[undol]f allein erklärte es einmal auf meine Son-
dierung hin als für immer ausgeschlossen." Kahler-Briefwechsel II,481ff.

[127] *Altaussee ... Universitätsstr. 11*] ES hatte ursprünglich vorgehabt, von München
aus nach Altaussee zur Familie Trude Hammerschlags zu reisen, ging aber doch
gleich nach Wien. Der Brief wurde an die Wiener Adresse von Professor Victor
Hammerschlag (1870–1943), Trude Hammerschlags Vater, nachgesandt.

[128] *Wie sehr ... gefreut*] ESs Tagebuch vermerkt Begegnungen mit den in oder bei
München lebenden Heyers (Lucy) und mit Else Jaffé; außerdem auch die Ge-

noch einen Emmenthaler den Du glaub ich gern magst. – Der Starnberger Film-Maler scheint in wenigen Tagen um Jahre gealtert. So habe ichs noch nie gesehn und mir graust selbst vor mir. Aber was kann ich dafür?[129] – Ich fahre direkt nach Wien weil Aussee mir zu viel gesellige Pflichten auferlegt zu denen ich keine Geduld habe. Denn ich muß immer bei Dir sein u. das ist bei der Arbeit leichter.
Viele Grüße an Erich.
Dein in treuester liebender Zärtlichkeit
Musel
17. 9. 20

Abs.: Hotel Deutscher Kaiser / München

149. Elisabeth Salomon an Friedrich Gundolf.
     o.O. [Wien]. o.D. [24. September 1920][130]

Nein, mein Gundel, Geliebter! Du darfst du darfst nicht wieder so traurig werden. Dieser Gedanke wird mich von neuem in tiefes Elend jagen, dann vergrößert sich Dein Kummer – das gibt einen unentrinnbaren Kreislauf. So machen wir das Dasein einander unerträglich anstatt es zu verschönen. Du, so hör doch auf mich. Solche übergroße Liebe, denke ich, müßte einen aufzehren und damit sich selbst. Aber sonderbar: sie erzeugt wachsend immer neue Kraft und führt sich so selbst die Nahrung wieder zu. Nun weiß ich auch daß Du spürst wie ganz ich Dein bin und das macht mich glücklich. Ich hatte auch einen

---

burtstagsfeier Lucie Neys (verheiratete Stern), zu der ES wohl Bücher FGs mitgebracht hatte.
129 *Der Starnberger … dafür?*] ESs Tagebuch notiert am 8. September: „seltsame Begegnung mit einem schönen blonden Mann", am 10. September „Im Café Odeon mit dem blonden Fremden; er wohnt am Starnberger See u. will mich heiraten", und schließlich in einer Zusammenfassung der Tage 11.–17. September: „mit Walther Ruttmann der Maler ist u. Kunstfilm macht, im Deutschen Theater (Ballett Charell), Regina-Bar etc." – Walter Ruttmann (1887–1941) war Maler und Filmregisseur; er arbeitete später mit Fritz Lang und Lotte Reiniger zusammen und drehte 1927 den Film „Berlin – Die Sinfonie der Großstadt". ESs Bemerkung bezieht sich wohl auf eine anfängliche Faszination, der dann Ernüchterung folgte.
130 *24. September 1920*] Die Datierung des Briefes erfolgt nach einer späteren Bleistiftnotiz von ES. Der Brief reagiert auf den FGs vom 20. September und wird von ihm am 28. September beantwortet.

Traum von Dir: wieder warst Du mir untreu mit einer üppigen Blondine. Die Verse sind mir von Aussee nachgesandt worden.

Gestern war ich den ganzen Tag auf der Wohnungssuche[131] unter Führung des Arbeiterrates Hölderlin![132] „Mein Name ischt Hölderlin!" sagte er in reinstem schwäbisch – ich zitterte am ganzen Körper. Er ist ein äußerst gutmütiger etwas verkommener, völlig entwurzelter und erschütternd ungebildeter Spießer. Von seinem hohen Ahn kann er nicht verstehn „warum er so verrückt gewesen ist und nur wegen der Diotima".[133] Morgen droht hier Poststreik. Das wird bitter werden. Aber schreib mir trotzdem, dann kommt viel auf einmal. Ich umarme Dich in zärtlicher Dankbarkeit u. Liebe.

150. Elisabeth Salomon an Friedrich Gundolf.
      o.O. [Wien]. o.D. [26. September 1920][134]

Gebliebter! Dank für Deine Liebe in Vers und Brief und für die Originalzeichnungen vom Pretorius. Ist der Mann mit Cylinder hinter sich auch von ihm?[135] Sie machen mir auf jeden Fall großes Vergnügen weil sie so witzig sind und von einem berühmten Zeitgenossen. – Der Feuertod des Münchener Traumes sollte mir im Harem bereitet werden. Der Stempel hat eine leere Stelle getroffen (H…), da ich der offnen Karte nichts von meinem Verkehr in solch anrüchigen Lokalen anvertrauen mochte.[136]

---

131 *Wohnungssuche*] Nach dem Weggang ihrer Schwester aus Wien benötigte ES eine eigene Wohnung; übergangsweise wohnte sie bei ihrer Tante Paula Patzowski.

132 *Arbeiterrates Hölderlin*] Nach dem Zusammenbruch des Kaiserreichs hatten sich in Österreich lokale Soldaten- und Arbeiterräte gebildet, denen die Regierung teilweise auch administrative Aufgaben zuwies, etwa im Wohnungswesen. – Georg Hölderlin war Arbeiterrat im Wiener Bezirk Mariahilf.

133 *Diotima*] Literarischer Deckname Hölderlins für Susette Gontard (1769–1802), in deren Haus er Hofmeister war.

134 *26. September 1920*] Das Datum ergibt sich durch ESs Angabe „Sonntag früh" und durch den Bezug auf FGs Brief vom 21. September.

135 *Dank für Deine … von ihm?*] FG hatte seinem Brief an ES vom 21. September vier kleine Karikaturen des Malers und Illustrators Emil Preetorius (1883–1973) beigelegt. Die von ES angesprochene ist allerdings nicht dabei.

136 *Der Feuertod … mochte*] ES hatte in einer Karte an FG vom 18. September von einem entsprechenden Traum berichtet; statt „H…" hatte sie auf der Karte indessen, anders als hier behauptet, das Wort „Harem" rückwärts geschrieben:

Ich übersinne unaufhörlich jeden einzelnen Moment dieser frohen vollen Tage. Lieber lieber Gundel. Wie harmlos süß ruhte es sich auf Deinem Schoß zwischen Lindau und München trotzdem Du doch vorher so bös warst wegen des hübschen Gepäckträgers nicht weil er hübsch war aber weil er Deinen Koffer trug. Daran denk ich eigentlich jeden Abend und dann schlaf ich doppelt gut. In meinem heutigen Traum führte ein kurzer Kanal von Strobl[137] zum Schwarzen Meer. An dem saß ich gefangen u. Du wolltest zu mir von Strobl. Aber die Fine erlaubte es nicht. – Ich darbe recht an Cigaretten weil es hier keine gibt für Frauen, u. für Männer nur wenige rayonnierte.[138] Kannst Du nicht versuchen mir hin u. wieder eine flache Schachtel im Brief zu schicken? Wenn Du gelegentlich nach München kommst, dann bitte aus dem Laden im Schottenhammel:[139] Türkische Première.

Die Marquise de Merteuil ist nicht mein Vorbild wenigstens nicht im ganzen. Aber ich bewundre sie sehr und freue mich daß der Valmont ihr schließlich doch unterlegen ist trotzdem sie ein so trauriges Ende nimmt weil es dummerweise moralisch ausgehn soll.[140]

Den Bedewe[141] les ich nun schon zum zweitenmal weil er so schwer ist daß ich meiner Begeisterung dafür noch nicht so ganz traue. Auch die unprofessorale Sprache gefällt mir sehr, sie erinnert mich an irgend was englisches, mir fällt aber nicht ein an was. In der Treuga bin ich sehr freundlich empfangen worden. Man hatte gar nicht nachgerechnet wie lange ich fort war. Die Arbeit hat sich auch noch nicht vermehrt. Es ist wirklich ein selten angenehmer Posten und wenn die Fine dran schuld ist daß ich ihn bekommen hab – ist sie es eigentlich oder der Salz oder der Valentin?[142] – sei ihr ewiger Dank. Der eine Sohn von

---

„Merah". FG hatte die Stelle nicht verstanden und in seinem Brief vom 21. September nachgefragt.

[137] *Strobl*] In Strobl am Wolfgangsee besaß die Familie Sobotka das Bürglgut als Sommersitz.

[138] *rayonnierte*] Kontingentierte.

[139] *Schottenhammel*] Hotel in München; auch Festzelt auf der Oktoberfestwiese.

[140] *Die Marquise … ausgehn soll*] FG hatte ES in seinem Brief vom 21. September (nicht abgedruckt) von seiner Lektüre der „Liaisons dangereuses" von Choderlos de Laclos berichtet und gefragt, ob ES gerne die Marquise de Merteuil (die intrigante weibliche Hauptfigur des Romans) wäre.

[141] *Bedewe*] Erich von Kahlers eben erschienenes Werk „Der Beruf der Wissenschaft".

[142] *Valentin*] Valentin Sobotka (1896–1988), Bruder Fine von Kahlers und Felix Sobotkas, mit FG gut bekannt, studierte damals in Heidelberg Nationalökonomie und wurde 1921 von Alfred Weber promoviert. – Daß Fine von Kahler – nicht

Freud[143] ist jetzt auch da. Es besteht Gefahr daß ich ihn vor den andern Collegen sehr bevorzuge weil er mir als einziger Jude unter soviel Goyim äußerst willkommen ist.

Servus für heut, es ist ein prachtvoller Sommertag. Ich geh jetzt die Hühner füttern.[144] 10 000 000 000 000 zärtlichste Küsse auf Herz und Mund
Musel
Sonntag früh

151. Friedrich Gundolf an Elisabeth Salomon.
Heidelberg. 4. Oktober 1920

4 / 10 / 20

Mein Liebstes auf der Welt:
Zigaretten darf man nicht schicken und im Brief fallen sie auf .. ich würde es gern tun, aber dann gefährde ich unsre Korrespondenz … Ach Liebstes Du, heut bin ich wieder ganz gelähmt von Sehnsucht .. Ich *liebe* Dich so, du kannst Dirs nicht vorstellen … Wie kann man anders als Dich lieben, wenn man einmal von deinem Honig geschmeckt hat .. liebstes, liebstes Musel.

Gestern war ich mittags und abends mit Siegfried und Andl:[145] wir haben, d.h. ich zumal, stundenlang von Dir gesprochen .. und sie sind bereits dahinter gekommen, dass ich dein Liebessklave bin und erfüllt von deinem Wesen.

---

ohne Hintergedanken – darauf hingewirkt haben könnte, ES die Stelle bei der Treuga zu verschaffen, läßt ein Brief Erich von Kahlers an sie vom 20. Juli 1920 vermuten: „Die Elli ist übrigens bereits durch den Felix in der ‚Treuga‘ mit einem sehr guten Gehalt untergebracht und spielt bereits – programmgemäß? – mit dem Theobald Czernin Tennis“. (Kahler-Briefwechsel II,480).

[143] *Der eine Sohn von Freud*] Martin Freud (1889–1967), der älteste Sohn des Begründers der Psychonanalyse, Sigmund Freud (1856–1939), arbeitete nach Jurastudium, Kriegsdienst und Kriegsgefangenschaft einige Zeit bei der Treuga.

[144] *Hühner füttern*] Offenbar lebte ESs Tante in eher ländlichen Verhältnissen.

[145] *Siegfried und Andl*] Das Ehepaar Bernfeld wohnte damals in Heidelberg in der Pension Bezner.

Also, Schatz, mein Urlaubsgesuch hab ich eingereicht, und einen Brief ans Kultusministerium geschrieben wegen meines Ordinariats.[146] Hoffentlich bin ich nicht wieder einmal zu arglos gewesen. Morgen geh ich nach Darmstadt. Vom Ty bekam ich wieder einen rührend putzigen Brief. Nachher kommt die Andl zu mir. Ich hab sie lieb, weil sie an dich erinnert und es ist doch immer das gleiche Fleisch und Blut, wenn auch nicht ganz die göttliche Konzentration wie im Muselchen.

Geliebtes, hülle mich ganz ein in deine süssen Haare, schliess mich in deinen Schooss und spüre mit deinem begabten Bauch dass ich dein bin, ganz Dein Dein
Gundolf

Adr.: Fräulein Dr. Elisabeth Salomon / Kupelwiesergasse 47 / XIII Wien / (bei Rittmeister Patzowski)

152. Friedrich Gundolf an Elisabeth Salomon.
Darmstadt. 5. Oktober 1920

5 / X / 1920

Mein süssestes Leben!
Dies schreibe ich dir in der Bahn auf der Fahrt nach Darmstadt. Es ist mir heute das erstemal seit der Trennung wieder leichter und gleichgewichtiger zu Mut, wozu hauptsächlich das Zusammensein mit d. M.,[147] sein väterliches Verstehen und seine erhaben heitre Ruhe beitragen, er ist wirklich fast wie der alte Goethe und von seiner olympischen Weisheit fühl ich auch meine wilde Liebe und ihren Inhalt, das süsseste Muselwesen, eingehüllt .. und das tut mir wohl, obwohl die Sehnsucht

---

[146] *mein Urlaubsgesuch ... Ordinariats*] FG beantragte nach der Fertigstellung seines George-Buchs Erholungsurlaub, auch um ES im Dezember in Wien besuchen zu können. Außerdem fragte er wegen seiner bislang noch ausstehenden Ernennung zum persönlichen Ordinarius nach. Sie erfolgte am 26. Oktober 1920.

[147] *das Zusammensein mit d. M.*] George hielt sich nach seinem Kuraufenthalt in Bad Wildungen seit September wieder in Heidelberg auf. – An Kahler schrieb FG am 9. Oktober: „Meine Leidenschaft und Sehnsucht ist unvermindert, doch haben einige herrliche Gespräche mit dem herrlichen Meister sie von dem Wahn entgiftet, der mich am traurigsten machte. Vielleicht wird doch noch alles besser." (Kahler-Briefwechsel I,250)

reisst und die Sorge noch drückt. Geliebte, nein ich verleugne dich nicht und niemand verlangt dass ich es tue und ich bekenne nicht nur Dir, daß ich dein Sklave bin mit meiner vollen Seele. Was ich jetzt leide, das ist die Liebe der 40 wie es eine der 20 gibt – der Eintritt und der Austritt der Jugend geht durch ein feuriges Dickicht .. und du bist das Gestirn dieser Erschütterung – süsses Geliebtes.

Andl hab ich noch einmal gesehn – in ihrer Näh mein ich dich etwas dichter bei mir zu haben .. sie ist noch immer so sanft und biegsam, und minder begehrlich wie früher. Auch die kleine Ruth hab ich schon begrüsst – (d. M. hat ihr übrigens auch schon guten Tag gesagt) und ihr Chokolade gegeben. Sie sieht dir ähnlich. Heut war ich bei Professor Fraenkel,[148] um mir ein Attest zu holen, das für den Urlaub verlangt wird: er fand mich unerlaubt mager und meint, ich sollte heiraten .. „Ein solcher Liebling der Frauen und noch unverheiratet?" frug er etwa .. „Eben deshalb" gab ich zur Antwort. Da hast Dus. (Aut Musula aut Nihil)[149] Soviel heute. Wenn ich Dich noch mit meiner Liebe ob nah ob fern freuen kann, werd ich noch froh .. Sonst nicht, Herz meines Herzens küsse Deinen treuen G

Abs.: Gundolf / Darmstadt / Grünerweg 37 – Adr.: Fräulein Dr. Elisabeth Salomon / Wien XIII / Kupelwiesergasse 47 – nachgesandt nach: Wien IX / Berggasse 8 / Th. 15[150]

---

[148] *Fraenkel*] Albert Fraenkel (1864–1938), Arzt und Professor in Heidelberg.

[149] *Aut Musula aut Nihil*] Scherzhafte Abwandlung der Devise Cesare Borgias: Aut Caesar aut Nihil, entweder Caesar oder gar nichts, mit Latinisierung des Kosenamens Musel und Anspielung auf FGs Caesar-Begeisterung.

[150] *Berggasse 8 / Th. 15*] ESs neue Wohnung in unmittelbarer Nachbarschaft Sigmund Freuds (Berggasse 19).

153. Friedrich Gundolf an Elisabeth Salomon.
Darmstadt. 6. Oktober 1920

6 / X / 20

Mein geliebtes Wundermusel.
Wieder in Darmstadt .. zur Ruhe bin ich noch nicht gekommen .. hoffentlich gerate ich jetzt allmählich in die Arbeit .. Brentano Arnim Görres sind meine nächsten Opfer oder vielmehr ich das ihre.[151]

Gewiss hast du recht daß die schöne Nymphenburger Büsserin dir lieber ist als alle bürgerlichen Puten: aber ebenso recht hat das Schicksal das sie für Lügen und maaß-losen Traum züchtigt und wenn man Schönheit Gefährlichkeit und Unverantwortlichkeit reizvoller findet als die unversuchte Gradlinigkeit so straft man sie auch strenger wo sie schaden .. Das süsse Musel möchte gern Genuss und Freiheit und Ruhe und bürgerliches Behagen vereinen, das geht aber gegen die Lebensgesetze. Wer ein reizvoll bedenkliches Leben führen will der muß auch die Gefahren auf sich nehmen die es mit sich bringt: Kurz, an *einem* Punkt entsagen oder wenn Dir das lieber ist: Grenzen sehen. Gewiss ist Maria Stuart und Cleopatra besser und mehr als Auguste Viktoria oder Helene Lange[152] .. aber dafür gehört auch Schaffott und Viper zu ihnen .. und minder nackte Herzen werden auch minder gestochen. Das Edith ist ein Opfer der losgelassnen Schönheit, ein Opfer eines Zeitfluchs – es ist derselbe unter dem Du auch leidest .. Ihr habt Eure Freuden davon, Eure Gefahren und Eure Peinen – ich will sie gar nicht Strafen nennen[153] ... Wenn Du mir nur nicht so freudisch in meinem

---

[151] *Brentano … ihre*] FG las im Sommersemester 1921 – davor war er beurlaubt – die Kollegs „Deutsche Literatur im 19. Jahrhundert" und „Grundzüge der deutschen Dichtung im Zeitalter Goethes".

[152] *Maria Stuart … Helene Lange*] Die öffentlich hingerichtete Maria Stuart (1542–1587) und die in der Gefangenschaft Octavians angeblich durch den Biß einer Viper freiwillig aus dem Leben geschiedene ägyptische Königin Kleopatra (69–30) erscheinen hier als dämonische Gegenfiguren zu bürgerlicher Bravheit, wofür die deutsche Kaiserin Auguste Viktoria (1858–1921), die als Idealbild der Mutter galt, und die Frauenrechtlerin Helene Lange (1848–1930) einstehen.

[153] *die schöne Nymphenburger … Strafen nennen*] Gemeint ist die damals bei Heyers in Nymphenburg lebende Schwester Lucy Heyers, Edith Grote, der offenbar ein unkonventioneller Lebensstil zu eigen war, der sie zu ES in Parallele rückte (vgl. „das süsse Musel" – „das Edith"). Eine Liaison mit Wilhelm Andreae führte auch nach dem Tod von dessen Frau im Jahr 1919 zu keiner Heirat; möglicherweise bezieht sich der Ausdruck „Büsserin" darauf. ES hatte im April 1920 an

Unterbewusstsein herumstochern wolltest! Ich soll also der Edith haben begegnen wollen, und durch „Fehlhandlung" dazu gelangt sein? Wollen denn die Freudäffchen auch dem Schicksal mit ihren schmutzigen Krallen nachbohren?[154]

Ach Muselchen, wenn mein Wunsch Begegnungen erzwingen kann, wie kommts dass wir noch nicht zusammengewachsen sind!! Süsses Du, Nachtmahr, lieber Abgrund und Aufstieg meines Wesens!

Ich habe also jetzt ein Attest und werde wohl bald meinen Urlaub haben. Dann *hoffe* ich, aber Du weißt wie sehr jedes Hoffen für mich auch Fürchten ist.

Schreib meinem Bruder einmal – du hast es ihm, meint er, versprochen, aber nicht getan. Sag ihm aber nicht daß ich dich gestupst habe.

Wenn mein Kontakt nicht trügt,[155] so geht es dir jetzt etwas leidlicher als vor unsrem Wiedersehn .. denn so grausam traurig bin ich nimmer, nur sanft traurig vor immer flackerndem Verlangen.

FG geschrieben, daß Edith Grotes „abenteuerliches Leben keine sichtbaren Spuren hinterlassen" habe, außerdem: „Edith ist anmutig wie je, ohne Übertreibung nach irgend einer Seite. Sie scheint voll Trauer und Resignation ohne es eigentlich zu zeigen. Sie lernt Schreibmaschine und Stenographie um Geld zu verdienen. Andreae ist jetzt Freund des ganzen Hauses Heyer". FG war in München während eines Besuchs bei Heyers unvermutet mit Edith Grote zusammengetroffen; sein Bericht davon an ES („Wir sind beide ziemlich erschrocken fassten uns aber, gaben uns die Hand, und heute Nachmittag um 5 geh ich nochmals hinaus.") unterstreicht, daß auch ihn früher ein näheres Verhältnis mit Edith Grote verbunden hatte.

[154] *Wenn Du mir … nachbohren*] ES hatte als Reaktion auf FGs Bericht von seinem überraschenden Zusammentreffen mit Edith Grote vermutet, es sei „unbewußt" FGs „Wunsch" gewesen, „der Edith zu begegnen". FG spielt in seiner Replik wohl auch auf ESs Berührung mit der Sphäre Freuds in Wien an, die kurioserweise ihm selbst zum Vorwurf gemacht werden sollte. In einem späteren Gespräch äußerte George rückblickend: „Gundolf, sagt man, ist ein Kind, ja aber auch ein Kind muß wissen, was es darf .. In den übelsten Freudzirkeln in Wien sitzen und dann nach Heidelberg kommen und mit dem Meister Hochgeist machen, das geht nicht. Erst muß man wissen, was nicht geht, und dann erst noch, was geht". (Landmann: Gespräche, S. 136) – Eine „Fehlhandlung" ist nach Freud eine Handlung, die aus einem unbewußten und unterdrückten Wunsch hervorgeht, der zu Störungen und fehlerhaften Abläufen auf der bewußten Ebene führt.

[155] *mein Kontakt*] Seine seelische Verbindung mit ES. FG verwendet andernorts auch das Bild der kommunizierenden Röhren.

Ich denke an unser Immenstader Seeidyll[156] .. und an den Rudermorgen mit dem Strandbad. Weisst Du noch? Nun Geliebte, schliesse die Augen und öffne alles wo ich Platz habe, denn ich bin bei Dir mit inniger und wilder Liebe ..
Dein Gundolf.

Abs.: Gundolf / Darmstadt / Grünerweg 37 – Adr.: Fräulein Dr. Elisabeth Salomon / (bei Rittmeister Patzowski) / Wien XIII / Kupelwiesergasse 47 – nachgesandt nach: Wien IX / Berggasse 8 Th 15

154. Elisabeth Salomon an Friedrich Gundolf. Wien. 8. Oktober 1920

Endlich – endlich – liebster Gundel – wohn ich. Es ist zwar nicht grade das was man eine sturmfreie Bude nennt, denn ich muß das Zimmer meiner Wirtin passieren um zu meinem zu gelangen. Aber ohne Haken gibt es überhaupt keines und dieses ist dafür äußerst sauber und bei einer sehr feinen alten jüdischen Dame bei der ich wenigstens vor Übervorteilung sicher bin. Und schließlich: warum soll ich nicht mal als Nonne eine zeitlang leben? Die Tante Paula hätte mich natürlich nicht rausgeworfen aber das war 1 Stunde Tramwayfahrt u. außerdem mußte ich mit der Gretl[157] in einem Zimmer schlafen und das ist bei Gott keine Freude.

Schick mir Deinen Hymnus zum 10. 11.[158] Er wird eh dies Jahr trist sein und ich bin kleinbürgerlich genug ihn gern gefeiert zu haben.

Schreib mir von der Andl. Auch nach ihr hab ich Sehnsucht. Gib ihr meine Adresse.

Ist der Meister – de point de vue: Gundolf – dafür daß ich in Wien bin oder in Deutschland? Danach frage ihn bitte, Du mußt es mir aber ohne Rückhalt mitteilen. Die Frau Jaspers schreibt mir nämlich ich könne jetzt beim Gottschalk in Berlin eintreten.[159] Er kommt nächstens nach Wien und will mit mir sprechen. Was sagst Du selbst zu dem Projekt?

---

[156] *Immenstader Seeidyll*] Der Ferienaufenthalt am Bodensee vor wenigen Wochen.
[157] *Gretl*] ESs Cousine Gretl Huppert.
[158] *Hymnus zum 10.11.*] Gedicht zu ESs Geburtstag.
[159] *Die Frau Jaspers … eintreten*] Stellenangebot bei dem Berliner Antiquar, von dem schon im März 1920 die Rede war, auch damals offenbar von dem in Heidelberg lehrenden Philosophen Karl Jaspers (1883–1969) bzw. seiner Frau Gertrud (1879–1974) vermittelt. ES ging auch diesmal nicht darauf ein.

Wenn Du wirklich nach Wien kommst, liebes Herz, so sieh daß die
Weihnachtstage darin sind. Weil sonst meine Amtsstunden mir doch
wenig Zeit übrig lassen. Wann kommt der Erich? Schreib ihm doch
daß er mich benachrichtigt wann er hier ist.

Das rauchen kann ich mir nicht abgewöhnen[160] – lieber das essen.

Nur sehr einfältige Leute können die Georgica für Dein Buch hal-
ten[161] – vom ganzen abgesehn schon wegen der Goethestellen. Deine
Methode des herausstellens eines großen Menschen geht doch nie auf
Kosten eines andern Großen.

„Für die Erde zu gut und für den Himmel zu schlecht" formuliert
der Gerhart Eissler[162] die Elli. Was meinst Du dazu?
In zärtlicher Liebe Dein
Muselchen
am 8. Oktober
Wien IX Berggasse 8 Tür 15

155. Elisabeth Salomon an Friedrich Gundolf.
Wien. 11. Oktober 1920

Da, Liebster, hülle Dich selbst in meine Haare. Ich habe sie abgesäbelt
und fühle mich ungleich wohler ohne sie.

Wie gefällt Dir die Ruth? Ist sie nicht ein erfreuliches Stücklein Leben?

Den Karl Kraus hab ich einen ganzen Abend lang eigne Werke vor-
tragen hören vor einem Saal vollgestopft mit andächtigen und begeisterten Jüngern. Diese Prophetengebärdung wirkt über die Maßen
grotesk wenn man sie an dem Inhalt der Sachen mißt die er vorträgt.
Das sind höchst unaktuelle Dinge über Frivolität des deutschen Kronprinzen, lächelnde Physiognomie des Grafen Berchthold, gequälte

---

[160] *Das rauchen … abgewöhnen*] Dazu hatte FG ES in einem früheren Brief aufgefordert.

[161] *Nur sehr einfältige … halten*] FG hatte ES geschrieben, daß viele ihn für den
Verfasser des Buches ansähen.

[162] *Gerhart Eissler*] Der damals als kommunistischer Aktivist in Wien lebende Gerhart Eisler (1897–1968), Bruder des Komponisten Hanns Eisler; später kommunistischer Politiker und Mitglied des Zentralkommitees der SED. ES bezeichnete
ihn kurz darauf gegenüber FG als ihren „gegenwärtigen Günstling". Die zitierte
Wendung findet sich meist in der Form: „Für den Himmel zu schlecht, für die
Hölle zu gut".

Mannschaften etc. Ja, er ist abgeschmackt genug dem Kaiser Franz Josef ein Schmähgedicht nachzuschicken.[163] Er hat einen Buckel und das Gesicht ist nicht eben übel, doch hat er wohl lange an ihm gearbeitet. Überhaupt macht er den Eindruck eines völlig kalten und leidenschaftslosen Menschen, eines Bureaukraten in Kritik und Satire.

Ich bin Dein, mein teurer Gundel, in dankbarer und zärtlicher Liebe
Musel
11. 10. 20

156. Friedrich Gundolf an Elisabeth Salomon.
Darmstadt. 12. Oktober 1920

12 / 10 / 20

Mein Süssestes:
Du hast noch immer die falsche Idee, man wolle deine Verbannung: D. M. hat *nichts gegen dich* und kein Interesse daß du meilenweit weg von mir bist: es ist ihm jeder Ort recht .. und mir am liebsten der an dem ich dich jederzeit erreichen kann, um deine geliebten Glieder zu küssen. O Musel .. ich wäre sehr glücklich, wenn Du die Stelle bei Gottschalck annehmen könntest, falls Gehalt und Arbeit halbwegs stimmen! Denk Dir, nicht immer Zoll, Pass, Zensurgrenzen, gemeinsame Freunde, und wenn ichs vor Verlangen nicht mehr aushalte, dann reis ich nach Berlin .. das kann ich halt mit Wien doch nicht immer .. Wenn ich komme, komm ich um Weihnacht herum … Liebes, jeder der mich kennt, weiss daß ich ohne deine Nähe nicht leben kann, dass es besser ist du bist für mich erreichbar … mein Herz, meine Braut, meine heissbegehrte Geliebte, mein holdestes Kind und meine allmächtige Herrin! Weisst Du, fühlst du denn, wie ganz Du mich durchdrungen und umwunden, mit Leib und Seele dir eingeeignet hast?

---

163 *Den Karl Kraus … nachzuschicken*] ES meint den Vortragsabend vom 9. Oktober 1920 (vgl. das „Fackel"-Heft Nr. 552/53 vom Oktober 1920, S. 27f.), bei dem vor allem Szenen aus den „Letzten Tagen der Menschheit" vorgetragen wurden, u.a. die 41. Szene des dritten Akts, die von Leopold Graf Berchtold (1863–1942) handelt, der beim Ausbruch des Ersten Weltkriegs Außenminister Österreich-Ungarns gewesen war. Das „Schmähgedicht" auf den verstorbenen Kaiser (1830–1916), „Franz Joseph", erschien im Augustheft 1920 der „Fackel", S. 18.

Ich würde in Wien die Stelle noch eine Zeitlang behalten, und dann
nach Berlin gehn! O wenn nur was drauss würde! Liebstes liebstes!
Wegen des Geldes lass es nicht scheitern! Und dann kann ich mir auch
kaum was Anständigeres denken als Antiquaria und wieviel könnte ich
dir dabei helfen. Du kannst Dich bei Gottsch. auch auf mich deutlich
berufen. Das hilft vielleicht.

Gestern war ich beim Ty .. Demnächst mehr … Ich habe auch Marken und Stadtgeld[164] für Dich.

Liebstes Du, ich ergiesse mich in deinen süssen Grund und bleib gefangen im schönen Leib des geliebten verehrten Gundelnen Musels!
Halte mich in Dir und komm zu mir!

Für die Erde bist du ein Entzücken und für den Himmel Sprengstoff[165] ..

Anbei ein Bedewe[166]

Abs.: Gundolf / Darmstadt / Grünerweg 37 – Adr.: Fräulein Dr. Elisabeth Salomon /
Wien IX / Berggasse 8 Tür 15

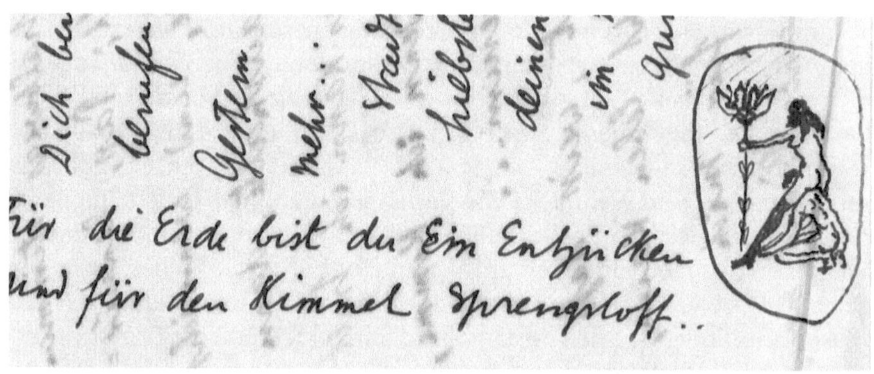

---

[164] *Stadtgeld*] Während des Krieges und auch noch danach von einzelnen Städten
ausgegebenes Notgeld. ES hatte FG aufgefordert, ihr welches zu schicken, da es
mittlerweile großen Sammlerwert habe.
[165] *Sprengstoff*] Bezug auf den Ausspruch Gerhart Eislers, den ES in ihrem Brief
vom 8. Oktober erwähnt hatte.
[166] *Bedewe*] Erich von Kahler: Der Beruf der Wissenschaft.

157. Friedrich Gundolf an Elisabeth Salomon.
Heidelberg. 15. Oktober 1920

15 / 10 / 20

Geliebtes: Eben bekomme ich deine Haare und deinen Bericht über K.
Kr .. Du magst recht haben – ich hab ihn hier auch einmal lesen hören:
er hat keine Augen und kein Maaß .. und so hilft ihm all sein Witz und
Mitleid zu nichts ..

Gestern Abend war ich wieder mit Andl und Siegfried zusammen,
die ich beide lieb habe. Die Ruth ist sehr putzig .. und hübsch und ähnelt dir .. doch seh ich überall dich und finde sogar, die Andl riecht
nach dir .. was sie ablehnt.

Deine Haare Geliebtes liegen an meinem Herzen und ich küsse sie
manchmal – o ein atmendes Stück des geliebten Wachstums, des süssesten Leibes immer bei mir zu haben. Aber wie siehst du denn aus, ge-
schornes Bübchen?

Ists nicht kurios: gestern träumte mir die Aga habe dich zu ihrem Pa-
gen stutzen und kleiden lassen und heut bekomm ich dein abgeschnit-
tenes Haar[167] .. Schick mir nur bald ein Bild der neuen Figur ...

Vom Ministerium hab ich jetzt ein Schreiben daß meine Ernennung
zum persönl. Ordinarius bald erfolgen soll ..

Süsses, womit bindest du mich nun an deine Brust wenn deine Haare
so kurz sind? Doch ich bleib Dein Gefangener und an Fesseln und Ge-
fängnissen für mich wirds dir nie fehlen ...
Liebstes Liebstes Einziges Musel
ich küsse dich von ganzem Herzen!
Holdes Liebes Leben!

---

[167] *gestern träumte mir ... Haar*] Am 14. Oktober hatte FG geschrieben: „Heute
Nacht hab ich geträumt, die Aga hielte dich gefangen und misshandle dich: du
müsstest mit abgeschnittnen Haaren und Bubenkleidern ihr dienen und ich
konnte dir nicht helfen. Was meinst Du zu diesem Gesicht? Erzähl es keinem
Freudianer .. nun, es ist einerlei was man diesen erzählt oder vor ihnen tut, ob
man die Feder eintaucht, eine Zigarre raucht oder in einem Buch blättert ..
Es ist ihr ewig Freud und Mach
So tausendfach
Aus einem Punkte zu erklären.
(Mach ist nämlich der Wiener Philosoph der aus dem Ich einen Rangierbahnhof
wie der Freud eine Kloake gemacht hat und der Vor-Götze des Freud)".

Abs.: Gundolf / Darmstadt / Grünerweg 37 – Adr.: Fräulein Dr. Elisabeth Salomon /
Wien IX / Berggasse 8 Tür 15

158. Friedrich Gundolf an Elisabeth Salomon.
Heidelberg. 18. Oktober 1920

Meine allersüsseste Elli .. Geliebtes Bestes Einziges Muselherz!

Heut sollst Du nur ein paar Küsse auf deine Brust bekommen, denn
es ist ein kalter nasser Herbststurm und ich bin wieder traurig .. aber
doch froh wenn ich denke daß mein Liebstes mich liebt und daß mein
Musel mich mag. In Darmstadt finde ich sicher, hoffentlich ein paar
Zeilen von Dir die mich nicht quälen, voll von Deinem Leben!

Am Ulmer Münster ist eine tiefsinnige Plastik: der Engel mit dem
Feuerschwert vertreibt Adam und Eva aus dem Paradies .. Eva dreht
sich noch einmal um und dreht dem Erzengel eine Nase! Ist nicht Eure
ganze Geschichte in dieser Geberde vorgeahnt ... daß Ihr Gott und
Teufel Euer Schnippchen schlagt.

Ich erwarte eben die Andl, die ich als eine Art Elliersatz sehr zärtlich
begrüsse, aber sie ist doch, unbeschadet ihres Andlselbstwerts doch
keine Elli.

Mädelchen, behalte mich lieb und fühle wie heiß und herzlich ich
dein Liebender u Geliebter bin .. mit allen hellen Sinnen und allem
treuen Verlangen meiner Seele ..
Liebste! Liebstes!
Dein Gf

Adr.: Fräulein Elli Salomon / Wien IX / Berggasse 8 Tür 15

159. Elisabeth Salomon an Friedrich Gundolf.
o.O. [Wien]. 20. Oktober 1920

20. 10. 1920

Du lieber Gundel – Du mußt doch genau wissen wie ich ausschau wenn
Du mich schon träumend gesehn hast. Die Leute sagen es passe mir
ausgezeichnet und verjünge. Tut es wohl auch. Auf jeden Fall fühl ich
mich äußerst wohl ohne Haar. Aber ein Portrait sollst Du natürlich haben sobald eins da ist. Manche sagen wie ein Eaton-Boy.[168] Der einzige
Nachteil ist daß es den Weg für elegante Hüte versperrt. – Wirst Du
vorläufig immerfort zwischen Heidelberg und Darmstadt umhersau-
sen? So weiß ich nie an welchen Punkt ich mein tägliches Sehnen und
Wünschen richten soll.

Lieber, Du darfst mir nicht zürnen wenn ich den Gottschalk ablehne.
Ich überlege hin und her und da neigt die Wage mehr zu nein obwohl
mich an Wien keine Seele bindet. Die Bezahlung ist schlechter als bei
der Treuga, das ist freilich nur der Anfangsgehalt (650.-) und eine bedeutende Steigerung bei Bewährung wahrscheinlich. Aber wer garantiert dafür daß ich mich bewähre? Denn zunächst versteh ich doch
mal von dem Handwerk garnichts. Ich würde also den Sperling in der
Hand für die Taube am Dach geben. Und dann plagt mich noch immer
Skrupel ob es anständig ist der Treuga schon wieder davonzulaufen.

Vom Ernst hab ich nur einen Brief unbeantwortet gelassen und in
dem steht daß er keine Antwort erwartet. Das Briefschreiben ist auch
eine rechte Plage wenn es nicht an den Geliebten gerichtet ist. Doch
werd ich ihm schreiben sobald als möglich.

Dank für den Bedewe: ich hab ihn dem Gerhart Eisler, meinem gegenwärtigen Günstling gegeben.

Mein geliebter Gundel, ich hab Dich unermeßlich lieb.
Dein Musel
Siehst Du Frau Gothein?

---

[168] *wie ein Eaton-Boy*] Die in den 20er Jahren modische Bubikopf-Frisur orientierte
sich am Aussehen der „Eton-Boys“, der Schüler des bekannten englischen Inter-
nats. Die berühmte Tänzerin Anita Berber posierte etwa 1924 als Eton-Boy.

160. Friedrich Gundolf an Elisabeth Salomon.
   Heidelberg. 26. Oktober 1920

Liebstes Herz:
Dein Entschluss bei Gottschalck abzulehnen ist mir eine bittre Enttäuschung – denn er besiegelt unsre Trennung für weitere Jahre da von
Jahr zu Jahr die Verbindungen zwischen Oesterreich und dem Reich
schwieriger werden. Die Bezahlung finde ich verhältnismässig gut
und selbstverständlich hättest du dich bewährt. Überhaupt, denkst du
nicht krankhaft viel ans Geld und nur ans Geld? Es ist mir schon in
Friedr.hafen manchmal aufgefallen.

Doch musst du selbst am besten wissen was dir not ist und ich will
dich nicht in schlechtere Umstände bringen als du brauchst. Nur das
musst du wissen dass du die erste Möglichkeit verscherzt hast unsre
arge Trennung zu lindern. Was den Grund der Treuga-treue angeht so
frag dich selbst, Hand aufs Herz, ob er für dich maaßgebend gewesen
wäre, wenn dir Gottschalck 2000 M. Gehalt geboten hätte???

Doch du bleibst mein Musel, mein bestes süssestes, liebstes Geschöpf und ich küsse dir Hände und Füsse, du magst tun und lassen
was du willst ...

Heut bin ich zum Ordinarius ernannt worden .. das kam gleichzeitig
mit deinem Brief, freut mich aber nicht so wie mich das andre betrübt.
O Musel, du bist ein Dämönlein, das mich gefangen hält und abwechselnd beseligt und martert .. Wie ich dich liebe, mein süsses Wesen, und
ganz dein eigen bin! ..

Holdestes Musel, werde du nur ruhig und sicher und geh mir nicht
verloren .. ich küsse deine Brust .. Immer
Dein G.

Adr.: Fräulein Dr. Elisabeth Salomon / Wien IX / Berggasse 8 Tür 15

161. Friedrich Gundolf an Elisabeth Salomon.
   Heidelberg. o.D. [Ende Oktober 1920][169]

Weile noch auf meiner Schwelle
Lindes Zirpen, reifer Klang
Liebevoll betrübte Helle
Eine Abschiedsstunde lang
Einen Kuss noch, diesen .. diesen
Nein, ihr könnt nicht mehr verfliessen …

Selig Dennoch aller Sorgen!
Heil trotz allem Zweifelgraun
Tief in heisser Brust geborgen
Immer neu glüht dieses Schaun,
Die Geliebte, die Gemeinte
Unter Tränen mir Vereinte!

Der Empfang bei wehenden Linden
Der den Tod von mir verscheucht
O Erwachen Wiederfinden
Blinder Augen neu Geleucht
Und nach taumelnder Verschmachtung
Trunken selige Umnachtung!

Mein süsser Herbst mit seinen letzten Bränden
Vergoldet mir das leidenvollste Jahr
Das seligste, da ich aus deinen Händen
Mein Herz empfing und wieder bei dir war ..

Das Jahr der Trennung schien es bis zum Sterben
Nie wieder wein ich so und keine Qual
Wie diese trüg ich ohne mein Verderben ..
Doch sieh, du kamst, mein segnendes Gemahl

---

[169] Die Datierung ergibt sich aus ESs Brief vom 3. November.

Und mit verdurstet heissen Atemzügen
Trank ich den Zauber der uns neu gebar ...
Kein Abschied kann uns um das Leben trügen
Das uns gereift aus diesem Sterbejahr.

**162. Elisabeth Salomon an Friedrich Gundolf.
      Wien. 3. November 1920**

Wien, den 3. 11. 1920

Heute – mein Einziger, mein Liebster, Guter, Bester – heut kommt endlich Dein Buch![170] Dein schönes Werk! Die Widmungsverse haben mir
einen Bach von Tränen hervorgelockt. Sie beschämen mich. Aber ich
schweige denn es ruft nur Deinen leidenschaftlichen Widerspruch hervor, weil Du mich nicht wahr haben willst so wie ich wirklich bin. Und
doch sagst Dus ja selbst: ich jag dem Gelde nach. Ich will keine große
Rechtfertigung hierfür versuchen. Denn ich tus ja wirklich. Doch würd
ichs vielleicht weniger tun wenn ich erst einmal ohne mich gewaltig zu
plagen das einfachste Existenzminimum gesichert hätte. Ich muß jetzt
schon wieder aus meiner Wohnung ausziehn weil die edle Dame es für
zweckmäßiger hält an die Tochter eines ungarischen Schiebers zu vermieten die das 4fache bietet. Ich versichre Dir wenn ich in der Gemeinschaftsküche esse und sonst keine Ausgaben habe als für Wohnung, Wäschewaschen, Stiefelsohlen, Trambahn, Licht, Heizung so komme ich
mit diesem – für Wiener Verhältnisse hohen – Gehalt nicht aus. In Berlin
sind die Preise eher noch höher. Was sollte ich da mit noch weniger anfangen? Es hieße mich auf Deine Unterstützung anweisen wozu ich keine
Lust habe da ich Deine sonstigen Verpflichtungen kenne. A propos, wegen der 300 Mk solltest Du Dich nicht weiter grämen. Deine persönliche
Freiheit ist nicht zu teuer damit bezahlt und Deine Bücher werden zu
Deinen Lebzeiten mindestens immer noch mehr gekauft werden.[171]
      Von Bondi sind noch 2 Exemplare „George" und eines Shakespeare

---

[170] *Dein Buch*] FGs George-Monographie (George. Berlin: Bondi 1920).
[171] *A propos ... gekauft werden*] Am 23. Oktober hatte FG ES geschrieben: „Als ich
      heimkam, fand ich eine wenig erbauliche Neuerung vor: ich muß jetzt 300 M.
      für Ottilie zahlen .. das ist viel Geld und wenn meine Bücher nimmer gekauft
      werden, so wirds bei meinem blossen Diensteinkommen eine richtige Schuldknechtschaft ..".

Bd. 1[172] gekommen. Vielen vielen Dank. Ich will die Würdigsten dafür aussuchen. Ach ja, und für den meinen hab ich Dir auch noch nicht gedankt. Mein Atem ist zu kurz für Deine zahllosen Liebesbeweise. Ich komm schon gar nicht mehr mit. Der Shakespeare sieht prachtvoll aus. Laß mich über alle „Erfolge" des „George" wissen. Ich bin doch rasend gespannt auf die Aufnahme eines völlig singulären Werkes gerad in diesem sonderbaren Augenblick der Auseinandersetzung zwischen bürgerlicher und proletarischer Welt.

Die Rosalinde ist aus As you like ist. Glaubst Du ich könnte die Lucy so schnell vergessen?[173] Meine Hochachtung noch zur Ernennung zum Ordentlichen. Ach über die Akademischen Würden! Sie stehn Dir nicht.

Lieber Gundel, ich bin ein armer Tropf u. werde nie ein Gesamtmensch[174] sein trotz der Oesterr. Rundschau die mich über die Maßen langweilt und nur – verzeih! – finanziell meine Teilnahme erregt. Weißt Du nicht jemanden der geeignet wäre Dein Buch u. die Shakespeare-Übersetzung in ihr zu besprechen?

Hast Du in Badenbaden auch was von den Tanzturnieren gemerkt? Mit Deiner neuen Uniform bin ich gar nicht einverstanden.[175] Sie gibt

---

[172] *Shakespeare Bd. 1*] Der erste Band der Neuausgabe von FGs Shakespeare-Übersetzung (1920/22).

[173] *Die Rosalinde ... vergessen*] Am 23. Oktober hatte FG ES geschrieben: „Gestern war ich wieder einmal beim Ty .. das ist hold wie eine Shakespearische Lustspielheldin – am meisten ähnelt sie Rosalinde (ich hoffe du weisst wo sie vorkommt) dieselbe Mischung von geflügelter Schwermut, anmutigem Spleen, beseeltem Witz und herzlichem Geist ..". ES wiederum spielt auf die nächtliche Aufführung von Shakespeares „Wie es euch gefällt" zur Sonnwendfeier und zu FGs Geburtstag am 20. Juni 1914 an, die FGs Schüler und Freunde auf dem Königsstuhl bei Heidelberg veranstaltet hatten und bei der auch Lucy Grote mitwirkte – die Rosalinde wurde indessen von Marie Josephe von Hoesch gespielt. Offenbar kam diesem Fest auch Schlüsselcharakter für die Beziehung zwischen FG und ES zu. Am 10. Mai 1921 sollte sich FG gegenüber ES daran erinnern: „Gestern war ich mit Josef und dem Ty oben auf dem Königstuhl [...] und der ganze verhängnisvolle Sommer 14 quoll wieder herzschwellend empor .. da du mit der roten Satansfeder und dem schwarzen Teufelskleid auf meinen Schultern rittest. – (Von da datiert übrigens der Frau Marie Louise Hass gegen dich!)".

[174] *Gesamtmensch*] FG hatte ES – wohl etwas ironisch – mit diesem Begriff aus seinem George-Buch belegt, nachdem sie ihm mitgeteilt hatte, daß sie zusätzlich eine Stelle als Redakteurin bei der „Österreichischen Rundschau" angenommen habe, einer Kulturzeitschrift im Drei Masken Verlag, der – ebenso wie die Treuga – von Felix Sobotka geleitet wurde.

[175] *Hast Du in ... einverstanden*] FG hatte ES am 27. Oktober aus Baden-Baden, wo er Salz besuchte, geschrieben: „Ich habe einen schwarzen Anzug der oben

Dir gewiß zu sehr den Stempel des außerhalb der Gesellschaft Stehenden. Bitte, wenn Du herkommst, so bring außer ihm noch ein oder besser zwei andere mit. – Deine Gedichte, Liebster, werden immer Goethischer. So die letzten – hab Dank dafür – „Weile noch auf meiner schwelle" und „Mein süsser herbst mit seinen letzten bränden" Anbei auch die Liste der übrigen.

Ich hab den Parzival[176] gesehn. Die Musik gefällt mir sehr aber die Apotheose des Christentums hat ihren mystischen Eindruck auf mich verfehlt. Es war in der einstigen Hofoper und ich saß – was begeisternd war – in der ehemaligen K. K. Loge. Das hätte sich Franz Josef auch nicht träumen lassen.

Mein Idol heißt jetzt Terence Mac Swiney.[177] Findest Du das sehr sentimental? Dann schau Dir sein Bild an.

Ich liebe Dich in heißer und zärtlicher Sehnsucht.
Dein getreues Muselchen

163. Friedrich Gundolf an Elisabeth Salomon.
Heidelberg. 4. November 1920

4. November 1920

Mein Musel,
Mein Liebstes auf der Welt:
Wenn dieser Brief dich grad an deinem Geburtstagsmorgen trifft so wisse dass ich bei dir bin ... dich von Kopf zu Füssen und von den Füssen zum Scheitel küsse mit aller Dankbarkeit, die ein dankbares Herz seiner Retterin hegt, aller Wollust die ein sinnlicher Mensch dem schönsten Mädchen schuldet, aller Verehrung die ein sittliches Geschöpf bei der leibhaftigen Gutheit Tüchtigkeit und Echtheit empfindet, allem Entzücken eines Geistes wenn ihn das Leben anhaucht, kurz aller Liebe des Gundls für das Musel .. Schönes holdes süsses Geschöpf nimm

---

geschlossen ist und sehe aus wie ein Hofprediger". – In Baden-Baden fanden seit 1913 internationale Tanz-Turniere im Kurhaus statt.

[176] *Parzival*] „Parsifal", Richard Wagners „Bühnenweihfestspiel" (1882).

[177] *Mein Idol ... Mac Swiney*] Terence MacSwiney (1879–1920), irischer Politiker und Revolutionär, der nach einer Verurteilung durch die englischen Behörden im August 1920 mit mehreren Mitgefangenen in einen Hungerstreik trat, dem er am 25. Oktober erlag. Sein Tod erregte großes publizistisches Aufsehen.

mich an deine Brust und in deinen Schooss, an deinen Mund in dein
Auge und behalt mich in deinem Herzen und wisse du bist in meinem
heiss und treu wie je .. O dass es keine Worte gibt uns ganz einander
einzuleiben, aber wären wir eins, wie hätten wir diese Lust des immer wieder Findens? Musel, bleib mein und bleib gesund und bewahr
dir vor allem den Glauben an dein unverlierbar Wesen und an meine
Liebe. Vergiss in den trüben Stunden, die immer wieder kommen, nicht
die schönen, die in uns eingelebt sind und uns für immer vor dem leeren Nichts und Nein und Umsonst schützen. Vergiss nicht über der
Notdurft die Liebe und den hohen Sinn der uns vereinigt, und wenn
unsre Sehnsucht uns quält, so verewigt sie uns. Süsse Liebste, edles und
holdes Musel, schönstes und lebendigstes Geschöpf, gutes und wahres
Herz, glaub an dich und an mich .. und lass dich nie unterkriegen vom
blossen Draussen, von Misere, Frost, Ärger. Wir haben, all das zugegeben als wirklich und als nötig sogar, doch unendlich mehr … Liebe und
Idee.[178] Nicht nur ich, auch du: denn du hast mich, mehr als wenn wir
immer zusammen ässen und schliefen. O Liebstes, wie liebe und verehre ich Dich .. Musel, sei froh, sei mein .. ich umarme und küsse Dich,
ich bete Dich an und bin mit allem was ich bin ganz Dein!

Adr.: Fräulein Dr. Elisabeth Salomon / Wien IX / Berggasse 8 Tür 15

164. Friedrich Gundolf an Elisabeth Salomon.
Darmstadt. 20. November 1920

20 / XI / 20

Liebstes!
Vermutlich komme ich am 1. oder 2. XII. nach Wien[179] – meinen Pass
hab ich jetzt. Nach Wolfratsh. geh ich nur kurz, vielleicht nach dem
Wiener Aufenthalt. Deine Wohnungsnot bedrückt mich sehr – vielleicht werden wir ein paar Tage in einem Hotel uns logieren.[180] Wohnen

---

[178] *Liebe und Idee*] Die von FG mehrfach zitierte Goethe'sche Formel.

[179] *Vermutlich … Wien*] FG traf am 3. Dezember ein, nachdem er zuvor für einige
Tage bei Kahlers Station gemacht hatte, und blieb bis 10. Januar 1921. Anschließend verweilte er – im Wintersemester beurlaubt – bis Anfang April wieder in Wolfratshausen.

[180] *Deine Wohnungsnot … logieren*] Da ESs Wohnung gekündigt worden war,
wohnten die beiden in der Pension Vienna in der Frankgasse 6.

kann und muß ich übrigens bei Kahlers[181] .. Die Entfernungen hoffe
ich durch Fleiss und Liebe zu überbrücken.

Kein steinern Bollwerk kann der Liebe wehren
Und Liebe wagt was irgend Liebe kann.[182]

Musel, deine Redaktionstätigkeit[183] seh ich mit gemischten Gefühlen: übernimm dich nicht und unternimm nicht zuviel: du weisst wer
das tut muß ein Schelm werden.[184]

Die Bücher bring ich mit – der Ligne ist meines Wissens noch nicht
übersetzt, von Chamfort ein paar Anekdoten. Aber stell dir das Übersetzen nicht zu leicht vor,[185] und Sudelarbeit darf die Geliebte des Gun-

---

[181] *Wohnen ... Kahlers*] Aufschlußreich zur Frage, wo FG in Wien wohnen sollte,
ist ein Brief Fines, die FG davor noch in Wofratshausen besuchte, an Erich von
Kahler, der in Wien bei seinen Eltern weilte (27. November 1920): „Gundolf ist
eben gekommen und bildet sich ein, dass er *bei Dir* wohnt! Ich habe ihm gesagt,
dass das sehr unpraktisch sei und er lieber ein noch so primitives Quartier nehmen sollte, das ihm erlaubt die Abende und – Nächte mit der Elli zu verbringen,
während er dann tagsüber bei Euch sein, auch dort arbeiten und Mittagessen
könnte. Hoffentlich kannst Du in Verbindung mit der E[lli] ein dementspre-
chendes Quartier für ihn finden. Sehen will er sonst *niemand* und dabei sollte
man ihn auch lassen und halten. Schau nur von vorneherein, dass er den Plan
fasst bestimmt Anf[ang] Jan[uar] mit Dir zurückzukommen. Und *bitte*, impor-
tiere die E[lli] nicht bei Euch, sonst ist meine Zurückhaltung dann noch kras-
ser." Kahler-Briefwechsel II,483f. – Zu Fine von Kahlers nachdrücklichem
Wunsch, ES nicht im Kahler'schen Haus zu empfangen, sowie Erich von Kahlers
Einwänden, wonach sie in Wien allgemein akzeptiert sei – „Die Elli verkehrt
hier in allen möglichen ‚guten Familien' und mit Leuten, deren ‚comme il faut'
heit ja Spiessigkeit über allen Zweifel erhaben ist." – vgl. seinen Brief an Fine
vom 30. Dezember 1920 mit dem Fazit: „Aber ich bleibe dabei, dass all der
Klatsch dieses Mädel [ES] viel gefährlicher und ärger gemacht hat als sie ist. Sie
ist ein kleines unerzogenes, schlampiges, sorglos-bohêmiges, aber durchaus gut-
mütiges und denen, die sie lieb hat und zu denen sie Vertrauen hat, fügsames
Wesen [...] Alles in allem: erhabene Substanz ist es nicht aber auch lang nicht so
arg und gemein wie man sie macht. Aber ich bin durchaus weder bestrickt noch
bestrickbar durch sie, möcht ich wiederum zur Sicherheit bemerken". Kahler-
Briefwechsel II,485f.

[182] *Kein steinern ... Liebe kann*] Zitat aus Shakespeares „Romeo und Julia" (II,2)
in der Schlegel-Tieckschen Übersetzung; so auch von FG übernommen (Shakespeare in deutscher Sprache, Bd. 2, Berlin 1909, S. 42).

[183] *Redaktionstätigkeit*] ESs zusätzliche Aufgabe bei der „Österreichischen Rundschau".

[184] *wer das tut muß ein Schelm werden*] Anspielung auf eine von FG auch anderwärts
zitierte Sentenz Goethes: „Wer zuviel unternimmt, muß ein Schelm werden".

[185] *der Ligne ... zu leicht vor*] ES trug sich mit dem Gedanken, im Drei Masken Verlag die Übersetzung oder Neuausgabe irgend eines verschollenen Buches zu ver-

dels nicht machen. Besser wärs schon, du editirtest deutsche Werke, die gut und verschollen sind .. Darüber mündlich. Die Pannwitzanzeige[186] will ich auch lieber mündlich mit dir durchsprechen, wenn wir uns grade nicht küssen.

Ich bin hier noch durch des Meisters Krankheit festgehalten.[187]

Über mein Buch hör ich nur von den nächsten Freunden, was ich schon weiß.

Ich hab grosse Ungeduld Dich zu umarmen und fürchte wieder der tückischen Mächte Hand zwischen Kelch und Lippe.[188] Das richtige Wiedersehn muß der Sommer schaffen – doch bist Du mein Liebstes, Nacktestes Wildestes und ich
bin dein treuer
Gundel

Adr.: Fräulein Dr. Elisabeth Salomon / Wien IX / Berggasse 8 II

öffentlichen. FG hatte ihr am 7. November geschrieben: „Willst du nicht einen von den alten Autoren, die ich dir aufschrieb bei den Dreimatzen edieren und ich schreib dir ein anonymes Vorwort?" – Die Memoiren des Prinzen von Ligne (1735–1814) lagen damals in keiner vollständigen deutschen Ausgabe vor, ebensowenig wie die Schriften von Nicolas Chamfort (1741–1794).

[186] *Pannwitzanzeige*] Vielleicht eine geplante Rezension ESs; Näheres nicht bekannt.

[187] *Ich bin hier ... festgehalten*] George hielt sich seit Oktober in Heidelberg auf, wo er sich von den Folgen seiner Operation erholte.

[188] *fürchte wieder ... Lippe*] Anspielung auf das verbreitete Zitat von Friedrich Kind: „Zwischen Lipp' und Kelchesrand / Schwebt der finstern Mächte Hand" (1802).

1921

165. Friedrich Gundolf an Elisabeth Salomon.
Wolfratshausen. 14. Januar 1921

Wolfr. 14. I. 1921

Mein süssestes und liebstes auf der Welt:
Nun bin ich wieder in Wolfratshausen und will mich in Arbeit, Gespräch, und Büchern betäuben über die unablässig pochende[1] Sehnsucht nach Dir, aber jeder Winkel ist voll von Erinnerungen und ich
halte unablässig Zwiesprach mit dir, hör die unwiderstehliche Stimme
Schnaxi und Bützchen[2] locken, muss lachen und weinen, und bin verliebt wie ein Schulknabe .. O Musel, Musel .. wir dürfen nicht zu lange
getrennt sein .. Unglücklich bin ich nicht, aber gespannt und fiebernd
von Sehnsucht und bezaubernder Erinnrung .. liebes liebes Geschöpf!
Wenn nur du nicht zu sehr leidest, will ichs aushalten .. auf Mai oder
August warten .. Und sehen daß du doch in absehbarer Zeit in meiner
Nähe eine leidliche Stellung findest, wo ich dich jederzeit erreichen
kann,[3] und der Abschied mir nicht immer das Herz zerreisst.

In München hab ich mehrere Besuche gemacht .. Bei Frau Jaffé ass
ich zu Mittag, sang dein Lob und meine Liebe und sie spricht so lieb von
dir dass es mir wohltut.

Sehr ergreifend war der Besuch bei Marianne Weber, die noch immer ganz gebrochen ist und dadurch mir zum erstenmal zeigt dass sie
ein Menschenherz und nicht nur die „Ethik" oder „Güte" der Geistin
hat.[4] Sie erzählte mir viel von Max W. zeigte mir Bilder und die Totenmaske und schenkte mir die drei Photografieen auf dem Totenbett, die

---

[1] *pochende*] Anspielung auf Georges Gedicht „Das Pochen" aus dem „Teppich des
Lebens"; eine der wiederkehrenden Chiffren in FGs und ESs Liebesbriefwechsel.
[2] *Schnaxi und Bützchen*] Kosenamen der Liebenden.
[3] *Und sehen daß du ... erreichen kann*] Am 25. Dezember 1920 hatte Fine an
Erich von Kahler geschrieben: „Übrigens sind sich jetzt ziemlich alle Interessen-
ten darüber einig dass er [FG] sich sie [ES] nach Frankfurt, Stuttgart od[er] sonst
einen *nahen* Ort (von Hdbg) setzen soll damit er alle Sonntag hinfahren *kann*,
und man Ruh und ihn wenigstens in den Ferien hat. Nur nicht München, auch
Berlin besser nicht." Kahler-Briefwechsel II,484.
[4] *die „Ethik" ... der Geistin hat*] Kalauernde Anspielung auf Max Webers Schrift
„Die protestantische Ethik und der Geist des Kapitalismus" (1920).

du damals bei Frau Jaffé gesehn.[5] Im Dreimaskenverlag sind die politischen Schriften M. W. erschienen mit einigen politischen Briefen des wunderbaren Menschen die man nicht ohne Erschütterung lesen kann, so nah und heiss ist sein lebendiger Atem drin mehr als in seinen Schriften.[6] Von der Totenmaske,[7] die sein Haupt unentstellt wiedergibt mit seinem rätselhaften feinen zaubernden Lächeln, bekomm ich vielleicht einen Abguss.

Vorgestern war ich bei Heyers und habe draussen übernachtet .. die Lucy ist noch so hold wie früher und fester .. sie gibt Tanzunterricht und hat etwa 100 Schüler.[8] Gustav war auch recht erfreulich und der Anselm macht schöne Kindersprach- und Gehfortschritte .. ein stattliches Kind. Edith war nicht da, und ich schlief in ihrem Bett, träumte aber von dir, von Dir, immer nur von dir.

Ich habe in München den Grazian erwischt, eine alte Ausgabe seiner sämtlichen Werke, auch mit dem Roman Critikon von dem ich Dir sprach.[9] Fehlt nur noch ein Deutsch Spanier der es übersetzt.

Schreib mir bald, Liebstes .. von deiner Gesundheit, deiner Wohnung, deinem Amt, deiner Liebe.

Süsses Wesen, ich knie vor dir und küsse alle deine Glieder, bis du nicht mehr weisst was dein Leib und meine Liebe ist .. ich glaube, du bist meine vollste und wildeste Liebe und die Summe meiner Sehnsucht, weil in dir alles lebt was mich je bezaubern konnte. Musel, Elli, Einziges, weine nicht, ich bin bei dir und dein und du musst mich fühlen. Ich küsse dein Herz ..
immer Dein Gundel

---

5 *Sie erzählte mir ... Jaffé gesehen*] Während ESs Aufenthalt in München im September 1920. Else Jaffé und Marianne Weber, Geliebte und Gattin, waren beide an Webers Sterbelager.

6 *Im Dreimaskenverlag ... in seinen Schriften*] Max Weber: Gesammelte politische Schriften (Bücherei für Politik und Geschichte des Drei Masken Verlages 9), München 1921.

7 *Totenmaske*] Max Webers Totenmaske wurde von dem Bildhauer Arnold Rikkert (1889–1974) abgenommen. Eine Abbildung davon findet sich in dem Band: Fritz Eschen: Das letzte Porträt. Totenmasken berühmter Persönlichkeiten. Berlin 1967. S. 115.

8 *Tanzunterricht*] Lucy Heyer unterrichtete offenbar Rhythmische Gymnastik in München, wohl in der Schule von Magda Bauer.

9 *Grazian ... ich Dir sprach*] Bei Thimann ist keine einzige Ausgabe des spanischen Philosophen Baltasar Gracián (1601–1658) nachgewiesen.

Abs.: Wolfratshausen / Villa Georg – Adr.: Fräulein Dr. Elisabeth Salomon / Wien IX / Frankgasse 6 / Pension Vienna

166. Friedrich Gundolf an Elisabeth Salomon.
München. 4. Februar 1921

4. II. 1921

Mein liebstes Muselchen: Du schreibst wenig, aber du denkst viel an mich, lieb und dringlich, das spür ich an meinem Gegenwirken, dem sehnsüchtigen Pochen am Tag und den heissen Träumen bei Nacht: ich bin völlig eingehüllt in Muselin,[10] imprägnirt mit Megamusol und betrunken von Schnaxit. Nach zwei lockenden Frühlingstagen, die mich immer traurig vor Heimweh nach dem Leopoldsberg machen,[11] ist wieder schneiender Winter, da bin ich etwas ruhiger und sage mir, dass ich meine Geliebte nicht verlieren kann, und dass es nicht das Küssen und Plaudern und Umarmen allein ist, was uns vereint, sondern auch dies Sehnen und Sorgen und Pochen und die Träume die unser Blut trinken. Muselchen, Liebstes Du!

Aber wenn du auch nicht schreibst, muss ich fühlen daß du nicht zu sehr leidest an Ischias, Hunger, Frost, Geziefer, Überarbeitung und Trennung, etwas weniger als ich musst du leiden am Fernsein, sonst wärst du nicht fern. Ich versuche immer die Welt im Grossen zu sehen von Sesostris[12] bis Lenin, Sintflut bis Friedensvertrag, um nicht ganz von Museldurst überwältigt zu werden .. du versuchst sie im Kleinen zu sehen, von Franzenschuhen[13] bis zu Haarschleifen, von Peppa[14] bis zu Kutschera[15] (oder so) und dein Mittel ist vielleicht probater.

---

[10] *Muselin*] Hier und nachfolgend Wortspiele mit den Kosenamen von ES und FG. Zudem wohl Bezug auf Goethes Gedicht „Komm, Liebchen, komm" mit dem Vers: „Der schönste Schmuck ist stets der Mousselin". (West-östlicher Divan, Buch Suleika)

[11] *Leopoldsberg*] Aussichtsberg nördlich von Wien.

[12] *Sesostris*] Sesostris I., Pharao der 12. Dynastie (Mittleres Reich).

[13] *Franzenschuhen*] Fransenapplikationen gehörten zu den Modeaccessoires der Zwanzigerjahre.

[14] *Peppa*] Josefine Kramer (1897–1937), Schwester von Siegfried Bernfelds späterer zweiter Ehefrau, der Schauspielerin und Kabarettistin Elisabeth (Liesel) Neumann, verh. Bernfeld, verh. Viertel (1900–1994); Freundin ESs.

[15] *Kutschera*] Adalbert Bela von Kutschera-Lederer (1893–1979); Arbeitskollege und Tennispartner von ES.

In Baiern, vielleicht auch im Reich ist jezt wegen der Pariser Narrheit[16] und dem deutschen Elend ein Tanzverbot. Es ist ganz gut, obwohl durch Abschaffung der Symptome die Krankheit, die Unwürde
der deutschen Öffentlichkeit nicht gehoben wird. Und schliesslich ists
nur eine Betäubung. O Muselchen, Geliebtes Tanzbein, ich küsse dich
dennoch vom Spann bis zum Hüftgelenk wo der böse Ischiatikuss beisst.

Ich arbeite jezt, nach Erledigung von Görres, über Adam Müller.[17]
Was macht dein Amt? Wie geht es Siegfried? Hörst du von Gerhard
Eissler? Grüsse all die Freunde, besonders Anna Lang. Und wenn du
nicht zu müd bist, schreib mir einmal. Ich liebe dich und bete dich
an, mein einzig Muselherz, Inbegriff aller meiner Liebeszauber – gutes
Schönes und süsses Wesen.

Ich hänge an dir mit allen Fasern und bleib dein Geliebter.[18]

Adr.: Frau Dr. Elisabeth Salomon / Wien IX / Frankgasse 6 / Pension Vienna

167. Elisabeth Salomon an Friedrich Gundolf.
o.O. [Wien]. o.D. [13. Februar 1921][19]

Mein Geliebter – mit wieviel naher Liebe Du mich umgibst aus so großer Ferne. Unaufhörlich bist Du um mich – oft mir näher als ich selbst
mir wenn ich fremde Dinge tu. So treu und zärtlich fließt jedes Deiner
Worte zu mir. Aber ich bin ein offenes Gefäß und nichts geht verloren.
Ich fange sie alle begierig auf und doch – stets fast bis zum Rande gefüllt – fließe ich nie über. So unersättlich bin ich nach Deiner Liebe und
nach ihrem Ausdruck. Mein teuerster geliebter Gundolf: traure nicht
um mich, Du wirst mich nie verlieren. Ich bin Dir für ewig angetraut
und froh und voll Zuversicht in dieser Gewißheit. Die „Welt" lockt

---

16 *Pariser Narrheit*] Die auf der Pariser Konferenz vom 24.–30. Januar 1921 von
   der Entente beschlossenen Reparationszahlungen in Höhe von 226 Milliarden
   Goldmark in 42 Jahresraten von 2 bis 6 Milliarden jährlich ansteigend, zuzüg-
   lich zwölf Prozent vom Wert der deutschen Exporte in diesem Zeitraum.
17 *Görres … Müller*] FG behandelte diese Autoren im Kontext seiner Überblicks-
   vorlesung „Deutsche Literatur im 19. Jahrhundert".
18 *Geliebter*] Ob der dem Brief beiliegende Zeitungsausschnitt (Was wird aus den
   Lazaretten? Von Dr. Felix Julius Caesar, Regierungsrat im Reichsarbeitsminis-
   terium) mit diesem Brief FGs an ES geschickt wurde, ist unsicher.
19 *13. Februar 1921*] Das Datum ergibt sich aus ESs Angabe „Sonntag" und durch
   den Bezug auf die Briefe FGs vom 7. und 10. Februar.

mich eben nicht übermäßig und das deutsche Tanzverbot habe ich auch auf mich angewendet und damit ganz Wien in Erstaunen versetzt das sich schon überhaupt nicht mehr vorstellen kann wie man das Schicksal des Vaterlandes zu seinem eignen machen kann – so sehr sind die Wiener schon entwürdigt durch gewohnheitsmäßiges Schmarotzertum beim valuta-überlegenen Ausland.

Die Arbeit über die wirtschaftlichen Verhältnisse Jugoslawiens ist mir jetzt offiziell von der Treuga übertragen und ich kann daher meine Arbeitsstätte und -stunde selbst bestimmen was sehr angenehm ist. Die Arbeit selbst freut mich auch sehr, sie ist die erste schaftlerschaftlerische[20] seit Heidelberg. Nächstes Jahr will dann der Dr. de Schepper mit mir hinreisen,[21] mich reizt aber höchstens die dalmatinische Küste.

Der Felix Braun hat sich Deinen George zur Besprechung erbeten.[22] Der alte Glossy[23] hatte den Professor Körner aus Prag dazu ausersehn.[24] Ist einer schlimmer als der andre?

Der Sigfrid soll nächstens wieder nach Salzburg ins Sanatorium.

Dem Gerhart Eissler ist es plötzlich eingefallen mich leidenschaftlich zu lieben. Sehr zur Unzeit! Denn nun kann ich nicht dorthin ziehn weil ich für Filme gar nicht aufgelegt bin.[25] Selbst hier in der Pension ist die Nähe des Franzosen sehr störend für mich: zwei Tage blickt er mich regelmäßig haßerfüllt an und am dritten fleht er um eine Aussprache.[26] Ich ignoriere beides, weil wir doch einen richtigen Krach hatten in dem ich auf Frankreich so geschimpft habe wie sonst nur Hakenkreuzler auf Juden.

Ich glaube, mein Gundel, wegen meiner Gesundheit brauchst Du Dich so bald nicht mehr zu beunruhigen. Die Frau Wolf (meine Masseuse)

---

[20] *schaftlerschaftlerische*] Sprachspielerischer Ausdruck für: wissenschaftliche.

[21] *de Schepper*] Dr. Gerard Jacob Ijssel de Schepper (1885–1957), in Österreich lebender niederländischer Handelsagent. Die Reise kam nicht zustande.

[22] *Felix Braun … erbeten*] Felix Braun (1885–1973), Schriftsteller, Herausgeber und Übersetzer; eine Rezension von FGs „George" (1921) ist nicht nachweisbar.

[23] *der alte Glossy*] Karl Glossy (1848–1937), Literaturhistoriker, gemeinsam mit Alfred Freiherr von Berger seit 1904 Herausgeber der „Österreichischen Rundschau".

[24] *Professor Körner*] Josef Körner (1888–1950), Literaturhistoriker und Bibliograph, seit 1919 Gymnasialprofessor in Prag. Körner war bekannt für seine kritischen Rezensionen.

[25] *für Filme*] Für Liebesdramen. ES hatte erwogen, bei Eisslers zur Untermiete zu wohnen.

[26] *Franzosen*] Pensionsgast in derselben Pension wie ES und unglücklich in sie verliebt.

scheint das Ei des Columbus für meinen baufälligen Körper gefunden zu haben: sie kommt jetzt immer in der Früh vor dem aufstehen weil ich die lokale Massage noch nicht ganz entbehren kann und dann reibt sie mir den ganzen Körper mit kaltem Wasser, Franzbrandwein und feinem Sand ab und zwar so daß jedes frottierte Stück wieder zugedeckt wird um sich wieder zu erwärmen. Die überraschende Wirkung ist daß ich jetzt statt wie bisher nachmittags um 5 schon früh um 9 munter bin und den ganzen Tag über bleibe. Du würdest Dein verschlafenes Musel das Du früh ins Amt geleitest gewiß nicht wieder erkennen. Meine Leistungsfähigkeit nimmt täglich zu und ich spüre deutlich wie viel regsamer mein träges Blut wird. Ich wäre unbändig glücklich wenn das keine vorübergehende Täuschung ist und ich meine alte Kraft von 1914 wieder erlangen könnte.

Eure Karte mit den lieben Zeichnungen und Grüßen ist eingetroffen.[27] Die Julie bringt mir die Post immer herein,[28] sie bleibt nicht am Vorplatz liegen.

Caesar kommt im „Jüngling"[29] nicht vor. Auch sonst ist das Buch sehr unangenehm und der Jüngling selbst zum ohrfeigen mit seinen dauernden Indiskretionen die alle Konflikte heraufbeschwören.

Im Herzog von Reichsstadt hast Du wohl selbst die Stellen über Caesar gefunden?[30]

Kürzlich war ich in einem Vortrag vom Czernin in dem vorkam „ich glaube nicht daran daß ein Caesar oder Napoleon kommen wird um die Revolution zu zertrümmern, die wachsen nur alle tausend Jahr einmal ..." und dann noch etwas über C. das mir entgangen ist in meiner Aufregung das erste wörtlich zu notieren. Der Theobald wirds mir aber aus dem Manuskript heraussuchen, dann bekommst Dus nachgeliefert. An andrer Stelle nannte er Napoleon das größte Genie aller Zeiten. Alexander blieb unerwähnt. Nach meinen persönlichen Informa-

---

27 *Karte*] Postkarte aus München vom 24. Januar 1921, gemeinsam verfasst von Erich und Fine von Kahler, Emil Preetorius und FG.

28 *Die Julie ... herein*] Wohl Hausangestellte in der Pension.

29 *„Jüngling"*] Gemeint ist der Roman von Fjodor Dostojewski (1821–1881).

30 *Herzog von Reichsstadt*] Memoiren des Herzogs von Reichstadt (Napoleon II.). Sitten-Bilder der Nationen und Jahrhunderte XIV. Berlin: Schlingmann 1870. Eine zweite Ausgabe erschien 1910 im Memoiren Verlag Bern. Da der Herzog von Reichstadt (1811–1832) – Napoleons Sohn – selbst keine Erinnerungen verfasst hat, handelt es sich bei den „Memoiren" um eine (anonyme) Biographie. Vielleicht meint ES auch die Ausgabe von Waltraut Schubart: „Aus dem Tagebuche eines Königs von Rom". Berlin: Alexander Duncker 1904.

tionen wird Caesar bevorzugt. Die Hauptsache war aber daß nach dem
Vortrag der Th. plötzlich zu mir gekommen ist und „gestatten Sie daß
ich Ihnen meinen Vater vorstelle". Erst war ich sehr verwirrt, dann
haben wir uns lange unterhalten. Er ist von faszinierender Liebenswürdigkeit aber die bürgerliche Arbeitspartei[31] steht ihm furchtbar
schlecht.

Weißt Du jetzt wegen dem Buch über Prinz Eugen Bescheid?[32] Und
wegen Jean Bodin hast Du mir auch nichts mehr geschrieben.[33] Ich
selbst werd für die Bücherversteigerung[34] kaum Zeit haben, wenigstens nicht für die ganze. Aber der Bela Kutschera wirds übernehmen,
so daß auf alle Fälle jemand zur Stelle ist. (Die Penthesilea bei Bayer ist
schon lange verkauft).[35]
In inniger Dankbarkeit und Liebe küßt Dich Dein
Muselchen
Sonntag

---

[31] *Czernin ... Arbeitspartei*] Ottokar Graf Czernin (1872–1932), bis 1918 Außenminister Österreich-Ungarns, 1920–1923 Abgeordneter im Nationalrat für die
Demokratische Partei. Sein ältester Sohn Theobald Graf Czernin (1898–1974)
war Arbeitskollege und Tennispartner von ES.

[32] *Buch über Prinz Eugen*] Aus anderen Stellen des Briefwechsels ist ersichtlich,
daß hiermit eine Dissertation von Bruno Böhm gemeint ist, „Die ‚Sammlung der
hinterlassenen politischen Schriften des Prinzen Eugen von Savoyen': eine Fäl-
schung des 19. Jahrhunderts", Freiburg: Herder 1900.

[33] *Jean Bodin*] Jean Bodin: Les six livres de la République (1576, dt. Sechs Bücher
über den Staat). Diese Bemerkungen stehen im Zusammenhang von ESs Vorhaben einer Neuedition irgend eines alten Werks.

[34] *Bücherversteigerung*] FG hatte ES am 10. Februar 1921 gebeten, für ihn einige
Bücher bei einer am 21. Februar anstehenden Versteigerung zu erwerben. Ver-
auktioniert wurde die reichhaltige Bibliothek des Wiener Schriftstellers Friedrich Schlögl.

[35] *Penthesilea ... verkauft*] Reaktion auf die Bitte FGs in seinem Brief vom 1. Februar 1921: „Geh doch einmal in Bayers Buchhandlung, wo ich den Godwi her-
habe, und sieh ob die Penthesilea für 1200 Kronen noch zu haben ist: wenn ja,
so kaufe sie – sie ist geschenkt für den Preis."

**168. Friedrich Gundolf an Elisabeth Salomon.
Wofratshausen. 16. Februar 1921**

Mein Liebstes auf der Welt. Heut kam endlich wieder ein Brief, der die
Angst ein wenig gestillt hat, aber die Sehnsucht nicht. O Musel, wärst
du nur nicht so unsäglich süss und lockend, in jedem Wort, in jedem
Wink .. vielleicht wär mein Leben jetzt leichter .. und doch sind diese
Schmerzen ja nur die Schatten des schönsten Lichts das mich beschie-
nen, der Liebe zu dir, deiner Liebe.

Gestern Abend las ich der Fine den Sommernachtstraum vor .. ich
hatte fast vergessen dass da, vom Weltgeist selbst unser Trost erklingt,
wenns einen gibt:

>„Nach allem was ich jemals las
>Und jemals hört in Sagen und Geschichten
>Rann nie der Strom der treuen Liebe sanft.
>Denn bald war sie verschieden von Geblüt
>Bald war sie in den Jahren missgepaart
>Dann wieder hing sie an der Ältern Wahl –
>Und war auch bei der Wahl Einstimmigkeit
>Ist Krieg Tod Krankheit auf sie eingestürmt
>Um flüchtig sie zu machen wie ein Schall
>Wie Schatten wandelbar, wie Träume kurz …
>So rasch droht schönen Dingen Untergang …
>Wenn Leid denn immer treue Liebe traf
>So steht dies fest im Rate des Geschicks.
>Drum lass Geduld uns durch die Prüfung lernen:
>’s ist Aller Leid, und Zubehör der Liebe
>Wie Sorgen Träume, Seufzer, Wünsche, Tränen
>Der armen Leidenschaft Gefolge sind.
>Ein schöner Glaube!"[36]

Also, Süssestes, nehmen wir die Schmerzen, danken für die Freuden,
und bleiben einander treu. Aber es ist keine Phrase, wenn ich dir sage:
Nur um *deinetwillen* möcht ich und muss ich noch leben .. ich bin nicht
viel mehr auf dieser Welt als Musels Geliebter. Ich träume noch immer

---

[36] *Nach allem … schöner Glaube*] Von FG als Zitat zusammengezogener Part des
Lysander im vertraulichen Wechselgespräch mit seiner Geliebten Hermia, in:
William Shakespeare: Ein Sommernachtstraum (I,1). Shakespeare in deutscher
Sprache, zum Teil neu übersetzt von FG, Band 10, Berlin: Bondi 1918, S. 12f.

Nacht für Nacht von dir, und wenn ich nachmittags schlafe, träum ich
von dir .. fast immer Hochzeit und Abschied .. Abschied und Hochzeit.
Lass dirs nicht über werden, dass ich dir in jedem Brief dasselbe sage ..
du wirst ja auch die Küsse nicht über .. und meine Briefe sind nur Küsse
die sich dehnen müssen. Finden sie Dich? Wie ich dich liebe, mein Musel!! Du holdestes Wesen, meins!

Ich vergass dir zu schreiben dass ich neulich bei Heyers war und die
Edith wieder gesehn habe .. sie ist sehr schön .. wär ich jetzt nicht von
dir besessen, so könnte sie mir noch Gefahr bringen ... O Musel, ihr
Los ist trister als deins.

Dieser Tage bekam ich wieder allerlei Rezensionen des Georgebuchs,
einer meint, ich sei bedeutender als George, der andre meint G. vor
meinem zudringlichen Lob schützen zu müssen. Zum Glück hab ich
mehr Recht als die Rezensenten.

Den Bodin hab ich jetzt: er ist doch für diesen Zweck nichts, obwohl
für Geschichtschreiber wichtig .. ein Wälzer von über 1000 engen Seiten mit staatsrechtlichen Erörterungen dürfte er wenig Käufer finden.

Wegen des Eugen gedulde dich noch ein bischen, Liebstes, das Paket ist noch nicht da woraus ichs ersehen kann, ob er in Wien geblieben
ist.

Ich denke bei meinen Bücherexkursionen immer an deinen Ruhm,
und suche ob sich was verschollenes findet: aber es ist mir bisher nichts
in die Hände gefallen als ein dreibändiger Geschichtsroman von Stifter,
Witiko, noch langweiliger als der Nachsommer, aber vielleicht ist bei
der idiotischen Verehrung dieses Edelschulmeisters die heute Mode
ist,[37] eine Neuausgabe nicht einmal aussichtslos .. in den Sammelaus-
gaben fehlt er meist und einen Neudruck gibt es m. W. nicht. Es gibt
viel weniger gute Bücher in der Weltlitteratur als es Verlage gibt .. und
ein einziger Verlag könnte alle guten Bücher drucken.

Mein Muselfratz! Am meisten freut mich dein Bericht über deine
Gesundheit: ich glaube, von allen Erdengütern ist die Leibesfrische dir
doch das wichtigste ob nun ein Geliebter sie mitgeniesst oder nicht ..
denn deinen süssen Körper liebst du *mit Recht* selbstloser und treuer
als ein andres Wesen (ausser mir?) und ich fühle dirs nach .. es gibt
auch nichts lieberes auf der Welt, ausser vielleicht deine Seele, die du

---

[37] *Stifter, Witiko ... heute Mode ist*] FG sollte schließlich selbst noch über Stifter
publizieren: Adalbert Stifter. Halle: Werkstätten der Burg Giebichenstein
1931.

sehr stiefmütterlich behandelst und zur Sklavin des herrlichen Tyrannen erniederst: ich aber bete beide Musel an: den Musel, der mich zittern macht vor Verlangen, und die Musel die mich beseligt durch ihre Liebe, Güte und Tapferkeit .. Den Musel, den die beneidenswürdige Frau Wolf betasten darf und die Musel, deren heilige Geheimnisse niemand kennt als ich. Überleg ich mir dass ich jetzt ein sonst aufgeklärter Honoratior von über 40 Jahren bin, schon seit 24 Jahren oft und mannigfaltig verliebt war, und eine mächtige Leidenschaft erfahren habe fast ein Jahrzehnt lang, dann erschreck ich über die Gewalt der Liebe, die mich jetzt an dich bindet .. ich habe noch nichts gekannt was deiner Geliebtheit gliche .. Und die Ursache kann nicht gering sein, die mich dir so verfallen lässt .. die Sinne allein sinds nicht mehr, so süss du zauberst .. meine Vernunft verlangt fast noch heisser nach dir, als mein Blut, und mein Herz ist nur ein Seismograf für deine Schwingungen. Du warst ein kleines süsses Mädelchen als ich dir zum erstenmal die Hände küsste .. du bist jetzt meine Schicksalsgöttin und zugleich das Wunschbild meiner Anbetungen ... Aber du bist auch gewachsen und alles was du gelitten hast, mit Unrecht oder mit Recht, hat dich immer besser, edler, schöner, unsterblicher gemacht, herrliches Herz!

Ein wenig lächeln muss ich doch über G. E.[38] ich vermutete ihn längst an der Spitze der roten Heere als Sieger in Kabul oder Peking oder Pskow oder sowo(jet) .. und [dabei] liegt er zu deinen Füssen .. das wird die Weltrevolution um ein paar Jahre verzögern und du hast dir den Dank aller Kapitalisten Europas verdient!

Dass du mit dem Franzosen „Krach" gehabt hast war nicht vonnöten, zumal es der Staatsehre nicht hilft wenn man sie an Personen rächt: das Bessere wär gewesen nicht miteinander reden ... Nun aber freut michs immer daß du mein deutsches tapfres und würdiges Musel bleibst. Offenbar bist du der Vortrab der grossen Revanche die Deutschland einmal an Frankreich zu nehmen hat, indem du die wenigen Franzosen die deinen Weg kreuzen züchtigst. (Nur fürchte ich, die Liebe wird das bei dem Franzos nicht töten, dass er dich mehr achten muss um deines Vaterlandsinnes willen, und das Mittagessen wird nicht gemütlicher durch die Leidenschaften die in unsre Suppen gukken.) Deine Geschäftstätigkeit soll dir auch weiter Spass machen und

---

[38] *G.E.*] Gerhard Eisler. Die nachfolgende übertreibende Bemerkung bringt ihn scherzhaft mit dem Bürgerkrieg in der neuen Sowjetunion in Verbindung.

dich in schöne Länder führen. Dies wird dir am ehesten über die Sehn-
suchtsqual weghelfen, weil du doch mehr mit deinem Körper lebst als
ich. Mich zerstreut und stillt kaum noch etwas .. sonst müsste dies
traute Kahlerhaus hier mir helfen und ich plage sie mit meiner unüber-
windbaren Traurigkeit deren Grund sie kennen, so daß schon Fine sinnt
wie wir Du und ich zusammen bleiben können. Doch genug davon ..
ich trage meinen Jammer leichter, wenn ich weiß daß du nicht elend
bist .. Liebes Liebes!

Dank für deine Caesarblümchen[39] .. du bist rührend ... Siehst du
nun den braven Ottokar[40] öfter? Jetzt fehlt dir glaub ich nur noch Ludendorff, Erzberger, Lenin, Wilson[41] zur Komplettirung deiner europäischen Notabelnsammlung ..

Bleib deinem Gundel lebendig und froh, soweit ein Mensch mit Herz
es heut sein darf .. treu bleibst du mir, selbst wenn dein Schöösslein
Nebendinge treiben könnte, denn du bist schon eins mit mir .. Geliebt-
testes Wesen, fühle ganz mit welcher heissen Dankbarkeit ich dich *ver-
ehre*, unersättlich nach deinen Küssen und unerschöpflich in treuer
Liebe
Dein, ganz und gar
Dein Gundel
Auf diesen Brief schreib mir eine Zeile, ob du ihn bekommen ..
den „langen".

Abs.: Wolfratshausen / Villa Georg – Adr.: Fräulein Dr. Elisabeth Salomon / Wien
IX / Frankgasse 6 Pension Vienna

---

[39] *Caesarblümchen*] Wohl ESs Hinweise auf Caesar-Erwähnungen im vorangehenden Brief.
[40] *Ottokar*] Graf Czernin.
[41] *Ludendorff ... Wilson*] Die maßgeblichen politischen Größen der Zeit.

169. Friedrich Gundolf an Elisabeth Salomon.
    o.D. [etwa 20. Februar 1921][42]

Bei dir ruhn und nicht im innigen Kosten
Überhören die gestrenge Uhr
Fern von dir den übernacht entsprossten
Frühling atmen auf der morgenflur ..

Grenze sehn im grenzenlosen Lieben
Einsam feiern was erst du mir weihst
Macht denn dazu unser treu Jahrsieben
Fromm genug den dir verfallnen Geist?

Dringe du – du kannst – in meine Taten
Dass ich sie erfüll als deinen Dienst ..
Dass ich merke wie von allen Saaten
Dir die Blüte, dir die Ernte zinst.

Hab ich doch seit meinen Knabenjahren
Zugestrebt dem unsichtbaren Herrn ...
Da ich dich leibhaftiges Heil erfahren
Was ist unsichtbar und was noch fern?

170. Friedrich Gundolf an Elisabeth Salomon.
    München. 21. Februar 1921

Sonntag 21. II. 1921

Mein allerliebstes Muselherz:
Es ist ein wunderschöner Sonnenmorgen .. und wahrscheinlich unterbreche ich heute die Arbeit und mache einen Ausflug. Karl Wolfskehl ist zu Besuch da, Preetorius und eine Freundin von ihm, Cläre Brügmann aus Dortmund, ein grosses blondes vornehmes Mädchen

---

[42] Die ungefähre Datierung ergibt sich aus dem Brief von ES vom 27. Februar 1921.

mit einem wunderbar schönen griechischen Profil.[43] En face ist sie
weniger schön. Aber noch vor dem Frühstück sollst du deinen Brief
kriegen.

Es ist mir heute, ich weiss selbst nicht warum, seit Wochen zum erstenmal etwas leichter zumut .. es wird fürcht ich nicht lang dauern ..
O Liebstes, wenn ich dich nur froh wüsste in deinem tiefsten Herzen,
du holdestes und bestes Wesen!

Wenn schon das G.buch besprochen werden soll, dann immer noch
besser von dem F. B. Es wird zwar nichts Gescheites werden, aber wenigstens nicht Gemeines.[44] Von Arthur S. ist im Dreimaskenverlag nun
die Schrift gegen Kahlers Beruf d. W. erschienen – das ist schon eine der
unerquicklichsten Sachen die mir seit langem begegnet sind .. durch
und durch verdreht und bis zur Perfidie unwahr .. Es tut mir leid für
Arthur, für Erich und für mich.[45]

Morgen ist glaub ich die Versteigerung bei Schwarz .. ich bin zwar
innig davon überzeugt dass ihr es vergesst und nehm es nicht übel ..
aber noch gespannter wär ich, wenn wirklich etwas für mich abfiele ..
besonders der Eichendorff.[46]

Geliebtes, eben kommen die Frühstücksgäste .. ich umarme noch
mein geliebtes Musel in seinem Sonntagsmorgenbett und küsse es vom
Fuss bis zur Stirn, Zoll für Zoll wach …
Süssestes Herz, ich bin dein,
ganz in lauter Liebe
Dein
Gundel

Adr.: Fräulein Dr. Elisabeth Salomon / Wien IX / Frankgasse 6 / Pension Vienna

---

[43] *Cläre Brügmann*] Cläre Brügmann (1898–1962), Freundin und Geliebte FGs.
    Einige Briefe an sie aus dem Jahr 1921 sind abgedruckt in: Briefe, Neue Folge,
    S. 183–188. Später heiratete sie den Industriellen Hellmuth Siemssen.
[44] *G.Buch … Gemeines*] Vgl. ESs Brief vom 13. Februar 1921. F.B. = Felix Braun.
[45] *Von Arthur S. … für mich*] Arthur Salz' „Für die Wissenschaft gegen die Gebil-
    deten unter ihren Verächtern" belastete die Freundschaft mit FG und Erich von
    Kahler.
[46] *Eichendorff*] Joseph Freiherr von Eichendorff: Werke. 4 Bände, Berlin: Simion
    1841. Vgl. ESs Brief vom 13. Februar 1921.

171. Elisabeth Salomon an Friedrich Gundolf.
o.O. [Wien]. 27. Februar 1921

Mein Geliebter – Du hast es heraufbeschworen: ich habe Deinen Befehl[47] prompt ausgeführt und mich am andern Tag schon oben im Haus bei der Kolliner[48] (deren Aufnahme der Maria Eis Dich so entzückt hat)[49] im Profil phothographieren lassen. Es ist eine perverse Idee von Dir, denn eine Nase wie die meine verdient nur cachiert zu werden und Du selbst warst bisher auch einsichtig genug sie abscheulich zu finden. Und gar in Concurrenz mit einer vollendeten Hellenin![50] Aber seis drum! Ich will Dir keine erfüllbare Bitte abschlagen. Sie hat mich zum Trost auch en face und Halbprofil aufgenommen, im ganzen 17 Aufnahmen zur Auswahl. Es soll mich wundern wenn nur eine leidlich ist, ich brauche nur abzunehmen welche mir gefällt.

Die Blumen die Du mir schicktest habe ich sehr geküßt und trag sie in jenem braunen Lederetui mit mir herum. Wenn wir nur erst wieder gemeinsam welche holen könnten, dann sollten meinetwegen alle Kreuzblumen heißen.[51]

Die Versteigerung haben wir zu Deinem großen Erstaunen nicht vergessen. Aber sie dauert tagelang und da hat der Schwarz[52] den Zettel an sich genommen und teilt mir das Resultat mit.

In der vergangenen Woche hab ich wieder zwei Gedichte von Dir, Du Liebster, erhalten. Besonders das eine – „Bei dir ruhn …" hat mich so tief berührt. Es sind die schönsten und seligsten Minuten am Tag wenn die Juli mir Deine Worte bringt.

Ich habe mir eine wunderbare Parfummischung bereitet mit einem berückenden Aroma und ihr den Namen „Narciss" gegeben. Täglich fallen mir neue Parfumkombination[en] ein. Entsprechend der Empfindung die sie erwecken nenne ich sie „la gloire du diable", „la vierge

---

[47] *Befehl*] FG hatte sich im Brief vom 22. Februar 1921 eine große Photographie ESs im Profil erbeten.

[48] *der Kolliner*] Grete Kolliner (1892–1933), Kunstfotografin mit den Schwerpunkten Tanz und Theater.

[49] *Maria Eis*] Maria Eis (1896–1954), österreichische Theater- und Filmschauspielerin.

[50] *Hellenin*] Cläre Brügmann, deren Profil FG ES gegenüber gerühmt hatte.

[51] *Kreuzblumen*] FG legte seinem Brief vom 22. Februar 1921 Enzian bei, vermutlich Kreuz-Enzian (lat. Gentiana cruciata).

[52] *Schwarz*] Dr. Ignaz Schwarz (1867–1925) führte ein Buch- und Kunstantiquariat in Wien (Tuchlauben 11).

est mort[e]",[53] „Lesbos" etc. Du sollst an dem Stückchen Seide selbst
erproben welcher dieser Namen für seinen Duft paßt.

Gestern hab ich in der Burg das Geschlecht von Unruh gesehn.[54] Was
in aller Welt hat diesem elenden Stück solchen Ruf verschafft? Die
schlechte Tendenz allein kann es doch nicht tun. Ich war froh mir danach im Tabarin die üble Stimmung vertreiben zu können.[55]

Mein Gundel, ich steh wieder einmal vor einer wichtigen Entscheidung die Du mir abnehmen sollst: ein Arzt, Dr. Ballner[56] (Jude und
Östreicher) der 8 Jahr schon in Java lebt will mich heiraten und mitnehmen. Mich reizt dabei ungeheuer die lange Fahrt auf dem Ozean
und dem Mittelmeer und das Leben in den Tropen. Dafür spricht ferner daß ich wohl für dauernd ökonomisch versorgt wäre. Dr. B. ist mir
als Mensch und als Mann völlig gleichgültig. Er ist durchaus bürgerlich durchschnittlich und wahrscheinlich anständig. In Borneo hat er
den Dajaxstamm erforscht, ein Volk das nicht aus Liebhaberei sondern
aus Rachsucht Menschen frißt und deren Köpfe sammelt.[57] Er spricht
auch ihre Sprache und hat Zeichnungen von ihnen gemacht auf die er
sehr stolz ist.[58] Ich glaube aber fast die Rosemi und das Mummi[59]
könntens besser. Die Trennung von Dir, mein Einz[ig]er, mein Geliebter, zeigt die andre Seite. Davon zu reden mußt Du mir ersparen weil
hier die Vernunft aufhören würde. Ich bitte Dich um ein decidiertes Ja
oder nein und werde Deinen Beschluß ohne Überlegung befolgen. Ich

---

[53] „*La gloire du diable*", „*la vierge est mort[e]*"] „Der Ruhm des Teufels", „Die
      Jungfrau ist tot" (frz.).
[54] *in der Burg ... Unruh gesehn*] Die Tragödie „Ein Geschlecht" (1917) des wegen
      seiner spektakulären Wende zum Pazifismus in der Nachkriegszeit höchst um-
      strittenen Fritz von Unruh (1885–1970) war eins der wenigen zeitgenössischen
      Werke im damaligen Repertoire des Burgtheaters.
[55] *Tabarin*] Revuetheater im 1. Wiener Bezirk.
[56] *Dr. Ballner*] Leon Balner (1884- nach 1969), 1910 an der Universität Wien zum
      Dr. med. promoviert, war der Autor des erfolgreichen Buches „Palmen, Sumpf
      und Sonne. Geschichten aus dem Malaiischen Archipel", München: Georg Mül-
      ler 1930 und publizierte davor und danach ethnologische Aufsätze zu den Völ-
      kerschaften Borneos.
[57] *Dajaxstamm ... sammelt*] richtig: Dajak oder Dayak. Sammelbezeichnung für
      die indigene Bevölkerung Borneos. Der von ES behauptete Kannibalismus ist
      nicht nachgewiesen.
[58] *stolz ist*] Eine Sammlung von knapp 200 Skizzen Balners befindet sich heute im
      Bestand „Insulares Südostasien" des Museums für Völkerkunde, Wien.
[59] *das Mummi*] Die damals fünfjährige Edith Kramer, Tochter von Josefine Kra-
      mer.

werd Dir treu sein bis in alle Ewigkeit was auch immer aus meinem äußeren Dasein wird.
Dein Musel
27. Feber 1921

172. Friedrich Gundolf an Elisabeth Salomon.
   München. 27. Februar 1921

27. II. 1921

Mein süssestes Liebstes!
Der Frühling ist da, und wie um mich zu prüfen, ob ich dem Musel rettungslos verfallen bin, schickt er mir ein wunderschönes und herrlich edles Wesen in den Weg, das mein Herz klopfen macht, wie schon lang keins mehr. In diesem Zustand knie ich vor dir, damit du mich noch viel fester bindest, und um dir zu sagen, daß jede Liebeswelle doch nur Wasser auf deine Mühle ist .. O Liebstes, Liebstes – wenn ich in dem alltäglichen Sehnsuchts- und Zärtlichkeitspochen nach dir schon fast rituell dich liebe, wie der Priester seine Messe liest, so zeigt eine solche neue Erscheinung wie fest und tief deine Herrschaft in mir sitzt. Mit jeder Liebe lieb ich dich zuerst und mehr und neu und heisser. Diese neue Erscheinung, ich schrieb dir neulich schon von ihr, ist weniger muselig als diotimahaft – aber blond, wie man sich Hölderlins Diotima nach der Büste vorstellt,[60] noch ähnlicher sieht sie Canovas Statue der Napoleonschwester[61] .. doch ohne Fadheit .. dabei einfach, unspiessig und vornehm .. O Musel, ich möchte dich ein wenig eifersüchtig machen, und gern die immer nagende Sehnsucht nach dir vergessen .. aber, so seltsam es klingt, sie wächst noch und ich merke nur, daß du meinen Sinn für Schönheit aller Art noch nicht abgestumpft, sondern nur verschärft hast. Sonst weiss ich dir wenig neues zu sagen .. ich fahre wieder ein paar Tage nach München .. und bin in einem seltsamen „Pochen". Sag, ist die Andl schon in Wien? und was ist aus meinem Tieckmanu-

---

60 *nach der Büste*] Marmorbüste der Susette Gontard von Landolin Ohmacht aus dem Jahr 1793.

61 *Canovas Statue der Napoleonschwester*] Berühmte Marmorskulptur „Venus Victrix" (1808) von Antonio Canova, für die Napoleons Schwester Pauline Borghese (1780–1825) unbekleidet Modell saß.

skript geworden, das sie abschreiben wollte.[62] Sie nimmt es hoffentlich nicht nach Wien mit? Süsses, auf deinen Knien liegt mein Kopf und ich harre deines Urteilspruchs .. immer dein, ganz und gar Dein!

Adr. Fräulein Dr. Elisabeth Salomon / Wien IX / Frankgasse 6 Pension Vienna

173. Friedrich Gundolf an Elisabeth Salomon. 27. Februar 1921

Meinem süssen Wunder
   dem MUSEL

   Was kann noch kommen dass ich bleibe[63]
   Das mich so wach und wartend hält?
   Welch höheres Werk, welch fernere Scheibe?
     Mir deucht der Nebel fällt.

   Wenn meinen Abschied ich erwäge
   Von Licht und Pflicht, ruft deine Huld
   In unerforschte Wunderhäge
     Geduld und Ungeduld.

   Du LiebesAbgrund den die Jahre
   Nur immer üppiger umblühn,
   Du Morgenflamme am Altare
     Glühst mich noch jung und kühn!

   Ja, wär ich aus dem Heil verstossen
   Dies Leben segne ich, solang
   Du mir mit Thränen, Sternen, Rosen
     Bestreust den Erdengang.

27. II. 21

---

[62] *Tieckmanuskript*] Wahrscheinlich ein Vorlesungsmanuskript FGs (im Sommersemester 1920 hatte er über „Die romantische Schule" gelesen); vielleicht auch schon eine Vorstufe zu seinem 1929 veröffentlichten Essay über Ludwig Tieck.
[63] *Was kann noch kommen dass ich bleibe*] In veränderter Fassung abgedruckt in: Friedrich Gundolf. Gedichte, Berlin: Georg Bondi 1930, S. 76.

174. Friedrich Gundolf an Elisabeth Salomon.
München. 4. März 1921

Nein, mein liebstes und herrlichstes Musel, du sollst nicht nach Java
gehen, Ich will ganz schweigen von mir, ich könnte dein Weggehn in
unerreichbare Ferne und ungewisses Schicksal so wenig ertragen wie
deinen Tod, ja weniger: denn im Tod wüsst ich dich doch wenigstens in
tiefer Gottesruh, auf Java aber müsst' ich dir nachsorgen und starrte
ins Leere. Aber von meiner Liebe abgesehen: um einer neuen Sensation
von Ferne, Meer, Exotik willen würdest du dich losreissen von allem
was dich auf der Erde, ob schmerzlich, ob freudig, ob lästig ob lockend
nährt und um-gibt, und dich binden für Lebenszeit an einen Menschen
der dir gleichgültig ist. Gesetzt selbst, es wäre gewiss, du wärst sicher
versorgt und Java wäre so zauberhaft schön wie es von Ferne her aussieht, nach einem Jahr wär es dir langweiliger wie Heidelberg ohne
Gundel .. niemand kennt deines Herzens Sprache und du würdest vor
Sehnsucht sterben nach Dingen, die dir heute schal und müssig erscheinen, nach deutschen Spiessern, nach Wiener Schmöcken, nach Foxtrott, nach all dem Kitsch von Gemüt und Geblüt den du hier verach-
test, weil du ihn haben kannst, zu schweigen nach Gundel, Ty, Rosemi.
Nur ein Mann in dem du mit Liebe aufgingst könnte dir das ersetzen
auf die Dauer, wenn der Reiz der Neuheit verflogen ist .. die Menschen
verstünden dein tiefstes Wesen nicht, die Natur antwortete nicht und
zum trägen Leben einer Orientalin bist du verdorben. Vergiss nicht
über der Lockung eines Augenblicks und Projekts die lange lange Fol-
gezeit!

Vielleicht irr ich mich, aber aller Wahrscheinlichkeit nach, aller Vernunft nach und allem Gefühl nach wird dir das elendeste Leben in
Menschlichem Europa minder öd vorkommen auf die Dauer als das
Behagen unter Tropen. Zu lieben und zu leiden bist du doch noch eher
geschaffen als zu geniessen und zu träumen, was noch das Beste ist was
dich dort erwartet. Solang ich lebe und wenigstens hoffen kann all-
jährlich dir nah zu sein, darfst du nicht aus meinem Blickbereich verschwinden .. Du bleibst mir treu: Geliebtes Musel, wenn du in Java bist
und einem fremden Mann Kinder bringst und mit Orang Utangs spielst
und Dajaks berückst .. so ist das eine blosse Redensart .. nur weil du
noch so ganz hier bist, kannst du dirs vorstellen, du werdest mir treu
sein .. aber ich kann dich nimmer erreichen, mit Wort und Blick und
werde deinen Hauch nicht so dicht und heiss über den stillen Ozean
herübersaugen wie über die Donau.

Vielleicht Musel, bring ich dich um das Glück einer behaglichen Nabobin[64] .. vielleicht .. aber ich nehms auf mich. Das Musel, das du bist, und das ich so liebe, muss etwas Höheres wissen als Ruhe unter Fremden. Von der Absurdität, um einer blossen Mittelmeerreise willen (die sicher momentan, Hand aufs Herz, die mächtigste Verlockung für dich ist!) den Geliebten verlassen und alles aufgeben, was bisher dein Leben ausmacht, will ich gar nicht reden.

Geliebtes, vielleicht wirst du auch später hier, in Europa „unglücklich" und ich hab dir ein behaglich Dasein verhindert .. ich weiss es nicht .. aber die Liebe, deinen reichsten Inhalt, findest du hier eher und indem du hier bleibst, bindest du mich noch fester und bringst mich tiefer in deine Schuld. Ob ich sie anders zahlen kann, als mit unauslöschlicher Dankbarkeit und Zärtlichkeit weiss ich nicht .. aber ganz einfach – es ist mir unerträglich dich *sicher* zu verlieren und selbst vor der Vernunft nicht wahrscheinlich, daß das Beste was du an äusserem „Glück" eintauschst, dir Ersatz bietet für das was du zurücklässest: mich und all das Deine gross und klein, die Sehnsucht wird dich zerfressen, die Öde, sobald das was dich jetzt lockt: Das *Neue* dir zur Alltagsgewohnheit geworden sein wird .. denn auch die Tropen können banal werden .. und was hast du dann? Sind alle malaischen und holländischen Menschen von innen her dir so nah wie wir armen Schächer?[65] Bist du blosses „Naturkind"? Und das im günstigsten Fall ..

Bleib! und strafe mich mit deinem Leid wenn du bereust, so leiden wir doch zu zweit .. und sterb ich, so wird selbst dein Schmerz noch reicher sein als ein Leben ohne Liebe, und Sehnsucht ohne Leidenschaft .. Süsses Musel, ich *kann* dich nicht von mir lassen, so weit so gewiss.

––––––––

Hab Dank daß du mir deine Bilder geben willst: dein Profil, gerade die Nase, ist eine der zartesten Linien und nicht dein kleinster Reiz, wie sich die reine hohe Stirn hinabwellt in die süsse sinnliche Witterung deines Pferdeschnäuzchens und in sanftem Schwung deinen edlen Geist einbettet in deinen lebendigen Trieb. Du bist ein Närrchen, daß du deine Züge einzeln nimmst .. ihre Verschmelzung macht dich zur gefährlichsten Hexe. O Musel, manchmal stöhn ich in deinem Joch und so oft du nur von weitem winkst, küss ich zitternd wieder die Spur dei-

––––––––––––––––––

[64] *Nabobin*] Wortspielerische Bezeichnung für exotischen Reichtum (von Nabob = indischer Herrscher).

[65] *armen Schächer*] Armen Tröpfe, armen Sünder.

ner Füsse und bin meiner kaum mächtig. Meine Vernunft sagt mir daß
kein Weib so alles mit mir machen können dürfte und wäre es Iphige-
nia oder Cleopatra .. aber Musel kanns und mein Herz schwillt vor
Dank daß sies kann ...

Doch das hast du schon gehört.

———

Mittwoch war ich bei Heyers wo ich Edith wieder traf .. ich hatte ein
längeres Gespräch mit ihr über das Zuschönsehenwollen des Lebens.
Sie fragte nach dir und scheint dich sehr zu lieben. Auch Edgar ist grad
in München. Wolfskehl war hier und bat mich ausdrücklich dich sehr
herzlich von ihm zu grüssen .. er sprach viel zu deinem Ruhme und wie
bezaubernd du seist. Dem Preetorius hab ich allerlei von dir erzählt
was ihn neugierig nach dir macht.

———

Dein jüngstes Parfum heisst Le jardin des supplices[66] .. und erinnert
stark an das Fest des Kaiser Algabal der seine Gäste mit Blumen erstik-
ken liess.[67]

———

Liebchen, ich will heute schließen. Jeder Tag der ohne ein Unheil vergeht sei der Arbeit und der Liebe geweiht.

Ich berge mein Haupt in deinem Schooß und bete für mein süssestes
Wesen, für mein einziges Wunder Musel. Geliebtes Du! Dein
G.

Adr. Fräulein Dr. Elisabeth Salomon / Wien IX / Frankgasse 6 / Pension Vienna

---

[66] *Le jardin des supplices*] frz. Der Garten der Qualen. Anspielung auf den gleichnamigen erotischen Roman von Octave Mirbeau (1848–1917).

[67] *Algabal ... Blumen ersticken liess*] Episode aus dem Leben des spätrömischen
Kaisers Heliogabalus (204–222); von George in dem Gedicht „Becher am boden" aus dem „Algabal"-Zyklus literarisch gestaltet.

175. Elisabeth Salomon an Friedrich Gundolf.
o.O. [Wien]. 6. März 1921

Geliebter Gundel – auf meine beiden letzten Sonntagbriefe für Dich erhielt ich kein Wort der Bestätigung. Ich bitte Dich schreib mir ob Du sie hast. Überhaupt ist diese letzte Woche ärmer an Gundelnachrichten. Die schöne Rheinländerin[68] wird doch nicht schuld daran sein? Sie ist natürlich „schön und edel“ – mein Gundel, wie kann das anders sein. Eine Freundin von Dir ist *immer* schön und edel.

Die Andl ist noch in Heidelberg. Frag sie doch bitte selbst nach dem Manuskript.

Bei der Auktion sind Deine Wünsche ums 5–6 fache übersteigert worden.[69] Nur Tiecks Frauendienst hab ich Dir für 55 Kr erstanden.[70] Du erhälst es bald.

Es ist unsäglich süßer Frühling aber er freut mich nicht. Die Londoner Spannung peinigt mich qualvoll.[71] Meine liebste Unterhaltung ist der kleine Robert Simon.[72] Er hat eine leidenschaftliche Zuneigung für mich gefaßt die sich in ergreifenden halb kindlich halb erwachsenen Formen äußert. Er meint wenn ich den „Riesenumfang seiner Liebe zu mir begreifen könnte würde ichs nicht mehr aushalten sondern einfach umfallen“. Solche und ähnliche Äußerungen täglich. Seine Mutter ist auch sehr nett und hat ein ganzes Heer toller Verehrer.

Das Schiff das mich nach Java mitnehmen soll geht schon in 4 Wochen von Rotterdam ab. Ich habe mir aber ausbedungen daß ich mit ei-

---

[68] *Die schöne Rheinländerin*] Cläre Brügmann.

[69] *Deine Wünsche*] FG hatte in seinem Brief an ES vom 10. Februar 1921 aus dem Auktionskatalog u.a. folgende Titel bestellt: Nr. 956 Clemens Brentano: Die Gründung Prags. Ein historisch-romantisches Drama, Pest: C.A. Hartleben 1815 (400,-); Nr. 1027 Joseph Freiherr von Eichendorff: Werke. 4 Bände, Berlin: Simion 1841. (300,-); Nr. 1758 Rheinischer Merkur (Koblenz bei Heriot) Nr. 81–169, 172–339 (3. Juli 1814–4. Dez. 1815) Mit Beilagen, 2 Bände (600,-).

[70] *Tiecks Frauendienst*] Laut Katalog: Ludwig Tieck: „Frauendienst oder Geschichte und Liebe des Ritters u. Sängers Ulrich v. Lichtenstein.“ Wien: Grund 1818 (Sämtliche Werke, Bd. 8) (30,-) Nr. 1964.

[71] *Londoner Spannung*] Anspielung auf den ersten Teil der Londoner Konferenz vom 1. bis 7. März, die zunächst ohne Ergebnis blieb. Als Antwort auf den als Provokation aufgefassten deutschen Vorschlag, Reparationszahlungen in Höhe von 50 Milliarden Goldmark an die ehemaligen Kriegsgegner zu zahlen (statt der geforderten 226), besetzten am 8. März alliierte Truppen die Städte Düsseldorf, Duisburg und Ruhrort.

[72] *Robert Simon*] Möglicherweise der Sohn von ESs Pensionswirtin.

nem späteren nachkommen kann und erst drüben getraut werde, falls
Du mir sagst ich soll es tun. Dann gewinne ich Zeit und komme noch
für einige Wochen zu Dir. Schreib mir nur bald was ich tun soll, ich
muß ja alle Dispositionen davon abhängig machen. Mein Geliebter,
zürnst Du mir weil ich die Möglichkeit solcher Trennung überhaupt
ins Auge fasse? Weißt Du aber auch daß ich – – nein. Gundolf behalte
mich lieb. Ich flehe Dich an, behalte mich immer lieb!
Elli
6. März 1921

176. Friedrich Gundolf an Elisabeth Salomon.
Wolfratshausen. 10. März 1921

Mein Süssestes! Eben bekomm ich deinen Sonntagsbrief vom 6. III. Es
ist mir unfasslich, daß du länger als zwei Tage ohne Nachricht geblieben sein kannst. Mit Ausnahme zweier Münchener Hetztage habe ich
dir *jeden* Tag geschrieben und welche Küsse, welche leidenschaftlichen
wilden Zärtlichkeiten! Hast du meine zwei Briefe aus dem Hotel Deutscher Kaiser nicht bekommen? Auf deinen Javabrief habe ich dir umgehend 10 Seiten geantwortet, die dir sagen müssen *wie* ich dich liebe.
Musel, ich bin mehr als je dein, bis zum Wahnsinn dein. Nichts auf der
Welt lieb ich mit solch heisser Inbrunst wie dich. Geh nicht nach Java ..
ich hab dir die Gründe – *deine*, nicht meine Gründe ausführlich geschrieben. Wenn ich die Gewissheit hätte, daß Du glücklich und ruhig
würdest, wenn du die Gewissheit hättest, so würd ich versuchen mit
dem Jammer der Trennung von dir zu ringen. Aber ohne diese Gewissheit kann ichs nicht. Musel, in deinem Brief schreibst du .. „Aber
weisst du auch, daß ich – nein!" So etwas zerreisst mir das Herz und
raubt mir den Schlaf ... Was ists? Du weisst immer noch nicht *wie* ich
Tag und Nacht um dein Dasein bange und grüble ... Und alles was mit
deinem Entschluss nach Java zusammenhängt muss ich wissen ... Steht
es in dem verschwiegenen „weisst du auch"? Wie soll ich über dein und
mein Schicksal entscheiden, wenn ich nicht alle Faktoren die dich jetzt
bestimmen kenne? Musel, ohne dich werd ich nie mehr froh .. vielleicht auch mit dir nicht. Es kommt nicht viel auf unser Glück an, und
was deine Liebe mir ist, das ist mehr als alles „Glück". Oft denk ich ob
ich dich heiraten soll – aber ich fühle daß es die Erfüllung unsres Bundes jetzt nicht wäre. So bin ich Tag und Nacht geschüttelt von Verlangen, Hoffnung, Sorge und tiefster Hingebung.

Du hast eine dämonische Kraft *Liebe* zu entzünden, Liebe aller Art vom tierischen Begehr bis zur himmlischen Anbetung, wie ich sie nie bei einem Wesen gefunden.

Süssestes Geschöpf: hast du neulich den Brief mit der kleinen Zeichnung am Rand, den Anbeter vor Musels Knieen bekommen.[73] Seit Sonntag d. 6. III hab ich dir drei Gedichte, und zwei Briefe und eine Schachtel Blumen geschickt. Hast du sie bekommen. Und ich fleh dich an, sei auch nicht im Kleinsten eifersüchtig .. nie hast du weniger Grund gehabt .. Doch du fühlst das selbst. Ich presse meinen Mund auf deine Füsse und will nichts als dich lieben, kann noch sehen und preisen was schön ist – aber alles durch dich und aus dir.

Dein heutiger Brief (6. III.) quält mich und ich werde nicht ruhig sein bis du mir einen schreibst, der mir Gewissheit gibt.

O Musel, die einzigen frohen Stunden, die ich noch vom Leben erwarte sind Stunden mit dir .. die einzige Spannkraft die mich noch treibt ist die Sehnsucht nach dir ..

Herz meines Herzens: ich liebe dich, ich liebe dich mit Raserei und Andacht, ich liebe dich, mein einzig Leben, mein schönstes süssestes Musel, ich bin nur dein Sklave, such dein Glück, wenn du es ohne mich findest, will ich weinen und doch dich lieben wie nichts auf der Welt ..
Meine Geliebte Du auf Tod u Leben!
Hier ein Scheck für Bücher u Photos.

Adr.: Fräulein Dr. Elisabeth Salomon / Wien IX / Frankgasse 6 / Pension Vienna

177. Friedrich Gundolf an Elisabeth Salomon.
Wolfratshausen. 12. März 1921

Mein Liebstes auf der Welt!
Du kannst dir schwer vorstellen in welch einen Gewissenskonflikt mich deine beiden Javabriefe gestürzt haben, in welch ein Grübeln und Sorgen Tag und Nacht .. Wenn ich mir vorstelle, daß Du vielleicht, allen mutmaßlichen Vor-stellungen zum Trotz, unter dem Tropenhimmel ein ruhiges und behagliches Alter haben könntest, statt eines gehetzten und ungewissen dann zittre ich vor der Schuld die ich auf mich genommen gegen dich .. Aber es ist ein *zu unsichres Wenn* und die Unruhe

---

[73] *Brief*] Brief vom 22. Februar 1921 (hier nicht abgedruckt).

wirst du, mein *Lebens*Musel, wohl unter jeder äusseren Bedingung im Leib haben, du müsstest denn dich bis ins Blut hinein so wandeln, daß Du nicht mehr das Musel wärst, hast du Ruh und Luxus, so wirst du Unruh und Schneeschuh wünschen und liebende Deutsche und alles was dich jetzt fast langweilt. Und dann wenn du mich auch nur halb so liebst wie ich Dich müsste es dir eine solche Qual sein von mir unerreichbar weit getrennt zu sein, daß dich aller Luxus und Palmenwald nicht froh machen könnte. Aber ich stecke nicht in dir und kenne nicht all die Wandlungskräfte deines unerschöpflichen Wesens, und so beurteile ich dich vielleicht zu sehr nach meinem Durst, der dich nicht missen mag und nie leertrinken kann.

Aber was kann ich dir bieten als meine Liebe, Geliebtestes? Das quält mich immer mehr und machte mir deine Frage fast zu einem Ultimatum. Selbst wenn ich dich mit Schätzen überhäufen könnte und selbst wenn wir uns heirateten: es wär nicht dein Traum vom Glück ... Mein Traum wäre, dich in stets erreichbarer Nähe zu haben, du mit einem leichten Beruf, der dir viel Freiheit lässt, in Frankfurt oder so, mit einer eignen Wohnung, für die ich sorge .. Oder wenn du schon einmal heiratest um der Ruhe willen, dann nicht so entsetzlich weit weg! Und dann bedenk daß das Exotische was dich jetzt reizt, nach einem Jahr nicht mehr exotisch ist.

Ach, Liebstes Liebstes – nie werd ich aufhören Dich liebend zu verehren, dir zu danken aus einem fast anbetenden Herzen .. Aber jetzt und vielleicht noch viel Jahre lang, verzehr ich mich auch noch in einer wütenden Liebessehnsucht nach dir, deren Nachlassen ich mir heut nicht vorstellen kann, wenn ich auch weiß, daß sie einmal nachlaßen muss. Und in diesem Moment stellst du mich vor die Frage, dich zu verlieren oder dich vielleicht um dein Glück zu bringen .. Verstehst du wie es in mir aussieht? Denn „Glück" fürcht ich, kann ich dir nicht geben, wenn du es nicht im Gefühl deiner eignen Lebens- und Schicksalsfülle und meiner verehrenden Liebe findest ... Aber um dich aufzugeben, müßt ich wenigstens die Wahrscheinlichkeit fühlen, daß Java für dich das Rechte ist .. die hab ich nicht .. Und doch nähr ich im Innersten die Hoffnung daß wir auf irgend eine Form uns noch zusammen finden und erfüllen. Wär ich ein Seher! Liebstes ich fürchte mich vor deinen Vorwürfen in Zukunft, wenn sich dein Los nicht froh gestaltet, daß es meine Schuld sei, und ich würde dir nicht Unrecht geben können. Aber doch meine ich, ich kann für immer dein Dasein wenn nicht heiter und behaglich, so doch voll und reich und sinnvoll erhalten, wenn du dich mir nicht entziehst!

So bin ich hin und hergerissen und weiss im Streit zwischen Liebessehnsucht und Liebessorge nur Eines, daß du mir das liebste Wesen auf
der Welt bist, daß ich dich nicht verlieren mag, daß ich dich nicht schä-
digen mag. O mein Musel, bleib mir!
Ich bleib in Zeit und Ewigkeit
Dein treuer
Gundel

Adr.: Fräulein Dr. Elisabeth Salomon / Wien IX / Frankgasse 6 / Pension Vienna

178. Elisabeth Salomon an Friedrich Gundolf.
o.O. [Wien]. 13. März 1921

Mein Geliebter – jene Gedankenstriche bedeuten daß ich mich oft ver-
zweiflungsvoll nach Dir sehne, daß ich mich drum in Zerstreuungen
zersplittre und einem Projekt nach dem andern nachjage nicht um Ruhe
aber doch um eine äußre Bindung zu finden. Das unterdrückte ich
dann Dir zu sagen weil ich Deine Entscheidung über Java nicht beein-
flussen wollte und weil ich nicht will daß Du mich traurig wähnst.
Denn das wäre durchaus falsch: wenn alle diese Dinge mich nicht irgendwie anzögen würde ich nicht grade sie als Mittel wählen. So viel
versteh ich jetzt auch schon von Psychologie. Ich flehe Dich an, mein
liebster mein Herzensfreund, mein Gundel, schaff Dir nicht aus jedem
ausgesprochenen oder verschwiegenen Wort von mir einen neuen Anlaß zum Kummer um mich. Mit Java hats keine andre Bewandtnis als
die die ich Dir schrieb. Ich will halt nicht die letzten Gelegenheiten vorbeigehn lassen die mich davor bewahren altes Mädchen und zeitlebens
im Bureau bleiben zu müssen. Das ist gewiß sehr bürgerlich gedacht,
aber wenn ich ältere Damen in ähnlicher Situation sehe so graust mir
weit mehr als wenn ich Frauen in unglücklicher Ehe sehe wenn sie nur
ökonomisch leidlich fundiert ist und für einen frühen Tod gibt mir keiner einen Garantieschein. Gegenwärtig bin ich in einer besonders günstigen äußeren Verfassung, das merke ich an meiner Wirkung auf Männer die nie ähnlich groß war, so daß ich immer ganz frappiert in den
Spiegel blicke und nach der Ursache forsche. Ich finde sie nicht aber
umso sichrer weiß ich daß das bald vorbeigehn wird. Soll ich, da ich
doch völlig kalt dabei bleibe, eine solche Epoche nicht nach praktischen Erwägungen verwerten? Dem Javaner klage ich nicht nach;
Deine Entscheidung zerstört mir nur die Hoffnung auf viele wirkliche

Sklaven (ohne Gesindeordnung!),[74] zwei eigne Automobile und die See-reise die Du ganz richtig als Hauptargument erkannt hast. Und mehr als recht hast Du mit allem was Du dagegen sagst. Aber, mein Gundel, siehst Du nicht aus alledem wie gänzlich unwürdig ich Deiner Liebe bin? Deine Briefe in diesen letzten Tagen – ich habe sie alle erhalten, auch die Gedichte und Blumen, (sie sind noch frisch) – treiben mir die Schamröte ins Gesicht und doch werd ich nie anders können als Dich lieben und dabei Projekte schmieden die mich unwürdig machen Dich zu lieben geschweige von Dir geliebt zu werden. Dein Nein-Brief ist mir ein ewiger Vorwurf und bringt mich in Tränen sobald ich nur eine Minute allein bin. Er überzeugt mich, er packt mein Gewissen aber er löst mich nicht. Ich unterdrücke die bessern Regungen und schaue schamlos wieder in andre Richtungen. So elend (aktiv!) ist das Musel das Du liebst und das Du glaubst verehren zu müssen, das Du unauf-hörlich verwöhnst, ja vergötterst, in dessen Schuld Du Dich unberech-tigt hineinredest, das dies alles unbedenklich entgegennimmt um Dich im nächsten Augenblicke zu verraten um eine Laune. –

Heut schick ich Dir die beiden ersten fertigen Bilder. Das Halb-en-face find ich sieht Dir ein wenig ähnlich.

Im letzten Heft der Preußischen Jahrbücher steht eine lange gut ge-meinte Besprechung über den „Krieg“ von Herrn Busse.[75] Ist das zweite Sammelheft der Blätter für die Kunst einmal nur gedruckt? Man bekommt es hier für 100 Kronen.[76]

Anbei eine unpassende kleine Geschichte die ich Dir wegen des Ver-gleichsobjektes schicke.[77] Ich erbitte sie zurück weil sie nicht mir ge-hört. Für die fehlerhafte Abschrift bin ich nicht verantwortlich. Schö-nen Dank für den Scheck über 250 Mk den ich mich nicht erinnere verdient zu haben.

Wenns Dir möglich ist Ostern nach Salzburg zu kommen könnte ich mich für 8 Tage frei machen. Für den Paß genügt: Familienangelegen-heit. Dann bitte ich Dich um thelegraphischen Bescheid.

---

[74] *Gesindeordnung*] Gesindeordnungen regelten in Deutschland bis zu ihrer Ab-schaffung 1918 das Verhältnis zwischen Dienstboten und der Herrschaft.

[75] *Besprechung … Herrn Busse*] Karl Busse: Stefan Georges „Der Krieg“, in: Preu-ßische Jahrbücher 183 (1921), S. 396–402.

[76] *Das zweite Sammelheft … 100 Kronen*] Der zweite Sammelband „Blätter für die Kunst. Eine Auslese aus den Jahren 1898–1904“ erschien 1904 bei Bondi. Ein Nachdruck davon wurde erst im Jahr 1929 veranstaltet.

[77] *Geschichte … schicke*] Die Beilage ist nicht vorhanden.

Gestern war ich bei einem Fest von sozialistischen Studenten die ein
ungeheuer witziges Theaterstück aufgeführt haben: eine Persiflage der
verschiedenen sozialistischen u. kommunistischen Parteien. Geistvoller
u. treffender hätte kein Feind das lächerliche herausfinden und verhöh-
nen können. Es war wirklich glänzend, besonders zwei die den Renner[78] und den Thomann[79] (Führer der K. P.) darstellten.
    Ich möcht mich nackend in einen Pelz hüllen und so schlafengehn.
Am besten mit Dir.
Musel
Sonntag 13. März 1921

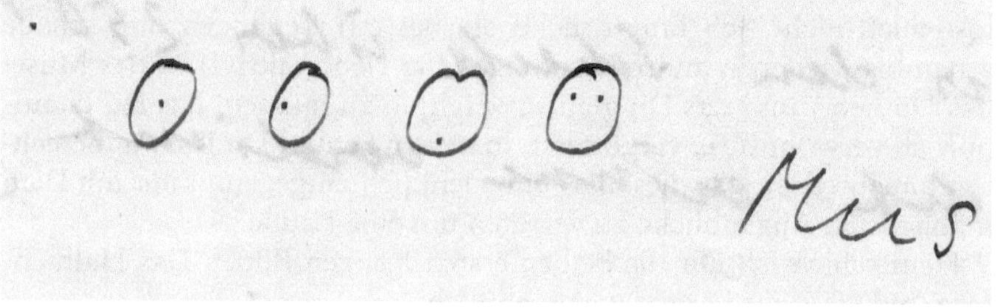

179. Elisabeth Salomon an Friedrich Gundolf.
     o.O. [Wien]. o.D. [etwa 20. März 1921][80]

Mein Herzensgundel – meinst Du denn ich bestehe nur aus Favoritinehr-
geiz? O nein! Ich bin auch Präsidentin in der Camorra der Frauen und
würde es als Beleidigung meines Geschlechts betrachten sagst Du der
Lili jetzt nein.[81] Wir treffen uns dann eben im Sommer wieder wenn
wir noch leben.

---

[78] *Renner*] Karl Renner (1870–1950), Politiker der SPÖ, 1918/20 Staatskanzler, an-
    schließend bis 1934 Abgeordneter im Nationalrat, davon 1931/33 als Präsident.
[79] *Thomann*] Karl Toman (1885–1950), Politiker der KPÖ, 1920 kurzfristig Ge-
    neralsekretär der Partei.
[80] *etwa 20. März 1921*] Die ungefähre Datierung ergibt sich durch den Bezug auf
    den Brief FGs vom 16. und seine Antwort vom 25. März.
[81] *Lili*] ES hatte FG ein Treffen an Ostern in Salzburg vorgeschlagen, dieser hatte
    jedoch am 16. März geantwortet, daß ihn dann Lili Waetzoldt, die als Lehrerin
    von den Schulferien abhängig war, besuchen wolle. – Als „Camorra" bezeichnet
    man einen italienischen Verbrecher-Geheimbund; hier scherzhaft als Ausdruck
    für Solidarität unter Frauen.

Ich bin doch unendlich froh den Javaner los zu sein. Denke Dir, ich habe jetzt erfahren daß er seine Einberufung bei Kriegsbeginn zerrissen zurückgeschickt hat d.h. in ein nichtrevolutionäres Östreich nie hätte zurückkommen können. Für solche Gesinnung sind auch die Tropen kein Ersatz. Damit kannst Du Deinen goldigen Gewissenskonflikt beruhigt übern Zaun werfen. Überhaupt sind heiratsfähige Männer meist so banal daß ich nicht für sie in betracht komme. Nein, ich muß Dir bleiben wie Dein Vers es fordert.

Hast Du auch bemerkt daß das Kino einen völlig neuen Charakter bekommt? Man kann sich keineswegs mehr auf den guten Ausgang verlassen, im Gegenteil: meist ist ein allgemeiner grausiger Tod das Ende und man wird nicht einmal durch das Verneigen des Akteurs beruhigt.[82] Übrigens liebe ich nur noch eine Kunstrichtung und die heißt Conrad Veidt.[83] Ich rate Dir dringendst mach sein auftreten zum ersten Maßstab Deiner Kinobesuche. Beim elendesten und ödesten Film kommt man dabei auf die Kosten. Selbst wenn wie im „Gang in die Nacht" die Hälfte der Aufnahmen stürmisches Meer zeigen die die Stürme in der Brust des gräßlichen sich auf den alten Goethe stilisierenden Olaf Fönss versinnbildlichen sollen.[84] Auch die Erna Morena wird immer schöner. Sie mit dem Veidt zusammen versetzen mich in höchste Ekstase.[85]

Ich bin in furchtbarer Unruhe wegen der Option in Oberschlesien.[86]

---

[82] *Verneigen des Akteurs*] Wie am Schluß der Vorstellung im Theater.

[83] *Conrad Veidt*] Berühmter Filmschauspieler (1893–1943), u.a. in „Das Kabinett des Doktor Caligari" (1920) oder in „Der Kongreß tanzt" (1931). Veidt emigrierte 1933 zunächst nach England, dann nach Hollywood, wo er u.a. in „Casablanca" (1942) mitspielte.

[84] *im „Gang in die Nacht" ... versinnbildlichen sollen*] Bei dem Film (1920/21) führte Friedrich Wilhelm Murnau Regie. Der bekannte dänische Schauspieler Olaf Fönss (1882–1949), der hier die Hauptrolle spielte, wirkte u.a. auch in dem Film „Das indische Grabmal" (1921) mit.

[85] *Auch die Erna Morena ... in höchste Ekstase*] Die Star-Schauspielerin (1885–1962) wirkte damals in zahlreichen Filmen mit, 1940 auch noch in dem NS-Propagandafilm „Jud Süß". Gemeinsam mit Veidt war sie bis zu diesem Zeitpunkt in folgenden Filmen aufgetreten: Das Tagebuch einer Verlorenen (1918), Colomba (1918), Nachtgestalten (1920), Manolescus Memoiren (1920), Kurfürstendamm (1920), Der Gang in die Nacht (1921), Die Liebschaften des Hektor Dalmore (1921) und Das indische Grabmal (1921).

[86] *Option in Oberschlesien*] Bei einer Wahlbeteiligung von 97,5 % hatten am 20. März 1921 in Oberschlesien 59,4 % für den Verbleib bei Preußen bzw.

Ich fürchte vor Mitte der Woche erfahren wir kein Resultat. Wenn man allen Berichten glauben darf müßte man voll der schönsten Hoffnungen sein, denn tatsächlich scheint die vaterländische Begeisterung zu einer Raserei gestiegen zu sein wie vor 7 Jahren als unsre Soldaten zur Front gingen. Und dabei gehört wirklich kein bedeutender Patriotismus dazu sich bei solcher Alternative für Deutschland zu entscheiden. Polen ist doch ein gar zu miserabler Tausch. Freilich hat bei den bisherigen Abstimmungen das Ergebnis gegen die Vernunft (= Valuta) entschieden.[87] Hoffentlich hier nicht auch, der Verlust von Oberschlesien wäre für uns ein maßlos Unglück. –

In den Briefen der Rosa Luxemburg an Sonja Liebknecht kommt vor daß sie im Gefängnis George liest.[88]

10 000 000 000 000 000 zärtliche Küsse in sehnsüchtiger Liebe.
Musel

180. Friedrich Gundolf an Elisabeth Salomon.
München. 21. März 1921

Mein süssestes Liebstes:
Ich war zwei Tage unterwegs,[89] zu Fuss von hier über Berge nach Tölz und von da nach Tegernsee, erst nach Lenggries und dann über die

---

Deutschland und 40,6 % für den Anschluß an Polen gestimmt. Nach Protesten der polnischen Regierung, neuen Aufständen polnischer Freikorps und einem Beschluß des Völkerbundes vom Oktober 1921 kam es im Mai 1922 zum Genfer Abkommen und der Abtretung des Teils von Oberschlesien, in dem seinerzeit 60 % für Polen votiert hatten. Sie wurde am 22. Juni 1922 vollzogen.

[87] *bisherigen Abstimmungen … entschieden*] In ähnlichen Abstimmungen in Schleswig (10. Februar und 10. März 1920) und in Ost- und Westpreußen (11. Juli 1920) wurde mehrheitlich für den Verbleib bei Deutschland votiert.

[88] *Rosa Luxemburg … George liest*] Rosa Luxemburg schrieb vor dem 24. Dezember 1917 aus einem Breslauer Gefängnis an Sonja Liebknecht: „Die Gedichte Georges sind schön; jetzt weiß ich, woher der Vers ‚Und unterm Rauschen rötlichen Getreides …‘ stammt, den Sie gewöhnlich hersagten, wenn wir im Felde spazierengingen." Rosa Luxemburg: Gesammelte Briefe. Bd. 5. Hg. v. Institut für Marxismus-Leninismus beim ZK der SED. Berlin 1987. S. 349.

[89] *zwei Tage unterwegs*] FG faßt hier mehrere Wanderungen in den bayerischen Alpen zusammen, vgl. seinen Brief vom gleichen Tag an Tilly Edinger: „Dieser Tage hab ich einige abenteuerliche Fusswanderungen im Gebirg durch knietiefen Schnee im Gesellschaftsanzug gemacht und begreife jetzt Hannibal besser." (DLA Marbach)

Hirschbergalp nach Tegernsee .. mit der schönen Cläre,[90] durch knietiefen Schnee, Wildbachtobel und allen möglichen Verirrungen, aber keiner die dich beunruhigen dürfte, braver als Wandervögel und deshalb zu zweit, weil Niemand sich auf solche Abenteuer einlassen wollte ausser uns und ich einen unbändigen Wandertrieb spüre, der mit der Sehnsucht verschwistert ist nach Dir ... Süssestes, ich bin Dein, mehr als je bin ich Dein und ich dörre die Begleiterin mit Dir, wie dich einstens mit der Fine, ja noch mehr. Doch bin ich verliebt, während mein Herz vor Verlangen nach Dir und heisser Liebe zu dir bebt ... Du bist meine „Herrin", mein angebetetes, geliebtes, unvergleichliches Musel, mein holdestes vollstes Leben .. und du sollst nicht zittern daß aus meinem Herzen dich jemand verdrängen kann .. Jede neue Schwellung macht mich nur mehr dein eigen. Ich schreibe dir dies, weil ich dir nichts verschweigen will was mein Herz, dein Eigentum, angeht. Süsses fühl und glaube mir – mehr als je bin ich Dein.

Mitten auf der Passhöhe schneite es und donnerte dabei, Gemsen sahn wir auch .. ich habe die Berge noch nie im Winter so nah gesehn.

Ich sende dir zwei Bildchen .. der Mann in der Mitte ist Preetorius.

O Musel, hätte ich dich bald wieder im Arm und könntest du mir den Mund verschliessen für jede andre Lippen .. Süssestes Liebstes Bestes .. ich gebe mich in deine Hände und Wünsche und bitte um Deinen Glauben und Deine Liebe .. Mein angebetetes Musel

Ganz Dein treuer

Gundel

Adr.: Fräulein Dr. Elisabeth Salomon / Wien IX / Frankgasse 6 / Pension Vienna

---

[90] *mit der schönen Cläre*] Nach der Rückkehr von seinem Aufenthalt in Wolfratshausen [14. April 1921] schrieb FG an Kahler: „Von Cläre [Brügmann] höre ich dass ihr itzt zusammenkommt – sie ist schön und ich kann sie noch immer nicht vergessen, wie die Wittwe bei der Heimkehr vom Begräbnis über ihren eben verstorbnen Mann sagte. Das Ellifieber ist noch immer so hoch, dass kein Thermometer lang genug ist. Dazu kommt noch ein ganz neues Fine-fieber, und heut fahr ich zum Ty nach Frankfurt, von Lisel S. zu schweigen. Aber wer hats heut leicht?" Kahler-Briefwechsel I,253.

181. Elisabeth Salomon an Friedrich Gundolf.
o.O. [Wien]. o.D. [26. März 1921][91]

Mein inniggeliebter Gundel – morgen ist Ostersonntag. Weißt Du wohl
warum mir da so weh ums Herz wird? Weißt Dus nicht mehr wies im
vorigen Jahr war? Das Ty in Neckargemünd und Du und der Tobias und
ich besuchten sie und dann gingen wir nach dem Bockfelsen, es kam ein
Regen und ich war zornig daß ihr nicht trotzdem bis hin wolltet. Du
hast Dich im Kümmelbacherhof kolossal blamiert mit der zerfetzten
Kunstlederbrieftasche, ihr habt Loblieder auf Shakespeare gesungen,
das Ty hat ihren Braten nicht essen wollen und schließlich ließ ich euch
Männer einsam heimfahren um eine traurig-schöne Stunde mit dem Ty
zu verbringen. Unvergessen ist mir da jede Einzelheit dieses Ostertages –
es war ja unmittelbar vor meinem Abschied: am Dienstag reiste ich. Eigentlich bin ich zwar in diesem Jahr viel lustiger geworden und Wien gefällt mir gar nicht schlecht. Ich weiß auch genau warum: es kommt meinen schlechteren Neigungen sehr entgegen, im Gegensatz zu Heidelberg
das die besseren unterstützt. Facit: moralisch bin ich entschieden noch
heruntergekommen seither. Das können wir ohne Sentimentalität feststellen! Geliebtester, ich hab Dir heut noch 3 Bilder geschickt obwohl
ich finde daß Du Dich über die ersten zwei nicht gebührend freust. Sie
sind besser als alle früheren die Du von mir hast. À propos Fotos: der
Pretorius ist eine schwere Enttäuschung. Der hat ja auch eine Mords-
stirn und überhaupt einen Geistkopf und ich hab bestimmt erwartet er
schaut sportlich-militärisch aus. Die Hellenin hat sich so unvorteilhaft
hingesetzt daß ich nicht erkennen kann wie sie wirklich aussieht aber
von Dir ists doch sehr unhöflich Handschuh anzubehalten wenn Du
Dich mit einer Dame Hand in Hand aufnehmen läßt. Schade daß ein so
kostbarer Apparat in so talentlosen Händen ist daß der Gundel auf einer schönen Profilaufnahme mit dem Buckel des Dr. Heller[92] geziert ist.
Ja, denke Dir, dieses buckliche Ungeheuer mit Klaffzähnen bis zum Kinn,
dieser Kobold von außen und innen unterfängt sich mich zu lieben. Ich
gedenke aber nicht mit ihm der Bucklige und die Tänzerin[93] zu filmen.

---

[91] *26. März 1921*] Die Datierung ergibt sich durch die Bemerkung „morgen ist
Ostersonntag" (27. März 1921).

[92] *Dr. Heller*] Welchen Träger dieses in Wien nicht seltenen Namens ES meint, war
nicht zu ermitteln.

[93] *der Bucklige und die Tänzerin*] Film von Friedrich Wilhelm Murnau (1920).

Die französische Anekdote hab ich Dir nur wegen dem Vergleich mit Caesar geschickt, nicht daß sie Dir gefallen soll.[94]

Die Andl wird Dein Manuskript[95] vor ihrer Abreise in Deiner Wohnung abliefern.

Am Sonntag hab ich beim Trabrennen 1500 Kronen gewonnen.

In einem Schwank von Pierre Veber[96] hab ich den Namen für meine Lieblingseigenschaft beim Mann gelernt: Handarbeit! –

Addio, Geliebtester, frohe Ostern! Das ist mein Lieblingsfeiertag unter den christlichen. Christus ist zwar nicht grad für uns auferstanden, aber doch immerhin auferstanden und das hat mich von jeher gefreut. – Musel

Ist der Tieck[97] angekommen? Soll ich die Bl.f.d.K. 2. Sammelband kaufen?

182. Friedrich Gundolf an Elisabeth Salomon. Wolfratshausen. 1. April 1921

1. IV. 1921
Dies ist kein Aprilscherz, Liebstes! mir ists nicht zum Scherzen.

Mein Liebstes!
Nach meiner dreitägigen Wanderung mit L. zurückgekehrt finde ich deinen Brief und die drei neuen Bilder vor.[98] O mein Musel – sie sind herrlich und ich bin ausser mir vor Freude, aber auch vor Sehnsucht nach dem schönsten Wesen. Sie sind noch viel schöner als die beiden ersten und weitaus die besten Bilder die es von dir gibt, die ersten die eine völlige Vorstellung von dem unwiderstehlichen Zauber, dem berauschenden Reiz, dem süssen Adel und der berückenden Anmut ge-

---

[94] *Die französische … gefallen soll*] Nicht mehr vorhanden. FG hatte zuvor bemerkt: „Anbei deine kleine Geschichte … ich finde sie doch mehr roh als witzig und mehr französisch als ich jetzt vertragen kann".

[95] *Dein Manuskript*] Ein Manuskript FGs über Tieck.

[96] *Pierre Veber*] Pierre Veber (1869–1942), französischer Schriftsteller, der eine Vielzahl an Romanen, Bühnenwerken und Drehbüchern verfaßte. Um welches Stück es sich hier handelt, ist unklar.

[97] *der Tieck*] Die von ES erstandene Ausgabe des „Frauendienst".

[98] *dreitägigen Wanderung … Bilder vor*] Schon am Tag zuvor hatte FG an ES geschrieben: „Ich bin mit Lili über Kochel- und Walchensee nach Mittenwald, von da über die Berge durch die Partnachklamm nach Garmisch gewandert".

ben, womit du mich zu deinem Sklaven gemacht hast und alle Menschen mit Gefühl und Sinnen verwirrst. Niemand der diese Bilder ansieht, einerlei was sein Frauentypus ist, kann ohne Rührung und Bewunderung bleiben – die gefeiertsten Schönheiten die ich von Bildern her kenne sehen daneben ein wenig leer und leblos aus und selbst Fines Brautbild ist kaum so schön. Jedermann der sie sieht wird begreifen warum du diese Gewalt über mich erlangen, und mir die ohne Ausnahme heisseste und längste, unermüdlichste, zärtlichste Leidenschaft, die wildeste Liebe einflössen konntest, der ich je verfallen war. Und sie sind ähnlich, nicht zurechtgemacht! so bist du jetzt, von Tag zu Tag seit ich dich kenne schöner, adliger, mächtiger geworden. Und dies herrliche Geschöpf hat mir das Leben gerettet, hat mir die holdesten Geheimnisse des lebenvollsten Wesens erschlossen, ein Herz ohne Ermatten, einen Geist ohne Erschlaffen, einen Schooss voll der feinsten und der tiefsten Freuden die mir die ganze Sinnenwelt gewähren konnte. Dieser Mund hat mich geküsst und lieber Gundel genannt, diese Augen waren voll Funken und Tränen für mich, und dieser süsseste Busen hat unter meinen Lippen gezittert! O Musel, wer muss mich nicht beneiden und wie sollte ich nicht durch unendliche Sehnsuchtsqualen und Sorgen die überschwengliche Seligkeit abbüssen müssen dein Geliebter zu sein! Mein Musel, ich bin stolz auf dich, ich bin dir dankbar für deine Liebe und ich fühle mich so arm sie dir irgend würdig zu vergelten. Immer wieder sag ich mir, das schönste, liebste, holdeste, beste Geschöpf liebt mich und ich habe nur Worte für sie und kann ihr das Glück nicht bringen das sie um mich verdient, die Freuden nicht erwidern die sie mir bereitet. Mein Süssestes Herrlichstes, mein Musel, entgleite mir dennoch nicht .. ich bin nun so daß ich verloren gehe in einem leeren Schauder, wenn mich nicht die Hoffnung hielte daß du mir bleibst und daß wir unsre Geschicke, nah oder fern teilen. Sag nicht daß dich Wien verdirbt, ich weiss daß es nicht so ist … Verlier mich nicht ganz aus den Augen und spüre die Leidenschaft die dich umwallt. Eine solche Liebe wie meine kann zugrunde richten, aber sie verdirbt nicht, sie macht nicht gemeiner und bewahrt den Gegenstand ihres Brandes vor jeder Niedrigkeit wenn sie ihn erreicht. Aber lass dich erreichen von meiner Flamme, Geliebtes Geliebtes! Den Tod und den Untergang scheu ich nicht mehr, und selbst das Elend nicht, nicht für dich und nicht für mich, wenn wir nur diese Liebe nicht verlieren die uns himmelauf und höllenab hebt ..! Und solang du mich lieben kannst und gern von mir geliebt wirst, verdirbt dich kein Milieu. Dieser *Liebe* drohte am ehesten Gefahr durch die Ehe und dies ist fast die einzige Scheu die ich vor ihr habe .. und doch grüble ich Tag und Nacht darüber nach, wie wir uns ganz vereinigen können, ohne uns zu entzaubern durch Gewohnheit. Musel, behalt nur dein Herz wach, deine Sinne und Gelüste verderben dich nicht .. du kannst nie was wirklich niedres in dich einlassen, auch wenn du in manchem niedren puddelst. Du bist nicht nur das süsseste aller Liebewesen, sondern auch eines der edelsten .. Glaub mir und wehr dich gegen meinen Glauben so wenig als du dich gegen meine Liebe und gegen meine Wollust wehrst.

Die Spannung in der ich lebe, ist oft schwer zu ertragen, aber die Liebe zu dir, der Glaube an dich und die Aufgabe die ich noch immer fühle, Ehrgeiz und Verantwortung halten mich noch im Weg. Die Ventile helfen mir wenig ... ich verliebe mich wohl, aber durch alle schönen Stunden hindurch rufst du mich. Ein Traum den ich jüngst hatte drückt das aus .. du hieltest ein schönes Mädchen, das sich sträubte bei den Haaren, rissest ihm das Kleid von der Brust und verlangtest von mir, ich solle sie küssen – ich aber wollte dich küssen und du verwehrtest es mir. So träume ich und so leide ich. Der Ostergang mit Lili, die lieb und nobel ist wie je, durch die herrlichsten Landschaften, über Krokus- und Enzianwiesen, an Almenrausch und Erika-hängen vorbei, durch Wald und Felsschluchten, an Schneefeldern und Bergseen, offnen und gefrornen vorbei, an Teichen mit Blutegeln und an Flusstälern – all das hat mich nur melancholisch gemacht, weil du nicht die Begleiterin warst. Wenn du je gewünscht hast, mich über alle andren hinaus zu besitzen, selbst über Fine zu triumfiren, jetzt ists so weit .. Und ich fürchte, du triumfirst selbst noch über Fine hinaus! O Musel, Musel .. du bist sehr sehr gefährlich, doch ich liebe dich nur noch inniger dafür und zerre nimmer an deinen Ketten.

Die kleinen Photos vom Preez geben keinen rechten Begriff von ihm wenn man ihn nicht kennt – er ist sportlich und elegant genug selbst für deine verwöhntesten Wünsche, allerdings auch geistig genug für meine und dabei der amüsanteste Clown, Athlet, Trapezkünstler, den du dir denken kannst. Der Tieck ist gekommen .. Dank. Die Blätterauslese sollst du nicht kaufen.[99] Ich habe jetzt 10 Bände Macaulay Englische Geschichte gelesen .. ein wunderbares Werk.[100]

---

[99] *Blätterauslese*] Vgl. ESs Briefe vom 13. und vom 26. März 1921.
[100] *Macaulay ... wunderbares Werk*] Thomas Babington Macaulay: The History of
England from the Accession of James the Second (1848); zahlreiche Ausgaben

Ich zähle die Tage bis zu unsrer Wiedervereinigung im Sommer .. Gott
gebe daß nichts dazwischen kommt! Ich vergehe oft vor Angst und
Verlangen, mache die tollsten Projekte und tröste mich nur mit dem
Gedanken daß du nicht so unglücklich bist wie ich mich oft fühle. Vielleicht wird noch alles gut. Sinnlos ist es nicht, aber traurig süss, traurig
bitter, traurig heiss oft.

Mein Musel, ich möchte dir gern ruhigere „plaudrigere Briefe" schreiben, aber so oft ich zu dir fliege, überfällt mich die Sehnsucht und der
heisse Taumel, und ich zittre, wie in den Stunden da ich dich umarmen
darf und kann nichts als dir wilde zärtliche und wirre Worte flüstern ..
Du hast einmal gesagt, du hörtest mein Herz gern klopfen, wenn ich
ganz bei dir bin und so musst du es in diesen Briefen hören.

Du Liebstes Wesen, ich küsse deinen ganzen herrlichen Leib aussen
und innen und
bin ganz Dein
Gundel

Abs.: Villa St. Georg / Wolfratshausen i. Isartal – Adr.: Fräulein Dr. Elisabeth Salomon / Wien IX / Frankgasse 6 / Pension Vienna

183. Elisabeth Salomon an Friedrich Gundolf.
o.O. [Wien]. o.D. [etwa 4. April 1921][101]

Geliebtes Bützchen – da hast Du eine Statistik Deines Wohlgefallens an
meinen einzelnen Teilen in Deinen Gedichten. Sie ist etwas ungenau,
z.B. sind alle Bilder für Schoß u.a. nicht mit erfaßt. Das Ergebnis ist jedenfalls vielfach kränkend für wirklich schönes (Beine Füße Haupt
z.B.) das vernachlässigt wird während manches ganz ungerechtfertigt
viel besungen wird (Haar z.B.), nur weil es traditionell für poetisch gilt.

Kürzlich hatte ich Besuch von Valentin Sobotka der sich sehr ver-
vollkommnet hat. Erstens ist er viel hübscher geworden: er sieht jetzt
aus wie eine Kreuzung aus der Fine und dem Liegle. Und dann ist er im
Wesen viel lebhafter und gelöster. Ich hatte eine große Freude an dem
Zusammensein.

---

und Übersetzungen. Eine deutsche Ausgabe in dem von FG genannten Umfang
ist „Die Geschichte Englands seit dem Regierunsgantritte Jakobs II", übersetzt
von Prof. Friedrich Bülau, Leipzig: Weigel 1850–1856.

[101] *etwa 4. April 1921*] Die ungefähre Datierung ergibt sich aus dem Bezug auf FGs
Brief vom 1. und seiner Antwort vom 8. April.

Die „Treuga" ist abgesehn vom Kaiser Karl[102] gegenwärtig Mittelpunkt des öffentlichen Tratsches in Wien.[103] Zeitungen Handelskammern etc befetzen und schmähen sie ungefähr so wie ichs von anderen Pharisäern früher mit Wyneken u. Jugendbewegung erlebt hab. Ich hoffe aber es wird der Treuga nur Reklame machen. Gottlob fragt diesmal niemand: wer ist Elli Salomon?[104] –

Vielen Dank für die Crokos und Enzian. Ich kenn die Gegend wo Ihr gewandert seid sehr genau: in Kochel und am Walchensee war ich oft bei Heines und Cohns[105] und in Mittenwald und der Partnachklamm mit dem Papa. Hätt ich gewußt Du gehst hin dann hätte ich Dich gebeten meinen Freund einen Geigenbauer[106] in Mittenwald aufzusuchen.

Der Frühling hat hier auch eine verschwenderische Pracht entfaltet. Aber er kommt mir fast paradox vor ohne Deine geliebte Gegenwart.

---

[102] *Kaiser Karl*] Der seit dem Habsburg-Gesetz vom 3. April 1919 des Landes verwiesene frühere Kaiser Karl I. (1887–1922) war nach der Wahl von Admiral Miklós Horthy (1868–1957) zum Reichsverweser in Ungarn (1920) zu Ostern 1921 von seinem Exil in der Schweiz aus inkognito mit dem Auto quer durch Österreich nach Ungarn gefahren. Seine Hoffnung, Horthy würde ihm dort die Staatsgewalt übertragen, erfüllte sich allerdings nicht, so dass er nach einer Woche wieder in die Schweiz zurückkehren musste. Im Oktober 1921 sollte Karl I. noch einen weiteren Versuch unternehmen, dieses Mal mit dem Flugzeug. Danach wurde er von den Alliierten auf der portugiesischen Insel Madeira im Atlantik interniert.

[103] *Die „Treuga" … in Wien*] ESs Arbeitgeber, die 1920 gegründete Treuga (Aktiengesellschaft für Veredelungsverkehr und treuhändige Güterverwertung), eine staatsnahe Gesellschaft, die ausländische Kredite zum Wiederaufbau der österreichischen Wirtschaft absichern sollte, stand schon bald nach der Gründung im Kreuzfeuer öffentlicher Kritik; man warf der Treuga bzw. den hinter ihr stehenden Kräften unzulässige Verquickung staatlicher und privater Interessen vor.

[104] *so wie ichs … Elli Salomon?*] Anspielung auf das öffentliche Interesse an ihrer Person, als sie 1913, in ihrem ersten Studiensemester in München, in Flugblättern zur Gründung eines „Sprechsaals", eines Versammlungs- und Diskussionsorts für die reformpädagogisch interessierte Jugend aufrief, was in Verbindung mit einschlägigen Vorträgen ihres früheren Lehrers Gustav Wyneken, der in der gleichen Schwabinger Pension Fürmann wohnte wie ES und ihre Schwester Anne, sogar Ermittlungen der Polizei – u. a. wegen möglicher „Kuppelei" des Pensionsinhabers – und eine Debatte im bayerischen Landtag nach sich zog.

[105] *bei Heines und Cohns*] Die Cohn-Vossens waren Verwandte von ESs Familie aus Breslau; vermutlich besaßen sie ebenso wie die Familie Wolfgang Heines ein Ferienhaus am Kochel- bzw. Walchensee.

[106] *Geigenbauer*] Vielleicht Johann Evangelist Bader (1876–1960), der seit 1901 eine eigene Werkstatt in Mittenwald betrieb und von 1910 an Fachlehrer an der dortigen Geigenbauschule war.

Auch ist einem in der Stadt die neue Mode die das Frühjahr bringt ebensowichtig wie die längst gekannten Blumen.

Nestroys Lumpacivagabundus gefällt mir so gut daß ich ihn mir zwei mal hintereinander angesehn hab.[107]
Kuß Kuß Kuß Kuß
Musel
Ich verdiene jetzt 7000.– Kronen.
Eben kommt der unerhörteste Liebesbrief den je ein Mädchen erhalten hat.[108] Dafür muß ich Dir noch einmal besonders ans Herz fliegen. Gundel, Gundel, was machst Du aus diesem armseligen eitlen Geschöpf das sich Deiner Erziehung anvertraut hat.

Heut nacht hatte ich einen Eifersuchtstraum: Du wolltest mit irgend einer schönen Frau auf eine Redoute gehen, worüber ich rasend war weil Du mir nie dieses Opfer bringen würdest, auch hinging und der Rivalin ein Bein stellte daß sie sich ihr schönes Gesicht zerschlug. –

Ich trage jetzt täglich den Nephritreifen um den Arm den Du mir vor Jahren mal gabst.[109] Er ist ohne Anfang und Ende – ein schönes Symbol.

Gelt, Du bist mir nicht bös wenn ich Dir mehr vom äußern Sein als von meinem Herzen erzähl? Ich kanns nicht anders.

Mir gefällt eigentlich nur das Bild in Bluse u. Jacke gut. Was sagen die andern?

Leib 17	} 18		Händ(e) 9	} 10	
Körper 1			Finger 1		
Haar 17			Glieder 6		
Mund 13	} 20		Füß(e) 5		
Lippen 7			Lende(n)	} 5	
Augen 12			Hüfte		
Blut 12			Knie(e) 5		
Busen 10	} 19		Bein(e) 5		
Brüst(e) 9			Arm 4		

---

[107] *Nestroys Lumpacivagabundus … angesehen hab*] Die 1833 uraufgeführte Posse von Johann Nestroy (1801–1862) ist wohl das bekannteste Stück des Wiener Volkstheaters.

[108] *unerhörteste Liebesbrief … erhalten hat*] FGs Brief vom 1. April 1921.

[109] *Nephritreifen … gabst*] Nephrit, als Jade-Varietät ein beliebtes modisches Accessoire der 1920er Jahre.

Wuchs 4
Gestalt 1 } 6
Figur 1
Schenkel 3
Haut 3
Scheitel 2
Wange(n) 2
Bug 2
Lid(er) 2
Bauch 1
Schulter 1
Herz 30
Schooß 17
Nerv(en) 3
Puls 1
Poren 2

Adern 1
Atem 14
(Odem)
Stimme 9
Wort 3 } 12
Gang 6
(Schritt)
Duft 5
Blick 1
Geberde 1
Ohr 1
Schläfe 1
Gesicht 1
Zehen 1
Zahn 1
Kinn 1

184. Friedrich Gundolf an Elisabeth Salomon. München. 7. April 1921

In all mein Sinnen dringt der Eine Sinn
Den du mir gibst das Eine Liebe-Sorgen:
Wie halt ich in der Liebe dich geborgen
Und segne wodurch ich gesegnet bin:
Mein holdestes Geschöpf! Welch eine Frau
Kann so von zaubervollem Schicksal schwellen
Wie du? von allem dunkeln oder hellen
Verhängnis funkelt um dich her das Blau.
Nicht bei dir sein ist Qual .. doch keine Lust
Vergleich ich diesem heissen Um-Dich-Wissen
Dem Schauder der mich in dein Herz gerissen
Wenn du nur fühlst mein Herz in deiner Brust!
Aus der Vergängnis reissen will ich dich,
Aus aller Angst, du seist umsonst gewesen ..
Dass du dich weisst aus Tausenden erlesen
Und glühst und lebst wenn unser Leben blich
Als Stern vollkommener Liebe fort im Grund

Der Gottesruh, wie auch die Tage düstern.
O nimm in dich dies liebevollste Flüstern
„Du süsseste, du Schönste" ewiger Bund!

185. Friedrich Gundolf an Elisabeth Salomon.
Darmstadt. 13. April 1921

Mein liebstes liebstes Musel: „was ist der Frühling ohne dich?"[110] und
doch ist der ganze Frühling so muselhaft daß ich dich beständig mir
zur Seite fühle und mit dir hochzeiten möchte. Alles was süss und
schön und gut und gefährlich und hinreissend auf der Welt ist, muselt
und ich bin nur wie eine Fakel, die du mit deinem Herzen angezündet
hast und nur mit deinem   [111] löschen kannst. Du liebst mich,
Geliebtes, aber du bist nicht so vergundelt, wie ich vermuselt.

Wenn ich jetzt an die Zukunft der Deutschen und der Juden denke,
so dank ich Gott, daß wir Freude und Fülle miteinander gehabt haben
die niemand mehr uns rauben kann und die aufgehoben ist in Gottes
Busen – denn die Zukunft sieht bös aus. Was die Deutschen in der Welt
sind, das sind die Juden in Deutschland und wenn die anständigen
nicht verhungern so schlägt man sie vielleicht doch in absehbarer Zeit
einmal tot. Du weisst, ich bin eigentlich kein Judenfreund,[112] wenn
auch nicht ungern und nicht ohne Stolz Jude, aber der heutige Antise-
mitismus ist der läppischste, subalternste und unbilligste der je war,
und ehrt die Opfer die er trifft. Bisher haben wir noch nicht grad mär-
tyrerhaft gelebt, aber manchmal mein ich, es könnte uns noch so etwas
wie ein Martyrium blühen. Daß mir dann mein schönes und tapfres
Musel nur schön und tapfer bleibt! O geliebtes, mit dir zusammen leben und sterben ist doch jetzt immer mehr mein heimlicher Traum. Es
wird vielleicht nichts draus .. aber es spannt und löst mir das Herz, so
zu träumen. Wie bist du schön und gut und einzig, mein Muselchen –
wie lieb wie lieb bist Du. Ich habe deine Bilder rahmen lassen – das

---

[110] *„was ist der Frühling ohne dich?"*] Zitat aus einem Gedicht FGs.
[111] deinem   ] wohl zu lesen: Schoß.
[112] *Judenfreund*] Vielleicht mit Blick auf Siegfried Bernfelds zionistische Phase ge-
     äußert (Bernfeld hatte Anfang 1920 zusammen mit seinem Jugendfreund Ger-
     hard Fuchs das „Jüdische Institut zur Jugendforschung und Erziehung" gegrün-
     det und war von August 1920 bis 1922 Privatsekretär Martin Bubers).

grosse Kopfbild steht auf meinem Nachttisch und ich küsse es oftmals
beim Schlafengehen und beim Erwachen.

Heute bekam ich einen Brief aus Petersburg von einem russischen
Litteraturprofessor[113] .. er will meinen Goethe haben und ich habe in
Russland angeblich Leser und Ehrer.

Morgen will ich zum Ty.

Von Karl Wolfskehl soll ich dich herzlich grüssen – er ist grad hier
und bewundert dich sehr.

In meinem Kolleg bin ich jetzt an H. v. Kleist. Im Sommer möcht ich
mit dir ins Voralberg. Wenn nur nichts dazwischen kommt.

Mein Geliebtes: ich lebe in dem Verlangen nach dir und in der An-
betung deines holden Wesens. Küsse und Küsse umhüllen dich von
Deinem
Gundolf
Mutter und Ernst gedenken deiner lieb ..
Du, Du liebstes liebstes Musel!

Adr.: Fräulein Dr. Elisabeth Salomon / Wien IX / Frankgasse 6 / Pension Vienna

186. Elisabeth Salomon an Friedrich Gundolf.
o.O. [Wien]. o.D. [etwa 17. April 1921][114]

Geliebter guter Gundel – Du hättest längst den zärtlichsten Willkom-
menskuß in Darmstadt haben sollen. Ich bin aber von einer neuen fi-
xen Idee besessen und eh die nicht realisiert ist hab ich keine Ruh zu
was anderm. Ich muß nämlich Kinoschauspielerin werden sei es auch
nur um festzustellen daß ich ohne Talent bin. Der Weg oder besser die
Wege dazu sind äußerst schwierig und oft widerwärtig weil die Männer von Einfluß wenn ich etwas will auch etwas wollen und das will ich
wieder nicht. Bitte red mirs nicht ab. Das tun hier alle andern auch
schon. Ich riskier ja nichts dabei und wenn sich zeigt ich kann nichts
bleib ich noch immer Dr. der Philosophie! Sprich auch vorerst noch
nicht davon. – Deine plötzliche Entrüstung über die Risches[115] ist mir

---

[113] *Litteraturprofessor*] Nicht ermittelt.
[114] *17. April 1921*] Die ungefähre Datierung ergibt sich aus dem Bezug auf FGs Brief
vom 13. und seiner Antwort vom 21. April.
[115] *Risches*] Antisemiten (jidd.).

nicht ganz verständlich. Die von denen Du was hältst sind keine Antisemiten. Mit den eigentlichen Antisemiten hast Du und ich nichts zu tun und die Juden die es trifft sind zum großen Teil wirklich ein unerfreuliches Gesindel, z.B. die Juden aus Ungarn der Bukowina und Rumänien die hier in Insektenschwärmen auftreten sind zweifellos viel verächtlicher und gemeiner als die eigentlichen Völker dieser Länder. Nur die wenigen höher gearteten Juden aus Deutschland und vielleicht Rußland sind besser als die übrigen Menschen ebenso wie die wenigen edlen Deutschen, auch bei ihnen ist der Durchschnitt minderer als der anderer Völker. Und nur wegen dieser paar Juden u. Deutschen freuts mich ja so ungeheuer beides zu sein.

Ich bin sehr froh daß Du die Bilder so lieb hast. Die Rechnung leg ich auf Deinen Wunsch bei. Bezahlen konnt ich sie offengestanden auch noch nicht weil infolge dauernder Teuerung wieder eine ziemliche Ebbe in meinen Finanzen herrscht. Die Duplikate hab ich für die Filmdirektoren gebraucht. – Dem Wolfskehl Dank u. Erwiderung der Grüße. Sag ihm auch daß sein protégé Jy Gollmer meine Wohnung völlig verwahrlost hat[116] u. daß ich ihm für die Empfehlung nicht grad dankbar bin. Ich bin in großer Verzweiflung wegen der Wohnung weil ich an meinen Sachen hänge wie an Menschen, weil es ein großer materieller Schaden ist und weil ich natürlich sehr viele Unannehmlichkeiten bei den Hauswirtinnen habe. Am liebsten würde ich selbst nach Berlin reisen um Ordnung zu schaffen.

Ins Vorarlberg will ich leidenschaftlich gern mit Dir. Hast Du schon einen bestimmten Ort im Auge? Sonst wär vielleicht Tirol noch schöner.

Gottlob sind die Andl u. der Siegfrid wieder in Wien. Ich hab sie zwar erst thelephonisch gesprochen weil sie in Lainz[117] wohnen aber heut nachmittag will ich trotz dem Regen die Reise zu ihnen übernehmen. A propos, ist es unvermeidlich daß Du sogar in Briefen Dich zu Kalauern herabläßt?[118] – Liese Salin ist vorübergehend mit ihren Eltern da.[119] Ich freu mich doch über jedes Heidelberger Gesicht und einmal war ich so-

---

[116] *Jy Gollmer … verwahrlost hat*] ES hatte ihre Berliner Wohnung auf Wolfskehls Empfehlung hin an Jenny Gollmer untervermietet, die mit ihm näher befreundet war.

[117] *Lainz*] Wiener Vorort.

[118] *Kalauern*] In FGs Brief vom 10. April 1921 hatte er über ESs Schwester Andl geschrieben: „sie […] ist eine Charmeuse .. und gegen eine Schar Mäuse ist ein Adler wehrlos".

[119] *Liese Salin … Eltern da*] Die Schwester Edgar Salins, Elise (1899–1983).

gar mit ihr und dem Valentin S. und einem Schwager von ihm drahn.[120]
Den Valentin hab ich hier so lieb gewonnen daß mir seine Abreise
Schmerz bereitet. – Im 1. Maiheft der Ö. R.[121] wird eine größere Arbeit
vom Wittek über Salz-Kahlers Bruderzwist stehn.[122] Ich schicke sie Dir.
Den andern Intressenten sollst Du sie aber nicht geben damit sie sie
kaufen.

Wieso kann Euer Artillerieregiment ein 150 jähriges bestehn feiern
wo doch alle alten Formationen – Gott seis geklagt – aufgelöst sind?[123]

Sag Deiner Mutter viele viele Grüße und dem Ernst. Er soll nicht bös
sein daß ich ihm kein großes Bild gegeben hab: es war eine Finanzfrage
und in diesem Fall noch dazu die Deine. Die übrigen 13 Aufnahmen
hab ich nicht abgenommen, sie waren zu schlecht für den hohen Preis. –
Deine Gedichte, mein geliebtester Sänger, hab ich alle bekommen, zuletzt aus München: „In all mein Sinnen dringt der eine Sinn".[124] Und
auch das Feurige Roos vom Pretorius: es ist eine hinreißende Zeichnung.[125]

Du, der Oberregisseur vom Sascha-Film[126] hat beim ersten Besuch zu
mir gesagt: „Sie sind nicht für Filmkarrière sondern für Karrière im Leben geschaffen. Sie sind dazu da eine große Rolle im Leben bedeutender
Männer zu spielen!"[127] Das ist auch der einzige der kein solches Vik-
kel[128] ist wie die andern mit denen ichs bisher zu tun hatte. Trotzdem
sind meine Chancen, fürcht ich, bei ihm gering weil er mit dem Star

---

[120] *war ich … drahn*] Habe ich die Nacht durchgemacht (wienerisch).

[121] *1. Maiheft*] Die „Österreichische Rundschau" erschien zweimal im Monat.

[122] *größere Arbeit … Bruderzwist stehen*] Gemeint ist der Artikel des Orientali-
sten und Historikers Paul Wittek (1894–1978) „Revolutionierung der Wissenschaft". In: Oesterreichische Rundschau. Deutsche Zeitschrift für Politik und
Kultur 17 (1921), S. 502–507.

[123] *Artillerieregiment … aufgelöst sind*] Von einer solchen Feier hatte FG in seinem
Brief vom 10. April 1921 gesprochen.

[124] *„In all mein … eine Sinn"*] Gedicht FGs.

[125] *Feurige Roos … Zeichnung*] Zeichnung von Emil Preetorius auf einer gemeinsam mit FG und Cläre Brügmann an ES gesandten Postkarte vom 7. April 1921.

[126] *Sascha-Film*] 1910 gegründete große Wiener Filmproduktionsgesellschaft, bei
der Regisseure wie Alexander Corda und Michael Kertész erfolgreiche Monu-
mentalfilme drehten.

[127] *der Oberregisseur … zu spielen!*] Michael Kertész (1888–1962), der in den USA
seinen Namen zu Curtiz anglisierte und mit „Casablanca" (1942) Weltruhm er-
langte, inszenierte von 1919 bis 1926 als Oberregisseur der Sascha-Filmfa-
brik 17 Filme.

[128] *Vickel*] Zuhälter (wienerisch).

Lucy Doraine verheiratet ist.[129] – Du Geliebter Gundel, mir ist sehr
bange nach Dir u. ich lieb Dich aber ich bin doch nicht unglücklich.
Musel

Abs.: Wien IX / Frankgasse 6 – Adr.: Herrn Professor Friedrich Gundolf / Grünerweg 37 / Darmstadt / Deutschland

187. Friedrich Gundolf an Elisabeth Salomon.
     Darmstadt. 21. April 1921

21. IV. 21

Mein allerliebstes Muselherz:
Endlich endlich wieder ein Wort von dir .. aber eines das mich ziemlich
erschreckt .. dein Kinoplan trägt wieder dasselbe Gepräge des abrupten
hemmungslosen „Gelüsts" an sich das mich schon bei deiner Javanerei
beklemmt hat: Geliebtes, du wirst sagen – „wenn der Gundel mich nicht
bürgerlich hält und birgt, muss er mich eben Brot und Spiele suchen lassen wo ichs finde" – und dagegen kann ich freilich nichts sagen .. aber
daß du an dieser Schein und Schwindelsfäre, der Gelüstsfäre solche
Reize findest, um ein Leben drin zubringen zu wollen, das beunruhigt
mich tief. Man reicht dem Teufel nicht den kleinen Finger er nimmt
gleich die ganze Hand, und es wär nicht nur deine Hand, auch meine ..
wenn er dich nimmt. Und Liebstes, der Kino- und Theaterbetrieb ist
nicht nur bürgerlich bedenklich, das wär mir wahrlich das Kleinste
dran .. er ist tief verlogen, und kein Geldverdienen kann den Schaden an
der Seele ersetzen, den du früher oder später nimmst, wenn du dich ihm
hingibst .. und er ist gerad weil er Gelüsten *in* dir schmeichelt gefährlicher für dein Wesen, als jeder andre blosse Beruf, der dich nur mehr
oder weniger langweilig *beschäftigt*, ohne dein Herz zu erregen. Musel,
ich gehöre dir und ich gehöre STG[130] und ich habe darin nie einen un-
lösbaren Widerspruch gefunden, da all dein Bestes zu all meinem Besten
gehört, mit all deinen süssen süssen Flittern und Spielen. Aber wenn du
mir ganz in die Fremde entgleitest, so gleit ich dir nach oder mein Herz

---

[129] *Lucy Doraine*] Lucy Doraine, eigentl. Ilonca Kovácz (1898–1989), Stummfilm-
    star und von 1918 bis 1923 verheiratet mit Michael Curtiz.
[130] *STG*] Stefan George.

wird zerrissen wie es noch nie zerrissen war. Ich rede *nicht* von einem *äussern* Conflikt, *durchaus* nicht, sondern nur von den Spannungen zwischen dem Herzensmusel und dem Sinnenmusel, die bisher nie unausgleichbar waren, aber wenn du ein Kinomädel würdest, würd ich dich zwar immer lieben, weil du ein Zauber ohnegleich bist, aber mit bösem Gewissen, wie ich dich jetzt mit dem besten Gewissen liebe: nicht wegen des *Kinoberufs*, sondern wegen der Kino*seele* die du unfehlbar doch mit der Zeit bekämst, so gewiss du jetzt mehr als du selber weisst eine lautre und hohe Seele hast. Lass um Gottes willen deinen Geist nicht von dem „Geldkomplex" so völlig besessen werden .. entgleite mir nicht, entgleite deinem höheren Selbst nicht .. Glaube an ein Göttliches in dir, das dir auch in Not und Druck nicht abhanden kommen darf und das du um äusserer Güter nicht verkaufen, ver*äussern* darfst. Mir bangt manchmal, du bist mehr aufs Glück als aufs Heil aus .. Liebes Liebstes!

Etwas andres wollt ich dir grad schreiben als Dein Brief kam. Clemens Herzberg ist jetzt Direktor in *Frankfurt* bei einer Riesengesellschaft und er könnte dir dort einen (Sekretär?) Posten mit 1200 M. monatlich Anfangs[gehalt] gleich beschaffen.[131] Du weisst wie mein Herz dran hängt dich in der Nähe zu haben .. Überleg dirs und schreib mir ... Ich leide unter deiner Ferne, aber ich fürchte mich vor deinen Vorwürfen, wenn dir Stadt oder Stellung nicht zusagt und meine wilde Sehnsucht nach dir soll nicht dich tyrannisiren wenn nicht deine nach mir dich tyrannisirt. Das Ty wäre selig. Ich war gestern mit ihm in der Bergstrasse,[132] ein zaubervoller Tag und wie hold ists mit diesem Wesen, das mich ohne Spannung lieb hat und das mir wol tut und deinen geliebten Duft ausstrahlt.

Anbei 1 Scheck .. gern schickte ich dir mehr, aber ich bin jetzt grad auch abgebrannt[133] .. doch hoffe ich noch – es deckt die Rechnung mit Überschuss. Wenn nicht, so schreibs gleich: es versteht sich von selbst daß ich dir diese Kosten völlig ersetze.

---

[131] *Clemens Herzberg ... beschaffen*] Clemens Herzberg (1881–1953) war mit Hanna Wolfskehls Schwester Wiesi de Haan (1882–1974) verheiratet. Schauspieler, später Verwaltungsdirektor am Deutschen Theater bei Max Reinhardt. Welche Stellung Herzberg damals in Frankfurt bekleidete, ist nicht bekannt.

[132] *Bergstrasse*] Das Ausflugsgebiet am Fuß des Odenwalds.

[133] *abgebrannt*] Infolge der Wirtschaftskrise nach dem Ende des Ersten Weltkriegs waren die Professorengehälter an der Heidelberger Universität drastisch gekürzt worden.

Im Vorarlberg dachte ich an *Montafon* oder *Schruns*[134] – sie sollen verhältnismässig leer und billig sein. Gott gebe daß wir uns sehn, daß nichts dazwischen kommt .. ich vergeh oft vor Liebe und Verlangen ..

Wenn du doch zum Kino gehst, nimm einen neuen Namen. Agnes (oder Inez)[135] Musel!! O du liebstes liebstes Närrchen auf der Welt.

Sei auch nicht „in grosser Verzweiflung" wegen deines Ateliers: es ist nur ein *Haben* und verzweifeln soll man nur für Schäden des *Seins*.

Süssestes Musel: liebe mich, glaube mir, verkinele nicht ganz .. und fühle wie ganz meine Seele mit allen Fasern an dir hängt und für dich betet!

Ich küsse deine süssen Glieder alle alle und dein herrliches Herz und bleib Dein Gundel.

Schreib mir Bernfelds Adresse und bringe der Andl meine Huldigung.[136]

Sei ganz Musel, und sei nicht *zu* vermuselt!

Abs.: Gundolf / Darmstadt / Grünerweg 37 – Adr.: Fräulein Dr. Elisabeth Salomon / Wien IX / Frankgasse 6 / Pension Vienna

188. Elisabeth Salomon an Friedrich Gundolf. Wien. 24. April 1921

Geliebter Gundel – es ist ja zunächst nur ein Versuch und ich setze nicht alle Karten darauf. Vielleicht stellt sich sehr bald meine völlige Talentlosigkeit heraus. Aber auch wenn nicht, werd ich bestimmt keinen Lebens- sondern nur einen Epochenberuf draus machen. Und meinst Du die kommerzielle oder die journalistische Atmosphäre seien reinlicher als die des Theaters? Ich hänge mein Herz ja auch nicht an jene *Menschen*. Und sehe nicht ein, wenn überhaupt ein Beruf sein muß, warum es nicht einer sein soll der mich ein wenig freut? Im Bu-

---

[134] *Montafon oder Schruns*] Tal im Süden des Vorarlberg an der Grenze zu Graubünden; Hauptort: Schruns.

[135] *Agnes ... Inez*] Zweiter Vorname ESs und dessen spanische Form.

[136] *der Andl meine Huldigung*] Am 16. April 1921 hatte FG an ES geschrieben: „Ist die Andl jetzt schon in Wien? Und die Rosemi? Bei meinem Besuch oben in der Beznerei neulich hab ich mich in die Andl verliebt – das kannst du ihr sagen und dich mit ihr um den Besenstiel raufen womit ihr nächste Walpurgisnacht (1.V) zum Blocksberg reiten wollt. Der Fritz ist sicher der ungefährlichste von den 3 Salomonskindern".

reau zu sitzen ertrag ich ganz einfach nicht mehr, es macht mir Angst-
zustände. Ich werde da niemehr etwas zulängliches leisten und drum
darfst Dus mir nicht verargen wenn ich auf die Frankfurter Stelle nicht
eingehe. Übrigens erinnre ich Dich an Diana? Was hat sie beim Theater eingebüßt? Die Chancen daß ich nach Deutschland komme sind
dann viel größer. Denn falls ich zum Film geeignet bin geh ich wahrscheinlich nach Berlin. „Elli Salomon" ist sicher der zugkräftigste Ki-
noname. Aber wenns Dir lieber ist wechsle ich. „Musel" scheint mir
ungeeignet. Schlag was andres vor. Wie findest Du Ursula Pfeil? –
Bernfelds wohnen Wien XIII, Suppégasse 10. Gestern ist die Rosemi
gekommen.[137] Ich seh sie erst heut und bin in frohster Spannung. – Die
Andl hat in Breslau den Fritz gesprochen. Danach schließe ich bei ihm
auf Dementia precox. Er hat das schlechteste Erbteil einer durch In-
zucht degenerierten Familie abbekommen.[138]

Die frohen gereimten Grüße von meinen beiden westlichen Geliebten
haben mich innig gefreut.[139] Sag dem Ty ich lauere auf eine ruhige
Minute für sie.

Du hast wieder in frappierender Weise Deinen Kontakt mit allen Teilen meines Wesens erwiesen durch das Buch der Gräfin Larisch.[140] Es
traf mich als ich seit Tagen völlig besessen war von Leidenschaft für die
Kaiserin Elisabeth und nur durch einen Zufall hab ich Dir nicht genau
zur gleichen Zeit ihre Bilder geschickt. Ich bin empört über dieses verlogene Dokument das anmutet wie von einem entlassenen Dienstboten
der glaubt zu wenig Abfertigung erhalten zu haben und ich zittre. Dein
Bild von jener hohen Frau ist nicht so deutlich daß Du all diese bösar-
tigen Verleumdungen glaubst. Einer Niedrigkeit in Wort oder Tat wie
die Larisch sie ihr unterschiebt war sie ganz gewiß völlig unfähig. Sie

---

[137] *Gestern ist die Rosemi gekommen*] Aus dem Davoser Sanatorium zurück nach
Wien.

[138] *den Fritz ... abbekommen*] Unklare Anspielung.

[139] *westlichen Geliebten*] FG und Tilly Edinger. Die Karte scheint nicht erhalten.

[140] *Buch der Gräfin Larisch*] Marie-Louise von Larisch (1858–1940), eine Nichte
und anfängliche Vertraute der österreichischen Kaiserin Elisabeth (1837–1898),
die in den Selbstmord des österreichischen Kronprinzen Rudolf in Mayerling verwickelt war und deshalb vom Kaiserhof verwiesen wurde, schrieb später mehrere
Erinnerungsbücher: Ein Königsmärchen, Leipzig 1898, Eine arme Königin, Berlin 1900, Meine Vergangenheit, Berlin 1913. Die Gräfin Larisch spielte zudem in
einem Stummfilm „Kaiserin Elisabeth von Österreich", der 1920 entstand, sich
selbst – ungeachtet des Altersunterschieds.

verwahrte ihr Geheimnis und hat sich der Neugier der Menschen entzogen ohne hochmütig oder lieblos zu sein. Sie hat ihr eigenstes Leben geführt und war doch stets und ganz die Kaiserin. Und ihre Schönheit muß ohnegleichen gewesen sein. Sie ritt wie die erste Kunstreiterin mit Cirkus-Kunstreitern und hat sich doch nie gemein gemacht. Ach, Gundel, ich bewundere diese Frau wie ich George als Mann bewundre. Du magst es übertrieben finden aber daß Du mir eben jetzt ein Buch über sie sendest hat mich tief berührt. Die Larisch steht auf dem Niveau der Rackowitza[141] oder der Rosie Goldschmidt die verbreitet Du habest sie durchaus St. G. vorstellen wollen, sie habe als Bedingung gestellt ihr Vater solle dabei sein und dann wärt ihr auch wirklich alle 4 zusammen gewesen und der M. habe sich mit Herrn G. über Geschäfte u. die Börse unterhalten.[142] Dies zur Warnung falls Dir die junge Dame mal in Heidelberg unterkommen sollte unter wissenschaftlichem oder anderm Vorwand.

Wann ist Bertholds Geburtstag?

Leb wohl, mein Gundel, behalt mich auch filmend lieb. Grüß Deine Mutter und den Ernst von Herzen und sei zärtlich und liebend umarmt von

Deinem Musel

Sonntag[143]

Abs.: Wien IX / Frankgasse 6 – Adr.: Deutschland / Herrn Professor Friedrich Gundolf / Grünerweg 37 / Darmstadt

---

[141] *Rackowitza*] Helene von Dönniges, verh. Racowitza, verh. Friedmann, verh. v. Schewitsch (1843–1911) war jene Frau, wegen der Lassalle sich 1864 duellierte und dabei umkam; sie veröffentlichte später das Buch „Meine Beziehungen zu Ferdinand Lassalle" (1879).

[142] *Rosie Goldschmidt … unterhalten*] Rosie Goldschmidt (1898–1982), die Tochter eines Mannheimer Bankiers, war 1920 in Heidelberg von Alfred Weber promoviert worden. Sie heiratete später Franz Ullstein (1868–1945), einen der Leiter des Verlags, und trat unter dem Namen Rosie Waldeck auch schriftstellerisch hervor.

[143] *Sonntag*] Durch die Nennung des Wochentags präzisiert sich das Datum des Briefs auf den 24. April 1921; der Poststempel ist vom 25. April.

189. Friedrich Gundolf an Elisabeth Salomon.
Darmstadt. 27. April 1921

Du süssestes Muselherz.
Tu was du nicht lassen kannst, ich werde dich lieben was du auch
tust und für dich beten daß du das Musel bleibst, und glücklich wirst.
Nenn dich Ursula Pfeil, das ist besser wie dein wahrer Name für diesen
Zweck.

Was du all nicht aushalten kannst, verwöhnter Fratz!!

Liebstes Liebstes Wesen, bleib froh und finde Ruhe in deiner Hatz.

Deine Briefe kommen schneller nach Darmstadt als nach Wolfratshausen, weil die Münchener Post passive Resistenz treibt.

Morgen geht die Heidelberg Hatz wieder an – ich ziehe nun bald ins
dritte Stockwerk hinauf wo mich nicht jeder gleich überlaufen kann.[144]
Immerhin hab ich gleich Besuch von Herrn Corrodi[145] – doch das hab
ich dir glaub ich schon geschrieben. In Darmstadt arbeit ich nicht gut,
weil immer noch Leute im Zimmer sind .. hoffentlich gehts in Heidelberg besser .. Es ist das heikelste Stück im ganzen Colleg: über Heinrich von Kleist.

Was du mir über den „Rosischatz"[146] mitteilst hab ich mir fast von
selbst vermutet: es ist eine Hurenkröte mit allen Mündern, aber zum
Glück weiss oder merkt es jeder nach einer halben Stunde und wird
ihre Glaubwürdigkeit riechen. Was sie z.B. von mir da erzählt haben
soll wirst wohl nur du geglaubt haben!

Dass die Larisch eine verlogene und subalterne Person ist merkt man
gleich und ebendrum sind die Bilder die man trotzdem von der Kaiserin behält, und vom Kronprinzen gewiss richtig (die Gesten, nicht die
Fakten!) denn sie übersteigen das Erfindungsvermögen und den See-
lenkreis dieser Lakaiin. Ich kenne kaum ein Werk woraus sie so *deutlich* wird, mag auch alles Faktische verdreht sein.

Deine Schwärmerei für diese Frau würd ich vielleicht teilen, wenn sie
nicht *dumm* gewesen wäre. Schön, königlich, tief, aber zu dumm ..
Doch vielleicht hat sie nur den Mann nicht gefunden, der sie gescheit
machen konnte. Gutmütig war sie nicht. Aber ich wäre gern ihr einmal

---

[144] *dritte Stockwerk*] Ins Dachgeschoss der Villa Lobstein.
[145] *Corrodi*] Eduard Korrodi, der Feuilletonchef der Neuen Zürcher Zeitung.
[146] „*Rosischatz*"] Rosie Goldschmidt.

begegnet. Vieles von dem was sie vergeblich dumpf gesucht hat und in
Heine zu finden meinte,[147] wär ihr zu bringen gewesen.

Muselliebstes: der Gedanke, dich eines Tags auf der Leinwand zu
sehn, erregt mich. Vielleicht wirst du auf diesem Weg berühmter als
ich. Soll ichs wünschen oder nicht? Gewiss ist sehr vieles in deiner Natur das in der Schauspielerei erst sich erfüllt (siehe mein Goethekapitel über Philine[148] ..) und wenn ich deine Urbilder in der Geschichte
suche, so finde ich immer süsse Bühninnen. Ich weiss daß du dich
durch alle Schicksale hindurch ausleben wirst, und bleibe Dein getreuer Gundel. Aber du hast zwei Musel-Seelen, und gefährdet bist Du
wie keine!

Ich küsse deinen geliebten Leib.

Bertholds Geburtstag weiss ich nicht. Hast Du Andl meinen Brief gegeben?

Adr.: Fräulein Dr. Elisabeth Salomon / Wien IX / Frankgasse 6 / Pension Vienna

190. Friedrich Gundolf an Elisabeth Salomon.
Heidelberg. 5. Mai 1921

Mein süssestes Liebstes: Deine Eifersuchtsträume[149] sind mir ein liebes
Zeichen daß du mich festhalten *willst* – denn festgebunden sein, während die Gebieterin woanders spaziren geht, das ist eine Folter .. aber
deine geliebten Hände und Zähne fühlen, ob sie wohl weh tun, das ist

---

[147] *Vieles von dem … finden meinte*] Kaiserin Elisabeth von Österreich hegte eine
schwärmerische Verehrung für den Dichter Heinrich Heine (1797–1856) und
versuchte ihm auch in eigenen Gedichten nachzustreben.

[148] *mein Goethekapitel über Philine*] Philine, die Romanfigur aus „Wilhelm Meister", ist FG zufolge „holde Genießerin, Verführerin – Hetäre als Wesen, nicht
als Beruf, unter der gemäßesten Gesellschaftsform: als Schauspielerin." Gundolf:
Goethe (1916), S. 349.

[149] *Deine Eifersuchtsträume*] ES hatte am 1. Mai 1921 an FG geschrieben: „Neulich träumte ich, Frau Edinger holt mich in Fr. aus der Bahn ab und geht mit mir
zu Dir und dem Ty und ihr beide seid sehr verlegen weil ihr mir nicht sagen mögt
daß Du nur noch das Ty liebst. Ich schoß Dich kurzerhand nieder, wachte laut
weinend auf und wurde nicht ruhig bis die Morgenpost ein Brieflein von Dir
brachte. Da hab ich gemerkt wie unertragbar mir ein Dasein ohne Deine Liebe
wäre". Vgl. auch ESs Brief vom 4. April 1921.

„meine Idee vom Glück".[150] Musel: Du sollst mich künftig überallhin schleppen dürfen .. und in „Caesar und Cleopatra"[151] bin ich nicht aus Liebe zum Ty gegangen, obwohl ich es sehr lieb habe, sondern ich wäre auch allein hingegangen, nur daß Ty mir den Anstoß gab .. ich wollte das einmal sehn. (Daß ich zu Tante Paula[152] mitging ist ein viel grösserer Beweis deiner Macht, als wenn ich mit dem Ty meinen Spleen füttern geh!) o Musel. Wohin ists mit mir gekommen, daß ich mich bei dir entschuldige wegen deiner Eifersucht. Nein, Musel du bist jetzt die allmächtige Kaiserin meines Herzens und hast die Schlüssel zu all meinen Gemächern. Und gesteh nur, das fühlst du auch. Deine Rachsucht will ich ohne Murren befriedigen – o mein geliebtes Musel! obwohl mirs schwer fällt.[153]

Ich kann es abwarten, bis du zum Star wirst (aber zum Star gestochen werden sollst du mir nicht!) Das ist wieder ein Kalauer, den du hoffentlich nicht verstehst. Dass dich deine Erfahrungen mit den Gönnern nicht von dieser Laufbahn abbringen[154] – so ganz Diotima bist du doch nicht! Und eine ganze Portion Philine hast du mitbekommen. Aber bei dem allen bist du doch das liebste schönste und berückendste Wesen – ein Wunder zum Lieben! Ich sollte dir nicht soviel Weihrauch streun, aber ich bin nicht dein Erzieher mehr, sondern dein Sklav und dabei lernst du auch einiges – Auch weiss ich daß meine Zügel dich nicht hemmten und mein Weihrauch dich nicht verwirrt – und mir erleichterts das Herz, dein Lob, dein nie genug gesungnes Lob zu singen, wers hören will und wers nicht hören will .. Was gilt aller Bedacht bei

---

[150] *meine Idee vom Glück*] Wohl redensartliche Wendung, aus den Rubriken diverser Fragebögen übernommen. ES schreibt etwa am 9. April 1920 an FG: „Meine Idee vom Glück: Soschas Schlafzimmer".

[151] *Caesar und Cleopatra*] FG hatte das Stück (1898) von George Bernard Shaw (1856–1950) am 25. April in Frankfurt gesehen.

[152] *Tante Paula*] ESs Tante Paula Patzowski.

[153] *Deine Rachsucht ... schwer fällt*] ES hatte am 1. Mai mit Blick auf ihre „Feindin", Marie-Louise Gothein, geschrieben: „Vergiß nicht daß Du mir noch Genugtuung gegenüber der Frau G. schuldest. So oft Du ihr begegnest, denk an mich und handle für mich. Ich hasse sie fast so sehr wie ich Dich liebe, drum ist der strafende Blick den Du mir eben zugedacht hast, wirkungslos.

[154] *Dass dich deine ... abbringen*] ES hatte am 1. Mai über ihre Kinoambitionen geschrieben: „Meine Filmprojekte sind noch nicht sehr weit gediehen weil die Regisseure einer Frau ohne Gegenleistung keine Rolle geben wollen. Immerhin wird demnächst eine Probeaufnahme von mir gemacht. Dann fehlt mir immer noch der Maecen. Denn ohne großen Toilettenaufwand macht man keine Carrière. Ich bin aber nicht ungeduldig und laß den Dingen ihren Lauf".

solcher wilden tiefen Liebe wie du sie in mir entfacht hast .. Geliebtes,
Geliebtes, schönstes Musel!!

Bleib froh, behalte mich lieb .. träume mich in deine Arme, allnächtlich such ich deinen Schooß, bald vergeblich, bald selig und bin im Wachen, Schlafen, Weinen, Hoffen
Dein getreuer ergebner verfallner
Gundel
5. Mai!

Adr.: Fräulein Dr. Elisabeth Salomon / Wien IX / Frankgasse 6 / Pension Vienna

191. Friedrich Gundolf an Elisabeth Salomon.
Heidelberg. 30. Mai 1921

Mein Liebstes! ich schelte dich ja nicht .. ich habe dirs in dem Brief
neulich worin ich mich über die Kargheit deiner Briefe beklagte, gesagt: ich weiss daß du mich liebst – aber ich leide unter deiner wachsenden Unerreichbarkeit mehr als du dir vorstellen kannst: denn
wenn ich deinen Leib entbehren muss und selbst deine Worte Schatten
werden, in denen bisher doch die süsse Fülle deines Wesens immer
schwang oder klang – was bleibt mir? Und daß du gegen früher nimmer schreibfähig bist, (du warst es immer herrlich, von allen Frauen
die [ich] kenne am meisten, am gewandtesten, nicht Sätze zu formu-
liren, sondern in Worten Seele auszuatmen) denk drüber nach was das
heisst. Doch wie es auch sei: ich liebe Dich, ich liebe Dich, ich liebe
Dich, heiss und zärtlich wie je.

Denk ich wirklich nicht genug an deinen Beruf? ach, ich denke mehr
dran als mir wohl tut. Deine Frage wegen der Oe. Ru. mit Vallentins
Aufsatz hatt ich wirklich nicht recht verstanden:[155] sollte ich von Buchhändler zu Buchhändler gehn und fragen ob er sich interessirt??? Ich
hielt das für einen kleinen Muselscherz. Aber ich will in einigen Buchläden mir Hefte davon bestellen und drauf aufmerksam machen. Und
daß ich dir keine neuen Bücher empfahl kommt daher daß mir wirk-

---

[155] *Deine Frage … verstanden*] ES hatte in ihrem Brief vom 16. Mai 1921 gefragt:
„Warum hast Du mir nicht geantwortet welche Buchhandlungen sich für Valentins Aufsatz intressieren?" Gemeint ist Berthold Vallentins Aufsatz „Napoleon",
in: Oesterreichische Rundschau. Deutsche Zeitschrift für Politik und Kultur 17
(1921), S. 552–556.

lich, trotz wiederholten Nachsinnens keine eingefallen sind: es gibt in der ganzen Weltlitteratur keine 10 verschollenen Bücher deren Neudruck ich dir guten Gewissens anraten könnte .. und die wenigen hab ich genannt.

Den Damas-Hinard Dictionnaire Napoleon,[156] den du hast, deutsch oder französisch, halt ich für einen *wünschenswerten* Neudruck: es ist die knappste und gehaltvollste Napoleonsanthologie die es gibt. Eine Auswahl aus Varnhagens Denkwürdigkeiten[157] hab ich dir nach meiner Rückkehr aus Wien auch schon vorgeschlagen .. überhaupt ist diese Behauptung, ich habe nichts mehr seit ... u.s.w. irrig, Herzensherz. Ein Neudruck der *Günderode*werke (nicht Bettinas Werk über sie: der „Fragmente und Phantasien" von Tian) wäre auch nicht unnütz.[158] Es gibt aus den 50er Jahren eine Sammelausgabe, sehr selten die man zu Grunde legen kann. „Gesammelte Dichtungen von Karoline von Günderode, zum erstenmal vollständig herausgegeb. durch Friedr. Götz. Mannheim 1857" das sollte neugedruckt werden. Empfiehls!

In der Sendung mit dem Bernstein war glaub ich ein Gedicht. Oder hast du Gedichte bekommen? – in den letzten 3 Wochen? Heut hab ich dir eins geschickt.

Gleich nachdem ich meinen Klagbrief wegen deines Schreibens eingeworfen schrieb ich dir einen Beruhigungzettel, am selben Tag[159] .. Hast Du den? Ach Musel, Musel, Liebstes Einzigstes auf der Welt! ich liebe Dich und bleibe Dein ... Nur *verschwinde* mir nicht!! Sei wie

---

156 *Damas-Hinard Dictionnaire Napoleon*] Dictionnaire-Napoléon: ou recueil alphabétique des opinions et jugements de l'empereur Napoléon Ier; avec une introduction et des notes, par M. Damas Hinard. 2. éd. Paris 1854. Die erste Auflage erschien 1838, allerdings unter anderem Titel; eine deutsche Ausgabe scheint es nicht zu geben.

157 *Varnhagens Denkwürdigkeiten*] Karl August Varnhagen von Ense: Denkwürdigkeiten des eigenen Lebens. (7 Bände) Mannheim: Hoff 1837–42, 2. Auflage Leipzig: Brockhaus 1843–1846, zwei Bände erschienen posthum, hrsg. von Ludmilla Assing, ebd. 1859.

158 *Günderodewerke ... nicht unnütz*] Bettina von Arnim: Die Günderode. 2 Bde., Grünberg und Leipzig: Levysohn 1840. – Gedichte und Phantasien von Tian. Hamburg und Frankfurt: Hermann 1805 und: Poetische Fragmente von Tian. Frankfurt a.M.: Wilmanns 1805. Hinter dem Pseudonym Tian verbarg sich die romantische Dichterin Karoline von Günderode (1780–1806).

159 *Klagbrief ... selben Tag*] Letzterer ist vom 13. Mai 1921, doch scheint der vorangehende Brief vom Vormittag des gleichen Tages nicht erhalten zu sein.

du willst, nur da, erreichbar für deinen getreuen dir ganz ergebnen
Gundel

Ich hab dir *täglich* geschrieben seither!

Adr.: Fräulein Dr. Elisabeth Salomon / Wien IX / Rienösselgasse 3 II; [von fremder
Hand umadressiert:] Wien XIII / Suppégasse 10[160]

192. Elisabeth Salomon an Friedrich Gundolf.
o.O. [Wien]. o.D. [etwa 14. Juni 1921][161]

Geliebtester Gundel – von meinem Amt aus muß ich Dir zärtliche Küsse
zum Geburtstag[162] schicken. Denn so weit ists mit mir gekommen: aus
Berufsgründen hab ich zu nichts anderm mehr Zeit. Geliebter Du, aber
das „Amt" (die Treuga) ist jetzt kein gewöhnliches Bureau mehr sondern
ein schöner lichter Barockpalast der früher den Fürsten Esterhazy[163] gehörte. In jedem Raum sind hohe goldumrahmte Spiegel in der Wand und
geben dem Musel Gelegenheit sich ihres Extérieurs zu freuen. Du Liebster, hätte ich noch meine einstige vielgeschmähte Unbeherrschtheit, so
käme ich am 20. frühmorgens mit einem Gutenmorgenkuß zu Dir und
sagte: habe die Ehre! Das hast Du von der guten Erziehung die Du mir
angedeihen ließest. Ja, ich bin wirklich ferienreif und kanns kaum erwarten bei Dir zu sein. Wünschen kann ich Dir nur was ich mir wünsche: Du
solltest einmal froh werden an unserer Liebe. Ich habe jetzt sehr oft den
Wunsch in Heidelberg zu sein – addiert zu dem dauernden Verlangen
nach dem Gundel und seiner heimlichen Gegenwart.

Der Achensee[164] reizt mich auch sehr. Aber er liegt ebenfalls in Tyrol
u. da sind Schikanen[165] u. Unbequemlichkeiten sehr zu fürchten. Ich

---

[160] *Rienösselgasse 3 II … Suppégasse 10*] ES war (wohl aus finanziellen Gründen)
aus der Pension Vienna in eine Wohnung mit dieser Adresse umgezogen, hielt sich
wegen einer Krankheit aber zunächst bei ihrer Schwester Anne (Suppégasse) auf.

[161] *etwa 14. Juni 1921*] Die ungefähre Datierung ergibt sich aus FGs Antwortbrief
vom 17. Juni 1921.

[162] *Geburtstag*] FGs Geburtstag war am 20. Juni.

[163] *Fürsten Esterhazy*] Bedeutendes österreich-ungarisches Adelsgeschlecht.

[164] *Achensee*] FG hatte ES mehrfach vorgeschlagen, den gemeinsamen Sommerur-
laub dort zu verbringen.

[165] *Schikanen*] Gemeint sind Einreiseschwierigkeiten für Juden in deutschen und
österreichischen Urlaubsorten, der sogenannte Sommerfrischen-Antisemitismus.

habe jetzt noch in Krimml[166] in den Tauern (Salzburg) angefragt. Darf ich nach meinem Entschluß fest mieten? Und für wann?

Am Sonntag hat der Siegfrid ein paar Leute glücklich gemacht mit der Vorlesung Deiner Literaturgeschichte, der Philosophiegeschichte u. des Mutterrechts. Der allgemeine Jubel klang aus in den heftigen Wunsch nach Abschriften. Genehmigst Du sie?[167]

Ich schick Dir ein Medaillon das Du am Kettchen tragen sollst mit einem Bild von mir das Du aber Deinem Lederetui entnehmen mußt: ich hab kein so kleines. In der Kapsel ist eingeschlossen all mein Dank, mein ewiger Dank für Deine treue Liebe für all Deine Güte und Nachsicht mit meiner schwachen Seele, für Dein schönes edles Herz das Du mir seligstem Mädchen so ganz gegeben hast und gibst.
Dein Musel

193. Elisabeth Salomon an Friedrich Gundolf.
o.O. [Wien]. 13. Juli 1921

Lieber liebster Gundel – hoffentlich vergehn die jetzt kommenden vier Wochen rascher als die folgenden. Ich freu mich wie ein nacktes Wildes. Wirst Du mir auch das Gedichtbuch mitbringen? Und was geschieht mit den beiden Copien?[168] Hier sind endlich die Anfänge der letzten Gedichte. Brauchst Du sie noch weiter zurück? Du hast für mich im letzten Jahr ebensoviel gedichtet wie in den 6 ersten Jahren zusammen!

---

[166] *Krimml*] Westlichste Gemeinde des Bundeslandes Salzburg, bekannt durch die Krimmler Wasserfälle.

[167] *Literaturgeschichte ... Genehmigst Du sie?*] FGs Scherzgedichte „Die Deutsche Literärgeschicht, reimweis kurz fasslich hergericht", die „Kleine Philosophiegeschichte in Versen" (für ES zum Examen) und das „Mutterrecht für Anfänger". FG erteilte keine Genehmigung zur Vervielfältigung. Vgl. auch seinen Brief an Fine von Kahler vom 21. Juni 1921: „Den Meister hab ich noch nicht gesehn, er ist noch in Wildungen und es scheint ihm gut zu gehn, ich erwarte ihn dieser Tage hier .. er hat zweimal ganz freundlich kurz geschrieben, und missbilligt dass ich von deiner Litterärgeschicht Kopieen zirkulieren lasse". Kahler-Briefwechsel I,259.

[168] *Gedichtbuch ... Copien*] FG hatte seine Gedichte an ES in einem handgeschriebenen Buch gesammelt und davon zwei Schreibmaschinenabschriften herstellen lassen. Das Original mit der Überschrift „Musel" bewahrt das DLA, eine Maschinenschrift befindet sich im Gundolf-Archiv London (W 37).

Ich habe natürlich für Gundel*finger* gemietet. – Vom Salz[169] hörte ich auch in letzter Zeit direktes.

Ich möchte eben grad vermeiden meine Sachen so zu zersplittern.[170] Die Bücher würd ich Dir freilich sehr sehr gern geben wenns gar nicht anders geht. Besser können sie nirgends aufgehoben sein. Verkauft ist schon alles was ich nicht mehr mag. Und jetzt ist auch gar keine Conjunktur dafür. Wenn ich mal nicht mehr nomadenhaft lebe müßte ich mir dann wieder welche kaufen wahrscheinlich teurer und minderer. Das ist wirklich nicht nur Sentimentalität.

Liebster Gundel, Du mußt mir jetzt bald einmal die Erlaubnis zum heiraten geben.[171] Ehe ist mir ein „Selbstzweck" wenn Du es so nennen willst da ich nun einmal in einer bürgerlichen Welt geboren u. erzogen bin, weil ich zur Hetäre zu unsexuell bin u. außerdem Kinder haben möchte. Die Liebe zum Ehemann erscheint mir nicht so wichtig, früher wurden die Mädchen auch nicht gefragt ob sie den Mann lieben den die Eltern ihnen bestimmt haben. Die fremde Sprache zieht mich sogar sehr an: ich wünsche sehnlichst perfekt englisch sprechen zu können. Seine Versprechungen muß mir der betreffende notariell bestätigen lassen. Hält er sie nicht so stehts mir noch immer frei von ihm fortzugehn u. zu prozessieren. Wenn Du einmal bereit bist mich frei zu geben hab ich vielleicht keine Gelegenheit mehr die Freiheit zu nutzen. Und ohne Deine Einwilligung kann ich einen so wichtigen Entschluß nicht mehr durchführen. Ich merke mehr und mehr wie abhängig mein wollen und denken nur von Dir ist. Selbst am Jimmy und Jazz beginne ich leise zu

---

[169] *Salz*] FG hatte am 4. Juli 1921 geschrieben, daß Arthur Salz ihn aufgesucht habe, wobei eine gewisse Verstimmung wegen dessen gegen Kahler gerichteten Schrift spürbar gewesen sei. ES hatte wohl über den Drei Masken Verlag mit Salz zu tun.

[170] *meine Sachen so zu zersplittern*] ES war ihre Berliner Wohnung gekündigt worden, so daß sie in Verlegenheit war, ihre dort befindlichen Habseligkeiten unterzubringen. FG hatte ihr nur anbieten können, Einzelnes davon bei sich zu lagern und ihr darüber hinaus geraten, alles Überflüssige zu verkaufen.

[171] *Erlaubnis zum Heiraten geben*] ES hatte FG davor mehrfach von den Heiratsanträgen eines kanadischen Kaufmanns geschrieben [Tilly Edinger nannte ihn in ihren Briefen an ES wortspielerisch den „Mann in Montreal" – Gundolf Archiv, London], der ihr zugesagt habe, daß sie bei einer Heirat jährlich vier Monate in Europa verbringen dürfe. – Am 3. Juni 1921 hatte sie gegenüber FG beiläufig angemerkt: „Die Lilli Bernfeld [Schwester Siegfried Bernfelds] wird mir immer lieber. Ich fürchte sie wird auch demnächst den ersten schlechtesten aus der Reihe ihrer Bewerber ehelichen. Wir beide können wirklich singen: ‚ich arme Jungfer zart, ach hätt ich genommen den König Drosselbarth'. –"

zweifeln.[172] Doch, Liebster, ich will Dir die Pistole damit nicht auf die Brust setzen. Jetzt müssen wir uns erst sehn und finden dann vielleicht einen Weg der uns beiden gangbar erscheint. Aber, vergiß nicht, daß ich eine Frau bin und deshalb altwerden nur zu ertragen ist mit der Verjüngung im eignen Kind. Eine alternde Geliebte ist ebenso unerfreulich wie eine alte Jungfer.

Ich wußte nichts von Deinen Bedenken gegen wahrsagen.[173] Übrigens steht in meiner Zukunft nur gutes. Die traurigste Zeit meines Lebens hätte ich angeblich hinter mir. Ich würde mit kleinen Unterbrechungen glücklich werden. –

Nach Berlin mag ich nicht gehn.[174] Wenn nicht unmittelbar bei Dir, gefällt mirs in Wien eigentlich besser.

Bald sehn wir uns, Gundel, hoffentlich in Freude, sicher jedenfalls in Liebe!
Dein Musel
13. Juli 1921

194. Friedrich Gundolf an Elisabeth Salomon. Heidelberg. 15. Juli 1921

O mein Liebstes! mein Musel!
„Die Leidenschaft der höchsten Liebe findet wohl auf Erden nicht ihre Erfüllung" sagt die Diotima.[175]

Wenn dein Verlangen nach Ehe jezt nicht bloss ein flüchtiger Museleinfall ist (prüfe dich!) wenn dein Kanadier gesellschaftlich, seelisch, leiblich, einigermaßen deiner wert ist und dir nach menschlichem Ermessen eine behaglichere äussere Zukunft sichern kann (prüfe ihn!) und dich herzlich liebt und wenn mir die Möglichkeit bleibt, dich jährlich zu sehn, du Süssestes Licht meines Lebens: dann will ich

---

[172] *Jimmy ... zu zweifeln*] Die Modetänze der Zeit; Chiffren für ESs von den Vorstellungen FGs abweichenden Lebenswandel.

[173] *Bedenken gegen wahrsagen*] ES hatte FG am 3. Juni 1921 geschrieben, daß sie eine Wahrsagerin aufgesucht habe.

[174] *Nach Berlin mag ich nicht gehn*] Das hatte ihr FG am 7. Juli 1921 erneut vorgeschlagen.

[175] *„Die Leidenschaft ... Diotima*] Zitat aus dem Brief Susette Gontards an Friedrich Hölderlin, Dezember 1799. In: Die Briefe der Diotima, veröffentlicht von Frida Arnold, herausgegeben von Carl Viëtor, Leipzig: Insel-Verlag 1921, S. 47. FG hatte ES das Buch geschenkt.

deinem Willen mich nicht widersetzen. Die Ehe, die wirkliche Ehe mit
Haus und Kindern, ist für dich, das sehe ich ein, wenn nicht das
Glück, so doch eine Erfüllung, die dein Leben rund macht, einerlei ob
es leicht oder schwer wird. Was du von der Ehe verlangst, Comfort,
Ruhe, Bindung, Kinder, verhältnismässig sorgenloses Alter, gerade das
kann ich dir nicht geben (wenn ich sterbe, hast du als meine Frau keinen Pfennig .. ich reiche mit meinem Einkommen grad behaglich für
mich und muß jetzt schon mich einschränken, da meine Bücher nicht
mehr besonders gehen). Was ich von der Ehe verlange, dauerndes Zusammensein mit der *Geliebten*, mit dem *Zauber* und *Rausch* und
Traum des *schönen* Lebens, mit Musel, das wird durch die Ehege-
wohnheit nicht verwirklicht, und wenn die notwendigen Haussorgen
(ich seh sie an allen Kollegen) mein Werk behindern, so verfliegt das
Glück selbst dich zu besitzen: denn wenn die Sehnsucht quält, so be-
flügelt sie auch .. aber die Gewohnheit lähmt. Dies sagt mir die Vernunft und auch jede Erfahrung .. meine Liebe wills dennoch nicht
wahrhaben .. aber die Ehe ist nicht eine Sache der Leidenschaft, sondern der Vernunft. Ich muss mit dir aber die Details besprechen am
Achensee. Vielleicht wirst du auch noch nach den Stürmen einer aller-
regten Jugend eine brave Frau .. jedenfalls hast du keine Ruhe, eh du
nicht auch das erfahren hast, und wenn du nicht „glücklich" (das
gibts ja nicht für tiefere Herzen) wirst, so doch erfüllt, ob durch Leid
oder durch Entsagung. Ohne Entsagung ist heute keine Erfüllung
mehr .. das mag dich trösten.

Zunächst aber: auf Wiedersehn!

Den Gedichtband bring ich mit, schön daß du daran denkst! eine
Copie kannst du haben wenn du sie willst .. obwohl du ja schon die
Urmanuskripte und das Muselbuch hast .. ich will dass diese Verherr-
lichung Musels nicht an einer Abschrift hängt .. ich will dich fort-
pflanzen auf meine Weise. Vielleicht geb ich eine Copie einmal der
Andl.

Ich träumte jüngst ich war mit Alexander[176] in Asien und alle halbe
Stunde gründete er eine Stadt .. Und gestern nacht war ich mit Singer
bei – Dschingis chan eingeladen!!

Musel, ich denke nur an unser Wiedersehen und an deine Zukunft.
Ach wenn du nur ruhiger, friedvoller wirst, will ich ja gern von Sehn-

---

[176] *Alexander*] Gemeint ist Alexander der Große.

sucht leiden .. So wie ich nach Dir, sehnst Du dich doch nicht nach mir .. Sollst auch nicht!

Ich küsse deine geliebten Glieder!

Adr.: Fräulein Dr. Elisabeth Salomon / Wien IV / Rienösselgasse 3 II

195. Elisabeth Salomon an Friedrich Gundolf.
o.O. [Wien]. o.D. [11. September 1921][177]

Wie Du so plötzlich fort warst ists mir zentnerschwer auf die Seele gefallen daß ich unsre fünf Wochen so leichtsinnig verfliegen ließ als könnten sie kein End nehmen.[178] Ich meine ich hätte in jede einzelne Minute noch viel mehr hineinpressen können an liebem und schönem. Statt dessen hab ich viel gerauznt. Ich weiß: Du bist mir nicht gram deshalb aber mich packt die Reu. Und als ich heut in der Früh ohne Deine geliebten und meist unfreundlich aufgenommenen Küsse aufstehn mußte hab ich vor Wut meinen grünen Pyjama mitten durchgerissen. Das hat man von seinem Temperament: nun kann ich ihn wieder flicken!

Wien ist a conto Messe mit Ungeziefern aller Erdteile bevölkert.[179]

Die Fahrt ging ohne Störung: die Chokolade war gut und die Maria Sophia[180] hat mich bis Linz (da hatt ich sie ausgelesen) sehr gefesselt. Auch sie ist eine heldenhafte schicksalsvolle und schöne Frau – aber normaler als die Kaiserin und ohne deren wilde Dämonie. Es stehn auch viel geschichtlich intressante Dinge in dem Buch, für Dich wohl freilich keine neuen.

Mein Gundel – ich glaube fast wir werden bald wieder für länger beisammen sein. Ich habe das Gefühl als seien meine Tage in Wien ge-

---

[177] *11. September 1921*] Das Datum ergibt sich aus ESs Angabe „Sonntag" und aus FGs Antwort auf diesen Brief vom 15. September 1921.

[178] *Wie Du so ... End nehmen*] ES und FG hatten die Sommerferien (vom 8. August an) gemeinsam in Tirol am Achensee und in Bayern verbracht.

[179] *Wien ist ... bevölkert*] Die erste Wiener Messe wurde am 11. September 1921 mit dem Ziel eröffnet, Österreich aus der wirtschaftlichen Isolation nach dem Ersten Weltkrieg zu führen.

[180] *Maria Sophia*] Gemeint ist wohl ein biographischer Roman über Maria Sophia (1841–1925), die letzte Königin beider Sizilien und Schwester der österreichischen Kaiserin Elisabeth – Cornelius Rudolf Vietor: Die letzte Königin von Neapel. Berlin: Bong 1920.

zählt. Mich peinigt noch immer Dein Zweifel an meiner Liebe zu Dir.
Gewisser als sie habe ich ja nichts auf dieser Welt. Glaube es mir doch,
mein Herzensgundolf. Bedenke wie armselig mir mein Spiegelbild erscheinen muß wenn diese Liebe nicht einmal die Kraft besitzt dem Geliebten ans Herz zu reichen. Meine Gedanken und Begierden sind wohl
zerfahren und daraus beziehen Deine Zweifel ihr Recht. Aber mein
Herz ist einig und ohne Wunsch weil es weiß daß das beste sein ist. Um
den Unfrieden und die Zerrissenheit der Nerven bekümmert es sich
nicht. Ich wäre selig zu wissen daß Du es so spürst wie es ist und dann
nicht mehr sagst: „abwesend" oder „unbeteiligt".
Dein Musel
Sonntag

196. Friedrich Gundolf an Elisabeth Salomon.
Berlin. 15. September 1921

Berlin W. 30
Gleditschstr. 9 III[181]

Liebstes! Ich komme eben aus Würzburg wo ich mit dem grossen E.[182]
u. mit meinem Bruder einen schönen Herbsttag hatte ... Wir sprachen viel von Dir: er gedenkt deiner freundschaftlich und findet dich
lieb, gescheit, gut und reizend, meint nur, du solltest nicht nach dem Stil
der grossen Abenteurerin streben, da du mehr ein liebes Mädchen seist.
Er ist jetzt Landgerichtsrat geworden mit 33 Jahren! Ich liebe dich so
und so, Herz meines Herzens! Dein süsser Brief aus Wien rührt mich –
ich will mich ans Hoffen gewöhnen und dankbar sein für jedes schöne
Stündlein das uns ewig verbindet. Du warst gegen mich nicht so, daß du
deswegen Pyjamas zerreissen musst .. auch deine Raunzereien sind hold
und gehören zu Deinem Zauber, liebstes Liebstes! ich bin Dein und
küsse deine weissen wie deine schwarzen Stellen mit gleicher Inbrunst.
Also, ich hab jetzt die Gesamtausgabe der Günderode,[183] die dir zur

---

181 *Gleditschstr. 9 III*] Adresse der Familie Waetzoldt, deren Tochter FG besuchte.
182 *grossen E.*] Ernst Morwitz. – FG war direkt aus dem Urlaub über Wolfratshausen und Würzburg nach Berlin gereist.
183 *ich habe jetzt ... Günderode*] Im Kontext der geplanten Günderode-Edition
   durch ES hatte FG in Würzburg die 1857 in Mannheim erschienene Ausgabe erworben. (Vgl. seinen Brief vom 30. Mai 1921).

Verfügung steht, wenn du sie willst .. Auch hab ich in Würzburg den
2. Teil des Günderodebuchs der Bettina gefunden, von genau demselben
Exemplar dessen ersten Teil ich vor Jahren in Darmstadt bekommen!!

Was macht dein Obdach![184]

Schreib doch an Fuchs,[185] um mich anzukündigen, ich will mir einiges aus deiner Wohnung holen. Mir klopft das Herz hinzugehn – die Treppe so vieler Luststiege! Süsses!

Ich suche nun noch nach dem Taschenbuch mit Günderodes Nikator![186] Ich bin gespannt ob und wie die Sache zustande kommt.

Bald mehr! Mein Mund auf deinen Knien, mein Herz in deiner Brust ..
Liebe zu dir Liebster in allen Adern bin ich ganz Dein
treuer, hingegebner
Gundel
15 / 9 /

Abs.: Gundolf / Berlin W. 30 / Gleditschstr. 9 III – Adr.: Frau Dr. Elisabeth Salomon
/ Wien IV / Rienösselgasse 3 III

197. Elisabeth Salomon an Friedrich Gundolf.
Wien. 23. September 1921

Dr. Sa / K.[187]
Wien, am 23. September 1921.

Lieber Gundolf!
Der Drei-Masken-Verlag will mir die Herausgabe der Günderode
übertragen. Ich bin Dir daher sehr dankbar für baldige Zusendung der
Werke.

Für die Vorrede wollen sie einen „namhaften Autor" haben, der eine
eingehende Würdigung der Bedeutung der Günderode enthalten soll.

---

[184] *Obdach*] ES war auf der Suche nach einer neuen Unterkunft in Wien.

[185] *Fuchs*] Gerhard Fuchs, enger Mitarbeiter Siegfried Bernfelds bei dem Wiener Kinderdorf, war anschließend nach Berlin gegangen, wo er offenbar Untermieter in ESs Berliner Wohnung war.

[186] *Taschenbuch … Nikator*] Der Erstdruck von Karoline von Günderodes Drama „Nikator" erfolgte im „Taschenbuch für das Jahr 1806" bei Friedrich Wilmans in Frankfurt.

[187] *Dr. Sa / K*] Der Brief ist von einer Sekretärin mit Schreibmaschine geschrieben und enthält handschriftliche Korrekturen und Zusätze von ES.

Man hat mir dazu vorgeschlagen: Gundolf, Bernus und die Ricarda Huch.[188] Für Gundolf habe ich in seinem Namen abgelehnt, für Bernus in meinem Namen. Bei der Ricarda Huch habe ich um Aufschub gebeten. Weisst Du niemand Geeigneteren? Wolfskehl?

Bernus soll angeblich im Besitze von unveröffentlichten Manuskripten sein. Ich habe ihm geschrieben, ob er sie mir zur Einsicht leihen will; ich brauchte sie für meine Arbeit, ohne den wahren Zweck anzugeben. Soll ich auch an Wolfskehl deswegen schreiben?
Mit besten Grüssen und tausend eiligen Küssen
Elli

Verzeih die Maschinenschrift. Aber seit heut ist der Felix[189] zurück u. man hat keine ruhige Minute mehr.

198. Elisabeth Salomon an Friedrich Gundolf.
o.O. [Wien]. o.D. [etwa 13. Oktober 1921][190]

Mein teurer liebster Gundel – alles angekündigte ist eingetroffen[191] und ich bin sehr gerührt über den Eifer mit dem Du der Sache nachgehst. Daß es für Dich ein richtiges Mehr an Arbeit ist mag ich aber nicht. Vor allem pressiert das ganze nicht so weil der Verlag bis Weihnachten noch 60 Bücher in Druck hat u. Sb.[192] meint vor April – Mai brauche ich nicht fertig zu werden. Verzeih mir vor allem daß ich so säumig

---

[188] *Für die Vorrede ... Huch*] Das Buch erschien schließlich mit einer von ES gezeichneten Vorrede. Alexander von Bernus (1880–1965) war ein Lyriker und Dramatiker aus dem Umfeld Karl Wolfskehls, Ricarda Huch (1864–1947) genoß damals als Romanschriftstellerin und Historikerin große Wertschätzung.

[189] *Felix*] Felix Sobotka.

[190] *etwa 13. Oktober 1921*] In dem im Brief erwähnten Strafprozeß wurde das Urteil am 12. Oktober gesprochen, woraus sich eine ungefähre Datierung ergibt.

[191] *alles angekündigte ist eingetroffen*] In ihrem nächsten Brief vom 20. Oktober 1921 listet ES das Eingetroffene auf: 1. Melete (Druck) / 2. Melete (Maschinenschrift) / 3. Geschichte eines Braminen / 4. Nikator / 5. Vorrede / 6. Inhaltsverzeichnis / 7. Der Jüngling der das Schönste sucht / 8. Die Dichtungen der G. (Götz) / 9. Creuzer und die G. (Rohde) / 10. Die Liebe der G. (Preisendanz). – Bei Nr. 1–4 sowie 7 handelt es sich um Werke der Günderode, bei Nr. 8 um die Gesamtausgabe, Nr. 5 u. 6 sind Teil der geplanten Edition, Nr. 9 u. 10 germanistische Studien.

[192] *Sb.*] Felix Sobotka, der Leiter des Drei Masken Verlags.

in bestätigen und antworten Deiner Liebe und Deiner Tätigkeit bin:
in den vergangenen 10 Tagen mußte ich von früh bis oft spät abends
einen Strafprozeß mit anhören weil verschiedne Herren der Treuga (u. a.
Sobotka u. vor allem Westarp als Zeugen sehr viel genannt wurden. Es
handelte sich um Beamtenbestechungen beim ehemaligen liquidieren-
den Wirtschaftsstab in Rumänien. Die Verhandlungen waren sehr trist
und haben mich entsprechend verstimmt weil der zweifellos Haupt-
schuldige nach seiner Physiognomie Haltung und Vergangenheit ein
ursprünglich sehr anständiger und feiner Mensch gewesen ist der der
allgemeinen Korruption dann auch einmal zum Opfer gefallen ist und
natürlich sofort hereinfiel weil der liebe Gott sich nun mal grundsätzlich nur von Schuften Gaunereien gefallen läßt. Der Mann hat sich in
diesen Tagen meine ganze Sympathie erworben und seine Verurteilung
geht mir nun entsprechend nah.[193] Ich bin doch noch zu wenig robust
für derartige Aufgaben wie gerichtliche Berichterstattung. –

Der Verlag bewilligt mir 1200 Mk für die Reise nach Deutschland[194]
aber von der Treuga bin ich vorerst noch unabkömmlich, auch im November noch. Ich dachte an Weihnachten u. hoffe daß man mich hier
dann eher entbehren kann, denn ich will ca. 4 Wochen Urlaub nehmen dafür. Bei Dir wohnen kann ich ja sowieso nicht wegen Lobsteins.
Oder doch? Soll ich vor oder nach Einreichung des Manuskriptes kommen?

Wegen Bernus hatte ich Dich wirklich ohne Überlegung nicht gefragt.[195] Ist das denn tatsächlich von so schwerwiegender Bedeutung?

In der Numerierung der Reihenfolge hast Du einiges – wohl absichtlich – ausgelassen. Es ist ja aber sowieso noch ein Gesamtinhaltsver-
zeichnis mit der Reihenfolge aller Werke nötig.

Das Vorwort ist mir im ganzen sehr lieb so. Nur für ein paar Stellen
bitte ich Dich mir eine Diskussion zu erlauben:

---

[193] *einen Strafprozeß ... entsprechend nah*] Der Hauptangeklagte in dem Prozeß war ein gewisser Franz Zacke, ehemaliger österreich-ungarischer Offizier;
   der als Zeuge erwähnte Rudolf Graf von Westarp (1889–1981) stand ES als Arbeitskollege bei der Treuga nahe.
[194] *Der Verlag ... Deutschland*] ES hatte angegeben, daß sie zur Autopsie von Manuskripten nach Deutschland reisen müsse.
[195] *Wegen Bernus ... gefragt*] Offenbar war FG von ESs Ablehnung Bernus' als Vor-
   wortschreiber für die Günderode-Ausgabe irritiert. FG war früher ebenso wie
   George zu Gast auf Stift Neuburg bei Heidelberg, dem Wohnsitz Bernus', gewesen.

1. Muß es unbedingt mit einer verächtlichen Bemerkung über die von mir sehr bewunderte Bettina beginnen?

2. Ist „Epigonenart" berechtigt?

3. Ist der Mangel an sicherer Ausdruckskraft unbedingt ein „weiblicher"?

4. War sie „Schriftstellerin"?

5. Ist sie das Ideal von Goethes oder der antiken „Iphigenie"?

6. „hochsinnig" gefällt mir nicht.

7. „Auszehrung" u. „Nervenfieber" gibt es glaub ich heut nicht mehr.[196]

Bitte, Liebster, finde es nicht unverschämt daß ich mir Einwände erlaube. – Wie wird eigentlich das Bild vervielfältigt? Muß ich das besorgen oder der Verlag? Und muß ich das meine dazu herausnehmen aus dem Buch?[197] Welche Verse von St. G. soll ich als Motto nehmen? Aus dem Grab der G.? Soll es vor das Buch oder unter das Bild?[198]

———

Ich wäre sehr sehr dankbar für den dritten Band Bismarck[199] u. finde hoffentlich Zeit dafür. Wie ich sehe sind auch Wolters Sagen schon heraus. Wann kommen Deine Helden und Dichter? Wann endlich der Napoleon?[200]

Anna Lang wohnt Wien IV Mommsenstr. 13.

---

[196] *Das Vorwort … nicht mehr*] Vgl. hierzu das Vorwort der Ausgabe: Karoline von Günderode: Gesammelte Dichtungen. Hg. v. Dr. Elisabeth Salomon. München: Drei Masken Verlag 1923. Fast alle monierten Stellen blieben unverändert.

[197] *Wie wird eigentlich … dem Buch*] Das Günderode-Porträt in ESs Ausgabe geht auf eine Lithographie von Valentin Schertle aus der Ausgabe von 1857 zurück, die wiederum auf einem heute im Historischen Museum Frankfurt hängenden Gemälde von der Schwester Charlotte von Günderode beruht.

[198] *Welche Verse … das Bild*] In der gedruckten Ausgabe findet sich als Motto „vor dem Buch" ein Zitat aus einem Brief der Günderode an Bettina von Arnim; nicht Georges Gedicht „Winkel: Grab der Günderode" aus dem „Siebenten Ring".

[199] *den dritten Band Bismarck*] Der dritte Band von Bismarcks „Gedanken und Erinnerungen" war vom Cotta-Verlag gegen den Willen der Familie im Jahr 1919 veröffentlicht worden.

[200] *Wolters Sagen … Napoleon*] Im Herbst 1921 erschienen lediglich die beiden erstgenannten Publikationen: Friedrich Wolters u. Carl Petersen: Die Heldensagen der germanischen Frühzeit. Breslau: Hirt; Friedrich Gundolf: Dichter und Helden. Heidelberg: Weiss; Berthold Vallentins „Napoleon" wurde erst Ende 1922 veröffentlicht.

Die Kaiserin Elisabeth ist am 10. Sept. 1898 ermordet worden. Vielleicht findet man nach diesem Datum die Phothographie der Totenmaske.[201]

Wer ist der dritte von der fabelhaften Herz-Caesar-Karte?[202]

Schreib mir wie es Deiner Mutter geht.[203] Ich bin sehr betrübt daß die Arme so leiden muß. Wer pflegt sie? Sag ihr alle lieben und besten Wünsche von mir für ihre Genesung die gewiß wiederkommen wird. Du bist doch ein gewohnheitsmäßiger Schwarzseher.

Mein Herzensfreund, ich bin Dein in Dank und Verehrung, in Liebe und in zärtlicher Ergebenheit.

Elli

199. Friedrich Gundolf an Elisabeth Salomon.
o.O. [Basel]. 24. Oktober 1921

Aber Musel! mein liebstes angebetetes Musel! Grad vor der Abfahrt bekomm ich noch deinen Brief und will ihn gleich im Zug beantworten, obwohl du inzwischen aus meinem Bonner und meinem heute früh vor Empfang des deinen abgeschickten ersehn haben wirst, daß ich dich liebe liebe liebe wie nur je. Wenn ich in meinem langen Antwortschreiben dir unfreundlich schien, Herz meines Herzens, so bedenke, es war der erste Geschäftsbrief den du von mir bekamst und sobald ich von Sachen rede, rede ich nicht als dein Gundel, sondern als der Gundolf .. und dann war ich spät von der Reise gekommen, durch einen Haufen unerquicklicher Post gereizt, müd und freilich auch über einige deiner Fragen kribbelig – aber ungehalten über mein Musel? – nein.[204]

---

[201] *Die Kaiserin Elisabeth ... Totenmaske*] Offenbar suchte ES eine Photographie der Totenmaske der österreichischen Kaiserin, die zu Lebzeiten nur Jugendbildnisse von sich veröffentlichen ließ. Die Totenmaske stammt von dem Hofmaler Franz Matsch (1861–1942).

[202] *Wer ist ... Herz-Caesar-Karte*] Am 4. Oktober 1921 hatten FG, Liegle und jemand Drittes – sein Text lautet: „Auch einen Kuss von Ihrem ? Genswegsischlimmer" – ES eine Karte mit entsprechenden Zeichnungen geschickt.

[203] *wie es Deiner Mutter geht*] FG hatte ES von der angegriffenen Gesundheit seiner Mutter berichtet. Amalie Gundelfinger starb nach längerer Krankheit am 31. Oktober 1922.

[204] *deinen Brief ... nein*] In ihrem Brief vom 20. Oktober 1921 hatte sich ES über den unfreundlichen Ton in FGs vorangehendem Brief [nicht erhalten] beschwert, an seiner Liebe zu ihr gezweifelt und angeboten, ihre geplante Reise nach Deutschland wieder abzusagen. FG hatte ihr inzwischen aus Bonn, wo er

Du kennst mich doch und weisst wie sehr meine Nerven oft zasseln.[205]
Kommen sollst du auf jeden Fall – ich bin nur traurig, wenn die Umstände unsre Begegnung nicht begünstigen – aber meine Sehnsucht
nach dir ist so gross, daß eine Stunde an deiner Brust mich glücklich
macht, mag sie auch von gehetzten Wochen umgeben sein.

„*Platz*": bei mir wenn G. da ist,[206] hiess nicht Wohn oder Schlaf-
platz, sondern Plauderplatz, wir haben nur zwei ½ Zimmer und wenn
er da ist, ists nicht bequem für Besuche. Das wirst du sehn, wenn du
kommst. Aber trotzdem, komme, wann es dir passt – meine Mitteilung
sollte dich nicht abschrecken, meine Sehnsucht ist grösser als je – ich
werde jede freie Stunde für dich erübrigen.

Mein Muselchen, wenn du vergnügt bist im Gefühl meiner *Liebe*, so
darfst dus sein: denn die ist heisser inniger treuer als je und ich weiß
nicht wie ich atmen soll, ohne dich zu lieben .. Meine Qual und Angst ist,
ob ich dir meine Liebe immer so durch Tat und Dienst bewähren kann,
wie ich es wünsche, ob ich nicht wehrloser lieben werde – aber lieben
muß ich dich, von ganzem Herzen – du bist mir das Liebste auf der Welt!

———————

Eine Voranzeige wäre vielleicht gut – vor allem fürchte ich den Insel-
Verlag der immer schnüffelt und wettrennt .. (Igel-verlag!)[207]

Von den beiden verlorenen Dramen muß noch ein Wort in die Bibliografie, die du noch nicht hast, und worin auch die Grundsätze der
Neuausgabe erörtert werden.[208] Briefe sollen *überhaupt* nicht herein ..
höchstens könnte man den einen an Creuzer beigeben als facsimile
probe der Handschrift.[209]

———————

    sich wegen eines Vortrags aufhielt [nicht erhalten], und aus Heidelberg, wohin
    er unterdessen zurückgekehrt war, geschrieben.

[205] *zasseln*] Zerfasern.

[206] *wenn G. da ist*] Zwar war George im Juli in Heidelberg gewesen, von einem
    Aufenthalt dort im Herbst ist nichts bekannt. FG rechnete wohl nur mit der
    Möglichkeit.

[207] *Eine Voranzeige ... (Igel-verlag!)*] ES hatte am 20. Oktober geschrieben, daß sie
    dem Verlag zu einer Voranzeige des Buches geraten habe, um eventuellen Kon-
    kurrenzausgaben zuvorzukommen. – Anspielung auf das Märchen von Hase
    und Igel.

[208] *Von den beiden ... erörtert werden*] ES hatte FG auf zwei verlorene Dramen-
    texte der Günderode aufmerksam gemacht, die dann im bibliographischen Teil
    des Vorworts Erwähnung fanden. Sie sind bis heute verschollen.

[209] *Briefe ... Handschrift beigeben*] Dies geschah nicht. – Friedrich Creuzer
    (1771–1858), Heidelberger Philologe, Geliebter der Günderode.

Das Bild im Preisendanz sagt nicht viel – das Melete oder Goetzbild ist besser u genügt.[210]

Daß man die verlornen Dramen noch findet glaub ich nicht.

Hab Dank für deine Raxgrüsse[211] – und für deine Sorge um meine Mutter – es geht ihr eben etwas besser, ich werd ihr deine Wünsche bestellen.

Mich beunruhigt dein Rheuma – o Musel, du weißt nicht wie jeder Hauch über deiner Seele und Schicksal gleich als Sturm über meine fährt –

Ich bin dir verfallen, süssestes holdestes aller Wesen!

Und nimm mich an deine Brust, in deinen Schooss, in deine Arme unter deine Füsse – wie du mich willst – ich bin Dein eigen.
Mein Musel! Liebstes!

Abs.: Gundolf / Heidelberg / Schlossberg 55[212] – Adr.: Fräulein Dr. Elisabeth Salomon / Wien IV / Rienösselgasse 3 III

200. Friedrich Gundolf an Elisabeth Salomon. Heidelberg. 1. November 1921

Mein süssestes Liebstes!
Ich bin wieder zurück, am Allerseelentag im winterlichen Heidelberg, und denke mit Sehnsucht meiner Allerseele, des süssen süssen Musels!

Ich hab in Basel noch deinen Brief bei Landmanns gefunden .. vielen Dank! Du musst inzwischen mehrere Briefe bekommen haben – und hoffentlich auch die zwei Tafeln Tobler Amanda,[213] die ich von Basel aus an dich abgehn liess.

In den nächsten Tagen bekommst du noch allerlei, mein Mädchen – o ich bin voll von dir und hab dich doch nie genug. Dichter und Helden

---

210 *Das Bild ... genügt*] Die Ausgabe „Die Liebe der Günderode. Friedrich Creuzers Briefe an Caroline von Günderode." Hg. v. Karl Preisendanz. München: Verlag R. Piper & Co. 1912 enthält ein unsigniertes Porträt, dem FG jedoch die Lithographie Schertles vorzog, die auch in der von Leopold Hirschberg hgg. Ausgabe „Melete von Ion". Berlin: Max Harrwitz 1906, verwendet wurde.

211 *Raxgrüsse*] Die Rax ist ein österreichisches Bergmassiv, von dem aus ES offenbar geschrieben hatte [nicht erhalten].

212 *Heidelberg / Schlossberg 55*] Der Brief wurde im Zug von Heidelberg nach Basel geschrieben und dort abgestempelt.

213 *Tobler Amanda*] Schokolade.

schick ich dir in den nächsten Tagen noch einige Stück zum Verteilen an Günstlinge. Hat Andl ihres bekommen und Anna Lang? An beide denk ich oft, die beiden Flügelheiligen meiner Wiener Altar-Madonna.

In der Schweiz wars sehr schön – ich habe sehr viele Menschen gesehn und wenn ich meinem Gefühl und dem Kontakt u. Beifall trauen darf, so war die Wirkung gross – übrigens sprach ich so gut wie selten. Wenn du als Pressereferentin die Neue Züricher Z. und den Bund durchsiehst, so wirst du viel über mich finden, in den letzten Oktobertagen.[214]

Landmanns haben sich nach dir spontan erkundigt.

Und nun allerlei Günderodiana: zunächst munkelte mir jemand, dem ich ein Günderodebändchen zeigte, es sei eine Neuausgabe der Werke angezeigt,[215] er konnte mir aber nicht sagen, in welchem Verlag, und ich habs bisher auch nicht eruirt. Hoffentlich ist das schon die des Dreimaskenverlags. Aber wie gesagt die Sache liegt in der Luft, und mit einer solchen Duplizität muss man rechnen.

Sodann fiel mir antiquarisch ein dickes französisches Buch über die Günderode[216] in die Hände, 1910, über 500 Seiten, exakter, ausführlicher als irgendein deutsches und mit Benutzung des gesamten handschriftlichen Nachlasses: der lag danach zuletzt in Berlin bei Ludwig Geiger und wird jetzt vermutlich auf der dortigen Bibliothek sein.[217] Danach gibt es allerdings noch einige kleinere ungedruckte Gedichte – zum Teil in dem Buch abgedruckt, hier in Heidelberg liegen nur Creu-

---

[214] *In der Schweiz … Oktobertagen*] FG sprach am 28. Oktober in Zürich über Ulrich von Hutten und am 29. Oktober in Bern über Johannes von Müller. Die „Neue Zürcher Zeitung" berichtete darüber am 1. November 1921, der Berner Bund hatte etwa am 23. Oktober einen ankündigenden Artikel gebracht. – Vor und nach den Vorträgen hatte FG offenbar bei Landmanns in Basel Station gemacht.

[215] *Neuausgabe der Werke angezeigt*] Parallel zu ESs Günderode-Ausgabe erschienen: Karoline von Günderode: Gesammelte Werke. Hg. v. Leopold Hirschberg. Berlin-Wilmersdorf: Bibliophiler Verlag Goldschmidt-Gabrielli 1920/22 sowie: Karoline von Günderode: Dichtungen. Hg. v. Ludwig v. Pigenot. München: Verlag Hugo Bruckmann 1922.

[216] *französisches Buch über die Günderode*] Geneviève Bianquis: Caroline de Günderode (1780–1806) ouvrage accompagné de lettres inédites. Paris: Felix Alcan. 1910.

[217] *Nachlasses … Bibliothek sein*] Der 1919 verstorbene Germanist Ludwig Geiger hatte den Nachlaß Karoline von Günderodes 1895 aus Privatbesitz erworben; er wurde jedoch erst 1938 von der Stadt- und Universitätsbibliothek Frankfurt übernommen.

zers Briefe, die Preisendanz veröffentlicht hat. Hippolyt, und Pompejus die beiden Dramen sind noch nicht zum Vorschein gekommen.

Daß du deinen Namen für die Ausgabe hergibst halt ich für richtig[218] – es ist keine Schande und eine Edition ist eine Verantwortung. Format etc. bestimmt der Verlag, doch kann dein Geschmack wohl beiraten. (bei nicht hei)

Prinzhorn kennt mich ja doch sehr gut, er war bei mir und ich bei ihm – sodaß mir nicht klar ist wieso er sich mir nicht vorgestellt haben soll?[219]

Ich habe wieder Verse für dich, aber du bekommst sie erst zum Geburtstag.[220]

Mein Musel, sag mir ein Wort, ob du meine Liebe wieder fühlst. Wenn ich dir neulich, unwissend weh getan, so hab ichs gebüsst ... Mehr als je bin ich dir eigen .. Ich küsse deinen geliebten Schooß und bin Tag und Nacht bei Dir mit einem Herzen voll zärtlicher Hingebung!

Adr.: Fräulein Dr. Elisabeth Salomon / Wien IV / Rienösselgasse 3 III

201. Elisabeth Salomon an Friedrich Gundolf.
o.O. [Wien]. 2. November 1921

Mein einziger lieber lieber Gundel – nun hast Du mich wieder von Herzen froh gemacht und ich weiß mich wieder geborgen in Deinen geliebten Armen. Deine guten und innigen Worte haben im Nu den bösen Traum zerstört und nachträglich scheint mir Deine Erklärung so plausibel daß ich mein ich hätte sie auch von selbst finden können. Genug davon – nun tut mir wirklich nichts mehr weh als der Rheumatismus und der tut wohl verglichen mit der Angst um des Liebsten Liebe von

---

[218] *Daß du deinen ... richtig*] Am 23. Oktober hatte FG ES geschrieben: „ich fände es doch herrlich, wenn noch in spätesten Germanistenkreisen Elli Salomon als *die* Herausgeberin der G. rühmlich bekannt wäre, indeß ich nur als ein Litterat beachselzuckt würde, weil ich ein paar unwissenschaftliche Wälzer geschrieben".

[219] *Prinzhorn ... haben soll*] ES hatte FG geschrieben, daß sie den Heidelberger Psychiater Hans Prinzhorn (1886–1933) kennengelernt habe, der FG bewundere, aber nicht anzusprechen wage. 1922 erschien Prinzhorns bekanntes Werk „Bildnerei der Geisteskranken".

[220] *Geburtstag*] ESs Geburtstag war am 10. November.

vorher. Aber Sorge muß er Dir nicht bereiten: ich werd ihn schon wieder los bekommen.

Ich freu mich sehr so viel gutes von Dir über die Schweizer Expedition zu hören. So eine Vortragsreise ist vom Gundel gesehn doch immer ein Risiko zumal kleine Reisemiseren ihm oft die Stimmung verderben. Nun scheint sie ja sogar von valutarischem Erfolg begleitet zu sein an dem Du mich lieberweise sogleich teilnehmen läßt.[221] Dafür bekommst Du einen besonderen Dankeskuß. Ich will mir dafür einen Armreif erstehen der ab 10. November als Fessel getragen wird. Ist Dirs so recht? Hast Du meinen Brief an Landmanns Adresse in Basel nicht gefunden?

Ich habe mich nun also dem Verlag gegenüber verpflichtet das Manuskript bis zum 1. II. 1922 spätestens abzuliefern. Mir fehlt dazu eigentlich nur noch Bibliographie, Grundsätze der Ausgabe, Anmerkungen, andr. Lesarten. Soll ich das Faksimile aus dem Preisendanz beilegen? Soll überall die altertümliche Orthographie beibehalten werden? Bei Götz u. Hirschberg (Melete) ist da ein ziemliches Durcheinander: bald alte, bald neue, oft für das gleiche Wort.

Ich habe dem DMV[222] geschrieben, daß ich das Manuskript hier fertigstellen kann u. dann zum vergleichen mit den Texten aus deutschen Bibliotheken, von denen ich nur Copien habe, nach Deutschland muß, was anläßlich der Correkturen geschehen kann.

Würde Dir der Feber oder März passen? Ich gerate schon jetzt völlig außer mir bei dem Gedanken an einen Heidelberger Vorfrühling bei Dir und die dazwischen liegenden drei Wintermonate verlieren ganz ihr häßliches Gesicht.

Rhode[223] behauptet daß noch ein oder zwei andre Bilder der G. vorhanden sind. Wo kann man die nur auftreiben?

Der Creuzer mißfällt mir wirklich immer heftiger je mehr ich an ihn denke. Bei Hölderlin und der Diotima hat es doch etwas tröstliches daß durch eine unerhörte Güte des Schicksals diese beiden so unbedingt für einander Geborenen überhaupt sich fanden. Aber hier erbittert und schmerzt es mich daß die gleichen Leiden die hohe Seele einer Frau erdulden muß für einen in jeder Weise unebenbürtigen Geliebten.

---

[221] *Nun scheint sie ... teilnehmen läßt*] FG hatte ES einen Teil seines Honorars für die Vorträge in der Schweiz übersandt.

[222] *DMV*] Drei Masken Verlag.

[223] *Rhode*] Friedrich Creuzer und Karoline von Günderode. Briefe und Dichtungen. Hg. v. Erwin Rohde. Heidelberg 1896.

Das hat sie dann wohl auch erkannt und drum ist ihr Tod ein so grau-
envoller – nicht nur weil er sie aufgegeben. –

Die Lela Maurig[224] bekommt nach siebenjährigem vergeblichen warten und wünschen jetzt ein Baby. Ich hab sie in Verdacht einer Wall-
fahrt nach Amobach.[225]

Schreib mir wie Du Deine Mutter fandst bei der Heimkehr.

Viel viel dankbar zärtliche Küsse, mein einziger Herzensgundel, ich
bin ganz bei Dir und spitz dauernd die Karpfenschnauze nach Deinen
Küssen.
Musel

202. Friedrich Gundolf an Elisabeth Salomon.
Heidelberg. 21. November 1921

Mein allerliebstes Musel auf der Welt!
Seit Jahren war ich in keinem solchen Arbeitsfuror wie die letzten
Tage, ich lasse alles beiseite und erst spät Nachts schreib ich Dir, zu
meiner eignen Menschwerdung, Erholung und aus gebäumter Sehnsucht, die durch den Arbeitsdamm gestaut *wird*. Ich *will* endlich diesen
Alb von Shakespeare abwälzen – seit nun *15* Jahren begleitet er mich,
mit etlichen Ruhepausen und das letzte Stück der Wanderung ist das
Schwerste. Guck dir mal die Lukretia an und versuche auch nur eine
Strofe zu übersetzen. 112 hab ich jetzt in 12 Tagen zu meiner bisherigen Zufriedenheit bewältigt: nur bedauernd daß ich mein jetziges Können nicht mehr den Sonetten zuwenden [kann] wo es sich besser
lohnt.[226] Aber freilich herrliche Einzelheiten die Fülle: Kein Dichter
hat den Kampf zwischen Vernunft und Geblüt, Wollust und Weisheit,
Drang und Zucht mit gleich abgründigem Wissen, mit tieferer Wucht

---

[224] *Lela Maurig*] Helene Maurig (1889–1976), aus der Frankfurter Familie Oswalt
stammend, Frau des österreichischen Ministerialbeamten Friedrich Maurig von
Sarnfeld (1889–1954).

[225] *Amobach*] Richtig Amorbach, Städtchen im Odenwald. Möglicherweise dop-
pelsinnige Bemerkung.

[226] *Ich will endlich … besser lohnt*] FG hatte seit 1908 seine Übersetzung (bzw.
Neubearbeitung der Schlegel-Tieck'schen Übersetzung) „Shakespeare in deutscher Sprache" publiziert (10 Bände). 1920/22 erschien eine neue Ausgabe in
6 Bänden, deren ergänzender sechster Band u.a. die Epen „Venus und Adonis"
und „Lucretia" enthielt. Gleichfalls abgedruckt sind dort die „Sonette" in der
Umdichtung Stefan Georges.

und Feinheit besungen wie Sh. und die Lukretia quillt über von diesem Kampf .. ich weiß auch ein Lied von diesem Kampf zu singen, hab dir manches Lied davon gesungen, aber nicht daß ich meinen Mund auf Musels Füsse presse, gehört zu diesem Kampf: das gehört zu meiner Vernunft ... Du süsses zur Verführung der Vernunft gebornes Geschöpf!

Mit der angeblichen Günderode-ausgabe beim Propyl.verlag[227] haben mich die exakten Germanisten falsch berichtet: es muß eine Verwechslung sein – umso besser, so hast du das jus primi diei[228] bei der schönen Sängerin. Lieb Kind: sie hat sich wohl weder wegen Kreuzers Abfall noch wegen seines Unwerts allein ertränkt, sondern war zu solchem Tod vorbestimmt, all ihre Verse verkünden ganz ungewollt und seherisch dies Ende voraus. Kr. war nur der Anstoß: Übrigens findest Du ihn wirklich so arg subaltern? Ist er nicht ein bischen ähnlich wie ich, wie jeder sein muß, der außer der Frauenminne noch einen Geistberuf kennt? der sein Herz nicht erlöschen lässt im liebenden Herzen. Ihr Frauen opfert euch ganz (besonders Musel!) dem Einen leibhaften Mann. Der Mann hat noch einen Gott neben der Göttin: er hat auch zwei Brennpunkte: Geist und Geschlecht die Frau nur einen: das Geschlecht in dem auch ihr Geist sitzt .. Aber ein bischen feig war der Cr. wohl ..

Butzi! Bettinas Werke hab ich nur in seltenen Urausgaben, ausser dem Goethebriefwechsel den ich dir nächstens schicke. Eine Neuausgabe die grad von Bettinas Samtwerken erscheint kostet etliche hundert M.[229] Die Günderode von ihr schenk ich dir aber.

Wo und wann ist vom DM.V. *deine* Ausgabe angezeigt?[230]
Gut Nacht, Geliebtes, Einzig Süssestes!

---

[227] *Günderode-ausgabe beim Propyl.verlag*] Vgl. FGs Brief an ES vom 1. November; vermutlich bezog sich das Gerücht auf die in Berlin erscheinende Ausgabe von Hirschberg.

[228] *jus primi diei*] Vorrang; Anspielung auf das jus primae noctis, das angebliche Recht eines Feudalherren im Mittelalter, bei einer Hochzeit seiner Untertanen die Hochzeitsnacht mit der Braut zu verbringen.

[229] *Bettinas Werke ... hundert M.*] ES hatte FG am 14. November gebeten, ihr seine Bücher von Bettina von Arnim zu leihen. 1920/22 erschien im Berliner Propyläen Verlag eine siebenbändige Ausgabe ihrer „Sämtlichen Werke". Bettina von Arnims bekanntestes und umstrittenstes Werk ist „Goethes Briefwechsel mit einem Kinde" (1835).

[230] *Wo und wann ... angezeigt*] ES hatte FG ohne nähere Angabe geschrieben, daß der Drei Masken Verlag ihre Günderode-Ausgabe bereits angekündigt habe.

Ich küsse deinen Brennpunkt, den Geist und das Blut meines schönen
Musels in Begier und Gebet!

Adr.: Fräulein Dr. Elisabeth Salomon / Wien IV / 3 III Rienösselgasse 3 / III

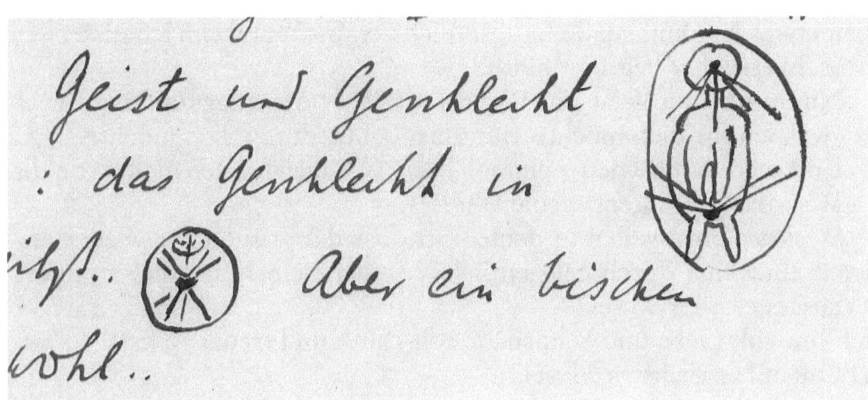

203. Friedrich Gundolf an Elisabeth Salomon.
Heidelberg. 1. Dezember 1921

Mein süssestes Wesen, mein Musel!
Von allen Plagen die diese hirnfressende Arbeit mir macht ist die
schwerste daß sie mir sogar in die Korrespondenz mit Muslein hinein
kretscht[231] .. ich komme immer erst Nachts und abgespannt zum Briefschreiben. Die Übungen plagen mich, die Korrekturen häufen sich usw.
ein wenig weisst du wies dann bei mir aussieht, aber es ist schlimmer
als früher, weil ich früher nie verschiedenerlei Dringliches hatte.

   Gestern bekomme ich das Novemberheft der Fackel, darin steht allerlei wider mich, ziemlich zahm, aber umso dümmer .. hauptsächlich
aber wider Nietzsche.[232] Wenn einer der aktuellen Politik in Wien zu
nah kommt, einerlei von welcher Seite, vertrottelt er rapid, vor allem

---

[231] *kretscht*] Schreit.
[232] *Gestern bekomme ich ... Nietzsche*] Im Heft Nr. 577–582 der von Karl Kraus
     (1874–1936) herausgegebenen „Fackel" (November 1921) findet sich ein Ar-
     tikel „Vom Niveau der Sprache", worin Karl Kraus eine Passage über Heine
     aus FGs George-Buch auf seinen eigenen Essay „Heine und die Folgen" zurück-
     führt und ihm vorhält, die geistige Anleihe nicht gekennzeichnet zu haben. Au-
     ßer gegen Heine polemisiert Kraus in dem Artikel auch gegen Nietzsche.

wenn ihm mehr das „Glück" der Menschen als der Sinn der Welt Be-
schwer macht.

Im Shakespeare hab ich heut Abend die 200. Strofe erreicht. Ich wage
nicht zu denken daß ich in 14 Tagen fertig sein könnte.

Ich hatte zwei Tage von Fine Besuch,[233] doch war ich durch die Arbeit etwas benommen, du hättest mich verabscheut wenn ich dich nicht
ausschliesslicher begrüsst hätte.

Nimm die drei Verse aus Darmstadt[234] als Abschlagszahlung für alles was ich für dich möchte, mit dir möchte, durch dich möchte.

Und schreib mir wieder einmal .. seit 14 Tagen hör ich nichts von dir.
Was macht übrigens meine Uhr?[235]

Steck sie einstweilen in deinen Schooss damit sie nicht wieder ein-
friert und dich durch gelegentliches Stehenbleiben an mich erinnert.
O süssestes aller Wesen!
ich bin voll Liebe und Sehnsucht voll Dank und treuer Angst!
Du mein Herrlichstes Musel.

Adr.: Fräulein Dr. Elisabeth Salomon / Wien IV / Rienösselgasse 3 III

204. Elisabeth Salomon an Friedrich Gundolf.
o.O. [Wien]. o.D. [etwa 4. Dezember 1921][236]

Mein Herzensgundelchen – ich bitt Dich sehr: Zürn mir nicht wegen
der Schreibpause, Gründe für sie hab ich keine sondern nur so dauernd
kleine äußerliche Abhaltungen – und ein Gundel der in solchen Zeiten
entschlossen früh um 6 aufsteht um seinem Mädchen die ersehnten
Worte zukommen zu lassen bin ich nicht. Denn mir fehlts ja nicht nur
an Deinen Talenten sondern leider auch an Deinem Charakter. Aber

---

[233] *Ich hatte ... Besuch*] Fine von Kahler war Ende November auf der Durchreise
bei FG gewesen.

[234] *die drei Verse aus Darmstadt*] Möglicherweise darunter die Gedichtsendung mit
der Widmung „Meinem süssen Wunder dem Musel", datiert auf den 27. November 1921.

[235] *Uhr*] Während der gemeinsam verbrachten Ferien war FGs Uhr unter ESs Sachen
geraten, die sie daraufhin aus Wien zurückzuschicken versuchte, wobei die Uhr
in der Post verlorenzugehen drohte.

[236] *etwa 4. Dezember 1921*] Als ES diesen Brief schrieb, hatte sie FGs Brief vom
1. Dezember noch nicht erhalten; dieser reagierte wiederum am 9. Dezember
darauf – daraus ergibt sich die ungefähre Datierung.

das weißt Du ja. Zum Glück bist Du gegenwärtig in einem solchen Arbeitstaumel daß Dus vielleicht gar nicht so merkst wie ich mit meinem bösen Gewissen.

Bist Du mit der Lukretia nicht bald am End? Ich fürchte sehr daß Deine Gesundheit nicht mitgeht.

Den Vergleich Creuzer – Gundolf muß ich energisch zurückweisen. Sie haben wirklich nur das äußerliche gemein Philologieprofessoren in Heidelberg zu sein und ein Mädchen zu lieben: der eine ein gutes und bedeutendes, der andre ein dummes und sündhaftes. Du überschätzt ihn gewaltig wenn Du glaubst der Geist oder Gott haben ihn gehindert seinem liebenden Herzen zu folgen.

Seine Rücksichten galten zum Teil Conventionen (Vorgesetzte, Was die Leute sagen etc.), zum Teil hing er fest an spießigen Gewohnheiten des täglichen Lebens und dann war überhaupt Willensschwäche sein hervorragendster Charakterzug. Sein Verhalten unmittelbar nach ihrem Tode und sein späteres Leben sind fast noch gravierender als die Jahre ihrer Liebe. Kleinbürgerlich und kleinlich war er. Bitte verdirb mir nicht Dein Bild! Bettinas Goethebuch habe ich. Du sollst natürlich keine neuen Bücher kaufen.

Wer Andls Widmung durchgestrichen hat[237] ist doch keinesfalls feststellbar. Aber das ist doch wirklich unwichtig genug. Vielleicht hat mans auf der Post getan um es Drucksacheberechtigt zu machen. Gundolf! Höre: In Graz gibt es ein Riesenbuchantiquariat mit lächerlich niederen Preisen. Was meinst Du dazu? Ich meine: auf nach Graz!

Kürzlich war der Wolfram v. d. Steinen hier. Er geht jetzt nach Berlin als Sekretär seines Vaters. Könnte man ihn nicht bitten die Mission bei Frau Geiger zu übernehmen? Die Trude Cassel ist gar so unzuverlässig:[238] sie wird das wichtigste vergessen, was sie schreibt fehlerhaft

---

237 *Wer Andls Widmung durchgestrichen hat*] In einem früheren Brief hatte ES FG mitgeteilt, daß das ihrer Schwester gewidmete Exemplar von FGs „Dichter und Helden" mit durchgestrichener Dedikation in Wien angekommen sei.

238 *Wolfram von den Steinen ... unzuverlässig*] ES erwog, den Historiker Wolfram von den Steinen, der damals offenbar bei seinem Vater Karl von den Steinen, einem der Direktoren des Berliner Völkerkundemuseums, beschäftigt werden sollte, damit zu beauftragen, für sie den Nachlaß Karoline von Günderodes zu sichten, der in Berlin bei Martha Geiger, der Witwe Ludwig Geigers, lag. Anscheinend erschien er ihr für eine solche Aufgabe geeigneter als ihre Hirschberger Jugendfreundin Trude Cassel, die damals nach Studium und Promotion als Bibliothekarin in Berlin lebte.

schreiben, das verschlampen und über alles mit Literaten schwatzen. Ich würde dann dem W. als Wegweiser ein Verzeichnis der bereits vorhandenen Gedichte schicken. Muß nicht übrigens auch in die Ausgabe ein alphabetisches Inhaltsverzeichnis?[239]

Das Buch von Geiger[240] ist angekommen. Danke sehr.

Hast Du Dich mit Arthur Salz wieder besser verstanden? Hat er was von meiner Tätigkeit beim DMV und Sobotka gesagt?[241]

Wird der Erich diesen Winter gar nicht nach Wien kommen?

In der Österr. Rundschau wird jetzt auf meine Veranlassung Wittek Redakteur anstatt Oppenheimer.[242] Er geht mit großem Eifer daran und hat große Pläne.

Deine Uhr habe ich in München und hier reklamiert. Wenn wir sie nicht bekommen so erhalten wir doch 10 000 Kr von der Versicherung.

Was sagst Du zu der Chuzpe des Herrn Krauss?[243]

Die Rosemi hat das Schlüsselbein gebrochen. Das arme Ding ist wirklich viel geplagt in seinem kurzen Dasein. Wenn die Fraktur schlecht zusammenwächst kann sie schief bleiben, denn zu einer Operation ist sie jetzt viel zu zart. Es sieht fast so aus als sollte ihre Schönheit zerstört werden eh sie zu einer gefährlichen Anwendung kommen kann.
Mit liebendem Herzen Dein
Musel

---

[239] *alphabetisches Inhaltsverzeichnis*] ESs Günderode-Ausgabe enthält kein alphabetisches Gedichtregister.

[240] *Das Buch von Geiger*] Ludwig Geiger: Karoline von Günderode und ihre Freunde. Stuttgart u. a.: Deutsche Verlagsanstalt 1895.

[241] *Hast Du Dich … gesagt*] Die Frage bezieht sich wohl auf FGs Dissens mit dem ihm befreundeten Salz wegen dessen Schrift gegen Kahler. Arthur Salz war mit Felix Sobotka mehrfach geschäftlich verbunden, etwa über den Drei Masken Verlag oder die Wiener Buchhandlung Hugo Heller.

[242] *Wittek Redakteur anstatt Oppenheimer*] Von Januar 1922 an firmierte Paul Wittek als Redakteur der „Österreichischen Rundschau"; davor hatte der Literarhistoriker Karl Glossy (1848–1937) das Blatt geleitet. Der Kunstmäzen und Freund Hofmannsthals Felix Oppenheimer (1874–1938) blieb indessen weiterhin (Mit-)Herausgeber der Zeitschrift.

[243] *Herrn Krauss*] Karl Kraus.

205. Elisabeth Salomon an Friedrich Gundolf.
o.O. [Wien]. 17. Dezember 1921

Mein goldner geliebter Gundel – es ist wirklich nur Nachlässigkeit und Geschäfte die mich von Briefen abhalten. Und Du ladest feurige Kohlen auf mein Haupt wenn Du diese Schuld noch zu meinem Lobe deutest. Wie wenig gut muß es Dir gehen wenn Dein Gefühl zu mir Dich so sehr trügt daß Du mich leidend meinst während ich leichtsinnig und sorglos dahin lebe. Zur Vollendung der Shakespeareepen[244] wollte ich Dir recht von Herzen Glück wünschen. Aber nun kann ich das nicht da sie Dir nicht mal die verdiente Entspannung bringt. Aber gewiß war die Arbeitslast eine zu riesige und die Kräfte müssen erst wieder wachsen um zur Freude auszureichen. Streng Dich die nächste Zeit nicht an, das fordre ich von Dir! Sonst komm ich mit Repressalien. Geliebter! Dir geht es schlechter als mir. –

Ich bin Dir sehr dankbar daß Du die Arbeit bei der Frau Geiger übernehmen willst.[245] Vielleicht hat sie auch Portraits? Oder kennt die Wege zu ihnen? Wird es nicht gut sein Du sagst ihr es sei für mich u. ich könne nicht weg von Wien? Sonst macht sie am End nach Erscheinen des Buches ein Getratsch.

Die Ausgabe ist m. W. im Buchhändler-Börsenblatt angezeigt.[246] Ich will mich aber noch mal genau informieren. –

Für Dein „Christkindel"[247] zärtlichen Dank. Ich werd es in eine Skifahrt in die Voralpen investieren zwischen Weihnachten und Neujahr mit dem Grafen Westarp und 2 Freunden von ihm. Auch die Bücher sind mir eine große Freude. Ich merke doch daß es angenehmer ist die Bücher zu besitzen die man ausführlich liest. Übrigens ist es eine heilsame Kur sehr viel Bettina zu lesen.

In Ermangelung eines neuen Caesarfundes schick ich Dir heut eine zähe lederne Aktentasche. Es ist zwar kein schönes Geschenk aber für einen Gelehrten jedenfalls ein brauchbares.

Das Bild in dem Mahlerheft der „Modernen Welt" hat meine listige

---

[244] *Vollendung der Shakespeareepen*] Am 9. Dezember 1921 hatte FG ES die Vollendung seiner „Lukretia"-Übersetzung gemeldet.

[245] *daß Du … übernehmen willst*] FG hatte ES angeboten, im Rahmen seiner Vortragsreise nach Bremen und Hamburg (vom 15. Dezember an) den Günderode-Nachlaß in Berlin zu sichten.

[246] *Die Ausgabe … angezeigt*] Im Jahrgang 1921 des „Börsenblatts für den deutschen Buchhandel" findet sich keine Ankündigung von ESs Günderode-Ausgabe.

[247] *„Christkindel"*] Geldgeschenk zu Weihnachten.

Fotografin hineingegeben die mich grade in der Filmzeit kannte.[248] Es
ist so schlecht reproduziert daß es weder für sie noch für mich eine Reklame bedeutet.

Kürzlich lernte ich die Lou Andreas-Salomé[249] kennen. Sie ist jetzt
fanatische Psychoanalytikerin und liebt meinen Schwager etwas.

Der Professor Specht (?)[250] und Wiener Studenten wollen Dich zu
einem Vortrag hier veranlassen. Aber sie haben kein Geld. Unter welchen Bedingungen kämst Du eventuell? Und wann? Und mit welchem
Thema?

Den Fürmannaufsatz[251] hab ich verkramt aber Du bekommst ihn
noch. Er war nicht weiter wichtig. – Der Wittek ist jetzt auf meine Veranlassung Redakteur der Rundschau geworden. Er will einen großen
Aufsatz über Dich bringen und dem Felix Braun das Buch wegnehmen.[252]

Du fragst ob ich Shakespeare V haben möchte. Liebstes Gundelein,
ich habe ja II, III und IV noch nicht. Ich bin maßlos gespannt auf das
neue Werk des Meisters.[253]

Ich liebe und ersehne Dich, mein geliebter Gundel, mein ganzes Herz
ist Dein.
Musel
17. 12. 21

---

[248] *Das Bild … Filmzeit kannte*] Das Porträt trägt die Beischrift „Die Filmschauspielerin Dr. Elisabeth Salomon (Aufnahme: Kolliner)“. In: Moderne Welt 3
(1921), Heft Nr. 7 (Gustav Mahler-Heft), S. 32 (Beilage: Die Damenwelt).

[249] *Lou Andreas-Salomé*] Lou Andreas-Salomé (1861–1937), Schriftstellerin und
Freundin Nietzsches und Rilkes, war seit 1911 eine engagierte Anhängerin Sigmund Freuds, mit dem sie eine enge Beziehung verband. Sie verkehrte viel in den
psychoanalytischen Kreisen Wiens und nahm auch selbst Analysen vor.

[250] *Prof. Specht (?)*] Gemeint ist der damals an der Universität Wien lehrende Germanist Walther Brecht (1876–1950).

[251] *Fürmannaufsatz*] FG hatte sich nach einem Aufsatz von Alexander Roda Roda
(1872–1945) über die Schwabinger Pension Fürmann in der „Neuen Freien
Presse“ vom 30. November 1921 erkundigt. George hatte dort gemeinsam mit
FG im Jahr 1903 gewohnt.

[252] *dem Felix Braun das Buch wegnehmen*] In der „Österreichischen Rundschau“
findet sich weder von Felix Braun noch von Paul Wittek eine Besprechung
von FGs „George“. Im Mai 1922 erschien dort jedoch ein Aufsatz über George
von Franz Wolfgang [d.i. der spätere Wiener Museumsdirektor Franz Glück
(1899–1981)], der ausführlich Bezug auf FGs George-Darstellung nimmt.

[253] *das neue Werk des Meisters*] Im Dezember 1921 waren überraschend Stefan
Georges „Drei Gesänge“ erschienen (Berlin: Bondi). FG, der davon vorab auch
nicht informiert worden war, hatte dies ES am 9. Dezember mitgeteilt.

206. Friedrich Gundolf an Elisabeth Salomon.
Berlin. 21. Dezember 1921

Süssestes Musel –
in Hamburg und Bremen hab ich guten Erfolg gehabt[254] und ein paar
liebe Tage bei Eckardts, dir werden die Ohren geklungen haben. Eine
bezaubernde Zeichnerin Tänzerin und Turnerin, halb Dänin, Kreuzung
aus Ty und Lucie, hab ich bei E. kennen lernen, die mich etwas angeschossen hat:[255] dies wahrheits- und pflichtgemäss der obersten Herrin
zur Nachricht, den Mund auf ihrem Fuss.

Nachher geh ich zur Geiger, bzw. Günderode – selbstverständlich
sag ich daß eine Schülerin von mir usw. übrigens ist doch eine Gesamtausgabe in Vorbereitung aber in 6 Bd. à 60 Mk, Prachtausgabe,[256] sodaß eine erschwingliche nichts schadet. Vor Wiener Studenten sprech
ich auch umsonst, (allenfalls unter Ersatz der Reisekosten pro forma,
sonst ists komisch). Vielleicht zu einer Anzeit[257] da ich mit dir, wenn du
aus deiner Deutschlandreise zurückkehrst hinfahren kann, März oder
April – in den Osterferien? oder im September, Oktober? Principiell
also bin ich bereit.

---

[254] *in Hamburg und Bremen … gehabt*] FG las dort aus Georges Danteübertragung
bzw. hielt einen Vortrag über Arndt.

[255] *Eine bezaubernde … angeschossen hat*] Gemeint ist eine Bekannte der Eckardts,
Dorothea Reuschel, genannt Doris oder „die Eule". An Kahler schrieb FG Ende
Dezember: „Doris" ist eine halbdänische schlanke blonde Pantherin oder Gi-
raffe (das hab ich noch nicht heraus) in die ich mich sehr schnell verliebt habe,
einstweilen mit dem guten Vorsatz, es dabei zu lassen .. denn ich habe *hier* durch
leichtsinnige Unkenntnis der Weibheit wieder ein Unheil angerichtet, das mein
Gewissen bedrückt. Dabei ist mein Herz vermuselter als je, und die leibliche
Ferne der Ersehnten ist der Anfang alles bösen Schweifens, Naschens und Tau-
chens .. alle sogenannte ‚Untreue' (ein sehr falscher Begriff, mindestens für
meine Fühlart) ist nur unbefriedigte Treue. Siehe *Göttin*! Hätt ich nicht den
Meister und eine grosse Aufgabe und die Species Aeterni bis in den Spleen hin-
ein: ich wär fürcht ich ein phantastischer Wüstling geworden .. und von dieser
Seite her bin ich mir nicht sympathisch." Kahler-Briefwechsel I,268. – Das an-
gedeutete „Unheil" bezieht sich wohl auf Eifersuchtsszenen zwischen Dorothea
Reuschel und Gertrude Eckardt; vgl. Zettelwirtschaft, wo allerdings zahlreiche
Briefe un- bzw. fehldatiert sind.

[256] *Gesamtausgabe … Prachtausgabe*] Vermutlich ist die von Leopold Hirschberg
herausgegebene Edition gemeint, die allerdings nur drei Bände umfaßt.

[257] *Anzeit*] Wohl Verschreibung FGs.

Sag einmal, hast du den Hirschberger Prozess[258] verfolgt? Du kennst doch sicher sämtliche Beteiligte.

Von Bondi lass ich dir jetzt Band Sh. I–V in dem neuen schönen Leinenband schicken .. du musst alles in schönster Ausstattung haben. Des Meisters drei Gesänge ging gestern als Brief an dich ab. Hast du das Bildchen der Kaiserin[259] gern? Für die Mappe[260] bin ich sehr dankbar ... O Musel, für was bin ich nicht in deiner Schuld.

Ich zittre wieder vor wilder Sehnsucht, aber doch nicht so qualvoll wie vor zwei Jahren.

O Musel, ich bin dein Liebesknecht und bete in dir mein schönes Schicksal an, führe es mich zur Seligkeit oder zur Nacht, ich hänge an dir wie Paolo an Francesca[261] – Liebste Liebste!

Schick mir die Moderne Welt mit deinem Bild! Von einer Anzeige der Günderode weiss kein Buchhändler   wohl verbummelt!

Adr.: Fräulein Dr. Elisabeth Salomon / Wien IV / Rienösselgasse 3 III

207. Friedrich Gundolf an Elisabeth Salomon. Weihnachten 1921

Dem Musel

Keiner holden Lippe sag ich nein
Sträflich hingegeben jeder Lockung,
Meiner Einen sag ich ohne Stockung
Immer ja und ewig Dein.

---

[258] *Hirschberger Prozess*] Am 14. Februar 1921 waren auf dem bei Hirschberg gelegenen Gut Kleppelsdorf die Gutsherrin Dorothea Rohrbeck und ihre Cousine Ursula Schade ermordet worden. Vom 5. bis 20. Dezember 1921 fand die Verhandlung hierüber vor dem Schwurgericht in Hirschberg statt und endete mit der Verurteilung des Angeklagten Peter Grupen, der sich 1922 im Gefängnis das Leben nahm.
[259] *Bildchen der Kaiserin*] FG hatte ES zu Weihnachten ein Porträt der Kaiserin Elisabeth von Österreich geschickt.
[260] *Mappe*] Aktentasche. Geschenk ESs.
[261] *Paolo an Francesca*] Klassisches Liebespaar aus Dantes „Göttlicher Komödie" (Hölle, 5. Gesang, V. 73–142).

Hat ein Honighauch mich angeweht
Mich ein Strahl gestreift mit warmem Beben,
Dir Geheimer Schooß und schönes Leben
Gilt mein Kuss und Dankgebet!

Alles was ich gebe und empfah
Da und dort, aus vielen süssen Scheinen
Kommt und mündet in der Einen Meinen:
Bleib ich, schweif ich: DU bist da.

Weihnachten 1921

208. Elisabeth Salomon an Friedrich Gundolf.
o.O. [Wien]. o.D. [31. Dezember 1921][262]

Mein liebster liebster Gundel – hier hast Du noch rasch einen Jahresabschiedskuß. Im kommenden sollst Du mehr Freude und weniger Arbeit haben. Und Deine Mutter gesund werden und der Meister und Dein Musel fleißiger damit seine Faulheit Dir nicht immer Anlaß zu unnötigen Besorgnissen gibt. Du liebes innig liebes Herz: schließ mich noch einmal fest in Deine Arme und dann verrate mir wohin Deine Untreue Dich geführt hat nachdem Deine Weihnachtsverse mir schon Deine Fernflüge andeuten.

Tausend Dank für Deine große Mühe in Berlin. Ich bereue es doch sehr eine solche Mehrbelastung bei Dir veranlaßt zu haben. – Wenn Du mir die Copien schickst so schreib bitte dazu wo die bisher ungedruckten Gedichte einzufügen sind. Soll ich ein alphabetisches Inhaltsverzeichnis machen? Ich zittre daß der Hirschberg die verschollenen Portraits entdeckt hat.[263] Weiß Frau G.[264] nichts über ihren Verbleib? Einen Dankbrief werd ich ihr schreiben. – Der Zeitpunkt Deines kom-

---

[262] *31. Dezember 1921*] Die Datierung erfolgt nach dem Besuch Erich von Kahlers bei ES am 30. Dezember, der im Brief als gestrig bezeichnet wird und der sich nach einem Billet Kahlers an ES von „Donnerstag" – 29. Dezember – bestimmen läßt. Vgl. den Kahler-Briefwechsel I,572.

[263] *die verschollenen Portraits*] Erwin Rohde erwähnt in der Einleitung seiner Ausgabe des Briefwechsels zwischen Creuzer und Karoline von Günderode (1896) zwei Bildnisse der Günderode aus dem Besitz Creuzers, von denen eines „dem Vernehmen nach" wohl noch erhalten sei. (S. X)

[264] *Frau G.*] Martha Geiger.

mens hängt davon ab wann der Verlag mit dem Druck beginnt. Hoffentlich ist das Anfang Feber. Ich wollte es wär erst so weit. Das Amt macht mich schon recht ungeduldig mit seinen täglichen Nichtigkeiten. Hoffentlich wird dann etwas aus Deinem Vortrag. Was ein Wiener sagt und verspricht ist ja immer unverbindlich.

Der Wolfram v d Steinen ist jetzt dauernd in Wien. Er ist doch ganz nett und jedenfalls viel ernsthafter als alle einheimischen hierzulande.

Die Heldensagen[265] hab ich mir hier gekauft. Es ist ein schönes Buch. Ich muß mich immer mehr von den Menschen zu den Büchern flüchten. Es ist ein recht erbärmliches Volk in dessen Mitte ich hier lebe. Grad weil ich mit dem Wirtschaftsleben manches zu tun hab und viel davon seh, merk ich besonders deutlich wie verrottet das ganze ist. Sie wirtschaften nicht nur schlampig sondern verlogen und unmoralisch, unsozial und staatsfeindlich. Sie produzieren den minderwertigsten Schund, unterbieten in unanständigster Weise den Weltmarktpreis und wissen daß ihnen doch dabei alles aus der Hand gerissen wird. Entsprechend der Handel, entsprechend die Proletarier. Alles geht nur drauf aus zu dupieren und zu wurzen.[266] Das ganze ist ein Bazar aus dem jeder Durchreisende seinen Profit mitnimmt und auch die besseren bequemen sich ihm an. Ich will fort!

So treffen mich die neuen Verse von George an. Nie habe ich Höhe und Tiefe sinnfälliger nebeneinander gesehn.

In dem Hirschberger Mordprozeß kenne ich nur die mittelbar beteiligten: Richter Staatsanwalt Verteidiger Sachverständige etc. Meine liebe Heimatstadt hat ja einen fast europäischen Ruf durch ihn bekommen.

Das Bildchen der Kaiserin sagt nicht sehr viel. Ich hab hier bei einem Margarethener Trödler noch ein unsagbar süßes gefunden und eines am Arm Ludwigs II. in Chevauxleger-Uniform.

Ist die Mappe angekommen? Man führt jetzt einen Elisabethfilm auf in dem die Larisch als Larisch auftritt. Bisher boykottier ich ihn noch standhaft doch fürchte ich für meine Ausdauer wenn ich erst wieder ein Lorgnon habe. Das meine hab ich verloren und bin damit Kinounfähig geworden.

---

[265] *Heldensagen*] Friedrich Wolters u. Carl Petersen: Die Heldensagen der germanischen Frühzeit. Breslau: Hirt 1921.
[266] *zu dupieren und zu wurzen*] Zu übervorteilen und auszubeuten.

Der Erich hat eine häßliche Grippe überstanden. Gestern war er einen lieben Nachmittag bei mir.[267]

In den Weihnachtstagen bin ich doch nicht fortgefahren: Es gab keinen Schnee und zur Unterhaltung fehlte mir die Laune. Dafür bin ich jetzt besser ausgeruht für die Aufgaben des kommenden Jahrs.

Allen die sich beklagen daß ich ihnen nicht schreib sag: ich käme bald sie selbst zu umarmen, schreiben sei nur ein schlechter Ersatz und mir fehlt die Zeit. Vergessen habe ich keinen und wen ich liebte als ich ihn verließ den hab ich unverändert im Herzen. Vor allem sags dem Ernst dem Ty und dem Tobias. Dir ewig ergeben in treuer Dankbarkeit und Liebe

---

[267] *Gestern war er ... bei mir*] FG hatte am 7. Dezember an Kahler geschrieben: „Bitte tu mir die Lieb und schreib einmal dem Musel, ob Ihr Euch nicht wieder sehen könnt – es hat für mich was Tröstliches wenn wenigstens Du sie siehst" und insistierte in seinem Brief vom 26. Dezember noch einmal. Kahler schrieb daraufhin am 18. Dezember an ES sowie, nach überstandener Grippe, einige weitere Male gegen Ende des Jahres. Kahler-Briefwechsel I,263 bzw. 569 ff.

1922

209. **Friedrich Gundolf an Elisabeth Salomon.**
　　 Darmstadt. 1. Januar 1922

1. Januar 1922

Mein süssestes Muselchen!
Das lezte Wort im alten Jahr galt dir, das erste im neuen soll dir gelten und um Mitternacht hab ich für dich ganz treulich gebetet, dein Bild an meinem Hals geküsst und dein Kettlein um meine Hände geschlungen, weil ich dein Geliebter bleiben will. Meine angebetete Elli, vorig Jahr hielt ich dich im Arm beim Jahreswechsel und in der Früh gingen wir zum Kahlenberg.[1] Diesmal brenn ich vor Sehnsucht und hab geträumt, daß ich deine schöne Brust mit Küssen röte und mein Leben in deinen Schooß ergieße .. und die Venus steht mitten in der Sturmnacht über unser Beider Häupten. Mein nächster und heissester Wunsch ist, bald wieder mit dir vereint zu sein und seis auch nur zu einer solch unsterblichen Stunde, um derentwillen man lange Jahre voll Angst und Schmachten aushalten mag. Mein tiefer und dauernder Wunsch ist daß es meiner Geliebten Muselseele, meinem herrlichsten Mädelchen, meiner schönen Herrin in Zeit und Ewigkeit so ergehen möge daß ihr Leben und meine Liebe sie nicht reuen möge. Und mit solchem Gebet küsse ich deine Füsse, deinen Schooß, Herz, Mund und Augen!

———

Ich habe jetzt deine Mappe aus Heidelberg nachgesandt bekommen: sie ist ein ganz prächtig Geschenk und höchst notwendig, ich mußte mir schon sonst eine neue kaufen: meine alte, von Marianne Kassner, war zerissen. Dabei ists ein lieb Gefühl alles von dir zu haben. Sonst hab ich zu Weihnacht nur ein paar hübsche Bücher, darunter auch von der Anndl, die mir immer gefährlich bleibt. Der Isidor Offenberger[2] hat mir einen putzigen, etwas rührend chutzpigen Brief geschrieben, im Anschluß an vorige Weihnacht. Neulich (schrieb ich dirs schon?) war

---

[1] *Kahlenberg*] Wiener Aussichtsberg.
[2] *Isidor Offenberger*] Offenbar ein Bewunderer FGs aus dem Umfeld der Bernfelds.

eine Bernfeldschülerin Toni Löwental[3] bei mir – ein bissel zuchtlose
Seele, las Verse und wollte Rat.

Ich habe jetzt die Bibliografie der Günderode nochmals umgeschrieben
und die methodischen Grundsätze. Hoffentlich kommt diese Ausgabe
wirklich zu stande.

Hast Du das Hochzeitbuch über Franz Josef und Elisabeth[4] eigentlich bekommen? Kurz vor Weihnachten ließ ich dirs schicken. Und dann
die V. Shakesp. in Leinen von Bondi?

Musel, ich lebe und webe in dir – ich halte dich für das Liebste und
Süsseste auf der Welt, und von allem was ich bin bin ich am liebsten
dein Geliebter wenn es dein Leben nur ein bischen froher macht.

Ich bin stolz darauf dein Geliebter zu sein und küsse dich bis du dich
für dich selbst hältst

Mädelchen Muselchen Du! Ich bin Dein.

Abs.: Schlossberg 55 / Heidelberg[5] – Adr.: Fräulein Dr. Elisabeth Salomon / Wien IV
/ Rienösselgasse 3 III

210. Elisabeth Salomon an Friedrich Gundolf.
o.O. [Wien]. o.D. [etwa 5. Januar 1922][6]

„– aber die Franzosen sind seit Caesars Zeiten noch immer novarum
rerum cupidi –" Ecco! Tanzsportkalender der „Dame" Heft 6. Bezieht
sich auf revolutionierende Wandlungen im Tango.[7]

---

[3] *Toni Löwental*] Toni Devora Löwenthal, verh. Ginzburg, geb. 1897, schrieb unter dem Pseudonym Hyrkanos; emigrierte später nach Israel.

[4] *Hochzeitbuch … Elisabeth*] Möglicherweise ist gemeint: Festzug zur Feier der
silbernen Hochzeit des Kaiserpaares Franz Josef und Elisabeth. Gezeichnet von
Raphael von Ambros. Wien: R. v. Waldheim 1879.

[5] *Schlossberg 55 / Heidelberg*] Entgegen dieser Aufschrift des Briefumschlags
trägt der Brief den Poststempel Darmstadt; vgl. auch die aus Heidelberg nach-
gesandte Mappe.

[6] *etwa 5. Januar 1922*] Die ungefähre Datierung ergibt sich aus dem Bezug auf
FGs Brief vom 1. Januar; zudem gibt das Todesdatum Dora Thormaehlens (s.u.)
einen Anhaltspunkt.

[7] *aber die Franzosen … Tango*] Das Zitat entstammt dem Artikel eines gewissen
H. P., der in der Rubrik „Tanzsportkalender" der genannten Nummer der „Illu-

Du siehst, Herzensgundelein, wie es schließlich auch Dir zugute kommt wenn wenigstens eine Huldin anders gerichtete Zeitschriften liest als die Blätter für die Kunst, den Logos und den Wirtschaftsdienst.[8]

Quant à Deine Untreue so sei Dir die Dänin verziehn weil die Phanthasie sich von ihr als unbekannter Größe ein hübsches Bild machen kann. Und das Trübelchen hab ich ja selbst sehr gern. Aber für Dich ist sie mir zu kitschig und man bleibt auch nicht ungestraft so viele Jahre hindurch Frau Eckardt.[9] Aber ich darf nicht reden denn ich bin Dir selbst nicht so treu wie Deine und meine Liebe es gebieten sollten und wie ich es meinem armen Herzen das Stetigkeit und Heimat ersehnt wünschte. Dabei gehts mir nicht so gut wie Dir der Du nur die Lippen küssen mußt die den Deinen entgegen kommen. Mit meinen berüchtigten Hexenkünsten schaut es sehr windig aus. Die vielen die mich fassen möchten gelten mir nichts und gefällt *mir* mal einer so geht er an mir vorüber. So wars vor nun 4 Jahren beim Ludwig. Und so ists auch jetzt wieder. Eine Leidenschaft ohne jede Vernunft und ohne jede Chance für einen nahezu Fremden.[10] Er sieht aus wie ein griechischer Hirtenknabe und wer ihn kennt sagt er sei arrogant und hochmütig. Ich glaub aber eher die Wiener mißverstehn das so weil er mit niemandem gemütlich und gesellig ist und in Wahrheit ist er einsam und stolz. Das ist es was Du als Traurigkeit bei mir spürst. Aber es ist auch noch mehr: auch seine Gegenliebe könnte mich nicht viel froher machen denn es gibt keine Form um der Liebe Ausdruck zu geben für den dem das kör-

---

strierten Mode-Zeitschrift" steht. Der lateinische Ausdruck – ein Caesar-Zitat aus dem „Bellum Gallicum" – bedeutet „neuerungssüchtig".

[8] *Blätter für die Kunst … Wirtschaftsdienst*] Neben dem Zentralorgan des George-Kreises nennt ES in Absetzung zur „Dame" noch die bei Mohr in Tübingen seit 1910 erscheinende Zeitschrift „Logos. Zeitschrift für systematische Philosophie" sowie das wirtschaftswissenschaftliche Blatt „Wirtschaftsdienst. Zeitschrift für Wirtschaftspolitik", das seit 1916 in Hamburg erschien.

[9] *Quant à … Eckardt*] FG hatte ES (offenbar über seinen Brief vom 21. Dezember 1921 hinaus) von einer gedanklichen – vielleicht auch körperlichen – Untreue mit Dorothea Reuschel berichtet, die ihm zu Jahresende 1921 bei Eckardts in Hamburg begegnet war. ESs Wortlaut legt nahe, daß dabei auch eine nähere Beziehung FGs zu Gertrude Eckardt zur Sprache gekommen war, die zeitweise gleichfalls eine Geliebte FGs war.

[10] *einen nahezu Fremden*] Es handelt sich mit hoher Wahrscheinlichkeit um Gottfried Kassowitz (1897–1969), später gefragter Kapellmeister und Gesangspädagoge. Er war Privatschüler zunächst bei Arnold Schönberg, dann bei Alban Berg. (Auskunft des Arnold Schönberg Center, Wien).

perliche Einandergehören so wenig bedeutet wie mir. Ich schreibe Dir
davon weil Du ein Recht hast zu wissen was mir geschieht. Laß es Dir
kein neues Sorgenbündel werden: auch das verkocht einmal. Und vor
allem, mein Gundel, flehe ich Dich an mir zu sagen daß ich Dir nicht
weh tue damit. Du weißt es ja daß keine Lockung mein Herz Dir ab-
wendig machen kann. Und *nur* durch Dich und die Stunden in denen
wir uns ganz gehörten bleibt mir der Glaube daß ich nicht zum aneinander vorbeilieben geboren bin. Daran ändert auch die Erfahrung
nichts daß auch für uns beide die Erfüllung nie ganz ist, nie der Sehnsucht, nie der Stärke der Liebe entspricht. Das muß wohl so sein. Doch
ist die Resignation an diesem Punkte gewiß die härteste und schwerste.

Jene heillose Neigung hat mich ziemlich ungenießbar gegen die
Menschen mit denen ich hier zu tun hab gemacht und manche praktische Zukunftsmöglichkeit zerschlagen. Wie gut habens doch die
Leute bei denen die Opportunität ihrer Psyche die Wege weist. Genug
davon! –

In England und Frankreich gilt die Wirtschaft nicht weniger als bei
uns und doch ist der Staat dort noch ein eigener Wert und eine Macht.
Die Wirtschaftsforderungen sind hier dringlicher, drum leuchtet mir
ihre Verselbständigung schon ein. Ich begreife nur nicht daß man so
schlecht wirtschaften kann als hätte man nur bis zum heutigen Abend
zu denken. Die gesünderen Völker wirtschaften einfach besser und sie
wissen auch noch daß sie es tun um die Nation zu erhalten und zu fördern.

Bekomme ich die Bibliografie rechtzeitig? Am 1. II. ist mein Ablieferungstermin.[11]

Der Tod von Dora Thormählen[12] betrübt mich für den Ludwig, er
hatte sie sehr gern. Ich kannte sie: es war ein liebes Wesen das wohl
auch kein leichtes Dasein hatte. Jetzt gehts ihr gewiß weit besser. –

Der Isidor ist ein „Laus"-bub und Faulenzer. Falls er die maßlose
Chuzpe hat Dich anzuschnorren so schicke ihm bitte keinesfalls Geld
sondern allerhöchstens ein abgelegtes Buch. Er schnorrt sich überall

---

11 *die Bibliografie … Ablieferungstermin*] Für die Günderode-Ausgabe.
12 *Tod von Dora Thormählen*] Ludwig Thormaehlens Schwester Dora (1891–1921)
   war am 29. Dezember gestorben.

herum, bringt Läuse ins Haus, legt Staub auf die Möbel, stiehlt bisweilen, ist gesund und arbeitet nichts. Die Andl hat ihn mit Recht sehr zusammengeschimpft weil er Dir geschrieben hat und wenn Du ihm jetzt Geld gibst ist die pädagogische Wirkung völlig hin. –

Der Shakespeare ist noch nicht von Bondi gekommen. Vielleicht ist durch den Weihnachtsbetrieb eine Verzögerung gewesen.

Kennst Du eigentlich die Compositionen der 15 Lieder aus den Hängenden Gärten und der Waller im Schnee von Schönberg?[13]

Ich schließ den Brief in großer Angst Dir Trauer verursacht zu haben. Herz, liebstes Herz: laß mich so die Offenheit nicht entgelten. Zum Zerbrechen ist das Musel nicht mehr so leicht. Und dann denke an Deine Devise: „schlimmsten Falls wird man unglücklich." Wenn Du jetzt Dich grämst – und ich merks auch wenn Dus verschweigst – werd ich Dir nie mehr die Wahrheit sagen. Du einziger lieber lieber Freund. Musel

Auf der Heidelberger Universität liegt ein Brief für Dich von Anna Lang. Cyril Scott[14] ist in Wien.

211. Elisabeth Salomon an Friedrich Gundolf.
   o.O. [Wien]. o.D. [wohl 29. Januar 1922][15]

Vielen Dank, liebster lieber Gundel, für die Weisungen. Den Götz schick ich Dir. Das Manuskript für den Verlag geht am Freitag ab: der Westarp nimmt es nach München mit.[16]

---

[13] *Compositionen ... Schönberg*] Arnold Schönberg (1874–1951) hatte 1907 zwei Strophen von Georges Gedicht „Waller im Schnee" vertont (Zwei Lieder für Gesang und Klavier, op.14; das zweite Gedicht stammte von Karl Henckell). Die Komposition wurde erst 1921 uraufgeführt, erschien aber bereits 1920 im Druck. In den Jahren 1908/09 komponierte Schönberg dann „15 Gedichte aus ‚Das Buch der hängenden Gärten' von Stefan George für eine Singstimme und Klavier", op. 15, die 1910 uraufgeführt und 1914 gedruckt wurden.

[14] *Cyril Scott*] Cyril Meir Scott (1879–1970), englischer Komponist, seit 1896 mit Stefan George näher bekannt.

[15] *wohl 29. Januar 1922*] Die Datierung des Briefes ergibt sich durch den Zeitungsausschnitt über George vom gleichen Tag, der höchstwahrscheinlich als Beilage mitgeschickt wurde; zumindest reagierte FG in seinem Antwortschreiben auf diesen Brief auch darauf.

[16] *Weisungen ... München mit*] München war der Sitz des Drei Masken Verlags, mit „Götz" ist die Günderode-Ausgabe von 1857 gemeint, die „Weisungen" be-

Der Hirtenknabe ist von Beruf Musiker und weil er ein armer Teufel ist muß er um etwas zu verdienen die Übungsstunden bei der Ellen Tels[17] (rhythmisches Turnen u. Tanzübungen) begleiten. Dort seh ich ihn nun fast täglich und dort ist er bei den Schülerinnen unbeliebt weil er ihnen nicht den Hof macht während sie seinen Collegen, einen so recht schmierigen Klavierspieler der lieb mit ihnen ist vergöttern. Das ehrt ihn doch nur. Sein Lehrer (Arnold Schönberg) soll ihn vor allen andern Schülern lieben und der Gerhart Eisler[18] liebt ihn und ich. Genügt das nicht? Übrigens tuts nicht mehr so weh weil er mich offenbar sehr gern hat. Mehr will ich ja nicht da ich einen Geliebten nicht brauch u. nicht suche. Dir wird er ohne jeden Zweifel ausgezeichnet gefallen. Vielleicht siehst Du nur eher seine Grenzen wie ich.

Der Egon Wellesz[19] ist auch ein Musikus aber schon ein arrivierter: Dozent für Musikgeschichte an der Universität und Komponist von unerfreulicher Musik. Er schreibt gleichgültige musiktheoretische Dinge in gepflegtem Deutsch und ist von vielen Dingen begeistert. Persönlich ist er ganz sympathisch. Ach ja die Hauptsache: die Frau des Amenophis![20] Sie hat mich in fast rasendes entzücken versetzt und zugleich mit Sehnsucht und Liebe gefüllt. Man kann es kaum glauben daß dieser Zauber schon 2000 Jahre tot sein kann. Wie kann sich ein Kunstwerk so wunderbar erhalten auch in der Farbe? Wo und wer hat es gefunden? Wer hat es jetzt? Wenn die Copien nicht so schwer und teuer zu erhalten sind hätte ich gern noch ein paar zum verschenken. Ach, Gundel, das ist ein Bild nach meinem Herzen und spricht vernehmlicher zu mir als viele Bücher.

---

ziehen sich darauf, daß FG ES eine Reihe von Fragen zur Edition beantwortet hatte (hier nicht abgedruckt).

[17] *Ellen Tels*] Aus Moskau stammende deutsche Tänzerin (1885–1944), die nach mehreren erfolgreichen Tourneen durch Westeuropa 1918 mit ihrer Kompagnie nach Wien emigrierte. Dort unterhielt sie offenbar auch eine Ausbildungsstätte.

[18] *Eisler*] Gerhart Eislers Bruder, der Komponist Hanns Eisler (1898–1962), war damals ebenfalls Schüler Arnold Schönbergs in Wien.

[19] *Egon Wellesz*] FG hatte sich wohl nach dem Komponisten (1885–1974) erkundigt, da ES ihm von einer lobenden Äußerung Hofmannsthals zu Wellesz über FGs „Goethe" berichtet hatte. Der Schönberg-Schüler Wellesz arbeitete übrigens auch mit Ellen Tels zusammen („Persisches Ballett" 1920).

[20] *die Frau des Amenophis*] Gemeint ist Nofretete, die Frau des ägyptischen Pharaos Echnaton, dessen Geburtsname Amenophis IV. lautete (14. Jh. v. Chr.). FG hatte ES Photos der damals in der Öffentlichkeit noch unbekannten Büste übersandt.

Ist Deine Hand wieder geheilt?
Leb wohl, Liebster guter. Dummheiten werd ich keine begehn. Und
bald bald bin ich nun so Gott will bei Dir
Musel

212. Friedrich Gundolf an Elisabeth Salomon.
o.O. [Darmstadt]. o.D. [etwa 2. Februar 1922][21]

Liebstes Liebstes!
Komm nur bald, es ist höchste Zeit daß du mein Herz wieder einmal
fest in deine beiden Hände nimmst und mich mit deinem ganzen Dasein daran erinnerst wie sehr ich dir gehöre, dein sein muß, dein Geliebter, dein Gemahl, dein Bruder, dein Vater, dein Sklav – Es gibt kein
menschlich Verhältniß zwischen Mann und Weib das nicht Dir das äußerste Recht an mich gäbe, weil du das süsseste, närrischste, gescheiteste, zauberndste, beste, liebste liebste Liebste bist! O Musel, o mein
Musel, komm und nimm, binde und verbrenne, trinke und versenke
mich! Ich hab dich so lieb. Dabei fahren meine Gedanken und Worte
viel nach Hamburg .. ich glaube, die neue Flamme[22] würde dich auch
sengen. Einstweilen send ich dir noch drei Abzüge der uralten, der Nefretete, so heisst sie .. ich wußte schon daß du sie lieben würdest. Kauf
dir aber trotzdem keinen solchen Hut! Gefunden hat sie Ranke, der
hiesige Aegyptolog in Tellelamarna unten, in einer vollständig erhaltenen Bildhauerwerkstatt, wo noch viele andre Bilder von ihr waren. Im
Wüstensand halten sich die Farben gut.[23]

[21] *etwa 2. Februar 1922*] Die ungefähre Datierung ergibt sich aus dem Bezug auf
ESs Brief vom 29. Januar.
[22] *neue Flamme*] Dorothea Reuschel.
[23] *Nefretete … die Farbe gut*] Die Büste der Nofretete wurde 1912 von deutschen
Archäologen bei Grabungen in Tell-el-Amarna, der Residenz des Pharaos Echnaton, im Haus des Bildhauers Thutmosis gefunden. Der Heidelberger Ägyp-
tologe Hermann Ranke (1878–1953) fungierte dabei als Assistent des Gra-
bungsleiters Ludwig Borchardt (1863–1938). Die Büste wurde 1914 nach
Deutschland gebracht, verblieb aber zunächst im Eigentum des Unternehmers
James Simon (1851–1932), der die Grabung finanziert hatte. 1920 ging sie in
öffentlichen Besitz über, wurde allerdings erst 1924 in einer Ausstellung präsentiert.

Hast Du eigentlich die Tagebuchblätter von dem Christomanos,[24]
dem schmockischen Vorleser der Kaiserin Elisabeth? über sie! Ich hab
sie für dich gekauft, sie warten hier deiner. Bring doch gelegentlich die
Larischerinnerungen mit, meine Mutter möchte sie noch haben, hast
du nicht zwei Exemplare? Hab Dank für den unsagbar komischen Zeitungsausschnitt aus der NFP über StG.[25] Daß es noch solche schlicht
idiotischen Bähtiere gibt!

Mir ist dieser Tage ein altes französisches Buch in Versen in die Hand
gefallen, ohne Frage das witzigste, frechste unanständigste, geistvollste
(und dabei anmutig) was ich seit Jahren gelesen: potenzirter Voltaire
und potenzirter Anatole France,[26] wo sie am witzigsten und cynisch-
sten, am graziösesten und leichtesten sind! Das bekommst du auch,
wenn du kommst, komme, komme! Ich möchte endlich wieder einmal
den Duft des süssesten Leibes aus allen Poren trinken, an deine Seele
komm ich über 1000 Meilen mit meiner, aber an die ebenso ersehnten
Trauben und Granaten, Lilien und Nelken deines Gewächses komm
ich nicht .. Bring sie mir bald vor Mund und Hände und noch was und
bedecke mich mit deinen Haaren!
Muselchen!

213. Friedrich Gundolf an Elisabeth Salomon.
Darmstadt. 18. Februar 1922

Mein Liebstes: am 23. II. beginnen meine Ferien .. am 25 fahre ich für
ein paar Tage nach Marburg wo mich d. M. zu einer Besprechung
wünscht. Ich wüsste nun um alles gerne bestimmt wann und für wie

---

[24] *Christomanos*] Konstantin Christomanos: Tagebuchblätter. Erste Folge: Mai
1891 bis April 1892. Lainz – Innsbruck – Wien – Schönbrunn – Miramare – Auf
der Adria – Auf dem Ionischen Meere – Korfu. Wien: Moritz Perles 1899. Es ist
nur dieser 1. Teil erschienen. Der Historiker Konstantin Christomanos
(1867–1911) war Griechisch-Lehrer der österreichischen Kaiserin.

[25] *Zeitungsausschnitt ... über StG*] In der „Neuen Freien Presse" erschien am
29. Januar 1922 ein „Stephan George" überschriebener Artikel des Philosophen
Arthur Drews (1865–1935).

[26] *altes französisches Buch ... Anatole France*] Welches Buch – bzw. dessen Verfasser – FG so hoch sowohl über den Klassiker der Aufklärung, Voltaire
(1694–1778), wie auch über den zeitgenössischen Romancier Anatole France
(1844–1924) stellt, war nicht zu ermitteln.

lange du kommst, damit ich nach Möglichkeit diese Zeit für dich und mit dir füllen kann!

Süsse Seele, ich habe Durst nach deinen langentbehrten Lippen, und Angst daß die Tücke der Umstände uns quert, und eine Wut auf deine Brotgeber, daß sie dich so lange aufhalten, denn im Januar und Februar wärs so gut gegangen.

Ich bin in einem etwas zerfahrenen Zustande in den ich immer komme, wenn mich die Sehnsucht plagt. Wenn im März schon Frühlingsluft weht, möcht ich mit Dir eine Wanderung machen vielleicht in die Schwäbische Alp .. oder im Schwarzwald. O Geliebte, Dich Dich, das Einzige, das Musel, wieder einmal in den Armen halten und aus dem unerschöpflichen Gefäss der Süssigkeit wieder bis zum Taumel trinken!

Hast du mich denn noch lieb?

Ich küsse dir Brust und Schooß und bleib Dein, Liebstes Liebstes Weib!

Gestern sprach mir Wolfskehl in höchsten Tönen von Deinem Schwager, den er aus seinen Schriften kennt – er hatte keine Ahnung daß ich ihn kenne und daß er Musels Schwager ist. (Was macht Andl?) Schreib bald, komm bald! Sei nicht traurig ..
Musel!

Adr.: Fräulein Dr. Elisabeth Salomon / Wien IV / Rienösselgasse 3 III

214. Elisabeth Salomon an Friedrich Gundolf.
o.O. [Wien]. o.D. [22. Februar 1922][27]

Mein liebster Gundel – darein muß man sich finden[28] wenn man nicht sein eigener Herr ist. Und ich kann Dir noch immer nicht ganz genau sagen wann ich kommen werde. Wahrscheinlich aber im März, und zwar muß ich zunächst in ein Bad weil ich wieder von einer gräßlichen Ischias geplagt bin (wie im Herbst) und mein Arzt mich dringend warnt sie noch weiter zu verschleppen. In der Rhön sei ein kleiner Badeort mit den richtigen Quellen (Salzschlierf oder Orb oder Wildun-

---

[27] *22. Februar 1922*] Die Datierung des Briefes erfolgt nach einer späteren Bleistiftnotiz von ES; der Brief beantwortet Schreiben FGs vom 12. und 16. Februar.
[28] *darein muß man sich finden*] FG hatte sich darüber beklagt, daß ES ihre Reise nach Deutschland mit verschiedenen Begründungen immer wieder aufschob.

gen).[29] Daran können wir dann die erhoffte Wanderung anschließen. Ich denke etwa Mitte März fortzukönnen. Ich bin gewiß nicht weniger ungeduldig als Du, mein Liebster. Denn ich hab Dich noch sehr lieb. Sehr. Sehr! Aber was ich nicht recht begreif ist warum mein Kommen außer Dir erwünscht auch noch „opportun" ist?[30]

Eine Pressereferentin zu fragen ob sie von der Existenz des Eisenbahnstreiks Etwas weiß heißt sie in ihrer Berufsehre beleidigen.

Die Athena des Myron kenn ich nicht nur sondern hab sie sogar mit dem Ludwig gleichzeitig gesehn was der Liebe zu ihr noch einen besonderen Nachdruck gibt. Wünsche hab ich eben nur den einen bald bei Dir zu sein und höchstens noch Toblers Amanda.[31]

Der Cyril Scott hat hier ein Klavierkonzert von sich gespielt.[32] Er sieht hinreißend aus mit seiner zierlichen Gestalt, bedeutenden Stirn und dem mädchenhaft keuschen Mund. Dann geht er wunderschön angezogen: zum Frack eine lichtgraue Weste und sehr hohe schwarze Binde was seiner großen Gepflegtheit das konventionelle nimmt. Aber die Musik gefällt mir kein bißchen: sehr modern sehr kompliziert, sehr logisch aber nicht schön.

Denk Dir, Deine Uhr ist da:[33] auf dem Wiener Hauptzollamt liegen geblieben. Ich bring sie Dir nun selbst. Die Andl atmet erleichtert auf, denn die 10000 Kr mit denen sie damals versichert war entsprächen heut 100000 und den Kurssturz hätte man uns bestimmt nicht vergütet.

Liebend Dein Musel

---

[29] *Wildungen*] In diesem Ort hatte sich George häufiger zur Kur aufgehalten; auch 1922 sollte er ihn besuchen.

[30] *„opportun" ist*] Formulierung aus FGs Brief vom 16. Februar; bezieht sich vermutlich auf geplante Aufenthalte Georges in Heidelberg, mit denen FG ESs Besuch nicht kollidieren lassen wollte.

[31] *Eine Pressereferentin … Toblers Amanda*] Der Absatz bezieht sich auf Fragen in FGs Brief vom 12. Februar, u.a. auch jene, ob sie wünsche, ein Bild der Athena des Myron aus Frankfurt – eine römische Kopie des verlorenen griechischen Originals – zu besitzen.

[32] *Cyril Scott … gespielt*] Das Konzert fand am Montag, dem 20. Februar 1922 statt; Scott spielte den Solopart in seinem „Konzert für Klavier und Orchester".

[33] *Deine Uhr ist da*] Vgl. die Anm. zu FGs Brief vom 1. Dezember 1921.

215. Elisabeth Salomon an Friedrich Gundolf.
o.O. [Wien]. o.D. [etwa 5. März 1922][34]

Mein geliebtester Gundel – um zu wissen ob ein unbewußter Wunsch mich hält[35] müßte ich erst den Psychoanalytiker befragen. Mein Bewußtsein weiß nur von einer Ischias die mich noch nicht in die Eisenbahn, nicht mal in die Treuga läßt. Ich kann zwar schon wieder ganz gut gehn aber der Arzt hat eine Vaccineurinkur[36] begonnen u. vor deren Beendigung läßt er mich nicht los. Länger als 2–3 Wochen kann das kaum mehr dauern u. ich komm dann im Krankenurlaub ohne Verlagsrücksichten[37] direkt nach Darmstadt. Gedulde Dich also nur noch ein wenig, Du Lieber. Meine Sehnsucht ist ja nicht geringer als die Deine und nur meine Abhängigkeit noch größer als Deine. – Die Uhr hab ich jetzt wirklich bei mir: ich hab sie empfangen wie die Leute von der Plezachalm die zurückgekehrte Sau.[38] You remember?

Von der Athena habe ich hier kein Bild. Mit dem Ludwig war ich einmal in Frankfurt.[39] Ich dachte das wüßtest Du.

„Noch" lieb heißt doch nicht vorläufig noch sondern immer noch, Tschaperl, Du hast mich auch wörtlich so gefragt.[40] – Dein letzter Brief aus Heidelberg[41] war eine süße Wohltat für mein oft trauriges Herz.

---

[34] *etwa 5. März 1922*] Die ungefähre Datierung ergibt sich aus dem Bezug auf die Briefe FGs vom 27. Februar und vom 2. März.

[35] *ob ein unbewußter Wunsch mich hält*] FG hatte in seinem Brief vom 2. März gefragt: „oder hält dich irgend ein dir selbst vielleicht kaum halbbewußter Hinterwunsch in Wien solange fest?"

[36] *Vaccineurinkur*] Diese Therapie, bei der den Patienten ein Serum aus Bakterienkulturen (Vaccineurin) injiziert wurde, zielte auf eine Aktivierung des Immunsystems ab.

[37] *Verlagsrücksichten*] ES wartete offenbar darauf, daß der Drei Masken Verlag mit dem Druck ihrer Günderode-Ausgabe beginne.

[38] *die Leute von ... Sau*] Offenbar ein Ferienerlebnis. Die Pletzach-Alm liegt in der Nähe des Achensees in Tirol, wo FG und ES 1921 ihren Urlaub verbrachten.

[39] *Mit dem Ludwig ... Frankfurt*] Laut ESs Tagebuch am 12. September 1919.

[40] *„Noch" lieb ... so gefragt*] Bezieht sich auf eine irritierte Nachfrage FGs in seinem Brief vom 27. Februar. Die Formulierung selbst findet sich in ESs Brief vom 22. Februar, wo sie auf eine Frage in FGs Brief vom 18. Februar reagiert. – „Tschapperl" bezeichnet liebevoll ein unbeholfenes Kind oder einen naiven Menschen (österr.).

[41] *Dein letzter Brief aus Heidelberg*] Vom 24. Februar 1922.

Ich freue mich rasend auf unser Wiedersehn und auch wieder am
Grünenweg zu sein, auf Deine Mutter, auf den Ernst, auf alles.

Übrigens sorg Dich bitte nicht wegen meiner Ischias. Ich bin sehr
munter dabei und gut gepflegt u. verwöhnt von Verwandten und Bekannten. Wie gehts Deiner Mutter? Wird mein kommen ihr nicht sehr
störend sein?

Viel werd ich nun nicht mehr schreiben.
In froher Erwartung küßt Dich Dein Musel

216. Friedrich Gundolf an Elisabeth Salomon.
Darmstadt. 9. März 1922

Mein liebstes Muselchen, mein Allersüssestes!

Seit November versprichst du mir nun alle vierzehn Tage in vierzehn Tagen zu kommen und jedesmal kommt was Neues dazwischen:
ich glaube einstweilen nimmer daß du nun wirklich rechtzeitig los-
kommst, das heisst noch vor dem Semesterbeginn und lass mich lieber
durch das Gegenteil verblüffen, als mit beständiger aufreibender Hoffnung enttäuschen. Ich sehne mich krank nach dir, aber freuen *auf* etwas: das tu ich in Liebesdingen nimmer. Wird was draus, dann ist noch
Zeit sich *drüber* zu freuen. Wenn du wirklich bis in drei Wochen hier
bist, dann schenk ich dir meine Uhr .. und mein Vertraun. O Musel,
wie lieb ich Dich! Viel zu viel, (nicht für deinen Wert, denn du bist ein
wunderherrliches Geschöpf) aber für das Schicksal, das so grosse Liebe
misgönnt .. Nun, leiden wir halt, es ist das Siegel unsres Adels und die
Form der Zeit worin wir atmen. Nur das Viech und der Gott sind leid-
los, oder ohne Trauer .. und die höheren Frauen sind in diesem Zeitalter zwischen Himmel und Hölle heimatlos, denn aus der blossen
Tierheit sind sie durch den Geist gerissen und den Platz im neuen Gei-
sterreich haben sie noch nicht, da das erst im Werden ist. Und das
Schöne Musel ist so recht ein Schneidepunkt aller Krisen, weil es mit
seinem Herzen an den Himmel rührt und mit seinem Schooß oder seinen Nerven im Kino steckt (ich sage nicht Hölle). Dabei ist das Muselchen nicht ein reines Liebeswesen, das darin aufginge einen oder mehre
Geliebte ganz zu berücken, zu beglücken und sich an ihn zu verlieren,
sondern es ist noch *ehrgeizig* dazu, und möchte den dummen Glanz
dieser Welt teilen. Aber man muß dich im Ganzen nehmen, und doch
grenzenlos liebhaben. Leiden wir, lieben wir und lieben wir das Musel,
das Süsseste und Lebendigste Weibswesen! Komme komme, humple,

krieche, bald zu deinem Gundel – ich küss dich rascher gesund, als so
ein Vaccinalschinder!

Meiner Mutter gehts schlecht, sie wird dich aber gern begrüßen, wenn
sie halbwegs bei der Hand ist. Komme nur bald, alles weitere mündlich.

Die Shakespeare-epen sind jetzt gesetzt und korrigirt .. ich werde
Gott danken, wenn der Band vorliegt.[42] Sag, hast du nun eigentlich die
Leinwandbände I – V bekommen?

Ich küsse deine süssen Knospen, Blüten und Wurzeln und bin dein
leib- und seeleneigner Geliebter!

Adr.: Frau Dr. Elisabeth Salomon / Wien IV / Rienösselgasse 3 III

217. Elisabeth Salomon an Friedrich Gundolf.
o.O. [Wien]. 12. März 1922

Dr. Siegfried Bernfeld[43]
den 12. 3. 1922

Mein einziges Gundelein – jetzt müssen wir wirklich die Rollen tauschen d.h. ich flehe Dich an sei ein wenig einsichtsvoller. Eine Aktiengesellschaft ist nun mal keine Universität und die Freizügigkeit die sie
gibt oder beschränkt hängt von ihrem guten willen nicht von meinen
Wünschen ab. Daher auch Marx Schrei von der Versklavung des aus-
gebeuteten Proletariats! Daß ich nun obendrein krank werden muß ist
ein häßliches Verhängnis. Wann beginnt das Semester und wo würdest
Du die Ferien ohne mich verbringen? Heut bin ich noch nicht fähig allein eine große Reise zu unternehmen – und Du weißt daß ich in dubio
leichtsinnig bin. Gelt, Du verzagst nicht und freust Dich lieber Dein
Musel gewiß bald im Arm zu haben.

---

[42] *wenn der Band vorliegt*] Er erschien 1922 als 6. und letzter Band der zweiten
Ausgabe des „Shakespeare in deutscher Sprache".
[43] *Dr. Siegfried Bernfeld*] Der Brief ist auf bedrucktem Briefpapier von ESs Schwager geschrieben.

Schließlich ist Dein Gebundensein[44] eine Bindung die Du gewählt hast u. die Dich freut – die meine dagegen eine ökonomische Sekkatur.[45]

Die 5 Shakespearebände sind gekommen und die Zierde meiner Wiener Miniaturbibliothek.

Kannst Du Dich in Wiesbaden u. Badenbaden nach Schlammbädern für Ischias erkundigen? D. h. ob sie jetzt geöffnet sind u. wie die Kosten ungefähr sind?

Zärtliche Küsse Deines Musel

218. Friedrich Gundolf an Elisabeth Salomon. Heidelberg.[46] 10. Mai 1922

Mein liebstes einziges Musel!

Eben bin ich mit der Günderodearbeit fertig geworden: ich bin dafür daß du sobald als möglich doch das Manuskript mit diesen Korrekturen an die Druckerei schickst, mit den richtigen Seitenzahlen versehn. Seite 134 von Magie und Schicksal laß nochmals abschreiben mit meiner Einfügung von *5 Versen*, die Goetz oder dein Schreibfräulein ausgelassen. Es wimmelt nicht nur von Orthografie, sondern auch von Textfehlern bei Goetz.[47]

Eben bekomme ich den Pigenot, den ich dir gleich schicke – er wird wohl eine Konkurrenz für deine Ausgabe werden: es ist zwar nur eine Auswahl, die Dramen fehlen, und neues bringt er nicht: aber die Dramen will er (siehe Anhang) event. in einem zweiten Band nachliefern:[48] jedenfalls Grund genug, den Druck möglichst zu beschleunigen: denn

---

[44] *Gebundensein*] An Stefan George.

[45] *Sekkatur*] Quälerei, Ärgernis (österreichisch).

[46] *Heidelberg*] Nachdem ES noch im März nach Heidelberg gekommen war und schlechtes Wetter zunächst Ferienaufenthalte verhindert hatte, unternahmen FG und ES den April über Wanderungen im Odenwald, dem Schwarzwald, dem Kaiserstuhl und in Mainfranken. Die erste Maiwoche verbrachten sie wieder in Heidelberg, wo seit Ende April auch George bei FG wohnte – ES logierte in der unmittelbar benachbarten Pension Neuer, Schloßberg 49 – was anscheinend zu größeren Spannungen und Auseinandersetzungen führte. Vgl. Zeittafel, S. 318.

[47] *Günderodearbeit … Goetz*] Offenbar hatten FG und ES das Manuskript der Günderode-Edition noch einmal durchgearbeitet. „Magie und Schicksal" ist ein darin enthaltenes Drama.

[48] *Pigenot … nachliefern*] Der zweite Band von Pigenots Ausgabe ist nie erschienen.

wenn alle Werke vorliegen, so hat deine Ausgabe kaum noch einen Sinn außer deiner Reise zu mir (der ist gross genug, genügt aber der Öffentlichkeit nicht). Sieh dir den Pigenot einmal an: er scheint recht gescheit .. war ein Freund Hellingraths.[49]

Ich schicke das Druckmanuskript nach Breslau,[50] wo es dich erwartet. Es wäre gut, wenn die Korrekturen nicht mehr zu lang unterwegs wären.

Mein Musel, ich vergeh fast vor Sehnen nach dir, doch ist das Sehnen auch eine Fülle, eine Art des Besitzes. Jedenfalls bin ich dir jetzt sagenhaft treu!

Musel, liebstes liebstes Musel – ich küsse deinen lieben schönen Leib und danke dir jede Sekunde deines Atmens für mich .. du bist schön gut, süss und grenzenlos geliebt
von Deinem
Gundel

Abs.: Gundolf / Schlossberg 55 / Heidelberg. – Adr.: Fräulein Dr. Elisabeth Salomon / Berlin W. 50 / Passauerstrasse 5, linkes Gartenh. / IV. Tr. Atelier[51]

219. Elisabeth Salomon an Friedrich Gundolf.
o.O. [Berlin]. 13. Mai 1922[52]

Gundel mein Gundel – ich bin ganz umgeben von tausend süßen Erinnerungen an die Zeit unsrer frühen und unsrer wachsenden Liebe: Briefe von überall nach überall, häßliche Skizzen mit denen Du mein schönes Briefpapier gefüllt hast, all die lieben Bücher die meiner brachen Bildung auf die Beine helfen sollten und zahllose Gegenstände mit

---

[49] *Pigenot ... Freund Hellingraths*] Ludwig von Pigenot (1891–1976) setzte nach dem Tod des Hölderlin-Forschers Norbert von Hellingrath gemeinsam mit Friedrich Seebaß die historisch-kritische Ausgabe der Werke Hölderlins fort und förderte mit Nachlasspublikationen das Andenken an den jung verstorbenen, dem George-Kreis nahestehenden Hellingrath.

[50] *Breslau*] ES wollte – im Anschluß an einen Besuch in Berlin, zu dem sie wohl am 7. Mai in Heidelberg aufbrach – aus familiären Gründen nach Breslau weiterreisen.

[51] *Berlin W. ... Atelier*] Der Brief ist an ESs Berliner Wohnung adressiert.

[52] *13. Mai 1922*] Die Datierung erfolgt nach einer nachträglichen Bleistiftnotiz ESs.

denen Du immer wieder meine begehrlichen Sinne zu erfreuen wußtest.[53] Alles was mir so teuer ist sperr ich jetzt sorgfältig ein.

Die Tage sind etwas kurz für die vielen Leut die mich und die ich
sehn wollen / will. Die Cedel ist schöner und reizender als je unversehrt
von 3 Kindern und viel Haus- und Krankenmiseren. Der Herrmann
Badt hat eine glänzende Carriere gemacht: er ist Ministerialrat im Ministerium des Innern und gilt als einer der tüchtigsten preußischen Be-
amten.[54] An seiner Amtswohnung im Ministerium hängt an jeder Tür
eine Mesuse (?).[55] Der Zionismus über alles! Dies und daß der einstige
Kreuzer Viktoria Luise als Handelsschiff Flora Sommerfeld auf dem
Ozean schwimmt[56] kennzeichnet eindeutig unsre deutsche Republik.
Berthold leidet sehr am Herzen und muß deshalb solid sein. Der Napoleon sei bis auf 2 Bogen ausgedruckt.[57] Er klagt auch sonst viel ist
aber lieb. Diana ist in Hamburg. Hildebrandts seh ich morgen in Tegel.
Der Ludwig hat mir Deine Büste entführt die Du ihm doch für mich abgekauft hattest.[58] Das ist ein echt gemeiner Diebstahl.

Trude Cassel ist gar nicht so verkommen wie ihr Ruf sie schildert[59]
sondern eher vorteilhaft verändert. Sonst hab ich schon Carl Frank[60] u.

---

[53] *ich bin ganz umgeben … erfreuen wußtest*] Offenbar befanden sich die von ES
aufgezählten Dinge in ihrer alten Berliner Wohnung.

[54] *Cedel … Beamten*] Der aus Breslau stammende Hermann Badt (1887–1946) war
bis zur Machtergreifung Hitlers ein hochrangiger preußischer Beamter (u.a.
auch Mitarbeiter Wolfgang Heines) und von 1922 bis 1926 Mitglied des preußischen Landtages für die SPD. Der aktive Zionist, der 1933 emigrieren musste,
war mit einer Schulfreundin ESs verheiratet (Mercedes Badt).

[55] *Mesuse (?)*] Kleine Schriftkapsel mit Texten aus der Thora, die an Türen befe-
stigt wurde.

[56] *Kreuzer … schwimmt*] Das 1897 vom Stapel gelaufene Kriegsschiff der Kaiser-
lichen Flotte „Victoria Louise" wurde am 1. Oktober 1919 aus dem Schiffsre-
gister gestrichen und zum Frachtdampfer umgebaut, der bis 1922 unter dem
Namen Flora Sommerfeld fuhr. 1923 wurde er abgewrackt.

[57] *Der Napoleon … ausgedruckt*] Berthold Vallentins umfangreiche Monografie
„Napoleon" erschien Ende 1922 bei Georg Bondi, Berlin.

[58] *Deine Büste … abgekauft hattest*] Die von Ludwig Thormaehlen gefertigte Büste FGs hatte ES 1918 als Weihnachtsgeschenk erhalten und in ihrer Wohnung
aufgestellt. Vgl. ihren Brief vom 26. Dezember 1918.

[59] *Trude Cassel … schildert*] ESs Jugendfreundin unterhielt 1921/22 ein Verhältnis
mit Gottfried Benn (1886–1956); was darüber hinaus von ihr erzählt wurde, ist
nicht bekannt.

[60] *Carl Frank*] Karl Frank (1893–1969), kommunistischer Funktionär, zunächst in
Wien, dann seit 1920 in Berlin, wo er im Untergrund für die Komintern arbeitete. ES hatte ihn im August 1920 bei Bernfelds kennengelernt. 1934 ging Frank

Lizzie,[61] Wolfgang Heine, Max Strauß,[62] Sascha Polacek und flüchtige
Bekannte gesehn. Die Nachricht von meinem Hiersein hat sich wie ein
Lauffeuer durch Berlin verbreitet. Aber gehören tu ich Dir ganz allein,
Geliebter Du. Dein einer Brief[63] ist wichtigere Gegenwart als die aller
anwesenden Menschen. Du lieber lieber Lieber.

Dienstag fahr ich voraussichtlich nach Breslau.

Bei Frau Geiger war ich. Darüber das nächstemal.

220. Elisabeth Salomon an Friedrich Gundolf. Berlin. 17. Mai 1922

Berlin am 17. Mai 1922

Herzensgundel – Du wunderst Dich, gelt, daß ich noch immer in Berlin
bin. Aber ich wäre mit dem gänzlichen durchräumen meines Hausrats
sonst nicht zur Hälfte fertig geworden und müßte bei einem eventuel-
len neuen Mieterwechsel während meiner Abwesenheit wieder neue
Kümmernisse haben. Ich werde aber doch aufatmend abreisen: Berlin
„bietet" zu viel und ermüdet mich grenzenlos. Das ist wohl eine Alters-
erscheinung bei mir, denn früher konnt ichs doch glänzend ertragen.
Mit Hildebrandts hatte ich einen schönen Nachmittag bei ihnen und
im Humboldtpark. Diana ist auch zurückgekommen, ich freute mich
recht sie wiederzusehn. Bei Badts in einer Gesellschaft traf ich Professor Rosenheim.[64] Wir unterhielten uns lange über Politiker und Tat-
menschen die er alle theoretisch und faktisch für Komödianten oder
Gauner hält, bestenfalls für geniale! Die Cedel ist ein entzückendes
Wesen geblieben. Willst Du sie nicht besuchen wenn Du Pfingsten her-

---

ins amerikanische Exil, wo er sich später gemeinsam mit Alice Herdan-Zuckmayer in der amerikanischen Bürgerrechtsbewegung engagierte.

[61] *Lizzie*] Alice Herdan-Zuckmayer, genannt Liccie (1901–1991), Schriftstellerin
und Schauspielerin; ab 1925 zweite Ehefrau von Carl Zuckmayer. Sie und Karl
Frank lernten einander 1919 in Wien kennen und siedelten nach der Eheschließung Ende 1920 gemeinsam nach Berlin über.

[62] *Max Strauß*] Bruder von ESs Studienfreund, dem Schriftsteller Ludwig Strauß,
den sie 1919 infolge seiner Veröffentlichung der gemeinsam mit Albrecht
Schaeffer verfaßten George-Parodien fallen ließ. Max Strauß (1888–1956) war
Rechtsanwalt und trat als Übersetzer hebräischer Literatur hervor.

[63] *Dein einer Brief*] Wohl FGs Brief vom 9. Mai 1922.

[64] *Professor Rosenheim*] ESs früherer Arzt, Theodor Rosenheim, war seit 1921
Professor an der Berliner Universität.

kommst? Sie wohnt im Ministerium des Innern (Unter d. Linden 73) und freut sich gewiß sehr mit Dir. Bei ihr findest Du auch die Schlüssel zu meinen Schränken falls Du etwas von meinen Sachen willst. Der Fridel Cohn wird dann auch grad bei ihr sein u. den mußt Du doch unbedingt mal kennen lernen.[65] Gestern war der Valentin Sobotka bei mir. Der arme muß hart arbeiten.[66] –

Ich hab bereits die ersten Fahnen bekommen. Gottlob Antiqua. Man muß sehr aufpassen weil sie oft Worte auslassen. Über den Pigenot ärgre ich mich rasend. Die Hirschbergsche Ausgabe erscheint auch in 6 Wochen.[67] Jetzt hat die meine wirklich nicht mehr sehr viel Sinn. Übrigens hat dessen Verlag (Bibliophilen V.) der Frau Geiger 600.– bezahlt für Einsicht in den Nachlaß. Von mir will sie nichts bezahlt weil es wissenschaftlich sei. Hast Du das Gedicht an die Langeweile gesehn? Ich vermute es ist das von der Bettina das sie der G. anläßlich eines öden Besuches laut dem Günderodebuch schickt.[68] Wie der Geiger den Nachlaß gefunden hat ist doch geradezu räubergeschichtenhaft.[69] Tau-

---

[65] *Fridel Cohn*] Berthold Cohn-Vossen (1889–1933) – ESs Bezeichnung „Friedel" für ihren Jugendbekannten, der sie seinerzeit offenbar heiraten wollte, scheint eher privater Natur gewesen zu sein – war Jurist und begann eben eine Karriere im Staatsdienst; zuletzt war er Direktor des Verwaltungsgerichts in Wiesbaden. Nach der Machtergreifung der Nationalsozialisten sollte Cohn-Vossen den Freitod wählen.

[66] *Valentin ... arbeiten*] Nach seiner Promotion im Jahr 1921 war Valentin Sobotka in Berlin für verschiedene Wirtschaftsunternehmen tätig.

[67] *Die Hirschbergsche ... 6 Wochen*] Genau genommen der dritte Band, der das nachgelassene Werk enthält.

[68] *Gedicht an die Langeweile ... schickt*] Im Günderode-Nachlaß liegt ein Gedicht „An die Langweil" in der Handschrift der Schwester Amalie v. Günderode, das Hirschberg in seiner Ausgabe Karoline zuweist. In ESs Ausgabe ist es nicht enthalten. Die neueste historisch-kritische Ausgabe (Karoline von Günderode: Sämtliche Werke. Hg. v. Walter Morgenthaler. Frankfurt am Main 1990/91) druckt es unter der Rubrik „Zweifelhaftes" (Bd. 1, S. 465). ESs Vermutung gründet sich auf eine Stelle in Bettina von Arnims „Die Günderode" (Grünberg u. Leipzig 1840, Bd. 2, S. 133f.), wo von einem Gedicht die Rede ist, das Bettina „bei Gelegenheit der Langenweile gemacht".

[69] *Wie der Geiger ... räubergeschichtenhaft*] In seinem Buch „Karoline von Günderode und ihre Freunde" (Stuttgart u. a. 1895) gibt Ludwig Geiger lediglich an: „Durch einen glücklichen Zufall fand ich (in Privatbesitz in Frankfurt am Main) eine große Anzahl Schriftstücke, die man als schriftlichen Nachlaß der Günderode bezeichnen könnte. Es war ein Haufen ungeordneter Papiere" (S. 2). Sein Enkel Erd Wallace berichtet ergänzend dazu, daß der Nachlaß zufällig in einer geheimen, zugemauerten Nische eines Frankfurter Hauses entdeckt worden war (Castrum Peregrini 13, 1953, S. 30).

send Dank Dir nochmals für die neuerliche Korrigiererei. Aber Du wolltest doch erst nicht daß Manuskripte mit Deiner Handschrift an die
Druckerei gehn? Sag mir Deine endgültige Meinung darüber nach Breslau. (Freitag bin ich dort).

Ein Herr Meyer (Verleger u. Literat?) der über Ostern in Baden-
baden war erzählt es wimmelte dort grade von intressanten Menschen:
Wilhelm v. Scholtz, Stilgebauer, Gundolf![70]

Geliebtes Herz, bist Du auch nicht zu traurig? Es waren so liebe
schöne Tage. Es ist ja undankbar wenn wir jetzt motzen weils vorbei ist.
Ich denke immer wie zärtlich Du mich allmorgens in die Arme nimmst.
Bleibe nur mein!
Musel

221. Friedrich Gundolf an Elisabeth Salomon.
      o.O. [Heidelberg]. o.D. [20. Mai 1922][71]

Mein liebstes Herz:
Mit der Günderodeausgabe ists nun schon so – ihr einziger Sinn sind
jetzt die 4 Wochen im Schwarzwald Kaiserstuhl Banz Heidelberg die
sie einem Liebespaar verschafft hat .. O Musel, ich motze nicht, wir
sind ja tausendmal besser dran als andre Liebesleute, die sich entweder
nie besitzen dürfen oder durch Ehe ihren Rausch zerstören – wieviele
herrliche immer erfüllte Tage waren uns vergönnt, und werden uns, so
Gott will, noch blühen. Aber dennoch oder grad deswegen verzehrt
mich die Sehnsucht, die nicht zu erfüllen ist: *immer* solche Liebestage.

Mein herrlich liebes Musel!

Das Manuskript kannst du in die Druckerei schicken, nur die Seiten
wo ich sehr viel ganze Worte oder Sätze habe, laß nochmals kopieren!

Hast du mein Gedicht bekommen? und in Breslau das Günderode-
paket vorgefunden.

---

[70] *Wilhelm ... Gundolf*] Der Literarhistoriker FG wird hier mit zwei damals be-
     kannten Schriftstellern zusammen genannt, Wilhelm von Scholz (1874–1969)
     und Edward Stilgebauer (1868–1936).
[71] *20. Mai 1922*] Datierung nach dem etwas undeutlichen Poststempel; der Brief
     beantwortet den ESs vom 17. Mai.

Ich hoffe, wir können in 8 Wochen schon wieder Herkules (und Omphale) spielen![72]

Bist du denn auch nicht unglücklich? Leichtsinnig, resignirt, oder weise: alles Drei schützt vor der Melancholie .. und ich habs noch zu keinem gebracht. Ich liebe liebe liebe! Deinen zerstörenden Hexenzauber, den alle spüren, hab ich ganz in allen Adern, aber dein liebes liebes kühnes und holdes Herz hab ich im treuen schwachen Herzen.

Süssestes aller Wesen, sei ein wenig froh über meine Liebe und behalte mich lieb!
Dein, ganz Dein
Gundel

Adr.: Fräulein Dr. Elisabeth Salomon / Wien[73] IV / Rienösselgasse 3 III

222. Elisabeth Salomon an Friedrich Gundolf.
o.O. [Breslau]. o.D. [etwa 20. Mai 1922][74]

Tausend Dank, Gundelherz, für Verse und Brieflein, für die Epen und das Manuskript.[75] Fühlst Du Dich auch gebührend entlastet durch den Abschluß des Shakespeare? Ach, ich fürchte vor lauter neuen Deiges[76] kommst Du zu keinem rechten Genuß. Aber Du wärst nicht der Gundel wärs anders.

Hier fühl ich mich unendlich wohl. Der Frau Cohn und dem Friedel gehört meine ganze Liebe. Du müßtest sie auch lieb haben wenn Du sie kennst. Leider ist der Stephan nicht da.[77] Aber denk Dir, die Cedel ist

---

[72] *Herkules und Omphale*] Anspielung auf die antike Überlieferung, wonach Herakles Omphale dienen mußte und in diesem Dienst- (und Liebesverhältnis) so verweichlichte, daß er Frauenkleider anzog, wogegen Omphale sein Löwenfell und seine Keule trug. Die Anspielung taucht als erotische Chiffre mehrmals in den Briefen von Mai 1922 auf.

[73] *Wien*] Der Brief ist nach Wien adressiert, ES hielt sich jedoch noch in Breslau auf.

[74] *etwa 20. Mai 1922*] Der Brief muß bald nach Ankunft ESs in Breslau (wohl am 19. Mai) geschrieben worden sein.

[75] *für die Epen und das Manuskript*] Gemeint ist das von FG überarbeitete Günderode-Manuskript sowie der eben erschienene 6. Band der Shakespeare-Ausgabe, der die neuübersetzten Epen enthielt.

[76] *Deiges*] Sorgen, Ärger (jid.).

[77] *Stephan*] Stefan Cohn-Vossen (1902–1936), Bruder von Berthold und Sohn von Hedwig Cohn-Vossen, sollte ein bedeutender Mathematiker werden.

mit mir hergekommen, ist das nicht äußerst schneidig von ihr? In Berlin war ich noch mit Lechter in der Thoma-Ausstellung und bei ihm. Er hat eine ganze Serie neuer Aquarelle gearbeitet: Spessartlandschaften.[78] Er war übrigens ganz reizend und hat mir viel von Cordelia erzählt:[79] sie sei ein bezaubernd liebenswürdiges Kind und setze seine gesamte Umwelt in Entzücken, hänge mit großer Zärtlichkeit an seiner Mutter und sieht aus wie der Gundel auf Kinderbildern und die Frau Gundel auf Jugendbildern. Bei Schweinitz traf ich den Maler Haas (cfr Magda Bauer), er ist sehr nett, auch der Schweinitz, aber dessen Frau Lotte ein unsagbares Möbel.[80] Eine besondere Sensation war noch Conrad Veith den mir irgendwer präsentiert hat.[81] Er macht einen rasend blasierten und verdorbenen Eindruck, aber nicht unbedingt unsympathisch.

Schick mir, wenn möglich, noch das Brunnengassenpäckchen her. Ich bleibe gewiß noch diese ganze Woche. Der Herzog von Reichstadt ist inzwischen angekommen.[82]

Wir sprechen hier viel von Dir, auch mit dem Fons[83] und ich bin dann froh und denke das ist mein treuer Geliebter!
Dein auch treues Musel

---

[78] *mit Lechter … Spessartlandschaften*] Die Ausstellung mit Bildern von Hans Thoma (1839–1924) aus deutschem Privatbesitz fand in der Nationalgalerie statt. – Bei Lechters Landschaften handelt es sich um insgesamt 29 Gemälde, die er während eines Kur-Aufenthalts in Bad Orb angefertigt hatte, im Dezember 1921 in seinem Berliner Atelier ausstellte und seither verkaufte.

[79] *von Cordelia erzählt*] FGs und Agathe Mallachows damals fünfjährige Tochter. Der Maler Melchior Lechter (1865–1937), lange Zeit bestimmender Typograph und Buchgestalter des George-Kreises, war mit Agathe Mallachow befreundet und Patenonkel Cordelias.

[80] *Bei Schweinitz … Möbel*] Charlotte von Schweinitz, geb. Salomon (1894–1933) wurde 1928 von ihrem Mann geschieden; 1933 verübten sie gemeinsam Selbstmord. – Der Maler Hanns Haas (1890–1963) war der Ehemann der Münchner Tänzerin Magda Bauer.

[81] *Veith*] Vgl. ESs Schwärmerei für den Schauspieler Conrad Veidt in ihrem Brief an FG vom 20. März 1921.

[82] *Schick mir … angekommen*] ES hatte FG bereits früher gebeten, ihr neben dem Buch über den Herzog von Reichstadt ein in Heidelberg bei Josef Liegle in der Brunnengasse vergessenes Päckchen nachzusenden, was dieser bislang versäumt hatte.

[83] *Fons*] Alfons Lasker (1886–1942), Rechtsanwalt und Notar in Breslau, Bruder des Schachmeisters Edward Lasker.

223. Friedrich Gundolf an Elisabeth Salomon.
Darmstadt. o.D. [25. Mai 1922][84]

Mein liebstes Muselchen! Ists bei euch in Wien[85] auch so schrecklich heiss, daß dir der Verstand wegschmilzt? es bleibt nur noch eine wehmütig süsse Verliebtheit übrig – Sehnsucht und Ergebung in die Verhängnisse unsrer wunderbaren Liebe – o mein Liebstes!

Ich nehme an daß du nun wieder im Wiener Joch wieherst oder bockst, mein wildes Pferdchen! Ich hoffe nach all der Berliner Hatz ist dir die Breslauer Ruhe gut bekommen – auch wir beide waren ja nicht gerade ruhevoll zusammen. Vergebens frag ich mich wo du die Zeit hernimmst bei der Ordnung deiner Passauerstrasse so entsetzlich viele Leute zu sehn. Wie kamst du denn zu Lechter? Es ist mir (aus sehr *privaten*, nicht staatlichen Gründen)[86] nicht lieb daß du bei ihm warst, und dir sehr absichtliche Zärtlichkeiten über meinen Nachwuchs erzählen lässt: er tut das jetzt immer bei Leuten die mich kennen und nicht ohne Hintergedanken. Ich selbst hab ihn das letztemal in Berlin nicht besucht, weil ich mir keine Winke von ihm brauche geben zu lassen und du sollst auch keine für mich in Empfang nehmen.

Hast du schon wegen Kärnten oder Steiermark dich erkundigt? Hoffentlich kommt nichts dazwischen. Meine Sehnsucht nach einem ruhigen Sommer an der Geliebtesten Brust ist sehr gross. Unser manchmal etwas stürmisches Frühjahr verklärt sich im Erinnern zu einem reinen Zauber, an dem ich dankbar hänge – einzelne Stunden und Gänge sind wieder Gipfel meines Daseins, um derenwillen es sich lohnt wieder lange Monde in Düster und Schwermut, oder Sehnsucht und Sorge zu wandern. Denk an Jugenheim; und an Banz, an Coburg und den Staffelstein, an die Badnerhöhe[87] und zuletzt noch an meine „Herkules"arbeit!

---

[84] *25. Mai 1922*] Datierung nach dem etwas undeutlichen Poststempel, wonach der Brief auch in Darmstadt abgesandt wurde, anders als die Absenderaufschrift angibt. Der Brief beantwortet ESs voranstehendes Schreiben.

[85] *bei euch in Wien*] FG adressierte seinen Brief nach Wien, ES hielt sich jedoch noch in Breslau auf.

[86] *nicht staatlichen Gründen*] FGs Dementi bezieht sich auf die immer stärker werdenden Vorbehalte gegen ES im George-Kreis, deretwegen er – aus Sicht ESs – vielleicht Anlaß gehabt haben könnte, ihr Treffen mit Lechter zu mißbilligen.

[87] *Jugenheim … Badnerhöhe*] Stationen der Frühjahrsreise von ES und FG, teils am Main, teils bei Baden-Baden gelegen.

Manchmal möcht ich dir wieder untreu werden können, aber ich glaub, jetzt bin ich zur Treue verurteilt, lebenslänglich: Verschwören will ich nichts, doch küss ich das geliebte Joch, je fester es presst, desto herzlicher.

Muselchen, was macht die Günderode? Bist du auch gewissenhaft? Kannst du in Wien gelegentlich suchen, ob du ein Sedezbändchen[88] findest:

Der hohe Ausspruch oder Chares und Fatime[89]

von Mahler Müller in Rom

Wien 1825 bei *Schade?*

Vielleicht in der Wollzeile.[90]

Ich liebe Dich, mein Einzigstes und bedecke dich mit sehnenden Küssen!

Abs.: Gundolf / Heidelberg / Schlossberg 55 – Adr.: Fräulein Dr. Elisabeth Salomon / Wien IV / Rienösselgasse 3 III

224. Friedrich Gundolf an Elisabeth Salomon. Heidelberg. 31. Mai 1922

Liebster Schatz:

Ich vergass gestern ganz: die Manen müssen konsequenzhalber auch in Bettinas Fassung in die Anmerkungen .. ich wusste gar nicht mehr daß sie in der Gans ihrem Buch standen.[91]

An Bezners[92] kamen Correkturen für dich – ich sende sie gleichfalls nach Wien.

Besorgst du sie denn auch gewissenhaft? so ganz sicher bin ich nicht.

Heut kommt Thankmar – er hat die schlechte Gewohnheit mich anzutelefoniren – ich gab ihm deine Wiener Adresse.

---

[88] *Sedezbändchen*] Kleines Buchformat.

[89] *Der hohe Ausspruch ... Fatime*] Späte Erzählung des Idyllendichters Maler Müller (1749–1825).

[90] *Wollzeile*] Wiener Einkaufsstraße am Stephansdom.

[91] *die Manen ... standen*] Das Fragment „Die Manen" wurde außer in „Gedichte und Phantasien" (1804) noch in einer abweichenden Version von Bettina von Arnim in ihrem Buch „Die Günderode" (1840) veröffentlicht. Diese Fassung bringt ESs Ausgabe in den Anmerkungen.

[92] *Bezners*] Offenbar hatte ES dem Verlag die Pension Bezner als ihre Heidelberger Kontaktadresse angegeben.

Ich möchte dich gern eifersüchtig machen – aber ich weiß niemanden. – doch: mir träumte eine grosse böse sehr schöne brandrothaarige Frau, die Cleopatra hieß, aber nicht die alte Königin war, habe dich gefesselt und zur Bettgenossin gemacht gegen deinen Willen .. wer die Dame war oder sein könnte, weiß ich nicht, möchte ihr aber begegnen: es war sehr rührend wie du dich sträubtest und dich schämtest, aber du warst, sehr gegen meine Erwartung, gar nicht wütend oder „bestial".[93]

Wenn ich zusammenhängend träume, sind es fast immer solche Gesichte, die man nur der Geliebten oder dem Teufel erzählen kann, der sie schickt.

Dafür ist mein Tagesleben auch so anständig.

Gestern bekam ich eine Besprechung meines George-buches aus der „Times" .. wo auch die 3 Gesänge Georges gelobt und höher als die „Pacifistenpoesie" gestellt werden.[94]
Ich küsse deine unsagbar liebe Gestalt und lege mich zu Dir!

Adr.: Fräulein Dr. Elisabeth Salomon / Wien[95] IV / Rienösselgasse 3 III

225. Friedrich Gundolf an Elisabeth Salomon.
o.O. [Heidelberg]. o.D. [etwa 10. Juni 1922][96]

Mein Allerliebstes! „Sa*h*" heissts im Urtext .. einen groben Fehler hast du stehn lassen, Ungestüm! Druckfehler der Urausgabe, unzweifelhafte wie etwa Muhsel statt Musel werden *stillschweigend* korrigirt .. erinnere dich doch gelegentlich, Süssestes aller Wesen, der Grundsätze, die du in deinem eignen Vorwort so klar darlegst.

Verzuckt ist kein Druckfehler, sondern gutes gebräuchliches Biedermaierdeutsch! o Musel, ich müsste bei dir sein, um dich beständig zu

---

[93] „*bestial*"] In einem hier nicht abgedruckten, undatierten Brief (etwa 10. Mai 1922) hatte ES geschrieben: „Dann hab ich noch eine Bitte: es drückt mich fortwährend daß ich Dir öfters als Bestie erschienen bin. Möchtest Du mir das i nicht preisgeben? Es bleibt dann was ich Dir viel lieber bin. Ich bin ohnehin voll Trauer daß ich Dich oft so mutwillig geplagt habe."

[94] *Besprechung ... gestellt werden*] Nicht ermittelt.

[95] *Wien*] FG adressierte seinen Brief nach Wien, ES hielt sich jedoch noch in Breslau auf.

[96] *etwa 10. Juni 1922*] Der undatierte Brief ist von ES nachträglich auf den 11. Juni datiert worden. Er reagiert auf einen Brief ESs vom 6. Juni und wird seinerseits von ihr am 13. Juni beantwortet.

bewachen und zu beschlafen: einstweilen geb ich beiliegender Cleopatra[97] den Auftrag, dich ordentlich zu strafen.

Ich bin wieder in Heidelberg, wo es endlich regnet.

Der Pascha ist wieder in Afga, wesentliches wussten Salzens nicht
von ihm,[98] auch keine Seufzer nach dir. Doch laßen sie dich grüssen.
Thankmar ist gar nicht broiges,[99] er wollte dir schreiben. Tritsch[100] war
bei ihm, der dir manches erzählen kann.

Gestern war Wolfskehl in Darmstadt, der mich mehrmals dringlich
bat dich zu grüssen und dich sehr lieb hat. Er schüttelreimte: Wie stehst
du, beicht einmal o Sohn / Mit dieser Elli Salomon?

Musel, ich liebe dich mit vollem Herzen und möchte nur, du würdest
glücklich, oder wenigstens nicht meinethalben unglücklich.

Ich küsse dich und will dich in mir fühlen und um mich legen!
Süsses Zaubergeschöpf!

Abs.: Gundolf / Heidelberg / Schlossberg 55 – Adr.: Fräulein Dr. Elisabeth Salomon
/ Wien IV / Rienösselgasse 3 III

---

[97] *beiliegender Cleopatra*] Nicht erhaltene erotische Zeichnung FGs; vgl. den vorangehenden und den nachfolgenden Brief.

[98] *Der Pascha … von ihm*] FG war über Pfingsten (4.–5. Juni) in Baden-Baden bei
Arthur und Soscha Salz gewesen. Salz war während des Krieges Berater des
jungtürkischen Politikers und Generals Djemal Pascha (1872–1922) gewesen,
der als Gouverneur von Syrien auch in den Völkermord an den Armeniern verwickelt war. Nach Kriegsende wurde er deshalb von der neuen türkischen Regierung zum Tod verurteilt, floh jedoch mit deutscher Hilfe nach Berlin und ging
1919 über Moskau nach Afghanistan, wo er im Auftrag der sowjetischen Regierung den Aufstand gegen die britische Kolonialmacht organisierte. Während
ihres Frühjahrsaufenthalts in Baden-Baden waren FG und ES Djemal Pascha bei
Arthur Salz begegnet.

[99] *Thankmar … broiges*] Broiges = verärgert (jidd.). Bezieht sich auf eine Nachfra-
ges ESs, weil sie während ihres Frühjahrsaufenthalts in Baden-Baden den dort
bei seiner Mutter Anna von Münchhausen lebenden Thankmar, den FG an
Pfingsten gleichfalls sah, nicht aufgesucht hatten.

[100] *Tritsch*] Walther Tritsch (1892–1961), österreichischer Schriftsteller und
Freund Thankmar von Münchhausens.

226. Elisabeth Salomon an Friedrich Gundolf.
    o.O. [Wien]. 13. Juni 1922

13. 6. 22

Aber Gundel! Deine Zeichnungen werden wirklich immer eindeutiger.
Ich hab sie rasch zerrissen aus Angst vor der Nachwelt. – Das war doch
nicht die korrigierte Fahne, Tschaperl, sondern nur die mit Anfragen
für Dich. Das Ungetüm u. anderes das Deinen geübten Augen entgangen ist hab ich keineswegs übersehn. Muß ich eigentlich später die um-
brochenen Bogen nochmal korrigieren?[101]
    Sag der Cläre Dank für Fotos die wieder einmal mein phothographi-
sches Genie klar erweisen denn nur das mit meiner Abwesenheit drauf
ist gelungen. Hat die Lilli Waetzoldt Dir meinen Brief geschickt?[102]
    Ich hab keinen Vorwurf wegen zu langem Ausbleiben gehört.[103] Alle
waren lieb und erfreut mich wiederzusehn. Die Anna Lang hat einen
Franz bekommen und ist schon wieder sehr munter. Der Siegfried verdient in Dollar[104] was in Andls Gardrobe deutlich bemerkbar ist, gestern hat er ihr einen Pelzmantel geschenkt. Die arme Rosemi muß jetzt
zur Schule gehn. Ein Pfund Sterling sind 97000 Kronen,[105] die Wiener
sind im allgemeinen sehr heiter.
    Kennst Du „Hunger“ von Knut Hamsun?[106] Gestern kam ein Mann
in meinen Bäckerladen: wörtlich der Held von Hunger: Kluges u. schönes Gesicht, zerlumpte Kleider. Er hielt sie auch fest zu daß mans nicht
sehn sollte und bat um 3 Semmeln auf Credit bis Mittag, er habe 2 Tage
nichts gegessen (sein Aussehn ließ auf 5 Tage schließen). Die Bäckers-
frau verweigerte sie ihm auch prompt. Ich hab sie für ihn bezahlt und

---

[101] *Das war doch nicht ... korrigieren*] Bezieht sich auf Korrekturen und fehlerhafte
    Schreibweisen („Ungestüm“ – „Ungetüm“; vgl. auch den vorangehenden Brief)
    bei der Erstellung des Manuskripts für ESs Günderode-Ausgabe.
[102] *Hat die Lilli ... geschickt*] ES hatte, in der Annahme FG werde Pfingsten nach
    Berlin reisen, einen Brief für ihn an die Adresse Lili Waetzoldts geschickt.
[103] *Vorwurf wegen zu langem Ausbleiben gehört*] ES hatte ihren Urlaub überzogen,
    weil sie länger in Berlin und Breslau geblieben war als geplant.
[104] *Der Siegfried verdient in Dollar*] Welches Einkommen Siegfried Bernfeld damals
    bezog, ist nicht bekannt.
[105] *Ein Pfund ... Kronen*] Ebenso wie in Deutschland gab es in Österreich nach dem
    verlorenen Weltkrieg eine Hyperinflation.
[106] *Kennst Du ... Hamsun*] „Sult“ (dt.: „Hunger“) erschien 1890 und war der erste
    Erfolg des bekannten norwegischen Schriftstellers (1859–1952).

ihm gegeben was ich bei mir hatte – nicht aus Noblesse sondern infolge Hamsun. So literarisch bin ich bereits geworden. Der Mann verhungert nun erst in der kommenden Woche.

Möchtest Du mir wohl die Manen nach Bettinas Erstausgabe abschreiben lassen?[107] Ich besitze nur eine Neuausgabe. An dem geschwollenen Gerede über St. G. in der Rundschau ist der Wittek unschuldig.[108] Ich auch, wahrlich!

Ich freue mich schon unbändig auf die braunen Boxkälber.[109] Ich flehe Dich an: kauf Dir Holzleisten dazu damit sie nicht ruiniert und ausgehatscht sind bis Du an meiner Seite damit glänzen kannst. Zum Dank und Geburtstag[110] schick ich Dir auch tausende zärtliche Küsse und – aber nur Theil 1 – den hohen Ausspruch.[111] Für den zweiten hab ich leider wenig Aussicht mehr. Ich behalte Dich lieb auch wenn Du schon 42 bist. Dein treues Musel

227. Friedrich Gundolf an Elisabeth Salomon.
Heidelberg. 16. Juni 1922

Du himmlische Creatur: mein Musel:
Was fürchte ich noch viel vor der Nachwelt,[112] wenn ich nur deine ganze Süssigkeit schmecken darf. Hat dir meine Zeichnung nicht gefallen? Bist du ein wenig erschrocken? Ich liebe dich aber auch schrecklich, ich verehre in dir die beglückendste und zerstörendeste, lieblichste und schwärzeste Zauberin, und träume Tag und Nacht von dir. Deinen Brief aus Berlin hab ich bekommen, via Lili. Die umbrochnen Bogen wirst du gut tun nochmals durchzusehn – mir sind weil ichs nicht tat noch abscheuliche Fehler in den Shakespeare gekommen. Du wann bekommst du Ferien? und wo? Wenn dirs auf 5–8 Tage nicht ankommt,

---

[107] *Möchtest Du ... lassen*] Vgl. den Brief FGs vom 31. Mai 1922.

[108] *An dem geschwollenen ... unschuldig*] Der Artikel „Stefan George" von Franz Wolfgang [d.i. Franz Glück] im Maiheft der „Österreichischen Rundschau", S. 455–460. Wittek war der Redakteur der Zeitschrift.

[109] *Boxkälber*] FG hatte ES geschrieben, daß er sich in Baden-Baden ein Paar braunrote Boxkalbhalbschuhe (d.h. aus besonders elegantem Leder) für 1200 Mark gekauft habe.

[110] *Geburtstag*] Am 20. Juni.

[111] *den hohen Ausspruch*] Die Novelle von Mahler Müller; vgl. FGs Brief vom 25. Mai 1922.

[112] *Was fürchte ich ... Nachwelt*] Vgl. den voranstehenden Brief.

so leg dir sie etwa vom 7. August ab. Um den 1. August herum möchte mich Landmann hier treffen, und Lili W. ist dann in Württemberg und bat mich, vielleicht noch einige Tage des August ihr zu widmen. Ich käme dann gegen 7. zu dir. Doch gehn deine Wünsche vor, wenn es dir unleidlich ist noch solang zu warten. Bis 1. 8. hab ich Vorlesung.

Deine Hamsuniade ist sehr rührend, du wirst deinem armen Hungerer dein Geld gegeben und das Herz genommen haben, doch mit einem letzten Blick aufs Musel zu verhungern ist ein schöner Tod. Du weißt kaum, wie gefährlich süss du bist, Musel aller Musel.

(Ich bin wieder ganz abgöttisch in dich verliebt, abgesehn von der Liebe Liebe Liebe, die ich für dich so schon hege, ja, ich bin nicht viel andres mehr als diese Liebe!)

Liebchen, der I. Bd. des Hohen Ausspruchs genügt: den II. Bd. hab ich ja in Darmstadt gefunden! Tausend Dank, liebster Engel. Die Manen laß ich kopieren.

Hier ist Wolfsk. grad der für dich schwärmt und dich grüssen läßt.

Was hat der Pelzmantel der Andl gekostet? Trägt sie ihn jetzt? oder hat sie sonst nichts an??

Die Bockskälber hab ich schon auf Leisten: ich werd sie möglichst erst anziehn, bis ich dich damit treten kann.

Ich lese den Spengler II mit grösster Spannung und Bewunderung, dieser Band ist unvergleichlich reifer, tiefer, höher, voller als der erste.[113] Trotz aller Widersprüche, die ich in tausend Einzelheiten habe und finde: ein unerhört gedankenreiches und gewaltig erregendes Buch: wirklich das *Geschichts*weltbild der gegenwärtigen Stunde, nicht nur eine private Geschichtsphilosophie unter andren: ich hätte ihm nach dem I. Band, der nur „geistreich" ist das nicht zugetraut.

Musel, geliebte Frau, Wesen meiner Seele, immer ersehntes Glück meines Herzens, und Herrin meiner Liebe, nimm mich in deine Arme und lösche mich aus in deinem schönen Leib: ich bin Dein!

Spengler-ausschnitte brauchst du mir nicht schicken, da ich das Buch habe .. Dank für dein Geschenk.

Adr.: Frau Dr. Elisabeth Salomon / Wien IV / Rienösselgasse 3 III

---

[113] *Ich lese ... als der erste*] Das aufsehenerregende Hauptwerk des Geschichtsphilosophen Oswald Spengler (1880–1936), „Der Untergang des Abendlandes" erschien 1910 (Bd. 1) und 1922 (Bd. 2).

228. Elisabeth Salomon an Friedrich Gundolf.
o.O. [Wien]. o.D. [etwa 20. Juni 1922][114]

Lieber Gundel, der DMV läßt hinter meinem Rücken die Susmann
eine Vorrede zu meiner Günderode-Ausgabe machen.[115] Das ist doch
stark. Muß ich mir das gefallen lassen? Soll ich den Salz um Intervention bitten?

E.

Ich habe nur durch Zufall davon erfahren.

Vor Vertragsabschluß hatte ich allerdings selbst um einen andern
Vorredner gebeten. Wir konnten uns damals über die Person nicht einigen u. die sagten ich soll es selbst machen.

Lieber – eben ist der Chef[116] in Wien und sagt daß nunmehr die Susmann energisch protestiert u. der Verlag sich entschließen müsse ob er
mit ihr oder mit mir prozessieren wolle. Die S. sei auf nachdrücklichen
Wunsch von Salz aufgefordert u. nun will der Sobotka den Salz veranlassen die Sache friedlich zu schlichten, etwa so daß die Arbeit der S. in
der Rundschau, ev. als Sonderdruck erscheint .. Möchtest Du dem Salz
nicht ein Wort selbst schreiben was Dir wünschenswert erscheint? –
Anbei noch 1 Brief von mir an Demblin.[117] Jedenfalls sollst Du Dich

---

[114] *etwa 20. Juni 1922*] Der Brief dürfte kurz vor ESs Schreiben vom 21. Juni 1922
verfaßt worden sein. Allerdings war ES bereits durch einen Brief Tilly Edingers
vom 8. Juni 1922 auf das hier mitgeteilte Faktum hingewiesen worden, so daß
ihr Brief vielleicht doch früher anzusetzen wäre. [Gundolf Archiv, London]

[115] *der DMV … machen*] Der Drei Masken Verlag hatte die Schriftstellerin und Philosophin Margarete Susmann (1872–1966) bereits am 28. März 1922 gebeten,
eine Einleitung zu ESs Günderode-Ausgabe zu schreiben, was diese auch zu-
sagte. Noch am 21. Juni 1922 wurde Susmann vom Verlag aufgefordert, ihr
Manuskript abzugeben.

[116] *Chef*] Felix Sobotka, der sowohl dem Drei Masken Verlag wie auch der Treuga
vorstand.

[117] *Lieber … Demblin*] Möglicherweise ist dieser Passus – er befindet sich auf einem
gesonderten Blatt – ein paar Tage später geschrieben und abgeschickt worden,
denn Margarete Susmann erfuhr erst durch ein Telegramm, das kurz vor dem
27. Juni abgesandt worden war, (vgl. auch ESs Brief vom 27. Juni 1922) und
dann durch einen Brief des Drei Masken Verlags vom 27. Juni, daß ihre Einleitung nicht mehr gebraucht werde, konnte also erst danach gegen diese Entscheidung protestieren. Susmanns Essay erschien auch nicht in der „Österreichischen
Rundschau“. – Bei ESs Korrespondenzpartner im Drei Masken Verlag handelt
es sich vermutlich um August Graf Demblin (1883–1938). – Auch die Formu-

nicht ärgern: schlimmstenfalls nehm ich die ganze Sache zurück u. gebs dem Thankmar.[118]
Alles liebe
Elli

229. Elisabeth Salomon an Friedrich Gundolf.
   o.O. [Wien]. 21. Juni 1922.

Gundelchen, schreibt die Günderode Mahomed beim Traum in der Wüste und im Drama mit d oder einmal mit t?[119] Dem Verlag hab ich zunächst mal diesen Brief geschrieben.[120] Das Urheberrecht ist völlig auf meiner Seite sagt der V. Rosenfeld.[121] A propos, der hat mir meinen Mietprozeß[122] 11 Monate u. gratis geführt. Ich möcht ihm – weil Goethenarr – Deinen Goethe im Gespräch[123] schenken. Gibts das noch? Und kann ich noch von den Shakespeareepen ein paar Geschenkexemplare zu „Liebhaber"preis haben?

   Deinen Geburtstag, Liebster, hab ich mit der Andl, Vanilleis u. Cremetörtchen bei Zwieback[124] gefeiert. Für Dich fand ich nichts rechtes als ein paar Bändchen Görres die Du hoffentlich brauchen kannst und einen Roman von Schopenhauers Mutter[125] der so Gott will ein Unikum ist. Hast Du alles bekommen? Und viele zärtliche Küsse. Doch

----

lierung „noch ein Brief" deutet auf eine spätere Absendung dieses Briefs (vgl. auch den Brief ESs an FG vom 27. Juni 1922).

[118] *gebs dem Thankmar*] Thankmar von Münchhausen hatte 1920 gemeinsam mit Erich Lichtenstein den Lichtenstein-Verlag gegründet, aus dem er 1923 allerdings schon wieder ausschied.

[119] *schreibt die … mit t*] Die Frage bezieht sich auf Karoline von Günderodes Gedicht „Mahomeds Traum in der Wüste" und auf ihr Drama „Mahomed, der Prophet von Mekka".

[120] *diesen Brief geschrieben*] ESs Brief ist nicht erhalten.

[121] *V. Rosenfeld*] Valentin Rosenfeld (1886–1970), kunstinteressierter Wiener Anwalt.

[122] *Mietprozeß*] Ein Rechtsstreit wegen ESs untervermieteter Berliner Wohnung, die ihr im Juni 1921 gekündigt worden war.

[123] *Deinen Goethe im Gespräch*] Franz Deibel und Friedrich Gundelfinger (Hg.): Goethe im Gespräch. Leipzig: Insel 1906, 2. und 3. Auflage 1907.

[124] *Zwieback*] Kaufhaus für gehobene Ansprüche an der Kärntner Straße in Wien.

[125] *ein paar Bändchen Görres … Schopenhauers Mutter*] Thimann weist zahlreiche Schriften des politischen Romantikers Joseph Görres (1776–1848) nach; welcher Roman der produktiven Schriftstellerin Johanna Schopenhauer (1766–1838) gemeint ist, bleibt offen; am bekanntesten ist wohl „Gabriele" (1819/21).

die haben weiter keinen realen Wert. Was hat der Hohe Ausspruch II gekostet? I: 200 Kr. (ein Reklamband 400!)

Es ist sehr ungewiß ob ich wieder Urlaub bekomm d. h. bis jetzt trau ich mich noch nicht recht danach zu fragen. Aus Kärnten (Ossiacher- u. Millstättersee) hab ich zwar schon alle möglichen Antworten, aber ich mag noch nicht festbestellen: man muß da ziemlich viel anzahlen.

Unbegreiflich wie manche Leut mich wiedermal närrisch und besessen (außer Dir noch) lieben. Ich tu ihnen doch nichts böses, nicht mal gutes. Es beginnt mir recht unbequem zu werden.

Mein süßester Spender; der Wunsch einen Pelzmantel zu besitzen ist nicht halb so groß wie der Schmerz Dich wirtschaftlich zu ruinieren wäre. Die Andl ist mir ja auch sonst kein Vorbild: 1 1/2 Millionen Kronen (= 40 000 Mk)!!! Ohne zufälligen Valutaverdienst wär das wohl auch bei Bernfelds nicht möglich gewesen. Sie wird ihn übrigens erst im Winter tragen zu Deiner Beruhigung.

Ich bin jetzt öfters mit der sehr lieben Martha Wiesenthal zusammen, einmal auch mit der Grete W.:[126] sie ist sehr schön u. reizend u. unglaublich jung für ihr faktisches Alter u. am 31. 4. tatsächlich mit uns im Zug gesessen.
Liebend Dein Musel
21 / 6

---

[126] *Martha Wiesenthal ... Grete W.*] Grete Wiesenthal (1885–1970), bedeutende Tänzerin, die nach Ausbildung und Engagement als Solotänzerin an der Hofoper gemeinsam mit ihren beiden Schwestern Elsa (1887–1967) und Berta (1892–1953) in einer eigenen Tanzcompagnie auftrat. Sie arbeitete mit Gustav Mahler, Richard Strauss, Max Reinhard und Hugo von Hofmannsthal zusammen, mit dem sie auch den Film „Das fremde Mädchen" realisierte. Später unterhielt sie eine Tanzschule in Wien und unterrichtete an der Akademie. Ihre jüngste Schwester Marta Wiesenthal (1902–1996) war gleichfalls Tänzerin und Musikerin.

230. Elisabeth Salomon an Friedrich Gundolf.
   o.O. [Wien]. o.D. [etwa 27. Juni 1922][127]

Gundel, Du Goldner, hätt ich gewußt wie Du Dich ärgerst, ich hätte Dir gar nichts davon mitgeteilt.[128]

Damit Du auf dem Laufenden bleibst sind hier die Copien unsrer Correspondenz: Die Briefe vom Verlag u. vom Demblin haben sich mit meinen ersten gekreuzt. Darauf kam ein Telegramm: „G. Vorwort Susmann rückgängig gemacht. Erbitten ihre Einleitung."[129] Jetzt wart ich nur daß sie mein Vorwort für ungenügend erklären um laut zu lachen.

Du hast mir doch wieder so ein großes Lob in Versen ausgestellt: ich verdiens zwar nicht – aber seis drum. Und Dank dafür.

Ja, die Görres u. Frau Schopenhauer sind von mir. Kannst sie brauchen?

Ich überleg mir obs nicht doch gut wäre das Bild m. dem Grabstein in d. Günderode zu geben u. darunter den Vers aus dem S. R.[130]

Du, es schwebt schon wieder ein Heiratsprojekt – verzeih mirs – aber Du weißt ja. Es handelt sich um einen jungen Arzt aus Basel: Dr. Simon Bollag.[131] Möchtest Du Dich nicht vielleicht mal bei Landmanns (er kennt die Frau L. angeblich u. ihn auch flüchtig) nach ihm erkundigen, damit ich nicht blind in mein Verderben renne? Den Zweck kannst Du ruhig dabei angeben. Er war der behandelnde Arzt u. „Liebhaber" der Rosemi in Davos. Mir macht er einen ernsthaften, ziemlich klugen u. äußerst schweizerisch assimilierten Eindruck. Meinem Geschmack entspricht er nicht ganz weil sehr humorlos u. schwerblütig u. vor allem stört mich die Wildheit seiner Neigung zu mir, aber vielleicht gibt sich das. Er will schon im August mit mir nach Basel fahren u. hei-

---

[127] *etwa 27. Juni 1922*] Die ungefähre Datierung ergibt sich aus dem Bezug auf den Brief FGs vom 24. Juni; an eben diesem Tag wurde auch Rathenau ermordet, doch verspätete sich die Nachricht davon möglicherweise wegen des erwähnten Generalstreiks.

[128] *hätt ich gewußt ... mitgeteilt*] Von ihrer Kontroverse mit dem Drei Masken Verlag; FG hatte sich in seinem Brief vom 24. Juni über den Verlag empört gezeigt.

[129] *Telegramm ... Einleitung*] Im Brief des Drei Masken Verlags an Margarete Susmann vom 27. Juni 1922 wird auf ein vorhergehendes Telegramm verwiesen, das die Absage der Einleitung enthielt; dies stützt die Datierung von ESs Brief.

[130] *das Bild m. dem ... S. R.*] Gemeint ist Georges Gedicht „Winkel: Grab der Günderode" aus dem „Siebenten Ring". Dazu kam es nicht.

[131] *Dr. Simon Bollag*] Dr. Simon Bollag (1894–1954); neben seiner medizinischen Tätigkeit publizierte er etwa auch einen Aufsatz über Nietzsche, Burckhardt und George (1948).

raten. Die ökonomischen Verhältnisse scheinen sehr günstig. Es bedeutet aber – nach seinem Charakter – eine völlige Trennung von Dir und dieser Gedanke ist mir eine Qual. Que faire?

Bitte schick mir die Fahnen so zurück daß ich *deutlich* daraus seh wies korrekt heißen muß.

Kennst Du die Mysterien von Hamsun?[132]

Eben kommt die Nachricht von Rathenaus Ermordung mitten in unseren Post- u. Eisenbahnstreik so daß wir näheres wohl sobald nicht hören werden. Es sind sehr gemeine und dumme Feiglinge die sich für so etwas hergeben.[133] Trotzdem man solcher Bubenstücke immer gewärtig sein muß bin ich doch bis ins Innerste erschrocken u. entsetzt u. weiß Dir gar nichts mehr zu schreiben.

Innig Dein

Musel

231. Elisabeth Salomon an Friedrich Gundolf.
o.O. [Wien]. 12. Juli 1922

Gundelchen – jetzt schreibt der Sbt. mir einen Brief in dem er mich bittet ihm persönlich den Gefallen zu tun mein Vorwort an erster, das der Susmann an zweiter Stelle setzen zu lassen, weil die S. nicht verzichtet u. er nicht will daß ich das Buch ganz zurücknehme. Meinst Du das kann ich annehmen?[134] Wenn ich nein sage ist eine dauernde Verstim-

---

[132] *die Mysterien von Hamsun*] Der Roman „Mysterier" („Mysterien") erschien 1892.

[133] *Nachricht von Rathenaus ... hergeben*] Walther Rathenau (1867–1922), seit Januar des Jahres deutscher Außenminister, wurde am 24. Juni 1922 Opfer eines von der rechtsradikalen Organisation Consul geplanten Attentats. Die Mörder – ehemalige Freikorpskämpfer der Marinebrigade Ehrhardt – wurden wenige Tage später beim Versuch ihrer Festnahme von der Polizei erschossen. – Vom 24.–29. Juni 1922 fand in Österreich ein Generalstreik gegen die Wirtschaftspolitik und die Folgen der Inflation statt.

[134] *jetzt schreibt der Sbt. ... annehmen*] Dieser Vorschlag Felix Sobotkas wurde nicht realisiert, ESs Günderode-Ausgabe erschien ohne fremdes Vorwort. Dagegen bot der Drei Masken Verlag Margarete Susmann an, eine Biographie Karoline von Günderodes zu schreiben und schloß zuletzt einen Vertrag mit ihr über ein Buch „Frauengestalten der Romantik". Dieses erschien allerdings erst 1929 unter dem Titel „Die Frauen der Romantik" bei Diederichs und enthielt auch den Essay über die Günderode. Unterlagen zu dem gesamten Vorgang finden sich im Nachlaß Margarete Susmans [DLA Marbach].

mung zwischen ihm u. mir wahrscheinlich, die zwar durchaus ertragbar aber nicht besonders förderlich für mich wäre da er doch nun mal mein Chef ist. – Ich freu mich nun unbändig auf unser nahes Wiedersehn.[135] Wir können wahrscheinlich wenn Bernfelds aufs Land gehn in ihrer Villa wohnen die schon ganz im Freien gelegen ist. Der Beardsley[136] ist beim Rahmen, Du wirst ihn schon aufgehängt finden. – Dank für das Apokaliptische Fragment.[137] – Hast Du übrigens über den Dr. Bollag eine Antwort aus Basel bekommen?[138] – Die Shakespeare-Epen schick mir natürlich *nicht* wenn sie nur für Private sind. Soweit geht meine Freundschaft zu niemandem.

Hast Du eigentlich durch Magdas[139] Vermittlung den Liqueur zu Deinem Geburtstag bekommen? Die Andl hatte sie damit beauftragt. Wie gehts Deiner Mutter? Kannst Du denn für so lang von ihr fort? Ich hab Dich lieb, Goldner, und bleib Dein.
Musel
12. 7. 22

135 *Wiedersehn*] FG hatte in seinem Brief vom 9. Juli 1922 geschrieben, daß er im August nach Wien kommen werde, da ES für den Sommer keinen Urlaub bekomme.

136 *Beardsley*] Ein Geschenk FGs. Um was für ein Bild des englischen Künstlers Aubrey Beardsley (1872–1898) es sich handelte, ist nicht bekannt.

137 *Apokaliptische Fragment*] Einer der in Bettina von Arnims Günderode-Buch in abweichender Fassung überlieferten Texte; die zweite Version findet sich im Anhang von ESs Ausgabe.

138 *Hast Du ... bekommen*] Am 15. Juli 1922 referierte FG ES die Antwort aus Basel: „anständig, aber unbedeutend!" ES wiederum berichtete kurz darauf: „Goldner Gundel – die Gefahr ist schon wieder abgeschlagen: der Pretendent hat anläßlich seiner Verliebung ohne Gegenliebe – denn dazu mochte ich mich nicht verstehn, Wahnsinnsanfälle bekommen und ist bei Wagner-Jauregg (Psychiater) in Behandlung. Scheinbar ist eine schon vorhandene Dementia precox jetzt zum Ausbruch gekommen. Das Ganze ist mir sehr peinlich und unangenehm".

139 *Magdas*] Die Tochter der Pensionswirtin Klara Bezner.

232. Elisabeth Salomon an Friedrich Gundolf.
o.O. [Wien]. 28. Juli 1922

Herzensgundelchen, ich bin Dir nicht bös.[140] Wie könnte ich. Du spannst mich rasend mit der geheimnisvollen Andeutung auf eine mir bevorstehende Freude.[141] Bitte laß mich raten: ists ein konkretes, dingliches? Dauerpaß für Österreich ist ja schon selbst ein Riesengeschenk. Aber wie kannst Du von Deiner armen Mutter solange fort? Soll ich nicht lieber der Treuga kündigen und sie pflegen kommen? Ich finde später schon immer wieder eine neue Stellung.

Das beiliegende Couvert lag bei Deinem letzten Brief: am Ende brauchst Du die Notizen.

Dein letztes Gedicht hat mich nachdenklich gemacht: wird Dir wiedermal Deine Liebe zu mir verdacht und verübelt?[142]

Dem S.[143] hab ich ungefähr nach Deinen Angaben geschrieben. Er gibt aber immer noch nicht ganz nach. Unrecht ists aber von Dir mir jetzt Vorwürfe zu machen: mir lag doch auch im wesentlichen nur an dem Urlaub bei Dir.[144]

Bis Bernfelds abreisen kannst Du hier wahrscheinlich in der Wohnung vom Westarp hausen: das ist in meiner unmittelbaren Nähe. Er selbst ist in Rumänien und es bedarf nur noch der Zustimmung seiner Wirtsleute.

---

[140] *ich bin Dir nicht bös*] FG äußert eine solche Befürchtung in seinem Brief vom 15. Juli 1922, weil er ES davor Vorwürfe im Zusammenhang mit ihrer Günderode-Edition gemacht hatte.

[141] *Andeutung ... Freude*] In seinem Brief vom 15. Juli 1922. Es handelt sich um die Widmung des Kleist-Buchs an ES.

[142] *Gedicht*] Die Frage bezieht sich auf die bekannten Vorbehalte gegen ES im George-Kreis.

[143] *S.*] Sobotka (in der Vorwort-Angelegenheit).

[144] *Unrecht ists ... bei Dir*] Der Brief mit FGs Vorwürfen ist nicht erhalten. In seiner Antwort auf den vorliegenden Brief (vom 31. Juli 1922) schreibt er: „Vorwürfe wegen der Günderode-sache hab ich dir nicht gemacht Liebstes, sondern mir nur gewünscht wir hätten die Finger davon gelassen. (Daß du die Sache übrigens nur begonnen, als Vorwand mit mir zusammen zu kommen – na? na? Das machst du dir jetzt so zurecht .. ursprünglich trieb dich dein brennender Autorehrgeiz, ja? Aber das schadet nichts: nur die Lehre bleibt: man soll sachliche Dinge, wie Editionen, nicht mit Personalmotiven verquicken, es entsteht immer ein Gewirre draus.“

Das Aktbildchen vom Preez sieht sehr verlockend aus: ich habe Lust zu einer Pendantaufnahme vom Musel. Du auch?[145]

Ich bin wütend über die Rücksichtslosigkeit Deiner Gäste da Du schon so selbstmörderisch bist sie Dir nicht vom Halse zu halten.[146] Ich wünschte sie brechen alle das Bein eh sie auf den Schloßberg kommen.

Hast Du des Meisters Bild vom Lepsius in Kunst und Dekoration gefunden?[147] – Nach einer Reutermeldung des Wiener Journal ist der Djemal in Tiflis ermordet. Die Wiener Morgenzeitung sagt Kemal. Aber das ist wohl lokal unmöglich. Natürlich von Armeniern.[148] Weißt Du etwas davon und kann man noch hoffen daß es eine Ente ist? Es wäre ein grenzenloser Jammer.
In dankbarer und treuer Liebe
Dein Musel
28. 7. 22
Maurigs wollen an den Bodensee und fragen ob ich noch Pläne davon habe. Ich nicht, aber Du vielleicht?

---

[145] *Das Aktbildchen ... Du auch?*] In seinem Brief vom 13. Juli 1922 hatte FG im Auftrag von Emil Preetorius „drei Bildchen" übersandt, dabei wohl auch die angesprochene Aktaufnahme.

[146] *Ich bin wütend ... zu halten*] FG hatte sich in einem undatierten Brief über die übermäßige Beanspruchung durch Besucher und Studenten beklagt.

[147] *Meisters Bild ... Kunst und Dekoration*] Das „Bildnis Stefan George" des dem George-Kreis nahestehenden und eben verstorbenen Malers Reinhold Lepsius (1857–1922) war auf S. 189 im Bildteil eines Aufsatzes von Max Osborn „Die verjüngte Berliner Akademie" in der Juli-Ausgabe der illustrierten Monatsschrift „Deutsche Kunst und Dekoration" (S. 185–210) abgedruckt.

[148] *Nach einer ... Armeniern*] Djemal Pascha wurde am 25. Juli 1922 von einem armenischen Untergrundkommando aufgrund seiner Beteiligung am armenischen Genozid in Tiflis erschossen. Mustafa Kemal Pascha (1881–1938) war gleichfalls türkischer General und damals Oberbefehlshaber der Armee im Kampf gegen die Griechen. Er wurde später unter dem Namen Atatürk erster Präsident der türkischen Republik.

233. Elisabeth Salomon an Friedrich Gundolf.
o.O. [Wien]. 7. August 1922

Dr. Siegfried Bernfeld,[149]
den 7. 8. 1922

Gundelherz – nun mußt Du doch wohl bald da sein? Ich möchte Dich noch bitten nicht zu wenig Gardrobe mitzubringen, da Du zwischen Sommer u. Winter unterwegs bist. Außer dem Vortragsanzug noch die *beiden* schöneren (ich glaub sie sind irgendwie grau) Colleganzüge, *Breeches*,[150] Windjacke, 1 Mantel, den schönsten Hut, 2 Paar Schuh, *Bergstiefel* (wir wollen wandern), viel Hemden u. Kragen, dünne u. dicke Socken, Wollweste u. Shawl u. Handschuh, wenig Bücher (es gibt auch in Wien deren).

Sei mir nun nicht bös, aber Du vergißt doch meist das nötige und bei Deinem letzten Wiener Aufenthalt warst Du schon in arger Not. – Anbei ein kleines Caesarianum[151] u. Dank für den Albanier[152] obwohl er grad nicht meine Schwärmerei ist.

Die Freude ist dann offenbar nicht *dinglich*. Ist es eine Handlung, die jemand tut? Du mir?

Wenn Du der Mama wegen nicht herkommen kannst möchte ich zu Dir. Dann müßte ich aber der Treuga endgültig kündigen was ohnehin mein Wunsch ist da sie mir mehr Arbeit gibt als meinem Geschmack u. meiner Körperkraft entspricht. Ich bin wieder nur noch halb. Wenn die Mila[153] wieder zurück ist sollst Du sie hier sehn. Gleichzeitig bekommst Du aber die süße Olga Samiclowa[154] und die schöne Nina[155]

---

[149] *Dr. Siegfried Bernfeld*] Der Brief ist auf bedrucktem Briefpapier von ESs Schwager geschrieben; der Name ist durchgestrichen.

[150] *Breeches*] Wanderhose.

[151] *Caesarianum*] Nicht ermittelt.

[152] *Albanier*] Anscheinend eine albanische Briefmarke.

[153] *Mila*] Die russische Tänzerin Mila Cirul (1901–1977) war nach einer Ballettausbildung in Moskau 1919 mit der Compagnie von Ellen Tels nach Wien gekommen, wo sie gemeinsam mit dieser, später aber auch als bekannte Solistin auftrat. Cirul war mit ES befreundet und hatte FG von Wasserburg aus, wo sie mit den Schwestern Annemarie (1891–1983) und Gerda von Puttkamer (1901–1953) – gleichfalls Bekannte von FG – die Ferien verbrachte, eine Postkarte geschrieben. Vgl. FGs Brief an ES vom 28. Juli 1922.

[154] *Olga Samiclowa*] Richtig Olga Samsylova, gleichfalls Tänzerin.

vorgeführt und dann wird Paris ein Waisenknabe gegen Dich sein an Verlegenheit.[156] Quanto a me,[157] ich habe mich für die Olga entschieden.

Ich traure sehr meinem geliebten Marschall nach. Vielleicht waren es die Engländer oder Enver der ihn sehr hassen soll.[158] Hast Du Bilder u. Nachrufe gefunden? So heb sie mir auf.

In sehnender Liebe

Dein getreues Musel

Wegen Bayern bin ich ziemlich unbesorgt:[159] bei denen pflegt solche Aufregung auszugehn wie das Hornberger Schießen. Ärger sind die Franzosen. Hoffentlich besetzen sie Euch nicht Darmstadt wieder, diese Spitzbuben.[160]

---

[155] *die schöne Nina*] Nina Schelemskaja, gleichfalls Tänzerin bei Ellen Tels. Sie heiratete 1928 Rudolph Bing, den späteren Leiter der Metropolitan Opera in New York.

[156] *Paris*] Das Urteil des Paris; Episode der griechischen Mythologie, in welcher der Jüngling Paris entscheiden mußte, welche von den drei Göttinnen Hera, Aphrodite und Athene die schönste sei.

[157] *Quanto a me*] Was mich betrifft.

[158] *Marschall ... hassen soll*] Djemal Pascha, der gemeinsam mit Talaat Pascha (1872–1921) und Enver Pascha (1881–1922) die jungtürkische Bewegung angeführt hatte, war nach dem Krieg in gewissen Gegensatz zu Enver geraten, da er mit Unterstützung der Sowjetunion den Kampf der Afghanen gegen England organisierte, während Enver in Mittelasien für die pantürkische Idee agitierte und von einer Einheit der Roten Armee drei Tage vor Abfassung dieses Briefs getötet wurde. Sowohl Djemal wie auch schon Talaat (und andere Verantwortliche für die Massaker an Armeniern) kamen durch Attentate der armenischen Geheimorganisation Nemesis ums Leben.

[159] *Wegen Bayern ... unbesorgt*] Konflikt zwischen dem bayerischen Ministerpräsidenten Max Graf von Lerchenfeld (Bayerische Volkspartei) und der Reichsregierung um die Übernahme der sogenannnten Republikschutzgesetzgebung, die die bisherigen Notverordnungen des Reichspräsidenten zur Bekämpfung des politischen Radikalismus ablösen sollte. Bayern wollte zunächst eigene Ausnahmegesetze erlassen, erkannte aber Ende August das verfassungsmäßige Primat der Reichsregierung an. FG hatte sich in seinem Brief vom 28. Juli 1922 deswegen besorgt gezeigt.

[160] *Hoffentlich ... Spitzbuben*] Die französische Besetzung Darmstadts hatte vom 6. April bis zum 17. Mai 1920 angedauert. Wegen ausbleibender Reparationszahlungen wurde der Westen Deutschlands mehrfach von alliierten Truppen besetzt.

234. Friedrich Gundolf an Elisabeth Salomon.
Heidelberg. 6. November 1922

Heidelberg, 6. XI. 1922

Mein liebstes Herz:
Der Arbeitstag hat wieder angefangen, ich bin noch traurig, aber sehe
wieder vorwärts[161] .. Meine zärtlichsten Gedanken und Wünsche umkreisen die Geliebte die mir Kind und Schwester und Braut zugleich ist,
und der ich zugleich in Schuldknechtschaft verfallen bin.[162] Zu deinem
Geburtstag steh ich diesmal mit leeren Händen, doch umso vollerem
Herzen da. Liebes, ich küsse dich: bleib froh, bleib geliebt, bleibe mein
und fühle meine, oft ohnmächtige, nie ermattende Liebe.

Den Kleist gedachte ich dir zum Geburtstag zu schicken, doch ist er
noch nicht erschienen .. es wird wohl noch 8–14 Tage dauern.[163] So
nimm einstweilen mein Jugendbild das bisher meiner Mutter gehört
hat – du hast es wohl noch nicht, und es ist mehr von *Deinem* Gundel
drin als in den spätern finstern. Auch einen Ring bewahr ich für dich,
und 20000 M. hab ich für dich überweisen lassen .. das ist kaum was,
nur ein Zeichen.

Sobald meine Finanzen übersehbar sind, wird auch der Geldkomplex zurück gehn, hoff ich .. einstweilen ist er noch begründet. Mein
Gehalt ist nicht im Verhältnis zur Teurung gestiegen, meine Bondi-ab-
rechnung hat viel weniger ergeben, als ich voraussah, weil sie noch mit
den Verkaufspreisen von 1921 kalkulirt und meine Papiere haben
nichts gebracht[164] .. Kurz, ich habe einstweilen Schulden, die noch ungedeckt sind, und das macht mir Unbehagen. Das Kleisthonorar bringt
das Budget wohl einigermassen ins Gleichgewicht, aber die Über-
schüsse die ich mir für dich wünsche bringt es nicht. Ich schreibe dir
dies nur, weil ich fühle daß du mich für geizig hältst (nicht gegen dich)

---

[161] *Der Arbeitstag ... vorwärts*] FG war gegen Ende August für einen längeren Aufenthalt zu ES nach Wien gereist, dann aber wegen der sich verschlimmernden
Krankheit seiner Mutter am 24. Oktober 1922 nach Darmstadt zurückgekehrt.
Amalie Gundelfinger starb am 31. Oktober 1922.
[162] *in Schuldknechtschaft verfallen bin*] Bei seinem Aufenthalt in Wien hatte sich
FG offenbar Geld ausleihen müssen.
[163] *Den Kleist ... dauern*] FGs Kleist-Buch erschien im November unter dem Sigel
der Blätter für die Kunst mit der Widmung „Elisabeth Salomon zugeeignet“. Ihr
Geburtstag war am 10. November.
[164] *meine Papiere haben nichts gebracht*] Offenbar Aktien.

aber doch so im ganzen. Leichtsinnig mag ich aber in diesen Sachen nicht sein, weil mir jeder Sinn für sie abgeht und ich nicht wehrlos ihnen gegenüber werden mag. Drum nimm meinen „GKx"[165] zu meinen andren Schwächen hin.

Genug davon, Liebstes liebstes Musel.

Bitte gib inliegendes Buch dem Tritsch, dessen Adresse ich wieder nicht weiß, da mein Büchlein[166] noch nicht da ist.

Die Pakete sind da, hab Dank für deine Mühe. Ich schreibe dir noch vor deinem Geburtstag.

Grüsse mir die lieben Bernfelds und die Anna L. und gib von den vielen tausend Küssen die ich dir stündlich sende, der Martha einen langen süssen zarten auf die schönen Augen. Sag ihr, ich hab sie nicht vergessen.

Und all die andren Freunde auch nicht.

Wahrscheinlich nehme ich mir das Kätchen[167] (mit der Brille) als Wirtschafterin.

Musel, mein Liebstes auf der Welt, bleib mir treu, trotz Incubus und Succubus,[168] und bleib freudig, weil du so geliebt wirst.

Weisst dus denn wie?

All deine lieben Glieder küss ich innig, dankbar, wild und ehrfürchtig und bleib Dein Gundel

235. Friedrich Gundolf an Elisabeth Salomon.
Heidelberg. o.D. [Vor 10. November 1922][169]

Wie um Gräber mit den Totenlichten
Wandelt meine Seel um meinen Leib
Sehnt sich zwischen Währen und Vernichten
Heim in deinen liebenden Verbleib.

---

[165] „*GKx*"] Der von ES diagnostizierte Geldkomplex.

[166] *Büchlein*] FG hatte sein Adressbüchlein in Wien vergessen.

[167] *Kätchen*] Nicht ermittelt.

[168] *Incubus und Succubus*] Dämonen in weiblicher bzw. männlicher Gestalt, die sich nachts unbemerkt mit Menschen paaren bzw. bei diesen erotische Träume hervorrufen. Vielleicht Anspielung auf erotische Nebenverhältnisse von FG und ES.

[169] Die ungefähre Datierung ergibt sich aus der Dedikation.

Wirst du festlich deinen Gast empfangen
Einzig Haus wo sie zu rasten liebt?
Tod und Ferne schafft ihr nimmer Bangen
Wenn ihr deine Seele Obdach gibt.

Meine Seele ist in dich gegeben,
Wehrlos in dein Wesen eingetaucht,
Nur von dir empfängt sie Tod und Leben
Hüte sie, daß sie dir nicht verraucht.

Zum 10. November 1922
Dem Liebsten Musel
Heidelberg

236. Friedrich Gundolf an Elisabeth Salomon. 10. November 1922

Dem Musel
am 10. XI. 22

Dies ist dein Tag, der alles Sehnen schwellt
Um deine Seele, deinen lieben Leib …
Ein einzig schmerzlich süsses Beten: bleib
So mein, so ganz mein Liebstes auf der Welt!

Grenzlose Süsse war in jedem Nu
So viele Jahre lang und Dank und Qual
Und immer weiter ohne Maaß und Zahl
Sucht Wunsch und Dank und Qual das süsse Du.

Kein Kuss wird dich besitzen wie ich will
Doch keine Ferne, keine kalte Not
Mir je entreissen was dein Busen bot,
Ich brenn dir zu, du leuchtest in mir still.

O sage nicht, Geliebte, dass wir zwei
Uns nur zum Leid gefunden: spür ein Heil!
Wie ich an dir, durch dich, nimm an mir teil
Die Liebe segnend, wie ihr Los auch sei!

237. Friedrich Gundolf an Elisabeth Salomon.
Heidelberg. 14. November 1922

Musel, mein Liebstes auf der Welt ... Wie ich Dich liebe, mit der ganzen Inbrunst deren ich fähig bin .. ja, du bist mir das Liebste auf der Welt und ich glaube Dir daß du mich liebst: aber selbst wenn du mich nicht liebtest und mich verliessest und mir böses tätest, meine Liebe zu dir bliebe gleich – sie gilt dem was du bist, dem Liebenswerten und Verehrungswürdigen Leben das deinen Leib trägt, nicht dem was du tun kannst .. Sei mir nur nicht trauriger, als ich bin – ich bins oft, meist, aber ich schwimme in Liebe zum süssen Musel.

Dies schreib ich im Dozentenzimmer des Germanischen Seminars! wo schwerlich dergleichen schon geschrieben wurde.

Unser Haus[170] bleibt einstweilen wohl bestehn, nur ein paar Zimmer müssen wir abgeben, hoffentlich gehts möblirt. Es freut mich daß Ernsts Buch[171] dich erreicht hat, trotz der Büchersperre. Was sagst du dazu .. ich schicke dir auch die andren. Der Kleist soll morgen in Berlin ausgegeben werden. Bis dein Prachtexemplar kommt, das ich vom Verlag aus an dich schicken lasse, kanns noch eine Weile dauern. Freut dich denn die Widmung? Sie soll allen sagen, daß ich dich nicht nur liebe, sondern auch dankbar verehre.[172]

(Eben unterbricht mich stud Closs, der über Grillparzers Libussa arbeiten will.)[173]

Ich war beim Ty: es ist lieb wie immer und wir haben fast nur von dir gesprochen, auch vom Notho, den Ty nicht mehr so mag (er sei auch ein Goj, meint das Ty).[174] Lisa Salin ist aus England zurück, ich staune immer wo dies Mädchen seinen märchenhaft guten Charakter

---

[170] *Unser Haus*] In Darmstadt, wo Amalie Gundelfinger und Ernst Gundolf gelebt hatten.

[171] *Ernsts Buch*] Ernst Gundolf und Kurt Hildebrandt: Nietzsche als Richter unsrer Zeit. Breslau: Hirt 1923.

[172] *Sie soll allen sagen ... verehre*] Ursprünglich plante FG als Widmung: „Elisabeth Salomon in Liebe und Verehrung zugeeignet", kürzte dies dann aber auf Anraten seines Bruders zu „Elisabeth Salomon zugeeignet"; vgl. Ernst Gundolf an FG, Herbst 1922, in: Ernst Gundolf: Werke, S. 253.

[173] *stud Closs ... arbeiten will*] Möglicherweise der aus Österreich stammende spätere Germanist August Closs (1898–1990). – Das Drama Franz Grillparzers (1791–1872) entstand 1848.

[174] *er sei auch ein Goj ... Ty*] Goj = Nichtjude. Tilly Edinger hatte ihre 1921 eingereichte Doktorarbeit über den Nothosaurus geschrieben.

her hat: man kann sie nur bewundern. Edith Grote ist hier, hübscher wie je.

Meine Mutter hat uns gebeten, Freunden oder Freundinnen aus ihrem Nachlass kleine Andenken zu geben. Ausser dem Bild sind noch mehrere sehr feine Taschentücher, und eine rumänische gestickte Decke da, kannst du sie brauchen?

Dann hab ich noch eine Busennadel mit kleinen Perlen und Rubinen? Willst Du sie?

Geliebtes: ich knie vor Dir und bitte den Segen aller Himmelsmächte auf Dich herab, liebstes liebstes Wesen!
Ich küsse dich in grenzenloser Liebe!
Dein Gundel
Sei nicht zu traurig! wir bleiben einander, so oder so.

Musel, in meinem Waschtisch unten steht ein Paar alte Damenstiefel: Gehören sie Dir? Die Frau Keller[175] hat mich gebeten ob sie sie haben könnte, sie brauche so nötig.
Wem die Stiefel ausser dir sein könnten, weiß ich nicht.

Abs.: Gundolf / Schlossberg 55 / Heidelberg – Adr.: Fräulein Dr. Elisabeth Salomon / Wien XIII / Suppégasse 10

238. Elisabeth Salomon an Friedrich Gundolf.
o.O. [Wien]. o.D. [26. November 1922][176]

Denke Dir, Gundelherz, ich wohne wieder in einem eignen Zimmer: Wien VII, Zollergasse 13 II. Es ist eine Querstraße der Mariahilfer, also nicht weit vom Amt, komfortabel u. praktisch eingerichtet, warm, hell, mit Bad, Thelephon, sehr aufmerksamer Bedienung u. früh frischen Semmeln. Die Padrona[177] eine bessere jüdische Dame ohne Anspruch auf Familienanschluß meinerseits. Obgleich das Lainzer Familienidyll bei Bernfelds auch seine Vorzüge gehabt hat u. für die Zeit Deines hierseins mir wirklich unersetzlich war, genieße ichs doch sehr wieder einmal für mich zu sein.

---

[175] *Frau Keller*] Nicht ermittelt.
[176] *26. November 1922*] Das Datum ergibt sich aus ESs Angabe „Sonntag" und aus FGs Antwortbrief vom 30. November 1922.
[177] *Padrona*] Hauswirtin.

Der Kleist ist in Wien schon erhaltbar: der Witteck besitzt ihn schon. Ich gedulde mich einstweilen noch mit den Druckbogen. Die Herrmannsschlacht in der Rundschau[178] hat freudiges Aufsehn erregt. Der Dr. Runkel[179] sagt, es sei das erste wertvolle Rundschauheft.

Deine Bank hat mir die 20000.– in Form eines Schecks geschickt, den ich hier jederzeit verkaufen kann. Ich bekomme aber Kronen dafür, drum fehlen mir noch immer die 2000.– Mk die Du Siegfrids Mama schuldest. Von dem Rest der Francs habe ich dem Tritsch unsre Schulden gezahlt.[180]

Siegfried dankt Dir immer sehr sehr innig für Deine lieben Sendungen u. ob er selbst schreiben muß.

Eins Deiner letzten Gedichte redet von meinem Opfer. Mein Liebster, verzeih wenn ich Poesie real nehme, aber wann hätte ich Dir je eines gebracht? Ich liebe Dich und dafür leid ich manches wie Du sehr viel, aber das sind doch keine Opfer, es gehört halt zur Definition der Liebe.

Die Stiefel werden wohl mir gehören, ich erinnre mich nicht. Wenn Du keinen besseren bedürftigen findest, so gib sie in Gottes Namen der Frau Keller obwohl sie eine üble Person u. Betrügerin ist.

Wie ärgerlich mit Euerm Haus![181] Was wird der Ernst tun? Was Eure lieben Sachen? Die Andenken von der Mama von denen Du mir schreibst würden mir eine große Freude bereiten. Aber sieh zu daß dadurch nicht Deine Cousine Lilli benachteiligt wird die so treu bei ihr war.[182]

---

178 *Die Herrmannsschlacht in der Rundschau*] Friedrich Gundolf: Kleists Hermannschlacht. In: Österreichische Rundschau 18 (November 1922), S. 975–993. Es handelt sich um einen Auszug aus FGs Buch.

179 *Dr. Runkel*] Dr. Gustav Runkel hatte eine Leitungsfunktion in der Treuga inne.

180 *Deine Bank ... Schulden gezahlt*] FG hatte ES 20000,– Mark überwiesen sowie über Julius Landmann aus der Schweiz noch 270 Franken schicken lassen (wohl ein Honorar), damit sie eine Zahnarztrechnung bezahlen und geliehenes Geld zurückgeben könne, u.a. an Siegfried Bernfelds Mutter, Hermine Bernfeld, geb. Schwarzwald (1872–1941).

181 *Wie ärgerlich mit Euerm Haus*] FG hatte am 22. November 1922 geschrieben, daß das Wohnungsamt in Darmstadt ihn aus dem Haus „hinausschmeissen" wolle.

182 *Deine Cousine ... bei ihr war*] Amalie Gundelfinger war in ihren letzten Tagen von FGs unverheirateter Cousine Lilli Feist (1875–1939) betreut worden.

Hat der M. sich zu dem Kleistbuch und den verhängnisvollen 3 Worten geäußert?[183] Mir ist noch immer Angst deswegen. Und sein Zorn gegen Dich würde mir die Freude daran verleiden.

Ich habe Dir noch ein Paket mit Büchern geschickt. Die deutschen Sprichwörter[184] möcht ich noch eine Weile behalten weil sie mir Spaß machen. Wenn ich in Frankfurt ein Angebot für eine gut bezahlte Stelle mit angemessener Beschäftigung bekomme nehme ich sie an u. zwar bestimmt. Die Treuga kann ich kaum mehr ertragen weil infolge Beamtenabbau das Arbeitsmaß enorm gewachsen ist u. meine Kräfte kaum mehr nachkommen, zumal ich meine privaten Beschäftigungen (Turnen, Rhytmik, schwimmen, italienisch) auf keinen Fall aufgeben will. Seit Du fort bist habe ich schon wieder mehrere Kilo verloren u. mein Körper kann nun einmal einen bestimmten Grad von Magerkeit nicht vertragen. – Die arme Olga hat eine schwere Fußgelenkverletzung. Obgleich doch ihre ganze Existenz daran hängt fand ich sie in ruhigster Heiterkeit und intensiver Beschäftigung mit Goethe und Shakespeare. Auch die Pepa hat eine sehr sehr arge Bauchfellentzündung u. war dem Tod nahe. Die Arme hat ein grauenvoll geplagtes Dasein.

Mein einziger guter Gundel, leb wohl, und bewahr mir Deine Liebe für die ich nie aufhören werd Dir zu danken. Dein
Musel
Sonntag

---

[183] *Hat der M. … geäußert?*] Die an ES gerichtete Widmung des Buches, das mit dem Signet des George-Kreises erschien – angeblich ohne Wissen Georges von der Dedikation –, wurde zum Anlaß von dessen endgültigem Bruch mit FG. An Fine von Kahler, die einiges Verständnis für FG geäußert hatte, schrieb George Anfang Januar 1923, daß er FG habe mitteilen lassen, daß er ihn vorläufig nicht zu sprechen wünsche. Und weiter: „Sie mögen in seinem verhältnis einiges ‚rührend‘ finden. Ich dagegen muss hervorheben was daran ekelerregend ja skandalös [...] Am wenigsten aber glaub ich dass nachsicht gegen ihn mehr bewirke als widerstand, im gegenteil: so weit wär es vielleicht nie gekommen wenn nach deutlichster entwickelung der person ihm der EINSTIMMIGSTE widerstand entgegengetreten wäre. Manche seiner freunde indess verfuhren wie achtlose ammen die dem kind die verderblichsten stoffe immer wieder zuführen weil sonst das liebe kind schreit und weint.“ George-Briefwechsel, S. 358.

[184] *Die deutschen Sprichwörter*] Wohl die 1846 erschienene Sammlung von Karl Simrock (1802–1876).

239. Elisabeth Salomon an Friedrich Gundolf.
o.O. [Wien]. o.D. [etwa 5. Dezember 1922][185]

Mein goldner Gundel – ich habe den Kleist und die Verse die wohl
die Rechtfertigung der Widmung bedeuten.[186] Mein bisheriges Dasein hat sie nicht verdient – das ist wohl sicher. Aber vielleicht gehts
nach Gnade und nicht nach Verdienst oder ich muß mich halt von
jetzt an gewaltig anstrengen um alles einzubringen und daß Du Dich
nie schämen mußt. Dann ist sie wenn nicht in der Absicht so doch
in der Wirkung eine erzieherische Repressalie. Geliebter, was hat
der M. gesagt? Ich flehe Dich an, laß diese Frage nicht ewig unbeantwortet.

Hier in Wien kaufen ihn relativ viel Leute; die erste Sendung ist in allen Buchläden ausverkauft. Was hörst Du für Stimmen darüber?

Wärst Du jetzt in Wien, wir hätten wenig voneinander. Ich führe ein
häßlich arbeitsames Leben: manchmal 10 Stunden Bureau. Und in der
Früh läutet um 6 der Wecker damit ich ein italienisches Büchlein über
die Geschichte der Revolution in Rußland übersetze. Der Professor
Grünberg[187] hier will es soll gedruckt werden. Ich weiß aber nicht ob es
lohnt wegen der etwas zeitungsmäßigen Sprache. Darf ich Dir den ersten Teil schicken daß Du mir das Deutsch etwas feilst und sagst ob ja
drucken oder nein? Die Arbeit war ja keinesfalls umsonst weil ich viel
zeitgemäße Ausdrücke dabei lerne. Dazwischen turnen und Abends
italienische Conversation oder Gesellschaft. Subjektiv fühle ich mich
sehr wohl dabei weil die Kräfte fortwährend gespannt sein müssen,
aber ich fürchte mein Körper ist zur Trägheit geboren und wird bald
streiken. Bisher antwortet er nur mit rapider Gewichtsabnahme. Das
ist bei einer Übersiedlung zu bedenken: ich suche einen Posten mit wenn
möglich nur halbtägiger Arbeitszeit um den frierenden Nerven wieder
einige Möglichkeit zum Fett ansetzen zu geben.

Mein einziges süßes Herz, wenn es Dir ernst ist mit Deiner Liebe so
vergiß das „verpatzt" das nur eine patzige Erwiderung auf irgend was

---

[185] *etwa 5. Dezember 1922*] Die ungefähre Datierung ergibt aus dem Bezug auf
FGs Brief vom 30. November und seiner Antwort vom 15. Dezember.

[186] *die Verse … bedeuten*] Möglicherweise die zwei Gedichte zum 10. November
1921.

[187] *Professor Grünberg*] Carl Grünberg (1861–1940), Staats- und Wirtschaftswis-
senschaftler an der Universität Wien; später Gründungsdirektor des Frankfurter
Instituts für Sozialforschung. – Welches Buch ES übersetzte, ist nicht bekannt.

war. Vergiß es endgültig! Ich nehme es energisch und schriftlich zurück (hebe diesen Brief auf!): mein Leben ist nicht verpatzt weder durch Dich noch überhaupt! Und zum „Opfer" ist das Musel leider sehr minder begabt.[188] –

Die Olga humpelt schon wieder herum, tanzen wird sie noch lang nicht können. Aber die arme Pepa ist in einem jammervollen und ich fürchte fast hoffnungslosen Zustand. Gesund wird sie kaum mehr werden, wenn sies übersteht, ist Siechtum das einzige was sie erwarten kann. –

Ich dank Dir sehr innig noch für das Bild der Mama, es ist formal ähnlich, doch fehlen viele lieben Züge. Und das Selbstporträt aus unseliger Zeit. Das Foto behalte für andere Aspiranten, ich besitze es.[189] Wenn Du in Berlin bist so vergiß nicht *unbedingt* einen Abend für das russische Kabarett „Blauer Vogel"[190] herauszuschlagen. Sie geben eben in Wien ein Gastspiel und mir hat noch nie eine zeitgenössische Darstellung einen solchen Rieseneindruck gemacht. Die Leute erreichen mit geringsten Mitteln den höchsten Effekt: die erstaunlich gut beobachtete Natur wird formelhaft fein stilisiert, und nie auch nur der kleinste Geschmacksfehler. Innige Dinge ohne Kitsch und komische und groteske ohne je ordinär zu sein. Alle Darsteller scheinen echteste geniale Künstler zu sein. Das ganze ist eine beschämende Mahnung an unsre westeuropäische Theaterverlogenheit. Bitte, unterdrück Deine Abneigung gegen Theater und sieh es Dir an. Die Berliner Freunde werden Dir gewiß die Wahrheit meiner Angaben bestätigen.

Die Wiener Gemüter werden eben mehr noch erregt durch das Auftreten von Anita Berber und ihrem Partner Droste die nackt Tänze vorführen die sie Selbstmord oder Astarte oder Byzanthinischer Peitschentanz nennen u. die in Wirklichkeit Coitus oder Selbstbefriedigung oder

---

[188] *wenn es Dir ernst ist … minder begabt*] Der Passus bezieht sich auf eine Selbstanklage FGs in seinem Brief vom 30. November 1922 (der auf den voranstehenden von ES reagiert).

[189] *Und das Selbstporträt … besitze es*] FG hatte ES am 26. November eine Photographie von sich als Landsturmmann geschickt.

[190] *das russische Kabarett „Blauer Vogel"*] Die russisch-deutsche Kleinkunstbühne „Der blaue Vogel" war Ende 1921 zunächst als „Jushny's Theater" in Berlin gegründet worden. Hoch gerühmt, u.a. von Alfred Polgar, Siegfried Jacobsohn oder Else Lasker-Schüler, unternahm das Ensemble auch Tourneen durch ganz Europa und die USA.

Masochismus heißen könnten. Sie soll eine Creierung von Herrn Voll-
moeller sein.[191] –
  Wirst Du in Berlin die Cedel besuchen? (Unter den Linden 73 im Mi-
nisterium des Innern).
Behalte mich lieb, ich bin Dein.
Dein Musel
Kann ich auf irgendeinem Weg das Wasserkissen Deiner Mutter für die
Pepa bekommen?

240. Friedrich Gundolf an Elisabeth Salomon.
Heidelberg. 15. Dezember 1922

Süssestes!
Du wirst inzwischen Ty's und meine Einladung zu Weihnacht bekommen haben. Es wäre das Schönste wenn du her kommen könntest,[192]
und abgesehn von der Weihnachtsfeier mit den dir Liebsten, das Terrain sondiren könntest für eine etwaige Stellung. Geliebtes, ich leid all
deine Sorgen und Trubel mit, doch ists jetzt in der Ordnung, daß jeder
von der Weltunordnung sein Teil trägt.
  Wegen der Wdmg. hab ich noch nichts unmittelbares gehört, doch
mittelbar daß das *Verschweigen* verletzt hat.[193]

---

[191] *Die Wiener Gemüter ... Vollmoeller sein*] Die Tänzerin Anita Berber (1899–
1928) trat im November 1922 gemeinsam mit ihrem zweiten Ehemann Seba-
stian Droste (1898–1927) in Wien in der skandalumwitterten Produktion „Tänze
des Lasters, des Grauens und der Ekstase" auf, die indessen nicht von dem Dramatiker Karl Gustav Vollmoeller (1878–1848) stammt, der früher sowohl Mitglied des George-Kreises gewesen war als auch eine nähere Beziehung zu Anita
Berber unterhalten hatte. Bereits im Januar 1923 wurden Droste und Berber aus
Österreich ausgewiesen.
[192] *Es wäre ... kommen könntest*] In der Tat besuchte ES FG über Weihnachten.
[193] *Wegen der Wdmg. ... verletzt hat*] Die von George ausgehende ablehnende Reaktion des Kreises auf die Widmung des Kleist-Buches und die dort vertretene
Sichtweise der Angelegenheit läßt sich am besten in dem Brief Friedrich Wolters
vom 3. Februar 1923 erfassen, der von FG, kurz gesagt, männliche Härte ein-
fordert. Wolters diagnostiziert das „eigentliche Übel" „nicht in dem Verhältnis
zu E[lli], sondern in Ihnen selbst [...]: eben dass Ihre Leidenschaft nicht mehr
sinnlicher Natur ist, zeigt ihre gefährliche Krisis an, und was Sie mir von Ihrem
jetzigen Fühlen sagten, deutet mir den versteckten Punkt an, von dessen schwie-
rigem Erkennen ich Ihnen sprach. Nämlich dass Sie dieses tiefe Mitleid mit E[lli]
haben, dass Sie weinen, wenn Sie an sie denken, gerade das macht den Zustand
Ihrer Leidenschaft verdächtig, gerade das ist die Gefahr des 40jährigen, der die

Lass dies meinen Kummer sein und freu dich meiner Liebe zu dir und meiner Verknüpfung mit deinem Dasein.

---

jünglinghafte Weichseligkeit und Weichherzigkeit nicht verlieren möchte und sie – ohne dass er es merkt – in die Wollust des Sentiments rettet, wo sie sich als Mitleid, Hingabe usw. verhüllt. Es ist nicht das Goethesche Bild, sondern das typisch romantische: im Augenblick wo das Hartwerden des Mannes als das seiner Lebensstufe Gemässe von der Natur gefordert wird (wie Goethe es gegen Frau v. Stein wurde!), wird der Romantiker weich, weibisch oder kirchlich, oder beides; Tränen, Mitleid, tiefstes Erbarmen, kurz die ganze Skala der weichherzigen Gefühle verschliessen ihm den Blick in die härtere Notwendigkeit der neuen Stufe, und der Übertritt zum Weibe, zur alten Kirche oder sonst einer der Vetteln der Welt ist sein furchtbares Schicksal, und zwar in dem Augenblicke, wo er sich in seiner Leidenschaft am reinsten, am geläutertsten, am edelsten vorkommt [...] Aber Leiden und Opferbringenmüssen, Teurer, war noch nie eine Entschuldigung für das Falschwählen. Wo also der Konflikt an einer Handlung brennend wird, wo die Entscheidung zwischen höherer und niederer Verpflichtung gefordert wird, gibt es für den Edlen nur *ein* zwingendes ‚Es‘, nämlich der höheren Verpflichtung zu folgen und die geringere zu opfern. Der Satan der Schwäche bläht uns aber in solchen Lagen die geringe Verpflichtung leicht als das Eigentliche oder Zärtliche oder Menschlichere oder Unumgänglich-Nötige auf und verhüllt uns den Blick für die grössere Notwendigkeit. Hier liegt, wenn ich recht sehe, der wirkliche Grund für den Zorn des Meisters gegen Sie: Sie betrachten die Widmung an E[lli] als eine Privatsache oder begründen sie mit Ihrem Trotz oder mit dem Zwang eines unbedingten Müssens oder mit dem Glauben, es würde nicht so schlimm wirken, während der Meister nur die bewusste Verheimlichung einer Handlung in Staatsdingen darin sehen kann, eine absichtliche Täuschung des Führers und eine offne Treulosigkeit gegen den Freund [...] Ich glaube auch hier wieder hinter dem dichten Vorhang der Vordergründe die tiefere Lage sehen zu können, und zwar gerade wieder in dem angezogenen Wesen des Vierzigjährigen: das zwingende ‚Es‘, das Sie als die dem Willen nicht unterliegende Kraft anführen, ist gar nicht ein Aktivdrängendes, sondern ein Leidend-Weichendes, Erweichendes (das jede Frau und je mehr weibliche Instinkte sie hat, um so mehr ihrer Natur nach fördern muss, wie jede schwache Stelle am Manne). Von da aus, scheint mir, musste Ihnen eine privat-persönliche Verpflichtung gegen die geliebte Frau wichtiger erscheinen als die staatlich-persönliche gegen Meister und Freund. Vor die unbedingte Wahl solcher Konflikte wird eben erst der vierzigjährige Mann gestellt. Er muss dann seine Bewährung in dem zeigen, was ich ‚Treue‘ nannte (während man vom bildsamen Knaben Liebe, vom bewegten Jüngling Begeisterung fordert). Auch diese Bewährung ist in gewissem Sinne ein Hartwerden im Geistigen, ein Verzicht auf die bunteren Flügel und leichteren Schwünge, aber ein notwendiger Verzicht auf dieser Lebensstufe. Ohne dieses Festwerden des Mannes würde kein Haus, kein Staat, kein Reich bestehen können. Dem Manne ziemt das Weinen nicht mehr, auch wenn er sich und anderen wehtun muss – und er *muss* eben“. Wolters-Briefwechsel, S. 231ff.

Solltest du nicht kommen können, Schatz, so käm ich Mitte oder Ende nächster Woche doch zu dir nach Wien, und bliebe über Neujahr. Aber lieber wäre mir schon, du kämst zu mir. Du mußt ja noch Urlaub gut haben.

Nach Berlin geh ich nicht.[194] Der Kleist findet viel Beifall und wird noch mehr gelesen.

Musel, ums Hopsen und Hopsensehn und um Berberinnen mit oder ohne Peitsche ist mir jetzt unsagbar wenig zu tun. Ich habe Sehnsucht nach Dir, Sorge um Dich, und tiefe Herzensliebe zu Dir.

Komme komme, wenn du irgend kannst .. Sonst ich zu Dir.

Ich wollte dir Vallentins Napoleon schenken, der jetzt erschienen ist. Auch liegen die Taschentücher meiner Mutter für dich hier.

Ach, Musel, wie gern möcht ich Dich mit Gaben überhäufen, aber ich habe jetzt selbst nichts, nur Schulden. Mein Gehalt wächst nicht im gleichen Schritt mit der Teuerung.
Komme und küsse deinen in Liebe vergehenden Gundl.

Abs.: Gundolf / Heidelberg / Schlossberg 55 – Adr.: Fräulein Dr. Elisabeth Salomon / Wien VII / Zollerstrasse 13 II

---

194 *Nach Berlin geh ich nicht*] FG hatte am 30. November 1922 geschrieben, daß er „in Staatssachen" ein paar Tage nach Berlin gehen werde, wo George sich damals aufhielt, hatte aber offenbar den Hinweis erhalten, daß seine Anwesenheit nicht erwünscht sei.

1923

241. Friedrich Gundolf an Elisabeth Salomon.
Heidelberg. 7. Januar 1923

Mein einziges Muselchen! Liebstes!
Schon acht Tage bist du weg und ich lebe noch im Traum der Schwäbischen Stunden,[1] ja, sie waren schön und erwecken Sehnsucht ohne
Ende. Geliebtes, diesmal bin ich nicht so abgründig verdüstert nach
dem Abschied, trotzdem ich die zehrende Sehnsucht in allen Gliedern
fühle, und Angst habe, was uns das Schicksal wohl Trauriges bereitet,
weil ich nicht so traurig bin wie sonst. Liebstes Liebstes, ich habe solch
Mitleid mit dir, daß du dein feuriges Leben nicht dir gemäss ausflattern
kannst; du bist mir wie ein Falk im Käfig, und meine Liebe kann dir so
wenig helfen zu dem was dir dauernd wohltut .. Süsses süsses Musel,
ich küsse dich und sehne mich.

Closs[2] war da, und ich habe ihn gefragt aber er lebt schon seit Jahren
ohne jede Verbindung mit Geschäften und weiss z.Z. nichts für Dich.

Die Bücher sind an dich abgegangen auch die Günderode hab ich für
Dich bestellt, doch war sie noch nicht da. Vergiss nicht mir die Correk-
tur der Vorrede zu schicken.

O Musel, daß nichts wo du mitwirkst glatt geht ist ja deine Zaube-
rei, sonst gäbe es gar kein Muselproblem in der Welt, und das gibts
doch! Und dir gefiele das Leben nicht, wenn es glatt ginge, wenn du
dich auch manchmal grämst über die Schütterungen. O Süsses!

Dein Koffer und Martha haben sich in mir zu einem grotesken Traum
zusammengefunden. Du hast sie in deinen Rohrplattenkoffer[3] gesperrt,
daß nur der Kopf oben herausguckte, den du von Zeit zu Zeit küsstest
was sie sich demütig gefallen liess.

Sage ihr diesen Traum wenn dirs Spass macht, und wie lieb sie mir
ist.

---

[1] *Schon acht Tage … Schwäbischen Stunden*] ES und FG hatten zum Ende des
Jahres 1922 einige Tage gemeinsam verbracht und sich u.a. in Tübingen und Ulm
aufgehalten.

[2] *Closs*] Vermutlich Otto Closs (1882–1961), der 1908 in Heidelberg mit einer
Arbeit über Schelling und Hegel promoviert wurde. Die Rede ist offenbar von
einer möglichen Anstellung für ES.

[3] *Rohrplattenkoffer*] Großer Koffer, Umzugskiste.

Lili W. ist aus Berlin auf zwei Tage hergekommen, in Begleitung ihres Bruders[4] der hier dienstlich zu tun hatte.

Ausserdem hab ich 8 Korrekturbogen Müller[5] auf einmal bekommen, was mir sehr lieb ist, da mich diese Arbeit über die Sehnsucht nach dir etwas wegtäuscht.

Ich habe dich ganz unbeschreiblich lieb, mein Musel, und weiß nur nicht, ob ich mich mehr nach dem Glück durch Dich für mich, oder nach dem Glück für Dich, durch wen auch immer sehne. Das Süsseste Bezauberndeste Wesen bist Du und ich bin dir verfallen mit Leib und Seele
Dein Gundl
Grüsse mir all die Deinen!

Adr.: Frau Dr. Elisabeth Salomon / Wien VII / Zollergasse 13 II

242. Friedrich Gundolf an Elisabeth Salomon. Heidelberg. 11. Januar 1923

Mein Liebstes! Da hast du gleich die Vorrede zurück. Statt des George-Mottos muss dies aus Bettinas Günderode, eine Art Vorrede der G.[6] Im Vorwort der eingeklammerte Satz über Hölderlin hätte gestrichen werden sollen.[7] Jetzt ists zu spät. Den Titel der neuen Gesamtausgabe weiß ich nicht und habe sie nicht zu Gesicht bekommen, obwohl längst für

---

[4] *Bruders*] Wohl der Kunsthistoriker Wilhelm Waetzoldt (1880–1945), der damals im Preußischen Kultusministerium tätig war.

[5] *8 Korrekturbogen Müller*] Gemeint ist die Ausgabe: Johannes von Müller: Geschichten Schweizerischer Eidgenossenschaft, ausgewählt und eingeleitet von Friedrich Gundolf. (Die Schweiz im deutschen Geistesleben. Eine Sammlung von Darstellungen und Texten, hg. von Harry Maync, Bern, Bd. 13–15). Leipzig 1923.

[6] *Statt des … Vorrede der G.*] ESs Günderode-Ausgabe enthält als Motto eine Passage aus einem Brief Karoline von Günderodes an Bettina von Arnim, der erstmals in dem Günderode-Buch Arnims veröffentlicht wurde; davor war ein Motto von George erwogen worden.

[7] *Im Vorwort … werden sollen*] (Bei allem Unterschied der Größe besteht zwischen Hölderlin und „Tian" eine gewisse Seelenverwandtschaft, daß man versucht wäre, sie einen weiblichen Hölderlin zu nennen, wenn nicht zu Hölderlin seine hohe Kunst und seine Sendung gehörte.) Einleitung zu ESs Günderode-Ausgabe, S. XII.

dich bestellt![8] Weißt Du sie denn nicht? Übertrage meine Korrekturen *gewissenhaft*, Buz,[9] damit kein Flecken auf deine Philologenehre fällt. Mir ist ziemlich bang vor der Sache.

Wegen der Thobias-legende hab ich dir doch *ausdrücklich* gesagt, daß dies nur eine Vermutung von mir war. Elsa Br. hatte mich nur gefragt, ob ich das mit J. L. schon wüsste, ohne zu sagen was. Worauf ich sagte, ich wisse nichts und wolle auch nichts wissen. Ich hoffe sehr du hast nicht nur ihren Namen nicht genannt, sondern auch vom Inhalt der Vermutung, die nur meine eigne war, geschwiegen. Was Elsa gemeint hat, weiß ich nicht.[10]

Muselchen, mach bitte mit der Korrektur keine Schlamperei. Leg zum Beispiel diesen Brief nicht statt des Mottos bei!

An Heyers send ich selbstverständlich die 10 000 M.[11] Dagegen macht es jetzt immer endlose Schererei (und indiskrete Anfragen der Behörden) dir grössere Summen zu überweisen. Auch von der Aussenhandelsbuchstelle bekam ich eine Anfrage, warum ich an dich so viele Bücher sende, ob du sie nicht verschöbest. Du mußt nach Deutschland. Die Kronen fürs Dorotheum[12] geb ich vielleicht einmal einem Reisenden mit.

Ich schreib dir demnächst einen freundlicheren Brief, auch ein Gedicht liegt für dich bereit. Aber ich hab viel Hatz und Ärger heute und du kennst mich. An Pepa schick ich per Brief zwei kleine Schmöker.[13] Grössere Sendungen sind zu umständlich. Und Kriminalzeug oder dgl. habt ihr doch wirklich in Wien mehr und näher als hier.

---

8 *Den Titel der ... bestellt*] Gesammelte Werke der Karoline von Günderode. Hrsg. v. Leopold Hirschberg. 3 Bde. Berlin 1920–22.

9 *Buz*] Kosename, vgl. Butzi.

10 *Wegen der Thobias-Legende ... weiß ich nicht*] Was Elsa Brinckmann von Josef Liegle wußte und was FG in diesem Zusammenhang vermutete, bleibt unklar. Liegle war damals bei George „in Ungnade gefallen", siehe Landmann: Gespräche, S. 119.

11 *An Heyers ... 10 000 M*] ES hatte sich für die Rückfahrkarte von München nach Wien Geld von Heyers leihen müssen.

12 *Kronen fürs Dorotheum*] ES hatte bei Versteigerungen im Wiener Auktionshaus Dorotheum Bücher für FG im Wert von 350 000 Kronen gekauft.

13 *An Pepa ... Schmöker*] ES hatte FG gebeten, der kranken Josefine Kramer etwas Unterhaltungslektüre zu schicken.

Also bald mehr! Meine Liebe, Dank, Sehnsucht, umarmt Dich unverändert! Süssestes Musel!
Vergiss nicht dir Waschzettel und Bauchbinde[14] vorlegen zu lassen!

Adr.: Frau Dr. Elisabeth Salomon / Wien VII / Zollergasse 13 II / Eilbrief / Bote bezahlt

243. Elisabeth Salomon an Friedrich Gundolf.
o.O. [Wien]. o.D. [etwa 27. Januar 1923][15]

Gundelherz! Vernimm: ich bin für die Iden des März[16] an die Garvenswerke[17] nach Rom engagiert! Und wenn bis dahin der Weltkrieg nicht
fortgesetzt wird, was ja immerhin nicht unwahrscheinlich ist,[18] gehe
ich hin. Dann wird auch dieser Traum mir noch erfüllt. Sei nicht zornig
und sei auch nicht traurig, mein Geliebter Goldner, daß ich noch weiter
fortgehe. Du weißt es ja: es ist der ruhlose Trieb in mir und ich bin jetzt
schon 3 ganze Jahre in derselben Stadt u. sogar in demselben Amt. Und
die italienische Grenze ist auch nicht unüberschreitbar. Vielleicht werden uns dort noch neue und nicht weniger schöne Tage.

Ich möchte dich nun sehr sehr bitten, einiges zu tun das mir den ersten Aufenthalt in dem fremden Land in dem ich nicht eine Seele kenne
erleichtert. Hast Du selbst Bekannte dort an die ich mich ev. wenden
kann? Oder sonst, sag es doch dem Olschki, daß er an einige schreibt
u. mir selbst deren Adressen gibt. Ich werde ihn auch selbst noch drum
bitten. Aber Dein nachdrücklicher Wunsch wird wirksamer sein.

Denn nun, da es Wirklichkeit wird, fürchte ich mich doch etwas vor
der Einsamkeit u. vor der Fremdheit.

Vielen Dank für den dritten Band der Günderode.[19] Gehn die beiden
andern nicht auch brieflich zu schicken?

---

[14] *Waschzettel und Bauchbinde*] Der Günderode-Ausgabe; ein Waschzettel ist –
dem Klappentext vergleichbar – eine vom Verlag vorgefertigte Rezension.

[15] *etwa 27. Januar 1923*] Die ungefähre Datierung ergibt sich aus FGs Antwortbrief vom 31. Januar.

[16] *Iden des März*] 15. März; Todesdatum Caesars.

[17] *Garvenswerke*] International operierendes deutsches Unternehmen, das Pumpen
und Maschinen herstellte.

[18] *Und wenn bis dahin ... unwahrscheinlich ist*] Wohl Anspielung auf die zwischen
dem 11. und 16. Januar 1923 erfolgte Besetzung des Ruhrgebiets durch französische und belgische Truppen.

[19] *den dritten Band der Günderode*] Der dreibändigen Ausgabe von Hirschberg.

Wie gut daß der Grüneweg 37 Euch erhalten bleibt.[20] Und überhaupt daß mal eine Sache mit großer Möglichkeit zum schlechten nicht ihn sondern den guten Ausgang nimmt.

Eben kommen die Anmerkungen von Dir. Danke. Die Bemerkung zu Hirschberg hoffe ich noch direkt unter der Bibliographie anzubringen.[21]

Von der ethischen Wirkung der Ruhrbesetzung erhoffe ich nicht viel gutes. Die Arbeiter werden nicht aushalten[22] u. können es vielleicht auch schwer.

Den Kleist kann ich ja ebensogut hier kaufen wenn Du ohnehin kein Freiexemplar mehr hast.[23]

Der Existenz der kleinen Ottilie[24] solltest Du nicht fluchen, vielleicht macht sie dir noch einmal große Freude.

Die Martha war aufrichtig entzückt u. gerührt über Deine Verse. Wie sollte sie[25]

244. Friedrich Gundolf an Elisabeth Salomon. Heidelberg. 31. Januar 1923

Mein Geliebtes Musel!
Wenn dich Rom befriedigt oder deine Hoffnungen erfüllt, so will ich die weitere Trennung verwinden .. denn eine weitere Trennung ist es, darüber wollen wir uns nicht wegtäuschen. Aber du bist ein Besessenes und wider deinen Wanderdämon vermag selbst die Liebe nichts. Die Sehnsucht, die Liebe, die Sorge bleiben mir und vielleicht wachsen sie alle drei noch und ich hab nur das Eine Gebet: Bleib mein im Herzen und mach dich nicht unglücklich. Ich selbst kenne in Rom keine Seele ..

---

[20] *daß der Grüneweg 37 Euch erhalten bleibt*] Seitens des Darmstädter Wohnungsamts hatte eine Enteignung des Hauses gedroht.

[21] *Die Bemerkung ... anzubringen*] Der Hinweis auf die kurz zuvor erschienene Günderode-Ausgabe von Hirschberg findet sich auf S. 492 von ESs Edition.

[22] *Die Arbeiter werden nicht aushalten*] Als Reaktion auf die Besetzung des Ruhrgebiets wurde der Generalstreik ausgerufen.

[23] *Den Kleist ... mehr hast*] ES hatte FG um ein Exemplar seines ihr gewidmeten Kleist-Buches (Berlin 1922) gebeten.

[24] *Ottilie*] Bezieht sich wohl auf eine Bemerkung FGs im Zusammenhang mit den Unterhaltszahlungen für seine Tochter.

[25] *Wie sollte sie*] Der Rest des Briefs ist nicht vorhanden.

doch eine, vielleicht eine alte Freundin der Else Kühner,[26] deren Adresse
will ich erbitten. Sie ist aber eine grosse blonde Teutonin und ich be-
zweifle ob ihr euch versteht. Olschki will ich um Adressen angehn.
Fraglich ob du in Rom Wohnung findest, es soll dort noch schwerer
sein als anderswo. Wolfskehls Adresse muss ich auch erst erfragen .. er
ist Praeceptor bei einer Baronin *Münchhausen*[27] .. eine ferne Tante
Tankmars. ich schreib dir sobald als möglich.

Wolters war hier, zu einer Konferenz. Ich hab mit ihm viel von dir
gesprochen und er ist dir zugetan wie immer, wenngleich er fühlt wie
gefährlich du bist.[28] Doch das ist dir keine Herabsetzung.

Die beiden andren Günderodebändchen sind glaub ich grad eine
Nüance zu schwer für den Brief. Also Geliebtes Bestes! Viel Glück zu
Rom! Was macht Eisenbrand?[29] Ist diese Romfahrt ein Vorlauf der
Ehe?[30]

Wenn du nicht unglücklich wirst, so will ich vieles vieles ertragen.
Aber ich habe keine Sehergabe, und traurig bleib ich doch fast immer,
so oder so .. Drum sorg du mehr für Dich als um mich. Vergiss nicht
der Frau Geiger 1 oder 2 gebd. Ex. der G.[31] schicken zu lassen, wenn es
erscheint. Ist deine Stellung in Rom finanziell und arbeitlich mutmaß-
lich leichter wie deine jetzige Treuga? Ich hätte tausend Fragen. Was
auch immer komme, Geliebtes .. wenn auch nicht von Dauer, *ewig* sind

---

26 *eine alte Freundin der Else Kühner*] Gemeint ist die als Lehrerin in Rom lebende
Leonore Schultz.

27 *Wolfskehls Adresse ... Baronin Münchhausen*] Karl Wolfskehl lebte von 1922
bis 1925 als Hauslehrer bei Editha von Münchhausen (1884–1949) in Florenz.

28 *Wolters war ... gefährlich du bist*] FGs Gespräche mit Wolters mündeten in dessen oben zitierten Brief an FG vom 3. Februar über den Koflikt mit George und
das Verhältnis zu ES. Wolters-Briefwechsel, S. 231 ff.

29 *Eisenbrand*] Über diese Person war nichts näheres zu ermitteln. ES schreibt den
Namen fast immer „Eisenbrant", ein einziges Mal in Reaktion auf ein Wortspiel
FGs wählt sie die Abwandlung „Eisenbarth". Über den Jahreswechsel 1922/23
unterhielt ES eine enge Beziehung zu dem verheirateten Mann, der sich ihretwe-
gen scheiden lassen und mit ihr nach Italien gehen wollte, wo er Freunde und
vielleicht Geschäftsverbindungen hatte; sein Name wird in der vorliegenden
Korrespondenz auch gelegentlich zu „Isobrante" oder „Iso" italienisiert. Nach
einer späteren Bemerkung ESs war er auch mit Mura Ziperowitsch befreundet.

30 *Was macht Eisenbrand ... Ehe*] Am 20. Januar 1923 schrieb Erich von Kahler
an Fine: „Dann verriet mir die E[lli] dass sie vielleicht wied[er] einmal heiraten
werde, es sei nahe daran und sie sei sehr froh darüber, auch wegen G[undol]f,
,dann wird alle Welt aufatmen, dass er den Vampir los ist'". Kahler-Briefwechsel
II,488.

31 *der G.*] Gemeint ist ESs Günderode-Ausgabe.

unsre Liebesstunden, Liebestage -Nächte, -Jahre alle alle! Nie wurde
ein Wesen mehr geliebt wie du von mir wirst. Aber es hat auch noch
kein bezauberndes lebendigeres gegeben, mindestens für mich. Und
nun freu dich auf das Neue und bewahr das Liebste des Alten!
Mein Musel, mein geliebtes Musel!
Grüsse Bernfelds und küsse die M.[32]

Adr.: Fräulein Dr. Elisabeth Salomon / Wien VII / Zollergasse 13 II

245. Elisabeth Salomon an Friedrich Gundolf.
o.O. [Wien]. o.D. [etwa 5. Februar 1923][33]

Liebster Gundel – der Verlag schreibt mir auf meine Anfrage ich möchte
den Waschzettel selbst verfassen und ihnen den Text schicken. Willst
du es tun? Eine Bauchwinde wird Gottlob nicht verwendet.

Ich habe rasend zu tun: Abbau in der Treuga, Instandsetzung von
Gardrobe etc, Stenographielernen, italienisch. Nächste Woche tret ich
dann hier bei den Garvenswerken ein.

Kannst Du mir Führer und Pläne von Rom oder dem übrigen Italien
leihn? Den ersten Band von Hirschbergs Günderode hab ich bekommen. Der zweite ist doch hoffentlich nicht verloren gegangen?

Wenn sich der Familienabbau vom Eisenbrant in gewünschter Weise
abwickelt und wenn mein Herz beständig bleibt und die politische
Situation in Italien erträglich ist[34] werd ich wohl in Rom unter die
Haube kommen. Aber mein Wander- u. Abenteuertrieb ist vielleicht
wirklich stärker als Liebe und alle menschlichen Bindungen, obwohl
jede Trennung von geliebten Menschen und vertrauten Orten mir tief
ins Herz schneidet.

---

[32] *die M.*] Martha Wiesenthal.

[33] *etwa 5. Februar 1923*] Die ungefähre Datierung ergibt sich aus dem Bezug auf
FGs Brief vom 31. Januar.

[34] *die politische Situation in Italien erträglich ist*] Nach politisch unruhigen Jahren im Gefolge des Ersten Weltkriegs, die beinahe zum Bürgerkrieg führten,
übernahmen die Faschisten unter Benito Mussolini (1883–1945) durch ihren
Marsch auf Rom im Oktober 1922 die Macht und errichteten schrittweise eine
Diktatur. – Vereinzelten Bemerkungen ESs zufolge war Eisenbrant ein politischer
Gegner des italienischen Faschistenregimes; vgl. etwa ihre spätere Äußerung,
wonach er in Wien sitze und nicht nach Italien dürfe (Brief vom 22. April 1923)
oder auch ihren Brief vom 13. März 1923.

Jedenfalls bin ich nebenbei sehr froh mich dieser unerquicklichen Familientragödie entziehn zu können. Ich hab halt so wenig Talent zur Strindbergheroine.[35]

Der Nominallohn in Rom ist wesentlich höher als der hiesige. Ob er es real auch ist hängt von den dortigen Lebensbedingen ab die ich noch nicht kenne. Auch über Art und Maß der Arbeit weiß ich noch sehr wenig. Aber schlimmstenfalls geb ichs wieder auf und bin doch einige Wochen in Rom gewesen u. zweitschlimmstenfalls ists ebenso wie bei der Treuga dann leb ich doch zur Compensation in Rom statt in Wien.

Gestern waren bei Bernfelds nicht weniger als 4 Tanzstare gleichzeitig: die Mila, die Martha, die Ronny Johannson u. die Ellinor Tordis.[36] Das war sehr possierlich. Die Mila lieb ich immer mehr. Sie ist sehr unglücklich weil sie kein Atelier zum arbeiten findet. Ich hab ihr aufgetragen Dich zu besuchen falls sie in Deine Gegend kommt auf ihren Fahrten. Aber ach, Fahrten: es verkehren ja keine D-Züge mehr in Deutschland. Aber Dich behalt ich lieb und bleib Dir auch treu bei Verkehrsstockungen![37]
Dein
Musel

---

[35] *Strindbergheroine*] Am 4. Januar 1923 hatte ES an FG geschrieben: „Inzwischen sind mir ein Haufen Briefe vom Eisenbrant nachgesandt worden. Hier hat sich gleich nach meiner Rückehr manches Unangenehme mit seiner Frau ereignet: u.a. ein Selbstmordversuch den er mittels Gegengift noch wirkungslos machen konnte. Warum bei mir nur nie etwas glatt gehn kann sondern immer von Excessen begleitet sein muß!" – Der schwedische Dramatiker August Strindberg (1849–1912), der selbst drei gescheiterte Ehen durchlebte, stellte in seinen Stükken häufig quälende Ehekonflikte dar.

[36] *die Mila ... Ellinor Tordis*] Neben den schon früher erwähnten Mila Cirul und Martha Wiesenthal noch die als Tänzerin in ganz Europa auftretende und 1924 in die USA wechselnde Ronny Johansson (1891–1979) sowie Ellinor Tordis (1896–1976), die wie Grete Wiesenthal und Ellen Tels ebenfalls eine Tanzgruppe in Wien leitete.

[37] *es verkehren ja ... Verkehrsstockungen*] Infolge der französischen Ruhrbesetzung und der nachfolgenden Streiks kam es zu Störungen im Eisenbahnverkehr; daraus hervorgehend ESs kalauernde Anspielung.

246. Friedrich Gundolf an Elisabeth Salomon.
Heidelberg. 21. Februar 1923

Süssestes!
Das Ty liegt auf meinem Divan und liest die Illustrirte.

Der kleine Sohn des Professors Ranke (der mich für ein Ideal hält)
nannte neulich in der Religionsstunde, als der Lehrer nach vorbildlichen
christlichen Ehen, wie die Luthers oder Humboldts oder Schleiermachers fragte: – „Gundolf!"

Also, mein liebes evangelisches Gemahl! gib mir einen Kuss und sei
umarmt von Deinem
getreuen Gundolf

[Tilly Edinger:]
Mitten aus gräßlicher Muffigkeit, Müdigkeit und Traurigkeit hab ich
mich hierher aufgerafft und bin getröstet – für heut. Nachher geh ich
zur Lu, heut abend sind wir, Gundel & ich, bei Victor Goldschmidt[38]
zum Essen, den wir natürlich gleich auf der Straße trafen – schöner
Tag. Zu Dir geht unsre Liebe –
Ty

Adr.: Fräulein Dr. Elisabeth Salomon / Wien VII / Zollergasse 13 II

247. Friedrich Gundolf an Elisabeth Salomon.
Heidelberg. 1. März 1923

Mein Liebstes auf der Welt:
Ich denke, du steckst tief in Rom-trubel: meine einzige nächste Sorge
ist wieder deine Wohnungsfrage, dann daß du nicht von Faszisten geschändet wirst, von Abruzzenräubern[39] entführt. Und vergiss mich
nicht, und sehne dich doch nicht so nach mir wie ich nach dir sonst
wirst du unglücklich .. und lieber noch will ich dich in frohem Leichtsinn wissen als in fruchtloser Traurigkeit. Ich fahre nun (morgen) nach
Berlin, zur Lili W. hauptsächlich (neulich träumte mir sie habe dich

---

[38] *Victor Goldschmidt*] Mineraloge; Professor an der Heidelberger Universität
(1853–1933).
[39] *Abruzzenräubern*] Ironische Anspielung auf die literarisch-musikalische Tradition der Rinaldo Rinaldini, Fra Diavolo oder Gasparone.

ausgepeitscht) ich habe aber Euch Beide deswegen nicht weniger gern. Solltest du wider Erwarten mich in München noch kurz treffen können oder wollen, so würde ich deinem Ruf auch von Berlin aus folgen.

O Musel, ich zerspringe manchmal vor Verlangen nach dir, nach allem mit Dir .. ich liebe Dich, ich liebe Dich.

Wenn du über die Alpen gehst, dann ernenne als Statthalterin deiner Gundelherrschaft die Martha, die mich auch manchmal in Träumen heimsucht. Doch gibts freilich nur Ein Musel auf der Welt, und einige holde Betäubungen dafür daß das Musel weit weg geht. Endlich hab ich am Schluss dieses Semesters wieder eine Hörerin entdeckt die mich anzieht: sie ist ein Mittel aus dir und Edith, im Wesen leider mehr Edith als Du. Übrigens eine Geheimratstochter, und ich traf sie nur neulich einmal bei Lobsteins. Ihren Vornamen weiß ich nicht, sie hat aber bei den Archaeologen (sie studirt das) den Beinamen Cleopatra.[40]

In Baden Baden hab ich meine Vorträge[41] mit Erfolg absolvirt. Arthur S. ist aber bedenklich verdreht und verdüstert.

Bei Gruhles war ich jüngst zum Thee und hab mich erstaunt wie sehr die Atha sich verbessert hat, auch im Wesen.[42]

Edgar hat eine Tochter namens Brigitte.

Musel, Geliebtes! Einziges, Herrin, Schwester und Kind und Weib – ich küsse dich von Kopf bis zu den Sohlen und den süssesten Schooß zu dem mein Leben sich drängt.

Muselchen, ich bitte um deine süsse Liebe und ich bete für dein Heil, und deine Freude .. bleib auch in Rom das süsse Wunder meines Lebens.

Schreib mir, küsse mich, trinke mich und bleib mein und dein!
In tiefer Liebe, in dankbarer Verehrung, in wilder Treue
Dein
Gd
O mein Musel!

Adr.: Fräulein Dr. Elisabeth Salomon / Wien VII / Zollergasse 13 / II

---

[40] *Cleopatra*] Nicht ermittelt.

[41] *Vorträge*] FG sprach dort über den barocken Romanschriftsteller Grimmelshausen (um 1622–1676).

[42] *Bei Gruhles ... im Wesen*] Hans Walter Gruhle (1880–1958), Psychiater an der Heidelberger Universitätsklinik, hatte 1922 Atha Nodnagel geheiratet, die FG und ES als Germanistikstudentin bekannt gewesen war.

248. Elisabeth Salomon an Friedrich Gundolf. Wien. 4. März 1923

Wien, den 4. III. 23

Mein Herzensgundelchen! Von dieser einen Sorge kann ich dich befreien: die Garvens in Rom haben schon ein Zimmer für mich gemietet und thelegraphieren dauernd warum ich noch nicht da bin. Als gewissenhaftes Mädchen habe ich aber strikt erklärt nicht eher zu kommen, bis ich die von mir erwartete Arbeit leisten kann. Und ich lerne auch wirklich auf Teufel komm raus Maschinenbau u. -schreiben, stenographieren u. italienischen Handelsbriefstil. Das ist das schwerste: ich habe ja 3 Jahr gebraucht um mir zu merken: „Auf Ihr Geschätztes vom 3. I. erhalten Sie unser Ergebenes unter heutigem" und „die anhandgegebenen Preise lassen wir uns dienen" und „Sonst ohne Mehranlaß zeichnen wir –". Wie lang werd ich nun wohl brauchen um mir einzuprägen: „Abbiamo portato a credito della vostra riverita pattista" u. „A stimata vostra 14. corr. ci pregiamo offrirvi" und „Senz'altro tanto vi doveramo".[43] Es ist zum Leuse bekommen was die Commis aller Länder aus den Sprachen ihrer großen Dichter machen. Dagegen macht mir die Konstruktion der Maschinen die ich verkaufen soll viel Vergnügen und in welcher Sprache ich deren Bestandteile kennen lerne bleibt sich ja gleich. Bei der Stenographie u. Maschinenschreiberei ist mein einziger Trost daß meine Perfektion darin noch einmal Dir u. Deinen Schriften zugute kommt.

Besuchst Du in Berlin die Cedel? (U. Linden 73) und die Trude Cassel? (Motzstrasse 47)

Ich wünschte sehr sehr Dich noch zu sehen. Aber zum fortreisen bekomme ich bestimmt keinen Tag mehr Urlaub. Und zum mit viel Müh u. Unkosten herkommen möchte ich Dir kaum zureden. Es wird unsre Herzen nicht erleichtern. Ich hoff ja auch bestimmt Du wirst nach Rom kommen. Die Reisekosten lassen sich vielleicht durch einen Vortrag einbringen und der Aufenthalt wird kaum teurer sein als anderswo. Oder der Zürcher[44] ladet Dich ein.

Die Martha war sehr glücklich über Deine Verse. Wir haben beide gelacht daß Du sie via Musel schickst. Ich hab ihr auch eine Copie Dei-

---

[43] *Abbiamo ... doveramo*] Italienische Geschäftsbrief-Formeln.

[44] *Zürcher*] Offenbar in Rom lebender Bekannter FGs aus Zürich. Näheres nicht ermittelt.

nes späteren Hilsdorfbildes[45] geschenkt. Sie wird mir immer noch lieber und der Abschied von ihr tut mir mehr weh als irgend einer von Wien. Die Grete W. heiratet jetzt nach Schweden.[46] Wir haben von der Esther[47] gesprochen, die sie vielleicht aufsuchen wird.

Ich bin recht froh daß Du aus der unmittelbaren Franzosenzone fort bist.[48] Aber der arme Ernst! Haben diese Hunde ihn etwa in seinem Haus belästigt? Ein neuer Krieg scheint nun wirklich eine unvermeidbare Notwendigkeit zu sein. Ich höre das sogar von leidenschaftlichen Pazifisten aus Deutschland.

Der Fritz möchte gern Deine Shakespeare-übersetzung u. den Kleist kaufen. Kannst Dus ihm irgendwie billiger verschaffen? – Dem kleinen Ranke muß man unbedingt beibringen daß der große Gundolf zwar ein erstklassiger Liebhaber aber ein höchst mangelhafter Ehegatte ist – damit er kein so falsches Geschichtsbild bekommt.[49] –

Hier noch das Studentenlied aus Berlioz' Fausts Verdammung (nebenbei die schönste mir bekannte Musik, nicht dies Lied grad, aber vieles aus dem ganzen Werk):

Nobis subridende luna per urbem quaerentes puellas eamus; ut cras, fortunati Caesares, dicamus: veni, vidi, vici! Gaudeamus igitur, gaudeamus![50]

Die Rosemi hat bei der Ankündigung eines neuen Gastes gefragt: Kann er so schön zeichnen wie der Onkel Gundolf?

---

[45] *späteren Hilsdorfbildes*] Photographie FGs (um 1914) von Jacob Hilsdorf. Vgl. Franz Toth: Jacob Hilsdorf. 1872–1916. Photograph im Jugendstil. Bingen [1989] Tafel 21.

[46] *Grete W. ... Schweden*] Die Tänzerin Grete Wiesenthal heiratete 1923 den schwedischen Orthopäden Nils Silfverskjöld (1888–1957). Die Ehe wurde 1927 geschieden.

[47] *Esther*] Esther Claesson (1884–1931), schwedische Gartenarchitektin, lebte und arbeitete von 1905 bis 1913 auf der Darmstädter Mathildenhöhe, wo sie FG kennenlernte. Sie entwarf das Titelbild seiner „Romantikerbriefe" (1907).

[48] *Ich bin recht ... fort bist*] Im Rahmen der Ruhrbesetzung waren französische Truppen auch in Darmstadt einmarschiert.

[49] *Dem kleinen Ranke ... Geschichtsbild bekommt*] Vgl. FGs Brief vom 21. Februar 1923. – Kalauernde Anspielung auf den Historiker Leopold von Ranke.

[50] *Hier noch ... gaudeamus*] ESs Hinweis erfolgt aufgrund des Caesar-Bezugs im Text. Hector Berlioz' (1803–1869) Bühnenwerk „La Damnation de Faust. Legende-dramatique" wurde 1846 konzertant, 1893 szenisch aufgeführt. Der Text des Studentenliedes lautet: „Beim lächelnden Monde durchstreifen wir nach Mädchen spähend die Stadt, auf daß, gleich dem glücklichem Caesar, wir am Morgen sagen können: Ich kam, sah und siegte! So laßt uns fröhlich sein!"

Sono con te nella realtà e nel sonno. Abbimi sempre teca[51]
Musolina[52]
4. März 1923
Grüß die Lilli und den Gerhart Eisler[53] wenn Du ihn siehst. Er wohnt
auch Gleditschstr. 9. Und schreib mir über alle Berliner Freunde u. Bekannte.

249. Friedrich Gundolf an Elisabeth Salomon. Berlin. 9. März 1923

Mein süssestes Musel: Meine Gedanken umkreisen dich unablässig,
ich wache und träume von dir und muss mich hüten, daß ich nicht alle
Menschen mit dir zu tot langweile. Übrigens denken sie, soweit ich sie
bis jetzt sah, des holden Musels mit freundschaftlicher Wärme – (ich
sprach erst Vallentins und Ernst Morw.) wenn sie auch alle nicht ohne
Kopfschütteln sehen, wie sehr ich dein Sklave bin.
   Musel, werde mir glücklich .. aber mach dir nicht zu leichte Illusionen. Du wirst gewiss eher nach Deutschland kommen als ich nach
Rom! Nicht wegen der Kosten, aber wegen der Würde. Wenn mein
Deutschtum nicht eine blosse Phrase sein soll und mein Würdegefühl
nicht der Liebe zum Opfer fällt, so gehört sichs nicht daß ich in eines
der Länder gehe, die den Friedensvertrag von Versailles[54] unterzeichnet
haben, solang dieser Vertrag besteht. Sag, gingst du in ein Haus wo du
befeindet oder mitleidig begönnert würdest? Als Deutscher, mit einer
gewissen Verantwortlichkeit, aber würde das meine Situation in Italien
sein. Ihr Weiblein seid Naturwesen und Staat, Vaterland u. dgl. sind für
Euch allenfalls Gefühle, sehr lebhafte sogar, wie bei Dir, aber keine
Verantwortungen. Wir Männer haben keine Gastfreundschaft bei Völkern anzunehmen, die uns geschändet oder verraten haben, solang die
Folgen dieser Schändung noch dauern. Also komm du zu mir, wenn du
mich im Sommer sehn willst! Liebstes, du möchtest alles zugleich ha-

---

[51] *Sono con te ... teca*] Ich bin bei Dir in der Wirklichkeit und im Traum (sogno).
   Behalte mich stets bei Dir.
[52] *Musolina*] Spielerische Anverwandlung des Kosenamens „Musel" an den des
   Faschistenführers Mussolini.
[53] *Gerhart Eisler*] Eisler war mittlerweile in Berlin Redakteur am Zentralorgan der
   Kommunistischen Partei, der „Roten Fahne", geworden.
[54] *Friedensvertrag von Versailles*] Die Bedingungen dieses Friedensschlusses, der
   den Ersten Weltkrieg beendete, wurden in Deutschland allgemein als schmäh-
   lich und ungerecht empfunden.

ben, Ferne und Gundel .. das geht nicht. Ich hoffe aber, du wirst alles
was du wirklich *willst*, (nicht nur möchtest) erreichen: drum hast du
Italien erreicht, (während du nach Frankfurt[55] nicht im tiefsten *wolltest*, sondern gern gemocht hättest) und so wirst du auch mich sehen,
weil oder wenn du willst. Ich nähr mich indeß von süsser Sehnsucht
nach dem liebenswertesten aller Wesen, nach dem Musel, und betäube
mich mit wechselnden Verliebungen, die alles keine Liebe sind wie die
zu Dir, ich bewundere und verehre Dich, herrlichstes Musel.

Hier arbeite ich an einem Shakespearebuch.[56] Die Cedel will ich gelegentlich besuchen, die Trude Cassel nicht ..

Hier traf ich zufällig die Claire Brügmann auf der Strasse .. ich ging
mir ihr ins Aquarium,[57] wo ein riesiger menschengrosser Schimpanse
uns rührte. Ich saß mit ihr im Café als Aga vorbeikam, stehen blieb und
mich mit einem grossen Blick züchtigte: doch erfolgte weiter nichts.

Fritz will ich meinen Kleist schenken, via Bernfeld .. aber der Shakespeare ist jetzt so teuer, daß er auch verbilligt nicht erschwingbar ist ..
und Freiexemplare hab ich nicht mehr.

Hier schick ich dir einen Zeitungsausschnitt[58] der dich vielleicht
ebenso rührt wie mich. Du siehst, – nun du siehst.

Die Franzosen sind aus Darmstadt wieder abgezogen aber sie werden evtl wiederkommen: man muß es jetzt ins ganze rechnen – wenn
man sich über jede Einzelheit neu empört, so hält mans kaum aus.

———

Mein Musel, finde in Rom was du dir erhoffst und fühle meine Liebe
über alle Länder hinweg.

Ich küsse deinen geliebten Leib und lege mein Herz in deine angebe-
teten Hände! Süssestes! Liebstes liebstes Musel!
Bleib mein! bleib Dein!
Ich bin Dein
Gl

<hr>

55 *Frankfurt*] Ende 1922 war gelegentlich davon die Rede gewesen, daß ES eine
Stelle in Frankfurt suchen wolle.
56 *Shakespearebuch*] Shakespeare. Sein Wesen und Werk. Bd. 1–2. Berlin: Georg
Bondi 1928.
57 *Aquarium*] Offenbar ist der Berliner Zoo gemeint, von dem das Aquarium ein
Teil war.
58 *Zeitungsausschnitt*] Nicht erhalten.

Abs.: Gundolf / Gleditschstr. 9 III[59] / Berlin W. 30 – Adr.: Fräulein Dr. Elisabeth Salomon / Wien VII / Zollergasse 13 II

250. Elisabeth Salomon an Friedrich Gundolf.
Wien. 13. März 1923

Guter Gundel, ich bin natürlich durchaus gegen den alten Bismarck, es hätte seiner Ehre garnichts, aber wirklich garnichts ausgemacht, wenn der Herbert die Hatzfeld geheiratet hätte. Ach nein, ich bin wirklich moderner als Ihr.[60] Es mag ein Fehler sein! – Auf der Maschine muss ich Dir schreiben um sie zu üben. Es sind ja auch meine eignen Hände die es tun. Eben les ich mit dauernd steigender Bewunderung Valentins Napoleon. Es steht so unerhört viel darin, ich mag mich nicht davon trennen und setz meine Nächte daran. – Gundel, in Italien zahlst Du doch und wirst ausgenützt, das ist doch keine Gastfreundschaft die man zu stolz sein muss anzunehmen! Ich mußte schon fort von der Maschine[61] u. hier zu Haus hab ich keine. Ja, also Italien: das ist doch ein ganz theoretisch doktrinäres Gehirnerzeugnis u. ich kann nicht glauben daß Du es wirklich im Innersten so empfindest. Da müßte ja nach jedem Krieg der Weltverkehr aufhören, denn einer unterliegt immer. Und überhaupt: es ist doch überall nur eine Kaste die Krieg od. Frieden von Versailles macht. Für Italien z. B. hat Nitti ihn unterschreiben müssen obwohl er sehr dagegen war.[62] Wenn Du da konsequent sein willst, darfst Du auch nicht in einem Deutschland wohnen, in dem der bei weitem überwiegende Teil der Bevölkerung antisemitisch ist u. Dich als

---

[59] *Gleditschstr. 9 III*] FG wohnte während seines Berliner Aufenthalts bei Lili Waetzoldt.

[60] *ich bin ... moderner als Ihr*] ESs Äußerung bezieht sich auf den 1881 unter großer Anteilnahme der Öffentlichkeit ausgetragenen Konflikt zwischen dem Reichskanzler Otto Fürst von Bismarck (1815–1898) und seinem ältestem Sohn, dem Diplomaten Herbert von Bismarck (1849–1904), wegen dessen Absicht, die soeben geschiedene Elisabeth Fürstin Carolath-Beuthen (geb. Gräfin von Hatzfeld) (1839–1914) zu heiraten. Auf Druck des Vaters hin unterblieb die Eheschließung. Worauf ESs Bemerkung reagiert, ist nicht bekannt; ein entsprechender Brief FGs hat sich nicht erhalten.

[61] *Maschine*] Bis zum vorangehenden Satz ist der Brief mit Schreibmaschine geschrieben.

[62] *Für Italien ... dagegen war*] Francesco Nitti (1868–1953), italienischer Politiker, unterzeichnete als Ministerpräsident seines Landes den Versailler Friedensvertrag, obwohl er die Bedingungen für Deutschland als zu hart empfand.

lästigen Eindringling betrachtet. Die mit denen Du zu tun hast nicht, gewiß nicht. Aber ebenso gewiß würdest Du in Italien nicht einem einzigen deutschfeindlichen affront ausgesetzt sein, eher wohl noch in der lieben Heimat einem antisemitischen. Nein, Du Geliebter, ich bin selbst wie Du weißt, nationalistisch bis auf die Knochen – die liegen mir überdies schon sehr nah an der Oberfläche – und aufs äußerste empfindlich in nationalen Ehrendingen u. mehr noch als in jüdischen, – wenn ich es nicht als ehrlos empfinde, so ist es nicht weil ich feminini generis bin, sondern weil es keine innere Berechtigung hat. Oder soll ich die Völker wieder gegeneinander hetzen damit nur rasch gesühnt wird und Du mit dem Musel ruhigen Gewissens am Forum Romanum spazierengehen kannst? Überdies werde ich bestenfalls 2 Wochen Urlaub haben. Lohnt das bei 4 Reisetagen die Fahrt nach Deutschland? Nein, Du mußt unbedingt zu mir kommen. Rom gehört noch in unsern Hamsterkasten mit Gegenden.[63] – Die Martha hat als Idee vom Unglück in mein Bekenntnisbuch geschrieben: Nichtexistenz von Gundolf! – Die Liesel Neumann, Pepas Schwester, ist jetzt auch in Berlin:[64] S 42, Brandenburgstr. 73 bei Kaphan. Die Pepa ist Gottlob wieder leidlich beisammen u. geht herum, wird aber noch lange lange dauernd in ärztlicher Behandlung sein. Dein Briefchen u. die Bücher haben sie närrisch gefreut.

Eben les ich im Corriere: in Venedig wird eine neue Comedia von Zambaldi aufgeführt: la fidanzata di Cesare![65] Soll ich später solche Bücher für Dich kaufen?

Kommst Du gut vorwärts mit dem Shakespearebuch? Hier hast Du Dich damals so sehr geplagt[66] u. viel gelitten weil es Dir nicht nach Wunsch ging. Es gibt mir noch jetzt einen Stich wenn ich an Dein kummervolles Gesicht denke. Und dabei könnte es Dir doch genügen, daß die Stücke da sind u. Shakespeare nicht über ihr nichtzustandekommen verzweifeln mußte.

---

[63] *Hamsterkasten mit Gegenden*] D.h. gemeinsamen (Ferien-)Erinnerungsschatz.

[64] *Die Liesel Neumann ... Berlin*] Elisabeth Neumann war Ende 1922 mit dem Regisseur Fritz Kortner (1892–1970) nach Berlin gegangen. Sie sollte später Siegfried Bernfelds zweite Ehefrau werden.

[65] *Corriere ... di Cesare*] Bei dem im „Corriere della sera", der bis heute einflußreichsten italienischen Tageszeitung, angekündigten Theaterstück („Die Verlobte Caesars") handelt es sich um eine erst 1930 publizierte Komödie des Dramatikers Silvio Zambaldi (1870–1932).

[66] *Hier hast ... geplagt*] Bei FGs Wiener Aufenthalt im Spätsommer 1922.

Wenn du wirklich einen Kleist übrig hast so schick ihn doch dem Fritz lieber direkt nach Breslau 13, Kaiser-Wilhelmstr. 33 II.
Der Claire Dank für ihre lieben Grüße.
Neulich träumte ich daß ich Mussolini ermordet hätte, – aber das war wohl dem Eisenbrand zu lieb.
Mit zärtlichen Küssen und in dankbarer Ergebenheit Dein
Musel
13. März 1923

251. Friedrich Gundolf an Elisabeth Salomon. Berlin. 17. März 1923

Mein Liebstes!
Wegen Rom wollen wir abwarten: ich will dir die Freude dahin zu kommen, nicht schon jetzt vermiessen: was du mir gegen mein Gefühl und gegen meinen Grundsatz schreibst, ist sehr geschickte Dialektik, aber es überzeugt mich nicht. Vielleicht bringts die Liebe zu dir fertig, meinen Widerwillen zu brechen, aber mit gutem Gewissen folgte ich Dir nicht, Hexe. Auch daß du nach Italien gehst, tut mir weh, und nur wenn du sehr viel Freude davon haben wirst, wird sich das ändern: dann die Angst um Dich, und die Sehnsucht, und das Zerrissensein! – Vor allem aber Liebe Liebe Liebe, und Entzücken an Dir!
Ich arbeite hier meist Vormittag am Shakespeare, es geht langsam, da ich nur bei voller Geisteshelle schreiben will .. aber manches Gute ist schon heraus.
Shakespeares Totenmaske[67] ist jetzt in einem herrlichen Abguss zu haben – wenn du jetzt nicht so weit wärest, schickte ich Dir eine – es ist, trotz Goethe, Caesar, Dante, Napoleon, der erhabenste Menschenkopf den ich kenne, adlig, weit, hell, tief, fein und stark zugleich, zum anbeten und zum lieben.
Überhaupt, Musel, jetzt wo ich mit diesem Wunder mich wieder einlässlicher befasse, bebe ich oft vor dankerfüllter Erschütterung daß es dies unter Menschen gegeben hat: das ist für mich die höchste Rechtfertigung der finstern Welt – aber er war fast Gott selbst, wenigstens bet ich ihn in dieser Form am leichtesten an … und dann küss ich den

---

[67] *Shakespeares Totenmaske*] Der in Darmstadt liegenden Totenmaske widmete sich eingehend FGs Bruder Ernst Gundolf: Zur Beurteilung der Darmstädter Shakespeare-Maske (1928), jetzt in: Ernst Gundolf: Werke, S. 195–205, vgl. auch die Einleitung dort, S. 26–28.

vielleicht nicht ganz so göttlichen Schooß des liebsten Musels, die lieblichste dunkle Rose!

Vorgestern war ich bei Heckel mit Ernst M.[68] ganz netter Abend ..
Kunst und Politik wurde gesprochen .. und gestern bei Vallentins, wo
ich überraschend viele Leute traf, die sich über meine Leutseligkeit
wunderten. Man hält mich wahrhaftig überall für einen feierlichen finstern Asketen: sind denn meine Bücher so? Eine Frau Eggerth[69] traf ich
da, eine runde blonde gutartige Elsässerin, Freundin von Trude Cassel,
Verehrerin von Elli Salomon, Hausherrin von Clemens Herzberg.[70] Sie
nahm mich nach Vall. noch mit zu sich, wo es Likör gab und „tiefe"
Gespräche, aber keine Küsse, worauf es vielleicht abgesehen war.

An Martha W. denk ich viel und meine zu fühlen daß sie viel an mich
denkt: du sollst sie von mir küssen, so leidenschaftlich wie ich selbst es
nicht dürfte. Ich hab ihr übrigens einige neue Verse geschickt.

Eine Dame,[71] die eben am Semmering rekonvaleszirt, hat mir schöne
und erregende Gedichte geschickt, die mich oft sehr an eine moderne,
d.h. farbigere, nervösere, sensuellere Günderode erinnern: es ist noch
Hofmannsthalstufe, auf der aber sehr begabt.[72]

Wann erscheint nun die Günderode?[73] Vergiss Frau Geiger nicht!

Liebes, und wann gehst du nach Rom? Lass dich nicht rauben, nicht
verschleppen! Hüte dich vor Illusionen, wolle nicht alles zugleich! Was
macht Eisenbrand!

Und werde glücklich, soweit [ein] lebendiges edles Herz es heut sein
kann.

Ich küsse dich, Mund, Brust, Schooß, Glieder alles, alles Herz meines armen Herzens, Musel!

Abs.: Gundolf / Gleditschstr. 9 III / Berlin W. 30 – Adr.: Fräulein Dr. Elisabeth Salomon / Wien VII / Zollergasse 13 II

---

[68] *bei Heckel mit Ernst M.*] Der expressionistische Maler Erich Heckel (1883–
1970) war sowohl mit Ernst Morwitz wie auch mit Ludwig Thormaehlen befreundet.
[69] *Frau Eggerth*] Martha Eggerth. Näheres nicht ermittelt.
[70] *Herzberg*] Clemens Herzberg arbeitete mittlerweile in der Verwaltung des Deutschen Theaters unter Max Reinhardt.
[71] *Dame*] Nicht ermittelt.
[72] *es ist noch … begabt*] Nach Georges Bruch mit Hugo von Hofmannsthal (1874–
1929), dem einzigen gleichrangigen Dichter seines Umfelds, wurde Hofmannsthals Werk im Kreis abgewertet.
[73] *Wann erscheint … Günderode*] ESs Edition kam an Ostern 1923 heraus.

252. Elisabeth Salomon an Friedrich Gundolf.
o.O. [Wien, Florenz]. 3. April 1923

Gundlein – kannst Du die Sachen von mir[74] vielleicht zum Thankmar gelangen lassen? Er will in 6 Wochen nach Italien kommen. Ich glaube übrigens er ist gegenwärtig in Berlin. Wenn dann Steglitzerstrasse 28. – Bei der Trude Cassel habe ich Dich nun wirklich nicht als Zahlungsmittel benutzt,[75] denn ich schulde ihr nichts. Aber der Gundel ist eine Freude der Menschen, und ich mache meinen Lieben gern eine Freude.

Mein Trieb zum zigeunern ist stärker als jede Liebe zu Menschen. Das ist meine Natur und Du verstehst sie nicht weil die Deine anders ist. Übrigens ist jener ruhlose Trieb nur ein Haar breit stärker, sonst würde mir nicht bei jedem solchen Abschied das Herz in Stücke gehn und das tut es.[76] Mir ist jetzt wieder so ganz unsere Heidelberger Trennung vor jetzt genau drei Jahren gegenwärtig: der Regenspaziergang in Neckargemünd mit Dir und dem Ty und dem Tobias und der Samtmantel (er begleitet mich jetzt wieder in unzerstörter Pracht). Und dann an der Bahn. Auch jetzt bin ich sehr sehr traurig. Aber es ist wie ein Zwang.

Vielen Dank für den Müller.[77] Ich weiss wirklich nicht warum ich den immer wieder vergess. Mein armes Köpfchen ist halt jetzt arg in Anspruch genommen. Diese Vorbereitungen für eine Übersiedlung ins Ausland sind wirklich eine Hölle. Selbst für mich. Dir wären sie wohl[78]

So weit war ich in Wien noch gekommen. Dazwischen liegt eine ganze Geschichtsepoche. Denn heut fahr ich schon wieder von Florenz fort wo ich mit Wolfskehl u. seiner Kolonie ein paar schöne Tage hatte. Er scheint übrigens ein überaus vorzüglicher Praeceptor zu sein u. die

---

[74] *Sachen von mir*] Briefschaften und Bücher aus ESs Berliner Wohnung, aber etwa auch ihr Bademantel.

[75] *als Zahlungsmittel benutzt*] Vorwurf FGs in seinem Brief vom 25. März 1923.

[76] *Mein Trieb … das tut es*] In seinem Brief vom 25. März hatte FG geschrieben: „Daß du dich auch noch vom Eisenbrand trennst, ist mir ja doch schwer zu fassen, wo du ihn so liebst. Kein *Ort* der Welt könnte mich von einem lieben Menschen weglocken, wenn ich nicht muß. Aber des Musels Wille ist sein Himmelreich und wenn du den Rausch der Ferne haben willst, so kannst du nicht die Ruh der Nähe noch dazu haben".

[77] *Müller*] FGs Aufsatz: Johannes von Müllers Schweizer Geschichte als deutsches Sprachdenkmal. In: Wissen und Leben 16 (1922), S. 1–10 u. 53–63. FG hatte mehrmals gefragt, ob ES den Aufsatz erhalten habe.

[78] *Dir wären sie wohl*] Bis hierher ist der Brief, die beiden ersten Sätze ausgenommen, mit Schreibmaschine geschrieben.

Kinder hängen mit großer Liebe an ihm u. durch ihn an der Arbeit. Seine Freundin, die Hillis[79] ist auch ein einziges Geschöpf. Die Ottilie Stradtmann[80] geht nächstens für 2 Wochen nach Deutschland. Kannst Du ihr meine Sachen mitgeben? Sie ist eine sympathisch blonde Norddeutsche u. ich wohne hier bei ihr mit dem Blick auf Fiesole.

In Bologna war ich auf Veranlassung von Ludo Hartmann bei Prof. Bianchi[81] u. fiel fast auf den Rücken als er mir die gewidmeten Dichter u. Helden zeigte. Der Stern des Bundes lag am Tisch u. das Heidelberger Schloß an der Wand. Das hatte ich von dem ersten Haus in das ich komme in Italien nicht erwartet.

Tausend Dank für Deinen lieben ersten Gruß.[82] Ich war wirklich selig damit. Wußtest Du daß der Vater der Jeanne d'Arc ein ausgewanderter Bologneser Patrizier ist?[83] Darum! –

Wieviel kostet unsereins Dein Shakespeare bei Bondi? Wielange bleibst Du in Berlin u. wo dann noch? – Von der Stadt Florenz hab ich nichts gesehn weil es hier draußen so schön ist. Liebend Dein
3. April

253. Friedrich Gundolf an Elisabeth Salomon. Berlin. 9. April 1923

Liebstes auf der Welt!
Ich war ein paar Tage in der Mark (Rheinsberg) und Mecklenburg (Neustrelitz)[84] und fand bei der Rückkehr deinen Brief aus Wien, Bologna, Florenz. Ach, Liebstes, ich bin immer noch traurig vor Sehnsucht und Angst .. du *hast* doch trotz allem Abschiedsschmerz Italien und ich spüre nur dass du weit weg bist.

---

[79] *Hillis*] Alice Trew-Williams (1885–1975), die bald darauf den Darmstädter Schriftsteller und Freund Wolfskehls Hans Schiebelhuth (1895–1944) heiraten sollte.

[80] *Ottilie Stradtmann*] Gleichfalls Bekannte Wolfskehls. Näheres nicht ermittelt.

[81] *Prof. Bianchi*] Lorenzo Bianchi (1889–1960), damals noch Lehrbeauftragter, später Germanistikprofessor in Bologna, hatte u.a. 1913/14 in Heidelberg studiert.

[82] *ersten Gruß*] FG hatte ES am 25. März 1823 postlagernd nach Bologna geschrieben.

[83] *der Vater ... Patrizier ist*] Irrtum ESs.

[84] *Ich war ... (Neustrelitz)*] ES hatte FG daraufhin am 16. April – scherzhaft? – gefragt: „Mit wem hast Du mich in Neustrelitz betrogen?" worauf FG am 20. April antwortete: „In Rheinsberg und Neustrelitz war ich mit Lili W. betrogen hab ich dich aber nicht, Dummerchen".

Rheinsberg ist ein Ort den ich mit Dir hätte sehen sollen, zumal an einem solchen hellen Vorfrühlingstag. Neustrelitz ist eine kleine Residenz mit einem kühlen See, einem weissen Schloß und einer Buchhandlung mit allen Georgebänden und Gundolfbüchern: George werde *sehr viel* gelesen, sagte mir der dasige Buchhändler, und in der Tat sehen die meisten jungen Leute dort blätterisch aus .. Kurios. Das Café der Stadt enthält griechische Götterbilder und auf dem Ofen steht eine grosse Caesarbüste!! Kurios Kurios.

Also deinen Bademantel hab ich nicht gefunden und kann ihn Thankmar daher nicht mitgeben: ich will ihn aufsuchen. Hier will ich bis etwa 25. IV. bleiben. Vielleicht noch 4 Tage nach München Kahlers sind zwar eben nicht dort, Lucy in Potsdam, aber ich habe ein Rundreisebillet über München.

Die Cedel will ich noch einen Abend besuchen, da soll ich Frau Justizrat Cohn treffen.

Den Cicerone hab ich dir nach Rom geschickt.

Bei Lechter hab ich neulich mein Kind gesehen, es ist ein zauberhaft holdes, schönes und begabtes Geschöpf und recht gut erzogen. Es weiss nicht daß ich sein Vater bin, nur als fernen Freund kennt und verehrt es mich .. Es ist übrigens sehr fromm, dabei fröhlich und kindlich. Die Mutter sah ich nicht.

Ich arbeite viel: am Shakespearebuch und an einer Schrift über Grimmelshausen die gedruckt werden soll.[85]

Und denke Tag und Nacht an Dich und Deine Zukunft ... Ich liebe Dich mit der ganzen Glut die mir noch übrig geblieben ist, ich verehre dich als ein seltenes Wunder, und fürchte mich vor deinem Dämon, der mich so ganz anders gearteten auf Wohl und Übel von jedem deiner Schritte abhängig macht. Das Beste aber ist nicht das Behagen, auch nicht die Freude, kaum das Werk, sondern die Liebe.

Ich küsse dir die Füsse und berge meine Augen in deinem Schooss.

Abs.: Gleditschstrasse 9 III / Berlin W. 30 – Adr.: Frau Dr. Elisabeth Salomon / Piazza Independenza 8/10 / Ditta Garvens / Roma / Italien[86]

---

[85] *Schrift über ... werden soll*] Grimmelshausen und der Simplizissimus. In: Deutsche Vierteljahrsschrift für Literaturwissenschaft und Geistesgeschichte 1 (1923), S. 339–358.

[86] *Frau Elisabeth ... Italien*] ES hatte FG aufgefordert, ihr zunächst an ihre dienstliche Adresse (Garvenswerke) zu schreiben.

254. Friedrich Gundolf an Elisabeth Salomon.
Berlin. 19. April 1923

Mein Liebstes: Heut kommt gewiss noch ein Brief von dir .. ich zittre ob er nicht wieder traurige Nachrichten enthält. O Musel, liebstes Musel! Die Ohren müssen dir in den letzten Tagen geklungen haben, so laut und herzlich wurde dein Lob gesungen, ja man muss dich lieben und ich begreife nicht recht warum es nicht alle Menschen tun. Die Lucy war da mit der ich einen Vormittag meistens von Dir sprach – sie ist noch immer elastisch und anmutig wie nur je .. Gestern Abend war ich bei Badts, ganz allein .. die Frau Cohn, die als Logirbesuch aus Breslau erwartet wurde musste wieder ausgeladen werden, da der Junge der Cedel schwer krank war .. jetzt gehts ihm wieder besser ... Die Cedel hat mein ganzes Herz erobert, soweit es nicht durch dich besetzt ist, oder vielmehr .. sie sitzt in meinem Herzen weil das ihre von dir besetzt ist: wie gut kennt sie dich und wie schön spricht sie von Dir! Und welch ein entzückendes Wesen ist und hat sie. Badt ist ganz angenehm und tüchtig, gescheit und anständig .. ein bischen trocken. Bei Hildebrandts war ich, Wolters kommt morgen her, Vallentins treiben zuviel Nebendinge, Börsengespräche bei Tisch, sind aber doch auch die alten.

Ich habe Berlin etwas lieber gewonnen ...

Auch Thankmar ist hier, meistens auf Bücherauktionen. Bei Cedel ist jetzt ein Teil deiner Briefe .. die Blätterer und meine Briefe hab ich in eine grosse Schachtel gepackt[87] und nehm sie in treue Hut, bis du wieder nach Deutschland kommst oder einen festen Wohnsitz hast.

Was macht Eisenbrant? Und Rom, Rom! –

Neulich kam ich nachts um 1 aus einer Gesellschaft, da hängte auf dem Heimweg sich ein hübsches total verfrorenes und zitterndes Geschöpf an meinen Arm, auf der Tauentzienstrasse und flehte mich an, ich möge mit ihr heraufgehen, damit sie sich ein bischen anwärmen könne, ich ging mit ihr und gelangte so zum erstenmal in meinem Leben in ein „schlechtes Haus". Ich tat übrigens nichts mit ihr, sondern liess mir ihre traurige Geschichte erzählen und gab ihr Geld. Vielleicht

---

[87] *Bei Cedel ... gepackt*] FG hatte in der untervermieteten Berliner Wohnung ESs persönliche Widmungsexemplare (aus dem Kreis der Blätter für die Kunst) sowie ESs Korrespondenz (auch mit ihm selbst) offen herumliegend gefunden und sie an sich genommen bzw. an Mercedes Badt zur Aufbewahrung gegeben.

betet sie für mich (???) und das hilft dir dann auch .. (vorgestellt hab
ich mich ihr nicht, wie du vielleicht von mir denkst!)

Ich weiss nicht ob es verdorbener Geschmack ist, aber diese Art Wesen rühren mich fast am meisten (wenn sie nicht gemein und roh sind,
wie die meisten), sondern wie diese war, armselig und hoffnungslos ..
Der Menschheit ganzer Jammer[88] .. ich versteh sie gut und sie verstehn
mich nicht ... Mein geliebtes einziges Musel, ich bin ganz trunken vor
Liebe und Verehrung und Sehnsucht zu Musel! ich küsse dein wundervolles Herz! Bleib Deinem Gundel

Abs.: Gundolf / Heidelberg / Schlossberg 55[89] – Adr.: Fräulein Dr. Elisabeth Salomon / presso Signora Bencivenga[90] / Via Frattina 14 IV / Roma / Italien

255. Elisabeth Salomon an Friedrich Gundolf.
Rom. 22. April 1923

Gundel! Du bist seit fast 2 Monaten in Berlin und noch nicht einmal ist
in Deinen Briefen das Wort Ludwig vorgekommen. Und bei der un-
wandelbaren Treue meiner Gefühle von heut gegen die von ehemals
habe ich doch stets wieder den Wunsch von ihm zu hören. Hier denk
ich überhaupt oft an ihn weil er so hübsch über Bildwerke zu reden
versteht. Und gestern war ich in der Sistina[91] und da haben stattdessen
nur deutsche und Amerikaner ein höchst unangemessenes Jahrmarkt-
geschrei aufgeführt. Ich blieb aber standhaft und vergaß sie tatsächlich
bald. Auch bei den Raffaelschen Stanzen. Ist Dir je aufgefallen daß der
Fra Angelico auf der Disputa eine gewisse Ähnlichkeit mit dem Meister
hat?[92] A propos, Du siehst ich kann mich vom Wiener Journal[93] nicht
so rasch trennen und es erweist sich dankbar. Freilich mußte ich aus

---

[88] *Der Menschheit ganzer Jammer*] Zitat aus Goethes „Faust".
[89] *Heidelberg ... 55*] Offenbar war der Briefumschlag schon vorher mit der Heidelberger Adresse beschriftet. Der Brief kam aus Berlin.
[90] *Bencivenga*] Zimmerwirtin ESs in Rom.
[91] *Sistina*] Wegen ihrer Fresken – namentlich dem Deckengemälde von Michelangelo – hochberühmte Kapelle im Vatikan.
[92] *Auch bei den ... Meister hat*] Die „Disputa del Sacramento" ist eines der Wand-
gemälde innerhalb der von Raffael und seiner Schule ausgemalten Stanzen, einer
Folge von freskierten Räumen im Vatikan. Dort findet sich auch ein Porträt von
Fra Angelico (vor 1400–1455), einem italienischen Maler der Frührenaissance.
[93] *Wiener Journal*] Gemeint ist die Tageszeitung „Neues Wiener Journal". Worauf
sich ESs Anspielung bezieht, ist nicht bekannt.

ihm auch erfahren daß der Eisenbach gestorben ist und das betrübt mich aufrichtig. Auch daß das Ty ihn nicht hat sehen können! Wenigstens Du zweimal![94] –

Wie lieb daß Du nun auch die Cedel lieb gewinnst. Eigentlich verdankst Du mir doch schon einen ganzen Harem blendender Frauen. Für den H. B.[95] ist sie entschieden wie alle besseren Frauen für ihre Männer zu schade. Ich hab überhaupt manches gegen ihn. – Bitte verschenk meine Blätterbände aber nicht gelegentlich aus irgend einer Schenkwallung heraus in dem Glauben Du würdest mir ein Ersatzexemplar verschaffen! –

Daß ihr die Briefe habt ist mir ganz recht.

Der arme Eisenbrant sitzt in Wien und scheint unglücklich zu sein – er darf nicht nach Italien. Mir ist die räumliche Distanz fast lieb weil nützlich. Es sind so viel dunkle Punkte in diesem Charakter daß ich offen gestanden froh wäre aus dieser Leidenschaft heraus zu kommen, die mein Blut in eine große Wallung gebracht hat ohne daß mein Urteil es immer zu billigen vermochte. In der letzten Zeit in Wien bin ich manches mal recht erschrocken und nachdenklich geworden. Aber dem riesigen persönlichen Charme und der besonderen sensuellen Anziehung die er auf mich ausgeübt hat bin ich immer wieder erlegen bei unmittelbarer Nähe. Und selbst die Entfernung bietet mir noch keine sichere Gewähr für die Zukunft. Leider bin ich ja nur zeitweise energisch und wenn dann seine Energie grade im ungünstigen Moment stärker ist ists aus mit dem Widerstand. *Er* ist aber auch nur zeitweise energisch.

Eben bin ich es so sehr daß mir das Bureau kaum mehr weh tut.[96] Dafür sind wir – die Annemarie Tarlau (cfr. Bülow)[97] und ich – die Via Appia entlang gewandert bis San Sebastiano wo eben jetzt erst Gräber mit unerhört gut erhaltenen Malereien und Reliefs aus dem zweiten

---

[94] *daß der Eisenbach ... Du zweimal*] Heinrich Eisenbach (1870–1923), einer der bekanntesten Kabarettisten und Komiker Wiens, war am 14. April gestorben. – Tilly Edinger kam wegen eines Fachkongresses im Herbst 1923 nach Wien.

[95] *H.B.*] Hermann Badt, der Ehemann Mercedes Badts.

[96] *daß mir das Bureau ... weh tut*] ES hatte über eine unerquickliche Atmosphäre an ihrem neuen Arbeitsplatz geklagt.

[97] *Annemarie Tarlau (cfr. Bülow)*] Annemarie Tarlau, später verh. Wandriner, war im Zeitraum 1921/23 die Sekretärin des ehemaligen Reichskanzlers Bernhard von Bülow (1849–1929), der damals in Rom lebte und seine Denkwürdigkeiten schrieb; sie erschienen erst 1930/31.

nachchristlichen Jahrhundert freigelegt worden sind.[98] – Die Fascistenheerschau am „Geburtstag" der Stadt Rom[99] hat mir grad keinen über-
wältigenden Eindruck von der Aktionsmöglichkeit dieser Bewegung
gemacht: Die Camici neri sind sympathisch weil jung und uniformiert
aber die vielen Civilfascisten nach Berufen geordnet, jede Branche mit
schriftlicher Benennung auf einem Schild und einem Wimpel bewaffnet, vor der der Rechtgläubige zwischen 1 ½ und 80 Jahren die Hand in
altrömischer Geste zu erheben hat, sind eine hoffnungslose Spießerge-
sellschaft und sie könnten genau so gut im sozialistischen Arbeits-
losenumzug in Wien um den Ring[100] spazieren. Die Ordner bemühten
sich vergeblich sie zum Gleichschritt zu bewegen. Auf jeden Fall ist ein
wie auch immer begründeter Feiertag nicht zu verachten. –

Goldner Gundel, ich bin sehr entschieden gegen Deine Tauentzien-
abenteuer. Sie hat Dich gewiß nachher verlacht und für kastriert oder
zumindest impotent gehalten. Und wenn Du ihr das Gegenteil bewei-
sen willst wirst Du eine Infektion fangen die weit unangenehmer ist als
die süße kleine Ottilie.[101] Die traurigen Biographien sind nach einem
bestimmten Schema immer dieselben erfundenen und Deine Rührung
ist die Sentimentalität eines Dostojewskischen Romanhelden. Bitte,
schilt mich nun nicht bürgerlich überheblich. Du weißt ja daß ich selbst
mich ganz gern in dieser Welt bewegt habe: aber mit weniger Illusionen
und mehr Vergnügen. Und bei Dir hat man noch immer die Spezial-
angst daß Du hineinfällst sobald Du Dich auf Gebiete begibst in denen
Du weniger zu Haus bist als in der deutschen Dichtung. Glaube einer
erfahrenen Frau!

Nein, der vierte Bogen bleibt leer. Ich bins auch. Halt noch eins: der
Ludo Hartmann[102] sagt die Servianische Mauer sei nicht von Servius

---

[98] *die Via appia … worden sind*] Gemeint sind die Katakomben unterhalb der römischen Kirche San Sebastiano fuori le mura, die in der Tat an der antiken Via
Appia liegen.

[99] *Die Fascistenheerschau … Rom*] Der traditionell am 21. April gefeierte Grün-
dungstag der Stadt Rom wurde von Mussolini zu einer pomphaften Inszenierung
seiner Bewegung genutzt. Camicie nere, Schwarzhemden war nach ihrer Unifor-
mierung der Name der faschistischen Freikorps.

[100] *Ring*] Die Wiener Ringstraße.

[101] *eine Infektion … kleine Ottilie*] Anspielung auf die ungewollte Folge von FGs
seinerzeitigem Verhältnis mit Agathe Mallachow.

[102] *Ludo Hartmann*] Hartmann verbrachte einige Urlaubswochen in Rom und war
dabei häufiger mit ES zusammen.

weil keiner der Könige je gelebt habe. Ist das wahr? Wer hat dann die
Lukretia geschändet?[103] Und warum hat man überhaupt so viel Wert
auf den Bestand der Republik gelegt wenn man die Unannehmlichkeiten des Königtums gar nicht kannte? Ich habs ihm also zunächst mal
nicht geglaubt und bitte um Dein durch Sachkunde erhärtetes Urteil.
Ach, ich bin froh drüber, wie lieb Du mich hast.
Musel
22. IV. 23

256. Friedrich Gundolf an Elisabeth Salomon.
München. 29. April 1923

Liebstes Musel: Dies schreibe ich dir an Heyers Schreibtisch in der
Morgenfrühe, vor der Heimreise[104] in ein Sommersemester vor dem
mir graut, weil es mir schreckliches Heimweh nach Dir bringt und kein
Kolleg das mich beschwingt. Gestern war ich noch in Wolfratshausen
bei Kahlers: das Häuschen und der Garten ist mit allerlei Anbauten
versehen .. Jetzt sind es bald neun Jahre dass ich dich dort kennen
lernte – sie kommen mir wie eine Ewigkeit vor durch die Fülle unsrer
gemeinsamen Erfahrungen und Geschicke und wie ein Traum durch
die Schnelligkeit womit sie vorüberflogen: nun, arm sind wir nicht durch
unsre Liebe geworden!

Den Ludwig hab ich in Berlin nur sehr spärlich gesehen, wie er denn
überhaupt ein verstecktes Leben führt: Er hat endlich meine Büste,[105]
die er schon bei meinem vorigen Aufenthalt in Berlin gänzlich umgear-
beitet, fertig gebosselt und will sie jetzt in Erz giessen lassen: sie ist
ziemlich ähnlich geraten, nur meine Augen fehlen halt, ich glaube aber
dass sie durch den Erzguß noch gewinnt an Gewicht und Kraft. Übrigens hab ich keinen plastischen und keinen malerischen Kopf, sondern
einen zeichnerischen. Von dir haben wir diesmal verständnisinnig ge-

---

[103] *die Servianische Mauer ... geschändet*] Die Schändung der Lucrezia durch Sextus
    Tarquinius, den Sohn des letzten römischen Königs gehört zu den Gründungsmy-
    then der römischen Republik. Die Existenz eines römischen Königstums wird
    aufgrund der spärlichen Quellen bis heute angezweifelt. Die Servianische Mauer
    ist die Stadtmauer von Rom, die auf einen der Könige, Servius, zurückgehen soll.
[104] *an Heyers ... Heimreise*] FG fuhr von Berlin aus über München nach Heidel-
    berg; zwischendurch besuchte er Kahlers in Wolfratshausen und Heyers in
    Nymphenburg.
[105] *meine Büste*] Vgl. die Anmerkung zum Brief vom 5. August 1918.

schwiegen. Der Ludwig ist mir übrigens ein ziemliches Geheimnis .. was er eigentlich denkt und lebt verbirgt er und ich weiss nicht ob mit Grund. Er ist wohl der wenigst gutartige von uns, es steht ihm aber gut.

Die römischen Könige haben gewiss gelebt: Hartmann als Schüler Mommsens und Niebuhrs, welche die philologische Textkritik auf die alten Quellen angewendet haben, d.h. statt den Geist und Sinn ihres Da-Seins selbst zu spüren, *hinter* diese Erscheinungen gezielt haben, gehört noch zu der Wissenschaft die heute durch jede Ausgrabung widerlegt wird: dass Livius der die Geschichte der Römerkönige überliefert manche Mär bringt, mag stimmen: aber die Zeiten sind vorbei dass man Sage für Erfindung hält: Mythen sind die verdichteten und weitergebildeten *Erinnerungen* der Völker an ihre sinnbildlichen Anfänge. Glaub also an die Könige .. und lies einmal bei Ranke ihre Geschichte, nachdem du bei Mommsen erfahren, warum man an ihrem Dasein zweifelt: weil man fälschlich die eigene Denkart bei den Alten voraussetzt und nicht symbolisch zu lesen versteht, sondern nur juristisch oder philologisch, und aus der philologischen Nachweisbarkeit bestimmter Züge auf Lügenkünste schließt.[106]

Von deinen Büchern schenke ich nichts her, und widerstehe sogar der Versuchung meine Briefe an dich zu sichten: nichts was uns verbindet soll vermindert werden. Deine beiden jüngsten Briefe zeigen ein etwas fröhlicheres Gesicht, hoffentlich hält das an: um das blosse jetzt in Rom leben dürfen beneiden dich alle die davon hören.

Etwas geängstet hat mich was du über deine Eisenbrennerei schreibst .. doch ist es sehr sehr museln.

Mein Kind hab ich noch einmal gesehn, und auch die Mutter einen Augenblick: sie hängt noch immer mit fast abgöttischer Liebe an mir, nach allem was sie durch mich gelitten! Übrigens ist sie stolz auf das Kind und darf es sein .. [Von] Vaterfreude abgesehn, es ist das strahlendste Geschöpf dieser Art das ich kenne, dabei ernst wie ein Knabe, freudig und ohne jede Weibskoketterie .. ich fürchte nur, es wird (wie seine Mutter) wenig Humor haben und dadurch im Leben etwas schwer fliegen. Anderseits ist Humor schon ein Heilmittel für eine Zerrissenheit. Ich schicke dir demnächst ein neueres Bild.

---

[106] *Die römischen Könige ... schließt*] FG pointiert hier den Gegensatz zwischen den Historikern Barthold Georg Niebuhr (1776–1831) und Theodor Mommsen (1817–1903) sowie Leopold von Ranke (1795–1886). Titus Livius (59 v.Chr. – 17 n.Chr.) war ein bedeutender römischer Geschichtsschreiber.

Musel, meine Gedanken und Wünsche umflattern dich mit heisser Sehnsucht und frommer Dankbarkeit .. du bist mir das Liebste auf Erden und du sollst es fühlen mit allen Sinnen und glauben, damit du nicht allein bist in deinem grossen fernen Rom! Ich küsse dein Herz und bleibe Dein Gundel.
29.

Abs.: Gundolf / Heidelberg / Schlossberg 55 – Adr.: Frau Dr. Elisabeth Salomon / presso Signora Bencivenga / Via Frattina 14 IV / Roma / Italien

257. Elisabeth Salomon an Friedrich Gundolf.
   o.O. [Rom]. 6. Mai 1923

Mein allerliebster Herzensgundel – ja, beneidet werde ich viel, nur konnte der Neid der andern mich noch nicht glücklich machen. Aber heut spür ich so recht daß die Leute Grund dazu haben. Ach, Gundelchen, so gräßlich kann kein Garvens sein daß solch ein Tag einen nicht entschädigte! In Macarese (Fregene der Römer), einem einsamen Ort am Mare Tirreno,[107] ohne Volk weil Privatbesitz des Fürsten Ruspoli[108] u. nur durch Protektion wenigen glücklichen zugänglich und zu denen gehört das Musel. Von der Bahnstation geht man erst eine Stunde etwa zu Fuß zwischen Wiesen mit Asphodelos und wilden Malven und braunen Büffelherden und den vollkommen mythologisch wirkenden grauweißen Campagnabüffeln mit ihren riesigen Hörnern und ihren butteri,[109] dann durch einen Wald hoher Pinien unter denen die mir unbekannte Erdbeerblume (wohl wegen der Ähnlichkeit der Blüte?) wächst und einem kleinen Wacholderwald, wo die Jäger jetzt die Wachteln herunterknallen, und dann ein breiter Strand mit weichem weichem Sand und dann das Meer! Die Wellen tragen einen daß man Stunden fast drin herum schwimmen kann ohne zu ermüden. Ich war mit einer ganz lustigen Gesellschaft und die Schwimm- und Turnkünste der Tedesca[110] haben den Italienern sehr imponiert. Arme Beine Hals und Gesicht sind mir dunkelbraun gebrannt. Dazwischen haben wir Frascati getrunken und jetzt sitz ich wieder in der Via Frattina so daß Du

---

[107] *Macarese ... Tirreno*] Maccarese, ein Küstenort – heute Teil von Fiumicino – in der Nähe des antiken Fregenae.
[108] *Ruspoli*] Alte römische Adelsfamilie.
[109] *butteri*] Hirten (ital.).
[110] *der Tedesca*] Der Deutschen (ital.).

meine Freude in zwar etwas müdem aber dafür gänzlich durch Zwi-
schendinge unübertünchtem Zustand bekommst. Das schönste ist von
all dem schönen aber ohne Zweifel das Meer das mir eine fast trunkne
Wollust hervorgerufen hat. Es ist noch tausendmal geheimnisvoller
und großartiger als die Nord- und Ostsee die ich ja auch schon unbändig liebe. Und wie trefflich paßt es in solch erhöhtem Zustand daheim
ein Briefchen von Dir zu finden. Aber, Herz, wenn Dich schon Deine
Arbeit nicht freut, die doch Deinen Anlagen ungefähr adäquat ist, was
sollen dann wir andern armen Zeitgenossen sagen. Von der Günderode
höre ich auch nichts.[111] Tausend Dank in anticipando für den Hölderlin.[112] Seine Gedichte in dem Tübinger Bändchen und Goethes in der
Insel-Ausgabe und die Dante-Übertragungen[113] sind die einzigen deutschen Bücher die ich hier habe. Das beste ist aber das Wort „mitbringen"! Du willst sie mir mitbringen, ja mein Geliebter, wann denn, wann?
Kann der Olschki Dir nicht eine Reisevergütungsmöglichkeit schaffen?
Durch seine Universitätsbeziehungen hierzulande? Die hiesige Universität hat z.B. einen Hamburger Idioten kommen lassen der über Ok-
kultismus aufklärende Dinge gesagt hat.[114] Du wärest wirklich ein
würdigerer Repräsentant für Deutschland. Für den Aufenthalt könntest Du mit 30 Lire täglich (ohne Bahnfahrten) auskommen.

Die Ottilie schick ich Dir zurück weil sie doch schließlich Dein Kind
ist. Nach dem ernsthaften Bild ists wirklich ein schönes Kind.

Sind 15.– Lire für die angeblich 2. Ausgabe von Manzonis Promesso
sposi (Piacenza 1828)[115] billig? Und hättest Du Interesse an ihrem Besitz?

Von welchem Jahr ist Deine älteste Caesarausgabe[116] u. wieviel darf
eine noch ältere kosten? Daß Du ausgerechnet dem Ludwig von mir

---

[111] *Von der ... auch nichts*] FG hatte sich nach der inzwischen erschienenen Ausgabe erkundigt.

[112] *in anticipando für den Hölderlin*] Im voraus für eine Hölderlin-Ausgabe aus
dem Insel-Verlag, die FG für ES gekauft hatte.

[113] *Dante-Übertragungen*] Wohl Stefan Georges Übersetzung, die erstmals 1912
und in zweiter erweiterter Auflage 1921 veröffentlicht worden war (Dante:
Göttliche Komödie. Übertragungen von Stefan George).

[114] *einen Hamburger ... gesagt hat*] Nicht ermittelt.

[115] *die angeblich ... Piacenza 1828*] Der berühmte Roman von Alessandro Manzoni (1785–1873) – I promessi sposi; Die Verlobten – erschien erstmals 1827;
unmittelbar darauf kamen zahlreiche weitere Ausgaben heraus.

[116] *Von welchem Jahr ... Caesarausgabe*] Nach FGs Antwortbrief vom 11. Mai
1923 stammte seine damals älteste Ausgabe aus dem Jahr 1537.

geschwiegen hast werd ich Dir bis an mein Lebensende nicht verzeihn. Grade von ihm will ich beneidet werden. Er wie manche andere der heiligen Familie[117] würden übrigens hier viel wahrscheinlicher aussehn als in Deutschland. Sonderbar genug! Aber es fällt mir sehr oft ein und manchen Gesichtern hier fehlt wirklich nichts als der Geist.

Dein Beweis für die Existenz der römischen Könige ist mir ein rechter Trost. –

Mit dem Eisenbrant hast Du ja recht. Aber es ist hier nicht mal eine Unbeständigkeit meines Herzens. Ich lieb ihn noch und gefährlich würde seine Gegenwart mir immer wieder sein – sonderbarerweise, denn er ist gar nicht homme à femme und keine Frau die etwas von Liebe versteht begreift mich. Und er hat auch sonst noch Qualitäten: er ist diskret, taktvoll und von angenehmen Umgangsformen. Aber er lügt und ist unzuverlässig. Und das halt ich auf die Dauer nicht aus. Und andrerseits kann man so etwas nicht sofort merken zumal wenn man sofort angesengt wird.

Rom schmückt sich für seine englischen Gäste.[118] Hoffentlich wird dieser Besuch auch uns Deutschen besseres bringen. Jedenfalls sieht die Stadt sehr lustig aus englisch geflaggt und gewappnet und morgen wird ein Mordsrummel sein.

Buona notte, geliebter Gundel, ich muß den Rest des Abends der Salbung meines brennenden Fells widmen.
Dein Dich liebendes Musel
6. Mai 1923

258. Friedrich Gundolf an Elisabeth Salomon. Heidelberg. 24. Mai 1923

Liebstes Muselherz! Du sollst dich in Rom wohlfühlen, aber nicht festsetzen! Ich will dich im Sommer sehen, wo – ist mir zunächst einerlei .. In Rom selbst soll es nach dem Urteil aller Kenner im Hochsommer der höllische Backofen sein: aber für dich komm ich ja auch in die Hölle. Aber du weisst auch dass mir das Vorfreuen ein Greuel ist, ich habe einstweilen nur VorAngst vor dem Nichtsehen .. Und

---

[117] *der heiligen Familie*] Scherzhafte Bezeichnung für den George-Kreis.
[118] *Rom schmückt ... Gäste*] Das englische Königspaar (König Georg V. und seine Frau Mary) besuchten im Mai 1923 Rom.

Sehnsucht Sehnsucht Sehnsucht. Und mach dir keinen Schabbes aus den „Rivalinnen", [119] erstens hast du keine wirkliche .. sondern nur Betäubungen, eben weil du so weit weg bist: ich wollte, ich könnte dir wirklich „untreu" sein – dann wär ich glücklicher .. das schön und süss finden Andrer hat nur deine Macht vermehrt – und mein Gefühl dass du das *Ganze* der *Liebe* hast und empfängst. Aber dir liegt leider weniger an meiner ausschließlichen Liebe, die du gar nicht bezweifelst, als an dem Schein derselben nach aussen! (Soll übrigens kein Vorwurf sein!)

Den Rest des Forum Julium[120] in der „via delle marmorelle" (die ists doch?) kenn ich – es ward gerade Wäsche dort aufgehängt.

Mir kommt vor als habest du schon wieder allerlei kleine Sprünge mit deinen Abenteuerbeinen und in wälsche Herzen gemacht.[121] Die Eisenbrandwunde scheint ziemlich geheilt. –

Ich arbeite mit wenig Lust am Shakespeare, habe heute eine halbe Million Bankschulden, durch Verkauf einer A.E.G.aktie bezahlt und warte vergeblich auf Gehaltserhöhung. Bücher erwerb ich jetzt tausch-weise: z.B. eine Erstausgabe von Goethes Dichtung und Wahrheit ge-gen einen Gundolf Goethe ..

St. G. hab ich nun über ein Jahr nicht gesehen.[122] Muselchen, behalt mich lieb, sei nicht zu leichtfertig und bleib so elastisch wie du sein kannst, in dem unsterblichen Rom. Es ist sicher ein Gewinn ohnegleichen, dass du noch vor Zerfall Europas seine (Europas) Geburtsstätte

---

[119] *mach dir keinen ... „Rivalinnen"*] Heißt hier wohl: Du brauchst kein großes Aufhebens, du brauchst Dir keine Gedanken wegen Deiner Rivalinnen machen. FG hatte am 11. Mai 1923 geschrieben: „Meine ganzen Gedanken, die nicht der Arbeit, dem Caesar, dem Meister und einigen Nebenfrauen gelten, fliegen nach Italien", worauf ES am 20. Mai antwortete, daß sie aufgrund der „zahlreichen Rivalen" „kein gar zu schlechtes Gewissen wegen meines Davonlaufens zu ha-ben" brauche.

[120] *Forum Julium*] Unter Caesar vorgenommene Erweiterung des Forum Romanum.

[121] *Mir kommt vor ... Herzen gemacht*] Bezieht sich wohl auf ESs Bericht in ihrem Brief vom 20. Mai 1923, wonach sie eine erhoffte Anstellung in einem Inge-nieurbüro nicht bekommen habe, „weil schon mein erstes Auftreten seine Be-amten in Unruhe versetzt hätte. Wie mans macht ists falsch! Das nächste Mal verkleid ich mich aber als Klosterfrau!" – In ihrem Antwortbrief bestätigte ES dann einen „Unterhaltungsflirt" mit einem italienischen Offizier.

[122] *St. G. hab ich ... gesehen*] FG hatte sich im Februar 1923 um eine Zusammen-kunft mit George bemüht, war von diesem aber durch Wolters abgewiesen wor-den. Vgl. Wolters-Briefwechsel, S. 238ff.

besichtigen kannst. Geliebtes, Einziges, ich liebe dich mit allen Kräften
meines Wesens und bin Dein
Gundel

Adr.: Fräulein Dr. Elisabeth Salomon / presso Signora Bencivenga / Roma (Italien) /
Via Frattina 14 II

259. Elisabeth Salomon an Friedrich Gundolf. Rom. 9. Juni 1923

Mein geliebter Gundolf – es betrübt mich sehr Dich so wenig froh zu
wissen und ich schäme mich dabei daß ich es mir so gut gehn lasse und
überhaupt so ein Egoist bin. Aber aus dem finanziellen Elend kann ich
Dir doch nicht helfen weil ich selbst eins hab, das Wetter ist Sache des
lieben Gotts, bleibt also nur ich. Und ich könnte freilich zurückkommen und bei Dir bleiben? Aber, sag selbst, wäre uns damit geholfen?
Ich kenn mich ja jetzt so genau daß ich weiß es gibt für mich nur noch
2 Alternativen: heiraten oder herumzigeunern. Und bei Dir kann ich
beides nicht und das wäre dann so gegen meine Natur daß es uns beiden das Leben unerträglich machen würde.

Das Päckchen[123] hab ich Dir wohl schon mit dankbarer Lunge bestätigt. Aber Du sollst jetzt kein Geld für mich ausgeben.

Lange werd ich wohl nicht mehr dableiben weil ich [es] bei Garvens
nicht mehr ausgehalten hab und was andres wohl kaum finde. Denn
die wenigen Schüler[124] decken nicht mal die Miete. Der neuste ist ein
Marchese Bissogni[125] mit dem und 2 andern Herrn ich heut eine herrliche Fahrt in seinem Auto gemacht hab. Zum Schluß waren wir noch
in dem selten hübschen Zoologischen Garten den der Hagenbeck
hier angelegt hat.[126] Das ist eine für italienische Verhältnisse sehr gebildete Gesellschaft die nur von Kunst u. Dichtung spricht u. die Übersetzungen von Goethes Röm. Elegien so gut auswendig kennt wie ihren

---

[123] *Päckchen*] FG versorgte ES regelmäßig mit Zigaretten.

[124] *Schüler*] ES gab Privatunterricht in Deutsch, in einem früheren Brief erwähnt sie
einen Abgeordneten als Schüler.

[125] *Marchese Bissogni*] Es handelt sich wohl um einen Angehörigen der neapolita-
nischen Adelsfamilie Bisoni.

[126] *in dem selten … angelegt hat*] Der Zoologische Garten Roms wurde 1908 unter Beteiligung des deutschen Tierhändlers Carl Hagenbeck (1844–1913) gegründet.

D'Annunzio[127] und die Tiere und Pflanzen und Geschichte. Der eine –
ein Capitano Gaetano Barrella – hat mir seine Gedichte[128] geschenkt
mit einer Widmung an die „tenera Loreley del mio sogno".[129] Ich versuchte ihm zu erklären daß die Loreley im wahren Gegensatz zu mir
blond und langhaarig sei. Er meint aber daß die Seele nicht das Haar
das Charakteristische seien, was ich beinahe boche[130] finde. Übrigens
herrscht hier im Lande ein ziemlich einstimmiger großer Respekt vor
deutschem Geist und etwas unberechtigter vor deutscher „Moralität"
u. deutschem Ernst.

Eine halbe Nacht hab ich in einer Gesellschaft weintrinkend an der
Fontana Trevi verbracht gemischt aus Deutschland, Östreich, Tsche-
chien, Jugoslawien, Holland, Italien, Russland, Japan. Darunter der
Ponten der griechischen Landschaften[131] der aber viel langweiliger ist
wie seine schönen Photographien und der Graf Coudenhove mit seiner
Frau, der Ida Roland.[132] Man wird hier wirklich zum Frohsein durch
die Stadt selbst angeregt. Drum darfst dus nicht als Mangel an MitDir-
fühlen nehmen wenn auch ich es bin.

In Deinem S. Giovanni e Paolo[133] war ich auch aber der Passioni-
stenmönch hat mich nicht hinunterführen dürfen weil ich als einzelne
Frau ihm gefährlich sein könnte. Dank auch für die Begleitverse.

---

127 *D'Annunzio*] Gabriele D'Annunzio (1863–1938), damals hochberühmter italienischer Schriftsteller, dessen Entwicklung vom Symbolismus – in welcher Phase
er auch durch den George-Kreis rezipiert worden war – bis in die Nähe des Faschismus führte.
128 *Capitano Gaetano … Gedichte*] Gaetano Barrella: Labbre murate. Rom: Ber-
lutti. o.J. [wohl 1922].
129 *„tenera Loreley del mio sogno"*] Zärtliche Loreley meines Traumes.
130 *boche*] Deutsch; eigentlich ein pejorativer Ausdruck, den ES wohl ironisch verwendet.
131 *der Ponten … Landschaften*] Josef Ponten (1883–1940), Schriftsteller und naher Freund Thomas Manns, hatte 1914 den „Versuch künstlerischen Erdbe-
schreibens" – so der Untertitel – „Griechische Landschaften" veröffentlicht, dem
ein Bildband mit Photographien beigegeben war.
132 *der Graf Coudenhove … Roland*] Richard Graf Coudenhove-Kalergi (1894–
1972) hatte nach dem Ersten Weltkrieg mit seiner Idee von Pan-Europa, einem
europäischen Staatenbund von Polen bis Portugal, Aufsehen erregt. Er war
mit der österreichischen Theaterschauspielerin Ida Roland (1881–1951) verheiratet.
133 *S. Giovanni e Paolo*] Frühchristliche Kirche in Rom auf antiken Unterbauten.
Klosterkirche des Passionistenordens.

Dein in Liebe und zärtlicher Verehrung
Musel
9. Juni 23

260. Elisabeth Salomon an Friedrich Gundolf. Rom. 7. Juli 1923

Roma, 7. Juli 1923

Geliebter Gundel – Dank für die Grüße vom Nordostmeer zum Südwestmeer.[134] Hoffentlich verdienst Du wenigstens Reichtümer wenn
Du Dich schon so plagen mußt. Rügen hab ich in unendlich schöner
Erinnerung, als Kind war ich mehrere Sommer dort. Ist der Mann von
der Magda Bauer[135] nicht goldig? Hat er nach mir gefragt?

Wieviel Lire hast Du? Das ist sehr wichtig für unsere Ferienpläne.
Setz Dich doch auf jeden Fall mit Bernfelds in Verbindung die ich doch
sehr gern auch sehen möchte, wenigstens für einige Zeit, wenn sie Dich
nicht stören.

Wohl uns daß die Franzosen zu ihren vielen Soldaten u. Kriegsmate-
rial nicht auch noch einen Napoleon haben[136] – schon wegen der dann
wahrscheinlichen Zersplitterung der Gefühle. Glaubst Du übrigens
und glauben Wissende daß die Intervention von Pio XI[137] von politischer Bedeutung sein wird? Wenn nur der Staat durch die Kurzsichtig-
keit u. Selbstsucht der bei uns herrschenden Industrieklasse nicht im
Innern zerfallen würde, – die von außen rastlos wühlenden Franzosen
könnten dann wohl kaum ihre Machtstellung so lange behaupten. Manaccia alla miseria![138]

---

134 *Grüße vom ... Südwestmeer*] FG hatte am 3. Juli 1923 von Stralsund aus ge-
    schrieben, wo er wegen eines Vortrags war.
135 *Mann von der Magda Bauer*] Hanns Haas.
136 *Wohl uns ... Napoleon haben*] FG hatte in seinem Brief die Gegenwart mit der
    Zeit 1806/12, also der französischen Vorherrschaft über Deutschland, verglichen,
    nur daß die Franzosen keinen Napoleon hätten.
137 *Intervention von Pio XI*] Pius XI. (1857–1939), seit 1922 Papst, hatte eine Ver-
    ständigung im Ruhrkonflikt und mehr Rücksicht auf die wirtschaftliche Lage in
    Deutschland angemahnt, was von Frankreich brüsk abgelehnt wurde.
138 *Manaccia alla miseria*] Etwa: Verdammtes Elend (ital.).

An wen hätte ich unfrohe Nachrichten geschickt?[139] Es geht mir fast unerlaubt gut bis auf eine kleine Dissenterie[140] für die Mißgunst der Olympier.

Wieviel hast Du für den Stern bezahlt?[141] Heut hab ich endlich die Günderode bekommen. Hast Du schon viel Druckfehler drin gefunden? Und machst Du Kraft Deiner Autorität Propaganda dafür? Ich hatte schon vor Deiner Warnung an den Verlag geschrieben er soll alle nicht Freiexemplare stornieren.[142] Jetzt bekommen sie nur: Gundel, Frau Geiger, Andel, Vallentin, Hildebrandt, Cedel, Heyers, Ty, Friedel Cohn, Fritz, Martha Wiesenthal, Langs, Eisenbrant. Also ungefähr nach Deinen Wünschen. Wieviel kostet übrigens die Hirschbergsche Ausgabe jetzt? Und ist die Pigenotsche vervollständigt?

Ich würde jetzt ganz gern ein oder das andre italienische Buch ins deutsche übersetzen; aber nur wenn sich ein Verlag findet der mir viel und anticipando[143] dafür zahlt. Wenn Du einen geeigneten weißt so könntest Du mich ihm empfehlen –

Thankmar u. den DMV[144] hab ich selbst schon, letztern indirekt, gefragt. Von Mazzinis politischen Schriften ist, glaub ich, nur 1 Band 1911 in der Reichenbachschen Verlagsbuchhandlung, Leipzig erschienen, herausg. v. Siegfr. Flesch. Vielleicht kann der Edgar Dir sagen ob diese Ausgabe nie fortgesetzt ist, ob andre Übersetzungen existieren u. ob er es für nützlich hält.[145] Wenn ja, soll der Alfred Weber mich diesem od. einem andern sozialwissenschaftlichen Verlag ans Herz legen.

---

[139] *An wen … geschickt*] FG hatte angemerkt, daß Nachrichten ESs an andere über ihre Lage in Rom weniger positiv klängen als die an ihn gesandten.

[140] *Dissenterie*] Durchfallerkrankung.

[141] *Wieviel … bezahlt*] FG hatte ES auf ihre Aufforderung hin ein Exemplar von Georges „Stern des Bundes" geschickt, den sie einem Bekannten zum Übersetzen geben wollte.

[142] *er soll alle nicht Freiexemplare stornieren*] Etwas unklare Formulierung. Gemeint ist, daß der Verlag Freiexemplare nur an die nachfolgend genannten Personen verschicken solle; ursprünglich hatte ES einen größeren Personenkreis bedenken wollen, doch hatte FG eingewandt, daß sie sich dadurch finanziell ruiniere, da der Preis der Ausgabe durch die Inflation sehr gestiegen sei.

[143] *anticipando*] Im voraus (ital.).

[144] *DMV*] Drei Masken Verlag.

[145] *Von Mazzinis … nützlich hält*] Die genannte Edition war tatsächlich nicht über den ersten Band hinausgekommen, allerdings gibt es eine von Ludmilla Assing besorgte ältere Ausgabe (Giuseppe Mazzini's Schriften. Hamburg 1868) der Werke des italienischen Revolutionärs und Politikers (1805–1872).

Ein Roman von D'Annunzio wäre ja gewiß viel lukrativer. Aber der wird wohl schon seine zünftigen Übersetzer haben und dann ists auch etwas schwer für mich die gehobne dichterische Prosa zu treffen.

Ich führe einen dauernden Kampf mit den Italienern wessen Sprache die reichere ist und glaube objektiv zu sein wenn ich mich für die deutsche entscheide, weil wir doch meist viele nuancierte Synonyme haben, wo im italienischen nur ein Wort oder bestenfalls eine Umschreibung da ist. Täusche ich mich da? Im übrigen macht mir das unterrichten tatsächlich Vergnügen. Warum nur die Lehrerinnen meist lamentieren? Die Passivität des täglichen Nuraufnehmens hier ging mir doch sehr gegen die Natur. Die guten Leute hier machen viel Aufhebens von der „squicitezza"[146] meiner Kultur und könnens gar nicht fassen wie eine junge Dame so viel Kenntnisse haben kann – woran man ermessen kann *wie wenig* ihre eignen Damen haben. Ich hab ihnen auch gesagt das sei in Deutschland mittlerer Durchschnitt und sie sollten erst mal ein Ty oder eine Lucy hören!

Jetzt, addio, liebstes Herz, ich geh auf die Piazza Colonna[147] wo die Banda Municipale[148] jeden Mittwoch u. Samstag sehr schöne Musik macht. Der außerordentlich tüchtige Kapellmeister hat am Tag nach der Waffenstillstandserklärung[149] die Fünfte von Beethoven spielen lassen – bis dahin wurde deutsche Musik gesetzlich boikottiert.
In dankbarer u. zärtlicher Liebe Dein.

261. Friedrich Gundolf an Elisabeth Salomon.
o.O. [Heidelberg]. o.D. [12. Juli 1923].[150]

Mein süssestes Musel!
Ich bin in diesem Sommer wieder beinah schmerzhaft verliebt in Dich, abgesehen von der unablässigen zärtlichen Dauerliebe zu Deinem Wesen, zittre ich vor Verlangen nach deinen tausend kleinen Lieblichkeiten, nach den unerschöpflichen Reizen des holdesten Geschöpfs. O wie dein kleines Bildchen mich wieder rührt und erregt! Geliebte Ge-

---

146 *squicitezza*] Eigtl.: squisitezza: Auserlesenheit (ital.).
147 *Piazza Colonna*] Zentraler Platz in Rom.
148 *Banda Municipale*] Stadtkapelle.
149 *Waffenstillstandserklärung*] Der Waffenstillstand zwischen Italien und Österreich-Ungarn wurde am 3. November 1918 in Padua vereinbart.
150 *12. Juli 1923*] Datierung nach späterer Bleistiftnotiz ESs auf dem Briefumschlag.

liebte! wenn ich dich nur so glücklich erhalten könnte wie ich dich ersehne!

Und nun zu deinen tausend Fragen!

Gelder hab ich in Rügen grad genug verdient um mich zweimal satt
zu essen. Das Honorar war schon früher ausgemacht und vorbezahlt,
als 100000 M. noch etwas hiessen.[151]

Vorträge zahlen sich nur aus, wenn sie in der Schweiz oder Holland
gehalten werden. In der Schweiz spreche ich, vielleicht, Ende Oktober.

Ich habe 2000 Lire, ausserdem etliche hundert Franken .. die will ich
nach Italien mitnehmen, wenn nur was draus wird.

Mit Bernfelds will ich mich gern in Verbindung setzen. Siegfried
wollte anfang August hier durchkommen.

Um Politik kümmere ich mich, mit Raten und Meinen, möglichst
wenig, da ich nichts wirken und wissen kann. Dass irgendein Aussen,
Pabst oder England hilft, glaub ich nicht: Frankreich *will* etwas unbedingt, um jeden Preis mit der Verbissenheit der Machtgier, der Rachsucht, der Angst und der Not, und alle andren *wollen* blos etwas *nicht*,
und *möchten* allerlei: darum ist zu fürchten, daß Frankreich an sein
Ziel kommt und dann erst zugrunde geht .. An sein Verderben glaub
ich auch .. hoffentlich ist dann ein Deutscher da, der es zu nützen weiss ..
ich glaube die Stunde ist noch weit. Jetzt gilt es nur den ewigen Sinn zu
retten für die notwendige Tat, sie komme wann sie mag.

Magda Bauer und ihr blondes Gättlein, (ganz lieb, aber ein bischen
dünn) haben sehr nach dir gefragt. Musel, es vergisst dich so leicht keiner und wer nicht nach dir fragt, tut es mehr aus Vorsicht als aus Ver-
gesslichkeit.

Den Stern d. B. hab ich dir aus meiner Bibliothek geschickt. Bondi ist
angewiesen dir noch ein Jahr d. Seele und einen Teppich zu schicken.

Für die Günderode werb ich .. das Seminar und die Bibliothek haben
sie angeschafft und ziemlich viel Leute gekauft, trotzdem sie bereits
120000 M. kostet, als sie erst 60000 kostete, hab ich 6 Exemplare gekauft .. davon verschenkt an Edith, die entzückend hier zu Besuch war,
an Frau Lobstein, die sie sich dringend wünschte, an Else Kühner zum
Geburtstag .. Ausserdem soll sie Lotte Salin[152] zum Geburtstag bekommen. Ein paar Druckfehler leichter Art, oder vielmehr stehengelassene

---

[151] *Gelder ... etwas hiessen*] FG hatte in Stralsund einen Vortrag über Arndt gehalten.
[152] *Lotte Salin*] Seit 1922 Edgar Salins Ehefrau (1903–1987).

Götz-Kommata u. dgl. hab ich gefunden. Genau durchgesehn hab ich
sie nicht, weil ich mir die Freude dran nicht durch Kenntnis etwaiger
grösserer Versehen verleiden will.

Die Hirschbergausgabe ist verramscht seit geraumer Zeit und kostet
im Antiquariat zwischen 30 u. 60 tausend. Die Pigenotsche ist noch
unvollständig, übrigens textlich sehr schlampig.

Verlag kenne ich ausser Bondi der dafür nicht in Frage kommt keinen nah genug. Wegen Mazzini will ich fragen. Von d'Annunzio rat ich
dir ab. Eher kämen Renaissancenovellen oder dgl. in Betracht .. ich
wills einmal beschlafen. Bei deinen italienischen Verbindungen findest
du sicher eher Stoff für deine geschätzte Feder. (Du süsses Tier!)

Die deutsche Sprache ist wohl reicher als die italienische, aber auch
wirrer und weiss mit mehr Möglichkeiten nicht so viel anzufangen
als die italienische mit ihren geringeren. Und es kommt oft nur auf
einen grossen Genius an, der den Gesamten verborgenen Schatz jeder
Sprache hebt und damit sie ruckweise bereichert. Als Dante schrieb,
war das Italienische eine „arme" Sprache durch ihn wurde es sofort die
reichste in Europa, bis Shakespeare kam und zeigte wie reich dies
spröde Gebiet sei, wenn es der rechte bebaut.

Von vornherein einer Sprache ihre Grenze anweisen und ihren Rang
ist so schwer wie die Fruchtbarkeit eines Mädchens vorauszusagen, eh
sie beschlafen worden. Eine Sprache ist kein Safe, sondern ein Schooss.

Das *heutige* Deutsch ist sicher sehr viel reicher als das *heutige* Italienisch.

Schreibst du eigentlich manchmal an Martha Wiesenthal? Ich hab
ihr neulich ein Gedicht geschickt – ich bekam einen Anfall von Sehnsucht nach ihr, von Rührung .. sie antwortet nicht und ich halte es für
möglich daß „Zeno"[153] dgl. abfängt. Vielleicht fühlst du einmal nach.

So, Liebstes auf der Welt, weitaus Liebstes! bleib froh, trinke Sonne
und geniesse die beste Gegenwart – mir bangt vor der Zukunft, aber
wie sie auch sein mag, leer und liebelos soll das Dasein für uns nicht gewesen sein!

O Musel, wie tief wirst du geliebt, wie herzlich bin ich Dein!

ich küsse dich wo du mich fühlen willst

Dein

Gdf

---

[153] *„Zeno"*] Zeno Liebl von Geyerhorst (1893–1979), österreichischer Journalist,
  Freund Martha Wiesenthals.

Ich habe jetzt mancherlei Bücher für dich hier liegen, Hölderlins Werke in I Bd (Inselausgabe) Manon Lescaut,[154] u.a.

Adr.: Fräulein Dr. Elisabeth Salomon / Roma / Via Frattina 14 IV / presso Signora Bencivenga / Italien

262. Elisabeth Salomon an Friedrich Gundolf. Rom. 21. Juli 1923

Mein geliebter Gundel, vergib mir wenn dieser Brief Dir Schmerz u. Enttäuschung bereitet: ich fahre morgen – voraussichtlich für 2 Monate – in die Schweiz als Privatpflegerin einer Angstneurotikerin. Es war für mich eine Existenzfrage, drum mußte ich mich dafür entscheiden anstatt mit Dir an den Gardasee zu gehn was ich gewiß tausendmal lieber getan hätte. Denn wenn ich selbst auf Deine Kosten reise und lebe, muß ich danach wieder mittellos von vorn anfangen, während diese Stellung mir außer freier Reise und Aufenthalt genug einbringt um nachher 1 bis 2 Monate in Ruhe suchen zu können. Nicht wahr, Du verzeihst mir. Wenn Du gerecht bist mußt Du mir zugeben daß ich mein Leben nicht dem Deinen anpassen kann – wie wir es beide wünschten – da Du es nicht erhalten kannst. Du mußt also über August u. September anders verfügen und selbst dann ists ungewiß ob wir uns sehen können. Wenn die Patientin ohne mich nach Rom zurückreisen kann, können wir den Rest Deiner Ferien in Oberitalien bleiben. Wenn nicht, könntest Du dann im Oktober nach Rom kommen? Aber was helfen die Pläne, es kommt ja doch immer anders.

Da die Welt winzig klein ist, ist der Mann meiner Patientin, Landgerichtsrat Hanau nicht nur aus Frankfurt sondern ein Neffe von Justizrat Oswalt.[155] Die Pflege ist nicht grad erbaulich und läßt mir kaum, auch nachts nicht, freie Stunden, aber ich hoffe durchzuhalten. Meine Adresse ist Kurhaus Schöneck bei Beckenried, Vierwaldstättersee. Das einzige worauf ich mich freue ist der rasenden Hitze zu entgehn. Viel-

---

[154] *Manon Lescaut*] Roman des französischen Schriftstellers Antoine-François Prévost (1697–1763); danach Opern von Auber und Puccini.

[155] *der Mann … Justizrat Oswalt*] Hermann Hanau (1871–1930) war zwar von der Ausbildung her Jurist, lebte aber als Theaterschriftsteller in Rom. Er war der Neffe des Landtagsabgeordneten und Mitbegründers der Frankfurter Universität Henry Oswalt (1849–1934), dessen Tochter Else Oswalt (geb. 1895), später verh. Roos, wiederum als Studentin mit ES und FG Umgang hatte. ESs „Patientin" war die Frau Hermann Hanaus, Helene Hanau (1879–1932).

leicht kannst Du aber jetzt Deinen Vortrag in der Schweiz in den September verlegen? Daß Du die ganze Zeit über in die Nähe kommst hat keinen Zweck bei der Ungewißheit meiner Freizeit und wegen des Rufs der „Schwester".

Teppich und Jahr der Seele hab ich bekommen, vielen Dank.

Ratschläge von Italienern für Übersetzungsbücher hab ich genug. Aber die sind auch für ihre eignen Dichter unmaßgebender als Du für sie. Z. B. genießt Pirandello[156] ein enormes Ansehen obgleich „L'uomo, la bestia e la virtù" – das einzige was ich kenn – mir wirklich Durchschnittsproduktion in einem sehr zuwidern französischen Abgeschmack zu sein scheint.

Dein Verdacht gegen den Zeno ist glaub ich unberechtigt da er eher stolz ist auf Deine Neigung zu seinem Besitz. Die Martha ist schreibfaul von Natur, meist überarbeitet und wenn sie Ferien hat übermäßig ruhebedürftig. Ich werde aber jedenfalls stoßen.

Von Geldschicken hätt ich ja kein Wort gesagt, mein Engel, wenn nicht in einem Deiner „unverbindlichen" Briefe zu lesen wäre: ich würde Dir Geld schicken wenn nicht die Geldausfuhrschwierigkeiten u. -schikanen beständen! Ein Imbecile[157] wer auf ein so generöses Angebot nein sagt! Aber eine großartige Erklärung daß es nicht geht brauchst Du mir wirklich nicht zu geben. 2000.– Lire sind wenig genug. Verwahr sie nur gut, wenn Du noch an Italienreise denkst.

Am Sonntag war ich auf der Isola Sacra (cfer. Dante)[158] – für dies Jahr wohl das letztemal am Tirreno. Gebe Gott, nicht für immer.

Soll ich der Frau Geiger jetzt eigentlich noch in dem Sinn schreiben wie Du mir angegeben oder hast Du ihr die Günderode nicht geschickt?[159]

---

156 *Pirandello*] Luigi Pirandello (1867–1936) gilt als bedeutendster italienischer Dramatiker des 20. Jahrhunderts. Das nachfolgend genannte Stück kam 1919 heraus; bald darauf erzielte Pirandello mit „Sei personaggi in cerca d'autore" (1921) einen Welterfolg.

157 *Imbecile*] Schwachkopf (ital.).

158 *Isola sacra (cfer. Dante)*] Küstenabschnitt bei Fiumicino, der durch den Tiber und einen Kanal vom Festland abgetrennt ist; von ES mit jener Insel identifiziert, die zu Beginn von Dantes „Fegefeuer" erwähnt wird.

159 *Soll ich ... nicht geschickt?*] FG hatte ES am 9. Juli 1923 angeboten, von Heidelberg aus ein Günderode-Exemplar an Frau Geiger zu schicken; ES sollte schreiben, daß sie das Buch über eine Heidelberger Buchhandlung verschickt hätte.

Wenn ich von Schöneck selten schreibe so bedeutet es Zeitmangel. Aber Du, sag mir bald, daß Du nicht erzürnt bist, ich warte sehnlich auf ein Wort.
Dein getreues Musel
Rom, 21 / VII 23
Was sind Desiderienbögen, wenn Hugo Heller mir sagen läßt ich möchte ihm welche schicken, nachdem ich der Treuga eine Liste mit alten Büchern zum Verkauf offeriert habe?[160]

263. Elisabeth Salomon an Friedrich Gundolf.
o.O. [Schöneck]. o.D. [etwa 27. Juli 1923][161]

Mein teurer einziger Gundel – geh doch nach Basel: es ist mit Schiff nur 4 Stunden von hier entfernt und Du kannst ein oder zweimal für einige Tage heraufkommen. Mehr ist, fürcht ich, nicht gut. Aber ein paar Tage geht ohne weiteres u. wir können die Vormittage zusammen verbringen. Und wenn ich, wie gesagt, für die Rückreise nicht erforderlich bin, bleiben wir dann noch bis Mitte Oktober ganz beisammen, irgendwo.

Wegen meiner Gesundheit sei unbesorgt: ich werde in keiner Weise überanstrengt, es ist überhaupt mehr eine Geduldsprobe als was andres. Und da man nicht dabei stundenlang stillsitzen muß ist es eine weit sympathischere Tätigkeit als z.B. Bureau, was wohl überhaupt das gräßlichste auf der Welt ist. Außerdem werde ich sehr viel besser genährt als ich es selbst zu tun pflege und ich hab mir ein Rad geliehen mit dem ich voll Wonne den See umsause.

Und dann hör doch auf, törichtes Bübchen, mit der Geldfrage: Selbst wenn ich mich auf den Standpunkt der Geliebten stellen würde die von ihrem Herzensfreund alimentiert werden will, so könnte ich doch nicht so kindlich sein das für eine Geliebte zu erwarten die dauernd entfleucht. Also beruhige Dich: für einen Liebhaber von Fach ist auch das Einkommen eines deutschen Professors durchaus ungenügend, für eine Ehe langts event. Mein „Zigeunertum" ließe sich wohl auch nur durch

---

[160] *Was sind … offeriert habe*] Wohl ein Mißverständnis. Auf Desiderienbögen konnten potentielle Käufer der Buch- und Antiquariatshandlung Hugo Heller ihre Bücherwünsche übermitteln; ES wollte dagegen ja Bücher verkaufen.
[161] *etwa 27. Juli 1923*] Die ungefähre Datierung ergibt sich aus FGs Antwortbrief vom 30. Juli.

Ehe u. Kind zähmen. Aber bitte bitte lies nicht auch aus dieser Bemerkung wieder einen Vorwurf. Wenn ich je das Recht hatte Dir einen zu machen, so hat mein langes Fernbleiben von Dir mich gewiß tiefer ins Unrecht gesetzt. Denn vielleicht ist meine Anwesenheit für Dich eine vitalere Lebensbedingung als für mich Ehe und Geld. Denn meist lebe ich doch froher und wohler als Du: das mag Dich beruhigen wenn es auch meinen Egoismus in kein sehr schönes Licht stellt. Freilich wirst Du mich ohne Ehe auch von Amerika nicht zurückhalten können, wenn Lust u. Gelegenheit sich zusammenfinden mich hinzulocken.

Die Familie Hanau ist sympathisch u. gebildet, die Patientin selbst eine äußerst kultivierte und sehr unglückliche Frau, der Geld u. Krankheit nur den Charakter ein wenig verdorben haben. Aber in guten Stunden noch immer von unbedingter herzlicher Generosität, so daß sie mich z.B. wenn ich Schnupfen hab nachts nicht ruft, was sie ungeheure Selbstüberwindung kostet. Arme Leute können sich aber wohl den Luxus einer solchen Krankheit überhaupt nicht gestatten. –

Bring mir bitte Cigaretten mit, hier sind sie unerschwinglich teuer, aber keine mit Mundstück u. keine Damen ohne Taback.[162]
In zärtlichem Gedenken und treuer Liebe Dein
Musel
Laß Dir von der Cedel meine Schwesterntracht schicken u. bring sie mit. Ich brauche sie.

264. Friedrich Gundolf an Elisabeth Salomon.
   Heidelberg. 30. Juli 1923

Liebstes! Unsere Gespräche über Ehe und Geld wollen wir nun vertagen bis wir uns sprechen.

Nach Basel hoff ich um die Mitte des September zu kommen, wenn Landmanns und mein Vetter[163] aus ihren Urlauben zurück sind.

Im Übrigen: du hast immer plötzliche Einfälle und meinst, die ganze Aussenwelt könne sich ebenso rasch drehn und wenden wie du, wildes Pferd. Seit ich an dich gebunden bin, werd ich von deinen jähen Wendungen hin und her geschleudert – ja, wirklich wie ein Gefangener den eine Centaurin an ihren Schweif gefesselt über Stock und Stein schlenkert. Aber ich mache seit den jüngsten Erfahrungen keine Pläne mehr

---

[162] *Damen ohne Taback*] Wohl abwertend für eine leichte Zigarettensorte.
[163] *Vetter*] Hans Oettinger.

und keine Versprechen mehr über eine Woche hinaus – du weisst daß
dir nah zu sein der sehnlichste Wunsch meines Lebens ist und dass ich
alles tue um dir zu willen zu sein, nur muß dein eigner Wille einigermassen stetige Richtung halten .. So hoffe ich Dich im September zu sehen, aber glauben tu ich es erst, wenn ich dich im Arm halte. Am 5. – 8.
bin ich wohl in Marburg,[164] dann in Darmstadt, dann will ich endlich
nach Wolfratshausen,[165] wo ich nur einmal einen halben Tag war seit
langem.

Immer vorausgesetzt daß bis dahin im Reich nicht alles drunter und
drüber geht.[166]

Wenn es dir nur leidlich geht – so richtige Sorgen hab ich mehr um
Dich als um mich.

Hast du eigentlich den „Simplicissimus" Aufsatz[167] bekommen, den
ich dir noch nach Rom geschickt? Den Schwesternanzug hat dir die
Cedel doch schon geschickt!!
Nun, sei umarmt und bis zum Grunde geküsst von Deinem
Gl.

Abs.: Gundolf / Heidelberg / Schlossberg 55 – Adr.: Fräulein Dr. Elisabeth Salomon
/ Kurhaus Schöneck / bei Bernried am Vierwaldstättersee / Schweiz

265. Elisabeth Salomon an Friedrich Gundolf.
Schöneck. 13. August 1923

Kuranstalt Schöneck
Vierwaldstättersee

Gundelchen, die Sachlage ist die: an sich bin ich verpflichtet wenn Hanaus Ende September nach Rom zurückgehn sie zu begleiten. Ich hoffe
nun daß es Frau H. so leidlich geht daß sie auf mich verzichten was
aber jetzt natürlich noch nicht fest entschieden werden kann. Also vor-

---

[164] *in Marburg*] Bei Wolters.

[165] *dann will ich … Wolfratshausen*] Zu Kahlers. Vgl. zu diesem Besuch die Korrespondenz zwischen Fine und Erich von Kahler zwischen 26. und 29. August
1923, wo die Entfremdung zwischen FG und Fine deutlich zutage tritt; Kahler-
Briefwechsel II, 493 ff.

[166] *daß bis dahin … drüber geht*] Anspielung auf die prekäre Situation in Deutschland mit Inflation und Ruhrkonflikt.

[167] *den „Simplizissimus"-Aufsatz*] FGs Grimmelshausen-Abhandlung.

ausgesetzt daß diese Frage günstig gelöst wird kann ich dann einige
Zeit, ev. auch bis Ende Oktober bei Dir sein und da bin ich mit Schwarzwald oder Alb sehr einverstanden, weil es die liebste deutsche Landschaft ist, wir beide in der Nähe sind und Schweiz u. Norditalien ja alles unnötig verteuern. Ich möchte Dich aber gern in Basel abholen weil
ich schon lange den Wunsch hab es selbst und vor allem Holbein[168] zu
sehn. Wenn es Dir aus zünftigen Gründen unangenehm ist[169] so kannst
Du ja vorher abfahren und ich halte mich allein und verborgen 2 oder
3 Tage dort auf. Ich würde Dich dann ev. wieder zum Semesteranfang
nach Heidelberg begleiten. Aber dann geh ich auf jeden Fall nach Rom
zurück! Ich bin noch lange nicht gesättigt davon wie ich es von Wien
sofort war, träume allnächtlich von römischer Landschaft und Stadt –
heut Nacht eine Hochbahn vom Vatikan zum Colloseo. Guai![170] Nur
um das zu ermöglichen hab ich hier Schöneck übernommen.

Ich müßte übrigens, wenn ich nicht mit Hanaus reise, auf das Reisegeld verzichten. Kannst Du mir das ersetzen?

Ich wollt wir wären erst beisammen. Ich fange hier schon an sehr ungeduldig zu werden.

Bitte tu mir vorher einen Gefallen, ich sprach Dir schon davon. Frag
irgend einen kompetenten Sozialwissenschaftler der Dir begegnet was
sie von einer Übersetzung von Mazzinis: Doveri Dell'Uomo[171] halten.
Ich muß wissen, ob es schon übersetzt ist, ob es für zweckmäßig und
nützlich gehalten wird, ob der betreffende Bonze mich ev. einem sozialwissenschaftlichen Verlag empfehlen kann. Es ist einerlei ob Du
Knapp[172] od. Alfr. Weber od. Edgar od. Salz od. Singer danach fragst.
Wessen Du halt grad habhaft wirst. Ich hab das Buch hier und große
Lust dazu. Er ist ein riesig sympathischer, gänzlich unmarxistischer
Idealist. Und die Sprache so klar und unkompliziert daß es mir nicht
die geringste Schwierigkeit macht. Ich würde es aber dann sehr gern
unter Deiner Aufsicht tun aus Sprachverschönerungsgründen. Und ich

---

[168] *Holbein*] Der Maler Hans Holbein der Jüngere (1497/98–1543) war längere
   Zeit in Basel tätig, in dessen Kunstmuseum etliche seiner Bilder hängen.

[169] *Wenn es dir ... unangenehm ist*] FG hatte abwehrend auf ESs Vorschlag reagiert,
   in Basel zusammenzutreffen, was sich ES mit seiner Rücksichtnahme auf den
   George-Kreis erklärte.

[170] *Guai!*] ital.: Wehe!, Ach!

[171] *Mazzinis ... Uomo*] Die philosophische Abhandlung („Über die Pflichten des
   Menschen") erschien 1860.

[172] *Knapp*] Georg Friedrich Knapp (1842–1926), Professor der Nationalökonomie
   und Rektor der Universität Straßburg, lebte nach 1918 in Darmstadt.

möchte daß ein namhafter Mann die Einleitung schreibt, z. B. Arthur Salz. Aber das hat vorläufig noch Zeit.

Bitte gib mir Dein Jawort zu der ganzen Unternehmung und frag das nötige, ich mag nicht selbst eine Korrespondenz deshalb beginnen und Dein Hauptumgang sind ja eh die Schaftlerschaftler.[173]

Vielen Dank für die lieben schönen Verse.

Heut war ich beim Rütli,[174] was mich aber nicht weiter erschüttert hat.

Wie lange bleibstu noch in Darmstadt? Was macht der Ernst? Grüß ihn sehr. Vergiß nicht die Regenhaut weil sie für unsre Schwarzwaldwanderungen erfahrungsgemäß notwendig ist.

Zu einem Südseeinsulaner ist jetzt keine Gelegenheit,[175] sei unbesorgt. Hier gibts nur Pescicani[176] aus Brasilien, Norditalien u. der Westschweiz – ein reizloses wenn auch elegantes Gesindel. Sie könnten ebensogut alle aus ein u. demselben Land sein.
Liebend Dein Musel
13. August
Stresemann kann uns wohl auch nicht glücklich machen.[177]

---

[173] *Schaftlerschaftler*] Sprachspielerischer Ausdruck für: Wissenschaftler.

[174] *Rütli*] Bergwiese am Vierwaldstättersee und Nationaldenkmal der Schweiz, da sich an dieser Stelle die drei Urkantone Uri, Schwyz und Unterwalden mit dem Rütlischwur zu einem Bund zusammengeschlossen haben sollen. Durch Schillers „Wilhelm Tell" ins allgemeine Bewußtsein gehoben.

[175] *Zu einem ... Gelegenheit*] FG hatte in einem vorangehenden Brief ESs Sprunghaftigkeit aufs Korn genommen: „Also schreib mir erst einmal Deine Pläne .. obwohl ich fürchte, um den 15. September herum einen Brief zu bekommen, du habest einen wohlhabenden, nicht sehr gebildeten, aber herzensguten Häuptling der Südsee-inseln geheiratet und seist bereits unterwegs."

[176] *Pescicani*] ital.: Haifische; im übertragenen Sinn für Gauner, Kriegsgewinnler.

[177] *Stresemann ... machen*] Gustav Stresemann (1878–1929) übernahm am 13. August 1923, also am Tag der Abfassung dieses Briefes, in nahezu ausweysloser Krisensituation das Amt des Reichskanzlers; er bestimmte nachfolgend die deutsche Außenpolitik und führte eine Annäherung an Frankreich herbei.

266. Elisabeth Salomon an Friedrich Gundolf.
Schöneck. 18. August 1923

Kuranstalt Schöneck
Vierwaldstättersee

Also, siehst Du, Gundel, mit solchen Vorbauten[178] machst Du mich zu jedem Zusammensein von vornherein unlustiger. Es ist unnatürlich forciert wenn wir beide in Basel sind und ich nicht zu L.[179] komme der mich ohne Dein intervenieren doch einladet u. eingeladen hat ihn aufzusuchen. Der doch außerdem kein zu schützender Jüngling ist sondern ein erfahrener Weltmann u. würdiger Professor der ebensogut mein Lehrer sein könnte. Einerlei ob mir daran liegt oder nicht – diese ängstlichen Vorbeugungen u. Vermeidungen sind mir verhaßt u. machen mich nervös, und daß sie schon beginnen wenn ich nur in der Nähe, noch nicht mal bei Dir bin, rechtfertigt wiederum mein Fernsein wo solche Reibungen nicht existieren, wo ich daher friedlicher lebe und meine Nerven geschonter sind und auch wirklich bedeutend erholt u. gekräftigt. Mit solchen Aussichten zeigst Du mir einen dauernden Aufenthalt in Deiner Nähe wenig verlockend. Da Du nicht imstande bist einen einigermaßen gangbaren u. harmonischen Weg zwischen Deinem Staat[180] u. Deiner Liebe zu finden ists schon besser man läßt die eine Wegseite frei. Nach Deinem gestrigen Brief hatte ich wirklich Lust ein Engagement an die deutsche Botschaft nach London anzunehmen für 1. Oktober das sich hier plötzlich bot. Nur mein Versprechen an Dich hat mich gehindert, aber meine Vorfreude ist schon ein wenig verdorben. –

An Lechter schreibe ich sofort. Es ist ausschließlich eine Geldfrage für ihn.

Warum knurrt der Ernst? –

Die Pepa wohnt Wien V Hamburgerstr. 4 bei Herrn Neumann.[181]

---

[178] *Vorbauten*] FG hatte ES in einem vorangehenden Brief geschrieben: „Wenn ich in Basel bin kannst du mich abholen, wenn ich auch aus zünftigen Gründen dein Erscheinen bei Lm. vermeiden möchte (nicht dass er selbst etwas gegen dich hätte, aber ich möchte die Reibungsflächen verringern .. mir selbst wärs ja gleich)“.

[179] *L.*] Julius Landmann.

[180] *Deinem Staat*] Dem George-Kreis.

[181] *An Lechter … Neumann*] Reaktionen auf Fragen in FGs vorangehendem Brief: Lechter hatte überlegt, nach Italien zu gehen und sich deswegen an FG gewandt,

Es genügt ja wenn Du wegen Mazzini *eine* Kompetenz fragst wenn
nur seine Antwort präzis ist.
Dein Musel
18. August 1923

**267. Friedrich Gundolf an Elisabeth Salomon.
Augsburg. 22. August 1923**

Augsburg. 22. / 8. Ab 24. Wolfratshausen

Liebstes Musel:
Es handelt sich nicht darum jemanden vor dir zu „behüten" oder dir
eine Ehre vorzuenthalten die dir gebührt, sondern um die möglichste
Schonung eines Empfindens dem ich Schonung schuldig bin, ohne dass
ich nach seinem *Recht* im besonderen Fall und nach seinem *Grund*
frage. Es ist ein kleines Opfer das ich dir zumute, wie ich mir viele
grosse und kleine seit Jahrzehnten in dieser Sache nach beiden Seiten
hin zumuten musste. Wo ein grosses Dasein waltet da fallen Opfer und
du bist eins, ich bin auch eins, Liebes .. und da du das grosse hinge-
nommen hast, nicht immer bei mir zu sein, worunter ich ebenso oder
mehr leide als Du, so könntest du ohne Murren auch diese kleinen ertragen, die deiner Ehre und deinem Glück nichts weiter rauben. Dieser
Konflikt ist nun einmal da, und es hat keinen Sinn, nach der Berechtigung zu fragen – ich nehme ihn hin wie ein Naturereignis oder eine
Schickung, und wenn du mich ein wenig liebst, so wirst du fühlen wie
mir dabei zu mute ist, ohne dich beständig auf den Rechtsstandpunkt
dabei zu stellen .. ich gebe dir zu dass ich dir manchmal weh getan
ohne für dich und selbst für mich zureichende Vernunftgründe, aber
nicht dir allein. –
Um dich zu freuen und dir zu huldigen habe ich das Zutrauen meines ältesten Freundes, meines Meisters und des grössten Mannes ge-
täuscht und verscherzt .. ich bereue es nicht, weil ich es für *nötig* hielt
dir genugzutun gegen Unrecht das dir geschah. Aber ebendrum möchte
ich Reibungen in diesem Konflikt (der durch *mein* Herz geht, nicht

---

der seine Karte an ES weiterschickte; über seinen Bruder hatte FG geschrieben:
„Ernst schlägt sich etwas dürftig durch als kleiner Rentner. Er lässt dich grüssen,
fragt öfter nach dir, und knurrt auch"; Felix Neumann war der Vater Josephine
Kramers und Elisabeth Neumanns.

durch das deinige) vermeiden wo sie nicht *unbedingt nötig* sind. Wenn dein Verstand das nicht einsieht, so könnte es dein Gefühl begreifen. Es ist auch nicht Feigheit: ich werde mir durch dieses kleine Opfer das ich Dir zumute, nichts Verlorenes zurückerobern und nichts weiter verlieren, wenn es unterbleibt. Es ist eine Sache der Empfindung, nicht der Gründe. Und ich schreibe dir nur, damit du klarer siehst, nicht um Recht zu behalten. Wann will man Recht behalten, in Dingen der Liebe! Ich habe an Dich kein Recht, ich bin in deiner Schuld, – doch genug .. – du weisst ja alles.

Zunächst weiss ich noch nicht einmal ob oder wann ich in die Schweiz komme. Eh dein böser Brief mich hier erreichte, schrieb ich dir schon darüber, und nicht (wie du nun mutmaaßen wirst) um dem Basler Konflikt auszuweichen.

Ich überlasse dich nun deinen Entschlüssen, wähle so dass du dabei möglichst glücklich wirst, ohne dich viel um mich dabei zu kümmern. Ich habe einfürallemal resignirt, dass jede Gunst des Schicksals mich doppelt freut, die Ungunst mir das Gesetzliche und gegebne erscheint. Ich liebe Dich und bleibe Dein
Gundolf
Einstweilen hab ich Knapp wegen des Mazzini gefragt – er hält nichts davon.

**268. Elisabeth Salomon an Friedrich Gundolf.
Schöneck. o.D. [etwa 25. August 1923][182]**

Kuranstalt Schöneck
Vierwaldstättersee

Mein geliebter Gundel – ich wollte Dir mal wieder nicht weh tun. Aber in dieser Sache werden wir wohl nie zurecht kommen. Genug – ich komme dorthin wo Du willst u. wo es ohne Konflikt geht. Mir ist diese ganze Sache nicht so wichtig wie sie Dir, mein Armer, viele Leiden verschafft. Tatsächlich bin nicht ich das Opfer sondern Du bist es. Aber ich flehe Dich an, halte es mir auch nicht in noch so milder Form vor daß Du meinetwegen das Vertrauen des Meisters verloren hast. Ich

---

[182] *etwa 25. August 1923*] Die ungefähre Datierung ergibt sich aus dem Bezug auf FGs Brief vom 22. und seiner Antwort vom 28. August.

habe Dich nie dazu genötigt weder direkt noch indirekt, ich warnte Dich sogar weil ich fürchtete der Preis den Du dafür zahlst wird hoch sein.

Ich wollte ich wäre bei Dir und fürchte täglich, daß meine übernommenen Pflichten mich nicht loslassen werden. Die Kranke[183] hängt sich mit der ganzen Verzweiflung einer Rasenden an meine Gegenwart und ich glaube ohne einen gewaltsam provozierten Bruch werd ich gar nicht loskommen.

R. M. Rilke ist hier und wir haben viele Gespräche[184] wobei er hübscherweise sein Inkognito wahrt und nicht weiß daß ich ihn längst agnosciert[185] habe. –

Hab schöne Tage in Wolfratshausen und lieb Dein
Musel

269. Elisabeth Salomon an Friedrich Gundolf.
   Rom. 29. Oktober 1923

29 / X / 23

Geliebter Gundel – ich hab Dir noch einen Brief aus Florenz nach Berlin geschickt:[186] hast Du ihn? Ich dank Dir tausendmal und jedes Mal sehr zärtlich für Deine lieben Zeilen hierher und für die Günderode.[187] – An das deutsche Chaos zu denken ist zwar wohl nicht so furchtbar wie in ihm zu sein aber auch reichlich arg und am ärgsten Dich in ihm zu wissen. Geliebter, laß nur Heidelberg nicht französisch

---

[183] *Die Kranke*] Helene Hanau.

[184] *R.M. Rilke … Gespräche*] Eine Frucht der Begegnung ESs mit Rilke (1875–1926), der sich damals in Schöneck einer ärztlichen Behandlung unterzog, waren die ihr gewidmeten Gedichte „Ex voto" und „Tränenkrüglein", die beide 1924 erschienen. – Einer der letzten Vorträge FGs (am 3. Juni 1931) hatte Rilke zum Thema und wurde später von ES publiziert (Wien 1937); sie selbst schrieb über „Meine Begegnung mit Stefan George und Rainer Maria Rilke" (1965 veröffentlicht).

[185] *agnosziert*] Identifiziert, erkannt.

[186] *Brief aus Florenz … geschickt*] FG und ES waren Ende September in München zusammengetroffen und hielten sich dort während der ersten Oktoberhälfte auf. FG reiste daraufhin nach Berlin, ES ging wieder mit einem einwöchigen Zwischenaufenthalt bei Wolfskehl in Florenz nach Rom.

[187] *die Günderode*] ES hatte FG gebeten, ihr ein Exemplar der Edition nach Rom zu schicken.

werden sondern übernimm das Kommando der Bürgerwehr. Und Rom ist in seiner Herbstsonne so zauberhaft schön daß ich mich fast schäme. Aber helfen könnt ich ja in Deutschland auch nichts denn wer würde mich denn zum Reichskanzler machen!

Heut kamen auch Deine Verse, Unermüdlicher Du, Unerschöpflicher! Der Wolfskehl hat recht: Du seist ein Gott und schwebst über die Erde. Überhaupt haben wir wahre Orgien in Gundolfverherrlichung gefeiert. Die Natzel ist auch da und wir haben uns recht angefreundet. Sie ist süßer als die Judith[188] aber nicht so tiefsinnig.

Auch mit Olschki war ich ein paarmal zusammen (vom Geld hab ich nichts gesagt), er scheint mir aber nach der Verlobung zu sehr arrivierter Bourgeois; auch sein noch sehr jugendlicher Papa könnte ebensogut mit Holz oder Textilien wie mit alten Büchern handeln und die Stiefmutter ist ein Eisenbahnunglück:[189] häßlich kleinbürgerlich abgrunddumm bös und geizig. Zu mir waren sie freilich alle sehr freundlich aber das kann mich noch nicht bestechen. Dagegen die Bibliothek Finali, ja! Gundel wenn Du die sehn würdest, würdest Du nicht zögern die 80jährige Besitzerin zu ehelichen.[190] Es ist die bedeutendste Privatsammlung Italiens und besteht fast nur aus Wiegendrucken und Erstausgaben in kostbarsten Originaleinbänden und Miniaturenhandschriften vom 11. Jahrhundert an. Alles untergebracht in einem alten Renaissanceschloß das in einem wundervollen hochbäumigen Garten steht der an den Münchhausenschen stößt. Bibliothekar ist ein volkschullehrerhafter Dr. Dreyer[191] der mit Alfred Weber verwandt zu sein vorgibt. Er sitzt drauf wie die Glucke auf ihren Eiern und läßt z. B. den lechzenden

---

[188] *Die Natzel ... Judith]* Die beiden Töchter Karl Wolfskehls, Renate (1899–1976), genannt Natzel, und Judith (1901–1983), genannt Ditzel, seit 1924 verehelichte Köllhofer.

[189] *Auch mit Olschki ... Eisenbahnunglück]* Leonardo Olschki heiratete 1923 Käte Mosse (1900–1989) aus der Familie des deutschen Großverlegers Rudolf Mosse. Sein Vater Leo Samuel Olschki (1861–1940), Antiquar in Florenz, war in zweiter Ehe mit der wie er selbst aus Ostpreußen stammenden Regina Caro (1864–1934) verheiratet, die ES scherzhaft als „Eisenbahnunglück" bezeichnet.

[190] *die Bibliothek Finali ... zu ehelichen]* Von dem ungarisch-französischen Bankier Horace de Landau (1824–1903) aufgebaute exquisite Privatbibliothek, die damals im Besitz seiner Nichte Jenny Ellenberger (1850–1938), vormalige Gattin des Pariser Bankiers Hugo Finaly (1844–1915), war und sich in der Villa Finaly befand; heute Depositum in der Florentiner Nationalbibliothek.

[191] *Dreyer]* Hans Dreyer (geb. 1871) war seit 1907 bei der Bibliothek Landau-Finaly angestellt.

Wolfskehl nicht rein. Mich ja, weil uninteressierter u. geschäftehalber.
A propos, die Bibliothek sucht die beiden Bände Spengler in der Erstausgabe. Bitte sag das niemandem, sondern wenn Du sie hast, so schick
sie mir, sonst wirst Du sie ja gewiß leicht aufbringen. Schreib mir genau
den Buchhandelspreis den sie jetzt in Deutschland haben. Du bekommst von dem Erlös was sie dich kosten und die Hälfte des Mehr-
erlöses. Wenn Du sonst Angebote von Dir nicht notwendigen Erstauf-
lagen hast so bitt ich Dich drum. Ev. Dein Goethe? Ich hab ihn nur mit
Widmung u. deshalb ist er mir nicht feil. Adressier die Bücher vorerst
an Averardi[192] ins Hassler[193] weil Ferma in Posta[194] etwas unsicher ist
u. ich noch provisorisch im Hotel wohn. Briefe aber ruhig F. in P. Kommen nicht z.B. mein Münzbuch u. die Imprese[195] in Betracht? Oder
kränkt Dich das? Wenn nicht, so schreib mir bitte ihre Titel etc in Offertform.[196] Erkundige Dich was etwa der Baer in Frankfurt[197] dafür zahlen würde, u. rate mir danach was ich dafür verlangen kann.
Schicken tu aber vorerst nichts, auch den Spengler nicht, fällt mir eben
ein. Besser ich offeriere erst alles.

Vermißt Du irgendein notwendiges Lebensmittel das ich Dir schicken
kann? Zucker?

Der Franco Averardi war anfangs so verwirrt daß er 10 Minuten
lang nur Unsinn geredet hat, dann erwies er sich aber bald als sehr
hilfsbereit und praktisch beim Wohnungsuchen. Er ist äußerlich der
Typ Fons Lasker also nicht der meine. Mir etwas zu überschwenglich
aber doch im ganzen sympathisch. Für Dich hat er eine vergötternde

---

[192] *Averardi*] Franco Bruno-Averardi (1897–1947) Diplomat und Literaturwissenschaftler, damals beim Völkerbund in Genf und in Rom tätig, später Professor
in Florenz und in den USA. FG hatte sich in seinem Brief vom 28. August 1923
geradezu enthusiastisch über ihn geäußert: „Ich habe bei Heyers einen bezaubernden jungen Italiener kennen lernen, von einer so ausgesuchten Geistigkeit
und einem Sinn für deutsches Wesen, Sprache und Bildung wie ich es dort nie für
möglich gehalten hätte. Im Herbst geht er nach Rom zurück ... Übrigens ist er
elegant, wohlhabend und aus bester Familie."
[193] *Hassler*] Hotel in Rom.
[194] *Ferma in Posta*] Postlagernd.
[195] *mein Münzbuch ... Imprese*] Zwei von FG erwähnte Werke, die er sich aus ESs
Wohnung in Berlin entliehen hatte, Camillo Camilli: Imprese (Embleme), 1585,
sowie ein gleichfalls italienisches Münzbuch in Folio.
[196] *Offertform*] In Form eines Angebots.
[197] *der Baer in Frankfurt*] Das von FG häufig frequentierte Antiquariat.

Bewunderung u. er übersetzt eben Deine Dichter u. Helden.[198] Er bleibt jetzt in Rom als hiesiger Vertreter des Völkerbundes.

Hat Dein Colleg begonnen? Und bleibt es Luther?[199]

Einen Schüler von mir hab ich in der Bahn getroffen, die Illa Hanau[200] auf der Straße als sie grad für mich Zimmer suchte, den Cassirer[201] in der Latteria[202] – wie wenns Heidelberg wäre. Mit dem Alessandro Militello[203] hab ich einen Spaziergang gestern in die süße Pineta Sacchetti[204] gemacht: er ist resigniert aber ganz vernünftig. – Voilà tout. Dich lieb ich. Ciao!

Musel

Vom Lechter hab ich einen langen Brief: er zieht jetzt nach Florenz.[205]

270. Elisabeth Salomon an Friedrich Gundolf.
Rom. 11. November 1923

Mein Gott, Gundel (Anrede an ihn u. Dich!), Deine Worte und Verse werden immer verdüsterter. Und ich weiß Dir zum Trost nichts zu sagen weil das Maß der Zumutung ein übermäßiges ist. Mehr noch für Dich als für die andern weil Deine Leidensfähigkeit eine unerhörte ist. Aber, Gundel, mein angebeteter Historiker, ist denn die Geschichte der Deutschen seit Karl dem Großen nicht immer so?[206] Sie muß und wird sich wieder nach oben heben. Die ganze Welt weiß es, hier in Italien sagt es jeder, und nicht nur um mir zu gefallen, wir selbst sind eigent-

---

198 *übersetzt eben … Helden*] Eine italienische Übersetzung von FGs Aufsatzsammlung (1921) ist nicht erschienen.

199 *Hat Dein Colleg … Luther*] FG las im Wintersemester 1923/24 über Reformation und Humanismus.

200 *Illa Hanau*] Tochter von Hermann und Helene Hanau.

201 *Cassirer*] Welchen Angehörigen der künstlerisch, philosophisch und ökonomisch prominenten schlesischen Familie Cassirer ES hier meint, ist offen.

202 *Latteria*] Milchladen.

203 *Alessandro Militello*] Publizist, u.a. auf kunsthistorischem Gebiet. Näheres nicht ermittelt. Später in ES verliebt; möglicherweise bezieht sich darauf auch schon seine hier erwähnte „Resignation".

204 *Pineta Sacchetti*] Römischer Pinienhain.

205 *Von Lechter … Florenz*] In der Tat hielt Lechter sich in den nachfolgenden Jahren für längere Zeit in Italien auf, ohne indessen seinen Berliner Wohnsitz aufzugeben.

206 *ist denn die Geschichte … so?*] ES skizziert den Geschichtsverlauf seit dem um 800 regierenden Frankenkönig und römischen Kaiser durch eine Wellenlinie.

lich die letzten die dran verzweifeln dürften. Ich werde bis zum Tod
Dein eigenstes bleiben, das schwöre ich Dir. Und wenn Dir das auch
die deutsche Einheit nicht ersetzen kann, so freuts Dich doch vielleict
ein wenig. Ich werd auch alles tun daß wir noch ein paar schöne italienische Wochen gemeinsam haben. – Meine größte Geburtstagsfreude
war die Nachricht von der Niederwerfung der Hitlerbande, ein uner-
warteter Beweis für die Autorität der Regierung und den wirklichen
Einheitswillen der Nation. Warum hat man den Hitler mit seiner gemeinen Visage nur nicht schon vor dem Putsch festgenommen? Ich bin
wütend daß er entkommen ist.[207]

Bitte behalte Dir 100 Lire zurück. Verkaufe sie aber nicht auf einmal, sondern nie mehr als 5. Davon kannst Du mir viele viele Briefe
schreiben. Das Porto soll mich nicht um sie bringen.[208] Denn ohne
Deine Briefe kann ich die Fremde nicht ertragen. Zumal jetzt wo die
gräßliche allgemeine Unsicherheit in Deutschland immer finstre Sorgen weckt wenn die direkten Nachrichten fehlen. Und das Marken anstehn[209] wird Dir gewiß gern eine Deiner Schülerinnen oder Schüler
abnehmen. Es ist das wenigste was sie für Dich tun können und Du
kannst sie ohne Scheu drum bitten: nicht nur weil Du der große Gundolf bist sondern weil alle Dich lieben.

Frag doch mal herum ob nicht wer anders den Spengler abzugeben
hat. Wieviel kostet Dein Goethe in heutiger Auflage in Goldwährung
im freien Handel? Von meinen beiden Büchern schreib mir bitte alle genauen Titelangaben so wie sie sich offerieren lassen. –

Jetzt ist vorübergehend die Frau Bruno-Averardi[210] da: eine sehr elegante und für eine Italienerin ungewöhnlich gebildete Frau, aber see-

---

[207] *Meine größte … entkommen ist*] Adolf Hitler (1889–1945) unternahm am 8.
und 9. November 1923 gemeinsam mit General Erich Ludendorff einen Putschversuch in München, der beim sogenannten Marsch auf die Feldherrnhalle
durch die Polizei niedergeschlagen wurde. Hitler konnte zunächst fliehen,
wurde aber wenige Tage später verhaftet. Wohl in Anspielung darauf, daß der
Putschversuch seinen Ausgang im Bürgerbräukeller genommen hatte, schrieb
FG am 10. November 1923 an ES: „Inzwischen hat man in München Bier-Cae-
sarles gespielt .. nun, es ist danach."

[208] *Bitte behalte … um sie bringen*] FG hatte ES geschrieben, daß er ihr 350 Lire
schicken wolle, die er ihr offenbar schuldete; außerdem hatte er angemerkt, daß
ein Auslandsbrief „fast eine Milliarde" koste, weshalb er vielleicht spärlicher
schreiben werde.

[209] *das Marken anstehn*] FG hatte geschrieben, daß man zu jeder Tageszeit mindestens eine halbe Stunde wegen Lebensmittelmarken anstehen müsse.

[210] *Frau Bruno-Averardi*] Die Mutter von Franco Bruno-Averardi.

lenloser als der Franco, der sie wie sie ihn vergöttert, von ihr meint. Verbrannt ist er gar nicht durch mich da sein Herz offenbar fest an der Edith hängt. Aber er ist sehr freundschaftlich und hilfsbereit und hat mich bereits bis zum Barone-Russo,[211] dem beschäftigsten Mann in Italien, Mussolinis Kabinetts-Chef gebracht. Der Erfolg dieser Audienz ist freilich noch sehr zweifelhaft. Aber immerhin! – Mir persönlich näher und lieber bleibt der Curio Chiaraviglio;[212] weniger deutsch in seinen Kenntnissen und Beziehungen, aber wohl mehr in seinem Wesen und in seiner Seele. Er ist Landwirt und intensiviert den italienischen Acker, in den er seine ganze Person investiert die so zart ist daß man fürchtet das Feuer in ihm müsse ihn verzehren, zumal er weder Zeit noch Lust zu Liebschaften hat was bei einem Italiener wirklich singulär ist. Er hat herrliche klare blaue Augen (ähnlich wie die Betty v. Scholtz),[213] geht etwas schlampig angezogen und ist von überlegenem Verstand. – Dann seh ich noch manchmal die Illa Hanau die mit ihrer Mutter der es etwas besser geht in Liebe zu mir wetteifert. – Den Stendhal les ich mit großem Vergnügen obwohl meine Augen sehr anders sehn: die barocke Malerei von Reni und Domenichini erstklassig zu finden war offenbar eine Eigenschaft jener Jahrzehnte.[214] –

Ich wechsle am 1. Dezember schon wieder die Wohnung weil ich ein schönes und billigeres Zimmer in einem Palazzo bei der Nichte von Francesco Crispi[215] gefunden habe, einer sehr lieben jungen Kriegswitwe deren Mann ein Freund von Busoni[216] war. Das einzige Zim-

---

[211] *Barone Russo*] Giacomo Paulucci di Calboli (1887–1961), italienischer Diplomat, zunächst in der genannten Funktion, später Botschafter in Brüssel und in Madrid. Bruno-Averardi besaß familiäre Verbindungen bis in höchste Regierungskreise hinein.

[212] *Curio Chiaraviglio*] Liberaler Nationalökonom, geb. 1897, ging später nach Argentinien. Näheres nicht ermittelt.

[213] *Betty von Scholtz*] Betty von Scholtz, verheiratet mit Rudolf von Scholtz (1890–1956), der Lektor beim Drei Masken Verlag und Mitarbeiter der „Österreichischen Rundschau" war und 1923 gemeinsam mit ihr nach Finnland ging, um dort ein Landgut zu bewirtschaften. Nach dem Krieg wurde er Intendant des Bayerischen Rundfunks. Von FG gibt es mehrere Briefe an Betty von Scholtz.

[214] *Den Stendhal ... jener Jahrzehnte*] FG hatte ES Ende Oktober eine Ausgabe von Stendhals „Wanderungen in Rom" geschickt, in denen häufig von Guido Reni (1575–1642) und Domenichino (1581–1641) die Rede ist.

[215] *Francesco Crispi*] Francesco Crispi (1819–1901), italienischer Politiker, mehrfach Minister sowie von 1887 bis 1896 italienischer Ministerpräsident.

[216] *Busoni*] Ferrucio Busoni (1866–1924), in Berlin lebender italienischer Komponist und Dirigent, der u.a. auch Agathe Mallachow unterrichtete.

mer in dem ein entzückender goldgerahmter Caesarstich hing mußte
ich leider verschmähn weil das Haus gar so unfreundlich war. Verzeih
mirs!

Wer ist der einäugige Heidelberger von dem der Averardi erzählt?[217] –
Wenn Du einen überflüssigen französisch-deutschen Handdiktionnaire
besitzt so bitt ich Dich drum. – Hier anbei eine Wolfskehlsche viersil-
bige Charade,[218] ich habe sie in einer Minute gelöst. Die Lösung wird
erleichtert dadurch daß der Name des Autors bekannt ist. Ein reichhal-
tiges Messageroblatt[219] und 3 Bildchen Deines Dich zärtlich liebenden
und tausendmal küssenden
Musel
Rom am 11. November 1923
Piazza della Libertà 13 p. I
Heut geht eine Käs-Schachtel an Dich ab. Schreib ob sie Dich erreicht
hat.
Hat der Lips die Schweizer Geschichte[220] zurück?
Bitte bewundre meine meisterhaft enge Schrift.

271. Friedrich Gundolf an Elisabeth Salomon.
Heidelberg. 21. November 1923

Mein süsses Musel: anbei eine Grusskarte für den afrikanischen Leun.[221]
Wenn du ihn siehst, so halte dich nicht an gewisse Geschmacklosigkei-
ten und Lärm seines Gehabens, sondern bring ihn aufs Erzählen oder
die Entwicklung seiner Ideen. Eines seiner Werkchen anbei.

---

[217] *Wer ist der ... erzählt*] Wie aus FGs Antwortbrief hervorgeht, handelt es sich um
den späteren Politikwissenschaftler Arnold Bergsträsser (1896–1964).

[218] *Charade*] Silbenrätsel. Die Charade ist nicht überliefert.

[219] *Messageroblatt*] Wie aus FGs Antwort vom 16. November hervorgeht, enthielt die Nummer der römischen Zeitung die Artikel zweier Archäologen: des
Italieners Giacomo Boni (1859–1925) und des Heidelbergers Christian Hülsen
(1858–1935).

[220] *Schweizer Geschichte*] Gemeint ist die in zahlreichen Auflagen verbreitete
„Schweizergeschichte zum Schul- und Privatgebrauch" von Jakob Sterchi (zuerst 1890), die FG Paul Lips zurückgeben sollte.

[221] *den afrikanischen Leun*] Gemeint ist der Ethnologe und Afrikaforscher Leo Frobenius (1873–1938), der zur damaligen Zeit ein Institut in München unterhielt
und, wie ES FG geschrieben hatte, einen Vortrag in Rom halten sollte.

Die Marienbader Elegie in Facsimile[222] hab ich gegen Giesebrechts
deutsche Kaisergeschichte[223] VI dicke Platzraubende Bände umge-
tauscht, ich hab sie doppelt .. vielleicht krieg ich auch noch die herrliche
Kopie der schönsten Divangedichte (Wiederfinden, Selige Sehnsucht[224]
u. andre) Du schreibst mir, ich habe dir Wolters „Heldensagen" geschenkt – du meinst doch wohl die Rheinstimmen?[225] Die Heldensagen
kriegst Du noch.

Marianne K's[226] Aufenthalt kenn ich zur Zeit nicht.

Hätt ich gewusst, daß du hier noch Steuern schuldest, du Ääschen,
so hätt ich mich besonnen, gegen Recht und Art den Beamten anzufahren:[227] ich habe mich für dich verbürgt das darfst du nicht miß-
brauchen.

Salz gehts leidlich – ich glaub er ist froh daß er hier lesen kann[228] ..
Weißt Du daß der alte Lujo[229] jetzt auch hier liest. Gotheins Tod[230]
geht mir doch sehr nah .. jetzt erst seh ich was wir an ihm hatten.

Freu dich jedes schönen Tags in Rom, davon wird mir auch wohler.
Hier ists trist, wahrscheinlich kommen die Franzosen bald an die
MainNeckarBahn.

---

222 *Die Marienbader ... Facsimile*] FG hatte in seinem Brief vom 10. November angekündigt, ES das Faksimile des hundert Jahre zuvor geschriebenen Goethe-Ge-
  dichts zum Geburtstag zu schenken.
223 *Giesebrechts ... Kaisergeschichte*] Das Hauptwerk des Historikers Wilhelm von
  Giesebrecht (1814–1889) war die sechsbändige „Geschichte der deutschen Kaiserzeit" (1855/95).
224 *Divangedichte ... Sehnsucht)*] Gedichte aus Goethes „West-östlichem Divan".
225 *Wolters „Heldensagen" ... Rheinstimmen*] Zwei Publikationen Friedrich Wolters': „Die Heldensagen der germanischen Frühzeit" (1921) [mit Carl Petersen]
  und „Stimmen des Rheines. Ein Lesebuch für die Deutschen" (1923) [mit Walter Elze].
226 *Marianne K's*] Gemeint ist Marianne Kassner, von der FG einen Brief an ES wei-
  tergeschickt hatte, in dem es um ein Stellenangebot ging, worauf ES sich bei FG
  näher danach erkundigte.
227 *Hätte ich ... anzufahren*] FG hatte für ES eine Behördenformalität geklärt.
228 *Salz ... lesen kann*] 1923 war Arthur Salz zum außerordentlichen Professor an
  die Universität Heidelberg berufen worden.
229 *Lujo*] Gemeint ist der Nationalökonom Lujo Brentano (1844–1931), der im
  Wintersemester 1923/24 eine Gastvorlesung in Heidelberg hielt.
230 *Gotheins Tod*] Eberhard Gothein war am 13. November 1923 in Berlin einer
  Grippe erlegen.

Des Kronprinzen Heimkunft[231] halt ich nur für eine der dumm-schlauen, planlos tückischen Lackeleien an denen schon sein Vater so reich war .. es ist ein Untampack,[232] und nicht einmal tragisch. Im Ausland überschätzt und überwichtigt man (z. T. malafide[233]) diese Unheilsschächer sehr .. sie schaden uns, nicht aus Bosheit oder Wille, aber aus, nun aus Lackelei! Wie übrigens auch die Ludendorffe.[234] Jeder irgendwo bewährte *Fach*mann, Offizier, Bankier, Postbeamter oder Gelehrte gilt bei uns für eine *politische* Grösse. O Thorheit.
Ich liebe Dich und küsse deine holden Glieder!

Abs.: Gundolf / Heidelberg / Schlossberg 55 – Adr.: Fräulein Dr. Elisabeth Salomon / Roma / Piazza della Libertà p. 13[235] / Italien

272. Elisabeth Salomon an Friedrich Gundolf.
     Rom. 25. November 1923

Süßer Gundel, als Dein Kärtchen für den Löwen[236] kam hatten wir schon 2 Nächte zusammen gezecht. Die erste nach dem Vortrag mit seinen deutschen Freunden hier, 2 Gesandtschaftsherren und dem Franco. Die zweite bei Frau Bruno-Averardi. Heut ist er in Neapel und morgen spricht er wieder hier in der Arkadia, einem klerikal italienischen Verein aus dem 18. Jahrhundert.[237] Ausgerechnet! Er wohnt als wenn Rom Hirschberg wäre P. d. Libertà 23. Was er sagt ist wirklich ungemein intressant. Und das drollige Gehaben find ich gut erträglich weil es mit einer außerordentlichen Gutmütigkeit verbunden ist. Mich hat er sehr in sein Herz geschlossen.

---

[231] *Des Kronprinzen Heimkunft*] Der ehemalige Kronprinz Wilhelm von Preußen (1882–1951) war auf Betreiben des mit ihm befreundeten Reichskanzlers Stresemann am 11. November 1923 aus seinem niederländischen Exil nach Deutschland zurückgekehrt.

[232] *Untampack*] „Untam" heißt jiddisch: ungeschickt.

[233] *malafide*] Böswillig.

[234] *Ludendorffe*] Anspielung auf die Rolle Ludendorffs beim Hitlerputsch, den FG in seinem Brief vom 16. November 1923 mit dem „Faust"-Zitat „Dummheit und Sauerei" (aus der Szene „Auerbachs Keller") belegte.

[235] *p. 13*] Irrtum FGs; ES wohnte Hausnummer 13, piano (Stockwerk) 1.

[236] *den Löwen*] Leo Frobenius.

[237] *Arkadia … Jahrhundert*] Dabei handelt es sich um die 1690 gegründete „Accademia dell'arcadia", in die 1788 auch Goethe aufgenommen worden war. 1925 änderte sie ihre Benennung zu „Accademia letteraria italiana".

Die Rheinstimmen hattest Du mir schon in München gegeben, leider hat der Wolfskehl mich gezwungen sie ihm zu leihn. Und hierher sind mir die Heldensagen geschickt worden.

Marianne Kassner ist in Wien. Bitte vergiß nicht an diese Sache, sie kann ev. wichtig werden und bis Jänner ist nicht mehr so lang. Was ist mit den Günderoderezensionen? Der Rest meiner Vermögensabgabeschuld war ca. 250 Mk. Eine solche Lupe hat keine antike noch moderne Technik hervorgebracht. Drum schelte mich nicht.

Gotheins Tod tut mir auch sehr leid. Er wäre 100 Jahr alt geworden wenn dieses selbstsüchtige Weib[238] ihn nicht hätte verkommen lassen.

Gestern hat der Curio mich ganz di moto proprio[239] gefragt ob ich die Londoner Caesarbüste[240] kenne: sie sei für ihn das Abbild herrlichster menschlicher Größe etc. sic!

Alle Italiener sind fest überzeugt daß das politische Bild Deutschlands u. Frankreichs sich in wenigen Jahren völlig wandeln wird. Frankreich werde enden wie Karthago, sagt der Schanzer.[241]

Es ist mir ein geringer Trost daß Du lieber hungerst als mir nicht zu schreiben. Wenn ich Dir Porto beileg, fürcht ich, hungerst Du trotzdem. Drum will ich Dir lieber zeitweise Eßbares schicken. Aber Du sollst auch dazwischen nicht hungern und brauchst es auch nicht, da mit Deinem Einkommen andre Bonzen ihre sechsköpfige Familie ernähren. Frag bitte den Edgar, für wieviel er mir seinen Spengler (ev. auch Bd. II in 1. Auflage) verkaufen will. Ich habe noch 2 andre Angebote u. werde mich für das günstigste entscheiden.

Der Franco hat Deinen Opitz[242] bekommen, er wird Dir selbst schreiben. Beim Russo wollte ich [für] Mussolinis Reden [eine] Übersetzungsgenehmigung. Ich bin aber noch ohne Antwort u. werds wohl auch bleiben, denn inzwischen ist der Senat eröffnet u. der reizende

---

238 *dieses selbstsüchtige Weib*] Gotheins Frau, Marie Luise Gothein, ESs „Feindin".
239 *di moto proprio*] Aus eigenem Beweggrund, ohne Veranlassung.
240 *Londoner Caesarbüste*] Nachantike Büste Caesars, von der ein Abguß in FGs Arbeitszimmer stand.
241 *Schanzer*] Vermutlich Ottone Schanzer (1877–1835), höherer Beamter im Kolonialministerium und Übersetzer zahlreicher Werke Hugo von Hofmannsthals; er hatte ES, wie sie FG schrieb, seine Gedichte dediziert. Sein Bruder Carlo Schanzer (1865–1923) bekleidete mehrere Ministerämter, zuletzt war er bis 1922 italienischer Außenminister; bei einem weiteren Bruder, dem Ingenieur Roberto Schanzer hatte ES vorübergehend eine Stellung in Aussicht.
242 *Deinen Opitz*] FGs Abhandlung: Martin Opitz. München u. Leipzig 1923.

König von Spanien[243] gekommen und jetzt wird die Kammer wieder eröffnet u. dazwischen was sonst Staatsmänner so zu tun haben – kurz, wer denkt da noch an die Wünsche des Musel!

Deine Nachsendungen[244] sind alle da. Meine Briefe kannst Du übrigens immer ungefragt öffnen u. lesen. – Ich habe Machiavellis entzückende Mandrargola im Teatro Nazionale gesehn.[245] Kennst Dus?

Heut hab ich die Kränk[246] und bleib im Bett. Es ist doch sehr angenehm als Beruf Schularbeiten machen zu können für die man obendrein bezahlt wird während man früher selbst hat dafür zahlen müssen.

Der Frobenius will mich, wenn ich wieder nach Deutschland komm, zur Assistentin machen. Siehst Du, um mich braucht man sich nicht zu sorgen, es findet sich immer was. Hast Du dagegen den Brief von der Trude Cassel gelesen wie die sich plagen muß?

Also sei zufrieden mit meinem Schicksal, geliebter Gundel, die andern habens schwerer. Auch Du, trotzdem Du so unbändig gescheit bist. Ich umarm Dich u. küss Dich aufs Herz
Dein Musel
Rom 25 / XI / 23
Das Geld von Olschki ist eingetroffen.

273. Elisabeth Salomon an Friedrich Gundolf.
Rom. 20. Dezember 1923

Gut Jontef![247] Geliebter, wo wirst Du ihn verleben? Ich schick Dir heut eine prächtige Hammelhaut in die Du einige Bücher binden kannst. Hoffentlich ist der Münchener Caesar[248] noch nicht bekleidet. Die Bücher sind alle mit erstaunlicher Geschwindigkeit angekommen.[249] Die

---

243 *König von Spanien*] Alfonso XIII. (1886–1941).

244 *Nachsendungen*] FG hatte ES einige an sie gerichtete Briefe nachgesandt, u.a. den von Trude Cassel (s.u.).

245 *Machiavellis … gesehn*] „Mandragola" (1518) ist die bekannteste Komödie des Staatstheoretikers Niccolò Machiavelli (1469–1527).

246 *Kränk*] Unwohlsein.

247 *Gut Jontef!*] Gruß zum Feiertag (jidd.).

248 *Münchener Caesar*] FG hatte ES am 15. September 1923 geschrieben, daß er in München mehrere Cäsar-Schriften gefunden habe.

249 *Die Bücher … angekommen*] Büchersendungen FGs an ES, teils als Geschenk, teils, um sie in Italien zu verkaufen.

beiden Goethehandschriften[250] machen mir eine maßlose Freude. Ich wußte nichts von ihrer Existenz und hätte auch nie gedacht daß eine Goethe-Gesellschaft etwas so schönes fertig bringt. Ich bin fern von jeder Weihnachtsstimmung: was man hier von Weihnachten sieht ist deutscher Import und wirkt sehr unecht. Eine eigne Tradition Weihnachten zu feiern existiert in diesem heidnischen Lande nicht. – Wäre es nicht viel einfacher wenn Du die kleine Ottilie adoptieren und in ein Landerziehungsheim geben würdest wo Du halt bezahlst was es jeweils kostet, anstatt unbestimmte Summen in den Rachen der unersättlichen Mutter zu werfen die wohl nur sehr teilweise dem Kind selbst zugute kommen?[251] Bist Du eigentlich von der Beamtengehalt-Reduzierung auf die Hälfte auch betroffen?[252] – Hildebrandt hat mir sein Buch[253] nicht geschickt. Bei Treves, der größten hiesigen Buchhandlung, hat der deutsche Verkäufer mehrere Goethe von Dir jetzt an Italiener verkauft. Er ist überhaupt gut eingedeckt mit zünftiger Literatur und kennt Wolters. Der Franco will biografische Daten von Dir als Presentation in der Zeitschrift.[254] Ich weiß sie nicht: Geburtsort und Datum, Promotion, Habilitierung, Professur, Ordinariat und was Du sonst noch meinst. – Die Principessa Ruffo[255] hat mich sofort erkannt und angesprochen, die Kinder sind riesengroß und unschön geworden. Sie waren sehr überrascht mich tatsächlich in Rom zu sehn da sie mich schon damals für eine verkappte Italienerin hielten. Hast Du an Marianne[256] geschrieben?

---

[250] *Die beiden Goethehandschriften*] Faksimiledrucke der „Marienbader Elegie" und eines Divan-Gedichts.

[251] *Wäre es nicht viel … kommen*] FG hatte ES am 12. Dezember 1923 geschrieben, daß der Ausgang des Prozesses um Unterhaltszahlungen für seine Tochter ihn dazu nötige, mehr als die Hälfte seines Gehalts an Agathe Mallachow abzugeben.

[252] *Bist Du eigentlich … betroffen*] Bei der Einführung der Rentenmark im Dezember 1923 wurden die sehr niedrigen sogenannten „Goldmarkgehälter" eingeführt, die dann im Lauf des Jahres 1924 mehrfach angehoben werden mußten.

[253] *Hildebrandt … Buch*] Kurt Hildebrandt: Wagner und Nietzsche. Ihr Kampf gegen das 19. Jahrhundert. Breslau 1924.

[254] *Der Franco … Zeitschrift*] Bruno-Averardi hatte FGs Aufsatz über Hölderlins Archipelagus (Heidelberg 1911) ins Italienische übersetzt und wollte ihn offenbar veröffentlichen. Dazu scheint es aber nicht gekommen zu sein.

[255] *Principessa Ruffo*] Ruffo ist eine der bedeutendsten Adelsfamilien Neapels. Um welche Familienangehörige es sich dabei handelt, ist unklar; ES und FG waren ihr 1921 bei ihrem Sommeraufenthalt am Achensee begegnet.

[256] *Marianne*] Marianne Kassner.

Ich hab Goethes Letzte Nacht[257] für den Franco kopiert. Die Folge
behalt ich mir, ich habe hier so wenig deutsche Gedichte die mir lieb
sind, und wollte auch erst der italienischen Sprache das Opfer bringen
enthaltsam darin zu sein, aber auf die Dauer ist das recht schwer. – Der
Viëtor hat in der Frankfurter Zeitung unter „schöne Bücher" der Günderode einige freundliche Worte gespendet.[258] – Ich les noch immer mit
großem Intresse im Stendhal. Auch die Urteile die mir am falschesten
erscheinen sind ungeheuer geistvoll. Sonderbar ist wie er gleichzeitig ohne es zu merken den Liberalismus und das demokratische Zeitalter verherrlicht und deren Folgen auf Seele und Kunst beklagt. Am
intressantesten ist die Papstgeschichte. Unausstehlich wie der Bronikowski[259] willkürlich den Text beschneidet.

Eben füllt mich die capitolinische Venus[260] mit großer Zärtlichkeit.
Und denke Dir, gestern bin ich noch im Albanersee[261] geschwommen
und habe am Ufer noch eine blühende Narzisse gefunden! Es war ziemlich kalt, aber immerhin: ein offenes Bad im Dezember! Ich merk übrigens daß ich hier mehr in die Landschaft und die Bildung investiere als
in Wien wo alles für die Fetzen[262] herausflog: das macht wohl die Kultur die am Raum hängt!

Voriges Jahr waren wir zusammen. Weißt noch? Wir werdens gewiß
bald wieder sein. Wie anders, wenn wir uns doch so lieb haben. Fang
nur das Jahr nicht traurig an. Und grüß den Ernst wenn Du mit ihm
bist. 1 000 000 000 Küsse Musel
Rom am 20. Dezember 1923

---

[257] *Goethes Letzte Nacht*] Georges Gedicht „Goethes lezte Nacht in Italien" war in
der 8. Folge der „Blätter für die Kunst" enthalten, die im Februar 1910 erschienen war; danach wurde es erst wieder im „Neuen Reich" (1928) veröffentlicht.
Das „Blätter"-Heft hatte FG ES nach Rom geschickt.

[258] *Der Viëtor ... gespendet*] In der Weihnachtsbeilage „Neue Bücher" zu der
Nr. 913 der „Frankfurter Zeitung" vom 9. Dezember 1923 (Zweites Morgenblatt) findet sich in der Tat eine Sammelbesprechung des Frankfurter Germanisten Karl Viëtor (1892–1951), die auch ESs Günderode-Ausgabe erwähnt.

[259] *Bronikowski*] Friedrich von Oppeln-Bronikowski (1873–1936), vielseitiger Literat, war der Herausgeber und Übersetzer von Stendhals „Wanderungen in
Rom".

[260] *capitolinische Venus*] Antike Aphrodite-Darstellung (2. Jh. n. Chr.), Nachbildung
oder Umformung einer Statue des Praxiteles. Sie ist Teil der Kapitolinischen Museen in Rom.

[261] *Albanersee*] See in der Nähe Roms.

[262] *Fetzen*] Kleidung.

274. Friedrich Gundolf an Elisabeth Salomon.
     Darmstadt. 23. Dezember 1923

Mein Süssestes Musel!
Hab Dank für deinen Feiertagsbrief und deine Hammelhaut, die Caesars noch nackte Lenden würdig hüllen soll. Wenn ich mir überlege
daß du im Albanersee badest und Narzissen pflückst, hab ich mit meinen ewig kalten Füssen unter einem gelbgrauen Nebelhimmel über eine
schneematschige Erde schlurfend doch das Gefühl, mit einer Negerin
am Äquator durch eine serafische[263] Leidenschaft vermählt zu sein. O
Musel! Geliebtes, bleib mir nur du fröhlich, badesüchtig und fähig und
südlich. Dann halt ich vielleicht die bittre Ferne eher aus. Unberufen
hast du mir aus Rom noch nicht einen jener herzzerreissenden Briefe
eines verflogenen Vögleins geschrieben.

Von der Gehaltreduzirung werd ich natürlich auch betroffen, ich
und keiner meiner Bekannten hat mehr genug auch für den Alltag ..
doch ist diese heitre Armut besser wie die Geldkomplexe. Meine einzige Sorge ist nur die um's Wiedersehn.

Hildebrandts Buch schick ich dir im Januar .. er hat wohl nicht viel
Exemplare bekommen und braucht seine wenigen für Freunde und
Bonzen.

Wenn ich weiss daß du munter bist, geh ich auch munter ins neue
Jahr. Im tiefsten bist du, trotz allerlei kleiner, meine einzige wirkliche
tiefe Herzenssorge .. nicht durch Leid das du mir machst, sondern
durch Leid das dich treffen könnte. Nur deswegen fürchte ich mich
auch vor dem Tod, den ich um meinetwillen oft fast ersehne.

Doch war im Ganzen dies Jahr viel besser als 1922. Hoffentlich wars
nicht nur eine Atempause des bösen Schicksals.

Liebes Liebes, ich hänge an Dir mehr als alle Worte sagen können.

Ich küsse dein holdes Herz im holden Leib und bleib Dein
getreuer Gundel

Abs.: Gundolf / Darmstadt / Grünerweg 37 – Adr.: Fräulein Dr. Elisabeth Salomon /
Roma / 13 Piazza della Libertà 13 int.[264] 3

---

[263] *serafische*] Engelhafte; hier wohl im Sinn von: körperlose.
[264] *int.*] Abkürzung für „interno“ = Inneneingang.

1924

275. Elisabeth Salomon an Friedrich Gundolf.
Rom. 4. Januar 1924

Roma 4 / I / 1924

Du unvergleichbar liebster Gundel, eben kommt Dein Neujahrsgedicht. Ich wills das ganze Jahr vor Augen haben für die Tage in denen die Sinnlosigkeit meiner Existenz mir Pein bereitet. Und gestern Dein süßer Brief mit dem Ty. An 1922 erinnre ich mich nicht mehr genau, jedenfalls nicht an sein unangenehmes. 1923 ist auf jeden Fall durch Rom aufs herrlichste ausgezeichnet. Aber eine Zeitlang mindestens froh waren wir doch eigentlich in jedem Jahr, das müssen wir ehrlicherweise zugeben.

Ich muß Dich nun doch mit der Sendung des Münzbuches behelligen, bitte sobald Du kannst. Das Goerzglas[1] und was sonst noch etwa ist soll das Ty mir mitbringen, deren Besuch mir fantastisch erscheint –

Frag doch mal den Bondi ob ich seine Bücher in Italien vertreten soll und wenn ja zu welchen Bedingungen und der Wolters möchte dasselbe den Hirth[2] fragen. Ich mag nicht an Wolters direkt schreiben. Die Drei Maskenbücher allein zu vertreiben langweilt mich so weil sie nicht so schön sind. – Der Fürst Bülow hat wieder eine sehr hübsche und liebe Sekretärin[3] zu der er gesagt hat: „ich empfehle Ihnen sehr den Umgang mit Frl. Dr. Salomon. Das ist eine ganz ausgezeichnete junge Dame!" – Er hat mich noch nie gesehn. Ich wußte bisher nichts von diesem guten Ruf. – Bleib mein, süßer Gundel, wie ich ewig Dein getreues Musel

Hast Du gelesen was in „Wissen u. Leben" der Wandrey über Deinen Kleist geschrieben hat?[4] Sonst schick ich Dirs.

---

[1] *Goerzglas*] Ein Fernglas aus ESs Berliner Wohnung, das FG auf ihren Auftrag hin an sich genommen hatte.

[2] *Hirth*] Arnold Hirt (1843–1928), Inhaber des Hirt-Verlags in Breslau, in dem mehrere Bücher von Wolters erschienen waren.

[3] *Sekretärin*] Lilli Heß; ES sollte in der Tat mit ihr einige Zeit näheren Umgang haben.

[4] *was in ... geschrieben hat*] Der Münchner Germanist Conrad Wandrey (1887–1944) hatte im Dezemberheft 1923 der Zürcher Zeitschrift „Wissen und Leben. Neue schweizer Rundschau" „Gundolfs Kleist" besprochen (S. 230–238).

276. Friedrich Gundolf an Elisabeth Salomon.
Heidelberg. 6. Januar 1924

Liebstes Musel: Das Neue Jahr hab ich mit den Versen an dich begonnen und mit einer rasenden Sehnsucht nach dir, die aus der Angst kommt daß unser Wiedersehn immer schwerer wird .. doch erkenn ich gern an dass bisher durchs dickste Gewölk immer noch die Sonne brach.

Ich mag nicht hören daß dir dein Dasein, wenn auch nur manchmal, sinnlos erscheint: du bist schön, gut, geliebt und wunderbar lebendig, d. h. so sinnvoll wie ein Wesen sein kann, du musst nicht immer nach greifbaren Zwecken fragen .. Sterne und Erden haben auch keinen Zweck, aber einen Sinn und eine Pastorsgattin mit 11 Kindern, oder ein Professor mit 10 Büchern oder eine Sau mit 12 Ferkeln oder was immer ist nicht sinnvoller als eine Wunderblume im Urwald, ein alter Adler oder ein niegesehner Planet. Für mich bist du sinnvoll und nötig wie das liebe Licht.

Muselchen, gegen den Vorschlag dich als römische Agentin meines Verlegers wirksam zu sehen hab ich verschiedne Hemmungen, die du mir mit guten Gründen als töricht darlegen magst, aber ich hab sie nun einmal: hasse und höhne mich deswegen nicht und lass mich die Sache noch einmal beschlafen .. ich weiss, du wirst mir mehr dafür *wissen* als ich dagegen (obwohl auch einige rationale Gründe mir abraten) und trotzdem: was mich s. Z. abhielt dich in Bondis Verlag zu bringen besteht noch weiter, ja es hat sich seitdem (durch dir bekannte Tatsachen) verstärkt.[5] Wenn nicht ein grosser Notstand vorliegt, lassen wirs lieber. Es kommt mir manchmal so vor, als ginge dirs wirtschaftlich schlecht, weil du so viele Nebensachen suchst. Hier sind auch ein paar Wirtschaftsdienste.[6] Jetzt kommen sie endlich.

Ach, Musel, ich liebe dich mit wieder aufgerissenem Ungestüm und einer leidenschaftlichen Traurigkeit und Herzlichkeit, mit Angst und Hingabe.

---

[5] *ja es hat sich … verstärkt*] Anspielung auf die Ablehnung ESs durch den George-Kreis, der Bondi als Hausverlag ansah.

[6] *Wirtschaftsdienste*] ES hatte FG gebeten, ihr die wirtschaftswissenschaftliche Fachzeitschrift regelmäßig zuzuschicken.

Es fehlt mir nicht an lieben Wesen, die beiden Geschwister[7] von denen ich dir schon schrieb sind mir ein grosses Glück, die eine ist inzwischen auch in den Süden gereist .. Aber das Musel wächst von jeder
neuen Flamme.

Ich bin jetzt in beständiger Geldnot, (nicht nur Geldsorge) durch den
Beamtenabbau und das Kind, das allein die Hälfte meines Gehalts bekommen muß, nach Gerichtsbeschluß. (Aber dein Adoptionsvorschlag
wär noch belastender), auch kommt das Geld wirklich dem Kind zu,
und nicht der Mutter – nach dieser Seite liegen ihre Fehler nicht.

Anbei das Angebot wegen des Kühnerschen *Beardsley*, d.h. der Zeitschrift „The Savoy" die er illustrirt hat. Wenn du 20 Gm dafür kriegst
kannst du 5 behalten.[8] Musel, sei mir gut, auch wenn ich dich ärgere
oder langweile.

Ich liebe Dich so! und küsse dir die Füsse und das Herz in Sehnsucht,
Dank, Verehrung, immer Dein Gdl

Abs.: Gundolf / Heidelberg / Schlossberg 55 – Adr.: Fräulein Dr. Elisabeth Salomon
/ Roma / Piazza della Libertà

277. Elisabeth Salomon an Friedrich Gundolf.
Rom. 19. Januar 1924

Nein, Gundel, wollt ich mir immer sagen: „der große Gundolf betet
dich an, Musel, folglich mußt Du doch ein Musterexemplar sein", so
würd ich zwar zufriedener aber vielleicht gleich zu zufrieden – selbst-
zufrieden – sein, und da ich obendrein schon meine Peripherie nicht
ohne Wohlgefallen bespiegle, dürfte ein bedenklicher Auswuchs draus
entstehen. Also, gelt, Du trägst lieber diesen „Vorwurf" als daß ich
mich korrumpieren muß? Und wenn die Liebe und Sehnsucht Dich

---

[7] *die beiden Geschwister*] Zwei Studentinnen FGs, Katja (1900–1979) und Rosa
    Hayek, mit denen er damals näheren Umgang hatte. Die Romanistin Katja
    Hayek heiratete 1930 den Lyriker Erich Arendt (1903–1984), an dessen vielfäl-
    tiger Übersetzungsarbeit sie Anteil hatte.
[8] *Anbei das Angebot ... behalten*] Die kurzlebige englische Zeitschrift „The
    Savoy", an der Aubrey Beardsley mitarbeitete, erschien 1896. ES sollte sie of-
    fenbar im Auftrag von Else Kühner für 20 Goldmark verkaufen.

plagt so hör ich das nicht so ungern, aber, um aller Gerechtigkeit willen, streiche doch die „Schuld".[9] Du bist doch der Glanz- und Höhepunkt meines Daseins. Wenn Du mich nicht an Dich gerissen hättest würde ich bei meinem ruhlosen Blut heimatlos und im wahrsten Sinn gottverlassen in der Welt herumsausen. Also höre einmal auf mit dieser unbegreiflichen Geschichtsfälschung.

Gestern hab ich noch stundenlang mit dem Franco an seiner Übersetzung[10] herumgedoktert: er hat noch manches dran geändert. Aber Sprachen sind wirklich etwas sehr verschiedenes, das wird mir immer klarer. Übrigens sind mir ein paar Kleinigkeiten aufgefallen, die Du vielleicht ändern könntest falls eine Neuauflage erscheint: S. 10 „– Elemente und *Formen* –– in hellenischer *Form*". S. 8 „– *Werke und* Schöpfer sah er –– nicht so sehr bedingte *Menschen* als ––"

Hast Du den Dankbrief für Bernfelds nun an Rosenfelds umadressieren lassen?[11] Peinlich nur insofern als Du die Rs nicht magst.

Vielen Dank für Wirtschaftsdienst und das Münzbuch und Nietzsche.[12] Der traf mich grad mit der Kränk zu Bett und half sie mir so überstehn.

Gestern ist plötzlich Schwabing in Gestalt der mir von Wolfskehl geschickten Schriftstellerin Emmy Hennings erschienen:[13] sie nähre sich von Kaffee und Cigaretten; ihrem Mann habe sie versprochen vor 3 Monaten nicht nach Haus zu kommen und daher muß sie sich in der

---

[9] *Nein, Gundel ... „Schuld"*] In seinem Brief vom 15. Januar 1924 hatte FG davon gesprochen, daß in ESs Klagen über die Sinnlosigkeit ihres Lebens ein Vorwurf an ihn liege, der ihn ständig drücke.

[10] *mit dem Franco an seiner Übersetzung*] Bruno-Averardis Übersetzung von FGs Aufsatz über Hölderlins „Archipelagus". Auf letzteren beziehen sich auch ESs nachfolgende Korrekturhinweise.

[11] *Hast Du ... umadressieren lassen?*] FG hatte ES am 15. Januar 1924 geschrieben, daß er ein Geschenkpaket aus Wien bekommen habe und, weil er als Absender irrtümlicherweise „Bernfeld" statt „Rosenfeld" gelesen habe, einen Dankbrief an erstere geschrieben habe. Das Paket kam von dem Anwalt Valentin Rosenfeld und seiner Frau Eva (1892–1977).

[12] *Nietzsche*] FG hatte ES „eine handliche Fassung von Nietzsches Gedichten" zugesandt.

[13] *Gestern ist ... Emmy Hennings erschienen*] Emmy Ball-Hennings (1885–1948), Schauspielerin und Schriftstellerin, die u.a. im Berliner Neopathetischen Cabaret, im Münchner Simpl und im Zürcher Cabaret Voltaire auftrat. Nach zahlreichen Bekanntschaften im Künstlermilieu heiratete sie 1920 den Dadaisten Hugo Ball (1886–1927), mit dem gemeinsam sie sich dem Katholizismus zuwandte.

Welt herum treiben; zufällig sei sie in die Peterskirche gekommen, habe
aber erst später erfahren daß sie es sei, sie selbst habe sie für das Rathaus gehalten; eine Wohnung habe sie hier gefunden durch fragen der
Leute auf der Straße, denn in Florenz wo sie eben einige Monate war
wär sie nicht dazu gekommen sich danach zu informieren; sie trägt
kurzgeschnittnes ganz ungepflegtes Haar in blonden Strähnen. – Kurz,
vis-à-vis einer solchen Bohème und Weltfremdheit kam ich mir wie ein
satter Bourgeois vor mit meinen regelmäßigen Mahlzeiten, meinem
teuren Friseur, meinem sorgfältig erwählten und gepflegten Zimmer
und meinen Augen – aber nein: das mit der Peterskirche ist wirklich
zu absurd. Da mir ihr Schriftstellername nicht geläufig war hab ich
sie sehr gekränkt mit der Frage ob sie Romane für das „Kränzchen"
schreibe, das ist eine Backfisch-Zeitschrift. Später ist mir eingefallen
daß ich sie mit auch Emmy aber Koch verwechsele.[14] Hier wirken solche Typen grotesk die einem bei Führmann[15] gar nicht weiter auffallen.
Dich liebe ich Musel
19 / I / 24

278. Friedrich Gundolf an Elisabeth Salomon.
Heidelberg. 22. Januar 1924

Liebstes Muselchen: Mein Schuldgefühl lässt sich leider nicht weg klü-
geln. Wärst du mir nicht begegnet, so hättest du vermutlich einen leid-
lichen Mann geheiratet und ihm hübsche Kinder geboren …

Ich bilde mir auch nicht ein, weil ich dich verehre müßtest du mit
dir zufrieden sein. Ach Liebstes, ich bin nicht gar viel, schon gar kein
„grosser Gundolf"! Nur meine Liebe, nicht meine Autorität soll dir Sinn
und Wert in deinen eignen Augen geben .. Mein Trost, freilich nur für
die versunkensten verzweifelten Stunden, (deren ich jetzt viele habe) ist
daß im Ganzen aufgehoben ist was im einzelnen dissonirt, daß alles
Drängen und Ringen nicht nur, sondern auch alles Verfehlen und Versäumen Ewige Ruh in Gott dem Herrn [findet] und daß der ärmste Narr

---

[14] *Da mir ihr … Koch verwechsele*] Gemeint ist die Jugendschriftstellerin Henny
Koch (1854–1925), die vorwiegend Erzählungen für junge Mädchen schrieb,
u.a. auch für die in der Union Deutsche Verlagsgesellschaft von 1899–1934 erscheinende Romanreihe „Das Kränzchen".

[15] *Führmann*] Die Schwabinger Künstlerpension Fürmann, wo Emmy Hennings in
der Tat auch verkehrte.

und die schmutzigste Hure nur vor der Gesellschaft, nicht vor der Gottheit sinnlos sein dürfen … Doch so lang wir noch was zu tun, zu schaun,
zu küssen haben, flüchten wir in diesen finstersten und leersten Trost
nicht, auch nicht in den buddhistischen von der Solidarität aller Iche,
d.h. von ihrer Scheinigkeit. Nur manchmal ist mir so nirvanig[16] zumut.

Geliebtes, ich hoffe in Rom kommen dir nicht viel solcher Verzweif-
lungen und solcher Tröste.

Anbei ein Brief von Vallentin: die etwaigen Kosten[17] die er verlangt
werde ich ihm zahlen, wenn du nichts entbehren kannst.

Gestern ging an dich Else Kühners Savoy ab, heute ein Wirtschaftsdienst, am vorigen Freitag Hildebrandts Nietzsche & Wagner.

Neue Auflage meines Hölderlin[18] wird wohl sobald nicht kommen.

Daß Wolfskehl dir Litteraturweiber schickt ist mir nicht lieb, sonst
kann er dir alles zuschieben.

Hier bin ich jetzt viel mit der jungen Freundin zusammen, die dir
auch gefallen würde .. die andre ist in Meran[19] .. ich fürchte beide ziehen bald von hier weg. Warum steht nur hinter jeder solchen Freude
sofort der Abschied? Doch nachdem ich von dir getrennt bin, ist jeder
andre Abschied leicht. Liebstes Liebstes!

Der Dankbrief an Rosenfelds muß eigens geschrieben werden: du
kannst dir denken daß das was ich Andl und Siegfried sage nicht für die
Rosenfeldohren passt, obwohl er sich freuen würde.

Übrigens werd ich mit Liebesgaben überhäuft .. z.T. anonymen.
Nun, Abnehmer finden sich immer genug.

Dein Caesar ist gebunden und ich habe das herrliche Pergament mit
einem prachtvollen Titel rot und indigo bemalt

₁₆ *nirvanig*] Wortspielerisch, von Nirvana abgeleitet.
₁₇ *die etwaigen Kosten*] Offenbar im Zusammenhang mit ESs Mietprozeß wegen
  ihrer Berliner Wohnung.
₁₈ *meines Hölderlin*] Gemeint ist der Aufsatz über Hölderlins „Archipelagus";
  1916 zum zweiten und – zu FGs Lebenszeit – letzten Mal erschienen.
₁₉ *Hier bin ich … Meran*] Rosa und Katja Hayek.

Cesar
deutsch
MDXXX
Ich muß schliessen.
Geliebtes, Liebstes auf der Welt, verzweifle nicht an dir, pflege deinen
schönen Leib und deine bezaubernde und bezauberte Seele und fühle in
deinem Herzen die sehnenden Küsse
deines getreuen
Gd

Abs.: Gundolf / Heidelberg / Schlossberg 55 – Adr.: Fräulein Dr. Elisabeth Salomon
/ 13 Piazza della Libertà intr. 3 / Roma / Italien

279. Friedrich Gundolf an Elisabeth Salomon.
Heidelberg. 2. Februar 1924

Mein Liebstes auf der Welt, mein Muselchen!
Ich habe Geduld, ich denke und grüble Tag und Nacht an dich, bald
mit heissem Dank und Sehnsucht, bald mit Sorgen und Gewissensbis-
sen, daß ich dir nicht ganz mein Dasein ergebe, wie mir die Liebe befiehlt. O Musel, wenn du unglücklich wirst komme ich in die Hölle,
aber dann wenigstens möchte ich an ein Feuerrad mit dir geschmiedet
sein, aber du kommst doch wohl in den Himmel, trotz mancher Sün-
den, weil du eine geflügelte Seele und ein gutes kühnes tätiges Herz
hast. Ich schwärme sehr für Dich!
   Im April möchte ich wenn irgendmöglich nach Italien .. es ist eine
Geldfrage, aber ich hoffe, hoffe, es geht. Im März will ich nach Berlin
und zwar über Breslau wo ich einen Vortrag[20] halten soll, vor den Studenten. Eigentlich ists mehr, um die Heimat meines Liebsten Wesens zu
sehn. Cohns werde ich wohl auch sehn.

————

Die Verse in der Jugend sind von Preez selbst,[21] übrigens recht unerfreulich .. überhaupt bei all meiner Sympathie vertrag ich doch öffent-

---

[20] *Vortrag*] FG sprach über Georg Büchner.
[21] *Die Verse … Preez selbst*] Vermutlich ist ein kleines Gedicht von Emil Preetorius
   auf Leo Frobenius gemeint, das unter einem gleichfalls von Preetorius stammenden, karikierenden Porträt in der Münchner Zeitschrift „Jugend“ (Nr. v. 15. Januar 1924) veröffentlicht wurde.

liche Unverantwortlichkeit nicht recht. Ich laß mich auch gehn, zuviel, aber was vor Volk und Götter kommt, darf keine Hemdsärmel schlenkern .. und nicht das Publikum, sondern das Volk spreche ich an, wenn ich was drucken lasse.

––––––

Geht dirs eigentlich eben schlecht? ich meine es durch Fernkontakt zu fühlen, an meiner unablässigen Unruhe und Sorge um Dich .. Mein liebstes Liebstes!

––––––

Die Magda bekommt von d. hiesigen Konsul gesagt es wäre gut, wenn er genau wüsste, *wer* von ihrer Passangelegenheit wüsste, welche Autoritative Persönlichkeit.[22] Er könnte ihr ein kurzes Visum geben, aber sie hätte dann Schwierigkeiten bei der Verlängerung, und wenn schon jemand mit ihrem Dauervisum dort befasst sei, so könne er hier nichts rechtes tun.

––––––

Hast du den Hildebrandt Wagner Nietzsche bekommen?
   Anbei ein Wirtschaftsdienst.

––––––

Ach, Muselein, ich bin so eintönig mit meiner Liebe, du bist immer bunt und frisch.
Wenn ich nur dich fühle!
Ich küsse dir die Hände und Füsse Mund und Herz, liebstes, schönstes lebendigstes Wesen! und bleib
Dein Gundel

Abs.: Gundolf / Heidelberg / Schlossberg 55 – Adr.: Fräulein Dr. Elisabeth Salomon / Roma / Piazza della Libertà 13 intr 3 / Italien

––––––

[22] *Die Magda ... Persönlichkeit*] Magda Bezner benötigte ein Visum für einen Italienaufenthalt und ES hatte FG zugesagt, daß Franco Bruno-Averardi sich in Rom dafür verwenden werde.

280. Elisabeth Salomon an Friedrich Gundolf.
    o.O. [Rom]. o.D. [etwa 16. Februar 1924][23]

Geliebter Gundel, ich habe Dich ein wenig warten lassen: Schnupfen,
Arbeit und Lechters Besuch waren dem Brief im Wege. Lechter ging es
nicht übermäßig gut in den Tagen. Für mich war es ein großer Genuß
mit ihm zusammen Rom zu sehen, vor allem die frühchristliche Kunst
die so ganz seine Heimat ist. Denke Dir, er hat mir den großen ersten
Teppich des Lebens[24] geschenkt. Ich war ja ganz fassungslos. Fräulein
Marguerite Hoffmann die ihn begleitet war auch sehr herzlich mit mir.
Kennst Du sie? Sie ist zur Hälfte Französin und war früher Schauspielerin.[25] –

Bezahl Du dem Berthold vorerst nichts: Ich will den Geldschrank
sofort verkaufen, an dem Erlös kann er sich schadlos halten.[26] – Vielen Dank für die drollige deutsch-italienische Dialekt-Anthologie. –
Im „Archipelagus" sind auch noch manche Citate falsch. – Die Emmy
Hennings soll, wie ich jetzt höre, eine durchaus nicht unbedeutende
Schriftstellerin und Rezitatorin sein? Ich habe sie nicht mehr gesehn,
trotzdem sie sehr eines praktischen Menschen bedürftig sein soll. Aber
was geht sie mich an, da sie mir nicht gefällt. Morphinistin sei sie auch.
Nein, ich will lieber die Gesunden. –

Deine Liebesgaben sollst Du nicht abgeben,[27] da Du Dich nach eignem Bekenntnis selbst nicht satt ißt. Nur den Ernst erlaub ich partizi-
pieren zu lassen. – Die Baronin Münchhausen hat dem Wolfskehl gekündigt, er ist ziemlich verzweifelt und weiß nicht was er tun soll.[28]

---

[23] *etwa 16. Februar 1924*] Die ungefähre Datierung ergibt sich aus FGs Antwortbrief vom 20. Februar.

[24] *den großen ersten Teppich des Lebens*] Die von Lechter mit reichem Buchschmuck versehene, großformatige Ausgabe von Georges Gedichtband (Berlin:
Bondi, 1900).

[25] *Fräulein Marguerite Hoffmann ... Schauspielerin*] Die Pianistin und Schauspielerin Marguerite Hoffmann (1884–1966) war eine enge Freundin Melchior
Lechters; sie veröffentlichte später Erinnerungen an ihre gemeinsame Zeit.

[26] *Bezahl Du ... schadlos halten*] Berthold Vallentin, der ES bei einem Prozeß im
Zusammenhang mit ihrer Berliner Wohnung juristisch vertrat, hatte FG eine
Geldforderung geschickt.

[27] *Deine Liebesgaben ... abgeben*] FG hatte geschrieben, daß er mit Essensgeschen-
ken überhäuft werde und manches davon an andere abgebe.

[28] *Die Baronin Münchhausen ... tun soll*] Wolfskehl lebte noch einige Monate in
Florenz, wo er sich durch Vorträge und Privatunterricht über Wasser hielt.

Aber verbreite das nicht in Darmstadt, weil ich nicht weiß obs ihm recht ist. –

Nicht wahr, Du vergißt nicht, dem Ty mein Görzglas mitzugeben. Und dann, falls Du sie tatsächlich *nie* brauchst, wie Du behauptetest, Deine grüne Regenhaut. Ja?

Ciao! Musel

281. Friedrich Gundolf an Elisabeth Salomon. Darmstadt. 1. März 1924

Liebstes auf der Welt!

Deine Gebrauchsanweisungen[29] hab ich mir in die Brieftasche gesteckt und lese sie jeden Tag mehrmals durch .. aber bis ich nach Rom komme, Ende März wird es dort tropisch heiss sein, und ich nehme deshalb nur eine Badehose, einen weissen Leinenanzug, eine Caesarbüste und etwas Stacheldraht mit. Schatz, ich muß doch erst nach Breslau und nach Berlin und zerspringe bis dahin. An sich wohnte ich so gern bei Cohns wie bei Andreaes,[30] aber diese haben mich aufs dringendste als Ihren Gast gewünscht, und wären sicher betrübt, wenn ich wo anders wohnte. Aber Cohns besuch ich und freu mich etwas drauf.

Die Rilkegedichte[31] hab ich dir geschickt .. sehr gut sind sie nicht und bei seiner Art kann man auch nichts entnehmen von der Madonna die er anbetet .. Wenn sie an dich sind, hat er auch seinen Hexenschuß von dir weg .. du mußt ja am besten wissen, Liebstes, ob er dich so unglücklich liebt. Der „Gang nach der Kapelle" wäre das einzige Konkrete wonach du feststellen könntest ob du gemeint bist. Hast du ihm denn deine Adresse gegeben, sodaß er dir schreiben könnte. Es kommt mir vor, als seien diese Verse Antwort an jemanden der ihm nicht geantwortet.

---

[29] *Gebrauchsanweisungen*] Offenbar Instruktionen ESs, was FG nach Italien mitnehmen solle.

[30] *An sich wohnte ... Andreaes*] FG hatte ES geschrieben, daß er in Breslau bei dem Historiker Friedrich Andreae wohnen werde; ES hatte ihm nahegelegt, stattdessen bei der Familie Cohn-Vossen abzusteigen.

[31] *Die Rilkegedichte*] Die beiden ES gewidmeten Gedichte Rilkes „Ex voto" und „Tränenkrüglein" waren im Insel-Almanach auf das Jahr 1924 erschienen. Der von FG erwähnte „Gang nach der Kapelle" bezieht sich auf das erste Gedicht.

Ach, Muselchen! mir ist das Herz schwer von Liebe und Angst.
Wenn ich nur all deine Leiden auf mich nehmen könnte und du ganz
froh und leicht dein zauberhaftes Leben führen könntest.
Liebes liebes Muselherz, ich liebe Dich mehr als alles in der Welt!

Adr.: Fräulein Dr. Elisabeth Salomon / Roma / Piazza della Libertà 13 intr 3

282. Friedrich Gundolf an Elisabeth Salomon.
   Berlin. 8. März 1924

Berlin W. 30
Gleditschstr. 9 III.

Mein Liebstes! Ich bin aus Breslau zurück,[32] wo ein solcher Trubel war,
daß ich nur zu einer Karte mit Marta W. Zeit fand. Man hat mich sehr
gehätschelt, bei Andreaes hab ich, (übrigens gar nicht dürftig) gewohnt, bei Cohns war ich einmal zum Thee, einmal zum Essen und
Friedel und Stefan waren am Abend nach dem Vortrag noch bei Andreaes. Die ganze Familie (Gerhard[33] war nicht da) gefällt mir gut, der
Stefan eigentlich am wenigsten .. er ist leider ein wenig Hirnjude geworden und mit Friedel an „Bildung" nicht zu vergleichen. Mit Friedel
hab ich mich über die Weltlitteratur, den Caesar und das Musel unterhalten, und wir haben uns trefflich verstanden. Nur vor George macht
er Halt, da hat er eine Barrière in der Seele, als gehöre er zu einer ältern
Generation, wie er denn überhaupt der feinste Typus des gebildeten Juden der vorhergehenden Generation ist. Das Musel und der Gundel gehören schon ins 20 Jahrhundert.

---

[32] *aus Breslau zurück*] FG hielt sich in Berlin bei Lili Waetzoldt auf.
[33] *Gerhard*] Gerhard Cohn-Vossen (geb. 1892) war wie sein Bruder Berthold Jurist.

Ich habe mir natürlich überlegt ob es nicht doch das Beste gewesen wäre für Dich: dich (wenn überhaupt) an diesen Mann zu binden und glaube, einen bessern *Ehe*mann wirst du nicht finden. Nun, der Daimon der dich treibt muß wissen was er mit Dir vorhat .. Geliebtes Geliebtes!

Die grösste Freude und wirkliche Vergoldung des Breslauer Aufenthalts war die Begegnung mit der entzückenden Martha .. ich sah an der Litfasssäule ihren Namen und stürzte sofort in das Variété wo sie auftrat (Liebich,[34] als Nummer in einem schrecklichen Programm) wartete nach Schluß der Nummer im Café nebenan, da ich nicht ins Künstlerzimmer durfte, wurde von da vertrieben durch eine Hure, die sich zu mir setzte, und holte sie endlich vor dem Tanzpalast ab zu Andreaes .. alles war so fantastisch wie ein lieber Traum. Am andren Tag traf ich sie bei Cohns, und war überhaupt jede freie Stunde mit ihr zusammen. In meinen Vortrag konnte sie nicht, da wir gleichzeitig „auftraten“. Auch die Schwester Bertha lernte ich kennen, sie sieht ganz anders aus als Martha, ist auch lieb, aber dünner und müder als diese holdselige Creatur. M. war auch glücklich mich zu treffen und wir schütteten unsere Herzen aus, dir müssen die Ohren noch dröhnen.

Mein Vortrag selbst fand im Musiksaal der Universität [statt], dem schönsten wo ich je sprach. Der Besuch übertraf meine kühnsten Erwartungen, der Hörsaal überfüllt und hunderte die keine Karte mehr bekamen, etwa 5–600 Menschen, bzw. Breslauer. Ich hatte keine Ahnung daß ich dort solche Teilnahme genösse. Breslau ist übrigens, wenigstens das Centrum, eine herrliche Stadt als Bau, und die Leute auch nicht barbarischer als in Frankfurt oder Mannheim, dabei freundlicher. Ich habe zum Besten der „Studentenhilfe“ gesprochen, nur die Reise ist mir bezahlt worden. Am Ende des Monats spreche ich wahrscheinlich auf vielfaches Verlangen (und um Martha nochmals zu sehen) nochmals dort[35] und bekomme so auch die Hälfte der Italienreise bezahlt .. und für die Studenten kommt eine grosse Summe heraus. Von da will ich dann gradwegs nach Rom fahren, ohne Aufenthalt in Florenz. Lire hab ich noch nicht, ich nehme einen Scheck, etwa 600–700 Mk hab ich, dafür bekomm ich schon was. Schlimmstenfalls gibt mir Bondi noch Vorschuß. (Die 700 Mk sind unerwartetes Bücherhonorar) Süs-

---

[34] *die Begegnung mit der ... Liebich*] Das Liebich-Theater, in dem Martha Wiesenthal gastierte, war die bekannteste Breslauer Varieté-Bühne.

[35] *Am Ende ... nochmals dort*] Bei seinem zweiten Breslauer Vortrag sprach FG über Arndt.

sestes, ich bin schon voll Ungeduld! Breslau, zumal die Martha, hat mir ganz [gut] getan in der schrecklichen Traurigkeit womit ich dort ankam.

Immer, immer Angst um Dich und Verlangen .. und Liebe Liebe Liebe!!!
Deinen Brief an Magda hab ich befördert.

Abs.: Gundolf bei Waetzoldt / Berlin W. 30 / Gleditschstr. 9 III – Adr.: Fräulein Dr. Elisabeth Salomon / Roma / Piazza della Libertà / 13 intr. 3

283. Elisabeth Salomon an Friedrich Gundolf.
Rom. 11. März 1924

Geliebter Gundel, außer Deinem Zusammentreffen mit Martha weiß ich gar nichts von der Breslauer Fahrt. So schreib mir doch, perbacco![36] Haben die Wiesenthals denn grad dort getanzt und wie hast Du sie erwischt?

Bitte bitte beachte meinen Speisezettel für Deinen Koffer. Vor allem auch Mantel und Hut! Voriges Jahr im April hab ich noch wie wild gefroren. Und zudem erspart es uns unnötige kleine Reibereien. Ti ricordi?[37] Hat mein Brief mit der Einlage für Magda Dich erreicht?

Ich hatte dem Rilke meine Adresse gegeben, ohne Antwort zu bekommen, freilich geht manches auf der Post (?) verloren. Ich hatte nie den Eindruck daß seine Zuneigung zu mir irgend etwas mit unglücklicher Liebe zu tun habe. Zur Kapelle war unser erster Spaziergang, aber „Schweigende" bin ich nie gewesen sondern habe immer geredet wie ein Wasserfall. Ein Tränenkrüglein[38] hat er mir auch mal angeboten, aber Dichter haben solche Dinge ja für viele Frauen bereit. Kurz, ich weiß es nicht, glaube aber eher, er meint eine andre. Du kennst ja die Häufigkeit der Initialen E. S.

Würde es Dich sehr kränken wenn ich dem Franco Deine große Shakespeare-Ausgabe verkaufe? Sie ist kein Geschenk von Dir u. ich habe noch die andre. Er möchte sie gern u. ich brauche Geld. Wenn Du also einverstanden bist, dann informiere Dich bitte beim Bondi oder in

---

[36] *perbacco*] Italienische Bekräftigung, etwa: zum Donnerwetter.
[37] *Ti ricordi?*] Du erinnerst dich? (ital.).
[38] *Tränenkrüglein*] Titel des zweiten Rilke-Gedichts für ES. Hier ist wohl ein konkretes Gefäß gemeint.

einem großen Antiquariat nach ihrem heutigen Marktwert und schreib mir den so rasch, daß Du selbst ev. noch die Absendung veranlassen kannst. Mitbringen kannst Du sie nicht wegen Gewicht und Zollschwierigkeiten.

Heut Abend tanz ich im ersten hiesigen Theater als albanesischer Soldat in „Emiral", einer neuen Oper von Bruno Barilli,[39] dem genialsten italienischen Komponisten. Hoffentlich gibts noch eine Wiederholung wenn Du da bist. Hast Du schon einen ungefähren Termin?[40] Auf Wiedersehn, auf Wiedersehn, ich bin schon ganz bei Dir und fühl kaum mehr die Landesgrenze.
Musel
Rom am 11. III. 1924
Bitte bring mir ein paar Rollen „Bromural"-Tabletten von Knoll,[41] Ludwigshafen mit

284. Elisabeth Salomon an Friedrich Gundolf.
o.O. [Rom]. o.D. [etwa 28. Mai 1924][42]

Bitte, Herzensgundel, füg in diesen Brief Cedels Adresse ein die ich nicht genau weiß u. befördere ihn dann an Dr. Theodor Bluth Berlin W 50 Passauerstr. 5 l. Gh. IV. Es sind Schwämme in der Wohnung und die

---

[39] *Heut Abend … Bruno Barilli*] Die 1915 entstandene Oper „Emiral" des italienischen Komponisten und Musikkritikers Bruno Barilli (1880–1952) wurde 1924 im römischen Teatro costanzi uraufgeführt. Wie es zu diesem Auftritt ESs kam, ist nicht bekannt. Allerdings hatte sie auch schon in Wien bei einer Opernaufführung mitgewirkt, Christoph Willibald Glucks „Orpheus und Eurydike", die am 17., 18. und 19. Januar von der Wiener Singakademie im Großen Saal des Wiener Konzerthauses gespielt wurde. Ungefähr am 21. Januar 1923 schrieb ES an FG: „Der Orpheus ist sehr gut ausgefallen. Außer als Furie und Genius war ich noch eine Scene als Klageweib, eine als Griechenknabe im Triumpfmarsch zum Schluß tätig. Obgleich es doch alles Ensembletänze waren hatte ich einige private Erfolge zu verzeichnen bei Leuten denen ich aufgefallen war. Der Erich hats übrigens auch gesehn".

[40] *einen ungefähren Termin*] FG kam am 30. März 1924 in Rom an und verbrachte dort und in Neapel gemeinsam mit ES den gesamten April. Am 2. Mai reiste er über Florenz, wo er mit Wolfskehl zusammentraf, wieder nach Heidelberg.

[41] *„Bromural"-Tabletten von Knoll*] Schlaf- und Beruhigungsmittel.

[42] *etwa 28. Mai 1924*] Die ungefähre Datierung ergibt sich aus dem Bezug auf FGs Brief vom 21. Mai und seiner Antwort vom 4. Juni.

Frau ist lungenkrank geworden.[43] Schreib mir dann auch die Adresse. –
Es tut mir leid daß die Briefsuche[44] Dir Zeit für wichtigeres geraubt
hat. Ich brauchte ihn halt. – Die Annemarie Puttkammer war bei mir,
schrieb ich Dir das nicht?[45] Sie hat sich sehr vom Bohème weg zur
Dame entwickelt was ihr viel besser steht. – Gestern war ich wieder
einen ganzen Tag am Meer, wovon meine verbrannten Glieder noch
heut klagend Zeugnis aussagen. Es war wieder die völlige Meereinsam-
keit die ich so sehr liebe, nur von den Büffelherden bevölkert. Und der
Wald bei Fregene ist vielleicht der schönste den ich kenne: hohe Pinien
die oft weite Alleen bilden, die Reflexe der untergehenden Sonne auf
ihnen sind von einer seltenen und sehr sehr merkwürdigen Pracht.
Drunter alles blühender Ginster. – Kürzlich war ich auch 2 Tage in Viterbo: mittelalterlich schön, aber voller grausiger Erinnerungen, vor allem auch an die Hohenstaufengeschichte.[46] À propos, die Margret[47]
will römische Kaiser- und italienische Geschichte lesen. Was soll ich ihr
empfehlen, was zugleich gut und interessant geschrieben ist und nicht
zu umfangreich.
Ich bin sehr schreibfaul – es ist auch reichlich heiß.
Dich liebe ich unverändert – zärtlich.

---

[43] *an Dr. Theodor Bluth … geworden*] Der Schriftsteller Karl Theodor Bluth
(1892–1964) studierte damals nach einem bereits früher abgeschlossenen Philosophiestudium Medizin in Berlin und wohnte gemeinsam mit seiner Frau Theo-
phila in ESs Berliner Wohnung zur Untermiete.

[44] *Briefsuche*] ES hatte FG gebeten, ihr einen Brief des Drei Masken Verlags zu
schicken, was eine längere Suche notwendig machte.

[45] *Die Annemarie Puttkammer … das nicht?*] ES hatte FG in der Tat am 8. Mai geschrieben, daß sie in Rom die spätere Schriftstellerin Annemarie von Puttkamer getroffen habe, die gleichzeitig mit ihnen in Neapel gewesen sei. FG hatte
wiederum ES am 21. Mai geschrieben, daß er in Baden-Baden deren jüngerer
Schwester Gerda von Puttkamer begegnet sei.

[46] *in Viterbo … Hohenstaufengeschichte*] Die mittelitalienische Stadt Viterbo war
im 13. Jahrhundert, als mit Konradin der letzte Staufer in Italien geköpft wurde
(1268), häufig Sitz ihrer Gegenspieler, der Päpste.

[47] *die Margret*] Eine Freundin und Jahrgangsgenossin ESs aus Wickersdorfer Tagen, Margret Bienert.

285. Elisabeth Salomon an Friedrich Gundolf.
Rom. 13. Juni 1924

Mein geliebter Gundolf, eben bin ich von einer unverhofften Fahrt durch die Marken und Umbrien heimgekehrt: Leute die dringend meine Wohnung in Berlin wollen aber nicht bis Rom konnten hatten mich zwecks Besprechungen eingeladen. Ob was draus wird ist noch nicht ganz sicher, da ich mir über den Grad ihrer Desolatheit[48] nicht ganz klar bin. Ich gebe sie jetzt ohne Mietzins dem der sie mir repariert. Die Sache mit Frau Bluth ist doch grauenhaft obwohl er mich beruhigt, es seien mehrere Ursachen.

Hier finde ich zwei liebe Brieflein von Dir, einen mit Einlage, Dank. Der Rubiconübergang den ich Dir geschickt habe ist der Vorhang des Teatro Vittorio Emanuele in Rimini. Ich habe ihn mir als Dein Funktionär extra herunterfallen lassen. Willst Du ein größeres Bild davon? Das ist aber nicht alles: auf der Piazza Giulio Cesare (dem einstigen Forum) steht eine steinerne Basis mit der Inschrift:
G. CAESAR / DICIT / RUBICONE / SUPERATO / CIVILI BEL / COMMILIT / SUOS HIC / N FORO AR / ADLOCUT[49]
Die hat der Sigismondo Malatesta[50] ihm errichtet, der überhaupt ein vorzüglicher Mann gewesen sein muß nach seinen Taten Bauten und Aussehen zu urteilen. Es ist auch eine der schönsten Römerbrücken in Rimini. Erkenne an wieviel ich sehe an einem Ort der am Meer liegt, und an welchem Meer! Von R. haben wir eine Ausfahrt nach der Republik San Marino unternommen, die ein höchst possierliches vergnügtes und steuerloses Staatswesen ist. Ich habe seine gesamte Verfassung und Wirtschaft innerhalb einer Stunde durch Unterhaltung mit den Einwohnern gelernt so daß ich heute über „San Marino" promovieren könnte. Auch in dem dortigen Museum ist ein sehr mäßiges fast

---

[48] *Grad ihrer Desolatheit*] Gemeint ist ESs von Schimmel befallene Berliner Wohnung.

[49] *Inschrift … ADLOCUT*] Die von ES nicht ganz korrekt abgeschriebene Inschrift lautet: C(AIUS) CAESAR / DICT(ATOR) / RUBICONE / SUPERATO / CIVILI BEL(LO) / COMMILIT(ONES) / SUOS HIC / IN FORO AR(IMINI) / ADLOCUT(US EST) (Corpus Inscriptiorum Latinorum XI, 34) und stellt die 1555 hergestellte Nachbildung einer antiken Inschrift zur legendären Überschreitung des Rubikon dar.

[50] *Sigismondo Malatesta*] Der italienische Condottiere (1417–1468) regierte in Rimini und förderte dort die schönen Künste. Ein berühmtes Porträt von ihm schuf Piero della Francesca.

lebensgroßes barockes Caesar-Relief. Ich habe den Rimini-Stein und dies Relief für Dich phothographiert da es keine Abbildungen davon gab. Hoffentlich ists gelungen. Auf der Rückfahrt hab ich mich in Perugia und Assisi aufgehalten. Perugia gefällt mir sehr: es sieht aus wie ein Seestern auf einer grünen Wiese. Das ganze umbrische Land ist durch den üppigen Reichtum seiner Felder die man auf einem sanft hügeligen Terrain manchmal meilenweit überblicken kann von bestechender Schönheit. San Francesco in Assisi ist ein heiliger Zauber und hat mir einen tiefen Eindruck gemacht. Leider bin ich nur zu profan um es über die Bewunderung hinaus auch wirklich zu begreifen. Wie ist es zu verstehen daß ein begabter Jüngling der sich kasteit und Armut predigt nach so vielen Jahrhunderten noch eine lebendige Wirkung auf Menschen hat und daß ein in der ganzen Welt singuläres Wunderwerk wie diese Kathedrale ihn für ewig glorifiziert?? Ein sehr rührendes Büchlein der Carolina Bertini über ihn gibt mir auch keine genügende Aufklärung darüber. Tut es die Arbeit des Wolfram?[51] Es gab doch viele Fromme und auch eine ganze Anzahl Ordensstifter im Mittelalter. Warum scheint dieser wichtiger als die andern?
Gundel, Du hast zu den andern jetzt den reinen Produktivitätsfimmel.[52] Ich freue mich ja insofern es Dir Genugtuung verschafft, andrerseits fürchte ich Du überarbeitest Dich. An sich ists ja schöner im Sommer so früh aufzustehn, aber leider schläfst Du dann nach Tisch nicht weil Du die Zeit für gesellige Verpflichtungen brauchst. Was hast Du übrigens für Ferienpläne? – Das wichtige an meiner Brille ist nicht das Horn sondern die grünen Gläser,[53] die meine Augen vor Licht und Staub schützen und ihre Umgebung von Fältchen infolge häufigen Zusammenziehens. Immerhin erscheine ich durch sie sehr amerikanisiert

---

[51] *ein begabter Jüngling … Wolfram?*] Der heilige Franz von Assisi (1181–1226), Ordensgründer der Franziskaner, war seit jeher einer der populärsten Heiligen, seine Grabkirche in Assisi eine der bedeutendsten Wallfahrtsstätten der katholischen Kirche. Die angeführte Broschüre von Carolina Bertini stammt von 1916; die genannte Arbeit von Wolfram von den Steinen (Heilige und Helden des Mittelalters. Franziskus und Dominikus) erschien erst 1926 – FG hatte sie aber bereits im Manuskript gelesen.

[52] *Produktivitätsfimmel*] Bezieht sich auf FGs fortlaufende Berichte in seinen Briefen über die Arbeitsfortschritte seines Buches (Caesar. Geschichte seines Ruhms. Berlin: Bondi 1924).

[53] *Das wichtige an meiner … grünen Gläser*] FG hatte ES geschrieben, ihm sei von Annemarie von Puttkamer, die er bei ihrer Schwester in Baden-Baden getroffen habe, berichtet worden, ES trage zuweilen eine Hornbrille.

und kein Mensch fragt mich mehr „è francese"? da das Attribut jeden
Zweifel behebt. – Der Caesar-Ritardo[54] tut mir leid, doch muß immer
ein kleines Übelchen sein und für heut sollst Du Dich mit meinen Ent-
deckungen trösten und damit daß Dein Musel niemanden so liebt wie
Dich, nicht vorher – nicht jetzt – und nicht nachher.
Rom am 13. Juni 1924

286. Friedrich Gundolf an Elisabeth Salomon.
Heidelberg. 15. Juni 1924

Mein Liebstes auf der Welt:
Hab Dank und immer wieder Dank! Wegen der Sommerpläne richt ich
mich nach Dir: nur nach Italien kann ich schwerlich .. hoffentlich bekomm ich genug Geld und scheitere nicht an der 500 M-sperre für ein
etwaiges Österreich.[55]

Mein „Caesar" ist in den letzten Tagen wieder beträchtlich weiter
gerückt .. jetzt bin ich grad an einem toten oder wenigstens lahmen
Punkt und quäle mich etwas: aber die Gipfel Dante und Petrarca sind
überwunden: (Seite 170!)

Die Riminikarte[56] hat mich sehr gefreut, grösseres Bild nicht nötig ..
der Stein in Rimini ist berühmt, ich wusste von ihm. – ein Abbild und
das des Reliefs werd ich dankbar als Muselgaben empfangen.

Franziskus ist mehr als alle andren Büsser oder Ekstatiker durch unbedingte *Herzensfülle* ein Jünger Christi selbst, ein völlig heiliger und
dabei freier, lautrer und glühender Mensch. Wolfr. v. d. St. hat über ihn
sehr gut geschrieben.

Ich freue mich daß Du auch diese Städte gesehn hast.

Wär ich nur erst mit meinem Buch fertig, ich würde gern den Römischen Caesarfolianten opfern, wenn ich gewiss wäre daß ich damit den
guten Abschluß und das rechte Dasein dieses Werks erkaufen könnte:
es ist wahrlich die Höhe meiner bisherigen Leistungen.

---

[54] *Cäsar-Ritardo*] Bezieht sich auf mehrfache Klagen FGs wegen der verzögerten
Versendung einer bei Olschki während seines Italien-Aufenthalts erstandenen
Caesar-Inkunabel, die beim Zoll aufgehalten worden war.

[55] *und scheitere nicht … Österreich*] In Österreich wie auch in anderen europäischen Staaten gab es damals Visumzwang und auch finanzielle Einreisehürden.

[56] *Riminikarte*] Neben dem Brief über ihren Ausflug nach Rimini hatte ES von
dort offenbar auch eine Karte geschickt, die sich aber nicht erhalten hat.

Ich diktire der schönen Rosa jetzt und du bekommst einen Durchschlag.
Musel, Geliebtes! ich bin dir ergeben und je besser ich mir vorkomme,
desto tiefer beuge ich mich vor Dir, dem lebendigsten liebsten aller
Herzen und mit dem Mund der das Grösste zu verkünden brennt küsse
ich den süssesten Schooß und die leichtesten Füsse ..
Musel, Geliebte, Herrin, Kind, Süssestes!

Abs.: Heidelberg / Schlossberg 55 – Adr.: Fräulein Dr. Elisabeth Salomon / Roma /
Piazza della Libertà 13 intr. 3

287. Elisabeth Salomon an Friedrich Gundolf.
Rom. 16. Juni 1924

Roma, 16 / VI / 24

Mein Herzensgundel, laß mich Deinen Geburtstag[57] mit Dir feiern. Du
bist ja in der glücklichen Lage als geistig schaffender Mann wirklich an
jedem Jahr mehr eine Freude haben zu können. Da ich nie weiß welche
Bücher Du schon hast hab ich Dir den Castiglione[58] geschickt der hier
sehr berühmt ist. Falls Du nichts damit anfangen kannst schick ihn mir
zurück, er ist umtauschbar. –
     Die Beilage der Katja.[59]
     Bitte, gib mir doch eine Antwort welche römische Kaisergeschichte
empfehlenswert ist. Und hast Du Gelegenheit Mazzinibriefe zu suchen?[60] Wenn Du wirklich ohne Schwierigkeit gegenwärtig etwas Geld
entbehren kannst, so wäre ich Dir dankbar, wenn Du es anstatt an
mich an Frl. Margarete Zucker[61] Berlin W 50, Passauerstr 5 schicken
wolltest, da ich eben keinen Mieter drin habe. Wenn Du ihr bald 59 Mk

---

[57] *Geburtstag*] FGs Geburtstag war am 20. Juni.
[58] *Castiglione*] Gemeint ist vermutlich eine Ausgabe des „Libro del cortegiano"
     (Der Hofmann), erstmals 1528 gedruckt, von dem italienischen Renaissance-
     Schriftsteller Baldassare Castiglione (1478–1529).
[59] *Die Beilage der Katja*] Katja Hayek hatte kurz davor von ES eine Photographie
     erbeten.
[60] *Und hast Du … zu suchen*] ES hatte FG schon früher geschrieben, daß sie ge-
     legentlich für die Mazzini-Gesellschaft arbeite, die Briefe des italienischen Po-
     litikers gut bezahlen würde.
[61] *Frl. Margarete Zucker*] Offenbar die Eigentümerin von ESs Berliner Wohnung.

u. 2 Pf. schickst, in meinem Namen, so ist die Miete + Steuer für Juni u. Juli bezahlt. –

Rom ist in toller Aufregung,[62] ich habe Volkspsychologie nie so ad oculos demonstriert bekommen. Ich möchte mich über keine Einzelheiten auslassen, aber Du wirst ja aus der Zeitung genug erfahren um zu sehn daß meine Zweifel gegenüber den Gegenständen Deiner Bewunderung[63] nicht so ganz unberechtigt waren. Überrascht bin ich nur wie tatsächlich öffentliche Meinung sich an einem Tag von Wind in Gegenwind verwandelt. Denn unsre Hurraschreier von 1914 haben sich doch erst im Verlauf von 4 Jahren nach und nach in Pacifisten und sogen. Revolutionäre gewandelt.

Tausend zärtliche Geburtstagsküsse Deines Musel

288. Elisabeth Salomon an Friedrich Gundolf. Rom. 25. Juni 1924

Gutes Gundelchen, warum beantwortest Du mir eigentlich immer einen Teil meiner Fragen gar nicht? I. e. Mazzinibriefe, röm. Kaisergeschichte. Und auch ob das Buch angekommen ist sagst Du nicht. – Mit der Gerda P. wirst Du doch die armen Hayeks zu Tod peinigen,[64] die ohnehin schon wegen ihrer Doppeltheit sich nie recht als wahrer Favorit fühlen konnten. Die ortsfernen Nebenbuhlerinnen zählen immer weniger nach dem richtigen Satz „der Lebende hat recht!"[65] Von der Bücherbrettkollekte[66] wußte ich schon vorher, das war eine ausgezeichnete Idee von Lobsteins.

Ich fürchte Du wirst Deinen italienischen Helden doch entthronen müssen. Denn leider hat er offenbar entweder nicht den Willen oder

---

[62] *Rom ist in toller Aufregung*] Am 10. Juni war der sozialistische Oppositionsführer Giacomo Matteotti (1885–1924) von Faschisten ermordet worden, was breite Proteste gegen die Regierung und eine politische Staatskrise heraufbeschwor, aus der Mussolini aber letztlich sogar noch gestärkt hervorging.

[63] *Gegenständen Deiner Bewunderung*] Mussolini und die italienischen Faschisten. – ES scheint hier sehr vorsichtig zu formulieren; vielleicht aus Besorgnis wegen einer möglichen Briefüberwachung.

[64] *Mit der Gerda P. … peinigen*] FG hatte ES am 4. Juni 1924 geschrieben, daß er in Gerda von Puttkamer ganz verliebt sei.

[65] *„der Lebende hat recht!"*] Zitat aus Friedrich Schillers Gedicht „An die Freunde" (1803).

[66] *Bücherbrettkollekte*] Wohl Sammlung für ein Bücherregal als Geburtstagsgeschenk für FG.

nicht die Macht gehabt sich des „Ungeziefers" rechtzeitig zu entledigen – was beides gleich diskreditierend ist – sondern gewartet bis die Polizei sie vom Regierungstisch wegholt.[67] Oder er hat ihre wahren „Qualitäten" gar nicht gesehn, was für einen sogen. großen Staatsmann noch weniger ehrend ist. Er kann aus der Affair bestenfalls als privater Gentleman herausgehn. Sein Ansehn im In- und Ausland (cfr. englische u. französische Commentare) wird er nicht mehr herstellen können, obwohl ich glaube, daß die Regierung noch ein paar Monate bestehen wird. Es geschehn übrigens noch jetzt dauernd die unbegreiflichsten Fehler. Hast Du übrigens den überaus läppischen Brief von d'Annunzio[68] gelesen?

Anbei der Rimini-Stein mit und ohne Musel. Das Relief ist verpatzt. Schad daß man Dir in diesem Gebiet keine einzige Überraschung mehr bieten kann. – Wenn ich die Hitze aushalt hatte ich eigentlich die Absicht im Sommer hierzubleiben. Die Reise bis über die Grenze ist immer so närrisch teuer und hier habe ich viel Arbeit. Ich unterrichte jetzt die Tochter von Mädlerkoffer[69] in Kunstgeschichte. Es war ein etwas hochstaplerisches Unternehmen von mir, da ich sie doch selbst nie gelernt hab. Aber es geht ganz gut, da einem hier die Bildwerke authentisch zur Verfügung stehn und die schließlich selbst den Stil lehren. Leider ist sie nur unwahrscheinlich ignorant und es ist keine ganz einfache Aufgabe jemandem beizubringen was Phidias bedeutet, der noch nie was von Perikles gehört hat und nicht weiß zwischen wem die Perserkriege[70] waren obwohl doch die eine Partei schon im Namen vorkommt.

---

67 *Ich fürchte … wegholt*] Nachdem die Mörder Matteottis rasch von der Polizei gefaßt worden waren, gaben sie an, von Giovanni Marinelli (1879–1944) und von Cesare Rossi (1887–1967), beides hohe faschistische Funktionäre und enge Vertraute Mussolinis, beauftragt worden zu sein. – Am 29. Juni antwortete FG: „Herz, mein Herz hängt ja gar nicht so am M….. und ich geb Dir alles zu".

68 *Brief von d'Annunzio*] Gabriele d'Annunzio hatte am 23. Juni 1924 in einem Brief an einen Freund den zweideutigen Satz geschrieben: „Sono molto triste di questa fetida ruina" (etwa: „Ich bin sehr traurig über diesen schmutzigen Niedergang"), der umgehend in die Öffentlichkeit gelangt war. ESs Verdikt bezieht sich wohl auf die Unklarheit der Äußerung, die offen ließ, ob d'Annunzio den moralischen Ruin der faschistischen Regierung beklage oder aber ihre infolgedessen erschütterte Stellung.

69 *Tochter von Mädlerkoffer*] Vera Mädler (geb. 1902), die Tochter von Anton Mädler (1854–1925), dem Inhaber einer bekannten Leipziger Firma für Koffer und Taschen.

70 *was Phidias bedeutet … Perserkriege*] Elementaria der antiken Geschichte: Phidias (um 500–um 430) gilt als bedeutendster Bildhauer des Altertums, Perikles

Jetzt war ich endlich in der Villa Adriana![71]
Ich bin sehr gerührt daß der Caesar dies Gedicht für mich konzediert
hat[72] und will ihm dafür so huldigen wie Dich küssen.
Dein getreues Musel
25 / VI / 24

289. Elisabeth Salomon an Friedrich Gundolf. Rom. 7. Juli 1924

Nun, Gundelchen, die Inkunabel geht ja vorläufig nicht verloren. Der
Nardecchio hat seinen Laden sehr versteckt und ist bei solchen Werken
nicht auf raschen Umsatz aus.[73] Du sollst aber auch für meine Sachen
Dich durchaus nicht arm kaufen. D.h. von den Mazzinibriefen genügt
mir die (möglichst ausführliche) *Offerte*. Wenn die günstig ist kaufe *ich*
sie zum sofortigen Weiterverkauf an die Mazzini-Gesellschaft. – Der
Olschkische Caesar kommt bestimmt! – Es ist mir doch ein großer
Schmerz Dich nicht festredend erlebt zu haben.[74] Der Talar muß Dir
viel glänzender stehn als die ewig unversöhnliche moderne Konven-
tionskleidung. O, Gundel, welch spaßige Carriere hast Du doch!

Ich war ein paar Tage krank, falls es Dir von anderswo zugetragen
wird: eine etwas schmerzhafte Magensache, die mich ein paar Kilo Fett
gekostet hat. Sonst nichts! Gestern bin ich bereits wieder kopfüber in
den Sacro Fiume[75] gehopst! Die Magda[76] hat sich in den Tagen sehr

---

    (um 490–429), einer der größten Staatsmänner Athens, gab einer Epoche klas-
    sischer Kunstblüte seinen Namen, in den Perserkriegen zu Anfang des 5. vor-
    christlichen Jahrhunderts versuchten die Perser Griechenland zu erobern, wur-
    den aber in den berühmten Schlachten bei Marathon und bei Salamis
    zurückgeschlagen.

[71] *Villa Adriana*] Weitläufige Palastanlage in der Nähe Roms, die als Residenz des
    Kaisers Hadrian ausgebaut wurde.

[72] *daß der Caesar … konzediert hat*] Offenbar hatte FG in seinem nicht erhaltenen
    Brief auch ein Gedicht für ES mitgeschickt, zu dem er trotz seiner intensiven Ar-
    beit an dem Caesar-Buch Zeit gefunden hatte.

[73] *die Inkunabel … Umsatz aus*] ES hatte FG auf ein Angebot des Antiquars Attilio
    Nardecchia (1867–1961) aufmerksam gemacht; FG hatte geantwortet, er hätte
    die Caesar-Inkunabel zwar gern, könne sie aber nicht bezahlen.

[74] *Dich nicht festredend erlebt zu haben*] FG hatte ES geschrieben: „Ich habe hier
    am 2. Juli vor voller Aula und allen Professoren, und Corps in Wichs in blau-
    aufschlägigem Talar die Festrede zur Klopstockfeier gehalten".

[75] *Sacro Fiume*] Tiber.

[76] *Magda*] Magda Bezner hielt sich inzwischen in Rom auf.

lieb um mich gekümmert, und ich war auch sonst nicht verlassen. Auch
der Franco war grad durchreisend da. Er kann wirklich nur auf äste-
tischem Gebiet gut denken und sehen. Alles was er über Politik sagt
ist naiv wie von einem Cherubim. Nie ist Italien im Ausland weniger
geachtet worden als unter der gegenwärtigen Regierung. Und mit den
schönsten macchiavellistischen Reden und heroischsten Programmen
kann sie die Tatsachen nicht mehr aus der Welt schaffen. Wenn sie
nicht abdankt und die Miliz auflöst ist das ärgste zu befürchten: ich
träume schon allnächtig von den gräßlichsten Bürgerkriegen,[77] die mir
noch von Berlin her in scheußlicher Erinnerung sind.
Für Dich, Du goldner Gundel, viel zärtliche Küsse Deines
Musel
7. Juli 24

290. Elisabeth Salomon an Friedrich Gundolf.
     o.O. [Rom]. o.D. [18. Juli 1924]

Herzensgundelchen, ich hatte den Film; ecco 3 Abzüge.[78] Ein gelegentliches direktes Wort von Dir wäre mir nicht unwillkommen; Dein letzter Brief ist vom 5. und heut ist der 18! Nun vielleicht trägt der postino
schon was herum. Die beiden Mazziniani kamen auch schweigend. Innigen Dank. Aber sag mir was sie Dich gekostet haben und ob man
nicht weiß an wen sie gerichtet sind oder sonst nähere Umstände darüber.
   Ich habe einen jungen Maler[79] aus dem Kaukasus aufgegabelt als
er grad am verhungern war. Die Sowjets haben ihm in einer Nacht Eltern und alle Geschwister ermordet und allen Besitz geraubt. Jetzt
malt er sich unter angenommenem deutschen Namen seit 3 Jahren in
Deutschland durch. Seine Familie sei eine der verfolgtesten der Reaktion und deshalb nennt er seinen Namen nicht. Seine Zeichnungen
sind schön und er hat sie auch in Berlin und Dresden ganz gut ver-

---

[77] *Nie ist Italien … Bürgerkriegen*] Nach der Ermordung Matteottis waren die
     Oppositionsparteien protestierend aus dem Parlament ausgezogen, die öffent-
     liche Stimmung wandte sich gegen die regierenden Faschisten und der Sturz des
     auch unter den eigenen Anhängern umstrittenen Mussolini schien nur noch eine
     Frage der Zeit.
[78] *3 Abzüge*] Photos von FGs und ESs gemeinsamem Italienaufenthalt im April.
[79] *einen jungen Maler*] Näheres nicht ermittelt.

kauft. Jetzt ist er um Italien zu sehn mit dem Rad von Dresden hergekommen, hat nichts mehr, nimmt nichts an sondern will zeichnen und
verkaufen was natürlich im Hochsommer so von einem Tag auf den
andern nicht grad einfach ist. An sich leide ich ja bekanntlich nicht an
übertriebner Menschenliebe und ich hätte wahrscheinlich alles sofort wieder vergessen wenn der Bub nicht von so außergewöhnlicher
Schönheit wäre daß er mit *jedem* Blätterjünger[80] wetteifern kann,
ohne die slavische „Zerlassenheit" wie der Gundel sagen würde, sondern sehr straff und fest. Dabei süß melancholisch und von könig-
licher Noblesse des Wesens. Ich habe ihn daher zu meinem Protek-
tionskind gemacht und hoffe ihm Verdienst verschaffen zu können,
teilweis ist mirs schon gelungen. Die Magda hat scheinbar sogar ihr
Herz an ihn verloren.

Die innerpolitischen Zustände hier sind zunehmend unerfreulich.
Sie sequestrieren[81] die Zeitungen wenn drin steht der König habe ein
bürgerliches Exterieur, was doch nichts andres ist als eine Feststellung
objektiv wie: Rom liegt am Tiber.

Ich bin doch sehr gegen Cäsarismus wenn er derartig stupid betrieben wird. Die Dummheit der Parlamente ist weniger folgenschwer.
Dein Musel

291. Friedrich Gundolf an Elisabeth Salomon. Heidelberg. 21. Juli 1924

Liebstes Musel:
Eben kommt endlich ein Brief von dir, nachdem ich grade meinen ab-
gesandt. Süsses, ich hoffe in 8 Tagen ist mein Hauptplagegeist der
„Caesar" fertig, wenigstens das Brouillon[82] das mir die beiden Hayek
Mädchen dann tippen. Heute ist der alte Fritz fertig geworden Seite
326: morgen Herder, Goethe.

Die Mazzinibriefe sollst du mir nicht ersetzen, sondern den etwaigen
Reingewinn einstecken.

---

[80] *Blätterjünger*] Anspielung auf die oft durch äußerliche Schönheit ausgezeichneten „Jünger" um George und die „Blätter für die Kunst".
[81] *sequestrieren*] Beschlagnahmen.
[82] *Brouillon*] Erstfassung.

Wegen des Caesar der immer noch nicht da ist, hat C. Olschki[83] jetzt beim Ministerium des Innern reklamirt.

L. Olschki will mit Frau im Herbst längere Zeit nach Rom kommen und dich besuchen .. er fragte nach deiner Adresse.

Deine Briefe werden mit jeder Woche unfasc:[84] werd mir nur nicht noch ausgewiesen.

Von deinem Russen las ich in einem Brief der Magda an ihre Mutter. Die Magda soll mir auch ein paar von den Viterbobilderchen schicken. Wenn du willst kannst du ihr auch sagen dass ich dauernd in sie verliebt bin – sie hat was dazu.

Die Gerda v. Puttk. ist jetzt abgereist, sie hat mir einen echten Original Bismarckbrief geschenkt. Über die Mazzinibriefe konnte ich nichts erfahren, dafür ist ja die Mazzinigesellschaft da. Hoffentlich kriegst du viel Geld dafür.

Schrieb ich Dir daß Boll gestorben ist?

Dank für die Abzüge der Villa d'Este films: die Katja springt vor Freuden darüber.

Bald wieder mehr!

Heute nur noch zahllose Küsse auf Dich hinauf

von Deinem

G.

Wenn Du doch nach Österreich kommen solltest,[85] schreib mirs rechtzeitig!

Abs.: Gundolf / Heidelberg / Schlossberg 55 – Adr.: Fräulein Dr. Elisabeth Salomon / Roma / Piazza della Libertà 13 / int. 3

---

[83] *C. Olschki*] Cesare Olschki (1890–1971), der Bruder des Heidelberger Romanisten, war für das Antiquariat der Firma zuständig.

[84] *unfasc:*] Unfaschistischer, regierungsfeindlicher.

[85] *Wenn Du … kommen solltest*] In seinem Brief vom gleichen Tag hatte FG ES geschrieben, daß er den Sommer nicht in Italien sondern in Wolfratshausen verbringen wolle; ES hatte davor über die Kosten einer Reise ins Ausland geklagt.

292. Elisabeth Salomon an Friedrich Gundolf.
Isola di Giglio. 28. Juli 1924

Gundel! Du hast diese Riesenarbeit in 4 Monaten vollendet.[86] Da kann man schon erwarten daß sie aus *einem* Guß ist. Ich bin wirklich gespannt.

Wann gehst Du nach Wolfratshausen?[87] Ich habe auch recht Sehnsucht nach nördlichen Bergen.

Ich muß aber auf jeden Fall auch von geschenkten Mazzinibriefen wissen was sie Dich gekostet haben, um einen Maßstab für meine Forderung zu haben.

Da die Möglichkeit nordwärts zu reisen sehr gering ist und ich nach einer Darminfektion Ruhe und anderer Luft bedürftig war, hab ich mich für einige Tage auf die Insel Giglio zurückgezogen. Sie gehört zu dem Toscanischen Archipel und besteht aus einem mit Wein bewachsenen Berg. Oben wohnen die Winzer, unten die Fischer. Ich bei den Fischern mit denen ich auf den Fischfang fahre.

Es ist ein unendlich idyllischer Platz und in der Ferne sieht man Elba. Gestern habe ich 14 Seeigel getaucht, was eine schwere Kunst ist, da man sie erstens sehn, zweitens unterm Wasser auf dem Kopf stehn und drittens sich vorsehn muß, daß sie einem nicht die Finger zerstechen. Es lohnt aber die Müh: die Eier schmecken besser als Austern. Der Weg hierher hat mich über Orbetello, der einstigen Hauptstadt des spanischen Stato dei Presidenti[88] und Porto s. Stefano geführt, die auf eine höchst kuriose Weise durch drei dünne Landzungen mit dem Festland verbunden sind. Fremde gibts hier nicht, es wäre sehr ein Platz für uns zu zweien. Schreib mir jedoch Rom, da es ungewiß ist wie kurz ich dableib. Und laß mich nicht wieder 3 Wochen ohne Nachricht.
Liebend Dein Musel
28 / VII / 24 Isola di Giglio

---

[86] *Du hast … vollendet*] FGs „Caesar. Die Geschichte seines Ruhms".

[87] *Wann gehst Du nach Wolfratshausen*] FG hielt sich vom 26. August bis zum 22. September bei Kahlers auf.

[88] *Orbetello … Stato dei Presidenti*] Orbetello war der Hauptort einer seit 1557 spanischen Enklave an der toskanischen Küste, die den Namen „Stato dei Presidi" trug. Sie fiel erst 1815 an das Großherzogtum Toskana.

293. Friedrich Gundolf an Elisabeth Salomon.
      Heidelberg. 28. Juli 1924

Mein Liebstes auf der Welt!
Das Semester ist zu Ende, einstweilen bleibe ich noch hier, bis mein Buch zu Ende geschrieben, ich hoffe, in dieser Woche wird es fertig, aber ich zittre vor der Götter Neide, obwohl mir in den letzten Wochen gar nicht überheblich zumute ist, und ich recht schlecht schlafe.

Schreib mir bald über deine Sommerpläne .. nach Italien fahr ich wohl nicht, aber wenn du nach Österreich kommst, oder gar nach Deutschland will ich dich treffen. Das Buch ist bis jetzt auf der Höhe geblieben die du kennst oder vielmehr noch höher, denn seit Dante ists ein Himalaya aus lauter Gipfeln. Shakespeare, Friedrich d. Grosse, Goethe, Karl V, Mantegna Montaigne u. a. werden dir besonders gefallen. Ach, wenn ichs nur erlebe, daß ich Dir, liebstes Wesen, das Buch geben kann. Am liebsten täte ich Dirs auch widmen, denn ohne Deine Nähe wärs nicht entstanden, ohne die Liebe zu Dir wär es nicht gewachsen, du Einziges! Herrliches! Süsses.

———

Es ist mir doch ein Wunder daß dies Werk mir noch wachsen konnte .. es wird so dick wie das Georgebuch.

———

Ich habe eben sehr wenig Geld, da meine Bank mir auf einmal ankündigt ich hätte 200 M. Schulden. Morgen will ich nachsehen woher, es stimmt nicht.

Edgar ist Professor der Gothein Gedächtnisstiftung für Auslandskunde geworden. Über Keynes hat er einen Aufsatz in Schmollers Jahrbuch geschrieben, worauf der ihm äusserst lobend erwidert hat[89] .. ich sende Dir mit der Bitte um Rückgabe den Aufsatz – Vielleicht kannst du ihn brauchen .. ebenso einen neuen Wirtschaftsdienst.

Liebes Liebstes: ich küsse dich in süsser Liebe und bleib Dir mit Leib und Seele ergeben!

---

[89] *Über Keynes ... erwidert hat*] Edgar Salin: Die Entthronung des Goldes. Bemerkungen zu Keynes „A tract on monetary reform". In: Schmollers Jahrbuch 1924. S. 95–112. Die Erwiderung des bedeutenden Nationalökonomen John Maynard Keynes (1883–1946) geschah wohl brieflich.

Abs.: Gundolf / Heidelberg / Schlossberg 55 – Adr.: Fräulein Dr. Elisabeth Salomon / Roma / Piazza della Libertà 13 int. 3 / Italien

294. Elisabeth Salomon an Friedrich Gundolf. Rom. 5. August 1924

Mein inniggeliebter Gundel, eben komme ich von meinem herrlichen Türchen[90] zurück und finde drei buste[91] mit den liebsten Inhalten von Dir vor. Ich bin gleich aufs Forum gesaust und habe dem Divus Julius eine Blumenspende gebracht weil er Dir mit Deinem Werk diese Riesenfreude und Genugtuung verschafft hat.[92] O mein Herzensgundel, jammre nicht über die minus 200.– der Rheinischen Credit: Du bist reicher als alle mit + 10 000 000!

Der Militello möchte ihn brennend gern ins italienische übersetzen. Da er aber noch nicht sehr gut deutsch kann, mit mir zusammen. Wir glauben beide daß es geht, da wir schon mancherlei zusammen übersetzt haben. Und ganz getreu ist ja auch z. B. die Übersetzung vom Franco nicht. Falls Du einverstanden bist, so frag doch mal den Bondi (oder soll ich?) ob er wie es seine Absicht war in Milano mit einem Verleger irgendwas vereinbart hat, damit der M. mit dem in Verbindung treten kann. Andernfalls sucht er selbst einen. Dann wärs am besten, Du schickst mir einen Teil des Manuskripts, damit wir schon während des deutschen Druckes die Arbeit beginnen können. – Anbei die Fotografie der Plakette in San Marino. – Ruhe Dich bitte bitte jetzt gründlich aus. Ich freue mich sehr daß Du die Mila siehst.[93] Grüße sie innig von mir.

Von Franco habe ich selbst seit Wochen nichts gehört. Ich glaube er hat seine Neapler Wohnung eben aufgegeben und geht auf einen Familienlandsitz in Piemont. – Deine Verse haben mich mit tiefem Dank erfüllt, aber, Geliebter, mein Herz ist Dir nicht fern, das am wenigsten,

---

[90] *Türchen*] Wohl Diminutiv von: Tour.

[91] *buste*] Briefumschläge (ital.).

[92] *und habe dem Divus Julius ... verschafft hat*] Am 2. August hatte FG geschrieben: „Also beim Seeigelfang sitzt die Wonne der Welt! Ich stelle mir das idyllisch aber etwas gefährlich vor [...] Ich habe dir inzwischen mitgeteilt daß der Caesar fertig geworden 12 Uhr Mittags am 31. Juli: genau am 15. April hab ich ihn begonnen. Jetzt geht er gleich in Druck".

[93] *daß Du die Mila siehst*] FG war von Gerda von Puttkamer auf das elterliche Gut eingeladen worden, wohin auch die mit ihr befreundete Mila Cirul kommen sollte.

sondern nur meine Beine und mein Mund zum Küssen. Vielen Dank auch für das wundervolle Bild von St. G. Ich hatte es mir immer gewünscht. Und das Deine sehr gut getroffene, leider vor dem blöden Aktenschrank.[94] Das ist doch nicht Deiner? Oder bist Du Aktien-Gesellschaft geworden?

Ich war nach einer Dickdarm-Infektion recht geschwächt, bin aber jetzt gut erholt zurückgekommen, und es ist reiner Luxus wenn ich noch eine Reise mache. Trotzdem kombiniere ich vielleicht noch mit der Andl einen Landaufenthalt in Kärnten oder so wenn ich das Reisegeld zusammenbring. Ich benachrichtige Dich sofort nach Beschlußfassung. Wenn Du dann in Wolfratshausen bist, haben wirs ja schon ziemlich nah zueinander. Laß mich im Laufenden über Deine Adressen. – In der Julinummer der Will Vesperschen Zeitschrift sei eine glänzende Besprechung der Günderode[95] schreibt mir der Siegfried. Wenn Du sie Dir anschaffst, so schick sie mir doch bitte. – Schreib der Magda nicht so zärtliche Briefe da sie meine Eifersucht stacheln! – In Giglio bin ich noch auf den höchsten Gipfel – Pagano – gekrabbelt und von dort hab ich Corsica gesehn! Dann hab ich entzückende und seltene Muscheln gefunden zusammen mit dem zwölfjährigen Ido, einem goldigen Fischerbuben, meinem ständigen Begleiter. Das Meer ist mir derart Bedürfnis geworden daß ich in Santa Marinella u. Civitavecchia noch mal je einen Zug übersprungen habe um nocheinmal und nocheinmal hinein zu können. Meine Freunde haben mich bereits zur Nereide promoviert. Einen Tag hab ich mich auch in Tarquinia aufgehalten, einem reizvollen mittelalterlichen Städtchen. Die etruskische Nekropolis ist in höchstem Maße erstaunlich. Die Sarkophagskulpturen sind z. Teil prachtvolle Werke und die Gräberfresken wo nicht schön, so doch unerhört interessant. Da Ihr Herren Gelehrten so wenig

---

[94] *Aktenschrank*] Wie FG ES anschließend erläuterte, handelte es sich dabei um den Dissertationsschrank des Germanistischen Seminars.

[95] *In der Julinummer … Günderode*] In der von dem konservativen Schriftsteller Will Vesper (1882–1962) herausgegebenen Zeitschrift „Die schöne Literatur" – Jg. 25 (1924). S. 262 – findet sich in der Tat eine freundliche Besprechung von ESs Günderode-Edition von Vesper selbst, die folgendes Fazit zieht: „Die Herausgeberin hält sich erfreulicherweise selbst von jeder Überschätzung fern. Überhaupt berührt die ganze Art der Ausgabe sehr sympathisch. Sie ist nicht durch wissenschaftlichen Krimskrams überlastet und aufgeblasen und doch findet auch der Wissenschaftler alles, was er braucht. Also alles in allem die abschließende und endgültige Ausgabe der Günderode."

über dieses sonderbare Volk wißt, steht es mir wenigstens frei mir ein eigenes Bild davon zu machen wie es mir gefällt.

Civitavecchia hingegen ist eine Enttäuschung außer der von Michelangelo gebauten Hafenfortifikation eine öde moderne Stadt ohne Eleganz.

Addio, mein Gundel, meine Haare picken[96] von Meerwasser und Algen und schreien nach dem Parucchiere.[97] Umarme mich rasch und zärtlich
Dein Musel
Rom am 5 / August / 1924

295. Elisabeth Salomon an Friedrich Gundolf. Rom. 19. August 1924

Die Pepa u. die Liesl mobilisieren wirklich alle Welt wegen der Wohnung.[98] Da sie auf meine Bedingungen nicht eingehen wollten bin ich mit anderen willigeren in Verbindung getreten. Dann scheint ein Brief von mir nicht angekommen zu sein. – Wer ist mein Papiernachfolger, ich möchte gern seine Arbeit.[99] Übrigens bin ich jetzt Mitarbeiter des „Giornale Economico" geworden.[100] Wie lange bleibst Du in Hamburg?[101] Gundelherz, es wird wohl nichts aus Kärnten. Bernfelds kommen nach Italien, ich treffe die Andl voraussichtlich nächste Woche in Siena. Das ist doch bedeutend ökonomischer für mich. – Es kann sein

[96] *picken*] Kleben (österr.).

[97] *Parucchiere*] Friseur (ital.).

[98] *Die Pepa ... Wohnung*] FG hatte ES mitgeteilt, daß Josefine Kramer und ihre Schwester Elisabeth Neumann, die damals am Dramatischen Theater in Berlin engagiert waren, sich bei ihm beklagt hätten, daß ES ihnen wegen der Berliner Wohnung nicht antworte.

[99] *Wer ist mein ... Arbeit*] FG hatte ES geschrieben, daß jemand in Heidelberg eine Doktorarbeit über Papierindustrie – seinerzeit auch ESs Thema – geschrieben habe. Es handelt sich um Gerhard Wolf: Die Organisation der deutschen Papierindustrie und die staatliche Papierpolitik seit 1914. Diss. Heidelberg 1925.

[100] *Übrigens ... geworden*] Wohl bei dem seit 1923 in Rom erscheinenden „Giornale economico. Rassegna quindicinale".

[101] *Wie lange bleibst Du in Hamburg?*] FG war am 13. August nach Hamburg gefahren, wo er bis zum 23. bei Hanno und Gertrude Eckardt wohnte und – wie er ES am 15. August schrieb – auch die Tänzerin Ursula Falke (1896–1981), Tochter des Schriftstellers Gustav Falke (1853–1916), kennenlernte, die gemeinsam mit ihrer Schwester Gertrud (1891–1984) eine Schule für Ausdruckstanz betrieb.

daß die Ursula Falke sympathisch ist, ich kenne sie ja kaum. Ich bin hier in Italien nur gänzlich verdorben für das öffentliche Spazierentragen erotischer Finessen, wie es im Nachkriegs-Deutschland so lieblich Unsitte geworden ist. Und sie trägt die Stigmata mehr als irgendwer.

Daß Du die ev. Caesarübersetzung nicht nur billigst sondern sie Dich sogar erfreuen würde stachelt meine Lust dazu aufs wildeste an. – Den 3. Mazzinibrief kauf keinesfalls. Zum Weiterverkauf genügen mir auch vollständig die einigermaßen ausführlichen Offerten.

Die arme Claire. Aber sie hat sehr recht.[102] – Der Franco habe Dir sofort für den Shakepeare gedankt.[103] Der Brief muß verloren sein. Er sitzt in Capri und dort scheint ein herrliches Intriguenspiel zwischen der Marguerite Hoffmann u. der Agathe in Gang zu sein, bei dem letztere offenbar den kürzeren zieht. So daß sie, die A. sich ausgerechnet an mich als letzte Zuflucht gewendet hat: der Lechter umgebe sich mit unsympathischen Menschen, der Dott. Averardi mit dem sie „spirituelle Gespräche" führen wollte, sei zu Spaziergängen mit ihr nicht zu bewegen, sie sei vereinsamt, und *ich* soll mit ihr nach Sizilien fahren. Tja! Ich werde aber auch nicht fahren, auch ohne Intriguen nicht.

Die Martha ist mit dem Heinz Hartmann in den Dolomiten u. hat mich auch hinbestellt. Es ist mir aber zu weit.
Baci tenerezze![104]
Musel
19 / VIII / 24

296. Elisabeth Salomon an Friedrich Gundolf.
Rom. 8. September 1924

Liebster Gundel, ich habe alle Bogen[105] erhalten, tausend Dank. Vorerst geb ich mich mit ungeteiltem Genuß der Lektüre hin. Mich freut die Arbeit doppelt wenn ich das Ganze schon vor Augen hab. – Gun-

---

[102] *Die arme Claire ... recht*] FG hatte ES am 12. August geschrieben, daß Cläre Brügmann „einen Ingenieur im Industriegebiet" heiraten werde.

[103] *Der Franco ... gedankt*] FG hatte ES am 31. Juli geschrieben, daß er schon vor Wochen seine Shakespeare-Übersetzung an Franco Bruno-Averardi geschickt habe, ohne darauf etwas von ihm zu hören.

[104] *Baci tenerezze*] Zärtliche Küsse (ital.).

[105] *Bogen*] Die Korrekturbögen von FGs Caesar-Buch, nach denen ES übersetzen wollte.

delchen, ich glaub Dein „Neid“ um schöne Dinge die ich seh ist unaufrichtig, es ist doch allemal eine Herkulesarbeit Dich in eine Kirche oder in ein Museum zu bringen.[106] Ich hingegen werde immer gieriger nach schönen Bildern, – nun, in Siena hab ich mich mal wieder ausgelebt, das wär nichts für Dich gewesen, sogar die Andl hat schlapp gemacht.[107] Ich habe auch gar keine Aversion mehr gegen Museen da ich ihrer Existenz schließlich die Möglichkeit verdanke all die Bilder zu sehn nach denen ich so sehr Verlangen habe. Die Männer und amore machen mir doch nur sehr mit Einschränkung Vergnügen und mit dem ungeheuren Harem meines Gundel kann ich schon längst nicht mehr Schritt halten.[108] Der Lilli Heß scheinst Du ja auch gut eingeheizt zu haben.[109] Und die müßte grad so nötig jemand haben der nur sie liebt und festhält, weil sie bei jeder Hose zu zittern anfängt. – Du hast mich mißverstanden: die geistvollen Zötlein[110] gefallen mir nicht schlecht, ich will sie nur nicht aufgeschrieben haben. – Der Bluth[111] hat mittlerweile eine heftige Leidenschaft für mich gefaßt. Er ist aber eine so gräßliche Eule, daß ich ihn sehr unhöflich behandelt habe und froh bin daß

---

[106] *ich glaub Dein … zu bringen*] FG hatte ES am 4. September geschrieben: „Ich beneide Dich manchmal um die Schönen Dinge die du siehst, allempfängliches Herz .. ich sehe nur Regen und freu mich an nichts Schönem mehr, wenn du nicht dabei bist (höchstens an hübschen Mädchen)“.

[107] *nun, in Siena … schlapp gemacht*] ES war Ende August mit ihrer Schwester in Siena zusammengetroffen und dann mit ihr weiter nach Rom gegangen.

[108] *mit dem ungeheuren Harem … Schritt halten*] FG hatte zu der Zeit eine Affäre mit Gerda von Puttkamer, war in Hamburg aber auch mit seiner zeitweiligen Geliebten Gertrude Eckardt und einigen Schülerinnen der Falke-Schule zusammengetroffen; anschließend sollte er noch Fine von Kahler in Wolfratshausen und Lili Waetzoldt in Berlin besuchen.

[109] *Der Lilli Heß … zu haben*] Lili Heß war auf Empfehlung ESs zu Gertrude Eckardt nach Hamburg gereist, wo sie wohl an der Falke-Schule Tanzunterricht nahm.

[110] *geistvollen Zötlein*] ES hatte FG am 26. August – wohl auf die Zusendung eines erotischen Gedichts hin – geschrieben: „Liebster Gundel, Du hast doch eine Unzahl Freunde und Freundinnen, denen Du mit ähnlichen Zitaten ein unbändiges Vergnügen machst, erstens wegen deren Zotigkeit und zweitens weil sie eine besondere Freude empfinden den großen Gundolf sich in jenen Sphären bewegen zu sehn die sie menschlich nennen. Mich machen sie melancholisch ob nun die Porkerien in schlichter Prosa oder in „geistvollen“ (?) Versen vorgetragen werden“. Die Reaktion FGs darauf, auf die ES sich hier wiederum bezieht, hat sich nicht erhalten.

[111] *Bluth*] Karl Theodor Bluth, ESs früherer Untermieter in Berlin, der sich kurzzeitig in Rom aufhielt, hatte sie während einer Darmerkrankung behandelt.

er endlich abgereist ist. Zudem hält er sich für einen kolossalen Dichter. – Tausend zärtliche Küsse
Deines Musel
8 / IX / 24

297. Friedrich Gundolf an Elisabeth Salomon.
**   München. 10. September 1924**

Liebstes!
Selbstverständlich meine ich mit „schönen Dingen" um deren Sehn ich dich beneide keine Museumssachen, Bilder etc, sondern Städte, Landschaften, Italische Aspekte überhaupt! Gott behüte .. und da ist mein Neid aufrichtig, obwohl ich noch glücklicher bin daß Du alles siehst als ich. Eben habe ich wieder einmal heftige Angst und Sorge um Dich und Sehnsuchtsfieber, und als Dauerzustand eine anbetende Zärtlichkeit und Verehrung für Dich. Nacht für Nacht träume ich von dir.

Die Lilli H. hat mir auch etwas eingeheizt: diese Art hübscher schwacher und warmherziger Wesen, zumal wenn sie ein bischen widerhaarig sind hab ich sehr gern und wenn sie ohnehin so mannsgefährdet ist, so verdient sie auch einmal einen so trefflichen wie mich der ihr nichts weiss macht und ihr Freude macht ohne Trug. Mein Harem ist freilich zu gross, aber Du Süssestes und Oberstes zugleich, verlierst wirklich nichts dabei.

Hast du den putzigen Druckfehler „Seelenandel"[112] in einem der letzten Bogen gefunden?

Dank für Eure Karte aus Siena.

Ein wirkliches Wort über meinen Caesar, ausser kurzem Dank, hast du mir nicht geschrieben – auch für Kritik bin ich dankbar.

Findest du es besser oder flauer wie meine früheren Bücher. Du weißt, ich geb auf Dein Urteil viel, nicht nur weil du mein Liebstes bist, sondern auch mein Gescheitestes!

O Musel, ich liebe Dich, mit all meinen argen Schwachheiten, doch mit einem glühenden Herzen, ohne Dich möchte ich nimmer leben, und nur um Deinetwillen fürchte ich mich vor dem Nichtmehrdasein. Ich küsse Dich, ganz Dein eigen!

---

[112] *„Seelenandel"*] Statt „Seelenadel".

Abs.: Gundolf / Wolfratshausen / Villa Georg – Adr.: Fräulein Dr. Elisabeth Salomon / Roma / Piazza della Libertà 13 int. 3

298. Elisabeth Salomon an Friedrich Gundolf.
 o.O. [Rom]. o.D. [etwa 13. September 1924][113]

Guter Gundel, weil Dus also durchaus schriftlich haben willst, eitelster aller Autoren: der Caesar ist ein ausgezeichnetes unvergleichliches Werk. Vergleiche mit Deinen andern hab ich nicht gern, weil jedes seine eigne Vollkommenheit hat. Es ist feurig und straff, obwohls ein klein wenig darunter leidet daß Du immerfort Deiner Leidenschaft Zügel anlegen willst um nicht aus der Gerechtigkeit zu fallen. Aber auch so ist der Divus noch immer derart verlockend geschildert daß ich schon die tollsten Träume von ihm hatte. Bei einer Deiner Leser[innen] also wenigstens ist sein, abgesehen von Deinem, Erfolg auf Lebenszeit gesichert. Mir gehts übrigens genau wie dem Annolied: ich schwanke auch immer zwischen Stammestrutz und Fremdelei.[114]

Ich gönn Dir doch alle Deine Mädchen von Herzen solang sie Dir selbst nicht beschwerlich werden, im Gegenteil ich bin ihnen dankbar als Dein Freudenquell. – Wer ist Käthe Schlesinger?[115] – Gestern war ich in Ostia: abgesehn vom Meer sind dort ja auch gewaltige Ausgra-

---

[113] *etwa 13. September 1924*] Die ungefähre Datierung ergibt sich aus dem Bezug auf FGs Karte vom 11. und seiner Antwort vom 15. September.

[114] *wie dem Annolied … Fremdelei*] Anspielung auf FGs Caesarbuch, in dem das „Annolied", eine Dichtung aus dem 11. Jahrhundert, als Beleg für das vielschichtige Verhältnis zwischen Römern und Germanen angeführt wird: „Indem die germanischen Heerkönige mit ihren Mannen die Trümmer des Reiches eroberten, besiedelten, durchsetzten, brachten sie den Zwiespalt zwischen Römerhaß und Römertreue, Südsehnen und Heimweh, Stammestrutz und Fremdelei schon mit und dieser bestimmte ihr Verhältnis zu Rom, zur Kultur, zum Kaisertum. Über den keltischen Haß […] und den gallisch-römischen Stolz der Gründungssagen schichtet sich jetzt, wahrnehmbar in den mittelalterlichen Chroniken, am deutlichsten in dem Annolied und der Kaiserchronik, der germanische Stammestrotz wider den Eroberer, zugleich mit dem Mannenstolz auf den mächtigen Heerfürsten, den sie dienend erhöhen, wie er sie erhöhte und aus ziehenden Horden zu Weltbesitzern machte." (S. 60f.)

[115] *Käthe Schlesinger*] FGs Karte an ES aus München vom 11. September ist von einer Thea Schlesinger mitunterschrieben; ES las den Vornamen falsch. Es dürfte sich um Dorothea Schlesinger, später verh. Dispeker (1902–2000) handeln, die damals in München Musikwissenschaft studierte und später eine Künstleragentur in New York leitete.

bungen. Kennst Dus? – Die Agathe soll sich des übelsten Nachrufes in Capri erfreuen: sich unfein und laut benehmen in Gesellschaft minderwertigster Commis, von jedem andern behaupten, er sei rasend verliebt in sie, Damen in herausfordernder Weise beleidigen, etc. Meine Berichterstattung ist objektiv und weiß nichts von der Beziehung zu Dir. Übrigens soll sie sich auch gegen Lechter skandalös benommen haben, der völlig auseinander mit ihr sei. Ich schreib Dir das damit Du Dich nicht auch hier unnötigerweise mit Mitleid u. Selbstvorwürfen quälst. –
In Liebe Dein Musel

299. Friedrich Gundolf an Elisabeth Salomon.
Berlin. 28. September 1924

Mein Liebstes!
Ich freue mich daß du dich in Wien etwas ausruhn willst,[116] hoffentlich kommst Du wirklich dazu .. hätt ich das nur früher und sicher gewusst, so hätte ich mich mit meiner Ferieneinteilung danach richten können und wäre nach Wien gekommen. Aber vielleicht hättest du Dich dann nicht richtig ausgeruht! Wegen der Unterbrechung der Caesararbeit mußt Du dich nicht entschuldigen .. ich bin überhaupt gerührt, daß du sie noch nicht aufgegeben hast .. denn es ist eine Riesenarbeit und außer der Freude die dir etwa die Sache selbst macht, wirst du wenig davon haben, fürcht ich. Hier hab ich die Liesel Neumann in deinem Atelier besucht, das sich sehr verändert hat, mir aber immer noch das Herz schwellt und beschwert mit den süssesten Erinnerungen. O Musel!
   Die Liesel ist wirklich ein putzig liebes Ding (Pepa ist noch nicht da) und macht sich ganz gut in deinem Raum: es freut mich daß Du so etwas in diesen heiligen Räumen wohnen hast. Von andren Bekannten

---

[116] *Ich freue mich … ausruhn willst*] ES war Mitte September mit ihrer Schwester zurück nach Wien gefahren, wo sie sich krankheitshalber einige Wochen erholen wollte. FG war am 24. September in Berlin eingetroffen, wo er am Tag darauf zufällig den Bernfelds begegnete, die gleichfalls dort waren und ihm von ESs Wiener Aufenthalt berichteten: „Siegfried hat mich gestern abend, am ersten Tag meines Hierseins auf der Tauentzienstrasse (beide in durchaus ehrbarer Absicht) aufgegriffen und nun reden wir von Dir: und wenn die Andl (Seelenandel wie neulich ein Druckfehler im C.- lautet) da ist, auch von ihr" (FG an ES, 25. September 1924). Anschließend reiste FG gemeinsam mit Lili Waetzoldt zu Vorträgen nach Halberstadt, Quedlinburg und Magdeburg.

hab ich noch niemand getroffen. Die Lilli Hess ist grad auf der Durchreise über Genf nach Rom und sehr melancholisch, daß sie dich dort
nicht treffen soll .. sie erinnert mich merkwürdig in der Art ihres Reizes
wie ihrer Lähme an Trude Cassel, wenn ich die Augen zumache, mein
ich fast sie ists. Diese ist übrigens auch wieder da .. getroffen hab ich sie
noch nicht.

Mein Caesar soll am Ende des Oktober erscheinen: die Anzeige im
Börsenblatt schick ich Dir bald. Am 5. X. sprech ich in Magdeburg
über Shakesp. Caesar (siehe Buch / etwas verändert)

Dank für den Ferreroaufsatz:[117] ach was sind diese Leute noch hinter dem Mond zuhaus! Erhol dich gut, süssestes! Siegfried wird Dir näheres berichten! Ich küss Das Herz!

Abs.: Berlin W. 30 / Gleditschstr 9 III – Adr.: Dr. Elisabeth Salomon / bei Dr. Siegfried Bernfeld / Wien XIII / Suppégasse 10

300. Elisabeth Salomon an Friedrich Gundolf.
Wien. 30. September 1924

Mein geliebter Gundel, verzeih wenn ich Dich von meiner Wiener Reise
nicht eher benachrichtigte. Es war noch immer ungewiß. Ich glaub daß
ich mich hier gut ausruhe, weil ich in einem bequemen Haus bin und
mich um nichts kümmern muß. Ich möchte ja sehr gern noch nach Berlin aus einem bestimmten Grund: (darüber darfst Du naturgemäß mit
niemandem sprechen) die Pepa wird ihn Dir sagen.[118] Aber ich fürchte,
es wird viel zu teuer. Laß Dich also nicht etwa von diesem Wunsch er-
pressen, wenns nicht geht, gehts halt nicht. – Ich brauche den Waschzettel zum Caesar und einen Gundelprospekt vom Bondi!! – Wenn Du
die Cedel siehst, so frag sie bitte, was ich ihr schuldig bin. Und sag ihr,
die Käthe Rosenheim[119] hätte mir zwar geschrieben, das Atelier sei geputzt worden, aber die Pepa sagt mir, es sei ein einziger Dreckhaufen
gewesen. – Der in diesem Ausschnitt völlig unverständliche Aufsatz

---

[117] *Ferreroaufsatz*] Wohl eine Abhandlung des italienischen Historikers Guglielmo
Ferrero (1871–1942), der auch über Caesar arbeitete.
[118] *Ich möchte ja ... sagen*] ES plante eine Schönheitsoperation ihrer Brust bei dem
Berliner Arzt Jacques Joseph (1865–1934), einem weltweit anerkannten Spezialisten für plastische Chirurgie.
[119] *Käthe Rosenheim*] Wohl die Untermieterin ESs vor Elisabeth Neumann und Pepa
Kramer.

über Goethe und Italien[120] schien mir enorm von Gundel beeinflußt.
Erst hab ichs für eine Abschrift gehalten, finds aber nun bei Dir nicht.
Erkennst Du ihn? – Hier beherrscht Börsen- und Bankkrach[121] ungefähr so die Mentalität aller Menschen wie in Italien die Frage Fas-
cismus oder Opposition. Die Treuga ist die einzige nicht verkrachte
Nachkriegsbank. Aber auch dort sind alle Großspekulanten bis aufs
letzte Hemd gepfändet und Schuldgefangene geworden. Man sieht daß
auch auf dem Geldmarkt die göttliche Gerechtigkeit waltet: alle die
mir als ernste Arbeiter bekannt waren sind mit heiler Haut aus diesem
Chaos von Betrug und Geldrausch davongekommen – und die Speku-
lanten sind ruiniert. –

Große Freude hat mir das Wiedersehn mit der Anna Lang gemacht:
sie ist überaus schön und elegant, aber wenig glücklich, weil ihre Ehe
ihr nicht mehr gefällt.
Ich küsse Dich in Liebe und Zärtlichkeit
Dein Musel
Wien 30 / IX / 24

301. Elisabeth Salomon an Friedrich Gundolf. Wien. 5. Oktober 1924

Geliebter Gundel, ach nein, weißt Du, dieser Wunsch ist keine Laune,
sondern der heisseste meines Lebens[122] – hors de concours[123] – keine
Reichtümer, kein Ruhm, kein ruhig zufriedenes Leben könnte mich
mehr verlocken. Es gibt ehrlich gesagt keinen Tag in meinem Leben in
dem ich nicht darunter leide daß es nicht so ist wie es hierdurch sein
könnte. Aber ich wills mir keinesfalls erkaufen mit irgend einer Ent-
behrung die Du dadurch haben könntest.[124] Drum verschieb ichs na-

---

[120] *Aufsatz über Goethe und Italien*] Nicht ermittelt.

[121] *Börsen- und Bankkrach*] Im März 1924 war es in Wien zu einem Zusammenbruch der Börse und anschließend zu einer schweren wirtschaftlichen Krise des
Landes gekommen.

[122] *dieser Wunsch ... Lebens*] Die geplante Schönheitsoperation.

[123] *hors de concours*] Außer Wettbewerb, ohne zu vergleichen.

[124] *Aber ich wills ... haben könntest*] FG hatte sich in seinem Brief vom 2. Oktober
zurückhaltend über ESs Anliegen geäußert, für das sie ihn indirekt um finanzielle Unterstützung gebeten hatte: „Aber ich hoffe trotzdem Dein Wunsch ist
[...] nicht nur eine Mondänlaune oder ein Fimmel aus deiner Backfischzeit"; ES
vermutete auch, daß ihm ihre Anwesenheit in Berlin ungelegen kommen könne.

türlich nötigenfalls. Schreib mir auf jeden Fall wie lange Du noch in
Berlin bleibst.[125] Mit Dir bin ich auch lieber am Achensee oder in
Capri, aber dort gibts halt keinen Josef. – Die Martha ist frisch und
vergnügt, gestern war ich mit ihr und dem Heinz Hartmann im Brahms
Requiem von Bruno Walther dirigiert.[126] Sie geigt jetzt auch fürs Radio.[127] – Den Hermann Badt hab ich nie sehr leiden mögen wie überhaupt meist die Männer meiner liebsten Freundinnen.[128] – Wie waren
die Vorträge in den schönen Städten? In der Zeitschrift „Der Eigene“
einem homosexuellen Blatt steht „- – Gemeinsam war uns der Glaube
an Wyneken, gemeinsamer heiliger Besitz war uns Stefan George. – – –
Hans Jürgen nahm aus seinem Rucksack den Stern des Bundes hervor.
Auf neuen Tafeln schreibt der neue Stand las er und manches andere.
Und unsere Hände faßten sich – –“[129] Na ja. –

Geliebtestes Gundelherz, der Siegfried erzählt mir so viel und lieb
von Dir. Wie wär es schön wenn wir uns nun doch wiedersehn würden
sebbene in Berlino![130]
Dein Musel
5 / X / 24

302. Friedrich Gundolf an Elisabeth Salomon.
Berlin. 10. Oktober 1924

Liebstes Musel:
Die Pepa hat bis jetzt trotz tagelangen Anklingelns wegen des Josef
noch keine Auskunft bekommen können – ich denke, heute wirds
gehn. 200–300 Mk kann ich dir für diesen Zweck, wenn dir wirklich so

---

[125] *wie lange Du noch in Berlin bleibst*] FG kam am 9. Oktober wieder nach Berlin
zurück, blieb bis zum 23. Oktober und reiste dann nach Hamburg weiter.

[126] *von Bruno Walther dirigiert*] Der berühmte Dirigent und langjährige Kapellmeister der Wiener Hofoper Bruno Walter (1876–1962) dirigierte, auch nachdem er
schon in Deutschland engagiert war, häufig als Gast in Wien.

[127] *Radio*] In seinem Brief vom 2. Oktober hatte FG berichtet, daß er bei Mercedes
Badt erstmals Radio gehört habe und es reichlich albern gefunden habe.

[128] *Den Hermann ... Freundinnen*] In seinem Brief vom 2. Oktober hatte sich FG
etwas abfällig über Hermann Badt geäußert.

[129] *In der Zeitschrift ... faßten sich*] Die Passage entstammt einem ungezeichne-
ten Artikel „In Memoriam von Hansfried Hohendorf“. In: Der Eigene X (1924)
Nr. 4. S. 141–145, hier S. 142. – „Auf neue tafeln schreibt der neue stand“ ist
ein Gedicht Georges aus dem Band „Der Stern des Bundes“ (1914).

[130] *sebbene in Berlino*] Wenn auch in Berlin (ital.).

viel dran liegt, erübrigen, und entbehren muß ich nichts. Um dir Freude zu machen, würde ich auch mit Wollust hungern.

Nun will ich dir aber auch ganz offen schreiben, warum mir unsre Zusammenkunft gerade in Berlin, wenn sie nicht unbedingt nötig ist, keine reine Freude macht. Sobald du hier bist hab ich für nichts andres rechten Sinn und das merkt L. W.[131] bei der ich hier wohne bald und das tut ihr weh (obwohl sie nichts gegen dich persönlich hat). Deine Anwesenheit verschweigen mag ich auch nicht, es wäre nicht würdig. Die paar Wochen die ich mit ihr zusammen bin sind tatsächlich die einzige Freude im Jahr die sie hat und die mag ich ihr nicht vergällen, da ich sie lieb habe und ihr dankbar bin und das mit vollem Grund. Mir wär es ja an sich einerlei und mit der Vernunft versteh ich diese Gefühle zwischen Frauen nicht, aber sie sind nun einmal da und ich möchte ihnen Rechnung tragen solang es die äusseren Umstände erlauben. L. W. gegenüber kann ich nicht mit einem Machtspruch kommen wie den lieben kleinen Mädelchen die dich als Sultanin anerkennen und mit-lieben.

Ich bin bis etwa 23. X. hier (dann halt ich zwei Vorträge in Hamburg) und schlage dir vor, da ich Dich unbedingt sehen will: komme wenn du es *kannst*, hierher erst nach meiner Abreise und besuche mich auf der Rückfahrt nach Rom in Heidelberg (wo dich ohnehin die Hayekkinder mit Sehnsucht erwarten.) Die etwaige Reisedifferenz bezahl ich dir dann auch noch. *Musst* du allerdings noch in *diesem* Monat wieder nach Rom zurück, so komm eben nach Berlin und wir sehen uns hier, dann geht es halt nicht anders. Mein Vorschlag gilt nur für den Fall daß eine für alle Teile spannungslose Lösung deiner Berlinreise möglich ist.

Auch St. G. ist da[132] und wohnt glaub ich bei Vallentin, gesehen hab ich ihn nicht .. Auch sonst hab ich die Freunde nur kurz und flüchtig gesehn.

Auf jeden Fall möcht ich Dich umarmen, wenn du irgend erreichbar bist. Die Nachrichten der Wiener[133] über dein Befinden beunruhigen mich sehr. Mein Vortrag in Magdeburg ging programmmäßig – im Stadttheater vor etwa 1000 Leuten: aber die Breslauer sind empfänglicher. Wunderbar ist Quedlinburg mit dem herrlichen Dom und dem Kaisergrab.

---

[131] *L. W.*] Lili Waetzoldt.

[132] *Auch St. G. ist da*] Stefan George hielt sich tatsächlich seit dem 1. Oktober in Berlin auf; zu einer Begegnung mit FG kam es nicht.

[133] *der Wiener*] Wohl Pepa Kramer und Elisabeth Neumann.

Grüsse mir die lieben Bernfelds, küsse die Martha .. und sag der Anna
Lang und der Trude H. viel viel Liebes .. und hasse mich nicht wegen
meiner vielen Wenn und aber und fühle daß ich selbst am meisten unter
diesen Spannungen und Verlegenheiten leide.

Du bist mir das Liebste auf der Welt, aber ohne Leid gibts eben kein
Liebes und ohne vieles Leid kein Liebstes .. Mich quält am meisten,
was dir weh tut.
Ich küsse deine Hände und Füsse.
Verbrenne diesen Brief.

Adr.: Fräulein Dr. Elisabeth Salomon / Wien XIII / Suppégasse 10 / bei Bernfeld

303. Elisabeth Salomon an Friedrich Gundolf.
o.O. [Wien]. o.D. [etwa 13. Oktober 1924][134]

Geliebter Gundel, da hast Du natürlich vollständig recht, ich hätte
auch selbst so gescheit sein können mir das zu überlegen. Man muß ja
ohnehin oft genug im Leben weh tun ohne daß mans ändern könnte,
so soll man wenigstens das vermeidbare vermeiden. – Wenn ich also
überhaupt die Operation machen lasse werde ich Deinem Vorschlag
folgen: nach Deiner Abreise kommen und dann über Heidelberg zurück. Es ist unmöglich was die Pepa sagt, daß man den Preis nicht erfahren kann. Ich bitte Dich innig, wenns Dir nicht zu viel Müh macht,
geh Du in die Sprechstunde zum J.[135] (Kurfürstendamm 63. 5–6 außer
Mittw. u. Samstag) und frag ihn was es kostet für ein alleinstehendes
Mädchen das von Privatstunden lebt – er soll angeblich differenzieren.
Und wie lange Klinik[136] man braucht u. was diese kostet. Ich hätte
sehr viele zahlungsfähige Freundinnen die ich dann alle zu ihm schik-
ken würde. Ich möcht es für alle Fälle wissen obgleich vermutlich
nichts draus wird. Denn ich werd, fürcht ich, das Geld das ich so zu-
sammenkratze für eine ausführliche Erholungskur brauchen. Die
Ärzte haben noch nicht fest entschieden. Zu beunruhigen brauchst Du
Dich durchaus nicht. Ich bin nicht krank sondern halt nur von etwas
schwacher Konstitution, zu mager und leicht ermüdbar und sehr ner-

---

[134] *etwa 13. Oktober 1924*] Die ungefähre Datierung ergibt sich aus dem Bezug auf
FGs Brief vom 10. und seiner Antwort vom 16. Oktober.
[135] *J.*] Dem Chirurgen, Prof. Jacques Joseph.
[136] *wie lange Klinik*] Klinikaufenthalt.

vös. Deine 2–300 kämen mir da natürlich auch gut zustatten obgleich ich sie lieber der Schönheit widmen würde. Wann beginnen Deine Vorlesungen? – Hast Du den großen Ernst[137] und den Ludwig gesehn? Bitte um Hayeks Heidelberger Adresse. Haben die Vorträge Dir wenigstens einen Überschuß gebracht? – Bitte um Bondis Gundolfprospekt. – Und gräm Dich nur nicht wegen dieser scheinbaren Verlegenheit: wenn man ihr ausweicht ist sie ja keine mehr. Es liebt Dich zärtlich Dein Musel

304. Friedrich Gundolf an Elisabeth Salomon. Berlin. 16. Oktober 1924

Mein Liebstes auf der Welt:
Die Neumanns haben den Joseph mehrfach angeklingelt und er hat sie grob angefahren, er könne nicht das Geringste sagen und tue es grundsätzlich nicht, eh er den Fall mit eignen Augen sehe .. die Liesel wollte trotzdem noch einmal hingehn und in der Sprechstunde ihn fragen, ohne viel Hoffnung auf ein günstigeres Ergebnis. Eigentlich hat er Recht. Für mich Herz, wär es eine ganz unmögliche Situation, ihn nach den Kosten einer derartigen Operation, die ich nicht einmal aussprechen, geschweige beschreiben mag, noch weniger begründen kann, für eine nach seinen Begriffen mir entweder fremde oder illegitim verbundne Dame zu fragen. Stell Dir das einmal konkret vor, bei meiner Weltgewandtheit! Das einzig Richtige wäre, du schreibst ihm genau (mit beigelegter Rückantwort) was du willst, warum dus willst und in welcher Lage du bist und warum du nicht direkt hinreisest .. wahrscheinlich bekommst Du einen negativen Bescheid .. Derartiges kann man nicht gut durch Mittelspersonen erledigen, am wenigsten durch Gundelne, denen dieser ganze Plan zuwider ist .. Deine Brust ist mir immer noch die liebste auf der Welt und sie hat nie verhindert daß du geliebt wirst. Aber ich werde trotzdem alles tun, gegen mein besseres Gewissen, um Dir diesen Wunsch zu befriedigen und sogar 4–500 M. zusammenkriegen, meine Vortragshonorare werden dazu angelegt.

Schatz, aber erlass mir das unziemliche und obendrein ergebnislose Fragen.

---

[137] *den großen Ernst*] Ernst Morwitz.

Anbei ein Prospekt, ich habe dir neulich schon einen geschickt. Das Buch wird wohl Ende des Monats fertig sein.

Adresse der Hayeks: Heidelberg, Uferstrasse 34. Meine Vorlesungen beginnen 4. November .. am 3 bin ich wohl wieder dort.

Ernst Morwitz hab ich nur, bei einer abendl. Zusammenkunft der hiesigen Freunde einmal gesehn, Ludwig auch in Magdeburg bei meinem Shakespearevortrag. Sie sind alle bis über die Ohren in Arbeit.

Meine Besorgnis deinetwegen ist keineswegs beschwichtigt. Überhaupt zum erstenmal in diesem Jahr liegt wieder die düstere Schwere auf mir, die mir meist die vorigen Jahre belastet hatte, Sehnsucht nach dir, Angst um Dich, Zweifel an mir, Ekel an dem Treiben der Menge. Doch muss ich büssen für soviel Herrliches was dies Jahr mir gebracht. Mir graute lang vor der Götter Neide.

Liebstes, bleib mir Du und werde nicht unselig. Ich liebe dich wie nichts sonst auf der Welt, ja vielleicht nur Dich mit meinem ganzen Wesen und mein Schicksal ist an Deins gebunden.
Ich küsse dein herrliches Herz!
Grüsse mir die Bernfelds

Abs.: Gundolf / Berlin W. 30 / Gleditschstr 9 III – Adr.: Fräulein Dr. Elisabeth Salomon / bei Bernfeld / Wien XIII / Suppégasse 10

305. Elisabeth Salomon an Friedrich Gundolf.
Wien. 19. Oktober 1924

Mein geliebter Gundel, Du mußt mir nicht immer so gequält lange Begründungen geben wenn Dir etwas nicht paßt. Ich insistiere doch nicht wenn Dir eine Sache so sehr gegen die Natur geht. Ich überlege nur vorher immer nicht recht. Ich mache jetzt eine allgemeine Kräftigungskur und eine große Zahnbehandlung. Da wird wohl für die reine bellezza-Operation[138] nichts übrig bleiben, auch wenn Du mir beisteuerst: ich wär Dir sehr dankbar wenn Dus mir herschicktest; Bernfelds sind eben selbst in Schwierigkeiten und ich möcht sie außer wohnen und essen nicht gern in Anspruch nehmen. Ich bin recht betrübt über diese Notwendigkeit, aber ich seh ja ein, daß Gesundheit noch wichtiger ist als Schönheit. Übrigens verkennst Du deren Wert wenn Du meinst ich

---

[138] *bellezza-Operation*] Schönheitsoperation.

wolle andrer Leute Liebe damit erkaufen. Für mich selbst will ichs um mich mit größerem Vergnügen in dem Spiegel sehn zu können.

Diesen Prospekt hatte ich schon, ich wollte gern einen über Gundels allgemeine Bedeutung. – Deine unnötigen Deiges[139] sind mir wirklich unbegreiflich, Du Lieber: die Menge könntest Du in Deinem Alter (verzeih!) kennen: sie ist nicht ärger als früher. Wenn Du mit Dir und Deinem Werk heuer nicht zufrieden bist, verdienst Dus nicht besser. O, mein Gundel, ich weiß eigentlich nicht, was Dein Ehrgeiz noch alles will. Und was mich anbetrifft, so weiß ich nicht was die Weiber Dir zugemunkelt haben. Tatsache ist folgendes: der verrückte Dr. Bluth, der sich für einen Dichter hält und früher mal Arzt war, hat mir einen Lungenspitzenkatarrh einreden wollen, weil er erstens infolge der schweren Krankheit seiner Frau Gespenster sieht und zweitens verliebt in mich, mich zwingen wollte nach Davos zu übersiedeln wo er sowieso sein muß. Dieser Verdacht hat Bernfelds veranlaßt mich zu einer gründlichen Untersuchung von bedeutenden Spezialisten nach Wien mitzunehmen. Und darum wars mir lieb daß Du nicht herkamst, weil Dich diese Möglichkeit unnötig aufgeregt hätte. Das Ergebnis ist nun durchaus negativ: von einem Katarrh gar keine Rede. Es ist lediglich festgestellt worden, daß vor Jahren einmal ein Drüsenprozeß war, der längst verkapselt ist, wie bei zahllosen jetzt ganz gesunden. Um mich aber endgültig zu immunisieren mach ich eine Tuberkulinkur[140] und mäste mich. Bitte bitte beruhige Dich nun. Die Andl wird Dir auch schreiben daß Du es kannst und mußt.

Heute geh ich mit Hartmanns in die Kaiserloge ins Burgtheater.

Rosenfelds hätten Dich mal eingeladen bei ihnen zu wohnen und Dich auszuruhn. Hast Du das nie bekommen?
Ich küsse Dich in Liebe und in Ergebenheit Dein
Musel
19 / X / 24

Viele Grüße von Rosemie.[141]

---

139 *Deiges*] Sorgen (jidd.).
140 *Tuberkulinkur*] Damals gängige Behandlungsmethode bei Tuberkulosekranken; sollte mit allgemeiner Kräftigung des Patienten einhergehen.
141 *Viele Grüße von Rosemie*] Nachschrift von ESs Nichte.

306. Elisabeth Salomon an Friedrich Gundolf.
o.O. [Wien]. o.D. [etwa 28. Oktober 1924][142]

„An den Abenden las Garibaldi oft aus den wenigen Büchern, die er liebte, vor, aus den Kommentaren des Cäsar oder aus den Gedichten des Ugo Foscolo" – berichtet Ricarda Huch in den „Geschichten von Garibaldi".[143] Kennst Du die, Gundel? Ein wundervolles Buch das mich zu dem Entschluß gebracht hat die Ricarda als den besten deutschen Romanschriftsteller zu erklären und mich in eine Begeisterung für diesen seltsamen Condottiere versetzt hat, die Garibaldidenkmäler und die Liebe der Italiener zu ihm in mir nicht hervorbringen konnten. – Vielen Dank, Guter, für Geld und Brief. Ich bin recht erleichtert Deinen nutz- und sinnlosen Gram ein wenig beschwichtigt zu haben. Wie waren die Hamburger Vorträge? Du bist jetzt wirklich in Deutschland Dernier Cri[144] und man kann sehr zufrieden sein wenn sie für lange nicht nach anderem schreien, denn was auch immer, es wird schlechter sein. Neulich war ich von Hartmanns ins Burgtheater in die Kaiserloge eingeladen. Da hab ich einen jungen Enkel Mommsen kennen gelernt, er war auch mal Dein Schüler.[145] Und einen ungeheuer sympathischen Pianisten Richard Buhlig.[146] Eben war ich bereit mein Herz an ihn zu verlieren, da ist er wieder abgereist. – Wie ist Dein Kainer-Porträt[147] ausge-

---

[142] *etwa 28. Oktober 1924*] Die ungefähre Datierung ergibt sich aus dem Bezug auf FGs Brief vom 22. Oktober und seiner Antwort vom 4. November.

[143] *„An den Abenden ... Garibaldi"*] Zitat aus Ricarda Huchs Roman „Die Geschichten von Garibaldi" (1906/07), von ES wegen der Caesar-Erwähnung notiert. Ugo Foscolo (1778–1827) war ein bedeutender italienischer Dichter.

[144] *Du bist jetzt ... Dernier Cri*] FG hatte ES am 22. Oktober geschrieben: „Morgen fahre ich nach Hamburg, 2 Vorträge halten, von da schicke ich Dir weiteres Geld – 150 bekommst du anbei: Ich halte am 15. XI. noch einen Vortrag in Kiel und stehe in Unterhandlung wegen Vorträgen in der Schweiz, 3 oder 4 im Rheinland, 1 in Gera, 1 in Baden Baden, und ein Dutzend weiterer hab ich abgelehnt. Jeden Tag bekomm ich mindestens eine Anfrage von einem Verein, Verlag oder Zeitschrift."

[145] *einen jungen ... Schüler*] Gemeint ist der spätere Historiker Theodor Ernst Mommsen (1905–1958), der zunächst in Heidelberg und damals in Wien studierte. Er sollte anschließend an der Monumenta Germaniae Historica und nach seiner Emigration in die USA als Professor an der Cornell University arbeiten. In Amerika unterhielt er freundschaftliche Beziehungen zu Ernst Kantorowicz.

[146] *Richard Buhlig*] Der deutsch-amerikanische Pianist Richard Buhlig (1880–1952) lebte damals in Los Angeles, hatte aber häufig Konzertauftritte in Europa.

[147] *Kainer-Porträt*] FG hatte ES geschrieben, daß er von der aus Wien stammenden Malerin Lene Schneider-Kainer (1885–1971), die damals in Berlin lebte, porträ-

fallen und wer hat es? Es gefällt mir wieder gut in Wien. Besonders lieb
und fest ist meine Freundschaft mit Anna Lang, Martha und Heinz
Hartmann geworden. Der Heinz hat sich übrigens ungeheuer zünftig
entwickelt: er kennt 2/3 der heiligen Bücher[148] auswendig.
Dir ist in Treue und Liebe und Dankbarkeit ganz ergeben Dein
Musel

307. Friedrich Gundolf an Elisabeth Salomon.
Heidelberg. 4. November 1924

Liebstes Musel:
Ich bin nach einem ziemlichen Trubel in Hamburg wieder gut hier
in Heidelberg angekommen und fand deinen beruhigenden Brief und
den ungeheuer schönen Caesar aus Rom[149] vor, den ich zu deinem Ge-
schenk ernenne. (Bezahlt ist er wenigstens schon.) Dies waren die
Hauptfreuden, ausser dem Wiedersehn mit den Mädelchen. Sonst endlose Bücherrechnungen vom Sommer dass mir die Haare zu Berg stehen und ich schwöre, jetzt Schluss! Und Berge von mittelmässigen
Widmungsbüchern und Bettelbriefen (Ein Jüngling bittet mich ihm die
Adressen des Kreises in München zu schreiben, da er die Bürde seiner
Verehrung für George nicht allein tragen könne.) Usw. usw.
   In Hamburg vor den Studenten las ich wie in Wien Dante mit Einleitung, aber es war ein noch grösserer Trubel: das Auditorium Maxi-
mum (mit 6–700 Sitzen) überfüllt, gequollen bis auf mein Katheder
stand man und viele Hunderte wurden noch heimgeschickt .. fast wie
bei Musik oder Pferderennen .. bis zu Boxkampf oder Rabindranath[150]
hab ichs noch nicht gebracht.
   Nach Tisch waren wir noch bei Eckardts zusammen Ursula, Felisa,
Lilli (nicht Hess, sondern eine Halbschweizerin Halbjapanerin) und

---

tiert werde. Schneider-Kainer hatte Umgang mit Schönberg, Werfel und Lasker-
Schüler; später sollte sie gemeinsam mit Bernhard Kellermann eine große Reise
nach Asien unternehmen.

[148] *der heiligen Bücher*] Die Veröffentlichungen des George-Kreises.

[149] *den ungeheuer schönen Caesar aus Rom*] Das bei Olschki gekaufte, aber so
lange ausgebliebene Buch.

[150] *Rabindranath*] Spöttische Bemerkung über die Popularität und den Publikums-
zulauf, den der indische Dichter Rabindranath Tagore (1861–1941) bei seinem
Besuch in Deutschland (1921) erfahren hatte.

Emmy:[151] die letztere eine dunkelglühende und schweigsame Museline, in die ich mich denn auch prima vista verliebte. Aber jede neue Flamme zeigt mir nur deine einzige allumfassende Oberherrschaft, mein Liebescaesar und Shakespeare!

Ich hab dir zwei Einschreibebriefe nach Wien geschickt einen aus Berlin 150, einen aus Hamburg 100. Hast Du beide?

Mein Kainer Portrait war nicht fertig, sie hat nur mehrere Ausdrucksskizzen gemacht, die mir nicht besonders zusagen. Wenn es was wird, bekomm ichs, bzw. Du. Sie hat mich noch einige frühere Bilder von sich aussuchen lassen, ich habe mir eine anmutige Aktstudie und eine Landschaft gewählt.

Die Ricarda[152] kann viel und hat eine hohe Phantasie, aber im Grund nur wo sie erzählt ist sie erträglich, wo sie reflektirt ist sie eine Gans und wo sie empfindet eine Pfaue. Ich mag sie nicht.

Am 15. fahre ich nach Kiel um über Shakespeare zu reden, am 16. nach Flensburg auf C. Petersens[153] Bitte als deutscher Werbling wider das Dräuen der Dänen, als Jütenschreck!

Woher kommt es eigentlich daß mich überall die sozialistische Presse besonders freundlich behandelt nach meinen Vorträgen, ich bin doch wirklich kein Genosse?

Süssestes, zu deinem Geburtstag sende ich Dir noch einen Einschreibebrief (vorausgesetzt daß du mir inzwischen die richtige Ankunft bestätigst von dem zweiten) noch nicht mit dem vollen Tribut, den ich Dir schulde, aber nach und nach hoffe ich ein treuer Zinser zu werden. Ich schäme mich beim Anblick meiner Bücherrechnungen, wenn ich an Dich denke.

Angst hab ich immer noch um Dich und immer Sehnsucht, manchmal sanfte, manchmal wilde!

Grüsse alle von mir, die dich lieben und dir helfen .. und die Anna Lang küsse herzlich, die Andl zärtlich, die Trude H. innig und die Martha leidenschaftlich –

Anbei ein vorläufiges Geburtstagsbuch, damit Du unser Italien nicht vergisst. Hier liegt ein Haufen Wirtschaftsdienst, willst Du den?

---

[151] *Felisa, Lilli … Emmy*] Schülerinnen an der von Ursula Falke geleiteten Tanzschule, darunter Lily Abegg (1901–1974), die bald darauf Assistentin am Institut für Zeitungswissenschaft an der Universität Heidelberg werden sollte.

[152] *Ricarda*] Ricarda Huch.

[153] *C. Petersens*] Der völkische Historiker Carl Petersen hatte sich 1922 an der Universität Kiel habilitiert.

Musel, ich gehöre Dir mit Leib und Seele – Schönstes süssestes Lebens-
wesen, Herz meines Herzens!

Abs.: Heidelberg / Schlossberg 55 – Adr.: Fräulein Dr. Elisabeth Salomon / bei
Dr. Bernfeld / Wien XIII / Suppégasse 10

308. Friedrich Gundolf an Elisabeth Salomon.
Heidelberg. 19. Dezember 1924

Musel
Nur danken dass du bist und ich dich weiss!
Nicht weinen daß ich Dich nicht immer habe.
Dich muss ich lieben, weiss ich, noch im Grabe.
Ein Kuss von dir macht alle Qual zur Labe
Für einen Nu mit Dir im Paradeis
Ist Tod und Hölle kein zu hoher Preis.

309. Friedrich Gundolf an Elisabeth Salomon.
Heidelberg. 20. Dezember 1924

Mein Einziges Musel!
Meine Liebe zu Dir hat wieder eine neue Flutwoge von Verliebtheit .. es
ist als wäre es eine neue Liebe und die ganze alte ist noch dabei! O Musel ich bin Dein und muß es bleiben. Ich habe Sehnsucht nach Dir, aber
ich bin nicht so beklommem wie sonst oft, im Dank für das unverlier-
bare was uns über Raum und Zeit hinweg vereinigt. Dank für Deine
Karte. In Wien wirst du wohl schon meine Morgenverse haben, die
etwa gleichzeitig mit Deinem geliebten Gruss entstanden sind.[154] Don-

---

[154] *Dank für Deine ... entstanden sind*] FG und ES hatten die vergangenen Wochen seit Semesterbeginn gemeinsam in Heidelberg verbracht; am 18. Dezember
hatte ES auf der Heimreise nach Wien von München aus eine Karte geschickt. –
Fine von Kahler, die zum Wintersemester 1924/25 ein Archäologiestudium in
Heidelberg aufgenommen hatte, beschrieb ihre Heidelberger Situation gegenüber ihrem Mann folgendermaßen: „Sonntag jour bei Curtius. Montag Thee
mit Ernst [Kantorowicz] und Uexkull um diesen jour zu beklatschen; abends bis
1 Uhr Werner [Gothein]. Dienstag nachm[ittag] Ernst Gundolf [...] Es ist ein gefährlicher Ort. Dabei sehe ich z.B. Gundolf sogar sehr wenig, indem, wie Du
wohl schon gehört hast, die Elly nicht verfehlt hat kurz nach mir hier einzutref-

nerstag Abend kam ich aus der Weissschen Buchhandlung heraus und traf Wolters mit Frau und Runhild v. d. Steinen. Er war auf der Durchreise von Palermo, wo er sich gut erholt hat, zwei Stunden in Heidelberg. Dich lassen beide herzlich grüssen. Die Runhild ist schon das ganze Semester an der hiesigen Kinderklinik angestellt, war übrigens schwer krank, Infektion und ist noch ziemlich schmächtig.

Gestern war ich bei Marianne Weber und hab ihr das sie bedrückende befriedigend sachlich und grundsätzlich gedeutet.[155]

Zu Weihnachten bekam ich noch ein kostbares Geschenk von Frl. Schlayer: eine spanische Inkunabel, Folio mit Holzschnitten, Cäsars Kommentarien auf spanisch, in Alcala, die berühmte spanische Hochschule, gedruckt, im zeitgenössischen Ledereinband.[156]

Schreib mir bald was aus Wien. Grüsse die Deinen und Meinen.

Ich küsse deine Ohrringe!

Und ich liebe Dein ganzes Wesen mit unerschöpflicher Inbrunst, Zärtlichkeit Hingebung .. Musel, Herz meines Herzens!

Abs.: Darmstadt / Grünerweg 37 – Adr.: Fräulein Dr. Elisabeth Salomon / Wien XIII / Suppégasse 10

---

fen. Ich bin aber noch nicht mit ihr zusammengerempelt und angeblich reist sie bald wieder ab". Kahler-Briefwechsel II,156.

[155] *Gestern war ich ... gedeutet*] Was der Gesprächsgegenstand zwischen Marianne Weber und FG war, ist unklar. Vgl. dazu auch ESs Antwortbrief.

[156] *Frl. Schlayer ... Ledereinband*] Clotilde Schlayer (1900–2004) studierte damals Romanistik in Heidelberg und schloß sich gemeinsam mit ihrem Freund Walter Kempner (1903–1997) eng an FG an. Christiane von Hofmannsthal nannte sie „ein ödes pretentiöses Georgemädchen". (Hofmannsthal: Welttheater, S. 116) Später sollten Kempner und Schlayer auch näheren Umgang mit George haben; in seinen letzten Monaten in Minusio wurde er hauptsächlich von ihr umsorgt; vgl. Clotilde Schlayer: Minusio. Chronik aus den letzten Lebensjahren Stefan Georges. Hrsg. v. Maik Bozza u. Ute Oelmann. Göttingen 2010. – Bei der Inkunabel handelt es sich um: Commentarios de Cayo Julio Cesar. Impressos enla insigne Universidad de Alcala, en casa de Miguel de Eguia [Alcalá de Henares, 1529]; Vgl. Thimann, S. 201.

310. Friedrich Gundolf an Elisabeth Salomon.
Darmstadt. o.D. [etwa 23. Dezember 1924][157]

Musel

Alles glüht wieder empor
Was mich dir jemals verbunden.
Alles ist wiedergefunden
Was ich im Angsttraum verlor.

Zauber und Lust und Vertraun ..
Schwung und unsterbliche Treue:
Immer die Gleiche, die Neue
Maiwind und süsses Geraun!

Immer noch bleibst du die klar
Helfende, Redliche, Gute ..
Immer mit feurigem Mute
Trutzest du jeder Gefahr.

Geist mit dem tröstlichen Wort
Herz mit dem blühenden Leben
Zärtliches Schweifen und Schweben
Heiliger Grund und mein Hort.

Weihnacht 1924

311. Elisabeth Salomon an Friedrich Gundolf.
o.O. [Wien]. o.D. [etwa 23. Dezember 1924][158]

Mein Herzensgundel, Du Liebster, Liebster! Ich bin ganz erfüllt noch
voll Freude über unsere schönen Wochen und voll Dank für jedes Deiner guten Worte und Taten gegen mich. Unerschöpflich weißt Du immer aufs neue mein nach Deiner Liebe gieriges Herz zu bewegen und
zu beglücken. So wieder jetzt mit den Versen die schon kamen als ich

---

[157] Die ungefähre Datierung ergibt sich aus der Angabe „Weihnacht 1924".
[158] *etwa 23. Dezember 1924*] Die ungefähre Datierung ergibt sich aus dem Bezug
auf FGs Brief vom 20. und seiner Antwort vom 27. Dezember.

mir kaum den Hut abgenommen hatte. – Ich freue mich daß es Wolters wieder gut geht. Hoffentlich ist seine Erholung dauerhaft. Gut daß Du der Marianne Weber ihre gekränkte Irr-Psychologie zurechtgesetzt hast. Jetzt werden hoffentlich keine zu wilden Phantasmen ihr Buch[159] lächerlich machen. –

Es ist trübe und kein Schnee, so daß ich nicht wie gehofft hatte auf den Semmering Skilaufen kann. Nur auf die Eisbahn geh ich mit der Rosemie die schon ganz gewandt darin ist. Es ist aber wohl hohe Zeit daß ich wieder in ein geregeltes Dasein komme, denn wenn ich arbeiten will gehts langsam und träge und jede Abhaltung ist mir willkommen. Und jetzt bin ich sogar in die Lektüre von Werthers Leiden versunken und sehe darin den Höhepunkt meiner Passivität. Von Freunden hab ich bisher nur den Heinz öfters gesehn. Er hat seine Form schon ganz wiedergefunden, die Mutter ist noch sehr fassungslos.[160] –

Gehst Du nach Lugano?[161] Sei nicht melancholisch, Gundel, an den interkonfessionellen Feiertagen, sondern freu Dich an Caesar, seinen Inkunabeln, seinem Ruhm und an der zärtlichen Liebe Deines ergebenen und treuen Musel

312. Friedrich Gundolf an Elisabeth Salomon. Darmstadt. 27. Dezember 1924

Mein Musel, Liebstes, Bestes auf der Welt.
Ich bin nicht melancholisch, nur hab ich unbeschreibliche Sehnsucht nach Dir und zerspringe fast vor Liebe, doch bin ich erfüllt von Dank für Dein Wesen und jede Minute deines liebenden Mitmirdaseins ...

Mit der Arbeit geht mirs ähnlich wie dir .. ich komme nicht recht hinein und immer geraten mir die Muselgedanken dazwischen .. und allnächtlich träume ich Dich. Ich schreibe jetzt das zweite Muselgedichtbuch[162] ab, das schöne Wildlederne das mir Trude Hammerschlag

---

159 *ihr Buch*] Marianne Weber veröffentlichte 1926 die Biographie „Max Weber. Ein Lebensbild".

160 *Er hat seine ... fassungslos*] Heinz Hartmanns Vater, Ludo Moritz Hartmann, war am 14. November 1924 überraschend gestorben.

161 *Gehst Du nach Lugano?*] Dort hielt sich damals das Ehepaar Salz auf.

162 *das zweite Muselgedichtbuch*] Das im DLA Marbach verwahrte Buch mit dem Titel „An Elisabeth" mit Gedichten von 1922 bis 1925.

geschenkt .. in rot und blau Tusche .. aber ich muss noch viel dichten, bis es voll wird .. ich brate ein wenig an meinem eignen Feuer .. Liebstes, wie lieb hab ich Dich und wie wenig ists doch gegen das wie ich Dich lieben sollte nach Deinem Wert!

Ich lese eben Eckermanns Biografie nach neu gefundnen Tagebüchern und Briefen[163] und staune über Goethes olympisches Biedermeiertum .. aber dies war die Zeit in der ich mich eigentlich heimisch fühle .. Goethe ist mein Klima viel mehr als das worin ich atme .. ein Gott war er schon.

Und Nachts les ich Stevensons Schatzinsel, eine überaus spannende SeeAbenteuermär vom Erfinder deines Prinzen Florizel,[164] die dich sicher auch sehr fasziniren wird es wimmelt darin von Gentleman-Verbrechern, oder vielmehr Unmenschen mit vollendeten Schurkenmaniren .. und viel Meerluft fürs Musel.

Warst Du bei Llani[165] (oder wie er heisst)?

Bitte schreib mir gelegentlich die sechs Verse ab die ich zu deiner Begrüssung nach Wien geschickt .. Die andren hast du jetzt wohl auch bekommen. („Alles glüht wieder empor")[166]

Nach Lugano fahr ich wohl am 2. Januar, das Passvisum hab ich schon .. das Finanzvisum braucht man jetzt nimmer. Adresse Lugano b. Salz, Hotel Ottaviani, Piazza Dante. Vom Dacqué[167] bekam ich heut einen Dankbrief für meinen Caesar. In der Münchner Neuesten stand ein Aufsatz über mich.[168]

Zum neuen Jahr lässt dich der Ernst bestens grüssen .. Ich nehme ein Herz voll heisser süsser Liebe mit hinüber und bete für Dich, zu Dir und bleib Dein Geliebter, dein Bruder, dein Sklave, wie du mich willst.

---

[163] *Ich lese eben … Briefen*] Gemeint ist die 1925 erschienene Biographie „Johann Peter Eckermann. Sein Leben für Goethe" des Literaturwissenschaftlers Heinrich Hubert Houben (1875–1935).

[164] *Und Nachts … Florizel*] Von Robert Louis Stevenson (1850–1894), dem Autor von „Treasure Island" (1883), stammt auch die Figur des Prinzen Florizel, die ES entweder aus Stevensons Erzählungen „The Suicide Club" oder „The Rajah's Diamond" (1882) kannte oder aber aus dem darauf basierenden Film „The Tame Cat" (1921).

[165] *Llani*] Wohl ein Arzt in Wien.

[166] *(„Alles glüht wieder empor")*] Vgl. Nr. 310.

[167] *Dacqué*] Edgar Dacqué (1878–1945), philosophisch spekulierender Paläontologe, damals Professor in München.

[168] *In der Münchner … mich*] Damit dürfte die Besprechung des Caesar-Buchs vom 20. Dezember 1924 durch Conrad Wandrey gemeint sein.

Nichts auf der Welt lieb ich auch nur annähernd wie dich, du süsser Inbegriff aller Freuden und alles Lebens für mich.

Ich küsse deinen ganzen Leib von den Zehen bis zu dem Scheitel und
mit besondrer Inbrunst deinen Mund, dein Herz und deinen Schooß.

Grüsse die Freunde und bleib froh oder geflügelt .. Ich bin Dein ganz
Dein!

Adr.: Fräulein Dr. Elisabeth Salomon / Wien XIII / Suppégasse 10 / bei Bernfeld

1925

313. Friedrich Gundolf an Elisabeth Salomon.
o.D. [zum 1. Januar 1925][1]

Hätt ich mich damals von dir abgekehrt
Als böser Schein und Unstern dich verhing –
Mein eigen Herz wär heut ein eitel Ding
Und Schatten jeder Gott den ich verehrt.

Nun muss ich dulden, weil ich ausgeharrt
Dass auch manch liebes Wesen uns misskennt
Doch seh ich stolz, uns hat kein Wahn genarrt,
Und weiss dass unsre Flamme aufwärts brennt.

Ich diene dir mit meiner gläubigen Glut,
Muss mich nicht hassen, scheue kein Gericht.
Dich hege ich in Gott und was gebricht
Ist würdiger Entgelt für solch ein Gut.

Dem angebeteten Musel zum neuen Jahr 1925

314. Elisabeth Salomon an Friedrich Gundolf.
o.O. [Wien]. o.D. [1. Januar 1925][2]

Mein einziger, mein geliebter, mein teurer süßer Gundel! Du überschüttest mich so mit Deinen Poesien daß mir der Jahresbeginn freundlich erscheinen muß trotzdem die arme Andl Mittelohrentzündung mit großen Schmerzen hat und der Mama Bernfeld der Vertikow[3] mit allem Glas und Porzellan umgefallen ist. Dank auch für den Kubin[4] und den Stevenson. Nein, Du liebst mich weit über meinen Wert – wenn

---

[1] Die Datierung ergibt sich aus der Widmung „zum neuen Jahr 1925“.

[2] *1. Januar 1925*] Das Datum ergibt sich aus FGs Antwortbrief vom 5. Januar.

[3] *Vertikow*] Kommode.

[4] *den Kubin*] Welches Werk des bekannten Graphikers und Buchillustrators FG ES übersandt hatte, ist nicht bekannt; vielleicht seinen Roman „Die andere Seite“ (1909).

auch nicht über meiner Liebe – aber vielleicht wirkt Deine Liebe zu mir wertsteigernd und das würde mir als noch höhere Gerechtigkeit erscheinen.

Ich habe mir eben meine Windrose ausgedacht.

Die Deine sieht wohl weit weniger profan aus. Da steht Caesar im Norden und Shakespeare im Süden, gelt? – Die drei Musketiere haben mich sehr unterhalten. So wie Mylady kann man werden ohne daß man sichs versieht. Besser aber nicht. – Wie gefällt Dir die Saint Joan?[5] Es bleibt mir ganz unbegreiflich wie die Johanna mit ihren Lausbubenmanieren ohne jedes Charisma Einfluß gewinnen kann und dafür können mich auch die vielen glänzenden Einfälle und gut gebosselten Nebenfiguren nicht entschädigen. Alle Menschen sind aber so fasziniert davon daß die Dummheit vielleicht bei uns liegt.

Der Heinz hat dem Buhlig Deinen Caesar geschenkt und er liest ihn mit großem Intresse und steigender Freude. Er ist krank und mußte sein Conzert absagen. Gestern traf ich eine Russin bei ihm und sie sprachen über Deine Bücher. „Der Kleist ist Ihnen ja gewidmet?! – Nun, da brauchen Sie gar nicht rot zu werden, das ist eine große Auszeichnung."

Ich umarme Dich, mein Herzensgundel, und ich bitte zu Gott, er möge Dir im Anno Santo[6] wiedergeben was Dir „gebricht" ohne daß Dein Musel Dir verloren geht wenns Dir weiter solches Gut bedeutet.[7]
verte!
Nur danken dass du bist und ich dich weiss!
Nicht weinen daß ich Dich nicht immer habe.
Dich muß ich lieben, weiss ich, noch im Grabe.
Ein Kuss von dir macht alle Qual zur Labe
Für einen Nu mit Dir im Paradeis
Ist Tod und Hölle kein zu hoher Preis.[8]

---

5 *Die drei Musketiere … Saint Joan*] ES berichtet von ihren Leseerlebnissen: Mylady ist eine Schurkengestalt in Alexandre Dumas' Roman „Les trois musquetaires" (1844); Saint Joan ist die Hauptfigur in Bernard Shaws gleichnamigem Drama (1924), für das er im Jahr darauf den Nobelpreis zugesprochen bekam.

6 *Anno Santo*] Die katholische Kirche feiert alle 25 Jahre ein Heiliges Jahr, so auch 1925.

7 *was Dir „gebricht" … bedeutet*] Anspielung auf eine Zeile aus FGs Gedicht „Hätt ich mich damals von dir abgekehrt".

8 *Nur danken … hoher Preis*] Die Verse FGs um deren Übersendung er ES gebeten hatte. Vgl. Nr. 308.

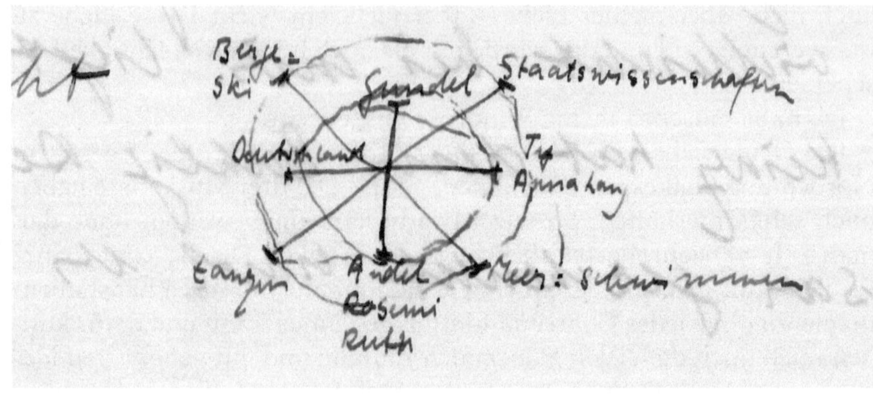

315. Elisabeth Salomon an Friedrich Gundolf.
o.O. [Wien]. o.D. [etwa 8. Januar 1925][9]

Mein Gundel, ich hatte Dir tatsächlich nicht öfter geschrieben. Ich bitte
Dich, sei nicht betrübt darüber. Ich bin doch trotz der Unregelmäßig-
keit meines Wesens so pedantisch organisiert daß ich bestimmte Dinge
nur zu bestimmten Tagesstunden tun kann oder garnicht, so z.B. Briefschreiben in den Vormittagsstunden. Und in denen kam ich nie dazu,
teils weil ich sie infolge schlechter Nächte verschlief, teils weil Andls
Krankheit mich in Anspruch nahm. Es macht mich überallemaßen
glücklich Dich in so freundlicher Luganosonne zu wissen. Du solltest
überhaupt nur helle und frohe Tage haben wenns nach irdischer Gerechtigkeit ging. – Ich möchte in das Muselbuch doch lieber nur direkte Verse. Es gibt ja auch noch aus früheren Jahrgängen welche die in
I nicht übertragen sind.[10] Oder sonst warten wir halt ob sichs ev. mit
der Zeit noch füllt. –

Die Andl steht heut zum ersten mal auf, ist aber doch noch nicht
eigentlich gesund. Sie hat übel ausgestanden.

---

[9] *etwa 8. Januar 1925*] Die ungefähre Datierung ergibt sich aus dem Bezug auf
FGs Brief vom 5. und seiner Antwort vom 12. Januar.

[10] *Ich möchte in das ... übertragen sind*] FG hatte sich erkundigt, ob er in das
handschriftliche Gedichtbuch für ES auch an andere gerichtete Gedichte mit Erwähnung von ES eintragen dürfe.

Ich hatte viel Verhandlungen mit der Wiener Werkstätte[11] und hab
einen recht günstigen Vertrag mit ihr gemacht, nach dem ich General-
Repräsentant für ganz Italien bin. Ich bekomme kostenlos eine große
Musterkollektion mit, und wenn ich nicht rasch erlahme oder die Revolution die Kaufkraft der Italiener schwächt kanns eine ganz rentable
Sache werden. Ich reise nächste Woche. Schreib mir doch zunächst
an Magdas Adresse (via Capo le Case 56 presso Biancone). Magda
kommt jetzt für 2 Wochen nach Heidelberg. Die Karlsruher Zeitung
hat mir abgeschrieben, die andern gar nicht geantwortet. Willst Du ev.
mit dem Goldschmidt mal sprechen ob er es bei anderen versuchen
will?[12] Wenns Dir lästig ist so schreib ich ihm selbst. Der Buhlig ist
jetzt in Berlin. Wir sind recht befreundet mit einander. Lieben tut er,
glaub ich, überhaupt nicht, und wenn, dann keine Mädchen. Er ist
ein selten kultivierter und nobler Mensch, der Dir sicher auch sehr gefallen würde und sieht aus wie eine Kreuzung von Feuerbach und Paderwski.[13] Von den vielen merkwürdigen Dingen die er besitzt hab ich
zufällig zwei gesehen: einen in Karneol geschnittenen Meleager[14] den
Goethe in der Hand gehabt hat und bespricht und eine Originalphothographie von Baudelaire[15] aus der Anfangszeit der Phothographie,
das schönste Bild, das ich von ihm kenne. – Ich war jetzt auch oft
mit der Christiane Hofmannsthal[16] zusammen: sie ist orthodox geor-

---

[11] *Wiener Werkstätte*] Die Wiener Werkstätte war ein 1903 gegründetes Unternehmen aus dem Bereich des Kunsthandwerks. Es stand für qualitativ und
künstlerisch hochwertige Schmuck- und Einrichtungsgegenstände, kam aber in
der Nachkriegszeit zunehmend in Schwierigkeiten, da wegen der Inflation zah-
lungskräftige Kundschaft fehlte. Deshalb suchte man verstärkt Absatz im Ausland.

[12] *Die Karlsruher ... versuchen will?*] ES bemühte sich, als ausländische Mitarbeiterin deutscher Zeitungen angenommen zu werden. Mit welchem Goldschmidt
FG in diesem Zusammenhang sprechen sollte, ist nicht ersichtlich. Vermutlich
meinte ES Julius Goldstein (1873–1929), den Chefredakteur der „Darmstädter
Zeitung“.

[13] *Feuerbach und Paderwski*] Vermutlich meint ES den Maler Anselm Feuerbach
(1829–1880) sowie den polnischen Pianisten Ignaz Jan Paderewski (1860–1941),
der 1919 kurzzeitig polnischer Ministerpräsident war.

[14] *Meleager*] Figur der antiken Mythologie, bekannt als Jäger des Kalydonischen
Ebers.

[15] *eine Originalphothographie von Baudelaire*] Es gibt mehrere Photographien des
französischen Dichters (1821–1867), der sich auch theoretisch über die Photographie geäußert hat.

[16] *Christiane Hofmannsthal*] Christiane von Hofmannsthal (1902–1987), Tochter
Hugo von Hofmannsthals, lebte damals nach einem längeren Aufenthalt in Ber-

gisch,[17] schwärmt für den Gundel und ist auch sonst ein sehr liebes Mädchen. Daraufhin hab ich ihr Deinen Caesar geschenkt und da Du gesagt hast, Deine Bücher brauche ich nicht zu kaufen, hab ich ihn mir in der Bukum[18] (Bauernmarkt 3) gebunden geliehen u. bitte Dich ihn dort zurückzugeben. Der Papa H. sei auch restlos begeistert vom Caesar. Ich war einmal draußen in Rodaun und hab dort den Gundel im Gastbuch gefunden.[19]

Heut gehn 2 Lang-Bücher[20] an Dich ab. Es war mir sehr schwer meine Wünsche verständlich zu machen. Hoffentlich ist es das richtige, mir gefällts offengesagt nicht. Außerdem 1 Band „Prometheus" den der Siegfried Dir schenkt.[21]

Ich bin Dein, mein treuer Gundel, in immer dankbarer und ergebener Liebe.

Könntest Du mir den Brief vom Scholz[22] mal leihen? Freunde von ihm interessieren sich für sein dortiges Dasein u. er schreibt niemandem. Ich schick ihn dann gleich zurück.

316. Friedrich Gundolf an Elisabeth Salomon.
Heidelberg. 12. Januar 1925

Mein angebetetes Musel:
Liebes liebes Wesen!
Du musst gefühlt haben dass ich diese ganzen Wochen wieder ganz in deinem Feuer ging und nur Deinen Namen im Herzen trug wie Om

---

lin wieder in Wien. Sie war eng mit Thankmar von Münchhausen befreundet, an den sie am 25. Januar schrieb: „Von Elli hatte ich, nachdem ich sie 3mal gesehen hatte ziemlich genug, sie allerdings wird glauben, daß ich mich mit ihr befreundet habe". Hofmannsthal: Welttheater, S. 37.

[17] *orthodox georgisch*] Wortspiel: unbedingte Verehrerin Stefan Georges.

[18] *Bukum*] Die in eine Aktiengesellschaft dieses Namens umgewandelte führende Wiener Buchhandlung Hugo Heller.

[19] *Der Papa H. … gefunden*] Hugo von Hofmannsthal, der seinen Wohnsitz in Rodaun, einem Außenbezirk von Wien, hatte. FG hatte Hofmannsthal 1904 gemeinsam mit George besucht.

[20] *Lang-Bücher*] Nicht ermittelt.

[21] *1 Band „Prometheus" … schenkt*] Möglicherweise mythologische Namensverwechslung ESs. 1925 erschien Siegfried Bernfelds Buch „Sisyphos oder die Grenzen der Erziehung".

[22] *Scholz*] Der damals in Finnland lebende Rudolf von Scholtz.

mani padme hum.[23] Gott verzeiht mirs, denn er *muss* dich lieben wenn er Einsicht hat.

In Lugano war ich noch an dem verzauberten Morkote[24] .. eine alte Kirche über Lorbeer, Cypressen, Mimosen, mit einem kleinen lauschigen Rasenplatz zwischen Gartenmauern .. innen schöne Fresken aus der Raffaelzeit, in dem frühlingsweichen und winterklaren Licht .. ich habe fast geweint und sehnsüchtig dich herbeigerufen. Musel, ohne Dich gibt es für mich keine volle Freude mehr auf der Welt, nur mehr oder minder willkommne Betäubungen .. auch der Ruhm ist nur Morfium für das wilde Herz das sein Musel ruft.

Ich war auch in Basel, bei Landmanns und Oettingers .. man hat mich lieb. H. Oettinger ist jetzt I. Staatsanwalt und hat einen feinen, überzarten Jungen von 5 Jahren der lustige Sachen sagt und aus Not immer lächelt was ihm gut steht, aber unheimlich.

Hier fand ich einen Berg von Post vor .. der Preez will deine Adresse wissen. Harnack schickte mir ein grosses Buch.[25] Das Merkwürdigste: ein Mädchen[26] mit Kinderschrift und unbeholfenem Begleitschreiben (doch voll Ernst und Würde) schickt mir ein Schulheft mit 4 Gedichten von ausgesuchter Seelenschöne, Tiefe und Fülle, mit einem echten Schauer, der sich nicht fälschen lässt, ich schreibe dir eins zur Probe ab:

Der Tote spricht:

> Aus der Leere die mich überstürzte
> Aus der Finsterniss die mich berannte
> Glüht ich aufwärts wie ein schnelles Licht
> Wuchs ich ein ins vordem Unbekannte.

---

23 *Om mani padme hum*] Buddhistisches Mantra, oft wiederholte Gebetsformel.

24 *Morkote*] Morcote, Ort am Luganer See.

25 *Harnack … Buch*] Der Berliner Theologe Adolf von Harnack (1851–1930) hatte FG die zweite Auflage seines Werks „Marcion. Das Evangelium vom fremden Gott" (1924) zugesandt. Harnack schätzte FG schon seit seinem Goethe-Buch und betrieb seinerzeit dessen Berufung nach Berlin.

26 *Mädchen*] Nicht ermittelt.

Helle träuft mir zu aus allen Himmeln
Weite weht mir wie vertraut entgegen
Im Entformungstaumel werd ich Hauch
Hauch in dem sich tausend Sonnen regen.

––––––––

Wenn das von einem Kind ist – es machte jedem reifen Mann Ehre!

––––––––

Anbei der Scholzbrief. Sieh dir ihn an ob er für fremde Augen ist. Dank
für deine Langsachen .. ich finde es rührend daß Du für solche Dinge
deine Zeit opferst, und hab mich zu schämen. *Gefallen* tun sie mir ja
auch nicht.

––––––––

Ich lese eben Kim von Rudyard Kipling,[27] ein charmantes, reiches, so-
gar weises Buch: der entzückende Held ist eine Art männliches Musel ..
Wenn dus nicht kennst schick ich Dirs, er wird Dir noch lieber sein als
Prinz Florizel.

In der Wiener N. Fr. Pr. soll ein grosser Aufsatz über meinen Caesar[28] gestanden .. ich hab nichts davon gesehn .. mit meinen 100 Wiener Bekannten die nichts weiter lesen!

––––––––

Musel, ich liebe Dich mit allem was ich bin und vermag und weiss dass
du mein Herz- und mein Sternwesen bist .. Süssestes auf der Welt .. ich
küsse Deine Hände!
Immer Dein
G.

Abs.: Gundolf / Heidelberg / Schlossberg 55 – Adr.: Fräulein Dr. Elisabeth Salomon
/ Wien XIII / Suppégasse 10 / bei Bernfeld

––––––––––––––––

[27] *Ich lese ... Kipling*] 1901 erschienener Abenteuerroman des britischen Schriftstellers Rudyard Kipling (1865–1936).
[28] *In der Wiener ... Caesar*] Zu der von FG in einem späteren Brief angegebenen Zeit (um Weihnachten) findet sich nichts dergleichen in der „Neuen Freien
  Presse". Erst einige Zeit nach diesem Brief erschien dort: Hermann Bahr: Cäsar,
  in: Neue Freie Presse vom 30. Januar 1925, S. 1–3.

317. Elisabeth Salomon an Friedrich Gundolf. Wien. 13. Januar 1925

Mein Gundolf! Lieber! eben bin ich mit packen fertig, in 4 Stunden geht der Zug und dann südwärts. Mir ist schwer und leicht zumute, wie gewöhnlich nach und vor einer Epoche oder bei einer Wegfahrt für lange. Dein Brief kam mir grad noch als letzter Abschiedsgruß und als teuerster. Ich will ein paar Tage in Padua bleiben. Meine Adresse ist bis auf weiteres Magdas römische, schreib sie auch dem Preez. – Ist das dichtende Mädchen ein wirkliches Kind, auch an Jahren? Und sind die Verse sicher eigene? – Von Scholz Brief lese ich nur was sein dortiges Leben betrifft vor. – Stevensons Südseeinsel hab ich mit viel Spannung und Freude gelesen. – Deine Wiener Freunde sind halt alle so anständig, die N. Fr. Pr.[29] zu boykottieren. Ich habe jedenfalls veranlaßt daß Du den Aufsatz bekommst. Ists denn sicher?

„Der Tag"[30] hat mich zum Korrespondenten gemacht. Die damit verbundene Legitimation ist äußerst wertvoll, vorm Schreiben graust mir ein wenig. Der Chefredakteur will amüsante Feuilletons über was auch immer mir auffällt. Mir fällt alles auf, aber ich kann nicht amüsant drüber schreiben. Neulich hab ich bei einer Gesellschaft den Wassermann[31] kennen gelernt: Wir sprachen über Mussolini und ich ihm das Genie ab im Vergleich zum Divus[32] den er gern kopiert. Irgendwer: „das ist mit dem Genie ..." – Wassermann: „bei Caesar steht das außer Diskussion" und dann: „er hat auch nie Verbrecher oder Minderwertige in seiner Umgebung geduldet ..." – Aber abgesehn davon ist der J. W. ein unerträglicher Poseur, der sich schrecklich müht, recht gediegenes zu sagen, wirklich unausstehlich. – Den Wolfram habe ich kurz gesprochen: man könne Dir zu Deinem Buch gratulieren, es sei das weitaus Schönste. Wenn sein Buch das er Dir nicht geschickt habe der Heinrich II.[33] ist, so sei das längst veranlaßt und nur der Verleger

---

[29] *N. Fr. Pr.*] Die „Neue Freie Presse" war die führende Tageszeitung Österreichs; vermutlich warf ES ihr Anbiederung an den allgemein herrschenden Ton vor.

[30] *„Der Tag"*] Linksliberale Wiener Tageszeitung, die 1922 gegründet wurde.

[31] *Wassermann*] Jakob Wassermann (1873–1934), einer der angesehensten und populärsten Schriftsteller der Zwischenkriegszeit – „Caspar Hauser" (1908), „Das Gänsemännchen" (1915), „Der Fall Maurizius" (1928) – lebte damals mit seiner zweiten Frau in Altaussee.

[32] *Divus*] Caesar.

[33] *der Heinrich II.*] Von dem Historiker Wolfram von den Steinen war 1924 im Verlag des Bamberger Tagblatts erschienen: „Kaiser Heinrich der Zweite, der Heilige".

schuld. – Alle Leute waren hier sehr lieb, am meisten der Heinz, der überhaupt ein Seelentrost für mich ist. Er versteht mich so gut, durchschaut mich auch in Schichten die man besser verbirgt und bleibt doch dabei in seiner Freundschaft, ja in seinem Urteil unerschüttert. – Die Liesel sagt, sie habe Dir 50.– Mk für mich geschickt?[34] Bitte legs in einen rekommandierten Brief an die Magda. Und kann ich mir jetzt in Rom die Schreibmaschine kaufen, ich werd sie bald nötig brauchen.

Ich hab Dich sehr sehr lieb, mein Gundel, und küß Dir Herz und Mund und bleib Dein
Musel
Wien am 13. I. 25

318. Elisabeth Salomon an Friedrich Gundolf.
o.O. [Rom]. 22. Januar 1925

22 / I / 25

Geliebter! ich bin unendlich glücklich gleich bei meiner Antwort[35] Wort und Vers von Dir zu finden. Daß der Erhabene[36] jetzt auch in ein Gedicht mit mir gezwungen wird – ich fürchte er hat sich anderes von Dir erhofft.

Liesels Geld hab ich bekommen. Das für die Schreibmaschine schick auf gleichem Weg aber vielleicht besser rekommandiert. Die Adresse bleibt vorerst die gleiche, denn in mein provisorisches Albergo will ich nicht erst Post bestellen. Zimmer gibt es massenhaft, ich will nur etwas ausführlicher suchen, da sich wegen der Wiener Werkstätte nicht alles eignet. Überhaupt ist das Heilige Jahr scheints ein rechter Propagandaschwindel. Und Revolution ist auch keine. Unsre Zeitungen sind aufs schlechteste informiert. Der Faschismus scheint erstaunlich gefestigt. – Die Magda kommt Anfang Februar, ihre Mutter weiß es. Du wirst Dich wundern, was für ein hübsches Mädchen sie geworden ist.

Wieso kann Rosa Hayek Sekretärin sein?[37] Sie hat doch nie res pol. studiert. – In der Buchhandlung „Modernissimo" (nahe der Posta Cen-

---

[34] *Die Liesel … geschickt*] Als Miete für ESs Berliner Wohnung.
[35] *Antwort*] Vielleicht Verschreibung für: Ankunft.
[36] *der Erhabene*] Stefan George.
[37] *Wieso kann … sein*] FG hatte ES geschrieben, daß Rosa Hayek nun Sekretärin am Soziologischen Seminar sei.

trale) steht der Caesar in der Auslage mit einem Schildchen: Ultima Novità[38] als wärs ein Pariser Hutmodell. – Die Sonne ist überwältigend wohltuend nach dem nicht enden wollenden Wiener Nebel. – Neulich hat jemand zu mir gesagt, ich mache Männer zu Gymnasiasten und Gymnasiasten zu Männern. Das ist aber glaub ich kein sehr origineller Beruf. – Von Padua aus war ich einen Tag in Venedig: eine elegante Großstadt ohne moderne Verkehrsvehikel voll phanthastischer Durchblicke und Winkel. Ich war ganz geblendet.

Ich umarme und liebe Dich und ich denke immer an Dich und bin Deine
Elli

319. Friedrich Gundolf an Elisabeth Salomon.
Heidelberg. 14. Februar 1925

Mein Liebstes auf der Welt:
Die Magda fährt heute wieder nach Rom zurück und wird dir hoffentlich ein anschauliches Bild meines Alltags[39] geben und meiner Liebe zu dir: sie ist ein liebes Geschöpf und etwas von deiner Nähe macht sie mir noch lieber, ein Abglanz meiner geliebten Sonne.

Sie soll dir das Kirchenlexikon, ein grosses Kissen und 80 M. mitnehmen[40] und hat hoffentlich keine Anstösse damit .. und zahllose Küsse. O Musel!

Ich fahre morgen nach Weimar und Jena[41] und schliesse meine Vorlesungen Ende nächster Woche .. vor den Ferien auf die ich mich bisher sehr gefreut, graut mir nun ein wenig .. ich werde sie vermutlich auf

---

[38] *Ultima Novità*] Letzte Neuheit (ital.).

[39] *Bild meines Alltags*] Erich von Kahler gegenüber klagte FG am 6. Februar über Unproduktivität und innere Leere; Fine schreibt am 12. Februar an Kahler: „Er [FG] war in der ganzen letzten Zeit in einem sehr elenden Zustand in jeder Hinsicht: Der chronische Durchfall besonders akut – natürlich unmöglich ihn zu einem Arzt zu bringen – Schwindel, Müdigkeit, Arbeitsunlust, Melancholie u.s.w." Kahler-Briefwechsel II,34 bzw. 157.

[40] *das Kirchenlexikon ... mitnehmen*] Es ist nicht ersichtlich, welches Lexikon gemeint ist; ES hatte ein „Lexikon der christlichen Mythologie" erbeten, außerdem ein Kopfpolster mit Überzügen, da es in Italien „nur harte aus Rosshar" gebe.

[41] *nach Weimar und Jena*] FG hielt einen Vortrag über Shakespeare im Weimarer Theater.

Berlin Wien und Basel verteilen. Musel, süssestes Musel! Was Deine
Korrespondenzaufsätzchen[42] betrifft so gib dir keine Mühe, einen kon-
ventionellen Ton zu treffen, sondern sag schlicht in dem dir natürlichen
Ton was deine hellen und scharfen Augen sehen und dein gesunder
Trieb meint. Das beste an Dir bist Du.

In der Stampa vom 6. I. war ein grosser Aufsatz – Lob und In-
haltsangabe – über meinen Caesar: riesengross „Cesare" überschrie-
ben ganz gescheit, unterzeichnet „Leonello Vincenti". Ist das wer Bekanntes?[43]

Nun müssen sich die Mussoliner eilen, damit die Giolittaner sie
nicht übercaesaren.[44]

Meine Blickbekanntschaft[45] war neulich zum Tee bei mir .. bis jetzt
gefällt sie mir gut und reizt mich sehr .. Aber mein Herz schlägt nur
noch mit voller Kraft bei zwei Dingen: den grossen Menschen und dem
liebsten Wesen .. Dann merk ich daß ich bei mir und meiner Wahrheit
bin.

Ich küsse deinen geliebten Leib und bin Dein eigen, Herz meines
Herzens!

Abs.: Heidelberg / Schlossberg 55 – Adr.: Fräulein Dr. Elisabeth Salomon / Roma /
Viale delle Belle Arti 7. int. 3 / presso Garulli[46]

---

[42] *Korrespondenzaufsätzchen*] ES begann zu der Zeit, Beiträge für verschiedene
deutsche Zeitungen zu schreiben.

[43] *In der Stampa ... Bekanntes*] Lionello Vincenti (1891–1963) war ein italienischer Germanist; später wurde er Professor in Turin.

[44] *Nun müssen ... übercaesaren*] Giovanni Giolitti (1842–1928), langjähriger italienischer Ministerpräsident – übrigens ein Onkel Curio Chiaraviglios –, war
nach der Ermordung Matteottis allgemein als Führer der politischen Opposition
gegen Mussolini anerkannt.

[45] *Blickbekanntschaft*] FG hatte ES am 31. Januar geschrieben, daß er ein Mädchen, mit dem er über lange Zeit hin Blicke gewechselt habe, neulich angesprochen habe; sie sei eine russische Geigerin. Später wird sie mit dem Kosenamen
„Kascha" bezeichnet.

[46] *Viale delle ... Garulli*] ESs neue Adresse. Am 30. Januar hatte sie FG geschrieben: „Eben hab ich gemietet [...] 2 schöne sonnige Zimmer fuori Porta del Popolo mit eignem Balkon, ganz im Freien, vorm Haus eine Wiese mit Schafen,
Blick auf Pairiolihügel und Monte Mario".

320. Elisabeth Salomon an Friedrich Gundolf.
o.O. [Rom]. 21. Februar 1925

21 / II / 25

Mein Liebster, die Magda hat mir Gundelluft und Gegenstände gebracht. Ich sehe aber mit Schrecken daß das Polster neu ist. Ich wollte
doch nur ein überflüssiges. Bitte laß Dir doch vor den Ferien nicht
grausen. Das bedrückt mich aufs schwerste. Unser Zusammensein
wird wirklich mehr und mehr ein rein ökonomisches Problem.[47] – Den
Vincenti kenn ich nicht, will mich aber informieren. Auf jeden Fall ist
die Stampa ein sehr verbreitetes und wichtiges Blatt. Dank für die Königin von Neapel:[48] die hattest Du mir früher schon mal in München
gekauft: ich weiß noch den Laden, wos im Fenster lag. Den Oppi[49] lieb
ich aus dem gleichen Grund wie Du.

Ein andres Bild „Le amiche" ist ebenso schön.

Was sagt der Wolfskehl zur Ottilie?[50] – Meine Korrespondenz mit
dem Ernst geht über unsern Konflikt.[51] Aber Du sprichst besser nicht
weiter drüber mit ihm.

Falls Du mir wiedermal Geld schickst so laß es durch Deine Bank an
den Banco Nast-Kolb via delle Mercede für mich überweisen. Da kann
es wenigstens nicht verloren gehn.

Ich bin eben etwas vom Karneval mitgenommen: bei einem Privat-
Maskenball als Bacchus, beim Ball der Presse als phanthastischer Prinz

---

[47] *Bitte laß Dir ... Problem*] FG hatte vorgeschlagen, im Frühjahr zu ES nach Italien zu kommen; diese hatte geantwortet, daß ihr der Sommer lieber sei, da sie
beruflich sehr in Anspruch genommen sei und kaum Zeit haben werde.

[48] *Dank für ... Neapel*] Vgl. die Anm. zum Brief vom 11. Sept. 1921.

[49] *Oppi*] ES hatte FG ein Bild des italienischen Malers Ubaldo Oppi (1889–1942)
geschickt, über das FG sich lobend geäußert hatte.

[50] *Was sagt ... Ottilie*] ES hatte am 9. Februar an FG geschrieben: „Denke Dir, die
„Ottilie" ist zusammen mit ihrem Freund, einem jüdisch-polnischen Studenten
hier verhaftet worden und sitzt wegen Diebstahl im Gefängnis. Es handelt sich
um sehr gemeine Vertrauensbrüche, drum mag ich sie nicht aufsuchen, trotzdem
sie mir leid tut. Für Wolfskehls Reputation in Florenz ist das auch wenig angenehm." Es dürfte sich um Ottilie Stradtmann handeln, eine Freundin Wolfskehls, bei der ES 1923 ein paar Tage gewohnt hatte. – FG hatte, wie er ES am
11. Februar schrieb, Wolfskehl in Darmstadt getroffen.

[51] *Meine Korrespondenz ... Konflikt*] Nämlich den Konflikt ESs mit dem George-
Kreis. George hatte im Kampf um FG auch dessen Bruder Ernst Gundolf aufgeboten.

mit weißer Wollperücke und zwischendurch Bälle ohne Maskerade. Es
geht hier bedeutend anständiger dabei zu als etwa in Berlin oder Wien.
Lustig ists aber ebenso. Die Lilli Heß hab ich anfangs mitgenommen,
tus aber nicht mehr, weil sie regelmäßig einen hysterischen Anfall bekommt, wenn der Mann den sie begehrt sich ihr nicht widmet, und
das kompromittiert mich schließlich auch. – Ein Dr. Moses[52] aus Cöln
will mich heiraten, weil er „außerhalb meines Dunstkreises" angeblich
nicht mehr leben kann. Es wird ihm aber wohl doch gelingen. Ich
schicke Dir ein Buch über Catilina[53] mit vielen Caesarstellen. Es gehört
mir aber nicht, drum erbitt ichs zurück. – In zärtlicher Liebe Dein
treues Musel

321. Elisabeth Salomon an Friedrich Gundolf.
    o.O. [Rom]. o.D. [etwa 25. Februar 1925][54]

Liebster! Dank für die neuen schönen Verse. Sie beglücken mich. Und
Dank für Deine stets süßeren Worte. Dein Kleinmut und Zweifel an Dir
selbst ist entschieden Dein größter Fehler, ohne ihn wärst Du vollkommen. Drum mußt Du ihn wohl haben. – Der Schütte war eine große
Liebe der Andl unmittelbar vor ihrer Heirat. Ich hatte ihn auch gern,
zumal er der vorzüglichste Tänzer ist den ich überhaupt kenne.[55] – Die
Übersetzung geht nur langsam vorwärts, obwohl sie ganz entschieden
meine Lieblingsbeschäftigung ist. Aber leider muß ich ja immer zunächst an das denken das mir Einkommen verschafft. Bei wirtschaft-
licher Unabhängigkeit wär sie in einem halben Jahr fertig. Mein Mitarbeiter[56] ist zudem durch seinen zerbrochenen Arm recht leidend und

---

[52] *Dr. Moses*] Nicht ermittelt.

[53] *ein Buch über Catilina*] Vielleicht Mario Trozzi: Catilina. Rom 1923.

[54] *etwa 25. Februar 1925*] Die ungefähre Datierung ergibt sich aus dem Bezug auf
   FGs Brief vom 21. Februar.

[55] *Der Schütte … kenne*] FG hatte am 21. Februar geschrieben: „In Weimar traf
   ich einen gewissen Herrn Schütte, der mir leuchtenden Auges (von sich aus)
   noch von Dir und Anndl sprach, die er aus München kenne, also offenbar aus
   Euren Minderjahren .. es waren noch viele Honoratioren dabei und so konnte
   ich ihm seine Erinnerungen nicht abfragen". – Dabei handelt es sich um den
   Maler und Bühnenbildner Ernst Schütte (1890–1951), der damals am Weimarer
   Theater und nach 1925 bei Max Reinhardt in Berlin tätig war.

[56] *Mitarbeiter*] Alessandro Militello, mit dem zusammen ES FGs „Caesar" übersetzen wollte.

seine wachsende Passion für mich bedrückt mich etwas da ich sie nicht erwidre, am wenigsten wenn er die Knochen vergipst hat, ich mag nur heile Menschen um mich leiden. Ich bin jetzt manchmal mit Pallenbergs[57] zusammen: er ist Schüler und Schwiegersohn von Böcklin und selbst ein guter Maler und sympathischer Mensch. Einer seiner Söhne sucht in Deutschland einen Posten in einer Buchhandlung oder Antiquariat. Wenn Du in Heidelberg mal umfragen könntest? Man kann ihn bedingungslos empfehlen, er ist ein tüchtiger, unbedingt zuverlässiger und sehr angenehmer Mensch (Anfang zwanzig).

Kürzlich war ich mit dem Franco in den Grotten des Vatican wo u.a. der Sarkophag des Kaisers Otto II. steht. Auf dem lag ein frischer Lorbeerkranz mit einer Schleife und der Inschrift: „Kaiser Otto II. – Das geheime Deutschland"![58] Sonderbar, nicht? Der Custode sagt mir, zwei junge Deutsche haben ihn gebracht und auch den Sarg renovieren lassen. –
Bleib mein Gundel. Ich liebe Dich.

322. Friedrich Gundolf an Elisabeth Salomon.
   Aachen. 2./3. März 1925

Aachen 2. 3. III

Mein Liebstes auf der Welt
ich bin seit drei Tagen immer unterwegs und komme nicht zum Schreiben, du sollst aber doch aus der Stadt Karls des Grossen einen Kuss haben, da alles Grösste mich mit meinem Liebsten verbindet.

In Essen wo ich zuerst sprach sah ich mir das Ruhrtal an das schön ist und war erstaunt nicht nur Schlote zu finden – ein kleiner Wald aus Kirschlorbeer auf einem Hügel und eine alte Burg, kurz allerlei Lauschiges – Leider viel Franzosen.

---

[57] *Pallenbergs*] Franz Pallenberg (1873–1949), der mit einer Tochter des Malers Arnold Böcklin (1827–1901) verheiratet war, lebte gleichfalls als Maler und Bildhauer in Rom.

[58] *Kürzlich war ich ... Deutschland*] Offenbar Parallele zu dem in Ernst Kantorowicz' Monographie über Friedrich II. berichteten Vorfall, wonach im Mai 1924 am Sarkophag des Kaisers im Dom zu Palermo ein Kranz mit der Inschrift gelegen habe: „Seinen Kaisern und Helden / Das geheime Deutschland". Als Urheber dieser Aktion gelten neben Kantorowicz selbst noch Wolters, Albrecht von Blumenthal und die Brüder Alexander und Berthold von Stauffenberg.

Heut will ich ins Aachener Münster wo noch Karls Thron an derselben Stelle steht wo er dem Gottesdienst beiwohnte. Seltsames Gefühl –
O Musel, wir müssen uns bald sehn!

———

Ich habe viele Gelder – wenn sie mir nicht auf der Reise gestohlen wer-
den, bekommst Du auch.
Die Vorträge gingen glatt[59] aber hier oben bin ich nicht „berühmt" –
Liebes Liebstes, überall Dein ganz
Dein

Adr.: Fräulein Dr. Elisabeth Salomon / (presso Garulli) / Viale delle Belle Arti 7 int.
3 / Roma / Italien

323. Elisabeth Salomon an Friedrich Gundolf.
o.O. [Rom]. 13. März 1925

Mein Gundel, Dank für den übervollen Wertbrief.* Bist Du wieder gesund? Wenn es Dich so anstrengt sind der Zuwachs an Geld und Ruhm
doch zu teuer bezahlt. Heißt die Claire jetzt Siemssen?[60] Ich möchte ihr
mal schreiben, wie ist die Adresse?
  Einem on dit zufolge willst Du an den Lago Maggiore. Wann? Mit
Lilli?[61] Falls Du sie ohne Kränkung die Rückfahrt allein machen lassen
kannst, komm ich Dir ev. irgendwo in der Lombardei (Como, Jeso[62]
oder Milano) entgegen. Aber sicher ists noch nicht ob ich mich freimachen kann. Eben ist die Edith da, sie hat die Haare hellblond gefärbt
und ist unverändert hübsch und verlogen. Ich bin aber gern mit ihr zusammen. Außerdem Else Jaffé und Alfred Weber,[63] die beide überströ-
mend herzlich mit mir sind. Frau J. hat sich sehr witzig über Marianne

---

[59] *Die Vorträge gingen glatt*] FG hatte ES geschrieben, er spreche in „Essen, Aachen, Bochum, Dortmund, Duisburg, wahrscheinlich Köln, Düsseldorf".

[60] *Heißt die Claire jetzt Siemssen*] FG hatte während seiner Vortragsreise im
Rheinland auch die mittlerweile verheiratete Cläre Brügmann besucht und gemeinsam mit ihr an ES geschrieben.

[61] *Einem on dit zufolge … mit Lilli*] FG ging im Anschluß an seine Vortragsreise
zunächst nach Wien und anschließend mit Lili Waetzoldt die ersten drei April-
wochen nach Lugano.

[62] *Jeso*] Nicht ermittelt.

[63] *Else Jaffé und Alfred Weber*] ESs Doktorvater bereiste damals in Begleitung seiner nunmehrigen Lebensgefährtin, Else Jaffé, Italien.

Webers Wunsch uns zu verheiraten moquiert. Heut kommen beide zum Tee zu mir. – In meinem Garten haust eine Nachtigall, die mir so-bald ich aufwache die rührendsten Dinge vorsingt, was mich oft tief melancholisch macht. Aber meine ausgesprochene Lieblingsmusik sind die täglich mehrmals vorbeireitenden Coracieri,[64] der regelmäßige Klang der Pferdehufe auf der ungepflasterten Straße greift mir ans Herz. Du siehst es ist so viel Poesie um mich herum daß es gut ist, daß meine Tä-tigkeit relativ praktisch ist.

Grüß all meine Lieben in Wien, vor allem die Rosemi und die Ruth. Wie gefallen sie Dir? Die Andel (sie soll mir schreiben), den Siegfried, Anna Lang und Heinz.
Tausend zärtliche Küsse Dein
Musel.
13 / III / 25
Gestern hats geschneit!
*Ein weniger umständliches Verfahren ist Scheck „Nur zur Verrech-nung".

324. Elisabeth Salomon an Friedrich Gundolf.
      o.O. [Rom]. o.D. [etwa 20. März 1925][65]

Oh Gundel! Du Mann aller Weiber (in diesem Punkte Deinem Lieb-lingshelden – eben steht seine Gipsbüste am Eingang des Cinema Ca-pranica – hast Du „Den Dieb von Bagdad" gesehn? – ebenbürtig)! Im engeren Sinn aller Tänzerinnen, was die Rivalität natürlich sehr ver-schärft, denn auf eine Schaftlerschaftlerin ist eine Tänzerin nie so eifer-süchtig wie auf eine Fachgenossin die schon eo ipso minder geschätzt wird, weil sie doch „nichts kann". Nun, mir sind alle drei M's lieb und Du hast schon schlechtere geliebt. Aber von dem Abend beim Heinz mußt Du mir detailliert berichten, der wäre für mich wirklich prik-kelnd gewesen, da ich alle 6 Anwesenden liebe.[66]

---

64 *Coracieri*] Eigtl. Corazzieri, eine „Kürassier"-Einheit, die die Leibgarde des ita-lienischen Staatsoberhaupts bildet.

65 *etwa 20. März 1925*] Die ungefähre Datierung ergibt sich aus dem Bezug auf FGs Brief vom 17. März.

66 *Du Mann aller … liebe*] FG, der sich seit 14. März wegen eines Vortrags in Wien aufhielt, hatte ES geschrieben, daß er am 17. März bei Heinz Hartmann ein-geladen sei, gemeinsam mit dem Pianisten Buhlig, der Geigerin Martha Wiesen-thal und den Tänzerinnen Mila Cirul und Mura Ziperowitsch (1905–1985).

Der Alfred Weber war derart liebevoll und galant mit mir daß es mich wirklich gerührt hat und ihn seinerseits, weil ich mich mit den bei ihm gelernten Dingen noch immer beschäftige und doch die Elli bin. Jetzt sind sie nach Terracina gereist.

Mach mir keine Vorwürfe, mein Gundel, wegen der Feriendisposition: es ist ein Unterschied ob Du wochenlang in Rom bist und ich dann keine Zeit finde oder ob ich für 8 Tage wohin komm, wo Du sowieso bist.[67] Es ist traurig wenn es so nicht geht, aber anders wäre es bestimmt nicht gegangen. – Dein Vielschreiberehrgeiz ist wirklich schändlich. Du wirst doch kein besserer oder auch nur größerer Gundel selbst wenn Du nun wirklich über jeden Koloß ein Standardwerk schreibst. Daß Dus theoretisch kannst glaubt Dir jeder bei der bisher bewiesenen Virtuosität. Schreib lieber mal ein Operettenlibretto Elli in Not vor ihren vielen Anbetern. Eben ist nämlich wieder eine Zeit großer Triumphe die mir mehr lästig als sonst was sind da ich mehr Lust zum alleinsein u. zum arbeiten habe. – Hast Du die Anna Lang nicht gesehn? Sie wollte doch nach Italien kommen?

A propos voriger Absatz: der Mitübersetzer am Caesar[68] ist liebeskrank geworden, will mich nicht mehr sehen ohne Ehe und benimmt sich völlig närrisch. Bis zu seiner Heilung muß der Bondi sich gedulden.

Der neue Siegel ist sehr schön.[69] Stein oder Glaspaste? Laß Dir vom Buhlig die Goethe-Gemme und die Baudelaire-Phothographie zeigen und horch ihn nach mir aus.

An dem Abend, an dem Du drei Tänzerinnen zu Füßen lagst hab ich Boitos Musik zu Goethischen Versen „Mephistopheles" im Costanzi

---

Letztere war gleichfalls eine Schülerin von Ellen Tels; sie ging noch im gleichen Jahr 1925 nach Paris, heiratete den amerikanischen Maler und Lithographen Adolf Dehn und setzte ihre Tanzkarriere in den Vereinigten Staaten fort. Von ihr hatte FG ES geschrieben, daß er sich „pünktlich in sie verliebt" habe, „und sie weiss es. Martha bezaubert mich immer wieder und imponiert mir durch ihren Willen und Fleiss und den geistigen Ernst [...] Mura [...] ist nicht sehr gescheit, aber ahnend und ein Gewächs des Leibs und der Seele das mich berauscht. Von ihr möchte ich wieder geliebt sein". – Von FGs „Lieblingshelden" Caesar überliefert Sueton einen Ausspruch, wonach er „der Mann aller Weiber und das Weib aller Männer" sei. – „The Thief of Bagdad" ist ein amerikanischer Stummfilm (1924) von Raoul Walsh mit Douglas Fairbanks in der Hauptrolle.

[67] *Mach mir keine … sowieso bist*] FG hatte ESs Vorschlag, sich in Oberitalien zu treffen, als zu kurzfristige Änderung seiner Ferienpläne abgelehnt.

[68] *Mitübersetzer am Caesar*] Alessandro Militello.

[69] *Der neue … schön*] FG hatte seinen Brief vom 7. März mit einem neuen Sigel (wohl einer Caesar-Gemme) gesiegelt.

gehört[70] und wiedermal festgestellt daß auch schöne Musik nie was mit Faust zu tun haben kann oder vielleicht nur nicht mit dem den jener hohe Herr uns als ewiges Bild festgelegt hat. Dazu kommt daß hier Aufführungen und Ausstattungen so absurd sind daß man immer an den ernstesten Stellen lachen muß.

Ich hab eine herrliche Wanderung von Castel Gandolfo nach Albano u. Arriccia gemacht.[71] Dort ist der Wald von Steineichen wie ein Meer, während man das wirkliche Meer immer als leuchtenden Streifen am Horizont sieht.

Eben war die Luisa Anzilotti[72] bei mir und ich hab beschlossen, die Übersetzung Caesars mit ihr fortzusetzen, da man die Genesung vom Militello nicht abwarten kann.

Gestern hat ein Literatenjour bei Giovanetti[73] den Brief unterbrochen. Nein, das soll nicht mehr vorkommen daß Du wegen so einer Bande von Fadianen[74] – u.a. war der Gabriellino D'Annunzio brrrr! da – einen Tag später Post vom Musel erhälst das Dich küßt und umarmt falls Deine zahlreichen Verpflichtungen Dir einen Augenblick Ruhe zur Aufnahme gönnen. Ich glaube aber wohl.

Lieber Gundel! Nur einen kurzen aber umso herzlicheren Gruss vom Goldknochen,[75] dem es zum zweitenmal in Rom noch besser gefällt, wie vorher. Hör' ich mal was von Ihnen. Alles Gute Ihre Magda

---

[70] *An dem Abend ... gehört*] Bei der Aufführung in der römischen Oper handelte es sich um „Mefistofele" (1868/75), die bekannteste Oper des italienischen Komponisten Arrigo Boito (1842–1918).

[71] *Ich hab eine ... gemacht*] In den Albaner Bergen in der Nähe von Rom.

[72] *Luisa Anzilotti*] Tochter des bekannten Juristen Dionisio Anzilotti und Altersgenossin ESs (geb. 1893); war literarisch tätig.

[73] *Giovanetti*] Eugenio Giovanetti (1883–1851), italienischer Schriftsteller und Publizist, der während ESs Aufenthalt in Rom einen vielbesuchten literarischen Salon führte. Giovanetti sollte später FGs „Caesar" ins Italienische übersetzen.

[74] *Fadianen*] Langweilern (österr.).

[75] *Goldknochen*] Kosenamen Magda Bezners.

325. **Friedrich Gundolf an Elisabeth Salomon.**
   Wien. 22. März 1925

Liebstes auf der Welt:
ich bin jetzt schon 8 Tage hier und meine vorgestern erst gekommen und schon ein halbes Jahr hier gewesen zu sein, so rasch versinkt man hier in dem molligen Zeitteich der kein Werden und Wandeln kennt.

Mein Vortrag[76] war gestern, enorm überfüllt und mit Respekt ange-hört – er war kaum angezeigt .. ich bin doch sehr erstaunt daß und warum mein Name hier wirken kann.

Die Mila kenn ich jetzt auch, es geht ihr zur Zeit nicht gut, sie im-ponirt mir als Charakter und Art, ohne dass ich mich in sie verliebte: dagegen Mura hat mich durchaus bezaubert und ist ein schlechthin süsses Geschöpf. Es ist sehr lustig und anstrengend, wenn ich mit ihr und der gleichfalls unverändert bezaubernden und süssen Martha zu-sammen bin – bisher fast immer: ich trau mich keiner den Vorzug zu geben .. vor Martha fürchte ich mich aber mehr.

Olga ist Anthroposophin, Nina[77] herzleidend.

Anna Lang noch in Vorarlberg, Trude Hammerschlag im Semme-ring. Du siehst: es ist die Weiberstadt, das gedeiht hier und aus eben dem Grund verderben die Männer.

Hast du eigentlich von mir schon eine Alexander Münze – ich habe hier eine ganz herrliche gefunden, die Dir gehört, wenn du noch keine hast oder keine so schöne .. sie ist gross wie ein Thaler und von fein-stem Gepräge, als Kunstwerk schöner wie die Caesarmünzen .. (eine solche hab ich auch gefunden).

Ach ja, Buhlig hab ich gesehn, aber wenig gesprochen – es waren so-viele Leute dabei – er gefällt mir gut.

Für die Anndl hab ich hier einen Ring mit altgriechischer Gemme (Carneol), ich schätze um 400 vor Chr. gefunden, eine männliche und eine weibliche Figur mit Götterattributen .. sie soll dir damit siegeln.

Die Taube[78] ist höchst putzig: der Ruth kaufte ich einen kleinen ro-ten Stoffelefanten mit Glasaugen – auf den hüpft sie mit wütigem Ge-

---

[76] *Vortrag*] Der Titel von FGs Vortrag lautete: „Geist und Welt in Shakespeares Komödien".

[77] *Olga … Nina*] Die beiden Tänzerinnen Olga Samsylova und Nina Schelems-kaja.

[78] *Taube*] Ruth Bernfeld hatte damals eine Taube als Haustier.

gurre zu, sobald sie ihn sieht und hackt ihm nach den Augen .. Wenn man ihr einen Spiegel vorhält, plustert sie sich auf, verbeugt sich, gurrt und ruckt und schnäbelt. Da könnte ich stundenlang zusehn, es wäre auch was für dich.

Musel, Liebstes, gehts Dir gut? Ich hab immer Sorgen.

Vor dem Abschied gruselt mir, besonders von Mura: an der brauch ich weder nach grosser Seele noch sonst Tugenden zu suchen, obwohl sie wahrscheinlich genug hat, aber sie ist so reizend schön .. übrigens hat sie manches von Dir, nur nicht den Verstand und die Lebensgewalt! Und nun, Dein, Dein und immer aufs neue Dein mit allen fremden Ketten am Leib,
Dein Gundolf
Grüss mir die Magda! und bericht ihr von mir.

Abs.: Suppégasse 10 / Wien XIII[79] – Adr.: Fräulein Dr. Elisabeth Salomon / Roma / Viale delle Belle Arti 7. int. 3 / presso Garulli

326. Elisabeth Salomon an Friedrich Gundolf.
o.O. [Rom]. o.D. [etwa 3. April 1925][80]

Gundel, schreib doch bitte gleich der Frau Jaffé (bei Frau de Marcas, *Ascona*, Kanton Tessin) Deine Adresse und die von Soscha Salz in Lugano.[81] Sie bat mich drum u. möchte Dich sehn. Alfred Weber ist heut erst abgereist. Er ist wirklich ein unglaublich ritterlicher Mensch; wir waren öfters beisammen und zum Abschied hat er mir schöne lange Ohrgehänge geschenkt, was für einen Soziologen doch wirklich sympathisch paradox ist. – Hast Du die Mura tanzen gesehn? Da kommt ihre Schönheit noch weit mehr zur Geltung. Ich liebe ihren Körper und ihre Bewegungen mehr als die aller andern, weil sie die höchste Anmut mit großer Kraft verbindet. Die meisten heutigen Tänzerinnen sind daneben gehalten deficiente.[82] Übrigens gilt sie bei Kennern als kitschig.

---

[79] *Suppégasse ... XIII*] FG wohnte in Wien bei Bernfelds.

[80] *etwa 3. April 1925*] Die ungefähre Datierung ergibt sich aus dem Bezug auf FGs Brief vom 31. März und seiner Antwort vom 6. April.

[81] *Deine Adresse ... Lugano*] FG wohnte in Lugano ebenso wie das Ehepaar Salz im Hotel Ottaviani.

[82] *deficiente*] Unzulänglich, eigtl.: vertrottelt [ital.].

Die Mutter mochte ich auch recht gern.[83] Der Maler Dean[84] war kein übler Kerl. Er hat sie närrisch geliebt u. ich kann nicht begreifen daß er fort von ihr ist. – Nicht Angiloti (Aal) sondern Anzilotti. Der Vater ist ein bedeutender Professor für Völkerrecht u. am internationalen Schiedsgericht im Haag.[85]

Hat Dir der Meister die Tage und Taten[86] geschenkt? – Der Militello ist in einem trostlosen Zustand der ihn sehr veredelt. Er vermeidet einerseits eine Verabredung mit mir, andrerseits springt er von jeder Bahn ab, wenn er ein Fraunzimmer für mich hält und wartet stundenlang an Plätzen wo ich vorbeikommen könnte. Darauf habe ich entschieden, es sei richtiger sich ab und zu ohne Zufall zu sehen und heut werden wir denn auch tatsächlich zusammen in den Troubadour[87] gehn, wobei ich freilich wenig unterhaltet sein werde, da das eine meiner liebsten Opern ist und meine Aufmerksamkeit durch sie wohl restlos in Anspruch genommen werden wird. – Der Balasz ist ein ungarischer Literat mit vielerlei Begabung u. wenig Wert. Die Andl irrt, ich habe wenig mit ihm zu tun gehabt.[88]

Kann ich den Catilina zurückhaben oder willst Du ihn behalten? Dann schreib mir den Autor, weil ich dem Eigentümer ein andres Exemplar kaufen muß.

Das Kopfpolster ist eine wirkliche Wohltat für mich. Es ist beinahe eine Garantie für guten Schlaf. Überhaupt wenns mir nie mehr schlechter geht als jetzt (immer unberufen!) darf mein Herzensgundel zufrieden sein. Ich schaffe jetzt in einer Stunde so viel wie voriges [Jahr] um die Zeit nicht an einem Tag. Meinem Ehrgeiz aber immer noch zu wenig. Mir ist im Grund jeder Tag verhaßt an dem ich nicht was greifba-

---

[83] *Die Mutter … gern*] FG hatte am 26. März an ES geschrieben, daß die Mutter Mura Ziperowitschs „eine sehr liebe Frau" sei.

[84] *Dean*] Gemeint ist sicherlich Adolf Dehn (1895–1968), den Mura Ziperowitsch 1926 heiraten sollte.

[85] *Der Vater … im Haag*] Dionisio Anzilotti (1867–1950) war ein hochangesehener Jurist, Professor an der Universität Rom und Richter am Ständigen Internationalen Gerichtshof in Den Haag.

[86] *Tage und Taten*] FG hatte ES am 31. März mitgeteilt, daß eine erweiterte Ausgabe von Georges Prosaband erschienen war.

[87] *Troubadour*] Die Oper „Il trovatore" (1853) von Giuseppe Verdi (1813–1901).

[88] *Der Balasz … gehabt*] FG hatte am 31. März geschrieben: „Hier fand ich Bücher mit Widmungen eines Bela Balaczs an Dich? Ha?!!? Wer ist solcher? Andl behauptet, du habest ihn misshandelt." Béla Balázs (1884–1949) war ein bedeutender ungarischer Schriftsteller, Drehbuchautor und Filmtheoretiker; 1919 bis 1926 lebte er in Wien.

res dazulerne, sei es nun eine Ackerbau-Organisationsform, ein Handstand oder die Geschichte eines Papstes.

Warum ist die Mila traurig?[89] Hast Du ihren Mann[90] kennen lernen?

Gegen Deinen Hainisch bleibt mir doch noch immer Bethmann-Hollweg u. Hellpach (wenn auch nur vom kleinen Baden). Zum Papst geh ich erst wenn er Meri del Val heißt u. Mussolini ist sehr krank.[91] – Die Dora Nadolowitsch[92] war nicht bei mir. – Anbei das Bild meines aktuellen Lieblingsflirts zur Ansicht von einem Kostümfest: das ist ein Mann ohne Probleme u. Sentimentalitäten, voller Leben und von einer seltenen Höflichkeit des Herzens, Grazie und Liebenswürdigkeit, der Gentleman par excellence – sehr mein Geschmack.

Mein einziger, lieber! Sei nun nicht traurig über die neue Trennung.[93] Du siehst ja, daß Dich immer und überall wieder neue Freuden erwarten. Tröstet Dich das nicht? – Im August möchte ich mit Dir an den Genfer See. Kannst Du Dich mal nach Hotels u. Preisen informieren? Millionen Küsse Deines
zärtlichen Musel
Gestern war ich im Parlament:[94] es war maßlos öd.

---

[89] *Warum ist die Mila traurig?*] FG hatte am 26. März geschrieben: „Mila wandelt in einer Zone von unlösbarer Traurigkeit, Mura ist schon postbolschewikisch und über die Tragik hinaus".

[90] *ihren Mann*] Offenbar ein gewisser Amlinger. Näheres nicht ermittelt.

[91] *Gegen Deinen Hainisch … krank*] FG hatte am 26. März geschrieben: „Bei Hartmanns traf ich neulich beim Thee den Hainisch, das erste Staatsoberhaupt das ich kenne: Musel, höchste Zeit daß du den Pabst oder Mussol sprichst". Michael Hainisch (1858–1940) war 1920/28 Bundespräsident der Republik Österreich, Theobald von Bethmann-Hollweg (1856–1921) 1909/17 deutscher Reichskanzler, Willy Hellpach (1877–1955) 1924/25, also auch zum damaligen Zeitpunkt, Staatspräsident von Baden; Kardinal Rafael Merry del Val (1865–1930) bekleidete höchste Ämter im Vatikan, wurde aber nie Papst. – Von Mussolini hieß es in den Zeitungen, daß er den März über ernsthafter krank gewesen sei, was anschließend jedoch dementiert wurde.

[92] *Dora Nadolowitsch*] Die Adoptivtochter (1892–1931) von FGs Verleger Georg Bondi war mit dem Opernsänger Jean Nadolowitsch verheiratet und seit 1922 Mitinhaberin des Verlags. FG hatte ES ihren Besuch angekündigt.

[93] *die neue Trennung*] Das Nichtzustandekommen eines Treffens zu Ostern.

[94] *Parlament*] Mit Mussolinis Staatsstreich vom 3. Januar 1925 war das italienische Parlament faktisch entmachtet.

**327. Friedrich Gundolf an Elisabeth Salomon.
Lugano. 6. April 1925**

Mein Liebstes auf der Welt:
Wenns Dir nur gut geht, ertrag ich alles, sogar die Trennung!

Ich bin mit Heinz Hartmann, der mit Siegfried zusammen den Ruf der Wiener Mannheit rettet, bis Zürich gefahren und jetzt mit Lili W. im regnichten Lugano! Der Abschied von Wien ist mir diesmal besonders schwer geworden, mitten im sonnigen Wienerwaldlenz, besonders von der zauberhaften Mura, aber auch von Anndl und Martha: die Anndl ist mir sehr ans Herz gewachsen, mit ihrer Verbindung von Weibsreiz und Haustugend, Tüchtigkeit, Gutheit und Seduktion.[95] Beruhige dich übrigens, wir sind brav und verletzen kein Sittengesetz und kein mosaisches Gebot. Und sie riecht nach Dir! Mura sah ich leider nicht mehr tanzen, aber ich fand diese Einheit von Kraft und Süsse auch so als ihr Kennzeichen. – Die „Anzilotti" hab ich ganz richtig gelesen ich wollte dich nur necken. (Tschaperaccio)[96]

———

Der arme Militello!

———

„Tage und Taten" bekam ich von Bondi.

Hast du mein Exemplar gekriegt?

Und hat dir Pallenberg,[97] der mir gut gefällt, das neue Bild ausgehändigt? Ich finde es ist ausgezeichnet.

Den Catilina schick ich Dir wieder, sobald ich ein grosses Kouvert habe.

———

———

[95] *Seduktion*] Verführung. – ES antwortete darauf am 12. April: „Der Abschied von Wien ist Dir diesmal noch schwerer geworden als sonst? O Gundel, sollte das Deine erste Untreue sein?"

[96] *Tschaperaccio*] Scherzhafte Italianisierung des österreichischen „Tschaperl" = unbeholfener, ungeschickter Mensch.

[97] *Pallenberg*] ES hatte FG den Besuch Arnold Pallenbergs (1903–1986) in Wien angekündigt – eines Enkels Arnold Böcklins – der nun offenbar wieder nach Rom zurückgekehrt war. Bei dem Bild handelt es sich um eine Photographie.

Mila hat die russische Schwermut, die gehört dazu .. aber sie leidet zur Zeit auch an Berufsmüde, und glaubt nimmer an sich, (wie ich auch, nicht an mich.)

———

Hellpach kenn ich längst, und Ernst Ludwig von Hessen und das Löschblatt Hindenburgs.[98] An Frau Jaffé schreib ich gleich.

———

Dein neuer Pellico[99] gefällt mir! Mach ihn nicht unglücklich.

Wegen Genf später! an sich mag ich diese bochohelveten,[100] die alle schlechten Eigenheiten Deutscher und Welscher vereinen, nicht sehr. Ein Südsee[101] wär mir lieber! Aber Dir folg ich.

———

Ich dichte öfter an Dich .. bald was! Ich küsse Dich in unerschöpflicher Liebe, Süssestes!

Abs.: Gundolf / Lugano / Hotel Ottaviani – Adr.: Italien / Fräulein Dr. Elisabeth Salomon / Roma / Viale delle Belle Arti 7 int. 3

---

[98] *das Löschblatt Hindenburgs*] Rätselhafte Bemerkung. Vielleicht als Parodie auf den komischen Wettstreit zwischen FG und ES zu verstehen, wer mehr politische Berühmtheiten kenne. ES antwortete darauf übrigens: „Ich kannte die Grossherzogin Luise von Baden und kenne den Prinzen Max und den Mpret von Albanien und Czernin".

[99] *Dein neuer Pellico*] Gemeint ist ESs „aktueller Lieblingsflirt" als ihr Gefangener. Anspielung auf Silvio Pellico (1789–1854), einen politisch engagierten Schriftsteller, der von den Österreichern zunächst zum Tode verurteilt und dann zu schwerer Festungshaft begnadigt worden war, worüber er 1832, nach seiner Freilassung, das zum nationalen Klassiker gewordene Buch „Le mie prigioni" (Meine Gefängnisse) schrieb. Vielleicht handelt es sich aber auch bloß um eine Ähnlichkeit oder Namensgleichheit. Jedenfalls schrieb ES am 12. April an FG: „Schick mir bitte die Bilder meines Silvio zurück, Dir nützen sie doch nichts. Für den darfst Du unbesorgt sein, der ist völlig herzlos und kann deshalb nicht so leicht unglücklich werden."

[100] *bochohelveten*] FG meint mit diesem Ausdruck offenbar die francophonen Westschweizer.

[101] *Südsee*] Ein südlicherer See, wohl in Oberitalien.

328. Friedrich Gundolf an Elisabeth Salomon.
Darmstadt. 27. April 1925

Mein Liebstes auf der Welt:
Gleich nach Empfang deines Zahnbriefs[102] habe ich dir nach Rom geschrieben und dich ein rechtes Weibsnärrchen genannt wegen deines
übertriebnen Kummers .. das ist ja schon fast Ilse Blankenstein!![103] Du
bist mit einem Raffzahn immer noch bezaubernder wie alle andren
Weiber wenigstens für mich und das ist die Hauptsache.

Hier ist nun die Wahl entschieden: den alten Hindenburg haben wir
als Praesidenten:[104] es kann böse Folgen haben und die ihn aufgestellt
haben, sind ziemlich üble Gesellen: aber die Gegner sind auch nicht
besser, nur klüger: die Wahl selbst ist ein Sieg der Romantik über die
Opportunität, und ein mir immerhin angenehmer Beweis daß die Massen noch immer mehr Sinn für Männer als für Sachen, für Bilder als
für Grundsätze haben, und das Parteitreiben müde sind, obwohl sie
nach wie vor seine Opfer und Düpes[105] bleiben. Freilich, Hindenburg
ist nicht gewählt worden, weil er ein grosser Mann ist, sondern weil er
ein guter Mann in martialischem Format ist. Wenn er nicht das Opfer
der drahtziehenden Gauner und Narren wird, sondern Maaß und Sinn
für Realitäten behalten kann, denen die Linksparteien allein verfallen
sind, so daß er das Ausland angenehm enttäuscht und beschwichtigt –
ein freilich fragwürdiges, doch nicht völlig unmögliches Wenn, dann
ist er ein besseres und würdigeres Gesicht als der farblose Marx mit
seiner Mittelstandskatholik .. Aber ich fürchte, es wird in Deutschland
keine politische Dummheit unterlassen, die gemacht werden kann, und
wir bleiben noch lange in der Wahl zwischen Feldwebeln und Hausi-

---

[102] *Zahnbriefs*] ES hatte am 23. April an FG geschrieben: „Heut früh bin ich zu
Tode erschrocken, als ich in den Spiegel blickte: ich hatte mir einen Vorderzahn
ausgebissen und fand mich so entstellt dass ich laut geschrien hab".

[103] *Ilse Blankenstein*] Die spätere Schriftstellerin Ilse Blankenstein (1900–1992)
lebte damals in Heidelberg. 1931 sollte sie die Frau des Politikwissenschaftlers
Dolf Sternberger (1907–1989) werden.

[104] *Hier ist nun ... Praesidenten*] Nach dem überraschenden Tod des Reichspräsidenten Friedrich Ebert am 28. Februar 1925 hatte eine Neuwahl für dieses Amt
stattgefunden, die kein klares Ergebnis brachte. Im zweiten Wahlgang siegte der
Kandidat der Rechtsparteien, Feldmarschall von Hindenburg, über den Vertreter
von Zentrum, Deutscher Demokratischer Partei und Sozialdemokratie, den Zen-
trumspolitiker und zweimaligen Reichskanzler Wilhelm Marx (1863–1946).

[105] *Düpes*] Betrogene.

rern, zwischen Schaden und Schmach, zwischen hirnloser Deutschheit und knochenloser Ausländerei.

Nun sieh, da hab ich dir einen politischen Brief geschrieben!

Süsses, bekomm bald deinen Zahn wieder, du brauchst sie wirklich alle, nicht zum Schönsein, aber zum Beissen!

Kennst du einen Legationsrat Dr. Robert Ulrich[106] in Rom: er ist mir für etwaige Romreisen empfohlen worden, als einer der mir alles gleich erledigen könne, soll ein Verehrer von mir sein, übrigens Jude.

Mein Musel, ich umarme Dich in sehnüchtiger Liebe und fühle Tag und Nacht, welch herrliches Wesen du bist und welch eine unschätzbare Gabe des Schicksals für Deinen Dir ganz gewidmeten
Gundel

Abs.: Gundolf / Heidelberg / Schlossberg 55 – Adr.: Dr. Elisabeth Salomon / Padova (Italien) / Ferma in Posta

329. Elisabeth Salomon an Friedrich Gundolf. Pistoia. 30. April 1925

Pistoia 30 / IV / 25

Amore mio, Goldgundel!
Dank für Deinen tröstenden Spott. Er traf mich schon wesentlich verschönt. Der C.[107] hat das Wunder fertig gebracht mir einen schöneren Kunstersatz zu geben als das frühere Original war. Ich atme wieder wesentlich erleichtert.

Nein, mit Hindenburg, das ist entschieden eine erzdumme Sentimentalität. Ich bin überzeugt, er hat noch nie die Reichsverfassung gelesen u. überhaupt nur einen vaghen Begriff aus dem kleinen Plötz über den Unterschied zwischen Republik und Monarchie.[108] – Legationsrat Ul-

---

[106] *Robert Ulrich*] Robert Ulrich (1888–1952) war im diplomatischen Dienst tätig, u. a. in Rom und in Bern.

[107] *Der C.*] ES war wegen ihres ausgefallenen Zahns nach Padua zu dem Zahnarzt Ermanno Ceconi (1870–1927) gefahren, vormals Ehemann von Ricarda Huch, der sie als Bekannte kostenlos behandelte.

[108] *Nein, mit Hindenburg … Monarchie*] FG antwortete darauf am 3. Mai: „Daß die Wahl Hindenburgs eine Sentimentalität war, ist richtig, aber ich finde die Art schlaue Politik die man links und mitten macht, nicht besser, und Hindenburg ist jedenfalls überhaupt eine „Figur" .. und das Volk hat einen Sinn für Figuren. Ich habe übrigens natürlich mit *Energie*, nicht nur aus Trägheit oder Absenz, *nicht* gewählt, weil ich weder empfindsame Rückblickerei, noch opportune Pro-

rich kenn ich nicht. Wer empfiehlt ihn gegebenenfalls? Ist er bei der Quirinal-Gesandtschaft?[109]

In Padova hab ich die durchreisende Schwester vom Preez mit ihrem Mann (Hirth)[110] getroffen. Wir waren einen Abend zusammen: er ist so fad wie sie bezaubernd. Das ist der schönste Typ germanische Frau.

Auf der Rückfahrt nach Rom halt ich mich, immer novarum rerum cupida,[111] in Pistoia auf. Das ist aber eine aufrichtig langweilige Stadt: alles nur kunsthistorisch interessant u. nicht ein Stück deren Großartigkeit einen sofort ergreift u. zu allen Tagesstunden anzieht, wie etwa der Piero della Francesca in Arezzo u. der Mantegna in Padova.[112] Und dann leide ich darunter daß ich die jeweiligen Filme meist schon kenne.[113] Trotzdem bin ich glücklich weil nicht mehr sdendata[114]
Dein Musel

330. Friedrich Gundolf an Elisabeth Salomon.
Heidelberg. 6. Mai 1925

Mein Liebstes auf der Welt!
Nun, ich bin froh dass man dich wieder komplett hat und du dich deines Hauers freust.

Die Frankfurter Zeitung lese ich nur sehr sporadisch und möchte, ja muss selbstverständlich wissen was meine Seele, mein Weib und meine Herrin schreibt![115] Was würdest Du dazu sagen, wenn von mir Sachen

---

fithascherei oder pfäffische Mittelei mag: Republik und Monarchie, Ordnung oder Freiheit sind nur Vor-Wände." – Der „kleine Plötz" ist ein knappes Nachschlagewerk zur Weltgeschichte.

[109] *Quirinal-Gesandtschaft*] Die deutsche Botschaft in Rom.

[110] *die durchreisende … Hirth)*] Johanna Hirth, geb. Preetorius (1889–1977) war mit dem Kunsthistoriker Walther Hirth (1881–1952) verheiratet, dem Sohn des Münchner Verlegers Georg Hirth (1841–1916).

[111] *novarum rerum cupida*] Neuerungssüchtig (Caesar-Zitat).

[112] *Piero della Francesca … Padova*] In Arezzo finden sich in der Kirche San Francesco bedeutende Fresken des Frührenaissance-Malers Piero della Francesca (um 1420–1492); Andrea Mantegna (1431–1506) stammte aus der Nähe von Padua und hinterließ in den dortigen Kirchen etliche Werke.

[113] *daß ich die … kenne*] ES war eine passionierte Kinogängerin.

[114] *sdendata*] Zahnlos (ital.).

[115] *Die Frankfurter Zeitung … schreibt*] ES hatte am 3. Mai berichtet: „In der Frankfurter stehen jetzt oft Notizen und Artikel von mir, aber ohne Namen."

erschienen und du erführst nichts davon! Und dabei sind Deine seltener! Also schicke mir „Beleg"exemplare! (Süsse Kreatur!)

Im Fextal[116] habe ich für August Zimmer bestellt 13 Fr. Pension bei
Gian Fümm! Das ist nicht teuer. Bei dem als billig bekannten Ottaviani
in Lugano, das auch nur ein kleines Albergo ist kostets 12 Fr. In die Dolomiten können wir allenfalls im September noch, wenns kühler wird.

Wie man Dich für den Kronprinz halten konnte[117] ist mir trotz deiner Proteusgaben rätselhaft: du hast wohl evviva la monarchia[118] auf
dem durch Caesar geweihten Markt geschrien.

Caesar ist übrigens jetzt in Deutschland so populär daß man in jeder
Zeitung was über ihn findet,* z.T. bin ich dran schuld und noch mehr
Brandes dessen Caesarbuch[119] sehr viel gelesen wird.

Neulich hat der Oberst Veith,[120] Verfasser einer Caesarbiografie,
eine hymnische Besprechung meines „Caesar" in der „Österreichischen
Wehrzeitung" erlassen: mein C. stünde „tschomalungmahoch" über
dem von Brandes. Das Wort erschreckte mich, ich hatte es nie gehört,
dachte mir aber gleich das muß der Tibetanername für den Mt Everest
sein, und richtig!

Meine Vorlesungen haben begonnen unter gewaltigem Andrang.

Meine George-rede ist fertig,[121] ich lese sie Dir, so Gott will, im Sommer vor! O Musel, ich habe wieder brennende Sehnsucht nach Dir.

---

[116] *Fextal*] In Graubünden.

[117] *Wie man dich ... konnte*] ES hatte am 3. Mai scherzhaft geschrieben: „In Arezzo
hat man mich offenbar für den deutschen Kronprinzen gehalten, alle Zeitungen
sind voll von seiner geheimen Mission dort." Die Bemerkung bezieht sich offenbar auf Falschmeldungen italienischer Zeitungen über den ehemaligen deutschen Kronprinzen Wilhelm. ES reagierte auf FGs Unverständnis mit der Erklärung: „Aber, Gundel, man hat mich doch nicht im Ernst für den Kronprinzen
gehalten. Das ist nur meine Folgerung, weil alle Zeitungen schrieben er sei dort
in Arezzo gewesen, was nicht wahr ist. Ich hingegen war tatsächlich dort". –
Etwa zur gleichen Zeit schrieb FG an Betty von Scholtz (8. Mai 1925): „Die Elli
ist immer noch in Rom und eine gute Verbindung von deutschem Militarismus,
jüdischem Geist und italienischem Temperament, womit aber ihr Wert nicht erschöpft ist". Briefe. Neue Folge, S. 203.

[118] *evviva la monarchia*] Es lebe die Monarchie! (ital.).

[119] *Brandes dessen Caesarbuch*] Georg Brandes: Cajus Julius Caesar. Berlin. Reiss
1925. Die dänische Originalausgabe erschien 1918/19.

[120] *Veith*] Der österreichische Offizier und Althistoriker Georg Veith (1875–1925)
veröffentlichte u.a. die Monographie „Caesar" (1912), die 1922 eine zweite,
verbesserte Auflage erlebte.

[121] *Meine George-rede ist fertig*] FG hielt den George-Vortrag am 29. Mai in Düsseldorf und später noch öfter.

Bleib mir nur glücklich! So wie dich liebe ich doch auch nicht annähernd irgendein Wesen auf der Welt, holdestes Musel.

Die Mura, die ich sehr liebe, aber viel viel weniger als Dich, hat mir einen charmanten Brief geschrieben .. überhaupt ist sie mehr als eine Bein-venus!

Also Musel, schicke mir Belege deines munteren Plauderns!

Dein Kleist folgt:[122] ich nehme an, es ist die einbändige Gesamtausgabe gemeint?

Ich küsse Dir alles was mit B. und mit M. anfängt (da hast du was nachzudenken, was das alles ist.)[123]
Und bleibe dein Liebeseigentum
Dein getreuer
G
*Bei einem Pferderennen wurde jüngst „Caesar" von Alexander d. Grossen geschlagen .. ein schwerer Tag!

Adr.: Fräulein Dr. Elisabeth Salomon / Roma / Viale delle Belle Arti 7 int. 3 presso Garulli / Italien

331. Elisabeth Salomon an Friedrich Gundolf.
o.O. [Rom]. 17. Mai 1925

Mein Gundel, das Fexbild ist in der Tat sehr verlockend u. ich höre auch daß Sils sogar etwas tiefer liegt u. das Fextal sehr weit ist. Das Wort Tal hatte mich nur etwas erschreckt, weil ich doch neben den Liebesstunden mit Dir den Zweck verfolge meinen chronischen Husten zu ermorden. Es scheint aber auch dafür ganz das richtige zu sein. Verzeih also die unnütze Gegenfrage. Schließlich hast Du auch nicht nötig den Spuren andrer Großer zu folgen. Ab *wann* hast Du bestellt? Ich möchte daß wir uns ev. einen Teil davon mit Andl u. Siegfried treffen, Dir ists doch recht? Und dann die übliche Gardrobeermahnung: der römische Gabardinmantel muß chemisch geputzt werden, wenn ers nicht schon ist wie die Katja mir versprochen hatte. Dann brauchst Du einen dunklen guten Anzug, die Breeches, Windjacke, wollne Weste, Halbschuhe, 1 Paar Stiefel zu Spaziergängen u. 1 Paar genagelte falls wir große Wan-

---

[122] *Dein Kleist folgt*] ES hatte sich am 3. Mai „meinen Kleist" erbeten.
[123] *Ich küsse Dir … alles ist.)*] ES antwortete darauf am 9. Mai: „Beine Bauch Brust Busen Backen Mund fühlen sich dankbarst geküßt und erwidern zärtlich."

derungen machen. Den Borsalinohut – nicht fürs Fex, sondern für eine
ev. Stadt in der wir nachher landen. Denn in die Dolomiten möchte ich
danach nicht mehr, dagegen sehr gern für etwa 14 Tage nach Mailand.

Die gute Irmgart Becker[124] besaß weder Geist noch Herz noch Lebendigkeit u. außerdem war sie noch etwas schlechter als ihr Ruf, den
ich nur aus ihren eignen Confessionen, u. von ihrer Mutter u. Schwester kenne. Aber wie auch immer. –

Ich hab einige Kleider u. Hüte übrig, falls Du für Lottes Bertel[125] etwas brauchst. Nur das Schicken ist kompliziert. Vielleicht findet sich
ein freundlicher Durchreisender.

Bitte um Name u. Adresse des Mannes, der Deinen Caesar übersetzen will.[126] Wolfskehl u. Franco halten die Anzilottische Stilisierung[127]
für unzureichend. Ich kann nichts tun als sinngerecht übertragen. Ich
will mich also mit ihm in Verbindung setzen u. wenn ers allein kann
soll ers haben, wenn er einen Deutschen braucht, mach ichs mit ihm
zusammen. Es ist ja zu wichtig als daß es aus persönlichen Rücksichten
schlechter gemacht werden darf. – Mit Wolfskehl u. Lechter die Tage
waren sehr ergibig u. schön. Mit Wolfskehl war ich 2 Tage bei seinen
Freunden in Castelgandolfo, ach das weißt Du ja schon. – Gestern hat
der Gesandte von Österreich[128] mir einen Besuch gemacht – ich hatte
aber die Kränk u. wand mich vor Schmerzen u. sehr entkleidet auf meinem Bett, drum habe ich ihn nicht empfangen. Wie wichtig man doch

---

124 *Irmgart Becker*] Wohl eine Tochter von ESs früherer Heidelberger Vermieterin
 und offenbar auch FG bekannt. Näheres nicht ermittelt. Auf FGs Nachricht hin,
 daß Irmgart Becker jüngst an einer Herzkrankheit gestorben sei, hatte ES sich
 abfällig über ihren Lebenswandel geäußert, worauf FG erwiderte: „Muselchen,
 du bist ja so intolerant neuerdings gegen leichte Mädchen!" Eine Bekannte habe
 „die Irmgard sehr verteidigt gegen den ‚schlechten Ruf‘ sie sei sehr harmlos und
 brav gewesen und das meiste sei Klatsch. Ich kann es nicht untersuchen und
 zudem ist es mir gleich, und da ich weiß wie gründlich falsch fast immer die
 Meinungen der Leute über Andre sind, aus eigner Erfahrung, so bin ich leicht
 geneigt, den Verschrieenen das Bessere zuzutrauen. Ich persönlich frage nicht
 nach Tugend, sondern nach Lebendigkeit, Geist, Herz und wo eins von dreien
 oder alle drei sich regen, da ist mir wohl, am meisten bei Musel wo alle drei im
 höchsten Grade walten."
125 *Lottes Bertel*] Nicht ermittelt.
126 *Bitte um Name … übersetzen will*] FG hatte am 3. Mai berichtet, daß ein in Heidelberg studierender Italiener – später wird er Patti genannt – angefragt habe,
 ob er das Caesar-Buch ins Italienische übersetzen dürfe.
127 *Anzilottische Stilisierung*] Der italienische Übersetzungstext von Luisa Anzilotti
 nach ESs Rohübersetzung.
128 *Gesandte von Österreich*] Lothar von Egger-Möllwald (1875–1941).

durch unwichtige Tätigkeiten genommen wird! Nur gut daß Du um
meiner selbst willen Deine Visitenkarte bei mir am Unt. Faulen Pelz deponiert hast![129] – Ich brauch übrigens meine Artikelchen u. schick sie
Dir deshalb im Manuskript. – Ich habe mir die Ohren durchbohren
lassen um die Gehänge nicht mehr zu verlieren.
Tanti e tanti baci![130]
Musel
17 / V / 25

332. Elisabeth Salomon an Friedrich Gundolf.
o.O. [Rom]. 24. Mai 1925

Mein geliebter Gundel, wir wußten doch von vornherein, daß ich allein zu schwach bin zur Übersetzung des Caesar. Und wenn die Mitarbeiter sich als ungenügend erweisen, ist es doch besser sie rechtzeitig
zu illiminieren.[131] Luisa Anzilotti hat als erste ihre Zweifel an sich geäußert u. Franco hat sie ihr bestätigt. – Vor Anfang August werde ich
kaum fortkönnen wegen Arbeitsverpflichtungen. Wo wollen wir uns
treffen? Wohnen wir Hotel Fex od. Pension zur Sonne? – Heb Dir doch
meinen Kleiderbrief auf, da muß ich nicht ein zweites Mal dieses Dir
unintressante Register aufzählen.
   Daß Du mich gerad am Carneval[132] erkannt hast, ehrt mich wenig:
das ist doch übelster Feuilletonjargon u. nur eine Conzession an meine
Auftraggeber. Am liebsten möchte ich nur Zahlen schreiben. Heute hatte
ich ein Interview bei dem Ex-Kultusminister Torre,[133] einem höchst
schlauen u. interessanten faschistischen Streber. Er hat sehr verständig
über die Wahl Hindenburgs gesprochen. Ich werde Dir eine Copie des

---

[129] *Nur gut daß Du … deponiert hast*] Reminiszenz an die erste Zeit ihrer Bekanntschaft in Heidelberg.
[130] *Tanti e tanti baci*] Zahllose Küsse (ital.).
[131] *illiminieren*] Wohl Verschreibung für „eliminieren". ES hatte FG mitgeteilt, daß
sie das Vorhaben, FGs „Caesar" gemeinsam mit Luisa Anzilotti zu übersetzen,
aufgegeben habe.
[132] *Carneval*] Einer von ESs Artikeln in der „Frankfurter Zeitung". FG hatte am
20. Mai geschrieben: „Deine kleinen Artikelchen sind frisch und lebhaft, wohl
grad was man wünscht .. An einigen, z.B. dem Karnevalbericht hätte ich dich erkannt, an andern nicht".
[133] *Torre*] Andrea Torre (1866–1940), Journalist und Publizist, 1920 kurzzeitig italienischer Kultusminister.

ganzen schriftlichen Ergebnisses schicken. Komisch ist daß diese Leute sich noch sehr geehrt fühlen wenn man sie so unnötig belästigt.

Von Deiner Gerda Walther hab ich noch nie etwas gehört. Tant mieux wenn sie heiratet.[134]

Ist es wahr daß der Wolters ein schweres Augenleiden hat u. operiert ist?[135] –

Warum hast Du nur die Einladung nach Florenz nicht angenommen? Du hättest Deutschland wirklich würdiger vertreten als die Ersatzmänner Wilamowitz u. Th. Mann.[136] Und ich wäre dann natürlich in Deine Arme geflogen. – Gestern habe ich lange mit dem Franco über Deine Shakespearübersetzung gesprochen. Seine Bewunderung ist wirklich ganz unbegrenzt. Es geht ihm übrigens seit langem ziemlich schlecht. Gestern war ich mit der Wigmann[137] zusammen die hier tanzt.
In Liebe Dein treues
Musel
24 / V / 25 Heut läßts der liebe Gott regnen weil die Italiener ihren Eintritt in den Krieg feiern. –
Denke Dir: nächste Woche werde ich eine Gratis-Autofahrt durch Apulien machen. Ein Comité zum Studium der Wirtschaft dort u. zur Propaganda hat mich eingeladen: man ist Gast für Fahrt, essen u. wohnen. Ich freue mich wie ein nacktes Wildes. Hoffentlich wird was draus.

---

134 *Von Deiner … heiratet*] FG hatte ES am 20. Mai mitgeteilt: „Neulich schrieb mir die verrückte Gerda Walther, um mich zu trösten daß sie einen andern heiratet!!! es ist die mich seit Jahren mit uneröffneten Briefen verfolgt!“ – Dabei handelt es sich um die 1921 bei Emund Husserl promovierte Philosophin Gerda Walther (1897–1977). – Tant mieux = um so besser.

135 *Ist es wahr … operiert ist?*] Wolters hatte am 18. Februar 1925 an FG geschrieben: „[…] daß ich kurz nach meiner Zurückkunft“ – Wolters war im November 1924 nach Italien gereist – „einen neuen Anfall meines Leidens erlitt, der die Augen traf, so dass nur eine schnelle Operation die schlimmeren Folgen der eingetretenen Embolie verhinderte. So muss ich auch jetzt noch dem rechten Auge, das ein Viertel seines Sehfeldes verloren hat, äusserste Schonung angedeihen lassen und bald wieder ins Moorbad reisen“. Wolters-Briefwechsel, S. 251.

136 *Warum hast Du … Th. Mann*] Von 9. bis 16. Mai 1925 fand in Florenz eine „Internationale Kulturwoche“ statt, bei der Thomas Mann über „Goethe und Tolstoj“ sprach; der Altphilologe Ulrich von Wilamowitz-Moellendorff hielt einen Vortrag über die vorrömische Geschichte Italiens. FG hatte offenbar aus Zeitgründen abgesagt.

137 *Wigmann*] Mary Wigman (1886–1973), bedeutende Ausdruckstänzerin, unterhielt eine Tanzschule in Dresden, ging aber mit ihrem Ensemble auch häufig auf internationale Tourneen.

333. Elisabeth Salomon an Friedrich Gundolf.
o.O. [Rom]. 8. Juni 1925

Mein geliebter Gundel, heut Nacht bin ich heimgekehrt und noch ganz
trunken von der Fülle der Eindrücke dieser ereignisreichen Fahrt. Ich
habe das Wunderland des zweiten Friedrichs und Manfreds[138] gesehn,
die frühe Kunst der Normannen von deren Bedeutung ich nichts wusste,
die Hinterlassenschaft der Griechen in einem ungeahnten Reichtum
von Vasen, ein Dorf das noch heut seine Häuser baut wie die alten My-
käner, ein Volk von Germanen u. Sarazenen, Meere und Wälder von
Mandel- und Ölbäumen, die größte Wasserleitung der Erde und als ob
das alles noch nicht genug wäre das schönste Herz gefunden das auf
Erden schlägt. Du kennst meine empfängliche Seele: so wirst Du Dir
vorstellen in welchem Taumel ich mich befinde ohne daß ich noch viel
hinzufüge. Damit aber die Götter ja nicht aufmerksam werden, sind
meine Finanzen etwas in Unordnung und wenns Dir ohne Schwierigkeit möglich ist wäre ich Dir für eine Hilfe dankbar. Wenn nicht, geh
ich aber auch nicht in den Tiber sondern verkaufe etwas.
Im Himmel Deine
Elli
8 / VI / 25

334. Elisabeth Salomon an Friedrich Gundolf.
o.O. [Rom]. o.D. [etwa 12. Juni 1925][139]

Mein Gundolf, Du darfst Dir über meinen letzten exaltierten Brief
weder Sorgen machen, weil ich mich unbesonnen in eine Leidenschaft
verwickle, noch ihn belächeln weil ich ein Abenteuer tragisch nehme.
Beides würde mir gleich weh tun. Es ist das Recht liebender Herzen,
unbesonnen zu sein, durch Erfahrung nicht klug zu werden und stets
zu denken, es ist die erste und einzige Leidenschaft. Und wie diese hier
auch ausgehen mag: eben erfüllt sie mich ganz, erhebt mir die Seele und
gestaltet mir den Tag so schön, daß ich ihn mir nicht trüben mag durch
den Gedanken an die eigene Unbeständigkeit. Meine krankhafte Ver-

---

[138] *das Wunderland ... Manfreds*] Gemeint sind der Stauferkaiser Friedrich II.
   (1194–1250) und sein Sohn Manfred (1232–1266), König von Sizilien.
[139] *etwa 12. Juni 1925*] Die ungefähre Datierung ergibt sich aus FGs Antwort vom
   15. Juni.

senkung in das Filmphantom Danton[140] war auch gar zu unergibig.
Hier hingegen handelt sichs um ein lebendiges Herz, ergriffen und voll
Feuer wie das meine, einen ungebrochenen und willensstarken Charakter, eine zarte und chevalreske Seele empfänglich für alles schöne
und alles Gute das die Erde herzugeben hat. Drum tadle mich nicht,
geliebtester Gundel, daß ich das Leben ergreife wenn es sich mir in so
edler Form bietet, und daß ich mir die Seligkeit des Augenblicks nicht
durch die theoretische Möglichkeit einer späteren Delusion[141] schmä-
lern mag. Ich feiere den Tag weil er mir festlich erscheint. Nun, ich
hoffe Dir bald viel und geordneter mündlich zu berichten, ach, ich
brenne schon darauf es zu tun, auch von der Apulienfahrt, wo wir
wirklich Dinge gesehn haben die zu $^9/_{10}$ auf normal touristischem Weg
nicht sichtbar sind: ein wahrer embarras de richesse[142] – für mich
wohl mehr noch als für alle andern, aber eine große physische Anstrengung, die mich 4 kg gekostet hat: man hat uns ziemlich schlecht zu essen gegeben, so daß ich schließlich fast ganz darauf verzichtet habe.
Das war die einzige negative Seite, aber da irgend ein Haken ja sein
muß, ists mir noch am liebsten, er besteht in der materiellsten Seite. –
Den zitierten Katalog[143] hast Du vergessen beizulegen: ich kaufe die
Bücher natürlich. Wo sind sie also zu finden? Ist mein Ranke: Papstge-

---

[140] *Filmphantom Danton*] Am 12. April 1925 hatte ES FG geschrieben: „Gundel,
ich bin eben recht unglücklich. Der Grund ist eine rechte Schande in meinem Alter und bei meinem Ruf als praktisches real denkendes modernes Mädchen. Ich
bin nämlich von einer Leidenschaft ergriffen in etwas was nicht existiert: einen
Schauspieler namens Mont Bleu (also noch dazu ein Franzose wahrscheinlich)
in der Rolle des Danton in dem Film „Le due orfanelle", also nicht in eine
historische Figur und nicht in einen Schauspieler, sondern in ein wirkliches Fan-
tom, etwas unrealeres gibt es ja kaum. Ich hab den Film nun schon 3 mal gesehen und jeden Abend den ich nicht hingehe rechne ich mir als extra Heldentat
an. Nebenbei ists einer der schönsten Filme mit Lilian Gish in der Hauptrolle die
ja auch ein Weltwunder an Süsse und Anmut und schauspielerischer Kunst ist.
Aber der Danton hat mich völlig aus der Fassung gebracht und ich bin besessen von dem Gedanken an ihn und krank vor Sehnsucht ihn in wirklicher Gestalt in meiner Nähe zu haben. Wäre ich doch ein Backfisch, dann hätte die Un-
vernunft wenigstens eine natürliche Begründung. Armes Musel". – Gemeint war
der amerikanische Schauspieler Monte Blue (1887–1963), der in D.W. Griffiths
Film „Orphans of the storm" (1921) die Rolle des Danton spielte.
[141] *Delusion*] Täuschung.
[142] *embarras de richesse*] Überfluß, ein Vielzuviel.
[143] *Katalog*] FG hatte ES vorgeschlagen, ihm zwei Nummern aus einem Antiqua-
riatskatalog als Geburtstagsgeschenk zu kaufen.

schichte[144] bei Dir? Weißt Du wie es Wolters Augen geht? Der Lechter ladet mich wieder so sehr lieb nach Capri ein, so daß ich ein recht schlechtes Gewissen habe, in Neapel gewesen zu sein u. nicht bei ihm. Aber ich muß in diesen Wochen sehr energisch arbeiten. Dir bleibt in Verehrung und Liebe ergeben
Dein Musel

335. Friedrich Gundolf an Elisabeth Salomon. Heidelberg. 15. Juni 1925

Mein Liebstes auf der Welt:
Ein Brief von dir ist nicht angekommen, der erste wo du mir von deiner neuen Flamme sprichst .. in dem neuen den ich eben bekomme verteidigst du sie bloss. An deinem apulischen Rausch nehm ich teil als ein Glied von Dir, und was dich freut und hebt freut auch mich, Liebstes aller Wesen, und sei es selbst ein neuer Freund der mich für einige Zeit verdrängt: ich bleibe Dein eigen und will nur dein Glück, dein Heil, deine Freude.

Erika Wolters ist nach kurzem Leiden (Sepsis nennen es die Ärzte die nicht wissen was es war) gestorben: ich war in Kiel. Wolters trifft es schwer, aber er trägt es herrlich wie alles was ihn trifft. Ich muß Dir mehr davon erzählen. Seinen Augen geht es besser, sie waren schwer bedroht.

Dein Ranke ist nicht bei mir, dagegen kann ich Dir meinen schicken. (Du weisst aber daß seine Pabstgeschichte erst die *Gegenreform*ationszeit behandelt? nicht das Mittelalter.)

Ich habe viele Arbeit vorgefunden .. bald schreib ich wieder: ich schreibe an einem „Caesar im 19. Jahrhdt".[145]

Ich küsse Dich, süssestes aller Wesen und bleibe Dein, was du auch tust: du kannst nichts Unedles tun!
Dein
Gundolf

Adr.: Fräulein Dr. Elisabeth Salomon / Roma / Viale delle Belle Arti 7 int. 3 / presso Garulli

---

[144] *Ranke: Papstgeschichte*] Leopold von Ranke: Die römischen Päpste (1834/36); danach zahlreiche Auflagen.
[145] *Caesar im 19. Jahrhdt*] Caesar im XIX. Jahrhundert. Berlin: Bondi. 1926.

336. Elisabeth Salomon an Friedrich Gundolf.
   Rom. 20. Juni 1925

Mein Herzensgundel, nein, ich bin bei Dir und Du bist nicht verdrängt,
weil meine Liebe zu Dir und meine Ergebenheit für Dich von einer Art
sind die keine wie auch immer geartete Neigung in anderer Richtung
verdrängen oder auch nur vermindern kann. Und heut an Deinem Geburtstag an dem Du sicher traurig bist, möchte ich den ganzen Tag
nichts als bei Dir sein und Deine Melancholie teilen und Du solltest die
meine teilen, denn auch ich bin traurig. Die Früchte dieses Deines vergangenen Jahres, mein Gundolf, Du solltest sie nicht gering anschla-
gen: von Caesar bis Mura hast Du bewiesen daß Du auf allen Gebieten
des Lebens König bist und daß Du es bleibst sagt mir mein Herz und
mein großes Vertrauen in die Macht Deiner Seele. Lieber lieber Gundel! Ich habe den beiden von Dir gewünschten Büchern ein drittes hin-
zugefügt das ich schon für Dich bereit stehen hatte.

Für die rasche Hilfe dank ich Dir tausendmal.[146]

Der Tod von Erika hat mich sehr betrübt, der Anblick der Anzeige
mit Poststempel Kiel hatte mich mit kaltem entsetzen erfüllt. Erika war
mir in der schwersten Stunde meines Lebens[147] nah, drum muß ich
mich ihr immer verbunden fühlen.

Meine Liebe – sie heißt Corrado[148] – macht mir viel Freude und viel
Pein. Die Unterschiede von Rasse Nationalität und Religion machen
sich oft so stark bemerkbar daß sie den vollsten Zusammenklang der
Seelen empfindlich stören und ich mich am anderen Ende der Welt
wünschte. Und doch mein ich, wenn dieser Klang so rein sein *kann* ist
jede Flucht vergebens. Mit meiner Ruhe ist es jedenfalls aus, wer weiß
für wie lange. Wäre ich nur erst bei Dir, wo es sich immer freier atmen
läßt.
Dein dankbares getreues
Musel
Rom am 20 / VI / 25

---

[146] *Für die rasche ... tausendmal*] Bezieht sich vermutlich auf eine Geldsendung FGs.
[147] *in der schwersten Stunde meines Lebens*] ES meint vermutlich die Zeit ihrer un-
     erfüllten Liebe zu Ludwig Thormaehlen (1918).
[148] *Corrado*] Corrado Venanzi war Archäologe und Bauhistoriker in Rom. Näheres
     nicht ermittelt.

337. Elisabeth Salomon an Friedrich Gundolf.
o.O. [Rom]. o.D. [etwa 24. Juni 1925][149]

Herzensgundel, Deine Geburtstagsverse haben mich mit tiefer Freude
erfüllt, so hast Du es doch gespürt wie sehr ich bei Dir war und das erfüllt mich mit tiefer Dankbarkeit.

Ich werde also pünktlich Anfang August im Fextal erscheinen.[150] Du
hast mir aber immer noch nicht das Hotel u. den genauen Tag genannt
an dem wir uns in den Armen liegen sollen.

In dem angeblich verlorenen Brief habe ich meine Liebe nur mit einem
Wort angedeutet, also vielleicht hast Du das ganz übersehn. – Es sind
2 Geldsendungen von Dir gekommen, eine über Lire 1000.-, die andre
über Lire 178.-; wahrscheinlich hat die Bank also die 200.– Mk in dieser
Form getrennt. Mit ihnen atme ich wieder freier. Gesundheitlich gehts
mir – unberufen – ausgezeichnet. Aber mein Herz brennt lichterloh.
Ach, die Anfänge einer Leidenschaft sind für einen unproduktiven Menschen wirklich die einzigen Tage im Leben in denen man sich besser vorkommt als in den übrigen, in denen man opferfähig ist und an niedere
Wünsche und an Kalkulationen vergißt. Könnte man sie immer bewahren, so würden sogar so untaugliche Wesen wie das Musel das Leben auf
eine gewisse Höhe bringen. Und doch kann ich nicht denken und mag es
nicht, daß es nur ein Rausch sein soll was so ganz die Seele schwellt und
umfängt. Wenn ich ganz ehrlich sein soll, so denke und fühle ich durch
24 Stunden nichts anderes als diese Liebe die meine Seligkeit bedeutet
und mir doch jetzt schon viel Schmerz bereitet wo sie noch längst nicht
ausgekostet ist, zumal ihr Gegenstand sehr padrone[151] der Situation ist
und sich hütet mich zu verführen. Und noch weiß ich nicht ob es je eine
ausgeglichen glückliche Stunde für uns geben kann, denn ich habe vom
Jezi hore[152] getrieben in der zartesten Stunde unsrer Neigung eine rie-
sendicke Dummheit begangen die alles gefährdet hat. Drum kann ich
Dir heut so wenig über die Wigmann schreiben, weil ich so gefangen bin
daß es mir unendlich schwer ist das Herz und das Hirn auf andres zu

---

[149] *etwa 24. Juni 1925*] Die ungefähre Datierung ergibt sich aus dem Bezug auf FGs
    Brief vom 19. und seiner Antwort vom 28. Juni.
[150] *Ich werde also … erscheinen*] ES hatte angeregt, den gemeinsamen Urlaub im
    Fextal zwei Wochen später anzutreten, worauf FG unmutig reagiert hatte.
[151] *padrone*] Herr (ital.).
[152] *Jezi hore*] Jezer hore (jidd), böser Trieb, schlimmer Sinn, auch: Sinnlichkeit,
    Sexualtrieb.

konzentrieren. Mündlich wirst Du schon mehr aus mir herausbekommen. Aber eines kann ich Dir doch sagen: wenn die Wigmann auch nicht das hat was bei dem Musel den Männern gefällt und was schließlich viele andre haben, so hat sie etwas was die wenigsten Frauen besitzen: das Herz das hundertmal so stark empfindet als die andern und was sie zusammen mit der Kraft zu gestalten zum wahren Künstler macht. Sie denkt, glaub ich, nur an ihre Kunst. Ihr liebstes Gedicht ist Über allen Gipfeln ist Ruh.[153] – An Deiner Stelle würde ich mich wegen der Alterskathegorien nicht weiter beunruhigen.[154] Du bist der Gundel, das ist mehr als Jüngling Mann oder Greis. Schließlich paßt Du ja auch in keine der sozialen Schubfächer: Du bist weder Proletarier noch Bürger, weder Bohémien noch Grandsignore, weder Bauer noch Intellektueller. Aber das ist so eine echte Gundeldeiges,[155] sie könnte fast in einem seiner Bücher stehn. – Wie ist die Arbeit im neuen Mannesalter? –

Der Wolfskehl hat den Corrado kennen gelernt und sehr gebilligt. Es hat mich gefreut wenn ich auch keine Bestätigung brauche für einen Menschen zu dem mein Blut und mein Urteil so bedingungslos ja sagen.

Verzeih mir, allverstehender, Liebster, wenn ich kein andres Thema mehr finde. Grüß den Erich und behalte lieb Dein Musel.

Die Magda u. ich haben Deinen Geburtstag bei Tom Mix in den Schwarzen Falken[156] gefeiert. Seine Ritte sind wahrhaft emozionante.[157] – Kannst Du mir eine gute Phothographie von Rathenau verschaffen?

Der Prof. Frank[158] aus Heidelberg hat mich gestern aufgesucht, das ist aber ein gräßlich öder Gemeinplätzler.

---

153 *Über allen Gipfeln ist Ruh*] Bekanntes Gedicht Goethes („Ein Gleiches", 1780).

154 *An Deiner Stelle … beunruhigen*] FG hatte am 19. Juni geschrieben: „Mein Geburtstag trifft mich diesmal in nachdenklicher Verfassung – ich bin noch Jüngling und in fünf Jahren wohl schon Greis, falls ich lebe .. entweder muß ich jetzt schnell Mann werden, oder ich bin schnöd um mein Mannesalter gebracht und verkürzt".

155 *Gundeldeiges*] Gundelsorge (jidd.).

156 *bei Tom Mix in den Schwarzen Falken*] Tom Mix (1880–1940) war ein amerikanischer Filmschauspieler, der v. a. im Westerngenre brillierte. Hier geht es um den Film „Three jumps ahead" (1923) von John Ford (1894–1973) – damals noch unter dem Namen Jack Ford –, der in Italien unter dem Titel „I contrabbandieri del Texas o I falchi neri" lief.

157 *emozionante*] Aufregend (ital.).

158 *Frank*] Erich Frank (1883–1949), Privatdozent für Philosophie an der Universität Heidelberg, später Professor in Marburg als Nachfolger Martin Heideggers.

338. Elisabeth Salomon an Friedrich Gundolf.
   o.O. [Rom]. 2. Juli 1925

Mein Goldgundel! Jede Leides- und Liebesgeschichte ist immer wieder
total anders. Meine Passion für den Ludwig war unerwidert und hatte
darum ihre besonders trübe Farbe. Was ich damals gelitten hab und
wielange – heut hätte ich wohl kaum mehr die Kräfte dazu.[159] Daß ich
mit Dir trotz zahlloser unvergeßlicher Stunden nicht für immer verbunden und glücklich sein konnte liegt an dem verhängnisvollen Um-
stand daß ich in Dir an einen Apostel[160] anstatt an einen Privatmann
geraten bin. Und da sich in meinem Dasein offenbar nie etwas normal
abwickeln kann, sondern immer alles bizarr und seltsam darstellt und
eine ganz singuläre Lösung verlangt, bin ich auch jetzt wieder wie in
einem Zauberwald gefangen, den Weg zurück suche ich gar nicht mehr,
aber den Weg vorwärts finde ich auch nicht. Es ist keine unglückliche
Liebe, denn sie wird voll erwidert und es stehen auch keine Personen
dazwischen. Und wenn ich je das Leben als höchste Intensität verspürt
habe so war es in diesen Wochen. Wenn je zwei Seelen einander begreifen suchen und umschlingen können so sind es die unseren, so daß ich
manchmal glaube, der irdische Körper ist zu fragil um solchen Expan-
sionen der übermächtigen Seele Widerstand leisten und Raum geben
zu können. Aber so affektiert und unwahrscheinlich es (mir selbst auch)
klingen mag: ein paar tückische, aber gewiß notwendige Ereignisse
trennen uns, wir können nicht wie Liebende miteinander leben, wir
sind die Reichsten und Ärmsten zu gleicher Zeit. Weiß der Himmel wie
das enden wird. Ob mein armes wildes Herz wohl nie eine heilsame
Ruhe finden wird. Vedremo![161] –
   Für Chur sagt mein Bädecker:[162] Hotel Luckmanier, das könnten wir
als Treffpunkt festhalten. Ich bin überhaupt viel mehr für Stadt als für

---

[159] *Jede Leides- und Liebesgeschichte ... dazu*] FG hatte am 28. Juni geschrieben:
   „Mein Liebstes auf der Welt! Du bist womöglich noch bezaubernder als sonst
   wenn dich eine frische Leidenschaft ergreift – einerlei wem sie gilt und all deine
   Liebe macht mir Dich lieber, wärs noch möglich. Daß deine Schmerzen dabei
   sich einmal lindern werden lässt mich die Erinnerung an Deine Liebe zu Ludwig
   hoffen, die doch schliesslich auch heilte."
[160] *Apostel*] Anspielung auf FGs Verhältnis zu Stefan George.
[161] *Vedremo*] Man wird sehen; warten wirs ab. (ital.).
[162] *Für Chur sagt mein Bädecker*] FG hatte als Treffpunkt für den gemeinsamen Urlaub Chur vorgeschlagen, wofür ES nun in ihrem Reiseführer (aus dem klassischen Reiseführer-Verlag Baedeker) ein Hotel heraussuchte.

Land disponiert u. möchte so viel wie möglich Fex abkürzen u. mit Dir in Städten herumziehn, wenn Du nicht zu müde bist.

Der Frank bleibt weiter unausstehlich langweilig, ich sehe ihn auch selten. Wird diese neue Caesararbeit dem Buch beigefügt werden?

Ich möchte unendlich gern nach Capri – wegen der Ottilie[163] und Lechter. Aber es wird mir wohl an Zeit und an Geld fehlen. – Dank für den Rathenau: es ist für einen Freund, einen italienischen Ingenieur, dessen Idol er ist, und ich unterstütze gern die welschen Schwärmereien für deutsche Männer.

Bitte bring den Gabardin und einen Wintermantel mit: im September wird es schon fühlbar kalt. – Der Patti hat mir nicht geschrieben,[164] er solls endlich tun! –

Es ist mir sehr schmerzlich zu denken daß Du den Corrado nie so lieben kannst wie Du es würdest wenn die Sprache Euch nicht trennte: es geht ihm kein Gedanke durch den Kopf, kein Wunsch durch das Blut, kein Traum durch die Seele, die nicht ganz er selbst sind, und er selbst das heißt die Natur selbst, und die Natur dort wo sie sich am edelsten manifestiert. Der liebe Gott hat ihn in seiner besten Stunde erschaffen. Daß er mich über seinen Weg und ihn über den meinen geführt hat gibt mir all mein Selbstvertrauen wieder und läßt mich hoffen, daß ich nicht so ganz aus der Gnade gefallen bin, wie der Meister,[165] der sie eben auf der Erde verwaltet, mich all die Jahre hindurch hat glauben lassen.
Dein, mein Gundel, in Verehrung, in Dank und in großer Liebe
Dein Musel
am 2. Juli 1925

---

163 *Ottilie*] FG hatte ES am 28. Juni geschrieben: „Weisst du daß auf Capri die Aga mit meiner Ottilie ist? Sollte dich ein Abenteuer einmal hinführen, so würde es sich dir vielleicht lohnen das Kind zu sehen. Ach hätt ichs von Dir! Aber dann wären wir verheiratet!"
164 *Der Patti ... geschrieben*] FG hatte gefragt, ob Patti ES wegen der Übersetzung von FGs Caesarbuch geschrieben habe.
165 *der Meister*] Stefan George.

339. Friedrich Gundolf an Elisabeth Salomon.
Heidelberg. 7. Juli 1925

Mein angebetetes Musel:
Wenn du aus der Gnade gefallen wärest so wär ichs erst recht und ich
glaube nicht dass es so ist, ja ich glaube nicht, dass man es kann wenn
man drin war, und kein Einzelner, sei es selbst Jesus, verwaltet Gottes
ganzen Gnadenschatz. Viel Leid und Fluch, Not und Angst ist noch kein
Zeichen der Verwerfung.
Dein Spruch ist: Alles geben Götter die Unendlichen
                  Ihren Lieblingen ganz
                  Alle Freuden die Unendlichen
                  Alle Schmerzen die Unendlichen
                  Ganz.[166]
Dass wir nicht bürgerlich verbunden sind, Musel, das hat unsre Herzen
umso unlöslicher verbunden. Und Ruhe auf Erden gehört nicht zu Dir –
du wärst nicht das Musel, wenn du Frieden fändest und brächtest, dafür aber ist Dein alle Fülle des regsamen Lebens selbst, und die Glut,
das Feuer des Geistes und volles Schicksal! Sei nicht beklommen und
hadere nicht mit Deinem Los.

Was unsre Begegnung in Chur angeht, so merke ich beim Studium
der Wege, daß zwar ich über Chur komme, aber du nicht, du kommst
von Chiavenna her, und wir würden uns allerdings am besten erst in
Silsmaria selbst treffen, oder in Pontresina oder einem der grösseren En-
gadinplätze. *Ich muß noch genauer die Karte studiren.* Deine Kleider-
ordnung hab ich aufgehoben und memorire täglich eine Stunde daran.

Überdies hab ich keine Zahnlücke mehr, sondern unter Schmerzen
ein neues Gezinke.

Patti hatte Dir längst geschrieben und war sehr erstaunt keine Antwort zu kriegen. Der Brief ist wohl verloren gegangen.

Liebstes, dein gegenwärtiger leidenschaftlicher Zustand steckt mich
an, leide, Süsses, aber glaube nicht daß Du ausser der Gnade lebst!
Selbst dein Leiden ist ein Zeichen der Gnade.

Doch lassen wir diese tristen Grübeleien.
Liebe Deinen Corrado und vergiss auch mich nicht. Ich bin Dein in
ewiger Hingabe, Verehrung und Liebe

---

[166] *Alles geben Götter ... Ganz*] Bekannte Verse Goethes (1777).

Dein treuer
Gundel
Kann ich deinen apulischen Zeitungsgruss[167] nicht behalten? Warum
bekommst Du nicht mehrere Exemplare.

Adr.: Fräulein Dr. Elisabeth Salomon / Roma / Viale delle Belle Arti 7 int. 3 / presso
Garulli

340. Friedrich Gundolf an Elisabeth Salomon. Heidelberg. 12. Juli 1925

Mein angebetetes Musel:
Den Archipelago bekommst Du morgen, als papiers d'affaires.[168] Ich
werde also ins Fextal reisen und Dir von da noch entgegenfahren nach
Sils oder wo die Bahnstation ist. Alle Leute die dort waren schwärmen
übrigens für das Fextal. Über die weiteren Reisepläne werden wir hoffentlich dort sprechen – ich sehne mich nach Ruhe, will aber meinem
Musel, meiner geliebten Herrin möglichst zu Willen sein.

Und sei nicht traurig über dein Dasein – es gibt nichts was mich
mehr quält als die Schuld an Dir und die Angst Dir nicht Freude geben
zu können!

Das Gedicht, das ich in einer traurigen Nacht in Kiel geschrieben[169]
leg ich bei, laß Dich aber von den Todesgedanken darin nicht bedrük-
ken!

Von Mura bekam ich gestern einen bezaubernden Brief aus Paris –
sie ist eine so wohlgeratene anima wie sie ein wohlgeratenes animal[170]
ist.

---

[167] *apulischen Zeitungsgruss*] ES hatte FG eine regionale Zeitungsnummer zugeschickt, in der ein Photo von ihr abgedruckt war.
[168] *Den Archipelago ... papiers d'affaires*] ES hatte FG gebeten, ihr Bruno-Averardis Übersetzung von FGs Archipelagus-Aufsatz für Corrado Venanzi zu leihen.
FG wollte ihn als Geschäftspost senden.
[169] *Das Gedicht ... geschrieben*] FG war zur Beerdigung von Erika Wolters nach
Kiel gereist und hinterließ dort auch ein Gedicht auf die Verstorbene. (Wolters-
Briefwechsel, S. 253f.)
[170] *anima ... animal*] Wortspiel: lat. Seele und Tier.

Im Corriere d'Italia vom 21. Juni stand ein grosser hymnischer Aufsatz über meinen Caesar, unterzeichnet „Italicus".[171] Ist das nicht ein Leibblatt Mussolinis? Und weisst Du wer Italicus ist? es ist der Berliner Korrespondent des Blattes.

Was machen deine Einkünfte?

Dein Gazetta delle Puglie hat mich sehr erbost wegen des Unsinns deiner *französischen* Zeitungsmitarbeit,[172] es wäre fast gut das zu berichtigen oder weiß man in Italien den Wert von Interviews zu bemessen? Übrigens hübsche Folien[173] hast Du dir ausgesucht, ein Eichhörnchen unter Nilpferden!

Musel, ich küsse Dir die Hände und Knie – und liebe Dich mit all meinem Wesen, wie nichts sonst auf Erden!

Dein

Gundolf

Adr.: Fräulein Dr. Elisabeth Salomon / Roma / Viale delle Belle Arti 7 int 3 / presso Garulli

341. Elisabeth Salomon an Friedrich Gundolf.
o.O. [Rom] o.D. [etwa 15. Juli 1925][174]

Mein Herzensgundel, in den letzten Julitagen gehe ich für 2 Tage an den Lido von Venedig wegen der Bernfeldkinder.[175] Von dort nach Chiavenna – Sils, wo ich also am 4. VIII. wahrscheinlich eintreffe. Ich bleibe solange Du magst u. ruhebedürftig bist da, es hängt ja auch vom Wetter u. vom Geld ab. A propos, ich glaube nicht, daß es mir für die Fahrt reicht.[176]

---

[171] *Im Corriere d'Italia … Italicus*] Hinter dem Pseudonym des Rezensenten – Giulio Cesare nel libro d'un storico tedesco – verbarg sich der spätere deutsche Historiker Ernst Eduard Berger (1904–1950), damals noch Student in Berlin.

[172] *Dein Gazetta … Zeitungsmitarbeit*] In dem Bericht der Regionalzeitung stand offenbar fälschlich, daß ES für französische (statt für deutsche) Zeitungen schreibe.

[173] *Folien*] Die Reisebegleiterinnen ESs auf dem Zeitungsphoto der „Gazzetta delle Puglie".

[174] *etwa 15. Juli 1925*] Die ungefähre Datierung ergibt sich aus dem Bezug auf FGs Brief vom 12. und seiner Antwort vom 19. Juli.

[175] *Bernfeldkinder*] ESs Nichten, Ruth und Rosemi Bernfeld.

[176] *Apropos, ich glaube … reicht*] FG hatte sich am 12. Juni nach ESs Einkünften erkundigt.

Der Corriere d'Italia ist ein Nationalistenblatt, philofaschistisch, Du verwechselst es mit dem Ultrafaschistenblatt Corriere Italiano, der nach der Ermordung Matteottis eingegangen ist.[177] Nach Italicus will ich mich erkundigen. Es ist eine reine Druck-Schlamperei von der Gazetta delle Puglie Frankreich statt Deutschland zu setzen. Ich habe es auch sofort berichtigen lassen, aber es wäre kaum nötig gewesen, denn alle an der Gita[178] interessierten, kennen mich und wissen daß ich ein deutscher Chauvinist bin, u. die übrigen Leser denken doch überhaupt nicht drüber nach. Übrigens hat die Phothographie meine „Kolleginnen" nur so entstellt: die Maria Loschi[179] hat ein sehr schönes und kluges Römerinnengesicht; die Ester Lombardo[180] hat den Reiz einer französischen Kokotte (sie hat übrigens in der Tribuna einen Artikel publiziert unter der Überschrift: L'Imperatore Pugliese e la Dottoressa tedesca, in dem sie mir die naivsten Fragen in den Mund legt.[181] Der Umgang mit Journalisten ist wirklich höchst gefährlich); die Gräfin Fiumi[182] ist eine höchst harmlose Operettenfigur, u. nur die Amerikanerin Waterman[183] ist wirklich das Nilpferd das sie darstellt: die Suffraggette mit Liebesgelüsten in ihrer ganzen Karikaturhaftigkeit. Alle zusammen geben wir aber doch ein lustiges Bild von dem bunten Tiergarten des Herrn.

Wo hattest Du Rathenau's Bild hergekauft? Es sind hier noch andre die sichs direkt bestellen möchten.

Über Dein Gedicht[184] mag ich Dir nichts sagen – es ist mir zu furchtbar daß Du Dich im Jenseits und bis ins Jenseits von dieser Pein ver-

---

[177] *Der Corriere d'Italia ... eingegangen ist*] Die Zeitung „Corriere Italiano", deren Leiter Filippo Filippelli (1890–1961) – vormals Sekretär Mussolinis – in die Ermordung Matteottis verwickelt war, stellte in der Tat noch im Juni 1924 ihr Erscheinen ein.

[178] *der Gita*] Dem Ausflug, der Ausfahrt (nach Apulien) (ital.).

[179] *Maria Loschi*] Italienische Journalistin (1895–1963).

[180] *Ester Lombardo*] Journalistin und Schriftstellerin (1895–1982).

[181] *sie hat übrigens ... Mund legt*] La Tribuna (Rom) vom 25. Juni 1925; die „Naivität" bezieht sich darauf, daß ES nach dem Artikel Friedrich II. als deutschen Kaiser bezeichnet habe, wo ihn doch die Einheimischen als echten Apulier ansähen.

[182] *Gräfin Fiumi*] Maria Luisa Fiumi (1890–1966) war Journalistin und Schriftstellerin.

[183] *Waterman*] Avis Waterman, Italien-Korrespondentin für amerikanische Blätter. Näheres nicht ermittelt.

[184] *Über Dein Gedicht*] Wohl das „An mein Musel" überschriebene Gedicht mit der Anfangszeile „Wenn ich vor Dir hinüber geh".

folgt siehst. Wenn wir uns jetzt sehn mußt Du froher sein, mein Liebster, ich bin es auch.

Musel

342. Elisabeth Salomon an Friedrich Gundolf.
o.O. [Rom]. 28. Juli 1925

Mein Gundolf! Verzeih mirs wenn ich Dich nun doch betrübe und ein paar Tage später komme. Ich bin zu der Internazionalen Kunstgewerbe-Ausstellung in Monza[185] eingeladen (was genau an meinem Wege liegt) und kann wegen der Kränk jetzt noch nicht abreisen. Die Bernfeldkinder lasse ich nun ganz im Stich. Möchtest Du nicht ein paar Tage länger in Baden Baden bleiben???[186] Um oben in Fex nicht ungeduldig zu werden? Ach, Du wirst mir zürnen. Tu es doch nicht. Ich tauge nun einmal nicht für Pläne auf lange Sicht.

Dank für das Geld: ich habe ermäßigte, nicht freie Eisenbahnfahrt in Italien. Aber das Gepäck kommt dazu u. die Schweiz.[187]

Ich thelegraphiere Dir meine Ankunft nach Fex.

Ach, ich bin an einem recht kritischen Moment angekommen, Du wirst mir sehr sehr helfen müssen – wie so oft.[188]

Sorg Dich nicht wegen der Kleider, es wird schon alles recht sein. Und denke nur an mögliche Kälte u. Unwetter.

Mit Frau Curtius korrespondiere ich bereits seit ¼ Jahr wegen ihrer Wohnung;[189] ohne rechtes Resultat. Aber ihre Briefe sind von unwider-

---

[185] *der Internationalen ... in Monza*] Diese Veranstaltung fand 1925 zum zweitenmal in Monza statt; später wurde sie nach Mailand verlagert.

[186] *in Baden-Baden bleiben*] FG hatte angekündigt, am 30. Juli für zwei Tage nach Baden-Baden zu Arthur Salz zu fahren.

[187] *ich habe ermäßigte ... Schweiz*] FG hatte vermutet, daß ES wegen ihres Status als Journalistin freie Eisenbahnfahrt in Italien habe.

[188] *Ach, ich bin an einem ... wie so oft*] FG reagierte darauf mit den Worten „Hoffentlich gelingt es mir, Dein Herz wieder zu glätten. Behalt mich nur lieb, liebstes Wesen. (Ein bischen verrückt sind wir allebeide) Halbe Narren sind wir alle / Ganze Narren sperrt man ein / Aber die Dreiviertelsnarren / Machen uns die grösste Pein."

[189] *Mit Frau Curtius ... Wohnung*] FG hatte ES angekündigt, daß sein Kollege, der Archäologe Ludwig Curtius (1874–1954) mit seiner Frau Edith (1885–1932) demnächst für ein halbes Jahr nach Rom käme. Curtius wurde später Direktor des Deutschen Archäologischen Instituts in Rom.

stehlichem Witz und Grazie. Ich reise 2. Aug. abends hier ab. Eine ev.
Nachricht erreicht mich in Monza, Villa Reale (dort wohne ich wirk-
lich!), „Mostra Internazionale Delle Arti Decorative". –
Viele Grüße an Salz und Familie.
Laß mich Dir auch so noch willkommen sein.
Musel
28 / VII / 25

343. Elisabeth Salomon an Friedrich Gundolf. Rom. 7. Oktober 1925

Mein über alles geliebter Gundel, (der erste Brief aus Venedig[190] mit
Gundi war noch vor dem i-Verbot abgegangen, weil Du gleich bei Deiner Ankunft Post haben solltest). Mir ist zu spät die furchtbare Er-
kenntnis gekommen daß der Cook (manaccia alla miseria) uns eine falsche Auskunft gegeben hat u. Du unmöglich schon früh um 6 in
München sein konntest. Hoffentlich war es nicht ein wirklich miserabler Zug, wie ich fürchte, wegen dem Trema auf dem h[191] – so daß Du
nicht außer der Enttäuschung noch andre Leiden ausstehn mußtest.
Mein Zug war auch ziemlich voll, so daß ich nur wenig geschlafen
habe und totmüde hier angekommen bin. Der Corrado war an der
Bahn. Errätst Du was wir am gleichen Tag noch getan haben? Sicher,
da Du Dein Musel kennst: fürchterlich gestritten. Und über ein ganz
theoretisches Problem! Nein, ich möchte es doch wirklich mal mit
einem primitiven Menschen, z.B. einem Zirkusreiter oder so zu tun haben. Für die Unbequemlichkeit der Reise bin ich durch die Gesellschaft
eines Generals[192] entschädigt worden, der mir interessante Dinge erzählt hat, u.a. folgende Geschichte die ich Dir wegen Deiner Bewunderung für den Duce nicht vorenthalten will: als dieser das Kriegsministerium übernahm, liess er die kommandierenden Generäle der
einzelnen Provinzen je einen obersten Vertreter für jedes Land (Tos-
cana, Veneto, Piemont etc) wählen u. rief diese (11 im ganzen) zusammen u. jeder mußte über sein Land Bericht erstatten. Diese Berichte ha-

---

[190] *aus Venedig*] FG und ES hatten den August und September gemeinsam im En-
gadin und in Venedig verbracht. FG war am 5. Oktober nach München zu Kahlers und Lili Waetzoldt gereist, ES nach Rom.
[191] *daß der Cook … auf dem h*] Offenbar ist ein Reiseführer mit Zugfahrplan gemeint. – Italienischer Fluch, etwa: Verdammtes Elend.
[192] *eines Generals*] Nicht ermittelt.

ben 2 Stunden gedauert, während der M. immer Männchen gemalt hat anstatt Notizen zu machen, wie man erwartete. Sie glaubten nun, er würde wie jeder andre Kriegsminister die schriftlichen Berichte studieren u. sie nach einigen Tagen wieder zusammenrufen. Stattdessen hat er sie gebeten, ihn zu unterbrechen, falls er etwas wesentliches vergessen oder geändert habe u. hat sofort in 20 Minuten alle 11 Berichte zusammengefaßt ins Stenogramm diktiert mit den entsprechenden Maßnahmen, die daraus folgen. Mein General ist Antifaschist, aber er war starr vor Bewunderung (er ist der Vertreter des Veneto) u. sagt im Kriegsfall wäre M. der erste General des Landes. – „Siehst Du?“ sagst Du mir nun. „Ja, ich sehe!“[193] –

Der alte Handkoffer ist ziemlich zertrümmert an der Schönen Künste-Allee[194] angekommen u. rechtfertigt so noch mehr die Anwesenheit des neuen. Beim Überblick über meine ausgepackten Sachen seh ich daß Du mich übertrieben verwöhnt hast. Es bedarf zwar nicht eines so augenfälligen Beweises, aber es beschämt mich doch ein wenig, zumal wenn ich denke, was für ein armer Schlucker ich bin, dessen Küsse Dir oft bitterer als süß sind. Geliebter Du! Du hast mich trotzdem lieb und drum hab ich beschlossen mich doch über alles einfach zu freuen. Dein Musel
Rom am 7. X. 1925

344. Friedrich Gundolf an Elisabeth Salomon.
Heidelberg. 12. Oktober 1925

Mein angebetetes Musel:
Ich bin wieder in Heidelberg und habe einen solchen Berg von Post vorgefunden dass ich mehrere Tage brauche um sie zu sichten. Deine beiden Briefe nach München rühren mein Herz bis zu seinem Grund

---

193 *„Siehst Du … sehe!“*] Eine Woche später, am 15. Oktober, konstatierte ES gegenüber FG: „Das ‚Governo nazionale‘ hat jetzt eine fast unbestrittene Macht erreicht, so daß z. B. die der Anstiftung zum Mord an Matteotti beschuldigten alle freigesprochen und aus der Haft entlassen worden sind, ohne daß die geringste Unruhe entstanden ist. Andrerseits wird jede Gewalttat von einem Faschisten gegen Gegner sofort innerhalb der Partei mit strengen Disziplinarstrafen oder Parteiausschluß bestraft. Das Gesamtbild hat sich sehr geändert seit einem Jahr“.
194 *Schönen Künste-Allee*] Scherzhafte Übersetzung von ESs römischer Adresse: Viale delle Belle Arti.

und ich fühle nur daß ich dich unerschöpflich Lieben muss wie das Leben wodurch ich da bin, du süsseste und mit all deinen wilden Flam-
men und Flügeln guteste aller Kreaturen.

Morgen fahr ich nach Berlin.

Mit Wolfskehl der den Winter in München bleibt hab ich dein Lob
gesungen, dein moralisches – das andre versteht sich von selbst. Wegen
deiner Übersetzerpläne wollte er dir schreiben. Auch Preez hat keinen
Redaktor gefunden, der deine Reiseberichte begehrt, alle haben schon
Correspondenten. Mach dir aber keine Sorgen wegen des Erwerbs –
solang ich lebe sollen das die meinen sein.

Fex und Venedig glühen jetzt erst in ihrem vollen Licht – alles durch
dich und für dich.

Von Wolters ist ein deutsches Lesebuch[195] angezeigt das viel verheisst.

An Magda schreib ich demnächst!

Dich umfass ich mit aller Liebe deren ich fähig bin, mein schönes
süsses Wesen mein einziges Musel!

Ich bin ganz Dein

Gundel

Abs.: Gundolf / Heidelberg / Schlossberg 55 – Adr.: Fräulein Dr. Elisabeth Salomon
/ Roma / Viale delle Belle Arti 7 int 3 / presso Garulli / Italien

345. Elisabeth Salomon an Friedrich Gundolf.
o.O. [Rom]. 26. Oktober 1925

Mein bestes Gundelherz, als Du mir aus Goslar[196] schriebst hattest Du
offenbar meinen ersten Brief nach Berlin noch nicht. Hast Du ihn jetzt?
Ich dank Dir auch für die hübschen Karten von dort: sie erwecken mir
dringend den Wunsch diese Stätten einmal mit Dir zu bereisen. Man
kann auf die Dauer nicht nur mit Cypressen u. Oliven auskommen.
Ebensowenig wie man täglich Maron Glacé essen kann.

Der Giorgione macht mir eine Riesenfreude wegen der Bilder. Den
Hartlaubschen Text könnte ich entbehren: Ich kann mit „Musikalisch-
erotisches Gemeinschaftsidyll in verschwiegener Natur" das Pariser Ge-

---

[195] *Von Wolters ... Lesebuch*] Friedrich Wolters: Der Deutsche. Ein Lesewerk. 5 Bde.
Breslau: Hirt. 1925–27.

[196] *Goslar*] FG hatte dort einen Vortrag über „Caesars Bild von Hegel bis Mommsen" gehalten. Der Brief ist vom 18. Oktober.

mälde z.B. weit weniger noch identifizieren als mit seinem üblichen Namen „Konzert".[197] Das Wolters'sche Lesebuch ist eine schöne Sammlung. Solche Zusammenstellungen sind für Nichtleser wie ich gerade das richtige.

Wenn Du mir zum Geburtstag durchaus noch was Gutes tun willst: ich hätte gern eine handliche, gut lesbare Lutherbibel.

Ich geb der Vera Mädler wieder kunstgeschichtlichen Unterricht u. der Graziadei ist doch wieder da u. hat mir eine neue Schrift zur Übersetzung gegeben,[198] so daß ich schon wieder leidlich versorgt bin. Trotzdem bitte ich Dich, meinen Übersetzungsplänen für etwas schönes und wichtiges weiter nachzugehn. – Kannst Du mir den „Türmer" verschaffen in dem das Günderodelob steht?[199] – Mit Locarno können wir scheinbar ganz zufrieden sein.[200] Die Italiener haben dort wohl keine

---

[197] *Der Giorgione ... „Konzert"*] Es handelt sich um ein Buch des Kunsthistorikers Gustav Friedrich Hartlaub (1884–1963): Giorgiones Geheimnis. Ein kunstgeschichtlicher Beitrag zur Mystik der Renaissance. München 1925, wo sich auf Tafel 33 das entsprechende Bild von Giorgione (1478–1510) mit dem angegebenen Text befindet.

[198] *der Graziadei ... gegeben*] Antonio Graziadei (1873–1953) war Professor für Nationalökonomie, Parlamentsabgeordneter und Mitbegründer der Kommunistischen Partei Italiens. ES übersetzte insgesamt drei Werke von ihm: Preis und Mehrpreis und ihre Beziehungen zu Konsumenten und Arbeitern. Berlin/Bozen 1925; Der Begriff der Mehrarbeit und die Werttheorie. Die Mehrarbeit als Klassenphänomen. Berlin/Bozen 1925; Die Werttheorie und das Problem des „Konstanten" (Technischen) Kapitals. Berlin/Bozen 1926. FG antwortete darauf mit der – wohl nur halb scherzhaften – Bemerkung: „Ich habe dir noch gar nicht für deine Übersetzung gedankt: der Vollständigkeit des Muselschen Schaffens wegen ist sie unentbehrlich: ob mir ihr Inhalt dauerndes Seelengut wird ist fraglich. Und hoffentlich bekommst du keinen Gummiknüttel über den Kopf wegen Beihilfe zur Verbreitung rötlicher Gedanken".

[199] *Kannst Du mir ... steht*] In einem Artikel „Lyrische Ernte" von Ernst Ludwig Schellenberg wird ESs Günderode-Ausgabe kurz gelobt „alles Wesentliche ist geboten und sorgsam angeordnet". In: Der Türmer. Monatsschrift für Gemüt und Geist. Hg. v. Friedrich Lienhard. 27 (1925). S. 550 (Septemberheft).

[200] *Mit Locarno ... zufrieden sein*] Vom 5. bis 16. Oktober 1926 hatte in Locarno eine diplomatische Konferenz stattgefunden, als deren Ergebnis u.a. Deutschlands neue Westgrenze von England und Italien garantiert wurde. Der Vertrag von Locarno war ein bedeutsamer Schritt zur Normalisierung der europäischen Verhältnisse nach dem Ersten Weltkrieg. FG hatte zu dem Thema am 25. Oktober geschrieben: „Locarno ist gewiss ein wichtiges im ganzen nicht unerfreuliches Zeichen für die Sittigung, aber auch die Verherdung Europas, daß es wirklichen Krisen, die durch einen neuen Massenwahnsinn oder Herrschdrang jederzeit entstehn können, standhält, glaub ich nicht; doch eine Fessel für böse

ganz glückliche Rolle gespielt. Ich begreife überhaupt nicht warum sie sich daran beteiligt haben, ohne daß der geringste Gewinn für sie abgefallen ist. Übrigens kann man hier keine Zeitung lesen ohne eine gehässige Bemerkung gegen Frankreich drin zu finden.

Bitte um die Adresse von Frau Schnitzler.[201]

Hier seh ich außer der Magda u. dem Corrado bisher nur Mercedes Crispi[202] u. den Curio manchmal.

Der Curtius hat neulich einen glanzvollen Vortrag gehalten: es war spannend wie bei einem Kriminalfilm u. ich bin recht froh daß so ein wenig Heidelberger Atmosfäre hier ist. Eben war der Lechter auf der Heimreise einige Tage da und wie immer sehr lieb, aber doch recht leidend, besonders sein Herz scheint sich verschlechtert zu haben. Er hat zwei Meer-Landschaftsbilder in Pastell mitgebracht: ergreifend und singulär schön. Ähnliches habe ich überhaupt nie, nicht mal von ihm selbst gesehen. Die Marguerite Hoffmann entwickelt sich dagegen immer mehr zur stupiden Gans: sie schimpft in albernster Weise über den „Kreis" und affektiert in Franzosentum u. Katholizismus, dabei hat sie den Namen Ignatius Loyola[203] noch nie gehört u. spannt im Pantheon den Regenschirm auf. Das ärgste ist aber ihr herzloses Wesen gegen den Lechter, für den sie wirklich nicht für 1 Soldo[204] Verständnis hat. Ich glaube, ihm wäre mit einem einfach praktischen und natürlich liebenswürdigen Mädchen zur Reisebegleitung etc. besser gedient. Sie geht ihm auch sichtlich auf die Nerven. Es hat ihm übrigens weh getan, daß niemand an seinen 60. Geburtstag am 2. Oktober gedacht hat. – In meinem Garten blühn die Mimosen. Ich bin Dein in steter dankbarer Liebe.
Musel
26–10–25

Triebe ists einstweilen, bis ein neuer Weltzustand alle alten Bindungen wieder lockert".

201 *Frau Schnitzler*] Olga Schnitzler (1882–1970) lebte damals getrennt von ihrem Mann, Arthur Schnitzler, in Baden-Baden. Was ES von ihr wollte, ist nicht bekannt.

202 *Mercedes Crispi*] ESs frühere Zimmerwirtin.

203 *Ignatius Loyola*] Ignatius von Loyola (1491–1556), der Gründer des Jesuitenordens.

204 *Soldo*] Italienische Münze.

346. Elisabeth Salomon an Friedrich Gundolf.
    o.O. [Rom]. 29. Oktober 1925

Geliebter Gundel, ich korrespondier doch schon seit nem Jahr mit dem Fritz wegen dem unseligen Geldschrank (in dem ein eingesperrter Groschen seit Jahren keine Zinsen trägt). Aber er ist zu trottelhaft dazu. Ich hab jetzt die Pepa beauftragt u. ihr 20 % vom Nettoertrag dafür geboten.[205]

Gundel, süßer Gundel. Wenn ich an Dich denke, kann ich nicht begreifen wie man zornig gegen Dich sein kann. Sicher nur, weil ich überhaupt so ein Jähzornspinkel bin. Du bleibst mir Mittelpunkt und Seele meiner ganzen Existenz. Aber zurück zum business, sonst werd ich noch sentimental: mit der Passauerstr. ists schon recht – ich habe an die Liesel geschrieben.[206] Ein Bekannter von mir Herbert Belmore[207] (Deutsch-Engländer) gründet ein Buchantiquariat hier und ist eben beim großen Einkauf. Falls Du also was abzugeben hast, schreib mir die Offerten. Dann hast Du gleich eine Kasse für neue alte Bücher.

Hast Du meinen zweiten langen Brief nach Berlin bekommen?

Die Florenzer Faschistenaffären sind zum großen Teil wahr.[208] Die Schuldigen sind aber alle abgesägt u. bestraft. Jetzt ist auch die Asso-

---

[205] *ich korrespondier doch … geboten*] Offenbar befand sich ein ES gehörender Schrank in einem früheren Büro Berthold Vallentins, dessen Entfernung die jetzigen Mieter verlangten. FG hatte ES von Berlin aus im Auftrag Vallentins daran erinnert und ihr vorgeschlagen, ihren Bruder Fritz Salomon mit dem Verkauf des Schranks zu betrauen.

[206] *mit der Passauerstr. … geschrieben*] ES hatte FG gebeten, ihr aus Ihrer Berliner Wohnung ein Englisch-Wörterbuch und ihre Mokka-Löffel zuzuschicken, was FG wegen Zeitnot abgelehnt hatte: „schreib lieber an die Liesel selbst .. ohnehin habe ich keine Lust diese jetzt zu sprechen .. es sind allerlei missliche Nebenerinnerungen seit Andls Scheidung“. – ESs Schwester Anne Bernfeld hatte sich am 11. August 1925 von Siegfried Bernfeld scheiden lassen, der nun in Berlin lebte und mit Elisabeth Neumann liiert war. In den folgenden Jahren sollte Siegfried Bernfeld dort weiterhin auf den Gebieten der Psychoanalyse und der Reformpädagogik tätig sein; 1934 emigrierte er und setzte seine Arbeit schließlich 1937 in San Francisco fort.

[207] *Herbert Belmore*] Herbert William Belmore (1893–1978), Freund und Schulkamerad Walter Benjamins, betrieb in der Tat zwischen den Weltkriegen ein Antiquariat in Rom; später lebte er als Bibliothekar in England, dann wieder in Rom.

[208] *Die Florenzer … wahr*] In Florenz war es am 3. Oktober zu Ausschreitungen der Faschisten insbesondere gegen Freimaurer gekommen, wobei mehrere Menschen umgebracht wurden.

ciazione della Stampa durch Staatsdekret faschistisch geworden. Die Macht im Innern ist ziemlich uneingeschränkt.[209] Dem Ausland gegenüber scheint das Ansehn dagegen sehr gering.

Zum Faust gratulier ich Dir aufrichtig.[210] Niemand hat ihn mehr verdient als Du.

Die Marguerite erzählt von großer Herrschsucht Deiner Tochter. „Ich will Dich mit Stricken binden" hat sie zum Lechter gesagt. „Sehr nach Gundolfs Geschmack" fügt die M. mit boshaftem Lächeln hinzu. Da sie das selbst kaum konstatiert haben wird, kann doch nur die Agathe diese Schlafzimmer-Indiskretion begangen haben. Ich habe ganz dumm getan u. gesagt: „aber der G. ist doch im Gegenteil so gutmütig und ungrausam wie nur möglich".

Neulich traf ich den Conte Colonna[211] u. er bat mich, ihm für eine Arbeit über Goethe in Italien eventuelle Bilder von Goethe zur Reproduktion zu leihen. Ich hab ihm einen alten häßlichen Druck geschickt u. durch eine Unklarheit in meinen Worten hat er den als „dono squisito"[212] behalten. Nun kann das aber nur Ironie sein oder wenn auch nicht: ich geniere mich einen so schlechten Papierfetzen als Geschenk zu geben. Möchtest Du mir nicht ein andres nicht großes aber gut erhaltenes Exemplar eines schönen Goetheportraits besorgen? Vielleicht ein Stich?

Wie wars in Breslau?[213] Cohns? Hast Du in Berlin die Cedel u. die Trude Cassel gesehn?

---

[209] *Jetzt ist auch … uneingeschränkt*] Im Verlauf des Jahres 1925 hatte Mussolini die staatlichen Organe und die gesellschaftlich relevanten Einrichtungen zunehmend der faschistischen Diktatur unterworfen, so auch das Pressewesen. – Am 3. Februar 1925 hatte ES FG geschrieben, daß sie „Mitglied der Assoziazione della Stampa" geworden sei, „und dadurch hab ich auch innerhalb der Stadt eine Unterkunft in den schönen Clubräumen der Piazza Colonna mit Fauteuil, Zeitungen und Schreibtischen".

[210] *Zum Faust … aufrichtig*] FG hatte ES geschrieben, daß er neulich die langgesuchte Erstausgabe des Goethe'schen „Faust" von 1790 gefunden habe.

[211] *Conte Colonna*] Gustavo Brigante Colonna Angelini (1878–1956), italienischer Schriftsteller und Journalist.

[212] *„dono squisito"*] Außerordentliches Geschenk.

[213] *Wie wars in Breslau?*] FG antwortete darauf am 2. November: „In Breslau war ich bei Kohns, nur sie traf ich an, und wir schwärmten zusammen von Dir. Friedel ist in Stettin, Gerhard in Dresden, Stefan war in Palästina. Mein Vortrag hat die Leute ziemlich erschlagen oder mitgerissen – ich war aber auch in besonders vollem Zustande und mehr als ich meist bin". FG sprach über George.

Tausend innige und zärtliche Küsse Deines
Musel
29–10–25

347. Friedrich Gundolf an Elisabeth Salomon.
Heidelberg. 13. November 1925

Geliebtes Musel:
Nein, ich versage mir nichts, und alles was ich haben oder kaufen könnte, würde mir zur Last und zum Vorwurf, wenn ich dich darbend wüsste.[214] Ich rechne doch mit der Möglichkeit dass einem selbständigen Gemüt die Luft im neuesten Italien unerträglich werden könnte. Wenn übrigens dem Duce das geringste zustösst,[215] (und davor ist er doch nicht sicher, wenn er einen Zustand schafft worin einer Unzahl leidenschaftlicher und rabiater Menschen Leben und Tod gleichgültig werden) dann gibt es da unten ein Chaos. Du weisst daß ich ihn bewundere, wenn auch durchaus nicht verehre, aber alles was er jetzt macht oder duldet, ruft die Nemesis, nicht die moralische, sondern die dynamische .. „das Gleichgewicht der ungeheuren Wage."[216] Einerlei ob seine Hybris jezt nötig und heilsam ist, sie wird ihn früher oder später verderben, wie sie edlere und grössere Vermessene verdorben hat. Zunächst freilich ist er selbst Nemesis für die liberale Idiotie, wie Lenin[217] für die Zarische.

Den Möller[218] hab ich dir geschickt.

---

[214] *Nein, ich versage … wüsste*] ES hatte am 8. November geschrieben: „Du hast mich schon wieder so reich beschenkt, Gundel, daß ich wirklich eine sorgenfreie Zeit vor mir sehe. Aber entbehrst Du nichts für Dich selbst? Ich will nicht daß Du Dir auch nur ein Buch versagst oder gar eine Hummermayonaise."

[215] *Wenn übrigens … zustösst*] Am 4. November 1925 war ein Attentat auf Mussolini durch den sozialistischen Politiker Tito Zaniboni (1883–1960) von der Polizei verhindert worden.

[216] „*das Gleichgewicht der ungeheuren Wage*"] Zitat aus Georges Gedicht „Algabal und der Lyder" aus dem „Siebenten Ring".

[217] *Lenin*] Wladimir Iljitsch Lenin (1870–1924), Führer der russischen Oktoberrevolution und Regierungschef der Sowjetunion.

[218] *Möller*] Gemeint ist das Buch „Die italienische Schönheit" (1913) des Schriftstellers und Kulturhistorikers Arthur Moeller van den Bruck (1876–1925), das sich ES erbeten hatte.

Für den Epikon schreib ich kein Nachwort,[219] ich habe weder Lust noch Beruf dazu, ich müsste den ganzen Manzoni wieder lesen, um etwas zu schreiben, das meiner und seiner wert würde, und dazu hab ich nun gar keine Zeit. Das Schreiben fällt mir nämlich gar nicht so leicht, wie man meint: ich muss mich mit einer Sache imprägniren, eh ich nach ihr riechen kann.

Den George-vortrag hab ich doch in der kürzeren Fassung vorgetragen, es war unmöglich, den Leuten zwei Stunden zuzumuten, und voll und dicht genug wirkte er schon so. Gedruckt wird er nicht.

Hast du den Zarncke, die Bibel, das Mittelalterliche Italien,[220] das Geburtstagsgedicht bekommen?

Warum übrigens sollst du dem Colonna nicht bei seinen Arbeiten helfen können: ich meine das wäre eine dir gelegene Arbeit. Sei nur nicht zu kleingläubig.

Das Muselbuch N. III mit dem Wildledereinband ist nun voll: ich hab es abschreiben lassen, und behalt es noch bei mir: es sind genau 50 Gedichte. Wenn du es aber nicht erwarten kannst bis Weihnacht oder Wiedersehn, dann schick ich Dirs.

Mein Kolleg über Luther ist voll .. hoffentlich krieg ich ein paar hundert Mark: ich muß schon wieder zum Zahnarzt.

Und nun, Liebstes, Bestes, auf der Welt, tausend Küsse in dein herrliches Herz hinein von Deinem treuen G.

Abs.: Gundolf / Heidelberg / Schlossberg 55 – Adr.: Fräulein Dr. Elisabeth Salomon / Roma / Viale delle Belle Arti 7 int. 3 / presso Garulli

---

[219] *Für den Epikon ... Nachwort*] ES übermittelte FG am 8. November den Wunsch Emil Alphons Rheinhardts (1889–1945), eines früheren Lektors des Drei Masken Verlags, der nun für den Paul List Verlag die Reihe „Epikon. Eine Sammlung klassischer Romane" betreute, das Nachwort für eine Ausgabe von Manzonis „I promessi sposi" zu schreiben.

[220] *Hast Du ... Italien*] „Zarncke" – Friedrich Zarncke (1825–1891) war Germanist – ist wohl eine gedankenlose Verschreibung FGs für „Ranke"; ES bedankt sich am 13. November für dessen schon früher übersandte „Päpste", für die Bibel sowie für den Bildband von Nello Tarchiani: Das mittelalterliche Italien. München 1925.

348. Friedrich Gundolf an Elisabeth Salomon.
Heidelberg. 16. November 1925

Mein Liebstes!
Eigentlich hab ich, von zahllosen kleinen Zasseldeiges[221] abgesehen,
die mehr aus den Nerven als der Seele kommen, nur noch *eine* grosse
Herzenssorge: das ist die um Deine Zukunft, falls ich sterben sollte.
Früher hab ich mich auf den Tod fast gefreut, seit ich aber ganz Dein
bin und du mein, hab ich eine grosse, transzendente Angst davor. Wir
müssen schon zusammen fort, sonst ists zu trist für jedes von uns, zu
überleben. Denn nur die Liebe hält auch das Schaffen wach.

Von der Anndl bekam ich gestern einen Brief und hab ihr gleich geantwortet.[222]

Die Histoire de J. C. besitz ich natürlich längst, Schatz, sie ist von
Napoleon III und in jedem Antiquariat etwa ein halbdutzendmal vorhanden.[223]

Ferrero ist wie du sagst, ein banaler Bursch, sehr geschickt, fix und
gemein, etwa wie Emil Ludwig bei uns[224] .. nichts widriger als viel können und kennen gepaart mit subalterner Seele.

Die Mercedes Crispi hat Recht: du bist wirklich ein wunderbares
Wesen[225] .. eins der wenigen Weiber übrigens die wachsen und steigen
mit den Jahren.

Mir liegt was sehr ärgerliches auf: ein Weib das ich nicht mag, gegen
die ich aber sachlich nichts fassbares sagen kann, gescheit und zäh, will
sich hier habilitiren und mir liegt das Referat bei der Fakultät ob.[226]

---

[221] *Zasseldeiges*] Etwa: verschiedene Sorgen um Kleinigkeiten.

[222] *Von der Anndl ... gleich geantwortet*] ES hatte FG am 13. November gebeten:
„Schreib doch der Andl mal (Paris XIII, 5 square Arago, chez Mme Margneu-
aux). Es geht ihr herzlich schlecht und sie braucht manches gute Wort".

[223] *Die Histoire ... vorhanden*] Der französische Kaiser Napoleon III. (1808–1873)
hatte 1865/66 eine zweibändige „Histoire de Jules César" veröffentlicht. ES
hatte FG gefragt, ob er das Buch haben wolle.

[224] *Ferrero ist ... bei uns*] Der italienische Historiker Guglielmo Ferrero (1871–1942)
hatte 1925 „Le donne dei Cesari" veröffentlicht, ein Buch, das FG von ES erhalten hatte; der Schriftsteller Emil Ludwig (1881–1948) war v.a. als Verfasser
populärer Romanbiographien bekannt.

[225] *Die Mercedes ... Wesen*] ES hatte am 13. November geschrieben: „Ich bin jetzt
oft mit Mercedes Crispi zusammen. Sie macht mir eine Reklame als wenn sie Ty
oder Gundolf hiesse und zwingt alle Menschen mich zu bewundern".

[226] *ein Weib ... Fakultät ob*] Es handelt sich um die FG schon von früher her
bekannte Germanistin Melitta Gerhard, deren Versuch zur Habilitation an der

Mir ist eine Privatdozentin, die keine Weise oder Seherin ist, sondern nur ein Hirn, grundsätzlich und gefühlsmässig zuwider, aber ihre Arbeit muss ich loben, und mir sträubt sich mein Anstand, meine Gefühle gegen jemand zu seinem Schaden geltend zu machen.

de Pinedo?[227] Was ist das?

Was macht übrigens Cogolo??[228]

Ich küsse dein Herz, herrlichstes Liebes Wesen!

Adr.: Fräulein Dr. Elisabeth Salomon / (presso Garulli) / Roma / Viale delle Belle Arti 7. int 3

349. Elisabeth Salomon an Friedrich Gundolf.
o.O. [Rom]. 19. November 1925

Mein treuer süsser Gundel,

wenn Dich die Sorge um mein ergehen am Leben erhält soll sie mir recht sein, weil Dein Leben durchaus noch nicht erschöpft ist und weil ich will daß Du lebst. Abgesehn davon sinds ziemlich unnütze Daiges: „schlimmstenfalls wird man unglücklich" hast Du selbst mich gelehrt.

Ich habe in dem Ferrero einen Fehler gefunden: er macht die Agrippina zur Frau von Caius Cesare.[229] Abgesehn davon daß es historisch nicht stimmt, wärs auch theoretisch unmöglich weil sie seine Schwester (Vater *u.* Mutter identisch) war, wie er selbst vorher sagt. Es ist an sich nicht wichtig, stört aber meinen Ordnungssinn. Wenn Du meinst

---

Universität Heidelberg vornehmlich an seinem Votum scheitern sollte, die sich dann 1927 in Kiel als erste Germanistin in Deutschland habilitierte und später als Professorin in Amerika lehrte.

[227] *de Pinedo*] ES hatte am 13. November geschrieben: „Rom hat eine Hochflut von Festen hinter sich: Marcia su Roma, Allerheiligen, Vittorio Veneto, Allerseelen, Mißglücktes Attentat, De Pinedo, Geburtstag des Königs. Mich hat natürlich am meisten der De Pinedo gefreut, die Regierung hingegen das Attentat". – Francesco de Pinedo (1890–1933) war ein italienischer Pilot, der im Frühjahr 1925 einen Langstreckenflug von Italien nach Japan, Australien und wieder zurück unternahm.

[228] *Cogolo*] Wohl von ES übernommener individueller Kosename für Corrado Venanzi.

[229] *Ich habe … Cesare*] Agrippina (14 v. Chr. – 33 n. Chr.) war in der Tat die Schwester von Gaius Caesar (20 v. Chr. – 4 n. Chr.), dem Adoptivsohn und designiertem Nachfolger des Augustus (63 v. Chr. – 14. n. Chr.)

daß ich ihn drauf aufmerksam machen kann, so setz mir doch einen Brief auf.

Deinem Gefühl gegen die Habilitantin kann ich nicht recht geben: wenn ihre Leistung gut ist, ist das Geschlecht genau so unwichtig wie die Konfession.

De Pinedo ist ein italienischer Flieger, der in relativ kurzer Zeit nach Indien u. Japan geflogen u. jetzt zurückgekommen ist. Es ist hier ungeheuer viel mit diesem „Nationalhelden" hergemacht worden.

Cogolo schreibt an ungeheuer gescheiten Arbeiten und macht tiefsinnig-witzige Gedichte in Dialetto romanesco. Er zersplittert sich, fürcht ich, an zu vielen Begabungen. Mir ist er weiter eine ständige Herzensfreude. Übrigens hat er gestern ganz spontan, ohne von mir interviewt worden zu sein Caesar u. Alexander gegenübergestellt u. zu dessen Ungunsten entschieden: Griechenland habe sein größtes Wort schon längst vor A. im perikleischen Zeitalter gesprochen, C. dagegen habe Rom das größte gegeben was Rom zu geben hatte. Er sieht auch ungerecht in A. nur den Conquistatore u. in C. eine wirkliche Bereicherung des Lebens. In Deinem Interesse habe ich mir keinen Widerspruch erlaubt.

Wenn das Attentat auf M. geglückt wäre so hätte es hier eine furchtbare Bartholomäusnacht gegeben. Aber ich glaube, es hat nicht glükken können, weil es von faschistischer Seite aus Propagandagründen erwünscht u. vielleicht sogar mit angezettelt war. –

Ich kann mit dem Colonna nicht zusammen arbeiten weil ich schon jetzt spüre daß seine noch durchaus in reservierten Formen gehaltene Neigung sich intensivieren würde. Und ich habe gelernt daß entfachtes Feuer sich viel schwerer löschen läßt als eine Brandstiftung vermeiden. Ich bekäme Schwierigkeiten erst mit der Contessa, dann mit dem Corrado, dann den Tratsch der Bekannten und schließlich den Krach mit ihm und die Arbeit würde ein häßliches Ende nehmen.

Ich lebe hier halb im Orient, halb im Mittelalter und die geringste Unvorsichtigkeit würde mir die allgemeine Mißachtung einbringen, und Du weißt daß ich unter nichts mehr leide als unter der Nichtachtung meiner Mitmenschen, sei sie auch noch so unberechtigt. Dagegen werd ich vielleicht Colonnas „Roma Papale" übersetzen[230] – das kann ich fern von ihm tun. Es ist kein tiefes oder bedeutendes Buch, sondern leicht, angenehm, aus anderen zusammengeschrieben. Der Lißt-Verlag

---

[230] *Colonnas „Roma Papale" übersetzen*] Zu einer Übersetzung des 1925 erschienenen Buches kam es nicht.

interessiert sich dafür. Ich brauche nun eine Bestätigung meiner Qualitäten für den italienischen Verleger: möchtest Du so lieb sein, mir die in der Form die Dir angemessen erscheint, zu schreiben (in deutsch natürlich)? Er weiß nicht daß ich Dein Musel bin, wohl aber sein Vertrauensmann daß Du der große Gundolf bist. Das ist finanziell auch viel günstiger als eine literarische Mitarbeit.

Schick mir das Gedichtbuch zu Weihnachten.

Wie gehts Deinen armen geplagten Zähnen?

Kann ich den Türmer (Günderode) haben?

Ich leg Dir einen Brief der Frau Cohn bei, weil so viel liebes über Dich drin steht. Bitte zurück.

Und dann eine Drucksache die das Ty mir heut geschickt hat, am gleichen Tag, an dem ich die ebenso überschriebene Anekdote im Simplizissimus („gegen Elli ist Mae Murray eine schwerfällige Schildkröte....“) gelesen hab: Elli wird scheints Mode wie Julius Caesar.[231]

Mit Siegfried hab ich mich ausgesöhnt: die Andel hat sich wirklich unbegreiflich benommen.[232]

In zärtlich inniger Liebe Dein

Musel

19–11–25

Hast Du den Graziadei bekommen? Curtius hat mir seine Mater Matuta geschenkt.[233]

---

[231] *Und dann eine ... Caesar*] Dem Brief liegt ein Zeitungsausschnitt bei, der ein „Elly“ überschriebenes Feuilleton von László Rózsa enthält. Im „Simplizissimus“ Heft 33 vom 16. November 1925 (S. 474) findet sich gleichfalls ein „Elli“ betitelter Text von J.K.H., in dem es eingangs heißt: „May Murray vom Holliwooder Film aus Amerika ist eine tote Schildkröte gegen Elli“. Mae Murray (1889–1965) war eine amerikanische Filmschauspielerin.

[232] *Mit Siegfried ... benommen*] Über die Gründe der Scheidung von Siegfried und Anne Bernfeld ist nichts Näheres bekannt. Tilly Edinger schrieb am 12. Dezember 1925 an ES: „Und weshalb hat sich Siegfried scheiden lassen? Ich erinnere mich, daß Du mir von Liebhabern der Andel erzählt hast, aber damals war es ihm doch recht? Ich wagte ihn nicht weiter zu fragen (Ich: Ja warum denn? – Er: ‚Na elf Jahre sind doch genug?‘)“. [Gundolf Archiv, London]

[233] *Curtius ... geschenkt*] Es handelt sich um einen Aufsatz von Ludwig Curtius aus den „Mitteilungen des Deutschen Archäologischen Instituts. Römische Abteilung“ von 1924 (S. 479–489).

350. Friedrich Gundolf an Elisabeth Salomon.
Heidelberg. 21. November 1925

Hier mein angebetetes Musel, die wohlverdiente und leider notgedrungen zurückhaltende Gebrauchsanweisung,[234] und was wüsste ich alles sonst noch von dir sagen! O Liebstes, Liebstes!

Der Brief von Frau Cohn ist sehr rührend, macht mich aber „schamreetlich" wie's im Datterich heisst.[235] Mein Bestes ist daß ich dich liebe.

Heut früh hab ich wieder einmal ein Testament gemacht. Hoffentlich hat es noch lange Zeit bis es nötig wird – ich schicke dir demnächst eine Abschrift.

Den Türmer hab ich grad nicht zur Hand, muß ihn erst heraus suchen. Auch in einer neuen Zeitschrift, die „Horen" die aber 5 M. kosten, stand allerlei Lobendes.[236]

Hast du meinen Brief über die Nemesis erhalten? Es wäre nicht gut, wenn der verloren ginge.

Cogolos Caesartreue freut mich, ich frage mich jetzt doch oft, ob ich nicht aufs falsche Pferd gesetzt, wenn man Alexanders Wesen und Frucht durchdenkt fasst einen doch ein ungeheuerer Gottesschauer an, und jede Herabsetzung dieses Wunders empört mich sogut wie das Mäkeln am Caesar, weil es eine Stumpfheit bezeugt.

So leid ich auch, um Kleines aber verwandtes zu erinnern, wenn man der herrlichen Fülle und Gutheit deines Herzens Unrecht tut. Das vergeb ich im Grund den Besten nicht, nicht weil ich dich liebe, sondern weil mans fühlen müsste![237]

---

[234] *Gebrauchsanweisung*] Die von ES erbetene Empfehlung für den Verleger von Colonnas „Roma papale", das sie ins Deutsche übersetzen wollte.

[235] *macht mich aber … heisst*] Geflügeltes Wort aus der berühmten Darmstädter Lokalposse von Ernst Elias Niebergall (1815–1943): „Mache Se mich net schamreetlich!"

[236] *Auch in einer … Lobendes*] In der Zeitschrift „Die Horen" 2 (1925/26), S. 101, wird die Günderode-Ausgabe vom Herausgeber Hanns Martin Elster (1888–1983) folgendermaßen gewürdigt: „Jetzt bringt uns Elisabeth Salomon im Drei Masken Verlag zu München die erste wissenschaftliche Ausgabe der ‚gesammelten Dichtungen' in zuverlässigem und schönem Druck, auch bisher Ungedrucktes findet sich hier […] Es ist Hölderlinsche Art hier lebendig und man wird menschlich gefesselt, so daß die Ausgabe über nur literarhistorische Werte hinausreicht".

[237] *So leid ich auch … fühlen müsste!*] Ende Oktober hatte FG an Wolters – und damit indirekt auch an George – geschrieben: „Mit Elli S[alomon] war ich seit 1919 nicht mehr so lange zusammen wie diesmal und habe mich bestätigt in

Doch nur, nur Gott reicht wirklich bis ins Wesen jedes Wesens, und nur der Liebende spürt nach was Gott spürt wenn er ein Wesen sieht.

Wenn du dem Ferrero all seine Fehler nachbessern willst, hast du mehr zu tun als Sinn hat .. er wimmelt davon. Es kommt jetzt eine neue Biografie Caesars von ihm heraus.[238]

So Musel, eben geht meine Tischlampe aus. Ich umarme dich im Dunkel mit einem Herzen voll banger Sehnsucht und zersprengender Liebe.

Mein Leben wär ohne Dich nun so wüst und arm!
Liebes, bleib Deinem
Gundel

Abs.: Gundolf / Heidelberg / Schlossberg 55 – Adr.: Fräulein Dr. Elisabeth Salomon / Roma / Viale delle Belle Arti 7 int. 3 / presso Garulli

351. Elisabeth Salomon an Friedrich Gundolf.
o.O. [Rom). o.D. [etwa 24. November 1925][239]

Mein Gundel, Dank für die Gebrauchsanweisung. Ich will sie mir für alle Fälle aufbewahren, glaub aber fast daß man für den aktuellen Zweck besser den lauteren Charakter mit einer vorzüglichen Sprachkenntnis u. Ausdrucksfähigkeit vertauschen würde. Dagegen sind die Helferin bei wissenschaftl. Arbeiten, u. die ungewöhnlich feine u. vielseitige Bildung des Geistes u. der ausserordentliche Verstand sehr zweckdienlich. Ich bitte Dich also um ein etwas modifiziertes Duplikat. Es scheint daß die Sache zustande kommt, wir feilschen gerad um die Bedingungen. Meinst Du, ich kann die Arbeit für 1500.– Mk. akzeptieren? Es sind 182 Seiten im Format etwa der Stimmen des Rheins.[240] Sehr hübsch ist der neue Bondikatalog.

---

meinem Glauben an die bei allen Gefahren lautre und grossherzige Art dieses Wesens .. Wenn ich auch die Thorheit bereue, wodurch ich mir des Meisters Nähe verscherzt, so bejahe ich doch alles was ich um dieser Liebe willen gelitten und weiss mit allen Fasern meines Herzens, daß Elli all meine Opfer verdient hat. Aber maaßlos traurig bin ich doch oft, dass es so hat kommen müssen und wohl so bleiben muss". Wolters-Briefwechsel, S. 256.

[238] *Es kommt jetzt ... heraus*] Guglielmo Ferrero: Julius Caesar. Wien 1925.

[239] *etwa 24. November 1925*] Die ungefähre Datierung ergibt sich aus dem Bezug auf FGs Brief vom 21. und seiner Antwort vom 26. November.

[240] *Stimmen des Rheins*] Friedrich Wolters: Stimmen des Rheines. Ein Lesebuch für die Deutschen [mit Walter Elze] erschien im Großoktavformat.

Ich feiere heut meinen ersten journalistischen Triumph: ein deutscher Ingenieur schreibt mir aus Athen „Sehr geehrter Herr! In ... der Frankf. Zeitung las ich Ihr gesch. u. sehr interessantes Referat über die Wasserleitungsanlage in Apulien ..." und dann will er mehr drüber wissen. Am meisten freut mich daß er sich über mein Geschlecht täuscht.

Der finanzielle Erfolg ist freilich noch immer recht ärmlich. Die Zeitungen zahlen nicht nur wenig sondern auch unpünktlich. Und ohne den Gundelfonds könnte ich mich eben als Taglöhner verdingen.

Aber mach Dir keine Sorgen, wenn es hier nicht mehr geht, komme ich zurück. In Wien oder Deutschland finde ich immer ein Unterkommen.

Die ganze Familie Curtius ist äußerst freundlich mit mir. Ich unterhalte mich mit ihm sehr gern: er hat Fantasie und künstlerische Auffassung wie ein Künstler, nicht wie ein Professor. Und die Frau und deren Tochter[241] werde ich wohl bald sehr lieb gewinnen, wenn ich sie etwas besser kenne (sie waren längere Zeit jetzt verreist). Übermorgen bin ich zum Nachtmahl dort. Mein armer Gundel, nun wirst Du auch zur Propaganda für Aborte mißbraucht.[242] – Die Nemesis ist unter Dach u. Fach, im übrigen unbedenklich.[243] –
Immer immer Dein.

352. Elisabeth Salomon an Friedrich Gundolf.
Rom. 9. Dezember 1925

Mein Herzensgundel, nun hast Du bei Deiner Heimkehr[244] doch keinen Brief von mir gefunden. Ich bin überhaupt so zerfahren u. ruhlos in diesen Wochen, u. suche umsonst mit energischer Tätigkeit meine ins weite und unbestimmte jagenden Gedanken zu sammeln. Dabei sterben meine geselligen Talente ganz ab. Ich merk das daran daß die Leute mich nicht mehr für amüsant und ausgelassen, sondern für ernst

---

[241] *Tochter*] Die 1908 geborene Sigrid von Fransecky, die Tochter von Edith Curtius aus erster Ehe.

[242] *Propaganda für Aborte*] Wohl ein von FG am 18. November an ES geschicktes „Curiosum", das sie „belachen" sollte; Näheres nicht bekannt.

[243] *Die Nemesis ... unbedenklich*] FGs Brief vom 13. November mit einer entsprechenden politischen Passage.

[244] *bei Deiner Heimkehr*] Wohl von einer Vortragsreise.

u. gutmütig halten. In etwa 3 Jahren werd ich dann wohl der Tante
Regina Weißstein[245] ähnlich sein. Pazienza![246] Aber Du, verzeih mein
schweigen.

Laß Dich nicht durch die Nachrichten aus Italien beunruhigen:[247]
Elementarschäden sind bei der mangelhaften Technik hier fast tägliche
Gewohnheit. Daß die Marinelli, Filipelli etc. frei u. zum Teil wieder in
Amt u. Würden sind,[248] war notwendig um die Regierung nicht bloß-
zustellen, u. daß man es ohne Krawall riskieren kann, beweist die Macht
mehr als sonst was. Die eingekerkert verbliebenen werden wohl mit
dem Zaniboni zusammen amnestiert werden.[249]

Wirklich arg ist nur der Zustand in Tirol u. unbegreiflich eine Politik die sich 90 % der Einwohner eines großen Landesteiles zum Feind
macht.[250] – Deinem großen Toten mach ich jetzt viele Ehrenbesuche,
weil besagte Unruhe u. die winterlich schöne Sonne mich oft auf die
Ruinen treiben. Auf dem Augustusforum sind die Treppe u. ein großer
Teil der Substruktionen u. der Pavimenti[251] des Mars-Tempels freigelegt u. die Cella scheint zum Teil rekonstruiert zu werden. Es ist noch
nicht zugänglich, ich hab mich nur mal eingeschlichen.

Es ist auch hier winterlich kalt, aber mein Bergamoer Ziegenfell
schützt u. schmückt mich so daß ich nicht darunter leide. Am Samstag
u. Sonntag geh ich in die Monti Ernici[252] Skilaufen. Das lila Samtkleid
von der lieben Frau Gundel ist auch plötzlich wieder in ein schönes
neues verwandelt.

---

[245] *Regina Weißstein*] Eine Tante ESs.

[246] *Pazienza*] Geduld (ital.).

[247] *Laß Dich nicht ... beunruhigen*] FG hatte am 6. Dezember geschrieben: „In der
Zeitung lese ich allerlei Garstiges aus Italien, das Wasser läuft in Messina, die
Wölfe in Perugia, die Mörder in Rom und die Fascisten in Nordtirol frei herum ..
all dergleichen bezieh ich nur auf das Musel, das mich eigentlich doch allein dort
unten angeht, außer dem Schatten Caesars, womit ich nicht den Duce, sondern
eben nur Caesar selbst meine."

[248] *Daß die Marinelli ... Würden sind*] Die im Zusammenhang mit dem Mord an
Matteotti kurzzeitig inhaftierten faschistischen Politiker waren am 1. Dezember
1925 amnestiert worden.

[249] *mit dem Zaniboni ... werden*] Der gescheiterte Mussolini-Attentäter Zaniboni
wurde keineswegs amnestiert, sondern wegen Hochverrats zu 25 Jahren Gefängnis verurteilt.

[250] *Wirklich arg ist nur ... macht*] Unter Mussolini wurde in Südtirol eine aggres-
sive Italianisierungspolitik betrieben.

[251] *Pavimenti*] Böden (italienisch).

[252] *Monti Ernici*] Gebirgskette der Apeninnen, unweit von Rom.

Ist das Masernkind[253] wieder gesund? – Die Andl lebt glaub ich ziemlich verrückt in Paris. Ich fürchte das kann nur häßlich enden.

Curtius schwärmt von der Fine, der „Geisha" in höchstem Enthusiasmus.[254] Seine Stieftochter, die Sigrid Franzecki ist ein goldiges Mädchen. – Der Erich Böhringer ist jetzt am hiesigen Archäologischen Institut.[255] Von seiner Schönheit hat er durch Dicke viel eingebüßt.

Kürzlich hat der Buhlig hier ein Conzert gegeben. Wir haben einen schönen Abend zusammen verbracht. – Ein Marchese La Via[256] aus Neapel den ich in einer Gesellschaft kennen lernte hat Deine Shakespearübersetzung das Non plus ultra einer Übersetzung genannt.

Vielen Dank für das schöne Venedigbuch u. für Deine Bilder! Und tausend tausend Küsse Deines
Musel
9–12–25
Rom *10*[257]

---

[253] *Masernkind*] FG hatte am 6. Dezember geschrieben, daß seine Tochter in Berlin an Masern erkrankt sei.

[254] *Curtius schwärmt … Enthusiasmus*] Fine von Kahler hatte noch im Sommersemester in Heidelberg bei Curtius Archäologie studiert. Nach einer studentischen Exkursion ins Rheinland unter seiner Leitung schrieb sie am 8. Juli 1925 an Erich von Kahler von den Bekanntschaften verschiedener Männer, die sie dort gemacht habe: „[…] und ganz zuletzt, knapp vor Torschluss, zwischen Bingen und Mainz traten sogar L[udwig] Curtius und ich ‚einander näher'. Ein merkwürdig vertrackter Kerl". Kahler-Briefwechsel II,497.

[255] *Der Erich Böhringer … Institut*] Erich Boehringer (1897–1971), der Bruder Robert Boehringers, war nach seiner Promotion 1925 als Hilfsassistent am Deutschen Archäologischen Institut in Rom tätig. Später wurde er Professor in Greifswald und nach dem Krieg Präsident des Deutschen Archäologischen Instituts in Berlin. Boehringer gilt als Adressat von Georges Gedicht „Einem jungen Führer im ersten Weltkrieg".

[256] *Marchese La Via*] Pietro La Via, Marchese di Villarena (1896–1987), Schriftsteller und Übersetzer, der 1982 Shakespeares Sonette ins Italienische übertrug.

[257] *Rom 10*] Adressenzusatz für einen postalischen Bezirk, den ES FG durch mehrfache Unterstreichung einprägen wollte.

353. Friedrich Gundolf an Elisabeth Salomon.
   o.O. [Darmstadt]. o.D. [28. Dezember 1925][258]

Mein angebetetes Musel:

Um die Jahreswende wächst mein Verlangen nach dir immer so, daß ich es kaum aushalte .. ich will dich aber nicht plagen mit meinen Schmerzen, sondern dir danken für das überschwengliche Gute das du mir bist und gibst und weckst, für deine Liebe, ja für meine Liebe, dir auf den Knieen sagen, daß ich dich verehre und dir gehöre. Ja, mein Musel, ich gehöre dir fürs ganze Leben, und werde dir gehören in der Form wie du es bestimmst, du Liebstes auf meiner Welt!

Hoffentlich bist du froher, als ich fern von dir in unablässigem Regenwetter. Waren das trübe Weihnachten!

Ich habe an meinem Kolleg gearbeitet und bin abends aus Trübsinn ins Variété gegangen wo ich seit Jahrzehnten nimmer war, und wo ich noch trüber wurde. Heut gehts wieder besser und wenn ich Dich glücklich wüsste, dann ginge mirs auch gut.

Von der Christiane hab ich ein Trauerspiel ihres Vaters[259] und ein Autogramm Klopstocks bekommen samt einem rührenden Brief. Die ist auch ein Gewinn den ich dir danke.

Hier munkeln Zeitungen daß der Dux sich zum Imperator machen wolle kommendes Jahr,[260] so daß Euer Aprilscherz im Biffi[261] 1924 wahr würde. Wundern wird es mich nicht, wenn in drei Jahren wieder Weltkrieg ist trotz Locarno .. Wenn Einer energisch Krieg will oder braucht, dann hindern es alle minder energischen Nichtmöger kaum.

Viel Dank für Deine Translatz.[262] Du bist mein Universalmädel, und vom Hirn bis zum Schooß eben doch Das Musel, geliebter als alle andre Wesen, und immer noch nicht genug.

---

[258] *28. Dezember 1925*] Datierung nach einer späteren Bleistiftnotiz von ES auf dem Umschlag. Der Brief kam am 30. Dezember in Rom an.

[259] *Vaters*] Hugo von Hofmannsthal. – Christiane von Hofmannsthal studierte inzwischen Romanistik in Heidelberg.

[260] *Hier munkeln ... Jahr*] Grundlage solcher Meldungen war eine Äußerung Mussolinis gegenüber einem amerikanischen Journalisten, in dem er von Italien als einem Imperium gesprochen hatte.

[261] *Biffi*] Restaurant an der Piazza Colonna in Rom.

[262] *Translatz*] Übersetzung; wohl eine von ESs Übersetzungen der Schriften von Graziadei.

Süssestes, mein Herz und mein Leben, mein Weib und Kind und
Göttliches, ich küsse dich in ein neues Jahr!
Bleib froh, bleib mein, werde mein!
Ich gehöre Dir!

Adr.: Fräulein Dr. Elisabeth Salomon / Roma / Viale delle Belle Arti 7 int. 3 / (presso
Garulli)

1926

354. **Elisabeth Salomon an Friedrich Gundolf.**
    o.O. [Rom]. 4. Januar 1926

am 4–1–26

Liebes süsses Gundelherz, Dank für die guten schönen Neujahrsverse.
Ach mein Gundolf, wie unverdient gut bist Du mit mir. Und ich kann
Dir nicht einmal Frohsinn dafür geben. Wie bist Du ins neue Jahr gegangen? Was wird es uns bringen? Aber laß nicht mich darüber entscheiden – für solche Verantwortung bin ich viel zu schwach, sondern
tu Dus oder besser noch laß es das Schicksal tun.

Die Imperatorstimmen mehren sich auch hier u. zwar soll der König
gleichzeitig seinen ehrenvollen Posten behalten. Daneben läuft die
Stimme von einer bevorstehenden lebensgefährlichen Operation des
Duce, der als Nachfolger ein Triumvirat Farinacci, Federzoni u. 1 General ernannt habe. Eine dritte Stimme spricht von Transigenzpolitik
u. damit zusammenhängend dem Abgang Farinaccis.[1]

Außerdem soll Papst u. König ausgesöhnt werden.[2]

Jedenfalls ist es sehr verdienstvoll daß jetzt täglich mehrere Zeitungen gänzlich suspendiert werden, auch faschistische. Die vielen brotlo-
sen Journalisten sind freilich sehr zu bedauern, aber was bedeutet das
im Hinblick auf eine Kulturtat. Der Ton französischer Zeitungen gegen
Italien ist jetzt wilder als gegen Deutschland 1912–14.

Dank für den Dante.[3]

---

[1] *Die Imperatorstimmen ... Farinaccis*] Roberto Farinacci (1892–1945) war als
Sekretär der Faschistischen Partei Italiens ein enger Mitarbeiter Mussolinis, der
1926 in der Tat vorübergehend in Ungnade fiel; Luigi Federzoni (1878–1967)
war gleichfalls faschistischer Politiker, zum damaligen Zeitpunkt Innenminister.
„Transigenzpolitik" meint – im Kontrast zur radikalfaschistischen Position Farinaccis – eine verbindlichere Haltung der italienischen Regierung nach innen
und außen, wo das faschistische Regime wenig Akzeptanz fand.

[2] *Außerdem sollen ... werden*] Bezieht sich vermutlich auf den langjährigen Konflikt zwischen Papst und italienischem Staat über den Status des Vatikan, der erst
1929 in den Lateranverträgen geklärt wurde.

[3] *Dank für den Dante*] FG hatte am 16. Dezember 1925 geschrieben: „Auch von
Dante ist eine Dichtung aufgetaucht, die ich dir demnächst schicke .. sie gehört
stofflich zum Unanständigsten was in italienischer Zunge geschrieben worden,

Glaubst Du, Du könntest mir einen Verlag interessieren wenn ich die Schriften von San Francesco für das Jubiläumsjahr[4] übersetze?

Das dritte (!) Buch in das ich Deine Briefgedichte picke ist voll. Willst Du mir ein neues machen lassen? Mit gewöhnlichem weißem Papier in Briefbogengröße.[5]

Seit einiger Zeit bekomme ich keinen Wirtschaftsdienst mehr u. kann ihn doch so gut brauchen. Ich mag aber weder an Singer noch an Eckardt schreiben. Und schließlich hätte ich gern einen broschierten Caesar von Dir für den Curio zum Abschied: er geht für einige Monate nach Argentinien.

Gestern hat sich ein Amerikaner, Henry Fürst,[6] sehr bewundernd darüber geäußert, besonders daß Du der Gefahr einer bibliographischen Aufzählung so gar nicht unterlegen bist. Der hat übrigens auch in seiner Wohnung als einzigen Schmuck die Londoner Büste[7] stehn. – Eine sehr liebe Freundin ist mir die Prinzessin Désirée Liewen[8] geworden von der Du sicher schon gehört hast. Sie bleibt vorerst in Rom. Ich bleib Dein für 1926 wie für 1914 bis 1925.
Musel

---

aber doch ist der Dantische Adel auch darin .. nicht das Was, sondern das Wie machts." Vermutlich meint FG die 1926 in Heidelberg erschienene Ausgabe „Die Blume" (Il fiore), übersetzt u. hrsg. v. Alfred Bassermann (1856–1935), eine italienische Bearbeitung des französischen „Roman de la rose", die von manchen Dante zugeschrieben wird.

[4] *Jubiläumsjahr*] 1926 jährte sich der Todestag des Heiligen Franz von Assisi zum siebenhundertsten Mal.

[5] *Willst Du mir ein neues machen lassen?*] Erhalten im Gundolf-Archiv unter der Signatur W34: „Briefliche Gedichte an Elli IV: Mai 1926-März 1931".

[6] *Henry Fürst*] Henry Furst (1893–1967), aus Amerika stammender Schriftsteller, Publizist und Übersetzer, der sich aber zeitlebens in Italien aufhielt.

[7] *Londoner Büste*] Die Caesar-Büste, die auch in FGs Wohnung stand.

[8] *Désirée Liewen*] Désirée Lieven (1898–1991) stammte aus einer russischen Adelsfamilie und lebte seit Mitte der 20er Jahre in Paris, wo sie in den dortigen Künstlerzirkeln verkehrte und u.a. mit James Joyce, Ernest Hemingway oder Henry Miller näher bekannt war.

**355. Friedrich Gundolf an Elisabeth Salomon.
Darmstadt. 6. Januar 1926**

Mein Liebstes auf der Welt:
Morgen fahre ich wieder nach Heidelberg, noch immer in sehr ge-
dämpfter Stimmung und dem neuen Jahr mit Mißtrauen begegnend.

Eigentlich müsst ich dich, abgesehen von der immer wachen Sehnsucht, dringend sprechen, um mir über einige Fragen unserer Zukunft
klarer zu werden, die so schwer im starren Brief zu behandeln sind.

Du wirst aus meinen jüngsten Briefen gemerkt haben, daß mir der
Gedanke dich zu heiraten nun sehr viel dringlicher und näher gekommen ist wie früher. Unüberwindliche Hemmnisse dagegen sind auf meiner Seite nicht mehr, wenn auch noch manche Bedenken gegen Ehe
überhaupt, nicht gerade gegen eine mit Dir. Aber ich sehe den Zustand
heranrücken, da mir das Leben ohne dich untragbarer wird als alle
Schrecknisse auch der beklommensten Ehe mit Dir .. und ich träume
auch manchmal von der Ehe mit Dir als dem reifsten und besten Glück
meiner Zukunft. Es muß nicht von heut auf morgen sein, und es muß
nicht gegen deinen Glauben sein. Von dir wird es nun abhängen .. Was
macht Cogolo? .. u.s.w. Über all das Weitere müsst ich mit dir lang und
herzlich hin und hersprechen .. Ich schreibe dir nicht, weil es jetzt
schon eilig wäre, sondern nur damit Du bei etwaigen Entschlüssen Bescheid weisst über die Gesamtlage, und nicht mit meiner Ehescheu als
einer unerschütterlichen Tatsache rechnest. Mir kommt es nur darauf
[an] daß *Du* glücklich wirst oder erfüllt in irgendeiner Form, ob mit
mir ob ohne mich .. ist die zweite Frage.

So nun ists heraus: ich druckse schon lang dran. Wie auch dein Ent-
scheid und die Zukunft falle, *Dir* gehöre ich, so oder so, nah oder fern,
mehr als je in Liebe und Verehrung Dein dankerfüllter
Gundolf

Adr.: Fräulein Dr. Elisabeth Salomon / Roma / Viale delle Belle Arti 7 int. 3 / (presso
Garulli)

356. Friedrich Gundolf an Elisabeth Salomon.
Heidelberg. 8. Januar 1926

Liebstes auf der Welt:
Den Wirtschaftsdienst werd ich dir zusenden lassen und gleich an Eckardt schreiben.

Zu Verlegern ausser Bondi und Hirt hab ich kaum Beziehungen. Diederichs hat vor Jahren schon eine Sammlung der Franziskusschriften, der Legenden edirt[9] und ich zweifle nicht, daß zum Jubiläumsjahr ein Dutzend katholischer Verleger schon dergleichen vorbereiten. Anbei übrigens Wolfram v. d. Steinens Buch, das eine gute Auswahl enthält.[10] Ich würde dir abraten von diesem Unternehmen, da es auch eine gewisse archaische Stilkunde voraussetzt. Im Übrigen wäre der Dreimaskenverlag für dich das Gegebne.

Willst du nicht meinen neuen Caesar ins Italienische übersetzen? es sind nur 88 Seiten, steht auch was über Mussolini drin[11] .. oder von den Steinens vortreffliche Einleitung zu seiner Auswahl?

Mein Herz, mach dir keine Geldsorgen .. eh du in Not kommst, tu ich alles, was ich vermag und dich heiraten. Deine Übersetzerpläne sind nur, selbst wenns etwas einbringt, Tropfen auf den heissen Stein.

Deine Briefschaften hab ich hier aufgehoben in einem grossen Koffer.[12] Ein Gedichtklebbuch schick ich dir in 8 Tagen von Darmstadt aus .. dort liegt seit Jahren noch ein Quartband grad für den Zweck geeignet.

---

[9] *Diederichs hat vor Jahren ... edirt*] FG meint vermutlich das erstmals 1905 bei Diederichs verlegte Prachtwerk „Blütenkranz des heiligen Franciscus von Assisi", aus dem Italienischen übersetzt von Otto Freiherr von Taube, von dem später noch mehrere Auflagen erschienen.

[10] *Anbei übrigens ... enthält*] Wolfram von den Steinen: Franziskus und Dominikus. Leben und Schriften. Breslau: Hirt, 1926.

[11] *steht auch was über Mussolini drin*] „Noch bis in die Hoffahrt des fascistischen Führers ist das Vorbild merkbar, das Gioberti wieder aufgefrischt und wider republikanische Gegnerschaften behütet hat: seit ihm ist Cäsar ein Ahnherr und Nationalheld auch für das dritte Italien – eine eigentümliche und neue Seite seines europäischen Ruhms". Friedrich Gundolf: Caesar im neunzehnten Jahrhundert. Berlin 1926, S. 51.

[12] *Deine Briefschaften ... Koffer*] ES hatte sich nach dem Verbleib ihrer früheren Korrespondenz erkundigt.

Heut nur dies! Ich liebe dich immer immer noch mehr und bin schon
ganz eines mit Dir, aber eben darum auch so zerrissen .. Geliebtes, sei
du nur froh und gesund!
Liebstes, liebstes Musel!

Adr.: Fräulein Dr. Elisabeth Salomon / Roma / Viale delle Belle Arti 7 int 3

357. Elisabeth Salomon an Friedrich Gundolf.
   o.O. [Rom]. 18. Januar 1926

18-I-1926

Mein einzig geliebter und treu verehrter Gundolf, eben kommt ein Brief
von Dir und mahnt mich mit Recht an mein gewissenloses Schweigen.
Aber Dein Heiratsentschluß hat mich in eine grenzenlose Seelennot
und -Verwirrung gebracht, von der ich nicht sofort sprechen konnte.
Und von anderen Dingen zu reden war noch weniger angebracht. Heut
will ich versuchen ein wenig aus dem Chaos herauszukommen und
meine Gedanken leidlich vor Dir zu ordnen. Ich hab versucht mir alle
Möglichkeiten als unabänderliche Realität vorzustellen und jedesmal
bin ich verzweifelt wieder zu einer andern geflohen. Wenn ich Dich
heute heirate, so begehe ich damit einen eindeutigen Verrat am Corrado dem ich mich versprochen habe.

Mich bindet außer dem Versprechen eine gegenwärtig so tiefe Leidenschaft an ihn daß die Verbindung mit Dir zur Konvenzionsehe, zum
bürgerlich gesicherten Hafen aus ehrgeizigen und opportunistischen
Gründen degradiert werden würde, d.h. der Verrat an ihm wird noch
verächtlicher, die Handlungsweise an Dir noch schlechter, sein Herz
würde ich brechen, das Deine beschimpfen. Obgleich die Welt das
einer Frau von meinem Alter und meiner Lage vielleicht verzeihen
würde, und Deine grenzenlose Nachsicht mich trotzdem liebevoll aufnehmen würde, ich selbst fühl mich gerade alt und noch nicht alt genug,
um aus Klugheit das Leben schänden zu können. Das ist der Hauptgrund, der als einziger heute entscheidend für mich ist. Wie lange er
geltend ist und ob für immer das weiß ich nicht. Denn für die Beständigkeit meiner Leidenschaft kann ich nicht den gleichen Eid ablegen
wie für die Beständigkeit Deiner und meiner Neigung. Doch will ich
Dich gewiß nie beim Wort nehmen, auch wenn ich ihn je bitten sollte
mir das meine zurückzugeben, wozu ich heute ganz außerstande bin.

Verzeih wenn ich in scheinbar etwas hochtrabendem Ton spreche: ich komme mir so arm, zerrüttet und gefühlsunklar vor daß ich im Ausdruck nicht gar so wählerisch sein kann. Natürlich bestehen außerdem zahllose andere Bedenken die Du ja auch immer hattest und gewiß auch jetzt nur mit äußerster Anstrengung überwunden hast: würde Dein Bruch mit dem Meister so nicht ewig stabiliert und unheilbar gemacht werden? Wird Deine Produktion nicht mehr gehemmt als gefördert werden? Wird unsere beiderseitige Empfindlichkeit und Reizbarkeit nicht unserer Liebe und Lebensfreude ein rasches Ende bereiten? Ist es nicht für Dich weit mehr ein furchtbares Opfer, um mir eine Existenz zu sichern, als wirklich der brennende Wunsch ganz und gar mit mir vereinigt zu sein?

Lieber lieber Gundolf. Ich war immer tief in Deiner Schuld und bin es jetzt in einem nie zu tilgenden Maße. Glaube nicht, daß ich den Wert, die Süße und Treue Deines Vorschlages unterschätze. Du bist für mich das Vorbild des edlen und schönen in der Welt und wirst es immer bleiben. Ich werde niemals aufhören Dich zu lieben. Aber ich muß so leben wie es heute richtig, nicht wie es morgen nützlich ist.
Dein Musel

358. Friedrich Gundolf an Elisabeth Salomon.
Heidelberg. 21. Januar 1926

Mein Liebstes auf der Welt:
Vergib, wenn ich dich verwirrt und gequält – ich wusste nicht daß deine Liebe zu Corrado noch so fest und entschlossen ist, sonst hätte ich dir diesen Brief nicht geschrieben und gewartet bis zur nächsten Begegnung wo alles leichter und milder im Gespräch sich löst.

Wenn du nur glücklich wirst, Einziges, will ich alles tragen, und jeden segnen der dich sichert und beglückt, sei es auch mit all meinen Schmerzen! Obwohl ich noch nicht weiß ob ich eine Trennung von dir für immer durch deinen Bund mit einem andren überstehen könnte.

Mein Brief war freilich nicht nur von Sorge eingegeben, auch von Sehnsucht, und alles was sich gegen unsre Ehe sagen liesse, es ist viel, hab ich tausendmal durchdacht: ich glaubte mit meiner Liebe alles überwinden zu können, und kein Opfer schien mir zu gross wenn ich dich gewänne.

Nun bet ich nur für *dein* Heil, es komme woher es wolle, liebstes,

herrlichstes, tiefstes Herz! Und quäl dich nicht mit Schuldgefühlen ..
Schuld hab nur ich, weil ich zu feig war, dich gleich zu halten, und mir
nicht zutraute dich zu erobern. Du hattest das Recht, mich ganz zu verlassen und ich bin in Deiner Schuld, daß du mich noch lieben und ehren willst.

Aber geh nicht ganz von mir! Ich hab kein Wesen außer dir mehr, das
mich erfüllt und stillt, trotz all den vielen Guten und Teuren! und niemand gibt mir Leben wie du[13] ..

Auf dich zu warten selbst ohne Gewissheit hält mich wach und gut.

Werde glücklich, und lass mich manchmal deine Füsse küssen, liebes
liebes Musel!

Adr.: Fräulein Dr. Elisabeth Salomon / Roma / Viale delle Belle Arti 7 int 3 / presso
Garulli

---

[13] *Ich hab kein Wesen ... wie du*] Wenige Tage davor, am 17. Januar 1926 hatte
Fine von Kahler an ihren Mann geschrieben: „Am Nachm[ittag] kam Gundolf.
Er ist in einer fürchterlichen Krise, die zu ihrem vollen Ausbruch kam als er –
vor Weihnachten – hier auf der Strasse St[efan] G[eorge] begegnete – sie waren
beide allein – Gundolf zog den Hut, St[efan] G[eorge] sah an ihm vorbei und
ging ohne zu muksen vorüber. Aber das ist nur der Anlass, nicht der Inhalt der
Krise, d.h. nur ein Teil ihres Inhaltes. Er hat plötzlich ganz von selbst begriffen
dass es mit seiner eigentlichen Productivität zu Ende ist und dass er nur noch ein
anständiger Professor werden kann – und dass er das mangels gründlicher
Kenntnisse eben nicht *ist*, sondern erst werden muss. Und er hat die Liebeleien,
das Junggesellenleben und überhaupt diese ganze nicht mehr haltbare Genie-
und Jugendattitude satt und – das ist der Anfang, die Mitte und das Ende der
ganzen Sache – er ist entschlossen die Elly zu heiraten, wenn sie einverstanden
ist. Nicht gleich, vielleicht erst in 2 Jahren oder so – aber damit wird es ja genau
so gehn wie mit der Veröffentlichung des neuen Caesar: plötzlich wird es geschehn sein, dagegen wird nichts mehr zu machen sein ... Und richtig, wie ich
schon voriges Jahr argwöhnte, spielt dabei die Pension, die sie ev[entuell] als
Witwe beziehen wird, eine Rolle. Aber er weiss *alles*, was dagegen zu sagen ist
und *alles* von sich, in einer unglaublichen Lucidität, über die Massen rührend“.
Kahler-Briefwechsel II,497f.

359. Elisabeth Salomon an Friedrich Gundolf.
   o.O. [Rom]. o.D. [etwa 25. Januar 1926][14]

Mein über alles geliebter Gundel, hab Dank für Dein freundliches und
großmütiges begreifen. Ich bin ganz darauf angewiesen, denn meine
Selbstverachtung und Zerknirschung über mein wankelmütiges und
unentschiedenes verhalten nimmt schon unübersehbare Dimensionen
an. Doch verspreche ich Dir daß ich ohne Deine ausdrückliche Zustimmung auch niemand anderes heiraten werde, damit unser zeitweises
zusammensein gesichert bleibt. Und auch mit Deiner Zustimmung will
ich es nur dann tun, wenn ich gewiss sein kann, daß es Dein Leben
nicht zerstört. Doch warten wir ab bis es aktuell ist. So, und nun will
ich wieder von anderen Dingen mir Dir reden: Für Ostern kann ich
mich noch nicht festlegen, weil es scheint daß die Andl dringend meine
Gegenwart braucht, die in ihrer Freiheit oder Verbannung eine Narrheit nach der andern begeht.[15] Doch wäre die Reise für mich auch eine
Geldfrage – wie alles. Aber daß Du grundsätzlich nicht nach Italien
kommen magst scheint mir absurd.[16] Die Berichte in den deutschen
Zeitungen stehen auf demselben Niveau infamer und verantwortungsloser Lügen wie etwa die französischen Märchen von 1914: die deutschen Soldaten legen die abgeschnittenen Finger der belgischen Kinder
als Buchzeichen in ihren Nietzsche. Zur Fabrikation dieser idiotischen
und schädlichen Erfindungen sitzt extra ein alldeutsches Propaganda-
bureau in Innsbruck – ärger und dümmer als alle Hitlers. Es ist eine
Schande daß die großen und angeblich liberalen Zeitungen diesen Kohl
nachdrucken und unbegreiflich wie sehr es geglaubt wird, obwohl
doch jeder Italien-Reisende gegenteilige Erfahrungen gemacht hat. Die
unmittelbaren Folgen spüren wir natürlich hier, da die Zeitungen mit
Recht mit einem neuen antideutschen Feldzug antworten und die Quä-
stur mit einer ganz neuen Überwachung und Nachschnüffelung der

---

14 *etwa 25. Januar 1926*] Die ungefähre Datierung ergibt sich aus dem Bezug auf
 FGs Brief vom 21. und seiner Antwort vom 29. Januar.
15 *die Andl ... begeht*] Über Anne Bernfelds Pariser Aufenthalt ist nichts Näheres
 bekannt.
16 *Aber daß du ... absurd*] FG hatte davor geschrieben: „Italien möcht ich jetzt
 meiden, solang die Südtiroler Unbill währt oder nicht sicher widerlegt ist". Die
 Bemerkung bezog sich auf die repressive italienische Politik gegenüber den Süd-
 tirolern.

Deutschen beginnt. Der Kahn[17] von der Frankfurter Zeitung ist von Faschisten angegriffen worden, der Passarge von der Vossischen[18] hat einen Ausweisungsbefehl bekommen, den Mussolini dann persönlich zurückgenommen hat. D.h. die Unschuldigen müssen darunter leiden. Sämtliche ausländische Konsuln im Veneto incl. des deutschen u. österreichischen haben gegen diese Lügen protestiert. Die italienische Politik in Südtyrol ist gewiss falsch und bedauerlich: aber Unterdrückung der nationalen Sprache und Kultur ist eine von allen Siegernationen immer ausgeübte Dummheit und wir haben es im Elsass nicht anders gemacht.

Der Wirtschaftsdienst kommt nun auch aus Hamburg wieder. Vielen Dank für die Vermittlung.

Anbei zwei Fotos vom Nemisee:[19] die andern sind Curtius' Sigrid v. Franzecki, der Freyhan (ein deutscher Kunsthistoriker)[20] und der russische Maler Fix (wiedermal ein Fix!).[21]

Den San Francesco werde ich lassen. Aber der Hofmannsthal ist bereit mich dem Inselverlag zu empfehlen: nun rate Du mir ein geeignetes Werk. – Den Caesar kann ich ohne Hilfe nicht übersetzen, das ist immer das alte Problem. Wolframs Franziskus-Einleitung finde ich doch nicht so glücklich: er hängt zu sehr an Woltersscher Ausdrucksweise. – Immer Dein! Musel

---

[17] *Kahn*] Otto Kahn, Korrespondent der Frankfurter Zeitung, nahm gemeinsam mit ES an der Reise nach Apulien teil.

[18] *der Passarge von der Vossischen*] Mario Passarge (geb. 1890), Italienkorrespondent der Vossischen Zeitung (Berlin), hatte 1915 Leo Frobenius auf einer Afrika-Expedition begleitet.

[19] *Nemisee*] See in den Albaner Bergen, unweit von Rom.

[20] *der Freyhan … Kunsthistoriker*] Der Kunsthistoriker Robert Freyhan (geb. 1901) war nach seiner Promotion in Marburg 1925/28 Assistent an der Bibliotheca Hertziana in Rom.

[21] *der russische Maler … Fix!*] Simon Iosifowitsch Fiks (geb. 1896), russischer Maler, vermutlich aus Odessa, der etwa 1925/27 in Italien am Nemisee lebte. Später ging er wohl wieder in die Sowjetunion zurück. ESs nachfolgende Bemerkung ist unklar.

360. Elisabeth Salomon an Friedrich Gundolf.
o.O. [Rom]. 1. Februar 1926

Liebster – ich kann über Ostern wirklich noch nichts entscheiden. Disponiere nur unabhängig von mir. Ich werde im Sommer bestimmt zu Dir nach Deutschland kommen und wenn sich beim Corrado bis dahin noch nichts entscheidendes geändert hat, zunächst nicht mehr nach Italien zurückgehen.

Ich verdiene jetzt leidlich, mach Dir nur keine Sorgen deswegen.

Das Gedichtklebebuch hab ich: es ist sehr geeignet.

An Deine Caesarübersetzung will ich ev. später gehn, wenn ich keine Berufsarbeit habe. Wie soll ich auch hier einen Verleger finden, wenn ich schon in Deutschland mit all meinen guten Verbindungen keinen finde.

Dank für die Verse.

Sind bei meinen Briefsachen aus Berlin vielleicht 2 Tagebuchbändchen von Sombart? Er hat sie mir mal gegeben u. reklamiert sie jetzt.

Lies mal den Brief von Frau Salz, aber erbittre Dich bitte nicht darüber. Wieso war übrigens Baden-Baden folgenschwer?[22] Ich habe sie inzwischen bei einem Empfangsabend bei Curtius gesprochen, und wir waren sehr höflich miteinander. Den Erich Boehringer hab ich auch dort getroffen, aber nur begrüßt. Es sind bei solchen Gelegenheiten zum Glück immer so viel Leute da, das es leicht ist ohne aufzufallen ein Gespräch zu vermeiden. Den Brief von Frau S. erbitte ich zurück.

Jede antideutsche Manifestation ist jetzt hier verboten. Wahrscheinlich ist die antiitalienische Propaganda bei uns von Frankreich finanziert.

In steter Liebe Dein

Musel

Schreib hinter Roma auf die Adresse immer (10!)

1–2–26

---

[22] *Lies mal den ... folgenschwer*] Offenbar hatte Soscha Salz – die ES gegenüber immer schon kritisch eingestellt war – ihr in einem Brief Vorhaltungen wegen ihres Verhältnisses zu FG gemacht. Die anschließende Anspielung mag einem Aufenthalt FGs und ESs in Baden-Baden bei der Familie Salz gelten.

361. Friedrich Gundolf an Elisabeth Salomon.
Heidelberg. 4. Februar 1926

Hier, mein Liebstes auf der Welt, den Brief der Soscha zurück. Erbittert hat er mich nicht, aber befremdet und erkältet, es ist darin als Voraussetzung eine Art Besitzrecht an meine Seele, das ich nicht anerkenne .. Und dann die seelische Wichtignehmerei um nicht zu sagen -thuerei, eine grundsätzliche Unschmiegsamkeit des Herzens! Ich leide auch, und ich klage, weil es mich erleichtert, aber Gott schütze mich vor solchen protestantischen Grundsätzlichkeiten. Übrigens sprach sie mit mir seiner Zeit ganz anders und hielt das was geschah für heilsam und nötig ... Es ist vertrackt, einen solchen Memorandumbrief zu schreiben.

Liebes! lass dich nicht beirren im Gefühl von Dir selbst durch dergleichen. Hätte ich nochmals zu wählen: mit all meinen Schmerzen würde ich wieder so handeln wie ich gehandelt habe, und wär es eine Schuld (wie es denn eine sein mag): meine Liebe zu dir wiegt sie auf, sühnt sie und lohnt sie. Sie ist das Beste meines Wesens und meines Lebens. Was drauss folgt muss ich tragen, soll ich tragen und will ich tragen. Du machst mich fromm und selig, mitten im Leid. Du bist gut, edel, schön, wahr und es genüge dir, wenn ich es weiss .. doch wissen es viele. Geliebtes herrliches Musel!

Deine Sombartsachen sind nicht bei meinen hiesigen Briefschaften.

Ich warte und liebe Dich. Mehr als je umkreisen Dich meine Wünsche und Gebete. O wüsst ich ein Mittel dich zu sichern für Zeit und Ewigkeit! Wie arm daß meine Liebe es nicht vermag ...
Du bist mein Liebstes und ich ganz
Dein hingegebner
Gundolf

Adr.: Fräulein Dr. Elisabeth Salomon / Roma / Viale delle Belle Arti 7 int 3 / presso Garulli

362. Elisabeth Salomon an Friedrich Gundolf.
o.O. [Rom]. 12. Februar 1926

Den Brief der Frau S. hab ich etwa mit den gleichen Empfindungen gelesen wie Du: es freut mich daß Du mein Urteil bestätigst. Übrigens hatte sie mich auch voriges Jahr erst nach Lugano eingeladen. Mir ist diese Art so fremd daß sie sicher recht hat, daß wir nichts miteinander

zu tun haben. Ich kann nur Menschen verstehn, aber keine Doktrinäre.
Die Ebith Jastrow[23] nimmt die gleiche Haltung – scheinbar nach Ver-
einbarung – ein.

Mein Gundolf! Ich dank Dir auch sehr für die Pauline Wiesel, die ich
mit großem Intresse lese. Nur die schnoddrige Einleitung des Herrn Atzenbeck mag ich nicht.[24]

Jetzt sind durch Gesetz die Beschränkungen für die Mietspreise aufgehoben worden und wenn ich mich nicht um 100 Lire monatlich
mitsteigern lasse, kann meine Wirtin die Wohnung nicht halten. Das
ist eine sehr unerwünschte Sekkatur,[25] weil ich nicht weiß auf welcher
Seite ichs mir absparen kann. Und in allen andern Häusern sind die
Preise doch ebenso in die Höh gegangen, so daß mir mit einem Umzug
nicht mal geholfen wäre. Es scheint, ich soll par force[26] von Rom weg,
und doch hängt mein Herz mehr als je daran.

Ich soll dem Inselverlag einen Brief schreiben den der Hofmannsthal
dann empfehlend weitergeben will. Bitte entwirf ihn mir Du für die Tassodialoge,[27] mit Begründung, warum sie geeignet sind. Ich habe sie mir
angesehn und glaube gut und auch mit Freude damit fertig zu werden.

Der ignoble[28] journalistische Feldzug gegen Italien diskrediert jeden
anständigen Irredentismus.[29] Und das Blamable ist daß jetzt ein Punkt
nach dem andern zurückgenommen werden muß. Daß wir hier weiter
unverändert höflich behandelt werden macht den Italienern alle Ehre.

---

23 *Ebith Jastrow*] Die Archäologin Elisabeth Jastrow war damals am Deutschen
   Archäologischen Institut in Rom tätig.
24 *für die Pauline Wiesel ... mag ich nicht*] ES dankt offenbar für ein ihr von FG
   übersandtes Buch: Carl Atzenbeck: Pauline Wiesel. Die Geliebte des Prinzen
   Louis Ferdinand von Preußen. Ein Charakterbild aus der Zeit der Romantiker
   in zeitgenössischen Zeugnissen und Briefen. Leipzig o. J. [1925]. Pauline Wiesel
   (1778–1848) war eine enge Freundin Rahel Varnhagens (1771–1833) und verkehrte zu ihrer Zeit in den mondänen Salons von Berlin und Paris. Carl Atzenbeck (1896–1979) verfaßte Biographien und Erzählungen.
25 *Sekkatur*] Ärgernis, Belästigung (österr.).
26 *par force*] Unbedingt, mit aller Gewalt.
27 *Tassodialoge*] ES hatte FG nach Werken gefragt, die sie für den Insel-Verlag
   übersetzen könnte und er hatte ihr die „Dialoghi" (1581) von Torquato Tasso
   (1544–1595) vorgeschlagen.
28 *ignoble*] Unwürdige, schändliche.
29 *Irredentismus*] Im späten 19. Jahrhundert entstandene Bewegung, die alle Gebiete mit italienischer Bevölkerung nach Italien eingliedern wollte, was nach dem
   Ende des Ersten Weltkriegs teilweise auch geschah und zu den aktuellen Spannungen in Südtirol führte.

In Berlin wird jeder Italiener jetzt insultiert[30] und angepöbelt. Es ist das
erste Mal seit ich im Ausland bin, daß ich Patriotismus nur in Form
von Scham empfinde. Übrigens war die Rede von Stresemann[31] wür-
devoller als er selbst es ist.
Tausend liebende Grüße und Gedanken Deines
Musel
12-II-26

363. Friedrich Gundolf an Elisabeth Salomon.
Heidelberg. 15. Februar 1926

Liebstes!
Hier der Brief für den Inselverlag!

Herz, es ist eine schwere Ciselir-arbeit, und die letzte deutsche Feile
muss ich mit anlegen!

Deine Wohnung werde ich künftig ganz bezahlen – jeden Monat
sollst du vom März ab 100 bis 150 Mark, im Notfall zweihundert bekommen. Ich betrachte dich, in diesen Dingen wenigstens, als meine
Frau für die ich zu sorgen habe, und bin glücklich wenn ich dir wenigstens das äussere Leben ein wenig erleichtern kann.

Ich will die deutschen Knoten[32] nicht verteidigen die private Italiener
anpöbeln, aber kein Deutscher der Würde im Leib hat kann nach dieser Mussolini-rede[33] gleich wieder hinunterfahren. Es gibt auch eine
öffentliche Ehre woran gerade die nichtpolitischen Seelen teilhaben.

Daß auch die Ebit salzt[34] tut mir fast mehr leid als der Soscha eigene
Haltung, von der ich gelegentliche doktrinäre Bocksprünge gewohnt
bin.
Im März will ich nach Wien.

---

[30] *insultiert*] Beleidigt.
[31] *die Rede von Stresemann*] Gemeint ist eine Rede des deutschen Außenministers
   vom 9. Februar im Reichstag über das Problem der nationalen Minderheiten,
   die als Antwort auf Mussolinis Ankündigung einer aggressiven Italianisierung
   Südtirols gemeint war.
[32] *Knoten*] Abwertender Ausdruck für Handwerker, ungebildete Menschen.
[33] *Mussolini-rede*] Am 6. Februar hatte Mussolini in der römischen Kammer eine
   herausfordernde Rede gegen Deutschland gehalten und bei dieser Gelegenheit
   auch die deutschen Italienreisenden beleidigt.
[34] *Daß auch die Ebit salzt*] Wortspiel: daß auch Elisabeth Jastrow sich der Position
   von Soscha Salz anschließt.

Wenn du im Sommer nach Deutschland kommst, wird hoffentlich mein Herz etwas leichter, ohne dass deines schwerer wird.

Die Zukunft ist ziemlich duster in unsrem Land.

Doch wir wollen nicht klagen, solange wir unser Gedächtnis füllen können mit solcher Vergangenheit und unser Herz mit solcher Liebe. Wesen meines Wesens, ich küsse dich um und um Dein
Gundel

Abs.: Gundolf / Heidelberg / Schlossberg 55 – Adr.: Fräulein Dr. Elisabeth Salomon / Roma (10) / Viale delle Belle Arti 7 int 3

364. Elisabeth Salomon an Friedrich Gundolf.
     o.O. [Rom]. 22. Februar 1926

Dank, liebster Gundel, für den Inselbrief: vedremo![35]

Der deutsche Entschluß nicht nach Italien zu gehn ist doch so ähnlich wie nie wieder Krieg! Italien ist für die Deutschen ein seelisches Nahrungsmittel und gegen eine solche Realität werden noch so begründete wirtschaftspolitische Grundsätze nie haltbar sein – ebensowenig wie andrerseits der deutsche Markt auf die Früchte verzichten kann und wird.[36]

Wo wirst Du in Wien wohnen? Weißt Du daß die Andl wieder dort ist?

Der leidende Ausdruck wird, fürcht ich, nie mehr ganz aus meinem Gesicht schwinden, der Gram hat doch intensiver daran gearbeitet als den Formen zuträglich ist. Aber im übrigen hat der Bragaglia es kolossal bemalt, eben weil das Original für seinen Geschmack zu wenig geschminkt war.[37]

Gestern waren wir auf dem Guardia d'Orlando in den Monti Carseolini:[38] es war ein ziemlicher Schinder[39] aber ein unbeschreibliches

---

[35] *vedremo*] Wir werden sehen; warten wir es ab (ital.).

[36] *Italien ist für die Deutschen … kann und wird*] In der diplomatischen Krise zwischen Italien und Deutschland war auch von einem Wirtschaftsboykott die Rede.

[37] *Der leidende Ausdruck … geschminkt war*] ES hatte FG eine Photographie von sich zugeschickt; offenbar von dem futuristischen Photographen Anton Giulio Bragaglia (1890–1960).

[38] *Guardia d'Orlando in den Monti Carseolini*] Berggipfel (1353 m) in den Monti Carseolani, einem unweit von Rom gelegenen Gebirgsmassiv.

Schauspiel vom Gipfel: über Rom u. der Campagna ein Wolkenmeer
aus dem einige Berggipfel wie Inseln auftauchten und ringsum alle hohen Schneeberge des Apeninn, von der Majella bis zum Terminillo[40] und
schließlich alles in die Farben der untergehenden Sonne getaucht. Vor
uns ist dieser Berg noch von niemandem bestiegen worden.[41]
Zärtlich liebend Dein
Musel
Grüße von Curtius und Frau.
22-II-26

365. Friedrich Gundolf an Elisabeth Salomon.
Heidelberg. 26. Februar 1926

Mein Liebstes!
Trotz all meiner Geschichtsphilosophie gibt es mir immer einen Riss
wenn ich dich von Gram sprechen höre, und wenn ich mir tausendmal
sage für mich und andre, daß Leiden heilsam und nötig sei, so ertrag
ich nicht daß du leidest über die süssen Schmerzen der Liebe hinaus.
Wie gehts dir denn jezt? Verschweige mir nichts, ich merke es doch an
deinem Ton und Verstummen, und dann ists ärger als was ich weiß.

In Wien werde ich wohl zunächst in einer Pension wohnen, vielleicht
wieder in unsrem alten Frankgässlein an der Votivkirche. Will mich
später wer behausen ist mirs recht .. nicht Hammerschl!! (Cavalier der
alten Schule!)[42]

Dass die Andl wieder in Wien ist wusste ich nicht, es freut mich aber
sie zu sehn. Draussen wohnen[43] möchte ich möglichst nicht, schon aus
Raum- und Zeitgründen. Musel, kommst du nicht vielleicht doch?

Von „nie wieder nach Italien" ist nirgends die Rede, nur grade nach
und während der Flegelei des derzeitigen Gastwirts oder Hausknechts
besucht man ein sonst liebgewordenes Absteigequartier nicht. Das ist
gerade nicht doktrinär, sondern eher „impulsiv".

---

[39] *Schinder*] Anstrengende Tour.

[40] *von der Majella bis zum Terminillo*] Gebirgsmassiv bzw. Gipfel des Apenin.

[41] *Vor uns ist dieser Berg … bestiegen worden*] Die Bemerkung bezieht sich vielleicht auf eine bestimmte Route.

[42] *nicht Hammerschl … Schule*] Unklare Bemerkung. Vielleicht Anspielung auf die
1925 erfolgte Scheidung des mit FG befreundeten Heinz Hartmann von Trude
Hammerschlag.

[43] *Draussen wohnen*] Bei Bernfelds, in der Suppégasse 10, im 13. Wiener Bezirk.

Weisst du Curtius' Adresse, allenfalls schicke ich ihm meinen Caesar.
Magda bekommt auch einen.

Ich habe jetzt die ganzen „Wanderjahre in Italien" von Gregorovius 5 Bände[44] .. willst du sie haben – ich habe sie im Hinblick auf dich
besorgt.

Edgar hat ein Buch über die Katholische Kirche geschrieben „Civitas
Dei[45] .." mit das Gescheiteste was über diesen ungeheuren Gegenstand
gesagt worden .. aber warum müßen die Juden den Gojim[46] ihre Mysterien deuten?

Zum Schluß des Semesters hab ich mich in ein äusserst charmantes
Frankfurter Judenmädchen verliebt, das aussieht wie ein Kind aus Musel und Gundl, und Ruth[47] heisst. Aber keine Sorge: durch die Imprä-
gnirung mit Muselin dringt nichts mehr bis ins innerste Herz, wo nur
eines waltet: das Musel, das Liebste auf der Welt!

Adr.: Fräulein Dr. Elisabeth Salomon / Roma (10) / Viale delle Belle Arti 7 int 3 /
presso Garulli

366. Elisabeth Salomon an Friedrich Gundolf.
    o.O. [Rom]. 2. März 1926

Dank, Herzensgundel, für Gedicht und Buch: mein Gedicht und Caesars Buch. Ich hoffe bald auf eine ruhige Stunde um es lesen zu können.
Wenn Freiexemplare übrig sind hätte ich gern eins oder zwei, ferner
den Waschzettel und die Daten der Stampa u. des Giornale d'Italia in
denen der alte Caesar besprochen worden ist. Wie weit ist der? mit der
Übersetzung?[48]

---

[44] *„Wanderjahre in Italien" … 5 Bände*] Zwischen 1856 und 1877 erschienenes
  Großwerk über Italien von dem berühmten Historiker Ferdinand Gregorovius
  (1821–1891), dem Verfasser der „Geschichte der Stadt Rom im Mittelalter"
  (1859/72).
[45] *Edgar hat ein Buch … „Civitas Dei"*] 1925 in Tübingen erschienen.
[46] *Gojim*] Nichtjuden.
[47] *Ruth*] Es handelt sich dabei um Ruth Bachert, die ihr Studium 1928 mit einer
  Promotion über Mörikes „Maler Nolten" abschließen sollte.
[48] *Caesars Buch … Übersetzung*] FG hatte seinen Nachtragsband übersandt: „Caesar im 19. Jahrhundert". ES erkundigte sich nach den Erscheinungsdaten der
  Rezensionen des früheren Bandes „Caesar. Geschichte seines Ruhms", in La
  Stampa (6. Januar 1925) und im Corriere d'Italia (21. Juni 1925) sowie nach
  dem Stand seiner italienischen Übersetzung durch Patti.

Ich hab in der letzten Zeit so herrliche Wanderungen in den Bergen gemacht daß ich körperlich ganz außerordentlich erholt bin, und das hat mich auch seelisch wieder gut auf die Beine gebracht. Ich glaube allmählich daß ich den meisten Dingen in der Welt Widerstand leisten kann. Nur den Wirtschaftssorgen nicht, in dieser Beziehung habe ich mich doch gewaltig überschätzt. Letzten Sonntag waren wir auf dem Monte Velino (2500, der dritthöchste des Apenin)[49] mit Steigeisen, Pickel und Seilen. Es war eine aufregend schöne Wanderung: von nachts um 2 bis abends um 6, erst bei Vollmond und Eiseskälte und einem Riesenstern (Lucifera?),[50] dann bei glühender Sonne, ein unendliches Panorama mit dem Gran Sasso[51] gerad vor uns. Ein unvergeßlich schöner Tag. Die Magda war auch mit, unsere deutsch-alpinistische Gewandtheit und Ausdauer wird hier sehr bewundert.

Von wann bis wann bist Du in Wien? Die Trudel Hammerschlag ist im April in Mailand, Langs in Sizilien, Heinz Hartmann in Berlin. Nun es bleiben genug Huldinnen: Mura Mila Christiane Martha.

Curtius wohnt Via Frattina 128. Ich war neulich mit ihnen im Theater. Ich bin gern mit ihm zusammen, aber er gehört doch etwas der alten Generation an.

Der Gregorovius freut mich sehr. Doch will ich erst in Heidelberg Besitz davon ergreifen.

Der Edgar ist ein widerwärtiger Schmock,[52] ich mag das Buch nicht mal angucken. Hast Du das Motto zu Mechthild Lichnowskys „Kampf mit dem Fachmann" gesehn?[53] „Wenn mich die Götter als Nachtigall erschaffen hätten .. so aber bin ich nur Cäsar ..."

Ergreifend sind die Briefe des Prinzen Louis Ferdinand[54] und merkwürdig wie er damals schon den ganzen Wert der Frau erkannt hat, der sich doch eigentlich erst lange nach seinem Tode recht offenbart. Ihre

---

[49] *Monte Velino ... Apenin*] Gipfel der Abruzzen, 2486 m hoch.

[50] *Lucifera*] Morgenstern.

[51] *Gran Sasso*] Höchster Gipfel des Apennin, 2912 m.

[52] *Schmock*] Opportunist.

[53] *Hast Du das Motto ... gesehn?*] Erstmals 1924 in Wien erschienene essayistische Skizzen der Schriftstellerin Mechthilde Lichnowsky (1879–1958).

[54] *die Briefe des Prinzen Louis Ferdinand*] Louis Ferdinand (1772–1806), preußischer Prinz mit künstlerischen Neigungen, der auch im Salon Rahel Varnhagens verkehrte; fiel 1806 im Kampf gegen Napoleon. Hier sind die Briefe an seine Geliebte Pauline Wiesel gemeint.

Großartigkeit zeigt sich mir erst in den späteren Briefen besonders an
Rahel. –
Dein in Liebe. Musel
2-III-26

367. Friedrich Gundolf an Elisabeth Salomon. Wien. 13. März 1926

Liebstes!
Dein erster Antwortbrief auf meinen vom 26. II. muss verloren oder
noch unterwegs sein. Weder Curtius Adresse noch die Bestätigung auf
die Geldüberweisung (100 M) vom Ende Febr. hab ich bekommen. Ich
habe gestern gleich nochmals M. 100 – an dich telegrafisch schicken
lassen und hoffe dir damit bis Anfang April über die ärgste Not hin-
überzuhelfen. Dann bekommst du weitere Sendungen. Es hat eben kein
Mensch Geld – doch hoff ich immer soviel zu haben daß ich dir einigermaßen beispringen kann .. denn das ganze Leben ist mir verpazt,
wenn du notleiden musst. Von Bondi bekomm ich eben fast auch nichts,
da keine Bücher gekauft werden.

Ich werde dir noch 2–3 „Caesars" schicken lassen .. die Prospekte
liegen drin. Die Stampa hab ich noch, den Corriere hat mir Patti ver-
schlampt. Seine Übersetzung sei etwa auf Seite 80 angelangt, sagte er
mir vor 3 Wochen.

Deine beiden Falknerbildchen sind entzückend.

In Wien ist fürchterliches Wetter, wie ich es selbst hier kaum erlebt.
Wilder Eiswind mit Regen-Schnee und Hagelgüssen, daß man kaum
über die Straße kommt. Sonst gefällt es mir aber leidlich und die Leute
die ich besuche sind lieb.[55] Am weitaus meisten bin ich mit der Christiane die glaub ich sehr an mir hängt und die ich sehr lieb habe, ohne
verliebt zu sein – ein angenehmer Zustand.[56] Erich Kahler ist hier, den

---

[55] *Sonst gefällt es mir … sind lieb*] Kurz darauf sollte FG ES schreiben: „Ich bin
hier viel in Gesellschaft, neulich war ich sogar Domino auf einem Fest bei Langs,
mit etlichen hübschen Mädchen. Aber es ist alles nur Flor über dem wunden
Herzen".

[56] *Am weitaus meisten … Zustand*] Christiane von Hofmannsthal schilderte ihr
Zusammensein mit FG gegenüber Thankmar von Münchhausen am 11. März
folgendermaßen: „Also denk Dir, der Herrliche ist da! Gundolf! Und denk Dir,
ich sags Dir aber nur ganz leise und nicht zum Weitersagen, ich bin ein bissl enttäuscht. Erstens wahrscheinlich, weil ich mit ihm ein bissl das getan habe, was
der Kassner ,Idolatrie' nennt und wovon er behauptet, daß das alle Frauen tun,

ich lang nicht gesehn und mit dem ich unter allen Männern am besten
mich verstehe, trotz vieler verschiedener Ansichten.

Mura sah ich mit ihrem Dolfi,[57] der ein rührender Bursch ist, aber
mir doch sehr fremd und etwas fratzenhaft. Sie selbst ist schön und lieb
und gescheit, doch manchmal merk ich auch die Kluft zwischen uns ..
zumal ihr Kunstgeschmack ist doch exotisch.

Martha sah ich gestern abend bei und nach einem Tanzabend den
sie mit ihren Schwestern und einigen Schülerinnen von Kindern bis
zu Jungfrauen gab .. unter den heutigen Tanzereien hält sie das gesunde Menschengefühl des Tanzens wach ohne überwältigende Kraft,
aber auch ohne Süsslichkeit und ohne Krampf und Fratze. Es wird
einem wohl dabei, besonders Strauss[58] kann ich mir nicht holder getanzt denken. Nachher war ich mit Martha, Zeno, diesem rührend
altmodischen Gewächs, und zwei ihrer Schülerinnen im Café und bin
noch immer in ihrer Gunst. Andl ist leider nimmer hier, sie soll sehr
lieb und traurig sein. Siegfried soll sich so wohl fühlen ohne Ehe, daß

---

oder auch weil er so plötzlich da war, kurz ich weiß nicht! Ich muß Dir der Reihe
nach erzählen: am Dienstag kam in Rodaun ein Brief aus Regensburg, worin er
schreibt daß er auf der Reise nach Wien ist und mich am Dienstag selbst um 5 h
im Grabenkaffee (!) erwartet. Ab vier Uhr rannte ich schon vor Aufregung am
Graben auf und ab, dann endlich ging ich hinein, und da war er dann, ganz gewöhnlich in einer Ecke, aß Schlagoberskaffee und war vor allem lang nicht so
schön wie in Venedig und dann war er ein bissl deutsch, Du weißt ja, Wien ist
der strengste Prüfstein dafür, nur Du hast ihn bei mir ganz bestanden. Also kurz
und gut, ich freute mich doch sehr, er erzählte endlos viel Witze und Späße und
ich war gleich stundenlang mit ihm. Es erschien dann auch der Erich Kahler
Mann von der gewissen Fine K.
12. M. Ich schreib heute weiter, nachdem gestern mitten im Schreiben der Gundolf gerade kam und zwar hatte ich ihn zum Nachtmahl in die Stallburggasse
eingeladen, ganz allein, und er war eigentlich doch wieder *sehr* nett. Er hat mir
den Anfang von einer Rede über Macbeth vorgelesen, erst erinnerte ich mich,
daß Walter Tritsch einmal à la Gundolf vorgelesen hat und mußte ein bissl lachen, aber danach war es ganz schön, nie *sehr* schön finde ich. Er ist überhaupt
ein so merkwürdiges Gemisch von gescheit, kindisch, allzu vielseitig und dann
wieder schnell einmal beschränkt, ganz erstaunlich. Ich fange ein kleinwenig
mehr die Elli zu begreifen an: denk Dir, er hat mir gesagt, er hat ihr in diesem
Winter einen ganz regelrechten Heiratsantrag gemacht, und sie hat wieder nein
gesagt; darüber ist er so begeistert, daß ich glaube damit hält sie ihn weitere
zwanzig Jahre ...". Hofmannsthal: Welttheater, S. 75.

[57] *Dolfi*] Adolf Dehn, den Mura Zieperowitsch am 30. März 1926 heiraten sollte –
mit FG als Trauzeugen.

[58] *Strauss*] Entweder Richard Strauss (1864–1949) oder Johann Strauß (1825–
1899) – die Wiesenthal-Schwestern tanzten zu beider Musik.

wenig Hoffnung besteht, die Sache zu leimen. Die Andl ist ein lieber Kerl, aber sie kennt nicht das was George die „Lebensgesetze" nennt,[59] die strengsten von allen. Aber wer kennt sie heut ausser den Tieren und dem Meister, und einigen die er sie gelehrt (wie mich) die sie aber nicht befolgen.

Ich arbeite an einem Vortrag über Macbeth, den ich auf die Höhe des Antonius-vortrags bringen möchte.[60] Hier bleibe ich etwa bis 1. April, dann will ich nach Berlin, am 23. nach Weimar, dann nach Hause.

Mit meiner neuen Flamme (Rut), unsrem „Kind" möcht ich dich im Sommer bekannt machen: ich glaube, ihr werdet Freundinnen. Sie hat viel von Dir, nur scheuer und leiser, minder geflügelt und kühn wie das herrliche Musel, dessen Einzigkeit mir bei jeder neuen Entdeckung immer mehr einleuchtet.

Liebstes, schreib mir bald, und ob du die beiden Hundertmark-sendungen bekommen.

Ich umarme dich und bin immer

Dein Gundel

Abs.: Gundolf / Pension Fischer / Wien IX. / Garnisonsgasse 3 – Adr.: Fräulein Dr. Elisabeth Salomon / (presso Garulli) / Roma / Viale delle Belle Arti 7 int. 3 / Italia

368. Elisabeth Salomon an Friedrich Gundolf. o.O. [Rom]. 20. März 1926

Mein teurer Gundel, Dank für die Sendungen, die kurz nacheinander aus Heidelberg eingetroffen sind. Auch 3 Caesars von Bondi. Mit dem einen hab ich den Heini Sprinz,[61] einen armen jungen Kunsthistoriker aus Schwaben sehr glücklich gemacht, den zweiten dem Amerikaner Henry Furst gegeben, der ihn zusammen mit dem früheren hoffentlich

---

[59] *was George die „Lebensgesetze" nennt*] Vgl. dazu die Ausführungen FGs in seinem „George", S. 39 ff.

[60] *Ich arbeite an einem Vortrag ... bringen möchte*] Shakespeares Macbeth. In: Die Horen 5 (1928). S. 31–52. – Shakespeares Antonius und Cleopatra. In: Shakespeare Jahrbuch 62 (1926). S. 7–43. Die zweite Abhandlung trug FG in Weimar bei der Hauptversammlung der Deutschen Shakespeare Gesellschaft am 22. April vor; beide gingen in sein Buch „Shakespeare. Sein Wesen und Werk", Berlin 1928, ein.

[61] *Heini Sprinz*] Heiner Sprinz (1898–1928).

in der Fiera Letteraria besprechen wird[62] (er ist der Besitzer der Londoner Büste und des Falken),[63] über den dritten habe ich noch nicht verfügt. Von der Stampa möchte ich nur das Datum, den Corriere werd ich hier wohl herausfinden können, wenn Du Autor u. ungefähren Monat noch weißt.

Euer wüstes Wetter kann ich mir gar nicht mehr vorstellen, denn hier ist voller Frühling: mein Balkon ist mit blühenden Glyzinien bedeckt, die Pfirsiche blühn im Garten und alles ist grün und frisch. Und selbst der Schnee und das Eis, das wir in den Bergen oft zu überwinden haben, haben eine rein alpinistische Bedeutung, denn bei so heißer Sonne glaubt man doch nicht daran.

Bitte gib der Anna Lang den beiliegenden eiligen Brief. Und grüße alle Freunde in Wien soweit sie freundlich meiner gedenken.

Die Karten aus Passau[64] freuen mich sehr. Ich kenne es doch und liebe es als eine der schönsten Städte Deutschlands.

Ich lese immer wieder und wieder die Briefe der Pauline Wiesel. Sie passen sehr in meinen trüben Seelenzustand, der Corrado heißt. Ich bin so ohne Hoffnung für seine und meine Zukunft, daß ich kaum zur Freude an der Liebe selbst komme und doch bin ich ganz davon beherrscht. Er ist ähnlich berufsunfähig wie etwa Dein Bruder Ernst oder wie der Wenghöfer war,[65] nur vitaler und gesünder als diese beiden. Doch will ich nicht klagen solange ich überhaupt Liebe fühlen kann.

Um von etwas heiterem zu reden: Kauf Dir gleich beim Heller den „Kampf mit dem Fachmann" von der Mechthilde Lichnowsky. Er ist amüsant, originell und mir entsprechend wie wenig Bücher die ich seit 20 Jahren gelesen habe und Caesar kommt im Motto vor.

Meine Gedanken sind unendlich oft bei Dir in Wien, aber ich könnte jetzt die vielen Menschen die einen dort umgeben nicht ertragen. Drum

---

[62] *der ihn zusammen … besprechen wird*] Zu einer Rezension von FGs Caesar-Büchern in der 1925 gegründeten angesehenen Kulturzeitschrift scheint es nicht gekommen zu sein.

[63] *Falken*] Vermutlich ist der Vogel gemeint, mit dem sich ES hatte photographieren lassen; vgl. FGs Reaktion darauf in seinem Brief vom 13. März 1926.

[64] *Die Karten aus Passau*] FG hatte während seiner Reise nach Wien aus Regensburg und aus Passau an ES geschrieben.

[65] *ähnlich berufsunfähig … Wenghöfer war*] Ernst Gundolf lebte bis zu seinem durch den Nationalsozialismus erzwungenen Exil in London als Privatier im elterlichen Haus; Walter Wenghöfer verweigerte sich bis zu seinem Freitod im Jahr 1918 gleichfalls jeglichem Berufsleben.

mußt Du mir verzeihn daß ich Deinem Ruf nicht gefolgt bin. Die Menschen die ich hier sehe sind weniger insistent und interessiert, auch bin ich den größten Teil des Tags allein.
In steter und inniger Liebe Dein
Musel
20-III-26
Die Männer vom Ausflug auf den Velino sind nicht mit auf den Bildern. Die beiden andern Mädchen sind die Anita Cioffi, eine Römerin u. die Anna Gabrielli,[66] Halb-Italienerin – Halb-Wienerin. Die Magda u. das Musel wirst Du wohl selbst erkennen.

369. Friedrich Gundolf an Elisabeth Salomon.
　　　Wien. 31. März 1926

Liebstes, ich fahre heute abend über Prag nach Berlin, Adresse Waetzoldt, Gleditschstrasse 9 III W. 30.

Gestern hat die Mura ihren Dolfi geheiratet – ich war Trauzeuge! auf dem Wiener Rathaus. Jetzt sind sie Herr und Frau Dehn.

Vorgestern war Tanzabend der Grete Wiesenthal – nachher lernte ich sie auch kennen. Auch sonst allerlei neues Weibliches, das mich erfreut, doch immer mehr fühlen lässt wer du bist und wie ich nur Dich ersehne.

Von Berlin aus schicke ich Dir wieder Geld.

Mir ists ziemlich trüb zu mut. Frühling und Ferne.

Ich küsse Dir Hände und Füsse, mein Einzigstes!

Adr.: Fräulein Dr. Elisabeth Salomon / (presso Garulli) / Roma (10) / Viale delle Belle Arti 7 int. 3

370. Friedrich Gundolf an Elisabeth Salomon.
　　　Berlin. 14. April 1926

Mein angebetetes Musel:
Dein Brief vom 10. ist etwas fröhlicher – es ist beim Korrespondiren so daß man die Stimmung jedes Briefs solange bewahrt, bis der nächste kommt.

---

[66] *Anita Cioffi ... Anna Gabrielli*] Zu beiden nichts Näheres bekannt.

Wegen der Wohnung[67] kannst du vielleicht die Trude Cassel bemühn, wenn Sies nicht für Dich tut, dann vielleicht für mich – sie ist ein gutes Geschöpf und es geht ihr demgemäß nicht gut. Kannst Du nicht annonziren? Ernst etc. hab ich nur mit mehrern andren zusammen einen Abend gesehn, ebenso Ludwig,[68] dem geht es gesundheitlich und finanziell nicht besonders. Von dir zu reden war keine Gelegenheit .. ich glaube auch, daß dies eine wunde Stelle ist, die ich nicht ohne dringendsten Grund berühren will …

Die Bildchen sind mir wie immer lieb.

Siegfried hab ich jüngst gesehn, eh er nach Wien zur Unterredung mit Andl fuhr. Hoffentlich seh ich ihn noch vor meiner Abreise am Samstag.

Bei Heinz Hartmann und Dora Karplus[69] (die ein ausgezeichnetes Wesen ist) traf ich heut Buhlig, der mir von seiner Begegnung mit „Elli" freundlich erzählte. Lechter seh ich morgen wieder: er will uns durchaus diesen Sommer zusammen in Capri haben, wogegen ich nichts habe. Wollen wir nicht nach Sizilien einmal? Geld hab ich augenblicklich mehr als erwartet, hoffe aber doch zu sparen, für Dich: auch das ist Selbstsucht .. denn wenn Du Geldsorgen hast, hilft mir nichts. Für die nächste Zeit bis zum Sommer hoffe ich Dir jeden Monat M. 200 senden zu können. Aber gib auch nicht unnötiges aus.

Mein Kleines[70] ist hübsch und lieb, aber es zahnt immerzu und ist fiebrig. Jüngst sagte es zu mir: „Meine Mutter ist ein festes Weib, ich meine Mutterweib". Sehr wahr.

Im Corriere d'Italia vom 8. IV. steht ein grosser Aufsatz über meinen neuen „Caesar".[71] Salz schickte ihn mir.

Mein einzig Geliebtes: ich küsse Dir Hände Herz und Füsse in unerschöpflichem Dank und Entzücken: Dein Gundel

---

[67] *Wegen der Wohnung*] Es ging um die Untervermietung von ESs Berliner Wohnung. FG hatte ihr geraten, sie an Filmleute zu vermieten, weil das jetzt viel Geld bringe.

[68] *Ernst etc. hab ich nur … Ludwig*] ES hatte sich in ihrem Brief vom 10. April nach Ludwig Thormaehlen und Ernst Morwitz erkundigt.

[69] *Dora Karplus*] Die Kinderärztin und Psychoanalytikerin Dora Karplus (1902–1974) hielt sich 1926 gemeinsam mit Heinz Hartmann in Berlin auf. 1928 sollten sie heiraten.

[70] *Mein Kleines*] ES hatte in ihrem Brief auch nach FGs Tochter Ottilie gefragt.

[71] *Im Corriere d'Italia … Caesar*] Italicus [d.i. Ernst Eduard Berger]: Cesare nel Secolo XIX. In: Corriere d'Italia (Roma) vom 8. April 1926.

Am 17. fahre ich nach Hamburg zu Eckardts, am 20 nach Weimar.
Dann heim.

Adr.: Fräulein Dr. Elisabeth Salomon / (presso Garulli) / Roma (10) / Viale delle
Belle Arti 7 int 3

371. Elisabeth Salomon an Friedrich Gundolf.
o.O. [Rom]. 22. April 1926

Mein teurer guter Gundel, hab Dank für die immer neu manifestierte
Liebe in Poesie und Prosa. Grüß auch den Thankmar von mir. Wie
gehts ihm abgesehn davon daß er jährlich ein anderes Mädchenherz
(eins?) mit Hoffnungen erfüllt und enttäuscht (ganz wie der Gundel)
und kein Geld hat. Grüß auch sehr die verehrte Frau Thankmar.[72]

Ich ginge sehr gern nach Spalato als Gast Diokletians obgleich er,
mir scheint den Juden nicht sehr gewogen war.[73] Hat er dort ein Hotel?

Der Duce hat sich gestern anläßlich des von ihm erfundenen Geburtstags der Stadt Rom[74] sehr in Antike ausgelebt, und für Dich sind
einige Caesariana dabei abgefallen, die ich Dir schicke. Hast Du übrigens schon den Giulio Cesare von Enrico Corradini?[75] – Schreib der
Gabrielli, womöglich, ein paar freundliche Zeilen über ihren Artikel:[76]
Zahlungsmittel!

Mit der Trude Cassel hatte ich schon über die Wohnung korrespon-
diert. An ihrer Hilfsbereitschaft fehlt es nicht, aber sie ist doch schon in

---

[72] *Thankmar*] FG hatte geschrieben, daß er Thankmar von Münchhausen in Berlin
getroffen habe und in Weimar bei ihm wohnen werde. „Frau Thankmar" meint
seine Mutter, Anna von Münchhausen (1853–1942).

[73] *Ich ginge sehr gern ... gewogen war*] Diokletian (um 236/245 – um 312), römischer Kaiser, unter dessen Herrschaft strenge Christenverfolgungen stattfanden – ESs Anspielung bezieht sich wohl darauf –, ließ im heutigen Split einen riesigen Palast als Altersruhesitz erbauen. FG hatte die Stadt als gemeinsamen
Urlaubsort vorgeschlagen.

[74] *Geburtstags der Stadt Rom*] Dieses Fest wurde am 21. April gefeiert.

[75] *Giulio Cesare von Enrico Corradini*] Der italienische Schriftsteller und Politiker
Corradini (1865–1931) hatte 1902 ein fünfaktiges Caesar-Drama veröffentlicht.

[76] *Schreib der Gabrielli ... Artikel*] Am 10. April hatte ES FG geschrieben: „In der
Nuova Antologia steht ein gut gemeinter etwas schwachköpfiger Aufsatz über
George von der Schwester einer Bekannten von mir". Gemeint ist: G. Gabrielli:
Un poeta veggente: Stefan George. In: Nuova antologia Bd. 324. Roma 16. 3.
1926. S. 182–197. ESs Bekannte war die vorhin erwähnte Anna Gabrielli.

ihren eignen Angelegenheiten ein armer Untam.[77] Ich muß schon gelegentlich mal selbst nach Berlin fahren, und das werd ich heuer vielleicht tun bevor ich zu Dir nach Heidelberg komme.

Nach Capri möchte ich trotz Lechter nicht sehr gern, weil die Marguerite Hofmann und andere Klatschweiber beiderlei Geschlechts die Luft dort verpesten und die Insel ist zu klein um ihnen ausweichen zu können. Sizilien ist im Sommer unerträglich heiß.

Ich hoffe daß die Übersetzung des Caesar im 19. Jh. zustande kommt. Bitte gib niemandem das Recht ohne es mir vorher mitgeteilt zu haben. Wieviel fordert der Bondi von dem italienischen Verleger? Schick mir bitte noch ein paar der darinliegenden Prospekte. Welche italienischen Autoritäten wissen wer der Gundolf ist (für den Verleger)? D'Annunzio? Croce?[78]

Gestern haben wir einen herrlichen Tagesausflug durch die Castelli Romani[79] gemacht: zwischen Wäldern voll Asfodelos und Wiesen voll Narzissen.
In zärtlicher Liebe Dein
Musel
22-April-1926

372. Friedrich Gundolf an Elisabeth Salomon. Heidelberg. 1. Mai 1926

Geliebtes Musel: Eben komme ich von der Reise zurück, ich war zuletzt noch in Giessen, Wetzlar, Braunfels[80] mit der neuen Freundin (Ruth), die du unbedingt kennen musst, wenn du nach Deutschland kommst. Doch jede Liebe kommt zuletzt nur Dir zugut, du All- und Einziges Wesen. Bei meiner Heimkunft fand ich allerlei Post, u. a. einen bösen Schmähartikel des Fackelkraus gegen meinen Shakespeare,[81]

---

[77] *Untam*] Ungeschickter Mensch.

[78] *Croce*] Benedetto Croce (1866–1952), als Philosoph und Schriftsteller die prägende Figur der italienischen Kultur in der ersten Hälfte des 20. Jahrhunderts. Croce war mit der deutschen Literatur und Geistesgeschichte bestens vertraut.

[79] *Castelli Romani*] Naherholungsgebiet in der Nähe Roms.

[80] *Braunfels*] Hessisches Städtchen in der Nähe von Wetzlar, Sitz der Grafen von Solms.

[81] *einen bösen Schmähartikel … Shakespeare*] Karl Kraus: Hexenszenen und anderes Grauen. In: Die Fackel Nr. 724/725 vom April 1926. S. 1–44.

den er früher ja lobte. So wird ihm wohl jemand gesteckt haben was ich über ihn denke. Habeat sibi.[82]

In Spalato sei eine treffliche Pension wo man uns auf Händen tragen werde, wenn wir uns auf Lene Schneider-Kainer berufen, die empfiehlt sie und ihr trau ich sehr.

Die Caesariana des Duce habe ich bis jetzt noch nicht bekommen.

Den Enrico Corradino Caesar wollte ich doch in Venedig bestellen, er war aber vergriffen. Vielleicht besorgt ihn Bittner.[83]

An die Gabrielli gib beifolgendes ab.

Was Bondi vom italienischen Verleger fordert müsste ich erst erfragen.

Italienische Autoritäten wissen wol von mir: Croce, aber er mag mich nicht .. Und Farinelli,[84] aber den mag ich nicht.

Thankmar war lieb, er ist munter-ernst, seine Mutter eine verehrungswürdige liebe Frau. Zum Thee traf ich dort die Frau deines Kaisers von Albanien (vom Achensee).[85] Nietzsches Schwester dankte mir nach dem Vortrag für die freundlichen Worte über ihren Bruder im „Caesar"!!![86]

Ich muß noch fünfzehn Briefe schreiben, Liebstes!

Gestern gingen 200 M. an dich von meiner Bank.

Ich küsse Dir Hände und Füsse.

Abs.: Gundolf / Heidelberg / Schlossberg 55 – Adr.: Fräulein Dr. Elisabeth Salomon / (presso Garulli) / Viale delle Belle Arti 7 int 3 / Roma

---

82 *Habeat sibi*] Meinetwegen!

83 *Bittner*] Herbert Bittner, Antiquar in Rom.

84 *Farinelli*] Arturo Farinelli (1867–1948), italienischer Literaturwissenschaftler, damals Professor für Germanistik in Turin.

85 *die Frau deines Kaisers … Achensee*] Sophie Fürstin zu Wied (1885–1936), durch ihre Heirat mit Wilhelm Fürst zu Wied (1876–1945), der 1914 für sechs Monate Fürst von Albanien war und niemals auf seinen Thron verzichtete, Fürstin (nicht Kaiserin) von Albanien. Offenbar waren ES und FG dem Fürsten zu Wied 1921 während ihres Sommeraufenthalts am Achensee begegnet.

86 *Nietzsches Schwester … im „Caesar"*] Elisabeth Förster-Nietzsche (1846–1935) spielte als Nachlaßverwalterin ihres Bruders eine unheilvolle Rolle. Gegenüber Erich von Kahler kommentierte FG die Szene: „Die Kröte welche das Lob des Brontosaurus einkassirt als seine Verwandte". (II,42). Die Schlußpassage von FGs „Caesar" gilt in der Tat Friedrich Nietzsche.

373. Elisabeth Salomon an Friedrich Gundolf.
o.O. [Rom]. 4. Mai 1926

Geliebter Gundel, die Leute reden immerfort von unsrer Heirat wie wenn ein monarchisches Land endlich seinen Thronfolger fordert. Ich sage jetzt immer ja und wir tun dann doch was wir wollen, damit sie Ruh geben: so tuts der Principe di Piemonte[87] auch. Wundre Dich also nicht wenn Dir nächstens die Marianne Weber beglückt die Hand drückt. Sie läßt Dir übrigens sagen, ihr Buch über Max Weber liegt für Dich bereit: Du sollst es Dir nicht kaufen. – Ich höre von Langs die vorübergehend hier sind daß der Lehrstuhl vom Brecht in Wien frei ist.[88] Kannst Du denn nichts tun damit man Dich hin beruft? Langs werden das ihrige dazu tun. Hoffentlich legt Dir der durch Dich gekränkte Spann[89] keinen Stein in den Weg. – Ist das nicht wieder ein unglaublich drolliges Spiel daß ich hier gerad mit den Verwandten Deiner neuen Ruth in freundschaftliche Beziehungen gekommen bin? Wir haben sie am letzten Tag erst identifiziert: die Anita Gonzala ist die Schwester von dem Mann von Ruths Schwester.[90] Sie selbst eine famose Frau die Dir auch glänzend gefallen wird. Durch eine andre Combination kennt sie auch den Liegle u. möchte ihn sehr gern u. unter viel günstigeren Bedingungen für ihren Sohn engagieren.[91]

Ärger Dich nicht über den verrückt eitlen Kraus. Was geht es Dich an: er hat nie reine Motive bei seinen Urteilen ob sie nun richtig oder falsch sind.

Die Andl möchte in Forte dei Marmi (am Tyrrenischen Meer, nahe von Pisa) ein Haus mieten (Juli August September), mit Kindern u. Köchin hinziehn u. würde uns solange wir wollen zu Selbstkosten aufneh-

---

[87] *Principe di Piemonte*] Der italienische Thronfolger Umberto (1904–1983) trug diesen Titel; er heiratete 1930 Maria, Prinzessin von Belgien.

[88] *daß der Lehrstuhl ... frei ist*] Walther Brecht war im Frühjahr an die Universität Breslau gewechselt.

[89] *Spann*] Othmar Spann (1878–1950), österreichischer Nationalökonom, damals Professor an der Universität Wien, stand den Nationalsozialisten nahe. Welches Verhältnis ihn mit FG verband, ist nicht bekannt.

[90] *die Anita Gonzala ... Schwester*] Der Bruder von Anita Gonzala (1901–1951), der Mitbegründer des Frankfurter Instituts für Sozialforschung, Felix Weil (1898–1975), war von 1921 bis 1929 mit Käthe Bachert, der Schwester Ruth Bacherts, verheiratet.

[91] *den Liegle ... engagieren*] Liegle war damals Hauslehrer bei der Familie Picht in Hinterzarten; 1928 wechselte er als wissenschaftlicher Hilfsarbeiter ans Berliner Münzkabinett.

men. Hättest Du dazu nicht Lust? Wir könnten von dort viel unternehmen: Elba, Lucca, Pisa u. ev. zum Schluß den Lechter in Capri kurz besuchen, der sehr insistiert. Laß mich bald Deine Meinung wissen weil ich sofort hinfahren müßte um ein Haus zu mieten. Langs kämen dann auch hin für eine Zeit. Übrigens ist auch Frau Curtius mit den Kindern in Castigliencello ganz in der Nähe. Es soll ein zauberhaft schöner Platz sein. Informier Dich aber auf jeden Fall über die Bedingungen in Spalato: Grundsätzlich habe ich auch nichts dagegen. Den Corradino u. die Zeitungen schick ich Dir. Verzeih die Versäumnis: die Florentiner Fahrt[92] hat mich einige Pflichten versäumen lassen.

Der Corrado hat einmal auf gut Glück an Laterza[93] (den Verleger vom Croce) geschrieben wegen dem Caesar im 19. Jh. Der hat sich nun beim Croce informiert und die Antwort bekommen, daß C. Dich sehr schätzt, aber das betreffende Buch nicht kennt. Laterza hat sich seinen Entschluß vorbehalten u. will die Bedingungen 1. fürs Übersetzungsrecht, 2. für die Übersetzung wissen. Frag also sofort den Bondi, der hoffentlich keine übertriebenen Bedingungen stellt u. auch was er dem Venanzi rät, zu fordern (ich würde es mit ihm gemeinsam machen), und ob es um den Schein zu wahren nicht zweckmäßig sei daß auch Du als Autor etwas forderst. Ich wäre unendlich froh wenn etwas draus wird.

Wer ist die Frau Kaiser von Albanien? Lebt sie noch bei ihrem Mann u. prätendiert der noch? Die Frau Förster-Nietzsche ist doch eine alberne Person: als wenn Du Nietzsche aus Familiengründen lobtest und überhaupt als wenn er eine Privatperson wäre!
Dank für die Devise[94] der Rheinischen Creditbank.
Alles alles liebe Dein
Musel
4. April 26[95]

---

[92] *Florentiner Fahrt*] Offenbar war ES kurz zuvor in Florenz, doch ist darüber nichts Näheres bekannt.
[93] *Laterza*] Von Giovanni Laterza (1873–1943) 1901 in Bari gegründetes Verlagshaus, dessen Hauptautor Benedetto Croce war.
[94] *Devise*] Ausländische Währung; FGs Zahlung.
[95] *4. April 26*] Verschreibung ESs; gemeint ist der 4. Mai 1926.

374. Friedrich Gundolf an Elisabeth Salomon.
Heidelberg. 6. Mai 1926

Mein angebetetes Musel:
Gleichzeitig geht an Dich ein Päcklein Prospekte für Caesar II. ab.

Anndl schrieb mir für den Sommer von Häusleinplänen, du wirst davon wissen: ich bin mit allem einverstanden was *Dir* recht ist.

Meine Freundin in Frankfurt heisst Ruth Bachert: stimmt das mit der Verwandtschaft? Die Welt ist ja sehr eng – auch eine entfernte Verwandtschaft mit mir glauben wir entdeckt zu haben.

Mit Karl Vossler in München, dem bekanntesten deutschen Romanisten, Freund Benedetto Croces, leider auch Rudolf Borchardts,[96] hab ich eben eine ganz interessante Correspondenz im Anschluß an einen Aufsatz anlässlich meines Caesar, den er geschrieben und mir in „Hochachtung und Widerspruch" geschickt hat.[97]

Schick mir wenns keine Müh macht, einen authentischen Text der Mussolinischen Caesarstellen. Ich hab mich in Bezug auf ihn dahin besonnen, daß er viel ist, aber noch mehr scheinen will und dadurch weniger wird als er sein könnte.

Im letzten Simplex waren ungemein putzige Scherze über ihn,[98] die ich Dir gern schicken würde, aber wenn mans findet stossen sie dir vielleicht Ladstöcke in die falsche Kehle.

---

[96] *Rudolf Borchardts*] Der Schriftsteller Rudolf Borchardt (1877–1945) war über die Jahre hinweg immer wieder in erbitterte Auseinandersetzungen mit dem George-Kreis geraten, an denen auch FG maßgeblich beteiligt war.

[97] *Mit Karl Vossler … geschickt hat*] Karl Vossler (1872–1949), Professor an der Münchener Universität, hatte sich in seinem Aufsatz „Vom sprachlichen und sonstigen Wert des Ruhms" (Deutsche Vierteljahrsschrift für Literaturwissenschaft und Geistesgeschichte 1926, S. 226–239) mit FGs „Caesar" auseinandergesetzt. An Erich von Kahler schrieb FG in diesem Zusammenhang: „Mit Vossler hab ich eine kuriose Korrespondenz auf seinen Aufsatz über Ruhm (im Rothakkerblatt) hin, den er mir zuschickte. Ich hab ihm sehr scharf, ausführlich und grundsätzlich, geantwortet, worauf ein fast werbender und rührender Brief kam, und sein Buch über Racine mit Widmung: „dem Meister des Mythos der Diener des Logos". Dann schrieb ich ihm höflich über die Gefahr seines Tons, und dass heut selbst für die Wissenschaft die Ehrfurcht so nötig sei wie die Kritik, und gefährdeter, und Ein Dichter nötiger als tausend Gelehrte für die Bildung ..". (II,42) Die beiden Briefe FGs sind abgedruckt in: Briefe. Neue Folge. S. 212–216.

[98] *Im letzten Simplex … über ihn*] In Heft 5 des „Simplizissimus" vom 3. Mai 1926 gibt es eine karikierende Titelzeichnung von Th. Th. Heine „Cäsar Mussolini", einen satirischen Beitrag über die Italianisierung in Südtirol sowie einen persiflierenden Artikel von Arnold Hahn: „Mussolinis Einzug in Berlin".

Mein Kolleg ist gerammelt voll, doch bin ich semestermüde und wäre gern bei meinem liebsten Wesen .. O Musel, wie tief und wild lieb ich dich noch immer, und immer immer lieber!
Werd mir nur glücklich!
Ich umarme dich, Herz meines Herzens.

Adr.: Fräulein Dr. Elisabeth Salomon / (presso Garulli) / Roma (10) / Viale delle Belle Arti 7 int 3

375. Elisabeth Salomon an Friedrich Gundolf.
o.O. [Rom]. 20. Mai 1926

Mein liebster Gundel,
verzeih, wenn ich Dir der Schnelligkeit halber mit der Maschine schreibe.

Die Anndel kann nun aus finanziellen Gründen doch nicht nach Italien kommen. Wir müssen also unabhängig von ihr entscheiden. Ich bin unter diesen neuen Umständen gegen Forte dei Marmi und möchte, dass Du zwischen Spalato und Capri entscheidest oder für etwas drittes. Wann bist Du frei?

Nach den neuen Bildern zu urteilen, wird Dein Kopf immer unheimlicher bedeutend. Aber damit muss ich mich nun mal abfinden.

Der „Mondo"[99] ist das letzte in Rom übrig gebliebene Demokratenblatt, wird dauernd sequestriert[100] und sein Lokal von Übereifrigen demoliert. Es war das Organ des kürzlich gestorbenen Führers der Secessionisten auf dem Aventin Amendola.[101] Es gilt aber als die Zeitung mit den besten literarischen Mitarbeitern.

Der Croce hatte nur gesagt, dass er den „Caesar im 19. Jahrhundert" nicht kennt, nicht den „Caesar". Es ist also nicht nötig, dass Bondi ihm

---

[99] *Der „Mondo"*] Magda Bezner hatte FG einen Artikel über ihn aus „Il Mondo" zugeschickt – M. Florio: Il critico della nuova Germania. In: Il Mondo vom 4. Mai 1926 –, worauf er sich bei ES erkundigt hatte, ob dies ein Faschistenblatt sei.

[100] *sequestriert*] Beschlagnahmt.

[101] *des kürzlich gestorbenen ... Amendola*] Giovanni Amendola (1882–1926), italienischer Politiker und Journalist. Er war Mitbegründer der liberalen Zeitung „Il Mondo" und einer der Anführer der oppositionellen Abgeordneten, die sich nach der Ermordung Matteottis aus dem Parlament zurückzogen und auf dem Aventin tagten. Amendola starb am 7. April 1926 an den Folgen eines faschistischen Mordanschlags.

diesen noch einmal schickt. Laterza ist nun bereit, die Übersetzung anzunehmen, will aber nur 65 Lire pro Bogen für den Übersetzer und
50 Lire pro Bogen für das Autorenrecht zahlen. Das wären etwa 400
resp. 300 Lire im ganzen, also ein Schmarren. Wenn es nun auch weder
Dir, noch dem Bondi, noch uns auf Verdienst dabei ankommt, möchte
ich es doch nicht so ohne weiteres annehmen, zumal ich 2000 Lire als
Übersetzungshonorar verlangt hatte und ich nicht den Eindruck eines
alte Hosen verkaufenden Juden machen möchte, der sie zum hundert-
sten Teil der erst verlangten Summe abgibt. Ich habe also zunächst die
Übersetzung noch zwei andern Verlegern angeboten und will deren
Antwort abwarten. Ist sie abschlägig, so müsste der Bondi zu unseren
Gunsten auf die 300 Lire, für die er ja ohnehin höchstens 5 mal mittagessen kann, verzichten aus besagten Prestigegründen und da er sich
seinerseits mit keiner Ziffer prejudiziert hat. Mach diese Situation bitte
dem Bondi klar und schick mir dann rasch seine Antwort. Für Dich ist
Laterza ja nun auf alle Fälle gewonnen, auch wenn der Übersetzer so-
stituiert[102] werden müsste. Bitte lass mir auch noch zwei broschierte
Exemplare schicken. Für heut nur dies Geschäftliche.
Und tausend Küsse
Musel
20. Mai 1926

376. Elisabeth Salomon an Friedrich Gundolf.
     o.O. [Rom]. 26. Mai 1926

Mein Gundel, ja ich komm im Herbst ganz zu Dir und wir wollen dann
auch heiraten. Ich habe maßlos gelitten in all diesen Monaten, indem
ich täglich was andres als den rechten Weg zu erkennen glaubte. Jetzt
hab ich den C.[103] fast überzeugt daß ich kein Recht hatte von Dir fortzugehn und daß mein Leben Dir nun einmal verschrieben ist. Wir werden Freunde bleiben. Zu einem Doppelleben fehlt mir die Kraft. Ich
fühl mich nun unendlich erleichtert. Die dauernde Trennung von Dir –
es wäre eine geworden, wenn wir nicht zu Lügen hätten greifen wollen – wäre doch unerträglich und unmöglich gewesen. Ists recht so?

---

[102] *sostituiert*] Ausgetauscht, ersetzt (Italianismus).
[103] *den C.*] Corrado Venanzi.

Die Andel bittet unsere Entscheidung bis zum 1. Juni aufzuschieben.
Ich würde dann im September nach Rom zurückgehn, Deine Übersetzung[104] abschließen und gegen Semesterbeginn, wenn Du wieder frei
bist zu Dir übersiedeln. Was hast Du vor im September?

Falls die andern Verleger keine günstigeren Angebote machen, wollen wir doch den von Laterza annehmen, weil es ein sehr angesehener
Verlag ist. Der Patti soll auf jeden Fall warten bis wir abgeschlossen haben. Es wäre natürlich am besten, beide[105] beim gleichen Verlag zu veröffentlichen.

Auf die Friedrichmünze[106] freu ich mich sehr. Aber gib sie mir persönlich, damit sie nicht verloren geht.

Du brauchst das Wort Fug in so vielen Bedeutungen. Was heißt es
S. 12 Z. 3 und was schlüssig? Was S. 14 Z. 13?

Addio, Herzensgundel, ich bin nun auch mit Seele und Leib und für
immer
Dein Musel
am 26. Mai 1926

377. Friedrich Gundolf an Elisabeth Salomon.
Darmstadt. 29. Mai 1926

Mein Liebstes!
Ja, es ist recht so: mein Herz und mein Gewissen wollen es so, und wenn
wir uns so lieben wie wir es tun, muß es gut werden, trotz allen Schwierigkeiten die nicht ausbleiben – du kennst sie ja selbst .. sie sind geringer als meine Liebe zu dir und wie ich glaube, deine Liebe zu mir .. und
auf keine andre Weise können wir uns genugtun als durch die Ehe. Wir
tun den Schritt nicht mehr wie Frühlingsliebespärchen aus Rausch und
Wahn, sondern nach zwölf Jahren schmerzlicher Erfahrungen, die uns

---

[104] *Übersetzung*] Die Übersetzung von FGs zweitem Caesar-Buch ins Italienische
kam nicht zustande.

[105] *beide*] Die beiden Caesar-Bücher FGs. Am 24. Mai hatte FG ES geschrieben:
„Der Patti ist übrigens mit der Übersetzung des grossen Caesar fast fertig. Ob er
einen Verleger hat oder findet weiß ich nicht. Es wäre gut wenn beide Caesaren
im selben Verlag erschienen, wenn auch von verschiedenen Übersetzern". – Pattis Übersetzung blieb offenbar unveröffentlicht.

[106] *Friedrichmünze*] FG hatte ES geschrieben, daß er für sie „eine Goldmünze Friedrichs II von Staufen, mit seinem Bild" gekauft habe.

gegen Illusionen panzern und für Opfer reifen – unsre Liebe muß auch diese Probe noch bestehn, Liebstes auf der Welt!

Wegen der Übersetzung warte nun einmal das Angebot des neuen Verlags ab .. dann können wir Bondi anfragen.

Schlüssiger Fug heisst am besten sistema auf Seite 12, manchmal Gesetz, manchmal Harmonie, Gefüge, manchmal Ordnung.

Wegen der Sommerpläne verfüge Du nur, und dann hoff ich auf baldiges Wiederschaun, bei dem wir uns noch alles klar und festmachen wollen.

Ich liebe Dich und bleibe Dein
getreuester Gundel

Abs.: Gundolf / Heidelberg / Schlossberg 55 – Adr.: Fräulein Dr. Elisabeth Salomon / Roma (10) / Viale delle Belle Arti 7 int 3 / (presso Garulli)

378. Friedrich Gundolf an Elisabeth Salomon. Heidelberg. 2. Juni 1926

Mein Liebstes auf der Welt:
Ich zittre vor Dank und Verlangen beim Gedanken daß ich vielleicht noch in diesem Jahr endlich nach diesen Jahren, sieben Werbejahren wie Jakobs um Rahel,[107] mein Liebstes umarmen soll für Lebenszeit .. und noch wag ichs nicht zu fassen.

Musel, nun muß mein unerschütterlicher und durch jeden Gegendruck nur gesteigerter Glaube an Dich als mein vorbestimmtes und zugehöriges Weib sich bestätigen, sonst wär ich zerstört. Ich will Dich auf Händen tragen und wenn meine Nerven sich vergessen, so soll ein Blick von Dir genügen, mich an dein Herz zu ziehn. Musel, liebstes Musel .. Die Ehe ist schwer, doch dich zu besitzen soll mich keine Müh und kein Opfer reuen, du mein liebster reichster Schatz.

Soll ich nun nach Dalmatien schreiben oder hast du was Besseres vor .. Wollen wir uns erst in Triest oder wo treffen?

---

[107] *sieben Werbejahren wie Jakobs um Rahel*] Sprichwörtlich, nach der biblischen Erzählung im Buch Genesis.

Wie ists mit Geld? Wenn du zur Zeit versorgt wärst, dann würde ich noch warten mit einer Überweisung, sonst schick ich dir mit nächster Post.

Mein Musel, Geliebte, Frau, Herrin, und süssestes Wesen, ich küsse deine Seele aus dem schönen Leib und küsse sie wieder hinein!
Dein, ganz Dein
Gundel

Adr.: Fräulein Dr. Elisabeth Salomon / Roma (10) / Viale delle Belle Arti 7 int 3 / Presso Garulli

379. Friedrich Gundolf an Elisabeth Salomon. Heidelberg. 9. Juni 1926

Mein Liebstes!
Grade dass es eine Arbeit wird, unsre Zusammenleben zum trotz aller Hemmnisse wieder zu einer rechten Ehe zu machen, hebt und spornt mich dazu umso mehr, mein unerschöpfliches Verlangen, Vertrauen und Verehren vorausgesetzt, und bei deiner Einsicht und Liebe bedarfs nur noch den guten Willen .. Was wollen wir denn noch mehr leisten in unsrem Alltag, als uns erfüllen und bewähren was wir seit sieben Jahren von uns geglaubt haben, dass wir uns lieb genug haben, um uns jedes Opfer zu bringen, nicht nur grosse – die sind für edle Seelen leicht, sondern auch kleine: Reize, Launen und Spiele? .. erst so können wir komplett werden. Schwer ists, aber wenn es gelingt, ein herrlich Werk, und wenn wirs nicht wagen, dann sind wir weniger als wenn dies Wagnis mißlingt .. Süsses, Liebes! Und lass es deinen Ehrgeiz sein, die Warner zu widerlegen und zu beschämen!

Verfüg du ganz über den Sommer .. Und gräm dich nicht wegen des Abschieds aus Italien etc .. Wenn wir leben, soll das nicht dein letzter italienischer Sommer sein!

200 M. lass ich dir heut überweisen – ich hab unerwartet viel Kolleggeld gekriegt.

Gestern war Wilhelm Furtwängler bei mir, der erste Dirigent dieser Zeit,[108] und ein ausgezeichneter Mann.

---

[108] *Wilhelm Furtwängler ... Zeit*] Wilhelm Furtwängler (1886–1954) galt damals (und bis heute) mit Engagements in Wien und Berlin als einer der wichtigsten Dirigenten des 20. Jahrhunderts.

Süsses, ich hab Angst, du könntest dich noch einmal umbesinnen. Sei nicht traurig, denk an das Schöne das uns noch werden kann, und das wir so lange uns erwünscht. So oder so, wir gehören zusammen! Und was auch kommt, wir bleiben Eins.

Schönstes Wesen, ich liebe dich, mir ist als liebte ich Dich nun noch mehr als je! O glaube an dich wie ich an Dich glaube!
Dein
Gundolf

Adr.: Fräulein Dr. Elisabeth Salomon / (presso Garulli) / Roma (10) / Viale delle Belle Arti 7 int 3

380. Elisabeth Salomon an Friedrich Gundolf.
o.O. [Rom]. o.D. [etwa 15. Juni 1926][109]

Liebster Herzensgundel – sei aufs innigste umarmt zu Deinem Geburtstag, den wir von nun ab immer zusammen feiern wollen. Mehr als wir selbst kann uns gewiß kein anderer Warner sein. Meinen Ehrgeiz will ich also nicht für die andern sondern für Dich und für mich anwenden.

In Ermangelung einer geeigneten Caesarstatue hab ich Dir eine Krawatte geschickt. Doch will ich Dir treulich berichten, daß in dem „Cardinale Giovanni di Medici" (Leo X.) von Parker der Bartolomeo Chigi als Dank für seine Einwilligung zur Ehe seiner Tochter mit Giuliano Medici den Kardinal um dessen Caesarbüste bittet u. dieser seufzend antwortet „il mio occhio sinistro".[110] –

Es ist gerade der Sinn der Worte, über den ich in Deinem Buch oft im Zweifel bin und darum brauche ich Deine Erklärungen. Ich fahre also fort: Historismus?

S. 54, Z. 7 v. unten: Sinnenhumanität.[111]

---

[109] *etwa 15. Juni 1926*] Die ungefähre Datierung ergibt sich aus dem Bezug auf FGs Brief vom 9. Juni und aus FGs Geburtstagsdatum 20. Juni, auf das hin der Brief geschrieben wurde.

[110] *daß in dem „Cardinale ... sinistro"*] Gemeint ist das Stück „The cardinal" (1903) von Louis N. Parker (1852–1944), einem englischen Dramatiker, das ES offenbar in italienischer Übersetzung kennengelernt hatte. – Chigi ist ein Angehöriger der berühmten Sieneser Bankiersfamilie; „il mio occhio sinistro" heißt: mein linkes Auge.

[111] *Sinnenhumanität*] Blatt 2 des insgesamt 3 Blätter umfassenden Briefs fehlt.

In Neapel ist der Lehrstuhl für deutsche Literatur frei u. an der concorsa[112] können sich auch Ausländer beteiligen. Falls Du Lust hast, schreib ich Dir sofort was Du alles hinschicken mußt. Der Furst sagt Du würdest zweifellos berufen werden, wenn Du Dich bewirbst.

Die Frau Lobstein hat mir einen langen zärtlichen Brief geschrieben und daß ich keine Wohnungssorgen haben soll. Um so besser. Sag ihr einstweilen meinen herzlichsten Dank, ich werd ihr bald selbst schreiben.

Vorigen Sonntag haben wir eine Nachtwanderung auf den Monte Circeo,[113] das Vorgebirge der Circe, d.h. in meine Heimat gemacht. Es ist eine unvergleichlich schöne Gegend und man sieht vom Vesuv und Capri bis zur Kuppel von S. Pietro,[114] aber der Weg ist recht mühselig.

Hoffentlich bist Du nicht traurig an Deinem Geburtstag sondern froh mit Deinem
Musel

381. Friedrich Gundolf an Elisabeth Salomon. Heidelberg. 20. Juni 1926

20. Juni 1926

Mein Liebstes:
Heute ist so Gott will mein letzter *lediger* Geburtstag, die künftigen will ich mit Dir feiern, meinem vorbestimmten Wesen, meinem über alles geliebten Du .. o Musel, Musel, nur um deinetwillen wünsch ich mir nun noch viele Geburtstage, und nur für Dich will ich bitten und danken: du hast dies Leben gerettet und beglückt, erobert und beherrscht, und ich lege es mit tiefem treuen Vertrauen in deine holden Hände. Wenn ich nun morgens erwache mit dem Gedanken dass ich mit dir doch nun vereinigt werden soll, nach all diesen langen Qualen, dann kommt eine fromme Ruhe über mich, nicht so sehr, weil ich an ein dauerndes äusseres Glück glaube, als weil mein Gewissen das Rechte fühlt und weil ich meiner Geliebten angehöre. Mir bangt daß du nicht mit

---

[112] *concorsa*] Bewerbung.

[113] *Monte Circeo*] Unmittelbar am Meer aufragender Berg, etwa 100 km südlich von Rom; der Überlieferung nach vormals die Insel der Homerischen Zauberin Kirke.

[114] *S. Pietro*] Der Petersdom in Rom.

gleicher Freude zu mir kommst wie ich dich empfange: o mein Musel, ich hoffe dich zu trösten über das was du aufgibst wie ich bei Dir nicht geringeren Trost empfange für das was mich verlässt. Doch die Opfer selbst machen unsren Bund ernster und enger ... Ich bin Dein, jetzt für ewig, es ende wie es wolle.[115]

Wegen deiner Fragen über „Frevel" im Caesar: du mußt jedesmal die Stelle angeben, es gibt kein eindeutiges Wort, von Fall zu Fall heisst es bald soviel wie Hybris, Verbrechen oder Schuld.

---

[115] *Heute ist so Gott will ... wie es wolle*] Wenige Tage danach, am 26. Juni, bekräftigte FG seinen Entschluß gegenüber Erich von Kahler: „Nochmals, mit allem geschichtlichen Wissen um die Möglichkeit eines Irrens, handle ich in diesem Fall nicht nur nach dem unwiderstehlichen Drang meines Herzens und dem reiflichen Zuspruch meines Gewissens, sondern auch in dem vollen *Glauben*, dass es gut und recht sei, *nicht* wie es mir wohl schon in minder wichtigen Fällen ging, mit dem heimlichen Missgefühl, dass ich um des Rechts oder um der Pflicht willen mein Gefühl vergewaltige oder umgekehrt. Auch habe ich im Innern und in meiner Einsicht kein Daimonion das mich warnt, oder einen Stachel dass ich um der Liebe willen von meinem wahren Gott oder höheren Ich abfalle – im Gegenteil: gerade um Gottes willen muss ich tun was ich nicht lassen kann, und ich verlasse auch das echte Georgesche nicht, wenn ich mich einem wie ich glaube verhängnisvollen, wenn auch mit seinem grössten Sinn verbundenen Wahn des hohen Mannes hier widersetze oder entziehe. Bin ich verblendet, so werd ichs büssen, dass ich verblendet werden kann, ist möglich: doch auf die Mutmassung dieser Möglichkeit hin kann ich nicht handeln wo alles, wirklich alles in mir meinen Entschluss fordert und rechtfertigt, trotz dem grausamen Schmerz um den, vielleicht, unvermeidbaren, aber unverdienten Verlust des meisterlichen Segens. Die Argumente der Freunde, zugunsten eines ‚Staats', den ich gar nicht verletze oder andrer Dogmen, und die Drohung mit der Verspiesserung, so sinnvoll sie sein mögen, erfahre und glaube ich gar nicht mit meinem Wesen, ebensowenig wie die Urteile gegen Elli .. ich habe ihr die Steigerung und Spannung meines Geistes im letzten Jahrfünft fast allein zu danken. Kurzum, ich kann nicht nach Dogmen und Räten von draussen, nicht mehr nach Autoritäten handeln .. Des Herzens Stimme (nicht die des Geschlechts mit der sie manchmal verwechselt wird) ist für jeden die Stimme seines Dämons, der ihn vernichtet, wenn er ihr sich um eines Klugseins oder sogar Weisesein willens entzieht. Ich glaube einem guten Dämon zu folgen, wenn es aber dennoch ein böser wäre, so wäre ich ihm auch dann geopfert, falls ich nicht auf ihn hörte, sondern auf den Befehl oder Rat der Andren. Folgte ich dem Wunsche des Heros ohne inneren Glauben, so würde ich doch kein heroisches, sondern ein Lug und Knechtsdasein führen und mir selbst nicht mehr trauen können. Und wenn ich in der Ehe verspiesserte, so würd ich auch ohne die Ehe wenig mehr taugen .. in den meisten Fällen von Warnungsexempeln nimmt man ein post hoc für ein propter hoc. Kurzum, ich kann nicht anders, mag es nun enden wie es will .. und weiss nur dass ich nichts Niedriges begehe." Kahler-Briefwechsel II,43f.

Zwei Exemplare bestelle ich noch bei Bondi.

Musel, sei nicht traurig! Freue dich ein wenig und hoffe mit mir.

Ich liebe Dich und verehre Dich über alle Maaßen, Herz meines Herzens!

Immer Dein Gundel.

Herzlichen Dank für das schöne Band um meinen Hals: ich hab es an und fühle deine Arme!

Adr.: Fräulein Dr. Elisabeth Salomon / (presso Garulli) / Viale delle Belle Arti 7 int 3 / Roma (10)

382. Elisabeth Salomon an Friedrich Gundolf.
   o.O. [Rom]. 1. Juli 1926

Liebster, sei unbesorgt, ich lauf nun nicht mehr davon. Hälst Du mich denn für fähig, Dich zur lächerlichen Figur Deiner Freunde und Bekannten zu machen? Grundsätzlich ist es mir auch gleich, ob wir eher oder später heiraten. Aber man muß doch mehrere Wochen vorher aufgeboten werden: ich müßte also entweder nach Heidelberg kommen (dann mußt Du gleich die nötigen Schritte beim Standesamt tun) oder aber wir melden uns bei dem betreffenden deutschen Konsulat unsrer Sommerfrische an (dann müßtest Du alle Papiere mitbringen).

Mein Gundel, ich komme zu Dir mit der festen Überzeugung daß ich einem besseren Mann auf der Welt nicht angehören kann. Der Verzicht auf einen anderen ist an sich nicht so schmerzlich, da meine Neigung nicht besitzwütig ist. Nur mein Gewissen bringe ich nicht zur Ruhe, weil ich eine edle Seele betrüben muß, die schuldlos ist und weil es mich peinigt, daß er denken muß, ich habe mit ihm gespielt und handle womöglich nun aus Opportunismus so. Wenn Du das nur nicht auch eines Tages vermutest. Es wäre ein furchtbarer und ungerechter Vorwurf. Aber ich weiß daß der Schein gegen mich spricht. Das Unglück ist Deine Berühmtheit. Wärest Du nur ein kleiner Beamter, aber so wirkst Du fast als gute Partie. Aber ich tue es doch, weil ich zuletzt nur Gott und mir selbst verantwortlich bin, und wir beide wissen daß ich nicht aus niedrigen Motiven handle. Die Mädchen die um Dich weinen sollst Du trösten: durch meine Nähe soll keine Dich verlieren die bisher Deiner würdig war.

Ich möchte im August in die Berge, am liebsten in die Dolomiten und habe an verschiedene Hotels in Toblach (Pusstatal)[116] und in Molveno[117] geschrieben. Die Anna Lang kommt vielleicht auch hin. Da es ja keine Flitterwochen werden sollen, sag es also ruhig anderen Freunden wenn Du magst, z.B. der Ruth.

Der Lechter ist da und es geht ihm verhältnismäßig gut. Er hängt mit großer Liebe an Dir und an mir.
Ich bin Dein
Musel
1. Juli 1926

383. Friedrich Gundolf an Elisabeth Salomon. Heidelberg. 5. Juli 1926

Mein Liebstes auf der Welt:
Ich glaube an dich und deinen Adel so innig und unerschütterlich wie ich dich liebe – und nach dem Urteil der Welt wollen wir nimmer fragen, da ich nicht nach dem Urteil des Meisters über dich und mich gefragt habe. Übrigens weiss alle Welt daß ich dein Ja erbetteln musste und niemand hält dich für berechnend, was man dir auch sonst vorwerfen mag. Wir müssen nun uns allein und unsrem Gewissen, d.h: Gott angehören. Damit ich dich wirklich habe, geb ich Himmel und Erde und alle bisherigen Bindungen preis, falls es nötig wird – du wiegst mir alles auf, geliebtes Herz!

Am liebsten wäre mirs schon, du kämest noch im Juli hierher zum Heiraten. Die Papiere bekomme ich (ausser dem Geburtsschein den ich habe) nur an dem Standesamt wo das Aufgebot geschieht. Im Ausland, bei Konsulaten gibt es Verzögerungen und dann müssten wir doch noch vier Wochen warten, um dorthin zurückzufahren, von allen möglichen Chikanen vielleicht abgesehen. Auch bekommen wir hier leichter Zeugen zusammen.

Was den Abschied von C.[118] angeht, so sollst du ihn künftig sehen so oft es dich verlangt, und wenn du bei mir nicht den Frieden des Herzens und Gewissens finden solltest, den ich dir bringen will, dann geb ich dich frei für ihn, ohne dich minder zu lieben und zu verehren. Doch hoffe ich, das wird nicht nötig sein.

---

[116] *Pusstatal*] ES meint das Pustertal.
[117] *Molveno*] Gemeinde im Trentino.
[118] *C.*] Corrado Venanzi.

Wenn wir hier das Nötige vorbereitet können wir nach Tirol. Wenn
dir das gar zu umständlich erscheint, so schreib mir deine besseren Vorschläge. Falls ich sicher wäre daß man dort unten Papiere und Zeugen
gleich bekäme wär mirs recht.

O Musel, dich bei mir haben – es wär zu schön und ich wag es noch
nicht zu fassen.

Ich umarme Dich, mein Musel,

Dein, ganz Dein Gundel

Wenn du im Herbst noch einmal nach Rom willst, um allerlei zu ordnen, so ists auch recht – nur möcht ich aus einer Art Aberglauben unsre
Verbindung so rasch als möglich.

Abs.: Gundolf / Heidelberg / Schlossberg 55 – Adr.: Fräulein Dr. Elisabeth Salomon
/ (presso Garulli) / Viale delle Belle Arti 7 int 3 / Roma (10)

384. Elisabeth Salomon an Friedrich Gundolf.
   o.O. [Rom]. o.D. [etwa 8. Juli 1926][119]

Liebster, Deine Information[120] ist nicht ganz exakt: wir müssen uns *vor*
dem Aufgebot für den Ort der Trauung entschliessen, und da erscheint
Heidelberg am geeignetsten (oder *Darmstadt*?), weil dort, wo man gekannt wird weniger Dokumente verlangt werden und weil die Aus-
landstrauung viel mehr Umstände und bedeutend mehr Kosten verursacht (jedes Dokument müsste hier amtlich übersetzt und legalisiert
werden). Wähl du also zwischen Heidelberg u. Darmstadt und frag
den Standesbeamten, welche Papiere *ich* schicken muß. Ich höre hier,
daß das individuell gehandhabt wird, so daß er sich vielleicht mit meiner Geburtsurkunde begnügt. Sonst habe ich nur noch einen deutschen
Auslandspaß (den ich aber nicht schicken kann) und eine Aufenthaltsbewilligung für Rom. Er, bewaffnet mit Deinen und meinen Dokumen-
ten, muß uns dort aufbieten und eine Copie des Aufgebots hier an mich
schicken, so daß ich es in der Botschaft aushängen lassen und in der
Zeitung hier publizieren kann. Gott segne den Bureaukratismus, in
England u. Amerika seis einfacher. Alles kostet ziemlich Geld (ich habe

---

[119] *etwa 8. Mai 1926*] Die ungefähre Datierung ergibt sich aus dem Bezug auf FGs
   Brief vom 5. und seiner Antwort vom 10. Juli.

[120] *Deine Information*] FG hatte geschrieben, daß seinen Informationen gemäß –
   nach erfolgtem Aufgebot – der Ort der Trauung beliebig sei.

übrigens keins mehr, aber schick es mir per Scheck und nicht wieder thelegraphisch). –

An eine Trennung von Dir zwecks späterer Verbindung mit dem C.[121] ist überhaupt gar nicht zu denken. Ich komme nicht mit einer offenen Hintertür zu Dir, sondern will bei Dir bleiben, wenn nicht force majeur[122] (die Rache des Meisters?) uns trennt. Abgesehn davon ist der C. auch viel zu sehr Südländer von Instinkt und Katholik von Überzeugung, um zu einem solchen Schritt fähig zu sein. Unsere Trennung wird endgültig, doch kann ich den Schmerz darüber besser tragen, als den seinen über meinen scheinbaren Leichtsinn. –

Wär Dir Toblach im Pusstatal recht? (Hotel Stella d'Oro, etwa 50 Lire täglich Pension pro Person). –
In zärtlicher Liebe Dein Musel
Bitte gib der Frau Lobstein den beiliegenden Brief.

385. Friedrich Gundolf an Elisabeth Salomon. Heidelberg. 10. Juli 1926

Mein Liebstes:
Also dann unbedingt in Heidelberg – es wäre gut wenn du sobald als möglich herkämst, du kannst dann noch einmal von Toblach aus (mir ists recht dort) nach Rom um das Deinige zu ordnen. Auf ein paar hundert Mark kommt es jetzt auch nimmer an, zumal ich von Bondi noch etwa 2000 zu bekommen habe und durch Vorträge diesen Sommer und Herbst weitere 1000 oder drüber erwarten kann.

Was uns als force majeure trennen soll ausser dem Tod, wenn wir uns so lieben und vertrauen wie nun, weiss ich nicht. Die Rache des Meisters kann uns den Himmel verdüstern, aber nicht unsre Ehe zerschlagen, das könnten nur wir selber.

Doch Herz meines Herzens, nächst der Liebe die uns geglüht hat nichts unsre Ehe so fest geschmiedet wie des Meisters Schläge, und wenn wir je Grund finden dieser Ehe froh und dankbar zu sein, dann dürfen wir ihm auch dafür, wenn auch wider seinen Willen danken – seine Härte hat mich erst zum Mann gemacht und dich zu der tapfren kühnen leidvoll lautren Seele, der ich ganz mich ergeben will.

---

121 C.] Corrado Venanzi.
122 *force majeur*] Höhere Gewalt (frz.).

Mit C. glaub ich wärst du auf die Dauer doch nicht froh geworden – das leidenschaftlich eng Südländische und das Katholische kann dich wohl berauschen und entzücken, aber binden und erfüllen doch nicht so wie das leichtere und freiere Menschtum das, ob bessern ob mindern Werts, uns zusammenhält über alle Spannungen, Reize und Stösse hinaus.

Leiden werden wir noch viel, doch hat es jetzt alles ein Gewicht und einen Sinn .. O Musel, Schönstes! hätt ich Dich nur erst, nur jetzt nicht sterben vor dem Tor!

Ich küsse Dich aus tiefstem Herzen.

Also, Liebstes:

für die Heirat auf dem hiesigen Standesamt musst du einschicken (an mich am besten)

1) einen Geburtsregisterauszug vom Standesamt des Geburtsortes und 70 Pfennig beilegen.

2.) Aufenthaltsbescheinigung über die letzten 6 Monate von dem Einwohnermeldeamt des Wohnorts (Rom)

3.) *Staatsangehörigkeitsausweis* vom Regierungspraesidenten des letzten preussischen Wohnorts .. ~~Berlin~~ oder *Liegnitz* (für Hirschberg)

(4. Vollmacht ausgestellt vom Standesamt) (wenn die andren Papiere da sind)

Im August werden wir doch wohl noch nicht heiraten können, infolge dieser behördlichen Umstände. Ich überlasse es dir ob du dann doch herkommen willst. Hoffentlich hast du keine Schikanen mit Nr. 3 bei deiner Wanderschaft.

---

250 Mark sind gestern abgegangen.
Ich küsse mein Musel

Abs.: Gundolf / Heidelberg / Schlossberg 55 – Adr.: Fräulein Dr. Elisabeth Salomon / (presso Garulli) / Roma (10) / Viale delle Belle Arti 7 int 3

386. Friedrich Gundolf an Elisabeth Salomon.
Heidelberg. 23. Juli 1926

Liebes: ich schicke dir nochmals 150 Mark, aber ich muss mich dann bei der Reise beschränken. Was ich über St. G. weiss, erfuhr ich unmittelbar von Ernst, Fine und andren die ihn hier sprachen: er war die

ganze Zeit hier .. ich habe ihm selbst geschrieben, und er spricht von
mir ungehässig, auch scheint er die Ehe nicht als eine neue Schuld oder
Feindseligkeit zu betrachten, und nur die Widmung bildet den Hauptanstoss.[123]

Deinen Römischen Aufenthaltsschein hab ich noch nicht abgege-
ben – ich gebe dann alle Papiere zusammen ab, wenn sie erst da sind.

Hast du nach Liegnitz geschrieben wg des Staatsausweises – (deinen
Pass brauchst du doch selbst ..) angeblich macht es gar keine Schwie-
rigkeit gegen Gebühr das zu beschaffen. Bemüh doch Cohns oder den
Onkel Stadtrat.[124]

Ich komme am 2. oder 3. 8 an den Tiroler Ort den du mir bestimmst ..
gib mir rechtzeitig Nachricht, welcher es ist.

Und fass Mut! .. Wenn Jemand betrübt sein muß über Schmerzen auf
unsrem Weg, so bins ich .. ich berge dich in meiner Liebe, und Dein Besitz wiegt mir alles leid auf, wenn ich Dich glücklicher wissen dürfte
bei mir als ohne mich!
Ich liebe Dich von ganzer Seele Dein G.

---

[123] *Was ich über St. G. … Hauptanstoss*] FG hatte am 21. Juni 1926 – einen Tag
nach seinem Geburtstag – an George geschrieben: „Ich habe beschlossen Elisabeth Salomon in diesem Jahr zu heiraten wie Herz und Gewissen mir befiehlt,
überzeugt dass ich damit deinem Wunsch, nicht deinem Recht zuwiderhandle,
da dies Wesen deine Gnade mehr verdient als ich. Da ich dich nicht überzeugen
konnte, so will ich lieber mit ihr in die Hölle als ohne sie in den Himmel. Die
Folgen weiss ich: das Leid durch dich und um dich, und will sie tragen. Von dir
falle ich nicht ab, auch wenn du mich verwirfst. Dein Gundolf“. Die indirekte
Reaktion Georges auf diesen Brief war indessen eindeutig negativ. Edith Landmann überliefert seine Äußerung vom August 1926: „‚Wann wäre ich je gegen
die Ehe gewesen? Ich komme vorzüglich mit Ehemännern sowohl wie mit ihren
Weibern aus, aber sie müssen auch danach sein‘. Er erzählte von Gundolfs Brief
an ihn, der Anpreisung von ‚ihr‘, dass sie seiner Gnade würdiger sei als er. Als er
den Brief gelesen, sei die tragische Wirkung merkwürdig abgeschwächt gewesen. Er habe sich gesagt: Da ist eine kranke Stelle im Gehirn“. Daran schließt sich
Georges angeblicher Ausspruch über ES: „So eine kann ich nicht zur Schwieger-
tochter haben“ bzw. „Sie steht doch an allen Zentralbahnhöfen Europas. In
Rom, wenn Deutsche hinkommen, ist sie schon da. Nein, das kann ich Ihnen gar
nicht schildern. Sie haben nicht genug schlechte französische Sittenromane gelesen. Sie würden es nicht glauben. Die Psyche solcher Weiber – das ist es eben,
da kann man sich nicht auskennen“. (George-Briefwechsel, S. 371 ff. bzw. Landmann: Gespräche, S. 157 bzw. 160.)

[124] *Onkel Stadtrat*] ES hatte geschrieben, daß sie sich wegen ihrer Papiere an ihren
Onkel gewandt habe, der Stadtrat in Hirschberg sei. Es handelt sich um den Juristen Ferdinand Weißstein (geb. 1874).

Adr.: Fräulein Dr. Elisabeth Salomon / (presso Garulli) / Roma (10) / Viale delle Belle
Arti 7 int. 3

387. Friedrich Gundolf an Elisabeth Salomon.
Heidelberg. 6. September 1926

6.

Geliebtes!

Ich bin nach zweitägigem Basel,[125] wo mir ein Darmkatharrh zusetzte,
wohlbehalten hier angelangt, und habe mich gleich wieder an den
Shakespeare[126] gemacht.

Mein Vetter war sehr nett und hat sich sehr gewunden wegen jenes
Briefs, persönlich ganz auf meiner Seite.[127]

Mariette[128] sah ich, die dich sehr grüssen lässt – sie ist doch sehr reizvoll.

Mit Landmanns lange Diskussionen, die Sache geht ihnen sehr nah.[129]

---

[125] *nach zweitägigem Basel*] FG und ES hatten den August in den Dolomiten und
in Ligurien verbracht; auf der Rückreise nach Heidelberg machte er Station in
Basel.

[126] *den Shakespeare*] FGs 1928 erscheinendes Buch „Shakespeare. Sein Wesen und
Werk".

[127] *Mein Vetter ... Seite*] Hans Oettinger hatte FG einen Brief nach Italien geschickt,
in dem er offenbar Einwände gegen FGs Heiratsabsichten vorbrachte. Dieser
hatte schon von Basel aus, wo er bei Oettinger wohnte, am 4. September an ES
geschrieben: „Jener Brief meines Vetters kam unmittelbar von St. G". George
hatte sich den August über in Basel aufgehalten.

[128] *Mariette*] Nicht ermittelt.

[129] *Mit Landmanns ... sehr nah*] Im November 1926 schrieb Edith Landmann an
George: „Teuerster Meister, Friedrich Gundolf kam noch im september – einen
tag nach der abreise des Meisters! – allein – nach Basel, wohnte bei Hans Öttin-
ger und kam mehrmals zu uns. er suchte seinen standpunkt darzulegen und zu
rechtfertigen und beklagte sich über das unrecht das nach seiner meinung ihm
und ... geschehe und über systematische verfolgung. den brief, den H. Ö. ihm
noch nach Italien geschrieben, hatte er gleich als inspiriert vermutet, er machte
sich aber keine illusionen über die überzeugungskraft seiner argumente, sondern
sagte gleich resigniert, dass diejenigen die unter der unmittelbaren einwirkung
des Meisters stünden für ihn, Gdf, kein ohr hätten. was man ihm entgegnete
schien ihn momentan zu beeindrucken, aber es war leider sofort deutlich, dass
keine hoffnung mehr war ihn umzustimmen, bevor er seine gier nach ‚gerechtigkeit' endlich gestillt hätte. er war wie einer der bergab ins laufen gekommen
ist: er kann nicht früher wieder zu atem kommen und klar um sich blicken als
bis er sein mechanisch gesetztes ziel, den ebenen boden erreicht hat. ein aus-

Hier in Heidelberg hörte ich nun, durch Kempn.[130] daß der „grosse Bann" der Staatsmitglieder nun auch auf meine Person ausgedehnt sei,[131] und ich also künftig Wolters, Vallentin, Ludwig, Morwitz nicht mehr sehe.

Mir ist es lieber so, als daß ich mit ihnen brechen muß, weil sie dich meiden .. denn dazu war ich entschlossen.

Nun bin ich mit mir im Reinen und Rechten, und ein bischen im Gefühl:

„O wüsstet ihr wie ich euch alle ein wenig verachte".[132]

Vor allem aber, ich werde mit dir eines und bleib es .. Zu lernen und zu lehren hatt ich mit den früheren Freunden schon lang nichts mehr .. und Gefühlen will ich nicht nachtrauern.

---

drücklicher ‚bescheid' erübrigte sich. er wusste woran er mit uns war, hat uns auch die inzwischen – wie wir aus Hdbg hörten – vollzogene vermählung nicht angezeigt. dagegen schickte er grad heut seinen Kleopatra-Vortrag den wir – sofern der Meister nicht andere wünsche äussert – unter ignorierung des persönlichen sachlich zu verdanken gedachten. der tenor der damaligen unterredung geht vielleicht am klarsten aus versen hervor die er uns gleich nach seiner abreise aus Basel schickte und die ich daher hier mitteilen will: ‚Bin ich toll lasst mich fahren / Halten könnt ihr nicht. / Mein herz ruht im wahren / Segen oder gericht. // Ist dies tod, lasst mich sterben / Ohne spruch noch spott. / Brech ich – aus den scherben / Rinn ich in Gott.' dem geliebten Meister grüsse von uns beiden – wie stets Edith." George-Briefwechsel, S. 375 f.)

130 *Kempner*] Walter Kempner hatte neben seinem Medizinstudium in Heidelberg auch Vorlesungen FGs besucht, aus welchem Kontakt bald eine enge Freundschaft entstehen sollte.

131 *dass der „grosse Bann" ... ausgedehnt sei*] Einen Tag später, am 7. September, schrieb FG an Kahler: „Nach den wundervollen Tagen in den Dolomiten und in Genua [...] bin ich über Basel heimgekehrt, überall begeleitet von Nachrichten über feindselige Maassnahmen des Meisters, die mir zwar nichts Neues sagen, mich aber doch immer wieder überraschen und erschüttern durch den Grad einer Rachsucht welche selbst die niedre Geste nicht scheut. Inzwischen ist den ‚Staatsmitgliedern' auch der Verkehr mit meiner Person verboten worden, was mich eigener Initiative überhebt und völlig reinen Tisch macht. Dabei macht sich Vallentin besonders breit der durch seine Schwätzereien und Vermittlungen die Elli erst in ein solches Licht gebracht hat. Ich mute Niemandem zu wegen meiner Georges Gunst einzubüssen, aber dass der Schadenstifter und Geniesser jetzt auch noch den Sittlich Entrüsteten und Gerechten spielt und von meiner ‚Zersetzung' spricht, empört mich doch, erleichtert mir aber die Trennung und die Vereinsamung. Auch hat mir die Gegenwart der Elli wieder mein ganzes Gefühl für sie bestätigt – nein, ich bin lieber verrückt für sie, als vernünftig oder gar ‚klug' ohne sie". (Kahler-Briefwechsel II,47).

132 *„O wüsstet ihr ... verachte*] Vers aus Georges Gedicht „Der Täter" aus dem „Teppich des Lebens" (1900).

Schicke Deine Vollmacht gleich ans Standesamt.

Die zwei Caesarbücher gehen heut ab, doch will ich keine persönliche Annäherung oder gar Huldigung meinerseits.[133]

Das Duxbuch ist merkwürdig, aber einen grossen Mann zeigt es doch nicht, aus der Distanz wirkt er auch minder eindrucksvoll.[134]

Geld folgt aus Berlin, wo ich am 9. eintreffen will.

O Liebstes, hab Dank, und werde endlich ganz mein – ich brauche nur Deine Liebe und meinen Geist, um in Gott zu sein ..

Ganz Dein Gundolf

Adr.: Fräulein Dr. Elisabeth Salomon / (presso Garulli) / Roma (10) / Viale delle Belle Arti 7 int. 3

388. Elisabeth Salomon an Friedrich Gundolf.
o.O. [Rom]. 10. September 1926

Liebster – ich bin sehr sehr betrübt wegen dieser Nachrichten. Wie unberechtigt optimistisch warst Du doch noch vor Kurzem.[135] Wie übermenschlich reich müßte ich sein wenn ich Dir all diese Verluste ersetzen könnte! Denn die Verluste sind groß, darüber mußt Du Dich nicht täuschen. Wirst Du nun auch Deinen Liebling K.[136] in Heidelberg nicht mehr sehen können? Und Deinen Bruder? Und Wolfskehl? Und Landmanns?

Wegen dem Soggiorno[137] schrieb ich Dir. Schick mir bitte den alten, dann will ich weiter sehn.

Um die Fortsetzungen der Caesargeschichte zu haben, mußte ich hier systematisch alle Kioske absuchen. Endlich hab ich sie in einem ganz unbeachteten gefunden. Man merkt aber doch sehr daß der Autor Franzose ist: der Gallische Krieg wird ziemlich überschlagen und im

---

[133] *Die zwei Caesarbücher ... meinerseits*] ES hatte die Absicht, die beiden Werke persönlich Mussolini zu übergeben.

[134] *Das Duxbuch ... eindrucksvoll*] Gemeint ist die 1925 in England erschienene Biographie „The life of Benito Mussolini" von seiner früheren Geliebten Margherita Sarfatti (1880–1961), die 1926 auch in Italien unter dem Titel „Dux" publiziert wurde.

[135] *Wie unberechtigt ... vor Kurzem*] Am 19. Juli hatte FG ES geschrieben: „Nach allem was ich höre, denkt St. G. nicht an Rache, eher an Versöhnung .. und findet nicht den Weg dazu".

[136] *Deinen Liebling K.*] Walter Kempner.

[137] *Soggiorno*] Aufenthaltsbewilligung. ES brauchte das Dokument für ihre Heirat.

Partherkrieg scheinen die gallischen Soldaten wichtiger u. heldenhafter
als die römischen.[138]

Gräm Dich nicht, Du Liebster, Bester, Treuster aller Menschen und
sei stets gegenwärtig der treuen Liebe und zärtlichen Dankbarkeit
Deines Musel
10–9–26

389. Friedrich Gundolf an Elisabeth Salomon.
Berlin. 13. September 1926

13. 9.

Liebstes:
Gräme dich nicht meinetwillen wegen der Verluste. Als ich beschloss
dich zu heiraten, habe ich damit gerechnet, und den meisten war ich
schon entfremdet .. fest entschlossen die aufzugeben die dich und mich
nicht zusammen wollten.

Wie es mit Landmanns und Wolfskehl ist weiß ich nicht, sie waren in
Basel rührend lieb und verstehend, hier ein Brief der Frau L. Wie es
künftig wird muß sich zeigen .. ich *vermisse* keinen ausser George
selbst, und wenn ich diesen Verlust trage ist alles andre leicht.
Mein junger Heidelberger Freund weigert sich mit mir zu brechen.

––––––––––

Also keinen Gram, Süsses: mir ist eher freier zu mut, und ich brauch
nur mein eigen Herz und deines und die Welt, nicht noch so treffliche
Personen.

––––––––––

Wegen des Soggiorno hab ich gleich ans Standesamt geschrieben, hoffentlich hast du nun alles beisammen .. und ich zittere nur dass noch
ein Hemmnis auftaucht .. Wir sollten schon beisammen sein.
Hast du den Geldbrief bekommen?
Ich küsse Dich, mein Liebstes und Einziges auf der Welt, und bin Dein,
ganz Dein!

––––––––––––––––––––

[138] *Um die Fortsetzung ... römischen*] Nicht ermittelt.

Abs.: Gundolf W. 30 / Gleditschstr. 9 III – Adr.: Fräulein Dr. Elisabeth Salomon /
(presso Garulli) / Roma (10) / Viale delle Belle Arti 7 int. 3

390. Friedrich Gundolf an Elisabeth Salomon.
Berlin. 17. September 1926

Liebstes: Ich bin der Agathe begegnet und es kam die Rede auf die Legitimirung meiner Kleinen. Wenn *ich* ihr meinen Namen geben will, so
kann das nach dem Bürg. Ges. Buch nur *vor* meiner Eheschliessung geschehen. *Nachher* könnten wir sie nur *gemeinsam* adoptiren und Agathe verlöre *jeden* Anspruch an das Kind, worauf sie nie eingehen will
was ich ihr nachfühlen kann. Ausserdem hättest du dann sämtliche La-
sten und Kosten mit. Dagegen ist Aga bereit uns das Kind einen Teil
des Jahres zu schicken, u. die *Unterhaltspflichten* würden *nicht* gesteigert werden, wenn ich das Kind jetzt schon legitimire ... Sie legt Wert
darauf, weil das Kind sehr darunter leidet keinen Vater zu haben und
auch in der Schule viel Kränkungen deswegen duldet. Das Kind würde
durch die Legitimirung erbberechtigt, d. h. einen Pflichtteil unbedingt
beanspruchen können. Im übrigen bliebe alles wie bisher, nur daß das
Verhältnis zwischen A. und uns sehr entgiftet würde und eine alte
Schuld – denn es ist eine wie man auch über A. denke, erledigt würde.
Ich sehe keine Falle und Gefahr dabei, doch habe ich meine Zusage
von Deiner ausdrücklichen Einwilligung abhängig gemacht. Um die
möchte ich dich bitten, und zwar möglichstumgehend, falls du nicht
sehr gewichtige Sach- oder Gefühlsgründe dagegen hast, die ich selbstverständlich ehre. Mir wäre es um des armen Kindes, um meines Rechts-
gefühls und um deiner Sorge für das Kind willen lieb, du gäbst dein Jawort. Versteh: wenn du *nein* sagst, ist das Kind für Dich wie für mich
verloren, und Aga erbittert, nicht ohne das Recht für sich zu haben.
Wenn du ja sagst, *können* wir es sehen und betreuen, *müssen* aber
nicht, und die Kostenpflichten bleiben wie bisher, dies Stück schmerzlicher und lästiger Vergangenheit wäre bereinigt, und Aga versöhnt
auch mit meiner Ehe die ihr furchtbar wehgetan hat, obwohl sie von
dir spricht und sprach wie ich es nur irgend verlangen darf. Das ganze
nächste Jahr ist sie ohnehin mit dem Kind im Süden. Verstossen und
vergessen kann ich das rührende Geschöpf ohnehin nicht auch wenn
wir Kinder haben sollten, und ihr zumuten, es Dir völlig abzutreten, das
kann ich auch nicht. Die künftige Erbteilung wäre also jetzt das einzige
ernste Bedenken.

Wenn du meinst zustimmen zu können wäre ich dir sehr dankbar ..
wenn du verweigerst, bleibst Du doch mein geliebtes und angebetetes
Musel.

Wenn ja, dann bitte drahte, weil A. abreisen möchte und je eher, desto besser wärs dann.

Ich glaube, wir können und sollen es wagen.
Ich küsse Dein süsses Herz.
für sie selbst ist *nichts* damit gewonnen.

Abs.: Gundolf bei Waetzoldt / Berlin W. 30 / Gleditschstr. 9 III – Adr.: Fräulein Dr. Elisabeth Salomon / (presso Garulli) / Roma (10) / Viale delle Belle Arti 7 int 3

391. Friedrich Gundolf an Elisabeth Salomon.
    Berlin. 22. September 1926

Liebstes auf der Welt:
ich bin sehr froh dass du der Adoption[139] zustimmst und hoffe nur, es
ist kein Opfer und keine Gefälligkeit gegen mich, sondern eigne Neigung bei dir, ich glaube wenn Du das Kleine siehst wirst du es nicht bereuen.

Was den Brief der Frau L.[140] angeht so musst du bedenken wie schwer
es ihr fällt zu begreifen dass man, von George geliebt, ein andres Wesen
mehr lieben soll als ihn, und drum legt sie als Ritterlichkeit aus, was
wirklich nur Liebe ist, und wirklich ist Liebe genug um mich zu rechtfertigen und zu erklären .. nur muß man dich auch so kennen wie ich
dich kenne, um zu begreifen dass man um dich sogar Georges Gunst
aufgibt.

Ich hab dir vorgestern durch Bondi 100 M. telegrafisch überweisen
lassen. Die 60 vom 11. hast du doch bekommen? (Bestätigt hast du sie
nämlich nicht.)

Am 1. X. lasse ich Dir durch meine Bank weitere 200 überweisen. In
welcher Form willst du sie am liebsten?

O Musel, was hab ich für Sehnsucht nach Dir!

---

[139] *Adoption*] Die Adoption wurde in der Tat unmittelbar darauf vollzogen.

[140] *Frau L.*] Edith Landmann. ES hatte geschrieben: „Liebster, hier der Brief von
    Frau L. Mir sagt er nicht gar so viel. Warum betont sie die Ritterlichkeit als ein-
    zig bewegendes Motiv in Dir? Rechtfertigt nicht genug der Wunsch und Wille
    zur Vereinigung? Die Sehnsucht bei der Trennung? Mit einem Wort die Liebe?"

In Heidelberg hängt das Aufgebot schon aus, und ich bekomme schon Angebote von allen Eheindustrien.

Musel, du bist jetzt, mit Shakespeare zusammen, der einzige Sinn und Auftrieb meines Daseins.
Liebstes, Liebstes!

Adr.: Fräulein Dr. Elisabeth Salomon / (presso Garulli) / Roma (10) / Viale delle Belle Arti 7 int 3

**392. Friedrich Gundolf an Elisabeth Salomon.
Berlin. 29. September 1926**

Liebstes auf der Welt:
ich war in einiger Unruh weil du lang nicht geschrieben und die Sehnsucht nach dir, wachsend mit der nahen Erwartung, schafft tausend Gespenster. Komm nur sobald du kannst ..

Die Adoption macht noch einige Schwierigkeiten, da ich einen Dispens vom bad. Ministerium brauche, um vor dem 50. Jahr zu adoptiren, aber hoffentlich gehts.

Der Notar[141] ist ein Vetter und Freund von Valti Rosenfeld in Wien! Enge der Welt! Cedel sah ich noch nicht .. sie ist glaub ich palästinawärts gefahren, will aber doch einmal anrufen.[142]

Trude C. kam vorgestern aus der Mark zurück wo sie Bibliotheken ordnet .. sie will im Oktober nach Amerika heiraten.[143] Sie hat mir zwei fabelhafte Momentaufnahmen des Duce geschenkt, die ein Freund von ihr unmittelbar neben ihm geknipst, lebendiger als alles was ich von ihm sonst an Bildern kenne .. auf dem einen ähnelt er St. G. durch den Ausdruck.

Ich bin sehr fleissig am Shakespeare und habe nur Sorgen um Dich und um ihn.

---

[141] *Notar*] Hans Rosenfeld.
[142] *Cedel sah ich … anrufen*] Wenig später schrieb FG: „Bei Cedel war ich – sie war in Palästina und er will für dauernd hin, sie weniger". 1933, nach der Machtergreifung der Nationalsozialisten, emigrierte der zionistisch engagierte Hermann Badt sofort nach Palästina.
[143] *Trude C. … heiraten*] Trude Cassel heiratete 1927 Dr. Alexander Zenzes und ging mit ihm nach Amerika.

In der Zeitung steht daß für München J. Petersen (der hiesige Ordinarius) Gundolf und Nadler in Betracht kommen[144] .. Die Besetzung erfolgt aber erst, wenn Roethes Lehrstuhl hier wieder besetzt ist,
für den der Münchener Altgermanist[145] in Frage steht. Roethe ist gestorben.

Ich bin unbeschreiblich verliebt in Dich, und habe alle Gefühle, Hoffnungen und Sorgen eines jungen Bräutigams.

Das Aufgebot leg ich bei .. rück es nun sobald als möglich in Rom
ein – ins „Impero" oder „Popo d'Italia" oder „Tevere".[146]

O Musel, ich küsse Dich von Kopf zu Fuss und will nur noch Dich
und Will den Stern der schönsten Höhe.[147]

Adr.: Fräulein Dr. Elisabeth Salomon / Roma (10) / Viale delle Belle Arti 7 int. 3

---

[144] *In der Zeitung steht ... Betracht kommen*] FG sollte später durchaus noch Interesse an der Stelle zeigen, stand jedoch ungeachtet seiner öffentlichen Nennung kaum ernsthaft zur Wahl. Zur Besetzung des Germanistik-Lehrstuhls
an der Münchner Universität, die unter starker Einflußnahme von Schriftstellern wie Thomas Mann, Rudolf Borchardt oder Hugo von Hofmannsthal
verlief – der Kandidat des letzteren, Walther Brecht, setzte sich schließlich
durch – vgl. den Aufsatz von Ernst Osterkamp: „Verschmelzung der kritischen
und der dichterischen Sphäre". In: Jahrbuch der deutschen Schillergesellschaft
33 (1989), S. 348–369. – Der durch seine „Literaturgeschichte der deutschen
Stämme und Landschaften" (1912/28) bekannte Josef Nadler (1884–1963) war
damals Professor in Königsberg.

[145] *der Münchener Altgermanist*] Der österreichische Mediävist Carl von Kraus
(1868–1952).

[146] *rück es nun ... „Tevere"*] ES reagierte auf diese Aufforderung mit der Rückfrage: „Warum legst Du so großen Wert darauf, daß das Aufgebot in einem
Faschistenblatt veröffentlicht wurde? „Tevere" und „Impero" sind Revolverblätter und wären bei einer Anfrage des Standesamtes bei der Gesandtschaft
bestimmt als ungenügend erklärt worden. Das „Popolo di Roma" habe ich
auch nicht der Parteifärbung sondern der Billigkeit wegen gewählt. Sonst wäre
der „Messagero" am angezeigtesten gewesen", worauf FG wiederum schrieb:
„Daß ich das Aufgebot in Faschistenblättern sehen wollte, war doch nur ein
Scherz, weil ichs paradox finde, uns beide unter dem Liktorenbeil kopulirt zu
sehen."

[147] *Will den Stern der höchsten Höhe*] Zitat aus Goethes Gedicht „Zwischen beiden Welten": „William! Stern der schönsten Höhe". Gemeint ist Shakespeare.

393. Elisabeth Salomon an Friedrich Gundolf.
   o.O. [Rom]. o.D. [etwa 8. Oktober 1926][148]

Es scheint aussichtslos zum Duce zu kommen.[149] Schlimmstenfalls
schicke ich ihm halt die Bücher.

Zweifle doch nicht an meiner Liebe, selbst wenn ich sie Dir nicht
stets ausdrücklich bestätige. Doch will ich das außerdem tun, damit
Du es recht oft schriftlich hast.[150]

Lechters Durchreisebesuch hat diesmal schlecht geklappt infolge
mangelhafter Informationen von seiner Seite: eine stundenlange Con-
fusion von Verfehlungen. Er hat heuer nichts gemalt, aber dafür See-
bäder genommen die ihm gut bekommen sind.

Die arme Magda hat gerade am Tag ihrer geplanten Reise nach
Florenz Diphteritis bekommen und liegt in der Klinik. Die Frau Bezner darf aber nur von einer leichten Angina wissen, falls Du sie bald
siehst.

Wie sind Deine Adressen in nächster Zeit? Herzensküsse Deines
Musel

---

[148] *etwa 8. Oktober 1926*] Die ungefähre Datierung ergibt sich aus dem Bezug auf
FGs Brief vom 4. und seiner Antwort vom 12. Oktober.

[149] *Es scheint aussichtslos … zu kommen*] FG hatte am 4. Oktober geschrieben:
„Heut Nacht hab ich geträumt, daß wir Beide beim Duce waren, er war sehr
freundlich und sah aus wie Napoleon". – Der Anfang des Briefes scheint abgeschnitten.

[150] *Zweifle doch nicht … schriftlich hast*] Reaktion auf FGs Frage in seinem Brief
vom 4. Oktober: „Hast du mich noch lieb? Manchmal kommen mir fast Angst-
zweifel, doch das ist nötig, um mich vor zuviel Freude und Hoffnung zu schützen, die den Neid der Götter wecken". FGs beinahe schon angstvolles Drängen
zur Heirat mit ES steht in bemerkenswertem Kontrast zu der Flapsigkeit, mit
der er andernorts über diese Ehe sprach. Tilly Edinger schrieb am 5. November
1926 – einen Tag nach der Eheschließung und im launigen Rückblick auf einen
kürzlichen Besuch FGs bei ihr – an ES: „Selbst der Gundel hatte – sich überle-
gend, ob er mit mir den ersten Ehebruch begehen sollte – die Ansicht, daß *Du*
mit mir den ersten Ehebruch begehen wirst." [Gundolf Archiv London]

394. Elisabeth Salomon an Friedrich Gundolf.
o.O. [Rom]. 24. Oktober 1926

Geliebter Gundel, ich bitte Dich, hab noch ein wenig Geduld:[151] eben ist meine Anfrage an Mussolinis Segretariat gegangen. Ich möchte die Antwort abwarten, sei sie auch negativ. Auf jeden Fall werde ich Samstag (30.) Abends hier abreisen und mich je nach meinen Kräften in Mailand oder Basel eine Nacht aufhalten. Die genaue Ankunft thelegraphier ich Dir dann: nimm mir bitte ein Zimmer bei Bezner oder Neuer; (nicht bei Lobsteins.) Sind denn nicht Olschki und Curtius schon Trauzeugen?[152] Curtius sprach mir eben wieder davon.
    Die Frau Thankmar[153] hat mir reizend geschrieben.
    Dank für die Verse.
In treuer Liebe und zärtlicher Erwartung Dein
Musel
24–10–26

395. Friedrich Gundolf an Elisabeth Salomon.
Heidelberg. 26. Oktober 1926

26 Oktober

Liebes: Daß dein Zögern mich sehr betrübt und verstört, musst du doch wissen, wenn ich dich auch nicht schelten will, und selbst deinen mir unverständlichen Entschlüssen mich in Geduld und Liebe füge.

---

[151] *hab noch ein wenig Geduld*] FG hatte am 20. Oktober geschrieben: „Mach nur, daß unser Trauungstag nicht wieder verschoben werden muß – es ist jeder Tag länger eine grosse Quälerei für mich .. und wenn du wirklich *willst*, kannst Du auch".

[152] *Sind denn nicht … Trauzeugen*] Etwas irritierte Reaktion ESs auf FGs Mitteilung in seinem Brief vom 20. Oktober: „Lobsteins wollen Trauzeugen sein". Die Hochzeit fand schließlich am 4. November statt; vgl. FGs Erinnerung im November 1916 an das Jahr davor: „Es gibt wenig Tage und Abende an die ich so oft und dankbar zurückdenke wie den 3/4 November, du weisst warum, Elli …". Christiane von Hofmannsthal wiederum hatte gegenüber Thankmar von Münchhausen schon am 28. Juli kommentiert: „Denk Dir, Gundolf und Elli heiraten ernstlich im Herbst, was sagst Du dazu und Elli zieht als Frau Professor nach Heidelberg". Hofmannsthal: Welttheater, S. 82f.

[153] *Frau Thankmar*] Anna von Münchhausen, die Mutter Thankmars.

Das Warten auf des Duce Bescheid ist wirklich kein zureichender
Grund! *Du*, nicht ich, hast auf den 28.10. gedrängt als Hochzeitstag,
und konntest doch seit Wochen deine Angelegenheiten regeln .. Dann
kam Magdas Krankheit und nun ist sie schon hier und Du nicht. Was
mich bedrückt, ist das Omen: wenn man wirklich *will* dann überwin-
det man auch die Zufälle und Umstände, und ich meine zu fühlen, dass
du nicht so zu mir *willst*, wie ich zu Dir! Doch komme nur endlich, sobald du kannst, dann wird alles gut werden. Ich sitze hier wie zwischen
Tür und Angel, voll Angst und Unrast und ich bitte Dich, diesen Zustand soviel in deinen Kräften steht, möglichst abzukürzen, so schwer
dir auch der Abschied von Rom und Corrado fallen mag.

Denk auch ein bischen dich in mich hinein!

Liebstes, all das schreib ich aus sehnender und sorgender Liebe,
nicht im Zorn, sondern in Betrübnis.

Ich gehöre Dir und muß dulden was du mir bereitest.
Ich küsse Deine Hände.

Adr.: Dr. Elisabeth Salomon / (presso Garulli) / viale delle Belle Arti 7 int 3 / Roma
(10)

1927

396. Elisabeth Gundolf an Friedrich Gundolf.
München. 29. April 1927

München am 29-IV-27

Herzenslieber Gundel, ich bin wieder in unserm alten Stockwerk um die Ecke von damals:[1] 512. Den alten 519 und 520 hab ich rasch einen Besuch aus Pietät abgestattet. Du bindest Dir wohl grad die Krawatte – hoffentlich die richtige – zum Vortrag.[2] Meine Füllfeder benimmt sich rebellisch wie wenn ihr Herr der ideale Gundolf und nicht das technische Musel wär! Ich bin – heut ganz Pietät – auch in unserm Halbcoupé gereist und zur Belohnung allein geblieben – nicht *ein* Entthronter zum protegieren![3] Mein kleinster Liebhaber der Wolfgang von Eckardt[4] war mit Blumen zur Bahn gekommen. Lieber Lieber Lieber

---

[1] *ich bin wieder … damals*] EG war, von Heidelberg kommend, wo sie nun mit FG zusammenlebte, in München im Hotel Excelsior abgestiegen, in dem sie offenbar schon bei früheren Aufenthalten gemeinsam mit FG übernachtet hatte. – Das nunmehrige Ehepaar Gundolf, namentlich EG, blieb weiterhin Gegenstand interessierter Beobachtung bzw. Zielscheibe boshafter Bemerkungen. Christiane von Hofmannsthal berichtete am 15. März 1927 aus Wien an Thankmar von Münchhausen: „Gundolfs sind also seit ein paar Tagen hier und sehr komisch. Elli bot wie Du Dir denken kannst, ein ausgiebiges Gesprächsthema: Sie sieht sehr schlecht und eher alt aus, hat die Haare ganz wild um den Kopf herum, und ist auch eher auffallend gekleidet. Kassner sagte: ‚awfully, simply awfull‘ als er sie sah […] Gundolf hielt einen Vortrag über ‚Macbeth‘ in dem es mir etwas zu geballt und chaotisch zu ging. Er war aber sehr voll und gefiel gut. Heute war ich vormittags bei ihnen, es war recht ‚verheiratet‘. Elli lag noch im Bett, er hatte Pantoffeln an und schien aber sehr glücklich über die ganze eheliche Unordnung. – Elli kommt mir nicht so strahlend vor, ist auch viel krank". – Aus Heidelberg wiederum heißt es am 7. Mai: „Gestern war ich abends bei Gundolfs. Elli lief im Schwimmtrikot herum, was ich scheußlich, Gundolf eher entzückend fand. Was würde der Meister sagen!!!" Hofmannsthal: Welttheater, S. 101f. bzw. 106.

[2] *Vortrag*] FG hielt an diesem Tag in Leipzig einen Vortrag über Shakespeares „Macbeth".

[3] *auch in unserm … zum protegieren*] Wohl Anspielung auf EGs Reisebekanntschaft mit dem Fürsten zu Wied (Fürst von Albanien) im Sommer 1921.

[4] *Wolfgang von Eckardt*] Der 1918 geborene Sohn von Gertrud und Hanno von Eckardt; da letzterer mittlerweile eine Professur in Heidelberg innehatte, lebte die Familie nun dort.

Lieber. Mich freut kein Tag mehr fern von Dir. Nie hätt ich gedacht daß Dauerzusammensein die zärtliche Liebe steigern könnte und noch dazu bei einem Mungputz.[5]

397. Elisabeth Gundolf an Friedrich Gundolf.
     München. 1. Mai 1927

1. Mai 1927
München

Mein Gundel, hast mich ohne Futter[6] heut gelassen. Ich käm auch schon heut wieder heim, denn es regnet meist. Aber ich muß morgen nochmal zum Schweninger.[7] Ich bin dann Dienstag 6$\underline{44}$ Abends in Heidelberg und werd während der ersten Vorlesung von 3–4 im Zug stehend stramme Haltung einnehmen!

Den ganzen Morgen hab ich wieder in der alten Pinakothek gesteckt. Und ich versichre Dir: Raphael[8] war ein Gott – damit müssen die Leute sich nunmal abfinden wie mit der Tatsache daß das Meer zumeist aus Wasser besteht – sowohl die Primitiven – wie die Barockverehrer, zu denen beiden ich ja zähle. Ich muß es ja also genau wissen.

Zum Tee war ich beim Rupé:[9] der ist arg nett und Du sollst auch mal zu ihm gehn wenn Du hier bist.

---

[5] *Mungputz*] Kosename für EG, der in verschiedenerlei Variationen auch auf FG Anwendung fand; hier Selbstbezeichnung.

[6] *ohne Futter*] D.h. ohne Brief.

[7] *ich muß morgen … Schweninger*] EG hielt sich damals in München auf, um den homöopathischen Arzt Franz Schweninger zu konsultieren, bei dem auch FG in Behandlung war. Am 10. März 1927 hatte er an seinen Bruder geschrieben: „Heyer schickte mich zum Augenhomöopathen Schweninger der bei mir ‚perifere Verödungen‘ infolge zu intensiver Seelenspannungen feststellte, wovon all die kleinen Übel kämen die mich eben plagen, an Bein, Haut, Darm und Magen. Nun nehme ich täglich fahrplanmässig ein Sortiment von Pillen". George-Briefwechsel, S. 377f. – An Kahler schrieb FG am 26. Juni 1927: „Hoffentlich hilft dir dein Stuttgarter [Arzt] so gut wie mir der Schweninger, der mich wieder ziemlich auf die Beine meines Magens gebracht hat, (die anatomisch das Gegenstück sind zu den Kleistischen Knieen des Herzens)". Kahler Briefwechsel II,55.

[8] *Raphael*] Die Münchner Alte Pinakothek besitzt von Raffael (1483–1520) das Gemälde „Die Heilige Familie aus dem Hause Canigiani".

[9] *Rupé*] Hans Rupé (1886–1947), in München lebender Schriftsteller und Übersetzer.

Dienstag früh erreicht mich noch Post: bitte!
Leb wohl und liebe liebe unaufhörlich Dein
Musel

398. Elisabeth Gundolf an Friedrich Gundolf.
St. Moritz. 1. August [1927]

Hotel Engadinerhof
St. Moritz-Bad
1. August

Süsser Herzensgundel,
wann kommst Du?[10] Ich zittre täglich daß Du die Tage nicht mehr so
schön hier oben findest wie sie jetzt sind. Wenn es so bleibt *mußt* Du
Dich erholen. Ich vergess es immer von einem Jahr zum andern wie anders man auf 1800 m Höhe lebt als unten.

Das Hotel ist nun zwar ganz etwas andres als wir eigentlich wollten: ein gutes komfortables Alpenhotel mit indifferenten Gästen.
Aber in solchen haben wir uns schon oft wohl *gefühlt*, und in Silvaplana hättest Du Dich bestimmt sehr bedrückt *gefühlt* (trotz gewissen
Anlagen!): die Zimmer kaum eingerichtet, kein einziger benutzbarer
Nebenraum in dem denkbar primitiven Haus. Dazu Kindergeschrei
und ein Trompete übender Jazzmusiker. Am Abend wäre man verloren u. obdachlos gewesen und gar bei schlechtem Wetter! Nur die
Wirtin war eine sehr nette Person. Sie hat es auch sofort eingesehn
und mich kampflos ziehn lassen. Sonst kam nur noch die Villa Story
in Betracht: die ist wie ein gut eingerichtetes Privathaus und einsamer
als hier, aber sie liegt auf einem isolierten Waldhügel zwischen Campfér[11] u. St. Moritz und der Heimweg von *jedem* Spaziergang wäre
½ Stunde steigen gewesen. Das ist doch nichts für Dich? Drum glaub
ich daß es hier doch besser ist und erholender trotz Verzicht auf Einsamkeit.

------

[10] *wann kommst Du*] FG war kurz zuvor nach Berlin gereist, wo er sich auf EGs
   Drängen hin ärztlich untersuchen lassen sollte. Anschließend wollte er mit EG
   in Graubünden zusammentreffen.
[11] *Campfér*] Dorf in der Nähe von St. Moritz.

Gestern hab ich mit Furtwängler[12] einen schönen Spaziergang gemacht. Er ist in großer Seelennot mit seiner Musik. Das Componieren macht ihn viel unzugänglicher als das dirigieren. Aber so gefällt er mir eigentlich noch viel besser. Sonst spreche ich mit niemandem den ganzen Tag, lauf herum und schwimme und warte mit Sehnsucht auf meinen Gundel.
Warst Du bei Lechter? Grüss die Lilli

399. Friedrich Gundolf an Elisabeth Gundolf. Berlin. 3. August 1927

Berlin-Wilmersdorf
Ballenstedterstr. 6[13]

Liebstes Musel:
ich habe dir gestern noch nach Villa Heudorf geschrieben, hoffentlich hast du die *Post* gleich in Silvaplana informirt wo sie deine Briefe hinschicken soll. Ich schrieb dir daß mirs recht ist wo du Wohnung nimmst .. der Preis ist mir auch recht.

Zu Rosenheim geh ich nicht, er ist auch nicht besser als Schweninger, und eine Magenuntersuchung würde mich noch eine halbe oder ganze Woche länger hier halten, wie mir Kempner sagt, da mit einer blossen Roentgenaufnahme gar nichts getan sei. Ich bin überhaupt bloss auf die Sache eingegangen, um dem Geschwätz über Dich ein Ende zu machen[14] und dem ist Genüge geschehn. Ich fühle mich ja ganz wohl, und wegen gelegentl. Sodbrennen zu Bergmann rennen ist eigentlich absurd.[15] Ich komme wohl Samstag. Näheres drahtlich, und dann mündlich!

---

12 *Furtwängler*] Der mit FG und EG gut bekannte Dirigent verbrachte damals gleichfalls seine Ferien in der Schweiz.

13 *Berlin-Wilmersdorf Ballenstedterstr. 6*] Der gedruckte Briefkopf bezeichnet die Adresse der mit FG und EG befreundeten Anita Gonzala.

14 *um dem Geschwätz ... zu machen*] Unklare Bemerkung.

15 *Zu Rosenheim ... ist eigentlich absurd*] FG, der wegen verschiedener Beschwerden bei dem die umstrittene Augendiagnostik praktizierende Münchner Homöopathen Franz Schweninger in Behandlung war, hatte sich eigentlich von dem Magenspezialisten und Professor an der Berliner Charité, Gustav von Bergmann (1878–1955) – der später auch der Chef von Walter Kempner war – untersuchen lassen wollen, doch war Bergmann eben verreist. EG riet ihm daraufhin, den Internisten Theodor Rosenheim, ihren früheren Arzt in Berlin, aufzusuchen.

Alles Liebe, tausend Küsse
Deines G.

Abs.: Gundolf / Berlin W. 30 / Gleditschstr. 9 III – Adr.: Frau Professor Gundolf /
St. Moritz-Bad / Engadiner Hof / Schweiz

Schließlich wurde bei einer Untersuchung in St. Moritz festgestellt, daß eine
Magenoperation unumgänglich sei, der sich FG im September noch in der
Schweiz unterzog. Am 7. September 1927 schrieb er aus St. Moritz an seinen
Bruder: „Mein Zustand hatte sich hier infolge des langen unfreiwilligen Hun-
gerns so verschlechtert dass wir den hiesigen Magenspezialisten [...] zurate zo-
gen, der mich einen Tag lang in verschiedenen Fassungen roentge und unzwei-
deutig eine Verwachsung des Magenausgangs feststellte, die keine Nahrung
mehr durchliess. Eine sofortige Operation sei nötig, sonst verhungere ich, oder
würde bei Aufschub so schwach, dass sie gefährlich würde [...] so fahre ich heut
nach Samaden wo der dort zufällig anwesende Heidelberger Chirurg Enderlen –
ein berühmt geschickter Metzger – die Sache machen will [...] Die Operation
selbst sei jetzt noch leicht und heilversprechend. Nun ich bin froh, zu wissen
was los ist und was zu tun ist ... die letzten Tage waren kein Vergnügen. Die Elli
war sehr rührend und hat mich schliesslich dran gekriegt, mich hier untersuchen
zu lassen, was wie es scheint höchste Zeit war. Ich habe seit 8 Tagen keinen Bis-
sen bei mir behalten und fiel gestern mitten im Zimmer um". – Dann am 2. Oktober vom Kreisspital Samaden aus: „Liebster Ernst: Heut bin ich das erstemal,
mit Hilfe Ellis und einer Schwester, im Garten des Spitals lustgewandelt, mit
dem reinen Blick auf die Berninagruppe, an einem goldreinen Herbsttag – Allein
gehn, stehn, u.sw. kann ich noch nicht, die geistigen Dinge gehn leichter [...]
Nachträglich sagt man mir auch was für eine gef[ährliche] Sache meine Operation war. 2 Kilo Magen weg geschnitten. Kempner sagt, 90 % sterben dran.
Mein Appetit ist gut und ebenso die Pflege" – Wenige Tage später: „Täglich jetzt
eine Stunde Ruh im Garten, neben einer kleinen Kiefer worin ein Vogelschwarm
schwatzt äugt und sinnt. Ellis Näh ist mir unschätzbar als Pflege und Spreche.
Nur das gehn ist noch, von beiden Seiten gestützt, eine Krieche. Das ganze dünkt
mir die stärkste Krise meines leiblichen Lebens, als müsse alles alles sich wandeln. Wenn nur mein ‚Shakespeare' nachher weiter wächst. Ich bin jetzt an Wie
es euch gefällt, dann – Sonette und Hochtragödien. Elli grüßt herzlich". George-
Briefwechsel, S. 379 ff.; in den dortigen Briefen an den Bruder auch die häufiger
zitierten Passagen über FGs Verhältnis zu George.

1928

400. Elisabeth Gundolf an Friedrich Gundolf.
o.O [Heidelberg]. 21. April [1928]

21. April

Liebster liebster liebster liebster – glaub nicht ich sei faul, weil ich die Correkturen so lang zurückhalte.[1] Es hat doch nur Sinn wenn ichs sorgfältig mache, und dazu hab ich jetzt nur hin und wieder mal eine halbe Stunde Zeit. Meist saus ich herum, kalkuliere und disponiere – die Schwierigkeit bei der Herrichtung einer so total verwahrlosten Wohnung[2] liegt darin, dass jedes Problem immer zugleich technisch, ökonomisch und ästhetisch gelöst werden muss. Ich bin so sehr damit beschäftigt dass ich sogar davon träume. Heut Nacht z.B.: ein Möbelhändler fragt mich: „aus welcher Zeit meinen Sie ist der Sessel?" Ich darauf: „von 1483!" (Raffaels Geburtsjahr).

Schreib mir bloss nicht, wenns Dich Anstrengung kostet: Goldgundel, ich fürchte gewiss nicht daß Du mich in Deinem Herzen vernachlässigst.

Bondis Abrechnung hab ich. Die 800.– sind jetzt auch da. Wann will er die 600 schicken?

Die Überweisungen nach Capri[3] und was sonst fällig ist veranlasse ich von hier, tus also nicht aus Versehen doppelt. Hast Du gelesen dass bei Stobbe[4] ein Maximin[5] für 320 versteigert worden ist? – Am Bis-

---

[1] *Correkturen … zurückhalte*] Korrekturen zu FGs noch im gleichen Jahr erscheinenden Buch: Shakespeare. Sein Wesen und Werk. – FG hielt sich im April 1928 in Berlin bei Walter Kempner und Clothilde Schlayer auf.

[2] *Wohnung*] FG und EG bezogen im Mai 1928 eine repräsentative Wohnung in der Neuenheimer Landstraße 36, um deren Instandsetzung sich EG kümmerte. Am 12. April hatte sie an FG geschrieben: „Die Puderdose in der Tasche ist jetzt durchs Centimetermaß ersetzt und das vorherrschende Parfum heißt Terpentin".

[3] *Die Überweisungen nach Capri*] Wohl Unterhaltszahlungen an Agathe Mallachow.

[4] *Stobbe*] Das Münchner Antiquariat von Horst Stobbe (1884–1974).

[5] *Maximin*] Das 1906 von Stefan George herausgegebene, nur in wenigen Exemplaren erschienene „Gedenkbuch" für seinen jungen Freund Maximilian Kronberger (1888–1904).

marckplatz fährt jede Tram jetzt ab ohne auf die andern drei zu warten – seitdem ist mein Glaube an die Stabilität der Weltordnung sehr
erschüttert.
Dein
M

**401. Elisabeth Gundolf an Friedrich Gundolf.
Heidelberg. 26. April 1928**

Donnerstag

Geliebter süsser Gundel,
heut ist der Hausrat vom Schlossberg und der aus Berlin verladen und
steht schon in der neuen Wohnung. Deine Bücher (es sind 50 Kisten)
sind sehr sorgfältig verpackt, der Mantegna-Caesar in Pension bei der
Weibi von Bayer,[6] die Buchbinderin ist und ihm ein Futteral macht: sie
hat ihn mit ihrem Auto selbst abgeholt und mir die glückliche Überste-
hung der Reise bereits gemeldet.

---

[6] *der Mantegna-Caesar … Bayer*] Gemeint ist die Buchbinderin Hildegard von
Baeyer (1882–1958), Frau des Heidelberger Professors für Orthopädie Hans
von Baeyer (1875–1941). Bei dem Buch dürfte es sich um die von FG in seinem „Caesar" erwähnte englische Caesar-Ausgabe von Samuel Clarke, London
1712 handeln, vgl. Thimann, S. 204 bzw. 125; „Besonders die englische Ausgabe, dem Herzog von Marlborough gewidmet, mit großen Kupferstichen nach
Mantegnas Triumphbildern und zahlreichen Plänen geschmückt, ist wohl das
prunkvollste typographische Denkmal das je einem antiken Klassiker errichtet
worden" (S. 211).

In Heidelberg geniesst man jetzt die wenigen Tage mit herrlicher Sonne ohne Hitze und ohne Bevölkerungsüberfluss. Wenn meine Handwerker Feierabend machen, gönne ich mir drum noch täglich eine Stunde Tennis oben beim Schloßhotel.

Morgen fahre ich trotzdem nach Frankfurt, weils noch ein paar Sachen braucht dies hier nicht gibt. Falls Du also schon Sonntag dort durchkommst depeschier bitte ans Ty (Leerbachstr. 27). Montag früh muss ich wieder in Heidelberg sein.

Bis hier alles gerichtet ist zur Bewohnbarkeit bleiben wir bei Bezner, nicht, das ist Dir doch recht? Hier hast Du völlige Arbeitsruhe, und solange mich der Wohnungsdienst am schreiben hindert, ist Trübel selig für Dich schreiben zu dürfen, so früh am morgen und solange am Mittag wie Du magst und vermagst. Trotzdem ists natürlich rätlicher Du brichst dort nicht vorzeitig ab und auf.

Später als Mittwoch würde ich die Ankunft in Heidelberg nicht zweckmässig finden, wenn Du am Donnerstag mit der Vorlesung beginnst wegen ausruhn.[7] Oder Du schickst mir neue Anschläge mit: Beginn 8. Mai, was noch keineswegs exorbitant spät ist und vielleicht dem Lear nützlich?

Den Flake-Aufsatz[8] hab ich. Hm. Von Othello hab ich Dir doch 3 Seiten übergangshalber geschickt? Bringst Du das Hamlet-Manuskript mit?[9] E. R. Curtius ist nach Frankfurt berufen.[10] Über die Annahme verlautet noch nichts. Ich glaub ja. –

Addio, mein Goldgundel, ich bin nur durch Dich, für Dich, mit Dir, in Dir.

M

Adr.: Herrn Prof. Friedrich Gundolf / Boetticherstrasse 15 c / Berlin-Dahlem[11]

---

[7] *Später als Mittwoch ... wegen ausruhn*] FG nahm im Sommersemester 1928 seine Vorlesungstätigkeit wieder auf.

[8] *Flake-Aufsatz*] Am 14. April hatte FG EG eine Nummer des „8 Uhr-Abendblattes" übersandt, in dem sich ein Artikel Otto Flakes (1880–1963) mit der Überschrift „Dichter und Schriftsteller" befand.

[9] *Von Othello ... Hamlet-Manuskript mit?*] Korrektur- und Schreibarbeit im Zusammenhang mit FGs Shakespeare-Buch.

[10] *E.R. Curtius ... berufen*] Der mit FG befreundete Romanist und Professor an der Heidelberger Universität, Ernst Robert Curtius, lehnte den Ruf der Frankfurter Universität ab.

[11] *Boetticherstrasse ... Dahlem*] Adresse von Walter Kempner und Clothilde Schlayer.

402. Friedrich Gundolf an Elisabeth Gundolf.
Heidelberg. 16. November 1928

Heidelberg, 16 / XI / 28 nachts
Neuenheimer Landstrasse 36

Mein Angebetetes!
Das Gespräch mit Dir[12] hat meine Sehnsucht noch gesteigert – verzeih, wenn ich so taperig[13] war – ich verstand Dich kaum und Zimmers[14] waren in d. Näh, was mich befangen machte. Aber ich liebe Dich, ich liebe Dich.

Hier ist grässliches Wetter, und mein Kopf wirbelt. Ich wollte, du kämest bald, Herz meines Herzens!

Bei Zimmers wars ganz nett. Klaus Mann[15] war auch ganz nett, aber alles ist mir furchtbar fremd u. fern.

Bondi schreibt mir, das Buch sei erschienen,[16] ich bekomms wohl Montag.

---

[12] *Das Gespräch mit Dir*] EG hatte FG aus Wien angerufen, wohin sie am 12. November gefahren war, um die Wohnung ihrer Schwester aufzulösen.

[13] *taperig*] Tattrig, ungeschickt.

[14] *Zimmers*] Christiane von Hofmannsthal hatte im Juni 1928 den Heidelberger Professor für Indologie Heinrich Zimmer (1890–1943) geheiratet. – An Thankmar von Münchhausen hatte sie am 8. März 1928 über ihren zukünftigen Mann geschrieben: „Von Dir ist er schon restlos begeistert und Du mußt immer kommen und mit ihm auf Elli und Ilse [Blankenstein] schimpfen u. mich loben. Ist das nicht komisch, daß ihr 3 Mädchen gemeinsam habt? D.h. mit den beiden obigen hat er nichts wirkliches gehabt, sie wollten nur". Hofmannsthal: Welttheater, S. 117. – Dagegen hatte EG am 16. Januar 1927 an FG geschrieben: „Ich bin noch zu Olschkis gegangen um ihn wegen der Nationalfeier zu fragen. Dort traf ich u.a. den Indo und – Gundel, es gibt sicher ein Unglück. Er ist auch gleichzeitig mit mir aufgebrochen um mich zu begleiten: am Donnerstag sei er ein paar Stunden im Regen auf der Hauptstrasse herumgelaufen in der Hoffnung mich zu treffen; und ob er zu mir kommen dürfe. Ich habs abgelehnt und so getan als verstände ich nichts von seiner ausdrucksvollen Sprache und war kühl und fast hart. Aber es zerreißt mir doch das Herz ihn so leiden zu sehen. Doch kann ich nicht freundlich zu ihm sein ohne mißverstanden zu werden und er wird mich für eine kaltherzige Kokette halten und schließlich noch verachten".

[15] *Klaus Mann*] Der damals als Bohème-Literat bekannte Sohn Thomas Manns, Klaus Mann (1906–1949), hatte am Tag zuvor schriftlich darum gebeten, FG besuchen zu dürfen.

[16] *Bondi schrieb mir … erschienen*] Der zweite Band von FGs Werk über Shakespeare.

Liebes, Liebstes! ich bin Dein! Nimm vorlieb mit Dem wenigen was
ich jetzt geben kann. Bleib gesund und froh.
Ich umarme Dich und bin nichts als *Dein*

Abs.: Heidelberg / Neuenheimer Landstrasse 36 – Adr.: Frau Elisabeth Gundolf /
bei Dr. Heinz Hartmann / Wien I / Rathausstr. 15

403. Elisabeth Gundolf an Friedrich Gundolf.
   o.O. [Wien]. o.D. [22. November 1928][17]

Donnerstag früh

Teures Wesen, ich hab Dich gestern wieder so gut am Telefon verstanden u. war ganz betrübt über Dein Gegenteil. Ich sprach von Langs aus
u. neben mir stand die Mila Cirul, die Dich begrüssen wollte: sie wird
grad auf Wunsch ihres Mannes geschieden.[18]

Hast Du nicht meinen Brief mit Postkarteneinlage bekommen als
vorläufige Antwort an die Akademia?[19]

Deine Verse haben mich unendlich beglückt: Du liebst mich noch so
sehr, Gundel, und das macht mich unaufhörlich stolz und vergnügt.
Solang es so ist braucht der Mz[20] nicht vorlieb zu nehmen.

Eben kommt Dein Brief mit Einlagen: die Rechnung von Schlapp[21]
scheint ganz in Ordnung. Binde Dich der „Academia" gegenüber bitte
nicht, vor allem gib das Manuskript nicht, bevor *ich* alle Bedingungen
schriftlich von denen bestätigt habe: eine vorläufige Zusage genügt.

---

[17] *22. November 1928*] Das Datum ergibt sich aus der Nennung des Wochentags.

[18] *die Mila Cirul ... geschieden*] 1927 figuriert Mila Cirul im Deutschen Bühnen-
Jahrbuch noch mit dem Namenszusatz Amlinger, danach nicht mehr. Näheres
über ihren Mann ist nicht bekannt.

[19] *Hast Du nicht ... Akademia*] FG – bzw. EG, die alle geschäftlichen Angelegenheiten regelte – ließ seine Veröffentlichungen in Zeitungen über ein „Wissen-
schaftliches Korrespondenz-Büro Akademia", geleitet von Ludwig Kühle, vertreiben. Dieser hatte sich aktuell an FG wegen einer Besprechung von Georges
letztem Gedichtband „Das neue Reich" (1828) gewandt. Hier sollte es, wie schon
bei FGs Artikel zu Georges sechzigstem Geburtstag, zu einer Kollision mit geplanten Beiträgen Wolfskehls für die „Münchner Neuesten Nachrichten" zum jeweils gleichen Gegenstand kommen. Vgl. Wolfskehl-Briefwechsel II,167 ff.

[20] *Mz*] Abkürzung für Mungputz, Kosename EGs.

[21] *Schlapp*] Buchhandlung und Antiquariat in Darmstadt.

Einen Brief habe ich nach Darmstadt adressiert.[22]

Mein Kramladen ist nahezu ausverkauft.[23] Dann sind nur noch ein paar Verhandlungen nötig mit Spediteur Behörden Advokat, der russ. Botschaft[24] etc. u. dann saus ich zu Dir, mein Liebster. Nur am Sonntag würd ich noch gern ein Schubertkonzert vom Furtwängler hören. Nicht wahr, das konzedierst Du mir noch? Die Arbeit war mit manchem komischen Zwischenakt schliesslich einfacher als ich mirs vorgestellt hab. Die Abende war ich in den letzten Tagen auch schon viel leistungsfähiger, so dass ich Leute sehn u. ins Theater gehn konnte: den „Figaro" vom Furtwängler dirigiert u. „Artisten" – eine sehr unterhaltsame Reinhardt Amerikanerei.[25]

Viele lassen Dich grüssen: vor allem Furtwängler, dann Frau Mahler,[26] Kassner, Klemperer.[27] Heut Abend soll bei Kelsen eine Gesellschaft sein, ders dauernd dem Seipel gibt.[28]

Ich liebe Dich, Gundel und bin bald bei Dir. Dein

Musel

---

[22] *Einen Brief ... adressiert*] FG hielt sich während EGs Abwesenheit gelegentlich bei seinem Bruder in Darmstadt auf.

[23] *Mein Kramladen ... ausverkauft*] Über die Auflösung von Anne Bernfelds Haushalt hatte EG wenige Tage zuvor an FG geschrieben: „Die grösste Räumarbeit ist jetzt erledigt und es müssen nur noch die Sachen verkauft werden." – „Ich schlage mich [mit] einem halben Dutzend Handelsjuden herum".

[24] *der russ. Botschaft*] Anne Bernfeld lebte mittlerweile mit ihrem zweiten Mann, dem kommunistischen Historiker Karl Schmückle (1898–1938), in Moskau, wohin ihr EG ihre Sachen schickte. In der Sowjetunion war Anne Schmückle zunächst gemeinsam mit ihrem Mann an der Marx-Engels-Gesamtausgabe tätig, später arbeitete sie als Ärztin, Übersetzerin und Rezensentin. Karl Schmückle wurde 1938 bei den stalinistischen Säuberungen als Spion erschossen; Anne Schmückle nahm sich 1941 das Leben.

[25] *„Artisten" ... Amerikanerei*] Eine im November 1928 von dem Regisseur Max Reinhardt (1873–1943) aufgeführte Musical-Revue („Burlesque") von George Watters (1892–1943) und Arthur Hopkins (1878–1950).

[26] *Frau Mahler*] Alma Mahler (1879–1964), die Gattin des Komponisten Gustav Mahler (1860–1911) und anschließend des Architekten Walter Gropius (1883–1969), eine skandalumwobene Berühmtheit der Wiener Künstlerszene, war damals mit Franz Werfel liiert, den sie 1929 heiraten sollte.

[27] *Klemperer*] Otto Klemperer (1885–1973), bedeutender Dirigent, Freund und Schüler Gustav Mahlers.

[28] *Heut Abend ... Seipel gibt*] Gemeint ist der Staatsrechtler an der Wiener Universität und Verfassungsrichter Hans Kelsen (1881–1973), der, als der Sozialdemokratie nahestehend, sich im politischen Gegensatz zu dem christsozialen Bundeskanzler Ignaz Seipel (1876–1932) befand.

404. Friedrich Gundolf an Elisabeth Gundolf.
Heidelberg. 23. November 1928

Heidelberg 23 / XI / 1928
Neuenheimer Landstrasse 36

Liebstes! Dank für jedes Wort. Du hast selbstverständlich Urlaub solang dich Kram oder Kunst hält. Liebstes Liebstes .. nur komm wirklich dann, mir ists furchtbar wirr und das Wetter unsagbar scheußlich.
Der „Akademia"mann war da .. ich hab ihm nur sehr bedingt zugesagt
und mache meine Arbeit von Wolfsk. Auskunft abhängig. Lily Abegg[29]
machte heut Abschiedsbesuch. Preetorius hält demnächst hier seinen
Vortrag.[30]

Von Vossler ein schöner Brief über meinen Shakesp .. Slochower[31]
will in Amerika Rezensionen schreiben drüber bzw es übersetzen. Ich
schrieb an Bondi wie die Sache mit Hartmann steht.[32] Von Olschkis
Francovorschlag schrieb ich Dir, glaub ich, gestern.[33] (Er fing spontan
davon an.) Gestern Abend bei Bezners.

Heut kommt Ursula Mayer.[34]

Salz schickte mir eine Giessener Geburtsanzeige unbekannter Bürger, die ihre Neugeburt *Gundolf* vornamten.

Mein George-Vortrag[35] für Amsterdam ist gestern fertig diktirt.

---

[29] *Lily Abegg*] Lily Abegg ging damals als Journalistin nach Berlin.

[30] *Preetorius … Vortrag*] Wohl am 26. November; zumindest findet sich für diesen Tag sein Name im Notizkalender EGs. Worüber Preetorius sprach, ist nicht
bekannt.

[31] *Slochower*] Harry Slochower (1900–1991), amerikanischer Germanist, damals
zu einem Studienaufenthalt in Heidelberg. Von ihm sind keine Rezensionen von
Büchern FGs bekannt.

[32] *Ich schrieb an Bondi … steht*] Wohl eine Verlagsempfehlung, doch ist bei Bondi
kein Buch unter diesem Verfassernamen erschienen. Auch ist unklar, um welchen Hartmann es sich handelt.

[33] *Von Olschkis … gestern*] FG hatte EG von Leonardo Olschkis Absicht geschrieben, eine an der Universität Heidelberg freiwerdende Stelle mit Franco Bruno-
Averardi zu besetzen.

[34] *Ursula Mayer*] Offenbar eine Schülerin von Lili Waetzoldt aus Berlin. Näheres
nicht ermittelt.

[35] *George-Vortrag*] Über Stefan Georges letzten Gedichtband „Das neue Reich"
(1828); vgl. die dritte Auflage von FGs George-Buch (1930).

Ernst will heute nach Kiel fahren.[36]

Ich habe eine beständige Angst, Dummheiten zu sagen oder zu tun, und bin wirklich meines Denkens nicht mächtig, außer in Dingen die mich nichts angehn. Du, Du allein bist jetzt mein Hirn wie mein Herz.

Ich liebe Dich mit unermeßlichem Verlangen, Dank, Dein nur Dein

Grüsse die Freunde

Abs.: Gundolf / Heidelberg / Neuenheimer Landstr. 36 – Adr.: Frau Elisabeth Gundolf / bei Dr. Heinz Hartmann / Wien I / Rathausstrasse 15

405. Elisabeth Gundolf an Friedrich Gundolf. o.O. [Heidelberg]. 28. Dezember 1928

28. Dezember

Mein süsser Lord, danke für Dein gutes Kärtchen. Die Sommernachtsträume[37] liegen samt den Zeitgenössischen Dichtern, Schuhen und Börse für die Else[38] im Köfferchen. Hier der Schlüssel.

Die Minna[39] möchte Dir die Schuhschachtel von „Salamander" wiedergeben, die ich dort gelassen hab: das Geschäft braucht sie. Ich denk, sie wird neben Brand, Curtius und grünem Jäckchen Platz drin finden.[40] Wenn die Schachtel *jetzt* nicht mitkommt, ists kein Malheur.

Hier ein Welser Huldigungsschreiben:[41] ich habs geöffnet weil ich business vermutete.

Der Kühle fragt, ob Du erlaubst, dass Dein Artikel auch in den „Heidelberger Neusten Nachrichten" publiziert wird.

---

[36] *Ernst will heute nach Kiel fahren*] Entweder zu Wolters oder zu dem 1927 dorthin berufenen Julius Landmann.

[37] *Sommernachtsträume*] FG hatte am Vortag aus Darmstadt um „zwei Sommernachtstraumabzüge" gebeten; wohl das entsprechende Kapitel aus seinem Shakespeare-Buch.

[38] *Else*] Hausangestellte bei FG und EG.

[39] *Minna*] Hausangestellte bei Ernst Gundolf in Darmstadt.

[40] *sie wird neben … drin finden*] Vermutlich in dem Köfferchen; „Brand, Curtius" bezeichnen wohl Bücher.

[41] *Welser Huldigungsschreiben*] FG wurde zeitweise mit bewundernden Leserbriefen geradezu überschüttet. Hier nichts Näheres ermittelt.

Dem Alewyn hab ich in Deinem Namen gratuliert.[42]

Die Elsa Brinkmann möchte durchreisend am 31. oder 1. zu uns kommen. Wenn Du Sylvester in Darmstadt bleibst, schreibe ich ihr ab, denn ihr liegt natürlich wesentlich daran Dich zu sehn.[43]

Wir putzen kollossal u. ich hab noch keine Seele gesehn.

Es ist scheusslich ohne Dich.

Haaaaa (Liebesstöhnen!) M.

406. Friedrich Gundolf an Elisabeth Gundolf.
Darmstadt. 28. Dezember 1928

Liebstes auf der Welt:

Ich sehne sehne sehne mich nach Dir, Licht und Herz meines Lebens und küsse Dich Tag und Nacht mit zärtlicher Liebe.

Heut war ein Besuchstag: Hartmann[44] (der mich bat wenn T.[45] nach Darmstadt komme, ihn ihm bekannt zu machen und für die etwaige Habilitation in München ihm bei seinem Freund Pinder[46] wegbahnen will.

Bei Mendelssohn kamen wir gerade an, als er von der Beerdigung seiner Frau zurückkam,[47] von deren Tod wir keine Ahnung hatten.

---

[42] *Dem Alewyn ... gratuliert*] Am Tag zuvor hatte EG FG mitgeteilt, daß eine Vermählungsanzeige des Germanisten und Schülers von FG, Richard Alewyn (1902–1979) eingegangen sei.

[43] *Die Elsa Brinkmann ... sehn*] Elsa Brinkmann hatte FG schon unmittelbar nach seiner Operation im September 1927 besucht – sie hielt sich damals gemeinsam mit Kurt Singer in der Schweiz auf; nun kam sie laut EGs Notizkalender am 3. Januar 1929 nach Heidelberg.

[44] *Hartmann*] Paul Hartmann (1869–1944), Professor für Kunstgeschichte an der TH Darmstadt.

[45] *T.*] Karl von Tolnay (1899–1981), aus Budapest stammender Kunsthistoriker, der sich damals in Heidelberg aufhielt und den FG hochschätzte („ein Wunderkind von Bildungsweite und Gedankenfülle und geborner Augenmensch" – an Kahler, 22. Januar 1929; Kahler-Briefwechsel II,84). Tolnay wurde später Professor in Paris und in Princeton.

[46] *Pinder*] Wilhelm Pinder (1878–1947), Professor für Kunstgeschichte an der Universität München.

[47] *Bei Mendelssohn ... zurückkam*] Arnold Mendelssohn (1855–1933), Komponist und Kirchenmusiker in Darmstadt; er war mit der Graphikerin Maria Cauer (1861–1928) verheiratet.

Dann war ich bei Goldstein[48] der mir berichtete, in der „Frankfurter Zeitung" habe ein langes Lob des „Shakespeare" gestanden.[49] Schustermann[50] wirds wohl tätigen.

Außerdem, ein oder der Führer der Berliner Nationalsozialisten, Goebbels gelte für meinen Schüler und berufe sich auch oder so.[51]

Zum Lessingvortrag,[52] der zu kurz geraten ist (nach Leseprobe), will ich noch einige Seiten diktiren über sein Nachleben.
Und nun: Küsse Küsse Küsse, Geliebtes Einziges! von Deinem getreuen Guntzung[53]

Abs.: Darmstadt / Grünerweg 37 – Adr.: Frau Elisabeth Gundolf / Heidelberg / 36 Neuenheimer Landstrasse 36

---

[48] *Goldstein*] Julius Goldstein war Professor für Philosophie an der TH Darmstadt und Chefredakteur der „Darmstädter Zeitung".

[49] *in der „Frankfurter ... gestanden*] Die von Hermann Esswein stammende Rezension war eben an diesem 28. Dezember 1928 erschienen.

[50] *Schustermann*] Berliner Zeitungsausschnittdienst, offenbar von FG beauftragt.

[51] *ein oder der Führer ... oder so*] Der spätere Propagandaminister des Dritten Reichs, Joseph Goebbels (1897–1945), war 1921 in Heidelberg von dem Germanisten Max von Waldberg (1858–1938) promoviert worden. Zwar zählte Goebbels wohl zu den Hörern FGs, doch bestand – wie auch aus dieser Bemerkung hervorgeht – kein näherer Kontakt.

[52] *Lessingvortrag*] FGs Rede zum 200. Geburtstag Lessings, die er am 22. Januar 1929 im Berliner Reichstag halten sollte. Sie wurde 1929 als Einzeldruck veröffentlicht.

[53] *Guntzung*] Wohl Kosename FGs; hier als Selbstbezeichnung.

1929

407. Elisabeth Gundolf an Friedrich Gundolf.
o. O. [Heidelberg]. 11. April [1929]

11. April

Mein süssestes Gundel, der Gougy hat beide Bücher geschickt.[1] Der Girard ist wirklich amüsant: ein Autografenschwindel aus der Mitte des vorigen Jahrhunderts um den alle Akademien Europas gestritten haben. Freilich finde ich den Fabrikanten Vrain Lucas nicht so bewundrungswürdig wie Herr Girard, sondern nur Herrn Chasles, Mitglied der Académie de France, beklagenswert wegen der Dürftigkeit seines Verstandes, der nicht nur den auferweckten Lazarus und Maria Magdalena u. a. für schreibkundig glaubte, sondern ihre Briefe sogar in perfektem Renaissance-Französisch akzeptierte! Ausser den im Katalog angeführten personnages illustres, enthält er auch einen Briefwechsel zwischen dem Divus und Vercingetorix, und Cleopatra schlägt ihm vor doch den Caesarion in Marseille erziehen zu lassen.[2] Vive la France! Willstus geschickt? Der Philelphus ist broschiert, teilweise stark beschädigt und merkwürdigerweise das Papier von ungleicher Qualität, so daß einige Blätter völlig vergilbt sind. Aber die Titelblattvignette und die Initialen sind sehr hübsch. Vorbesitzer war le marquis De viange. Wenns Dir recht ist, geb ichs der Fank zum binden, am besten ganz in Pergament, weil Cinquecento.[3] Sollen Kataloge nachgesandt, aufgehoben oder weg-

---

[1] *Gougy … geschickt*] Lucien Gougy (1863–1931), bedeutender Pariser Antiquar. – FG war am 8. April nach Berlin gefahren.

[2] *Der Girard … zu lassen*] Es handelt sich um Georges Girard: Le Parfait secrétaire des grands hommes, ou les Lettres de Sapho, Platon, Vercingétorix, Cléopâtre, Marie-Madeleine, Charlemagne, Jeanne d'Arc et autres personnages illustres, mises à jour par Vrain Lucas. Paris 1924; eine Darstellung des berühmten Autographenfälschers Denis Vrain-Lucas (1818–1881), der insbesondere dem bedeutenden, aber wohl etwas weltfremden Mathematiker Michel Chasles (1793–1880) allerlei erfundene (auf französisch verfaßte!) Briefe historischer Persönlichkeiten als echt verkaufte. – Vercingetorix (um 82–46), Gegner Caesars im Gallischen Krieg; Caesarion (47–30), Sohn Caesars und Kleopatras.

[3] *Der Philelphus … Cinquecento*] Es handelt sich um ein nicht näher bestimmbares Werk des italienischen Humanisten Franciscus Philelphus (1398–1481), das EG der Heidelberger Buchbinderin Helene Fanck (1886–1979) zur Restaurierung übergab. Der Vorbesitzer, Marquis de Viange, dürfte ein Verwandter des

geworfen werden? Von Schustermann aus der Königsberger Allgemeinen einen Orientierungssums von Erich Jenisch[4] in der Du die „heroisierende Literaturgeschichtsschreibung" vertrittst.

Addio, Liebster, ich muß mich tummeln um zum Trifuß[5] rechtzeitig zu kommen. Dir ergeben in großer Mz-Zärtlichkeit. Hich Hich.[6]

408. Elisabeth Gundolf an Friedrich Gundolf.
o.O. [Heidelberg]. 14. April [1929]

14. April

Lieber Einziger,
hier ist ein Brief von der Wisi.[7] Bitte besuch sie nicht, weil sie Masernpatienten im Haus hat. Soll ich Dir Deinen Wintermantel schicken oder die Kamelhaarweste? ich kann mir gar nicht vorstellen daß es so kalt sein soll[8] während ich im Sommerkleid Tennis spiele. Die Nächte sind freilich auch hier noch kühl.

Den Walzel II haben wir. Du warst doch schon über I verstimmt:[9] da hab ich ihn stillschweigend dem Archiv übergeben.

Furtwängler ist den Zeitungen nach in Wien u. überhaupt wohl nur noch für wenige Tage in Berlin, da die große Tournee bald beginnt. Es muß sich ja aus den Conzertanzeigen ergeben, wann er dort ist.[10]

---

    früheren französischen Staatspräsidenten Patrice de MacMahon (1808–1893) gewesen sein.

4 *aus der Königsberger ... Jenisch*] Rezension von FGs Shakespeare-Buch vom 21. Dezember 1928 durch den Königsberger Germanisten Erich Jenisch (1893–1966).

5 *Trifuß*] Friedrich Tryfus (1889–1957), EGs Zahnarzt in Heidelberg.

6 *Mz-Zärtlichkeit. Hich Hich*] Abkürzung für Munkputz, Kosenamen EGs. – Offenbar eine private Chiffre.

7 *Wisi*] Wiesi de Haan, die in Darmstadt lebende Schwester Hanna Wolfskehls.

8 *Soll ich Dir ... kalt sein soll*] FG hatte davor über das scheußliche Wetter in Berlin geklagt.

9 *Den Walzel II ... verstimmt*] FG hatte von Bondi verschiedene Rezensionen seines Shakespeares-Buchs erhalten und sich bei EG erkundigt, ob der beauftragte Zeitungsausschnittdienst sie – darunter eine von Oskar Walzel – ihr zugeschickt habe. Walzel hatte den ersten Band am 12. Oktober 1828, den zweiten am 11. Januar 1929 besprochen, beidesmal im „Berliner Tageblatt".

10 *Furtwängler ... dort ist*] FG beabsichtigte, den Dirigenten in Berlin zu treffen.

Ich bin beim Bibliothekordnen und erobre manchen Platz für kostbare Neuanschaffungen durch Ausscheiden unnützer Füllsel: z.B. der größte Teil der Inselbücherei besteht aus Malade Imaginaire's[11] und Wilhelm Tell's und Herrmann u. Dorothea's die ja auch sonstwie ausgibig vertreten sind.

Ich bin immerfort vergnügt weil ich weiß wie lieb Du mich hast und weil Deine Liebe mein einziger Wunsch ist.
Dein Musel

409. Friedrich Gundolf an Elisabeth Gundolf. Berlin. 20. April 1929

Mein Liebstes:
Plag Dich nicht mit Pflichtgefühlen und schreib wenns Dir bequem liegt[12] .. ich weiß daß Du mich liebst, stumm oder schriftlich.

Furtwängler sah ich, auf der Hatz zwischen zwei Reisen, eine Viertelstunde. Er lässt Dich sehr grüssen.

An Hildebrandt hab ich wegen einer Zusammenkunft geschrieben mit ihm, Morwitz und Ludwig möglichst zusammen und Vallentin, der sich bei WK[13] erkundigte ließ ich sagen, daß ich kein besondres Bedürfnis fühle ihn zu sehen, aber ihm nicht ausweichen würde, wenn sichs ergäbe.[14]

Ist Arons Kampmannsbuch[15] schon angekommen? es muß dieser Tage erscheinen.

---

[11] *Malade Imaginaire's*] Die Komödie Molières (1622–1673) war im Insel-Verlag um die Jahrhundertwende im Originaltext erschienen.

[12] *Plag Dich nicht ... liegt*] Am 18. April hatte EG geschrieben: „Mein Liebstes, ich fühle eine Periode von Schreibunlust nahen und bitte Dich von vornherein um Absolution".

[13] *WK*] Walter Kempner, FGs Freund, bei dem er in Berlin auch wohnte.

[14] *Vallentin ... sichs ergäbe*] FG gab unter den Berliner Kreismitgliedern insbesondere Vallentin die Schuld am schlechten Ansehen EGs bei George. Vgl. die oben (als Anm. zum Brief FGs vom 6. September 1926) zitierte Passage in seinem Brief an Kahler vom 7. September 1926. – Auf wessen Initiative hin dieses Treffen zustandekam, ist nicht ersichtlich. Danach, am 24. April, schrieb FG an EG: „Gestern nachmittag war ich also mit Ludwig, Morwitz, Hildebrand draussen (rasirt) und es war ganz nett, nur (besonders Ludwig) unheimlich fremd. Sie fanden mich ausgezeichnet aussehend (ich wog auch mit Kleidern 178) und erzählten allerlei Universitätliches. L. T. scheint ziemlich saturirt, gegen früher".

[15] *Arons Kampmannbuch*] Die bei FG eingereichte Dissertation „Die deutsche Erweckung des Griechentums durch Winckelmann und Herder" von Erich Kah-

Ich leide dieser Tage sehr unter dem grässlichen Föhn, denke aber immer an mein Geliebtestes und will bald wieder zu ihm. Das Wetter ist recht Heidelbergisch.

Die Verse gestern schrieb ich im Auto, vor der Charité auf Walter wartend.[16]

Ich küsse dich, mein angebetetes Musel, und umarme Dich, in sehnsüchtiger, verehrender Liebe!
Immer Dein getreuster
Gundel

Adr.: Frau Elisabeth Gundolf / Heidelberg / Neuenheimer Landstr. 36

410. Friedrich Gundolf an Elisabeth Gundolf.
o.O. [Berlin]. o.D. [24. April 1929][17]

Liebstes:
Eben erfahre ich daß hier *Klage* auf *Herausgabe* des Kindes Cordel. erhoben ist![18] Schönberg[19] – Lechters Freund u. früher Rechtsanw. – der auf meiner Seite steht, rät mir aufs *allerdringendste* die Klage zurückzuziehn: es sei praktisch nicht durchführbar, selbst wenn wir gewinnen, da sie – wie er sie kennt, – das Kind entweder töten oder verstecken oder ins Ausland schaffen werde. Ausserdem hat sie sich die Prozeßakten von dem Inflationsalimenteprozess geholt und droht mit öffentlichen

---

lers Freund Erich Aron (1900–1934), die FG an den Heidelberger Kampmann-Verlag vermittelt hatte. EG meldete ihren Eingang am gleichen Tag.

[16] *Die Verse ... wartend*] EG hatte am 17. April geschrieben: „Oh Gundel, wieder so große Verse! Ich hab nicht so viel Atem zum danken wie Du zum beglücken." – Walter Kempner arbeitete als Assistenzarzt an der Berliner Charité.

[17] *24. April 1929*] Das Datum ergibt sich durch den Anfang von FGs Brief vom 25. April 1929: „Nach zwei ziemlich grauslichen Tagen [...]".

[18] *daß hier Klage ... erhoben ist*] FG hatte Agathe Mallachow im Herbst 1928 mehrmals vorgeschlagen, ihre gemeinsame Tochter in einem Landschulheim unterzubringen, weil er aufgrund der hohen Ausgaben im Zusammenhang mit seiner Krankheit, die monatlichen Unterhaltszahlungen nicht mehr aufbringen könne. Da Agathe Mallachow darauf nicht einging, wurde – wie es scheint, auf Betreiben EGs und ohne näheres Wissen FGs – eine juristische Klage auf Herausgabe des im Jahr davor von FG adoptierten Kindes angestrengt.

[19] *Schönberg*] Alfred Schönberg, dem George-Kreis nahestehender kunstsinniger Jurist.

Schlafzimmerskandalen, zu allem entschloßen, um mich zu „vernichten" wie sie sich ausdrückt.

Muss das sein?? Jetzt?? Und bei meinem derzeitigen Zustand? Die
ganze Vollmacht hätte ich nicht unterzeichnet, wenn ich gewusst hätte,
daß es sich um sowas wie „Herausgabe" handelt.
Ich will Samstag kommen.
In Liebe Dein treuer
Gundel

411. Elisabeth Gundolf an Friedrich Gundolf.
      o.O. [Frankfurt].[20] o.D. [25. April 1929][21]

Donnerstag

Guter lieber lieber Gundel,
ich bin sehr entsetzt daß Du diesem unerwarteten Schlag ausgesetzt
warst. Die ganze Sache war völlig harmlos und leicht zu parieren,[22] nur
die persönlichen Unterredungen zwischen Lechter, Schönberg und Dir
haben sie kompliziert, weils sich jetzt vor allem um Wiederherstellung
Deiner Seelenruhe handelt. Ich verspreche Dir, es wird alles nur nach
dieser einen Richtlinie geordnet werden. Aber ich flehe Dich an die
Dinge nur einmal 5 Minuten lang kaltblütig zu beurteilen: den Mord
wird sie nicht ausführen, dazu ist sie viel zu leidenschaftslos und gerissen. Und der Skandal? wenn sie selbst durch irgend einen Reporter
eine Schauermär veröffentlichen lässt, genügt eine kurze Replik mit
Darstellung der Fakten durch Deinen Anwalt, um die Zeitungen zum
schweigen zu bringen. Kein Hahn kräht danach. Aber, wie gesagt, wir
werden es nicht soweit kommen lassen. Nur bedenke, daß ihr dieses
lieblliche Erpressungsmittel bleibt, z.B. für unmäßige Geldforderun-
gen. Drum darf man sich nicht eingeschüchtert und ängstlich zeigen.

---

[20] *Frankfurt*] EG befand sich auf Besuch bei Tilly Edinger in Frankfurt. – EGs
wohl engste Freundin, Tilly Edinger, arbeitete noch bis 1938 als Paläontologin
am Senckenberg-Museum in Frankfurt; dann emigrierte sie in die Vereinigten
Staaten, wo sie an der Harvard Universität beschäftigt war. Sie galt auf ihrem
Forschungsgebiet als internationale Koryphäe.
[21] *25. April 1929*] Das Datum ergibt sich aus der Nennung des Wochentags.
[22] *Die ganze Sache … parieren*] Abzuwehren. EG meint die von FG in seinem voranstehenden Brief als Äußerungen Schönbergs kolportierten Drohungen Agathe
Mallachows.

Laß Dich also, bitte, auf gar keine Unterredung mehr mit Lechter oder Schönberg oder sonst wem darüber ein, auch telefonisch nicht, auch schriftlich nicht.[23]

Ich habe den Berliner Vertreter von Bauer-Mengelberg[24] gebeten zu Schönberg zu gehn u. mit ihm alles zu ordnen: er heisst Roth,[25] war früher Privatdozent in Heidelberg, kennt Dich und ist sehr zuverlässig. Die Sache wird so im Sande verlaufen, Du wirst nichts mehr damit zu tun haben, es wird billiger als wenn das Kind nach Salem[26] käme, auch verantwortungsloser d.h. bequemer[27] –

Du sollst jetzt aber ganz gewiss ruhig sein. Der Fall „Skandal" verdient nicht mehr Beachtung wie etwa die Broschüre von Herrn Bötingk.[28]

Ich freu mich maßlos Dich bald wieder zu haben. Heut nachmittag bin ich in Heidelberg.

Sei bitte wieder vergnügt und verkümmre nicht Dir und Deinen Wirtsvölkern[29] die Abschiedsstunden von schönen gemeinsamen Stunden. Und nimms nötigenfalls – Deinem Aberglauben gemäß – als Abzahlung damit nichts Ärgeres kommt. Das meiste was es gibt wäre ärger.

Milliarden Küsse auf Vorschuß vorm Wiedersehn Dein Mz

---

[23] *auch schriftlich nicht*] Der Rest des Blattes ist mit Textverlust auf beiden Seiten abgeschnitten.

[24] *Bauer-Mengelberg*] Rudolf Bauer-Mengelberg, Heidelberger Rechtsanwalt FGs.

[25] *Roth*] Alfons Roth, Berliner Rechtsanwalt.

[26] *Salem*] In dem Ort am Bodensee existiert ein 1920 gegründetes reformpädagogisches Internat.

[27] *Die Sache wird so ... bequemer*] Der Prozeß endete denn auch mit einem Vergleich, wonach der Kläger (FG) seine Klage zurückzog und die Gerichtskosten übernahm. Ihre außergerichtlichen Kosten hatte jede Partei selbst zu tragen. – Cordelia Gundolf emigrierte 1933 gemeinsam mit ihrer Mutter nach Italien, wo sie später bei Benedetto Croce promovierte und als Publizistin und Übersetzerin tätig war. 1960 ging sie nach Australien, wo sie an der Universität von Melbourne Italianistik lehrte.

[28] *wie etwa die Broschüre von Herrn Bötingk*] Der streitbare Karlsruher Historiker Arthur Böthlingk (1849–1929) hatte 1929 eine Polemik, „Gundolfs ‚Shakespeare in deutscher Sprache'. Ein Vademecum", veröffentlicht.

[29] *Wirtsvölkern*] Scherzhafter Ausdruck für Walter Kempner und Clotilde Schlayer, bei denen FG in Berlin wohnte.

412. Elisabeth Gundolf an Friedrich Gundolf.
o.O. [Heidelberg]. 31. Dezember 1929

31. Dezember 1929

Liebstes schönstes Engelherz,
Du verwöhnst mich ja maßlos. Aber ich bin Dir dankbar und folge Dir
wo immer Du willst. Mein Gundel! –

Rasch die Erledigung des Sekretärischen:[30] einen Bestätigungsbrief
zur Unterschrift für Sondheim[31] und Wolfskehls Pikardbesprechung[32]
lege ich bei. Sonst nur Neujahrswünsche von Franziska Müller in St. G.
schrift und von stud. phil. Willy Bauer.[33] Von Frau Yahuda[34] ein Buch
von Bradley „A Miscellany".[35]

Gestern Abend war ich bei Geissmars[36] in Mannheim die jetzt auch
einen Mops haben: er ist ganz niedlich, gibt mit einer graziösen Kopf-
neigung das Pfötchen und schaut einen danach unmutig an, wobei er
die Zunge herausstreckt, was sehr komisch ist. Dort hab ich Hartlaubs
getroffen, deren elfjähriger Bub einen Club zum Lärmmachen gegründet hat.[37] An dem Gerücht, daß sie ein weekendhouse an der Bergstrasse
suchen, sei übrigens kein Wort wahr. Sie waren sehr überrascht. Sag

---

[30] *Rasch ... Sekretärischen*] FG hielt sich für ein paar Tage in Darmstadt auf.

[31] *Sondheim*] Moritz Sondheim (1860–1944), Teilhaber und Geschäftsführer des
Frankfurter Antiquariats Joseph Baer.

[32] *Wolfskehls Pikardbesprechung*] Wolfskehls Rezension von Max Picards Buch
„Das Menschengesicht" erschien erst im Juni 1930 in „Der Morgen". Hier dürfte
es sich entweder um eine Manuskriptfassung oder um einen Vorabdruck in einer
Zeitung handeln.

[33] *Franziska Müller ... Willy Bauer*] Über beide nichts Näheres ermittelt.

[34] *Frau Yahuda*] Ethel Yahuda (1887–1955), Frau des mit Wolfskehl gut be-
kannten Arabisten und Judaisten Abraham Shalom Yahuda (1877–1951); das
Ehepaar hielt sich 1928 vorübergehend in Heidelberg auf, wo auch ein näherer
Kontakt zu FG und EG bestand.

[35] *Bradley „A Miscellany"*] Eine 1929 erschienene Aufsatzsammlung des berühmten Shakespeare-Forschers Andrew Cecil Bradley (1851–1935).

[36] *Geissmars*] Gemeint ist wohl Anna Geissmar (1868–1954), die Witwe des kunst-
begeisterten Rechtsanwalts Leopold Geissmar (1863–1918), deren Tochter Berta
Geissmar (1892–1949) die Privatsekretärin und Konzertmanagerin Wilhelm
Furtwänglers war.

[37] *Dort hab ich Hartlaubs ... gegründet hat*] Gustav Friedrich Hartlaub war
Direktor der Mannheimer Kunsthalle; sein damals elfjähriger Sohn Michael
(1918–1978), der Bruder der später schriftstellerisch hervorgetretenen Felix
(1913–1945) und Geno Hartlaub (1915–2007), wurde Verlagskaufmann.

das vielleicht der Else, damit die Tine nicht weiter darauf zählt.[38] Den Furtwängler hab ich von dort telefonisch gesprochen: er ist sehr deprimiert über seine Krankheit[39] die nicht schlimm, aber vielleicht langwierig ist.

Ich träume jetzt immer sehr heftig und finde es sonderbar, daß man Träume als so eine Art zweiter Existenz auffassen kann. Auf mich wirken sie wie ein Filmstreifen, auf dem man selbst mit agiert und der häufig abreisst und an einer andern Stelle wieder aufgenommen wird. Man sieht doch immer alles, man denkt es nicht!

Addio für 1929. Ich umarme Dich ins neue Jahr hinein. Denk an mich wenn Dus betrittst und hab Dank für das vergangne, das doch trotz Dekanat[40] sehr schön war.
Dein Musel

---

[38] *Sag das vielleicht ... darauf zählt*] Gemeint sind Ernst Gundolfs Freundin Else Kühner und ihre in Zwingenberg an der Bergstraße lebende Schwester Tine Kühner-Becker (1875–1959).

[39] *Krankheit*] Furtwängler mußte sich im Winter 1930 wegen einer Lungenentzündung im Krankenhaus behandeln lassen.

[40] *Dekanat*] FG hatte 1929 mit einigem Widerwillen das Amt eines Dekans der philosophischen Fakultät übernommen.

1930

**413. Elisabeth Gundolf an Friedrich Gundolf.
Berlin. 11. Juni 1930**

Grand Hotel am Knie
Berlin-Charlottenburg
Bismarckstr. 1
11. 6. 30

Mein goldnes Gundel, ich hab zwei Nachrichten auf einmal von Dir: in
Vers und Prosa, und bin glücklich daß Dus gut hast. – Wie lange bleibst
Du?[1] erholst Du Dich??

Gestern Abend war ich beim Thankmar u. seiner Frau:[2] er hat mit
dieser eine sehr schöne Wohnung und einen kleinen Fordwagen geheiratet, und wir haben eine höchst romantische Mondscheinfahrt zum
Krampnitz-See gemacht mit Picknick an selbigem und Heimkehr durch
das verschlafne Potsdam. Sanssouci ist in dieser Beleuchtung fast noch
reizvoller als sonst.

Heut hab ich mich von einem für Behebung der Sterilität berühmten
Arzt[3] untersuchen lassen: ich habe eine Verlagerung und eine Knik-
kung, die die Konzeption fast unmöglich machen. Durch einen kleinen
völlig gefahrlosen Eingriff sei beides zu beheben. Außerdem hätte ich
dann nie mehr Schmerzen bei der Kränk. Ich laße jetzt aber nichts machen, weil es 12 Tage Klinik braucht und ich auch Deine Zustimmung
will. Aber Du wirst sie mir doch bitte geben? ev. in den Sommerferien?
Verzeih das Dir unangenehme, mir so dringliche Thema. Dafür hab ich
mir heut die Haare schneiden lassen: auf den Geburtstagstisch!

Dein Dich liebendes Mz.
Grüss den guten Erich

---

[1] *Wie lange bleibst Du?*] FG verbrachte die Woche vom 7. bis 14. Juni 1930 mit
Erich von Kahler in Schwäbisch Hall, während EG am gleichen Tag nach Berlin
gefahren war.

[2] *Frau*] Thankmar von Münchhausen hatte im Dezember 1929 Isa Schalscha von
Ehrenfeld, adoptierte Gräfin Zieten (1895–1974), geheiratet.

[3] *Arzt*] Es handelt sich um den Berliner Gynäkologen Paul Sippel.

414. Friedrich Gundolf an Elisabeth Gundolf.
Schwäbisch Hall. 12. Juni 1930

12. 6

Liebstes! Alles was dich froher und gesünder macht, Dir Schmerzen abnimmt und heilsam scheint lass ich gern geschehn, mein Musel. Also verfüge nach Deinem Wunsch – nur komm mir Dienstag gesund wieder.

Es ist schön hier, obwohl ich immer Sorge und Sehnsucht nach Dir habe, – und eine schreckliche Hitze mir keine besondren Ausflüge erlaubt.

Fine ist gestern gekommen – es geht ihr nicht besonders – Überhaupt: liegts an mir oder an der Welt? – über allen Menschen liegt ein grauer Druck von Kummer, Not, Ungenügen oder Zweifel mitten in der Sonne, und was man auch hört von nahen und fernen Bekannten ist traurig.

Bleib Du mir nur, Herz meines Herzens, Inbegriff meines Glücks, Liebstes Einziges Musel
Immer Dein getreuer
Gundel
Erich grüßt Dich herzlich.
Ich fahre wohl morgen heim oder nach Darmstadt.

Abs.: Gundolf / Heidelberg / Neuenheimerlandstr. 36 – Adr.: Frau Professor Gundolf / Berlin Charlottenburg / Hotel am Knie / Bismarckstr. 1

415. Elisabeth Gundolf an Friedrich Gundolf.
Berlin. 12. Juni 1930

Grand Hotel am Knie
Berlin-Charlottenburg
Bismarckstr. 1
12. 6. 30

Liebstes, in Eile nur wegen des Bondivertrags: der ist wohl größenwahnsinnig geworden, zu glauben, daß er Dich mit der Hälfte des Reingewinns abspeisen kann. Ich bitte Dich: verlang *20 % vom Ladenpreis und das Honorar für die halbe Auflage als Vorauszahlung.* Und besteh darauf! Andernfalls wird der Fleischer glücklich sein, auch die Gedichte

verlegen zu dürfen u. Dir noch günstigere Bedingungen machen. Was
Bondi mit Wolfskehl abgeschlossen hat, geht Dich gar nichts an, da Du
als Autor höheren Marktwert hast.[4] Ich versichre Dir, meine Forderungen sind nicht unbillig. Du darfst Dich nicht in dieser Weise ausbeu-
ten lassen. Ich würde dem B. schreiben: „wenn er die Konjunktur für
Deine Bücher so ungünstig beurteilt, seis wohl zweckmäßiger die Gedichte anderswo erscheinen zu lassen. Du könntest sie jedenfalls nur
zu den .... Bedingungen hergeben". Schick mir eine Abschrift Deiner
Antwort.

Wegen Type und Einband kann man nach Sicherstellung des Ver-
trags verhandeln. – Am Dienstag d. 17. früh kommt die Anndel hier
an.[5] Wenn Du mir solange Urlaub gibst, erwarte ich sie und reise erst
am Abend ab, so daß ich Mittwoch früh in Heidelberg wäre. Bitte antworte mir telegrafisch, wegen Schlafwagenkarte.

Weißt Du daß Harnack in Heidelberg gestorben ist? Ich fürchtete
schon, Du müßtest zur Totenfeier hinfahren.[6] –
Alles liebe liebe liebe
Dein Musel
Grüß den Erich.
Teil der Else Deine genaue Ankunft in H. mit.

---

[4] *wegen des Bondivertrags ... Marktwert hast*] Die Rede ist von den Bedingungen
für die 1930 bei Bondi erfolgte Veröffentlichung von FGs „Gedichten". Von
Wolfskehl war bei Bondi 1927 der Lyrikband „Der Umkreis" erschienen. Victor
Fleischer (1882–1951), Schriftsteller und Verleger, war damals auch Inhaber des
H. Keller Verlags in Berlin-Wilmersdorf, wo 1930 FGs Buch „Romantiker" her-
auskam.

[5] *Am Dienstag ... hier an*] Vermutlich besuchte EGs Schwester ihre beiden Kinder
in Deutschland.

[6] *Weißt Du ... hinfahren*] Harnack war am 10. Juni gestorben. – Als Dekan hatte
FG auch repräsentative Pflichten wahrzunehmen; so mußte er etwa 1929 zur
Beerdigung Gustav Stresemanns nach Berlin fahren.

416. Friedrich Gundolf an Elisabeth Gundolf.
Schwäbisch Hall. 13. Juni 1930

13. Juni 1930

Liebstes auf der Welt:
Dein Brief wegen Bondi kam gleichzeitig mit der grässlichen Nachricht
vom Tod Trude Hammerschlags,[7] in der Zeitung. Ich bin ganz zerschlagen davon.

Zu einem langen Kampf mit Bondi hab ich keine Lust, auch kaum
zum Unterzeichnen: doch will ich dieselben Bedingungen verlangen
wie bei meinen andren Büchern. 20 % wird heutzutage nicht durch-
zusetzen sein, und zu einem andren Verlag mag ich nicht .. Fleischer
ist mir durchaus nicht geheuer, und es wäre eine stärkere „Demonstra-
tion" als grosse Anfangsbuchstaben.[8] Es hat übrigens Zeit bis Mittwoch. Aber komm dann auch wirklich!! Ich halte es ohne dich nicht
aus. Morgen fahr ich mit Erich nach Stuttgart (Fine ist heute früh abgereist, und nur gekommen um mir zum Geburtstag zu gratuliren –
sie rafft sich zu keinem Brief mehr auf, und macht lieber 12 Stunden
Eisenbahn).[9]

An Harnacks hab ich einen langen Brief geschrieben.

Es ist vor Schwüle kaum auszuhalten.

Ich bin beklommen und bedrückt von der Wiener Nachricht.
Komm bald, Geliebtestes, zu Deinem getreuesten
Gundel
Vielen Dank für Deinen Haarschnitt.

Abs.: Gundolf / Heidelberg / Neuenheimerlandstr. 36 – Adr.: Frau Professor Gundolf / Berlin Charlottenburg / Hotel am Knie: Bismarckstr. 1

---

[7] *Nachricht vom Tod Trude Hammerschlags*] Trude Hammerschlag war am
11. Juni bei einem Unfall gestorben.

[8] *grosse Anfangsbuchstaben*] FG fühlte sich in seiner Dichtung der Georgeschen
Tradition der Kleinschreibung verpflichtet.

[9] *Fine ist heute früh … Eisenbahn*] Fine von Kahler wurde immer wieder von psychischen Krisen heimgesucht. – Nach der Machtergreifung der Nationalsozialisten emigrierten die Kahlers zunächst ins europäische Ausland, dann in die
Vereinigten Staaten, wo Erich von Kahler Freundschaften mit Hermann Broch
und Thomas Mann pflegte und an verschiedenen amerikanischen Universitäten
lehrte. 1940 trennte sich das Ehepaar Kahler.

**417. Elisabeth Gundolf an Friedrich Gundolf.
Berlin. 13. Juni 1930**

Grand Hotel am Knie
Berlin-Charlottenburg
Bismarckstr. 1
13. 7. 30[10]

Mein Teuerstes, Süssestes, Herz! jetzt hat Dich doch wieder die Muse
rangekriegt. Und mit welchem Triumph! das sind wahrlich keine Bullerbuller![11] Die kommen doch wohl noch in die Sammlung? ich würde
aber mit dem Absenden an Bondi zunächst warten. Hoffentlich hat
meine geschäftliche Mahnung Dich nicht beunruhigt. Bitte nicht! Bedenk doch, daß solche Dinge nüchtern erwogen werden müssen. Man
bleibt den Geschäftsleuten – wie immer – doch noch unterlegen, darf
sich aber schon aus Selbstachtung nicht ihren Anmaßungen fügen.
Denk an Goethes Hermann und Dorothea.[12] Ich habe Fachleute hier
gesprochen, die den Paragrafen mit dem „geteilten Reingewinn" für
undiskutierbar bei einem Autor von Deinem Ansehen erklären. Das
Resultat würde auch in solchen Fällen immer gleich null errechnet, und
es könne nur als Gaunerei gemeint sein.

Den Philipp II. hatte ich doch auf Anfrage dem Erich suggeriert –
und Du erklärst mir wer das ist![13]

Wie wars mit der Fine? Ich bin ziemlich verblödet durch die Hitze.
Nur Abends erhol ich mich in den kühlen und meist glänzenden Thea-

---

[10] *13. 7. 30*] Verschreibung EGs; der Brief stammt vom 13. Juni 1930.

[11] *jetzt hat Dich doch … Bullerbuller*] FG hatte EG aus Schwäbisch Hall geschrieben: „Heut früh um 6 schrieb ich ein Gedicht das du gleich haben sollst". „Bullerbuller" ist wohl eine scherzhafte Stilcharakteristik.

[12] *Denk an Goethes Hermann und Dorothea*] Goethe trat seinen Verlegern gegenüber sehr selbstbewußt und fordernd auf. Bei seinem Versepos „Hermann und
Dorothea" (1798) etwa verlangte er, daß das Honorarangebot Friedrich Vie-
wegs (1761–1835) seine in einem verschlossenen Umschlag verwahrte, also dem
Verleger nicht bekannte Honorarforderung von 1000 Talern mindestens errei-
che oder übertreffe, wenn es zu einem Kontrakt kommen solle. Angeblich traf
Vieweg die gewünschte Summe genau.

[13] *Den Philipp II. … wer das ist*] FG hatte EG geschrieben: „Erich hat mir ein
pompöses Autogramm von Philipp II (dem Don Carlosdespot) … mitgebracht".
Philipp II. (1527–1598) war der König Spaniens und Vater des historischen Don
Carlos, den Schiller in seinem Drama verewigte.

tern: am Mittwoch mit Trübel[14] in der „Katakombe“,[15] dem witzigsten
Kabarett, das ich je gesehn habe und gestern mit Haubach[16] im Deutschen Theater bei Unruhs „Phaea“:[17] eine Mischung aus Geist, Tief-
sinn, Spannung und kleinem Moritz. Letzterer allerdings so stark do-
siert, daß das Ganze doch wie das Stück eines begabten Tertianers wirkt.
Die Aufführung ist allerdings eine Leistung ersten Ranges, einer besseren Sache würdig. Wir saßen in der Loge des Polizeipräsidenten und
bekamen in der Pause Besuch von Clemens Herzberg, der Dich sehr
grüßen läßt. Ich hatte mir den übrigens total anders vorgestellt: er
wirkt wie ein Schmierensänger. – Ich freu mich rasend drauf wieder bei
Dir zu sein und genieße das Bewußtsein, daß wir nicht mehr für Jahre
und über Grenzen getrennt sind. Hoffentlich hoffentlich bald bald!
Dein Mz.
Was sagst Du zu Schmeling?[18]

---

[14] *Trübel*] Gertrude Eckardt lebte nach ihrer Scheidung (1927) in Berlin, wo sie an
der Tanzschule von Berthe Trümpy (1895–1983) unterrichtete.

[15] *Katakombe*] Literarisch-politisches Kabarett in Berlin (1929/35) unter der Leitung von Werner Finck (1902–1978).

[16] *Haubach*] Theodor Haubach (1896–1945), SPD-Politiker und später Wider-
standskämpfer gegen Hitler, damals Pressereferent des Berliner Polizeipräsidenten Karl Zörgiebel (1878–1961). EG dürfte ihn während seines Studiums bei
Alfred Weber in Heidelberg kennengelernt haben.

[17] *Unruhs „Phaea“*] Am 13. Mai 1930 uraufgeführte Komödie Fritz von Unruhs
(Regie Max Reinhardt).

[18] *Schmeling*] Max Schmeling (1905–2005) war am Tag zuvor (12. Juni 1930) in
New York Box-Weltmeister im Schwergewicht geworden.

418. Friedrich Gundolf an Elisabeth Gundolf.
   Bern. 8. März 1931

Hotel Schweizerhof
Bern
8 / III / 31 Nachts

Mein Liebstes! (Munkpuz)
Ohne Zwischenfälle bin ich hier gelandet[1] – ein so feines Hotel, dass
der Ober der mich bedient kein Deutsch versteht (das nächste Mal
wähl ich nat. soz.). Ich habe Solefrit[2] und eine Maaß Münchener bestellt – ein wahrer Völkerbund.[3] Und unablässig gierisch[4] an Dich
(Munkpuz) gedacht: Bis zur Dichtung[5] bei Seezunge und Mètre Monachière.

Zwischen Offenburg und Freiburg hab ich auch schon Munkpuz besungen.

Den schwarzen Rock mit den preussischen Hosen hab ich gleich nach
Ankunft ausgepackt und auf Bügel gehängt. (Bewunders.) Es schneit
incontinue.[6] Vor dem Vortrag ist mir bis jetzt namenlos mies. Postlagere[7] mich bald, Schatz.

Es ist ½ 11 nachts: ich bete für Dich[8] und zu Dir. Bleib mir gesund
komm bald und bleib mein einzig geliebter Punkmuz.

---

[1] *hier gelandet*] FG war am 8. März von Heidelberg zu einer Vortragstournee
durch die Schweiz aufgebrochen; am Tag danach sprach er in Bern über Mörike.
(Der auf dem Vortrag basierende Aufsatz erschien zunächst in englischer Übersetzung in T.S. Eliots Zeitschrift The Criterion 10 (1931). S. 682–708; danach
auf deutsch im zweiten Band der „Romantiker" (1931).

[2] *Solefrit*] Seezunge.

[3] *Völkerbund*] Nach dem Ersten Weltkrieg gegründete internationale Organisation mit Sitz in Genf, Vorläufer der Vereinten Nationen. Hier Anspielung auf
die mehrsprachig benannten Bestandteile von FGs Mahl (Mètre Monachière =
Maaß Münchener).

[4] *gierisch*] Parodierende französische Aussprache des Wortes „gierig".

[5] *Dichtung*] Dem wohl beigelegten, aber nicht erhaltenen Gedicht FGs für EG.

[6] *incontinue*] Unaufhörlich (frz.).

[7] *Postlagere*] Wortspielerisch für: Schreibe mir postlagernd.

[8] *ich bete für Dich*] EG hatte sich am 3. März einer Operation in der gynäko-
logischen Klinik von Professor Maximilian Neu (1877–1940) in Heidelberg

Unzählige Küsse, geliebtes Muselchen, von Deinem lieben
Punkmuz

Abs.: Gundolf / Hotel Schweizerhof / Bern – Adr.: Frau Professor Gundolf / Heidelberg / Neuenheimer Landstr. 36 / Deutschland

419. Friedrich Gundolf an Elisabeth Gundolf.
Bern. 9. März 1931

Hotel Schweizerhof
Bern
9. III. 1931

Dank, Liebstes, für Deinen goldigen Munkpuzbrief den ich mir soeben
selbselb[9] vom Posterestanteschrein[10] geholt habe. Mich freut dass Du
auf bist[11] hoffentlich folgen die weiteren Stufen bald .. Heimkehr in die
Neuenheimer und Ankunft in die Arme Deines Sehnsuchtspimpich.
Heut Morgen war ich Grossratsaal gucken[12] .. ein herrlicher Barock-
saal mit Halbkreisen. Kassner sprach jüngst da,[13] doch erfolglos weil
keiner ihn verstand: (intellektuell). Hier schneits seit gestern ununter-
brochen – die bekannten Ältesten entsinnen sich nicht .. die Leute gehn
vielfach mit Schühern (Skiern) durch die Strassen und es ähnelt überhaupt dem Aufstieg zur „Jungfrau"[14] nur weniger steil.
   (Mein grauer Rock hat *viel* zu kurze Ärmel: ich komme mir vor wie
ein dekolettirter Orang Utan). Meinen Brief von gestern Abend hast du
hoffentlich und wärmst denselben an Deinem süssen Busen. Vor dem
Vortrag ist mir immer noch (6 h Nachmittag) sehr mies.

---

unterzogen und lag noch im Krankenhaus. Der Notizkalender vermerkt auch
schon für den 17. Februar eine Operation bei demselben Arzt.

[9] *selbselb*] Wohl wortspielerisch.

[10] *Posterestanteschrein*] Von der Post (poste restante).

[11] *dass du auf bist*] EG hatte geschrieben, daß sie nach ihrer Operation nun schon
eine halbe Stunde auf gewesen sei.

[12] *Grossratssaal gucken*] Im Ratssaal der Stadt Bern fand abends FGs Vortrag statt.

[13] *Kassner sprach jüngst da*] Rudolf Kassners Vortrag „Über den Collectivmen-
schen" fand am 3. März 1931 statt.

[14] *dem Aufstieg zur „Jungfrau"*] FG und EG hatten während ihres letztjährigen
Sommerurlaubs am 26. August den Jungfrau-Gipfel bestiegen.

Bei der Büchersuche fand ich 2 sehr komische Wippchenbände (mit einem eigenhändigen Gedicht des Verfassers[15] vorn drin (à 50 ct) und einen autobiograf. Roman von Jeremias Gotthelf, ein Frühwerk von grosser Seltenheit, gedruckt in einem kleinen Flecken des Bernerbiets[16] (Fr. 7-).

Ich will morgen früh um 10 schon weiter fahren.

Den Elmer Gantry hab ich fast fertig: es ist das Bedeutendste, aber auch das schrecklichste Buch das ich von S. L. kenne[17] .. ein Genie ist er .. aber seine Welt! selbst wenns übertrieben ist .. und ich fürchte, es stimmt nur zu genau. (Rasirt bin ich) Eine knallige Caesarstelle ist auch drin. Ich habe hier heut ein langes Gedicht gemacht, aber kein Liriliri.[18] Wenn ich Zeit habe schreib ich Dirs in Genf ab. Jetzt muß ich mich umziehn. Hoffentlich klappt alles.
Ich küsse und umarme Dich in wilder Liebe Dein Mpz

Abs.: Hotel Schweizerhof / Bern – Adr.: Deutsches Reich / Frau Professor Gundolf / Heidelberg/ Neuenheimer Landstr. 36

420. Elisabeth Gundolf an Friedrich Gundolf.
o.O. [Heidelberg]. 11. März 1931

Mittwoch 11. 3. 1931

Mein Liebling! ich bin nun schon 24 Stunden wieder daheim, und leider muß ich feststellen, daß ich sehr erschöpft und schlapp bin. Ich schreibs Dir offen: Du darfst deshalb nicht erschrecken, es ist ganz natürlich so, und man erholt sich davon. Aber wissen mußt Dus, damit

---

[15] *2 sehr komische ... des Verfassers*] Der Schriftsteller Julius Stettenheim (1831–1916) schrieb eine ganze Reihe von Humoresken um den fiktiven Redakteur Wippchen („Wippchens sämmtliche Berichte"; insges. 16 Bände).

[16] *einen autobiograf. Roman ... Bernerbiets*] Der Bauern-Spiegel oder Lebensgeschichte des Jeremias Gotthelf. Von ihm selbst beschrieben. Burgdorf: Langlois 1837; Titelauflage 1839. Der Roman ist der Erstling des Autors, von dessen Titel er auch sein Pseudonym – eigtlich hieß er Albert Bitzius (1797–1854) – entlehnte.

[17] *Den Elmer Gantry ... kenne*] „Elmer Gantry" (1927), satirischer Roman des amerikanischen Schriftstellers Sinclair Lewis (1885–1951), der 1930 den Nobelpreis für Literatur erhalten hatte.

[18] *kein Liriliri*] Scherzhafte Stilcharakteristik (vgl. „Bullerbuller").

Du mich nicht jetzt schon erwartest. Ich schiebe die Reise besser ein paar Tage auf, weil Du von mir nichts hättest, wenn ich unterwegs erkranke. Der Neu wills auch absolut noch nicht: Prof. v. Baeyer hat ihn, fürchte ich, aufgehetzt: ich sei sehr leichtsinnig. –

Geschäftliches: 1.) vom Wiese bekommst Du eine Rezension der „Romantiker",[19] auf die Du wohl kurz dankst.

2) Dr. Hans Günther (wohl der Fadian, der früher hier war) schickt Dir „mit freundlichen Empfehlungen" einen Aufsatz über „David Baumgardt: Franz von Baader und die philosophische Romantik".[20] Zur ev. Bewidmung für ihn bekommst Du einen Brockes[21] von mir.

3) Diesem leg ich einen Schustermann: Heike über die „Romantiker" bei,[22] weil Du doch gern gelobt wirst.

4) Frl. Quadfasel[23] möchte mit Dir über eine Dissertationsklippe sprechen. Ich habe ihr geschrieben, sie möchte sich Mitte April melden.

5) Frl. Gärtler[24] hat einen tief gehenden Umschwung erlebt, der sich auch in ihrem Studium aussprechen soll. Will Dich auch sprechen. Ebenfalls für Mitte April zitiert.

6) Herr Sprockhoff,[25] Berlin schickt Dir ein dickes Contobuch voll einfältiger Gedichte zur Beurteilung. Ich habe sie ihm mit der entsprechenden Druckkarte zurückgeschickt.

---

[19] *vom Wiese ... „Romantiker"*] Die Besprechung durch den Germanisten Benno von Wiese (1903–1987) erschien in der Deutschen Literaturzeitung für Kritik der internationalen Wissenschaft 52 (1931). H. 10, Sp. 451–455.

[20] *Dr. Hans Günther ... Romantik*] Die Besprechung des 1927 erschienenen Buches von dem Berliner Gelehrten David Baumgardt (1890–1963) durch den Philosophiedozenten Hans R.G. Günther (1898–1981) erschien ebenda, Sp. 440–446.

[21] *Zur ev. Bewidmung ... Brockes*] Als mögliche Gegengabe sandte EG FGs kleine Publikation „Ein Gelegenheitsgedicht von Brockes". Heidelberg: Winter 1931.

[22] *einen Schustermann ... „Romantiker" bei*] Die über den Zeitungsausschnittsdienst Schustermann bezogene Rezension von O. Heike aus der „Goslarschen Zeitung" vom 3. März 1931.

[23] *Frl. Quadfasel*] Hanna Quadfasel (geb. 1908) schrieb ihre Dissertation über „Theodor Mundts literarische Kritik und die Prinzipien seiner Ästhetik" (1932); später wurde sie Lehrerin.

[24] *Frl. Gärtler*] Gina Gärtler (geb. 1910) schrieb ihre Dissertation über „Lily Braun. Eine Publizistin des Gefühls" (1935); sie veröffentlichte später auch Gedichte und Erzählungen.

[25] *Herr Sprockhoff*] Möglicherweise Richard Sprockhoff (geb. 1901), Lehrer, der später lokale Sagen veröffentlichte.

7) (mal was angenehmes): von Messow[26] ist mit einer Entschuldigung wegen Verspätung „The Working Man's Friend" gekommen, der sehr schöne Bilder von Gavarni enthält.[27] Ich bezahle ihn.

8) Im Landaur Anzeiger ist über Deinen Heidelberger Bismarck-Vortrag referiert.[28]

9) Dr. Herrmann (München) schickt Dir unter dem Pseudonym Peter Alvor „Die Shakespearefrage u. das Ben Jonson-Problem" und „Eine neue Shakespeare-Biographie", worin er beweist, daß der grosse Will Lord Mountjoy sei.[29] Und er möchte Deine Ansicht hören. Da Deine Ansicht grade über Sh. ja öffentlich zugänglich [ist], habe ich ihm auch die bedauernde Druckkarte geschickt.

10.) Der Schumacher hat sich seines Auftrags von Korrodi[30] schriftlich entledigt: ich danke ihm in Deinem Namen.

11.) Von der „Gesellschaft des Biedermeier"[31] lege ich Brief u. meine Antwort hier bei. Erschrick also nicht, falls Du ein Telegramm von denen bekommst, und nimm das Hotel, das Herr Meyer empfiehlt. Dort läßt Du zweckmässig übrigens den Satz von der *muffigen Biedermeierei* fort.[32]

---

[26] *Messow*] Der Berliner Antiquar Georg Messow.

[27] *„The Working Man's … enthält*] Englische Monatszeitschrift aus den Jahren 1850/52; in den entsprechenden Nummern befanden sich offenbar Bilder des französischen Zeichners und Karikaturisten Paul Gavarni (1804–1866).

[28] *Im Landaur … referiert*] Die im gleichen Jahr veröffentlichte Abhandlung: Bismarcks Gedanken und Erinnerungen als Sprachdenkmal. In: Europäische Revue 7 (1931). S. 259–271. Die Besprechung ist nicht nachgewiesen.

[29] *Dr. Herrmann … Mountjoy sei*] Burkhard Herrmann veröffentlichte 1930 unter dem Pseudonym Peter Alvor die beiden genannten Bücher (und davor schon weitere mit ähnlicher Thematik). Die Biographie verficht die These, wonach Shakespeares Stücke von Charles Blount, Baron von Mountjoy (1563–1606), einem englischen Staatsmann und Feldherren, verfaßt worden seien. Gelegentlich wurde dafür auch die Autorschaft von Shakespeares Dramatiker-Kollegen Ben Jonson (1572–1637) diskutiert.

[30] *Der Schumacher … Korrodi*] Offenbar sollte FG im Zusammenhang mit der Gründung des schweizerischen PEN-Clubs, dessen erster Präsident Eduard Korrodi 1931 wurde, einen Vortrag in Zürich halten. Schumacher: nicht ermittelt.

[31] *Gesellschaft des Biedermeier*] Bei dieser Gesellschaft hielt FG am 14. März seinen Mörike-Vortrag in Baden. Sein Ansprechpartner dort war ein Herr Meyer (Näheres nicht ermittelt).

[32] *Dort läßt Du … fort*] In der gedruckten Fassung des Vortrags (FG: Romantiker. Neue Folge. Berlin-Wilmersdorf 1931. S. 219–253) findet sich diese Fügung nicht; FG dürfte sie ersetzt haben durch die Variante: „das ganze Philisterium schwäbischer Biedermeierei" (S. 221).

Gundel, süsses Wesen: ich bin sehr glücklich über 5 Briefe von Dir, meinem Einzigen. Ich beglückwünsche Dich zum überstandenen Bern, halte den Daumen für Genf[33] und hoffe, daß Du nirgends im Schnee stecken bleibst. Damit Dich all das noch auf der welschen Schweizer- seite erreicht, kann ich gar nichts Außerdienstliches mehr anfügen. Also noch etwas Geduld!
Musel

421. Friedrich Gundolf an Elisabeth Gundolf.
Genf. 12. März 1931

Hotel Richemond
Genève
le 12. III. 1931

Liebstes auf der Welt:
Gestern hast du nur ein Gedicht bekommen – es war aber auch ein bewegter Tag .. am Vormittag – nach dem Sauregen worin ich an- kam ein strahlend heller Frosthimmel mit Blick auf die immer weis- ser bis zum Montblanc ansteigenden Alpen – der See voll *schwarzer* Möven mit rosa Schnäbeln – ging ich spaziren, dichtete und sang unablässig Munkpuz, Schnunkerpips u. dgl Zauberlieder vor mich hin.

Bücher fand ich, ausser zwei billigen unbekannten Caesarschmö- kern und einer mir unbekannten von Tieck edirten Übersetzung der Shakespsonette immerhin,[34] nicht, trotz enormen Wuhls[35] vorgestern Nachmittag.

---

[33] *für Genf*] In Genf sollte FG seinen Mörike-Vortrag am 12. März halten.

[34] *einer mir unbekannten ... immerhin*] Vermutlich meint FG den Almanach „Pe- nelope. Taschenbuch für 1826", in dem sich ein Beitrag von Ludwig Tieck fin- det: „Über Shakespears Sonette einige Worte, nebst Proben einer Übersetzung derselben". S. 314–339. Zwar gibt es eine Subskriptionsanzeige für „Shake- speare's sämmtliche Sonette, mit Bemerkungen, Erläuterungen und Nachrichten über Shakespeare's Leben, herausgg. v. Ludwig Tieck", doch scheint diese Aus- gabe nie erschienen zu sein.

[35] *trotz enormen Wuhls*] Trotz anhaltenden Wühlens in Antiquariaten.

Um 4½ kam ich, richtig angezogen nach Kolabiss,[36] zu Bohnenblust,[37] der ein famoser Kerl ist, schneeweiss und dabei sehr jugendlich, gescheit und kräftig (wie ja schon seine Handschrift.) Beim Empfang waren ein bischen zuviel Leute für meinen Durchenannerkopf[38] ..
eine Zwillingsschwester von Frau Wagemann[39] (dem Aussehn nach)
aber aus Paris, wohin sie mich sehr lud .. ein Strassburger Baudelaireforscher.[40] Die Tochter des Wehrminister Groener[41] in dessen Haus
meine Bücher gut gekannt seien, und viele hiesige Angl-, Roman- und
Germanisten und Bohnenblusts bildhübsche Tochter.[42] Zuletzt blieben
noch ein halb Dutzend Leute und ich war sehr im Babbeln,[43] und ging
dann noch solo mit Bohnenblust unterm eisigen Sternenhimmel am Seeufer auf und ab.

Zu nacht ass ich solo in der Münchner Brasserie,[44] trank ohne
Darmrutsch eine Maaß Dunkelpschorr[45] und schlief bis gegen 10 früh,
nachdem ich vorher noch einen Schauermovietone[46] genossen der in
der echten Südsee unter Verbrechern spielt, mit einer musel und rio-
dolores[47]-Kreuzung als Heldin, eine glänzende Mimin beiläufig, Lupe
Velez[48] heisst sie glaub ich, und man müsste von ihr noch mehr hören.
Ich bekam aber nur rasende Sehnsucht nach Musel, die ich schon (d.h.

---

36 *Kolabiss*] Wohl nach Einnahme einer Kola-Pastille, eines damals häufig genommenen Präparats zur Kräftigung und Nervenberuhigung.
37 *Bohnenblust*] Gottfried Bohnenblust (1883–1960), Germanistikprofessor in
   Genf.
38 *für meinen Durchenannerkopf*] Für mein zerstreutes Wesen (dialektal).
39 *Zwillingsschwester von Frau Wagemann*] Nicht ermittelt.
40 *ein Strassburger Baudelaireforscher*] Nicht ermittelt.
41 *Die Tochter … Groener*] Dorothea Groener (1900–1986), verh. Geyer, war die
   Tochter des damaligen Reichswehrministers Wilhelm Groener (1867–1939),
   der bei Kriegsende die Demobilisierung der deutschen Truppen geleitet und anschließend durch Unterstützung Friedrich Eberts den Übergang zur republikanischen Staatsform ermöglicht hatte.
42 *Tochter*] Christine Bohnenblust, später verh. Wakker.
43 *Babbeln*] Plaudern, Reden (dialektal).
44 *Brasserie*] Einfacheres Restaurant, Brauhaus.
45 *Dunkelpschorr*] Dunkles Bier, wohl von der Münchner Brauerei Pschorr.
46 *Schauermovietone*] Tonfilm.
47 *rio-dolores*] Dolores del Río (1905–1983), mexikanische Fimschauspielerin, galt
   als eine der schönsten Frauen Hollywoods.
48 *Lupe Velez*] Lupe Velez (1908–1944), mexikanische Fimschauspielerin, wurde
   durch ihre Zusammenarbeit mit bedeutenden Hollywood-Regisseuren ebenso
   berühmt wie durch ihre zahlreichen Affären.

die Sehnsucht) mitbrachte. An allen Litfässern prangt übrigens der Schlager „Ich hab mein Herz in Heidelberg etc."[49]

Dem Korrodi werd ich abwinken. Heut Mittag bin ich beim Deutschen Generalkonsul,[50] dess Frau gestern da war, eingeladen. Vor Abend fürcht ich mich! Wenns nur nicht soviele Geselligkeit gäbe! Ich will mit Musel und mit Caesar wachen, dem schönsten Floh und dem erhabnen Drachen. Mein Herz, mein Liebstes Herz, ich bin Dein Dein Dein

P. S. Süssestes auf der Weltpuz.

Adr.: Frau Elisabeth Gundolf / Heidelberg / 36. Neuenheimer Landstr. / Deutsches Reich

422. Friedrich Gundolf an Elisabeth Gundolf.
   Baden. 14. März 1931

Baden 14. III. 1931

Liebstes auf der Welt:
Heut ist wieder ein eiskalter Sonnenmorgen und ich bin vormittag aus Wanderlust auf die Suche nach dem Organisator Meyer gegangen – eine halbe Stunde weit über Schneehügel, durch Wälder und Schluchten mit zwei Meter langen Eiszapfen, krächzenden Raben und wimmernden Distelfinken oder Stieglitzen, und nur zwei Briefträger aus Tells Zeit wussten wo das Viertel liegt. Dann hab ich mich in der Schneeöd etwas verlaufen und meinen Füllfederhalter gezückt gegen etwaige Grizzlybären – es kamen aber keine. Um ½1 will er (Meyer, nicht Grizzlybär) mich im Hotel anrufen .. und dann wollen wir eine Stunde zur Bauschau abreden, die Stätte meines Babbelns liegt glaub ich auch eine Meile weit landeinwärts oder Bergan (Burghaldenstrasse oder so)[51] und ich will mir eine Polarausrüstung sichern. Dabei kenne ich keinen Ort mit relativ, ja absolut sovielen Hôtels und Coiffeurs.

---

[49] *An allen Litfässern ... Heidelberg etc.*] Das genannte Lied (1925) stammt von dem Komponisten Fred Raymond (1900–1954), der 1927 ein Singspiel mit dem gleichen Titel folgen ließ; vermutlich gab es davon eine Aufführung in Genf, für die an den Litfaßsäulen plakatiert wurde.

[50] *Deutschen Generalkonsul*] Wohl der Journalist Max Beer (1886–1965), der diese Stellung 1927/31 beim Völkerbund innehatte.

[51] *die Stätte ... oder so)*] FG sprach im Bezirksschulhaus.

Überhaupt ein entzückender Platz. Vor heut Abend hab ich wieder wilde Bange. Genfer Besprechungen hab ich keine gesehn. Ein hübsches Fräulein wollte mein Mskr. für eine solche die sie zu machen hätte. Ich widerstand aber wie Parsifal[52] und wahrte meine Vortragswaffe.

In beifolgendem Katalog ist mein Pariser 20 franz Franken Homer,[53] den Fanck binden soll, für 850 Schweizerfrankl angezeigt: siehe eingetütetes.

Allerliebstes Herzensmusel, Tag und Nacht Dein sehnsüchtig verliebter Ppch.

Adr.: Frau Elisabeth Gundolf / Heidelberg / Neuenheimer Landstrasse 36

Anschließende Notiz Elisabeth Gundolfs:

Ehe dieser Brief eingeworfen wurde, traf ich für den G. überraschend in Baden ein.
Es ist der letzte Brief, den er an mich schrieb.

---

[52] *Ich widerstand aber ... Parsifal*] In Richard Wagners gleichnamigen „Bühnenweihfestspiel" (1882) widersteht Parsifal der Verführung durch Kundry.
[53] *mein Pariser 20 franz Franken Homer*] Welche Homer-Ausgabe FG bei seinem Aufenthalt in Paris im Frühjahr 1930 so günstig erstanden hatte, ist nicht bekannt.

Abbildungen

Abb. 1: Friedrich Gundolf. Atelierphotographie. Um 1914.
Aufnahme Jacob Hilsdorf.

Abb. 2: Elisabeth Salomon. Undatiert.

Abb. 3: Friedrich Gundolf. Heidelberg / Königstuhl. 21. Juni 1914.
(Vgl. Einleitung).

Abb. 4: Elisabeth Salomon. Undatiert.

Abb. 5: Friedrich Gundolf. Heidelberg, Brunnengasse. 1915.

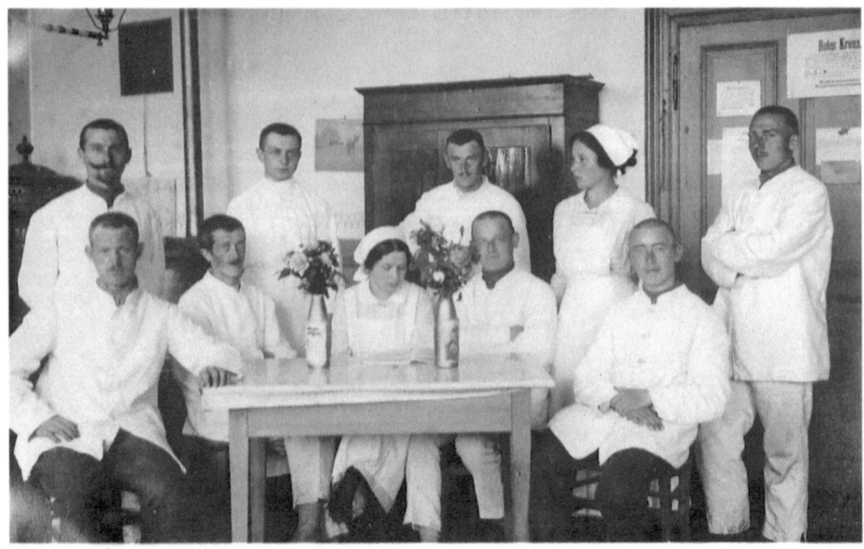

Abb. 6: Elisabeth Salomon (Mitte) als Rotkreuzschwester. 1914/16.
(Vgl. Brief vom 18. August 1914)

Abb. 7: Friedrich Gundolf (4. von rechts) als Soldat. Dezember 1916.

Abb. 8: Friedrich Gundolf. Bleistiftzeichnung von Jakob Nussbaum. 1917.
(Vgl. Brief vom 20. Januar 1917)

Abb. 9: Friedrich Gundolf. Bronzebüste von Ludwig Thormaehlen. 1918.
(Vgl. Brief vom 5. August 1918)

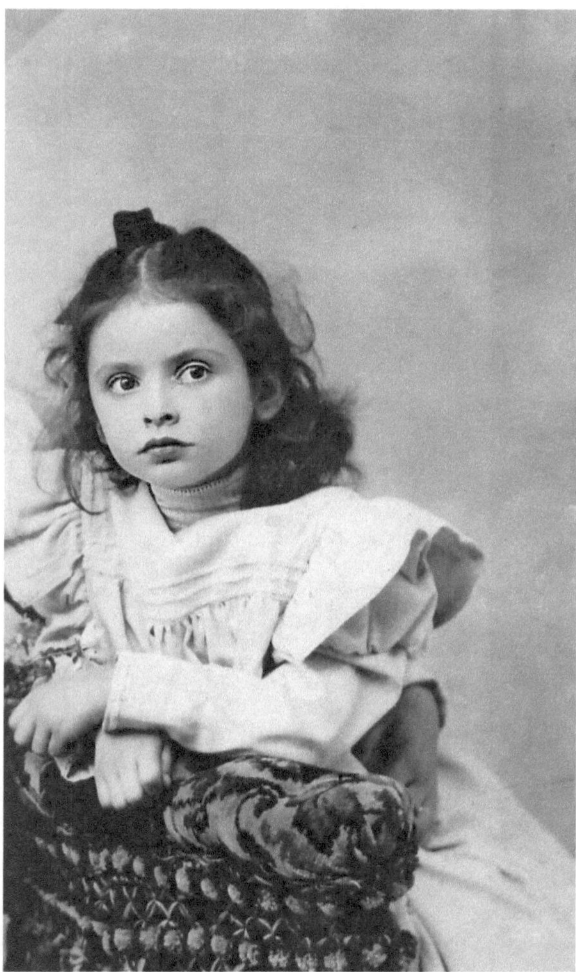

Abb. 10: Elisabeth Salomon. Kinderbildnis. Undatiert.
(Vgl. Brief vom 29. Dezember 1918)

Abb. 11: Elisabeth Salomon. Atelierphotographie 1921; Aufnahme Grete Kolliner.
(Vgl. Brief vom 17. Dezember 1921)

Abb. 12: Friedrich Gundolf. Undatiert.

Abb. 13: Elisabeth Salomon. Undatiert.

Abb. 14: Friedrich Gundolf an Bord eines Bodenseedampfers. August 1920.
(Vgl. Brief vom 20. August 1920)

Abb. 15: Elisabeth Salomon. Palo (Latium). 8. Juli 1923.

Abb. 16: Friedrich Gundolf. 1924.
(Vgl. Brief vom 5. August 1924)

Abb. 17: Elisabeth Salomon. Rimini. „[...] ein etwas indecentes Akrobatenbildchen von [mir da mic]h vor der Hölle ja doch schon nichts mehr retten kann." (Elisabeth Salomon an Melchior Lechter, o.D. DLA Marbach). Juni 1924.
(Vgl. Brief vom 13. Juni 1924)

Abb. 18: Friedrich Gundolf. „Forum Romanum. Caesars Verbrennungsstätte mit
Kranz von Mussolini". April 1924. Aufnahme: Elisabeth Salomon.
(Vgl. Brief vom 11. März 1924)

Abb. 19: Elisabeth Salomon. Rom. Februar 1926.
(Vgl. Brief vom 13. März 1926)

Abb. 20: Friedrich Gundolf. Undatiert.

Abb. 21: Elisabeth Salomon (2. von rechts). Campo Catino (Latium).
Winter 1925/26.

Abb. 22: Elisabeth Salomon (1. von rechts) und Corrado Venanzi (2. von rechts).
Monte Circeo. Juni 1926. (Vgl. Brief vom 15. Juni 1926)

Abb. 23: Elisabeth Salomon (2. von rechts) und Corrado Venanzi (3. von rechts). Cori (Latium). 24. Oktober 1926.

Abb. 24: Friedrich Gundolf und Wilhelm Furtwängler. August 1927.
Aufnahme: Zitla Furtwängler.

Abb. 25: Elisabeth und Friedrich Gundolf. Lugano. 1927.

Abb. 26: Elisabeth und Friedrich Gundolf. Undatiert.

Abb. 27: Elisabeth und Friedrich Gundolf. Undatiert.

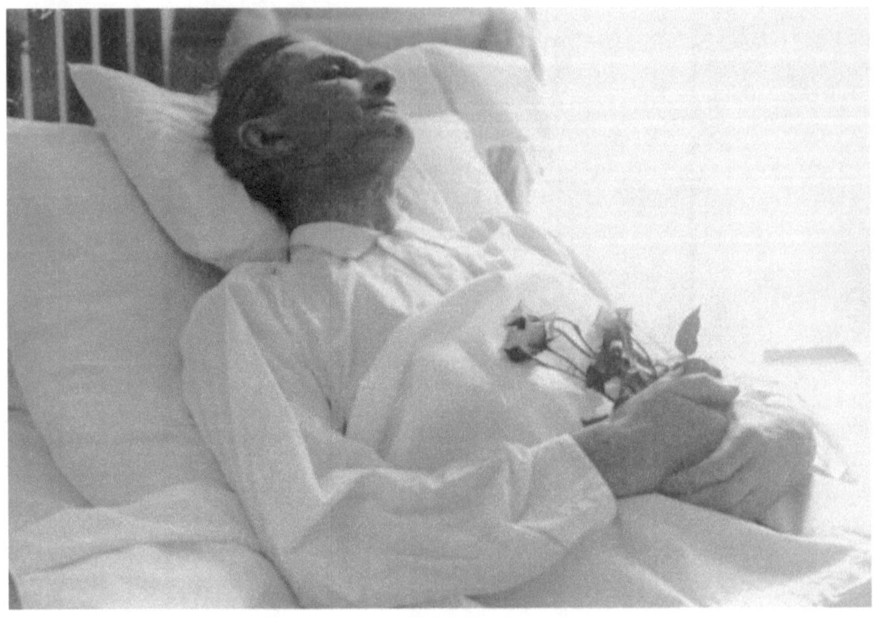

Abb. 28: Friedrich Gundolf auf dem Totenbett. Juli 1931.

Abbildungsnachweis

Sammlung von Ruth Goldberg, Los Angeles, California: Frontispiz, Nr. 2, 6, 10, 11, 13, 21, 22
Deutsches Literaturarchiv Marbach: Nr. 1, 3, 5, 7, 8, 9, 12, 14, 15, 16, 17, 18, 19, 20, 23, 24, 28
Friedrich Gundolf Papers, Institute of Modern Languages Research, Senate House Library, University of London: Nr. 4
Stefan George Archiv: Nr. 25, 26, 27

Nachwort

In Gundolfs Briefen und Gedichten an Elisabeth Salomon gewinnt der erotische und sexuelle Bereich seines poetisch-epistolaren Kosmos an Kontur. Ein wesentliches Element sind die im Briefwechsel wiederkehrenden Motive der Fesselung des Mannes an Seilen,[1] Ketten[2] oder Bändern[3] der Frau. Das Andreaskreuz, Symbol der erotischen Fesselung, findet sich mehrfach als Randzeichnung in seinen Briefen.[4] Daneben steht als weiteres Symbol das Pentagramm, von Gundolf als „Hexensiegel[]"[5] deklariert.[6] Die Gestalt der Lilith (Abb. 1) zitiert er in ihren ikonographischen Varianten als Dämonin der Nacht[7] oder als Mischwesen zwischen Schlange und Frau.[8] In den späteren Jahren des Briefwechsels wird diese dämonische Symbolik durch das Bild des flammenden Herzens ersetzt (Abb. 2).[9]

Manche Chiffren sind nicht oder nur schwer entschlüsselbar; offenbar handelt es sich um Sigillen, d.h. um magische Zeichen aus Buchstabenligaturen.[10] Sigillenmagie kommt in zwei Gedichten an Elisabeth Salomon explizit zur Sprache. Die zweite Strophe eines mit *Hexe* überschriebenen Gedichts aus den Jahren 1921/22 lautet:

---

[1] Briefe vom 8. Februar 1917 und 16. Februar 1921.

[2] Brief vom 7. Juni 1920. Hier nicht abgedruckte Briefe befinden sich im Teilnachlaß Gundolfs im DLA Marbach.

[3] Briefe vom 29. September 1919 und 12. Januar 1921.

[4] Briefe vom 28. März 1917, 11. und 24. September 1917, 15. April 1920 – hier gleich in dreifacher Ausführung, ergänzt um ein Kußsymbol und die Zeichnung einer Peitsche – und vom 4. Juli 1920.

[5] Brief vom 15. Januar 1919.

[6] Brief vom 2. Januar 1919.

[7] Briefe vom 9. August 1916 und 15. Januar 1919.

[8] Briefe vom 3. Oktober 1917, 2. Januar 1919, 5. und 15. April 1920.

[9] Briefe vom 6. Januar 1925, 9. November 1925, 17. Februar 1929, vom 8., 9., 17. und 26. April 1929, 8. Juni 1930, 29. Dezember 1930 sowie vom 10. und 12. März 1931.

[10] Briefe vom 14. Juni 1927, 8. und 17. April 1929, 2. Januar 1931 und ohne Datum.

Abb. 1: Briefbeilage vom 9. August 1916

Abb. 2: Briefbeilage o. Dat. (Ende 1930)

Du geschiehst wie ich dich will
Spröder Marmor meinem Meißel
Schmeidig Fleisch für meine Geißel
Prägsam Wachs für mein Sigill.[11]

Psychische Konstellationen wie die lustbesetzte und gleichzeitig quälende Aufgabe der Ich-Autonomie werden in Gedichten wie diesem
ästhetisch produktiv. Erstaunlich ist die bis in die Reimworte hineingehende Motiventsprechung zu einem Gedicht Friedrich Wolters' mit
dem Titel *Geistige Bindung I.* (1911), das seinerseits auf Stefan George
bezogen ist:

Du zarter stamm, dich trifft mein meissel
Und formt den kern durch wunde schale
Ich der dich liebt bin deine geissel
Und meine gaben deine male.[12]

Solche Verse verleihen dem Wort „Bindung" eine zwiespältige Mehrdimensionalität. Das angesprochene Du gibt seine körperliche und geistige Autarkie auf und setzt sich den Übergriffen der Sprecherinstanz
freiwillig aus. Während Wolters qua Überschrift das Geistige am pädagogischen Eros akzentuiert, betont Gundolf in seinen Versen die erotische Komponente einer solchen ‚Bildung durch Bindung'. Sie war
fester Bestandteil der Imitatio-Praxis im George-Kreis.[13] Wenn Gundolf den Einfluß der Geliebten auf ihn in gleicher Weise beschreibt,
wird deutlich, wie berechtigt Georges Eifersucht war: Die Intensität,
mit der sich Gundolf an Elisabeth Salomon band, war derjenigen Kraft
ebenbürtig, die ihn an George fesselte.

Auch wenn Stefan Georges Name im Briefwechsel selten fällt, sind
die Schicksale dieser drei Menschen eng miteinander verwoben. Denn
ein bewußt geschaffener und dem totalitären Zugriff des Meisters ent-

---

11 Friedrich Gundolf, *Hexe*, in: „Gedichte von Friedrich Gundolf von Januar 1920
    bis [1922]", DLA Marbach.
12 Friedrich Wolters: Geistige Bindung I. In: ders.: Wandel und Glaube. Berlin
    1911, S. 54.
13 Zur Funktion der erotischen Anziehung – der „Contagio" – zwischen Jünger
    und Meister im Bildungsprogramm des Kreises vgl. Gunilla Eschenbach: Imitatio im George-Kreis (Quellen und Forschungen zur Literatur- und Kulturgeschichte 69). Berlin, New York 2011.

zogener Freiraum war Gundolfs Frauenwelt nicht; dafür stand er in einem viel zu großen psychischen Abhängigkeitsverhältnis zu George. Gundolf versuchte, ebenso wie im Fall seiner akademischen Laufbahn, seine privaten Verhältnisse mit den Werten Georges in Einklang zu bringen. Erstens schwor er die mit ihm befreundeten Frauen auf George ein (s. Abschnitt 1), zweitens internalisierte er die strukturelle Misogynie des George-Kreises (s. Abschnitt 2). Daß dieses Vorgehen ihn und die beteiligten Frauen über kurz oder lang in innere Widersprüche verwickeln mußte, ist wenig verwunderlich und am Fall Elli exemplarisch ablesbar (s. Abschnitt 3). Das Nachwort will die vielschichtigen Interdependenzen zwischen den Antipoden herausarbeiten.

I. ‚Georginnen‘ um Gundolf

Die Frauen, mit denen sich Gundolf umgab, repräsentieren durchweg den Typus der emanzipierten „Neuen Frau“,[14] der im Zentrum der kulturkritischen Auslassungen des George-Kreises stand.[15] Elisabeth Salomons enge Freundin Ottilie (Tilly) Edinger, die profilierteste Wissenschaftlerin in Gundolfs weiblichem Freundeskreis, verfolgte zielstrebig und erfolgreich eine Karriere in den Naturwissenschaften. Fine von Kahler, Agathe Mallachow, Lili Waetzoldt, Melitta Grünbaum, Gerda von Puttkamer – um nur einige zu nennen – hatten akademische Bildung oder übten anspruchsvolle Berufe aus. Obwohl sie nicht das traditionelle Frauenbild vertraten, dem George anhing, waren sie an der Welt des Kreises interessiert. Sie lasen Gundolfs Schriften und diejenigen anderer Kreisangehöriger, Georges Gedichtbände und die *Blätter für die Kunst*. Gundolf förderte dieses Verhalten, indem er soziale Praktiken des George-Kreises aufgriff und imitierte. Dazu gehörten Gedichtlesungen aus dem Werk Stefan Georges, Gespräche über im

---

14 Harriet Pass Freidenreich: Die jüdische „Neue Frau“ des frühen zwanzigsten Jahrhunderts. In: Deutsch-jüdische Geschichte als Geschlechtergeschichte. Studien zum 19. und 20. Jahrhundert (Hamburger Beiträge zur Geschichte der deutschen Juden 28), hrsg. v. Kirsten Heinsohn u. Stefanie Schüler-Springorum. Göttingen 2006, S. 123–132.
15 Vgl. Jan Andres: „frauen fremder ordnung“. Thesen zur strukturellen Misogynie des George-Kreises. In: Frauen um Stefan George, hrsg. v. Ute Oelmann u. Ulrich Raulff. Göttingen 2010, S. 37–57 und Ernst Osterkamp: Frauen im Werk Stefan Georges. In: Frauen um Stefan George, S. 7–35.

Entstehen begriffene wissenschaftliche Arbeiten und das Verfassen und
Zusenden von Gedichten. Etwas pointiert kann man von einer Modellierung seines weiblichen Freundeskreises nach dem Muster des Kreises
sprechen. Mit Else Limmer-Leuchs und Melitta Grünbaum war Gundolf unter anderem deswegen befreundet, weil sie dichterisch produktiv waren. Während Limmer-Leuchs seiner Generation angehörte, rekrutierte sich die deutlich jüngere Grünbaum aus dem Kreis seiner
Studentinnen. Hier handelte es sich um ein erotisch getöntes Lehrer-Schülerin-Verhältnis. Die Gesprächsinhalte waren musischer und
schöngeistiger Natur.[16] Natürlich setzte der pädagogische Eros einen
bestimmten Frauentypus voraus. Körperlich, seelisch und geistig wohlgestaltet mußten die Frauen sein – auch dies analog zur ‚Menschenfischerei‘ unter jungen Männern, die die Kreismitglieder im Auftrag
Georges unternahmen.

Es widerstrebte Gundolfs Wesen, aktiv Brüche herbeizuführen; im
Gegenteil betrieb er einen sentimentalen Erinnerungskult an abgelegte
Liebesbeziehungen. (Doch es waren seine Bedingungen, die Frauen dazu
veranlaßten, früher oder später eine Affäre zu beenden, die weder mit
Anspruch auf Exklusivität noch mit Aussicht auf eine spätere Heirat
geführt werden konnte.) In seinem Darmstädter Elternhaus verwahrte
Gundolf eine Schmuckkassette mit Fotografien der wichtigsten Frauen
in seinem Leben. Melitta Grünbaum verdanken wir den Bericht über
„[s]eine Damen“:

Da gibt es eine ‚Fürstin‘ und eine ‚mütterliche Freundin‘, eine ‚Herrin‘ und ein viel
zu jung aussehendes ‚altes Jüngferchen‘ u.a.m. Schließlich erfahre ich, dass ich
selbst, wenn auch bildlos, schon einen Namen habe – ich sei ‚das Mädchen‘ in Gundolfs Leben mit dem Attribut ‚ohne Zunamen‘, denn angeblich werde ich unter den
Professoren immer nur beim Vornamen genannt.[17]

Die Art der Namensvergabe ähnelt Georges Gewohnheit, das Wesen anderer Menschen und seine Einstellung zu ihnen durch sprechende Namen auszudrücken. Prominentes Beispiel ist Max Kommerell, der erst
unter den Namen „Maxim“ – in Anlehnung an den göttlichen Jüngling
Maximin – und „das Kleinste“ firmierte und nach seinem Bruch mit

---

16 Vgl. Melitta Grünbaum: Begegnungen mit Gundolf, hrsg. v. Gunilla Eschenbach.
   Mit einem Nachw. der Herausgeberin (Aus dem Archiv 5). Marbach am Neckar
   2012.
17 Ebd., S. 62.

George zur „Kröte" wurde. Gundolfs Epitheta sind zweierlei Natur: Es gibt stark individualisierte Namen wie „Musel" für Elisabeth Salomon, „Ty" für Ottilie Edinger oder „Trübelchen" für Gertrude Eckardt-Lederer, die aus den jeweiligen Klarnamen generiert sind, und es gibt typisierende Namen wie „Hexe", „Herrin", „Göttin" etc., die nicht selten mehrfach belegt sind. Wie aus dem Briefwechsel mit Elisabeth Salomon hervorgeht, nahm sie selbst im Lauf der Zeit unterschiedliche Rollen ein: Als „Hexe" verdrängte sie zunächst die andere „Hexe" Agathe Mallachow, als „Herrin" stieß sie die „Göttin" Fine von Kahler vom Thron. In dieser Position wuchs sie zur gleichberechtigten Gegenmacht zum „Meister" George.

Elisabeth Salomon erkannte sich, diesen Eindruck erweckt der Briefwechsel, in den Zuschreibungen Gundolfs nicht wieder.[18] Sie wehrte die meisten davon explizit ab. Einzig den Namen „Musel" machte sie sich zu eigen. Dieser Kosename, eine Art Apronym, aus den Anfangsbuchstaben der Silben aus Vor- und Zunamen gebildet und neu zusammengesetzt, steht in Analogie zu „Gundel", dem in seinem Freundeskreis gängigen Namen für Gundolf selbst. Als Verkleinerungsform von „Muse" verwies dieser Name auf diejenige Rolle, die sie tatsächlich mit Vorliebe spielte: „eine große Rolle im Leben bedeutender Männer".[19]

Ebenso wie die anderen George-affinen Frauen um Gundolf kultivierte Elisabeth Salomon nicht die Eigenschaften, die George selbst mit dem Frausein verband (vor allem Mütterlichkeit). Sie adaptierte vielmehr diejenigen Werte, die seiner Ansicht nach dem Mann vorbehalten waren. In ihrer Suche nach einem selbstbestimmten „schönen Leben" folgte sie Leitbildern, die George in seiner Lyrik verherrlichte. Die Frauen um Gundolf verfolgten dieselben Ziele, die George den jungen Männern seines Kreises predigte: Tüchtigkeit im Beruf, geistiges Leben jenseits biologischer Determination (z.B. im Ideal der Ehelosigkeit), Verehrung des Schönen, Bildung an kanonischen Werken der Kunst und Literatur unter Anleitung einer charismatischen Lehrerpersönlichkeit. Aus alledem läßt sich verallgemeinernd der Schluß ziehen: Die vom George-Kreis verachtete „Neue Frau" war gerade aufgrund ihrer

---

[18] Vgl. Gunilla Eschenbach: Philine und Diotima, Hetäre und Heldin. Rollenzuschreibungen für Elisabeth Salomon. In: Frauen um Stefan George, S. 253–270.
[19] Elisabeth Salomon an Friedrich Gundolf, o. O. [Wien], o. Dat. [etwa 17. April 1921]).

Rebellion gegen das Weiblichkeitsverständnis des 19. Jahrhunderts, welches die Frau zum Objekt des Mannes machte, fähig und willens, Georges Werte zu leben. Paradoxerweise mußten sie sich dafür von seinem eigenen Frauenbild, das keine aktive Rolle der Frau im „Staat" vorsah, emanzipieren.

II. „Verachtung des weibes"

Als Mitglied des George-Kreises war Gundolf dessen struktureller Misogynie ausgesetzt und machte sich in der Einleitung zum dritten *Jahrbuch für die geistige Bewegung* (1912) sogar zum Sprachrohr Georges. In einem „Verachtung des weibes" überschriebenen Passus behaupteten die Herausgeber Gundolf und Friedrich Wolters, daß es ihnen nicht um die Verachtung der Frau als solcher gehe. Sie bekämpften ausschließlich die „‚moderne frau' [...] die stückhafte, die fortschrittliche, die gottlos gewordene frau." Die Frau als solche sei dazu bestimmt zu gebären. Betätige sich die Frau politisch, religiös oder sozial, entfremde sie sich ihrer Bestimmung. Und nicht nur das: Auf ungute Weise bleibe ihr ins Geistige fehlgeleitetes Geschlechtliches wirksam. Alle Dekadenzerscheinungen der Moderne seien der Triumph des Weiblichen über die männliche Welt des Geistes. Neue Bewegungen wie die Friedensbewegung oder die Theosophie, ja alle „fortschrittlich ungeschichtlichen, platt humanitären, flach rationalistischen und flach religiösen ideen" würden von diesem Frauentyp befördert. Von ihm gehe die Gefahr einer „femininisierung" des deutschen Volkes aus. Die moderne Frau sei – in dieser Invektive gipfelt die Passage – nicht mehr fähig, den „grosse[n] mann" zu gebären.[20] Außerhalb der Mutterrolle kennt diese Sichtweise keine positiven Bilder von Weiblichkeit, sondern ausschließlich die Zerrbilder der triebhaften Verführerin oder der naiven Halbintellektuellen.

Dieselben stereotypen Rollenbilder bot Georges Lyrik. Das zeigt exemplarisch ein Blick auf die frühen Gedichtpublikationen *Hymnen Pilgerfahrten Algabal* (1890–92) und *Die Bücher der Hirten- und Preisgedichte, der Sagen und Sänge und der hängenden Gärten* (1895). Positiv gezeichnet sind Frauen, die ihre Reize nicht einsetzen („Ich darf

---

[20] Friedrich Gundolf u. Friedrich Wolters: Einleitung der Herausgeber. In: Jahrbuch für die geistige Bewegung. Dritter Jahrgang. Berlin 1912, S. III-VIII, hier S. VI.

so lange nicht am tore lehnen") oder ihren erotischen Wünschen entsagen („An Apollonia"). Frauen, die mit ihrer Geschlechtlichkeit offensiv umgehen, sind entweder dämonische Verführerinnen („Die Fremde") oder Gefallene („Wenn aus der gondel sie zur treppe stieg"). Häufig wird der Fall problematisiert, daß der Mann in einem Abhängigkeitsverhältnis zur Frau steht. Das gilt insbesondere für die Liebeskonstellationen im *Buch der Sagen und Sänge*. Ihr historischer Bezugspunkt ist das mittelalterliche Minnemodell. Obwohl die „hohe Minne" den Geschlechtstrieb bereits sublimiert, ist der Mann – vorzugsweise der Held – in Georges Darstellung nur dann ganz bei sich, wenn er der weltlichen Liebe völlig entsagt. In den Gedichten *Sporenwache* und *Die Tat* ist die Abkehr von der Minne die Voraussetzung für den Eintritt in ein erfolgreiches Heldenleben. Dagegen stirbt derjenige Ritter, der am Minnedienst festhält (*Im unglücklichen Tone dessen von*), an einer todbringenden Wunde. Selbst im *Buch der Hängenden Gärten*, das im erotischen Imaginationsraum des Orients spielt und eine freiere Sinnlichkeit kennt, scheint die Überzeugung durch, daß die (gegen-)geschlechtliche Vereinigung höheren Zielen entgegensteht.

In einem Brief an Elisabeth Salomon begründete Gundolf diese Überzeugung mit einer Polarität von Geist und Geschlecht: „Der Mann hat noch einen Gott neben der Göttin: er hat auch zwei Brennpunkte: Geist und Geschlecht, die Frau nur einen: das Geschlecht in dem auch ihr Geist sitzt ..."[21] Bemerkenswert daran ist, daß er den asketischen Verzicht auf sinnliche Befriedigung allein dem Mann zuerkannte. Mit der Unterstellung, die Frau folge nur ihrem Geschlechtstrieb, während der Mann nach dem Idealen strebe, wendete er seine eigene Zerrissenheit zwischen dem Meister und der geliebten Frau ins Allgemeine. Er deutete diesen Konflikt ebenso wie George – dazu weiter unten – als ein archetypisches Grundthema. Weibliche Potenz rückten beide in die Nähe des Dämonischen, wenn auch mit unterschiedlichen Vorzeichen: Was bei George ausschließlich Abwehrreflexe auslöste, war bei Gundolf mit sexueller Erfüllung konnotiert. Ein Beispiel ist sein Rollengedicht *Beschwörungen* (1917). Die weibliche Sprecherinstanz ist eine Oscar Wildesche Salome, und das angesprochene Du gleicht dem in einer Zisterne gefangen gehaltenen Propheten, der anders als Wildes Jochanaan der Frau verfallen ist.

---

[21] Friedrich Gundolf an Elisabeth Salomon, Brief vom 21. November 1921.

„Aus meinem mund nur einen tropfen wein
Hast du getrunken
Nun bist du durst und rausch zugleich
Du darfst nicht satt nicht nüchtern sein
So will ich dich: erglüht und bleich
Vor mir ins knie gesunken.

Bei kerzenlicht sollst du mich tanzen sehen.
Nicht mit mir tanzen
Ich lähme dich mit meinem blick
In spiegeln werd ich dich um-drehn
Und dir beregnen stirne und genick
Mit sammetroten pflanzen.

Ich winde dich hinunter ins verliess
In die zisterne ..
Dir schmerzhaft nah sitz ich am rand
Und zeige dir den schimmer meines knies
Und sing und schweige dich um den verstand,
Beim glanz der sommersterne."[22]

Dieses Gedicht ist eins von vielen, in denen Gundolf dem Weiblichkeitsbild der Femme fatale huldigt. Die Femme fatale war für Gundolf dämonische Verführerin und Personifikation des Eros gleichermaßen. Ungeachtet seiner vielen Frauenbeziehungen war das erotische Ideal seiner Lyrik nicht die unverbindliche Liebelei, sondern die besitzergreifende, überwältigende und echte Liebe, deren Rausch und Fesseln sich das Ich ergibt. Daß in dieser Erfahrung etwas Unheimliches liegt, geht aus dem Text unmißverständlich hervor. Körper und Geist des angesprochenen Du sind von „mund" (Str. 1) und „blick" (Str. 2) der Frau handlungsunfähig gemacht worden. Wenngleich das Verführungsszenario durchaus ansprechend ist – eine sternklare Sommernacht, Küsse, Tanz, Kerzenschein –, sind die Folgen für das Du unabsehbar: Im offen gehaltenen Ende (Str. 3) ist es der Frau völlig ausgeliefert. Es fällt nicht schwer, aus Zeilen wie diesen ein gewisses Unbehagen herauszulesen. Gundolf übernahm an dieser Stelle Georges Behauptung, daß weiblicher Einfluß mit geistiger Erschlaffung einhergehe. Es bleibt als Widerspruch festzu-

---

[22] Das Gedicht ist mehrfach überliefert und wird hier zitiert nach einer Sammlung
im Nachlaß von Erich von Kahler (DLA Marbach).

halten, daß Gundolf von einem Kreis geistig regsamer und Georges Werten zugetaner Frauen umgeben war und trotzdem Gefallen an der Rolle des Opfers promiskuitiver Verführerinnen fand. Die Frauenbilder seiner Gedichte, auch wenn sie reale Adressatinnen hatten, hatten wenige Anknüpfungspunkte in der Realität.

III. Der Fall Elli

Für George wurde spätestens nach dem Bruch infolge der Widmung des Kleist-Buchs 1922 an Elisabeth Salomon aus dem geliebten „Susu"[23] ein „Judas" und aus der „Süßen"[24] eine „Kundry".[25] Die Gestalt der Kundry, die die geistige Welt der Gralsritter zu zerstören sucht, entspricht in Reinform dem Archetyp der Verführerin, der heillosen und ‚staatsgefährenden' Frau.[26] Seit ihrer polyamouresken Eskapade in der „Sylvesterwildheit"[27] zum Jahreswechsel 1918/19 war Elisabeth Salomon bei George stigmatisiert. Den von ihr unfreiwillig zur Eskalation gebrachten Konflikt zwischen ihm und Gundolf betrachtete sie mit innerem Kopfschütteln und ohne zu wissen, mit welcher massiven Abwertung ihrer Person er verbunden war. Daß sie im Umfeld Georges ab 1919 als Flittchen galt, konnte Gundolf vor ihr verbergen.

Ihr zweifelhafter Ruf wurde in der aus dem George-Kreis selbst hervorgehenden Sekundär- und Erinnerungsliteratur weiter gepflegt. Neben Ludwig Thormaehlens Erinnerungen hat vor allem das Vorwort zur Edition zweier nachgelassener Vorträge aus der Zeit ihrer Emigration diese Wahrnehmung gefestigt. Gestützt wurde diese Sicht durch einen Schlüsselroman des Schriftstellers Albrecht Schaeffer. In seinem Roman *Elli oder Sieben Treppen* (1919) machte er sie kurzerhand zum

---

[23] „Susu", „Natzel" und „Seele" waren Kosenamen für Gundolf. – Wolfgang Braungart, Christian Oestersandfort, Franziska Walter u. Jan Andres: Platonisierende Eroskonzeption und Homoerotik in Briefen und Gedichten des George-Kreises (Maximilian Kronberger, Friedrich Gundolf, Max Kommerell, Ernst Glöckner). In: Der Liebesbrief. Schriftkultur und Medienwechsel vom 18. Jahrhundert bis zur Gegenwart, hrsg. v. Renate Stauf, Annette Simonis u. Jörg Paulus. Berlin, New York 2008, S. 223–270, hier S. 254.

[24] Vgl. Ludwig Thormaehlen: Erinnerungen an Stefan George. Hamburg 1962, S. 153.

[25] „Und dann hast Du mich einen Judas genannt und sie eine Kundry [...]" – Friedrich Gundolf an Stefan George, Briefkonzept o. Dat. Zit. n. Eschenbach (2010), S. 256.

[26] Eschenbach (2010), S. 254.

[27] Elisabeth Salomon an Friedrich Gundolf, Brief vom 9. Januar 1919.

gefallenen Mädchen.[28] Vermutlich, weil es so gut ins Bild paßte, prägte dieses Buch nachhaltig die Wahrnehmung Elisabeth Salomons in der spärlichen Sekundärliteratur bis hin zur jüngsten George-Biografie von Thomas Karlauf. Wenn im Folgenden der Fall Elli noch einmal aufgerollt werden soll, dann vor allem deswegen, weil die neu erschlossenen Quellen dazu zwingen, das Urteil über Elisabeth Salomon zu revidieren.

In Kürze seien die wichtigsten Informationen zu Schaeffers Roman zusammengetragen: Salomon studierte zur Zeit ihrer Bekanntschaft mit Schaeffer Nationalökonomie in Berlin und verkehrte als Freundin von Friedrich Gundolf im Umfeld des dortigen George-Kreises. Ludwig Thormaehlen berichtet den Tatsachen entsprechend, sie habe „diesen anspruchsvollen, aber empfindlichen Mann recht gekränkt oder gründlich abfahren lassen".[29] Daraufhin habe er sich mit dem Roman gerächt. Der literarischen Abrechnung mit Elisabeth Salomon ging eine Provokation gegen George und seinen Kreis voraus: Im Juli des Jahres 1918 veröffentlichte Schaeffer gemeinsam mit Ludwig Strauß den Parodienband *Die Opfer des Kaisers, Kremserfahrten und die Abgesänge der hallenden Korridore. Mit einer Nachrede* (1918). Salomon und Strauß kannten sich aus Heidelberg und standen miteinander in freundschaftlichem Kontakt. Infolge dieser Publikation kündigte sie die Freundschaft mit Strauß; auch Gundolf und Vallentin brachen mit den Verfassern, die auf diese Weise ihre Kontakte zur Welt Georges verloren.[30] Auch diese Tatsache mag die Revanche an Elisabeth Salomon und weiteren Kreismitgliedern befeuert haben. Der Anfang von *Elli oder sieben Treppen* spielt nämlich im Umfeld Georges. Die junge Studentin Elli verliebt sich in den George-Jünger Ludwig Studassohn und wird von ihm verlassen. Von da ab geht es mit der Protagonistin bergab. Der scheiternden Beziehung zu Ludwig Studassohn, der zu einer früher geliebten Frau zurückkehrt, folgt eine Episode in Paris, in der Elli den mittellosen Maler Benvenuto Bogner kennenlernt, der sich von ihr aushalten läßt und sie dann verläßt. Das folgende dritte Kapitel

---

[28] Albrecht Schaeffer: Elli oder Sieben Treppen. Beschreibung eines weiblichen Lebens. Leipzig 1919.

[29] Thormaehlen (1962), S. 202.

[30] Vgl. Gunilla Eschenbach: Art. Schaeffer, Albrecht. Elli oder Sieben Treppen. In: Fakten und Fiktion. Werklexikon deutschsprachiger Schlüsselliteratur 1900–2010. 2. Halbband: Heinrich Mann bis Zwerenz, hrsg. v. Gertrud Maria Rösch. Stuttgart 2013, S. 549–554, hier S. 552.

läßt abermals einige Bezüge zur realen Studien- und Wohnsituation Elisabeth Salomons in Heidelberg durchscheinen. Die Romanfigur studiert zwar nicht in Heidelberg, wie die auktoriale Erzählstimme eigens vermerkt (und so – in der Negation – die Aufmerksamkeit des Lesers auf den realen Ort des Geschehens lenkt). Doch sie bezieht dieselbe Pension wie ihr dritter Beziehungspartner Adalbert Freiherr von Tautphöus analog zum gemeinsamen Wohnen von Gundolf und Salomon in der Pension Bezner. Den Wechsel der Romanheldin zur Nationalökonomie wählte Schaeffer in Anlehnung an Elisabeth Salomons Studienfach. In den weiteren Kapiteln verlieren sich die verschlüsselten Anspielungen. Das letzte Kapitel spielt im Rotlichtmilieu und schließt mit ihrem Suizid.

Die Romanfigur Elli ist erkennbar nach dem Vorbild Elisabeth Salomons modelliert. Das gilt vor allem für ihre äußere Erscheinung. Aber auch einige biographische Details wie die Studienorte München und Berlin, Prägung durch die Reformpädagogik, der frühe Tod der Eltern, die betriebenen Sportarten (Tennis, Wandern und Tanzen), die Anfälligkeit für Krankheiten und ihre George-Verehrung finden einen Niederschlag im Roman. Hinsichtlich des ersten Geliebten ist es schwieriger, einen Bezug zu realen Personen herzustellen. Er ist als Mischfigur angelegt, in der – vielleicht mit Ausnahme des Darmstädter Dialekts – greifbare Eigenheiten Gundolfs fehlen und stattdessen einige Züge auf Karl Wolfskehl weisen.[31] Der Vorname dürfte auf Ludwig Thormaehlen zurückgehen. Der Nachname läßt jüdische Wurzeln vermuten, aber das wird auf der Erzählebene explizit verneint.[32] Dasselbe gilt für die Figur der Elli, die von anderen „für eine Jüdin gehalten" wird,[33] obwohl sie keine ist. Die doppelte Versicherung, daß der ‚jüdische Makel' nicht zutreffe – und dies bei gleichzeitiger Wahl eines Namens, der die Vermieterin Ludwig Studassohns bei der ersten Begegnung irrtümlich „Judaslohn" hören läßt –,[34] kann als versteckter (und ressentimentbehafteter) Hinweis auf die jüdische Religionszugehörigkeit der Urbilder gelten, aber auch ein Akt bewußter Verschleierung sein.

---

[31] Lothar Helbing (d. i. Wolfgang Frommel): Einleitung. In: Elisabeth Gundolf: Meine Begegnungen mit Rainer Maria Rilke und Stefan George. Stefan George und der Nationalsozialismus (Castrum Peregrini 69), hrsg. u. mit einer Einleitung versehen v. Lothar Helbing. Amsterdam ²1965, S. 24.

[32] Schaeffer (1919), S. 9.

[33] Schaeffer (1919), S. 3.

[34] Schaeffer (1919), S. 9.

Elisabeth Salomon hat den Roman gekannt.[35] Einem Studenten soll sie auf dessen Frage, ob die Handlung stimme, geantwortet haben: „Nur bis zur dritten Treppe, junger Mann."[36] Diese von Wolfgang Frommel kolportierte Anekdote ist mit aller Wahrscheinlichkeit gut erfunden. Ein bisher unbekannter Briefwechsel zwischen Karl Wolfskehl und der nunmehr verheirateten Elisabeth Gundolf verrät, daß in ihrem Heidelberger Umfeld niemand von dem Bezug auf ihre Person wußte. Wolfskehl selbst war alarmiert, als er von dem Schlüsselcharakter des Romans erfuhr und befürchten mußte, daß der Fall öffentlich wurde. In dieser Sache wendete er sich brieflich am 19. Februar 1931 aus München an sie; ihr Antwortbrief datiert auf den 22. Februar 1931.

Teuerste Elli!

Heute muss ich Dich um Schutz angehen. Mir ist grade etwas Abscheuliches passiert, was mir in meinem vergrippten Zustand (gestern lag ich noch im Bett) besonders zusetzt. Ich weiss nicht ob Du von meiner Tätigkeit als „Preisrichter" bei einem Preisausschreiben der Münchner N[euesten] N[achrichten] gehört hast. Da war (nicht von mir erfunden natürlich!) ausgeschrieben worden, man solle deutsche Romane namhaft machen die zu einem Garbofilm geeignet wären. Es liefen etwa vierthalbtausend Lösungen ein, und das Preisrichterkollegium (fünf Mann) hatte rechte Arbeit. Schliesslich wurde einstimmig an erster Stelle „Elli oder sieben Treppen" prämiiert. Es ist wirklich ein sehr filmisches Buch, Charakter und Abenteuer der Heldin sind sehr garbohaft. Alle Preisrichter kannten das Buch, keiner dachte an irgendwelche Beziehungen – nun das versteht sich ja von selbst. Heute, soeben wagt es eine Person, die sich Frau Dr. Name einsilbig mit einem E. etwa Treff oder so ähnlich aus Heidelberg nennt, mich in der unverschämtesten Weise am Telefon anzugreifen, weil ich „einen Schlüsselroman schlimmster Sorte" der „die Frau eines Heidelberger Universitätsprofessors ‚blossstelle' preisgekrönt habe". „Ob ich die Absicht hätte, diesen Roman zu verfilmen?" Ich hab mir natürlich wütend diese Insolenz verbeten, aber die Sache hat mich schandbar aufgeregt. Du wirst wohl wissen, wer die betreffende Person ist, und ich bitte Dich, sie auch von Dir aus wissen zu lassen wer ich bin, in welcher Beziehung ich zu Dir und Gundolf stehe – und wie wenig der Roman „Elli" über seinen Namen und ein paar Züge, die auch mich und andere treffen, hinaus mit Dir zu tun hat. Bitte, sag ihr das so nachdrücklich wie möglich.

Dass ich zu der mir an sich nicht grade von meinem Genius zugewogenen Aufgabe über solche Probleme zu preisrichtern (die ich bei meiner Stellung im Verlag selbstverständlich habe annehmen müssen) auch noch solches Schandzeug erleben muss, ist ja wirklich ein Uebermass von Ekel.

---

[35] Ein Eintrag in ihrem Tagebuch vom 11. Oktober 1919 belegt die Lektüre des Romans ohne weiteren Kommentar.
[36] Helbing / Frommel (²1965), S. 25.

Also ich bitte Dich, hilf mir und schütz mich. Schreib mir auch, wer die Person eigentlich ist??? [...].[37]

Lieber Karl,

Verzeih, dass ich erst heute schreibe: ich war ein paar Tage krank.

Ist es möglich, dass Du Dir eine Angelegenheit zu Herzen nimmst, die mir den unsterblichen Ruhm bringen soll, das Urbild der „göttlichen Garbo" zu werden?! Und man kann gar nicht mal von Schiebung reden: Du hast optiert, ohne den Zusammenhang mit mir zu ahnen, von viereinhalbtausend Werken! Kann unsre Verbundenheit deutlicher manifest werden? Tantièmen habe ich da wohl keine zu beanspruchen? Aber die Garbo könnte mir wenigstens einen Brief schreiben: „Teure Schwester im Sumpf" oder „ehrenwertes Buhlvorbild" oder so ähnlich.

Ich würde das nun sehr gern alles der Dame sagen, die den sonderbaren Einfall gehabt hat, meine Ehre zu schützen. Aber ich ahne nicht, wer sie ist. Ich kenne niemanden hier mit einem ähnlich klingenden Namen und wusste auch nicht, dass die „kompromittierende" Beziehung der Sieben Treppen zu mir in Heidelberg irgendwem bekannt ist. Falls es Dir noch gelingt, sie zu identifizieren, bitte ich Dich, es mir mitzuteilen. Aber auf jeden Fall: eine Rechtfertigung hast Du wirklich nicht nötig, weil eine alberne Person sich erlaubt hat, Dir Vorwürfe zu machen.

Zu Deiner persönlichen Information will ich Dir noch kurz die Entstehungsgeschichte des Romans erzählen: ich lernte vor Jahren den Schaeffer bei Berthold Valentin kennen. Er begleitete mich stumm ergriffen nach Haus. Am nächsten Tag sass ich mit Sombart in der Schlosskonditorei, da kommt der Sch. strahlend mit zwei ausgestreckten Händen auf mich zu, ohne Entschuldigung, ohne sich dem Sombart vorzustellen. Ich verhielt mich – entrüstet über diese Formlosigkeit – sehr abweisend und erhielt tags darauf einen Brief von ihm, in dem er mich „nun endlich um eine Zusammenkunft" bittet. Ich war damals noch sehr jung und unerfahren, zudem gefiel er mir gar nicht und mein Herz war anderswo beschäftigt. Folge: ich schrieb ihm einen pikiert prüden Brief, der masslos einfältig gewesen sein muss. Denn ich erinnre mich noch an das Hohngelächter vom Gundel und von meiner Schwester, als ich ihnen die Abschrift vorlas. Der Brief kreuzte sich unglücklicherweise noch mit einem liebevollen Gedicht Schaeffers an mich. Dann kam ein paar Monate nichts, dann traf ich ihn wieder bei Valentins. Ich war harmlos, als sei nichts geschehn und erhielt darauf die von ihm übersetzte Zuchthausballade, wieder mit einem Gedicht. Er war aber nun mal nichts für mein Herz, und ich antwortete nicht. Dass man Leute, deren Neigung man zufällig nicht erwidert, nicht grade verletzen muss, kam mir gar nicht in den Sinn. Einige Zeit darauf erschien „Elli oder sieben Treppen". Der Schaeffer wurde von verschiedenen gemeinsamen Bekannten zur Rede gestellt. Die Antworten waren verschieden: einmal, er hätte sich an mir rächen wollen. Dann: nicht ich, sondern Frau Schaeffer sollte darin gekennzeichnet und prognostiziert werden. Nur das erste Kapitel beziehe sich auf mich, wo Gundolf mir am Schluss der ersten Treppe den liebevollen Rat erteilt: „vergiss auch unsre Dichter nicht, vergiss Stefan George nicht." Das Gedicht aus dem Teppich ist

---

[37] Karl Wolfskehl an Elisabeth Gundolf, Brief vom 19. Februar 1931, D:Wolfskehl, DLA Marbach.

übrigens falsch zitiert. Ich habe den Schaeffer nie mehr wieder gesehen, fand ihn damals wirklich unsympathisch und das Buch sehr schlecht. Aber filmisch ist es.

Nebenbei: wenn Presse oder Kritik von dieser „Beziehung" etwas ahnen oder anklingen lassen würden, so wäre das für den Gundel vielleicht wirklich unangenehm. Aber das wird hoffentlich nicht geschehn. Und schliesslich wird auch der Gundel sich sagen: quand même. [....]

Tausendfaches Innigstes!

Deine Elli[38]

Wenn Wolfgang Frommel Georges Widerwillen gegen die Widmung in Gundolfs Kleist-Buch mit der fragwürdigen Berühmtheit Elisabeth Salomons durch Schaeffers Roman begründete, entsprach das nur sehr bedingt den Tatsachen.[39] Es handelte sich um ein Scheinargument, weil niemand wußte, wer Elisabeth Salomon war. Sie war durch den Schlüsselroman nicht zu einer öffentlichen Person geworden. Selbst innerhalb des George-Kreises schlug der Roman keine Wellen; sogar dem gut informierten Wolfskehl blieben die realen Bezüge verborgen.

Frommels Begründung dafür, weshalb George auf die Widmung so empfindlich reagierte, zielt also ins Leere. Was bleibt, ist die Eifersucht des gekränkten und hintergangenen Meisters. An anderer Stelle gelingt Frommel eine überzeugende Charakterzeichnung:

Ihr mittelmeerisches Geblüt, ihren jüdischen Witz, ihre intelligente Regsamkeit empfand er als tief wesensverwandt („denn du bist so ein wesen meines samens / Dass ich dich schon verlangend und bejahend / Mich wieder ehre mich von dir empfahend. .." 1919).[40]

Frommel mischt eigene Wertungen mit Zitaten aus Gedichten Gundolfs, die er in den Klammervermerken auszugsweise wiedergibt. Er bemüht sich erkennbar um Überparteilichkeit. Dennoch stellen sich in Kenntnis des vorliegenden Briefwechsels einige Dinge anders dar. Frommel tendiert erstens zu einer Interpretation, die Gundolfs Krankengeschichte narrativ mit einer seelischen Verfallsgeschichte kurzschließt und letztere als eine Folge der Eheschließung interpretiert: Zuletzt sei Gundolf ein gebrochener, seinem besseren Selbst entfremdeter Mann gewesen, der von seiner Frau in ein oberflächliches, ihm insgeheim verhaßtes Gesellschaftsleben gedrängt worden sei. Nach der Lektüre des Brief-

---

38 Vgl. Elisabeth Gundolf an Karl Wolfskehl, Brief vom 22. Februar 1931, D:Wolfskehl, DLA Marbach.

39 Helbing / Frommel (²1965), S. 25.

40 Helbing / Frommel (²1965), S. 25.

wechsels wird man den Einfluß Elisabeth Salomons weniger hoch veranschlagen. Äußere Faktoren wie die unheilbare Krebserkrankung, das fortgeschrittene Alter und erhöhte berufliche Anforderungen werden ihren Teil zu Gundolfs „tiefe[r] Müdigkeit"[41] beigetragen haben. Im gesellschaftlichen Umgang pflegte Gundolf immer schon einen Habitus von verspieltem Witz und gelegentlich überspannter Jugendlichkeit,[42] der Elisabeth Salomon störte („A propos, ist es unvermeidlich daß Du sogar in Briefen Dich zu Kalauern herabläßt?", Elisabeth Salomon an Friedrich Gundolf, o.O. [Wien], o.D. [etwa 17. April 1921]). Salomon und George waren in diesem Punkt einer Meinung: Auch George forderte eine ‚männlichere Haltung' von Gundolf und hoffte 1916/17, der Militärdienst werde ihm eine gewisse Unreife austreiben. Daß diese Seite beim späten Gundolf unter dem Einfluß seiner Ehefrau stärker zum Vorschein gekommen wäre, ist eine Unterstellung vonseiten Frommels. Wenn er Gundolf zweitens als einen nach „geistiger Ordnung" verlangenden Mann beschreibt, der durch „die Einfälle und Unfälle ihrer quecksilbrigen Lebendigkeit" aus dem inneren Gleichgewicht geraten sei,[43] entspricht das nicht völlig dem Bild, das man aus dem Briefwechsel gewinnt. Aus ihm geht hervor, wie zerstreut und mit Frauengeschichten beschäftigt Gundolf war. Das Festhalten an seiner Geliebten wirkt dagegen wie ein innerer Anker. Nach der Heirat war sie in allen Belangen des täglichen Lebens die ordnende Hand. Drittens deutet Frommel die Tatsache der Eheschließung nach Georges Diktat als Ergebnis weiblicher Verführung:

Ihn [Gundolf] faszinierte seine zwischen bodenloser Traurigkeit, kecker Provokation und aufopferungsbereiter Pflegsamkeit, zwischen romantisch-musischer Intellektualität, Lebensangst und sinnlichem Spieltrieb schwankende Geliebte („halb Kind halb Katze"), die ihn mit ihrer, Trug und Wahrheit reizvoll vermischenden Zielstrebigkeit immer bewusster in ihren Bann zog.[44]

Damit folgt er der im George-Kreis geläufigen Einschätzung, die Geliebte habe Gundolf gleichsam in ihrem Netz gefangen. Für seine Charakteristik ihrer Beziehung übernimmt er unreflektiert Metaphern und Zuschreibungen aus Gundolfs Gedichten. Die herausgegriffenen Zitate

---

41 Helbing / Frommel (²1965), S. 27.
42 Vgl. Else Limmer-Leuchs: Freundschaft mit Gundolf. Ein Jugendbild, A:Usinger, DLA Marbach.
43 Helbing / Frommel (²1965), S. 25.
44 Helbing / Frommel (²1965), S. 25.

erwecken den Eindruck, als ließe sich mit ihnen etwas belegen – und das, obwohl die Gedichte, wie eingangs bemerkt, höchst subjektive Gebilde sind. Ein bewußtes Taktieren, um Gundolf in die Ehe zu zwingen, ist aus den Briefen nicht ablesbar.

In einem ins Vorfeld der Eheschließung 1926 zu datierenden Briefentwurf an George wies Gundolf selbst eine solche Sicht auf Elisabeth Salomon entschieden zurück und erklärte, daß seine Verehrung für George und für die geliebte Frau die gleichen Wurzeln habe.

> Denn nochmals und nochmals: nicht ein Sinnenreiz, nicht einmal eine Gemütsweichheit hält mich bei ihr fest auf Tod und Leben, sondern ein tiefer Glaube an ihren Adel, ja an ihren heldenhaften Charakter, dasselbe im Grund was mich auch zu den Dichtern und Helden zieht.[45]

Ob George diesen Brief erhalten hat, ist unbekannt, aber wahrscheinlich.[46] Indem Gundolf der Geliebten einen „heldenhaften Charakter" attestierte, bezeichnete er ein Verhalten, das gerade nicht triebhaft ist, sondern die Triebunterdrückung notwendig voraussetzt. Er trennte sie damit entschieden von den Liebesgöttinnen, Hexen und anderen geschlechtlichen Frauengestalten, die seine erotische Phantasiewelt bevölkerten. Elisabeth Salomon habe, obschon weiblichen Geschlechts, Anteil an der heroischen Welt des George-Kreises. An die Stelle des biologischen Gegensatzes von Mann und Frau setzte er ein geschlechtsunabhängiges, Männern und Frauen gleichermaßen zugängliches Heldentum.

Dieses Argument war eine rhetorische Volte, die, wie Gundolf wohl wissen konnte, nicht geeignet war, George zu überzeugen. Das Konzept von Männlichkeit im Rahmen der „ästhetisch-heroischen Lebensform"[47] seines Kreises war für George kein soziales Konstrukt; für George hatte alles Männliche ein biologisches Fundament. Frauen, die er ebenso ihrem biologischen Geschlecht unterworfen sah, waren von vornherein vom geistigen Nukleus des Kreises ausgeschlossen. Sie konnten sich in seinem Umfeld bewegen und bestenfalls, wie die junge Elisabeth Salomon, das Prädikat einer „Süßen" erhalten. Aber in die

---

[45] Friedrich Gundolf an Stefan George, Briefkonzept o. Dat., A:Klibansky, DLA Marbach, hier zit. n. Eschenbach (2010), S. 256.

[46] Darauf deutet die ansonsten unverständliche Wendung: „Da ich Dich nicht überzeugen konnte" in Gundolfs förmlichem Absagebrief hin.

[47] Rainer Kolk: Literarische Gruppenbildung am Beispiel des George-Kreises 1890–1945 (Communicatio 17). Tübingen 1998, S. 9.

engere Liebes- und Geistesgemeinschaft aufgenommen wurden sie
nicht. Daß Gundolf diese Sichtweise letztlich akzeptierte, geht aus der
Metaphorik hervor, mit der er in seinem letzten Brief an George seine
bevorstehende Eheschließung ankündigte:

Ich habe beschlossen Elisabeth Salomon in diesem Jahr zu heiraten wie Herz und
Gewissen mir befiehlt, überzeugt dass ich damit deinem Wunsch, nicht deinem
Recht zuwiderhandle, da dies Wesen deine Gnade mehr verdient als ich. Da ich dich
nicht überzeugen konnte, so will ich lieber mit ihr in die Hölle als ohne sie in den
Himmel. Die Folgen weiss ich: das Leid durch dich und um dich, und will sie tra-
gen. Von dir falle ich nicht ab, auch wenn du mich verwirfst.
Dein Gundolf[48]

Die Welten waren demnach für ihn unvereinbar; wenngleich nicht, weil
er selbst sie für unvereinbar hielt, sondern deshalb, weil er George
„nicht überzeugen konnte", daß in der Gestalt der Liebsten beide ineins
fielen. Indem Gundolf mit dem Oppositionspaar von Himmel und
Hölle Georges Perspektive übernahm – George sprach von „Abfall"
und „Verrat" –, blieb er seinem Meister treu. Gleichzeitig hielt er seiner
Frau die Treue, indem er bereit war, ihr „in die Hölle" zu folgen. Selbst
noch im Akt der Lossagung von George war Gundolf bereit, dessen Urteil zu akzeptieren, und nahm freiwillig den Platz in der Hölle der Wol-
lüstigen (Divina Commedia) ein. Dante hatte dem unglücklichen Liebespaar sein Mitgefühl nicht versagt, aber George war, wieder einmal,
„Einer der vorübergeht".[49]

---

[48] Friedrich Gundolf an Stefan George, Brief vom 21. Juni 1926. In: Stefan George –
Friedrich Gundolf. Briefwechsel, hrsg. v. Robert Boehringer u. Georg Peter Landmann. München, Düsseldorf 1962, S. 371 f.

[49] George unterzeichnete mit diesen Worten einen Brief an Hofmannsthal aus dem
Jahr 1892 (abgedruckt in: Briefwechsel zwischen George und Hofmannsthal,
zweite, ergänzte Auflage, München, Düsseldorf 1953, S. 13) nach einem gleichnamigen Widmungsgedicht Hofmannsthals („Herrn Stefan George. Einem der
vorübergeht"). Bei einer zufälligen Begegnung in Heidelberg Ende 1925 ging
George wortlos an Gundolf vorüber. Das im Briefwechsel zwischen George und
Gundolf abgedruckte Gedicht (Briefwechsel George-Gundolf, S. 374) mit dem
Anfang: „Umfasse mich! Bei deines Herzens Schlag / Des wärmsten wachsten,
fürcht ich nicht den Bösen / Der mir vorübergeht am finstern Tag.. / Von Dir
kann Nichts mich lösen." schickte er am 29. April 1926 an Elisabeth Salomon.
Vgl. Kommentar zum Brief Nr. 358.

Zur Edition

Die überlieferte Korrespondenz zwischen Friedrich Gundolf und Elisabeth Salomon – insgesamt 1382 Briefe (965 von ihm, 417 von ihr) – liegt vollständig im Deutschen Literaturarchiv Marbach, wohin sie im Jahr 2006 von Elisabeth Gundolfs Nichte Ruth Goldberg, geborene Bernfeld, übergeben wurde. Trotz der großen Zahl erhaltener Briefe finden sich einzelne Lücken in der Brieffolge, was teils aus dem Zusammenhang hervorgeht, teils ganz konkret aus erhaltenen leeren Briefumschlägen, denen der Inhalt fehlt, zu erschließen ist; auch die letzteren sind übrigens oben mitgezählt. Hie und da liegen den Briefen Gedichte Friedrich Gundolfs bei, doch hat Elisabeth Gundolf diese ihr zahlreich dargebrachte Gelegenheitslyrik wohl als Teil von Gundolfs literarischem Werk angesehen, weniger als Teil seiner Korrespondenz mit ihr, die als privates Zeugnis im Familienbesitz verblieb, wohingegen der Nachlaß Friedrich Gundolfs – und mit ihm seine Gedichte für Elisabeth Salomon – wohl nach einer testamentarischen Verfügung Elisabeth Gundolfs von ihren Nichten und Erbinnen, Rosemarie Ostwald und Ruth Goldberg, an die Bibliothek des Germanistischen Instituts an der Universität London gegeben wurde. Dort, im Gundolf Archiv des Institute of Modern Languages – heute Teil der Senate House Library –, liegen sie seit dem Jahr 1960. Eine Zuordnung einzelner Gedichte zu den jeweiligen Briefen ist kaum mehr möglich, so daß sich unsere Edition mit einer kleinen exemplarischen Auswahl von zwölf eindeutig zuzuordnenden Gedichten begnügt, um auch diese Facette der Korrespondenz zu veranschaulichen. (Weitere Gedichte Friedrich Gundolfs an Elisabeth Salomon sind im Briefwechsel George-Gundolf und in seinen „Gedichten", Berlin 1930, veröffentlicht.)

Überhaupt zwingt der Umfang der Korrespondenz die vorliegende Ausgabe zur Auswahl auch bei den Briefen; sie enthält insgesamt 411 Briefe, 171 von ihr, 240 von ihm, dazu noch 12 Gedichte (unter 11 Nummern abgedruckt). Dabei waren wir bemüht, den Zusammenhang und die Kontinuität der Korrespondenz möglichst zu wahren und zugleich die interessantesten und ansprechendsten Schreiben zu präsentieren; interessant sowohl in historischer und kulturgeschichtlicher wie auch in biographisch-liebesgeschichtlicher Hinsicht. Unter den weggelassenen Briefen befinden sich zudem etliche Kurznachrichten (Billets, Kärtchen, Telegramme o. ä.) von geringerer inhaltlicher Bedeutung; auch ist v. a. bei Gundolfs Briefen eine gewisse Redundanz nicht zu leugnen, so daß auch unter diesem Gesichtspunkt eine Auswahl geboten schien. Die gesamte Korrespondenz ist jedoch ohne weiteres im Handschriften-Lesesaal des Deutschen Literaturarchivs Marbach zugänglich.

Jeder abgedruckte Brief ist samt Orts- und Datumszeile, Adressen- und Absenderangabe vollständig und möglichst buchstabengetreu wiedergegeben. Auch die teils eigenwillige, teils nachlässige Orthographie ist mit allen Besonderheiten und Inkonsequenzen belassen worden, wobei allerdings Lesbarkeit und Verständlichkeit gewahrt bleiben sollten, weshalb offensichtliche Verschreibungen dann doch stillschweigend korrigiert wurden. Gleiches gilt für die im Original recht sparsame Interpunktion, wie sie einesteils im George-Kreis üblich war, andererseits auch für die spontane Briefniederschrift charakteristisch ist. Hier wurde gleichfalls nur ergänzt, und zwar ebenso stillschweigend, wenn das Leseverständnis beeinträchtigt war; die häufiger fehlenden Satzschlußzeichen wurden demgemäß jedoch konsequent eingefügt. Auf eine graphisch-formale Nachbildung von Datumszeilen oder Schlußformeln wurde verzichtet. Zitate im Text erscheinen einheitlich in doppelten Anführungszeichen. Alle Herausgeberzusätze stehen in eckigen Klammern.

Bei der Datumsangabe von Briefen gilt zuerst das geschriebene Datum; falls dieses nicht vorhanden ist, das des Poststempels (das dann nicht im abgedruckten Brieftext erscheint); erschlossene Daten figurieren in eckigen Klammern, wenn nicht anders möglich, auch nur als angenäherte Datierung. Gleiches gilt für die Ortsangaben. Bei der Datierung der in die Edition mit aufgenommenen Gedichte gelten zuerst Datierungen von Gundolfs Hand, sodann konkrete Erwähnungen oder Teilzitate der Gedichte im Briefwechsel und zuletzt, falls solche Angaben fehlen, nachträglich ergänzte Datumsangaben auf den jeweiligen Gedichtautographen von Elisabeth Salomons Hand.

Der Stellenkommentar soll durch Sach- und Personenerläuterungen das Verständnis des Briefes bzw. der jeweiligen Passage erleichtern; es werden jedoch keine übergreifenden Deutungen einzelner Briefe oder gar der Gesamtkorrespondenz angestrebt. Meist schon bei der ersten Erwähnung einer Person werden dem Leser die dazugehörigen Lebensdaten samt dem einen oder anderen biographischen Stichwort an die Hand gegeben; bei späteren Erwähnungen derselben Person erfolgt eine Erläuterungen nur noch bedarfsweise. Mit Hilfe des Registers wird der Leser auf den Hauptkommentar zu der jeweiligen Person hingewiesen, der dort im Fettdruck erscheint. Im Kommentar finden sich häufiger Zitate aus hier nicht abgedruckten Briefen, ebenso solche aus

flankierenden Korrespondenzen, die bei häufigerem Vorkommen analog zu einigen Referenzwerken aus der Sekundärliteratur lediglich mit
Kurztitel zitiert werden. Es handelt sich um folgende Bücher und Aufsätze, die allesamt mit Dank und Gewinn benutzt wurden:

- Peter-André Alt: Zwischen Wissenschaft und Dichterverehrung.
  Friedrich Gundolf in seinen Briefen und Briefwechseln. In: Zeit-
  schrift für deutsche Philologie 106, 1987, S. 251–81.
- Robert Boehringer: Mein Bild von Stefan George. Zweite ergänzte
  Auflage. Düsseldorf u. München 1967.
- Briefe aus dem 20. Jahrhundert. Hrsg. v. Andreas Bernard u. Ul-
  rich Raulff. Frankfurt am Main 2005 [darin: Friedrich Gundolf an
  Elisabeth Salomon, 20. Januar 1919].
- Jürgen Egyptien: Friedrich Gundolf in Heidelberg. Marbach am
  Neckar 2013.
- Gunilla Eschenbach: Philine und Diotima, Hetäre und Heldin. Rol-
  lenzuschreibungen für Elisabeth Salomon. In: Frauen um Stefan
  George. Hrsg. v. Ute Oelmann u. Ulrich Raulff. Göttingen 2010,
  S. 253–270.
- Stefan George / Friedrich Gundolf: Briefwechsel. Hrsg. v. Robert
  Boehringer u. Georg Peter Landmann. München u. Düsseldorf
  1962.
- Ann Goldberg: Reading and Writing across the Borders of Dicta-
  torship. Self Censorship and Emigrant Experience in Nazi and
  Stalinist Europe. In: Letters across Borders. The Epistolary Practi-
  ses of International Migrants. Hrsg. v. Bruce S. Elliott u.a. New
  York 2006, S. 158–172.
- Ann Goldberg: The Black Jew with the Blond Heart. Friedrich Gun-
  dolf, Elisabeth Salomon, and Conservative Bohemianism in Wei-
  mar Germany. In: Journal of Modern History 79, 2007, S. 303–334.
- Melitta Grünbaum: Begegnungen mit Gundolf. Hrsg. v. Gunilla
  Eschenbach. Marbach am Neckar 2012.
- Elisabeth Gundolf: Meine Begegnungen mit Rainer Maria Rilke
  und Stefan George. Stefan George und der Nationalsozialismus.
  Hrsg. v. Lothar Helbing (d.i. Wolfgang Frommel). Amsterdam
  1965.
- Ernst Gundolf: Werke, Briefe, Gedichte, Zeichnungen und Bilder,
  hrsg. v. Jürgen Egyptien, Amsterdam 2006.
- Friedrich Gundolf: Briefe. Neue Folge. Hrsg. v. Lothar Helbing (d.i.
  Wolfgang Frommel) u. Claus Victor Bock. Amsterdam 1965.

– Friedrich Gundolf: Briefe und Karten an Else Limmer-Leuchs 1906–1931. Hrsg. v. Fritz Usinger. Darmstadt 1972.
– Friedrich Gundolf: Briefwechsel mit Herbert Steiner und Ernst Robert Curtius. Hrsg. v. Lothar Helbing (d.i. Wolfgang Frommel) u. Claus Victor Bock. Amsterdam 1962/63.
– Friedrich Gundolf / Erich von Kahler: Briefwechsel. Mit Auszügen aus dem Briefwechsel Friedrich Gundolf / Fine von Kahler. 2 Bde. Hrsg. v. Klaus Pott unter Mitarbeit von Petra Kuse. Göttingen 2012.
– Friedrich Gundolf / Friedrich Wolters: Ein Briefwechsel aus dem Kreis um Stefan George. Hrsg. v. Christophe Fricker. Köln, Weimar, Wien 2009.
– Friedrich Gundolf: Die deutsche Literärgeschicht, reimweis kurz fasslich hergericht. Hrsg. v. Ernst Osterkamp. Heidelberg 2002.
– Christiane von Hofmannsthal: Ein nettes kleines Welttheater. Briefe an Thankmar von Münchhausen. Hrsg. v. Claudia Mertz-Rychner u. Maya Rauch. Frankfurt am Main 1995.
– Edith Landmann: Gespräche mit Stefan George. Düsseldorf u. München 1963.
– Clemens Neutjens: Friedrich Gundolf. Ein biobibliographischer Apparat. Bonn 1969.
– Ernst Osterkamp: „Verschmelzung der kritischen und der dichterischen Sphäre“. Das Engagement deutscher Dichter im Konflikt um die Muncker-Nachfolge 1926/27 und seine wissenschaftsgeschichtliche Bedeutung, in: Jahrbuch der Deutschen Schillergesellschaft 33, 1989, S. 348–369.
– Ulrich Raulff: Kreis ohne Meister. Stefan Georges Nachleben. München 2009.
– Philipp Redl: Archivalische Noten zu Gundolfs Briefen und Gedichten in London. In: German Life and Letters 62, 2012, S. 206–215.
– Edgar Salin: Um Stefan George. Erinnerung und Zeugnis. Zweite, neugestaltete und wesentlich erweiterte Ausgabe. München u. Düsseldorf 1954.
– Stefan George. Leben und Werk. Eine Zeittafel. Hrsg. v. H.-J. Seekamp, R.C. Ockenden u. M. Keilson. Amsterdam 1972.
– Stefan George und sein Kreis. Ein Handbuch. Hrsg. v. Achim Aurnhammer, Wolfgang Braungart, Stefan Breuer u. Ute Oelmann. 3 Bde. Berlin 2012.
– Michael Thimann: Caesars Schatten. Die Bibliothek von Friedrich

Gundolf. Rekonstruktion und Wissenschaftsgeschichte. Heidelberg 2003.
- Ludwig Thormaehlen: Erinnerungen an Stefan George. Hamburg 1962.
- Tilly Edinger. Leben und Werk einer jüdischen Wissenschaftlerin. Hrsg. v. Rolf Kohring u. Gerald Kreft. Frankfurt am Main 2003.
- Karl und Hanna Wolfskehl: Briefwechsel mit Friedrich Gundolf. 2 Bde. Hrsg. v. Karlhans Kluncker. Amsterdam 1977.
- Zettelwirtschaft. Briefe an Gertrude von Eckardt-Lederer von Friedrich und Elisabeth Gundolf, Hermann Broch, Joachim Ringelnatz und Berthold Vallentin. Hrsg. v. Sander L. Gilman. Berlin 1992.
- Schließlich sind hier Elisabeth Salomons unveröffentlichte Tagebücher aus den Jahren 1917 bis 1921 sowie ihre Notizkalender aus den Jahren 1927 bis 1931 zu nennen, die im Gundolf-Archiv, London liegen.

Die Arbeit an der von Gunilla Eschenbach und Helmuth Mojem herausgegebenen Edition verteilte sich wie folgt. Die Transkription stammt von Viktoria Fuchs und Michael Matthiesen, der auch biographische Recherchen durchführte. Die Auswahl der abgedruckten Briefe trafen die Herausgeber. Die Textrevision und den Kommentar besorgte Helmuth Mojem, Gunilla Eschenbach erstellte den Abbildungsteil, traf die Gedichtauswahl und schrieb Einleitung und Nachwort.

Dank

Zu Dank verpflichtet sind die Herausgeber insbesondere der Fritz Thyssen-Stiftung für die großzügige Förderung der Editionsarbeit. Für Auskünfte und Unterstützung bei der Recherche danken wir herzlich: Ute Oelmann, Birgit Wägenbaur und Maik Bozza vom Stefan George Archiv, Stuttgart, ferner Enrica Yvonne Dilk, Jürgen Schebera, Korinna Schönhärl, Birgit Slenzka und Michael Thimann. Reproduktionen von Archivmaterial stellten uns dankenswerterweise William Abbey, Martin Liebscher und Andrea Meyer Ludowisy vom Institute of Modern Languages Research, Senate House Library, University of London zur Verfügung. Für die Bereitstellung von Bildmaterial für diese Edition ist neben dem George-Archiv und der Senate House Library vor allem Ann Goldberg zu danken. Ihr als der Rechteinhaberin für die Briefe Elisabeth Salomons sind wir auch für die Publikationsgenehmigung besonderen Dank schuldig.

Personenregister

Das Personenregister umfaßt ausschließlich Namen real existierender
Einzelpersonen, nicht aber solche von Institutionen und Firmen – Verlage, Antiquariate, Pensionen – oder von mythologischen und literarischen Gestalten. Bei historischen Personen, die zudem zu literarischen Figuren geworden sind – Kleopatra, Egmont – wird hiernach
unterschieden. Auch kann zuweilen eine Familie an die Stelle der Ein-
zelperson treten. Im Text erwähnte Titel prominenter Werke stehen für
ihre Verfasser ein, die dann gleichfalls im Register erscheinen. Darüber
hinaus werden Stefan George alle Erwähnungen des George-Kreises
zugeschlagen. Nicht nachgewiesen werden die Autorennamen neuerer
Sekundärliteratur; dies gilt auch für die durch die Siglen bezeichnete
Literatur. Das Register unterscheidet weder zwischen substanziellen
und marginalen Erwähnungen, noch zwischen dem Vorkommen eines
Namens im Haupttext oder im Kommentar; fett gedruckte Seitenzahlen verweisen in der Regel auf den Nachweis der Lebensdaten oder auf
eine ausführlichere Erläuterung.